भवन निर्माण टैक्नोलौजी

(Building Construction Technology)

भागीरथ लाल गुप्ता
एवं
अमित गुप्ता

स्टैण्डर्ड पब्लिशर्स डिस्ट्रीब्यूटर्स

1705-बी, नई सड़क, दिल्ली–110 006

पोस्ट बॉक्स–1066 *दूरभाष : 3262700, 3285[illegible]*

प्रकाशक:

ए. के. जैन

स्टैण्डर्ड पब्लिशर्स डिस्ट्रीब्यूटर्स

1705–बी, नई सड़क, दिल्ली–6

प्रथम संस्करण	:	1993
द्वितीय संस्करण	:	1995
तृतीय संस्करण	:	1997
पुनःमुद्रण	:	2001
पुनःमुद्रण	:	2008
चतुर्थ संस्करण	:	2010
पुनःमुद्रण	:	2012
पुनःमुद्रण	:	2013
पुनःमुद्रण	:	2022

©

इस पुस्तक का कोई भी भाग प्रकाशक और लेखकों की बिना लिखित अनुमति के न तो अनुवादित किया जा सकता है और न ही दुबारा किसी भी रूप में छापा जा सकता है।

मूल्यः रु 250–00

ISBN : 978-81-8014-158-4

मुद्रक : लोमस आफसैट प्रैस, दिल्ली

Lazer Typesetting By

APPLE TYPESETTERS

प्रथम संस्करण की भूमिका

लेखक ने विभिन्न तकनीकी शिक्षा बोर्डस द्वारा संशोधित पाठ्यक्रम लागू करने के कारण विद्यार्थियों की पूर्ण पाठ्य सामग्री उपलब्ध कराने की दृष्टि से भवन निर्माण टेकनोलोजी अथवा भवन निर्माण विषय पर यह पुस्तक लिखने का प्रयास किया है इस पुस्तक में राजस्थान, उत्तर प्रदेश के संशोधित पाठ्यक्रम व हरयाना, मध्य प्रदेश, बिहार आदि बोर्डस के पाठ्यक्रम का भी ध्यान रखा गया है। यह पुस्तक यांत्रिकी व विद्युत डिप्लोमा के द्वितीय वर्ष कें छात्रों के पाठ्यक्रम के लिए भी पूर्णरूप से पर्याप्त है। इस पुस्तक में सरल भाशा का प्रयोग किया गया है तथातकनीकी शब्द भारत सरकार द्वारा प्रकाशित शब्द कोष से लिए गए हैं। विद्यार्थियों को विषय समझने में सुविधा प्रदान करने के लिए कठिन तकनीकी शब्दों के साथ–साथ उनके अंग्रेजी रूपान्तर भी दिये गये हैं।

मैं भूतपूर्ण प्रधानचार्य श्री विष्णु स्वरूप गंगल व वर्तमान प्रधानाचार्य श्री राजेन्द्र लाल अग्रवाल का अभारी हूं जिनकी प्रेरणा व उत्साह वृद्धि से यह कार्य सम्पन्न हो सका। मैं इस विभाग के श्री रामकुमार गुप्ता, श्री महेन्द्र प्रताप शर्मा, श्री सुन्दरसिंह व्याख्यात सिविल इंजीनियरी व श्री टेहल मगनाणी अध्यक्ष कार्यशाला का भी आभारी हूं जिन्होंने अपने बहुमूल्य सुझाव देकर इस पुस्तक को सम्पन्न करने में सहयोग दिया। यदि यह पुस्तक विद्यार्थियों को भवन निर्माण के सामान्य सिद्धान्तों की जानकारी समझने में उपयोगी सिद्ध होती है तो मैं अपना परिश्रम सफल समझूंगा। पुस्तक को और अधिक उपयोगी बनाने के लिए पाठकों व अध्यापकों से सुझाव आमन्त्रित है। पुस्तक में लेखन तथा मृद्रण संबन्धी त्रुटियों से अवगत कराने वाले सभी पाठकों व अध्यापकों का भी आभारी हूँगा।

बीकानेर **बी०एल० गुप्ता,**

द्वितीय संस्करण की भूमिका

लेखक ने छात्रों की आवश्यकताओं को देखते हुए इस पुस्तक मे काफी संशोधन किया है। पाठ्यक्रम में संशोधन के अनुसार इस संस्करण में निम्न नये अध्याय जोड़े गये हैं।

(1) कार्यातम भवन आयोजना, (2) भवन आयोजना के मूल सिद्धान्त, (3) भवनों का दिकविन्यास, (4) आवासीय भवनों का अभिकल्पन, (5) सार्वजनिक भवनों का अभिकल्पन, (6) सनशेडिंग, (7) पृथ्वी एवं सूर्य, (8) सवांतन, (9) भवनों की ध्वनिकी, (10) भवनों का ध्वनिरोधन, (11) मूल्यांकन।

इसके अतिरिक्त कुछ अध्यायों में नीवन पाठ्य सामग्री जोड़ी गई है। मै आशा करता हू कि यह पुस्तक छात्रों के लिए अधिक उपयोगी सिद्ध होगी।

इस पुस्तक को इस अवस्था में लाने में श्री महेन्द्र प्रसाद शर्मा वरिष्ठ प्रवक्ता सिविल इन्जीनियरी, एवं श्री महेश कुमार गोठवाल प्रारूपकार राजकीय पॉलीटैक्निक महाविद्यालय बीकानेर का बहुत योगदान रहा है। हम उनका बहुत आभारी हैं। पुस्तक को अधिक उपयोगी बनाने के लिए पाठकों व अध्यापकों के सुझाव आमन्त्रित हैं। पुस्ताक मे लेखन तथा मुद्रण सम्बन्धी त्रुटियों से अवगत कराने वाले सभी पाठकों व अध्यापकों के भी हम आभारी रहेंगे। अन्त में हम M/s. स्टैण्डर्ड पब्लिशर्स का आभार प्रकट करते हैं जिन्होंने बहुत कम समय में इतनी अच्छी पुस्तक छपवा कर पाठकों तक पहुंचाने में योगदान किया।

बीकानेर

बी० एल० गुप्त

एवं

चतुर्थ संस्करण की भूमिका

इस संस्करण में छात्रों की आवश्यकताओं को ध्यान में रखते हुये पुस्तक को संशोधित किया गया है। कहीं कुछ सामग्री हटाई गई तथा कहीं जोड़ी गई है। पुस्तक को अधिक उपयोगी बनाने की दृष्टि से 198 objective type प्रश्न जोड़े गये हैं जो छात्रों के लिये उपयोगी सिद्ध होंगे।

पुस्तक में मुद्रण व अन्य समस्त त्रुटियों को ठीक करने का प्रयास किया गया है फिर भी यदि त्रुटि रह गई हो तो पाठकों से निवेदन है कि वे उसे लेखों के ध्यान में लाने का कष्ट करें।

लेखक M/S स्टैण्डर्ड पब्लिशर्स के बहुत अभारी हैं जिन्हों ने बहुत कम समय में इस सस्करण को पाठकों तक पहुँचाने में योगदान किया।

बीकानेर

बी०एल०गुप्ता
एवं
अमित गुप्त

विषय सूची

1

परिचय एवं परिभाषिक शब्दों की सूची
Introduction & Building Termology

1.1 भवन का महत्व

भवन निर्माण किसी देश की सामाजिक उन्नति का महत्वपूर्ण सूचकांक है। खाने व कपड़े के पश्चात् मनुष्य के जीवन में महत्वपूर्ण घटक मकान ही है। प्राकृतिक आपदाओं, जंगली जानवरों एवं अन्य मनुष्यों से सुरक्षा के लिए मनुष्य को मकान की आवश्यकता होती है। मनुष्य जाति का इतिहास बताता है कि मनुष्य सदियों से जाने या अनजाने में अपने आस–पड़ोस के वातावरण को बना रहा है। गुफाओं से लेकर वर्तमान के वातानुकूलित भवनों का निर्माण मनुष्य की विभिन्न क्षेत्रों में उन्नति का सूचक है। अच्छे व सुविधाजनक मकान का मालिक होना मनुष्य की स्वाभाविक प्रवृत्ति है। औसतन मनुष्य के जीवन का 2/3 भाग मकान के अन्दर ही व्यतीत होता है, अतः मकान सुखदायी होना चाहिए। अच्छा मकान मनुष्य के सुखों व खुशी एवं समाज में उसकी प्रतिष्ठा का द्योतक है।

1.2 भवन (Building)–

कोई भी संरचना चाहे वह किसी भी सामग्री जैसे ईंट, पत्थर, कंक्रीट आदि की बनी हो, एवं उसका प्रत्येक भाग मनुष्य द्वारा उपयोग किया गया हो अथवा नहीं तथा उसमें नींव, कुर्सी तल, दीवार, फर्श, छत, प्लंवरी, बरामदा, बालकानी, व बाह्य सजावटी सरंचना हों, भवन कहलाती है। प्रायः इसके तीन मुख्य भाग होते हैं।

(1) नींव (2) कुर्सी (Plinth) (3) अधिरचना (Superstructure)।

(i) **नींव**–आसपास या समीप के भूमि तल से नीचे कृत्रिम तैयार की गई सबसे नीची परत जो अधोभूमि के सम्पर्क में रहती है तथा संरचना का भार नीचे भूमि पर वितरित या संचारित करती है नींव कहलाती है।

(ii) **कुर्सी (Plinth)**—आसपास या समीप के भू–तल से ऊपर फर्श तल कुर्सी कहलाता है।

(iii) **अधिरचना (Superstructure)**—कुर्सी तल के ऊपर बनाया गया भवन का भाग अधिरचना कहलाता है।

भवन प्रायः उसके उपयोग या निर्माण की किस्म के अनुसार वर्गीकृत किए जा सकते हैं। उपभोग के अनुसार भवन का वर्गीकरण निम्न प्रकार किया जा सकता है।

1.3 भवन का वर्गीकरण—

भारतीय राष्ट्रीय भवन कोड 1970 के अनुसार अधिभोगा (Occupancy) के आधार पर भवन निम्न वर्गों में विभाजित किये जा सकते है।

(1) आवासीय भवन (Residential Buildings)
(2) शिक्षण भवन (Educational Buildings)
(3) संस्थानिक भवन (Institutional Buildings)
(4) सभा भवन (Assembly Buildings)
(5) व्यवसाय भवन (Business Buildings)
(6) व्यापारिक भवन (Mercantile Buildings)
(7) औद्योगिक भवन (Industrial Buildings)
(8) गोदाम या भण्डारण भवन (Storage Buildings)
(9) संकटमय भवन (Hazardous Buildings)

(1) आवासीय भवन—जिन भवनों में मनुष्यों के रहने के साथ–साथ सोने, खाना बनाने व खाने, की व्यवस्था प्रदान की गई हो आवासीय भवन कहलाते है। निजी मकान, बंगले, होटल, होस्टल, कलव आदि आवासीय भवन की श्रेणी में आते हैं।

(2) शिक्षण भवन—जिन भवनों का उपयोग शिक्षण कार्यों के लिये किया जाता है उन्हें शिक्षण भवन कहा जाता है। शिक्षण कार्य प्राइमरी कक्षा से लेकर उच्च शिक्षा तक का हो सकता है। अतः स्कूल, कालिज, विश्वविद्यालय आदि के भवन शिक्षण भवन कहलाते है।

(3) संस्थानिक भवन—जिन भवनों में रहने वालों को केवल सोने की सुविधा प्रदान की जाती है संस्थानिक भवन कहलाते हैं जैसे अस्पताल, सेनीटोरियम, सरंक्षक संस्थान, (Custodian Institutions) सज़ा देने वाली सरंचाना (Panel Institution), जैसे जेल

(4) सभा भवन—वे समस्त भवन, जहाँ मनुष्य, मनोरंजन, विनोद, बिहार व धार्मिक व अन्य इसी प्रकार के उद्देश्यों से एकत्रित होते है। सभा भवन कहलाते है जैसे सनीमा घर, मजिद, मन्दिर, गिरजा घर, गुरद्वारा, भोजनालय, संग्राहलय, नाच घर, कलब, यात्रि स्टेशन, खुले सीनेमा घर, तैरने के तालाब, सपोर्ट मण्डप आदि।

(5) व्यवसाय भवन—इस श्रेणी में वे भवन व उनके भाग आते है जहाँ व्यवसाय होता है जैसे बैंक, कचहरी, लाइब्रेरी, नाई की दुकान, डिस्पेन्सरी आदि भवन इस श्रेणी में आते है।

(6) व्यापारिक भवन—वे भवन जिनका उपयोग दुकान, स्टोर व बाजार, वस्तुये बेचने व प्रदर्शित करने के लिये किया जाता है इस श्रेणी में आते है।

(7) औद्योगिक भवन—वे भवन जहाँ विभिन्न प्रकार व विभिन्न गुण वाली वस्तुओं का निर्माण अथवा विभिन्न अवयवों को जोड़ कर वस्तु बनाई जाती हैं औद्योगिक भवन कहलाते हैं जैसे प्रयोगशाला, डेरी, पावर प्लांट, गेस प्लांट, संयोजन प्लांट, लाँणडरीज आदि।

(8) गोदाम—वे भवन जिन का उपयोग वस्तुएँ भण्डारण के लिये किया जाता है उन्हें गोदाम कहा जाता है। जैसे गैराज, कोल्ड स्टोरेज, मालगोदाम आदि।

(9) संकटमय भवन—वे भवन जहाँ अति शीघ्र जलनशील जोखम भरी वस्तुओं का निर्माण या भणडारण किया जाता है उन्हें संकटमय भवन कहा जाता है। जैसे वारूद के भण्डार, अतिशजावाजी बनाने व भण्डारण वाले भवन, कृत्रिम चमड़ा बनाने व भण्डारण भवन इस श्रेणी में आते हैं।

1.4 भवन ऊँचाई—भवन ऊँचाई की परिभाषा उसकी आकृति पर निर्भर करती है। समतल छत वाले भवनों की ऊँचाई समीप की सड़क के मध्य बिन्दु की औसत तल ऊँचाई व भवन के सबसे ऊँचे बिन्दु (जो समीप वाली सड़क के सिरे की ओर हो) के बीच की ऊर्ध्वाधर ऊँचाई "**भवन ऊँचाई**" कहलाती है।

ढालू छत वाले भवनों के लिए, बाह्य दीवार की बाह्य सतह व ढालू छत की तैयारसतह के कटाव बिन्दु से समीप वाली सड़क के मध्य बिन्दु के बीच की ऊर्ध्वाधर दूरी भवन ऊँचाई कहलाती है। यदि भवन के समीप कोई सड़क न हो तो समीप के औसत तल व भवन के उपरोक्त बिन्दुओं तक की दूरी भवन ऊँचाई कहलाती है।

1.5 भवन का दिक्‌विन्यास (Orientation of a building)

भवन की वायु व भौगोलिक दिशा निर्धारित करना भवन का दिक्‌विन्यास कहलाता है। भवन की दिशा इस प्रकार निर्धारित की जानी चाहिए कि भवन प्रकृति जैसे सूर्य व वायु आदि का अधिकतम् लाभ उठा सके। अर्थात् भवन में सूर्य का प्रकाश व वायु वांच्छित मात्रा में आ सके तथा इसके साथ–साथ ही भवन पर प्रकृति का दुष प्रभाव न पड़ने पावे। बड़े–बड़े नगरों में प्रकृति का अधिकतम् लाभ उठाने के लिए वांच्छित दिशा में बनाना संभव नहीं है। भवन दिक्‌विन्यास प्रायः निम्न घटकों से प्रभावित होता है।

(1) वर्ष के विभिन्न महीनों में चलने वाली वायु की दिशा

(2) सूर्य किरणों की तीव्रता।

अर्थात् भवन की दिशा इस भाग में अधिक समय तक चलने वाली वायु की दिशा में होनी चाहिए।

1.6 परिभाषाएँ

सार्वजनिक भवन—धार्मिक कार्यों जैसे मंदिर, चर्च, मस्जिद आदि के लिए प्रयोग किया जाने वाले भवन या अन्य सार्वजनिक कार्यों जैसे धर्मशाला, अस्पताल, होटल,

रेस्ट्रोरेन्ट, कालिज, सिनेमा घर आदि भवन जहाँ मनुष्य एकत्रित होते हों, सार्वजनिक भवन कहलाते हैं।

अर्ध अलग्न भवन (Semi Detached House)—जिस भवन की एक दीवार अन्य भवन के साथ मिली हो तथा अन्य दीवारें स्वंतत्र हों, अर्ध अलग्न भवन कहलाता है।

भवन रेखा—वह रेखा जो किसी भवन की कुर्सी के (Plinth) समीप वाली सड़क की ओर जिस सीमा तक कानूनी तौर से बढ़ाई जा सकती है भवन रेखा कहलाती है। यह रेखा प्रत्येक भवन योजना में दिखाई जानी चाहिए।

सेट बेक लाइन (Set Back Line)—यह रेखा प्रायः प्लाट की सीमाओं के समानान्तर होती है, तथा अधिकारी द्वारा निर्धारित की जाती है। इस रेखा से आगे प्लाट मालिक कोई संरचना नहीं बना सकता।

एपार्टमेन्ट भवन (Appartment House)—तीन या इससे अधिक परिवारों के स्वतंत्र रूप से रहने में सुविधा प्रदान करने वाला भवन एपार्टमेन्ट भवन कहलाता है।

छज्जा (Chhazza)—वाह्य दीवारों की खिड़कियों व दरवाजों के ऊपर तिरछा या समतल आगे की ओर निकाला गया भाग छज्जा कहलाता है। यह खिड़कियों व दरवाजों की धूप व वर्षा से रक्षा करता है।

अंतश्छत ऊँचाई (Ceiling Height)—फर्श व अंतरछत के बीच की उर्ध्वाधर ऊँचाई अतंश्छत ऊँचाई कहलाती है।

उपभवन (Out-house)—चौकीदार अथवा चपरासी के निवास के लिए मुख्य भवन की परिसीमा में बनायागया भवन Out-house कहलाता है। इसका क्षेत्रफल मुख्य भवन के क्षेत्रफल का 15% से अधिक नहीं होना चाहिए। प्रायः यह मुख्य भवन के पीछे बनाया जाता है।

ढ़का हुआ क्षेत्रफल (Covered Area)

भूमि का कुर्सी तल से ऊपर भवन द्वारा ढ़का हुआ क्षेत्रफल, ढ़का हुआ क्षेत्रफल कहलाता हैं, इसमें निम्न प्रकार के ढ़के हुए क्षेत्रफल सम्मिलित नहीं होते।

(i) बगीचा, कुंआ, पोधशाला, तैरने के कुण्ड, वृक्षों के चारों ओर बना प्लेटफार्म आदि।

(ii) जल निकासी के लिए बनाई गई नालियाँ, गट्टर, कल्वर्ट (Culverts), नाला आदि।

(iii) फाटक, आहते की दीवार, छज्जे के नीचे का क्षेत्र, पोर्टिको, बिना ढ़की सीढ़ी आदि।

अलग भवन (Detached Building)—जिस भवन की दीवारें व छत अन्य भवनों से न मिली हो, अलग भवन कहलाता है।

आवास गृह (Dwelling)—यदि किसी भवन अथवा उसके किसी भाग का डिज़ाइन या निर्माण केवल आवास के लिए ही किया गया हो, आवास गृह कहलाता है।

बाहर जाने का मार्ग (Exit)—किसी कमरे या भवन से बाहर जाने का मार्ग (Exit) कहलाता है।

परिवार (Family)—मनुष्यों का वह समूह जो कि साधारणतः खून अथवा शादी के रिश्तों से आपस में बँधा हो तथा एक ही रसोई में सबका खाना बनता हो, परिवार कहलाता है।

गेलेरी या दीर्घा (Gallery)—किसी सभा भवन, सिनेमा हाल के बीच का फर्श या दीवारों से बाहर की ओर निकला प्लेटफार्म जो बैठने के लिए अतिरिक्त स्थान प्रदान करता हो, गेलेरी कहलाता है।

गैराज (Garage)—मोटर गाड़ी या अन्य वाहन के रखने के लिए बनया गया भवन गैराज कहलाता है।

निर्वाध ऊँचाई (Head Room or Head Way)—फर्श व अतंश्छत (Ceiling) के बीच की उर्ध्वाधर ऊँचाई निर्वाध ऊँचाई कहलाती है।

बसने योग्य कमरा (Habitable Room)—एक या एक से अधिक व्यक्तियों के रहने, पढ़ाई करने, सोने व खाना पकाने के लिए बनाया गया कमरा बसने योग्य कमरा (Habitable Room) कहलाता है परन्तु इसमें स्नान घर, शौचालय, स्टोर आदि नहीं होते।

टांड (Tand or Ledge)

अर्ध्वाधर स्तम्भों के अतिरिक्त किसी भी प्रकार टिकाया गया सेल्फनुमा प्रक्षेप टांड कहलाता है। इसकी चौड़ाई एक मीटर से अधिक नहीं होनी चाहिए।

बुखारी (Loft)—ढालू छत वाले भवनों में शेष स्थान अथवा अन्य प्रकार के भवनों में फर्श के ऊपर सामान स्टोर करने की दृष्टि से बनाया गया स्थान बुखारी कहलाता है।

बीच की मंजिल (Mezzanine)—दो संलग्न फर्शों (Floors) के बीच का फ़र्श जिसका अधिकतम क्षेत्रफल उसके नीचे वाले फ़र्श का 33% से अधिक न हो, बीच की मंजिल कहलाती है।

खुला स्थान (Open Space)—प्लाट का वह भाग जिस पर भवन निर्माण न कर खुला छोड़ दिया गया हो, खुला स्थान कहलाता है।

पोर्च (Porch)—भवन के मुख्य प्रवेश द्वार पर छाया बनाये रखने या मोटर गाड़ी आदि खड़ा करने की दृष्टि से स्तम्भों पर टिका कर बनाया गया ढ़का क्षेत्रफल पोर्च कहलाता है। इसे पोरटिकों (Protico) भी कहते हैं।

टेनिमेन्ट (Tenement)—भवन का वह भाग जिसमें एक परिवार के रहने के लिए समस्त सुविधाएँ उपलब्ध हो, टेनिमेन्ट कहलाता है।

ममटी (Mumty)—केबिन के आकार की संरचना, जो सीढ़ियों को छत द्वारा ढ़कती है व उन्हें बन्द करती है तथा मौसम के प्रभाव से सुरक्षित रखती है, ममटी कहलाती है। परन्तु इसमें आवास नहीं किया जाता।

चिनाई (Masonry)—चिनाई भवन निर्माण की विभिन्न प्रकार की इकाईयों जैसे ईंट पत्थर या कंक्रीट के ब्लाक आदि को व्यवस्थित करने की वह कला है जिससे निर्माण इकाईयाँ एक दूसरे से बंधित होकर एक समांग संहित इस प्रकार बनाती है कि वह भार बहन कर सके व नष्ट न हों।

ईंट चिनाई—ईंट इकाईयों को मसाले की सहायता से बंधित कर चिनाई करना ईंट चिनाई कहलाती है। ईंट चिनाई की सामर्थ्य इसमें उपयोग होने वाले मसाले की किस्म पर निर्भर करती है। स्थायी व अधिक सामर्थ्य वाली चिनाई के लिए सीमेंट–रेत मसाला तथा अस्थाई चिनाई के लिए मृदा मसाले का उपयोग किया जाता है।

पत्थर चिनाई—पत्थर की इकाईयों को मसाले की सहायता से जोड़कर चिनाई करने पर उसे पत्थर चिनाई कहा जाता है। उचित मात्रा में पत्थर उपलब्ध होने वाले स्थानों पर पत्थर चिनाई मितव्ययी पाई गई है। पत्थर चिनाई प्रायः निम्न दो वर्गों में विभाजित की जा सकती है।

ढ़ोका चिनाई (Rubble Masonry)—बिना गढ़ाई वाले पत्थर या असमान गढ़ाई के पत्थर मसाले से जोड़कर की जाने वाली पत्थर चिनाई ढ़ोका चिनाई कहलाती है। इस चिनाई के जोड़ चौड़े होते हैं।

संगीन या एश्लर चिनाई (Ashlar Masonry)—इस चिनाई में पत्थरों की अच्छी प्रकार गढ़ाई की जाती है। समस्त पत्थर समान आकार व आकृति के होते हैं। इन्हें मसाले से जोड़कर बनाई गई संगीन चिनाई या एश्लर चिनाई कहलाती है। इस चिनाई के जोड़ों की मोटाई बहुत कम होती है। यद्यपि यह चिनाई सबसे उत्तम श्रेणी की होती है परन्तु इसकी लागत बहुत अधिक होती है।

अग्रभाग या मुख व फेसिंग (Face and Facing)—किसी दीवार या संरचना का अग्रभाग जो वायुमण्डल में खुला हो अग्रभाग (Face) तथा इस भाग के निर्माण में उपयोग की गई सामग्री (Facing) कहलाती है।

पिछला भाग व बेकिंग (Back and Backing)—दीवार की अन्दरूनी सतह जो वायुमण्डल में न खुली हो पिछला या पीछा भाग तथा इस भाग के निर्माण में उपयोग की जाने वाली सामग्री बेकिंग (Backing) कहलाती है।

भराई (Hearting)—दीवार के फेसिंग व बेकिंग के बीच का भाग भराई कहलाता है।

बंधन या बांड (Bond)—चिनाई इकाईयों जैसे ईंट आदि को दीवार में परस्परव्यापी तरह से लगाकर उनका गुथाव करने को बंधन या बांड कहा जाता है। बांड इस प्रकार का होना चाहिए कि दीवार में उर्ध्वाधर बांड की सातत्य (Continuity) न बनी रहे अर्थात् समाप्त हो जाए।

दीवार—दीवार का मुख्य कार्य किसी स्थान को घेरना या उसका विभाजन करना है। इसके अतिरिक्त इनके अन्य कार्य भी हैं जैसे ऊपर की मंजिलों का भार वहन करना,

एकान्ता प्रदान करना, तथा धूप, वर्षा व सर्दी से बचाव करना आदि। दीवारों की स्थिति, व कार्यो के अनुसार वे कई प्रकार की हो सकती है जैसे भार धारी दीवार, अभार धारी दीवार, विभाजिका दीवार, खोखली दीवार, ठोस (Blank Wall) मुडेंर (Parapet Wall) आदि।

भार धारी दीवार—जिन दीवारों का डिजाइन अपने—स्वयं के भार के अतिरिक्त संरचना पर लगने वाले अन्य भार वहन करने के लिए किया जाता है उन्हें भार धारी दीवार कहा जाता है। इनका वर्गीकरण वाह्य व आन्तरिक विभाजिका दीवार के रूप में किया जा सकता है।

अभार धारी दीवार—जो दीवार अपने स्वयं के भार के अतिरिक्त अन्य कोई भार वहन नहीं करती, अभार धारी दीवार कहलाती हैं।

विभाजिका दीवार—प्रायः ये दीवार आन्तरिक अभार धारी दीवार होती हैं, जो भवन के स्थान को विभाजित करने के लिए बनाई जाती हैं।

खोखली दीवार—इस श्रेणी की दीवार दो पतली समान या असमान मोटाई की दीवारों से बनी होती हैं जिनके बीच का स्थान खाली होता है। बीच के खाली स्थान की चौड़ाई प्रायः 7.5 सेमी० तक होती है। वाह्य दोनों दीवार धातु तान से जुड़ी रहती हैं।

उपभित्तिका (Dwarf Wall)—जो दीवार ऊपर छत तक नहीं बनाई जाती उसे उपभित्तिका (Dwarf Wall) कहते हैं।

मुडेंर दीवार (Parapet Wall)—छत तल से ऊपर बनाई जाने वाली दीवार मुडेंर दीवार कहलाती है इसका मुख्य कार्य बच्चों आदि के नीचे गिरने से बचाव व एकान्तता प्रदान करना है।

फ्लोर (Floor)—यह टर्म मकान की मंजिल व फर्श दोनों के लिए प्रयोग की जाती है। भवनों के लिए जैसे भूमि मंजिल, प्रथम मंजिल आदि।

छत—यह भवन का सबसे ऊपर का भाग होता है। छत कई प्रकार की होती हैं।

तख्ता बन्दी या फरमा बन्दी—कंक्रीट कार्य करने के लिए उसमें उचित सामर्थ्य उत्पन्न होने तक उसी दशा में रहने देने के लिए बनाई गई टेक फरमा बन्दी या तख्ता बन्दी कहलाती है। फरमा बन्दी लकड़ी या लोहे की बनाई जा सकती है।

मचान या पाड़ बाँधना (Scaffolding)—भवन निर्माण के समय निर्माण सामग्री आदि ले जाने के लिए अस्थाई मचान बनाए जाते है जिन्हें मचान या पाड़ कहा जाता है। 1.5 मीटर से अधिक ऊँचाई पर चिनाई करने पर मचान बनाना आवश्यक हो जाता है। ये दीवार के एक ओर या दोनों ओर बनाये जा सकते हैं।

टेक बन्दी (Shoring)—भवन की नींव के असमान धंसने या समीप के भवन के गिर जाने या खराब कार्य के कारण उसकी स्थिरता खतरे में होने की स्थिति में भवन को अस्थाई टेक देना टेकबन्दी कहलाता है।

निकले भाग का पुनर्निर्माण (Under Pinning)—वर्तमान भवन को बिना कोई हानि पहुँचाये भवन की नींव के नीचे नई नींव बनाने या वर्तमान नींव के कमजोर होने के कारण उसे मजबूत बनाने की तकनीक (Uner Pinning) कहलाती है। नींव पुनर्निर्माण की अवधि में वर्तमान भवन को तिरछी टेक (raking shore) द्वारा संभाला जाता है।

भवन ध्वनिकता या ध्वनिकी (Accoustics of building)

ध्वनिकी—विज्ञान की वह शाखा है जो ध्वनि के उत्पन्न होने, उसके संचार व अनुभव होने का बोध कराती है। अतः भवन ध्वनिकता या ध्वनिकी विज्ञान की वह शाखा है जो भवन में उचित ध्वनिका प्राप्त करने के लिए भवन के उचित डिजाइन करने व उसके निर्माण करने में सहायक होती है। अतः भवन ऐसा होना चाहिए कि उसके किसी भी भाग में गूंज उत्पन्न न हो।

प्रश्नावली

(1) भवन का महत्त्व समझाइये ।

(2) भवन की परिभाषा लिखये।

(3) भवन के वर्गीकरण पर टिप्पणी लिखये।

(4) निम्न पदों को समझाइये।

(a) मचान, फरमा बन्दी, मुंडेर, खोखली दीवार।

(b) भवन दिक् विन्यास पर टिप्पणी लिखये।

(5) निम्न की परिभाषा लिखये।

(a) सेट बेक लाइन

(b) अंतश्छत ऊँचाई

(c) भवन ऊँचाई

(d) भवन रेखा

(6) निम्न का अन्तर बताइये।

(i) भार धारी दीवार व अभार दीवार

(ii) ठोस व खोखली दीवार

(iii) मुंडेर दीवार व उपभिन्तिका

2

नींव
Foundation

2.1 प्रस्तावना

प्रत्येक संरचना के निर्माण के लिए एक आधार की आवश्यकता होती है यही आधार नींव कहलाती है। अतः संरचना का सबसे नीचे का भाग नींव कहलाता है जिसके ऊपर संरचना का ऊपरी भाग बनाया जाता है। नींव प्रायः भूमि तल से नीचे बनाई जाती है जो संरचना के स्वयं के भार व उस पर आने वाले भार को नीचे भूमि पर वितरित करती है।

प्रत्येक भवन अथवा संरचना की नींव भूमितल से नीचे निम्न कारणों से रखी जाती हैं।

1. संरचना की नींव के लिए एक प्राकृतिक अच्छी सतह या स्थान प्राप्त करने के लिए।
2. नींव को वायुमण्डलीय दुष प्रभाव से बचाने के लिए।
3. वायु दाब के कारण संरचना में उत्पन्न वर्तन आघूर्ण (Overturning Moment) के कारण होने वाली क्षति से सुरक्षित रखने के लिए।

2.2 नींव के कार्य

साधारणतः संरचना पर आने वाले समस्त भार व स्वयं के भार का वहन नींव द्वारा किया जाना समझा जाता है परन्तु यह विचारधारा सही नहीं है। नींव स्वयं कोई भार वहन नहीं करती बल्कि यह भार को नीचे भूमि पर अधिक क्षेत्र पर वितरित करती है। वास्तव में नींच निम्न कार्यो के लिए बनाई जाती है।

(1) नींव संरचना के भार को नीचे अधिक क्षेत्र पर वितरित करती है जिससे नीचे की मृदा पर भार उसकी धारक क्षमता से कम रहता है।

(2) नींव, भार को नीचे की मृदा पर समान रूप से वितरित करती है जिससे निष्दन भी समान ही होता है। अतः इससे असमान निष्दन के कारण संरचना में दरार उत्पन्न नहीं होती।

(3) संरचना के ऊपरी भाग बनाने के लिए नींव समतल सतह प्रदान करती है, तथा नींव के पार्श्विक सरकने को रोकती है।

(4) नींव के कारण संरचना नीचे की भूमि से जुड़ी रहती है जिसके कारण उसकी स्थिरता बढ़ जाती है।

2.3 धारक क्षमता

संरचना के स्वयं के भार व उस पर लगने वाले भार को बिना टूटे व अधिक निष्दन के बिना अधो मृदा की वहन शक्ति धारक क्षमता कहलाती है। धारक क्षमता दो वर्गों में विभाजित की जा सकती है। (i) परम धारक क्षमता (ii) सुरक्षित धारक क्षमता।

(i) **परम धारक क्षमता**–जिस अधिकतम भार को मृदा विफल होने तक वहन कर सकती है वह न्यूनतम इकाई भार अधो–मृदा (Sub-soil) की परम धारक क्षमता कहलाता है।

(ii) **सुरक्षित धारक क्षमता**–परम धारक क्षमता को किसी उचित सुरक्षा गुणांक से भाग करने पर प्राप्त मान सुरक्षित धारक क्षमता कहलाता है। नींव डिजाइन में सुरक्षा गुणांक का मान 3 से 5 लिया जाता है। आवश्यकता अनुसार सुरक्षा गुणांक का मान इससे भी अधिक माना जा सकता है। वास्तव में सुरक्षा गुणांक का मान संरचना के महत्त्व व मृदा के गुणों पर निर्भर करता है।

2.4 धारक क्षमता को प्रभावित करने वाले घटक

धारक क्षमता निम्न घटकों से प्रभावित होती है :

(i) **मृदा की किस्म**–प्रायः मोटे कण वाली मृदाओं (Coarse grained) की धारक क्षमता संसंजक मृदाओं (Cohesive soils) की अपेक्षा अधिक होती है।

(ii) नींव की किस्म।

(iii) नींव का आकार।

(iv) भू–तल से नीचे नींव की गहराई।

(v) नींव की आकृति

(vi) संरचना की कठोरता (Rigidity of structure)।

(vii) नींव के निष्दन की मात्रा, जिसे संरचना सहन कर सके।

(viii) मृदा के गुण जैसे घनत्व, कर्तनबल आदि।

(ix) भू–तल स्तर की स्थिति।

2.5 विभिन्न मृदाओं की धारक क्षमता

I.S. 1904-1961 के अनुसार विभिन्न प्रकार की मृदाओं व चट्टानों की धारक क्षमता निम्न तालिका–2.1 में दी गई है।

तालिका-2.1

क्रम संख्या	चट्टान या मृदा की किस्म	अधिकतम सुरक्षित धारक क्षमता T/m^2	रिमार्क (Remark)
1.	बिना परत वाली सख्त चट्टानें जैसे (Granite, Trap, Diorite etc.)	330.0	
2.	परत वाली चट्टानें जैसे रेत का पत्थर, चूने का पत्थर आदि (Sand & Lime stones etc.)	165.0	
3.	शेष टूटी चट्टानें।	90.0	
4.	मुलायम चट्टानें (Soft rocks) असंसंजक मृदाएँ (Non-cohesive soils)	45.0	
5.	ग्रेवल, सघन रेत व ग्रेवल जो औजारों द्वारा खोदने पर अधिक प्रतिरोध उत्पन्न करे।	45.0	नोट नं० 1
6.	सघन व शुष्क मोटा रेत	45.0	नोट नं० 2
7.	सघन व शुष्क औसत दर्जे का रेत	25.0	
8.	महीन रेत व सिल्ट जिसके शुष्क ढेले उँगलियों से पिस सकते हों।	1.50	
9.	लूज ग्रेवल या रेत व ग्रेवल का मिश्रण व लूज शुष्क औसत से मोटा रेत	25.0	नोट नं० 1
10.	लूज व शुष्क महीन रेत	10.0	
11.	संसंजक मृदाएँ मुलायम शेल (Soft-shale) शुष्क व सख्त क्ले (Clay) या चिकनी मिट्टी	45.0	इस ग्रुप की मृदा सघनन के का रण कठोर हो जाती है।
12.	औसत दर्जे की क्ले जिसमें नाखून से गड्ढा हो सके।	25.0	
13.	नम चिकनी मिट्टी व रेत का मिश्रण जिसे अँगूठे से जोर से दबाने पर गड्ढा पड़ जाये।	15.0	
14.	मुलायम चिकनी मिट्टी जिसे अँगूठे के औसत दाब से दबाने पर गड्ढा पड़ जाये।	10.0	

15.	बहुत ही मुलायम चिकनी मिट्टी जिसे अँगूठे से दबाने पर कई से०मी० गहरा गड्ढा पड़ जाये।	5.0	
16.	काली कपास उगाने वाली मिट्टी या अन्य सुकड़ने या प्रसार होने वाली मिट्टी जो 50% संतृप्त हो।	15.0	

नोट 1—असंसंजक मृदाओं की सघनता या ढीलापन (Loosencess) 5 X 5 X 70 से०मी० लम्बे नोकीले खूँठे को उस मृदा में गाड़ कर ज्ञात की जा सकती है। इस खूँठे को गाड़ने के लिए उसे ऊर्ध्वाधर रखकर उस पर 70 kg का भार लगाकर या मनुष्य को खड़ा करके मृदा में गाड़ा जाता है। इस भार पर खूँटे की 30 से०मी० धंसन लूज मृदा का सूचक है। यदि धँसन 20 से०मी० से कम है तो मृदा सघन होगी।

नोट 2—शुष्क का अर्थ है कि भू जल तल नींव के निचले भाग से नींव की चौड़ाई से अधिक गहराई पर है।

2.6 मृदा की धारक क्षमता बढ़ाने की विधियाँ

निम्नलिखित विधियों से मृदा की धारक क्षमता बढ़ाई जा सकती है :

(1) नींव की गहराई बढ़ाकर मृदा की धारक क्षमता बढ़ाना सबसे सरल विधि है। परन्तु गहराई बढ़ाते समय निम्न दो बातों का ध्यान रखना चाहिए।

(a) नींव की लागत खुदाई के समानुपाती नहीं बढ़नी चाहिए। अर्थात गहराई के अनुसार नींव की लागत बहुत अधिक नहीं बढ़नी चाहिए।

(b) नींव भू जल तल से ऊपर ही रहनी चाहिए।

(2) शुष्क मृदा की धारक क्षमता नम मृदा की अपेक्षा अधिक होती है। अतः मृदा से पानी निकाल कर उसकी धारक क्षमता सुगमता से बढ़ाई जा सकती है।

(3) रेत, ग्रेवल या टूटा (Crushed) पत्थर मृदा में मिलाकर उसकी कुटाई करके मृदा की धारक क्षमता बढ़ाई जा सकती है।

(4) रेतीली मृदा में कम गहरी नींवों के लिए शीट पाइल (Sheet piles) गाड़कर मृदा की धारक क्षमता बढ़ाना सर्वोत्तम पाया गया है।

(5) मुलायम मृदा में लकड़ी की पाइल गाड़ कर गड्ढा बनाकर उसमें रेत डालकर उसकी अच्छी प्रकार कुटाई करके मृदा की धारक क्षमता बढ़ाई जा सकती है। यह विधि रेत की पाइल विधि कहलाती है। इनके बीच की दूरी अधिक नहीं होनी चाहिए।

2.7 भवन निर्माण स्थल की जाँच—

किसी भवन की सुरक्षित व मितव्ययी नींव का डिजाइन करने के लिये डिजाइन कर्ता को भूमि सामग्री के भौतिक गुणों व मृदा कणों की बनावट का उचित ज्ञान होना

अनिवार्य है। यह आवश्यक जानकारी प्राप्त करने के लिये की गई जाँच अन्वेषण कहलाती है।

2.8 स्थल जाँच के उद्देश्य–

स्थल अन्वेषण निम्न उद्देश्यों की पूर्ति के लिये की जाती है।

(1) वाँच्छित गहराई तक मृदा की प्रत्येक परत की मोटाई व क्षैतिज़ लम्बाई ज्ञात कर प्रस्तावित संरचना की नींव की किस्म व गहराई निर्धारित करना।

(2) निर्माण स्थल पर मृदा की धारक क्षमता ज्ञात करने के लिये विभिन्न गहराइयों से प्रतिदर्श प्राप्त कर उनकी जाँच करना।

(3) संरचनाओं का संभाव्य अधिकतम् व विभेदकर (Differential) निष्दन ज्ञात करना।

(4) भौम जल तल व पानी के गुण ज्ञात करना।

(5) नींव में उत्पन्न कठिनाइयों का पता लगाना तथा उनका उपचार करना।

(6) वर्तमान संरचनाओं की सुरक्षा की जाँच करना तथा उनके उपचार सुझाना।

2.9 स्थल अन्वेषण की विधियाँ

स्थल अन्वेषण की प्रायः निम्न विधियाँ हैं।

(1) खुले गड्ढे व खाई खोदना

(2) बेधन विधि

(3) भू भौतिक अन्वेषण विधि

(4) वेन अपरूपण परीक्षण विधि

(5) गहराई नापना (Probing) विधि

(6) अधों भूमि वेधन विधि

(1) खुले गड्ढे खोदना विधि–यह विधि अत्यन्त सरल, मित व्ययी तथा सामान्य रूप से अधो भूमि की अवस्था की जानकारी प्राप्त करने के लिये अपनाई जाने वाली विधि है। इस विधि में इन्जीनियर अविक्षुब्ध अवस्था में मृदा की प्राकृतिक अवस्था में जाँच कर सकता है। इस विधि का मुख्य दोष यह है कि गड्ढ़े केवल 3 m गहराई तक ही खोदे जा सकते हैं इससे अधिक गहरे गड्ढों में टेक बन्दी करने की आवश्यकता होगी। इस गड्ढे का प्लान में आकार 1.2 X 1.2 m पर्याप्त है।

बेधन विधि–अधिक गहराई पर स्थल अन्वेषण के लिये बेधन विधि मितव्ययी पाई गई है। इस विधि में अध: स्थल की जानकारी प्राप्त करने के लिये भूमि में ऊर्ध्वाधर छिद्र बेधन किये जाते है। बेधन छिद्रों से प्रतिदर्श प्राप्त कर प्रयोगशाला में उनका परीक्षण किया जाता है। बेधन छिद्रों के उपयोग व मृदा किस्म के अनुसार बेधन निम्न विधियों द्वारा किये जा सकते है।

(a) बरमा बेधन (Auger Boring)

(b) धावन बेधन (Wash Boring)

(c) आधात बेधन (Percussion Boring or Drilling)

(d) घूर्णा बेधन (Rotory Boring or Drilling)

(e) क्रोड़ बेधन (Core Boring)

(a) बरमा बेधन—इस विधि से नरम, औसत दर्जे की संसंजक व नम मृदाओं में 5 से 6 m गहराई तक बेधन करने के लिये सर्वोत्तम है। इसका व्यास प्रायः 3.5 cm से 10 cm तक होता है। 6 से 10 m गहराई तक बेधन करने के लिये विद्युत से चलाये जाने वाले यांत्रिक बरमें उपयोग किये जाते है। अन्य विधियों के विस्तृत वर्णन के लिये लेखक की मृदा यांत्रिकी एवं नींव इन्जीनियरी का अध्ययन करें।

2.10 खुले गड्ढों व बेधन गड्ढों की गहराई व अन्तराल

अन्वेषण गड्ढों की गहराई व अन्तराल ऐसा होना चाहिये जिससे अधः भूमि की सही जानकारी प्राप्त हो सके अर्थात नींव के ऊपर व समीप की मृदा की परतों की मोटाई, मृदा के भौतिक गृण आदि ज्ञात हों सके। आरम्भ में एक उचित अन्तराल मान कर बेधन या गड्ढे खोदे जाते है फिर आवश्यकतानुसार यह अन्तराल कम या ज्यादा किया जा सकता है परन्तु प्रत्येक अवस्था में बेधन कठोर मृदा परत उपलब्ध होने तक किया जाना चाहिये। भारतीय मानक 4453-1967 के अनुसार बेधन गहराई व अन्तराल निम्न प्रकार माना जा सकता है।

तालिका-2.2

क्रम संख्या	कार्य की किसम	अन्तराल मीटर में क्षैतिज़ दिशा में मृदा की किस्म			प्रत्येक कार्य के लिये बेधन गड्ढों की न्यूनतम् संख्या
		समांग	औसत	खराब	
1.	एक से दो मंजले भवनों के लिये	60 m	30 m	15 m	3
2.	बहु मजंले भवनों के लिय	45 m	30 m	15 m	4
3.	पुल, अन्तआधार, पीयर ट्रांसमिशन टावर आदि	45 m	30 m	15 m	प्रत्येक इकाई के लिये 1से 2
4.	सड़क व हवाई पट्टियों के लिये	300 m	150 m	100 m	
5.	पुशतों के लिये	300 m	150 m	30 m	
	खतान	150 m	100 m	15 m	
6.	मृदा बांधों के लिये	60 m	30 m		
7.	औद्योगिक भवनों के	–	–	–	प्रत्येक 100 m के अन्तराल पर एक गड्ढा बनाकर क्षेत्र को ग्रिड के रूप में विभाजित कर अन्वेषण की जानी चाहिये

(1) अमहत्त्व पूर्ण व छोटे क्षेत्र में बनाये जाने वाले भवनों के लिये क्षेत्र के केन्द्र में एक खुला गड्ढा या बेधन छिद्र बनाना पर्याप्त है।

(2) 400 वर्ग मीटर क्षेत्रफल वाले भवनों के लिये चारों किनारों पर एक–एक बेधन छिद्र या खुला गड्ढा तथा एक केन्द्रीय भाग में बनाना पर्याप्त है, अर्थात कुल 5 गड्ढे या छिद्र बेधन बनाये जाने चाहिये।

(3) औद्योगिक व निवास भवनों की बड़ी–बड़ी कालोनियों के निर्माण के लिये गड्ढों व बेधन छिद्रों की संख्या, प्रति 100 m की दूरी पर गतिज घसंन शंकु परीक्षण अथवा स्थैतिक शंकु घंसन परीक्षण से मृदा के गुण ज्ञात कर निर्धारित की जाती हैं

(4) अन्वेषण की दृष्टि से न्यूनतम खुले गड्ढे या बेन्धन छिद्र की गहराई 1.5 m पयार्प्त है परन्तु औद्योगिक भवनों के लिये यह गहराई अधिक मानी जा सकती है।

(5) प्रायः अन्वेषण गहराई सबसे बड़े पाद (Footing) की अनुमानित अधिकतम् चौड़ाई की 1.5 से 2.0 गुणा मानी जा सकती है परन्तु मुलायम मृदाओं में कठोर परत उपलब्ध होने तक बेधन किया जाना चाहिये। विभिन्न प्रकार की संरचनाओं के लिये बेधन गड्ढों का अन्तराल व संख्या तालिका–2.2 के अनुसार मानी जा सकती है।

2.11 नींव की किस्में

भवन निर्माण में निम्न प्रकार की नींव अपनाई जा सकती हैं।

1. फैलाव नींव (Spread Foundation)
2. पाइल नींव (Pile Foundation)
3. पीयर नींव (Pier Foundation)

फैलाव खसका या नींव (Spread Foundation)–इस प्रकार की नींव संरचना का भार नींव के नीचे अधिक क्षेत्र पर वितरित करती है जिससे नींव के नीचे की मृदा पर संरचना का भार उसकी सुरक्षित धारक क्षमता से कम ही रहता है। इस विधि से संरचना के निष्दन का भय नहीं रहता। नींव की चौड़ाई प्रायः दीवार की चौड़ाई का दो गुणा +30 से०मी० के बराबर होनी चाहिए। (चित्र 2.2) में ये माप दिखाई गई है।

निम्न प्रकार की नींव इसी श्रेणी में आती हैं:

(1) दीवार खसका (Wall footing)
(2) एकांकी खसका (Isolated footing)
(3) संयुक्त खसका (Combined footing)
(4) उल्टी डाट खसका (Inverted arch foundation)
(5) बाहुधरन खसका (Cantilever footing)
(6) लगातार खसका (Continuous footing)
(7) फर्शी नींव (Raft-foundation)

(i) **दीवार खसका (Wall footings)**–दीवार के प्रत्येक खसके (Footing) में एक आधार परत बनाई जाती है यह आधार परत कंक्रीट अथवा ईंट एवं पत्थर की

बनाई जा सकती है। कम भार वहन करने वाली दीवारों के लिए चित्र–2.1 में दिखाये अनुसार नींव बनाई जा सकती है। इस प्रकार की नींव सरल नींव कहलाती है। इसमें दीवार के किनारे से केवल एक ही 15 से० मी० का प्रक्षेप पर्याप्त है।

अधिक भार बहन करने वाली दीवारों की नींव खसकेदार बनाई जाती हैं। दीवार के किनारे से कंक्रीट आधार की लम्बाई 10 से 15 cm. प्रयाप्त है।

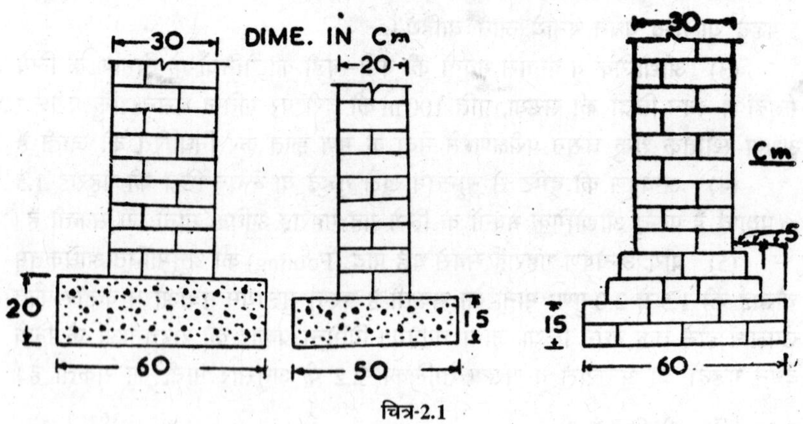

चित्र-2.1

प्रत्येक ऑफसेट (Offset) की लम्बाई ईंट की लम्बाई का एक चौथाई या 5 cm होनी चाहिए।

कंक्रीट परत की लम्बाई निम्न सूत्र से ज्ञात की जा सकती है।

आधार परत की लम्बाई = 2T + 2J

जबकि T = दीवार की मोटाई

J = प्रत्येक प्रक्षेप (Projection) की लम्बाई इसका मान 15 cm पर्याप्त है।

कंक्रीट आधार या परत की मोटाई निम्न प्रकार ज्ञात की जा सकती है।

माना d = कंक्रीट परत की मोटाई cm में

j = दीवार की सबसे निचली परत से कंक्रीट के प्रत्यके प्रक्षेप की लम्बाई मीटर में

m = कंक्रीट का विदारण मापांक (Modulus of rupture)

p = नींव पर भार kg/m²

तब $$d = \left(\frac{3p\,j^2}{m}\right)^{1/2} \text{ cm}$$

(2) $$d = \frac{5}{6}\,t$$

जबकि t दीवार की कुर्सी तल से ऊपर cm में मोटाई

ईंट की माप $9 \times 4\frac{1}{2} \times 4$ इन्च मानी गई है।

(ii) ईंट की माप (20 × 10 × 5 cm) होने पर d = t

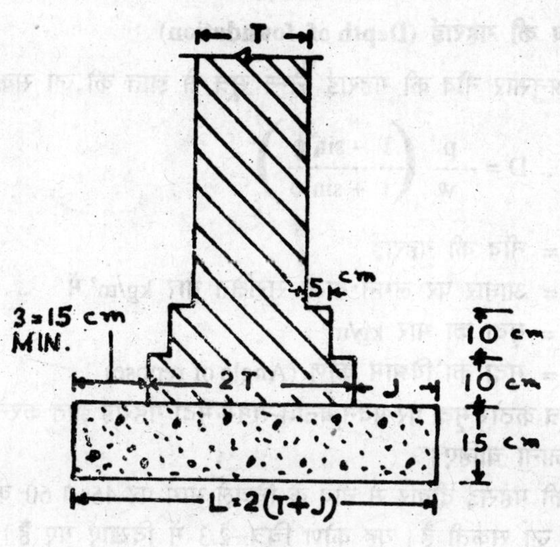

चित्र-2.2

विभिन्न प्रकार की कंक्रीट का विदारण मापांक निम्न तालिका–2.3 से ज्ञात किया जा सकता है।

तालिका-2.3

क्रम संख्या	कंक्रीट की किस्म	विदारण मापांक kg/m^2
1.	1 : 2 : 4 सीमेन्ट कंक्रीट (M 150)	5.27
2.	1 : 3 : 6 सीमेन्ट कंक्रीट (M 100)	3.52
3.	1 : 4 : 8 सीमेन्ट कंक्रीट	2.46
4.	औसत द्रवीय चूना व रेत कंक्रीट (1 मसाला व 3 पत्थर की रोड़ी)	1.55
5.	शुद्ध चुना व सुरखी कंक्रीट (1 मसाला व 3 पत्थर की रोड़ी)	1.55

कंक्रीट परत की मोटाई निम्न सूत्र से भी ज्ञात की जा सकती है।

$$d = \left[J \cdot \frac{p}{f_c} \right]^{1/2}$$

जबकि d = कंक्रीट परत की मोटाई cm में

J = कंक्रीट प्रक्षेप की लम्बाई cm में

p = मृदा पर लगने वाला भार kg/cm^2 में

f_c = 0.03 × 28 दिन की कंक्रीट की अन्तिम सामर्थ्य

(28 days strenght of concrete)

2.12 नींव की गहराई (Depth of foundation)

रेनकिन के अनुसार नींव की गहराई निम्न सूत्र से ज्ञात की जा सकती है

$$D = \frac{p}{w}\left(\frac{1 - \sin\phi}{1 + \sin\phi}\right)^2$$

जबकि D = नींव की गहराई

p = आधार पर लगने वाला सुरक्षित भार kg/m^2 में

w = मृदा का भार kg/m^3

ϕ = मृदा का विश्राम कोण (Angle of repose)

यह सूत्र कठोर मृदा पर भवन बनाते समय मृदा गहराई ज्ञात करने के लिए प्रयोग नहीं किया जाना चाहिए।

नींव की गहराई दीवार से नींव के निचले भाग पर 45° व 60° के कोण बनाकर भी ज्ञात की जा सकती है। यह कोण चित्र–2.3 में दिखाए गए हैं।

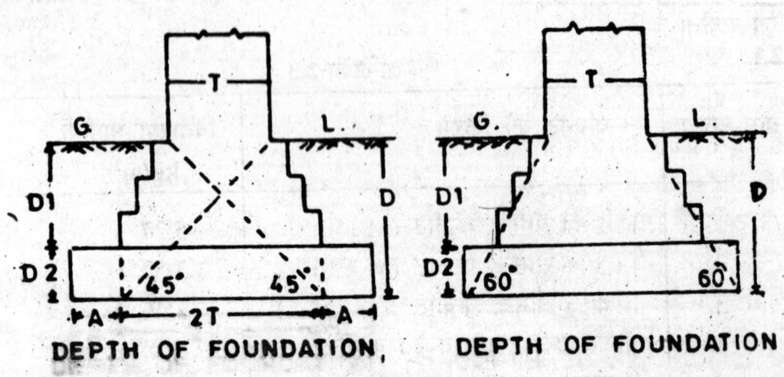

चित्र-2.3

यहाँ D = नींव की कुल गहराई

D_1 = नींव की कंक्रीट ब्लाक के ऊपर गहराई

D_2 = कंक्रीट ब्लाक की मोटाई या गहराई

भार वहन करने वाली दीवारों की नींव की न्यूनतम गहराई 90 cm होनी चाहिए। विभिन्न मृदाओं के विश्राम कोण का मान निम्न तालिका–2.4 में दिया गया है।

तालिका-2.4

क्रम संख्या	पदार्थ	(विश्राम कोण डिग्री में)
1.	राख (Ashes)	40°
2.	दुमट मृदा (Loam Earth)	30° से 45°
3.	शुष्क रेत (Sand dry)	25° से 35°
4.	नम रेत (Sand moist)	30° से 35°
5.	भीगा रेत (Sand wet)	15° से 30°
6.	चिकनी मिट्टी (Clay)	25° से 45°
7.	ग्रेवल (Gravel)	30° से 40°
8.	इन्जन की राख (Cinders)	25° से 40°
9.	कोक (Coke)	30° से 45°
10.	बिटुमन वाला कोयला (Mitu. coal)	35°
11.	Anthracite coal	27°
12.	सीमेन्ट (Cement)	17° से 30°
13.	गेहूँ (Wheat)	28°
14.	मक्का (Maize)	27° से 30°
15.	जो (Barley)	27°
16.	राई (Oat)	28°

2.13 एकाँकी नींव (Isolated footing)

पृथक्-पृथक् स्तम्भों का भार वितरित करने के लिए एकांकी नींव बनाई जाती हैं। इस प्रकार की नंव वर्गाकार, आयताकार या वृत्ताकार बनाई जा सकती है। मृदा की धारक क्षमता व भार के अनुसार एकांकी नींव ईंट या पत्थर की चिनाई, कंक्रीट या लोहे के ग्रिलेज की बनाई जा सकती है।

ईंट की चिनाई एकांकी नींव—इस श्रेणी की वर्गाकार नींव सबसे सरल तथा सस्ती होती है। चित्र संख्या 2.4 में ईंट की चिनाई की एकांकी नींव दिखाई गई है।

कंक्रीट एकाँकी नींव—इस प्रकार की एकांकी नींव कंक्रीट स्तम्भों के लिए बनाई जाती हैं। इनकी आकृति वर्गाकार, आयताकार या वृत्ताकार सरलता से बनाई जा सकती है। चित्र-2.5 में दिखाये अनुसार कंक्रीट को प्रवलित करने के लिए लोहे का प्रयोग किया जाता है।

2.14 ग्रिलेज नींव (Grillage foundation)

कम धारक क्षमता वाली मृदा में स्तम्भ से अधिक भार वितरण करने की दशा में ग्रिलेज नींव हल्की तथा मितव्ययी सिद्ध हुई है। इस प्रकार की नींव में आधार पर दाब तीव्रता कम करने के लिए बिना अधिक गहरी खुदाई किये ही पर्याप्त क्षेत्रफल उपलब्ध हो जाता है।

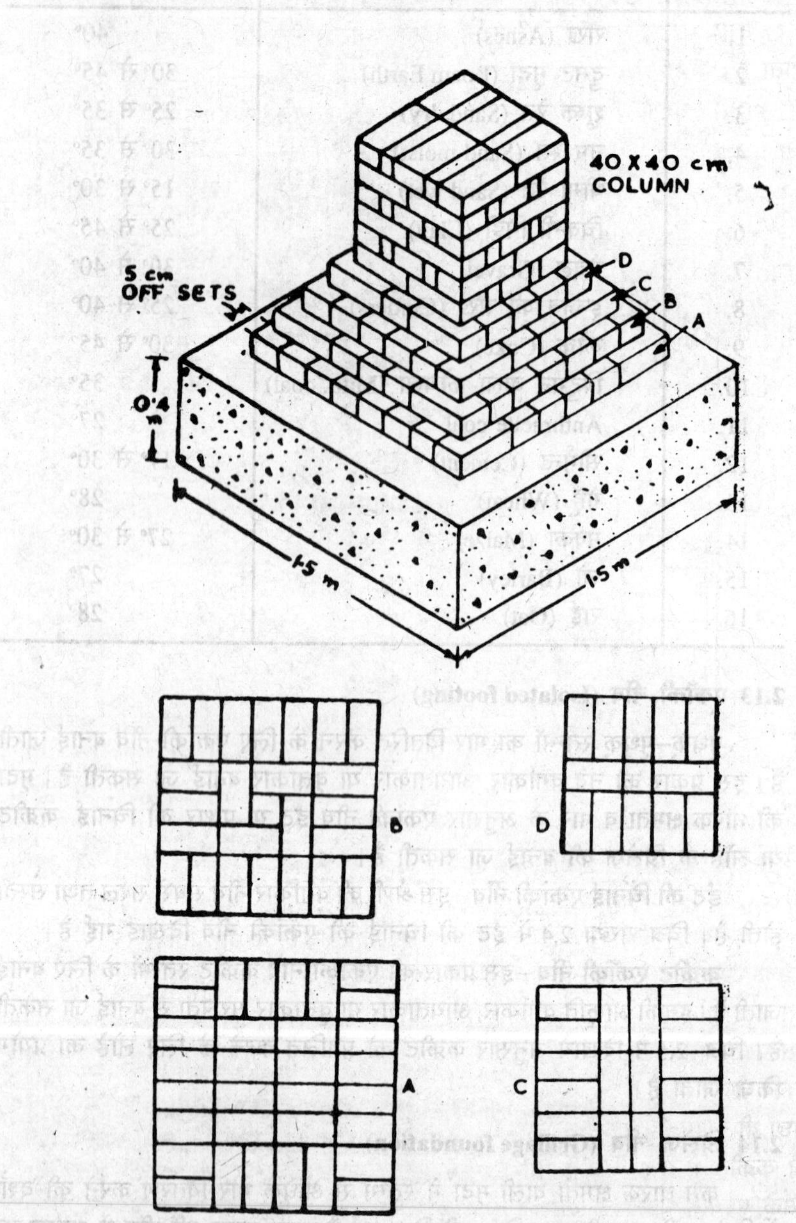

चित्र-2.4

ग्रिलेज नींव की विशेषताएँ—इस श्रेणी की नींव की निम्न विशेषताएँ है :

(i) इस नींव से प्रत्येक स्थान पर मृदा पर समान दाब वितरित होता है।

(ii) इसमें एक परत की धरनों से दूसरी परत की धरनों पर समान भार वितरित होता है।

(iii) धरनों की प्रत्येक परत एक दूसरे से स्वतन्त्र रूप से कार्य करती है।

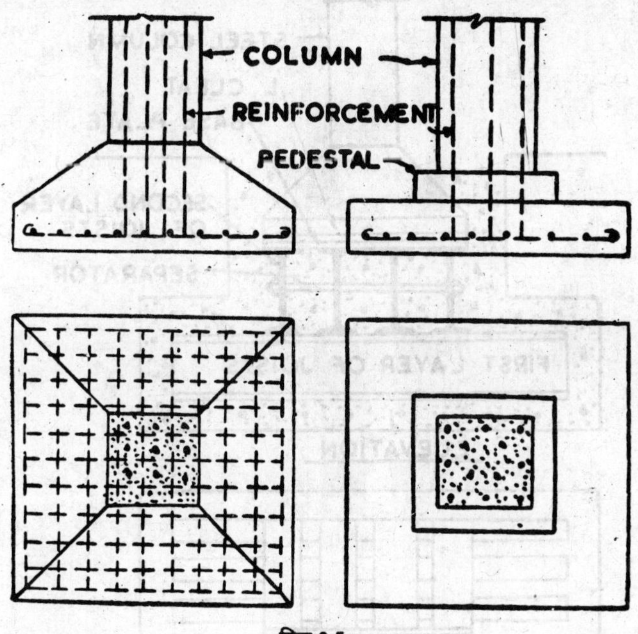

चित्र-2.5

(iv) धरनों के बीच भरी गई कंक्रीट कोई भार वहन नहीं करती। कंक्रीट धरनों को केवल जंग लगने से सुरक्षित रखती है। ऊपरी परत के ऊपर व बाहर की ओर 10 cm का आवरण तथा निचली परत से नीचे 15 cm का आवरण पर्याप्त है।

बनावट—डिजाइन अनुसार नींव की खुदाई करने के पश्चात् तली समतल करके उसके ऊपर 15 cm मोटी अधिक सीमेन्ट वाली कंक्रीट की परत बिछा दी जाती है। इस कंक्रीट की अच्छी प्रकार कुटाई कर उसे सघन व अपारगम्य बना दिया जाता है। इस प्रकार लोहे की धरनों के लिए अपारगम्य आधार तैयार कर लिया जाता है। इस प्रकार तैयार किये गये आधार पर गणना अनुसार लोहे की धरण पर्याप्त अन्तराल पर बिछा दी जाती हैं। धरनों के ऊपरी फलेंजों (Flanges) को समतल कर निचले फलेंजों को कंक्रीट में दबा दिया जाता है। इस प्रकार धरन आधार से जकड़ दी जाती हैं। इसके पश्चात् धरनों के बीच व चारों ओर भी कंक्रीट डाल दी जाती है।

धरनों की दो परतें बिछाने की अवस्था में दूसरी परत पहली परत के अभिलम्ब बिछाकर समस्त क्षेत्र कंक्रीट से भर दिया जाता है।

धरनों के बीच अन्तराल–धरनों के फलेंजों के बीच न्यूनतम दूरी 8 cm होनी चाहिए। परन्तु किसी भी दशा में यह दूरी फलेंज की चौड़ाई के दो गुना से अधिक नहीं होनी चाहिए। अधिक दूरी होने पर कंक्रीट व लोहे की धरन एक साथ भार वहन नहीं करेंगी। चित्र–2.6 में लोहे की ग्रिलेज नींव दिखाई है।

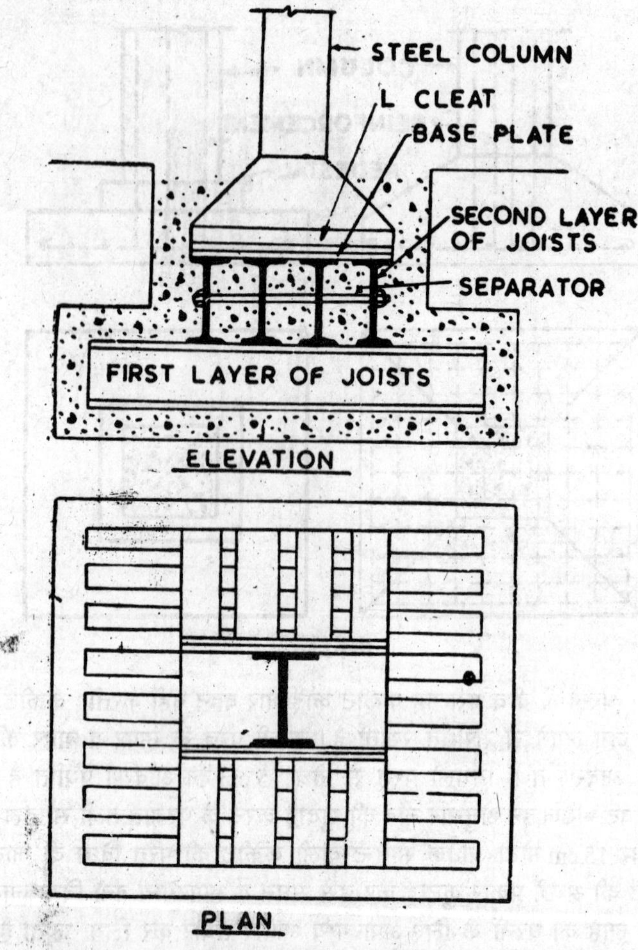

चित्र-2.6. Grillage Foundation

2.15 लकड़ी की ग्रिलेज नींव

कम भार वाली छोटी संरचनाओं की नींव के लिए लकड़ी की ग्रिलेज नींव उपयोगी सिद्ध हुई है। मुलायम व जलाक्रान्त (Water logged) भूमि में जहाँ मृदा की धारक क्षमता 5.5 टन प्रति वर्ग मीटर से कम हो, लकड़ी की ग्रिलेज नींव बहुत उपयोगी तथा मितव्ययी सिद्ध हुई है। लकड़ी की धरन 8 cm चौड़ी तथा 10 cm मोटी पर्याप्त है। स्तम्भ या

दीवार के किनारे से प्रत्येक प्रक्षेप (Projection) की लम्बाई 45 से 60 cm होनी चाहिए। धरनों की दो परत लगाने पर निचली परत की धरन की मोटाई 5 से 8 cm से अधिक नहीं होनी चाहिए।

बनावट–इसका निर्माण भी लोहे की ग्रिलेज की तरह ही किया जाता है। अन्तर केवल इतना है कि इसमें कंक्रीट का उपयोग नहीं किया जाता। चित्र–2.7 में लकड़ी की ग्रिलेज नींव दिखाई गई है।

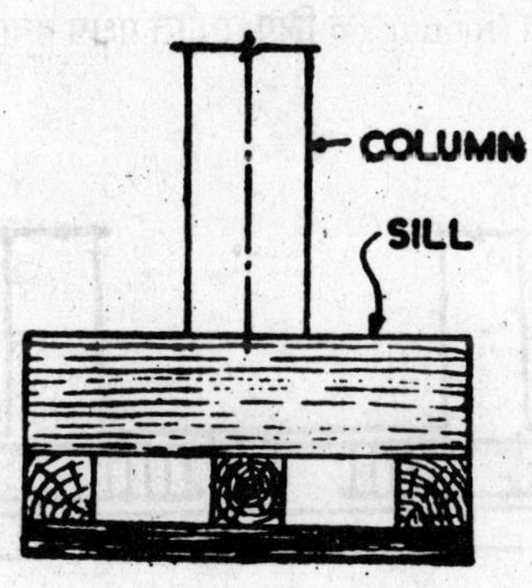

चित्र-2.7. Timber Grillage

2.16 उल्टी डाट नींव (Inverted arch foundation)

चित्र–2.8 में उल्टी डाट नींव दिखाई गई है। वर्तमान समय में इस प्रकार की नींव का चलन नहीं है। इसके लाभ तथा दोष निम्न प्रकार है:

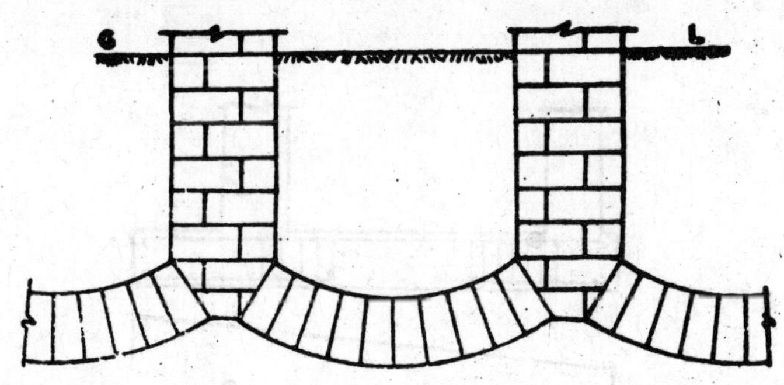

चित्र-2.8. Inverted Arch Foundation

लाभ–(i) इस प्रकार की नींव कम धारक क्षमता वाली मृदा में जहाँ संरचना का भार अधिक क्षेत्र पर वितरित करना हो बहुत उपयोगी सिद्ध हुई है।

(ii) इस प्रकार की नींव की गहराई अधिक रखने की आवश्यकता नहीं होती।

अर्थात गहराई बहुत कम हो जाती है जिससे धन की काफी बचत हो जाती है।

दोष—इस नींव में डाट क्रिया द्वारा उत्पन्न दाब सहन करने के लिए किनारों के पीयर (Pier) बहुत मजबूत बनाने की आवश्यकता होती है। यह इस नींव का मुख्य दोष है।

2.17 संयुक्त नींव (Combined foundation)

संयुक्त नींव निम्न परिस्थितियों में बनाई जाती है :

(1) स्तम्भ की नींव (footing) के लिए पर्याप्त प्रक्षेप बनाने के लिए स्थान उपलब्ध न होने पर।

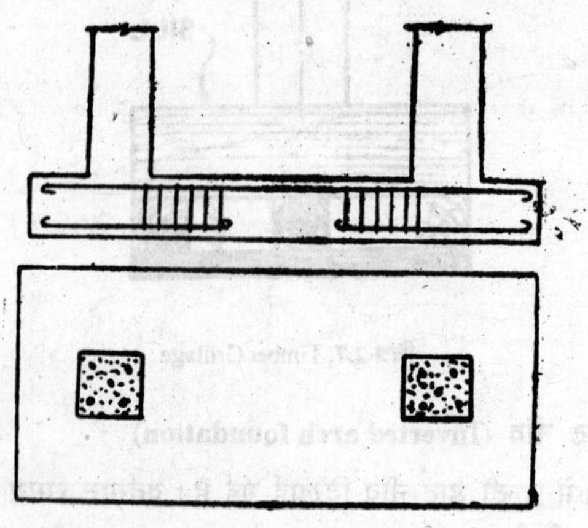

चित्र-2.9 (a) Rectangular Combined Foundation

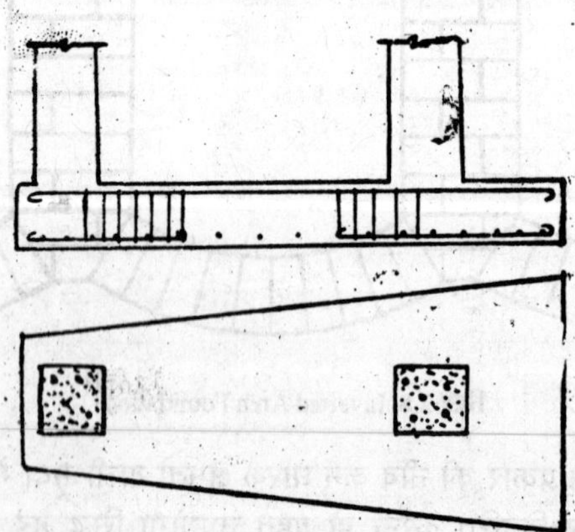

चित्र-2.9 (b) Trapezoidal Combined Foundation

(2) आन्तरिक स्तम्भ पर वाह्य स्तम्भ की अपेक्षा अधिक भार लगता हो। उपरोक्त परिस्थितियों में संयुक्त नींव बनाना बहुत ही उपयोगी सिद्ध हुआ है। संयुक्त नींव आयताकार या समलम्बाकार किस्म की बनाई जा सकती हैं। आयताकार संयुक्त नींव स्तम्भों पर समान भार लगाने की अवस्था में बनाना अधिक उपयुक्त है। आन्तरिक स्तम्भ पर अधिक भार लगने की अवस्था में भी आयताकार संयुक्त नींव बनाई जा सकती है। समलम्बाकार संयुक्त नींव उपरोक्त दोनों अवस्थाओं के लिए उपयुक्त है। चित्र–2.9 में कंक्रीट व लोहे की संयुक्त नींव के चित्र दिखाये गये है।

बनावट–संयुक्त नींव के क्षेत्रफल की माप निर्धारित करते समय इस बात का ध्यान रखना चाहिए कि भार वहन करने वाले क्षेत्रफल का गुरुत्त्व केन्द्र व स्तम्भों पर लगने वाले भारों का संयुक्त गुरुत्व केन्द्र एक ही लाइन पर पड़ें।

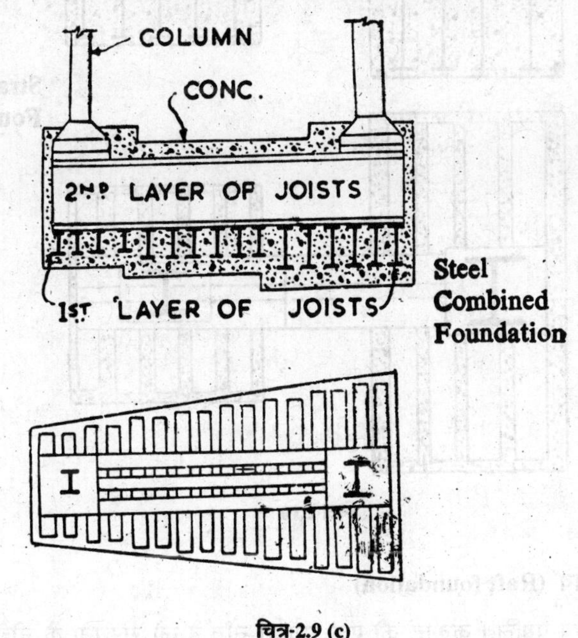

चित्र-2.9 (c)

2.18 स्ट्रैप या बाहुधरन नींव (Strap or cantilever foundation)

कभी–कभी मुलायम मृदा में अधिक भार के कारण वाह्य किनारों के नीचे धंस जाने के कारण स्तभ्भ के ठीक नीचे नींव बनाना संभव नहीं होता। ऐसी परिस्थितियों में दो या तीन स्तभ्भों की नींव किसी घरन द्वारा मिला दी जाती हैं। इस प्रकार की नींव स्ट्रैप या बाहुघरन नींव कहलाती है। बहुधा इस श्रेणी की नींव निम्न परिस्थितियों में बनाई जाती है :

(1) उपकेन्द्री भार लगने की अवस्था में।

(2) समीप की संरचना के कारण नींव में प्रक्षेप देना संभव न होने के कारण।

इस श्रेणी की नींव कंक्रीट व लोहे दोनों प्रकार की ही बनाई जा सकती है। चित्र–2.10 में इस श्रेणी की नींव दिखाई गई है।

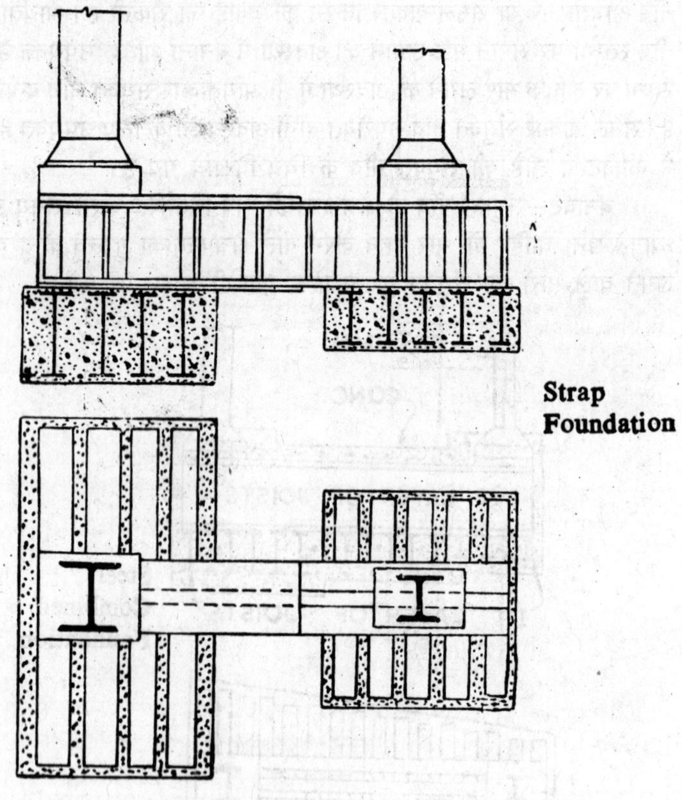

चित्र-2.10

2.19 फर्शी नींव (Raft foundation)

फर्शी नींव प्रबलित कंक्रीट की एक संयुक्त नींव है जो संरचना के नीचे समस्त क्षेत्र के लिए बनाई जाती है। यह नींव समस्त स्तम्भों तथा दीवारों का भार वहन करती है। फर्शी नींव निम्न अवस्थाओं में उपयोगी होती है :

(1) कम धारक क्षमता वाली मृदाओं में जहाँ एकांकी नींव बनाना संभव न हो।

(2) जिन स्थानों पर पाइल व एकांकी नींव बनाना संभव न हो वहाँ फर्शी नींव बनाना मितव्ययी सिद्ध हुआ है।

बनाने की विधि–जैसा कि ऊपर बताया जा चुका है फर्शी नींव प्रबलित कंक्रीट स्लेब की संरचना के समस्त क्षेत्र के नीचे बनाई जाती है। इस स्लेब की दोनों सतहो के समीप दोनों दिशाओं में प्रबलन लगाया जाता है।

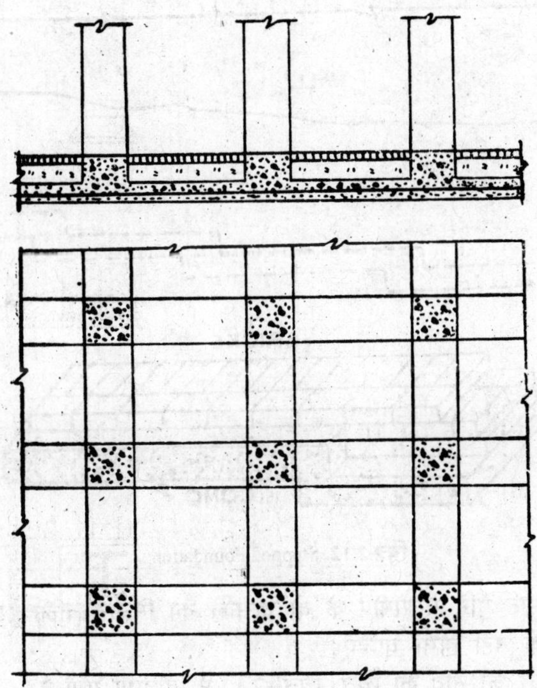

चित्र-2.11. Raft Foundation

फर्शी नींव में प्रायः वाह्य दीवारों या स्तम्भों के किनारों से लगभग 30 से 45 से०मी० का चारों ओर प्रक्षेप दिया जाता है। इस कारण खुदाई किया जाने वाला क्षेत्र वास्तविक क्षेत्र से कुछ अधिक होता है। कंक्रीट स्लेब के लिए आधार तैयार करने के लिए वांच्छित गहराई तक खुदाई कर उसकी अच्छी प्रकार तराई की जाती हैं। तराई करने के पश्चात् समस्त क्षेत्र की कुटाई कर उसे समतल कर दिया जाता है। इस प्रकार तैयार किये गये आधार के शुष्क हो जाने पर कंक्रीट स्लेब बिछाई जाती है।

2.20 ढालू भूमि में नींव–

ढालू भूमि में ऊँचे सिरे की ओर निचले सिरे की अपेक्षा बहुत गहरी नींव बनाने की आवश्यकता होगी जिसमें अधिक व्यय होगा। इस कारण नींव को मितव्ययी बनाने के लिए ढालू भूमि में नींव खसकेदार (Stepped) बनाई जाती है। प्रायः प्रत्येक खसके की गहराई तली की कंक्रीट की मोटाई से अधिक नहीं होनी चाहिए। I.S.I. के अनुसार नींव के निचले सिरे से प्रथम खसके की न्यूनतम दूरी मृदाओं में 1 मीटर तथा चट्टानों में 60 cm होनी चाहिए।

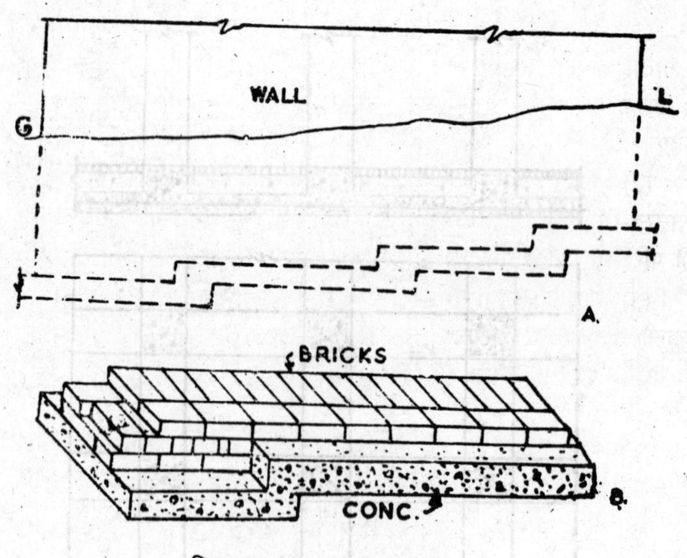

चित्र-2.12. Stepped Foundation

(ii) दोमट भूमि में समीप के दो खसकों को मिलाने वाली रेखा का ढाल 2 : 1 से अधिक नहीं होना चाहिए।

इस प्रकार की नींव का चित्र, चित्र–2.12 में दिखाया गया है।

2.21 काली चिकनी मिट्टी

भारतवर्ष के लगभग 16% क्षेत्रफल में काली चिकनी मिट्टी पाई जाती है। यह मिट्टी ज्वालामुखी से निकले लावा से बनी है। यह पानी के सम्पर्क में आने पर फूलती है तथा शुष्क होने पर सुकड़ती है। इस कारण ग्रीष्म ऋतु में काली चिकनी मिट्टी के प्राकृतिक जमाव में संकुचन के कारण लगभग 1 मीटर गहराई तक 10 से०मी० तक चौड़ी दरारें पड़ जाती हैं। अधिक मोटी परतों में यह दरारें 3 मीटर गहराई तक देखी गई हैं। वर्षा ऋतु में वर्षा होने पर इस मिट्टी का फैलाव आरम्भ हो जाता है। इस फैलाव का लगभग दो तिहाई भाग ग्रीष्म ऋतु में उत्पन्न दरारों को भरने में समाप्त हो जाता है तथा शेष फैलाव के कारण मिट्टी ऊपर की ओर उभरती (heave) है। इस उभराव के कारण ही इस मृदा पर बनी संरचनाओं को क्षति पहुँचती है। इस मिट्टी पर बनी संरचनाओं में यह उभार असमान देखा गया है। यह उभार संरचना की परिधि की अपेक्षा केन्द्रीय भाग में अधिक होता है। इसी असमान उभार के कारण संरचानाओं को अधिक क्षति पहुँचती है तथा संरचनाएँ नष्ट हो जाती हैं।

2.22 काली चिकनी मिट्टी में नींव बनाना

काली चिकनी मिट्टी में नींव बनाते समय निम्न सावधानियाँ अपनाई जा सकती हैं:

(1) पक्की मिट्टी की परत या चट्टान के ऊपर काली चिकनी मिट्टी की परत की मोटाई केवल 1 मीटर से 2 मीटर तक होने पर समस्त काली चिकनी मिट्टी खोद कर उसके स्थान पर असंसंजक मृदा (Grannular soil) भर कर नींव बनाई जानी चाहिए।

(2) काली चिकनी मिट्टी की मोटाई 3 मीटर से 4 मीटर तक होने की अवस्था में समस्त मिट्टी खोद कर असंसंजक मृदा भरना बहुत अधिक व्ययी होगा। इस कारण ऐसी परिस्थितियों में प्रबलित कंट्रीट की पाइल बनाना बहुत उपयोगी सिद्ध हुआ है।

(3) पाइल बनाना संभव न होने पर मृदा प्रसार को रोकने के लिए संरचना में कुर्सी (Plinth) तल, लिन्टल तल (Lintel) तथा छत के समीप प्रबलित कंक्रीट की पट्टी या बैंड (Band) बनाना उपयोगी सिद्ध हुआ है। कंक्रीट पट्टी की मोटाई 10 से 15 से०मी० पर्याप्त है।

(4) बहुमूल्य संरचनाओं के लिए कंक्रीट की फर्शी नींव या उल्टी टी (T) धरन अथवा अधिक मोटी प्रबलित धरन बनाई जा सकती है।

(5) नींव का भार बढ़ाकर मृदा प्रसार कम किया जा सकता है।

(6) संरचना के भागों को काली मिट्टी के सम्पर्क में नहीं आने देना चाहिए। नींव के दोनों ओर खाई खोद कर उसमें असंसंजक मृदा भर कर ऐसा किया जा सकता है।

(7) पाइल व धरन नींव चिकनी मिट्टी में बहुत उपयोगी सिद्ध हुई है।

पाइल व धरन नींव में पाइल दो प्रकार से बनाई जा सकती है :

(1) समान व्यास वाली तत्स्थानिक ढली पाइल।

(2) शिखर की अपेक्षा तली पर अधिक व्यास वाली तत्स्थानिक ढली पाइल

2.23 अण्डर-रीम्ड पाइल (Under-reamed pile).

अण्डर रीम्ड पाइल का अविष्कार केन्द्रीय भवन अनुसंधान केन्द्र रुड़की (Central Building Research Institute) ने किया। प्रायः यह पाइल स्थिर जल तल तक बनाई जाती है। काली चिकनी मिट्टी की अधिक मोटी परतों में इस प्रकार की पाइल की लम्बाई 3.60 मीटर तक बनाई जा सकती है। काली चिकनी मिट्टी की कम मोटी परतों में पाइल की 60 से०मी० लम्बाई अप्रसार वाली मिट्टी की परत में रहनी चाहिए। पाइलों का अन्तराल संरचना की प्लान, पाइलों की धारक क्षमता व भार की मात्रा पर निर्भर करता है। दो पाइलों के बीच का अन्तराल 1.5 मीटर से 3 मीटर तक हो सकता है।

कुर्सी धरन पर भार आने से बचाने के लिए दीवारों के प्रत्येक किनारे के नीचे पाइल बनानी चाहि। पाइल की तली का व्यास शिखर की अपेक्षा 2 से 3 गुना होता है। हाथ बरमें से बनाई गई पाइल का व्यास 20 से 30 से०मी० होता है। कुर्सी धरन,

अण्डर रीम्भ पाइल शिखर पर भू तल से 8 से०मी० ऊपर तक ढाली जाती हैं। रिसन रोक दीवार (Curtain wall) धरन के साथ वाह्य किनारों पर ढाली जाती है। इस दीवार की माप 8 से०मी० चौड़ी तथा 15 से०मी० गहरी होती है। इस नींव का एक चित्र, चित्र–2.13 में दिखाया गया है। चित्र–2.13 (a) में अण्डर रीम्ड पाइल बनाने के लिए आधार तैयार करने वाला उपकरण दिखाया गया है।

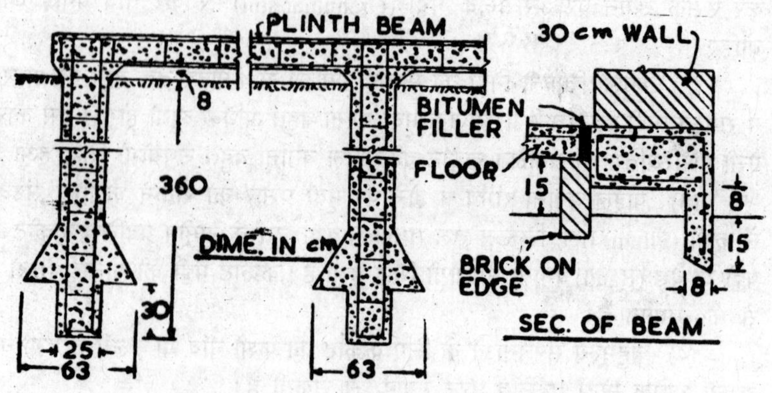

चित्र-2.13. Under Reamed Pile

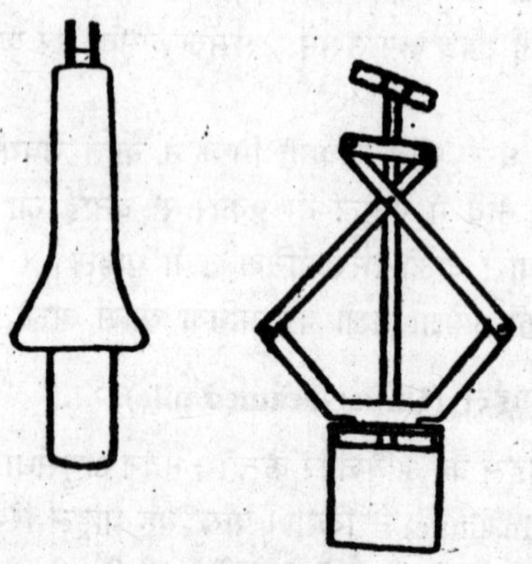

चित्र-2.13 (a)

काली चिकनी मिट्टी में निम्न प्रकार की अन्य नींव भी बनाई जा सकती है।

चित्र–2.16 में तली का कंक्रीट ब्लाक रेत पर तथा चित्र–2.17 में पत्थरों पर टहरा दिखाया गया है।

नोट–1. चिनाई प्रायः सामान्य भू–तल से 15 से०मी० नीचे से आरम्भ होनी चाहिए।

2. मुख्य दीवारों की नींव की खाइयों की चौड़ाई तली की कंक्रीट परत की चौड़ाई से 90 से 120 से०मी० अधिक होनी चाहिए।

चित्र–2.14 में कुर्सी पर प्रबलित कंक्रीट पट्टी वाली नींव दिखाई गई है।

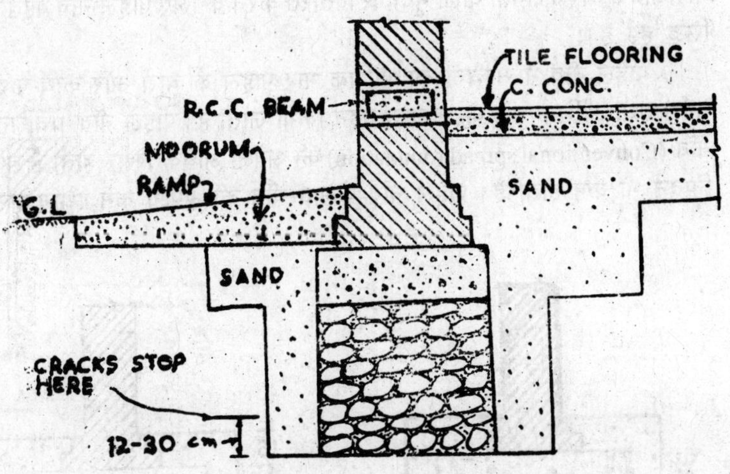

चित्र-2.14. Concretc Foundation in Black Soil

चित्र–2.15 में दीवार को नींव पाइलों पर दिखाई गई है।

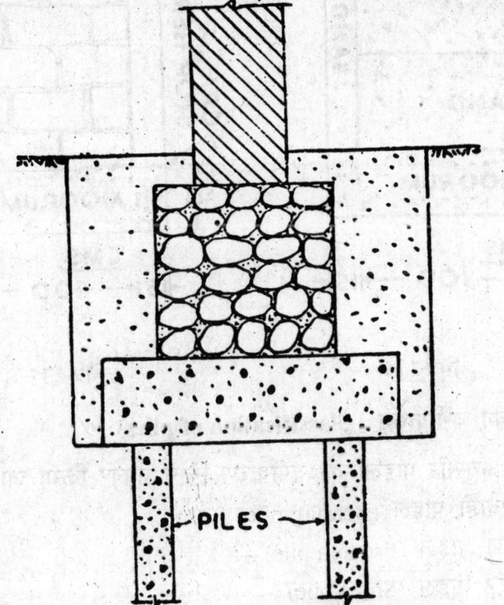

चित्र-2.15. Pile Foundation in Black Soil

2.24 पाइल नींव (Pile foundation)

6 मीटर या इससे भी अधिक गहराई तक मृदा की धारक क्षमता कम होने या मृदा की धारक क्षमता बढ़ाना असंभव अथवा बहुत अधिक व्ययी होने पर संरचना का भार अधिक धारक क्षमता वाली मृदा पर वितरित करने के लिए पाइल नींव बहुत उपयोगी सिद्ध हुई है।

पाइल नींव में संरचना का आँशिक भार पाइल के चारों ओर कार्य करने वाली घर्षण तथा आंशिक भार पाइल द्वारा वहन किया जाता है। पाइल नींव, प्रचलित फैलाव नींव (Conventional spread foundation) की अपेक्षा अधिक स्थिर होती है तथा इनमें निष्दन भी कम होता है। पाइल नींव फैलाव नींव की अपेक्षा कम स्थान घेरती है।

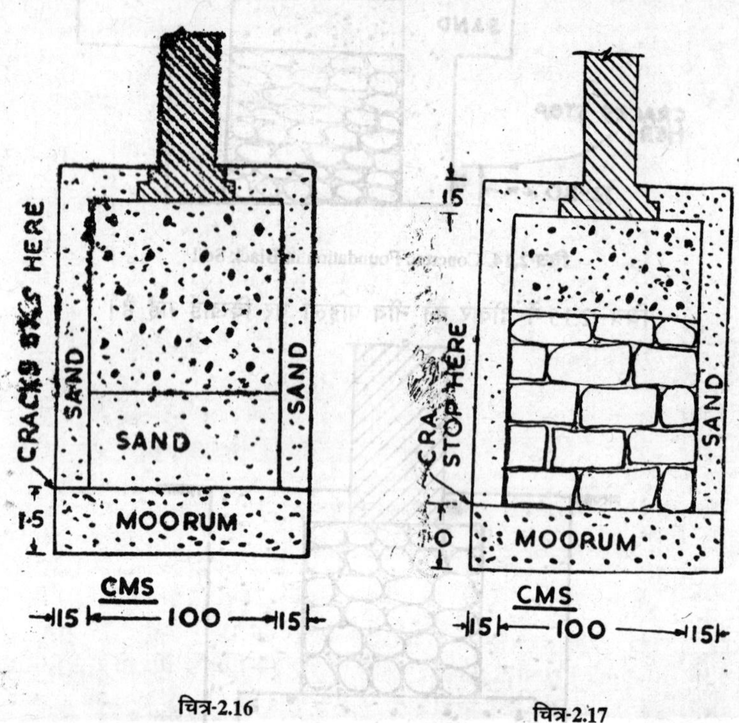

चित्र-2.16 चित्र-2.17

2.25 पाइलों का वर्गीकरण (Classification of piles)

कार्य के अनुसार पाइलों का वर्गीकरण निम्न प्रकार किया जा सकता है।

(1) भारवाही पाइल (Bearing pile)

(2) घर्षण पाइल (Friction pile)

(3) चादर पाइल (Sheet pile)

(4) सघनन पाइल (Compaction pile)

(5) तनन अथवा उत्थापन पाइल (Tension or up lift pile)

(6) जकड़ पाइल (Anchor pile)

भारवाही पाइल—जब कोई पाइल कम धारक क्षमता वाली मृदा अथवा पानी में गाड़ी जाती है तथा उसका निचला सिरा अधिक धारक क्षमता वाली मृदा या चट्टान पर टिक कर संरचना का भार वितरित करता है तो इस प्रकार की पाइल भारवाही पाइल कहलाती है। चित्र–2.18 में इस प्रकार की एक पाइल दिखाई गई है।

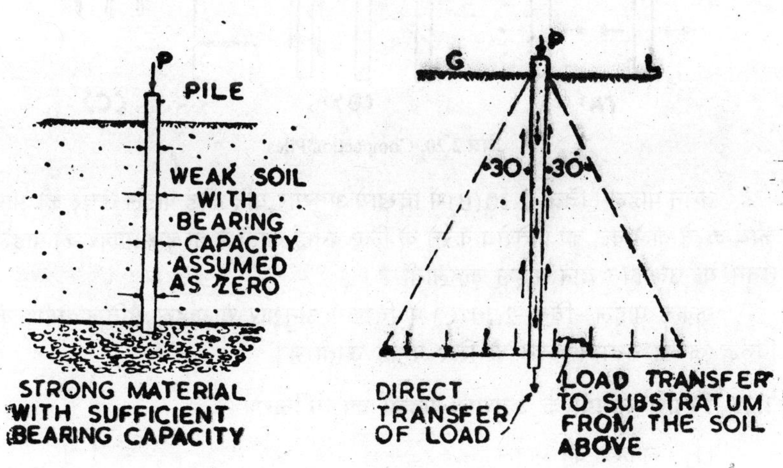

चित्र-2.18. Bearing Pile

चित्र-2.19. Friction Pile

घर्षण पाइल—मुलायम मृदा में गाड़ी गई पाइल अपनी सतह व मृदा के बीच घर्षण के कारण वहन क्षमता प्राप्त करने पर घर्षण पाइल कहलाती है। चित्र–2.19 में इस प्रकार की पाइल दिखाई गई है। जिन स्थानों पर बहुत गहराई तक कठोर चट्टान या अधिक धारक क्षमता वाली मृदा नहीं मिलती वहाँ इसी प्रकार की पाइल प्रयोग की जाती है।

2.26 चादर या शीट पाइल (Sheet Pile)

चादर पाइल का प्रयोग संरचना के भार वहन करने के लिए नहीं किया जाता। इनका प्रयोग प्रायः द्रवीय संरचनाओं के नीचे रिसन अथवा मिट्टी रोकने के लिए पुशता दीवार की भांति किया जाता है। इस प्रकार की पाइल रिसन रोकने में बहुत ही

प्रभावशाली सिद्ध हुई हैं। इस प्रकार की पाइल प्रायः लोहे या इस्पात की बनाई जाती हैं।

संघनन पाइल (Compaction pile)–कभी–कभी मुलायम व ढीली (Loose) मृदा या रेत को सघन बनाने के लिए छोटी पाइल गाड़कर कम्पन उत्पन्न किया जाता है जिससे रेत या मृदा सघन हो जाती है। इस प्रकार की पाइल स्वयं कोई भार वहन नहीं करती। चित्र–2.20 (A) में इस प्रकार की पाइल दिखाई गई है।

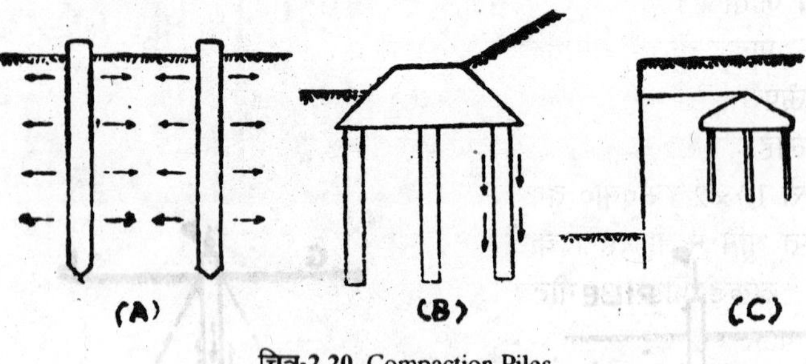

चित्र-2.20. Compaction Piles

तनन पाइल–चित्र–2.20 (B) में दिखाये अनुसार यदि कोई पाइल ऊपर की ओर कार्य करने वाले बल का प्रतिरोध करने के लिए बनाई जाती है तो इस प्रकार की पाइल तनन या उत्थापन दाब पाइल कहलाती है।

जकड़ पाइल–चित्र–2.20 (C) में दिखाये अनुसार ये पाइल क्षैतिज घर्षण के विरुद्ध जकड़ उत्पन्न करने के लिए बनाई जाती हैं।

2.27 निर्माण सामग्री के अनुसार पाइलों का वर्गीकरण

(1) लकड़ी की पाइल

(2) कंक्रीट पाइल

  (i) पूर्व निर्मित पाइल (Pre-cast pile)

  (ii) तत्स्थानिक ढली पाइल (Cast in situ pile)

(3) इस्पात या लोहे की पाइल

(4) मिश्रित पाइल

(1) लकड़ी की पाइल

लकड़ी की पाइल घर्षण पाइल श्रेणी की है। सख्त चट्टान पर ठहरने के पश्चात्‌भी यह पाइल अधिक भार वहन नहीं कर सकती। पानी से संतृप्त मुलायम मृदाओं में लकड़ी की पाइल नींव बनाना बहुत उपयोगी तथा मितव्ययी सिद्ध हुआ है।

लकड़ी की पाइल देवदार, साल, टीक, सीसम, बबूल आदि पेड़ों के लट्ठों से बनाई जाती हैं। लकड़ी की पाइल वृत्ताकार या वर्गाकार परिच्छेद की बनाई जा सकती है। वृत्ताकार पाइल का व्यास 30 से०मी० से 40 से०मी० तथा वर्गाकार पाइल की एक भुजा 30 से 40 से०मी० होनी चाहिए। भूमि में गाड़ने में सुगमता प्रदान करने के लिए पाइल

का निचला सिरा तीखा बनाया जाता है। निचले सिरे के परिच्छेद की माप 15 से 18 से०मी० रखी जाती है। चित्र–2.21 में लकड़ी की पाइल दिखाई है।

कभी–कभी पाइल गाड़ते समय भूमि में पत्थर या सख्त मिट्टी मिलने के कारण पाइल गाड़ने में कठिनाई उत्पन्न हो जाती है। इस कारण इनके निचले सिरों पर लोहे का शू लगा दिया जाता है।

पाइल गाड़ते समय हथौड़ों की चोट के कारण पाइल का ऊपरी सिरा फट जाता है। इस कारण, उसके ऊपरी सिरे पर लोहे का छल्ला चढ़ा देना चाहिए। छल्ले का परिच्छेद 5 × 1 से 10 × 2.5 से०मी० तक हो सकता है। यह छल्ला सदैव संतृप्त भूमि में ही रहना चाहिए।

लकड़ी पाइल 30 मीटर लम्बाई तथा 10 से 2.5 टन भार प्रति पाइल वहन करने के लिए प्रयोग की जा सकती हैं। दोष रहित अच्छी लकड़ी की पाइल पूर्णतः शुष्क या पूर्णतः संतृप्त भूमि में प्रायः खराब नहीं होती।

इटली में 1000 वर्ष पुरानी लकड़ी की पाइल अब भी अच्छी दशा में पाई गई हैं। परन्तु भूमि के कभी संतृप्त तथा कभी शुष्क होने की अवस्था में लकड़ी की पाइल सड़ जाती है। इसलिए लकड़ी को सड़ने से रोकने के लिए उसका उचित उपचार करना आवश्यक है। लकड़ी की पाइलों का उपचार क्रिओसोट तेल (Creosoate oil) कापर सल्फेट, जिंक क्लोराइड (Zine chloride) आदि से किया जा सकता है। लकड़ी की पाइलों का अन्तराल 60 से०मी० से 200 से०मी तक रखा जा सकता है। परन्तु 90 से 100 से०मी० का अन्तराल सर्वोत्तम सिद्ध हुआ है।

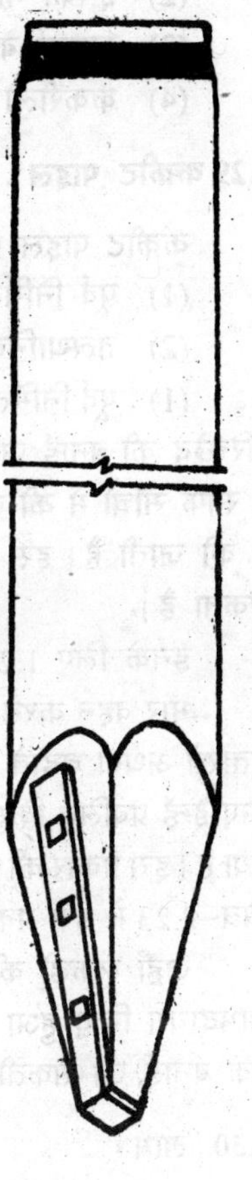

चित्र-2.21. Timber Pile

समुद्री पानी में खेर (Khair) की पाइल बहुत उपयोगी सिद्ध हुई है।

2.28 लकड़ी की पाइल के लाभ

(1) ये मितव्ययी होती है।

(2) इन्हें सरलता से उठाया तथा रखा या चढ़ाया व उतारा जा सकता है।

(3) इन्हें सरलता से काट कर इनकी लम्बाई कम की जा सकती है।

(4) पाइल की लम्बाई पर्याप्त न होने पर उसमें जोड़ सरलता से लगाया जा सकता है।

(5) इन्हें हल्की मशीनों से सरलता से गाड़ा जा सकता है।

दोष

(1) ये पानी की क्रिया अथवा दीमक से खराब हो जाती है।

(2) इनकी भार वहन क्षमता कम होती है।

(3) लम्बाई बढ़ाने के कारण इनकी लागत बढ़ जाती है।

(4) कंकरीली भूमि में गाड़ना कठिन है।

2.29 कंक्रीट पाइल

कंक्रीट पाइल प्रायः दो प्रकार की होती हैं।

(1) पूर्व निर्मित पाइल।

(2) तत्स्थानिक ढली पाइल।

(1) पूर्व निर्मित पाइल–पूर्व निर्मित पाइल वृत्ताकार, वर्गाकार अथवा आयताकार परिच्छेद की बनाई जा सकती हैं। इनकी ढलाई केन्द्रीय स्थान पर नियंत्रित अवस्था में साफ साँचों में की जाती है। इनकी ढ़लाई व तराई प्रायः पाइल की क्षैतिज अवस्था में की जाती है। इस श्रेणी की पाइलों का व्यास 25 से०मी० से 60 से०मी० तक हो सकता है।

इनके लिए 1:2:4 या 1:1:3 सीमेन्ट कंक्रीट प्रयोग की जा सकती है।

भार वहन करने की दृष्टि से इनमें प्रबलन लगाने की आवश्यकता नहीं हैं परन्तु उतारते अथवा चढ़ाते (Handling) समय इनमें उत्पन्न प्रतिबलों का प्रतिरोध करने के लिए इन्हें प्रबलित किया जाता है। चित्र–2.22 में पूर्वनिर्मित पाइल का प्रबलन दिखाया गया है। इस प्रकार की पाइलों को उतारते व चढ़ाते समय बहुत सावधानी बरतनी चाहिए। चित्र–2.23 में इस प्रकार की पाइल उठाने के लिए हुको की स्थिति दिखाई गई है।

जहाँ लकड़ी की पाइल बनाना सम्भव न हो वहाँ इस प्रकार की पाइल बनाना लाभदायग सिद्ध हुआ है। इस प्रकार की पाइलों की लम्बाई 4.5 मीटर से 30 मीटर तक बनाई जा सकती है। इनकी भार क्षमता प्रायः 80 टन तक होती है।

2.30 लाभ

(1) इनके निर्माण के समय कंक्रीट पर उचित नियंत्रण रखा जा सकता है। निर्माण के समय उत्पन्न दोष उसी समय ठीक किए जा सकते हैं।

(2) इन्हें प्रबलित करने की अवस्था में प्रबलन सही स्थान पर रखा जा सकता है।

(3) ताजी कंक्रीट पर कोई भार नहीं लगता। उसकी अच्छी प्रकार तराई होने के पश्चात ही कंक्रीट पर भार पड़ता है।

(4) इनका निर्माण, कार्य आरम्भ करने से पूर्व ही किया जा सकता है जिससे कार्य अति शीघ्र समाप्त किया जा सकता है।

(5) नम व क्षारीय स्थानों पर इनका उपयोग बहुत उपयोगी सिद्ध हुआ है।

(6) सड़ने से बचाव के लिए इनके किसी उपचार की आवश्यकता नहीं होती है।

चित्र–2.24 में स्तम्भों के ऊपर टिकी पूर्व निर्मित पाइल दिखाई गइ है।

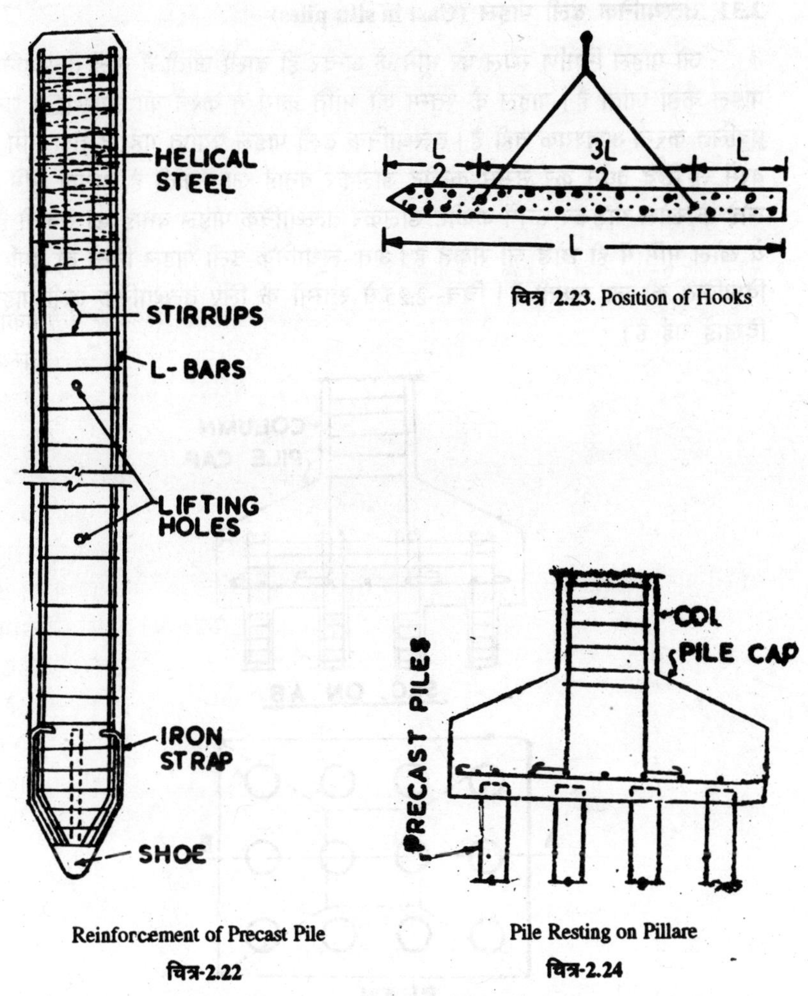

चित्र 2.23. Position of Hooks

Reinforcement of Precast Pile

चित्र-2.22

Pile Resting on Pillare

चित्र-2.24

(7) पाइल गाड़ते समय समीप की पाइल में कोई अन्य बल उत्पन्न नहीं होता।

(8) बिना किसी आपत्ति के इन्हें किसी भी लम्बाई का बनाया जा सकता है।

दोष

(1) आकार के अनुसार इनका भार बहुत अधिक होता है।

(2) इन्हें उतारने व चढ़ाने में बहुत कठिनाई होती है।

(3) इनका गाड़ना कठिन है।

(4) इनकी लम्बाई बढ़ाना या कम करना बहुत कठिन है।

(5) गाड़ते समय उत्पन्न झटकों के कारण ये कमजोर हो जाती है।

(6) लकड़ी की पाइलों की अपेक्षा इनकी लागत अधिक होती है।

2.31 तत्स्थानिक ढली पाइल (Cast in situ piles)

जो पाइल निर्माण स्थल पर भूमि के अन्दर ही ढाली जाती हैं उन्हें तत्स्थानिक पाइल कहा जाता है। पाइल के स्तम्भ की भांति कार्य न करने की अवस्था में उन्हें प्रबलित करना आवश्यक नहीं है। तत्स्थानिक ढली पाइल पर्याप्त गहराई तक भूमि में बरमें से छिद्र वेधन कर उसमें कंक्रीट डालकर बनाई जा सकती है, अथवा भूमि में लोहे के खोल गाड़कर उनमें कंक्रीट डालकर तत्स्थानिक पाइल बनाई जा सकती है। ये खोल भूमि में ही छोड़े जा सकते हैं। अतः त्स्थानिक ढली पाइल निम्न दो वर्गो में विभाजित की जा सकती है। चित्र–2.25 में स्तम्भों के लिए तत्स्थानिक ढली पाइल दिखाई गई है।

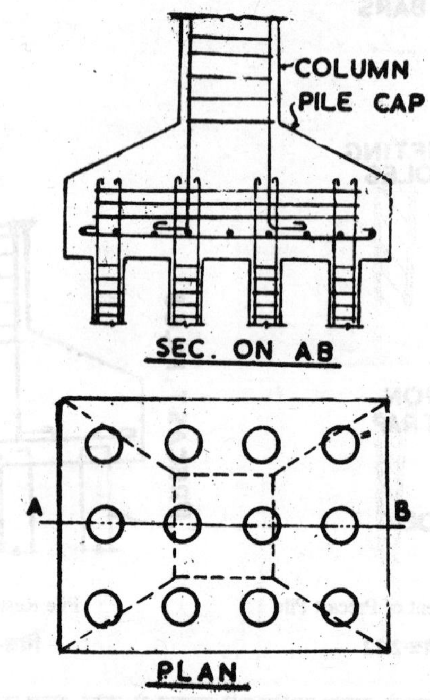

चित्र-2.25. Cast in Situ Pile

(1) खोल वाली तत्स्थानिक ढ़ली पाइल

(2) बिना खोज वाली तत्स्थानिक ढ़ली पाइल

2.32 (1) खोल वाली तत्स्थानिक ढ़ली पाइल

इस श्रेणी की पाइल बनाने के लिए भूमि में पर्याप्त गहराई तक धातु का खोल गाड़कर उसमें कंक्रीट भर दी जाती है तथा खोल भूमि में ही छोड़ दिया जाता है।

इस श्रेणी की रेमन्ड मानक पाइल (Raymond Standard Pile) व पाइप पाइल महत्वपूर्ण है। इनका वर्णन नीचे किया गया है।

(i) रेमन्ड मानक पाइल

इस प्रकार की पाइल का पेटेन्ट (Patent) अमेरीका की रेमैंन्ड नामक फर्म ने प्राप्त किया हुआ है। यही फर्म इस प्रकार की पाइल गाड़ सकती है। इसका एक चित्र, चित्र संख्या 2.26 में दिखाया गया है।

सर्वप्रथम धातु की पतली चादर का खोल बनाया जाता है। इस खोल का शिखर पर व्यास 20 से०मी० तथा इसकी लम्बाई में 3.33 से०मी० प्रतिमीटर टेपर दिया जाता है। चित्र में दिखाये अनुसार यह खोल लोहे की मेंड्रिल (Mandrel) की सहायता से भूमि में गाड़ दिया जाता है। खोल वांछित गहराई तक गाड़ने के पश्चात मेंड्रिल ऊपर निकाल लिया जाता है तथा खोल में कंक्रीट भर दी जाती है। इस प्रकार की पाइल लगभग 11 मीटर गहराई तक बनाई जा सकती है।

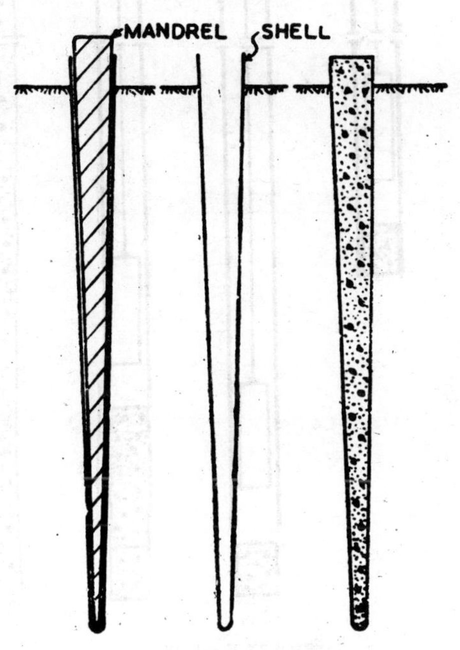

चित्र-2.26. Raymond Pile

(ii) पाइप पाइल

25 से०मी० से 50 से० मी० व्यास वाले 5.0 mm से 12.5 mm मोटी चादर से बने पाइप का निचला सिरा बन्द कर भूमि में गाड़ दिया जाता है। इसके पश्चात उसमें कंक्रीट भर दी जाती है।

2.33 बिना खोल वाली तत्स्थानिक ढली पाइल

इस प्रकार की पाइल बनाने के लिए अपेक्षाकृत धातु का मोटा खोल भूमि में वांच्छित गहराई तक गाड़कर उसमें कंक्रीट भर दी जाती है। इसके पश्चात खोल धीरे–धीरे ऊपर खींच लिया जाता है। इस प्रकार की कुछ पाइलों का वर्णन इस अध्याय में किया गया है।

(i) फ्रेंकी पाइल (Franki Pile)

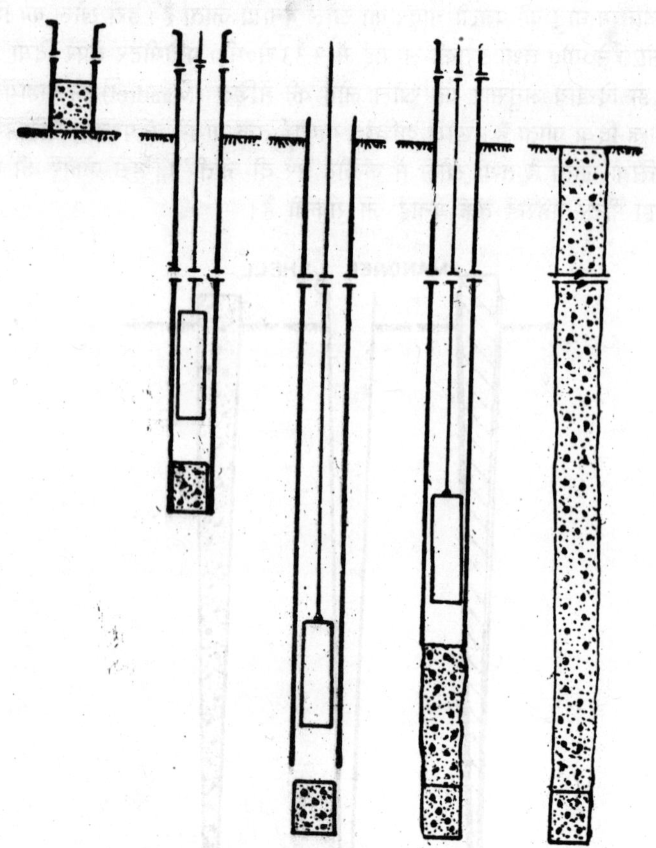

चित्र-2.27. Franki Pile

चित्र–2.27 में दिखाए अनुसार सर्वप्रथम 50 से०मी० व्यास का लोहे का खोल कुछ गहराई तक भूमि में गाड़ दिया जाता है। खोल के अन्दर की मिट्टी आदि साफकर उसमें कम, पानी–सीमेंट अनुपात वाली कंक्रीट भर कर चित्र में दिखाये अनुसार उसकी अच्छी तरह कुटाई कर दी जाती है। यह कंक्रीट खोल का निचला भाग बन्द कर देती है तथा खोल के साथ चिपककर उसका ही अंग बन जाती है।

इसके पश्चात 3175 kg भार का रैमर खोल में डाल दिया जाता है। पाइल को वांच्छित गहराई तक गाड़ने के लिए रेमर को 3 से 6 मीटर ऊंचाई से गिराकर कंक्रीट के ऊपर चोट लगाई जाती है। इस प्रकार खोल व कंक्रीट दोनों भूमि में धँस जाते हैं।

खोल के पर्याप्त गहराई तक भूमि में धँस जाने के पश्चात खोल को ऊपरी सिरे पर मशीन से जकड़कर व कंक्रीट पर चोट लगाकर उसे खोल से निकाल दिया जाता है इस निष्कासित कंक्रीट पर और अधिक चोट लगाकर उसे 1 मीटर व्यास के घेरे में फैला दिया जाता है।

इसके पश्चात खोल थोड़ा–थोड़ा ऊपर खींच लिया जाता है तथा उसमें एक बार में 60 से 90 से०मी० ऊँचाई तक कंक्रीट डालकर उसकी अच्छी प्रकार कुटाई कर दी जाती है। इस प्रकार चित्र में दिखाये अनुसार पाइल तैयार हो जाती है। इस प्रकार की पाइल 30 मीटर लम्बाई तथा 100 टन से अधिक भार के लिए बनाई जा सकती है।

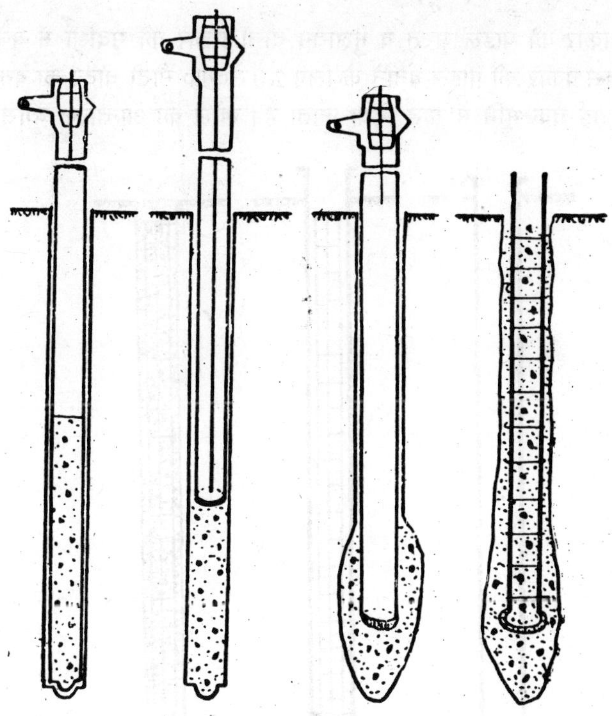

चित्र-2.28. Vibro Pile

(ii) **वाइब्रो पाइल (Vibro Pile)**

वाइब्रों पाइल बनाने के लिए इस्पात ट्यूब के निचले सिरे पर ढलवाँ लोहे का शू लगाकर उसे भूमि में गाड़ दिया जाता है। ट्यूब के पर्याप्त गहराई तक धँस जाने के पश्चात् उसमें प्रबलन डालकर कंक्रीट भर दी जाती है। खोल अथवा ट्यूब को बाहर निकालने के लिए उसके ऊपरी भाग को किसी मशीन से जकड़ दिया जाता है।

इसके पश्चात खोल में रेमर डालकर कंक्रीट की अच्छी प्रकार कुटाई की जाती है। रेमर के नीचे जाने से कंक्रीट की कुटाई तथा ऊपर उठाने पर खोल का ऊपर आना साथ–साथ होता रहता है। इस क्रिया में रेमर 80 बार प्रति मिनट ऊपर नीचे जाता है। इस प्रकार इस विधि से प्रति मिनट 1 मीटर लम्बी पाइल तैयार हो जाती है। इस श्रेणी की पाइल कम समय में तैयार की जा सकती हैं तथा इसमें कंक्रीट समान रहती है। ताजी कंक्रीट की उचित कुटाई करके पाइल का परिच्छेद तली व अन्य किसी भी लम्बाई पर बड़ा बनाया जा सकता है। इनका शू भूमि के अन्दर ही छोड़ दिया जाता है। चित्र–2.28 में इस प्रकार की पाइल बनाने की क्रिया दिखाई गयी है।

(iii) **सिमपलेक्स पाइल (Simplex Pile)**

इस प्रकार की पाइल सख्त व मुलायम दोनों प्रकार की मृदाओं में बनाई जा सकती हैं। इस प्रकार की पाइल बनाने के लिए 2.0 से०मी० मोटी चादर का बना खोल वांच्छित गहराई तक भूमि में गाड़ दिया जाता है। खोल का आन्तरिक व्यास पाइल

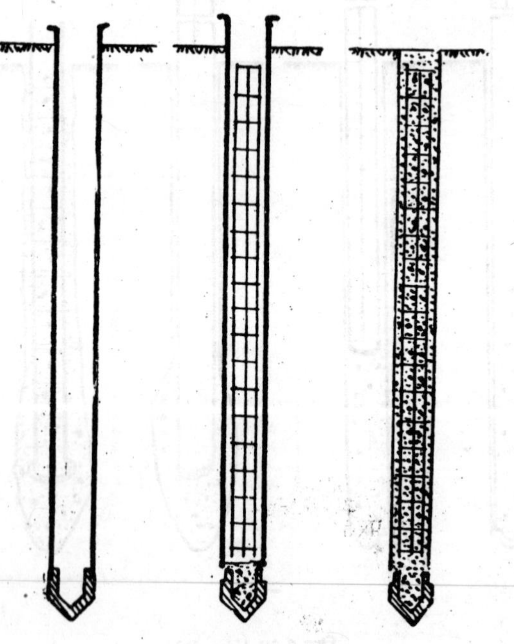

चित्र-2.29. Simplex Pile

के व्यास के बराबर रखा जाता है। खोल गाड़ने में सुविधा के लिए उसके निचले सिरे पर एक इस्पात का शू लगा दिया जाता है। इस शू के कारण खोल में मिट्टी नहीं भरने पाती। वांच्छित गहराई तक खोल गाड़ने के पश्चात उसमें एक मीटर गहराई तक कंक्रीट भर दी जाती है। आवश्यकता होने पर खोल में प्रबलन डालकर कंक्रीट भरी जाती है। एक मीटर लम्बाई तक कंक्रीट भरने के पश्चात् खोल की कुछ लम्बाई ऊपर खींच ली जाती है तथा फिर कंक्रीट डाल दी जाती है। इस प्रकार बारी–बारी खोल ऊपर खींचकर व खोल में कंक्रीट भरकर भूतल तक पाइल तैयार कर ली जाती है। चित्र–2.29 में इस प्रकार की पाइल दिखाई गई है। इस प्रकार की पाइल के नीचे का इस्पाती शू भूमि में ही रह जाता है इस कारण प्रत्येक पाइल के लिए एक शू की आवश्यकता होती है।

(iv) पेडस्टल पाइल (Pedestal pile)

इस प्रकार की पाइल बनाने के लिए भी लोहे का एक खोल या केसिंग वांच्छित गहराई तक भूमि में गाड़ दिया जाता है। खोल के भीतर एक कोर भी डाला जाता है। कोर के निचले भाग का आकार इतना होना चाहिए कि वह खोल के निचले सिरे को पूर्णतः ढक सके जिससे खोल भूमि में गाड़ते समय उसमें मिट्टी न भरने पाये। वास्तव में खोल व कोर एक साथ ही भूमि में गाड़े जाते हैं।

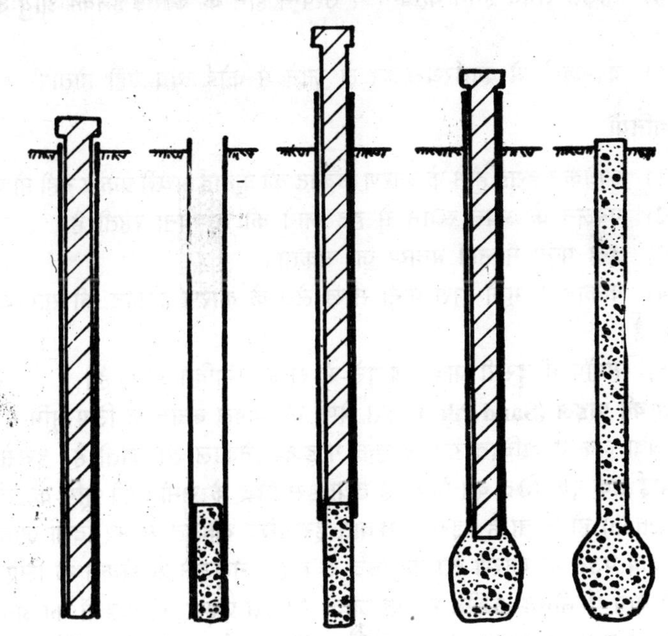

चित्र-2.30. Pedestai Pile

वांछित गहराई तक खोल भूमि में गाड़ने के पश्चात् कोर ऊपर निकालकर 60 से 90 से०मी० लम्बाई तक खोल में कंक्रीट भर दी जाती है। इसके पश्चात् खोल में कोर डालकर कंक्रीट की कुटाई कर दी जाती है तथा खोल लगभग एक मीटर ऊपर खींच लिया जाता है इसके पश्चात कोर बाहर निकाल कर खोल में कंक्रीट भरकर तथा कोर डालकर कंक्रीट की कुटाई की जाती है। पूरी पाइल बनने तक यह क्रिया दुहराई जाती है। खोल ऊपर उठाते समय कंक्रीट पर कोर तथा हथोड़ों की चोट की सहायता से दाब डालकर कंक्रीट नीचे निकाल दी जाती है। तली पर पर्याप्त व्यास का बल्ब बनने तक कंक्रीट की कुटाई की जाती है। चित्र–2.30 में इस प्रकार की पाइल दिखाई गई है। आवश्यक होने पर खोल में प्रबलन भी डाला जा सकता है।

2.34 तत्स्थानिक ढली पाइलों के लाभ

(1) पाइल की पूर्ण लम्बाई ज्ञात होने के कारण निर्माण सामग्री की कम क्षति होती है।

(2) इस प्रकार की पाइलों की तराई करने की आवश्यकता नहीं होती। इस कारण तराई करने के समय व व्यय की बचत होती है।

(3) इनका परिच्छेद बढ़ाकर इन्हें अधिक भार के लिए प्रयोग किया जा सकता है।

(4) गाड़ते समय इनमें कम्पन्न न उत्पन्न होने के कारण इनकी आयु अधिक होती है।

(5) कारखाने से कार्यस्थल पर ले जाने में कोई व्यय नहीं होता।

2.35 हानियाँ

(1) अधिक गहराई होने के कारण कंक्रीट की कुटाई अच्छी प्रकार नहीं हो पाती।

(2) प्रबलन के अपने स्थान से हट जाने की संभावना रहती है।

(3) इन्हें पानी में नहीं बनाया जा सकता।

(4) कंक्रीट से भूमि द्वारा पानी सोख लेने के कारण कंक्रीट की सामर्थ्य कम हो जाती है।

(5) समीप में दूसरी पाइल बनाने से खोल प्रभावित होता है।

2.36 रेत की पाइल (Sand Piles)—इस श्रेणी की पाइल बनाने के लिए भूमि में कोई पाइप अथवा लकड़ी वांछित गहराई तक गाड़कर निकाल ली जाती है। इससे वहाँ पूर्ण गहराई तक एक छिद्र बन जाता है तथा इस छिद्र के समीप की भूमि का संहनन (Compaction) हो जाता है। इसके पश्चात् इस छिद्र को रेत से भर दिया जाता है। बाजू से दाब पड़ने के कारण रेत को छिद्र से बाहर निकलने से रोकने के लिए छिद्र के ऊपरी भाग में सीमेंट कंक्रीट भर दी जाती है। इस प्रकार की पाइलों का अन्तराल 2 से 3 मीटर रखा जा सकता है। इस पाइल की लम्बाई उसके व्यास की लगभग 12 गुना रखी जा सकतीं है। इनका निर्माण सरल है तथा भूजल–तल की स्थिति का इन पर कोई प्रभाव नहीं पड़ता। इस प्रकार की पाइप निम्न अवस्थाओं में उपयोगी नहीं पाई गई हैं।

(1) अधिक ढीली मृदा में (Loose Soil)–अधिक ढीली मृदा अथवा वह स्थान जहाँ मृदा का कटाव अधिक गहराई तक होता हो (2) बार–बार भूचाल आने वाले क्षेत्रों के लिए भी ये पाइल उपयोगी नहीं हैं।

2.37 नींव विफल होने के कारण

निम्न कारणों से नींव विफल हो सकती है।

(1) अधो भूमि (Sub-soil) के असमान निष्दन के कारण।

(2) चिनाई के असमान निष्दन (Settlement) के कारण।

(3) संरचना के समीप की मृदा के पार्श्विक सरक (Lateral movement) जाने के कारण।

(4) नींव के नीचे की मृदा से जल निकल जाने से संकुचन उत्पन्न होने के कारण।

(5) पार्श्विक दाब के कारण संरचना के Over turn होने के कारण।

(6) वायुमण्डलीय क्रिया के कारण।

(7) नींव के नीचे से मृदा की पार्श्विक निकासी (Lateral Escape) के कारण।

(1) अधो भूमि का असमान निष्दन–अधो भूमि के असमान निष्दन के कारण नीव में घातक दरारें उत्पन्न हो जाती हैं जिसके कारण संरचना नष्ट हो जाती है। नींव के नीचे प्रत्येक स्थान पर समान मृदा न मिलने अथवा नींव के प्रत्येक भाग पर समान भार न आने के कारण असमान निष्दन उत्पन्न होता है। संरचना का कोई भाग दूसरे भाग की अपेक्षा ऊँचा हो सकता है इस कारण ऊँचे भाग के नीचे नींव पर अधिक भार आयेगा। इस कारण नीव में असमान निष्दन उत्पन्न हो सकता है। इस असमान निष्दन को कम करने के लिए मृदा पर समान दाब लगना चाहिए।

किसी भी अवस्था में मृदा की सुरक्षित धारक क्षमता से अधिक भार नहीं आना चाहिए।

(ii) संरचना का भार नींव के गुरुत्व केन्द्र पर लगना चाहिए।

(2) चिनाई का असमान निष्दन–चिनाई में प्रयोग किया जाने वाला मसाला संकुचित हो जाता है तथा मसाले के पूर्णतः सूखने से पूर्व ही उस पर अत्यधिक भार आ जाने पर वह संपीडित हो जाता है, जिसके कारण चिनाई में असमान निष्दन उत्पन्न हो जाता हे। चिनाई में असमान निष्दन निम्न उपायों द्वारा कम किया जा सकता है:

(i) मसाले में पानी की मात्रा उचित सुर्कायता उत्पन्न करने के अनुसार ही होनी चाहिए। अर्थात् न तो मसाला बहुत सख्त हो और न ही उसमें बहुत अधिक पानी हो।

(ii) समस्त संरचना की चिनाई की ऊँचाई प्रति दिन समान ही उठानी चाहिए।

(iii) प्रति दिन चिनाई की ऊँचाई 1.5 मीटर से अधिक नहीं उठानी चाहिए।

(iv) संरचना की तराई कम से कम 10 दिन तक करनी चाहिए। इस बीच मसाले में पूर्ण सामर्थ्य उत्पन्न हो जायेगी।

(3) संरचना के समीप मृदा का पार्श्विक सरकना—इसका वर्णन काली चिकनी मिट्टी में नींव बनाने के संदर्भ में किया गया है।

(4) नींव के नीचे की मृदा से जल निकल जाने के कारण संकुचन—यह स्थिति निम्न कारणों से उत्पन्न हो सकती है।

(i) संरचना के समीप एकांकी वृक्ष खड़ा होने पर।

(ii) रेत या ग्रेवल अथवा अन्य सरंध्र मृदा के ऊपर नम मृदा पर संरचना बनाने पर।

(iii) किसी अति शुष्क वर्ष में भू जल के बहुत अधक नीचे चले जाने पर।

(i) यह देखा गया है कि प्रायः वृक्ष की जड़ें उसकी ऊँचाई से अधिक त्रिज्या वाले वृत्ताकार क्षेत्र से पानी सोखती हैं। जड़ों द्वारा पानी सोखने से नींव के नीचे की मृदा में असमान संकुचन उत्पन्न हो जाता है, जिससे नींव नष्ट हो जाती है। इस कारण नींव की न्यूनतम गहराई 90 से०मी० होनी चाहिए तथा वृक्ष संरचना से उचित दूरी पर ही लगाने चाहिए।

(ii) व (iii) कारणों से नींव में असमान निष्दन के कारण संरचना में दरार उत्पन्न हो जाती हैं। ऐसी अवस्था में पाइल या फर्शी नींव सर्वश्रेष्ठ है।

(5) पार्श्विक दाब के कारण संरचना का (Over turn) होना—संरचना में यह दोष दीवार पर लगने वाले उन बलों के कारण उत्पन्न होता है जो दीवार झुकाने (Tilt) का प्रयास करते हैं। इस प्रकार के बल निम्न कारणों से उत्पन्न हो सकते हैं।

(i) ढालू छत के प्रघात (Thrust) के कारण।

(ii) डाट के प्रघात या ठेल के कारण।

(iii) किसी तूफान के कारण।

(iv) किसी बाहुधरन के प्रक्षेप के कारण।

इन सभी कारणों से समस्त भार नींव के किनारे के समीप कार्य करता है जिसके कारण संरचना नष्ट हो जाती है।

वायुमण्डलीय घटकों के कारण—वर्षा जल के भूमि में प्रवेश करने के साथ–साथ भू–तल से कुछ लवण भी भूमि में प्रवेश कर जाते हैं जो नींव की सामग्री से रसायनिक क्रिया कर उसे नष्ट कर देते हैं। दूसरे वर्षा जल भूमि में कटाव कर छछली नींव को नष्ट कर देता है। इन दोषों का प्रभाव कम करने के लिए निम्न उपायें किये जा सकते हैं।

(i) नींव की गहराई उचित रख कर।

(ii) भूमि से भू–जल निकासी के उचित उपाये अपना कर।

(iii) नींव में पत्थर की चिनाई अपना कर।

(iv) नींव के समीप ढालू भूमि बना कर इत्यादि।

2.38 पाइल नींव की भार वहन करने की क्षमता

पाइल नींव की भार वहन करने की क्षमता गतिक (dynamic) व स्थैतिक सूत्रों से ज्ञात की जा सकती है।

गतिक सूत्र—इस श्रेणी में इन्जीनियरिंग न्यूज सूत्र बहुत चर्चित है जो निम्न प्रकार है।

(1) $$R = \frac{2W_1 (0.033)H}{0.39S + 1.0}$$ ड्रोप हथौड़े के लिए (For drop hammer).

(2) $$R = \frac{2W_1 (0.033)H}{0.39S + 0.1}$$ For single acting steam hammer.

(3) $$R = \frac{2W_1 (3.29) E}{0.39S + 0.1}$$ For double acting steam hammer.

जबकि R = पाइल पर सुरक्षित भार kg में

W_1 = मुक्त प्रपात (Free fall) रैम या हथौड़े का भार kg में

H = मुक्त प्रपात (Free fall) की ऊँचाई से०मी० में

S = पाइल का अन्तिम निष्दन से०मी० में

E = रेम की नीचे जाते समय स्टोक की तली पर कुल ऊर्जा

उदाहरण—किसी पाइल पर एक 4000 kg का हथौड़ा 100 cm. के प्रपात (Free fall) से गिरता है। यदि अन्तिम 5 चोटों में पाइल 1 cm. धँसती है तो पाइल की (Single acting steam hammer) से सुरक्षित भार बहन करने की क्षमता ज्ञात कीजिए।

हल—यहाँ W_1 = 4000 kg

H = 100 cm.

S = 1.0 cm.

$$R = \frac{2\,W_1 (0.033\,H)}{0.39\,S + 0.1}$$

$$= \frac{R \times 4000 \times 0.033 \times 100}{0.39 \times 1 + 0.1}$$

$$= \frac{2 \times 4000 \times 3.3}{0.49} = \frac{26400}{0.49}$$

= 53.88 टन उत्तर

स्थैतिक सूत्र—इन सूत्रों के अनुसार मृदा प्रतिरोध को पाइल की भार वहन करने की क्षमता के बराबर माना जाता है इनकी सहायता से काफी सही मान ज्ञात होता है।

2.39 कुआँ या गहरी नींव—इस श्रेणी की नींव भारत वर्ष में प्रायः पुलों की नींव के लिए प्रयोग की जाती हैं। इन्हें कुआँ नींव (Well foundation) भी कहा जाता है। ये प्रायः चिनाई अथवा सीमेंट कंक्रीट की बनाई जाती हैं। कुआँ नींव रेतीली अथवा कम धारक क्षमता वाले स्थानों में जहाँ भूमि का कटाव होने की संभावनाएँ अधिक होती है तथा काफी गहराई तक कठोर परत उपलब्ध नहीं होती, पुलों की नींव के लिए बनाई जाती है।

2.40 कुआँ नींव की आकृति—इसकी आकृति गोल, आयताकार, दोहरी डी (D) आकृति, दोहरी षटकोणीय आकृति, दोहरी अष्टकोणीय आकृति (twin hexagonal) and twin octagonal etc. होती है इन्हें चित्र–2.31 में दिखाया गया है।

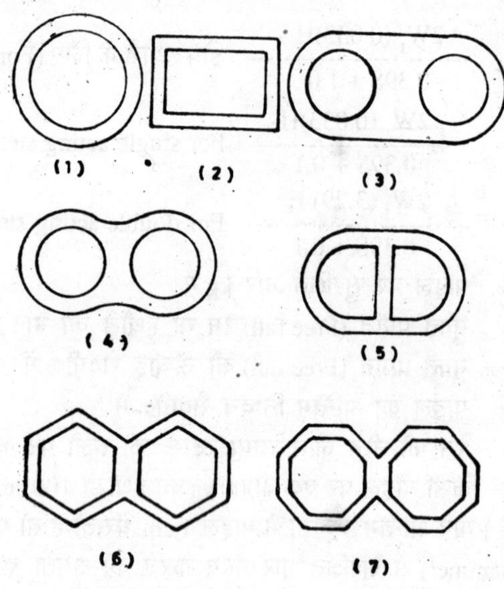

चित्र-2.31. Shapes of Well Foundation

आकृति–1. गोल, 2 आयाताकार, 3. दोहरीगोल, 4. डम्बल, 5. दोहरी डी के आकार वाली, 6. दोहरी षटकोणीय, 7. दोहरी अष्टकोणीय आकृति।

2.41 आकृति का चयन–किसी विशेष आकृति का चयन निम्न घटकों पर निर्भर करता है।

(i) अन्त्यधार (Abutment) या पाये के आधार की माप

(ii) कुआँ गलाने (Sinking of well) में सरलता

(iii) कुआँ गलाने व उसके शटरिंग (Shuttering) की लागत

(iv) कुएँ पर कार्य करने वाले क्षैतिज व ऊर्ध्वाधर बल

(v) गलाते समय कुएँ में उत्पन्न होने वाले विस्थापन (Shift) व झुकाव (tilt) आदि। चित्र–2.32 में कुएँ के विभिन्न भाग व चित्र–2.33 में (Well curb) दिखाया गया है।

कम विस्तृति, अर्थात लगभग 18 m लम्बे पुलों के लिए एकलगोल आकृति वाली कुआँ नींव सर्वोत्तम पाई गई है। इन पुलों के लिए अष्टकोणीय कुआँ नींव भी उत्तम है। इन कुओं का व्यास 6 m तक रखा जा सकता है। गोल कुएँ का न्यूनतम व्यास 2.5 m हो सकता है। व्यवहारिक दृष्टि से कंक्रीट स्टीनिंग (Steining) वाले कुओं का अधिकतम व्यास 9 m तथा चिनाई स्टीनिंग वाले कुओं का व्यास 6 m से अधिक नहीं रखा जाना चाहिए। किसी निश्चित ड्रेज या खुदाई क्षेत्रफल के लिए गोल कुएँ की परिमाप (Perimeter) न्यूनतम होती है अतः कुआँ गलाने के लिए लगाए जाने वाले बल व पृष्ठ

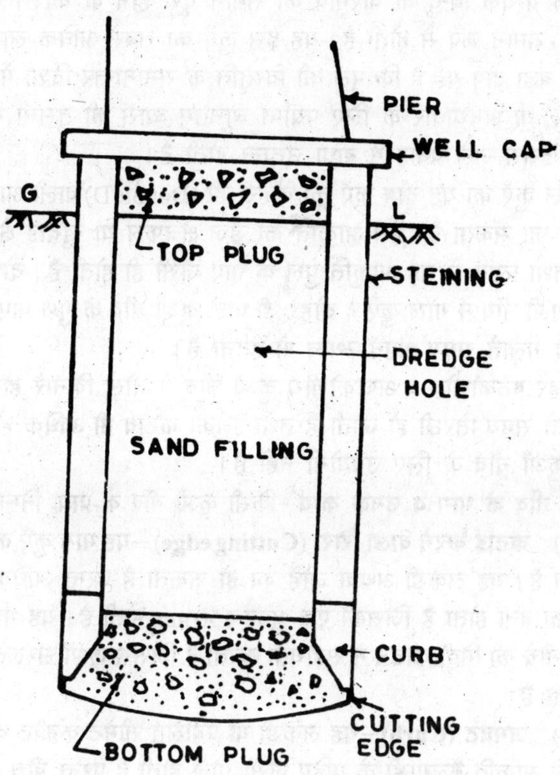

चित्र-2.32. Different Parts of Well Foundation

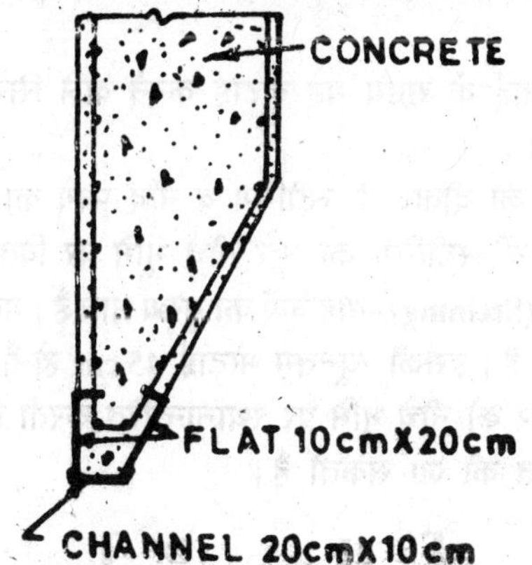

चित्र-2.33. Well Curb

घर्षण का अनुपात अधिकतम होता है। गोल कुएँ में ड्रेज होल या खुदाई छिद्र के केन्द्र से कुएँ के प्रत्येक बिन्दु के परिमाप की समान दूरी होने के कारण कुएँ की गलाई (Sinking) समान रूप से होती है। यह इस कुएँ का सबसे अधिक लाभ है। इस कुएँ का सबसे बड़ा दोष यह है कि पुल की विस्तृति के समानान्तर दिशा में कुएँ का व्यास पाये (Pier) या अन्त्याधार के लिए पर्याप्त न्यूनतम व्यास की तुलना में बहुत अधिक होता है। इससे जल प्रवाह में बाधा उत्पन्न होती है।

गोल कुएँ का यह दोष कुएँ की दोहरी डी (Double D) वाली आकृति अपनाकर दूर किया जा सकता है। इस आकृति का ड्रेज क्षेत्रफल या खुदाई क्षेत्रफल न्यूनतम होता है तथा प्लान में यह आकृति पुल के पाए जैसी ही होती है। दोहरी गोल कुआँ आकृति वाली नींव में गोल कुएँ व दोहरे डी वाले कुआँ नींव के गुण पाए गए हैं। इनका मुख्य दोष गलाते समय अपने स्थान से हटना है।

दोहरे षठकोणीय व अष्टकोणीय कुआँ नींव में तीखे किनारे होने के कारण ये नींव गलाते समय तिरछी हो जाती हैं तथा इनका कटाव भी अधिक होता है। अतः ये आकृति कुआँ नींव के लिए उपयोगी नहीं हैं।

2.42 कुएँ नींव के भाग व उनके कार्य—किसी कुआँ नींव के प्रायः निम्न भाग होते हैं।

(a) कटाई करने वाला सिरा (Cutting edge)—यह भाग कुएँ का सबसे निचला भाग होता है। यह लकड़ी अथवा लोहे का हो सकता है परन्तु अधिकांश यह एग्रिल आइरन का बना होता है जिसकी एक भुजा 150 mm होती है। यह भाग कुआँ गलाई के समय नीचे की मिट्टी काटने में सहायता करता है जिससे कुआँ सरलता पूर्वक गलाया जा सकता है।

(b) जमवट (Curb)—यह लकड़ी या प्रबलित सीमेंट कंक्रीट का बनाया जाता है। इसकी आकृति बैलगाड़ी के पहिए जैसी गोल होती है परन्तु बीच खाली होता है। इसके ऊपर ही कुएँ की ईंट अथवा पत्थर अथवा कंक्रीट की चिनाई की जाती है जिसे स्टीनिंग कहा जाता है। प्रायः इसके निम्न मुख्य कार्य हैं। इसका परिछेद चित्र–2.33 में दिखाया गया है।

(i) कुआँ गलाई के समय यह कटाई करने वाले सिरे के बढ़े हुए भाग की भाँति कार्य करता है।

(ii) यह कुएँ की दीवार या स्टीनिंग व नींव प्लग का भार वहन करता है।

(iii) यह कुएँ की स्टीनिंग का भार नीचे भूमि पर वितरित करता है।

(c) स्टीनिंग (Steining)—यह कुएँ का मुख्य भाग है। यह ईंट, पत्थर या कंक्रीट की गोल दीवार होती है। इसकी न्यूनतम मोटाई 45 cm. होनी चाहिए। यही स्टीनिंग पुल पर आने वाले भार को नीचे भूमि पर स्थानान्तरित करती है। स्टीनिंग की मोटाई निम्न सूत्र से भी ज्ञात की जा सकती है।

$$T = K\left[\frac{H}{100} + \frac{D}{10}\right]$$

जबकि T = कंक्रीट स्टीनिंग की न्यूनतम मोटाई

H = भूतल से नीचे कुएँ की गहराई

D = कुएँ का बाह्य व्यास

K = एक स्थिरांकः, जिसका मान रेतीली मृदा के लिए 1.0 है। मुलायम किले के लिए 1.1, कठोर किले के लिए 1.25 तथा कठोर मृदा जिसमें पत्थर भी मिला हो, 1.3।

नोट—चिनाई के लिए स्टीनिंग की मोटाई, उपरोक्त सूत्र से प्राप्त मोटाई से 10 cm. अधिक रखी जानी चाहिए।

कुएँ की स्टीनिंग निम्न प्रकार भी मानी जा सकती है।

कुएँ का बाह्य व्यास (D)	स्टीनिंग की मोटाई
3 m	0.75 m
5	1.20 m
7 m	2.00 m

तली प्लग (Bottom plug)—कुएँ को वांछित गहराई तक गलाकर उसमें नीचे कंक्रीट भर दी जाती है। इसका मुख्य कार्य स्टीनिंग से भार भूमि पर स्थानिन्तरित करना है।

रेत की भराई (Sand filling)—तली में प्लग लगाने के पश्चात कुएँ के खोखले भाग में रेत भर दी जाती है। यह कुएँ की मुंडेर (Cap) से नीचे प्लग पर भार स्थानान्तरित करने में सहायक होती है।

ऊपरी प्लग—यह कुएँ की मुंडेर बनाने के लिए शटरिंग का कार्य करता है।

प्रबलन—यह प्रबलित सीमेंट कंक्रीट का अंग है। कुआँ गलाते समय यह संरचना को सार्मथ्य प्रदान करता है।

कुएँ की मुंडेर (Well cap)—इसका कार्य पाए का भार नीचे कुएँ पर स्थानान्तरित करना है। इसकी आकृति कुएँ जैसी ही होती है। इसमें मुंडेर 15 cm के लगभग प्रासधरन जैसी होती है। ये भाग चित्र–2.32 में दिखाये गये हैं।

कुआँ नींव की गहराई—कुएँ की गहराई निम्न घटकों से प्रभावित होती है।

(i) कुएँ की नींव की न्यूनतम गहराई उच्चतम् स्तरीय बाढ़ तल के नीचे 1.33 D के बराबर होनी चाहिए जबकि D उच्चय स्तरीय बाढ़ तल से अधिकतम कटाव (Scour) तक की गहराई है। इस गहराई में कुएँ पर किसी मानक सूत्र द्वारा ज्ञात पकड़ उत्पन्न हो जानी चाहिए।

(ii) नींव के नीचे अधो भूमि में अधिकतम् दाब पुल पर लगने वाले भार व वायु तथा भूकम्प बलों को छोड़कर अन्य बलों के संयुक्त प्रभाव के कारण उत्पन्न दाब अधो भूमि की सुरक्षित धारक क्षमता से अधिक नहीं होना चाहिए।

(iii) यदि वायु व भूकम्प बलों का प्रभाव भी सम्मलित किया जाए तो अधिकतम् दाब सुरक्षित धारक क्षमता से 25 % से अधिक नहीं होना चाहिए।

(iv) कुएँ की सतह घर्षण (Skin friction) के प्रभाव की कुएँ की अधिकतम् कटाव गहराई से नीचे वाले भाग पर ही गणना की जानी चाहिए। इसके लिए निम्न बातों की सही जानकारी होना आवश्यक है।

(a) अधिकतम् कटाव गहराई

(b) मृदा की सुरक्षित धारक क्षमता

(c) पृष्ठ या सतह घर्षण (Skin friction)। इसका मान मृदा की किस्म के अनुसार 0.73 से 4.9 तक बदलता है।

मृदा की किस्म	सतह घर्षण
सिल्ट व मुलायम क्ले	0.73
बहुत कठोर क्ले	4.9
लूज रेत	1.22
सघन रेत	3.42
सघन ग्रेवल	4.9

(d) अधिकतम कटाव गहराई के नीचे पार्श्विक मृदा टेक (Support)।

कुएँ की नींव सदैव उचित धारक क्षमता वाली रेतीली परत पर रखी जानी चाहिए यदि दो रेतीली परतों के बीच कोई कम मोटी मृत्तिका (क्ले) की परत आ जाए तो इस मृत्तिका परत को भेदकर नींव रेतीली परत तक ले जानी चाहिए। यदि मृत्तिका पर नींव रखना अनिवार्य हो जाए तो यह सुनिश्चत करलेना चाहिए कि मृत्तिका कठोर है।

2.43 कुआँ नींव पर कार्य करने अथवा लगने वाले बल व भार

भार–(i) स्वयं का भार (Dead load)

(ii) चल भार (Live load)

(iii) उत्प्लावकता (Buoyancy)

बल–(i) वायु बल

(ii) जल दाब

(iii) अपकेन्द्री बल (Centrifugal force)

(iv) मृदा दाब

(v) भूकम्पीय बल

(vi) वाहन के संचलन (Movement) व ताप परिवर्तन के कारण धारक (bearing) द्वारा उत्पन्न अनुदैर्ध्य प्रतिरोधक बल

(vii) वाहन के खींचने की शक्ति (Tractive force) अथवा ब्रेक लगाने के कारण उत्पन्न अनुदैर्ध्य बल।

2.44 कुआँ गलाना–यदि नदी की तली सूखी है या कुआँ गलाने का स्थान जल रहित या सूखा है तो अधो भूमि जल–तल से लगभग आधा मीटर ऊपर तक खुदाई कर कुएँ का जमवट (Curb) डालकर उस पर चिनाई कर दी जाती है। प्रारम्भ में कुएँ की स्टीनिंग

लगभग भू–तल से 2 m ऊपर तक बनाई जाती है। कुएँ की चिनाई एक समय में 5 m से अधिक नहीं की जानी चाहिए। चिनाई करते समय इस बात का विशेष ध्यान रखा जाना चाहिए कि चिनाई तली से लेकर ऊपरी किनारे तक एक सीध या गुनिए अथवा साहुल में हो। सीध सुनिश्चित करने के लिए साहुल अथवा गुनिए का प्रयोग किया जाना अनिवार्य है। चिनाई पूर्ण हो जाने के पश्चात कुआँ गलाया जाता है।

नदी में पानी होने पर कुएँ के स्थान के चारों ओर कॉफर बाँध (प्रायः यह बाक्स की किस्म का बाँध होता है) बनाकर पानी पम्प द्वारा निकाल दिया जाता है। इस प्रकार कुआँ का स्थान एक टापू की आकृति का बना लिया जाता है। इस टापू का क्षेत्रफल इतना होना चाहिए कि कार्य करने में बाधा उत्पन्न न हो। टापू बन जाने के पश्चात् कुएँ की सही स्थिति ज्ञात कर जमवट या कटाई किनारा (Cutting edge) समतल स्थान पर डाल दिया जाता है। इस कटाई किनारे के नीचे समान दूरी पर लकड़ी के स्लीपर लगा देने चाहिए जिससे कंक्रीट भरते समय कटाई किनारे असमान रूप से भूमि में न धँस जायें। कुएँ का शटरिंग हटाने के पश्चात् ये स्लीपर निकाल देने चाहिए।

जमवट का आन्तरिक शटरिंग ईंट चिनाई का बनाकर उस पर प्लास्टर कर बनाया जाता है जबकि बाह्य शटरिंग स्टील या लकड़ी का बनाया जाता है। लकड़ी के ऊपर टिन शीट की परत लगाने से बाह्य–शटरिंग अधिक उपयोगी पाया गया है। शटरिंग बनाने के पश्चात् समस्त प्रबलन यथा स्थान डालकर भली प्रकार जाँच कर लेनी चाहिए। उर्ध्वाधर छड़ों की ऊँचाई जमवट के सिरे से कम से कम 2 m ऊपर तक निकली रहनी चाहिए। इसके पश्चात् समस्त कंक्रीट कार्य एक ही बारी में किया जाना चाहिए।

कुआँ गलाने की प्रक्रिया–कुएँ की प्रथम चरण की चिनाई या कंक्रीट कार्य पूर्ण हो जाने के पश्चात् उसकी गलाई की जाती है। कुआँ गलाई करने से 48 घन्टे पूर्व से उसकी अच्छी प्रकार तराई की जानी चाहिए। कुएँ की गलाई जमवट के नीचे से मिट्टी खोदकर की जाती है। प्रारम्भ में थोड़ी मिट्टी खोदने से ही कुआँ काफी तेजी से नीचे चला जाता है तथा कुएँ की स्थिति अस्थिर होती है। इस अवस्था में इस बात का विशेष ध्यान रखा जाना चाहिए कि कुआँ चारों ओर से समान गहराई तक धँसे तथा सीधा रहे। किसी भी अवस्था में कुआँ तिरछा नहीं होना चाहिए। कुएँ के भीतर खुदाई मजदूरों द्वारा की जाती है। मजदूरों द्वारा खुदाई कार्य कुएँ में 1 m ऊँचाई तक पानी बढ़ने तक ही किया जा सकता है 1 m से अधिक पानी बढ़ जाने पर खुदाई कार्य झाम द्वारा किया जाता है झाम मजदूरों अथवा बिजली या डीजल मशीनों द्वारा चलाई जा सकती है। कठोर मृदा होने पर फावड़ा झाम प्रयोग की जा सकती है। क्ले की परत आ जाने पर उसे भेदन करने के लिए रेल छैनी का प्रयोग किया जा सकता है।

कुआँ भूमि में धँसने अर्थात गलाने के साथ–साथ उसकी पृष्ठ घर्षण (Skin friction) बढ़ जाती है तथा उत्प्लावकता के कारण कुएँ के भार में कमी आ जाती है। कुएँ के भार में कमी व बढ़ती हुई पृष्ठ घर्षण के प्रभाव को कम करने के लिए कुआँ गलाते समय उस पर लकड़ी के स्लीपरों का प्लेटफार्म बनाकर अतिरिक्त भार लगाया

जाता हैं। यह भार सीमेंट के खाली बोरों में रेत भर कर या लोहे अथवा कंक्रीट के टुकड़े रखकर बढ़ाया जाता है यह अतिरिक्त भार निभार (Kentledge) कहलाता है। कुएँ की एक स्टेज गल जाने के पश्चात् निभार हटा दिया जाता है तथा ऊपर की क्षति घृस्त चिनाई हटाकर उसकी मरम्त कर दी जाती है तथा 48 घण्टे तक उसकी तराई की जाती है। इसके पश्चात दूसरी स्टेज की चिनाई अथवा कंक्रीटिंग की जाती है तथा उपरोक्त कार्य विधि दोहराई जाती है।

कुआँ गलाते समय कुएँ से पानी पम्प द्वारा निकाला जा सकता है। पम्प द्वारा पानी निकालना, कुआँ गलाने की निम्न दो परिस्थितियों में प्रभावी पाया गया है।

(i) कुएँ की काफी गहराई तक गलाई हो जाने की स्थिति में,

(ii) क्ले परत में कुएँ की गलाई करने पर। इस अवस्था में कुएँ से पानी निकालने पर कुएँ के तिरछा होने व सरकने की संभावनाएँ कम हो जाती हैं। कुएँ की 10 m तक गलाई हो जाने के पश्चात कुएँ से समस्त पानी नहीं निकाला जाना चाहिए। इसके पश्चात् कुएँ की गलाई झाम, कटाई (grabbing) छैनी से कटाई (chiselling) व निभार (kentledge) लगाकर की जानी चाहिए।

कुआँ गलाने में उपरोक्त विधि असफल हो जाने पर कुएँ का पानी 5 m. गहराई तक निकाला जा सकता है। रेतीली परत पर बने कुएँ का गलना या धंसना बन्द हो जाने व कुआँ गलाई की सामान्य प्रक्रियाएं जैसे खुदाई व निभार लगाना आदि विफल हो जाने की परिस्थितियों में कुएँ की वाह्य सतह पर उत्पन्न पृष्ठ घर्षण कम करने के लिए कुएँ की वाह्य सतह पर दाब के साथ पानी का जेट नीचे की ओर भेजा जाना चाहिये जिससे पृष्ठ घर्षण काफी मात्रा में कम हो जाती है तथा कुएँ की गलाई पुनः आरम्भ हो जाती है। वेंटोनाइट (bentonite) का घोल वाह्य सतह पर इजेक्ट करने से भी पृष्ठ घर्षण काफी कम हो जाती है।

2.45 कुआँ गलाते समय उत्पन्न होने वाली कठिनाईयाँ :

कुआँ गलाते समय प्रायः निम्न कठिनाईयाँ उत्पन्न होती हैं

1. Sand blowing (सेन्ड विलोयंग)
2. कुएँ का तिरछा होना
3. कुएँ का संचालन (Well's shifts)

1. Sand blowing—Sand blowing की कठिनाई रेतीली मृदा में कुआँ गलाते समय उससे पानी निकलने के कारण उत्पन्त होती है। इस अवस्था में कुएँ के चारों ओर भूमि टूटना प्रारम्भ हो जाती है तथा चौड़े दरार उत्पन्न हो जाते हैं। इस प्रक्रिया में रेत कुएँ के भीतर इतनी तेजी तथा मात्रा में आता है कि तुरन्त 3 से 15 m. मोटी रेत की परत कुएँ में एकत्रित हो जाती है जिससे वहाँ कार्य करते मजदूर व उपकरण दब जाते हैं तथा मजदूरों की मृत्यु हो जाती है।

Sand blowing होने की संभावना होने पर कुएँ से पानी निकालना बन्द कर देना चाहिए तथा घास या सरकन्डों के बन्डल बनाकर कुएँ की स्टेनिंग की बाह्य सतह से बांध देना चाहिए। यह विधि sand blowing को नियन्त्रित करने में सफल पाई गई है।

(2) कुएँ का तिरछा होना–कुएँ के एक भाग का दूसरे भाग की अपेक्षा भूमि में अधिक धँस जाने की अवस्था में कुआँ तिरछा हो जाता है। कुएँ के तिरछा होने के मुख्य दो कारण हैं।

(1) जमवट के नीचे असमान खुदाई होना

(2) अधो भूमि की असमान धारक क्षमता का होना।

2.46 कुआँ गलाते समय उत्पन्न कठिनाइयों का निवारण

तिरछे कुएँ सही अवस्था में लाने के लिये निम्न उपाये किये जा सकते हैं।

(a) खुदाई पर नियन्त्रण–कुएँ के तिरछा हो जाने की अवस्था में उसका एक भाग दूसरे की अपेक्षा ऊंचा रह जाता है। (चित्र–2.34 A) इस ऊँचे भाग के नीचे व समीप में सावधानी पूर्वक खुदाई कर कुएँ को धीरे–धीरे धँसाना चाहिए। कुएँ को तेजी से धंसाने पर कुआँ उस ओर से अधिक धँस सकता है तथा दुर्घटना हो सकती है। कुएँ के अधिक गहराई तक धँस जाने पर तिरछापन ठीक करने की यह विधि प्रभावी नहीं पाइ गई है। ऐसी अवस्था में भूतल के समीप ऊँचे वाले भाग की स्टीनिंग में एक छिद्र बनाकर उसमें हुक डालकर रस्सी के दूसरे सिरे से ऊँचे भाग की ओर खींचा जाता है (चित्र–2.34 B) यदि संभव हो तो पानी भी निकाला जा सकता है तथा ऊँचे भाग की ओर खुदाई की जा सकती है।

उत्केन्द्रक भार लगाना (Ecentric loading)–कुएँ का तिरछापन दूर करने के लिए उचित प्लेटफार्म बनाकर कुएँ की स्टीनिंग पर भारी उत्केन्द्रक भार लगाकर ठीक किया जा सकता है भारी भार द्वारा उत्पन्न घूर्ण के कारण कुआँ अपनी सही अवस्था में आ जाता है। 3 से 4 m. उत्केन्द्रता होने पर 400 से 600 टन भार लगाने की आवश्यकता होती है चित्र–2.34 C।

(iii) कुएँ की बाह्य ओर ऊँचे भाग के समीप गड्ढा खोदना या पानी का जेट भेजना (Water jetting)–रेतीली मृदा या परत में कुआँ गलाते समय तिरछापन हो जांने की अवस्था में कुएँ की स्टीनिंग के ऊँचे भाग की ओर सतह पर पानी की धारा या जेट छोड़ी जाती है जिससे स्टीनिंग की पृष्ठ घर्षण कम हो जाती है। जिससे कुआँ निभार (kentledge) के प्रभाव से सही अवस्था में आ जाता है। प्रायः इस विधि को अन्य विधियों के साथ उपयोग किया जाता है।

(iv) जमवट के नीचे खुदाई करना–कभी–कभी ऊँचे भाग के नीचे कठोर परत आ जाने के कारण कुआँ सही अवस्था में नहीं आ पाता। ऐसी अवस्था में कुएँ से पानी निकालकर खुदाई करने से कुआँ सही अवस्था में आ जाता है। यदि पानी निकालना संभव न हो तो गोताखोर भेज कर जमवट के नीचे खुदाई कर कुआँ ठीक किया जा सकता है।

(v) जमवट अथवा कटाई करने वाले सिरे के नीचे बाधा लगाना–कुएँ का तिरछापन दूर करते समय कुएँ के निचले भाग को और अधिक धंसने से रोकने के लिये निचले भाग के नीचे स्लीपर के टुकड़े लगा दिये जाते हैं तथा ऊँचे भाग की ओर गलाई प्रक्रिया चालू रखी जाती है। कुएँ का तिरछापन दूर हो जाने पर बाधा हटा

दी जाती है। (चित्र–2.34 D) चित्र–2.34 E में दिखाये अनुसार निचले भाग के कटाई किनारे के नीचे हुक डालकर खिंचाई करने से भी कुआँ सही अवस्था में आ जाता है।

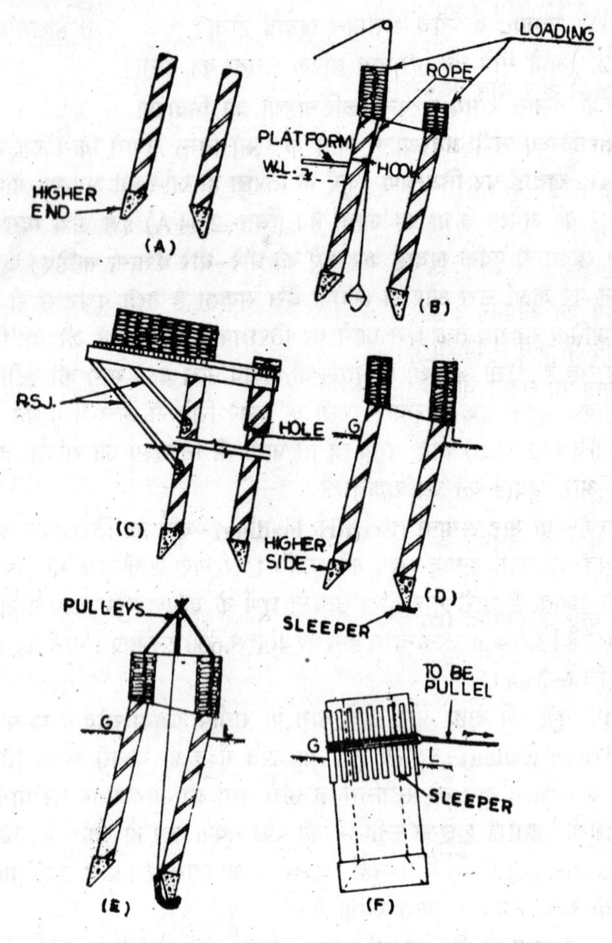

चित्र-2.34

(vi) कुएँ को खींचना (Pulling of well)—यह विधि कुआँ गलाने या धंसाने की प्रारम्भिक अवस्था में उपयोगी पाई गई। इस विधि में कुएँ के स्टीनिंग के चारों ओर खड़े स्लीपर लोहे की रस्सियों से बांध कर कुएँ को ऊँचे भाग की ओर खींचा जाता है। (चित्र–2.34 F)

(vii) जैक द्वारा धकेलना—इस विधि में कुआँ ऊँचे भाग की ओर जैक द्वारा धकेला जाता है।

(viii) बारूद का उपयोग—इस विधि में ऊँचे भाग के नीचे कठोर परत अथवा

बाधा हटाने के लिये बारूद का उपयोग किया जाता है। इससे कुआँ सही अवस्था में आ जाता है परन्तु यह विधि अवांच्छीनीय है। इस विधि का उपयोग बहुत ही विशेष परिस्थितियों में किया जाना चाहिए।

(ix) कुएँ की ऊँची ओर खुदाई करना तथा दूसरी ओर भराई करना—इस विधि में ऊँची ओर खुदाई तथा निचली ओर भराई की जाती है। इससे ऊँची ओर दाब कम तथा निचली ओर दाब बढ़ जाता है इससे कुएँ का तिरछापन ठीक हो जाता है।

2.47 कुएँ का विस्थापन (Shifting of well)—

कुएँ के विस्थापन (shift) से पुल की विस्तृत में अन्तर आ जाता है जिससे कुएँ की स्टीनिंग व नींव में उत्केन्द्रित भार उत्पन्न हो जाते हैं। उत्केन्द्रित भार उत्पन्न होने के दुष प्रभाव निम्न दो घटकों पर निर्भर करते हैं।

(a) कुएँ का आकार (b) कुआँ गलाने की गहराई

यदि किसी कुएँ में किसी धंसन गहराई पर तिरछापन उत्पन्न हो जाता है तथा कुएँ की गलाई या धंसन वाँच्छित गहराई तक चालू रहती है तो कुएँ की तली का विस्थापन उसके शिखर की अपेक्षा अधिक होता है चित्र–2.35।

कुएँ का तिरछापन तथा विस्थापन रोकने के लिए कुएँ की गलाई या धंसाई करते समय निम्न सावधानियां अपनाई जानी चाहिए।

1. कुएँ के जमवट व स्टीनिंग की बाह्य सतह यथा संभव समान व चिकनी होनी चाहिए।

2. कुएँ के जमवट (curb) का अर्धव्यास कुएँ की स्टीनिंग के अर्धव्यास से 2 से 4 से०मी० अधिक होना चाहिए।

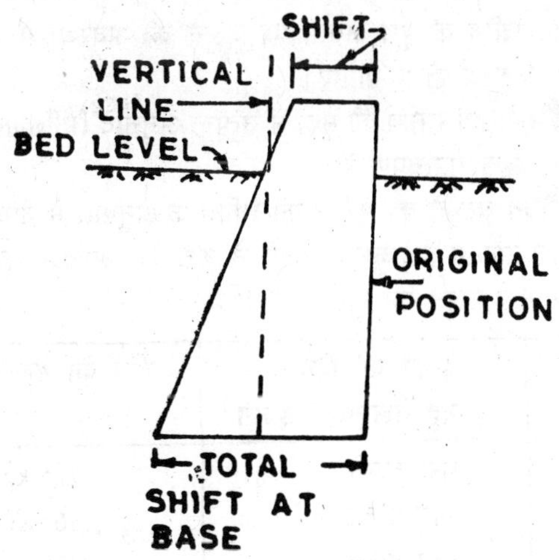

चित्र-2.35. Shifting of Well

3. जमवट का कटाव किनारा (cutting edge) समान मोटाई व समान तीखा होना चाहिए।

4. कुएँ में खुदाई चारों ओर समान रूप से की जानी चाहिए।

2.48 मशीनों की नींव

मशीनों की नींव का डिजाइन गणितीय गणना (Mathematical calculations) पर आधारित नहीं होता। इनका निर्माण, अनुभव पर ही निर्भर करता है। मशीन की नींव पर लगने वाले बल तथा भार बहुत जटिल (Complex) होते हैं। इस कारण नींव के प्रारम्भिक डिज़ाइन व निर्माण के लिए मशीन निर्माताओं से संबंधित आँकड़े प्राप्त करने चाहिए। नींव के प्रत्येक भाग का डिज़ाइन, ऊर्ध्वाधर भार, बलघूर्ण अथवा ऐंठ (Torque) अनुदैर्ध्य व अनुप्रस्थ बल कंपन तथा ताप प्रतिबल व नींव के स्वयं के भार के उच्चतम् मिश्रित प्रभावों के लिए किया जाना चाहिए। नींव डिजाइन में कंपन बहुत महत्वपूर्ण है। इसके प्रभाव को सीमित रखने के लिएउचित प्रावधान रखा जाना चाहिए। I.S. कोड (1944, 1966, 1967) के अनुसार महत्वपूर्ण पश्चाग्र मशीनों के लिए आवृत्ति अनुपात (मशीनों व उनकी नींव की आवृत्ति अनुपात) 0.5 से 2.0 के बीच होना चाहिए। कम महत्वपूर्ण मशीनों के लिए यह अनुपात 0.6 से 1.5 के बीच हो सकता है।

मशीन की नींव के आँशिक भाग को धरन व स्तँम्भ पर बनाया जाने की अवस्था में धरन के निचले व ऊपरी दोनों ओर प्रबलन लगाना चाहिए। कर्तन प्रतिबल के लिए स्ट्रप कम अन्तराल में लगानी चाहिए। मशीन नींव के मुख्य भाग की मोटाई डिजाइन अनुसार बनानी चाहिए तथा गणना के अनुसार प्रबलन लगाना अनिवार्य न होने पर भी दोनों ओर लगाना चाहिए।

साधारणतः नींव डिजाइन करते समय निम्न बातों का ध्यान रखना चाहिए:

(1) नींव, मशीन के पूर्ण क्षमता पर चलने की अवस्था में उत्पन्न कंपन का अवशोषण करने में स्मर्थ होनी चाहिए।

(2) नींव मशीन व समीप की मृदा में उत्पन्न अनुनाद (Resonance) रोधक होनी चाहिए। ये घटक बहुत महत्वपूर्ण हैं।

(3) उपरोक्त घटकों को मशीन की शक्ति के अनुपात में नींव का भार बढ़ाकर नियंत्रित किया जा सकता है। कुछ लेखकों ने प्रति ब्रेक अश्व शक्ति (B.H.P.) निम्न तालिका अनुसार भार रखने का सुझाव दिया है।

क्रम संख्या	इंजन की किस्म बहु बेलनकार इंजन	नींव का भार प्रति (B.H.P.)
1.	गैस इंजन	725 kg
2.	डीजल इंजन	565 kg
3.	भाप इंजन	225 kg

इकहरे बेलनाकार इंजनों के लिए उपरोक्त भारों में 40% से 60% की बढ़ोत्री पर्याप्त है। साधारणतः नींव का न्यूनतन् भार, मशीन के समस्त भार का 2.5 गुणा होना चाहिए।

(2) नींव का आकार इतना होना चाहिए कि नींव पर प्रति इकाई क्षेत्रफल भार नीचे की मृदा की धारक क्षमता से अधिक नहीं होना चाहिए।

(3) मशीन व नींव के भार का परिणामी दाब नींव आधार क्षेत्र के गुरुत्व केन्द्र से निकलना चाहिए। इस प्रकार असमान निष्दन रोका जा सकता है।

(4) नींव कठोर होनी चाहिए। नींव में थोड़ा निष्दन भी वीयरिंग में बहुत खराबी उत्पन्न कर सकता है।

(5) नींव ब्लॉक व गृदा में घर्षण प्रतिरोध अधिक होना चाहिए जिससे नींव खिसक नसके।

(6) यथा संभव मशीन नींव बहुधरन नहीं बनानी चाहिए।

(7) नींव के समस्त भागों में दोनों ओर प्रबलन लगाना चाहिए।

(8) नींव में प्रबलन मशीन की किस्म पर निर्भर करता है। जैसा कि निम्न तालिका से ज्ञात होता है

	मशीन	प्रबलन
(i)	संघात अथवा पश्चाग्र किस्म की मशीन	25 kg/m^3 कंक्रीट
(ii)	घर्षण किस्म की मशीन	50 kg/m^3 कंक्रीट
(iii)	भाप ट्रबो जनरेटर	100 kg/m^3 कंक्रीट

(9) भवन के अन्य भागों में कम्पन पहुँचने से बचाने के लिए मशीन की नींव के चारों ओर रिक्त स्थान छोड़ना अथवा कंपन अवशोषण करने वाले पदार्थ भरना बहुत प्रभावी सिद्ध हुआ है।

(i) चित्र–2.36 में दिखाए अनुसार कंक्रीट परत व भवन के अन्य भागों के बीच कंपन अवशोषित पदार्थ भरना बहुत प्रभावी सिद्ध हुआ है। यह विधि प्रत्येक किस्म की नींव के लिए प्रयोग की जा सकती है।

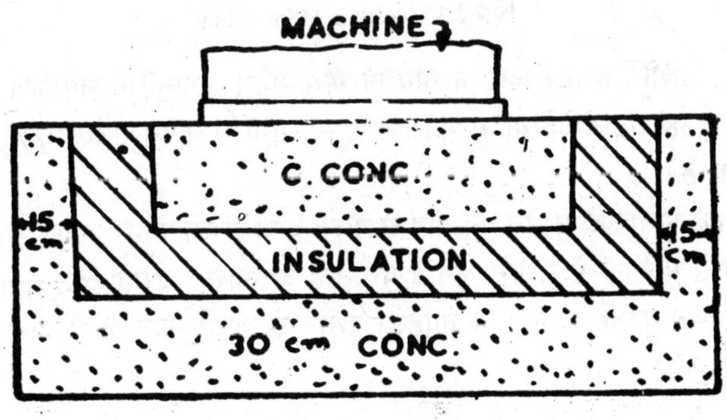

चित्र-2.36. Machince Foundation

2.49 कंपन अवशोषण पदार्थ

कंपन अवशोषण के लिए निम्न पदार्थ प्रयोग किए जा सकते है:

(i) फेल्ट या नमदाप (Felt) (ii) रबड़ (iii) दानेदार कार्क (Granulated Cork) (iv) शीशे की चादर (Lead sheets) (v) लकड़ी का बुरादा (vi) रबड़ की चादर (vii) धातु स्प्रींग (Metal springs) आदि।

2.50 पृथक्कारी पदार्थो के गुण (Properties of isolating materials)

इन पदार्थो के निम्न गुण होने चाहिए :

(a) ये पूर्णतः प्रत्यास्थी (Elastic) होने चाहिए।

(b) ये मजबूत तथा तेल आदि से प्रभावित नहीं होने चाहिए।

(c) ये जल सह या जल प्रतिरोधी (Water Proof) होने चाहिए।

(d) इन पर किटाणु (Insect) आदि का प्रभाव नहीं होना चाहिए।

(e) ये सस्ते तथा बाजार में सुगमता से उपलब्ध होने चाहिए।

(f) इनका यथा स्थान लगाना सरल होना चाहिए।

(2) चित्र–2.37 में दिखाये अनुसार मशीनों की आधार प्लेट व नींव के बीच कंपन अवदोषी पद्रार्थ लगाना भी प्रभावशाली सिद्ध हुआ है।

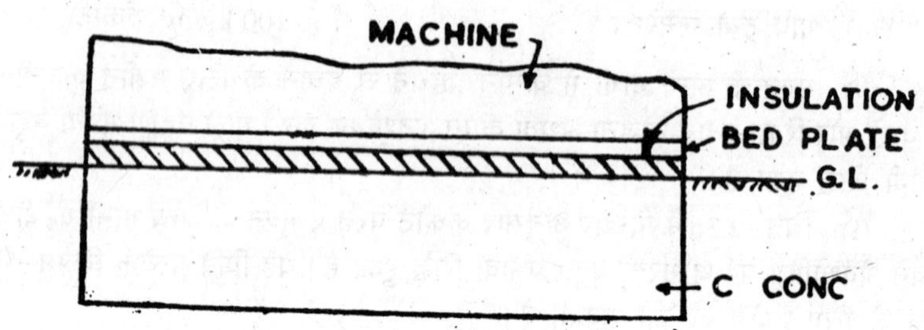

चित्र-2.37. Position of Insulation

(3) मशीन आधार प्लेट व नींव के बीच स्प्रींग लगाना भी उपयोगी सिद्ध हुआ है। (चित्र 2.38)। इन विधियों से भवन के अन्य भागों में कंपन उत्पन्न होने से बचाया जा सकता है।

इसके अतिरिक्त मशीन को नींव से वोल्ट द्वारा अच्छी प्रकार जकड़ देना चाहिए।

ऊपरी मंजिलों में मशीन लगाने पर उन्हें दो आसन धरनों (Adjacent beams) व दो अभिलम्ब धरनों पर लगाना चाहिए। मशीन से कंपन भवन के अन्य भागों में नहीं पहुँचनी चाहिए।

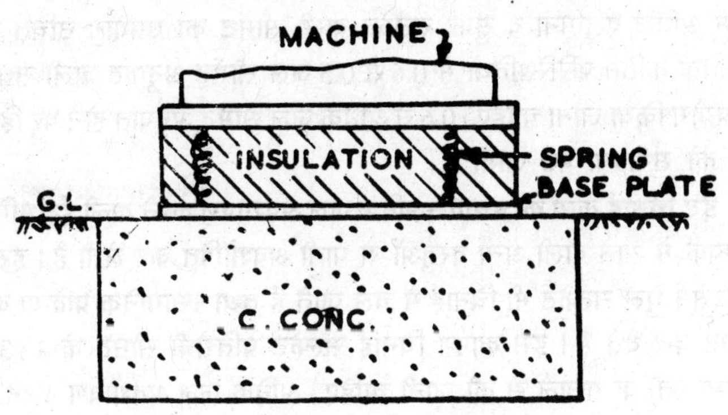

चित्र-2.38. Spring Between Machine and Foundation

2.51 नींव की स्थिरता व अनुरक्षण–

प्रत्येक संरचना की नींव में, भूमि गत पानी में घुले लवण, जीवाणु व घर्षण व कटाव आदि के कारण क्षति होती रहती है। नींव को क्षति पहुँचने की सीमा पानी में लवणों की मात्रा, भू–जल–तल के उतार चढ़ाव व वायुमण्डलीय अवस्था पर निर्भर करती है। अतः नींव बचाव उसकी किस्म पर निर्भर करता है।

लकड़ी के नींव के बचाव–नम अवस्था में रहने पर लकड़ी की पाइल नींव में दीमक व फंगस लगने से नष्ट होने का भय रहता है। लकड़ी की पाइलों का सबसे अच्छा उपचार उनमें कोलतार, क्रियोसोट अथवा ताँबा–आर्सेनिक पानी में मिलाकर उसके घोल को दाब के साथ लकड़ी में इंजेक्ट कर, किया जा सकता है। समुद्री पानी में बनी संरचनाओं में घोंघे व केकड़े जैसे जन्तु लकड़ी में छिद्र कर देते है जिससे नींव छतिग्रस्त हो जाती है। इनसे बचाव के लिए पाइल गाड़ने से पूर्व पाइलों के चारो ओर कंक्रीट का आवरण दिया जा सकता है अथवा पाइल गाड़ने के पश्चात् सीमेंट–रेत के मिश्रण के गुनाइटकरण (दाब के साथ इंजेक्ट करना) से पाइलों को क्षति पहुँचने से बचाया जा सकता है।

धातु नींव बचाव–लोहे की पाइलों पर विटुमेन, कोलतार, व कृत्रिम रेजिन आदि की परत लगाई जा सकती है। ये परत प्रायः बहुत समय तक बचाव नहीं कर पातीं। इस कारण लोहे की पाइलों का अनुप्रस्थ परिच्छेद क्षेत्रफल वास्तविक क्षेत्रफल से कुछ अधिक रखा जाना उपयोगी पाया गया है। इस प्रकार पाइल धातु की कुछ क्षति के पश्चात् भी, पाइल का पर्याप्त क्षेत्रफल शेष रह जाता है।

सीमेंट कंक्रीट नींव बचाव–भू–तल से नीचे कंक्रीट की नींव मृदा अथवा पानी में पाए जाने वाले सल्फेटों से बहुत प्रभावित होती है। समुद्री पानी में क्लोराइड व सल्फेट

आदि भी कंक्रीट को क्षति पहुँचाते है। इस कारण ऐसी परिस्थितियों में सल्फेट प्रतिरोधी सीमेंट का उपयोग किया जाना चाहिए। अधिक अम्ल वाली मृदा अर्थात 3.5 pH वाली मृदा में अधिक एलूमिना व सुपर सल्फेट वाली सीमेंट का उपयोग उचित पाया गया है। अधिक कठिन परिस्थितियों में 0.6 से 0.5 जल सीमेंट अनुपात वाली सघन कंक्रीट का उपयोग किया जाना चाहिए। 0.6 से अधिक जल सीमेंट अनुपात होने पर हिम (Forst) प्रभाव की संभावना बढ़ जाती है।

ईंट चिनाई कार्य का बचाव—अधिक जल अवशोषण करने वाली ईंट भूमि व चिनाई के सम्पर्क में आने वाली अन्य वस्तुओं से पानी अवशोषित कर लेती है। इस पानी के साथ उसमें घुले सल्फेट भी चिनाई में चले जाते हैं तथा रसायनिक प्रक्रिया कर चिनाई को नष्ट कर देते हैं। इस कारण चिनाई सल्फेट प्रतिरोधी सीमेंट के 1 : 3 (1 सीमेंट व 3 भाग रेत) के मसाले से की जानी चाहिए। अधिक जल अवशोषण करने वाली ईंट चिनाई का हिम प्रभाव (Frost) के कारण नष्ट होने का भय रहता है।

2.52 भवन नींव की निशान बन्दी करना—अध्याय 28 देखये।

2.53 नींव की खुदाई—

प्रायः एकल भवन की नींव खाई मजदूरों द्वारा खोदी जाती है परन्तु एक साथ बहुत से भवनों की नींव मशीनों द्वारा खोदना मितव्ययी पाया गया है। वाँच्छित गहराई तक खुदाई करने के पश्चात् खाई में चूना कंक्रीट डालकर उसकी अच्छी प्रकार कुटाई कर देनी चाहिये। दीवार उठानी आरम्भ करने से पूर्व उसके तलों के लेवलों की अच्छी प्रकार जाँच की जानी चाहिये।

2.54 नीव डिज़ाइन

उदाहरण—किसी एक मजले भवन की नींव का डिज़ाइन निम्न आकड़ों की सहायता से कीजिये।

1. दीवार की कुर्सी तल से ऊपर मोटाई = 30 cm
2. नीचे के कंक्रीट व्लाक का प्रक्षेप = 15 cm
3. मृदा का विश्राम कोण = 30°
4. नींव पर लगने वाले सुरक्षित भार p का मान = 16000 kg/m²
5. मृदा धनत्व = 1700 kg/m³
6. 1 : 4 : 8 सीमेन्ट का विदारण मापांक (Modules of Rupture) m = 2.46
7. चूना कंक्रीट के लिये m = 1.55

हल—रैन्किन के सूत्र के अनुसार

नींव की गहराई $$D = \frac{W}{P}\left[\frac{1-\sin\phi}{1+\sin\phi}\right]^2$$

$$= \frac{1600}{1700}\left[\frac{1 - \sin 30}{1 + \sin 30}\right]^2$$

$$= \frac{160}{17} \times \frac{1}{9} = \frac{160}{153} = 1.046 \text{ m}$$

अतः 1 m गहराई पर्याप्त है।

नीचे का कंक्रीट ब्लाक 1 : 4 : 8 सीमेन्ट कंक्रीट का होने पर उसकी मोटाई

$$d = \left[\frac{3\,p\,j^2}{m}\right]^{1/2}$$

$$d = \left[\frac{3 \times 16000 \times 0.15 \times 0.15}{2.46}\right]^{1/2}$$

$$= 20.96 \text{ cm} = 21.0 \text{ cm}$$

(ii) यह ब्लांक चूना कंक्रीट का होने पर

$$d = \left[\frac{3 \times 16000 \times 0.15 \times 15}{1.55}\right]^{1/2}$$

$$= 26.4 \text{ cm say } 26.0 \text{ cm.}$$

(iii) $$d = \frac{5}{6}\,t = \frac{30 \times 5}{6} = 25 \text{ cm}$$

ये दोनों मान काफी समपि हैं।

नींव की चौड़ाई $B = 2\,T + 2j = 2 \times 30 + 2 \times 15 = 90$ cm.

अतः नींव की गहराई = 1 m

नींव की चौड़ाई = 0.9 m

नीचे के कंक्रीट ब्लाक

(1:4:8) कंक्रीट की मोटाई – = 21.0 cm

चूने के ब्लाक की मोटाई = 26 cm

Ans.

प्रश्नावली

(1) नींव क्या है तथा इसके क्या कार्य हैं?

(2) नींव विफल होने के कारण बताइये तथा नींव विफल होने से किस प्रकार बचाई जा सकती है ?

(3) स्थल पर मृदा धारक क्षमता करने की विधि का समझाकर वर्णन कीजिये। मृदा धारक क्षमता किस प्रकार बढ़ाई जा सकती है।

(4) दीवार नींव का एक चित्र बनाकर विभिन्न माप लिखिये।

(5) काली चिकनी मिट्टी में नींव के चित्र बनाइये।

(6) निम्न अवस्थाओं में आप किस प्रकार की नींव बनाने की सिफारिस करेंगे।

(a) बहुत मुलायम मृदा में। (b) काली चिकनी मिट्टी 3.5 मीटर तक होने पर। (c) जलाक्रान्त क्षेत्र में। (d) स्तम्भों पर असमान भार लगने पर।

(7) पाइल क्या है? विभिन्न प्रकार की पाइलों के नाम लिखिये।

(8) लकड़ी की पाइल का साफ चित्र बनाकर उसके लाभ तथा हानियों का वर्णन कीजिये।

(9) कुआँ नींव के विभिन्न भागों के नाम लिखिये तथा उनके कार्यों का वर्णन कीजिए।

(10) कुआँ नींव पर लगने वाले बल व दाब के नाम लिखिये।

(11) कुआँ गलाने की विधि का वर्णन कीजिये।

(12) कुआँ गलाते समय उत्पन्न होने वाली कठिनाइयों का वर्णन कीजिये तथा उन कठिनाइयों को दूर करने के उपाय भी लिखिये।

3

संरचनाओं में सीलन तथा उसकी रोक
Dampness And Its Prevention

3.1 प्रस्तावना

भवनों में सीलन के कारण दुर्गन्ध उत्पन्न हो जाती है जो मनुष्य के स्वास्थ्य के लिए बहुत हानिकारक होती है। फर्शो पर चिपचिपापन अनुभव होता है। इससीलन के कारण खटमल व अन्य भयानक बीमारियों के किटाणु उत्पन्न हो जाते हैं। इसके अतिरिक्त भवनों की दीवारें कमजोर होकर गिर जाती हैं तथा लकड़ी की वस्तुओं में घुन लग जाता है।

3.2 सीलन उत्पन्न होने के कारण (Causes of Dampness)

भवनों तथा अन्य संरचनाओं में सीलन निम्न कारणों से उत्पन्न हो सकती है–

(1) वर्षा जल के भवनों में प्रवेश के कारण

(2) भू जल का केशिकीय क्रिया द्वारा फर्श तल तक पहुँचने के कारण

(3) वायुमण्डलीय वाष्प के भवनों के अन्दर संघनन (Condensation) के कारण

(4) भवन स्थल के जल निकास की व्यवस्था न होने के कारण

(5) भवनों के दिक्‌विन्यास (Orientation) के कारण

(6) दोषपूर्ण चिनाई के कारण

(7) निर्माण के समय दीवारों व फर्श में अधिक जल रह जाने के कारण

(1) वर्षा जल के प्रवेश के कारण–भवनों में सीलन क्षेत्रीय जलवायु से बहुत अधिक प्रभावित होती है। कम वर्षा वाले क्षेत्रों में भवन कुछ समय के लिए ही बहुत ही अधिक वर्षा सहन कर सकते है। परन्तु अधिक समय तक भारी वर्षा के कारण बहुत

से भवन गिर जाते है। भारी वर्षा वाले क्षेत्रों के भवनों में सीलन होना स्वाभाविक हैं। अच्छी प्रकार बनाये गये भवनों की दीवारों के समस्त क्षेत्रफल से वर्षा जल प्रवेश नहीं करता। ईंट व मसाले के जोड़ों से ही वर्षा जल प्रवेश कर सकता है। भवनों में प्रत्यक्ष वर्षा जल छत से ही प्रवेश करता है। छत के निम्न भागों से प्रायः वर्षा जल प्रवेश करता है।

(i) घाटी नाली (Valley gutter) से।

(ii) छत खिड़की (Dormer windows) से।

(iii) छत की मुंडेर (Parapat wall) से।

(iv) चिमनी या धुआँरा (Chimney) से।

(v) चपटी छतों में जोड़ व दरारों के द्वारा प्रायः वर्षा जल प्रवेश करता है।

(2) भू जल का केशिकीय क्रिया द्वारा फर्श तक पहुँचने के कारण—इस क्रिया से सीलन उत्पन्न करने में जिस मृदा पर भवन बना हुआ है उस मृदा की किस्म बहुत महत्वपूर्ण है। रेत व ग्रेवल से पानी बहुत जल्दी निकल जाता है जब कि चिकनी मिट्‌टी से पानी जल्दी नहीं निकलता बल्कि केशिकीय क्रिया द्वारा फर्श पर सीलन उत्पन्न करता है। फँर्श पर सीलन मुख्य रूप से इसी कारण से उत्पन्न होती है।

इस भू–जल के साथ उसमें घुले लवण भी ऊपर आ जाते है जो भू–तल पर दीवारों पर जम जाते हैं। इन लवणों के कारण दीवारों पर काले धब्बे पड़ जाते हें जो देखने में बहुत खराब लगते हैं।

(3) वायुमण्डलीय वाष्प के संघनन के कारण—इस प्रकार की क्रिया भारत में प्रचलित नहीं है। इस प्रकार की क्रिया प्रायः बहुत ठण्डे क्षेत्रों में होती है। इस क्रिया से उत्पन्न सीलन के कारण भवन की दीवारों का समस्त क्षेत्र तथा छत आदि सभी प्रभावित होती हैं।

(4) स्थल की जलनिकासी—भवन निर्माण स्थल तल भवन में सीलन को बहुत प्रभावित करता है ऊंचे स्थानों पर बने भवनों में नीचे स्थलों पर बने भवनों की अपेक्षा कम सीलन होती है। क्योंकि ऊँचे स्थानों से जल निकासी नीचे स्थानों की अपेक्षा सरलता से हो जाती है।

(5) भवन की दिक्‌विन्यास (Orientation of the Building)—दिक्‌विन्यास के अनुसार भवन की कुछ दीवारों पर वर्षा ऋतु में वर्षा जल सदैव टकराता रहता है तथा कुछ दीवारों पर सूर्य की किरणें कम पड़ती है। इस कारण जिन दीवारों पर वर्षा जल अधिक टकराता है तथा सूर्य की किरणें कम पड़ती हैं उन पर अधिक सीलन होने की संभावना रहती है।

(6) दोष पूर्ण चिनाई—असावधानी से बनाई गई संरचना के विभिन्न भागों जैसे दीवारों के जोड़, छत में जोड़, मुंडेर आदि से सीलन भवन में प्रवेश करती है। अतः भवन सावधानी पूर्वक बनाया जाना चाहिए।

(7) निर्माण के समय दीवारों तथा फर्श में अधिक जल रह जाने के कारण—निर्माण के समय दीवारों व फर्श में अधिक पानी का प्रयोग करने से ये बहुत समय तक नम रहते हैं। जब दीवार शुष्क हो जाती हैं तो उन पर पानी में घुले लवणों के चिन्ह रह जाते हैं जो उनकी सुन्दरता को नष्ट कर देते हैं।

3.3 सीलन के प्रभाव (Effects of Dampness)

सीलन से निम्नलिखित हानियाँ होती हैं।

(1) पानी में घुले लवण दीवारों की ईंटों, पत्थर, व पाइल आदि की सामग्री से रसायन क्रिया करते हैं जिनके कारण दीवारों पर लोनी लग जाती है और वह कमजोर हो जाती हैं। इस कारण भवन की आयु बहुत कम हो जाती है।

(2) सीलन के कारण प्लास्टर मुलायम होकर नीचे गिर जाता है।

(3) सीलन के कारण फर्श व उसके आधार की पकड़ कमजोर हो जाती है। जिससे फर्श फूलकर ऊपर उठता है तथा टूट जाता है।

(4) सीलन के कारण दीवारों के रंग फीके पड़ जाते हैं।

(5) सीलन से लकड़ी में घुन लग जाता है तथा उसमें एंठन उत्पन्न हो जाती हैं, जिससे वह टेढ़ी हो जाती है।

(6) सीलन से बिजली के लगे सभी संस्थापन (Installation) खराब हो जाते हैं।

(7) सीलन से विभिन्न बीमारियों के किटाणु पैदा हो जाते हैं।

(8) सीलन से भवन में लगी धातु की वस्तुओं पर जंग लग जाता है।

3.4. सीलन की रोकथाम (Prevention of dampness)

विभिन्न विधियों द्वारा सीलन की रोकथाम की जा सकती है। सीलन से बचने के लिए विभिन्न पदार्थों का प्रयोग किया जा सकता है। सीलन की रोकथाम के लिए प्रायः निम्न विधियाँ अपनायी जा सकती है:

(1) सील रोक पतली परत (Membrane) का प्रयोग।

(2) समग्र सील रोक (Integral damp-proofing) या जल सह बनाना।

(3) सतह का उपचार (Surface treatment)

(4) गुनाइटीकरण (Gunitting)

(5) खोखली दीवार बनाकर (Cavity Wall Construction)

(1) सील रोक पतली परत का प्रयोग—इस विधि से सीलन रोकने के लिए सीलन के स्त्रोत व भवन के भाग के बीच जल प्रतिकर्षी पदार्थ (Waterrepellant) की एक बहुत पतली परत बिछा दी जाती है। यह परत सीलन रोक रद्दा कहलाती है। प्रायः सीलन रोक परत कुर्सी तल पर लगाई जाती है।

(2) समग्र सील रोक (Integral damp proofing)—इस विधि में जल प्रति–कर्षी यौगिक कंक्रीट बनाते समय ही उसमें मिला दिये जाते हैं। इन यौगिको के कारण कंक्रीट अपारगम्य बन जाती है। सेलखड़ी (TALC), खड़िया (Chalk) आदि कंक्रीट में मिलाने से वह अधिक सघन बन जाती है। इस विधि को प्रभावशाली बनाने के लिय कंक्रीट में कुछ रसायनिक यौगिक भी मिला दिये जाते हैं। ये यौगिक रसायन क्रिया द्वारा प्रसारित होकर कंक्रीट के छिद्र। को भर कर उसे सघन व अपारगम्य बनाते हैं। सोडियम या पोटाशियम सिलिकेट, जिंक सल्फेट (Zinc sulphate) बेरियम सल्फेट, आदि रसायनिक यौगिक प्रयोग किये जा सकते है। इनके अतिरिक्त साबुन, अलसी का तेल, डामर, मोम, चरबी आदि भी प्रयोग किए जा सकते हैं। परन्तु अधिक गर्म क्षेत्रों में इनका प्रयोग उचित नहीं पाया गया है। आजकल कुछ पदार्थ बाजार में पेटेन्ट पदार्थो के रूप में मिलते है जिन्हें पानी में मिलाकर प्रयोग किया जा सकता है। इनमें से कुछ के नाम इस प्रकार हैं। (i) पुडलो (Pudlo) परमो (Permo) सिका (Sika) आदि।

(3) सतह उपचार (Surface treatment)—जैसा कि पहले बताया जा चुका है सीलन भवन निर्माण सामग्री के छिद्रों द्वारा प्रवेश करती है। इस कारण इस विधि में जल प्रतिकर्षी यौगिकों की पतली परत सतह पर लगा दी जाती है। कुछ पदार्थ इस प्रकार हैं। एल्यूमीनियम (Aluminium), पोटासियम सिलिकेट (Potassium Silicates), मैगनिशियम सल्फेट (Magnesium Sulphate), डामर, मोम आदि। डामर से सतह काली हो जाती है। इस कारण इसका उपयोग उचित नहीं है।

(4) गुनाइटीकरण (Guniting)—पानी का दाब सहन करने के लिए इस विधि में अधिक सीमेंट वाले सीमेंट रेत के मसाले की एक अपारगम्य परत बना दी जाती है। सीमेन्ट व रेत को 1 : 3 या 1 : 4 के अनुपात में अच्छी प्रकार मिलाकर एक मशीन में डाल दिया जाता है। इसके पश्चात एक नॉजल से सीमेन्ट रेत मिश्रण व दूसरे नॉजल से पानी दाब के साथ निकाल कर लगभग एक मीटर दूरी से सतह के ऊपर छिड़क दिया जाता है। दाब के कारण सीमेन्ट रेत मिश्रण सतह के छिद्रों में अच्छी प्रकार प्रवेश कर जाता है।

खोखली दीवार (Cavity wall)—इसका वर्णन अगले अध्याय–4 में किया गया है। खोखली दीवार में सीलन दीवार के खोखले भाग में रुक जाती है।

3.5 सीलन रोक रद्दे के लिए प्रयोग की जाने वाली सामग्री

प्रायः सीलन रोक रद्दे के लिए निम्न सामग्री प्रयोग की जा सकती हैं :

(1) लचीले पदार्थ—इस श्रेणी में डामर की चादर, प्लास्टिक की चादर (Plastic sheet) तथा धातु की चादर आती हैं।

(2) अर्ध लचीले पदार्थ—जैसे डामर की बजरी (Mastic asphalt) आदि।

(3) कठोर पदार्थ—जैसे सघन कंक्रीट, पत्थर, ईंट तथा स्लेट (Slates) आदि।

3.6 सीलन रोक रद्दे के लिए सामग्री का चयन (Selection of material for D.P.C.)

सामग्री का चयन करते समय निम्न बातों का ध्यान रखा जाना चाहिए :

(i) सीलन रोक सामग्री टिकाऊ तथा अपारगम्य (Durable and Impervious) होनी चाहिए।

(ii) सीलन रोक सामग्री दीवार का स्वयं का भार व उसके ऊपर लगने वाले भार को सहन करने में समर्थ होनी चाहिए।

(iii) सीलन रोक सामग्री का संचलन (Movement) नहीं होना चाहिए।

(iv) 30 से०मी० मोटी दीवार के लिए उपरोक्त सामग्रियों में से कोई भी सामग्री प्रयोग की जा सकती है।

(v) 30 से०मी० से अधिक मोटी दीवार या अधिक क्षेत्र जैसे फर्श या छत पर सीलन रोक के लिए न्यूनतम जोड़ वाली सामग्री का प्रयोग किया जाना चाहिए जैसे डामर बजरी, प्लास्टिक शीट, या डामर की लचीली चादर आदि।

(vi) दाब के साथ सीलन बढ़ने से रोकने के लिए बिना जोड़ वाली सामग्री सर्वोत्तम है।

(vii) खोखली दीवार में सीलन रोकने के लिए लचीली सामग्री उत्तम है।

3.7. सीलन रोक परत के लिए उपयोग किए जाने वाले कुछ मुख्य पदार्थों का वर्णन

1. गर्म बिटूमन या गर्म एस्फाल्ट—यह पदार्थ सीलन रोक परत के रूप में बहुत प्रभावी सिद्ध हुआ है। इसकी परत अपारगम्य, मजबूत तथा नष्ट न होने वाली सतह प्रदान करती है।

यह पदार्थ लचीला होता है। सीमेंट कंक्रीट या सीमेंट मसाले की तैयार सतह पर बिटूमन की परत लगाने से पहले इसे गर्म किया जाता है। बिटूमन या एस्फाल्ट की परत की मोटाई 3 mm से कम नहीं होनी चाहिये। यह पदार्थ दीवारों पर सीलन रोक परत लगाने में अधिक उपयोगी पाया गया है।

2. विटुमनी फेल्ट अथवा एस्फाल्टिक फेल्ट—यह भी एक लचीला पदार्थ है। यह पदार्थ 6 mm मोटी व दीवार की चौड़ाई के बराबर चौड़ाई की चादर के रूप में रोल में उपलब्ध होता हैं। इसे यथा स्थान बिछाने से पहले ईंट की दीवार पर 1 : 3 सीमेंट मसाले की परत लगाई जाती है। सीमेंट मसाले की परत कठोर हो जाने पर विटुमनी फेल्ट की चादर बिछा दी जाती है। जोड़ों पर 10 cm का चढ़ाव तथा कोण व क्रोसिंग पर पूर्ण चौड़ाई तक चढ़ाव (Over lap) लगाना चाहिए।

यह पदार्थ अधिक भार सहन करने में असमर्थ है परन्तु कुछ संचलन (movement) सहन कर सकता है।

धातु चादर—इस श्रेणी में जस्ता (शीशा) (lead) तांबा (copper) तथा ऐलुमिनियम चादर आदि आते है।

(a) शीशे की चादर—ये शीट भी पतला व लचीली होती हैं। इनकी मोटाई इतनी होती है कि प्रति वर्ग मीटर शीट का भार 20 kg से अधिक न हो। इन शीटों को भी विटुमेन शीट की भाँति दीवार पर बिछाकर जोड़ों आदि पर चढ़ाव (over lap) दिया जाता है। शीशे की शीट सीमेंट के स्थान पर चूने से लगाई जानी चाहिए क्योंकि सीमेंट की शीशे से रसायनिक क्रिया होती है जिससे शीट शीध्र ही नष्ट हो जायेगी। संक्षारण (जंग) Corrosion से बचाने के लिए शीशे की शीट की सतह पर बिटूमन की परत लगाई जानी चाहिए।

शीशे की शीट से बनी सीलन रोक परत (D.P.C.) बहुत ही अपारगम्य व पार्श्विक संचलन के लिए अत्यन्त प्रतिरोधी पाई गई है।

ताँबे की चादर (शीट)—इस चादर की मोटाई 3 mm होती है इसे भी शीशे की चादर की भाँति बिछाया जाता है व चढ़ाव (over lap) आदि दिये जाते है। यह चादर चूने या सीमेंट दोनों में से किसी एक पदार्थ में लगाई जा सकती है। यह सीलन रोक परत भी, अधिक टिकाऊ (स्थिर), अधिक जल प्रतिरोधी एवं अत्यन्त पार्श्विक संचालन प्रतिरोधी होती है।

ऐलुमिनियम चादर—यह धातु की चादर सीलन रोक परत के रूप में शीशे व ताँबे की चादरों की अपेक्षा अच्छी सिद्ध नहीं हुई है। ऐलुमिनियम की चादर सीलन रोक परत के रूप में प्रयोग करने पर उसके ऊपर बिटूमन की परत लगाई जानी चाहिए।

धातु चादर व विटुमेनी फेल्ट का मिश्रण—इस श्रेणी की सीलन रोक परत बिछाने में सरल पाई गई है। यह अधिक टिकाऊ, सस्ती (मितव्ययी) तथा इसकी दक्षता भी अधिक पाई गई है। यह चादर ऐस्फाल्ट या बिटूमन की चादरों के बीच शीशे के छिल्लन (foil) दबाकर बनाई जाती है तथा "शीशे के कोर" वाली चादर कहलाती है।

मैस्टिक ऐस्फाल्ट (Mastic asphalt)—यह पदार्थ अर्धकठोर (Semirigid material) पदार्थ की श्रेणी में आता है तथा एक बहुत ही उत्तम व अपारगम्य सीलन रोक परत प्रदान करता है। परन्तु इसके बिछाने में विशेष सावधानी रखने की आवश्यकता होती है।

यह पदार्थ ऐस्फाल्ट, रेत व खनिज पूरक (Mineral filler) को गर्म करके तैयार किया जाता है। इस पदार्थ की निम्न विशेषताएँ हैं।

(i) यह बहुत अधिक टिकाऊ होता है।

(ii) यह अधिक जलरोधी (Water Proof) होता है।

(iii) इसकी प्रत्यास्थता (elesticity) अधिक होती है।

(iv) इसमें विकृति सहन करने की भी क्षमता होती है परन्तु अधिक गर्म मौसम या अधिक दाब के कारण इसमें पार्श्विक संचलन आरम्भ हो जाता है।

कठोर पदार्थ सीलन रोक परत—इस श्रेणी में ईंट, पत्थर, स्लेट, कंक्रीट आदि पदार्थों का उपयोग किया जाता है।

(i) ईंट—अच्छी, सघन घनत्व वाली ईंट सीलन रोक परत के रूप में उपयोग की जा सकती है। सीलन रोक परत के लिए प्रयोग की जाने वाली ईंट का जल अवशोषण उसके भार का 4.5 % से अधिक नहीं होना चाहिए। ईंट का उपयोग कम नमी वाले क्षेत्रों में ही उपयोगी पाया गया है। जिन स्थानों पर सीलन या नमी नीचे की ओर चलती है अथवा अधिक नमी वाले स्थानों के लिए ईंट सीलन रोक परत के लिए उपयोगी नहीं पाई गई है। इसमें जोड़ खुले छोड़ दिए जाते हैं। इस पदार्थ का उपयोग वर्तमान दीवारों (Existing walls) में सीलन रोक परत लगाने के लिए अधिक उपयोगी पाया गया है।

(ii) पत्थर—सघन, कठोर तथा मजबूत पत्थर जैसे ग्रेनाइट, ट्रेप या स्लेट सीमेंट व रेत के मसाले के साथ दो परतों में सीलन रोक परत के रूप में प्रयोग किए जा सकते हैं। पत्थर दीवार की पूर्ण चौड़ाई में लगाया जाना चाहिए। पत्थर का सीलन रोक परत के लिए प्रयोग करते समय इस बात का ध्यान रखना चाहिए कि उनके ऊर्ध्वाधर जोड़ एक ही सीध में न हों।

सीमेंट कंक्रीट परत—सीमेंट कंक्रीट, सीलन रोक परत के रूप में उन स्थानों के लिए उपयोगी पाई गई है जहाँ अधिक नमी न हो। यह परत भवन के कुर्सी तल पर क्षैतिज परत के रूप में लगायी जाती है। सीलन रोक परत के लिए प्रायः 1 : 2 : 4 अनुपात की सीमेंट कंक्रीट में जलरोधी पदार्थ मिलाकर उपयोग किया जाता है। सीमेंट कंक्रीट परत केशिकीय क्रिया द्वारा ऊपर की ओर आने वाली नमी को रोकने में सफल पाई गई है परन्तु दरारों द्वारा नमी इससे निकल जाती है। अतः सीमेंट कंक्रीट सीलन रोक परत कम नमी वाले क्षेत्रों में अधिक उपयोगी पाई गयी है। इस परत की 4 cm से 5 cm मोटाई पर्याप्त है। कंक्रीट परत के सूखने के पश्चात् इस पर विटुमेन की दो परत लगाना अनिवार्य है। इन परतों की मोटाई 3 से 5 mm हो सकती है। सीमेंन्ट कंक्रीट में पुडलों, इम्परमों, सिका आदि जलरोधी पदार्थ मिलाए जा सकते हैं।

सीमेंट रेत मसाला—सीमेंट रेत मसाला 1 : 3 अनुपात में प्रयोग किया जाता है मसाला परत का उपयोग दो प्रकार से किया जा सकता है।

(1) अन्य किस्म की सीलन रोक परत के लिए, आधार तेयार करने के लिए।

(2) जलरोधी प्लास्टर लगाने के लिए। जलरोधी प्लास्टर 1 : 3 सीमेंट रेत मसाले में पिसी हुई फिटकरी व साबुन का पानी मिलाकर तैयार किया जा सकता है। इसके अतिरिक्त उपरोक्त सीमेंन्ट–रेत मसाले में पुडलों, इम्परमों आदि जल सह पदार्थ मिलाकर भी यह मसाला तैयार किया जा सकता है। इस प्लास्टर की मोटाई 3 से 4 cm पर्याप्त है। इसके पश्चात इस प्लास्टर पर गर्म विटुमेन की दो परत लगाना आवश्यक है।

नई सीलन रोक परत—केन्द्रीय भवन अनुसंधान केन्द्र रुड़की ने जलरोधी परत लगाने की नई परत का अविष्कार किया है। इसके अनुसार यह जलरोधी परत 1 : 4 सीमेंट–रेत मसाले की 12 mm मोटी परत पर 400 गेज मोटी एलकाथीन चादर बिछाकर

बनाई जाती है। यह जलरोधी परत अधिक दक्षता वाली तथा बिछाने में सरल व कम लागत वाली सिद्ध हुई है। 400 mm मोटी 1 : 2 : 4 सीमेंट कंक्रीट की सीलन रोक परत की अपेक्षा यह 47% सस्ती पाई गई है। परन्तु एलकाथीन चादर बिछाते समय व मजदूरी के चलने आदि से इसके कट जाने को रोकने के लिए विशेष सावधानी रखी जानी चाहिए।

3.8. सीलन रोक परत लगाते समय ध्यान रखन याग्य बातें

सीलन रोक परत लगाते समय निम्न बातों का ध्यान रखना चाहिये :

(1) सीलन रोक परत दीवार की पूर्ण मोटाई में लगानी चाहिये तथा सीलन रोक परत का दीवार में खाँचा नहीं काटना चाहिये।

(2) सीलन रोक परत का आधार समतल होना चाहिये। आधार असमतल होने पर आधार व सीलन रोक परत के बीच वायु रह जाने से सीलन रोक परत प्रभावी नहीं होगी।

(3) प्रत्येक सीलन रोक परत उचित स्थान पर लगानी चाहिये।

(4) सीलन रोक परत के चढ़ाव जोड़ पर डामर का लेप करना चाहिये।

(5) कोणों पर सीलन रोक परत लगातार बिना जोड़ के लगानी चाहिये।

3.9. संरचना के विभिन्न भागों पर सीलन रोक परत लगाना

(1) तहखाने में सीलन रोक परत लगाना—चित्र–3.1 में दिखाये अनुसार तहखाने की चारों दीवारों पर ऊर्ध्वाधर सीलन रोक परत लगाई जाती है। ऊर्ध्वाधर सीलन रोक परत कई प्रकार लगाई जा सकती है। प्रायः कंक्रीट फर्श के पूर्ण क्षेत्रफल पर डामर बजरी (Mastic Asphalt) की लगातार परत बिछा दी जाती है तथा इसे भूतल से 15 से०मी० ऊँचाई तक ले जाया जाता है।

तहखाने फर्श के आधार कंक्रीट की मोटाई 10 से०मी० होनी चाहिये। इस कंक्रीट पर 2 से०मी० डामर बजरी दो परतों में डाली जानी चाहिये। डामर बजरी को प्रभावशाली बनाने के लिये इसके ऊपर सीमेन्ट कंक्रीट की न्यूनतम 5 से०मी० मोटी परत डालनी चाहिए। ऊपरी परत की कंक्रीट को अधिक सघन बनाने के लिए उसमें सीलन रोक यौगिक मिला देना चाहिये।

समीप की भूमि की सीलन से नींव का बचाव

जिन स्थानों पर सीलन समीप की भूमि से नींव की दीवारों द्वारा ऊपर की ओर चढ़ती हो वहाँ जल सह परत लगाने के साथ–साथ खोखला स्थान रखकर इसे रोका जा सकता है। एक वायुड्रेन चित्र–3.2 में दिखाया गया है। इस दोष को दूर करने के लिये अधो मृदा जल निकासी विधि अपनाकर भी दूर किया जा सकता है जैसा कि

चित्र–3.4 में दिखाया गया है। चित्र–3.2 में दिखाये अनुसार वायुड्रेन 20 से 30 से०मी० चौड़ा खोखला स्थान होता है जो दीवार की वाह्य सतह की ओर भू तल के नीचे बनाया जाता है। यह स्थान नींव की आधार स्लेव पर पतली वाह्य दीवार बनाकर बनाया जाता है

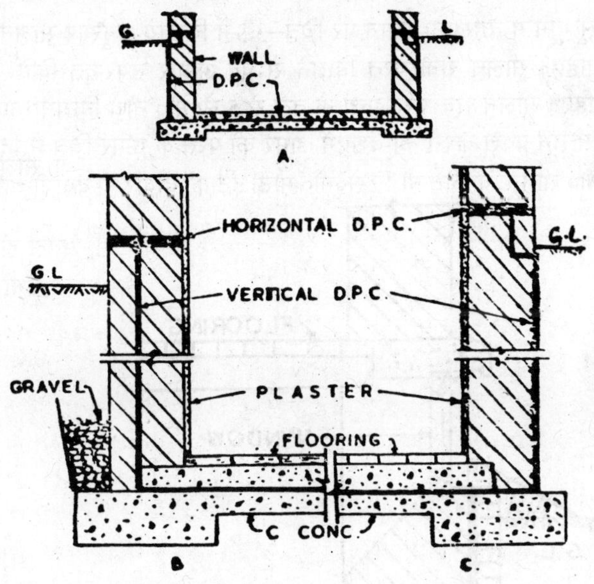

चित्र-3.1. Damp Proof Course in Under Grounds

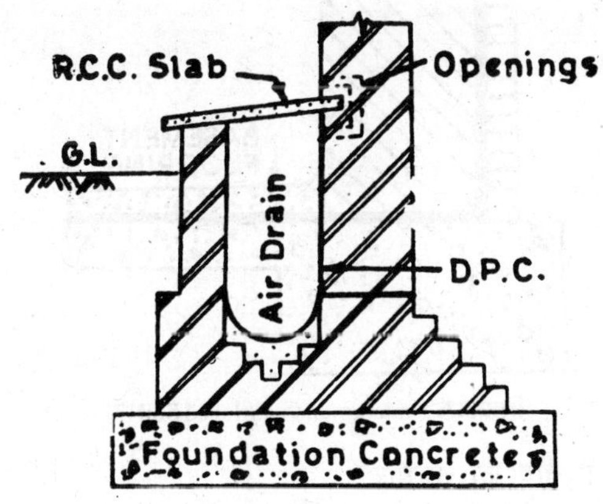

चित्र-3.2. Cavity Wall With Air Drain

भूतल के पानी के इस स्थान में प्रवेश को रोकने के लिए इसे भूतल से 15 से०मी० ऊपर तक बनाया जाता है। वायु के प्रवेश के लिए इसमें समान अन्तराल पर छिद्र रखे जाते हैं तथा शिखर को कंक्रीट अथवा पत्थर की स्लेव से ढक दिया जाता है। चित्र–3.2 में दिखाये अनुसार क्षैतिज व ऊर्ध्वाधर सीलन रोक परत भी लगाई जाती है।

(2) ढालू भूमि में तहखाना बनाने पर चित्र–3.3 में दिखाये अनुसार सीलन रोक परत लगानी चाहिए। सीलन रोक परत बिछाने से पूर्व आधार उपरोक्त विधि से ही तैयार करना चाहिए। सीलन रोक परत फर्श के तल से 5 से०मी० नीचे बिछानी चाहिये। मध्यम शीर्ष पर सीलन प्रवेश करने की दशा में डामर की परत के ऊपर चित्र में दिखाये अनुसार 10 से०मी० सीमेन्ट कंक्रीट या 12 से०मी० मोटी ईंट की दीवार भी बनानी चाहिये।

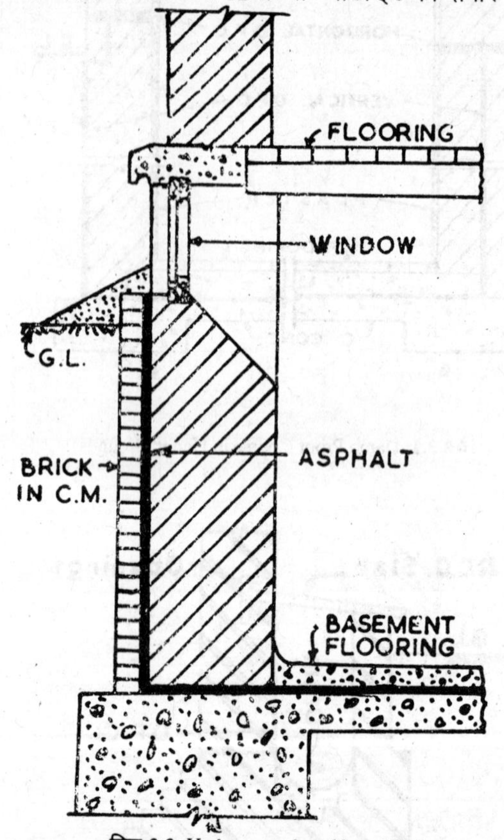

चित्र-3.3. Underground on Sloped Soil

खराब भूमि पर बनी नींव का उपचार

जिन स्थानों पर पीट मृदा (Peat soil) हो तथा नींव या तहखाने की नींव की उचित जल निकासी ठीक प्रकार से न की गई हो, तथा वहाँ स्थैतिक द्रवीय दाब ऊँचा

हो, ऐसी परिस्थितियों में संरचना को भूमि की सतह से चारों ओर एक 30 से०मी० चौड़ाई खाई खोद कर अलग कर देना चाहिए। इस खाई की गहराई कंक्रीट स्लेव के निचले सिरे तक रखी जानी चाहिये। इस खाई की तली में भवन से दूसरी ओर उचित ढाल दिया जाना चाहिए। इस खाई को ग्रेवल अथवा श्रेणीबध पत्थर आदि से भर देना चाहिये। तहखानों की नींव में उचित पाइप लगाकर जल निकासी की जा सकती है। चित्र–3.4.

(3) फर्श तल के नीचे अधिक स्थैतिक द्रव शीर्ष होने पर चित्र–3.4 में दिखाये अनुसार क्षैतिज व ऊर्ध्वाधर सीलन रोक परत लगानी चाहिये। सीलन रोक परत का आधार तैयार करने से पहले लगभग 12 से०मी० मोटी ग्रेवल परत बिछाकर उसमें 10 से०मी० व्यास के पाइप दबा देने चाहिए। ग्रेवल के ऊपर 10 से०मी० कंक्रीट तथा इसपर 2 से०मी० डामर बजरी की परत क्षैतिज व ऊर्ध्वाधर बिछाकर उसके ऊपर 5 से०मी० मोटी कंक्रीट की दूसरी परत बिछानी चाहिए। ऊर्ध्वाधर परत भूतल से लगभग 15 से०मी० ऊपर तक लगानी चाहिये। पाइप की तली में ढाल देकर उसे बाहर निकाल देना चाहिये। दीवार के बाहर की ओर डामर कंक्रीट व मृदा के बीच भी ग्रेवल भर देना चाहिए तथा नींव की कंक्रीट के समीप 10 से०मी० व्यास का पाइप गाड़ देना चाहिये। इस पाइप को किसी प्राकृतिक नाले अथवा किसी गड्ढे में निकाल देना चाहिये, जहाँ से इसका पानी पम्प द्वारा दूर निकाला जा सके।

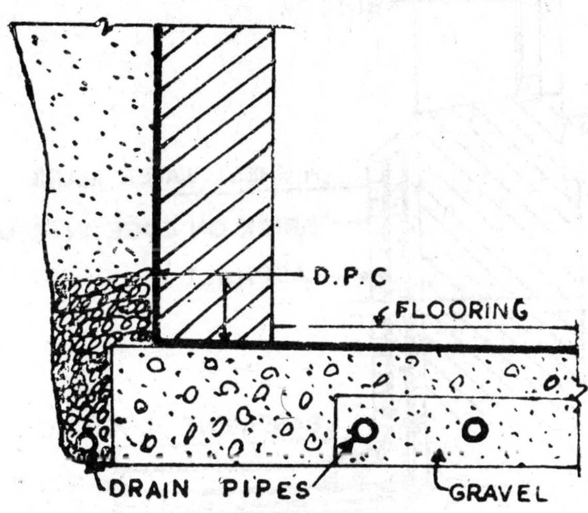

चित्र-3.4. Foundation on Bad Soil

3.10. ऊँची बाढ़ आने वाली नदी के समीप या दलदल मिट्टी पर भवन बनाने पर सीलन रोकना

इस प्रकार की स्थिति में निर्माण स्थल के समस्त क्षेत्र जिस पर संरचना बनानी है 15 से०मी० मोटी कंक्रीट की परत डालनी चाहिए। कंक्रीट को अधिक सघन बनाने के लिए उसमें जलसह (Water Proof) पदार्थ मिला देना चाहिये। इस कंक्रीट के ऊपर एक या दो एस्फाल्ट (Ashphalt) की परत लगानी चाहिये। ऊर्ध्वाधर सीलन रोक परत दीवार के अन्दर की ओर भूतल से 15 से०मी० ऊँचाई तक ले जानी चाहिए। इस परत के ऊपर गणना अनुसार प्रबलित कंक्रीट की परत लगानी चाहिये। प्रबलन अधिकतम जल मार्ग की ऊँचाई से 15 से०मी० ऊँचाई तक ले जाना चाहिये। इसके ऊपर 7.5 से०मी० मोटी कंक्रीट अथवा 12 से०मी० मोटी ईंट की चिनाई सीमेंट मसाले से करना उपयोगी सिद्ध हुआ है। (चित्र–3.5)

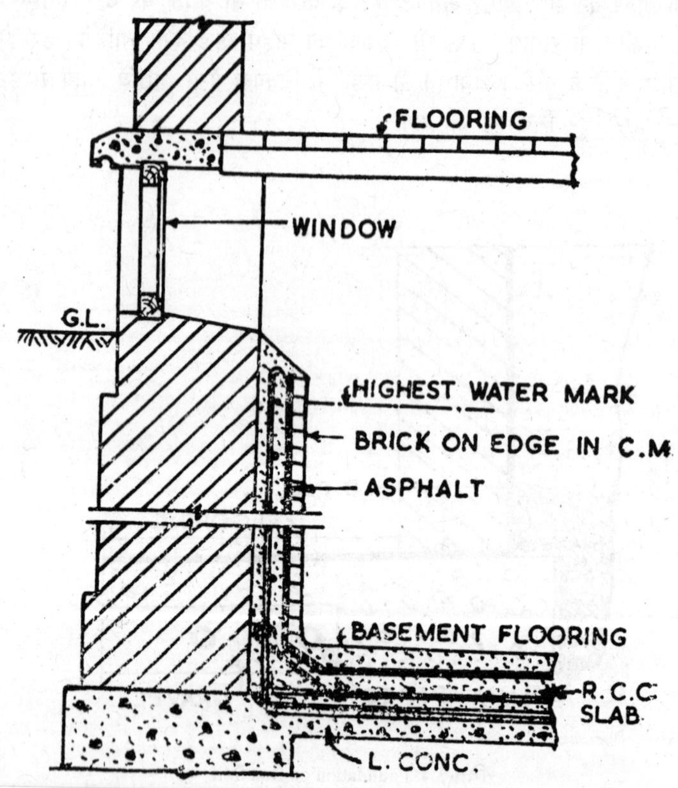

चित्र-3.5. Foundation on Marshy Soil

तहखाने की दीवार के बाहर की ओर सीलन रोक परत चित्र–3.4 तथा दीवरों में सीलन परत चित्र चित्र–3.6 में दिखाई है।

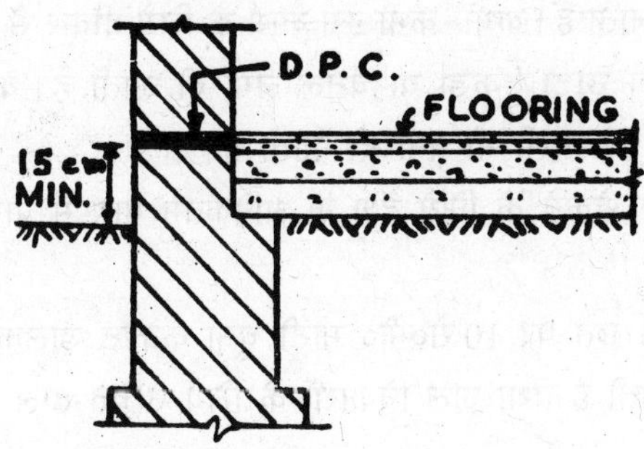

चित्र-3.6. Water Proof Treatment For Walls

3.11. चपटी छतों पर सीलन रोक परत लगाना

चपटी छतों में मुंडेर व छत के जोड़ों से वर्षा जल भवन में प्रवेश करता है। कभी–कभी वातावरण के तापक्रम के उतार चढ़ाव के कारण छत में दरार पड़ जाते हैं जिनके द्वारा वर्षा जल नीचे भवन या संरचना में प्रवेश करता है। इससे बचने के लिये समस्त छत पर एस्फाल्ट की परत बिछा दी जाती है तथा इसे मुंडेर के जोड़ के साथ–साथ ऊर्ध्वाधर 15 से०मी० ऊँचाई तक ले जाया जाता है। इस ऊँचाई पर मुंडेर की सकल्ल मोटाई में सीलन रोक परत भी डाल दी जाती है। इस मुंडेर के ऊपरी सिरे पर ईंट या पत्थर लगाकर इसे वर्षा जल से और अधिक सुरक्षित कर दिया जाता है। चित्र–3.7 में चपटी छत व मुन्डेर में सीलन रोक परत दिखाई गई है।

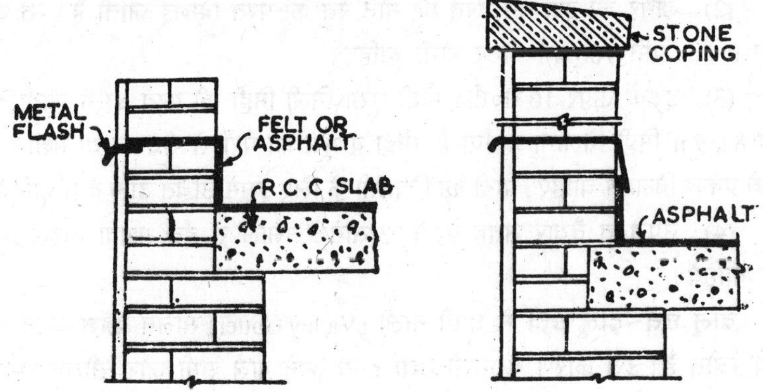

चित्र-3.7. Water Proof Treatment for Flat Slabs

चपटी छतों से वर्षा जल अति शीघ्र निकालने के लिये 40 में 1 या 60 में 1 का ढाल दिया जाता है। वर्षा जल निकासी के लिये 7.6 से०मी० व्यास का पाइप दीवार के साथ लगा दिया जाता है। कभी–कभी इस कार्य के लिये दीवार से 30 से०मी० प्रक्षेप करता हुआ पाइप का छोटा टुकड़ा या चैनल लगा दी जाती है। कहीं–कहीं दीवार पर सीमेंट की ऊर्ध्वाधर नाली भी बना दी जाती है।

छत से सीलन रोकने के लिये देश के अधिकतम् भाग में प्रायः निम्न उपचार किया जाता है।

(1) सर्वप्रथम छत पर 10 से०मी० मोटी चूना कंक्रीट डालकर उसकी अच्छी प्रकार कुटाई की जाती है तथा जल निकासी के लिये उचित ढाल बना दिया जाता है।

(2) चूना कंक्रीट सूख जाने पर उसके ऊपर गर्म डामर की एक पतली परत बिछा दी जाती है।

(3) डामर की पतली परत पर डामर की चादर बिछा दी जाती है। प्रायः डामर चादर बिछाना अनिवार्य नहीं है। देश के अधिकतम् भाग में चूना कंक्रीट की अच्छी प्रकार कुटाई कर छत तैयार करना ही पर्याप्त सिद्ध हुआ है।

3.12. गारा व भूसे की परत पर ईंट वाली छत

राजस्थान, उत्तर प्रदेश, देहली व पंजाब आदि क्षेत्रों में इस प्रकार की छत बनाई जाती हैं। इस प्रकार की छत बनाने के लिये निम्न प्रक्रिया अपनाई जाती है :

(1) कंक्रीट की सतह पर गर्म डामर की पतली परत बिछाई जाती है। डामर की न्यूनतम मात्रा 1.70 kg/m^2 होनी चाहिये।

(2) डामर की इस गर्म परत पर मोटे रेत की परत बिछाई जाती है। रेत की मात्रा 0.6 m^3 प्रति 100 वर्ग मीटर होनी चाहिए।

(3) इसके ऊपर 10 से०मी० मोटी भूसा मिली मिट्टी की परत डाली जाती है। भूसा 8 kg/m^3 मिट्टी मिलाना पर्याप्त है, मिट्टी व भूसे को पैरों से रौंदकर या मशीन से अच्छी प्रकार मिलाना चाहिए। पानी की निकासी के लिए इसमें उचित ढाल देना चाहिये।

(4) उपरोक्त तैयार सतह पर 1 : 3 सीमेंट मसाले से ईंट अथवा टाइल जड़ देनी चाहिये।

ढालू छतें–ढालू छतों में घाटी नाली (Valley Gutter) सीलन प्रवेश करने का मुख्य स्त्रोत है। इस कारण ये नाली तथा इनमें आने वाले सभी जोड़ सीलन रोधक होने चाहिये चित्र–3.8 और 3.9 में क्रमशः लोहे एवं लकड़ी की ढालू छतों में सीलन रोक परत दिखाई गई हैं।

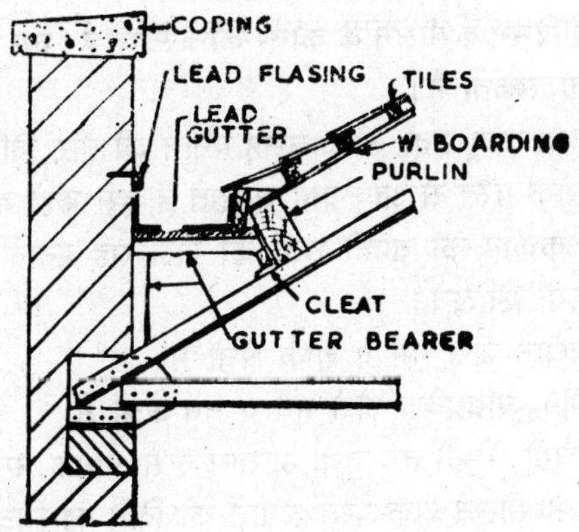

चित्र-3.8. Water Proof Course on Steel Roofs

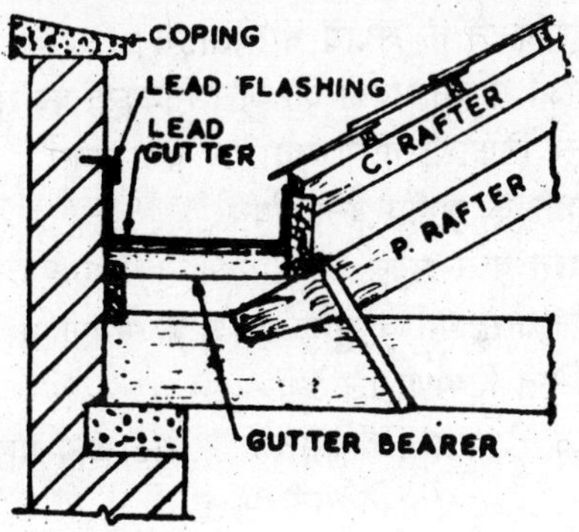

चित्र-3.9. Water Proof Course For Wooden Roofs

प्रश्नावली

(1) भवनों में रिसन व सीलन के कौन–कौन स्त्रोत है। नये भवन में इन्हें किस प्रकार रोका जा सकता है।

(2) चपटी तथा ढालू छतों को जलसह बनाने की तीन विधियों का वर्णन कीजिये।

(3) सीलन रोक परत से आप क्या समझते हैं इसे कहाँ व क्यों लगाया जाता है।

(4) प्रबलित कंक्रीट की चपटी छतों को जल सह बनाने के लिये निम्न क्षेत्रों में विशिश्टियाँ लिखिये।
(i) राजस्थान जैसे गर्म व शुष्क क्षेत्रों में
(ii) यू०पी०, आँध्रप्रदेश जैसे गर्म व नम क्षेत्रों में
(iii) पश्चिमी समुद्री तट तथा आसाम जैसे अधिक नमी वाले व गर्म क्षेत्रों में।

(5) तहखाने में सीलन रोक परत लगाने की विधि का चित्र सहित वर्णन कीजिये।

(6) अच्छे सीलन रोक पदार्थ के क्या गुण होने चाहिए। साधारणतः प्रयोग किये जाने वाले जल सह पदार्थों के गुणों का वर्णन कीजिये।

(7) सीलन के कारण भवनों में उत्पन्न होने वाली कठिनाइयों का वर्णन कीजिये। तथा उन्हें दूर करने के उपायें भी बताइये।

(8) निम्न अवस्थाओं में बने भवनों की जल निकासी पर संक्षिप्त टिप्पणी लिखिये।
(i) खराब जल निकाशी वाली गृदा पर बना भवन
(ii) किसी घाटी के समीप बना भवन
(iii) तिरछी छत वाले भवन
(iv) राजस्थान जैसे गर्म व शुष्क प्रदेश के भवनों में

(9) निम्न पर संक्षिप्त टिप्पणी लिखिये–
(a) शाटक्रीट (b) वायुड्रेन (c) दाब ग्रावटिंग
(d) धातुशीट (e) विटुमनी फेल्ट

4

ईंट चिनाई
Brick Masonry

4.1 प्रस्तावना

मसाले से ईंटों को जोड़कर बनाई गई संरचना ईंटों की चिनाई कहलाती है। ईंट चिनाई की सामर्थ्य (Strength) मसाले पर निर्भर करती है। मसाला ईंटों के लिए केवल बंधक (Cementing) का ही कार्य नहीं करता बल्कि ईंटों को एक साथ जोड़कर संरचना को सामर्थ्य भी प्रदान करता है।

4.2 ईंट चिनाई में प्रयोग की जाने वाली सामग्री

ईंट चिनाई में प्रायः तीन मुख्य सामग्री प्रयोग की जाती हैं।

(1) ईंट (2) मसाला (3) पानी।

4.3 (1) ईंट—ईंट प्रायः दो वर्गों में विभाजित की जा सकती हैं।

(1) साधारण ईंट (2) विशिष्ट ईंट (Special bricks).

साधारण ईंट—जो ईंट साधारण मिट्टी से बनाकर भट्ठों में पकाई जाती है, साधारण ईंट कहलाती है। साधारण ईंट तीन श्रेणियों में विभाजित की जा सकती हैं:

(1) प्रथम श्रेणी की ईंट (2) द्वितीय श्रेणी की ईंट (3) तृतीय श्रेणी की ईंट।

(1) प्रथम श्रेणी की ईंट—यह ईंटें अच्छी मिट्टी से बनाई जाती है, जिसमें लगभग 30% चिकनी मिट्टी हो। इस मिट्टी में रेह आदि क्षारीय पदार्थ नहीं होने चाहिए। इस श्रेणी की ईंटों की समान आकृति, सीधे किनारे तथा समान्तर सतह होती है। इनमें चूने की कंकड़, पत्थर, दरार आदि कोई दोष नहीं होता। यह अच्छी प्रकार भट्ठों में पकाई जाती है। इनका रंग समान लाल होता है। इन्हें एक दूसरे से बजाने पर धातु की भाँति ध्वनि निकलती है। इनकी माप $20 \times 10 \times 10$ से॰मी॰ होती है परन्तु वास्तविक

माप 19 × 9 × 9 से०मी० होती है। मसाले के साथ चिनाई करने पर दस रद्दे एक मीटर **ऊँचाई के बराबर होते हैं।** इस श्रेणी की ईंटों को 24 घण्टे तक पानी से संतुप्ति करने पर भी वे अपने भार का 16% से अधिक पानी नहीं सोखती तथा सूखने पर उन पर कोई धब्बा नहीं पड़ता।

(2) द्वितीय श्रेणी की ईंट—इस श्रेणी की ईंटें भी उपरोक्त जैसी ही होती है। परन्तु उनके किनारे, आकृति तथा सतह दोष पूर्ण होती हैं। अर्थात किनारे व सतह आदि कुछ टेढ़े होते हैं। इस प्रकार की ईंटें भी अच्छी प्रकार पकी हुई होती हैं तथा उन्हें भी एक दूसरे से बजाने पर धातु जैसी ही ध्वनि निकलती है। इस श्रेणी की ईंट को अपने भार से 25% से अधिक पानी नहीं सोखना चाहिए।

तृतीय श्रेणी की ईंट—इस श्रेणी की ईंटें अच्छी प्रकार पकी हुई नहीं होती हैं। उनका रंग पीला होता है तथा बजाने पर भारी ध्वनि निकलती है। इनके किनारे तथा आकृति भी टेढ़ी–मेढ़ी होती है। इस प्रकार की ईंटें बहुत ही साधारण कार्यो के लिए प्रयोग की जाती हैं। महत्वपूर्ण कार्यो के लिए प्रथम श्रेणी तथा सामान्य कार्यो के लिए द्वितीय श्रेणी की ईंट भी प्रयोग की जा सकती हैं।

4.4 विशिष्ट ईंट

इस श्रेणी में निम्न प्रकार की ईंटें आती हैं।

(1) ताप सह ईंट (Fire brick)

(2) कसी ईंटें (Pressed bricks) (3) कँचाई ईंट (Glazed brick)

(1) ताप सह ईंट—इस श्रेणी की ईंटें विशेष प्रकार की मिट्टी से बनायी जाती है जो काफी ऊँचे ताप पर भी नहीं पिघलती। इस प्रकार की ईंटें ऊँचे ताप वाली भट्टियों पर परत लगाने के लिए प्रयोग की जाती हैं। अधिक ताप पर साधारण ईंटें पिघल जाती हैं।

(2) कसी ईंटें (Pressed bricks)—इस प्रकार की ईंटें उन कार्यों के लिए प्रयोग की जाती हैं जहाँ ईंट की बहुत सही माप की आवश्यकता होती है। प्रायः इस प्रकार की ईंट भवन के मुख्य द्वार के समीप लगाई जाती हैं। इनके किनारे बिलकुल सीधे, तीखे तथा सतह चिकनी व समान होती है इनका रंग भी रामान होता है। इनका निर्माण साधारण ईंट की भांति साँचे में मिट्टी दाब के साथ भर कर किया जाता है। छोटे कार्यो के लिए दाब हाथ से तथा बड़े कार्यो के लिये बनायी जाने वाली ईंटों पर दाब भाप द्वारा लगाया जाता है।

कंचाई ईंटें (Glazed bricks)—इस प्रकार की ईंटें उन स्थानों पर प्रयोग की जाती हैं जहाँ सफाई की अधिक आवश्यकता होती है जैसे अस्पंताल, डेरी, विभाजन दीवार, मूत्रालय आदि।

इन ईंटों की एक सतह बहुत चिकनी तथा चमकदार होती है। इनका प्रयोग प्रायः बाहरी सतह के लिये किया जाता है, जहाँ रंगीन ईंटें खूबसूरती के लिए लगानी हो। अन्य कई प्रकार की ईंटें भी साँचे में ढाल कर बनाई जा सकती हैं।

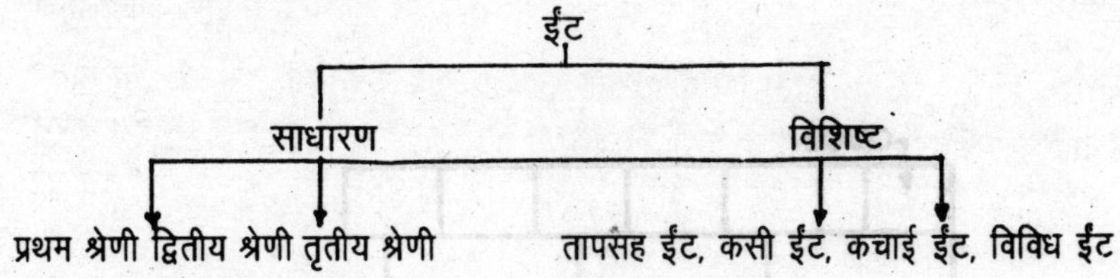

प्रथम श्रेणी द्वितीय श्रेणी तृतीय श्रेणी तापसह ईंट, कसी ईंट, कचाई ईंट, विविध ईंट

4.5 मसाले (Mortars)

प्रायः निम्न प्रकार के मसाले ईंट की चिनाई में प्रयोग किये जाते हैं :

1. सीमेन्ट–रेत मसाला
2. चूना–रेत मसाला
3. सीमेन्ट, चूना व रेत मसाला
4. चूना व सुरखी मसाला
5. मिट्टी का मसाला

महत्वपूर्ण संरचनाओं के लिए सीमेन्ट–रेत मसाला प्रयोग किया जाता है। बहुत साधारण संरचनाओं के लिए गारे (मिट्टी) का मसाला भी प्रयोग किया जाता है। अन्य सभी प्रकार की संरचनाओं के लिए चूने का मसाला प्रयोग किया जा सकता है।

4.6 परिभाषाएँ

1. हैडर (Header)–दीवार की फलक (Face) के अभिलम्ब लगाई जाने वाली ईंट अथवा पत्थर हैडर कहलाता है। अतः दीवार में हैडर ईंट की 10×10 से०मी० वाली सतह ही दिखाई देगी। पत्थर की चिनाई में हैडर पत्थर, धुर पत्थर भी कहलाता है।

(1) बाही या स्ट्रेचर (Stretcher)–दीवार की फलक के समानान्तर लगाई जाने वाली ईंट या पत्थर बाही (Stretcher) कहलाता है। अतः दीवार में बाही ईंट की 20 × 10 से०मी० वाली सतह दिखाई देगी।

(2) रद्दा (Course)–ईंट या पत्थर की एक क्षैतिज परत रद्दा कहलाती है। ईंट की चिनाई में एक रद्दे की ऊँचाई, 10 से०मी० + मसाले की परत की मोटाई के बराबर होती है।

बाँड या चाल (Bond)–दीवार की चिनाई में पृथक–पृथक ईंटों अथवा पत्थरों को एक समूह में जोड़ने की क्रिया बाँड कहलाती है। दीवार की फलक व उसके भीतर ऊर्ध्वाधर दरज (joint) तोड़ने के लिए बाँड अनिवार्य है। बाँड की पहचान दीवार के उठान (elevation) से की जाती है।

हैडर रद्दा (Header Course)–जिस रद्दे में समस्त ईंटें हैडर ही लगाई जाती हैं वह हैडर रद्दा कहलाता है।

पट्टी रद्दा (Stretcher Course)–जिस रद्दे में समस्त ईंटें बाही (Stretcher) लगाई जाती हैं वह रद्दा पट्टी रट्टा कहलाता है। चित्र–4.1 में हैडर व पट्टी रद्दे दिखाए गए हैं।

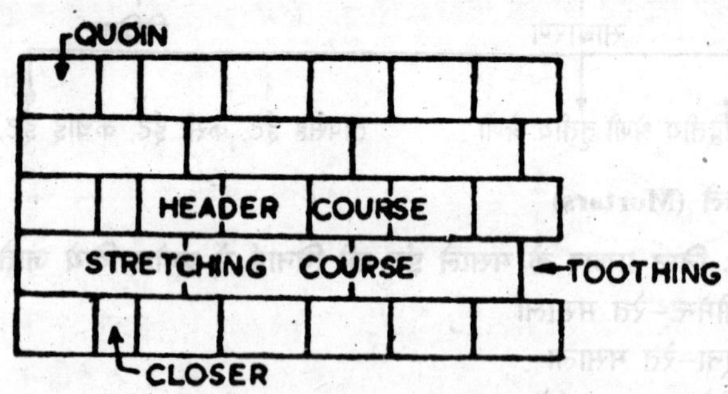

चित्र-4.1. Header and Stretcher Courses

आधार (Bed)—जिस सतह पर ईंट बिछायी जाती है वह सतह आधार कहलाती है। प्रत्येक रद्दे में ईंट या पत्थर की निचली सतह आधार कहलाती है।

फलक (Face)—दीवार की वायुमण्डल में खुली हुई सतह उसकी फलक कहलाती है।

मोहरा (Facing)—दीवार की फलक (Face) के निर्माण में प्रयोग की गई सामग्री मोहरा (Facing) कहलाती है।

पिछवाड़ा (Back)—दीवार के अन्दर की सतह जो वायुमण्डल में न खुली हो पिछवाड़ा (back) कहलाती है।

पुशता (Backing)—दीवार के पिछवाड़े (back) के निर्माण में प्रयोग की गयी सामग्री (Backing) कहलाती है।

भरत (Hearting)—दीवार के फलक व पिछवाड़े के बीच का भाग भरत कहलाता है।

जोड़ (Joint)—दो या इससे अधिक पत्थर अथवा ईंटों का जंकशन जोड़ कहलाता है।

पड़ी दरज या जोड़ (Bed Joint)—दो रद्दों के बीच क्षैतिज जोड़ पड़ी दरज कहलाती है। ये दरज आधार के समानान्तर होती हैं। दाब सदैव इनके ऊर्ध्वाधर कार्य करता है।

ऊर्ध्वाधर दरज (Vertical joint)—पड़ी दरज के ऊर्ध्वाधर दरज, ऊर्ध्वाधर दरज कहलाती है।

टुकड़ा (Bat)—ईंट की लम्बाई या चौड़ाई से काटा गया भाग, टुकड़ा (bat) कहलाता है। चित्र–4.2 B व C में तीन चौथाई व आधी ईंट दिखाई गई है।

डेली (Closerbrick)—ईंट की लम्बाई में काटा गया वह भाग जिसकी लम्बाई में एक सतह बिना कटी रहे डेली कहलाती है। डेली निम्न दो प्रकार की होती हैं।

नर डेली—चित्र–4.2 D में दिखाये अनुसार समूची ईंट को लम्बाई के मध्य बिन्दु

व चौड़ाई के मध्य बिन्दु को मिलाने वाली रेखा से काटने पर प्राप्त भाग नर डेली कहलाता है। इस प्रकार की ईंटें तिरछी फैंलावदार चिनाई के लिए प्रयोग की जाती हैं।

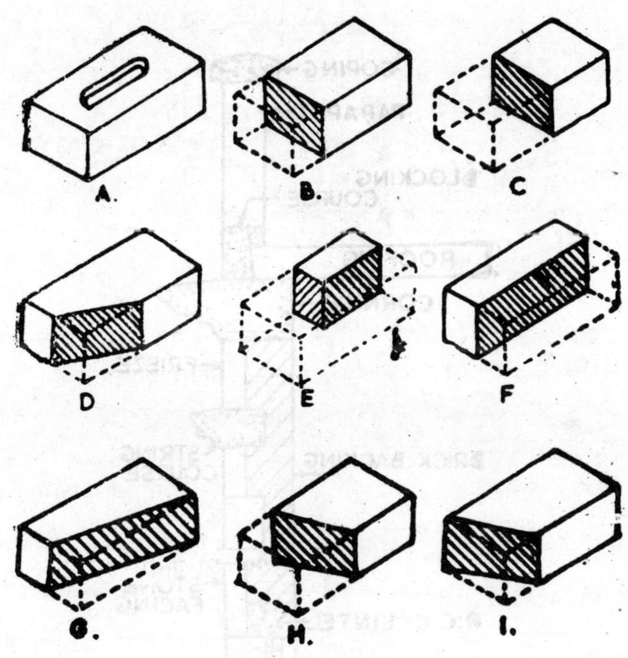

चित्र-4.2. Definitions of Bricks

मादा डेली (Queen closer)—ईंट की लम्बाई के समानान्तर आधी चौड़ाई से काटी गई ईंट मादा डेली कहलाती है। मादा डेली बाँड तोड़ने के लिए हैडर रद्दे में प्रथम ईंट के पश्चात् लगायी जाती है। चित्र–4.2 E व F में 1/4 व 1/2 मादा डेली दिखाई गई हैं।

ढालू डेली (Bevelled closer)—ईंट की चौड़ाई की एक सतह के मध्य बिन्दु को, दूसरे सिरे की चौड़ाई सतह के किनारे से मिलाने वाली रेखा से काटने पर प्राप्त भाग ढालू डेली कहलाता है। इसका प्रयोग भी ढलवा फैलाव वाली चिनाई के लिए किया जाता है। (चित्र–4.2 G) चित्र–4.2 H में Bevelled Bat व I में Mitred Closer दिखाये गए हैं।

बुल नोज (Bull Nose)—एक या दोनों गोल सिरे वाली ईंटें (Bull nosed bricks) कहलाती है इनका प्रयोग दीवार के कोने कुछ गोलाकार बनाने के लिए किया जाता है।

फ्रॉग या डब्बी (Frog)—ईंट की ऊपरी सतह पर अवपात या गढ्ढा (depression) फ्रॉग कहलाता है। चिनाई करते समय फ्रॉग में मसाला भर जाता है जो सूखने पर

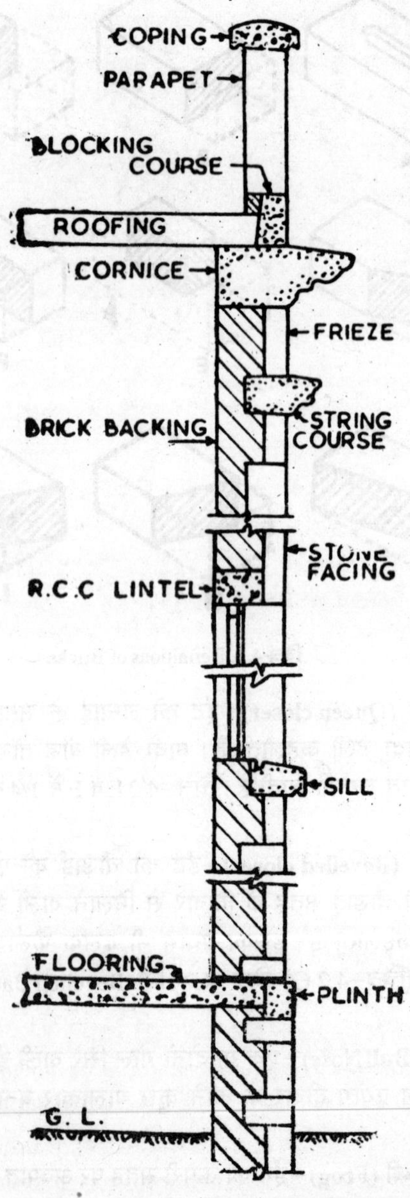

चित्र-4.3. Different Coureses of a Wall

ऊपरी ईंट के खिसकने में बाधा डालता है। अतः यह ईंट के लिए **पकड़** (Anchor) का कार्य करता है।

कोनिया पत्थर (Quoin)—दीवार का कोना (corner) बनाने के लिए उपयोग किया गया पत्थर या ईंट कोनिया कहलाता है। कोनिया ईंट या पत्थर की आकृति नागफन जैसी होती है।

कुर्सी (Plinth)—ईंट या पत्थर का प्रक्षेप करता हुआ क्षैतिज रद्दा कुर्सी कहलाता हैं कुर्सी रद्दा दीवार में भूतल से ऊपर बनाया जाता है। इससे संरचना के फर्श का तल प्राकृतिक भूतल से ऊँचा हो जाता है तथा इसके कारण वर्षा जल के कारण संरचना में सीलन का प्रभाव भी कम हो जाता है।

कुर्सी रद्दा (Plinth Course)—कुर्सी का सबसे ऊपरी रद्दा कुर्सी रद्दा कहलाता है इसका तल संरचना के प्रथम फर्श के तल के बराबर रखा जाता है।

सिल (Sill)—लकड़ी की खिड़की को सहारा देने के लिए ईंट या पत्थर का क्षैतिज भाग सिल कहलाता है। इसका प्रयोग दीवार की वाह्य फलक से वर्षा जल निष्कासित करने के लिए भी किया जाता है।

वाह्यपक्ष (Reveals)—दरवाजे या खिड़की में चौखट या फ्रेम लगाने के पश्चात् वाह्य उर्ध्वाधर सतह वाह्यपक्ष (reveal) कहलाती है।

बंधक रद्दा या निकास रद्दा (String Course)—संरचना के प्रत्येक छत तल पर दीवार की समस्त लम्बाई में चिनाई का क्षैतिज प्रक्षेप रद्दा बंधक रद्दा कहलाता है इससे दीवार की सुन्दरता बढ़ जाती है।

कंगूरा या कार्निस (Cornice)—संरचना के शिखर के समीप क्षैतिज रद्दा कार्निस कहलाता है। इस रद्दे के लिए विशेष प्रकार की ईंट साँचे से बनाई जाती है। यह रद्दा न केवल दीवार की सुन्दरता बढ़ाता है बल्कि वर्षा जल को भी दीवार की सतह से दूर हटाता है।

प्रस्तर गल (Frieze)—कार्निस के तुरन्त नीचे का पत्थर रद्दा प्रस्तर गल कहलाता है। इससे कार्निस की सुन्दरता बढ़ जाती है।

दाब या पिंडक रद्दा (Blocking Course)—कार्निस के तुरन्त ऊपर बनाया गया पत्थर का रद्दा पिंडक रद्दा कहलाता है। यह कार्निस को गिरने से रोकता है तथा उसकी सुन्दरता भी बढ़ाता है।

मुंडेर (Parapet)—चपटी छत के चारों ओर बनाई गई छोटी दीवार मुंडेर या (parapet) कहलाती है। यह दीवार छत प्रयोग करने वालों को सुरक्षा तथा एकांतता (Privacy) प्रदान करती है।

शीर्षिका (Coping)—दीवार के खुले शिखर को ढकने के लिए बनाया गया रद्दा शीर्षिका कहलाता है। यह रद्दा दरारों के द्वारा संरचना में वर्षा जल के प्रवेश पर नियंत्रण रखता है। यह रद्दा, ईंट, कंक्रीट, पत्थर आदि का बनाया जा सकता है। (चित्र–4.3 में विभिन्न रद्दे दिखाये गये हैं।)

4.7 ईंट की चिनाई के सामान्य सिद्धान्त (General Principles for brick masonry)

ईंट की चिनाई करते समय निम्न बातों का ध्यान रखा जाना चाहिए :

(1) महत्वपूर्ण संरचनाओं के लिए प्रथम श्रेणी की ईंट प्रयोग की जानी चाहिए।

(2) ईंट प्रयोग करने से पहले उसे साफ पानी में कम से एक घण्टे तक डुबाना चाहिए या अच्छी प्रकार तराई करनी चाहिए। वास्तव में तराई उस समय तक करनी चाहिए जब तक ईंट से बुलबुले निकलने बन्द न हो जाएं।

(3) जब तक अनिवार्य न हो चिनाई में ईंट के टुकड़े प्रयोग नहीं किए जाने चाहिए।

(4) ईंट बिल्कुल क्षैतिज तथा चपटी बिछाई जानी चाहिए।

(5) यथासंभव दीवार की समस्त लम्बाई की ऊँचाई समान उठानी चाहिए दीवार के एक भाग की ऊँचाई दूसरे भाग की ऊँचाई से एक मीटर से अधिक नहीं उठानी चाहिए।

(6) चिनाई में उचित मसाले का ही प्रयोग किया जाना चाहिए। जोड़ समान मोटाई के 13 mm से अधिक मोटे नहीं होने चाहिए।

(7) ईंट की चिनाई पर प्लास्टर या टीप करते समय जोड़ के अन्दर से 13 mm. से 19 mm. गहराई तक मसाला खुरच देना चाहिए। जोड़ों से मसाला गीली अवस्था में ही खुरच देना चाहिए। मसाला सूख जाने पर उसे खुरचने में कठिनाई होगी।

(8) दरवाजे या खिड़की के कब्जे (Hold fasts) लगाने में सीमेंट कंक्रीट या सीमेंट मसाले का ही प्रयोग किया जाना चाहिए।

(9) सीमेंट मसाले से तैयार की गई ईंट की चिनाई की कम से कम 7 दीन तक तराई की जानी चाहिए।

(10) वर्तमान ईंट चिनाई की मोटाई बढ़ाकर मजबूत करते समय उसमें 20 × 20 × 10 से०मी० का खाँचा प्रति वर्गमीटर क्षेत्रफल काटना चाहिए।

(11) चिनाई की जा रही ईंट दीवार को भविष्य में बढ़ाने के लिए उसका सिरा चित्र–4.1 में दिखाये अनुसार दांतेदार बनाया जाना चाहिए।

(12) ईंट चिनाई में प्रायः इंगलिश चाल बनाई जानी चाहिये।

4.8 ईंट की चिनाई, जुड़ाई या बाँडिंग (Bonding)

जुड़ाई, ईंट व मसाले को व्यवस्थित करने की वह प्रक्रिया है जिससे प्राप्त ईंट चिनाई यथासंभव मज़बूत तथा उस पर लगने वाले बलों को सहन करने में समर्थ हो। दीवार की फलक तथा भीतरी भाग में ऊर्ध्वाधर जोड़ न आने देने के लिए बाँड या चाल अनिवार्य है। निरन्तर ऊर्ध्वाधर जोड़ वाली दीवार लगने वाले भार को समांग इकाई की भाँति वितरित नहीं करती वरन् समस्त दीवार छोटे–छोटे स्तम्भों के रूप में कार्य करती हैं। इन छोटे–छोटे स्तम्भों के बीच मसाले के चिपकाव के अतिरिक्त अन्य कोई बन्धन नहीं होता, जिसके कारण भार लगने पर चित्र–4.4 A में दिखाये अनुसार ये स्तम्भ

एक दूसरे से पृथक हो सकते हैं। अच्छे बाँड वाली दीवार 45° से 60° के कोण पर भार वितरित करती है। ईंट की समान माप व कम भार के कारण जुड़ाई प्रक्रिया कई प्रकार से सरलता से की जा सकती है।

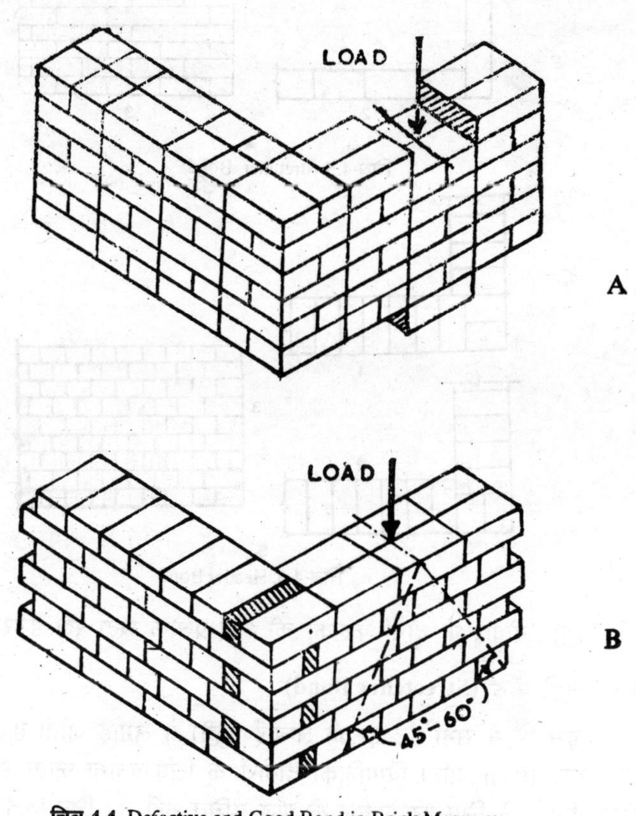

चित्र-4.4. Defective and Good Bond in Brick Masonry

4.9 जुड़ाई के नियम

एक रद्दे की ईंट का अपने से नीचे वाले रद्दे पर चढ़ाव दीवार की लम्बाई के समानान्तर 1/4 ईंट तथा दीवार की मोटाई में 1/2 ईंट के बराबर होना चाहिए।

(2) दीवार में ईंट के टुकड़ों का न्यूनतम् प्रयोग करना चाहिए।

(3) अच्छे बाँड के लिए यह अनिवार्य है कि ईंट समान माप की हो तथा ईंट की लम्बाई उसकी चौड़ाई के दो गुणे+एक जोड़ की मोटाई के बराबर हो।

(4) दीवार के भीतरी भाग में ईंट हैडर अर्थात दीवार फलक के अभिलम्ब लगानी चाहिए।

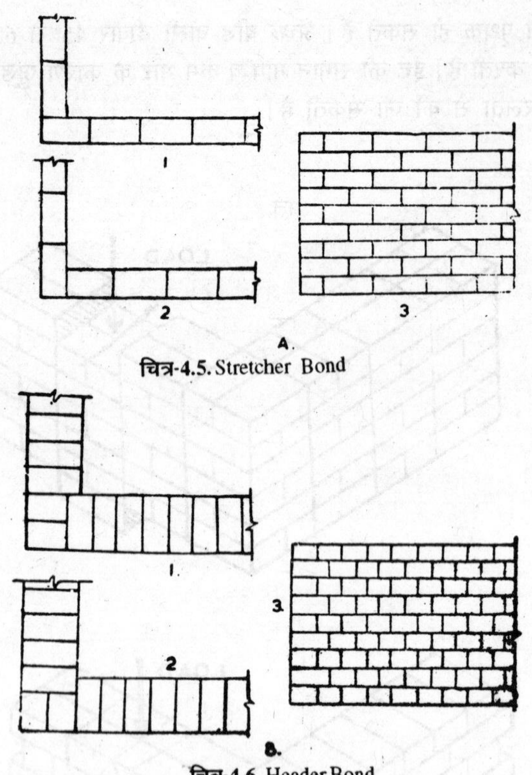

चित्र-4.5. Stretcher Bond

चित्र-4.6. Header Bond

(5) दीवार के दोनों फलकों की ओर प्रत्येक छटा रद्दा हैडर होना चाहिए।

4.10 पट्टी बाँड (Strectcher Bond)

इस रद्दे में सभी ईंटें इनकी लम्बाई (पट्टी) में लगाई जाती हैं। इस प्रकार का बाँड प्रायः 10 cm. मोटी विभाजिका दीवारों के लिए बनाया जाता है। इससे अधिक मोटी दीवार के लिए इस प्रकार के बाँड उचित नहीं हैं। चित्र–4.5

4.11 हैडर बाँड (Header Bond)

इस बाँड में सभी ईंटों के सिरे दीवार की वाह्य फलक की ओर दिखाई देते हुए लगाए जाते हैं। इस प्रकार के बाँड प्रायः 20 cm. मोटी दीवार के लिए उचित हैं। विशेष रूप से इस प्रकार के बाँड वक्राकार चिनाई में अधिक उपयोगी हैं। (चित्र–4.6)

4.12 बाँड या चाल की किस्में

दीवार में प्रायः निम्न बाँड या चाल प्रयोग की जाती हैं :

(1) अंग्रेजी चाल (English Bond)

(2) फ्लेमिस चाल (Flamish Bond)

4.13 अंग्रेजी चाल

(1) दीवार में प्रायः यही चाल प्रयोग की जाती है। इस प्रकार की चाल या बाँड बनाने के लिए प्रत्येक हैडर रद्दे की प्रथम हैडर ईंट के पश्चात् मादा डेली लगाना अनिवार्य है तथा एक रद्दा हैडर व दूसरा पट्टी रद्दा (Stretcher Course) बनाया जाता है। इस प्रकार ऊर्ध्वाधर जोड़ निरन्तर नहीं आते। इसके अतिरिक्त अन्य निम्न बातों का ध्यान भी रखना चाहिए।

(i) हैडर रद्दे के आरम्भ में ही मादा डेली नहीं लगानी चाहिए। इस स्थिति में मादा डेली के निकल जाने की संभावना रहती है।

चित्र-4.7. A. Elevation in English Bond

(ii) प्रत्येक एकान्तर हैडर ईंट का मध्य भाग दो पट्टी ईंटों (Stretchers) के जोड़ पर आना चाहिए तथा नीचे वाले रद्दे के जोड़ों पर न्यूनतम चढ़ाव 5 cm. होना चाहिए।

(iii) आधी ईंट की समसंख्या की मोटाई वाली दीवारों की दोनों फलकों का रूप (Appearance) समान होता है।

(iv) आधी ईंट की विषम संख्या की मोटाई वाली दीवारों की एक फलक पर यदि एक रद्दे में हैडर दिखाई देता है तो दूसरी फलक के उसी रद्दी में पट्टी (Stretcher) दिखाई देगी।

(v) अधिक मोटी दीवारों का भीतरी भाग केवल हैडर ईंटों का बनाया जाता है।

(vi) पट्टी रद्दों की अपेक्षा हैडर रद्दों में ऊर्ध्वाधर जोड़ों की संख्या दो गुनी होती है। इस कारण हैडर ईंटों के जोड़ अपेक्षाकृत कम मोटे बनाये जाते हैं। अंग्रेजी बाँड में विभिन्न रद्दों की प्लान खींचते समय निम्न क्रिया अपनाई जानी चाहिए :

(1) सर्वप्रथम कोनिया खींचिये।

(2) हैडर के पश्चात् वांछित मोटाई की डेली (Closer) खींचिये।

(3) इसके पश्चात् अन्य समस्त हैडर खींचिये।

(4) यदि दीवार की मोटाई आधी ईंट की सम संख्या के बराबर हो तो आन्तरिक फलक पर भी हैडर खींचिये।

(5) यदि दीवार की मोटाई आधी ईंट की विषम संख्या के बराबर हो तो आन्तरिक

फलक पर (Stretcher) खींचिये।

चित्र–4.7 B में विभिन्न मोटाई की दीवारों के रद्दे अंग्रेजी बाँड में दिखाये गये हैं।

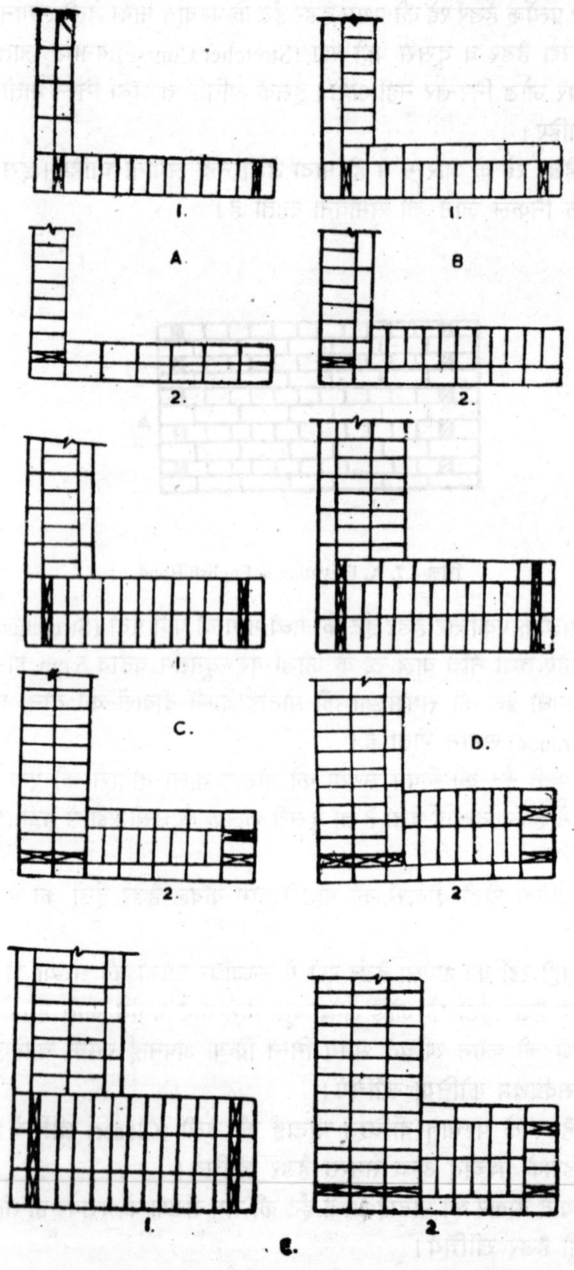

चित्र-4.7 B. English Bond of Different Thickness

4.14 फ्लेमिश बाँड या चाल (Flemish bond)

फलेमिस चाल के प्रत्येक रद्दे में एक पट्टी (Stretcher) व एक हैडर ईंट लगाई जाती है। इस बाँड में प्रत्येक रद्दे के आरम्भ में कोने पर हैडर ईंट लगाई जाती है। प्रत्येक रद्दे की एकान्तर हैडर ईंट अपने नीचे वाले रद्दे की (Stretcher) ईंट के मध्य में आती हैं। ऊर्ध्वाधर जोड़ तोड़ने के उद्देश्य से एकान्तर रद्दों में कोनिया हैडर के पश्चात् डेली (Closers) लगाई जाती है।

फलेमिश बाँड निम्न दो वर्गों में विभाजित किये जा सकते हैं।

(1) इकहरा फ्लेमिश बाँड

(2) दोकल फ्लेमिश बाँड

(1) इकहरा फ्लेमिश बाँड—यह बाँड अंग्रेजी व फ्लेमिशबाँड का मिश्रण है। इस बाँड में दीवार के प्रत्येक रद्दे की वाह्य फलक में फ्लेमिश तथा आन्तरिक फलक में अंग्रेजी बाँड या चाल होती है।

लाभ—इसमें कुछ सीमा तक फ्लेमिश बाँड की सुन्दरता तथा अंग्रेजी बाँड की मजबूती प्राप्त कर ली जाती है।

(2) इसमें दीवार की वाह्य फलक पर अच्छी ईंट तथा आंतरिक फलक पर सस्ती ईंटों का प्रयोग कर संरचना मितव्ययी बनाई जा सकती है।

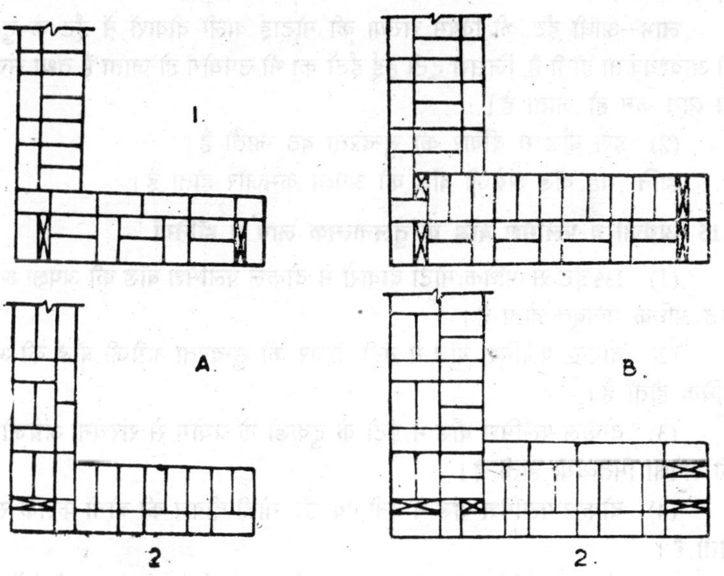

चित्र-4.8. Single Flemish Bond

हानि—इस प्रकार का बाँड 1½ ईंट से कम मोटी दीवारों में नहीं बनाया जा सकता।

(2) दीवार के किसी भाग में निरन्तर ऊर्ध्वाधर जोड़ आने के कारण दीवार कमजोर हो जाती है। चित्र–4.8 A में 30 cm व B में 40 cm मोटाई के इकहरे फ्लेमिश बाँड दिखाते गये हैं।

दोकल फ्लेमिश बाँड—इस बाँड से बनाई गई दीवार के प्रत्येक रद्दे की वाह्य व आन्तरिक फलकों का समान रूप होता है। प्रत्येक रद्दे में एक हैडर व एक पट्टी (Stretcher) ईंट लगाई जाती है। प्रत्येक हैडर अपने नीचे वाले रद्दे की पट्टी ईंट के मध्य में होता है। ऊर्ध्वाधर जोड़ तोड़ने के उद्देश्य से एकांतर रद्दों में कोनिया के साथ डेली भी (Closer) लगाई जाती है। चित्र–4.9 A

चित्र-4.9 A. Elevation in Double Flemish Bond

लाभ—आधी ईंट की विषम संख्या की मोटाई वाली दीवारों में ईंट के टुकड़ों की आवश्यकता होती है, जिससे टूटी हुई ईंटों का भी उपयोग हो जाता है तथा संरचना का व्यय कम हो जाता है।

(2) इस बाँड में दीवार की सुन्दरता बढ़ जाती है।

हानि—यह बाँड अंग्रेजी बाँड की अपेक्षा कमजोर होता है।

4.15 अंग्रेजी व फ्लेमिश बांड के तुलनात्मक लाभ व हाँनियाँ

(1) 1½ ईंट से अधिक मोटी दीवारों में दोकल फ्लेमिश बाँड की अपेक्षा अंग्रेजी बाँड अधिक मजबूत होता है।

(2) दोकल फ्लेमिश बाँड में बनी दीवार की सुन्दरता अंग्रेजी बाँड की अपेक्षा अधिक होती है।

(3) दोकल फ्लेमिश बाँड में ईंटों के टुकड़ों के प्रयोग से संरचना अंग्रेजी बाँड की अपेक्षा मितव्ययी होती है।

(4) दोकल फ्लेमिश बांड में बनी एक ईंट मोटी दीवार की दोनों फलकें समान होती हैं।

(5) दोकल फ्लेमिश बाँड में एकान्तर रद्दों के ऊर्ध्वाधर जोड़ एक सीध में रखने के कारण अधिक सावधानी व कुशल कारीगरों की आवश्यकता होती है जिसमें धन अधिक व्यय होता है।

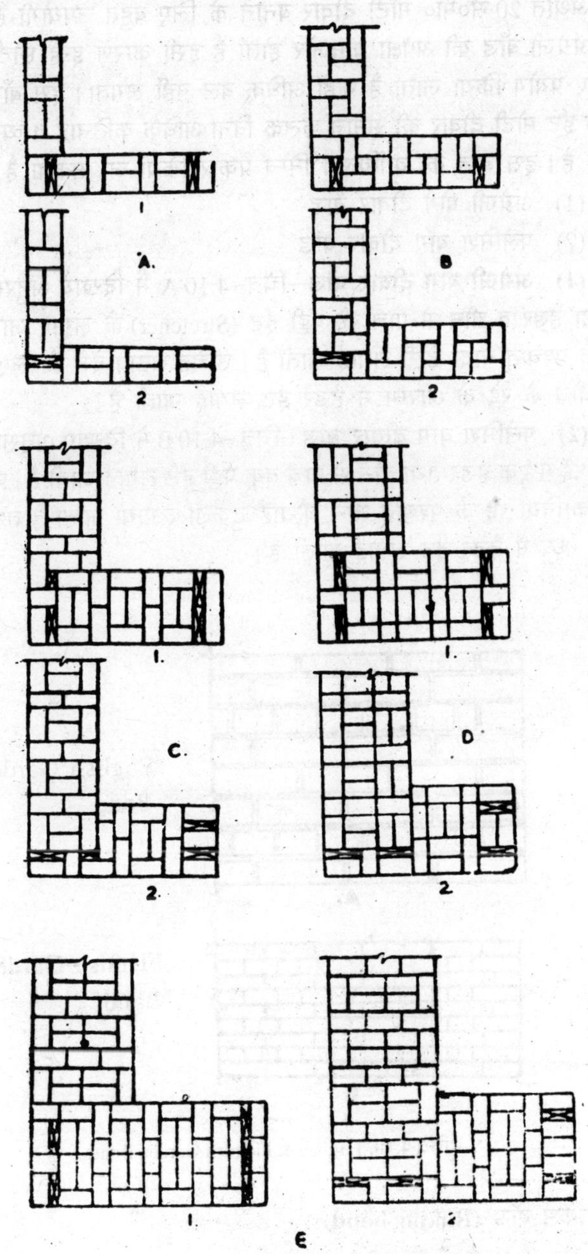

चित्र-4.9. B. Flemish Bond of Different Thickness

4.16 अन्य बाँड

1. बाग दीवार बाँड (Garden wall bond)—इस प्रकार का बाँड एक ईंट मोटी अर्थात 20 से०मी० मोटी दीवार बनाने के लिए बहुत उपयोगी है। यह बाँड या चाल अंग्रेजी बाँड की अपेक्षा कमजोर होता है इसी कारण इन्हें छोटी दीवार बनाने के लिए प्रयोग किया जाता है जहाँ अधिक बल नहीं लगता। इस बाँड की सहायता से एक ईंट मोटी दीवार की समान फलक बिना अधिक कठिनाई व व्यय के बनाई जा सकती है। इस बांड का वर्गीकरण निम्न प्रकार किया जा सकता है।

(1) अंग्रेजी बाग दीवार बांड

(2) फ्लेमिश बाग दीवार बांड

(1) अंग्रेजी बाग दीवार बाँड—चित्र–4.10 A में दिखाये अनुसार इस बाँड में एक रद्दा हैडर व तीन से पाँच रद्दे पट्टी ईंट (Stretcher) के लगाए जाते हैं। कोनिया हैडर के पश्चात् मादा डेली लगाई जाती है। उचित चढ़ाव देने के लिए तीन पट्टी रद्दों में से बीच के रद्दे के आरम्भ में हैडर ईंट लगाई जाती है।

(2) फ्लेमिश बाग दीवार बांड—चित्र–4.10 B में दिखाए अनुसार इस बांड के प्रत्येक रद्दे में एक हैडर तथा तीन से पांच तक पट्टी ईंट लगाई जाती है। प्रत्येक एकान्तर रद्दे में कोनिया रद्दे के पश्चात् तीन चौथाई टुकड़ा लगाया जाता है तथा प्रत्येक पट्टी ईंट के मध्य में हैडर ईंट लगाई जाती है।

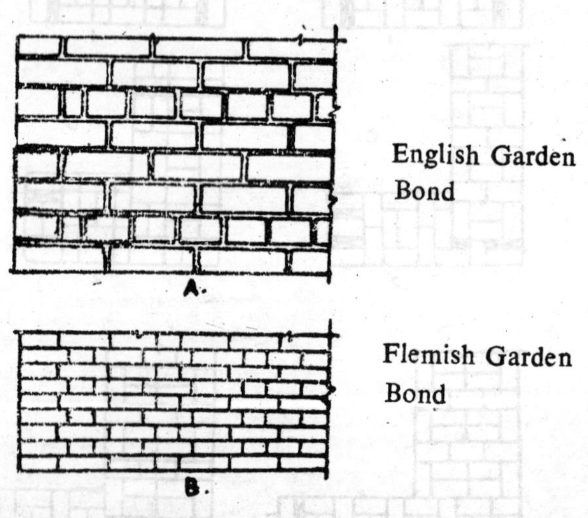

चित्र-4.10. English & Flemish Garden Bond

4.17 रेकिंग बाँड (Raking bond)

इस बाँड में ईंट शून्य व समकोण के अतिरिक्त अन्य किसी भी कोण पर लगाई जा सकती है। इस बाँड से अंग्रेजी बांड में बनायी गई मो[illegible]वारों की लम्बाई में स्थिरता

बढ़ाई जा सकती है। इस प्रकार का बाँड ऊँचाई में उचित अन्तराल पर बनाया जाता है। इसे निम्न दो वर्गों में विभाजित किया जा सकता है।

(1) लहरिया बाँड (Herring bone bond)

(2) विकर्ण बाँड (Diagonal bond)

(1) लहरिया बाँड—इस प्रकार का बांड ईंट के फर्श या बहुत मोटी दीवारों जिनकी न्यूनतम मोटाई 80 से०मी० हो, के लिए बहुत उपयोगी है। प्रायः इसका प्रयोग ईंटों के फर्श के लिए किया जाता है इस बांड में चित्र–4.11 में दिखाए अनुसार ईंट दोनों ओर 45° के कोण पर बिछायी जाती है।

चित्र-4.11. Herring Bone Bond

चित्र-4.12. Diagonal Bond

(2) विकर्ण बाँड—यह बांड 2 से 4 ईंट मोटी दीवारों के लिए बनाया जाता है। इस प्रकार का बांड ऊँचाई में प्रत्येक पाँचवें या सातवें रद्दे में बनाया जाता है। इसका नमूना चित्र संख्या 4.12 में दिखाया गया है।

टेढ़ा मेढ़ा बांड—यह बाँड ईंट के फर्श बनाने में अपनाया जाात है। इसका एक नमूना चित्र–4.13 में दिखाया गया है। यह भी लहरिया बांड की भांति ही होता है। इन दोनों में अन्तर केवल इतना ही है कि इसमें ईंटें टेढ़ी–मेढ़ी लगायी जाती हैं।

चित्र-4.13. Zigzag Bond

चित्र-4.14. English Cross Bond

अंग्रेजी क्रास बाँड—इस प्रकार के बाँड दीवार की सुन्दरता व सामर्थ्य बढ़ाने के लिए बनाए जाते हैं। चित्र–4.14 में दिखाए अनुसार इसमें एक पट्टी रद्दा तथा दूसरा हैडर रद्दा बनाया जाता है।

डच बाँड (Dutch Bond)—साधारणतयः चिनाई में एक हैडर तथा दूसरी पट्टी ईंट एक ही रद्दे में लगायी जाती है। परन्तु कोनों पर एकान्तर रद्दों में 3/4 व आधी ईंटों का प्रयोग किया जाता है। इस प्रकार की दीवार अन्य बाग दीवारों की अपेक्षा अधिक मजबूत होती है। (चित्र–4.15)

चित्र-4.15. Dutch Bond

4.18 जंकशन (Junctions) :

समकोणीय जंकशन—जब दो दीवारें एक दूसरे से समकणे पर मिलती है। तो समकोणीय जंकशन बनता है। ये दो प्रकार के होते हैं :

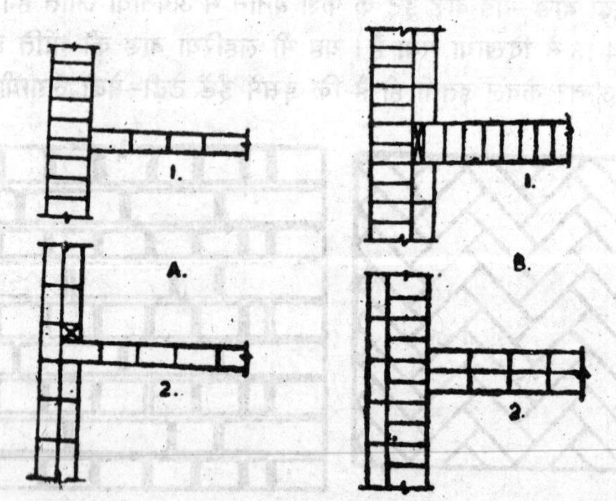

T Junctions

चित्र-4.16 **चित्र-4.17**

(i) T जंकशन (T Junction) (ii) कटान (Intersection)

T जंकशन–T जंकशन विभिन्न बाँड में बनाए जा सकते हैं। चित्र–4.16 में 10 से०मी० व 20 से०मी० मोटी दीवारों के एकान्तर रद्दों की अंग्रेजी बाँड में प्लान दिखाई गयी है। चित्र–4.17 में 20 व 30 से०मी० मोटी वाह्य दीवारों का अंग्रेजी बाँड में प्लान दिखाया गया है। आन्तरिक दीवार के हैडर रद्दे की एक ईंट वाह्य दीवार के पट्टी रद्दे में इस प्रकार धंसाई गयी है कि ईंटों का न्यूनतम चढ़ाव 5 से०मी० हो तथा आन्तरिक दीवार का पट्टी रद्दा वाह्य दीवार के हैडर रद्दे से मिलता है। चित्र–4.18 में दोहरे फ्लेमिश बाँड में जोड़ दिखाये गए हैं।

चित्र–4.19 में अंग्रेजी बाँड में तिरछे जोड़ (Squint Junction) दिखाये गये हैं।

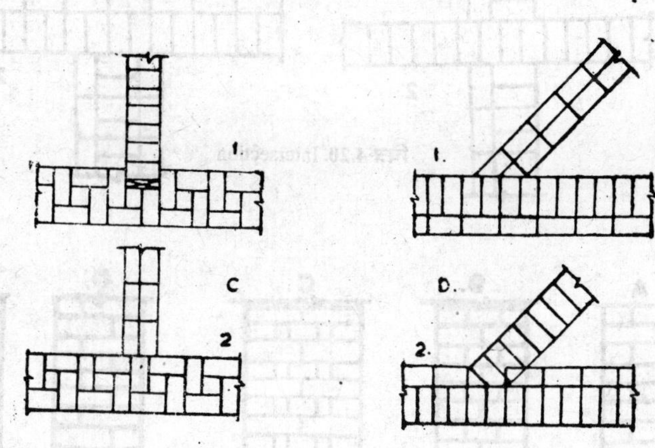

चित्र-4.18 Double Flemish Bond Junction **चित्र-4.19** Squint Junction

कटान (Intersection)–दो अविच्छिन्न दीवारों के जोड़ पर कटान बनता है। चित्र–4.20 में 20 व 30 से०मी० मोटी दीवारों के कटान दिखाए गए हैं।

4.19 स्तम्भ

स्तम्भ वर्गाकार, आयताकार, वृताकार आदि कई आकृति के बनाए जा सकते हैं। स्तम्भ प्रायः अंग्रेजी व दोहरे फ्लेमिश बाँड में ही बनाए जाते हैं।

(i) अंग्रेजी बाँड के स्तम्भ

(a) 20 से०मी० मोटा स्तम्भ–चित्र–4.21 A में दिखाए अनुसार 20 से०मी० मोटा स्तम्भ दो ईंटों को मिलाकर बनाया जाता है। दूसरा रद्दा पहले रद्दे के अभिलम्ब ईंट लगाकर बनाया जाता है।

30 से०मी० मोटा स्तम्भ–30 से०मी० मोटा स्तम्भ दो प्रकार से बनाया जा सकता है।

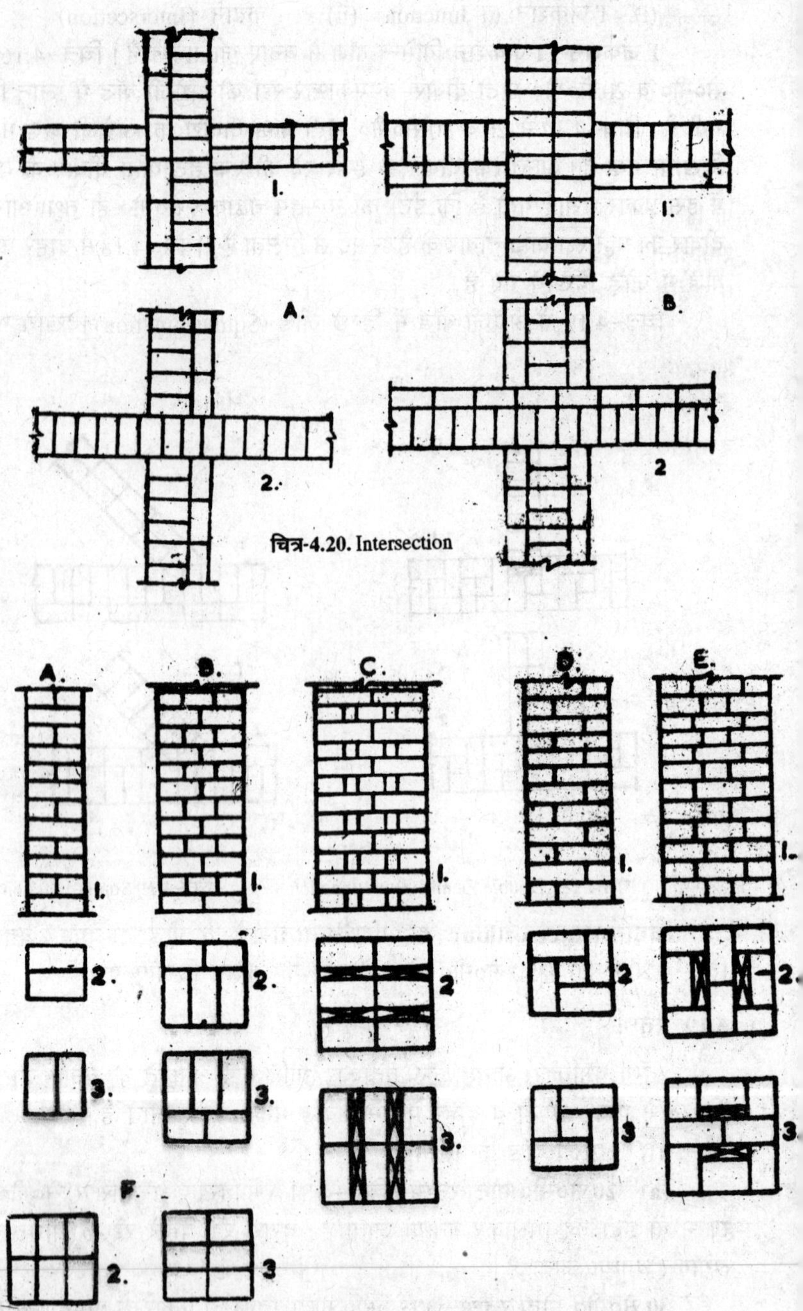

चित्र-4.20. Intersection

चित्र-4.21

(i) एक प्रणाली में तीन चौथाई (3/4) ईंटों को चित्र–4.21 B व F में दिखाए अनुसार लगाकर बनाया जाता है।

(ii) दूसारी प्रणाली में प्रत्येक रद्दे में तीन समूची ईंट तथा दो तीन चौथाई ईंट लगाकर बनाया जाता है। परन्तु इस प्रकार के स्तम्भ में निरन्तर ऊर्ध्वाधर जोड़ आता है।

(iii) दो ईंट या 40 से०मी० मोटे स्तम्भ–40 × 40 से०मी० मोटे स्तम्भ बनाने के लिए चित्र–4.21 C में दिखाए अनुसार ईंट लगाई जाती हैं। इसमें पट्टी फलक के समानान्तर आधी मोटी ईंट की डेली लगाई जाती है। 40 से०मी० मोटे स्तम्भों की प्लान व उठान चित्र–2.3 (अध्याय 2) में दिखाए गए हैं।

दोहरा फ्लेमिश बाँड–इस बाँड में स्तम्भ की न्यूनतम मोटाई 30 से०मी० रखना अनिवार्य है। इस बाँड में चित्र–4.21 D में दिखाये अनुसार स्तम्भ के बीच में एक वर्गाकार ईंट का टुकड़ा लगाया जाता है। चित्र–4.21 E में 40 × 40 से०मी० स्तम्भ की प्लान व उठान दिखाया गया है।

4.20 प्रबलित ईंट चिनाई (R.B. Work)

सादी ईंट चिनाई अर्थात् बिना प्रबलन वाली ईंट चिनाई तनन व कर्तन बल सहन करने में असमर्थ होती है। अतः छोटे लिटंल, छत, धरन व दीवारों में लोहे का प्रबलन लगाकार उन्हें तनन व कर्तन बल सहन करने योग्य बनाया जा सकता है। लोहे का प्रबलन मसाले के जोड़ों के बीच लगाया जाता है। प्रबलित ईंट चिनाई बनाते समय निम्न बातों का ध्यान रखना चाहिए :

1. सभी ईंटें समान माप तथा मजबूत होनी चाहिए।
2. प्रबलित ईंट चिनाई में 1 : 3 सीमेंट रेत का मसाला प्रयोग किया जाना चाहिए।
3. प्रबलन पर जंग लगने से बचाने की दृष्टि से उस पर पर्याप्त आवरण देना चाहिए।

लाभ–प्रबलित ईंट चिनाई के निम्न लाभ हैं।

(1) सस्ता तथ टिकाऊ चिनाई कार्य प्राप्त होता है।
(2) इससे दीवार की सुन्दरता बढ़ जाती है।
(3) सीमेंट कंक्रीट की अपेक्षा प्रबलित ईंट चिनाई कार्य बनाना सरल होता है।
(4) इस प्रकार की संरचना पर आग का प्रभाव कम होता है।

4.21 प्रबलन

ईंट की दीवारों के लिए निम्न दो प्रकार का प्रबलन प्रयोग किया जा सकता है।

(1) बरफी जाली (Expended Metal) प्रबलन (2) लोहे का पत्ती प्रबलन

(1) बरफी जाली–यह जाली विभिन्न चौड़ाई व विभिन्न गेज की बाजार में थान के रूप में उपलब्ध होती है। ईंट चिनाई पर मसाले की समान परत बिछा कर बरफी

जाली बिछा दी जाती हैं। इसके ऊपर ईंट का दूसरा रद्दा लगा दिया जाता है। इसका एक नमूना चित्र–4.22 A में दिखाया गया है।

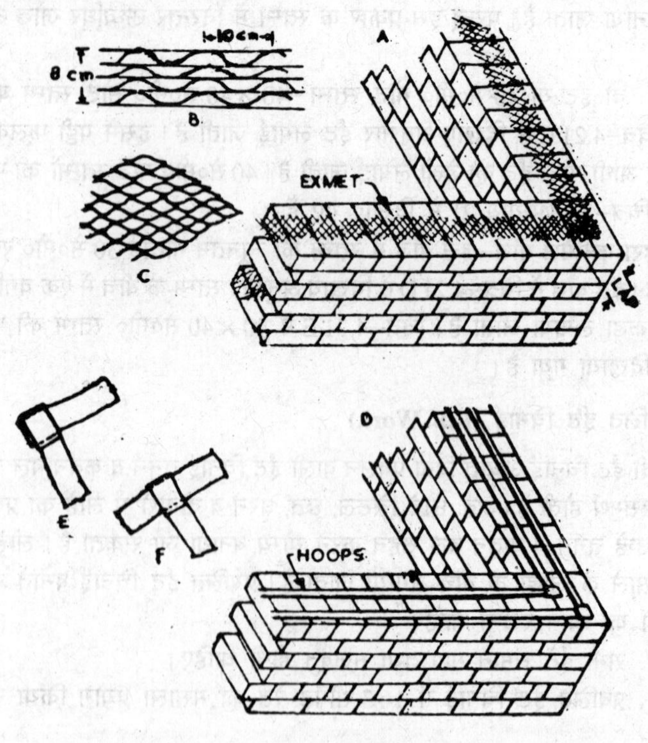

चित्र-4.22. Different Types of Reinforcement For R.B. Works

(2) पत्ती प्रबलन–यह 1.5 से 2.5 mm मोटी तथा 2.5 से 3 से०मी० चौड़ी लोहे की पत्ती होती है। जंग लगने से बचाने के लिए इन्हें गर्म डामर में डुबा कर रेत में दबा दिया जाता है, जिससे पत्ती पर रेत की एक पतली परत जम जाती है। इस परत के कारण पत्ती व मसाले में अच्छी पकड़ उत्पन्न हो जाती है। प्रत्येक छटे रद्दे पर प्रबलन लगाया जाता है। दीवार के सिरों पर यह पत्ती चित्र–4.22 D में दिखाये अनुसार मोड़ दी जाती है।

4.22 प्रबलित स्तम्भ

ईंट के प्रबलित स्तम्भ बनाने के लिए विशेष प्रकार की खांचेदार ईंट का प्रयोग किया जाता है। इनमें मुख्य प्रबलन ऊर्ध्वाधर छड़ों का होता है। छड़ों को यथास्थान रखने के लिए 6 mm मोटी लोहे की पत्ती निश्चित अन्तराल पर लगाई जाती है। स्तम्भ के प्रबलन का एक नमूना चित्र–4.23 में दिखाया गया है। चित्र–में मोटी रेखा लोहे की पत्ती दर्शाती है।

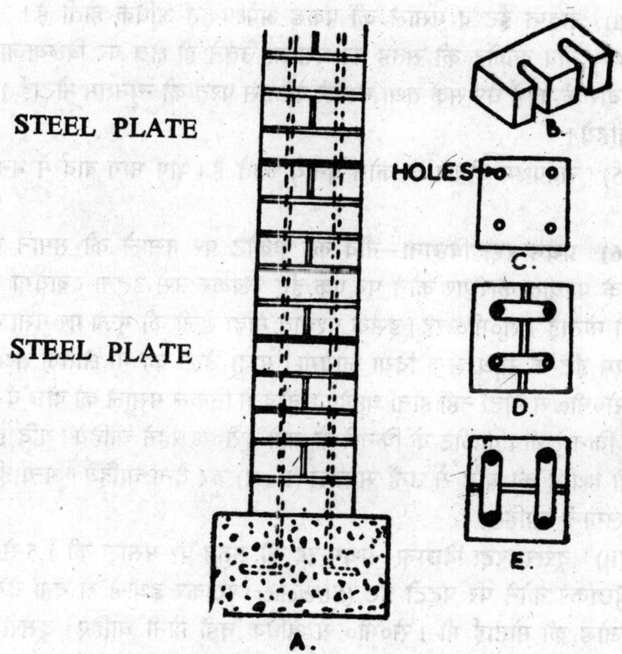

चित्र-4.23. Steel Reinforcement

4.23 ईंटों की दीवारों की चिनाई करना (Wall Construction)

ईंट की दीवार बनाते समय निम्न बातों का ध्यान रखा जाना चाहिए।

(1) ईंटों का चयन—सर्वप्रथम दीवार के प्रत्येक भाग जैसे वाह्य फलक के लिए उचित किस्म की ईंट का चयन किया जाता है। वाह्य फलक के लिए ईंट समान माप तथा सुन्दर होनी चाहिए।

(2) ईंटों के चट्टे लगाना—ईंटों के चट्टे लगाते समय इस बात का ध्यान रखा जाना चाहिए कि उनके किनारे न टूटने पायें तथा एक चट्टे में 1000 से अधिक ईंट नहीं लगानी चाहिए।

(3) दीवार में लगाने से पहले ईंटो को साफ पानी में अच्छी प्रकार डुबो देना चाहिए। ईंटें पानी में उस समय तक पड़ी रहनी चाहिए जब तक कि उनसे बुलबुले निकलने बन्द न हो जाएं। ईंटों को पानी में डुबाने के निम्न लाभ हैं:

(a) पानी से संतृप्त ईंट मसाले से पानी नहीं सोखेगी जिससे उसकी सामर्थ्य कम नहीं होगी। विशेष रूप से यह सीमेन्ट मसाले के लिए लागू होता है।

(b) पानी से संतृप्त ईंटों के नीचे मसाला सरलता से अधिक समान रूप से बिछाया जा सकता है।

(c) ईंट पानी में भिगोने से उनकी भट्टे की राख साफ हो जाती है। जिससे मसाले व ईंटों का जोड़ अच्छा बनता है।

(d) संतृप्त ईंट व मसाले की पकड़ अपेक्षाकृत अधिक होती है।

(4) नींव कंक्रीट की सतह पर मसाला उतने ही क्षेत्र पर बिछयाजाना चाहिए जिसे दीवार के कोने घेर सकें तथा मसाले की इस परत की न्यूनतम मोटाई 1.5 से०मी० होनी चाहिये।

(5) सर्वप्रथम दीवार के कोने बनाये जाते हैं। शेष भाग बाद में बनाया जाता है।

(6) प्रथम रद्दा बिछाना—नींव की कंक्रीट पर मसाले की समान मोटी परत बिछाने के पश्चात् कारीगर कोने पर एक ईंट रखकर उसे इतना दबायेगा कि क्षैतिज जोड़ की मोटाई 1 से०मी० रहे। इसके पश्चात् मादा डेली की भुजा पर मसाला लगाकर उसे प्रथम ईंट के साथ लगा दिया जायेगा। मादा डेली का भी क्षैतिज तथा ऊर्ध्वाधर जोड़ 1 से०मी० से मोटा नहीं होना चाहिए। जोड़ से निकले मसाले को पोंछ देना चाहिये। ईंटों के किनारे नींव कंक्रीट के किनारे से सही दूरी पर रहने चाहिये। यदि ईंट समतल न हो तो हथौड़े की चोट से उन्हें समतल (level) कर देना चाहिये। अन्य ईंटें भी इसी प्रकार लगानी चाहिये।

(ii) दूसरा रद्दा बिछाना—प्रथम रद्दे की सतह पर मसाले की 1.5 से०मी० मोटी परत बिछाकर कोने पर पट्टी ईंट (Stretcher) रखकर हथौड़े से दबा देना चाहिये। इसके जोड़ की मोटाई भी 1 से०मी० से अधिक नहीं होनी चाहिए। दूसरी पट्टी ईंट के सिरे पर मसाला लगाकर उसे पहली ईंट के समीप इस प्रकार लगाना चाहिये कि ऊर्ध्वाधर व क्षैतिज जोड़ों की मोटाई 1 से०मी० से अधिक न हो। रद्दे के तल व ऊर्ध्वाधरता (Plumbness) की जांच कर लेनी चाहिए है। कोनों के बीच का भाग बनाने के लिए ईंट के किनारों को छूती हुई एक डोरी खींचकर बाँध दी जाती है। इससे रद्दे की सीध तथा तल की जाँच की जा सकती है। अन्य रद्दे भी इसी प्रकार बनाये जाते हैं।

(7) यथा सम्भव दीवार की समान ऊँचाई उठानी चाहिये। यदि ऐसा करना संभव न हो तो दीवार के किसी भी दो भागों की एक दिन की चिनाई का अन्तर एक मीटर से अधिक नहीं होना चाहिए। ऐसा करने से असमान निष्दन उत्पन्न नहीं होगा तथा दीवार में दरार नहीं पड़ने पायेंगे।

(8) प्रतिदिन की गई चिनाई के जोड़ों की सफाई उसी दिन कर देनी चाहिए।

(9) यदि समस्त लम्बाई में एक साथ दीवार उठाना सम्भव न हो तो दीवार में खसके छोड़ देने चाहिए जिससे बाद में उठाई गई दीवार का उचित बंधन प्राप्त हो सकें। पर्याप्त बन्धन प्राप्त करने के लिए दो रद्दों की ईंटों का एक दूसरे पर न्यूनतम चढ़ाव 5 से०मी० होना चाहिए।

विभिन्न प्रकार की ईंट चिनाई के लिए अनुज्ञेय प्रतिबल निम्न तालिका में में दिखाये गये हैं।

चिनाई की किस्म	अनुज्ञेय प्रतिबल t/m²	
	संपीडीय	तनन (Bending) में
1. ईंट चिनाई 1 : 3 या 1 : 4 सीमेंट मसाला	200 t/m²	95 t/m²
2. अच्छी ईंट 1 : 2 चूना मसाला	60 t/m²	12 t/m²
3. जली हुई ईंट मृदा मसाले में	40 t/m²	8 t/m²

नोट—ईंट की संपीडीय सार्थय 125 kg/cm² से कम नहीं होनी चाहिए।

दो मंजिलों के बीच बिनासहारे वाली दीवार की ऊँचाई उस पर लगने वाले भार को प्रभावित करती है। दो मंजिलों के बीच की दीवार ऊँचाई व दीवार की मोटाई का अनुपात, तनुता अनुपात (Slenderness ratio) कहलाता है। जितना अधिक तनुता अनुपात होगा, उतना ही कम भार दीवार पर अनुज्ञेय होगा अर्थात भार में कटौती अधिक करनी पड़ेगी। निम्न तालिका में तनुता अनुपात व अनुज्ञेय भार में कमी का सम्बन्ध दिखाया गया है।

तनुता अनुपात	अधिकतम् अनुज्ञेय भार में कमी
6	कुछ नहीं
7	10%
8	20%
9	30%
10	40%
11	50%
12	60%

प्रायः मंजिल की ऊँचाई व दीवार की मोटाई में निम्न अनुपात रखा जाता है।

	विशिष्ठि (Specification)	अनुपात
1.	1 : 3 से 1 : 4 सीमेंट मसाले में बनी दीवार	14
2.	1 : 2 चूना या 1 : 6 सीमेंट मसाले में बनी दीवार	13
3.	मृदा मसाले में बनी दीवार	12

4.24 ईंट की चिनाई के दोष

ईंट की चिनाई में प्रायः निम्नलिखित दोष उत्पन्न हो सकते हैं।

(1) चिनाई के मसाले व ईंट में मौजूद सल्फेट लवण की रसायनिक क्रिया

(2) असमांग (Un-sound) सामग्री का प्रयोग

(3) हिमपात का प्रभाव

(4) संरचना के प्रबलन व अन्य लोहे पर काठ या जंग लगना

(5) नमी के परिवर्तन के कारण चिनाई में प्रसार व संकुचन होना

(1) सल्फेट की रसायनिक क्रिया—सीमेंट के अवयव ऐल्युमिनियम व ईंट में मौजूद सल्फेट लवण में रासायनिक क्रिया होती है जिसके कारण मसाले के आयतन में प्रसार होता है। इस प्रकार के कारण चिनाई में दरार पड़ जाते है। ईंट के कोने टूट जाते है; प्लास्टर में ऊर्ध्वाधर व क्षैतिज दरार उत्पन्न हो जाते हैं तथा प्लास्टर गिर जाता है। यह क्रिया नमी की उपस्थिति में तेजी से होती है। अतः इस दोष को उत्पन्न होने से बचाने के लिए सीलन रोक उपाय अनिवार्य हैं।

असमांग (Un-sound) निर्माण सामग्री का प्रयोग

असमांग निर्माण सामग्री के प्रयोग से भुंगर पदार्थ के छोटे–छोटे ढेलों के टूट जाने से मसाले के जोड़ों पर छोटे–छोटे गड्ढे पड़ जाते हैं। इससे चिनाई कार्य के प्रसार के कारण उसमें दरार पड़ जाती हैं। मसाले में बिना बुझे चूने के कण रह जाने के कारण मसाले में असमांगता उत्पन्न होती है। ये बिना बुझे कण बाद में पानी सोख कर फुलते हैं। रसायनिक क्रिया समाप्त हो जाने पर गेस बुलबुलों के रूप में निकलती है जो सतह पर गड्ढे उत्पन्न करती है। ईंट में भी बिना बुझे चूने के कण रह सकते हैं।

हिमपात का प्रभाव—रंध्रमय ईंटों के प्रयोग से वायुमण्डलीय नमी ईंटों में प्रवेश कर जाती है। कभी–कभी निर्माण के समय चिनाई में काफी नमी रह जाती है। ताप क्रम कम होने पर पानी जमने के कारण उसका आयतन बढ़ जाता है। आयतन बढ़ने से वह ईंट पर दाब डालता है जिससे वह फट जाती है तथा संरचना में दरार उत्पन्न हो जाते है।

प्रबलन पर जंग लगना—प्रबलन या संरचना के अन्य लोहे पर जंग लगने के कारण उसके आयतन में बढ़ोतरी होती है। इस बढ़ोतरी के कारण चिनाई पर दाब उत्पन्न होने से उसके जोड़ खुल जाते हैं तथा चिनाई विफल हो जाती है। इस कारण प्रबलन पर 1 से०मी० से 2 से०मी० का आवरण देना चाहिए।

4.25 लवणों का स्फाटन (Crystallization)

लवणों के स्फाटन के कारण दीवार की सतह पर स्फेद रंग की परत जम जाती है जिसके कारण दीवार छिन्न–भिन्न हो जाती है।

चिनाई का प्रसार व संकुचन के कारण टूट जाना

चिनाई में नमी की मात्रा बदलने के कारणप्रसार या संकुचन उत्पन्न होता है जिसके कारण दीवार में दरार उत्पन्न हो जाती है।

4.26 चिनाई कार्यो के अनुरक्षण (Maintenance of brick work)

अनुरक्षण कार्यो में निम्नलिखित कार्य सम्मलित हैं।

(1) पुरानी ईंट चिनाई में टीप करना

(2) पुरानी ईंट चिनाई में रंग करना

(3) पुरानी ईंट चिनाई की सफाई करना

(4) पुरानी ईंट चिनाई की लोनी (रेह) हटाना

1. टीप करना–अधिक समय तक वायुमण्डलीय प्रभाव के कारण चिनाई के जोड़ों का मसाला खराब हो जाता है जिससे उसकी सीलन रोक क्षमता तथा मजबूती नष्ट हो जाती है। इसके अतिरिक्त संरचना का रूप भी नष्ट हो जाता है।

इस कारण पुरानी संरचना का रूप बढ़ाने तथा उसे सीलन रोधक बनाने के उद्देश्य से दोबरा टीप की जाती है। पुरानी चिनाई पर टीप करते समय निम्न क्रम अपनाया जाता है।

(i) छेनी व हथौड़े या अन्य उचित औजार से जोड़ों से न्यूनतम् 3 mm. गहराई तक मसाला निकाल कर सतह बुर्श से साफ कर देनी चाहिये।

(ii) नया मसाला लगाने से पूर्व साफ किये हुये जोड़ को पानी से अच्छी प्रकार साफ करना चाहिये। इसके पश्चात् जोड़ में मसाला भर कर जोड़ टीप औजार से तैयार करनी चाहिये।

2. रंग करना–ईंटों के भुर–भुर कर गिरने के कारण या उनका रूप बढ़ाने की दृष्टि से दोबारा रंग करना अनिवार्य है।

3. संरचना की सफाई करना–पेन्ट आदि करने से पूर्व सफाई करने या अंन्य किसी कारण ईंट चिनाई की सफाई भाप या गर्म पानी के जेट द्वारा भी की जा सकती है।

4. लोनी हटाना–पानी में घुलने वाले लवण पानी सूखने पर ईंट की चिनाई पर सफेद रंग की परतों के रूप में जम जाते हैं। ये लवण चिनाई सामग्री या भूमि से सीलन के साथ दीवार में आ जाते हैं। प्रायः मसाले व प्लास्टर में इस प्रकार के लवण होते हैं। लोनी निम्न विधियों द्वारा हटाई जा सकती है:

(i) कठोर ब्रुश से रगड़ने के पश्चात् साफ पानी से धो कर।

(ii) विशेष परिस्थितियों में पानी के स्थान पर 10% (muriatic acid) का घोल प्रयोग किया जा सकता है। परन्तु इस क्रिया के पश्चात् दीवार साफ पानी से धोनी चाहिये।

4.27 पुरानी व नई चिनाई में जोड़

पुरानी चिनाई की अपेक्षा नई चिनाई में निष्दन अधिक होता है अतः पुरानी चिनाई के साथ नई चिनाई बनाते समय उनमें दरार उत्पन्न होने से बचाने के लिए निम्न बातों का ध्यान रखा जाना चाहिये :

(i) पुरानी व नई चिनाई दोनों से ईंट प्रक्षेप करती हुई छोड़ी जाना चाहिये।

(ii) दोनों दीवारों का प्रत्येक एकान्तर रद्दा एक दूसरे के अन्दर कम से कम 5 से०मी० प्रक्षेप करना चाहिये। इस प्रकार उनमें अच्छा बन्धन उत्पन्न हो जाता है। (चित्र–4.24)

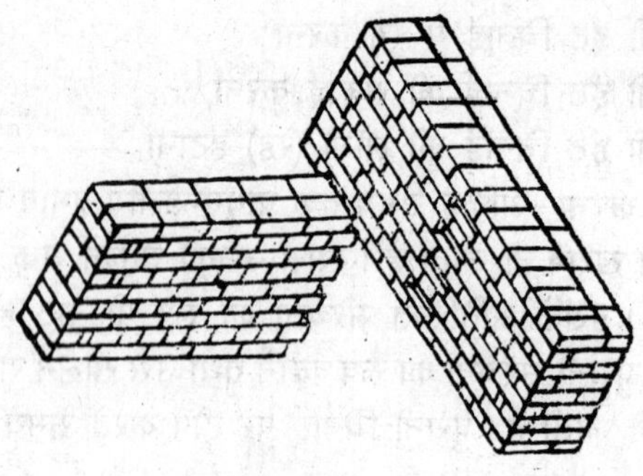

चित्र-4.24

प्रश्नावली

(1) अंग्रेजी व फ्लेमिश बाँड का तुलनात्मक वर्णन कीजिये।

(2) ईंट व पत्थर चिनाई के लाभ तथा दोष बताइये।

(3) निम्न पर टिप्पणी लिखिये :

(i) फ्लेमिश बाँड (ii) गार्डन दीवार बाँड
(iii) डच बाँड (iv) रेकिंग बाँड
(v) लहरिया बाँड (vi) हैडर बाँड

(4) ईंट चिनाई के सामान्य नियमों का वर्णन कीजिये।

(5) निम्न की परिभाषा कीजिये।

(i) नर डेली (King closer)
(ii) मादा डेली (Queen closer)
(iii) भरत (Hearting)
(iv) डिब्बी (Frog)
(v) कुर्सीतल (Plinth level).

(6) 1, 1½, व 2 ईंटों के अंग्रेजी व फ्लेमिश बाँड के विभिन्न रद्दों का प्लान व उठान खीचिये।

(7) ईंट चिनाई में English व Flamish बाँड का अन्तर बताइये।

(8) निम्न का कारण बताइये

(i) एक ईंट मोटी विभाजिका दीवार में पट्टी रद्दा उपयोगी पया गया है।
(ii) वक्राकार सतहों के लिए हैडर बाँड उपयोगी पाया गया है।

(9) ईंट चिनाई कार्य को सुपरवाईज करते समय किन–किन बातों का ध्यान रखा जाना चाहिए।

(10) ईंट चिनाई के लाभ व दोषों का समझाकर वर्णन कीजिए।

(11) प्रबलित ईंट चिनाई पर संक्षिप्त टिप्पणी लिखिए।

5

पत्थर की चिनाई

Stone Masonry

5.1 प्रस्तावना

पत्थर प्रकृति में बहुत बड़ी मात्रा में उपलब्ध है। इसका प्रयोग भवनों व अन्य संरचनाओं के निर्माण में सरलतता से किया जा सकता है। पत्थरों की उचित आकार व आकृति में कटाई तथा गढ़ाई कर भवनों के विभिन्न भागों जैसे दीवार, स्तम्भ, डाट, लिंटल, धरन आदि के लिये सरलता तथा मितव्ययता से प्रयोग किया जा सकता है। परन्तु पत्थर भारत के प्रत्येक स्थान पर उपलब्ध नहीं है। इस कारण पत्थर का उपयोग केवल पहाड़ी क्षेत्रों में ही मितव्ययता से हो सकता है। मैदानों में पत्थर की चिनाई मंहगी पड़ती है।

5.2 चिनाई कार्य में प्रयोग किए जाने वाले पत्थर

पत्थर की चिनाई में प्रायः निम्न प्रकार के पत्थर प्रयोग किये जाते हैं।

ग्रेनाइट (Granite)–यह पत्थर सबसे कठोर होता है इस कारण इसकी गढ़ाई करना कठिन है। यह कई प्रकार के रंगों में पाया जाता है जैसे हरा, सफेद, काला आदि। इसका उपयोग समुद्र के समीप भवन आदि बनाने के लिए बहुत उपयोगी सिद्ध हुआ है। इसकी बनावट छिद्र रहित होने के कारण समुद्र के पानी के लवण तथा लहरों के कारण पानी दीवारों में प्रवेश नहीं कर पाता। इसका उपयोग स्टेप, दीवार, सिल व बाह्य फलक (Facing) आदि बनाने के लिए किया जा सकता है। प्रायः यह काश्मीर, मद्रास तथा दहारबार में पाया जाता है।

(2) रेत का पत्थर (Sand Stone)–यह पत्थर अपेक्षाकृत मुलायम होता है इस कारण इसकी गढ़ाइ सरलता से की जा सकती है। यह पत्थर छिद्रमय होने के कारण समुद्री तटों के समीप प्रयोग करने के लिये उपयुक्त नहीं है। इसकी गढ़ाई कर इससे

सुन्दर सजावटी भवन बनाये जा सकते हैं। यह प्रायः राज़स्थान, आन्ध्र प्रदेश, व महाराष्ट्र प्रान्तों में पाया जाता है। इसका उपयोग दीवार, स्तम्भ, फर्श, स्टेप आदि बनाने में किया जा सकता है।

3. चूने का पत्थर (Lime Stone)—यह पत्थर भी मुलायम होता है इस कारण इससे सजावटी वस्तुएँ तथा भवन बनाये जा सकते हैं। परन्तु वायुमण्डल में अम्ल के वाष्प होने पर यह बहुत शीघ्र ही खराब हो जाता है। इस पत्थर का उपयोग प्रायः दीवार, फ़र्श, व स्टैप आदि बनाने में किया जा सकता है।

4. संगमरमर (Marble)—यह पत्थर भवन बनाने के लिए बहुत ही बहुमूल्य है। यह पत्थर मुलायम होने के कारण इससे सजावट वाले भाग सरलता से बनाये जा सकते हैं। इस पत्थर पर पालिश भी बहुत अच्छी होती है। सुन्दर तथा धार्मिक भवन जैसे मन्दिर, मसजिद आदि इसी पत्थर से बनाये जाते हैं। संगमरमर लाल, सफेद, हरा, पीला व चितकबरे रंगों में पाया जाता है। यह पत्थर राजस्थान तथा महाराष्ट्र में अधिक पाया जाता है।

5. स्लेट (Slate)—स्लेट प्रायः पहाड़ी क्षेत्रों में पाई जाती है तथा छतें बनाने के लिए प्रयोग की जाती है। इसे चीर कर पतली चादरों में परिवर्तित किया जा सकता है। प्रायः इसका रंग काला होता है।

5.3 पत्थर की चिनाई में प्रयोग की जाने वाली पद (Terms)

1. तली की सतह (Bed Surface)—पत्थर की निचली सतह, जिस पर दाब अभिलम्ब दिशा में लगा है तली की सतह कहलाती है।

2. संसतरण समतल (Bedding Plane)—जिस समतल पर पत्थर चीरकर परतों में विभाजित किया जा सके वह समतल (Plane) सस्तंरण समतल कहलाती है। पत्थर पर लगने वाला दाब इस समतल के अभिलम्ब होता है।

3. बंधक रद्दा (String Course)—भवन के प्रत्येक छत तल के समीप दीवार की समस्त लम्बाई में चिनाई का क्षैतिज प्रक्षेप रद्दा बंधक रद्दा कहलाता है। इससे दीवार की सुन्दरता बढ़ती है तथा यह वर्षा जल को भी दीवार से दूर फेंकता है।

4. टोडा (Corbel)—दीवार से प्रक्षेप करता हुआ पत्थर का टुकड़ा टोडा कहलाता है यह संरचना के भार के लिए टेक का कार्य करता है।

कंगूरा या कार्निस (Cornice) व पिंडक रद्दा (Blocking Course)—इनका वर्णन ईंट चिनाई में किया जा चुका है।

6. क्रेम्प या शिकंजा (Cramp)—पत्थर की चिनाई में जोड़ देने के लिए प्रयोग की जाने वाली स्लेट या धातु का टुकड़ा क्रेम्प कहलाता है।

7. फूलकारी कार्य (Diaper Work)—पत्थर की चिनाई में चौरस पत्थर को शोभारी ढंग से रखकर सुन्दर बनाई गई संरचना फूलकारी कार्य कहलाता है।

8. छज्जा (Drip Stone)—दरवाजों के किवाड़ों को वर्षा से बचाने अथवा अन्य कारणों से क्षैतिज प्रक्षेप करता हुआ लगाया गया पत्थर छज्जा कहलाता है। पानी की ठीक प्रकार से निकासी के लिए इसके सिरे में खाँचे बना दिये जाते हैं।

9. टेम्पलेट (Template)—धरन पर लगने वाले भार को अधिक क्षेत्र पर वितरित करने के उद्देश्य से उसके सिरों के नीचे लगाया जाने वाला पत्थर का टुकड़ा टेम्पलेट कहलाता है।

10. (Throating)—बंधक रद्दे व सिल आदि की निचली सतह में दीवार पर पानी टपकने से रोकने के लिए काटे गये खाँचे (Throating) कहलाते हैं।

11. धुर पत्थर (Through Stone)—दीवार की स्थिरता बढ़ाने के लिये दीवार की सम्पूर्ण मोटाई में लगाया जाने वाला पत्थर धुर पत्थर कहलाता है। चित्र–5.1 में अच्छे धुर पत्थर की माप आदि दिखाई गई है।

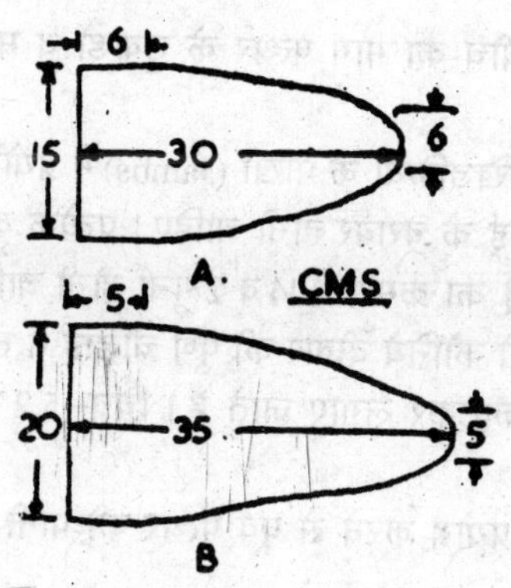

चित्र-5.1. Through Stone

5.4 पत्थर की चिनाई में अपनाए जाने वाले सामान्य सिद्धान्त (General Principles to be followed in the Construction of stone masonry)

(1) अच्छे कार्य के लिए पत्थर कठोर, टिकाऊ, सघन कण तथा समान बनावट वाला होना चाहिए। सभी पत्थर उनकी प्राकृतिक सतह पर बिछाये जाने चाहिए।

(2) दाब पत्थर को संस्तरण समतल के समानान्तर नहीं लगना चाहिए। इससे पत्थर के परतों में विभाजित होने की संभावना रहती है।

(3) कुर्सी तल से ऊपर की चिनाई के लिए, चूना तथा सीमेन्ट मसाले में से कोई भी मसाला प्रयोग किया जा सकता है। परन्तु तहखानों व जलाक्रान्त वाले क्षेत्रों में सीमेन्ट मसाले का ही प्रयोग किया जाना चाहिए।

(4) हैडर पत्थर तथा बांड पत्थर डेंम्बल आकृति के नहीं होने चाहिए।

(5) समस्त चिनाई में उचित बाँड बनाए रखना अनिवार्य है। चिनाई कार्य की देख–भाल अच्छी प्रकार की जानी चाहिए।

(6) धरन के सिरों तथा छत की कैंची के नीचे बड़े क्षैतिज पत्थर रखे जाने चाहिए।

(7) दीवार की बाह्य तथा आन्तरिक फलक धुर पत्थर द्वारा अच्छी प्रकार जुड़ी होनी चाहिए। एकान्तर रद्दों में धुर पत्थर बिखरे हुए होने चाहिए परन्तु दो धुर पत्थरों के मध्य बिन्दुओं के बीच 1.5 मीटर से अधिक दूरी नहीं होनी चाहिए।

(8) अच्छी गढ़ाई वाली पत्थर चिनाई के आगे चिनाई करते समय दीवार पर लकड़ी के बक्से ढककर बचाव करना चाहिए।

(9) यथा संभव चिनाई के सभी भाग समान ऊँचाई तक एक ही साथ उठाये जाने चाहिए। परन्तु ऐसा न करने की स्थिति में उचित जोड़ के लिए खसके या स्टेप छोड़ने चाहिए।

(10) दीवार के बीच का भाग पत्थर के टुकड़ों व मसाले से अच्छी प्रकार भर देना चाहिए।

(11) दरवाजे व खिड़कियों के पाखों (Jambs) में प्रयोग किये जाने वाले कोनियों की मोटाई रद्दे की मोटाई के बराबर होनी चाहिए। प्रत्येक कोनिये की न्यूनतम चौड़ाई व लम्बाई रद्दे की ऊँचाई का क्रमशः 1½ व 2 गुना होनी चाहिए। दरवाजे के लिए तीन तथा खिड़की के लिए दो कोनिये दीवार की पूर्ण चौड़ाई में लगाए जाने चाहिए। किवाड़ इन कोनियों में खाँचे काटकर लगाए जाते हैं। चित्र–5.2 में अच्छा व खराब कोनिया दिखाया गया है।

(12) चिनाई में प्रयोग करने से पूर्व पत्थर की पानी से अच्छी प्रकार तराई कर लेनी चाहिए।

(13) सीमेन्ट या चूना चिनाई वाली संरचना की कम से कम 14 दिन तक तराई की जानी चाहिए।

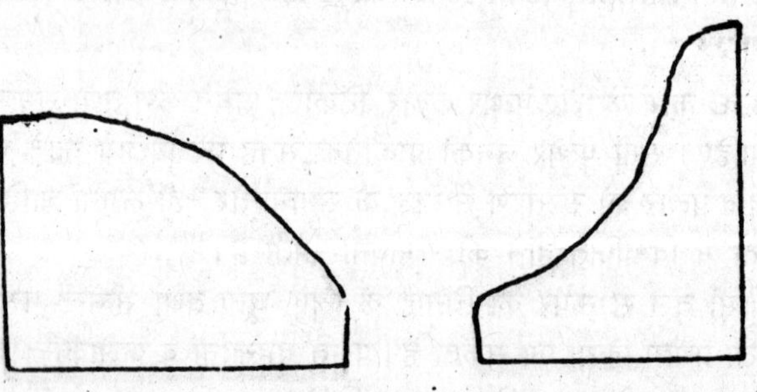

अच्छा कोनिया खराब कोनिया

चित्र-5.2

(14) चिनाई में तनन उत्पन्न नहीं होने देना चाहिए।

(15) दीवार में धुर पत्थरों की संख्या इतनी अधिक होनी चाहिए कि उंठान (Elevation) में दीवार का 1/4 से 1/8 क्षेत्रफल इन्हीं का बने।

(16) दीवार के ऊर्ध्वाधर होने की जाँच साहुल से करनी चाहिए। चित्र–5.3 में पत्थर चिनाई की दीवार का अच्छा व खराब परिच्छेद दिखाया गया है।

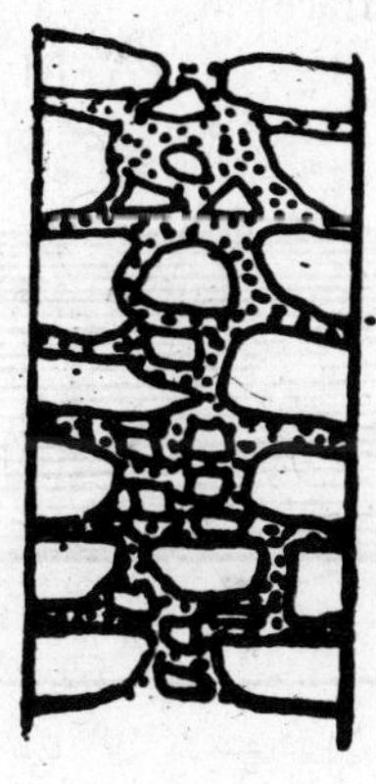

खराब अच्छा

चित्र-5.3. Stone Wall

5.5 पत्थर की कटाई व गढ़ाई

भवनों तथा अन्य कार्यों के लिए पत्थर खदान से निकाला जाता है। खदान से निकलने वाला पत्थर आकृति व आकार में असमान होता है इस कारण उसे वैसा ही संरचना में प्रयोग नहीं किया जा सकता। इस कारण इनकी उचित कटाई व गढ़ाई की अवाश्यकता होती है। दूसरे पत्थर विभिन्न प्रकार की चिनाई में प्रयोग किया जाता है इस कारण प्रत्येक किस्म की चिनाई के अनुसार उचित आकर में काटना आवश्यक है।

खदान से निकालने के कुछसमय तक पत्थर में कुछ नमी रहती है जिसे खदान रस (quarry sap) के नाम से पुकारा जाता है। इस नमी के कारण पत्थर कुछ मुलायम होता है तथा उसकी गढ़ाई सरलता से की जा सकती है। इस कारण पत्थर की खदान पर ही गढ़ाई करना मितव्ययी होता है। गढ़ाई किये हुए पत्थर का अपेक्षाकृत भार कम हो जाता है जिससे उसके ढोने का भाड़ा भी कम लगता है तथा उठाने में सरलता हो जाती है। दूसरे स्थानीय कारीगर गढ़ाई व कटाई में चतुर व अनुभवी-होने के कारण यह कार्य सरलता से कर सकते हैं।

5.6 पत्थर की गढ़ाई

पत्थर की विभिन्न किस्म की गढ़ाई निम्न प्रकार की होती हैं :

(1) मोटी गढ़ाई (Hammer dressed or Quarry faced surface)

(2) औज़ारों की घटिया गढ़ाई (Rough tooled surface)

(3) औज़ारों की बढ़िया गढ़ाई (Tooled surface)

(4) छेनी से गढ़ाई (Cut stone surface)

(5) रगड़ कर तैयार की गई सतह (Rubbed surface)

(6) पालिश की गई सतह (Polished surface)

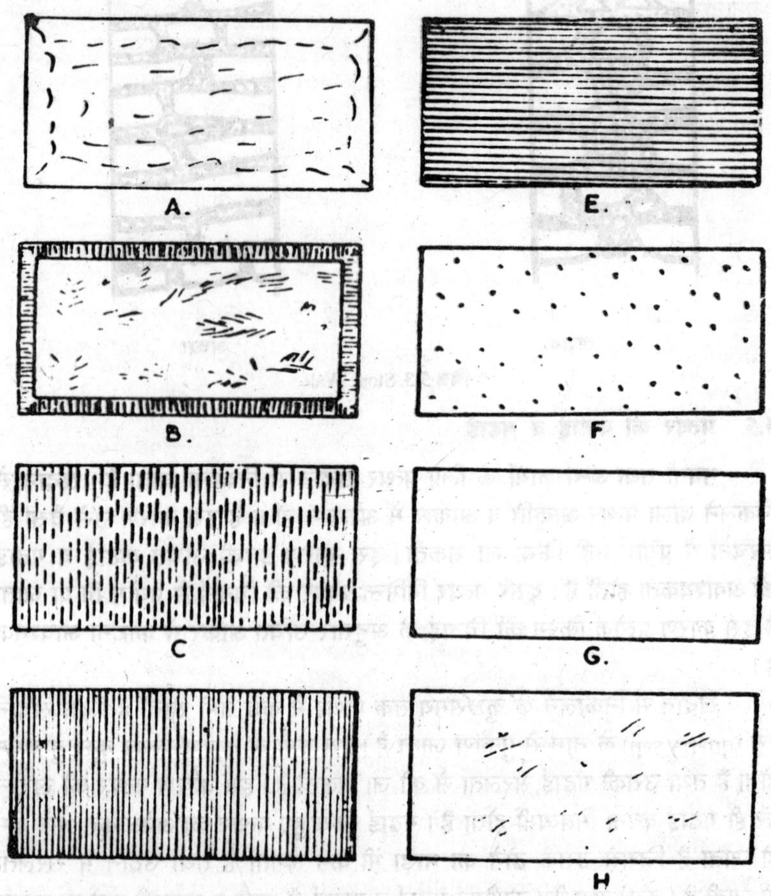

चित्र-5.4. Dressing of Stone

(1) मोटी गढ़ाई (Hammer dressed)—यह गढ़ाई सबसे घटिया किस्म की होती है इसमें खदान से निकाले गये पत्थर के बड़े कोने हथौड़े से तोड़ कर उचित

आकार का बना दिया जाता ह तथा इसकी सतह मामूली सी समान कर चिनाई योग्य बना लिया जाता है। वाह्य दीवार में प्रयोग किये जाने वाले पत्थर के चारों ओर 2 से 5 से०मी० चौड़ी पट्टी अन्य सतहों से अच्छी प्रकार समतल की जाती है। चित्र–5.4 A

(2) औज़ारों की घटिया गढ़ाई—यह गढ़ाई मोटी गढ़ाई की अपेक्षा अच्छी होती है। इस गढ़ाई में पत्थर के कोने छेनी से काटे जाते हैं तथा सतह लगभग समतल बनाई जाती है। इसमें पत्थर के कोने सही काटे जाते हैं तथा अच्छा बाँड प्राप्त करने के लिए पत्थर के चारों ओर की पट्टी; पार्शव व तली में अच्छी गढ़ाई कर तैयार की जाती हैं। चित्र–5.4 B

(3) औज़ारों की बढ़िया गढ़ाई—इस गढ़ाई में पत्थर पर छेनी से निरन्तर समानान्तर चिन्ह बनाये जाते हैं। यह चिन्ह एक दूसरे के इतने समीप होते हैं कि पत्थर पूर्णतः समतल दिखाई देता है। विभिन्न औज़ारों से विभिन्न प्रकार के चिन्ह बनाकर विभिन्न प्रकार की गढ़ाई प्राप्त की जा सकती हैं। चित्र–5.4 C में इस प्रकार की औज़ारों की बढ़िया गढ़ाई दिखाई गई है।

छेनी से गढ़ाई—यह गढ़ाई औज़ारों की बढ़िया गढ़ाई स अच्छी होती है। इसमें तेज छेनी से इतने समीप चिन्ह बनाये जाते हैं कि वह दिखाई नहीं देते। चित्र 5.4 D

घिसी हुई सतह (Rubbed surface)—इस विधि में गढ़ाई को गई सतह पूर्णतः चिकनी व समतल होती है। प्रायः इस विधि में पत्थर मशीन अथवा हाथ से काट कर या रगड़कर चिकनी सतह प्राप्त की जाती है। (चित्र–5.4 G) चित्र E में मशीन कटाई व F में नोकीले यंत्र से गढ़ी हुई सतह दिखाई गई हैं।

पॉलिश की हुई सतह—संगमरमर, ग्रेनाइट व चूने के पत्थर की घिसाई वाली सतह की चमक बढ़ाने के लिये उस पर पॉलिश की जाती है पालिश मशीन से रगड़ कर या हाथ से झाँवा पत्थर (Pumice stone) या रेत व पानी से रगड़ कर की जा सकती है, चित्र–5.4 H

5.7 सतह की गढ़ाई का चयन

पत्थर की गढ़ाई निम्न घटकों पर निर्भर करती है :

(1) चिनाई की किस्म (2) पत्थर की किस्म (3) वायुमण्डल की अवस्था (4) वाँच्छित शिल्पी कला का प्रभाव (5) उपलब्ध धन राशि आदि।

मोटी गढ़ाई—यह गढ़ाई कठोर पत्थर के लिये अधिक उपयोगी है। इस प्रकार की गढ़ाई प्रायः साधारण अनगढ़े पत्थर की चिनाई के लिये प्रयोग की जाती है।

औज़ारों की गढ़ाई—यह गढ़ाई प्रायः पत्थर की संगीन चिनाई के लिये उपयुक्त है।

पॉलिश की हुई सतह—जिन स्थानों पर सफाई अत्यन्त आवश्यक हो, जैसे अस्पताल, स्थान घर आदि, वहाँ पॉलिश की हुई सतह अधिक उपयोगी होती है, वाह्य सतह पर संगमरमर लगाये जाने पर उस पर पॉलिश की जानी चाहिये। आन्तरिक सतह पर संगमरमर की घिसाई करना ही पर्याप्त है।

5.8 पत्थर चिनाई की किस्में

पत्थर चिनाई मुख्य रूप से दो वर्गों में विभाजित की जा सकती है–

(1) अन गढ़े पत्थर की चिनाई (Rubble Masonry)

(2) संगीन पत्थर की चिनाई (Ashlar Masonry)

(1) अन गढ़े पत्थर की चिनाई का उपवर्गीकरण निम्न प्रकार किया जा सकता है:

(a) वेतरतीब अन गढ़े पत्थर की चिनाई–

(i) बिना रद्दे वाली चिनाई

(ii) रद्दे वाली चिनाई

(b) चौरस अन गढ़े पत्थर या ढोकों की चिनाई–

(i) बिना रद्दे वाली चिनाई

(ii) रद्दे वाली चिनाई

(iii) निमित रद्दों वाली चिनाई

5.9 अनगढ़े पत्थर की चिनाई

इस प्रकार की चिनाई में पत्थर समान माप व आकृति के प्रयोग नहीं किये जाते। इन पत्थरों की सतह भी समतल नहीं होती, इस कारण क्षैतिज़ व ऊर्ध्वाधर बाँड प्राप्त करने के लिये पत्थरकी लम्बाई दीवार की मोटाई के आधे से अधिक होना अनिवार्य है। इस प्रकार की चिनाई करते समय निम्न बातों का विशेष ध्यान रखा जाना चाहिये।

1. दीवार की वाह्य व आन्तरिक फलकों में उचित बन्धन या बाँड होना चाहिये। इन फलकों को पृथक–पृथक बनाकर उनके बीच का स्थान मसाले व पत्थर के टुकड़ों से नहीं भरा जाना चाहिए।

2. प्रत्येक रद्दे में हैडर पत्थरों की पर्याप्त संख्या होनी चाहिये तथा ये हैडर दीवार की मोटाई में काफी दबाये जाने चाहिये। अर्थात् इनकी लम्बाई काफी होनी चाहिये।

3. पत्थर की ऊँचाई न्यूनतम क्षैतिज़ माप से अधिक नहीं चाहिये।

4. बीच में भरे जाने वाले पत्थर की ऊँचाई रद्दे के समान होना अनिवार्य नहीं है। यह ऊँचाई रद्दे की ऊँचाई से कुछ अधिक भी हो सकती है।

5. पत्थर की सबसे चौड़ी सतह क्षैतिज़ दिशा में रखी जानी चाहिये। इस प्रकार पत्थर टिकाऊ स्थिति में रहेगा।

6. तली के जोड़ में पत्थर के नीचे टुकड़े नहीं लगाये जाने चाहिये।

7. फलकों पर लगाये जाने वाले पत्थरों की चौड़ाई रद्दे की ऊँचाई से कम नहीं होनी चाहिये।

8. रद्दे वाली अनगढ़े पत्थर की चिनाई में कोनियों की ऊँचाई रद्दे की ऊँचाई के बराबर ही होनी चाहिये। ऊर्ध्वाधर जोड़ तोड़ने के लिये एक ओर के कोनिये पत्थर की लम्बाई दूसरी ओर के कोनियें पत्थर की लम्बाई से कम से कम 15 से०मी० अधिक

होनी चाहिये, एकान्तर रद्दे में कोनिये पत्थरों की अधिकतम लम्बाई एक ही ओर की फलक पर रखी जानी चाहिए। प्रायः कोनिये पत्थरों की तली की न्यूनतम गढ़ाई 10 से०मी० तक की जानी चाहिए।

9. पत्थर लगाने से पहले उसकी पानी से तराई कर लेनी चाहिए।

10. वाह्य व आन्तरिक फलकों में लगाए जाने वाले पत्थरों में परस्पर बन्धन या बाँड होना चाहिए।

5.10 बे रद्दा ढोंको की चिनाई (Random masonry)

(i) बिना रद्दों की चिनाई (Un Coursed)—इस श्रेणी की पत्थर की चिनाई सब से घटिया व अधिकतम मितव्ययी होती है इसका प्लान व उठान चित्र–5.5 में दिखाया गया है। इस चिनाई में प्रयोग किए जाने वाले पत्थरों की आकृति व आकार में बहुत अन्तर होता है तथा इस चिनाई का रूप (appearance) भी विभिन्न प्रकार का होता है। इस चिनाई के लिए कारीगर पत्थर के ढेर से मन माने ढंग (atrandom) से पत्थर उठाकर चिनाई में लगा देता है। दीवार में लगाने से पहले अधिक लम्बे कोने हथौड़े से तोड़ दिये जाते हैं। बड़े पत्थर चपटे लगाए जाने चाहिए तथा इन्हें छोटे टुकड़ों पर नहीं रखना चाहिए। इस चिनाई की ऊर्ध्वाधरता साहुल के अनुसार नहीं बनाई जाती है। जोड़ों को मसाले से भर कर सपाट कर दिया जाता है तथा इनकी मोटाई समान नहीं रहती है। दीवार को स्थिरता प्रदान करने के लिए पाखों व किनारों पर बड़े पत्थर प्रयोग किए जाते हैं। इसके अतिरिक्त बीच–बीच में धुर पत्थर भी लगाए जाते हैं प्रत्येक एक वर्ग मीटर फलक सतह में एक धुर पत्थर लगाया जाता है। धुर पत्थर का न्यूनतम क्षेत्रफल 400 वर्ग से०मी० तथा लम्बाई 50 से०मी० या दीवार की मोटाई के बराबर होनी चाहिए। दीवार की मोटाई आधे मीटर से अधिक होने पर हैडर पत्थरों की एक परत लगानी चाहिए तथा हैडर पत्थरों का एक दूसरे पर न्यूनतम चढ़ाव 15 से०मी० होना चाहिए।

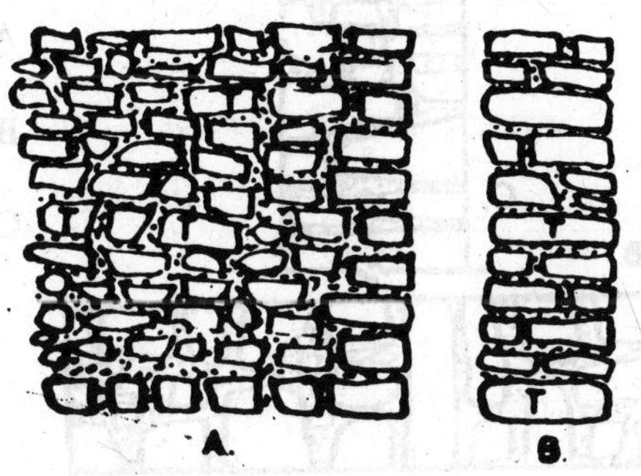

चित्र-5.5. Random Rubble Masonry

5.11 रद्देदार चिनाई (Coursed Masonry)

यह चिनाई बिना रद्दे की चिनाई की अपेक्षा अच्छी होती है। इस श्रेणी की चिनाई छोटे व कम ऊँचे भवनों के लिए अपनाई जाती है। इस चिनाई में पत्थर अपेक्षाकृत समान रद्दों के रूप में लगाए जाते हैं। इस चिनाई के प्रत्येक रद्दे में हथौड़े से गढ़े हुए हैडर पत्थर उचित अन्तराल पर लगाये जाते हैं। प्रत्येक हैडर की चौड़ाई रद्दे की ऊँचाई से कम नहीं होनी चाहिए तथा प्रत्येक हैडर अपनी ऊँचाई का 3 गुना लम्बाई तक दीवार की मोटाई में दबा हुआ होना चाहिए। दो हैडर पत्थरों के बीच की दीवार कम मोटे पत्थरों से भी बनाई जा सकती है। एक ही रद्दे में दो पत्थर एक दूसरे के ऊपर रखकर चिनाई की जा सकती है, परन्तु 5 से०मी० से पतला पत्थर प्रयोग नहीं किया जाना चाहिए। इन पत्थरों का गढ़ा होना अनिवार्य नहीं है परन्तु इनकी तली चपटी होनी चाहिए। पार्शविक जोड़ों का ऊर्ध्वाधर होना अनिवार्य नहीं है परन्तु इनका तली के जोड़ों से झुकाव 60° से अधिक नहीं होना चाहिए यथा संभव ये जोड़ निरन्तर नहीं होने चाहिए तथा जोड़ की मोटाई 1.5 से०मी० से अधिक नहीं होनी चाहिए।

50 से०मी० तक मोटी दीवार के लिए धुर पत्थर की लम्बाई दीवार की मोटाई से कम नहीं होनी चाहिए। इससे अधिक मोटी दीवार के लिए वाह्य व आन्तरिक फलकों

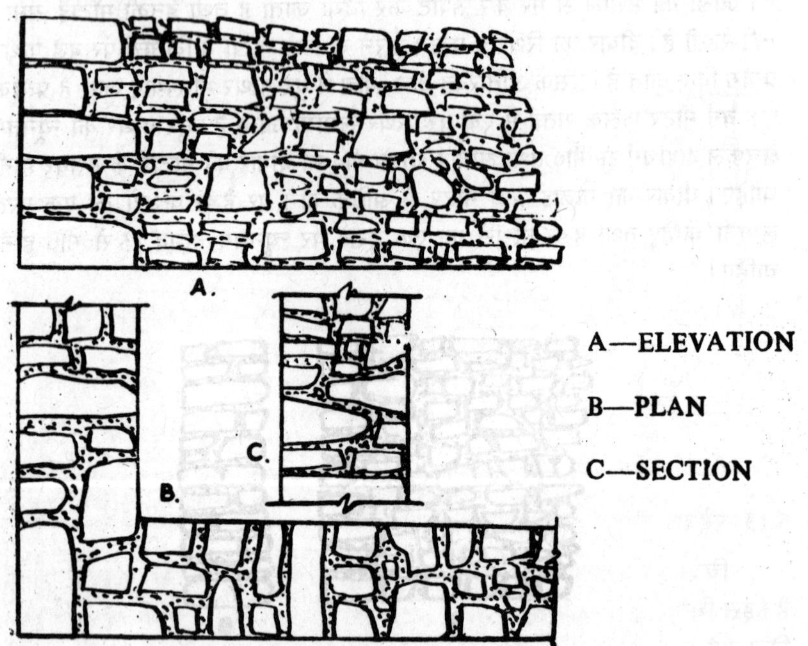

चित्र-5.6. Coursed Masonry

से लगाये गये पत्थरों का एक दूसरे पर न्यूनतम चढ़ाव 15 से०मी० से कम नहीं होना चाहिए। निरन्तर दो रद्दों में हैडर एक दूसरे के ऊपर नहीं लगाने चाहिए। कोनिये पत्थर की ऊँचाई रद्दे के बराबर व न्यूनतम लम्बाई 50 से०मी० होनी चाहिए। इस प्रकार की चिनाई का प्लान–उठान व परिच्छेद चित्र–5.6 में दिखाया गया है।

5.12 चौरस अन गढ़े पत्थर की चिनाई (Squared rubble)

1. बिना रद्दे की चिनाई –इस चिनाई के लिए तली व जोड़ों पर पत्थर चौरस व सपाट बना लिया जाता है। सतह से 10 से०मी० चौड़ाई तक तली व जोड़ों पर पत्थर की छेनी से गढ़ाई कर दी जाती है। समतल सतह से पत्थर का प्रक्षेप 50 से०मी० से अधिक नहीं होना चाहिए। कोने पर बड़े पत्थर लगने चाहिए। छोटे टुकड़ों पर पत्थर नहीं लगाना चाहिए। इस चिनाई में भी पत्थर अनियमित ढंग से लगाए जाते हैं।

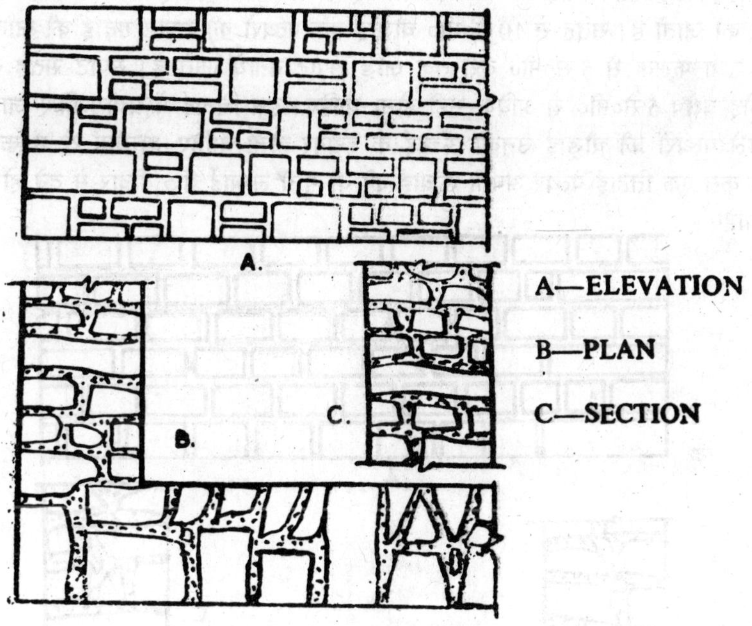

चित्र-5.7. Squared Coursed Masonry

5.13 रद्देदार चिनाई (Coursed)

चित्र–5.7 में इस श्रेणी की चिनाई का प्लान, उठान व परिच्छेद दिखाया गया है। इस चिनाई में वाह्य फलक हथौड़े से गढ़े हुए चौरस पत्थरों तथा आन्तरिक फलक बिना गढ़े पत्थरों की बनाई जाती है। इन दोनों फलकों का उचित बंधन धुर पत्थरों द्वारा बनाया जाता है। दीवार की समस्त मोटाई अर्थात् वाह्य व आन्तरिक फलक एवं इनके बीच का भाग एक साथ ही बनाया जाना चाहिए। बीच की भराई का भाग चौड़ी

तली वाले पत्थरों से सावधानी पूर्वक बनाया जाना चाहिए। सख्त मसाले में छोटे टुकड़े भी प्रयोग किए जा सकते हैं परन्तु कोई भी स्थान खाली नहीं छोड़ना चाहिए। रद्दे में सभी पत्थर समान ऊँचाई के होने अनिवार्य नहीं हैं परन्तु एक रद्दे में दो से अधिक पत्थर एक के ऊपर दूसरा नहीं लगाना चाहिए। कोनिये पत्थर की ऊँचाई रद्दा ऊँचाई के बराबर तथा लम्बाई 50 से०मी० से कम नहीं होनी चाहिए। सभी रद्दे समान ऊँचाई के होने चाहिए।

5.14 नियमित रद्दों की चिनाई (Built in regular Courses)

यह चिनाई रद्देदार चिनाई से बढ़िया होती है। इसका प्लान, उठान तथा परिच्छेद चित्र संख्या 5.8 में दिखाया गया है। इस चिनाई में प्रयोग किए जाने वाले समस्त पत्थर समान ऊँचाई के होने चाहिए तथा पत्थरों की ऊँचाई 15 से०मी० से कम नहीं होनी चाहिए। उपरोक्त चिनाई की भाँति इस चिनाई के पत्थरों की गढ़ाई भी छेनी या हथौड़े से की जाती है। सतह से 10 से०मी० चौड़ाई तक पत्थरों की सपाट गढ़ाई की जाती है तथा फलक से 5 से०मी० दूरी तक जोड़ सपाट बनाये जाते हैं। सपाट सतह से कोई प्रक्षेप 5 से०मी० से अधिक नहीं होना चाहिए। इस चिनाई में प्रयोग किए जाने वाले पत्थरों की चौड़ाई उनकी ऊँचाई के बराबर होनी चाहिए। प्रत्येक रद्दे में कम से कम एक तिहाई पत्थर अपनी ऊँचाई की दो गुनी लम्बाई तक दीवार में दबे होने चाहिए।

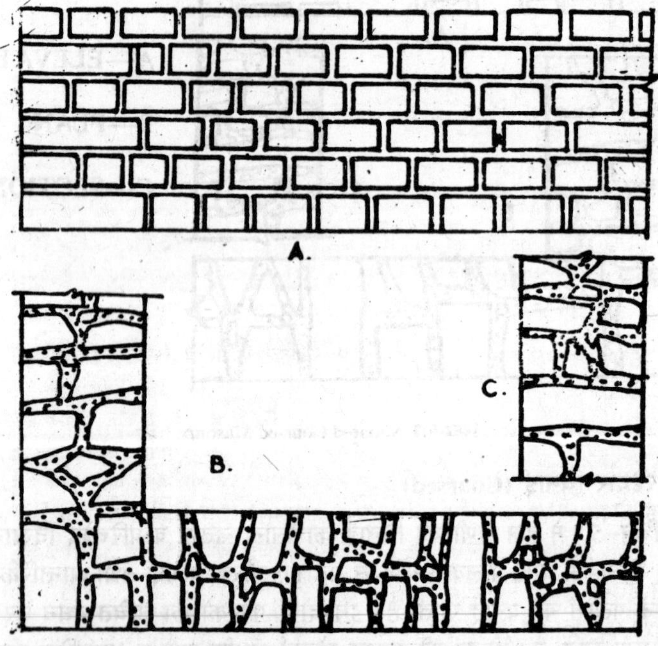

चित्र-5.8. Builtin Regular Course Masonry

5.15 पत्थर की संगीन चिनाई (Ashlar Masonry)

संगीन चिनाई पत्थर चिनाई की सर्वश्रेष्ठ तथा सबसे महंगी श्रेणी है। इसमें सभी पत्थर अच्छी प्रकार गढ़ाई करने के पश्चात् ही लगाए जाते हैं। इस चिनाई में जोड़ों की मोटाई 3 मि० मी० से अधिक नहीं होनी चाहिए। पत्थरों को विभिन्न प्रकार लगाकर विभिन्न नमूनों की सतह प्राप्त की जा सकती हैं। इसका उपवर्गीकरण निम्न प्रकार किया जा सकता है:

(1) महीन संगीन चिनाई (Ashlar fine) (2) अधगढ़ संगीन चिनाई (Ashlar rough tooled) (3) अपगढ़ संगीन चिनाई (Ashlar Rock quarry faced) (4) पखमारी संगीन चिनाई (Ashlar chamfered) (5) फलक संगीन चिनाई (Ashlar facing) (6) पिंडक संगीन चिनाई (Ashlar Block in Course).

(1) महीन संगीन चिनाई—यह पत्थर की सर्वश्रेष्ठ चिनाई है। यह चिनाई ईंट चिनाई जैसी होती है। इसमें पत्थर की सभी सतहों की गढ़ाई अच्छी प्रकार की जाती है। तली व पार्शव जोड़ कुशलता पूर्वक बनाये जाते हैं। जोड़ों की अधिकतम मोटाई 3 मि० मी० रखी जाती है। इस चिनाई में कार्य के सभी भागों में सभी रद्दों की ऊँचाई में प्रयोग किये जाने वाले पत्थरों की ऊँचाई उनकी चौड़ाई से कम तथा लम्बाई ऊँचाई के दो गुने से कम नहीं होनी चाहिए। फलक के लिए प्रयोग किये जाने वाले पत्थर ईंट की भाँति एक हैडर व एक पट्टीदार (stretcher) लगाए जाते हैं।

80 से०मी० से कम मोटी दीवारों में धुर पत्थर लगाया जाता है। यह पत्थर हैडर पत्थर की भाँति लगाया जाता है जो दीवार की एक फलक से दूसरी फलक तक जाता है। जोड़ों पर पत्थरों के कोने टूटे हुए नहीं दिखायी देने चाहिए। चित्र–5.9 में इस चिनाई का प्लान, उठान तथा परिच्छेद दिखाया गया है।

(2) अधगढ़ संगीन चिनाई—इस चिनाई में प्रयोग किए जाने वाले पत्थरों की वाह्य सतह के चारों ओर लगभग 2.5 से०मी० चौड़ी पट्टी की छेनी से अच्छी गढ़ाई तथा इस पट्टी के बीच के भाग की हथौड़े से घटिया किस्म की गढ़ाई की जाती ळै। इस चिनाई में जोड़ों की मोटाई 6 मि० मी० तक हो सकती है। शेष वर्णन महीन संगीन चिनाई जैसा ही है।

(3) अनगढ़ संगीन चिनाई—यह चिनाई अधगढ़ संगीन चिनाई जैसी ही है। अन्तर केवल इतना है कि इसमें छेनी से गढ़ी हुई पट्टी के बीच के भाग की गढ़ाई नहीं की जाती वरन् वह वैसा ही छोड़ दिया जाता है। परन्तु गढ़ी हुई सतह से प्रक्षेप 10 से०मी० से अधिक होने पर हथौड़े से तोड दिया जाता है। शेष वर्णन अधगढ़ संगीन चिनाई जैसा ही है।

(4) पखमारी संगीन चिनाई—यह चिनाई भी उपरोक्त जैसी है इसमें अन्तर केवल इतना है कि पत्थर की वाह्य सतह के सभी किनारे ढलवा बनाये जाते हैं। इन किनारों को 45° पर काट कर 2.5 से०मी० लम्बाई तक गढ़ा जाता है। इस श्रेणी की चिनाई चित्र–5.10 में दिखायी गयी है।

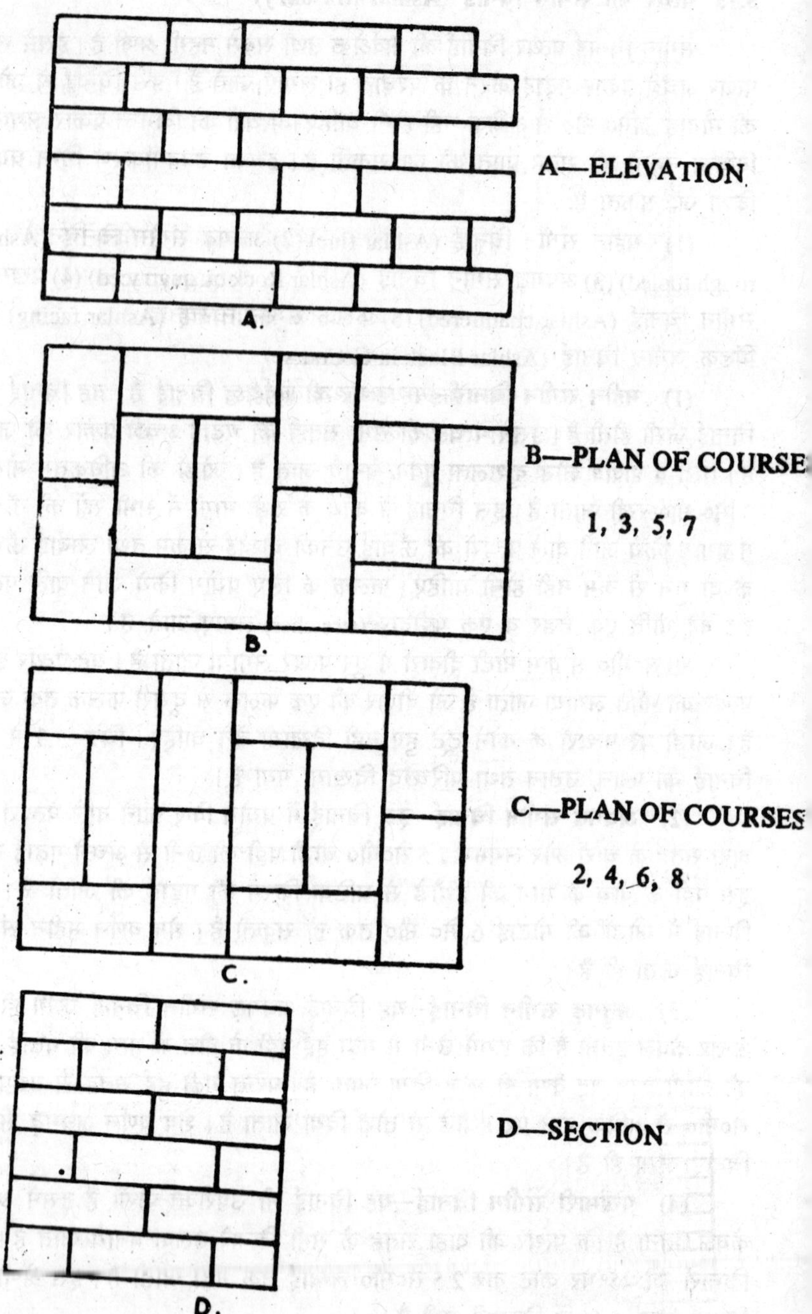

चित्र-5.9. Ashlar Fine Masonry

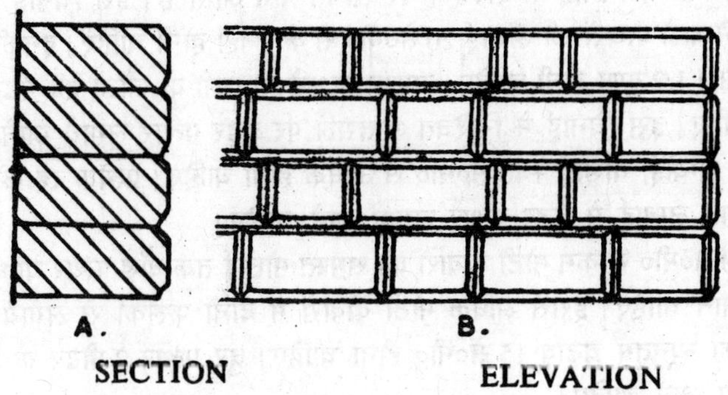

चित्र-5.10. Ashlar Chamfered Masonry

अगाड़ी वाली संगीन चिनाई (Ashlar Facing)

यह मिश्रित चिनाई है। इसमें दीवार की वाह्य फलक पत्थर तथा आन्तरिक फलक ईंट, अनगढ़े पत्थर अथवा कंक्रीट की बनाई जा सकती है। वाह्य फलक पर लगाये

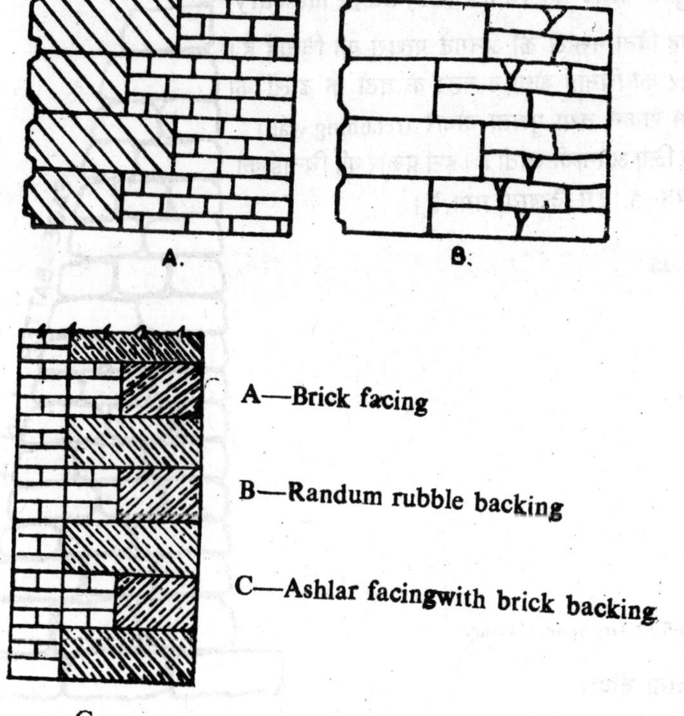

चित्र-5.11. Ashlar Facing Masonry

जाने वाले पत्थरों की घटिया किस्म की गढ़ाई की जाती है या उनके पाखे मार दिए जाते हैं। मिश्रित चिनाई से संरचना पर लागत कम आती है। इस चिनाई में प्रयोग किए जाने वाले पत्थरों की ऊँचाई 20 से०मी० से कम नहीं होनी चाहिए। इनकी चौड़ाई, ऊँचाई से 1 1/2 गुणा होनी चाहिए। समस्त पत्थरों के तली के जोड़ों की गढ़ाई अच्छी होनी चाहिए। इस चिनाई में निश्चित अन्तराल पर हैडर पत्थर लगाये जाने चाहिए। हैडर की लम्बाई, चौड़ाई +40 से०मी० से अधिक होनी चाहिए। प्रत्येक रद्दे की लगभग एक तिहाई लम्बाई में हैडर पत्थर लगाए जाने चाहिए।

80 से०मी० से कम मोटी दीवारों की समस्त मोटाई तक बाँड पत्थर या धुर पत्थर लगाये जाने चाहिए। इससे अधिक मोटी दीवारों में दोनों फलकों से लगाये गये धुर पत्थरों का न्यूनतम चढ़ाव 15 से०मी० होना चाहिए। धुर पत्थर 2 मीटर के अन्तराल पर लगाए जाने चाहिए।

पिंडक संगीन चिनाई (Ashlar Block in Course Masonry)

यह चिनाई भी अधगढ़ संगीन चिनाई जैसी ही होती है अन्तर केवल इतना है कि इस चिनाई के रद्दों की ऊँचाई अपेक्षाकृत कम होती है परन्तु यह ऊँचाई 20 से०मी० से कम नहीं होनी चाहिए।

5.16 शुष्क पत्थर की चिनाई (Dry Stone masonry)

यह बिना मसाले की अनगढ़े पत्थरों की चिनाई है। इस प्रकार की चिनाई बाँधों व नहर के तटों के ढालों को कटाव से रोकने तथा पुशता दीवारें (retaining wall) बनाने के लिए अपनायी जाती है। इस प्रकार की चिनाई का नमूना चित्र–5.12 में दिखाया गया है।

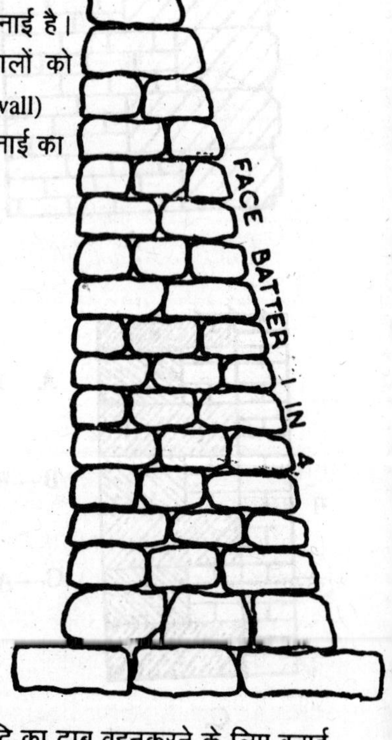

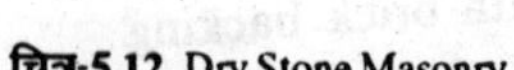
चित्र-5.12. Dry Stone Masonry

5.17 पुशता दीवार

यह दीवार अपने पीछे भरी गई मिट्टी, रेत आदि का दाब वहनकरने के लिए बनाई जाती है। पुशता दीवार की ऊँचाई, स्थल की किस्म व पीछे भरी गई सामग्री की किस्म

(मिट्टी, रेत) के अनुसार रखी जाती है। पुशता दीवार शुष्क पत्थर की चिनाई, पत्थर की मसाले में चिनाई, सीमेन्ट कंक्रीट या प्रबलित कंक्रीट की बनाई जा सकती है। पुशता दीवार प्रायः पहाड़ी क्षेत्र में सड़क निर्माण, पुलों के अंत्याधार (abutment) बाजू दीवार (wing wall) व चिनाई बाँध आदि के लिए अपनायी जाती है।

5.18 अंत्याधार वक्ष भीत (Breast wall)

वायुमण्डलीय प्रभाव के कारण प्राकृतिक भूमि के कटाव में ढालों को सूरक्षित रखने के लिए बनायी गई पत्थर की छोटी दीवार वक्ष भीत कहलाती है। इस दीवार का परिच्छेद, उसकी ऊँचाई, कटाव के ढाल तथा पीछे भरी गई सामग्री पर निर्भर करती है। इसके शिखर की न्यूनतम चौड़ाई 60 से०मी० तथा वाह्य व आन्तरिक फलकों के ढाल क्रमशः 1 : 4 व 1 : 2 होते हैं। चित्र–5.13.

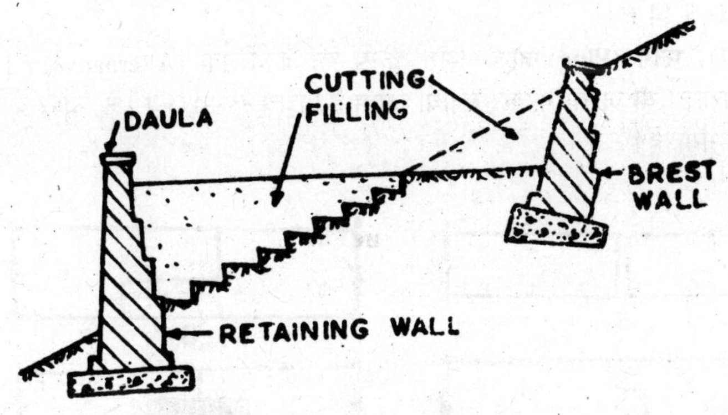

चित्र-5.13. Breast Wall

5.19 पत्थर की चिनाई में पत्थरों में लगाये जाने वाले जोड़ (Joints in Stone Masonry)

पत्थर की चिनाई में प्रायः निम्न जोड़ प्रयोग किये जाते हैं :

(1) सपाट या टक्कर जोड़ (Butt joint)–चित्र–5.14 A में दिखाए अनुसार इस जोड़ में दो पत्थरों की सतह एक दूसरे से मिलाकर रखी जाती हैं।

(2) पतामी या चढ़वा जोड़ (Rebated or lapped joint)–चित्र–5.14. B में दिखाये अनुसार इस प्रकार का जोड़ ढालों या डाट में प्रयोग किये जाने वाले पत्थरों में लगाया जाता है। इस जोड़ के कारण पत्थर फिसल नहीं पाते।

(3) चाबी जोड़ (Table or Bed Joggle)–इस जोड़ं का कार्य भी पतामी जोड़ जैसा ही है इसे चित्र–5.14 E में दिखाया गया है।

(4) जीभी झिर्री जोड़ (Tongued and grooved joint)–इस पत्थर का प्रक्षेप दूसरे पत्थर की झिर्री में डाल कर चित्र–5.14 C में दिखाये अनुसार इस प्रकार का जोड़ बनाया जात है। इसे खम या जोगल (Joggle) जोड़ भी कहते हैं।

(5) जोगल (Joggle) जोड़—इस जोड़ में पत्थर को यथा स्थान स्थिर रखने के लिए दोनों पत्थरों की झिर्रियों में धातु या स्लेट का छोटा टुकड़ा धँसा दिया जाता है। चित्र–5.14. D

डाँवल (Dowel) जोड़—जहाँ पत्थरों के फिसलने का भय होता है वहाँ उन्हें फिसलने से रोकने के लिए चित्र–5.14 H में दिखाये अनुसार धातु, स्लेट आदि का डाँवल लगा दिया जाता है। डाँवल सीमेंट.मसाले से लगाया जाता है।

(6) क्रैम्प (Cremped) जोड़—क्रेम्प 2 से 5 से०मी० चौड़ा, 0.6 से 1.2 से०मी० मोटा तथा 20 से 40 से०मी० लम्बा धातु या स्लेट का टुकड़ा होता है। इसके दोनों सिरे मुड़े हुए होते हैं। ये पत्थरों को अपने स्थान से हटने से रोकने के लिए लगाये जाते हैं। पत्थरों की ऊपरी सतह में गड्ढा करके क्रेम्प डाल दिया जाता है। क्रेम्प डालने के पश्चात् उस स्थान को सीमेंन्ट मसाले से भर दिया जाता है। चित्र–5.14 F।

(7) प्लग (Plug) जोड़—प्लग, क्रेम्प का वैकल्पिक (Alternative) है। जोड़ सीमेंट मसाला या जस्ता भरकर बनाया जाता है। चित्र–5.14 G व J में पत्थर का क्रेम्प दिखाया गया है।

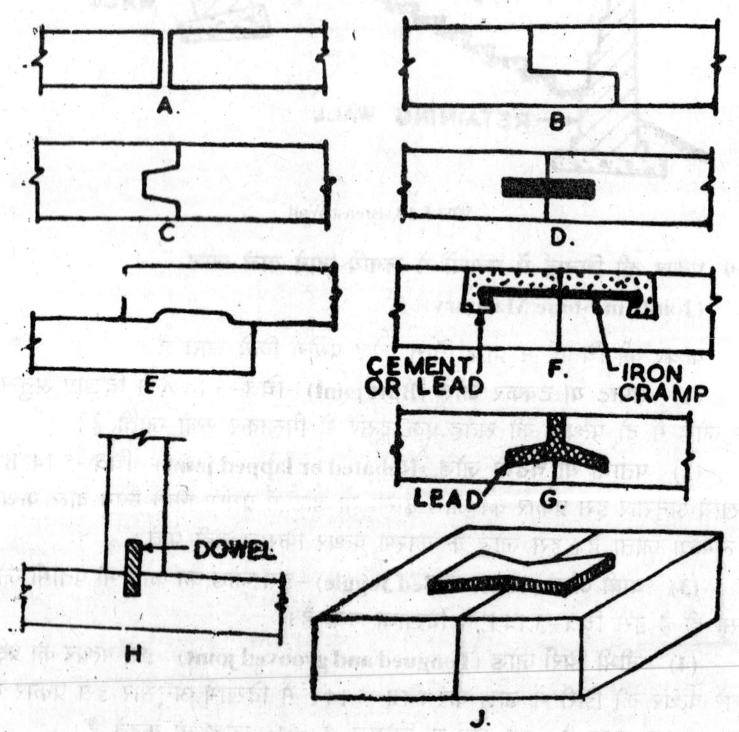

चित्र-5.14. Joint in Stone Masonry

5.20 पत्थर उठाने की युक्तियाँ

पत्थरों के अधिक भार के कारण उन्हें उठाना कठिन होता है। इस कारण पत्थरों की चिनाई करते समय सही स्थान पर लगाने के लिए उन्हें उठाने के लिए उचित युक्तियों का प्रयोग किया जाता है। बड़े पत्थर उठाने के लिए डेरिक अथवा गेंट्री का प्रयोग किया जाता है। परन्तु डेंरिक से पत्थर उठाने के लिए अन्य सलांग (attachment) की भी आवश्यकता होती है। विभिन्न प्रकार के सलांग निम्न प्रकार के हो सकते हैं।

(1) ग्रेब हुक (Grab hooks)—इस युक्ति के हुक के किनारे तीखे होते हैं। इन किनारों को पत्थर में बनाए गये छिद्रों में धंसा दिया जाता है। पत्थर की पालिश खराब होने से बचाने के लिए पत्थर की भुजाओं पर लकड़ी के तख्ते लगा दिये जाते हैं। यह युक्ति कम भारी पत्थरों के लिए उपयुक्त है।

(2) डोली या ल्यूस (Lewis)—डोली कई प्रकार की होती हैं परन्तु अधिकतर निम्न प्रकार की डोली प्रयोग की जाती हैं।

(a) पिन ल्यूस अथवा डोली—चित्र–5.15 A में दिखाये अंनुसार यह डोली दो लोहे के टुकड़ों की बनी होती है। इन टुकड़ों को पत्थर में बनाये गऐ तिरछे छिद्रों में धंसा कर ऊपर उठा लिया जाता है। ऊपर उठने पर ये टुकड़े पत्थर में जकड़ जाते हैं जिससे ये बाहर नहीं निकल सकते हैं। यह कठोर पत्थर उठाने के लिए उपयुक्त है।

(b) जंजीर कुत्ता (Chain Dog)—चित्र–5.15 B में दिखाए अनुसार इस युंक्ति में जंजीर में लोहे के टुकड़े लगे होते हैं। ये लोहे के टुकड़े कुत्ते कहलाते हैं। ये कुत्ते पत्थर के शिखर से लगभग 10 से०मी० नीचे 2.0 से०मी० गहरे बने छिद्रों में धंसा कर उन्हें जंज़ीर से जोड़ दिया जाता है। जंज़ीर के ऊपर उठने पर ये कुत्ते पत्थर को जकड़ लेते हैं। यह यूक्ति कठोर तथा खुरदरे पत्थरों के लिए उपयोगी है।

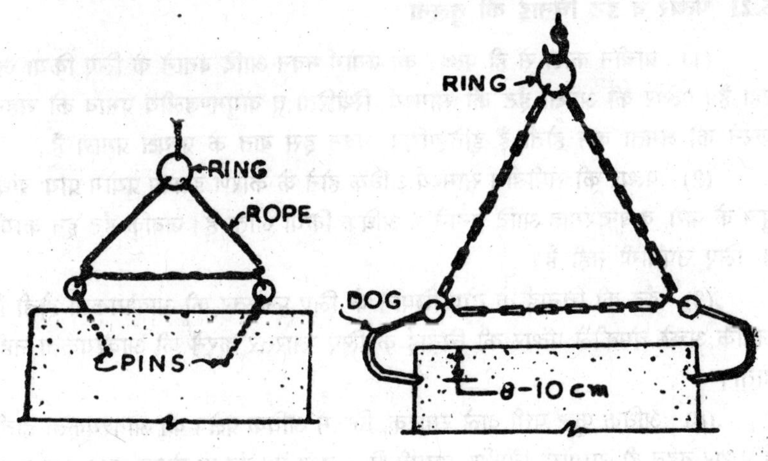

(A) Pin Lewis (B) Chain Dogs

चित्र-5.15.

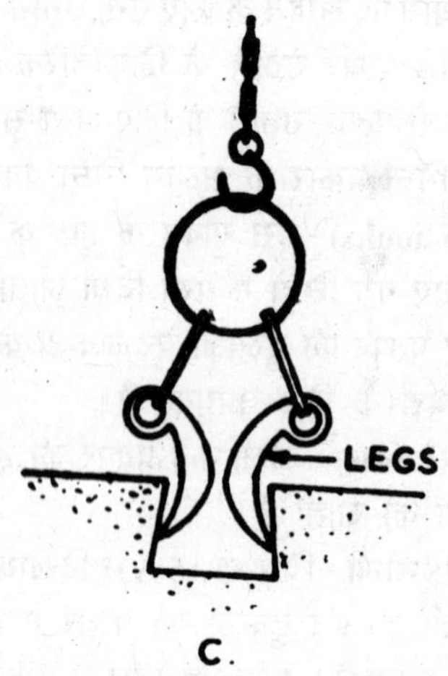

चित्र-5.15. (C) Chain Lewis

जंजीर ल्यूइस—चित्र—5.15 C में इस प्रकार की डोली दिखाई गई है। इसमें तीन जंजीर तथा दो लोहे के मुड़े हुए टुकड़े होते हैं। पत्थर के शिखर में चित्र में दिखाये अनुसार छिद्र कर इन लौहे के टुकड़ों को पत्थर के छिद्र में लगा दिया जाता है। क्रेन द्वारा ऊपरी रिंग को ऊपर उठाने पर छोटी रिंगों में तनाव उत्पन्न हो जाता है जिसके कारण लोहे के टुकड़े पत्थर को जकड़ लेते हैं।

5.21 पत्थर व ईंट चिनाई की तुलना

(1) प्राचीन काल से ही पत्थर का प्रयोग भवन आदि बनाने के लिए किया जा रहा है। पत्थर की अपेक्षा ईंट की सामर्थ्य, स्थिरिता व वायुमण्डलीय प्रभाव को सहन करने की क्षमता कम होती है इतिहासिक भवन इस बात के प्रत्यक्ष प्रमाण है।

(2) पत्थर की संपीडीय सामर्थ्य अधिक होने के कारण इसका प्रयोग प्रायः बांध, पुल के पाये, व बन्दरगाह आदि बनाने में अधिक किया जाता है। जबकि ईंट इन कार्यों के लिए उपयोगी नहीं है।

(3) ईंट की चिनाई के दोष छिपाने के लिए प्लास्तर की आवश्यकता होती है जबकि अच्छे चमकीले पत्थर की चिनाई के लिए प्लास्तर करने की आवश्यकता नहीं होती।

(4) अधिक फूल पत्ती वाले स्मारक, जिनमें अधिक प्रक्षेप की आवश्यकता होती हैं पत्थर बहुत ही उपयोगी निर्माण सामग्री सिद्ध हुआ है। ईंट से केवल सादे, कम फूल पत्ती वाले भवन ही बनाये जाते हैं।

(5) सघन व कठोर पत्थर वायुमण्डलीय नमी से प्रभावित नहीं होता, जब कि ईंट नमी से प्रभावित होकर टूट जाती है।

(6) गन्दे नाले के पानी में कुछ लवण होते हैं जो ईंट के पदार्थ से क्रिया कर उसे नष्ट कर देते हैं। इस कारण मल मूत्र के सम्पर्क में आने वाली ईंट की चिनाई पर प्लास्तर करना अनिवार्य है जबकि पत्थर की चिनाई पर प्लास्तर की आवश्यकता नहीं होती।

(7) पत्थर पहाड़ी क्षेत्रों में ही कम लागत पर उपलब्ध होता है। मैदानी क्षेत्र में पत्थर लाने का खर्च अधिक बढ़ जाने के कारण पत्थर की चिनाई की लागत बढ़ जाती है। इस कारण पहाड़ी क्षेत्रों में पत्थर तथा मैदानों में ईंट की चिनाई अपनाई जाती है।

(8) ईंट का आकार छोटा होने के कारण ईंट की चिनाई करते समय कारीगर कम थकता है जिससे इस चिनाई की प्रगति अधिक होती है। ईंट चिनाई में उचित बाँड भी सरलता से बनाया जा सकता है। इसके विपरीत पत्थर की गढ़ाई करने व उसे यथा स्थान रखने में अधिक समय लगने के कारण पत्थर की चिनाई की प्रगति कम होती है।

(9) दरवाजों व खिड़कियों के पाखे, न्यून व अधिक कोण पर मिलने वाली दीवारों के निर्माण के लिए पत्थर की अपेक्षा ईंट की चिनाई करना अधिक सरल है।

(10) कम लागत पर ईंट किसी भी आकृति में साँचे में ढाली जा सकती है जबकि पत्थर को सही आकृति में गढ़ना बहुत कठिन व अधिक व्ययी होता है।

(11) पत्थर की अच्छी चिनाई के लिए कुशल कारीगरों की आवश्यकता होती है। पत्थर की चिनाई के दोष छिपाने में अधिक व्यय होता है जबकि ईंट की चिनाई के दोष कम व्यय से प्लास्तर करके छिपाये जा सकते हैं।

(12) ईंट का भार कम होने के कारण ईंट ले जाने वाला मजदूर कम थकता है तथा ईंट उठाने के लिए मशीनों की आवश्यकता नहीं पड़ती जबकि पत्थर उठाने के लिए मशीनों की आवश्यकता होती है।

(13) ईंट की चिनाई में दीवार की न्यूनतम मोटाई आधी ईंट या 10 से०मी० रखी जा सकती है जबकि पत्थर दीवार की न्यूनतम मोटाई 38 से०मी० होती है। इससे बहुत स्थान बेकार हो जाता है।

(14) पत्थर चिनाई की अपेक्षा ईंट चिनाई अधिक अग्नि प्रतिरोधक होती है।

(15) प्रथम श्रेणी की ईंट में अच्छी निर्माण सामग्री के सभी गुण होते हैं। इस कारण आजकल ईंट चिनाई ही अपनाई जाती है।

5.22 पत्थर चिनाई का अनुरक्षण—

पत्थर चिनाई का निम्न दोषों से अनुरक्षण करना आवश्यक है :

1. धब्बे पड़ना (Stains)

2. लोनी लगना (Efflorescence)
3. दरार पड़ना (Cracks)
4. जल प्रतिरोधता (Water Proofing)।

1. धब्बे पड़ना—पत्थर चिनाई में प्रायः निम्न प्रकार के धब्बे उत्पन्न हो सकते हैं।

1. लोहे के धब्बे	2. तांबे व कांसे के धब्बे
3. अग्नि व धुंएँ के धब्बे	4. तेल के धब्बे
5. तम्बाकू के धब्बे	6. स्याही के धब्बे

धब्बे मिटाने से पूर्व उनके उत्पन्न होने के कारण, उनकी आयु व उत्पन्न होने के स्थान की जानकारी आवश्यक है।

1. लोहे के धब्बे मिटाना—लोहे के धब्बे आँक्सैलिक अम्ल (Oxalic acid) को पानी में मिलाकर सतह धोने से दूर किये जा सकते हैं। 10 लीटर पानी में 1 कि० ग्रा० आँक्सैलिक अम्ल मिलाना पर्याप्त है। आँक्सैलिक अम्ल के पानी से सतह धोने के 3 से 4 घण्टे पश्चात् सतह को बुर्श से रगड़कर साफ पानी से धो देना चाहिए।

यदि धब्बे गहरे रंग व अधिक गहराई तक हों तो 1 भाग सोडियम साइट्रेट (Sodium citrate) व 6 भाग पानी का घोल सतह पर छिड़ककर इसके ऊपर सोडियम हाड्रो सल्फाइड (Sodium hydro sulphide) की पतली परत लगा देना चाहिए। इसके 1 घण्टे पश्चात् सतह को साफ पानी से धो देना चाहिए। इस प्रकार से धब्बे साफ हो जायेंगे।

ताँबे व काँसे के धब्बे नौसादर (Ammonium chloride) व अमोनिया (ammonia) व पानी के घोल से साफ किये जा सकते हैं। (इसमें 1 भाग नौसादर व 4 भाग शैलखड़ी होती है।)

अग्नि व धुंएँ के धब्बे कठोर पत्थर जैसे झाँवा पत्थर (Pumice stone) से रगड़कर तथा पानी से साफ करके दूर किये जा सकते है। कभी–कभी सतह को कई बार रगड़ने की आवश्यकता पड़ती है।

तेल के धब्बे पेट्रोल अथवा बेंजीन (Benzene) से साफ किये जा सकते हैं। अधिक गहरे धब्बे मिटाने के लिए एंसीटोन (accetone) व एमिल एसीटेट (amyle acetate) के घोल का प्रयोग किया जाता है।

तम्बाकू के धब्बे हटाने के लिये ट्राई सोडियम फास्फेट (Tri-sodium phosphate) के हल्के (dilute) घोल का प्रयोग किया जा सकता है।

स्याही के धब्बे मिटाने **के लिए** chlorinated lime व ammonia water का प्रयोग किया जा सकता है।

लोनी लगना–चिनाई में प्रयोग किया जाने वाला पत्थर संतृप्त रक्खा जाना चाहिये तथा भूमि से पानी न सोखने देने के लिए भवन में उचित जल निकासी की व्यवस्था की जानी चाहिए।

दरार उत्पन्न होना–पत्थर चिनाई में दरार अधिक चौड़े व कम चोड़े दोनों प्रकार के हो सकते हैं। यदि दरार कम चौड़े हों तो उन्हें लोहे के बुर्श से साफ कर सीमेंट–रेत मसाले से भर देना चाहिये।

बड़े व चौड़े दरारों को भवन का निष्दन पूर्ण हो जाने के पश्चात् ही भरा जाना चाहिये। इन बड़े दरारों को खोदकर साफ कर लेना चाहिये जिससे उनमें सीमेंट मसाला ठहर सके। इसके लिये उल्टा V आकृति का कम से कम 10 mm गहरा छिद्र बनाना आवश्यक है। इस छिद्र को पानी से साफ कर उसमें 1 : 2 अनुपात का सीमेंट–रेत मसाला भर देना चाहिये। मसाले में पानी की मात्रा कम रखी जानी चाहिये। सीमेंट मसाले में एल्यूमिनियम (aluminium) मिला देना चाहिये। जिससे यह फूलकर दरार को मजबूती से भर सके।

जल रोधकता (Water proofing)–जल रोधी पदार्थो की परत लगाने से पत्थर चिनाई लोनी लगने, सीलन रोकने, व हिम आदि के दुष्प्रभावों से मुक्त रहती है। अघुलनशील साबुन, (fatty oil) आदि इस कार्य के लिए उपयुक्त हैं।

5.23 पत्थर चिनाई पर अनुज्ञेय भार

	चिनाई की किस्म	अनुज्ञेय भार t/m²
1.	एश्लर (अच्छी प्रकार गढ़ाई दार ग्रेनाइट पत्थर) चिनाई चूना मसाले में	164.0
2.	एश्लर चिनाई सीमेंट मसाले में (ग्रेनाइट पत्थर)	220.0
3.	एश्लर ब्लॉक रद्देदार चिनाई	132.0
4.	रद्देदार अनगढ़े (ग्रेनाइट) पत्थर की चूना मसाले में चिनाई	55.0
5.	रद्देदार अनगढ़े (ग्रेनाइट) पत्थर की सीमेंन्ट मसाले की चिनाई	88.0
6.	बिना रद्देदार अनगढ़े (ग्रेनाइट) पत्थर की चूना मसाले की चिनाई	33.0
7.	बिना रद्देदार अनगढ़े (ग्रेनाइट) पत्थर की सीमेंट मसाले की चिनाई	88.0
8.	चूना पत्थर व रेत के पत्थर की चिनाई	20-100.0

प्रश्नावली

(1) पत्थर की चिनाई में प्रयोग किए जाने वाले पत्थरों का वर्णन कीजिये।

(2) पत्थर की गढ़ाई का चयन करते समय किन–किन बातों का ध्यान रखा जाना चाहिए।

(3) अनगढ़े पत्थर की चिनाई कितने प्रकार की होती है। इस श्रेणी की चिनाई करते समय किन–किन बातों का ध्यान रखा जाना चाहिए।

(4) साफ चित्र सहित निम्न प्रकार की पत्थर चिनाई का वर्णन कीजिये।

(i) संगीन अगाड़ी चिनाई (Ashlar facing)

(ii) शुष्क पुशता दीवार

(iii) अधगढ़ पत्थर चिनाई (Ashlar Rough tooled)

(5) पत्थर चिनाई में प्रयोग किये जाने वाले विभिन्न जोड़ों का साफ चित्र सहित वर्णन कीजिये।

(6) ईंट व पत्थर चिनाई का तुलनात्मक वर्णन कीजिये।

(7) पत्थर उठाने की युक्तियों का साफ चित्र सहित वर्णन कीजिये।

(8) पत्थर गढ़ाई से आप क्या समझते हैं। तीन प्रकार की गढ़ाइयों के साफ चित्र बनाइये।

(9) पत्थर चिनाई करते समय किन–किन बातों का ध्यान रखा जाना चाहिए।

(10) संगीन पत्थर चिनाई सीमेंन्ट मसाले में करने की विशिष्टियाँ लिखिए।

(11) निम्न पर संक्षिप्त टिप्पणी लिखिए

(a) पत्थर चिनाई का अनुरक्षण

(b) पत्थर उठाने की युक्तियां

(c) पत्थर चिनाई में प्रयोग किए जाने वाले औजार।

6

खोखली मिश्रित तथा विभाजक दीवारें

Hollow-Walls, Composite And Partition Walls

6.1 प्रस्तावना

खोखली दीवार दो फलकों (faces) की बनाई जाती है। दीवारों की वाह्य व आन्तरिक फलकों के बीच 5 से 8 से०मी० का खोखलापन रखा जाता है प्रायः खोखलापन समस्त ऊँचाई में समान रहता है तथा 8 से०मी० से अधिक नहीं रखा जाता। दीवार की वाह्य फलक उसकी सुन्दरता बढ़ाने के लिये विशेष प्रकार की ईंटों की बनाई जाती है। जबकि आन्तरिक फलक साधारण ईंटों की ही बनाई जाती है। वाह्य व आन्तरिक फलकों की मोटाई प्रायः 10 से०मी० रखी जाती है परन्तु आन्तरिक फलक की मोटाई उस पर लगने वाले भार के अनुसार बढ़ाई जा सकती है। समूची दीवार में खोखलापन होने के कारण आन्तरिक दीवार तक सीलन नहीं पहुँच पाती।

6.2 खोखली दीवारों के लाभ

खोखली दीवार के निम्न लाभ है:

(1) इस प्रकार की दीवारों की वाह्य व आन्तरिक फलकों के बीच खोखलापन होने के कारण वाह्य फलक से सीलन आन्तरिक फलक तक नहीं पहुँच पाती। अतः खोखली दीवारें सीलन रोधक होती हैं।

(2) इन दीवारों के खोखले भाग में वायु भरी होती है। यह वायु ताप तरंगों के वाह्य फलक से आन्तरिक फलक तक पहुँचने में बाधा डालती हैं। इस कारण खोखली दीवार वाला भवन साधारण ईंटों वाले भवन की अपेक्षा कम गर्म होता है। अतः इस प्रकार की दीवारें उष्ण कटिबंधीय देशों के लिये बहुत उपयोगी हैं।

(3) खोखली दीवारें ध्वनि रोधी (sound insulation) होती हैं अथवा खोखली दीवारों में ध्वनि विषॅवाहन गुण भी होती हैं।

(4) खोखली दीवारें मितव्ययी होती हैं।

6.3 भीत की तान (wall tie)

वाह्य व आंतरिक फलकों को एक साथ बांधने व संरचना को स्थिरता प्रदान करने के लिये उन्हें धातु या मिट्टी की तान (ties) द्वारा जोड़ दिया जाता है। तान की आकृति ऐसी होनी चाहिए कि वाह्य फलक से सीलन उसके साथ–साथ आन्तरिक फलक तक न पहुँचने पाये। तान लोहे या इस्पात की भी बनायी जा सकती है। तान को जंग लगने से बचाने के लिए उसे गर्म डामर में डुबों कर रेत में दबा दिया जाता है, जिन स्थानों पर अधिक जंग लगने की संभावना हो वहाँ तांबे या काँसे की तान का प्रयोग किया जाना चाहिए। चित्र–6.1 में विभिन्न प्रकार की तान दिखायी गयी हैं। दो तानों के बीच क्षैतिज व ऊर्ध्वाधर दूरी क्रमशः 100 से०मी० व 40 से०मी० से अधिक नहीं होनी चाहिए।

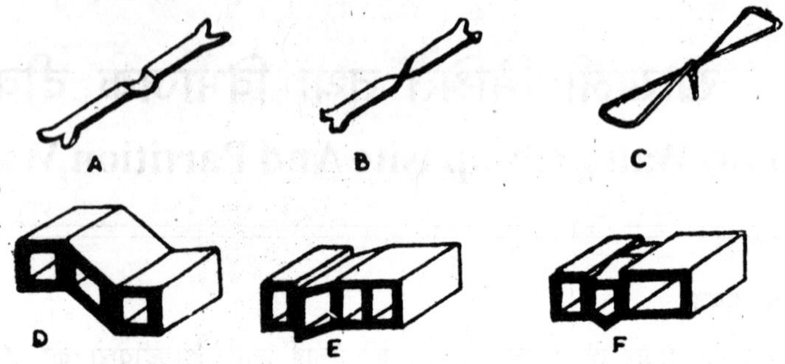

चित्र-6.1. Different Types of Ties and Blocks

चित्र–6.2. में खोखली दीवारों के विभिन्न तान वाले उठान दिखाए गये हैं।

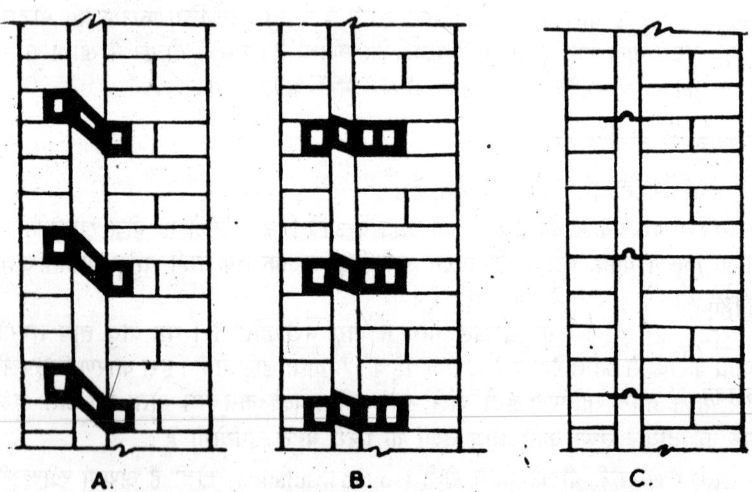

चित्र-6.2. Elevation of Hollow Block Wall with Different Ties

6.4 खोखलापन आरम्भ करने की स्थिति

खोखलापन भूतल से आरम्भ कर ढालू छत वाले भवनों में ओलती तल (Eaves level) तथा सपाट छत वाले भवनों में मुँडेर तक बनाया जाता है। खोखलापन सीलन रोक परत से 15 से०मी० नीचे से प्रारम्भ करना सर्वोत्तम पाया गया है। इस स्थान से खोखलापन प्रारम्भ करने से सीलन रोक परत के नीचे आया सीलन जल निकालने में अधिक सरलता रहती है। जल निकासी के लिए खुले जोड़ छोड़ने चाहिए तथा तल से नीचे ठोस दीवार बनाई जानी चाहिए।

वाह्य व आन्तरिक फलकों के नीचे एक ही तल पर सीलन रोक परत पृथक–पृथक लगानी चाहिए। खोखले भाग में वायु के प्रवेश के लिए 1 मीटर दूरी पर छिद्र बनाये जाते हैं। चित्र–6.3.

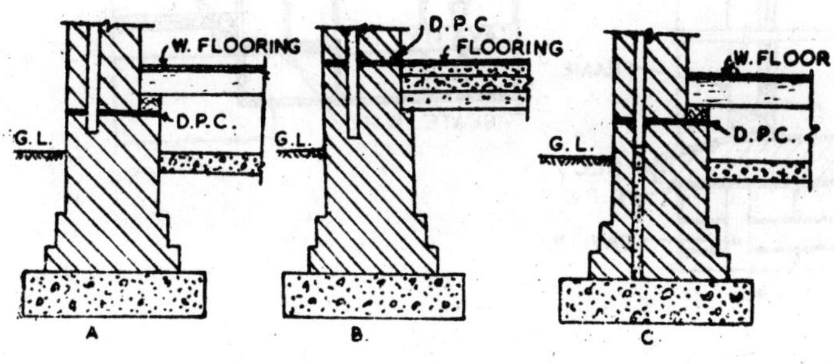

चित्र-6.3. Position of Cavity

6.5 खोखली दीवार बनाते समय ध्यान देने योग्य बातें

(1) वाह्य व आन्तरिक दीवारों के बीच संपर्क न्यूनतम होना चाहिए।

(2) दोनों फलकों के नीचे सीलन रोक परत पृथक–पृथक लगानी चाहिए।

(3) तान में जंग नहीं लगना चाहिए तथा वे वाह्य फलक से आन्तरिक फलक तक सीलन रोधक होनी चाहिए।

(4) किवाड़ व खिड़कियों के तलों का सीलन बचाव भली प्रकार किया जाना चाहिए।

(5) खोखले भाग में मसाला आदि नहीं भरा रहना चाहिए। आन्तरिक व वाह्य फलकों के बीच न्यूनतम खोखलापन 5 से०मी० होना चाहिए।

(6) इस बात का ध्यान रखा जाना चाहिए कि खोखले भाग में मच्छर आदि न उत्पन्न होने पावें।

निर्माण—दरवाजे या खिड़की की झिरी (reveals) के समीप केविटि बन्द करते समय ऊर्ध्वाधर सीलन रोक परत लगानी चाहिए। इन खुले स्थानों से सीलन के खोखले भाग में प्रवेश करने की अधिक संभावना रहती है। सिल तल पर सिल (sill) का पिछला भाग वाह्य फलक के भीतरी भाग के साथ मिला देना चाहिए। लकड़ी की सिल लगाई जाने पर उसके नीचे सीलन रोक परत लगानी चाहिए। चित्र–6.4. में दरवाजे या खिड़की के ऊपरी सिरों पर सीलन रोक परतें दिखाई गई हैं।

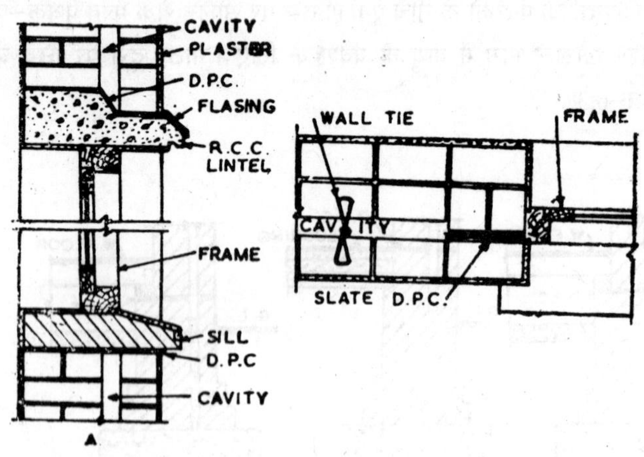

चित्र-6.4. Position of Damp Proof Courses for Timber Doors and Windows

दरवाजे व खिड़कियों के ऊपरी भाग का भार सहन करने के लिए पत्थर अथवा कंक्रीट के लिंटल या डाट बनायी जाती है। चित्र–6.4 में लिंटल व सीलन रोक परत दिखाई गई है। समतल (flat) छतों में केविटि मुंडेर से नीचे अथवा मुंडेर तक बनाई जा सकती है। मुंडेर तक केविटि बनाये जाने पर चित्र–6.5. A में दिखाये अनुसार सीलन रोक परत मुंडेर के नीचे पूर्ण मोटाई में तथा मुंडेर से नीचे तक बनाये जाने पर सीलन रोक परत चित्र–6.5 B में दिखाये अनुसार ठोस दीवार उठाने के स्थान पर पूर्ण मोटाई में लगाई जाती है। चित्र–6.5 C में ढलवा छत का ब्यौरा दिखाया गया है।

6.6 मिश्रित चिनाई (Composite masonry)

परिभाषा—दो या दो से अधिक निर्माण सामग्रियों से बनाई गई दीवारें मिश्रित चिनाई या मिश्रित दीवारें कहलाती हैं। मिश्रित दीवारें बनाने के लिए निम्न सम्मिश्रण (Combination) अपनाये जा सकते हैं :

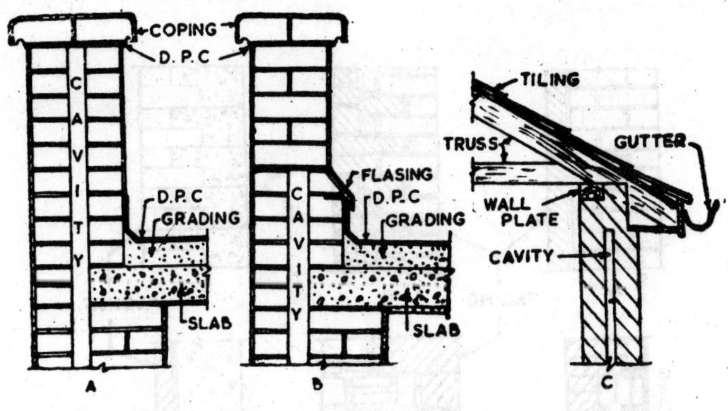

चित्र-6.5. Height of Caviry in Different Type of Roofs

(1) दीवार की वाह्य फलक गढ़ाई किये हुए पत्थरों तथा पिछली फलक ईंट चिनाई की।

(2) वाह्य फलक गढ़ाई किए हुए पत्थरों तथा पिछला भाग अनगढ़े पत्थरों का।

(3) वाह्य फलक कंक्रीट ब्लाक या विशिष्ट ईंटों आदि की तथा पिछला भाग सस्ती सामग्री का इत्यादि।

मिश्रित चिनाई प्रायः संरचना की सुन्दरता बढ़ाने के लिए की जाती है। इस चिनाई से पीछे की घटिया चिनाई की फलक पर सुन्दर पत्थर, टाइल, ईंट आदि लगाकर कम लागत से उसकी सुन्दरता बढ़ायी जा सकती हैं।

6.7 ईंट व पत्थर की मिश्रित चिनाई

इस प्रकार की चिनाई में पत्थर वाह्य फलक पर तथा ईंट चिनाई पीछे के भाग में की जाती है। पत्थर, व ईंट की चिनाई का बंधन धातु क्रेम्प या फलक के हैडर पत्थर को ईंट की चिनाई में अच्छी प्रकार दबा कर प्राप्त किया जाता है। वाह्य फलक की अपेक्षा पिछले भाग में जोड़ों की संख्या अधिक होती है। इस कारण वाह्य फलक व पिछले भाग की चिनाई का बंधन (bond) अच्छा होना चाहिए अन्यथा असमान निष्दन के कारण संरचना में दरार पड़कर नष्ट हो जायेगी। चित्र–6.6 में विभिन्न सामग्री की वाह्य फलक दिखाई गई है।

6.8 संगीन गढ़ाई वाले पत्थर व ईंट की मिश्रित चिनाई

ईंट चिनाई पर संगीन गढ़ाई वाले पत्थर की वाह्य फलक बनाकर कम लागत से उसकी सुन्दरता बढ़ाई जा सकती है। इस चिनाई में प्रयोग किये जाने वाले पत्थर की ऊँचाई 20 से०मी० तथा चौड़ाई ऊँचाई का 1 1/2 गुनी होनी चाहिए। पत्थर की तली

के जोड़ समान तथा पूर्ण होने चाहिए। 75 से०मी० तक मोटी दीवारों में धुर पत्थर की लम्बाई दीवार की पूर्ण मोटाई के बराबर होनी चाहिए। 75 से०मी० से मोटी दीवारों में धुर पत्थरों का एक दूसरे पर चढ़ाव 15 से०मी० से कम नहीं होना चाहिए।

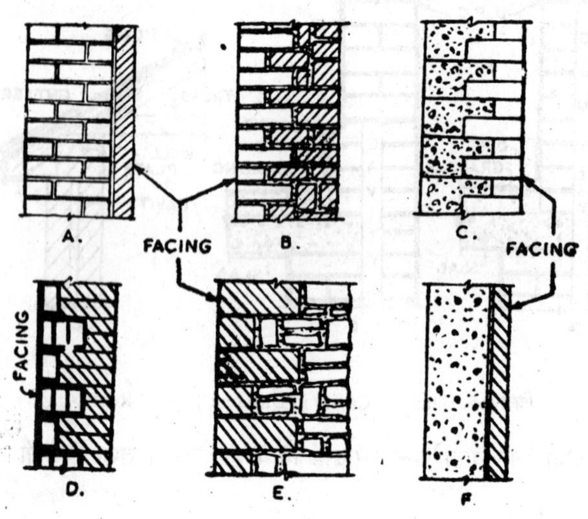

चित्र-6.6. Composite Masonry of Different Facing Materials

निर्माण के समय मिश्रित चिनाई की देख–भाल अच्छी प्रकार की जानी चाहिए। कभी–कभी ठेकेदार वाह्य फलक पर 10 से 15 से०मी० मोटी पत्थर की परत लगाकर वाह्य व आन्तरिक दीवार के बीच का भाग छोटे टुकड़ों से भरवा देते हैं। इस प्रकार की चिनाई कभी भी नहीं की जानी चाहिए। इस प्रकार बनाई गई दीवार बाहर की ओर उभर कर नष्ट हो जाती है। (6.6 A)

6.9 अनगढ़े पत्थर या कंक्रीट की दीवार पर ईंट की फलक बनाना

इस प्रकार की चिनाई में अनगढ़े या कंक्रीट की दीवार पर कचाई (Glazed) ईंटों की वाह्य फलक बनाई जाती है। (6.6 B)

6.10 सीमेंट कंक्रीट चिनाई

कंक्रीट ब्लॉक से की गई चिनाई सीमेंट कंक्रीट चिनाई कहलाती है। कंक्रीट ब्लॉक ठोस व खोखले बनाये जा सकते हैं। आजकल कंक्रीट का काफी रिवाज है। अन्य निर्माण सामग्री की अपेक्षा कंक्रीट के निम्न लाभ हैं :

(1) कंक्रीट से वांच्छित माप व आकृति के ब्लॉक सरलता से बनाए जा सकते हैं। इन ब्लॉकों का समान आकार होने के कारण निर्माण गति तीव्र होती है जिससे कार्य शीघ्र समाप्त हो जाता है।

(2) कंक्रीट के खोखले ब्लॉक भी पत्थर व ईंट की अपेक्षा अधिक मजबूत होते हैं। कंक्रीट की 20 से०मी० मोटी दीवार ईंट की 35 से०मी० व पत्थर की 38 से०मी० मोटी दीवार की अपेक्षा अधिक मजबूत होती है। इस कारण समान भार के लिए कंक्रीट की कम मोटी दीवार की आवश्यकता होती है। इससे स्थान की बचत भी होती है।

(3) कंक्रीट ब्लॉक खोखले होने के कारण निर्माण सामग्री की बहुत बचत होती है। कंक्रीट ब्लॉक में खोखला भाग सकल आयतन का 20 से 40% होता है। मानक ब्लॉक की माप $40 \times 19 \times 20$ से०मी० होती है।

(4) कंक्रीट ब्लॉक का आकार ईंट की अपेक्षा बड़ा होने के कारण जोड़ कम आतें हैं जिससे मसाला कम खर्च होता है।

(5) ब्लॉक का खोखला स्थान ताप, ध्वनि व सीलन रोधक होता है।

(6) कंक्रीट मजबूत व टिकाऊ होने के कारण वह वायुमण्डलीय प्रभाव को सहन करने में अच्छी प्रकार समर्थ होती है। इस प्रकार की चिनाई पर ईट चिनाई की भाँति प्लास्तर करने की आवश्यकता नहीं है।

(7) समान व बड़े ब्लॉक होने के कारण प्रगति अधिक होती है जिससे मजदूरों पर कम व्यय आता है तथा समय की भी बचत होती ळै।

(8) इस चिनाई पर अकुशल कारीगर भी लगाये जा सकते हैं।

(9) कंक्रीट ब्लॉक की खुरदरी सतह प्लास्तर करने में सहायक होती है।

6.11 विभाजक दीवार (Partition Wall)

परिभाषा–किसी कमरे या उसके किसी भाग को दो भागों में विभाजित करने के लिए ईंट, कंक्रीट, काँच आदि की बनाई गई दीवार विभाजक दीवार कहलाती है। विभाजक दीवार निम्न दो प्रकार की हो सकती हैं।

(1) भार वाही दीवार (Load bearing wall)

(2) अभार वाही दीवार (Non load bearing wall)

(1) भार वाही विभाजक दीवार–जो विभाजक दीवार छत का भार नीचे नींव पर वितरित करती है भार वाही विभाजक दीवार कहलाती है। यह दीवार साधारण दीवारों की भाँति बनाई जाती है इनकी न्यूनतम मोटाई 25 से०मी० होती है।

(2) अभार वाही विभाजक दीवार–इस प्रकार की दीवार अपने स्वयं के भार के अतिरिक्त अन्य कोई भार वहन नहीं करती। इनका निर्माण केवल कमरे को घेर कर एकांतता प्रदान करने के लिए किया जाता है। विभाजक दीवार न केवल एकांतता की दृष्टि से परन्तु ध्वनि रोधकता के लिए भी आवश्यक है। एक अच्छी बिना भार वाही दीवार कम चौड़ी, हल्की, सस्ती, अग्नि प्रतिरोधक तथा सरल निर्माण वाली होनी चाहिए। इस अध्याय में इसी प्रकार की विभाजक दीवार का वर्णन किया गया है।

6.12 विभाजक दीवार की किस्में

निर्माण सामग्री के अनुसार विभाजक दीवारें निम्न प्रकार की बनाई जा सकती हैं।

(1) लकड़ी की विभाजक दीवार
(2) ईंट की विभाजक दीवार
(3) कंक्रीट की विभाजक दीवार
(4) पत्थर की विभाजक दीवार
(5) धातु की फट्टी की विभाजक दीवार
(6) काँच की विभाजक दीवार
(7) A.C. या G.I. Sheet विभाजक दीवार
(8) खोखले ब्लॉक की विभाजक दीवार

(1) लकड़ी की विभाजक दीवार—यह अस्थाई किस्म की विभाजक दीवार होती है। यह दीवार लकड़ी के ढाँचे की बनाई जाती है। यह ढाँचा नीचे फर्श या भुजाओं की दीवारों पर टिकाया जाता है। इस श्रेणी की विभाजक दीवार अग्नि प्रतिरोधक नहीं होती तथा इनमें दीमक लगने का भय रहता है। इन दीवारों के दोनों ओर प्लास्तर किया जा सकता है। लकड़ी की विभाजक दीवार प्रायः निम्न दो प्रकार की हो सकती है।

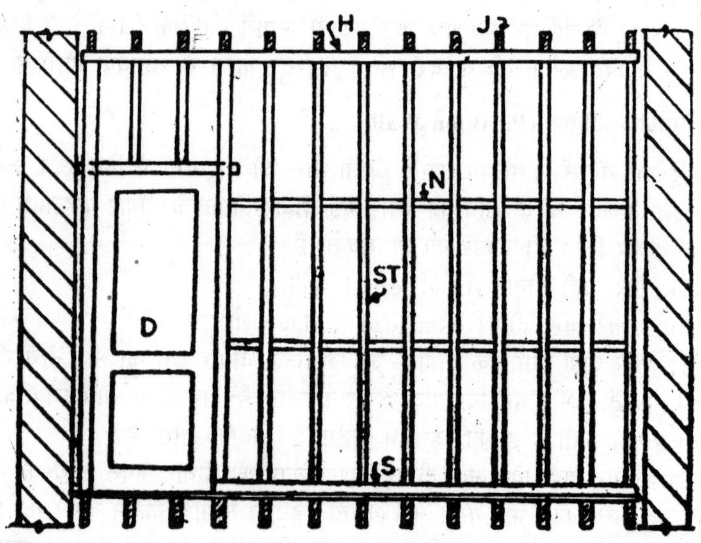

चित्र-6.7. Timber Partition Wall

H = Head
J = Joist
S = Sill
ST = Stud
N = Nogging
D = Door

चित्र-6.7

(i) साधारण विभाजक दीवार

(ii) कैंची विभाजक दीवार

(i) साधारण विभाजक दीवार लकड़ी के ढाँचे की बनी होती है। ढाँचा ऊर्ध्वाधर अंग, शिखर व तली पर क्षैतिज अंगों का बना होता है। शिखर का अंग हैड, तली का अंग देहल तथा ऊर्ध्वाधर अंग स्टड कहलाता है। ढाँचे को स्थिरता तथा मजबूती प्रदान करने के लिए अन्य क्षैतिज अंग या अवयव लगाये जाते हैं इन्हें नोगिंग (Nogging) कहते हैं। स्टड का परिच्छेद प्रायः 10×5 से०मी० होता है तथा इन्हें 30 से 45 से०मी० की दूरी पर लगाया जाता हैं नोगिंग की चौड़ाई स्टड के समान परन्तु इनकी मोटाई 5 से०मी० होती है हैड व देहल की चौड़ाई भी स्टड के राबर ही होती है। हैड व देहल छत की कड़ियों व फर्श से जुड़ी रहती है। दरवाजों व खिड़कियों के खुलने के कारण उत्पन्न संवेग को वहन करने के लिए मजबूत ऊर्ध्वाधर स्तम्भ बनाये जाते हैं। ये बहुत हल्की होती है इस कारण इन्हें रोकने के लिए इनके नीचे दीवार या धरन बनाने की आवश्यकता नहीं होती। इसका एक चित्र, चित्र–6.7 में दिखाया गया है।

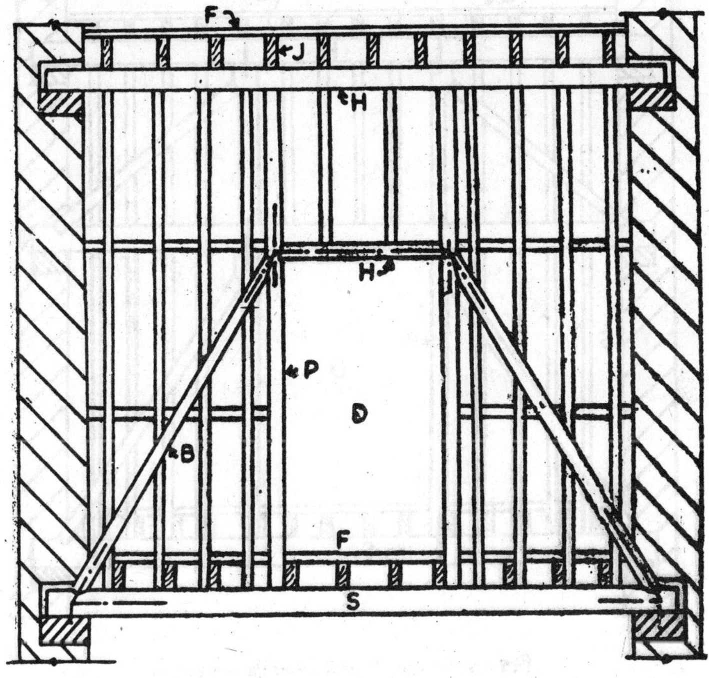

चित्र-6.8. Scissor Type Timber Partition Wall

(ii) कैंची विभाजक दीवार–इसका चित्र, 6.8 और 6.9 में दिखाया गया है। इस प्रकार की विभाजक दीवार उन स्थानों पर बनाई जाती है जहाँ विभाजक दीवार रोकने के लिए कोई टेक नहीं होती तथा इन्हें भुजाओं की दीवारों से रोका जाता है।

यह ढाँचा त्रिभुजाकार होता है। हैड व देहल के सिरे दीवार में दबाये गये पत्थर के टुकड़ों पर टिके होते हैं। पत्थर के टुकड़े टेम्पलेट कहलाते हैं।

(2) ईंट की विभाज़क दीवार–ईंट की विभाजक दीवार प्रायः निम्न प्रकार की बनाई जा सकती हैं :

ईंट की साधारण विभाजक दीवार (ii) ईंट की प्रबलित विभाज़क दीवार (iii) ईंट भराई विभाजक दीवार।

(i) ईंट की साधारण विभाजक दीवार–इस प्रकार की विभाजक दीवार साधारण ईंटों को चपटी बिछाकर बनाई जाती हैं। इसकी मोटाई प्रायः 10 से०मी० होती है। दोनों ओर प्लास्तर करने पर इसकी मोटाई 10 से०मी० तक हो सकती है। दीवार में पूर्ण सामर्थ उत्पन्न होने के लिए इसका निर्माण ध्यान पूर्वक किया जाना चाहिए। यदि इसका निर्माण अच्छी प्रकार किया जाये तो यह काफी टिकाऊ तथा अग्नि प्रतिरोधक सिद्ध हुई है।

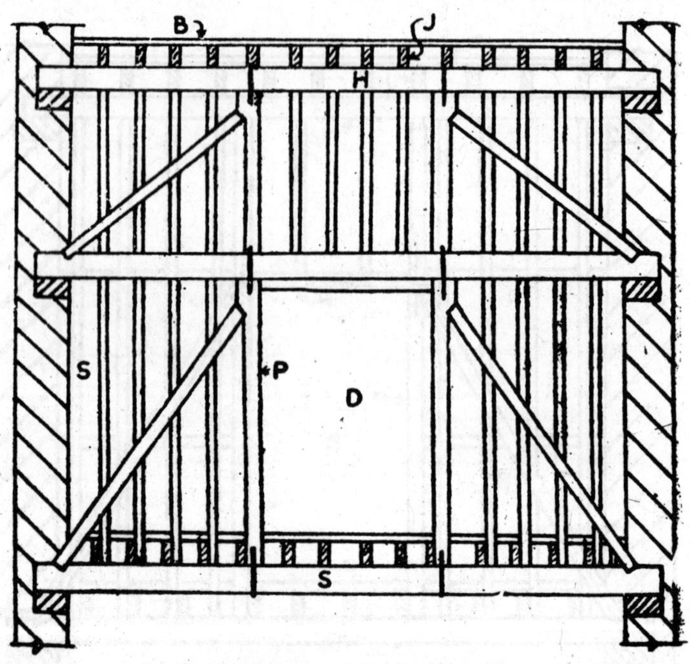

चित्र-6.9. Scissior Type Timber Partition Wall

B = Bracing
J = Josit
P = Door post
S = Stud & Sill
H = Head
F = Floor

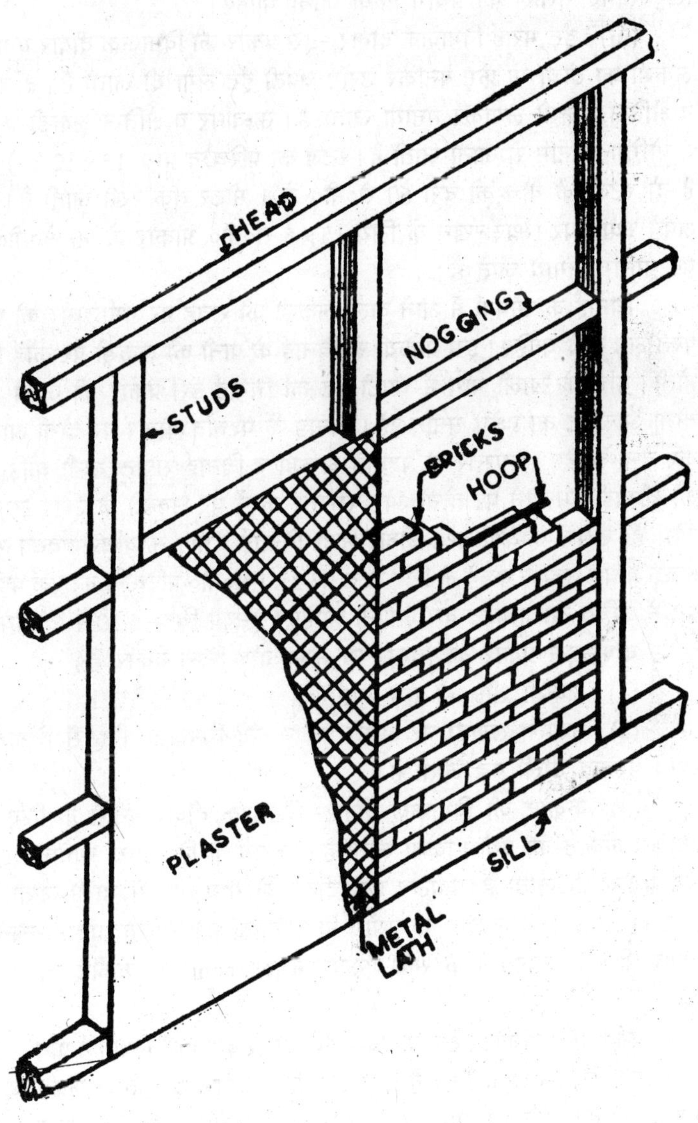

चित्र-6.10. Brick Nogged Partition Wall

(ii) ईंट की प्रबलित विभाजक दीवार—यह दीवार भी साधारण विभाजक दीवार की भांति ही बनाई जाती हैं अन्तर केवल इतना है कि इस प्रकार की दीवार में प्रति चौथे या पांचवे रद्दे में प्रबलन लगाया जाता है। प्रबलन के लिए 25 से 38 mm चौड़ी तथा 1 से 1.6 mm मोटी पत्ती या 6 mm व्यास की छड़ प्रयोग की जा सकती है। चिनाई चूने के मसाले में करने पर प्रबलन वाले रद्दे में प्रबलन को जंग से बचाने के लिए सीमेंट मसाले का प्रयोग किया जाना चाहिए।

(iii) ईंट भराई विभाजक दीवार—इस प्रकार की विभाजक दीवार बनाने के लिए लकड़ी का ढाँचा या फ्रेम बनाकर उसमें चपटी ईंट लगा दी जाती हैं। ढांचा ऊर्ध्वाधर व क्षैतिज लकड़ी लगाकर बनाया जाता है। ऊर्ध्वाधर व क्षैतिज लकड़ी क्रमशः स्टड व नोगिंग के नाम से जानी जाती है। स्टड का परिच्छेद प्रायः 15 × 12 × से०मी० होता है दो स्टडों के बीच की दूरी 60 से०मी० से 1 मीटर तक रखी जाती है। स्टडों को अपने स्थान पर स्थिर रखने के लिये 15 × 5 से०मी० आकार के 90 से०मी० अन्तराल पर नोगिंग लगाये जाते हैं।

चिनाई के सम्पर्क में आने वाली लकड़ी की सतह पर गर्म डामर की एक पतली परत लेप देनी चाहिए। इस प्रक्रिया से चिनाई के पानी की लकड़ी पर कोई क्रिया नहीं होती। ढांचे के खाली भाग में चपटी ईंट की चिनाई इस प्रकार की जानी चाहिए कि दोनों ओर ईंट का प्रक्षेप समान रहे। चिनाई के पश्चात् दीवार पर दोनों ओर प्लास्तर कर देना चाहिए। प्लास्तर के पश्चात् लकड़ी व चिनाई सपाट रहनी चाहिए। लकड़ी की चौड़ाई कम होने पर दोनों ओर प्लास्तर करने पर लकड़ी के ऊपर लगा प्लास्तर शीघ्र ही उखड़ जायेगा तथा दीवार भद्दी दिखाई देगी। ऊर्ध्वाधर अवयव से ईंट का अच्छा बन्धन उत्पन्न करने के लिए स्टड पर 2 × 1 से०मी० परिच्छेद की एक पट्टी लगाकर ईंट में उचित खांचा काट कर लगानी चाहिए। इसका चित्र–6.10 में दिखाया गया है।

दोष—इस प्रकार की चिनाई के मुख्य दोष निम्न प्रकार हैं।

(1) लकड़ी शीघ्र ही सड़ जाती है।

(2) मसाला लकड़ी पर अच्छी प्रकार नहीं चिपकता, जिससे चिनाई कुछ ही समय पश्चात् ढीली पड़ जाती है।

(3) कंक्रीट की विभाजक दीवार—विभाजक दीवार बनाने के लिए सादी या प्रबलित कंक्रीट का प्रयोग किया जाता है। प्रबलन के लिए प्रायः साधारण इस्पात की छड़ें प्रयोग की जाती हैं। प्रबलन छड़े दीवार के मध्य भाग में डाली जाती हैं। इसमें 1 : 2 : 4 या M 150 कंक्रीट का प्रयोग किया जाता है। स्थिरता प्रदान करने के लिए दीवार बीच के उपस्तंभों के साथ एकाश्मक (Monolithic) कंक्रीट की बनाई जाती है।

पूर्व निर्मित कंक्रीट स्लेव की विभाजक दीवार बनाने की स्थिति में प्रायः 3.25 से०मी० मोटी स्लेव बना ली जाती है। इन्हें टिकाने के लिए विशिष्ट आकृति के कंक्रीट के उपस्तम्भ बनाये जाते हैं। स्लेव इन उपस्तम्भों के खाचों में धंसा कर जोड़ सीमेंट मसाले से भर दिये जाते है इस प्रकार की विभाजक दीवार चित्र–6.11 में दिखाई गई है।

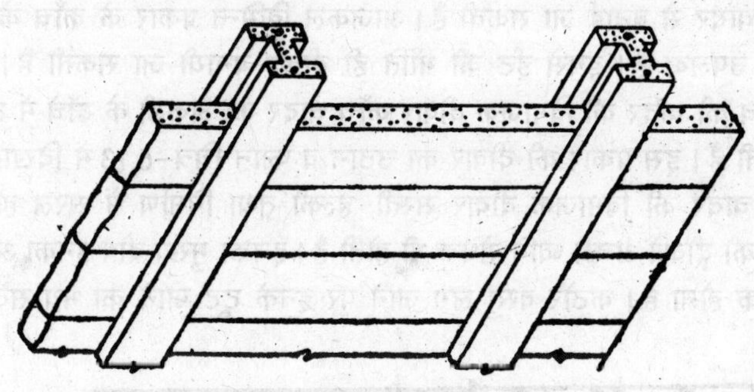

.चित्र-6.11. Concrete Partition Wall

(4) पत्थर की विभाजक दीवार–पूर्व निर्मित कंक्रीट स्लेब के स्थान पर पत्थर की पट्टी लगाकर विभाजक दीवार उपरोक्त विधि अनुसार बनाई जा सकती है।

(5) धातु की फट्टी की विभाजक दीवार–इस प्रकार की विभाजक दीवार 5 से०मी० से 7.5 से०मी० मोटी धातु की फट्टी की बनाई जा सकती है। विभिन्न आकृति की धातु फट्टी बाजार में उपलब्ध हैं। धातु फट्टी विभाजक दीवार बनाने के लिए इन फट्टियों को लकड़ी या लोहे के ढाँचों से बाँध दिया जाता है चित्र–6.12 में दिखाये अनुसार धातु फट्टी जस्ता लोहे के तार से मुलायम इस्पात चैनल से बाँध दी जाती है। चैनल प्रायः 15 से 30 से०मी० की दूरी पर रखी जाती हैं। फट्टी पर दोनों ओर प्लातर कर दिया जाता हैं सावधानी पूर्वक बनाई गई इस प्रकार की विभाजक दीवार काफी पतली, मजबूत, स्थिर तथा अग्नि प्रतिरोधक सिद्ध हुई हैं।

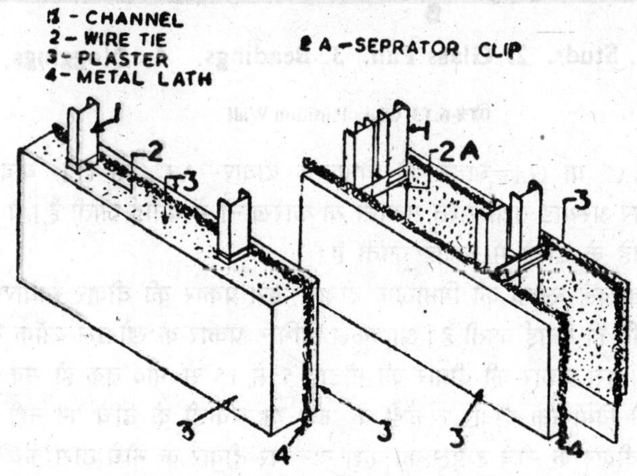

चित्र-6.12. Metal Partition Wall

(6) काँच की विभाजक दीवार–कांच की विभाजक दीवार काँच के ब्लॉक या काँच की चादर से बनाई जा सकती है। आजकल विभिन्न प्रकार के काँच के ब्लॉक बाजार में उपलब्ध हैं। इनसे ईंट की भाँति ही दीवार बनायी जा सकती है।

काँच की चादर की विभाजक दीवार काँच चादर को लकड़ी के ढाँचे में लगाकर बनाई जाती है। इस प्रकार की दीवार का उठान व प्लान चित्र–6.13 में दिखाया गया है। काँच चादर की विभाजक दीवार सस्ती, हल्की तथा निर्माण में सरल होती है। इसप्रकार की दीवारें अच्छी ध्वनि रोधक भी होती हैं। इनका मुख्य दोष इनका अनुरक्षण व्यय अधिक होना है। कठोर वस्तु लग जाने पर इनके टूट जाने का भय सदैव बना रहता है।

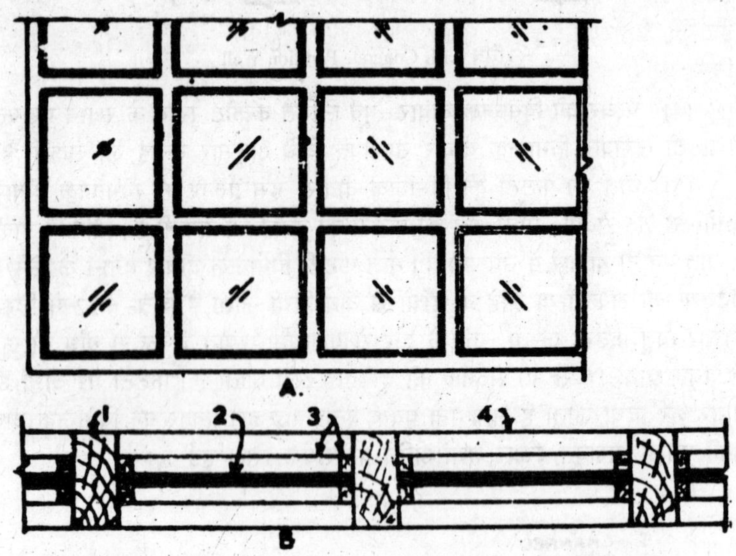

1. Studs. 2. Glass Pan. 3. Beadings. 4. Noggings.

चित्र-6.13. Glass Partition Wall

(7) A.C. या G.I. चादर की विभाजक दीवार–A.C. या G.I. चादर की विभाजक दीवार अस्थाई तथा सस्ते मकानों या कारखानों में बनाई जाती है। ये चादरें लकड़ी या लोहे के ढाँचों में लगाई जाती है।

(8) खोखले ब्लॉक की विभाजक दीवार–इस प्रकार की दीवार साधारण ईंट चिनाई की भाँति ही बनाई जाती है। आजकल विभिन्न प्रकार के खोखले ब्लॉक बाजार में उपलब्ध हैं। इस प्रकार की दीवार की मोटाई 5 से 15 से०मी० तक हो सकती है। इस प्रकार की विभाजक दीवार लकड़ी के फर्श या लकड़ी के ढाँचे पर नहीं बनाई जानी चाहि। दीवार के नीचे टाइल का फ़र्श होने पर दीवार के नीचे ठोस कंक्रीट का आधार बनाया जाना चाहिए। इस प्रकार की दीवार हल्की, मजबूत तथा मितव्ययी होती है। ये ध्वनि तथा अग्नि प्रतिरोधक भी होती है।

प्रश्नावली

(1) भारवाहक व अभारवाहक दीवार में क्या अन्तर है?

(2) विभिन्न प्रकार की विभाजक दीवारों का स्पष्ट, चित्र सहित वर्णन कीजिए।

(3) खोखली दीवारों के लाभ तथा हानियों का वर्णन कीजिए, तथा एक खोखली दीवार का स्पष्ट एवं विस्तृत चित्र भी बनाइये।

(4) मिश्रित दीवारों से क्या तात्पर्य है ? चित्र सहित स्पष्ट वर्णन कीजिए।

(5) ईंट भराई विभाजक दीवार बनाने की विधि का वर्णन कीजिये।

(6) ईंट की साधारण विभाजक दीवार बनाने का साफ चित्र सहित वर्णन कीजिए।

(7) निम्न पर टिप्पणी लिखिये–

(a) कंक्रीट विभाजक दीवार

(b) धातु विभाजक दीवार

(c) कैंची विभाजक दीवार

(d) काँच के ब्लॉक की विभाजक दीवार

7

अंगीठी व धुँआरा या चिमनी
Fire Place And Chimney

7.1 प्रस्तावना

ठंडे भागों में निवास भवनों को गर्म रखने के लिए अंगीठी बनाई जाती हैं। भारत में निवास भवनों को गर्म करने के लिए पहाड़ों तथा उत्तरी भारत के कुछ भागों में अंगीठी बनाई जाती हैं। ये अंगीठी संवातन या हवा दारी का कार्य भी करती हैं। अंगीठी में लकड़ी या कोयला जलाने से उत्पन्न धुँआ निकलने के लिए धुँआरा या चिकनी भी बनाई जाती है। चिमली आग जलते रहने के लिए वायु प्रवाह भी बनाये रखती है।

7.2 परिभाषाएँ

अंगीठी व चिमनी से सम्बन्धित परिभाषाएँ निम्न प्रकार हैं :

(i) चिमनी या धुँआरा—यह एक स्तम्भ है जिसके द्वारा अंगीठी का धुँआ भवन से वायुमण्डल में निकाल दिया जाता है। इनका आकार 20×20 से०मी० से कम नहीं होना चाहिए। धुँआरा ईंट या पत्थर की चिनाई के बनाये जाने चाहिए। प्रायः इनका परिच्छेद इनकी पूर्ण ऊँचाई में समान ही रखा जाना चाहिए।

(ii) चिमनी का पृष्ठ या पिछला भाग–अंगीठी मुख का पिछला भाग चिमनी का पृष्ठ भाग कहलाता हैं।

(iii) चिमनी पाखा—अंगीठी मुख की ऊर्ध्वाधर दीवारें चिमनी पाखा कहलाती है।

(iv) चिमनी छड़—चिमनी के पाखों को एक साथ जोड़ने वाली छड़ चिमनी छड़ कहलाती है।

(v) अंगीठी का अग्र भाग (Chimney breast)—दीवार की सतह से आगे प्रक्षेप करने वाला भाग अंगीठी का अग्र भाग कहलाता है।

(vi) **चिमनी टोपी (Chimney cowl)**—चिमनी के शिखर पर बनाई गई युक्ति चिमनी की टोपी कहलाती है। इसके निर्माण से चिमनी के ऊपर की ओर चूषण प्रवाह बढ़ जाता है।

(vii) **चिमनी नाली (Chimney gutter)**—चिमनी का वर्षा जल निकालने के लिए धातु का उचित आकृति का टुकड़ा चिमनी नाली कहलाता है।

(viii) **चिमनी की लाइनिंग**—चिमनी की आन्तरिक सतह पर किया गया अग्निसह प्लास्तर चिमनी की लाइनिंग कहलाता है।

7.3 वर्णन—अंगीठी व चिमनी प्रायः प्रचलित कोड के अनुसार बनाई जाती है यहाँ इनके भागों का संक्षिप्त वर्णन किया गया है।

(a) **नींव**—अंगीठी की नींव समीप की दीवार की नींव के बराबर गहरी बनाई जाती है। चिमनी व दीवार में बाँड अच्छा होना चाहिए।

(b) **अंगीठी का अग्रभाग**—अंगीठी की गहराई दीवार की मोटाई से अधिक होती है, इस कारण अंगीठी की पर्याप्त गहराई बनाने के लिए उसे बाहर की ओर प्रक्षेप करना पड़ता है। दीवार की सतह से प्रक्षेप किया गया भाग अग्रभाग कहलाता है। चिमनी के पाखों की चौड़ाई 20 से०मी० से कम नहीं होनी चाहिए।

(c) **अंगीठी**—अंगीठी के मुख का आकार अंगीठी की किस्म या कमरे की माप पर निर्भर करता है। अंगीठी मुख की न्यूनतम चौड़ाई व ऊँचाई 50 से०मी० होनी चाहिए। दीवार के प्रक्षेप के अनुपात के अनुसार अंगीठी का आकार बनाने के लिए चिमनी के अग्रभाग को चौड़ा कर पूर्ण किया जा सकता है। अंगीठी के शिखर पर ऊपर की दीवार बनाने के लिए ईंट की डाट या कंक्रीट लिन्टन बनाया जाता है।यदि दीवार की सतह से अग्रभाग का प्रक्षेप 10 से०मी० से अधिक हो तो डाट लोहे की छड़ों के आधार या टेक पर बनाई जानी चाहिए।

साधारणतः चिमनी की पिछली दीवार की मोटाई, एक ईंट की मोटाई के बराबर होनी चाहिए। यदि दो चिमनी साथ–साथ बनाई जायें तो इस दीवार की न्यूनतम मोटाई 10 से०मी० होनी चाहिए।

धुँवारा या चिमनी (Flue)—धुँवारा का न्यूनतम आकार 20 × 20 से०मी० होना चाहिए। धुँवारा का परिच्छेद प्रायः सकल लम्बाई में समान होना चाहिए परन्तु इसे शिखर पर कभी–कभी कम भी बनाया जा सकता है। प्रत्येक अंगीठी के लिये एक पृथक धुँवारा होना चाहिए। दो धुँवारों के बीच विभाजक दीवार वायु–रूद्ध होनी चाहिए जिससे एक धुँवारे का धुँवा दुसारे में न प्रवेश कर सके। यदि दो धुँवारे मिला दिये जायें तो एक अंगीठी में आग जलाने पर दूसरे धुवारे में भी धुँवा फैल जायेगा क्योंकि वहां से वायु प्रथम अंगीठी की ओर आयेगी। ऊपरी मंजिल पर बनी अंगीठी के धुँवारा को उचित स्थान देने के उद्देश्य से निचली मंजिल के धुँवारे को कभी–कभी मोड़ देना आवश्यक होता है। मोड़ सरल होना चाहिए तथा किसी भी अवसथा में मोड़ क्षैतिज से 45° के कोण से अधिक नहीं होना चाहिए। ये मोड़ अंगीठी में वर्षा जल तथा वायु को ऊपर से नीचे की ओर प्रवेश करने से भी रोकते हैं। धुँवारे के अन्दर दरारों की अग्नि प्रतिरोधक

प्लास्तर से लिपाई की जानी चाहिए। इससे धुँवा या अग्नि की लपटें अन दरारों या जोड़ों से अन्य स्थानों पर नहीं जा पायेंगी। प्लास्टर की सामग्री टिकाऊ तथा अग्नि प्रतिरोधक होनी चाहिए। चित्र–7.1 में विभिन्न मंजिलों के धुँवारों की स्थिति दिखाई गई है।

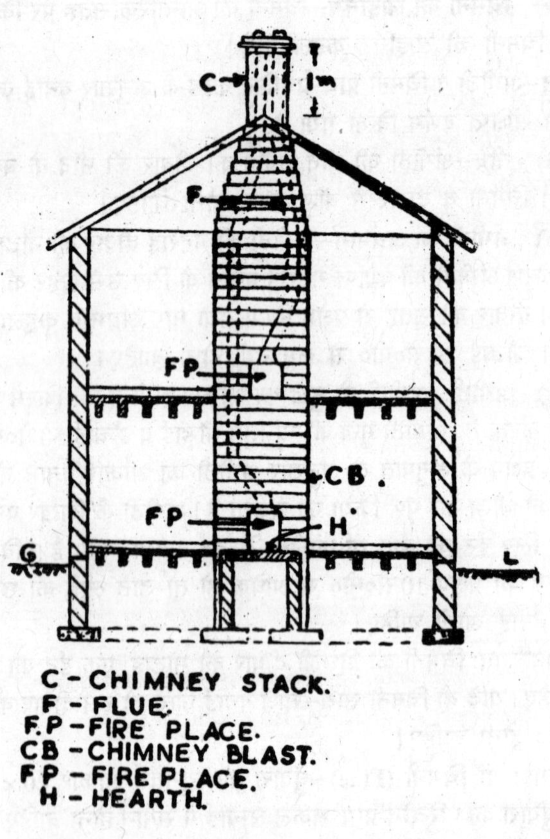

चित्र-7.1. Connection of Fire Places at Different Floors

7.4 चिमनी पुंज या चिमनी स्टैक (Chimney Stack)

चिमनी का अग्रभाग या मोहरा छत से ऊपर निकलने के पश्चात् चौड़ाई में कम कर दिया जाता है। छत से ऊपर चिमनी का कम चौड़ा भाग चिमनी पुंज या चिकनी स्टैक कहलाता है। चिमनी पुँज की छत से ऊपर ऊँचाई छत के उच्चतम् स्थान से 1 मीटर ऊपर बनाई जानी चाहिए। इससे चिमनी से नीचे की ओर वायु का प्रवाह नहीं होगा।

साधारणतः चिमनी पुंज की छत से ऊँचाई दीवार की न्यूनतम् मोटाई की 10 गुना तथा दीवार की न्यूनतम मोटाई 10 से०मी० होनी चाहिए। चिमनी पुंज में वर्षा जल केप्रवेश पर विशेष ध्यान देना चाहिए। चिमनी पुंज में वर्षा जल का प्रवेश रोकने के लिए इसका शिखर पत्थर या कंक्रीट की स्लेव से ढक देना चाहिए। धुंवा निकलने के लिए चिमनी पुंज में शिखर के निकट झिरी बना दी जाती हैं।

निम्न बातों का ध्यान रख कर–चिमनी की उपयोगिता बढ़ाई जा सकती है।

(1) चिमनी का आकार बहुत बड़ा नहीं होना चाहिए। चिमनी का आकार बड़ा होने से गर्म व हल्की वायु शीघ्र ठंडी हो जाने के कारण बाहर नहीं निकल पायेगी।

(2) चिमनी का आन्तरिक भाग चिकना होना चाहिए। खुरदरी सतह पर चिकनी सतह की अपेक्षा कालख अधिक जमेगी जिससे चिमनी में धुंवे के लिए मार्ग कम हो जायेगा।

(3) चिमनी में ठंडी वायु का प्रवेश नहीं होना चाहिए।

(4) चिमनी में यथासम्भव मोड़ नहीं देना चाहिए।

(5) जैसा कि पहले बताया जा चुका है दो या इससे अधिक अंगीठियों का धुँवा एक ही चिमनी से निकलने पर प्रत्येक चिमनी की विभाजक दीवार की न्यूनतम मोटाई 10 से०मी० से कम नहीं होनी चाहिए।

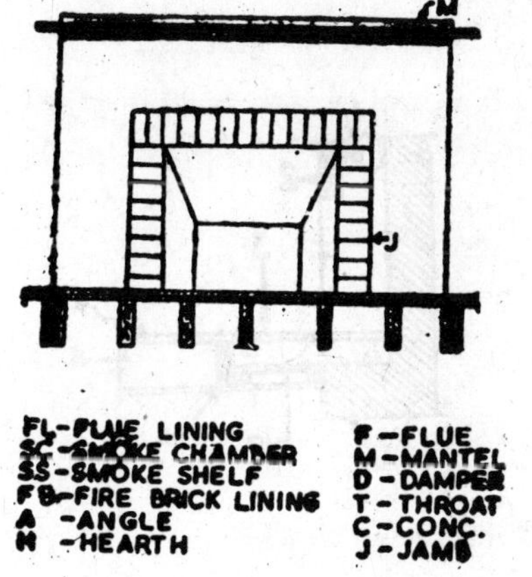

Section of Fire Place

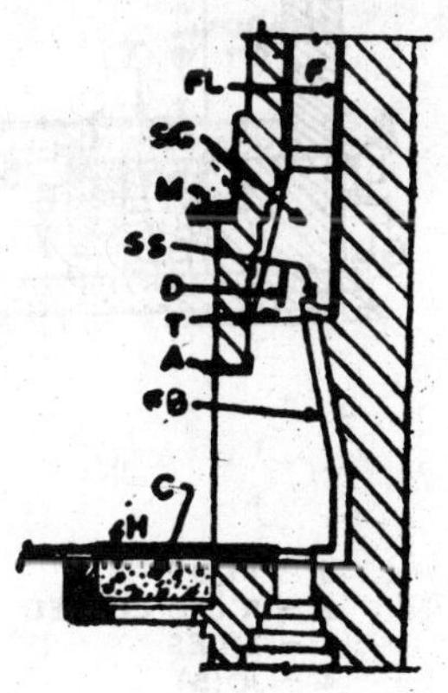

Elevation of Fire Place

चित्र-7.2.

7.5 अंगीठी की भट्टी

भट्टी अग्नि प्रतिरोधक सामग्री की बनाई जानी चाहिए। लकड़ी की सभी वस्तुएँ भट्टी से दूर रहनी चाहिए। भट्टी के अग्र भाग की न्यूनतम् मोटाई 15 से०मी० होनी चाहिए। यह मोटाई मुख के किनारे से 15 से०मी० आगे तक बनानी चाहिए। दीवार की सतह से अग्र भाग का प्रक्षेप 50 से०मी० से कम नहीं होना चाहिए। चित्र–7.2 में अंगीठी का उठान व परिच्छेद (Section) दिखाया गया है।

7.6 लकड़ी के फर्श वाले कमरों में अंगीठी बनाना

लकड़ी के फर्श वाले कमरों में अंगीठी बनाते समय समीप के लकड़ी कार्य को अग्नि के सम्पर्क में आने से बचाने के लिए उचित सावधानियाँ बरतनी चाहिए।

7.7 प्रथम तल (Ground flood) पर अंगीठी बनाना

चित्र–7.3 में प्रथम तल पर अंगीठी का एक ऊर्ध्वाधर परिच्छेद दिखाया गया है। लकड़ी के फर्श वाले कमरे में अंगीठी के चारों ओर उचित अन्तराल पर एक छोटी 12 से 24 से०मी० मोटी रक्षा दीवार बनाई जाती है। इस छोटी दीवार में चित्र में दिखाये अनुसार लकड़ी की 10 × 23 से०मी० आकार की प्लेट दबा दी जाती है जो अंगीठी के साथ लगने वाले जोड़ों को सम्भालती है। मुख्य दीवार व रक्षा दीवार के बीच के भाग में अग्नि सह या अग्नि प्रतिरोधक सामग्री भर दी जाती है; कम सीमेन्ट वाली सीमेन्ट कंक्रीट का प्रयोग लाभदायक सिद्ध हुआ है क्योंकि सीमेन्ट कंक्रीट पर पत्थर की पट्टी सरलता से दबाई जा सकती है।

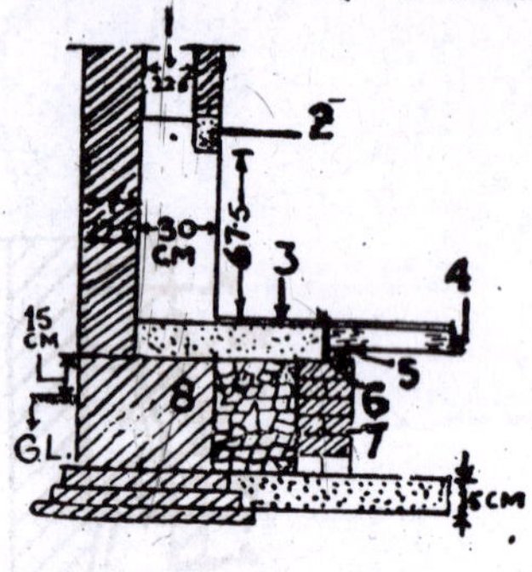

चित्र-7.3. Vertical Section of Fire Place on 1st Floor

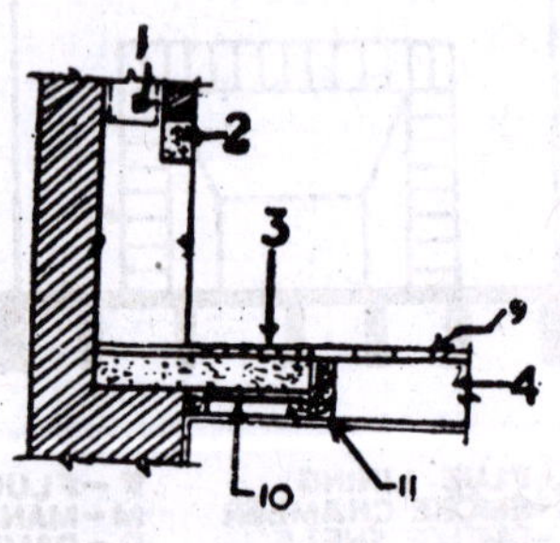

चित्र-7.4. Vertical Section of Fire Place of Upper Story

7.8 ऊपरी मंजिल पर अंगीठी बनाना

लकड़ी के फर्श वाले ऊपरी मंजिल के कमरे में अंगीठी का ऊर्ध्वाधर परिच्छेद चित्र–7.4 में दिखाया गया है। इस प्रकार के कमरे में अंगीठी बनाने के लिए अंगीठी के आकार का फर्श में छिद्र काटा जाता है। छिद्र का आकार इतना होना चाहिए कि किसी भी चिमनी में 30 से०मी० की दूरी में दीवार में दबा कोई भी लकड़ी का भाग नहीं होना चाहिए। भट्टी या अंगीठी के पत्थर को टेक देने के लिए यह छिद्र किसी अग्नि प्रतिरोधक सामग्री से ढक दिया जाता है। एक ओर मुख्य दीवार से आधी ईंट मोटाई की डाट उठाकर तथा दूसरी ओर लकड़ी लगाकर अंगीठी पत्थर रोकने की व्यवस्था की जा सकती है। डाट के स्थान पर प्रबलित कंक्रीट की धरन भी बनाई जा सकती है। चित्र–7.4 में एक प्रतिरूपी अंगीठी का चित्र दिखाया गया है।

प्रश्नावली

(1) अंगीठी व धुँवारा के कार्य बताइये।

(2) विभिन्न तलों पर धुँवारों को मिलाते हुए साफ चित्र बनाइये।

(3) प्रथम फर्श पर बनी अंगीठी का चित्र बनाइये।

(4) चिमनी या धुंवारे पर संक्षिप्त टिप्पणी लिखिये।

(5) निम्न का समझाकर वर्णन कीजिए–
(a) अंगीठी (b) चिमनी पुंज

8

लिंटल या सरदल व मेहराब या डाट

Lintel And Arches

8.1 प्रस्तावना

दीवारों में दरवाजों, खिड़कियों व अल्मारियों के शिखर के ऊपर खुले स्थान के भार को वहन करने के लिए उन्हें पाटने की आवश्यकता होती है। इस प्रकार के खुले स्थान लिंटल या मेहराब से पाटे जा सकते हैं। दरवाजों व खिड़कियों आदि के ऊपर खुले स्थान को पाटने के लिए मेहराब की अपेक्षा लिंटल अधिक सुविधा जनक पाये गये है। मेहराब क्षैतिज दाब या प्रणोद दीवरों पर डालता है जिससे दीवारों के पीछे की ओर गिरने का भय रहता है। इस कारण दीवार को अपनी स्थिति में स्थिर रखने के लिए बन्धक छड़ों का प्रयोग किया जाता है।

8.2 लिंटल

लिंटल भी धरन की भाँति ही कार्य करता है। यह खुले स्थान के ऊपर बनाई गई चिनाई का ऊर्ध्वाधर भार नीचे दीवारों पर वितरित करता है। लिंटल के सिरे दीवार पर टिके होते हैं। दीवारों पर लिंटल की धारक लम्बाई (bearing) संरचना की सुरक्षा के लिए बहुत महत्वपूर्ण है। साधारणतः दीवार पर लिंटल का सिरा 10 से०मी० लम्बाई तक या 3.75 से०मी० प्रति 30 से०मी० लिंटल लम्बाई टिका रहना चाहिए। उपरोक्त लम्बाइयों में जो भी अधिक हो अपनाई जानी चाहिए। लिंटल विभिन्न प्रकार् की निर्माण सामग्री जैसे लकड़ी, पत्थर, ईंट व प्रबलित सीमेन्ट कंक्रीट का बनायाजा सकता है। इनका संक्षिप्त वर्णन नीचे किया गया है।

8.3 लकड़ी का लिंटल या सरदल

वर्तमान काल में लकड़ी की अधिक लागत होने के कारण लकड़ी के लिंटल

नहीं बनाये जाते। इसके अतिरिक्त लकड़ी अग्नि प्रतिरोधक न होने के कारण लकड़ी के लिंटल नहीं बनाये जाते। दरवाजों व खिड़कियों आदि के लिए 8.6 से०मी० मोटे लकड़ी के लिंटल पर्याप्त है। अधिक लम्बे लिंटल की माप डिजाइन अनुसार निर्धारित की जानी चाहिए।

8.4 पत्थर के लिंटल

पत्थर के लिंटल प्रायः पहाड़ी क्षेत्रों में बनाए जाते हैं, जहाँ लम्बी पत्थर की पट्टी उचित मूल्य पर उपलब्ध होती है। मैदानी क्षेत्रों में इसका मूल्य अधिक होने के कारण इसका प्रयोग सीमित है। अधिक मूल्य व तिर्यक प्रतिबल सहन करने में असमर्थ होने के कारण पत्थर के लिंटल बहुत कम बनाएँ जाते हैं। इनका प्रयोग प्रायः पत्थर के भवनों तक ही सीमित है। पत्थर के लिंटल की मोटाई 3.75 से०मी० प्रति 30 से०मी० लम्बाई के अनुसार होनी चाहिए। परन्तु पत्थर के लिंटल की मोटाई 7.6 से०मी० से कम किसी भी अवस्था में नहीं लेनी चाहिए।

8.5 ईंट के लिंटल

ईंट के लिंटल साधारणतः 90 से०मी० से कम खुले स्थानों के लिए ही उपयोगी सिद्ध हुये हैं। ईंट के लिंटल प्रथम श्रेणी की खड़ी ईंट लगाकर बनाये जाते हैं। इनकी

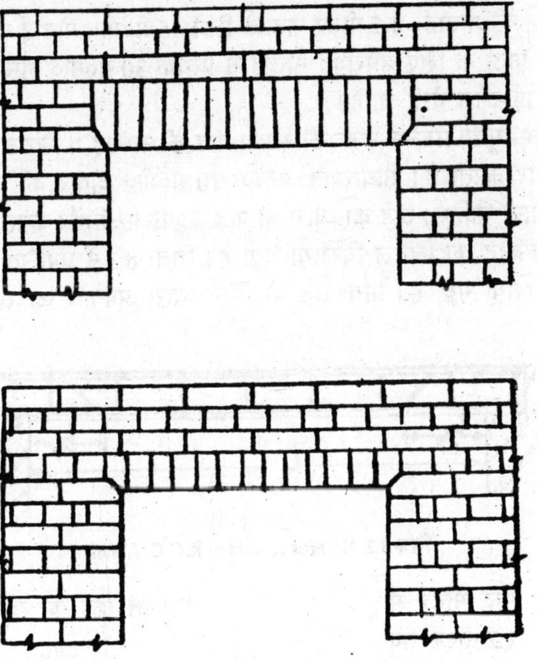

चित्र-8.1. Brick Lintels of different types

मोटाई लम्बाई के अनुसार 10 से 20 से०मी० तक रखी जाती है। ईंट का लिंटल बनाने के लिए डब्बी (Frog) वाली ईंटें अधिक उपयुक्त होती है। डब्बी में मसाला भर जाने से जोड़ों का कर्तन प्रतिबल बढ़ जाने से लिंटल की सामर्थ्य बढ़ जाती है। चित्र–8.1 में ईंट के विभिन्न प्रकार के लिटल दिखाये गये हैं।

8.6 प्रबलित ईंट के लिंटल

एक मीटर से अधिक पाट (span) के लिए ईंट का लिंटल बनाने पर उसे प्रबलित करना आवश्यक है। इस प्रकार के लिंटल की मोटाई प्रायः 10 से०मी० रखी जाती है। ईंटें इस प्रकार लगाई जानी चाहिये कि लिटंल की लम्बाई में लगातार ईंटों के बीच प्रबलन डालने के लिए 2 से०मी० से 4.0 से०मी० का खांचा उपलब्ध रहे। इस खाँचे में मृद्स्पात (Mild steel) की छड़ डालकर इसे सीमेन्ट मसाले से भर दिया जाता है।

8.7 प्रबलित कंक्रीट लिंटल

प्रबलित कंक्रीट की अधिक आयु, अधिक सामर्थ्य व अग्निसह होने के कारण आजकल अधिकतर प्रबलित कंक्रीट के ही लिंटल बनाये जाते हैं। इनका निर्माण सरल तथा मितव्ययी होता है। इन्हें बड़े पाट व भारी भार के लिए भी बनाया जा सकता है। साधारणतः 1 : 2 : 4 के अनुपात की सीमेन्ट कंक्रीट का प्रयोग किया जा सकता है। लिंटल का डिजाइन निम्न प्रकार किया जा सकता है।

लिंटल की मोटाई–1.2 मीटर पाट के लिये 15 से०मी० मोटाई पर्याप्त है। इससे अधिक लम्बे पाटों के लिए उपरोक्त मोटाई में प्रत्येक 30 से०मी० लम्बाई के लिए 2.5 से०मी० मोटाई जोड़ देनी चाहिए।

प्रबलन–मुख्य प्रबलन छड़ों की संख्या पाट की लम्बाई व लिंटल पर लगने वाले भार पर निर्भर करती है। साधारणतः प्रत्येक 10 से०मी० दीवार की चौड़ाई के लिये एक छड़ लगानी चाहिए। छड़ का व्यास भी पाट व भार पर निर्भर करता है। चित्र–8.2 में प्रबलित कंक्रीट का लिंटल दिखाया गया है। चित्र–8.3 में प्रबलित कंक्रीट लिंटल व छज्जा दिखाया गया है। प्रायः छड़ के निम्न व्यास अपनाये जा सकते हैं।

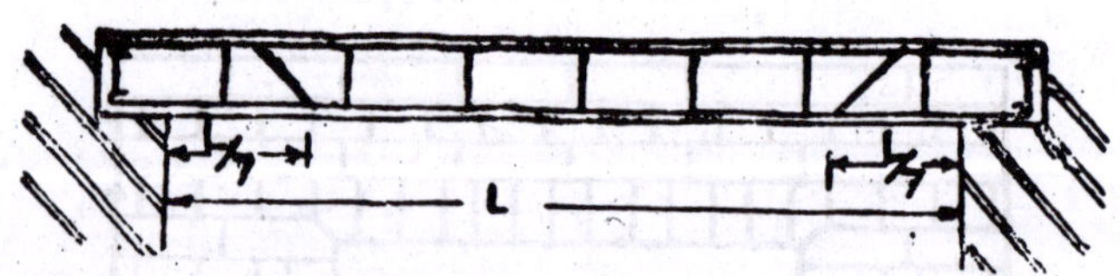

चित्र-8.2. Reinfor cement of R.C.C. Lintel

पाट मीटर में	प्रबलन छड़ का व्यास मि०मी० में
1.2 मीटर तक	10 mm
1.2 से 2.0 मीटर	12 mm
2 से 9 मीटर	16 mm

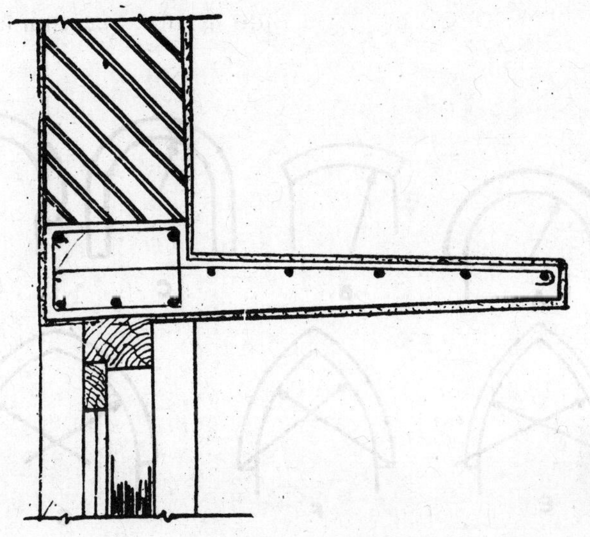

चित्र-8.3. R.C.C. Lintel with Chajja

8.8 मेहराब या डाट

ईंट, पत्थर अथवा कंक्रीट के वेज (wadge) आकार के ब्लाकों से वक्रीय आकृति की संरचना मेहराब या डाट कहलाती है। मेहराब का प्रत्येक ब्लाक अपना भार एक दूसरे ब्लक के प्रतिरोध के कारण सम्भालता है तथा समस्त मेहराब दोनों ओर की टेकों या अन्त्याधारों के प्रतिरोध के कारण टिका रहता है। मेहराब का कार्य भी लिंटल की भाँति दरवाजों, खिड़कियों आदि के शिखर पर खुले स्थान को पाटना तथा उनके ऊपर की दीवार का भार नीचे वितरित करना है। चित्र–8.4 में विभिन्न प्रकार के मेहराब दिखाये गये हैं।

8.9 तकनीकी शब्द

मेहराब से सम्बन्धित निम्न तकनीकी शब्दों का प्रयोग किया जाता है। इन्हें चित्र–8.5 में दिखाया गया है।

(1) अन्त्याधार अथवा पाया (Abutment or Pier)–मेहराब या डाट को टेक देने या संभालने के लिये बनाई गई दीवार अन्तयाधार कहलाती है।

(2) मेराब वलय (Arching)–मेराब के वक्र जैसा ईंट या पत्थर के वेज का रद्दा मेहराब वलय कहलाता है।

(3) मेहराब या डाट की भीतरी सतह या उधस्तल (Intrados or Sofit)–यह मेहराब की निचली सतह अथवा आन्तरिक वक्र होता है।

(4) मेहराब की ऊपरी सतह (Extrados)—यह मेहराब की रिंग की ऊपरी सतह होती है।

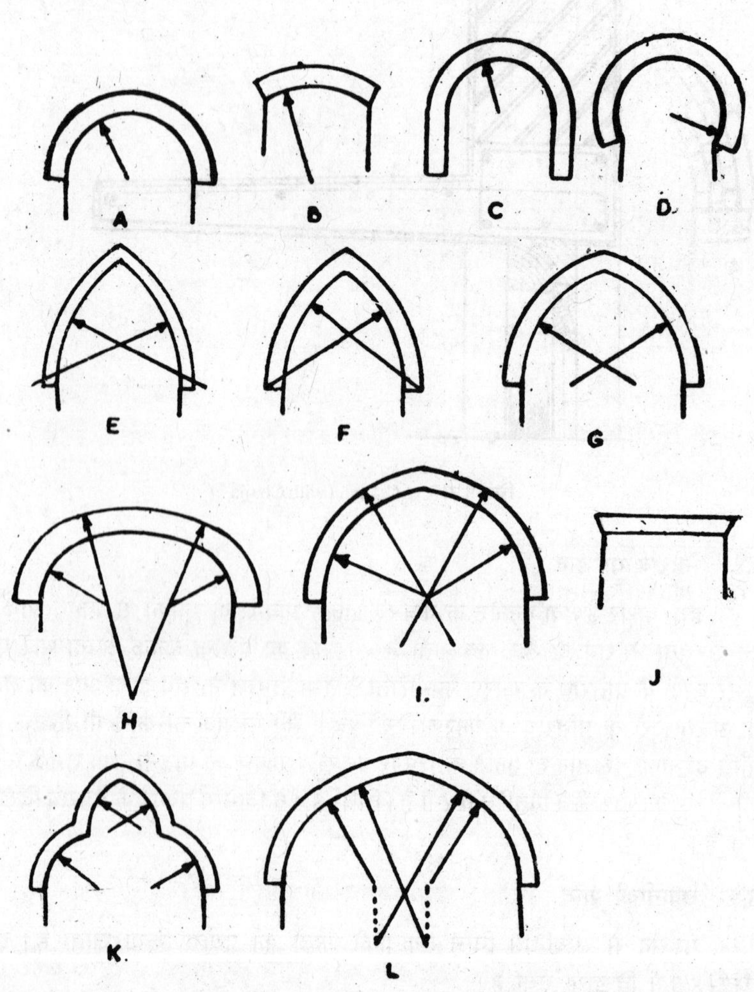

चित्र-8.4. Shapes of Different Type of Arches

(5) गढ़ा मेहराब पत्थर (Voussoirs)—ये मेहराब या डाट बनाने के लिए वेज आकार की ईंट या पत्थर के ब्लॉक होते हैं।

(6) उठान पत्थर (Springer)—मेहराब के दोनों ओर उठान सतह के प्रथम डाट पत्थर उठान पत्थर कहलाते हैं। (v)

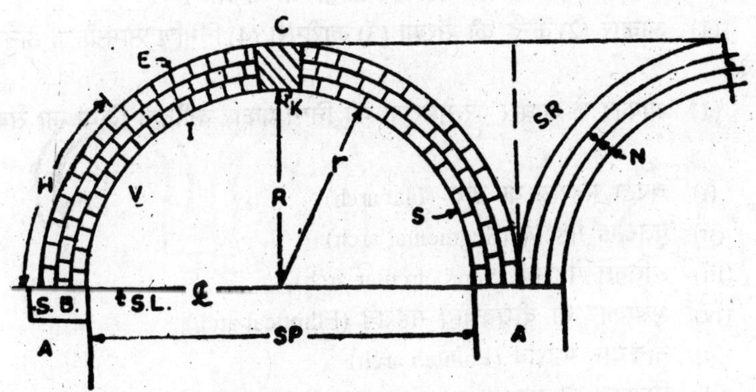

चित्र-8.5. Details of Semi Circular Arch

(7) उठान रेखा (Springing line)—मेहराब के दोनों उठान बिन्दुओं को मिलाने वाली काल्पनिक रेखा उठान रेखा कहलाती है। (S.L.)

(8) उठान बिन्दु (Springing point)—जिन बिन्दुओं से मेहराब के वक्र का उठान होता है उन्हें उठान बिन्दु कहा जाता है अथवा मेहराब की भीतरी सतह के अन्तिम सिरों के बिन्दु उठान बिन्दु कहलाते हैं।

(a) शिखर (Crown)—मेहराब या डाट का उच्चतम् भाग शिखर कहलाता है। (C)

(10) चाबी पत्थर (Key stone)—मेहराब के मध्य भाग का सबसे ऊँचा वेज आकृति का पत्थर चाबी पत्थर कहलाता है। (K)

(11) तिर्यक पृष्ठ (Skew back)—अन्त्यधार की वह सतह जिस पर मेहराब ठहरता है तिर्यक पृष्ठ कहलाती है। (S.B.)

(12) पाट (Span)—दोनों टेकों के बीज की स्पष्ट क्षैतिज दूरी पाट कहलाती है।

(13) उठान (Rise)—उठान रेखा व मेहराब की भीतरी सतह के उच्चतम् बिन्दु के बीच की ऊर्ध्वाधर दूरी उठान कहलाती है। (R)

(14) मेहराब की मोटाई (Depth of arch)—मेराब की भीतरी सतह व ऊपरी सतह के बीच की ऊर्ध्वाधर दूरी मेहराब मोटाई कहलाती है।

(15) मेहराब का पार्श्व या हाँच (Haunch)—चाबी पत्थर व तिर्यक पृष्ठ के बीच की मेहराब के साथ मापी गई आधी दूरी हाँच कहलाती है। (H)

(16) त्रिकोणिका (Spandril)—चित्र–8.5 में दिखाये अनुसार मेहराब के उठान बिन्दु से खींची गई ऊर्ध्वाधर रेखा व मेहराब के शिखर से खींची गई स्पर्श रेखा के बीच धिरा हुआ त्रिकोणिया स्थान त्रिकोणिका कहलाता है। चित्र में इसे SR से दिखाया गया है।

8.10 मेहराब या डाट का वर्गीकरण

मेहराबों का वर्गीकरण निम्न प्रकार किया जा सकता है।

(1) आकार (2) केन्द्र की संख्या (3) कारीगरी (4) निर्माण सामग्री के अनुसार आदि।

(1) आकार के आधार पर मेहराबों को निम्न प्रकार वर्गीकृत किया जा सकता है :

(i) चपटा मेहराब या डाट (Flat arch)
(ii) वृतखंड मेहराब (Segmental arch)
(iii) अधिवृत मेहराब (Semi circular arch)
(iv) अंडाकार या दीघ्रवृत्तीय मेहराब (Elliptical arch)
(v) नोकदार मेहराब (Pointed arch)
(vi) निवारक मेहराब (Relieving arch)

(2) केन्द्रों की संख्या के अनुसार मेहराब का वर्गीकरण निम्न प्रकार किया जा सकता है।

(i) एकल केन्द्र मेहराब (One centred arch)
(ii) द्वि केन्द्र मेहराब (Two centred arch)
(iii) त्रि केन्द्री मेहराब (Three centred arch) चित्र–8.4 H व I
(iv) चतुष्केन्द्री मेहराब (Four centred arch) 8.4. L

(3) कारीगरी के अनुसार मेहराब निम्न वर्गों में वर्गीकृत किये जा सकते हैं:

(i) अनगढ़ मेहराब या डाट (Rough arch)
(ii) अधगढ़ डाट (Axed arch)
(iii) सुघड़ डाट (Gauged arch)

(4) सामग्री के अनुसार मेहराब निम्न वर्गों में वर्गीकृत किये जा सकते हैं:

(i) ईंट की डाट (Brick arch)
(ii) पत्थर की डाट (Stone arch)
(iii) कंक्रीट डाट (Concrete arch)

संरचना निर्माण में उपरोक्त डाटों में से प्रायः निम्न डाट ही अधिक प्रयोग की जाती है।

(i) चपटा मेहराब या डाट
(ii) वृतखंड मेहराब
(iii) अर्धवृत मेहराब
(iv) निवारक मेहराब
(v) डच या फ्रेंच मेहराब

(i) चपटा मेहराब (Flat arch)– चपटा मेहराब या डाट अन्य मेहराबों की अपेक्षा कमजोर होता है। यह मेहराब लिंटल की भाँति ही कार्य करता है। चित्र–8.6 में दिखाये अनुसार इसकी तिर्यक पृष्ठ (Skew back) क्षैतिज से 60° का कोण बनाती

है। इस मेहराब की ऊपरी सतह क्षैतिज रहती है परन्तु भीतरी सतह को प्रायः प्रति 30 से०मी० 3 mm का उभार दिया जाता है। चित्र–8.6 में ईंट तथा चित्र–8.7 में पत्थर का चपटा मेहराब दिखाया गया है।

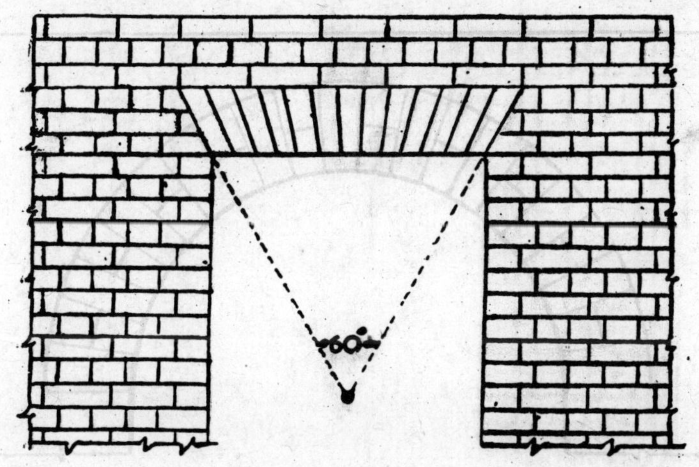

चित्र-8.6. Brick Flat Arch

चित्र-8.7. Stone Flat Arch

(ii) वृत खंड डाट (Segmental arch)—इस डाट का केन्द्र उठान रेखा से नीचे होता है। यह डाट प्रायः विभिन्न आकार के पाटों के लिए प्रयोग की जाती है। लिंटल के ऊपर बनाये जाने पर यह मेहराब निवारक मेहराब के नाम से जाना जाता है।

चित्र-8.8. Brick Semi Circular Arch

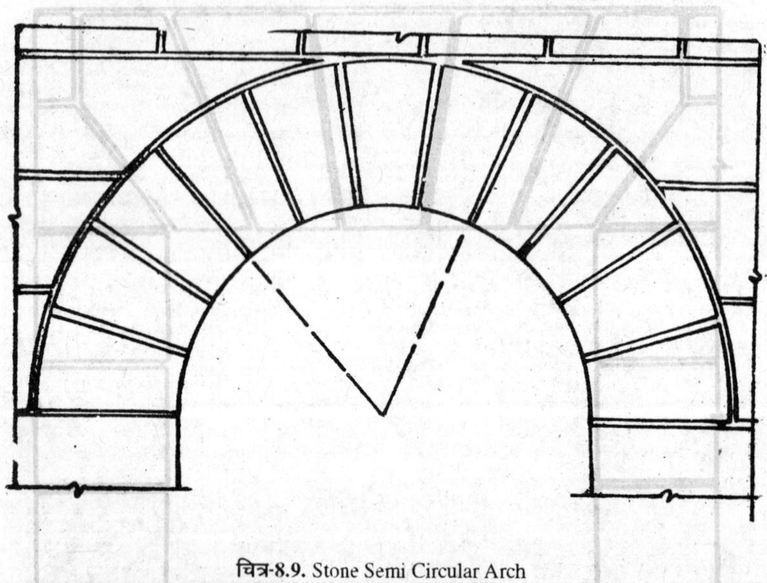

चित्र-8.9. Stone Semi Circular Arch

(iii) अर्धवृत मेहराब (Semicircular arch)—इस मेहराब का केन्द्र उठान रेखा पर होता है। इस प्रकार के ईंट व पत्थर के मेहराब चित्र–8.8 व 8.9 में दिखाये गये हैं।

(iv) निवारक मेहराब (Relieving arch)—निवारक मेहराब प्रायः लकड़ी का लिंटल प्रयोग किये जाने वाले स्थानों पर बनाया जाता है। इस मेहराब के निर्माण के कारण उसके ऊपर की चिनाई का भार लिंटल पर न आकर मेहराब पर ही पड़ता है। इस कारण लकड़ी के लिंटल की मोटाई काफी कम रखी जा सकती है। दूसरे लकड़ी के लिंटल के सड़ जाने पर संरचना की स्थिरता को प्रभावित किये बिना ही उसे सरलता से बदला जा सकता है।

निवारक मेहराब का अन्त्याधार लिंटल के सिरे से आरम्भ होना चाहिए जिससे तिर्यक पृष्ठ का ढाल लिंटल के ऊपरी सिरे से बाहर की ओर रहे। इस प्रकार चित्र–8.10 में दिखाए अनुसार निवारक डाट का पाट स्पष्ट क्षैतिज दूरी + लिंटल के सिरों की धारक दूरी के योग के बराबर होना चाहिए।

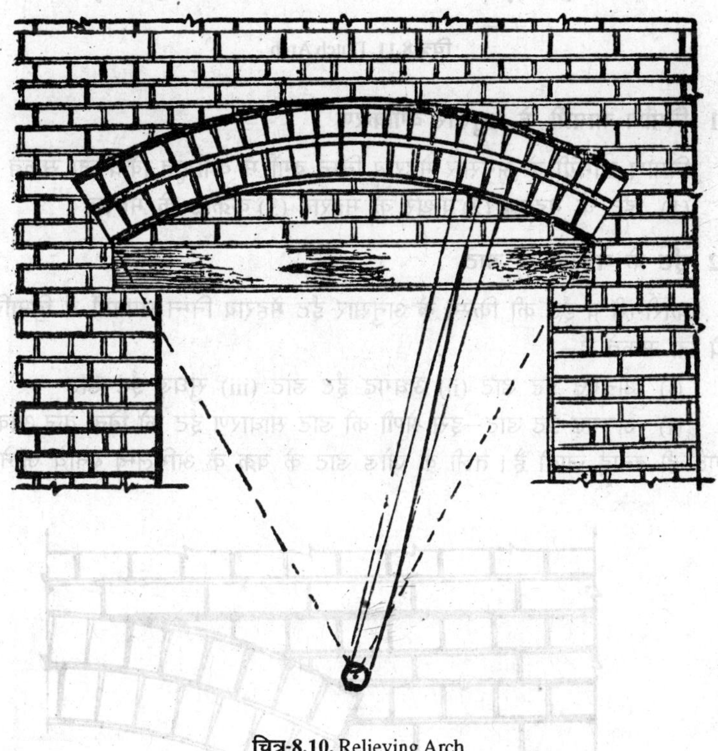

चित्र-8.10. Relieving Arch

(v) डच या फ्रेंच मेहराब—इस प्रकार का मेहराब डिजाईन में चपटे मेहराब के समान ही होता है। अन्तर केवल निर्माण विधि व आकृति में है। इस प्रकार का मेहराब अधिक टिकाऊ व मजबूत नहीं होता। इस कारण इस प्रकार का मेहराब केवल कम लम्बाई के पाटों के लिए ही उपयुक्त है। इस प्रकार का मेहराब चित्र–8.11 में दिखाया है।

चित्र-8.11. Dutch Arch

8.11 निर्माण सामग्री के अनुसार वर्गीकरण

निर्माण सामग्री के अनुसार मेहराब निम्न वर्गों में वर्गीकृत किये जा सकते हैं।

(1) ईंट के मेहराब (2) पत्थर के मेहराब (3) कंक्रीट के मेहराब

8.12 ईंट के मेहराब या डाट

कारीगरी व ईंट की किस्म के अनुसार ईंट मेहराब निम्न उपवर्गों में विभाजित किये जा सकते हैं–

(i) अनगढ़ ईंट डाट (ii) अधगढ़ ईंट डाट (iii) सुघड़ ईंट डाट

(i) अनगढ़ ईंट डाट–इस श्रेणी की डाट साधारण ईंट को बिना वेज आकृति में गढ़े ही बनाई जाती है। तली के जोड़ डाट के वक्र के अभिलम्ब बनाये जाने के

चित्र-8.12. Undressed Brick Arch

कारण डाट की वाह्य सतह भीतरी सतह की अपेक्षा अधिक होती है इससे चित्र–8.12 में दिखाये अनुसार ऊपरी सतह पर जोड़ चौड़े होते हैं जो देखने में सुन्दर दिखाई नहीं देते। इनकी सामर्थ्य भी कम होती है। इस कारण इस प्रकार की डाट सस्ते भवनों में अपनाई जा सकती है। इस प्रकार की डाट प्रायः लकड़ी की लिंटल के ऊपर बनाई जाती है जिन्हें निवारक डाट भी कहते हैं।

(ii) अधगढ़ ईंट डाट–इस श्रेणी की डाट साधारण ईंटों को कारीगर के हथौड़े से वेज आकृति में गढ़ कर बनाई जाती है। इसके जोड़ अनगढ़ श्रेणी की अपेक्षा कम चौड़े होते हैं। इस प्रकार की डाट भी वाह्य कार्यों के लिए उपयुक्त नहीं हैं।

(iii) सुघड़ ईंट डाट–इस श्रेणी की डाट बनाने के लिए ईंटें सही प्रकार से वेज आकृति की गढ़ ली जाती हैं। कठोर ईंटों की गढ़ाई कठिन होने के कारण इस श्रेणी की डाटों के लिए विशेष प्रकार की ईंट बनाई जाती है। इस प्रकार की ईंट नरम ईंट कहलाती हैं। इस डाट में तली के जोड़ों की मोटाई 1.6 mm होती है। इस प्रकार की ईंट आरी से काटी जा सकती है तथ इन्हें रेती से रगड़ कर भी परिष्कृति बनाया जा सकता है। (चित्र–8.13)

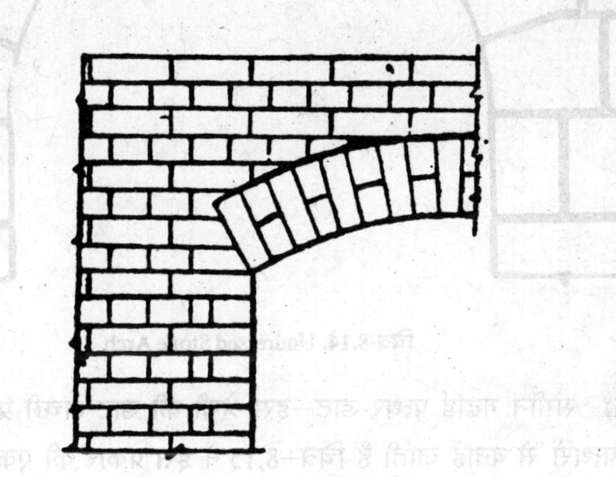

चित्र-8.13. Dressed Brick Arch

8.13 पत्थर के मेहराब

पत्थर के मेहराब निम्न दो उपवर्गों में विभाजित किये जा सकते हैं।

(i) अनगढ़ पत्थर मेहराब (ii) संगीन गढ़ाई पत्थर मेहराब

(i) अनगढ़ पत्थर मेहराब–इस श्रेणी के मेहराब या डाट हथौड़े से पत्थरों के कोने आदि तोड़ कर बनाये जाते हैं। ये देखने में सुन्दर नहीं होते तथा इनकी सामर्थ्य भी कम होती है। 38 से०मी० मोटी डाटों के लिए सभी पत्थर डाट की मोटाई के ही होने चाहिए। इससे अधिक मोटाई की डाटों में पत्थर हैडर व पट्टी रद्दों में लगाए जाते हैं। (चित्र–8.14)

चित्र-8.14. Undressed Stone Arch

(ii) संगीन गढ़ाई पत्थर डाट—इस श्रेणी की डाट अच्छी प्रकार सही माप के गढ़े हुए पत्थरों से बनाई जाती है चित्र—8.15 में इस प्रकार की एक डाट दिखाई गई है—

8.14 कंक्रीट डाट या मेहराब

कंक्रीट डाट भी दो प्रकार से बनाई जा सकती है।

(i) पूर्वनिर्मित कंक्रीट ब्लॉक से (ii) एकाश्मी कंक्रीट डाट (Monolithic Concrete)

(i) पूर्वनिर्मित कंक्रीट ब्लॉक डाट—इस श्रेणी की डाट पत्थर या ईंट डाट की भाँति ही बनाई जाती है।

(ii) एकाश्मी कंक्रीट डाट—इस प्रकार की डाट प्रायः पुल, जलसेतु (culvert) व भवनों की छत आदि के लिए बनाई जाती है। कम पाट की डाटों के लिए प्रबलन

की आवश्यकता नहीं होती। भवनों की छतों के लिए बना या सीमेन्ट कंक्रीट प्रयोग करने पर भवनों की छतों की डाटों में प्रति 30 से०मी० 5 से०मी० की दर से उठान दिया जाता है इस प्रकार की 3 मीटर पाट वाली डाटों की न्यूनतम् मोटाई 15 से०मी० होनी चाहिए। इससे अधिक पाट वाली डाटों के लिए प्रति 30 से०मी० अतिरिक्त लम्बाई के लिए 38 mm मोटाई जोड़ देनी चाहिए।

चित्र-8.15. Ashlar Dressed Stone Arch

8.15 दूला (Centering)–

मेहराब या डाट में उचित सामर्थ्य उत्पन्न होने तक उसे संभालने के लिए अस्थाई संरचना आवश्यक है। सस्ते तथा छोटे मेहराबों के लिए मिट्टी की चिनाई का दूला बनाया जाता है। इस चिनाई की ऊपरी सतह मेहराब को भीतरी सतह की आकृति की बनाई जाती है। डाट तैयार हो जाने पर इसे तोड़ दिया जाता है। यह अस्थाई संरचना ही दूला कहलाती है।

अधिकतर मेहराबों के लिए प्रायः लकड़ी के दूले ही बनाए जाते हैं। लकड़ी के दूले बनाना व उन्हें हटाना सरल है तथा इन्हें कई बार मेहराब बनाने के लिए प्रयोग किया जा सकता है। इस्पात का मूल्य अधिक होने के कारण इस्पात दूला बड़े तथा उसी प्रकार के बहुत से मेहराब बनाने की दशा में मितव्ययी होता है।

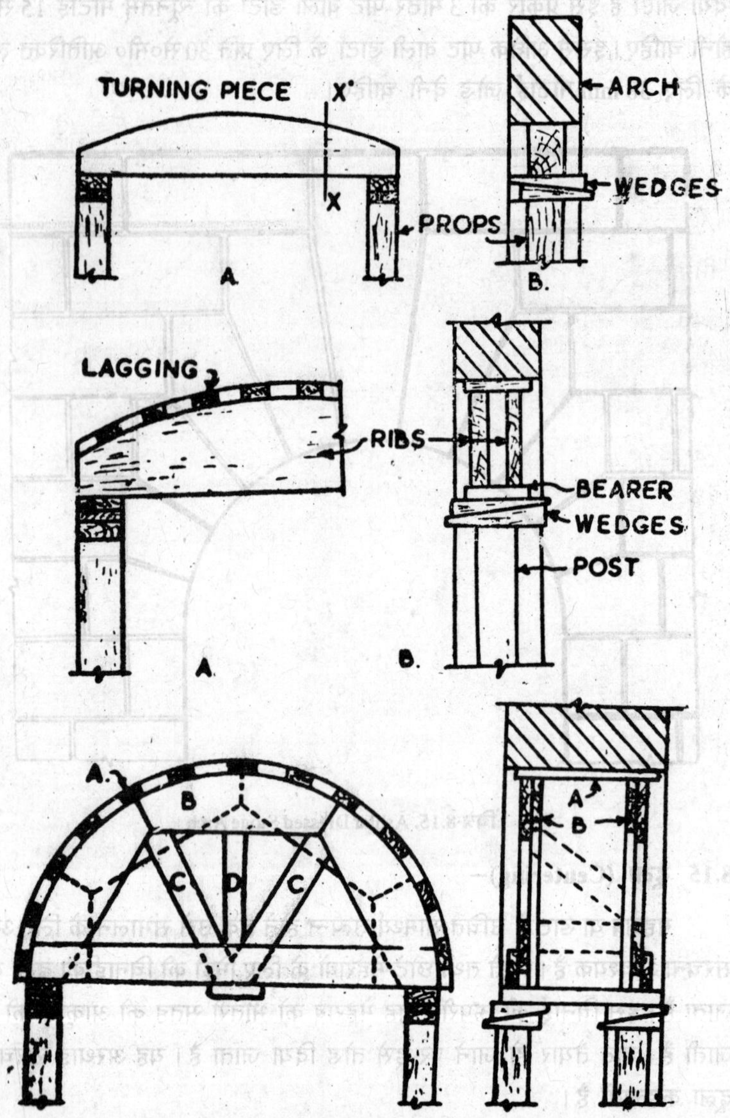

चित्र-8.16. Shuttering of Different Types

लकड़ी का ढूला उचित मोटाई के तख्तों से काटी गई दो पुर्शकाओं (ribs) से बनाया जाता है। पुर्शका की ऊपरी सतह मेहराब की भीतरी सतह जैसी बनाई जाती

है। पुर्शकाएँ पायों या अन्त्याधारों पर स्थिर कर उनके ऊपर लम्बाई में लकड़ी के फट्टे लोहे की कीलों से गाड़ दिए जाते हैं। ये फट्टे वेष्ठन या लपेटन (Lagging) कहलाते हैं। चित्र–8.16 में विभिन्न प्रकार के ढूले दिखाये गये हैं। दो पुर्शकाओं के बीच दूरी मेहराब के ऊपर बनाई जाने वाली दीवार की मोटाई पर निर्भर करती है। पुर्शकाओं को ऊर्ध्वाधार टेक पर रोकने के लिए पुर्शकाओं के निचले भाग पर लोहे की कीलों से लकड़ी के छोटे टुकड़े गाड़ दिये जाते हैं। ये टुकड़े धारक कहलाते हैं। ढूला नीचा करने में सरलता प्रदान करने की दृष्टि से धारक टुकड़ों तथा ऊर्ध्वाधर टेकों के बीच लकड़ी के वेज लगाये जाते हैं।

8.16 निर्गाण विधि–

ढूला तैयार हो जाने के पश्चात् सर्वप्रथम तिर्यक पृष्ठ बनाए जाते हैं। इसके पश्चात् डाट ब्लॉक तिर्यक पृष्ठ से आरम्भ कर डाट की आकृति में शिखर की ओर लगाये जाते हैं। अन्त में शिखर पर चाबी ब्लॉक लगा दिया जाता है। चाबी ब्लॉक लगाने के पश्चात् वेज को थोड़ा खिसकाकर ढूला लगभग 3 mm नीचा कर दिया जाता है इससे डाट ब्लॉक अपनी–अपनी तली पर अच्छी प्रकार स्थिर हो जाते हैं। यह क्रिया विशेष रूप से पत्थर की डाट के लिए अधिक उपयोगी है। डाट या मेहराब के पूर्णतः सेट होने तक उस पर भार नहीं लगने देना चाहिए। डाट के ऊपर संरचना बनाने से पूर्व ढूला खोल देना चाहिए।

डाट में सामर्थ्य उत्पन्न हो जाने के पश्चात् वेज खिसका कर ऊर्ध्वाधर टेक व ढूला हटा देना चाहिए। बड़ी व भारी डाटों के ढूलों की ऊर्ध्वाधर टेक रेत से भरे बक्सों पर टिकाई जाती है। इन बक्सों में छिद्र कर उनमें डाट या प्लग लगा दिया जाता है। ढूला हटाने के समय बक्सों से प्लग निकालकर उनसे रेत निकाल दिया जात है। इससे ऊर्ध्वाधर टेक धीरे–धीरे नीची हो जाने से ढूला सरलता से हटा दिया जाता है।

प्रश्नावली

(1) लिंटल व मेहराब के क्या कार्य हैं। मेहराब का साफ चित्र बनाकर विभिन्न भागों के नाम लिखिये।

(2) ईंट चिनाई का मेहराब बनाने की विधि व ढूले का वर्णन कीजिये।

(3) कंक्रीट डाट अथवा मेहराब बनाने की विधि तथा ढूले का साफ चित्र सहित वर्णन किजिये।

(4) निम्न पर टिप्पणी लिखिये

(i) कंक्रीट डाट

(ii) लकड़ी का लिंटल

(iii) डच डाट

(iv) निवारक डाट (Releving Arch)

(v) चपटे मेहराब

(5) प्रबलित कंक्रीट लिंटल का साफ चित्र सहित वर्णन कीजिये।

(6) निम्न का अन्तर स्पष्ट कीजिये–

(a) महराब का हाँच व त्रिकोणाका

(b) तिर्यक पृष्ठ व उठान बिन्दु

(c) महराब व लिंटल

(d) महराब की भीतरी सतह व ऊपरी सतह

(e) गढ़ा महराव पत्थर (Voussirs) व उठाान पत्थर

(7) ढूला क्या है। साफ चित्र सहित वर्णन कीजिए

(8) वर्तमान काल में R.C.C. ने अन्य निर्माण सामग्री का स्थान ले लिया है। इस कथन पर संक्षिप्त टिप्पणी लिखिये।

9

फर्श या प्रथम तल
Ground Floors

9.1 प्रस्तावना

भवन का सबसे निचला तथा प्राकृतिक भूमि के तुरन्त ऊपर वाला तल प्रथम तल (Ground floor) कहलाता है। प्राकृतिक भूमि तल के नीचे भवनों में तहखाना बनाने पर नीचे का तल तहखाना तल या (basement floor) कहलाता है। प्रथम तल बनाने का मुख्य उद्देश्य सतह साफ, समतल, अपरागम्य, चिकनी तथा मजबूत बनाना है। प्रथम तल भूमि पर बना होने के कारण इससे जल निकासी के उचित प्रबन्ध होने चाहिए।

9.2 अच्छे फर्श के गुण

अच्छे फर्श के निम्न गुण होने चाहिए—

(1) प्रारम्भिक लागत अधिक नहीं होनी चाहिए।
(2) यह टिकाऊ होनो चाहिए।
(3) फर्श की सतह देखने में सुन्दर होनी चाहिए।
(4) फर्श सीलन रहित होना चाहिए।
(5) यह अग्नि प्रतिरोधक होना चाहिए।
(6) इसका अनुरक्षण व्यय न्यूनतम् होना चाहिए।
(7) फर्श ध्वनि रोधक होना चाहिए।
(8) फर्श साफ व स्वच्छ होना चाहिए।

9.3 फर्श के भाग

फर्श के मुख्यतः दो भाग होते हैं।

(1) अधः आधार (Sub-base) (2) संपूर्ति परत (Finishing surface)।

(1) अधः आधार—फर्श का यह भाग उसके ऊपर लगने वाले भार को नीचे भूमि पर वितरित करने के लिए बनाया जाता है। अतः अधः आधार ऊपरी सतह या संपूर्ति सतह को वहन (support) करने लिए बनाया जाता है।

संपूर्ति सतह—यह फर्श को टिकाऊ तथा सुन्दर सतह प्रदान करती है।

9.4. फर्श की किस्में

सार्वजनिक तथा निवास भवनों में प्रायः निम्न प्रकार के फर्श बनाये जा सकते हैं।

(1) मिट्टी के गारे का फर्श (Mud flooring)
(2) मूरम फर्श (Muram flooring)
(3) ईंट का फर्श (Brick flooring)
(4) पत्थर की स्लेव या पटिया का फर्श (Flag stone)
(5) टाईल फर्श (Tiled flooring)
(6) सीमेंट कंक्रीट फर्श (Cement concrete flooring)
(7) टेराजौ फर्श (Terrazo flooring)
(8) मोजेक फर्श (Mosaic flooring)
(9) लकड़ी का फर्श (Timber flooring)
(10) ऐस्फाल्ट फर्श (Asphalt flooring)
(11) लिनोलियम फर्श (Lenoleum flooring)

उपरोक्त फर्शों का वर्णन नीचे किया गया है।

(1) मिट्टी के गारे का फर्श—उष्ण कटिबंधीय जलवायु वाले भारत जैसे देशों के गाँव में प्रायः मिट्टी के गारे के फर्श बनाये जाते हैं।

निर्माण विधि—तैयार किये हुए अधः आधार पर नम व चिकनी मिट्टी की 25 से०मी० मोटी समान परत विछाकर उसकी अच्छी प्रकार कुटाई की जाती है। परत की मोटाई 15 से०मी० हो जाने तक कुटाई की जानी चाहिए। सतह में दरार उत्पन्न होने से रोकने के लिए कुटाई करने से पहले उसमें भूसा मिलाया जा सकता है। मिट्टी की कुटाई करते समय उस पर पानी नहीं छिड़कना चाहिए। इस प्रकार तैयार की गई सतह में दरार पड़ने से रोकने के लिए उस पर प्रति सप्ताह (1 : 1) सीमेंट व गाय के गोबर या मिट्टी व गाय के गोबर के मिश्रण का लेप किया जाता है।

लाभ—इस फर्श के निम्न लाभ हैं।

(1) ये फर्श जाड़ों में गर्म तथा गर्मियों में ठंडे रहते हैं।
(2) इनका निर्माण सरल तथा मितव्ययी होता है।
(3) इनका अनुरक्षण व्यय भी कम होता है।
(4) ये काफी अपारगम्य तथा कठोर होते हैं।

(2) मूरम फर्श—विघटित चट्टान (disintegrated rock) मूरम कहलाती है। मूरम फर्श भी भारत के गांवों में बहुत प्रचलित है। मिट्टी के गारे के फर्शों की अपेक्षा मूरम फर्श बनाने में बहुत सावधानी बरतने की आवध्यकता होती है।

निर्माण विधि–हाथ से चुने हुए पत्थर या ईंट के कठोर टुकड़ों की 25 से०मी० मोटी परत बिछाकर उसकी अच्छी प्रकार कुटाई की जाती है। कुटाई करते समय उचित मात्रा में पानी डाला जाता है। इस प्रकार मूरम फर्श बनाने के लिए अधः आधार तैयार कर लिया जाता है।

उपरोक्त अधः आधार पर 15 से०मी० मूरम की परत बिछाकर उसके ऊपर महीन मूरम की 2.5 से०मी० परत बिछाकर कुटाई करते समय पानी की उचित मात्रा छिड़की जाती है। कुटाई करने के पश्चात् सतह पानी से संतृप्त कर दी जाती है। इस सतह पर इतना पानी डाला जाता है की सतह पर 6 mm पानी की तह खड़ी रहे। इस अवस्था में इसे मजदूरों के पाँव अथवा अन्य विधि से रोंधा जाता है जिससे मूरम की क्रीम सतह पर निकल आये। सतह को इस अवस्था में लगभग 24 घण्टे तक छोड़कर लकडी की थापियों से तीन दिन तक कुटाई की जाती है। इस प्रकार तैयार सतह पर गाय के गोबर का लेप कर उसकी फिर दो दिन तक कुटाई की जाती है अन्त में सतह पर 1 : 4 सीमेंट व गोबर का लेप कर दिया जाता है। इस सतह को अच्छी अवस्था में रखने के लिए प्रति सप्ताह लेप करने की आवश्यकता होती है।

लाभ–(1) इनका निर्माण व्यय कम है।

(2) इसका निर्माण सरल है।

(3) इसका तापक्रम प्रत्येक मौसम में समान रहता है।

(4) यह काफी टिकाऊ तथा अपारगम्य होता है।

दोष–इसकी सप्ताह में एक से दो बार सीमेंट गोबर से लिपाई करनी पड़ती है जो स्वच्छता दृष्टि से उचित नहीं है।

ईंट का फर्श–इस श्रेणी का फर्श साधारणतः सस्ते भवनों अथवा माल गोदामों व भारी सामग्री रखने वाले स्थानों पर बनाया जाता है। इस प्रकार के फर्श के लिए प्रथम श्रेणी की ईंटों का प्रयोग किया जाता है। इस कारण इस श्रेणी के फर्श उन्हीं स्थानों पर बनाना मितव्ययी होता है जहाँ प्रथम श्रेणी की ईंट उचित मूल्य पर उपलब्ध हों।

निर्माण विधि–सर्वप्रथम उचित गहराई तक खुदाई कर मिट्टी हटा दी जाती है तथा इस स्थान पर हाथ से चुने हुए पत्थर अथवा अच्छी प्रकार पकी हुई ईंटों के टुकड़ों की 25 से०मी० मोटी परत बिछाकर उन पर अच्छी प्रकार पानी डालकर कुटाइ कर अधः आधार तैयार कर लिया जाता है। खुदाई की गहराईं ईंट की परत के अधः आधार की धारक क्षमता पर निर्भर करती है यह आधार निम्न दो प्रकार का बनाया जाता है।

(i) अधः अधार पर 7.5 से०मी० मोटी रेत की परत बिछाकर उसके ऊपर मसाले से पड़ी ईंट लगा दी जाती हैं। इस प्रकार तैयार किये गये आधार पर मसाले की सहायता से ईंट की ऊपरी परत बिछा दी जाती है।

(ii) अधः आधार पर चूना कंक्रीट या 1 : 3 : 6 सीमेंट कंक्रीट की 10 से 15 से०मी० मोटी परत बिछाकर उस पर ईंट वांछित वांड में सीमेंट या चूना मसाले से लगाई जा सकती हैं। ईंटों के जोड़ 1.5 mm से मोटे नहीं होने चाहिए। ईंटों के जोड़ों पर टीप करने की दशा में जोड़ की मोटाई 6 mm से कम नहीं होनी चाहिए। टीप

करने से पूर्व जोड़ों को 2 से०मी० गहराईं तक कीलों से कुरेद कर साफ कर लेना चाहिए। ईंट लगाते समय ईंटों की भुजाओं पर मसाला लगाना चाहिये। किसी भी अवस्था में ईंटों के जोड़ ऊपर से मसाला डालकर नहीं भरने देना चाहिये। इससे कार्य के अच्छे या खराब होने का ज्ञान नहीं हो पायेगा। टीप करने के पश्चात् उसकी उचित समय तक तराई की जानी चाहिए।

भवन से बाहर गलियों में ईंट का खढंजा बनाने पर ईंटों के जोड़ों पर टीप नहीं किया जाता। ईंटों को वांच्छित बांड में लगाकर जोड़ों को रेत से भर दिया जाता है। (चित्र–9.1)

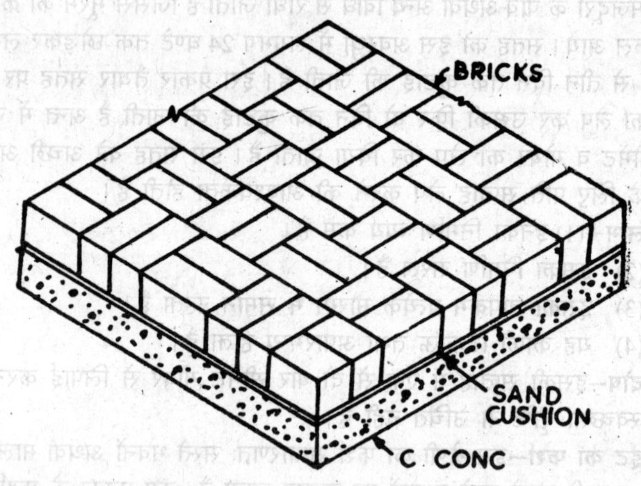

चित्र-9.1. Brick Flooring Details

लाभ–(1) यह सीमेंट कंक्रीट, लकड़ी व मोजेक फर्श आदि से सस्ता होता है।

(2) यह काफी कठोर तथा टिकाऊ होता है।

(3) इसकी मरम्मत सरलता से की जा सकती है।

(4) इसकी सतह फिसलने वाली नहीं होती।

दोष–यह पानी सोख लेता है।

पत्थर के पाटिया या स्लेव का फर्श (Flag stone floor)

बलुआ पत्थर (Sand stone) की 4 से 10 से०मी० मोटी वर्गाकार या आयताकार स्लेव पत्थर का पाटिया (Flag stone) कहलाती है। इसकी न्यूनतम चौड़ाई 38 से 40 से०मी० होनी चाहिए। वांच्छित गहराई तक मिट्टी हटा कर भूमि समतल कर उसकी अच्छी प्रकार तराई कर उसकी अच्छी प्रकार कुटाई की जाती है। इस प्रकार तैयार किए गए अधः आधार पर 10 से 15 से०मी० चूना कंक्रीट बिछाकर उसकी अच्छी प्रकार कुटाई की जाती है। प्रयोग की जाने वाली पत्थर की स्लेव कठोर, टिकाऊ तथा समान

मोटाई की होनी चाहिए। इनके किनारे समानान्तर होने चाहिए। इनकी सतह की छेनी से गढ़ाई कर उसे समतल कर लेना चाहिए।

चूना कंक्रीट की सतह पर मसाले की 20 से 25 मि०मी० मोटी परत बिछाकर उस पर पानी से तराई की गई पत्थर की पाटिया विकर्णता अभिमुख (diagonally opposite) कोनों से आरम्भ कर केन्द्र की ओर लगाई जाती हैं। सभी पत्थरों को एक तल पर रखने की दृष्टि से कोनों के पत्थरों से एक डोरी खींच कर बाँध दी जाती है। इसके पश्चात् अन्य पत्थर डोरी के तल के अनुसार लगाये जाते हैं। पत्थर को ठीक प्रकार लगाने के लिए उसे लकड़ी के हथौड़े से ठोक दिया जाता है। सामान्य तल से किसी पत्थर के नीचा हो जाने पर उसके नीचे पत्थर का टुकड़ा लगाकर ठीक नहीं किया जाना चाहिए वरन् उसे उखाड़कर उसके नीचे सख्त गराला भर कर ठीक किया जाना चाहिए। दो पत्थरों के बीच जोड़ से 1 से 2 से०मी० गहराई तक मसाला निकाल कर 1 : 3 सीमेन्ट रेत मसाले से उन पर सपाट टीप की जानी चाहिए। फर्श से जल निकासी के लिए 40 में 1 का ढाल देना चाहिए। इस प्रकार का फर्श खड़न्जा भी कहलाता है।

लाभ– (1) पहाड़ी क्षेत्रों में इस प्रकार का फर्श मितव्ययी होता है।

(2) इसका निर्माण सरल है।

(3) इसकी मरम्मत सरलता से की जा सकती है।

(4) यह काफी टिकाऊ तथा कठोर होता है। इस कारण प्रायः इस प्रकार का फर्श मालगोदाम, प्लेटफार्म, मोटर कारखानों तथा कार्यशाला आदि स्थानों में जहाँ भारी वस्तुओं का प्रयोग होता है बनाया जाता है।

दोष–(i) इसकी सतह सुन्दर नहीं होती, इसलिए निवास भवनों में प्रायः इसका प्रयोग उचित नहीं है।

(2) इस पर चलना सुखद नहीं होता।

टाइल फर्श (Tiled floor)–आजकल सीमेन्ट कंक्रीट, टेराजौ आदि की विभिन्न माप, मोटाई व आकृति की टाइल बाजार में उपलब्ध हैं। टाइल प्रायः चूना कंक्रीट की 10 से 15 से०मी० मोटी परत पर लगाई जाती हैं। कंक्रीट अधः आधार के कठोर हो जाने पर 1 : 1 सीमेंट रेत का मसाला बिछाकर टाइल सही तल बनाते हुए लगाई जाती हैं। जैसा कि पहले बताया जा चुका है तल सही रखने के लिए दोनों सिरों से एक डोर बाँध दी जाती है। प्रत्येक टाइल की सतह इस डोर से छूनी चाहिए।

चूना मसाला प्रयोग करने पर, अधः आधार पर मसाला बिछाकर उसे 2 से 3 घण्टे तक सूखने दिया जाता है। इसके पश्चात् इस पर केवल सीमेन्ट का घोल छिड़ककर टाइलों की बगलों में मसाला लगाकर लगा दी जाती हैं। टाइल लगाने के पश्चात् उन्हें हल्की चोट लगाकर सेट कर दिया जाता है। चोट लगाने से मसाला ऊपर आ जाने पर उसे लड़की का बुरादा डालकर साफ कर दिया जाता है। दो से तीन दिन तक सूखने के पश्चात् इसके समस्त जोड़ों को एक तल में लाने के लिए उनके प्रक्षेप कार्बोरेंडम पत्थर से रगड़ कर समतल कर दिए जाते हैं। फर्श को चिकना बनाने के लिए इसे झाँवा पत्थर (Pumice stone) से रगड़ कर साबुन के पानी से साफ कर दिया

जाता है। फर्श की रगड़ाई हाथ अथवा मशीनों से की जा सकती है। यह विधि फर्श पर पॉलिश करना या उसे चमकाना भी कहलाती है। जल निकासी के लिए 40 में 1 का ढाल पर्याप्त है।

लाभ–(1) इसकी सतह सुन्दर होती है।

(2) यह फर्श टिकाऊ होता है तथा शीघ्रता से बनाया जा सकता है।

(3) इसकी मरम्मत करना सरल है।

(4) यह फर्श पानी का अवशोषक नहीं होता।

दोष–(1) इस श्रेणी के फर्शो का प्रारम्भिक व अनुरक्षक व्यय अधिक होता है।

(2) भीगने पर इनकी सतह स्लीप्री (Slippery) हो जाती है।

कंक्रीट फर्श–वर्तमान काल में प्राय: निवास व सार्वजनिक भवनों में कंक्रीट फर्श बनाये जाते हैं। कंक्रीट फर्श की ऊपरी परत की मोटाई 2.5 से०मी० से 4.0 से०मी० तक होती है। सावधानी पूर्वक बनाये जाने पर इस प्रकार का फर्श पत्थर फर्श से भी सस्ता पड़ता है परन्तु इसमें सभी बहुमूल्य फर्शो के गुण होते हैं तथा असावधानी पूर्वक बनाये जाने पर इसमें सदैव परेशानियाँ रहती हैं जिन्हें ठीक करना संभव नहीं है।

फर्श बिछाने से पूर्व अध: आधार भूमि समतल कर उस पर पानी धिड़ककर अच्छी प्रकार कुटाई कर तैयार किया जाता है। भूमि कम धारक क्षमता वाली होने पर उचित गहराई तक लूज मिट्टी हटाकर अच्छी पकी ईंटों या हाथ से चुने हुए पत्थरों की 25 से०मी० मोटी परत डालकर उस पर अच्छी प्रकार पानी छिड़ककर कुटाई कर अध: आधार तैयार किया जाता है। सतह के काफी कठोर होने तक उसकी खूब कुटाई की जानी चाहिए। इस प्रकार तैयार की गई सतह पर 10 से 15 से०मी० मोटी चूना कंक्रीट परत डालकर उसकी कुटाई की जाती है। चूना कंक्रीट जम जाने (set) पर उसकी सतह साफ कर उसकी तराई कर, उस पर सीमेन्ट कंक्रीट की परत डाली जाती है। सीमेन्ट कंक्रीट परत डालने से पूर्व समस्त क्षेत्र को 2 m × 2 m के खण्डों में 6 mm मोटी काँच की पट्टियों से विभाजित कर देना चाहिए। वायुमण्डल में खुले स्थान पर फर्श के लिए खण्डों की माप 1 m × 1 m होनी चाहिए। कंक्रीट परत एक समय में एकान्तर (alternate) खण्डों में डाली जाती है। कंक्रीट डालने से पूर्व अध: आधार सतह की पानी से तराई कर उस पर शुष्क सीमेन्ट छिड़ककर उसे झाड़ू से साफ कर, उस पर सीमेन्ट कंक्रीट डाली जाती है।

कंक्रीट डालने के पश्चात् उसे लकड़ी के सीधे तख्ते की सहायता से समतल कर कुटाई की जाती है। कंक्रीट की कुटाई उस समय तक की जानी चाहिए जब तक कि सीमेन्ट मसाला ऊपर न आ जाये। कुटाई में सरलता प्राप्त करने के लिए कंक्रीट में अधिक पानी नहीं डालना चाहिए इससे उसकी सामर्थ बहुत कम हो जायेगी। कम मेहनत से सतह की अच्छी फिनिश प्राप्त करने के लिए प्राय: कारीगर सतह पर शुष्क सीमेन्ट छिड़कने के आदी होते हैं। परन्तु उन्हें ऐसा नहीं करने देना चाहिए इससे सीमेन्ट में दरार पड़ जाते हैं तथा सीमेन्ट परतों के रूप में कंक्रीट परत से उखड़ जाती है। इस प्रकार की खराब सतह को ठीक करना असंभव होता है। तैयार की गई सतह की भींगे रेत अथवा अन्य साधनों द्वारा 15 दिन तक तराई की जानी चाहिए।

आसन्न (Adjoining) खण्डों में सीमेन्ट कंक्रीट 72 घण्टे के पश्चात् डाली जानी चाहिए। इस समय में सीमेन्ट की जलयोजन ऊष्मा (heat of hydration) नष्ट हो जाती है। जिससे संकुचन के कारण कंक्रीट में दरार नहीं पड़ते।

लाभ–(1) यह पानी का अच्छी अवशोषक (absorbent) नहीं है। अतः इस प्रकार का फर्श जल संचय के लिए बहुत लाभदायक है।

(2) यह टिकाऊ होता है तथा इसकी सतह चिकनी व सुन्दर होती है।

(3) यह मितव्ययी होता है परन्तु इसमें गुण सभी बहुमूल्य फर्शों के होते हैं।

(4) इसकी सफाई सरलता से की जा सकती है।

दोष–(1) असावधानी पूर्वक बनाया गया फर्श ठीक नहीं हो सकता।

(2) इसकी मरम्मत करना कठिन है।

टेराजौ फर्श (Terrazo flooring)–टेराजौ विशिष्ट प्रकार की सीमेन्ट जैसे सफेद या रंगीन सीमेंट व संगमरमर के छोटे टुकड़ों का मिश्रण है। सीमेंट व मिलावे (aggregate) का अनुपात प्रायः 1 : 3 होता है। इस श्रेणी के फर्श दिनों दिन बहुत लोक प्रिय होते जा रहे हैं तथा सभी प्रकार के भवनों जैसे कार्यालय, अस्पताल, बैंक व निवास भवनों आदि में बनाये जाते हैं। प्रायः टेरौजौ की परत 4 से०मी० मोटी डाली जाती है।

कंक्रीट के कठोर तथा खुरदरे अधः आधार पर सीमेंट रेत के 1 : 3 मसाले अथवा 1 : 2 : 4 कंक्रीट की 3 से०मी० मोटी परत बिछाई जाती है। यह परत टेराजौ परत के लिए आधार का कार्य करती है। यह मसाला परत अधः आधार पर निम्न दो प्रकार से बिछाई जा सकती है–

(1) कंक्रीट अधः आधार पर अधिक मात्र में पानी डालकर उसे साफ कर दिया जाता है। इसके पश्चात् इस सतह पर शुष्क सीमेंट छिड़ककर उसे झाडू से साफ कर 1 : 3 सीमेंट रेत मसाला बिछा दियाजाता है। इस प्रकार ऊपरी परत व आधार कंक्रीट एकाशमी कंक्रीट (Monolithic) बन जाती है। इस प्रकार के आधार में निष्दन के कारण उत्पन्न विषमता टेराजौ परत में भी पहुँच जाती है जिसके कारण इस परत में दरार उत्पन्न हो जाते हैं।

(2) अधः आधार पर 6 mm मोटी साफ रेत की समतल परत डालकर उसके ऊपर कोलतार कागज (Tarred paper) बिछा दिया जाता है। यह कागज सीलन प्रतिरोधक होना चाहिए। इस कागज पर 1 : 3 के मसाले की परत डालकर उसके ऊपर टेराजौ की परत बिछाई जानी चाहिए। दूसरी विधि से टेराजौ परत व आधार पृथक् रहते हैं जिससे अधः आधार की विषमताओं का प्रभाव ऊपरी परत तक नहीं पहुँच पाता।

निर्माण विधि–फर्श में वांच्छित पैटर्न बनाने के लिए धातु की 1.25 mm मोटी व 32 mm ऊँची विभाजक स्ट्रिप सीमेंट मसाले के आधार में खड़ी दबा दी जाती हैं। मसाले का आधार तैयार सतह से 1 से 1 1/2 से०मी० नीचे रहना चाहिए। सीमेंट मसाले के आधार के कठोर हो जाने के पश्चात् उस पर टेराजौ मसाले की परत बिछाई जानी चाहिए। टेराजौ में सगमरमर के टुकड़ों का आकार 3 से 6 mm होना चाहिए। टेराजौ मिश्रण में मिलावा या संगमरमर के टुकड़ों की मात्रा तैयार सतह का 80% के लगभग

होनी चाहिए। मिश्रण में पानी इतना होना चाहिए कि मिश्रण कठोर परन्तु उचित सुकार्यता (workability) का होना चाहिए। पानी की मात्रा अधिक होने से संगमरमर के टुकड़ों के निकल जाने की संभावना रहती है।

टेराजौ परत डाल कर हल्के रोलर से वेलित कर समतल कर दी जाती है। इसके पश्चात् करनी से फिनिश कर तराई के लिए छोड़ दी जाती है। टेराजौ परत के 36 घण्टे तक कठोर होने के पश्चात् उसकी हाथ या मशीन से रगड़ाई या घिसाई की जाती है। संगमरमंर के टुकड़ों के चमकने तक काफी मात्रा में पानी डालकर मोटे झांवा पत्थर से इस परत की रगड़ाई की जाती है। रगड़ाई के कारण मिलावा के निकल जाने से उत्पन्न गढ्ढों की करनी की सहायता से टेराजौ मसाले से भर कर इन्हें 5 दिन तक तराई के लिए छोड़ दिया जाता है। इसके पश्चात् सतह की महीन झांवा पत्थर से रगड़ाई कर उसे साबुन के गर्म पानी से साफकर दिया जाता है।

मोजेक फर्श या चायना मोजेक टाई फर्श—मोजेक फर्श बनाने से पूर्व उचित ढालू कंक्रीट का कठोर अधः आधार तैयार कर उसके ऊपर चूना–सुर्खी मसाले की 1.5 से 2 से०मी० मोटी परत बिछाई जाती है। यह मसाला इतने क्षेत्र पर डाला जाना चाहिए जितने पर कि 3 से 4 घण्टे में टाइल के टुकड़े लगाकर समाप्त किया जा सके। अधिक क्षेत्र पर मसाला बिछाने से उसके सूख जाने के कारण टाइल के टुकड़े लगाना कठिन होगा।

मसाले की इस परत पर एक भाग पिसा संगमरमर का चूर्ण तथा दो भाग बुझु हुए चूने के मिश्रण की 3 mm मोटी परत बिछा कर उसे 4 घण्टे तक सूखने के लिए छोड़ दिया जाता है। इसके पश्चात् वांछित डिजाइन अथवा पैटर्न में टाइल के टुकड़े लगा दिये जाते हैं। इन्हें मसाले पर लगा देने के पश्चात् हल्की चोट लगा कर सेट कर दिया जाता है।

टाइलस का उचित आकार व अकृति में तोड़ना बहुत महत्त्वपूर्ण है। टाइलस प्रायः वेज आकृति के टुकड़ों में तोड़ी जानी चाहिए। टाइल के टुकड़े जमा देने के पश्चात उन्हें हल्के पत्थर के रोलर से बेलित कर दिया जाता है। रोलर की लम्बाई 45 से 60 से०मी० तथा व्यास 30 से०मी० होता है। रोलर समतल सतह प्राप्त होने तक फेरा जाता है। 24 घन्टे तक सूखने के पश्चात् इसे झांवा पत्थर से रगड़ कर साफ कर दिया जाता है। इस प्रकार की रगड़ाई के लिए प्रायः $20 \times 25 \times 7$ से०मी० माप के झांवा पत्थर को लकड़ी के बड़े हैन्डिल में लगाकर प्रयोग किया जाता है। प्रयोग करने से पूर्व इस सतह को कम से कम 2 सप्ताह तक सूखने देना चाहिए।

कभी–कभी थोड़े क्षेत्र पर मोजेक फर्श बनाने के लिए टाइल के टुकड़े आधार पर लगाने के पश्चात् उनके ऊपर शुष्क सीमेन्ट छिड़क कर रोलर चला दिया जाता है। एक घन्टे पश्चात् इसे लकड़ी के बुरादे से साफ कर दिया जाता है। इसके पश्चात् इसकी रगड़ाई उपरोक्त विधि से ही की जाती है।

लकड़ी का फर्श—प्रथम तल पर साधारणतः लकड़ी के फर्श नहीं बनाये जाते हैं परन्तु नम जलवायु वाले पहाड़ी श्रेत्रों में जहाँ लकड़ी अधिक मात्रा में कम लागत पर प्राप्त होती है वहाँ लकड़ी के फर्श बनाऐ जाते हैं। अन्य क्षेत्रों में लकड़ी के फर्श

विशिष्ट परिस्थतियों में ही बनाए जाते हैं। लकड़ी के फर्श प्रायः नाच हाल (dancing halls), अस्पताल तथा सभा भवन आदि में बनाए जाते हैं। इस प्रकार का फर्श बनाने में सीलन रोक बहुत महत्वपूर्ण है इस कारण भूमि से ऊपर की ओर सीलन जाने से रोकने के सभी उपाय किये जाने चाहिए। लकड़ी के फर्श में सीलन रोकने के लिए प्रायः भूमि पर फर्श के नीचे समस्त क्षेत्रफल पर कंक्रीट की 15 से०मी० मोटी परत बिछाई जानी चाहिये। कंक्रीट की यह परत स्थल कंक्रीट कहलाती है।

किस्में–लकड़ी के फर्श प्रायः निम्न किस्म के बनाए जा सकते हैं:

(1) फट्टी फर्श–इस प्रकार के फर्श लकड़ी की पतली फट्टियों को जोड़कर बनाए जाते हैं। ये फट्टियाँ एक दूसरे से जीभी झिरी जोड़ (Tongue & Groove) द्वारा जोड़ी जाती हैं।

तख्तेदार फर्श (Planked flooring)–इस श्रेणी के फर्श चौड़े तख्तो जीभी झिरीदार जोड़ द्वारा जोड़कर बनाए जाते हैं। चित्र–9.2 में इस प्रकार का फर्श दिखाया गया है।

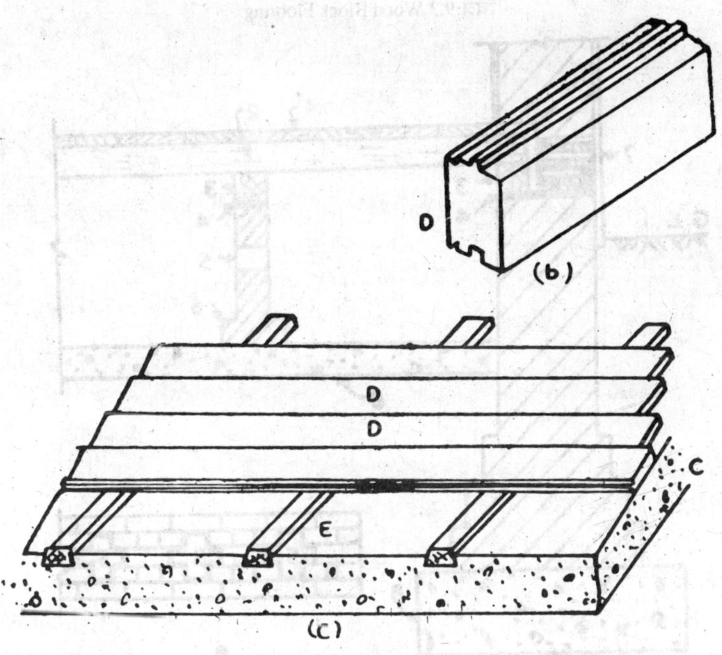

चित्र-9.2 Planked Floor

(3) **भारी लकड़ी के गुटकों का फर्श**–इस प्रकार का फर्श चित्र–9.3 में दिखाए अनुसार मोटी लकड़ी से 5 से 10 से०मी० लम्बे गुटके काट कर ईंट फर्श की भांति बनाया जाता है।

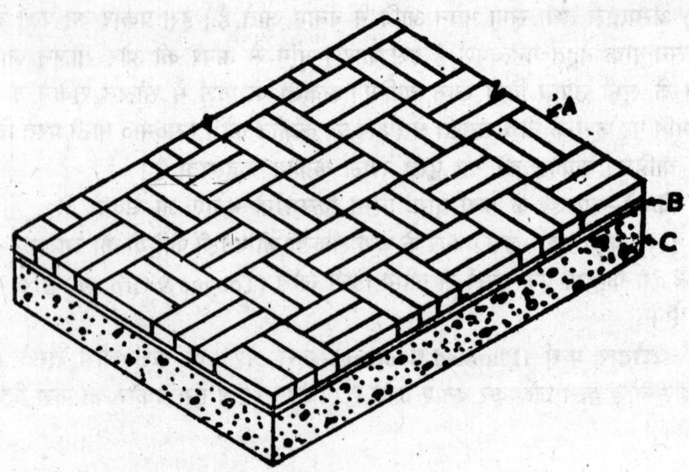

चित्र-9.3 Wood Block Flooring

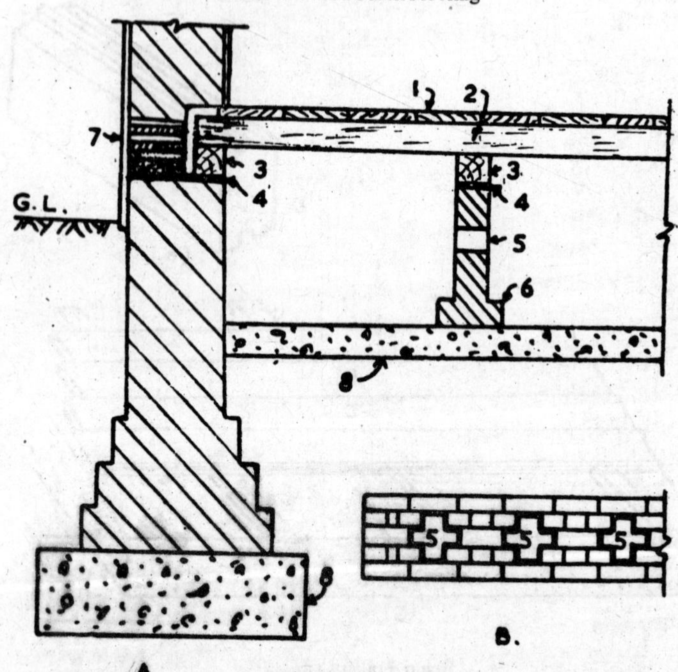

Position of Voids Shown by '5

1. 3 cm thick boarding. 2. 12 × 7.5 cm joist. 3. Wall plate.
4. D.P.C. 5. Open Space, 6. Sleeper wall. 7. Cavity holes.
8. Concrete base. चित्र-9.4 Section of Timber Floor

निर्माण विधि—लकड़ी का फर्श प्रायः लकड़ी की कड़ियों (Joist) पर तख्ते लगाकर बनाया जाता है। लकड़ी की कड़ियाँ सिरों पर दीवार की प्लेटों से कील द्वारा जुड़ी होती हैं। मध्य टेक देने के लिए 10 से०मी० मोटी छोटी दीवारें बनाई जाती है। इस प्रकार की दीवार चित्र–9.4 में दिखाई गई है। इस दीवार की सतह मधुमक्खी के छत्ते जैसी छिद्रदार बनाई जाती है। इन दीवारों का मुख्य कार्य लकड़ी की कड़ी को टेक देकर भार कम करना है जिससे कड़ी का परिच्छेद कम किया जा सके। इन दीवारों के बीच का अन्तराल 2.0 मीटर से अधिक नहीं होना चाहिए। ये दींवारे स्लीपर दीवार के नाम से भी जानी जाती हैं। इन दीवारों की सतह छिद्रदार बनाने का उद्देश्य फर्श के नीचे वायु का स्वतन्त्र आवागमन बनाए रखना होता है। लम्बाई में लकड़ी का अवयब स्लीपर प्लेट कहलाता है तथा स्लीपर दीवार के शिखर पर स्थिर रहता है। फर्श वाली लकड़ी की कड़ी स्लीपर दीवार से स्लीपर प्लेट में कील गाड़ कर स्थिर की जाती है। फर्श में सीलन रोकने के लिए दीवार प्लेट के तुरन्त नीचे 15 से०मी० मोटी कंक्रीट की सीलन रोक परत लगाई जाती है। स्थल कंक्रीट व फर्श के बीच का स्थान शुष्क तथा पूर्णतः सवांतित (ventilated) रखा जाता है। चित्र–9.4 में इस प्रकार के फर्श का विस्तृत चित्र दिखाया गया है।

लिनोलियम फर्श—यह एक प्रकार का कृतिम कपड़ा है, जिसे लकड़ी कंक्रीट आदि के फर्शों की सुन्दरता बढ़ाने के लिए लगाया जाता है आजकल सादा तथा डिज़ाइनदार 2 से 6 mm मोटा तथा 2 से 4 मीटर चौड़ा लिनोयम, कपड़े के थानों की भांति रोल में बाजार में उपलब्ध है। इस प्रकार के फर्श को अधिक टिकाऊ तथा सुन्दर बनाए रखने के लिए कंक्रीट या लकड़ी की सतह पर प्लाई बुड लगाई जानी चाहिए। प्लाई वुड लगाने से कंक्रीट या लकड़ी की सतह में निष्दन के कारण उत्पन्न दरारों का प्रभाव लिनोयम की परत तक नहीं पहुंच पायेगा अन्यथा नीचे की सतह में दरारें पड़ने से लिनोयम की सतह में भी दरार पड़ जाएगी जो देखने में भद्दी लगेगी। लिनोयम की परत सुन्दर टिकाऊ तथा सस्ती होती है। इसे सरलता से साफ किया जा सकता है। वार्निश करते रहने से इसकी आयु व सुन्दरता बढ़ जाती हैं।

प्रश्नावली

(1) विभिन्न प्रकार के फर्शों के नाम लिखिए। किसी प्रकार के फर्श का चयन करते समय किन–किन बातों का ध्यान रखा जाना चाहिए।

(2) ईंट के फर्श लगाने की विधि का वर्णन कीजिए।

(3) टेराजौ फर्श बनाने की विधि का वर्णन कीजिए।

(4) निम्न पर टिप्पणी लिखिए–
(अ) मोजैक फर्श (ब) लकड़ी का फर्श (स) असफाल्टिक फर्श (द) सीमेन्ट कंक्रीट फर्श

10

द्वितीय तल फर्श
Upper Floors

10.1 प्रस्तावना

किसी भवन के द्वितीय तल के फश का निर्माण निम्न घटको से प्रभावित होता है–

(1) तल का भार (2) निर्माण की किस्म (3) भवन का प्लान (4) प्रारम्भिक लागत

(1) तल का भार–कम भार के लिए किसी भी प्रकार का द्वितीय तल बनाया जा सकता है परन्तु अधिक भार के लिए इस्पात की कड़ियों पर पत्थर की पट्टी या कंक्रीट स्लेव बनाना आवश्यक होगा।

(2) निर्माण की किस्म–द्वितीय तल फर्श का चयन कड़ी, गर्डर व स्तम्भ आदि की किस्म पर निर्भर करता है। स्तम्भ, गर्डर व धरन या कड़ी लकड़ी की होने पर फर्श भी लकड़ी का ही बनाना होगा। इस्पाती फ्रेम के भवनों में फर्श कंक्रीट अथवा इस्पात व कंक्रीट का होगा, जबकि कंक्रीट के फ्रेम वाले भवनों के लिए प्रबलित कंक्रीट फर्श बनाने होंगे।

(3) भवन का प्लान–भवन के छोटे तथा लगभग वर्गाकार भागों में विभाजित होने पर समतल (Flat roof) छत बनाना संभव है। छोटे पाट अथवा विस्तृति के लिए सरल छत बनाना मितव्ययी होगा जबकि बड़े पाटो (Spans) के लिए बीच में कंक्रीट धरन बनाना आवश्यक है।

(4) प्रारम्भिक लागत–प्रारमीक लागत फर्श की किस्म के समानुपाती होती है। अतः प्रारम्भिक लागत की गणना सावधानी पूर्वक की जानी चाहिए।

(5) भवन का प्रयोग–फर्श का चयन, भवन के प्रयोग पर भी निर्भर करता है। अतः द्वितीय फर्श निम्न प्रकार के बनाये जा सकते हैं:

10.2 फर्श की किस्में

द्वितीय तल फर्श प्रायः निम्न प्रकार के बनाए जा सकते है।

(1) लकड़ी के फर्श

(2) इस्पाती धरन व पत्थर पट्टी या पूर्वनिर्मित कंक्रीट स्लैब

(3) ईंट अथवा कंक्रीट के जैक डाट फर्श

(4) प्रबलित कंक्रीट फर्श व इस्पाती गर्डर

(5) प्रबलित धरन व स्लेब

(6) समतल छत

(7) खोखले ब्लाक व धरन फर्श

(8) खोखली टाइल जैक डाट फर्श

लकड़ी के फर्श—लकड़ी के फर्श निम्न तीन प्रकार के बनाये जा सकते है:

1. इकहरा फर्श 2. दोहरा फर्श 3. तीहरा या फ्रेम वाला फर्श

(1) इकहरा फर्श—लकड़ी के फर्शों में हकहरी धरन वाला फर्श सबसे अधिक मितव्ययी है तथा इनका निर्माण भी सरल है। कम पाट (Span) तथा कम भार वाली छतों के निवास भवनों में इस प्रकार के फर्श प्रयोग किए जाते हैं। इस प्रकार के फर्शों के लिए अधिकतम पाट 4 मीटर से कम ही होना चाहिए। पाट प्रायः 3.6 मीटर से अधिक नहीं होना चाहिए। अधिक पाट होने पर अधिक मोटी (deep) धरन या कड़ी (Joist) की आवश्यकता होगी। कड़ी की न्यूनतम चौड़ाई 5 से०मी० से कम नहीं होनी चाहिए। कड़ी की गहराई या मोटाई निम्न सूत्र से ज्ञात की जा सकती है :

कड़ी की मोटाई से०मी० में = (4 × पाट मीटर में) + 5 से०मी०

मोटाई ज्ञात होने पर कड़ी पर लगने वाले घूर्ण से कड़ी का परिच्छेद ज्ञात किया जा सकता है।

लकड़ी की कड़ी न्युनतम पाट पर 30 से 40 से०मी० (केन्द्र से केन्द्र) के अन्तराल पर लगाई जाती हैं। दीवारों पर कड़ियों के सिरे दीवार प्लेटों पर टिकाये जाते हैं। दीवार प्लेट की माप 10 × 7 से०मी० से 12 × 7 से०मी० होती है। अन्दर की ओर दीवार प्लेट दीवार के समतल रखी जाती है। इनकी लम्बाई यथा संभव अधिक रखी ज़ानी चाहिए। दीवार प्लेट न केवल कड़ियों का भार नीचे दीवार पर वितरित करती हैं वरन् समस्त कड़ियों की ऊपरी सतहों को एक ही तल में रखती हैं। इससे उनके ऊपर लकड़ी के तख्ते जड़ने में सुगमता रहती है। लकड़ी की कड़ी ताजे मसाले या चिंनाई के सम्पर्क में नहीं आनी चाहिए। इससे लकड़ी में दीमक लगने का भय रहता है इसके अतिरिक्त लकड़ी मसाले से पानी सोखकर फूल जायेगी तथा उसमें ऐंठन उत्पन्न हो जायेगी। इस कारण वायु के मुक्त आवागमन के लिए कड़ियों के सिरों व दीवार के बीच कुछ स्थान खाली छोड़ दिया जाता है। कड़ियों का दीवार प्लेट से बंधन उत्पन्न करने के लिए उनमें कील गाड़ दी जाती हैं।

कड़ियों के ऊपर लगाये जाने वाले तख्तों की मोटाई 4 से०मी० तथा चोड़ाई 10 से 15 से०मी० होनी चाहिए। कम चौड़े तख्तों में संकुचन कम होने के कारण जोड़ खुलने की संभावना कम रहती है। इस कारण इन फर्शों में कम चौड़े तख्ते लगाये जाते

हैं। तख्ते लगाते समय उनमें जोड़ सावधानी पूर्वक लगाये जाने चाहिए। टक्कर जोड़ सबसे सरल है। (चित्र–10.1)

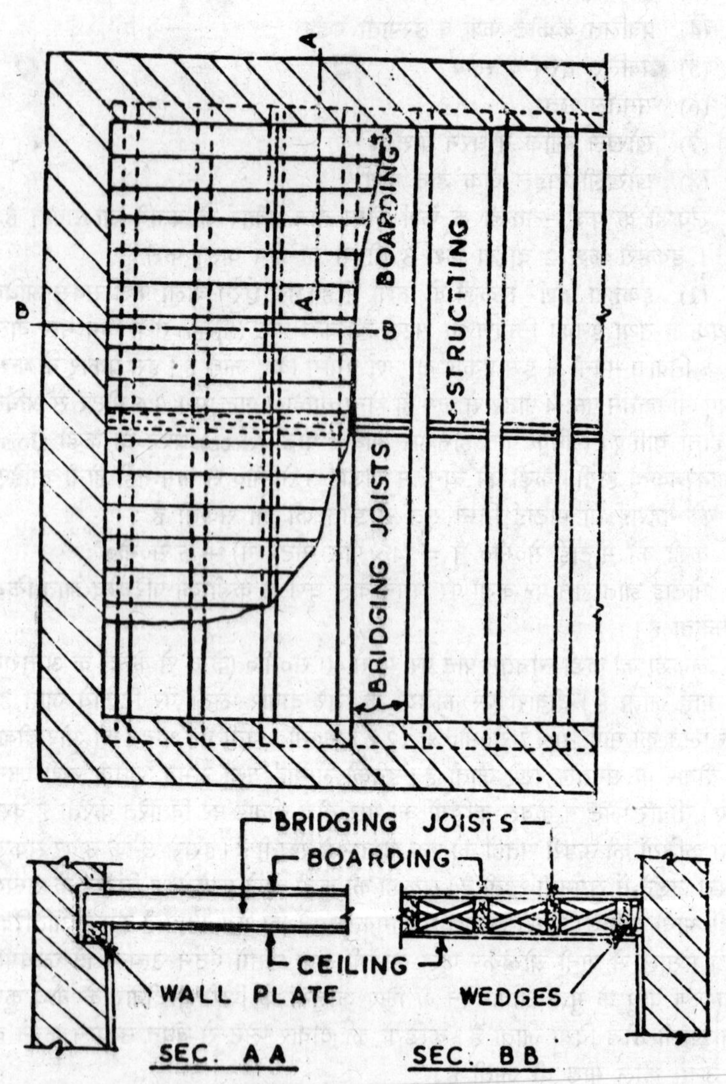

चित्र-10.1. Single Joist Timber Floor

संभावित अधिक टूट–फूट वाली छतों पर तख्तों की दोहरी परत लगाई जा सकती है। प्रथम परत व ऊपरी परतों के जोड़ ऊपर नीचे आने से बचाने के लिए प्रथम परत कड़ियों की विकर्ण दिशा में लगाई जाती है।

ऊपरी सतह में कठोर लकड़ी के 2.0 से०मी० 2.5 से०मी० मोटे तख्ते कड़ियों की अभिलम्ब दिशा में लगाये जाते है।

लकड़ी का फर्श तैयार करने के पश्चात् ऊपरी सतह को रन्दे या रेगमाल कागज से रगड़ कर चिकना कर पालिश कर देनी चाहिए।

नीचे से छत समतल करने के लिए लकड़ी कड़ियों के नीचे तख्ते कीलों से गाड़े जा सकते हैं। इसे छतगीरी या तौली (Ceiling) कहते हैं परन्तु इस प्रकार की तौली बनाने से कड़ियों से तख्ते हट जाने का भय रहता है।

10.3 टेक बन्दी (Strutting) :

लकड़ी कड़ी की लम्बाई 3.5 मीटर से अधिक होने पर वह भुजाओं की ओर टेढ़ी हो जाती है कड़ी का टेढ़ा होना व्याकुंचन (Buckling) कहलाता है। यह प्रक्रिया प्रायः

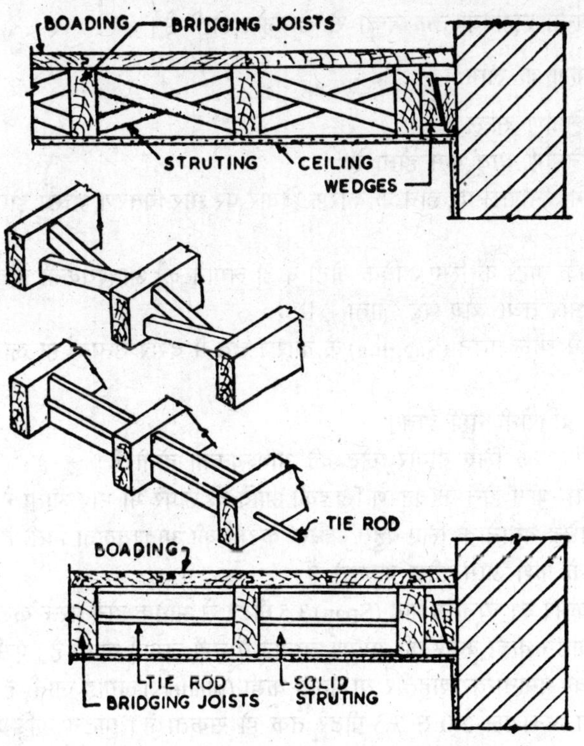

चित्र 10·2A Details of Herring Bond Strutting

चित्र-10.2B ठोस टेक बन्दी (Solid Strutting)

अधिक मोटी कड़ियों में अधिक होता है। इस कारण कड़ियों में व्याकुंचन रोकने के लिए टेक बन्दी की जाती है। टेक बन्दी निम्न दो प्रकार की जा सकती है।

(1) लहरिया टेक बन्दी (2) ठोस टेक बन्दी

(1) **लहरिया टेक बन्दी (Herring bone strutting)—**
लहरिया टेक बन्दी कड़ियों के बीच बंधन (Bracing) लगाने की सर्वोत्तम विधि है। इस विधि में 3 से 5 से०मी० मोटे व 5 से०मी० चौड़े लकडी के टुकड़े तिरछे इस प्रकार लगाये जाते हैं कि वे कड़ी की मोटाई के मध्य में एक दूसरे को काटे। (चित्र–10.2) इन टेकों के सिरे कड़ियों के साथ कीलों से जोड़ दिये जाते हैं।
टेक बन्दी के अतिरिक्त सामर्थ्य प्रदान करने के लिए दीवार व अन्तिम टेकों के सिरों के बाच बैज (फाने) लगाये जाते हैं। चित्र–10.2 A

(2) **ठोस टेक बन्दी (Solid strutting)**—यह टेक बन्दी सबसे सरल है तथा सस्ते भवनों में प्रयोग की जाती है। यह 2.5 से 4 से०मी० मोटी लकड़ी के टुकड़ों को लगातार कतार में लगाकर बनाई जाती है। इन टुकड़ों की चौड़ाई कड़ी की मोटाई से 2.0 से 2.5 से०मी० कम तथा लम्बाई कड़ियों के केन्द्रीय अन्तराल के बराबर होती है। टेक बन्दी को मजबूत बनाने के लिए समस्त कड़ियों के मध्य भाग व टेक बन्दी से निकलती हुई एक 12 mm व्यास की गोल छड़ लगाकर सिरों पर नट लगा दिए जाते हैं। यह टेक बन्दी लहरिया टेक बन्दी से कमजोर होती है।

लकड़ी के इकहरे फर्श के लाभ

(1) इनका निर्माण सरल है।

(2) इनका निर्माण व्यय कम होता है।

(3) कड़ी कम अन्तराल पर होने के कारण दिवार पर भार वितरण अच्छा होता है।

दोष—(1) अधिक पाटो के लिए अधिक मोटी कड़ी लगाने की आवश्यकता होती है जिससे फर्श का भार तथा व्यय बढ़ जाता है।

(2) कड़ियों में झोल पड़ने (Sagging) के कारण छत में दरार उत्पन्न हो जाते हैं।

(3) ये ध्वनि प्रतिरोधी नहीं होते।

(4) कड़ी लगाने के लिए दीवार प्लेट की आवश्यकता होती है।

(5) कड़ी पास–पास होने के कारण खिड़की आदि के ऊपर भी भार आता है।

(6) फर्श में छिद्र बनाने के लिए बहुत अधिक कटाई की आवश्यकता होती है।

(7) लकड़ी के फर्श आग शीघ्र पकड़ते हैं।

दोहरा फर्श—कमरे का न्यूनतम पाट (Span) 3.5 मीटर से अधिक होने पर लकड़ी फर्श बनाने के लिए पाटन कड़ी कमरे की सम्पूर्ण लम्बाई में नहीं लगाई जाती है। ऐसी स्थिति में छोटे पाट के समानान्तर शहतीर या बंधक कड़ी (binders) लगाई जाती है। दो बंधक कड़ियों का अन्तराल 2.0 से 3.5 मीटर तक हो सकता है। पाटन कड़िया (Bridging joint) बंधक कड़ियों के अभिलम्ब लगाई जाती हैं। बंधक कड़ियों के सिरों के नीचे कंक्रीट, पत्थर, अथवा लकड़ी की धारक प्लेट या टेम्पलेट लगाई जाती हैं।

प्लेटों की लम्बाई 7.5 से०मी० से 12.5 से०मी० तक होती है। बंधक कड़ी को संभालने के लिए दीवार में कभी–कभी पत्थर का टोड़ा या कारबेल (Corbel) भी बनाया जाता है। इसमें तख्ते पाटन कड़ियों पर लगाए जाते हैं। इस प्रकार का फर्श दोहरा फर्श कहलाता है तथा 7.5 मीटर तक लम्बे पाटों के लिए प्रयोग किया जाता है। यथासंभव बंधक कड़ी खिड़की या दरवाजों के ऊपर नहीं रखी जानी चाहिए। यदि ऐसा करना संभव न हो तो दरवाजों या खिड़कियों के ऊपर पत्थर या कंक्रीट के लिन्टल लगाये जाने चाहिए। बंधक व पाटन कड़ियों के बीच जोड़ चित्र–10.3 में दिखाया गया है। बंधक कड़ियों के सिरे दीवार में नहीं दबाने चाहिए। इनके सिरों पर वायु का मुक्त आवागमन होना चाहिए।

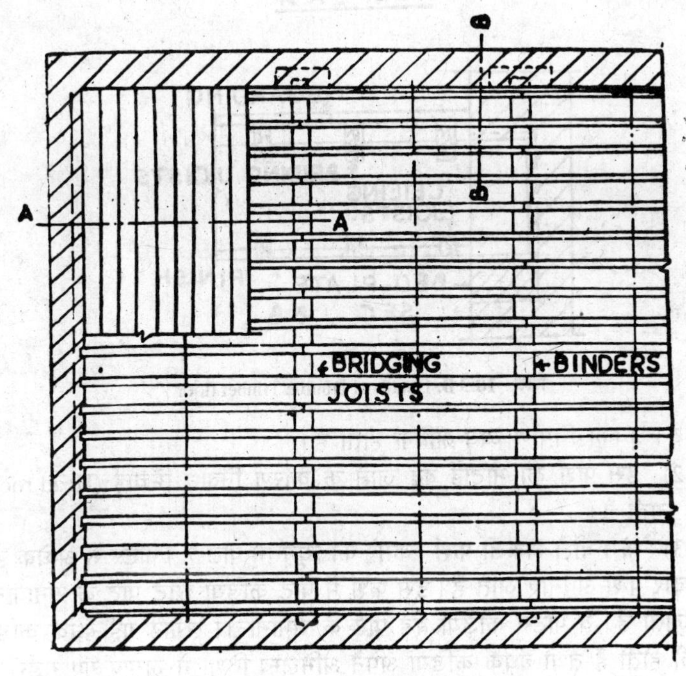

चित्र-10.3 A. Plan of Double Timber Floor

लाभ–(1) इस श्रेणी के फर्श अधिक दृढ़ होते हैं इस कारण छत का पलस्तर उखड़ने का भय नहीं रहता।

(2) इस प्रकार के फर्शों का भार बंधक कड़ियों द्वारा दीवार पर वितरित करने के कारण दरवाजों आदि पर भार बचाया जा सकता है।

(3) दीवार के समीप अतिरिक्त बंधक कड़ी लगाकर दीवार वितरक प्लेट हटाई जा सकती है। सीलन के कारण इन प्लेटों के शीघ्र नष्ट हो जाने का भय रहता है।

(4) इस श्रेणी के फर्श अधिक ध्वनि रोधक होते हैं।

दोष–विभिन्न अवयबों को जोड़ने के लिए अधिक मजदूरों की आवश्यकता होती है।

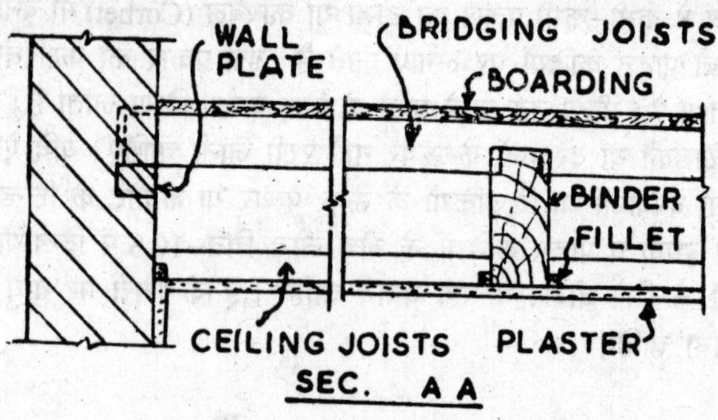

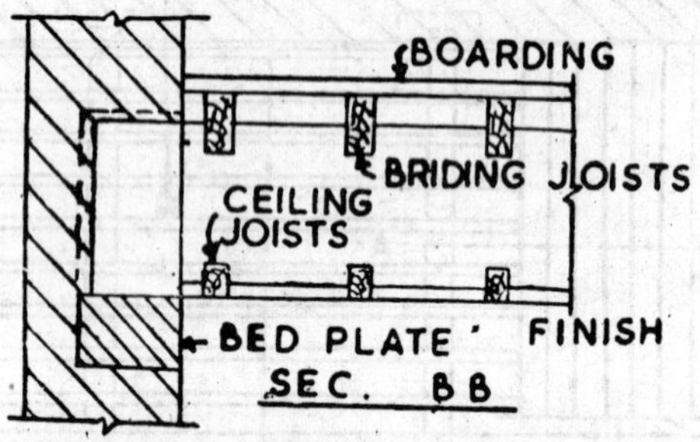

चित्र–10.3 B. Details of Double Timber floor

इस कारण इनका निर्माण व्यय अधिक होता है।

(2) इस फर्श की मोटाई बढ़ जाने के कारण निर्वाध ऊँचाई (Head room) कम हो जाती है।

(3) **फ्रेम वाले लकड़ी फर्श**–कमरे का न्यूनतम् पाट 7.5 मीटर से अधिक होने पर फ्रेमदार फर्श अपनाए जाते हैं। इस फर्श में पाट कड़ियाँ छोटे पाट के समावान्तर लगाई जाती हैं। ये पाटन कड़ियाँ बड़े पाट के समानान्तर लगाई गई बंधक कड़ियों पर टिकी होती हैं तथा बंधक कड़ियां अपने अभिलम्ब दिशा में लगाए गए गर्डरों पर टिकी होती हैं। गर्डरों का अन्तराल उनके आकार तथा फर्श के भार पर निर्भर करता है। पाटन तख्ते कड़ियों पर लगाए जाते हैं।

10.4 इस्पाती धरन व पत्थर की पट्टी या पूर्वनिर्मित कंक्रीट स्लेब (Steel joist and Stone or Precast Concrete Slab)

देश के पहाड़ी क्षेत्रों में पत्थर की पटिया बहुत अधिक मात्रा में बहुत कम लागत पर प्राप्त होती हैं इस कारण ऐसे क्षेत्रों में पत्थर की पटियों के फर्श मितव्ययी होते हैं। इनका निर्माण भी सरल होता है।

बनावट–कमरे का न्यूनतम पाट 3.5 मीटर से कम होने पर बेल्लित इस्पाती धरन 30 से 45 से०मी० के अन्तराल पर लगाई जाती हैं। अन्तराल धरनों के केन्द्र से केन्द्र

तक की दूरी होती है। इस्पाती धरनों के निचले फ्लेंज पर 4 से०मी० मोटी पत्थर की पटिया रख कर उसके ऊपर चूना कंक्रीट या कम भार वाली कंक्रीट डाल कर उसकी अच्छी प्रकार कुटाई कर फिनिश (Finish) कर दिया जाता है। तैयार (Finished) सतह इस्पाती धरन की ऊपरी फ्लेंज से लगभग 1 से०मी० नीचे होनी चाहिए। इस सतह के ऊपर वांछित निर्माण सामग्री डालकर फर्श तैयार किया जा सकता है। इस बात का ध्यान रखा जाना चाहिए कि इस्पाती धरन के सम्पर्क में चूना कंक्रीट नहीं आनी चाहिए इससे धरन में जंग लगने से उसकी आयु कम हो जायेगी।

पत्थर की पटियों के स्थान पर कंक्रीट की पूर्वनिर्मित स्लेव लगाकर भी फर्श बनाया जा सकता है। कंक्रीट स्लैव की मोटाई 5 से०मी० तथा लम्बाई 45 से०मी० पर्याप्त है। शेष क्रिया पत्थर पट्टियां फर्श जैसा ही है।

सस्ते भवनों में नीचे की सतह समतल होना आवश्यक नहीं है। इस कारण पत्थर पटिया या कंक्रीट स्लेब धरन के ऊपरी फ्जेंज पर रख कर फर्श बनाया जा सकता है। पटियों के जोड़ों पर नीचे की ओर टीप करना पर्याप्त है। छत की ऊपरी सतह वांछित सामग्री की बनाई जा सकती है।

अधिक पाट वाले कमरों में पाटन धरनों को संभालने के लिए गर्डर प्रयोग किए जाते है। गर्डर 2.5 से 3.0 मीटर के अन्तराल पर लगाए जा सकते हैं। शेष क्रिया उपरोक्त जैसी ही है।

पूर्वनिर्मित कंक्रीट स्लेव फर्श के लाभ तथा दोष–

(1) इसका निर्माण बहुत शीघ्र होता है।

(2) इस प्रकार के फर्श अग्नि व ध्वनि प्रतिरोधक होते हैं।

(3) इन फर्शों का भार कम होता है। इस कारण नींव भी हल्की बनाने से निर्माण व्यय में बचत होती है।

(4) इसके निर्माण के लिए फर्माबन्दी की आवश्यकता नहीं होती।

(5) इस फर्श की तराई की आवश्यकता नहीं होती।

(6) अपेक्षाकृत इस प्रकार के फर्श मितव्ययी सिद्ध हुए हैं।

दोष–(1) कंक्रीट अवयबों को उठाते व रखते समय प्रतिबल उत्पन्न होते हैं। इन प्रतिबलों को सहन करने के लिए इनके डिजाइन व निर्माण में बहुत सावधानी की आवश्यकता होती है।

(2) धरनों का अन्तराल समान होना चाहिए। जो व्यवहारिकता में प्राप्त करना कठिन है।

(3) कारखाने से निर्माण स्थल तक स्लैब लाते समय उनके टूट जाने से बहुत क्षति होती है।

(4) अवयबों के निर्माण व देख–भाल के लिए कुशल कारीगरों की आवश्यकता होती है।

10.5 जैक डाट फर्श (Jack arch floor)

इस प्रकार के फर्श ईंट तथा कंक्रीट के बनाए जा सकते हैं। डाट बेल्लित इस्पाती

धरनों (R.S.J.) के निचले फ्लेजों के बीच बनाई जाती है। इन धरनों के बीच केन्द्र अन्तराल 1.25 मीटर से 2.0 मीटर तक होता है। डाट का उठान (rise) पाट के $\frac{1}{12}$ से 1/16 भाग के बराबर रखा जाता है। डाट क्रिया के फलस्वरूप दीवारों में तनन उत्पन्न हो जाता है। इस कारण तनन प्रभाव को निष्क्रिय करने के लिए अन्तिम पाटों में 2.0 से०मी० से 2.5 से०मी० व्यास की इस्पाती छड़ें 2.0 मीटर से 2.7 मीटर के अन्तराल पर लगाई जाती हैं। इन छड़ों की अधिकतम संख्या प्रायः तीन होती है। ये छड़ें बंधक छड़ (tiebar or T.R.) कहलाती हैं। दीवार में बंधक छड़ (Tie Rod) कठोर वॉशर (M.S. Plate washer) की सहायता से जकड़ी जाती हैं। धरन की ओर इनमें कावला या नट कस दिया जाता है। दीवार पर डाट संभालने के लिए कभी–कभी बेल्लित इस्पाती धरन (R.S.J.) या ऐंगल आयरन लगाया जाता है। धरन के समीप त्रिकोनिया स्थानों में सीमेन्ट कंक्रीट भर कर ऊपर की सतह, टाइल, चूना कंक्रीट अथवा मौजेक परत की बनाई जा सकती है। लकड़ी की छत बनाने के लिए डाट के ऊपर लकड़ी की फट्टी लगाकर उनके ऊपर लकड़ी के तख्ते कीलों से जड़ दिए जाते हैं।

10.6 ईंट जैक डाट बनाने की विधि

डाट के लिए ढूला (Centre Board) 4 से०मी० मोटी लकड़ी से बनाया जाता है। ढूले की आकृति वृत्तीय खंड जैसी होती है। इस खंड की जीवा (chords) लम्बाई

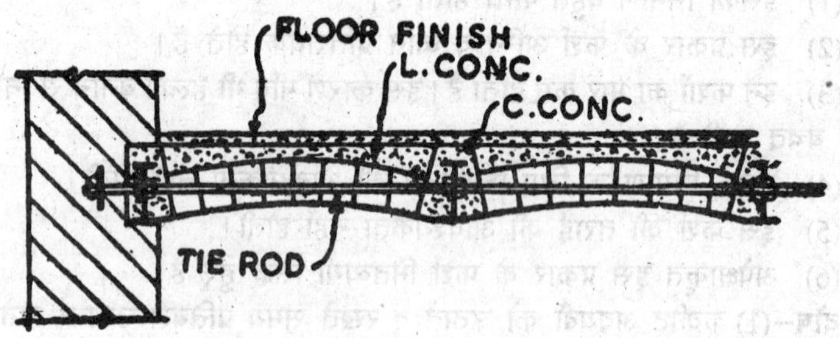

चित्र–10.4. Details of Brick Arch Floor

डाट के पाट के बराबर होती है। वृत्तीय खंड की ऊपरी सतह डाट की निचली सतह के अनुसार होती है। ढूला खंड के सिरों को थोड़ा काट कर धरन के निचले फ्लेजों पर टिका दिया जाता है। इस अवस्था में खंड का वक्रीय भाग डाट की निचली सतह

की ऊँचाई पर रहता है। कभी–कभी ढूले को धरनों से लटकने के लिए चित्र–10.4 में दिखाये अनुसार उसके सिरों पर इस्पात की स्ट्रिप (C) लगाई जाती है। ढूले के सिरों की दीवार से दूरी 7.5 से०मी० रखी जाती है। डाट बनाते समय ईंटें दोनों सिरों से मध्य भाग की ओर लगाई जाती हैं। चाबी ईंट (Key brick) यथा संभव सख्त मसाले से लगाई जाती है। धरनों पर ठीक प्रकार से टिकने के लिए ईंटों को उसी आकृति का काट लिया जाता है। इस्पाती धरनों पर जंग लगने से बचाने की दृष्टि से धरनों के समीप ईंटें सीमेन्ट मसो में लगाई जाती हैं। प्रथम व क्रमिक डाट वलय (Successive arch rings) में उचित बंधन (bond) उत्पन्न करने के लिए प्रथम डाट वलय में एकांतर ईंट 20 से०मी० व 10 से०मी० की लम्बाई में लगाई जाती है। प्रथम डाट वलय (ring) तैयार हो जाने पर ढूले को हल्की चोट लगाकर 20 से०मी० आगे खिसकाकर दूसरी रिंग या वलय बनाई जाती है। समस्त कार्य पूर्ण हो जाने पर उसकी 10 दिन तक तराई करने के पश्चात् उसके ऊपर चूना कंक्रीट, मूरम अथवा हल्की कंक्रीट से तल समतल कर वांच्छित परत जैसे सीमेन्ट कंक्रीट, मौजेक फर्श आदि बनाया जा सकता है।

सावधानियां–ईंट जैक डाट बनाते समय निम्न बातों का ध्यान रखा जाना चाहिए:

(1) डाट बनाने के लिए प्रथम श्रेणी की ईंटों का ही प्रयोग किया जाना चाहिए।

(2) डाट लगाने से पहले उन्हें पानी से अच्छी तरह संतृप्त कर लेना चाहिए।

(3) डाट बनाना आरम्भ करने से पूर्व धरन अच्छी प्रकार दीवारों पर जकड़ देनी चाहिए।

(4) तिरकोणिया स्थान चूना कंक्रीट से भरने पर धरन के समीप सीमेन्ट कंक्रीट लगाई जानी चाहिए। चूना कंक्रीट की रसायनिक क्रिया से इस्पाती धरन की आयु कम हो जाएगी।

(5) संरचना की 10 दिन तक तराई की जानी चाहिए।

(6) डाट के ऊपर की भराई व अन्तिम परत का निर्माण 10 दिन तक तराई करने के पश्चात् ही आरम्भ किया जाना चाहिए।

10.7 कंक्रीट जैक डाट बनाना–कंक्रीट जैक डाट बनाने के लिए मुलायम इस्पात की 3 mm मोटी चादर का ढूला बनाया जाता है। इस प्लेट या चादर को डाट की निचली सतह के अनुसार मोड़ा जाता है। चित्र–10.5 A में दिखाए अनुसार प्लेट की लम्बाई में 75 से०मी० के अन्तराल पर छिद्र बना दिए जाते हैं। इस्पाती ढूला टिकाने के लिए उचित लम्बाई की 1.2 से०मी० व्यास की दो लोहे की छड़ों का प्रयोग किया जाता है। प्रत्येक छड़ के एक–एक सिरे पर हुक बनाकर उनके सिरों पर 1.2 से०मी० मोटी छड़ प्रवेश करने के लिए छिद्र बना दिये जाते हैं। ये छिद्र गवाक्ष (eye) के नाम से जाने जाते हैं। चित्र–10.5 B में दिखाए अनुसार प्रत्येक छड़ दूसरी छड़ के छिद्र अथवा गवाक्ष से निकाली जाती है। दोनों छड़ों को एक दूसरे के छिद्र की ओर खिसका कर उनकी लम्बाई बढ़ाई जा सकती है तथा उन्हें दूर हटा कर लम्बाई कम की जा सकती है। ढूला तैयार करने के लिए इन छड़ों को एक दूसरे के छिद्र से निकाल कर उसके सीधे सिरों को प्लेट के छिद्रों से निकाल कर इस्पाती धरनों पर टिका दिया जाता है। ढूले को दृढ़ता प्रदान करने की दृष्टि से इस्पाती प्लेट व छड़ों के बीच लकड़ी का टुकड़ा कस कर लगा दिया जाता है।

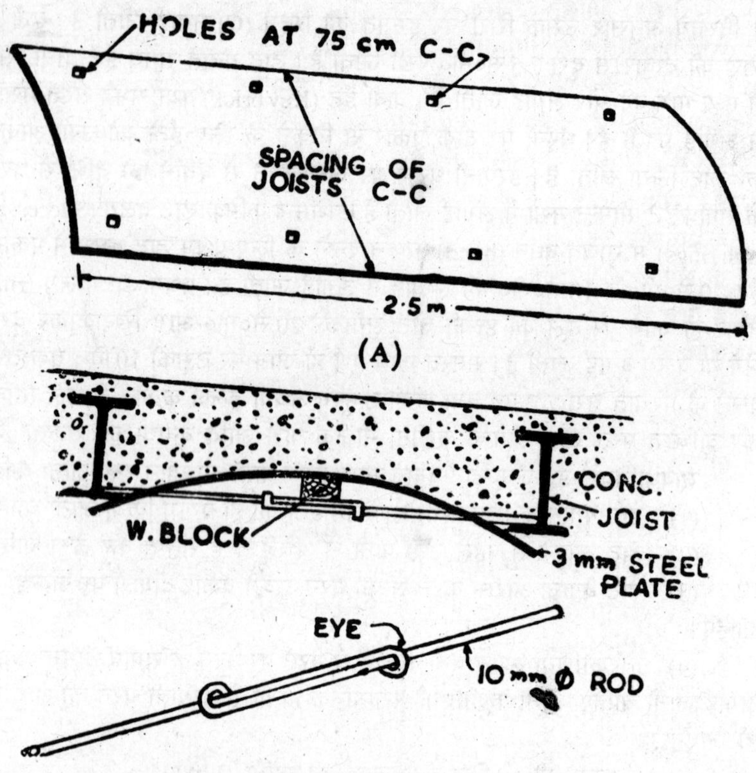

चित्र–10.5. (B) Details of R.C.C. Jack Arch Floor

इसके पश्चात् उचित मिश्रण की कंक्रीट डालकर उसकी अच्छी प्रकार कुटाई की जाती है। कंक्रीट आधार पर वांच्छित प्रकार की फर्श परत लगाई जा सकती है। फर्श परत की 10 दिन तक तराई करने के पश्चात् लकड़ी का टुकड़ा निकाल कर तथा छड़ों को एक दूसरे की ओर खिसका कर ढूला हटा दिया जाता है। डाट के निचले भाग की सुन्दरता बढ़ाने के लिए पलस्तर किया जा सकता है। कंक्रीट जैक डाट में भी ईंट जैक डाट वाली सावधानियां रखी जानी चाहिए।

10.8 प्रबलीत कंक्रीट फर्श—इन्जीनियरी विज्ञान में प्रगति के कारण आजकल प्रबलित कंक्रीट का प्रयोग दिनों दिन बढ़ता जा रहा है। यद्यपि कंक्रीट की संपीडीय सामर्थ्य बहुत है परन्तु तनन में यह अत्यन्न कमजोर है। जबकि लोहा संपीडन व तनन दोनों में ही बहुत मजबूत है। इस कारण आजकल दोनों सामग्रियों का लाभ उठाने की दृष्टि से प्रबलित कंक्रीट का प्रयोग किया जाता है। इसमें लोहा तनन तथा कंक्रीट संपीडीय बल सहन करने के लिए लगाई जाती है। प्रबलित कंक्रीट के फर्श निम्न प्रकार के हो सकते हैं।

(i) प्रबलित कंक्रीट स्लेब फर्श (ii) प्रबलित कंक्रीट धरन व स्लेब फर्श (iii) समतल स्लेब फर्श (iv) खोखली टाइल वाला फर्श

प्रबलित कंक्रीट स्लेब फर्श—कम पाट प्रायः 3.5 मीटर से कम लम्बे पाट, व कम भार के लिए सरल स्लेब वाले फर्श पर्याप्त हैं। कमरे की लम्बाई व चौड़ाई का अनुपात 1.5 से अधिक होने पर स्लेब चौड़ाई के समानान्तर पाट के लिए डिजाइन की जाती है। स्लेब की मोटाई व प्रबलन की मात्रा, छत पर लगने वाले भार तथा पाट की लम्बाई के अनुसार ज्ञात की जाती है। इसमें प्रबलन छत की निचली सतह के समीप कम पाट के समानान्तर लगाया जाता है। इस प्रकार की स्लेब चिंनाई दीवारों पर टिकी होती है तथा शुद्ध आलम्ब (simple supported) स्लेब के नाम से जानी जाती है। तापक्रम आदि के परिवर्तन के कारण स्लेब के खिसकने में सुविधा प्रदान करने के लिए दीवार के शिखर पर सीमेन्ट मसाले की परत लगाकर उस पर डामर की परत लगा दी जाती है (चित्र–10.6)

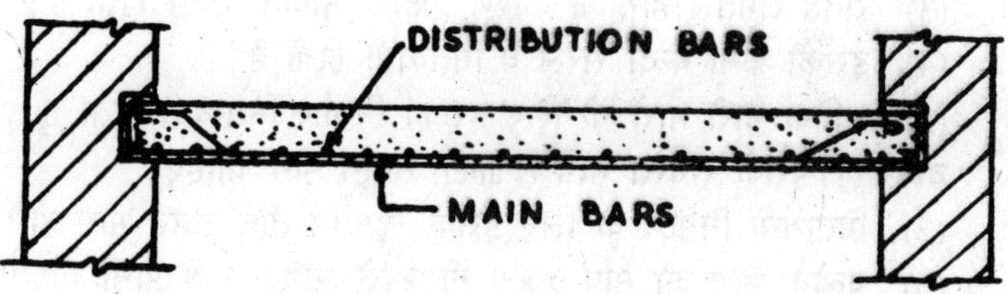

चित्र–10.6. Simply Supported Floor

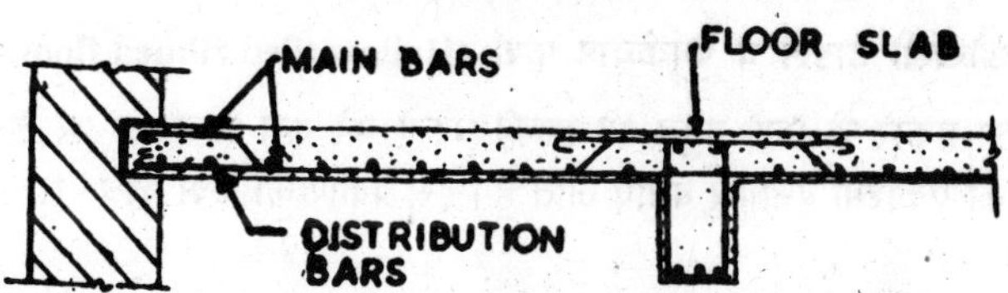

चित्र–10.7. Monolithic R.C.C. Floorm

भवन कंक्रीट फ्रेम का होने पर स्लेब धरन व फर्श एकाश्मी (Monolithic) बनाए जाते हैं।

• लम्बाई व चौड़ाई अनुपात 1.5 से कम होने पर प्रबलन दोनों दिशाओं में लगाया जाता है। इस प्रकार की स्लेब दुतरफा प्रबलित स्लेब कहलाती है।

(ii) **प्रबलित कंक्रीट या इस्पाती धरन व स्लेब फर्श**—बड़े पाट व भारी भारों के लिए प्रबलित कंक्रीट स्लेब फर्श मितव्ययी नहीं होते। इस कारण फर्श संभालने के लिए उसके नीचे उचित अन्तराल पर इस्पात अथवा कंक्रीट की धरन लगाई जा सकती हैं। इन धरनों के बीच स्लेब शुद्ध आलम्ब वाली स्लेब अथवा संतत (Continous) स्लेब बनाई जा सकती हैं। शुद्ध आलम्ब स्लेब में प्रबलन फर्श की निचली सतह पर ही लगाया जाता है। जबकि संतत स्लेब में प्रबलन धरन के ऊपर भी स्लेब के मध्य पाट में अधिकतम प्रबलन के बराबर लगाया जाता है। प्रबलन चित्र–10.7 में दिखाया गया है।

प्रबलित कंक्रीट धरन व स्लेब फर्श आजकल मितव्ययी सिद्ध हुए हैं। इस प्रकार के फर्श में स्लेब धरन के फ्लेंज की भाँति कार्य करती है। इस कारण संतत स्लेब धरन के एकाश्मी बनाने से धरन की मोटाई कम हो जाती है। इस कारण निर्माण व्यय कम होता है। इस प्रकार के फर्श में मुख्य प्रबलन छोटे पाट के समानान्तर डाला जाता है।

समतल स्लेब फर्श–भवनों में इस्पात या कंक्रीट धरन के प्रक्षेप पसन्द न करने पर स्तम्भों पर टिका कर समतल फर्श बनाया जा सकता है। इस प्रकार के फर्श प्रायः छविग्रहों–सिनेमाग्रहों; कारखानों व अन्य सार्वजनिक भवनों में बनाए जाते हैं। इनके निम्न लाभ है–

(1) धरन न होने के कारण फर्श की निचली सतह समतल तथा सुन्दर लगती है।

(2) धरन न होने के कारण निर्वाध ऊँचाई (head room) अधिक मिलती है।

(3) सतह समतल होने के कारण प्रकाश सुविधा अच्छी होती है।

(4) इसकी फर्मा बन्दी सरल व मितव्ययी होती है।

(5) अधिक भारी भारों के लिए इसका निर्माण मितव्ययी होता है।

दोष–(1) इसके समस्त भाग (Panel) समान होने चाहिए।

(2) मितव्ययी निर्माण के लिए इसके न्यूनतम तीन संतत भाग होने चाहिए।

(3) प्रत्येक भाग की माप 9 × 9 मीटर से अधिक नहीं होनी चाहिए।

(4) हल्के भारों के लिए इस प्रकार के फर्श मितव्ययी नहीं होते।

10.11 खोखली टाइल व फांकेदार फर्श (Hollow tiled ribbed floors)

इस प्रकार के फर्श बहुत सी हल्की धरनों को कम अन्तराल पर लगाकर धरन व स्लेब को एकाश्मी बनाकर बनाए जाते हैं। इस प्रकार का फर्श चित्र–10.8 में दिखाया गया है।

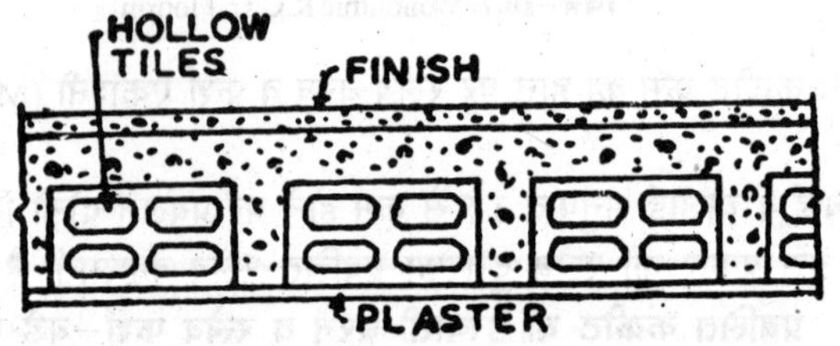

चित्र-10.8. Hollow Tiled Floor

प्रश्नावली

(1) लकड़ी की विभिन्न प्रकार की छतों का साफ चित्र सहित वर्णन कीजिये।

(2) निम्न पर साफ चित्र सहित टिप्पणी लिखिए।

(i) लकड़ी की एकल छत (Single floor)

(ii) जैक डाट छत

(iii) इस्पाती धरन व पत्थर पट्टी छत

(iv) प्रबलित कंक्रीट छत

(3) ईंट जैक डाट फर्श बनाने की विधि का साफ़ चित्र सहित वर्णन कीजिये।

(4) कंक्रीट जैक डाट फर्श बनाने की विधि का साफ़ चित्र सहित वर्णन कीजिये।

(5) प्रबालित सीमेन्ट कंक्रीट स्लेब व धरन व स्लेब के प्रवलन के साफ़ चित्र बनाकर वर्णन कीजिये।

(6) समतल स्लेब फर्शों के लाभ व हानियाँ लिखये।

11

लकड़ी कार्य के जोड़ एवं स्थिरक

Joinry

11.1 प्रस्तावना

भारत एक कृषि प्रधान देश होने के कारण यहाँ लकड़ी बहुत अधिक मात्रा में कम लागत पर प्राप्त हो जाती है। इस कारण पुराने काल से ही यहाँ दरवाजों, खिड़कियों, स्तम्भ, छतधरन आदि के लिए लकड़ी का प्रयोग किया जाता है। लकड़ी की विभिन्न वस्तुयें बनाने के लिये लकड़ी में जोड़ बनाने की आवश्यकता होती है। इस अध्याय में लकड़ी के जोड़ों का वर्णन किया गया है।

11.2 परिभाषाएँ

1. **पख मारना (Chamfering)**—लकड़ी के तीखे किनारों को रन्दा कर गोल बनाना "पख मारना" कहलाता है। इसमें सिरा प्रायः 45° के कोण पर गोल किया जाता है।

2. **बेवेल (Bevel)**—यदि पख मारने का कोण 45° न हो तो इस श्रेणी का पख मार बेवेल कहलाता है।

3. **रन्दा करना (Planing)**—लकड़ी को रन्दे से समतल करने की क्रिया रन्दा करना (Planing) कहलाता है।

4. **पताम बनाना (Rebating)**—लकड़ी कार्य के एक अवयब में दूसरा अवयब लगाने के लिये प्रथम अवयब के किनारे के समानान्तर एक आयताकार पेड़ी काटना पताम बनाना कहलाता है।

5. **आवासन (Housing)**—लकड़ी के एक अवयब में दूसरा अवयब लगाने के लिए प्रथम अवयब में खांचा काटने की क्रिया आवासन कहलाती है।

6. **कलम (Mitring)**—लकड़ी के दो अवयबों को किसी कोण पर जोड़ने की क्रिया कलम कहलाती है।

7. **गोलाई बनाना (Beading)**—लकड़ी के किसी किनारे के समानान्तर गोल अथवा अर्धवृताकार गढ़ाई गोलाई बनाना कहलाती है।

8. **काष्ठ पट्टी (Batten)**—लकड़ी के जोड़ पर कम चौड़ी लगाई जाने वाली लकड़ी पट्टी, (batten) कहलाती है।

9. **खाचां (Grooves)**—लकड़ी के किसी अवयब में बनाई गई भिर्री खाचां (grooves) कहलाती है।

10. **गढ़ाई करना (Moulding)**—लकड़ी की सुन्दरता बढ़ाने के लिये वाँच्छित आकृति देने की क्रिया लकड़ी की गढ़ाई करना कहलाती है।

11. **गुटके लगाना (Studding)**—लकड़ी के तख्ते आदि दीवार में लगाने के लिये पहले दीवार में छोटे–छोटे गुटके लगाने की क्रिया गुटका लगाना कहलाती है।

10.3 लकड़ी जोड़ का वर्गीकरण

लकड़ी के जोड़ निम्न प्रकार के होते है।

(1) आयामन जोड़ (Lengthening joint)
(2) धारक जोड़ (Bearing joint)
(3) फ्रेम जोड़ (Framing joint)
(4) कोणीय जोड़ (Corner or angle joint)
(5) खड़ा जोड़ (Side or windening joint)
(6) तिरछे जोड़ (Oblique shouldered joint)

(1) **आयामन जोड़**—जायामन जोड़ लकड़ी की लम्बाई बढ़ाने के लिए बनाये जाते हैं। इनका उप वर्गीकरण निम्न प्रकार किया जा सकता है।

(a) चढ़ाव जोड़ (Lap joint)
(b) पट्टी जोड़ (Fish joint)
(c) मल्ल जोड़ (Scarf joint)
(d) चाबी जोड़ (Table joint)

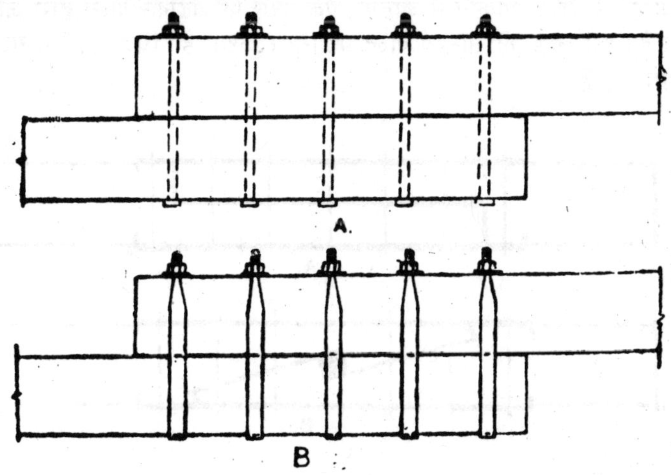

चित्र-11.1. Lap Joint

(a) **चढ़ाव जोड़**—यह आयामन जोड़ का सबसे सरल जोड़ है। चित्र–11.1 में दिखाएनुसार एक अवयव को दूसरे अवयब पर चढ़ाकर लकड़ी को बिना काटे ही बोल्ट अथवा कील व पत्ती से जोड़ दिया जाता है। यह जोड़ अधिक प्रतिबल सहन करने के लिए उपयुक्त नहीं है।

(b) **पट्टी जोड़ (Fish joing)**—इस जोड़ में लकड़ी के सिरों को काटकर एक दूसरे से टक्कर देकर अर्थात मिलाकर उसके ऊपर लोहे अथवा लकड़ी की प्लेट रखकर बोल्ट द्वारा जोड़ दिया जाता है। ये प्लेट फिश प्लेट (Fish plates) कहलाती हैं। इस जोड़ की सामर्थ्य प्लेट व बोल्ट की सामर्थ्य पर निर्भर करती है। चित्र–11.2

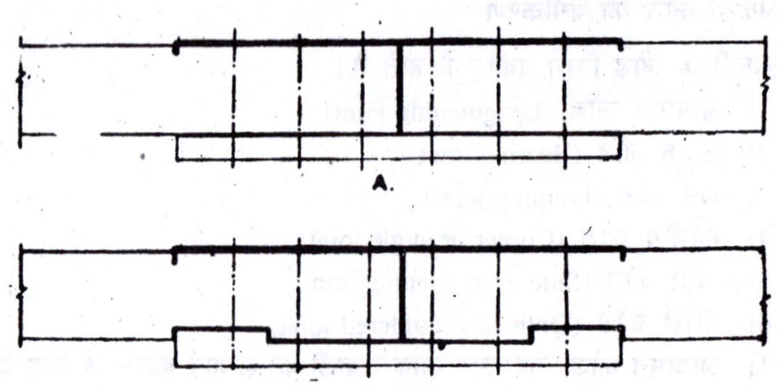

चित्र-11.2. Fish Timber Joint

(2) **मल्ल जोड़ (Scarf joint)**—जब लकड़ी की पूर्ण लम्बाई में उसकी मोटाई व चौड़ाई समान रखना अनिवार्य होता है, तो उन परिस्थितियों में लकड़ी के दोनों अवयबों को मोटाई में उचित आकृति में काटकर एक दूसरे पर चढ़ाकर वोल्ट द्वारा जोड़ दिया जाता है। इस जोड़ की सामर्थ्य बोल्ट पर निर्भर करती है। चित्र–11.3 में मल्ल जोड़ दिखाये गए हैं।

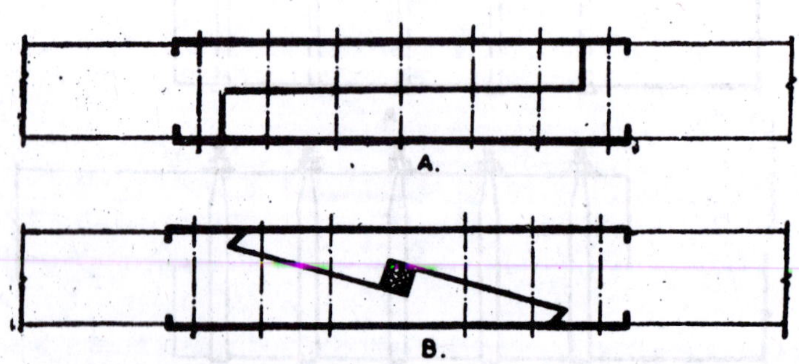

चित्र-11.3. Scarf Joint

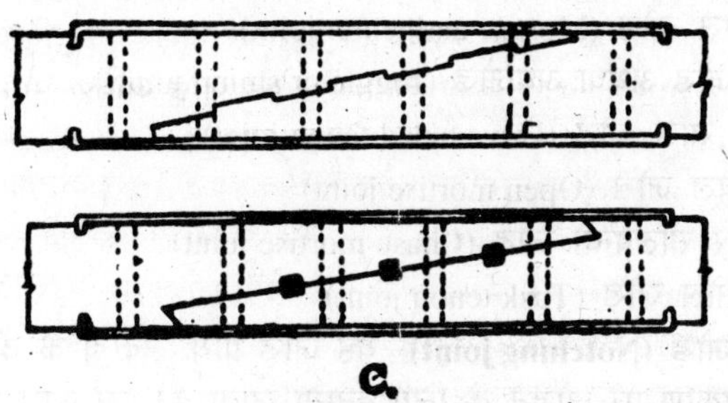

चित्र-11.3. (C) Scarf Joint

(b) **चाबी जोड़ (Table joint)**—यह जोड़ भी मल्ल जोड़ को भांति ही होता है। इसका प्रयोग उन अवस्थाओं में किया जाता है। जब किसी अवयब में संपीडन तथा तनन दोनों प्रतिबल कार्य करते हों। चित्र–11.4.

11.4 धारक जोड़

धारक जोड़ों का निम्न उपवर्गीकरण किया जा सकता है।

(i) खाँचा जोड़ (Notching joint)

(ii) चाबी जोड़ (Cogged joint)

(iii) अर्ध जोड़ (Halving joint)

(iv) आवासन जोड़ (Housed joint)

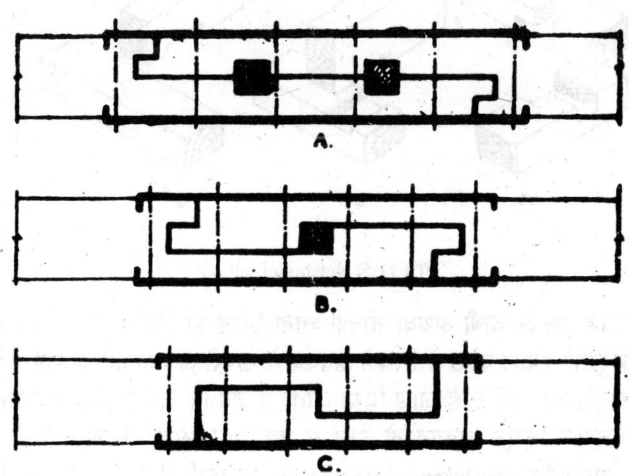

चित्र-11.4. Table Joint

(v) डबचूल जोड़ (Dove tail joint)

(vi) चूल साल जोड़ (Mortise and tenon joint)

(vii) खांचा जोड़ अथवा अधजोड़ (Joggle or stump joint)

(viii) डबचूल साल जोड़ (Dove tailed tenon joint)

(ix) खुला चूल जोड़ (Open mortise joint)

(x) खाँचेदार सालबन्दी जोड़ (Chase mortise joint)

(xi) टस्क साल जोड़ (Tusk tenon joint)

(i) **खांचा जोड़ (Notching joint)**—यह जोड़ प्रायः लकड़ी के दो अवयबों (members) को समकोण पर जोड़ने के लिए बनाया जाता है। इस जोड़ में लकड़ी के एक अवयब की पूर्ण चौड़ाई में चित्र–11.5 C में दिखाएनुसार खाँचा बनाया जाता है। यह इकहरा खांचा जोड़ कहलाता है। यह खांचा अवयबों के पार्शिवक संचलन को रोकता है।

यदि जोड़ बनाने के लिए दोनों अवयबों में खांचे काटे जायें तो यह जोड़ दूहरा खाँचा जोड़ कहलाता है। चित्र–11.5 B चित्र–11.5 A में भी इसी श्रेणी का जोड़ दिखाया गया है।

(ii) **चाबी जोड़ (Cogged joint)**—जहां लकड़ी के एक अवयब की पूर्ण मोटाई का प्रयोग करना अनिवार्य हो वहाँ चाबी जोड़ बनाया जाता है। इस प्रकार का जोड़ प्रायः लकड़ी की कैंची की तनन धरन (tie beam) व दीवार प्लेट के बीच बनाया जाता है।

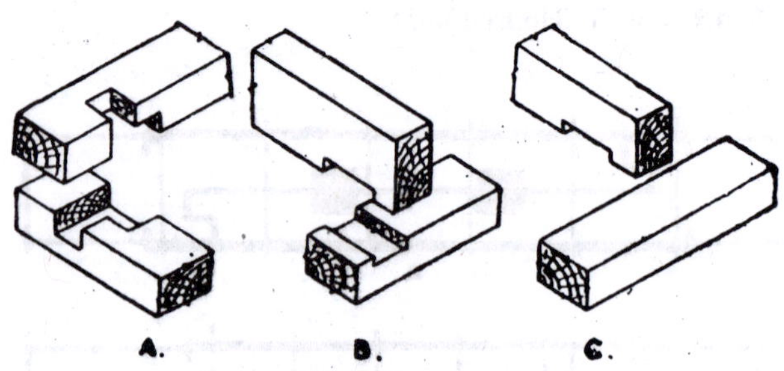

चित्र-11.5. Notching Joint

यह जोड़ एकल चाबी अथवा दोहरा चाबी जोड़ हो सकता है। चित्र–11.6 A में दिखाए अनुसार एकल जोड़ में निचले अवयब में ऊपरी अवयब की चौड़ाई के बराबर कम गहरा खांचा काटकर उन्हें जोड़ दिया जाता है जब कि दोहरे जोड़ में चित्र–11.6 B में दिखायेनुसार निचले अवयब के मध्य में एक पट्टी छोड़ दी जाती है।

(iii) **अध जोड़ (Halving joint)**—यह जोड़ लकड़ी के अवयबों को किसी कोण पर जोड़ने के लिए प्रयोग किया जाता है। इस जोड़ में प्रत्येक अवयब को चित्र–11.7 में दिखायेनुसार उसकी आधी मोटाई तक काटकर व एक दूसरे पर चढ़ाकर जोड़ बनाया जाता है। यह जोड़ गाड़ियों के फ्रेम, दरवाजों, आदि के लिए प्रयोग किया जाता है।

(iv) **आवासन जोड़ (Housed joint)**—इस जोड़ में एक अवयब की पूर्ण मोटाई दूसरे अवयब में खांचा बनाकर जकड़ दी जाती है। यह जोड़ प्रायः भारी कार्यों के लिंए प्रयोग किया जाता है। चित्र–11.8

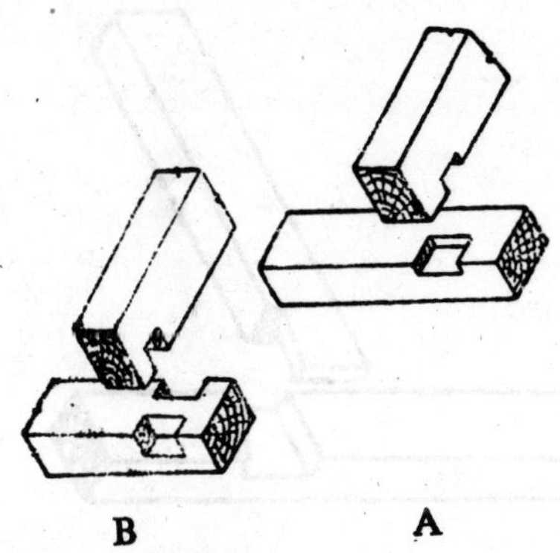

चित्र-11.6. Cogged Joint

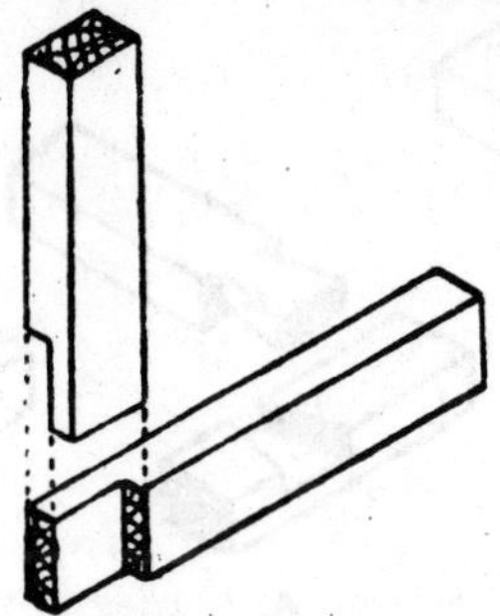

चित्र-11.7. Halving Joint

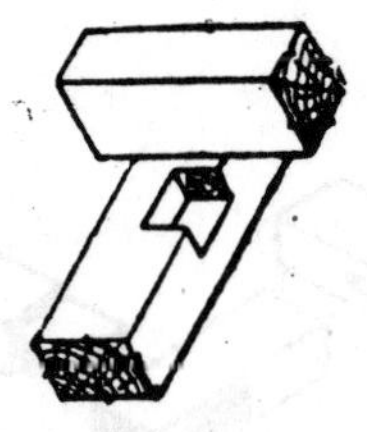

चित्र-11.8. Housed Joint

(v) **डबचूल जोड़ (dove tailed joint)**—यह जोड़ विशेष रूप से फर्नीचर बनाने में प्रयोग किया जाता है। यह जोड़ बनाने के लिए प्रत्येक अवयब में वेज आकृति के

खांचे काटकर उन्हें जोड़ दिया जाता है। जोड़ को मजबूत बनाने के लिए उस पर पिन लगा दिये जाते हैं। चित्र–11.9 में विभिन्न प्रकार के डबचूल जोड़ दिखाए गए हैं।

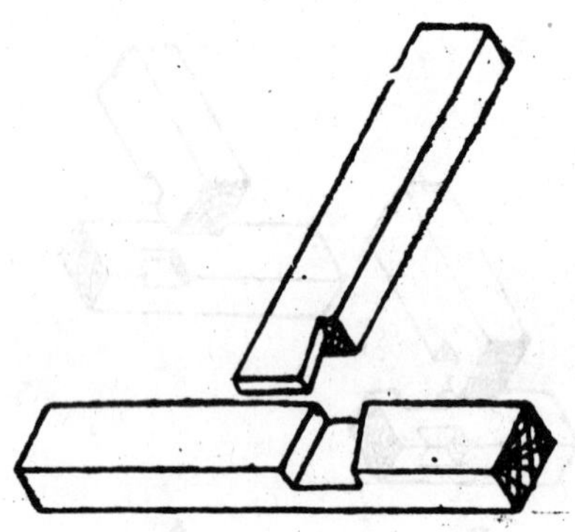

चित्र–11.9 A. Dove Tailed Joint

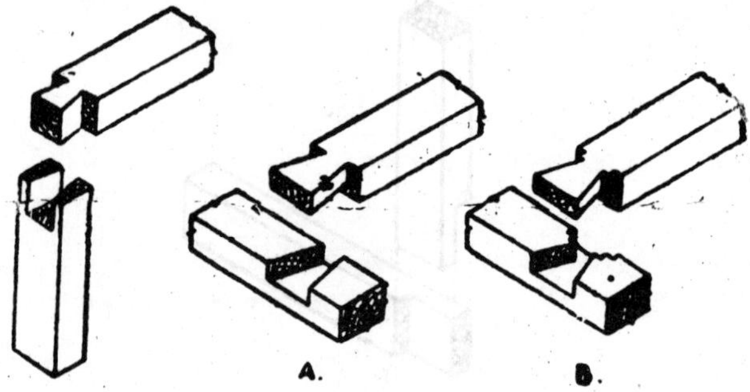

चित्र-11.9 B. Dove Tailed Joints

चित्र-11.10. Mortised and Tenon Joint

(v) चूल साल जोड़ (Mortise and tenon joint)–इस जोड़ की बनावट

सबसे सरल है तथा प्रायः लकड़ी के फ्रेम व अन्य वस्तुए बनाने में प्रयोग किया जाता है इस जोड़ में लकड़ी के एक अवयब को काटकर एक छोटा प्रक्षेप बनाया जाता है जिसे जीभ (tongue) अथवा साल (tenon) कहा जाता है। दूसरे अवयब में खाँचा बनाया जाता है, जिसे (Mortise) कहा जाता है। इसके पश्चात् साल को खाँचे में डालकर जोड़ बना दिया जाता है। साल व खाँचे की गहराई अवयब की मोटाई का 1/3 भाग होनी चाहिए। यह जोड़ कई प्रकार का होता है चित्र–11.10 में विभिन्न प्रकार के चूल साल जोड़ दिखाये गये हैं।

(i) **एकल आर पार चूल साल जोड़**–इसका प्रयोग प्रायः फर्नीचर बनाने में किया जाता है।

(ii) **बन्द चूल साल जोड़**–इसका प्रयोग प्रायः लकड़ी की नर व मादा कैंची बनाने में किया जाता है।

(iii) **दोकल आर पार चूल साल जोड़**–इसका प्रयोग इन्जीनियरी कार्यों में अन्य फ्रेम बनाने में किया जाता है।

(vii) **खांचा जोड़ (Joggle joint)**–यह जोड़ भी चूल साल जोड़ जैसा ही होता है। इसमें अन्तर केवल इतना है कि इस जोड़ में साल (tenon) की लम्बाई खाँचे (mortise) की पूर्ण मोटाई तक नहीं बनाई जाती। यह जोड़ प्रायः लकड़ी की विभाजक दीवार की देहल में ऊर्ध्वाधर अवयब (stud) लगाने के लिए प्रयोग किया जाता है।

(viii) **डबचूल साल जोड़ (dove tailed tenon joint)**–आजकल प्रायः इस जोड़ का प्रचलन नहीं है।

(ix) **खुला साल जोड़ (Open mortise joint)**–यह जोड़ भी चूल साल जोड़ जैसा ही होता है। इस जोड़ को स्थिरता प्रदान करने के लिए धातु की गुज्झी (dowel) का प्रयोग किया जाता है।

(x) **खाँचेदार साल बन्दी जोड़ (Chase mortise joint)**–इस जोड़ का प्रयोग उन परिस्थितियों में किया जाता है जब लकड़ी के अवयबों को पहले से ही स्थिर अवस्था में लगे अवयबों के बीच लगाना हो।

(xi) **टस्क साल जोड़ (Tusk tenon joint)**–इस जोड़ का प्रयोग लकड़ी के फर्श बनाने में किया जाता है।

11.5 फ्रेम जोड़ (Framings Joint):

इस प्रकार के जोड़ प्रायः दरवाजों, खिड़कियों व विभाजक दीवारों के लिए बनाये जाते हैं। ये जोड़ वास्तव में धारक जोड़ जैसे ही होते है। इनमें अन्तर केवल इतना है कि इनमें आवश्यकतानुसार जीभ व खांचे की माप में अन्तर रखा जा सकता है। दूसरे शब्दों में ये जोड़ चूल साल जोड़ का संशोधित रूप है। चित्र–11.11 में दरवाजें के जोड़ दिखाए गये हैं।

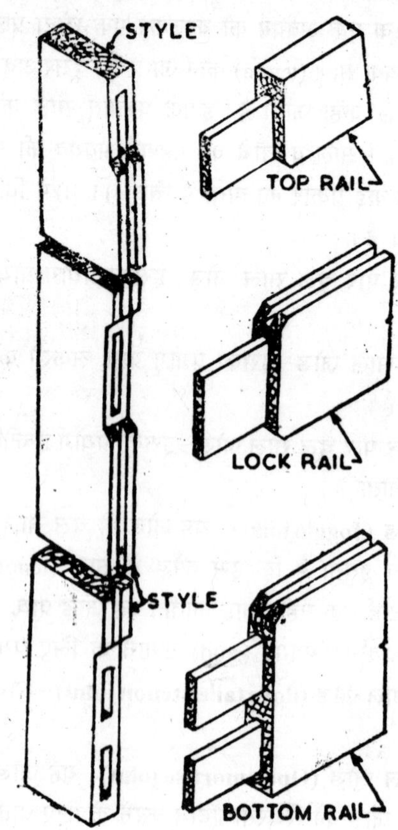

चित्र-11.11. Frame Joint

11.6 कोना जोड़:

कोना बनाने के लिए फ्रेम के दो अवयब जोड़े जाने पर कोना जोड़ बनाये जाते है। चित्र–11.12 में विभिन्न प्रकार के कोना जोड़ दिखाये गये हैं। जिनके नाम निम्न प्रकार हैं।

(i) टक्कर जोड़ (Butt joint)
(ii) पतामी टक्कर एवं गोलाई दार जोड़ (Rebated butt and beaded joint)
(iii) जीभी टक्कर जोड़ (Tongued butt joint)
(iv) जीभी खाँचा जोड़ (Groove and Tongued joint)
(v) कलमी जोड़ (Mitre joint)
(vi) कलमी जीभी जोड़ (Mitre and feather joint)
(vii) आवासन जोड़ (Housed joint)
(viii) कंधा व आवासन जोड़ (Shoulder and Housed joint)
(ix) डब चूल व आवासन जोड़ (Dovetailed housing joint)

(x) कलमी–पतामी जोड़ (Mitre and rebated joint

(xi) कलमी–पतमाम एवं जीभी जोड़ (Mitre rebate and feather Joint)

(xii) कलमी–जीभी व खांचा जोड़ (Mitred, Grooved and tongued Joint)

तिरछे जोड़–इस श्रेणी के जोड़ प्रायः लकड़ी की छत की कैची बनाने में प्रयोग किए जाते हैं।

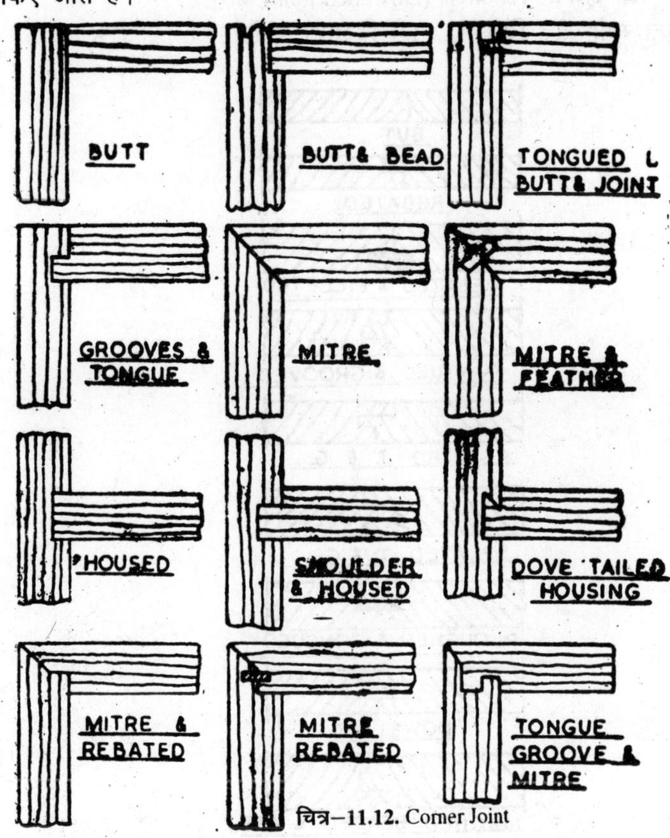

चित्र–11.12. Corner Joint

11.7 खड़े जोड़ (Side or windeing joint):

इस प्रकार के जोड़ प्रायः फर्श, किवाड़ों के दल्लों आदि के लिए बनाए जाते हैं। इस श्रेणी में प्रायः निम्न प्रकार के जोड़ आते हैं।

(i) टक्कर अथवा सादा जोड़ (Butt or plain joint)

(ii) जीभी खाँचा जोड़ (Tongued and grooved joint)

(iii) पतामी जोड़ (Rebated joint)

(iv) जीभी व बहु खाँचे वाले जोड़ (Tongued and Ploughed joint)

(v) गोलाईदार सुमेल जोड़ (Matched and beaded joint)

(vi) पतामी जीभी खाँचा जोड़ (Rebated, tongued and grooved joint)

(vii) तितली की आकृति का ज़ोड़ (Butterfly joint)

(viii) सुमेल व वी जोड़ (Matched & vee joint)

(ix) पतामी व आन्तरिक गुलाईदार जोड़ (Rebated and filleted joint)

(x) फैलावदार पतामी जीभी खाँचा जोड़ (Splayed, rebated tongued grooved joint)

(xi) गुज्झी अथवा मेख वाला (Dowelled joint) जोड़

उपरोक्त सभी जोड़ चित्र–11.13 में दिखाए गए हैं।

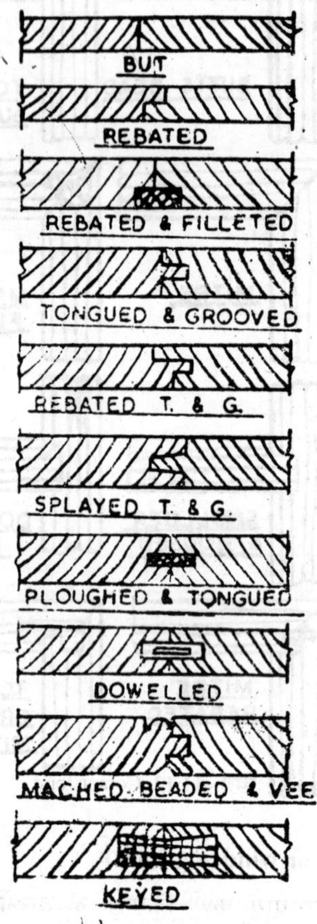

चित्र–11.13. Widening Joints

11.8 लकड़ी के जोड़ों के स्थिरक (Fastenings for carpenter's joints)

लकडी के विभिन्न कार्यों के लिए विभिन्न प्रकार के जोड़ बनाये जाते हैं। इन्हें अधिक स्थिर बनाने के लिए इन पर लोहे के स्थिरक लगाए जाते है। स्थिरक कई प्रकार के होते हैं जैसे (i) कुत्ता (dog) (ii) गुटका (Cleat) (iii) काबला अथवा वोल्ट (bolt) (iv) स्ट्रप (Stirrups) (v) चौसिरा पेंच (Coach screw) (vi) जोड़ वोल्ट (joint bolt) (vii) ल्यूइस वोल्ट (Lewis bolt) (viii) चिरी पिन (x) पलग या डाट (Plugs) (xi) पेंच (Screw) (xii) कील (Nails) आदि।

(i) **कुत्ता**—लकड़ी के भारी कार्यों जैसे पुल, पाड़, व अन्य इसी प्रकार के कार्यों के जोड़ों को मजबूत बनाने के लिए कुत्तों व गुटकों का प्रयोग किया जाता है। कुत्ता पिटवा लोहे (wrought-iron) का बनाया जाता है। ये विभिन्न लम्बाइयों में बाजार में उपलब्ध होते हैं। चित्र–11.14 में दिखाए अनुसार इनके सिरे तीखे तथा अधिक कोण पर मुड़े होते हैं। इनके सिरे मुड़े हुए होने के कारण इन्हें लकड़ी में गाड़ने के पश्चात् ये जोड़े जाने वाले अवयबों को एक दूसरे के समीप लाने का प्रयास करते हैं तथा जोड़ खुलने से रोक्रते हैं।

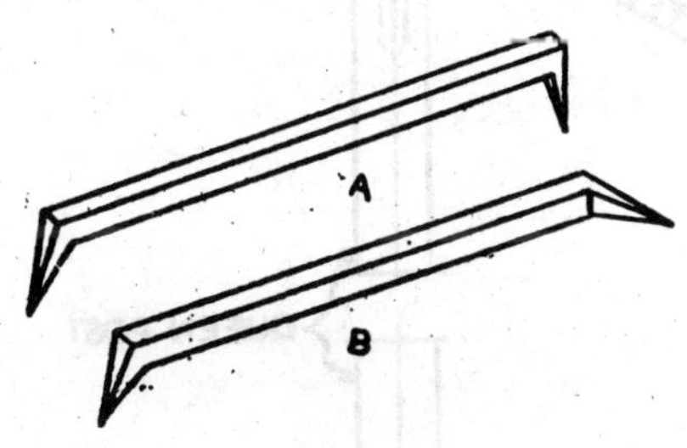

चित्र-11.14. Dogs

(ii) **गुटका**—ये लकड़ी के छोटे टुकड़े होते हैं जिन्हें भारी जोड़ों पर सहारा देने के लिए काबले से कस दिया जाता है। ढालू छतों की कैचियों में गुटकों का प्रयोग किया जाता है। चित्र–11.15 में गुटकों का प्रयोग दिखाया गया है।

(iii) **काबला अथवा बोल्ट**—काबले बढ़िया पिटवा लोहे के बनाये जाते हैं। इनके शीर्ष विभिन्न आकृति के होते हैं। इनके दूसरे सिरे पर चूड़ी कटी हुई होती है तथा नट चढ़ा हुआ होता है। इन्हें तनन वाले जोड़ों पर लगाया जाता है तनन वाले जोड़ों के लिए गोल की अपेक्षा वर्गाकार काबले अच्छे सिद्ध हुए हैं काबलों को लकड़ी में धंसने से रोकने के लिए वाशर लगाये जाते हैं। लकड़ी के कार्यों के लिए काबले के व्यास से आधी मोटाई के वाशर अधिक लाभादायक सिद्ध हुए हैं। (चित्र–11.16)

(iv) **स्ट्रप**—स्ट्रप भी पिटवा लोहे की सीधी, मुड़ी हुई अथवा यू आकार की बनी होती हैं। इनमें छिद्र कर लकड़ी जोड़ के दोनों ओर लगाकर काबले कस दिये जाते हैं। इन्हें काबले क़ी अपेक्षा चौसिरे पेन्च से लगाना अधिक उपयोगी पाया गया है चित्र–11.17 में नर कैंची के निचले सिरे पर स्ट्रेप, जिब व कोटर से बना जोड़ दिखाया गया है।

जिंब—लोहे के क्लिप (Clip) जिब कहलाते हैं।

कोटर—लोहे का वेज कोटर कहलाता हैं। ये कई प्रकार के होते हैं।

पेंच—चित्र 19 A व B में चपटे तथा गोल पेंच दिखाये गये हैं। पेंच विभिन्न लम्बाई व व्यास में उपलब्ध होते हैं।

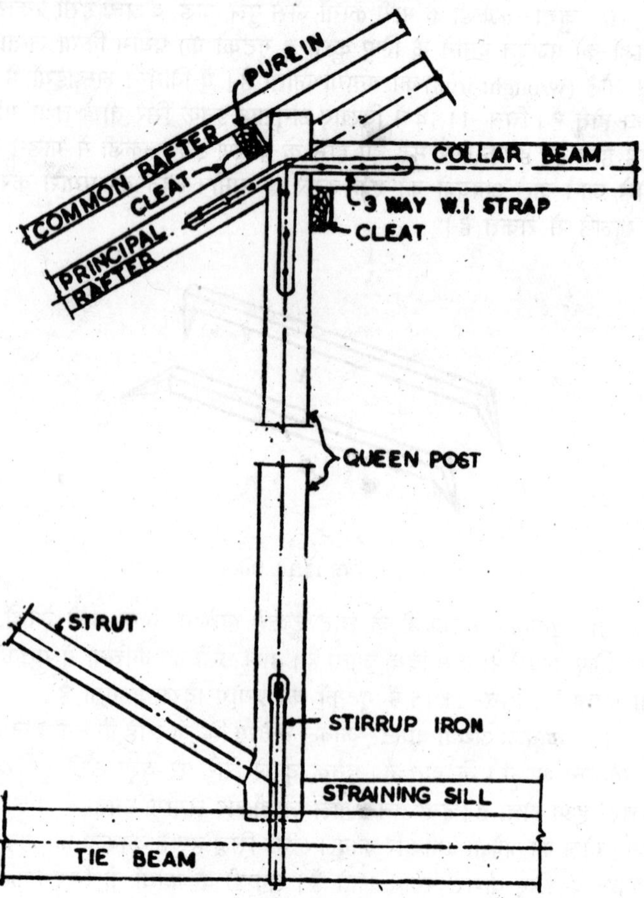

चित्र-11.15. Truss Showing Cleat

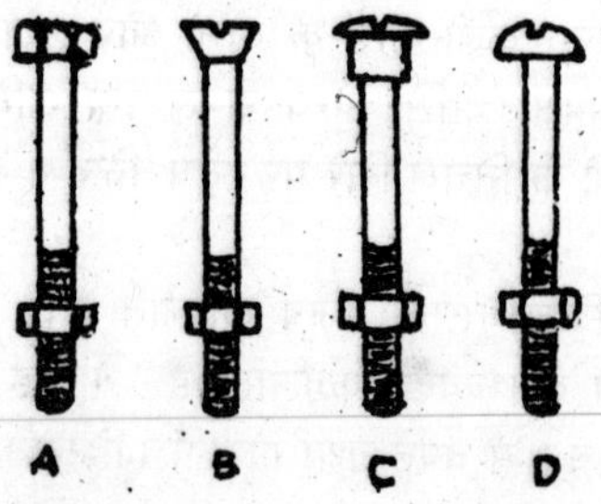

चित्र–11.16. Different type of Bolts

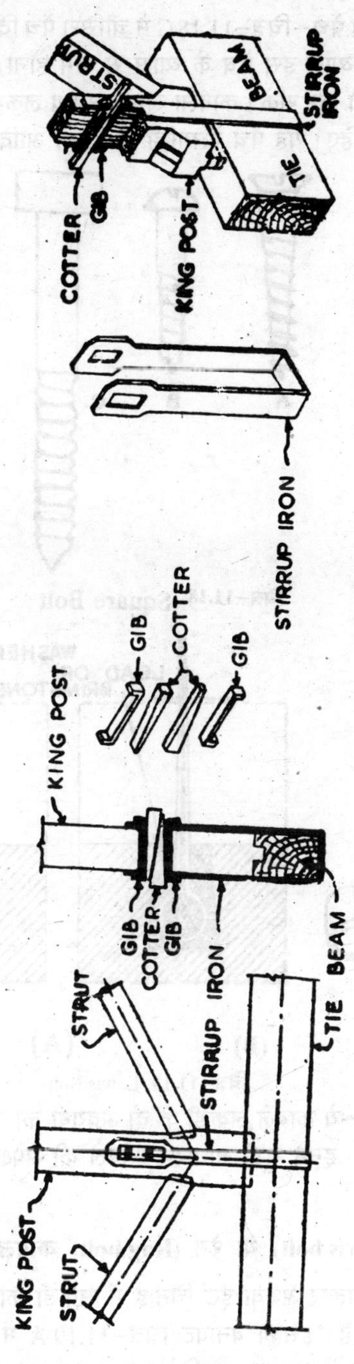

चित्र–11.17. Details of Truss Joint

(v) **चौसिरा पेंच**—चित्र–11.18 C में चौसिरा पेंच दिखाया गया है यह पेंच प्रयोग करने पर छिद्र का व्यास इस पेंच के व्यास से कम होना चाहिए जिससे यह लकड़ी की पकड़ भली भाँति कर सके। काबला लगाते समय लकड़ी में छिद्र काबले के व्यास के बराबर होना चाहिए। यह पेंच रेलगाड़ी के डिब्बों आदि में प्रयोग किया जाता है।

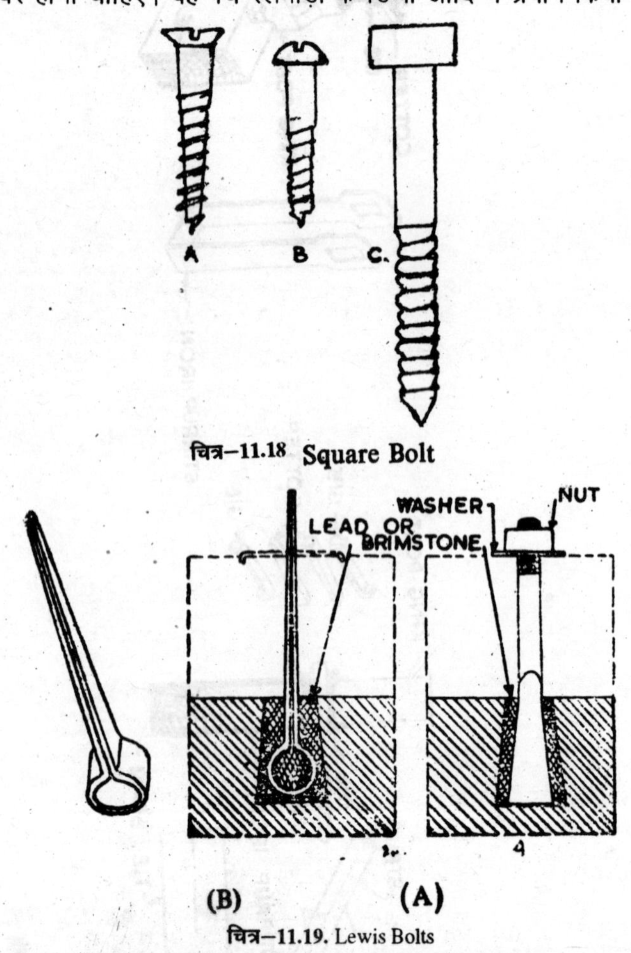

चित्र–11.18 **Square Bolt**

चित्र–11.19. Lewis Bolts

जोड़ काबले—ये काबले लकड़ी के दो अवयबों को समकोण पर जोड़ने के लिए प्रयोग किए जाते हैं। इनमें चूड़ी साधारण काबले की अपेक्षा अधिक लम्बाई तक होती है।

11.9. ल्यूइस (Lewis bolt) या रेग (Rag bolt) काबला

यह काबला पत्थर अथवा ईंट चिनाई में लकड़ी का कार्य स्थिर करने के लिए प्रयोग किया जाता है। इसकी बनावट चित्र–11.19 A में दिखाई गई है। यह जोड़ बनाने के लिए पत्थर में डबचूल आकृति का छिद्र बनाकर लकड़ी डालकर सीसे (lead) अथवा ब्रमस्टोन से भर दिया जाता है।

डाट अथवा प्लग–चित्र–11.20 में लकड़ी के प्लग दिखाये गये हैं। चित्र–11.20 B के अनुसार प्लग आरी की अपेक्षा बिसूली से बनाये जाने चाहिए जिससे सतह खुरदरी बने। चित्र–11.20 A की अपेक्षा B प्रकार का प्लग बनाया जाना चाहिए।

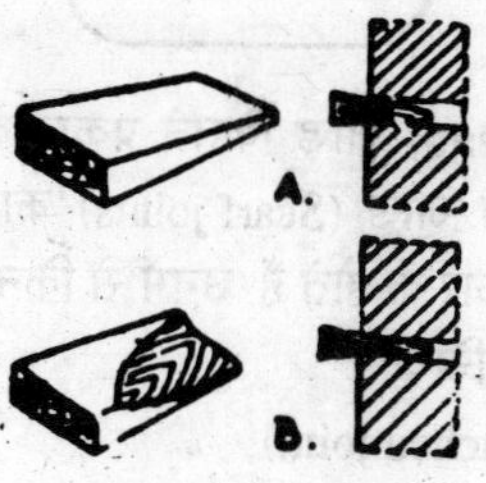

चित्र–11.20. Plugs

11.10 कील–

कील 1.25 से०मी० से 35 से०मी० लम्बाई तक उपलब्ध हैं। अधिक लम्बाई की कीलें स्पाइक कहलाती हैं। यह कीलें बहुत भारी कार्यों के लिए प्रयोग की जाती हैं। जिन कार्यों में 15 से०मी० लम्बी कीलें लगाने की आवश्यकता होती है, वहाँ काबले या चौसिरे पेंच प्रयोग किये जाते हैं। चित्र–11.21 में विभिन्न प्रकार की कीलें दिखाई गई हैं। clout कील sheet metal आदि बाँधने के लिए प्रयोग की जाती है। (चित्र E)

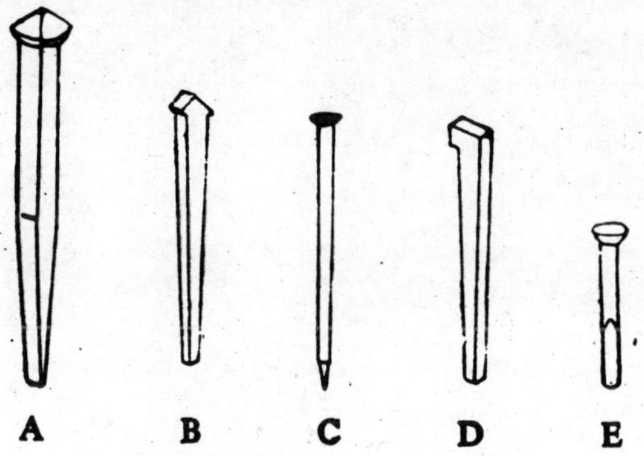

चित्र–11.21. Nails of Different Types

प्रश्नावली

(1) आयामन (**Lengthening**) जोड़ कितने प्रकार के होते हैं। साफ चित्र सहित चढ़ाव (Lap) व मल्ल जोड़ (Scarf joints) का वर्णन कीजिये।

(2) धारक जोड़ कितने प्रकार के होते हैं, उनमें से किन्हीं चार का साफ चित्र बनाइये।

(3) निम्न पर टिप्पणी लिखिये–

(i) खाँचा जोड़ (Notched joint)

(ii) डवटेल जोड़ (Dove tail joint)

(iii) चूल व साल जोड़ (Mortise and tenon joint)

(iv) चाबी जोड़ (Cogging joint)

(v) अधः जोड़ (Halving joint)

(vi) आवासन जोड़

(4) विभिन्न प्रकार के पेंचों का वर्णन कीजिये।

(5) जिब, कोटर व ल्यूइस काबले का साफ चित्र सहित वर्णन कीजिये।

12

दरवाजे व खिड़कियाँ (Doors and Windows)

12.1 प्रस्तावना

किसी भवन के कमरों के अन्दर प्रवेश करने के लिए बनाई गई युक्ति दरवाजा कहलाती है। इस कारण कमरों के प्रवेश में सुगमता प्रदान करने के लिए दरवाजे कोणों में बनाये जाने चाहिए। किसी कमरे में एक से अधिक दरवाजे बनाने पर उन्हें एक ही सीध में आमने सामने की दीवारों में बनाया जाना चाहिए। इस स्थिति में बनाये गए दरवाजों से कमरे में वायु का आवागमन उत्तम होगा तथा आने जाने में कमरे में रखी वस्तुओं के कारण न्यूनतम बाधा उत्पन्न होगी।

12.2 दजवाजे की माप

साधारणतः निवास भवनों के आन्तरिक दरवाजों की 1 मीटर चौड़ाई व 2 मीटर ऊँचाई मानक मानी गई है। परन्तु यह माप 0.9 × 2 m भी रखी जा सकती है। स्नान घर व शौचालय के दरवाजों की माप 0.7 × 2 मीटर भी हो सकती है। गेराज के दरवाजों की माप 2.5 मीटर चौड़ाई व 2.2 मीटर ऊँचाई से कम नहीं होनी चाहिए। सार्वजनिक भवनों के दरवाजों मी माप अधिक होती है। इनकी माप निम्न नियम द्वारा निर्धारित की जा सकती है।

ऊँचाई = चौड़ाई + 0.9 से 1.1 मीटर

12.3 परिभाषाएँ

(1) चौखटा व ढ़ाँचा (Frame)—दरवाजे या खिड़की को संभालने के लिए लकड़ी के अवयबों को मिलाकर चित्र–12.1 में दिखाए अनुसार ढांचा या चौखटा बनाया जाता है।

(2) देहल या सिल–फ्रेम या ढांचे का निचला क्षतिज अवयब देहल कहलाता है।

(3) कपाट या किवाड़ (Shutter)–फ्रेम में लगाये जाने वाले दिल्ले (Panel) या तख्ते कपाट कहलाते हैं।

(4) खड़ी पट्टी (Style or Stile)–कपाट के वाह्य ओर के ऊर्ध्वाधर भाग खड़ी पट्टी कहलाते हैं।

(5) शिखर पट्टी (Top rail)–किवाड़ या फ्रेम का ऊपरी क्षैतिज अवयब शिखर पट्टी कहलाता है।

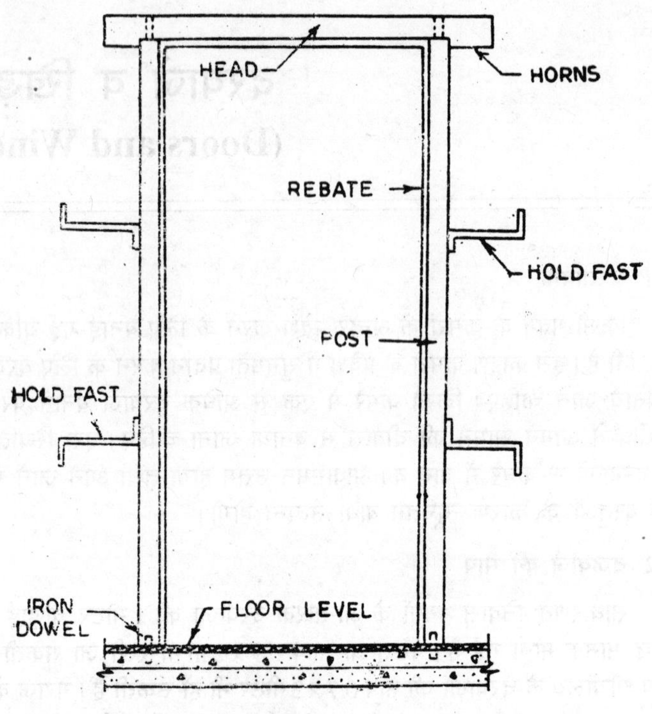

चित्र–12.1. Frame of Door

(6) ताला पट्टी (Lock rail)–किवाड़ या फ्रेम के मध्य का क्षैतिज अवयब जिसमें ताला लगाने के लिए कुन्दा व संकल लगाई जाती हैं, ताला पट्टी कहलाता है।

(7) संधार छड़ (Sash)–दरवाजे या खिड़की में दिल्ले अथवा कांच लगाने के लिए प्रयोग किये जाने वाले पतले व हल्के लकड़ी के अवयब या छड़ संधार छड़ कहलाती हैं।

(8) उर्ध्विका (Mullion)–किवाड़ के बीच से गुजरने वाला ऊर्ध्वाधर अवयब ऊर्ध्विका कहलाता है।

(9) पकड़ कील (Hold fast)–चौखट का दीवार में बंधन उत्पन्न करने के लिए नरम इस्पात की चपटी पत्ती लगाई जाती है यह पत्ती पकड़ कील कहलाती है। चित्र–12.1 में यह पत्ती दिखाई गई है।

यह कील 3 से०मी० चौड़ी, 6 mm मोटी तथा 20 से०मी० लम्बी होती है। दरवाजे की प्रत्येक चौखट में 3 पकड़ कील तथा खिड़की चौखट में 2 कील लगाई जानी चाहिए।

खूंटा (Horn)–चौखट का क्षैतिज प्रक्षेप भाग खूटा कहलाता है। इसकी लम्बाई प्रायः 15 से०मी० होती है। चित्र–12.1 में उपरोक्त अवयब दिखाये गए हैं।

12.4 दरवाजों का वर्गीकरण (Classification of doors)

निर्माण सामग्री, बनाने की विधि व अन्य अवयबों को लगाने के अनुसार दरवाजें निम्न वर्गो में वर्गीकृत किए जा सकते हैं :

(1) पट्टीदार पुश्तवानी दरवाजा (Battened and Ledged door)
(2) पट्टीदार पुश्तवानी व तानदार या बंधनी दरवाजे
(Battened, Ledged and Braced doors)
(3) पुश्तवानी फ्रेमदार दरवाजा (Framed and Ledged doors)
(4) पुश्तवानी तानदार फ्रेमदार दरवाजा
(Framed, Ledged and Braced doors)
(5) फ्रेम व दिल्लेदार दरवाजा (Framed & Panelled door)
(6) काँच दार दरवाजा (Glazed door)
(7) जालीदार दरवाजा (Wire gauged door)
(8) सपाट दरवाजा (Flush door)
(9) झिलमिली दरवाजा (Louverd door)
(10) सरकवां दरवाजा (Sliding door)
(11) घूर्णी दरवाजा (Revolving door)
(12) सिमटवाँ दरवाजा (Collapsable door)
(13) लपेटवाँ दरवाजा (Rolling door)
(14) दोलन दरवाजा (Swing door)

(1) पट्टीदार पुश्तवानी दरवाजा (Battened & Ledged door)

चित्र–12.3 में दिखाये अनुसार इस प्रकार का दरवाजा सबसे सरल तथा मितव्ययी होता है। इस प्रकार के दरवाजे प्रायः सस्ते मकानों में लगाये जाते हैं। इस प्रकार के दरवाजे ऊर्ध्वाधर पट्टियों को क्षैतिज अवयबों में जीभी झिरी जोड़ द्वारा लगाकर बनाये जाते हैं। ये क्षैतिज अवयब पुश्तवानी कहलाते हैं। प्रत्येक किवाड़ में प्रायः तीनपुश्तवानी लगाई जाती हैं। इनकी माप निम्न प्रकार होती है।

(1) शिखर पुश्तवानी 10 × 4 से०मी०
(2) मध्य पुश्तवानी 20 × 4 से०मी०
(3) निचली पुश्तवानी 20×4 से०मी० (20 से०मी० चौड़ाई तथा 4 से०मी० मोटाई)

ऊर्ध्वाधर पट्टियों की चौड़ाई 10 से 20 से०मी० तथा मोटाई 2 से 4 से०मी० होती है।

इस प्रकार के दरवाजे प्रायः T आकृति के लोहे के हिन्जों में लटकाये जाते हैं।

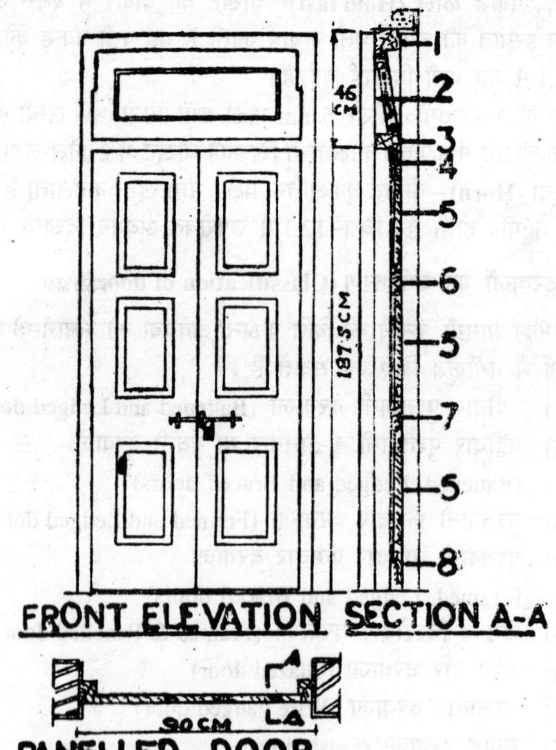

चित्र–12.2. Different Parts of a Door

1—Frame	2—Glass	3—Transome	4—Top Rail
5—Panel	6—Frize Rail	7—Lock Rail	8—Bottom Rail

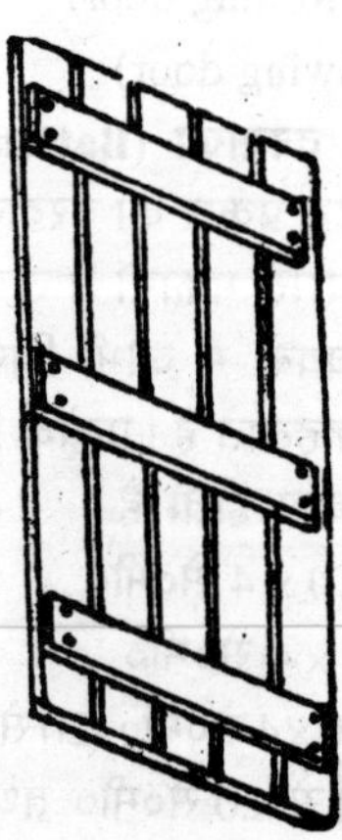

चित्र–12.3. Battened and Ledged Door

इस प्रकार के दरवाजें मजबूत नहीं होते। इस प्रकार के दरवाजें केवल उन्हीं स्थानों पर लाये जातें हैं, जहां मितव्ययता प्राप्त करना मुख्य उद्देश्य होता है।

(2) पट्टीदार पुश्तवानी व तानदार या बंधनी दरवाजे (Battened Leged and Braced doors)

इस श्रेणी के दरवाजे भी पट्टीदार पुश्तवानी दरवाजों जैसे ही होते हैं। इनमें अन्तर केवल इतना है कि पट्टीदार पुश्तवानी व तानदार दरवाजों में पुश्तवानियों के बीच तिरछे

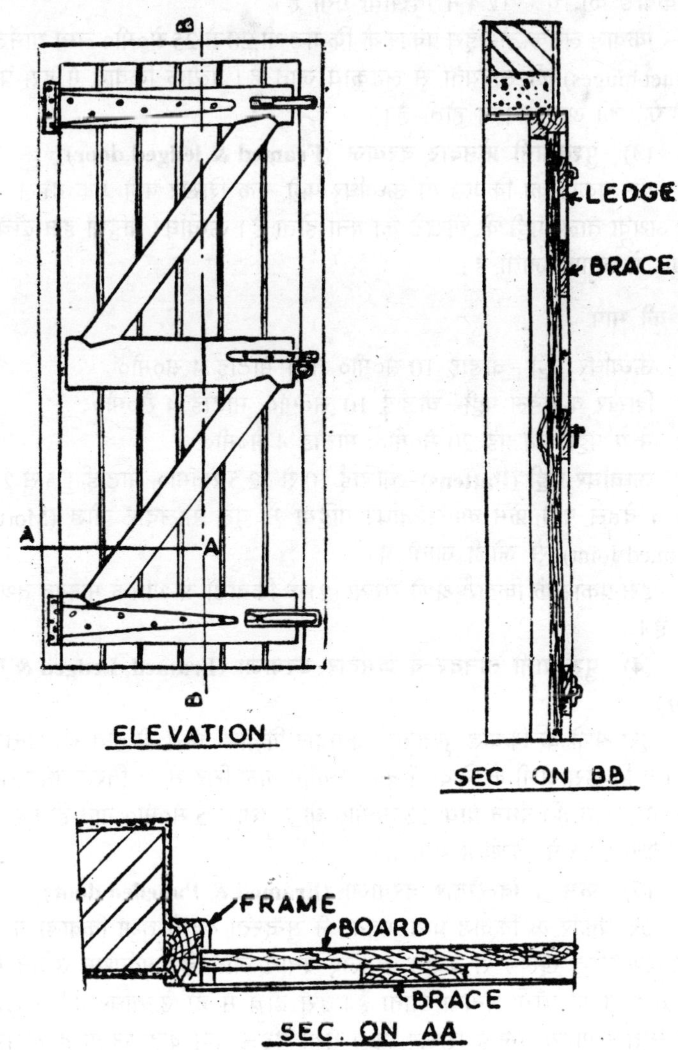

चित्र–12.4. Battened, Ledged and Braced Door

अवयब लगा दिये जाते हैं। ये तिरछे अवयब तान या बंधन कहलाते हैं। तान या बंधन, पट्टियों को बाहर की ओर ऐंठने से रोकने के लिए लगाये जाते हैं। विशेष रूप से बड़े किवाड़ों की प्रवर्ती बाहर की ओर ऐंठने की होती है। तान लटकने वाले सिरे से ऊपर की ओर लगाये जाने चाहिए, अन्यथा प्रभावशाली नहीं होगी। मध्य पश्तवानी इस प्रकार लगाई जानी चाहिए कि दोनों तिरछी तानों का क्षैतिज से झुकाव समान रहे।

तान की चौड़ाई 10 से 15 से०मी० तथा मोटाई 4 से०मी० होती है। इस श्रेणी के किवाड़ का चित्र–12.4 में दिखाया गया है।

किवाड़ लटकाना–इस प्रकार के किवाड़ भी 20 से 25 से०मी० लम्बे गार्नेट हिन्जों (garnet hinges) की सहायता से लटकाये जाते हैं। प्रत्येक किवाड़ में इस प्रकार के 3 हिन्जों की आवश्यकता होती है।

(3) पुश्तवानी फ्रेमदार दरवाजे (Framed & ledged door)

इस प्रकार का किवाड़ दो ऊर्ध्वाधर पट्टी, एक शिखर पट्टी, एक देहल पट्टी एक मध्य अथवा ताला पट्टी के चौखटे का बना होता है। ऊर्ध्वाधर पट्टियाँ इस ढाँचे अथवा चौखट में लगाई जाती है।

फ्रेम की माप

ऊर्ध्वाधर पट्टी–चौड़ाई 10 से०मी० तथा मोटाई 4 से०मी०

शिखर व दहेल पट्टी–चौड़ाई 10 से०मी०, मोटाई 4 से०मी०

मध्य पट्टी–चौड़ाई 20 से०मी०, मोटाई 4 से०मी०

ऊर्ध्वाधर पट्टी (Battens)–चौड़ाई 10 से 12.5 से०मी०, मोटाई 1.5 से 2 से०मी० मध्य व देहल पट्टी फ्रेम की ऊर्ध्वाधर पट्टियों में चूल सालदार जोड़ (Mortised & Tenoned Joint) से जोड़ी जाती है।

इस प्रकार के किवाड़ श्रेणी संख्या (2) के किवाड़ों से अधिक मजबूत तथा सुन्दर होते हैं।

(4) पुश्तवानी तानदर व फ्रेमदार दरवाजा (Framed, Ledged & Braced door)

इस श्रेणी के किवाड़ पूश्तवानी फ्रेमदार किवाड़ों जैसे ही होते हैं। अन्तर केवल इतना है कि इस श्रेणी के किवाड़ों को लटकाने वाले सिरे से दो तिरछे बंधन (Braces) लगा दिए जाते हैं। बंधन प्रायः 12 से०मी० चौड़े तथा 1.5 से०मी० मोटे होते हैं। इसका एक चित्र–12.5 में दिखाया गया है।

(5) फ्रेम व दिल्लेदार दरवाजा (Framed & Panelled door)

इस प्रकार के किवाड़ प्रायः भवन की सुन्दरता बढ़ाने तथा किवाड़ों में संकुचन के कारण जोड़ खुलने से बचाने के लिए बनाये जाते हैं। सर्वप्रथम उचित माप का एक चोखटा या ढाँचा बनाया जाता है। इस ढाँचे में दो ऊर्ध्वाधर पट्टी (style) तथा तीन क्षैतिज पट्टियां जिन्हें शिखर, मध्य तथा देहल पट्टी कहा जाता है लगाई जाती हैं। ये पट्टियाँ ऊर्ध्वाधर पट्टी से जुड़ी रहती हैं। किवाड़ में दिल्लों की संख्या किवाड़ के आकार, व वाँच्छित सुन्दरता पर निर्भर करती है। दिल्लों की संख्या चित्र–12.6

में दिखाये अनुसार 1 से 6 तक हो सकती है। दिल्लों की माप आवश्यकता अनुसार रखी जा सकती है।

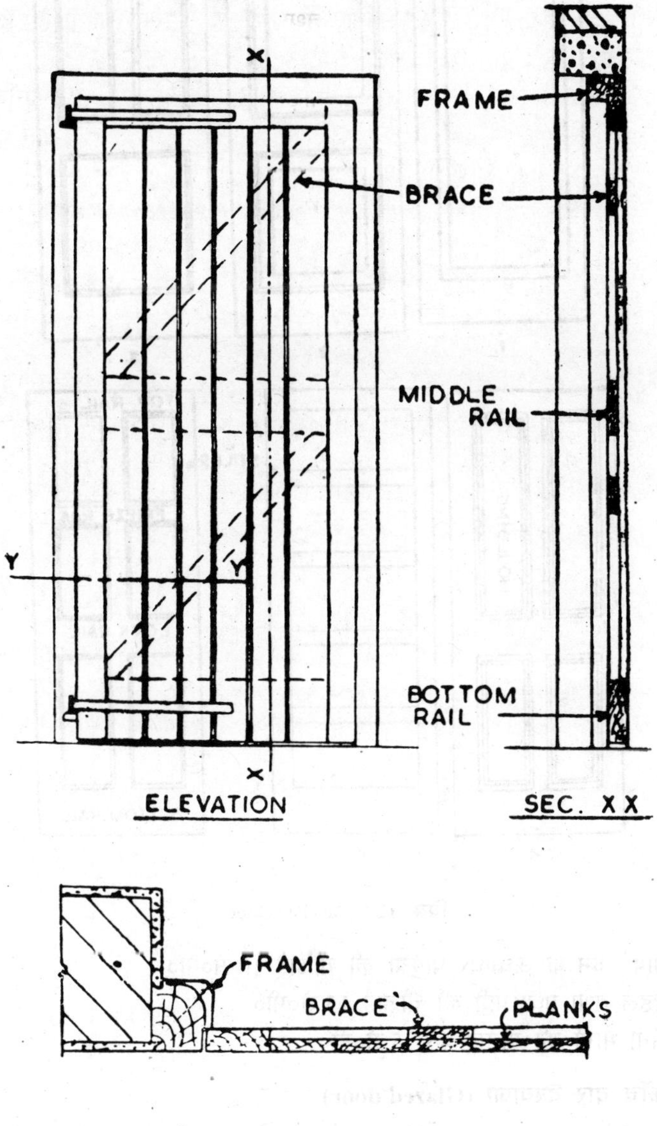

X
FRAME
BRACE
MIDDLE RAIL
Y
Y
BOTTOM RAIL
X
ELEVATION
SEC. XX
FRAME
BRACE
PLANKS

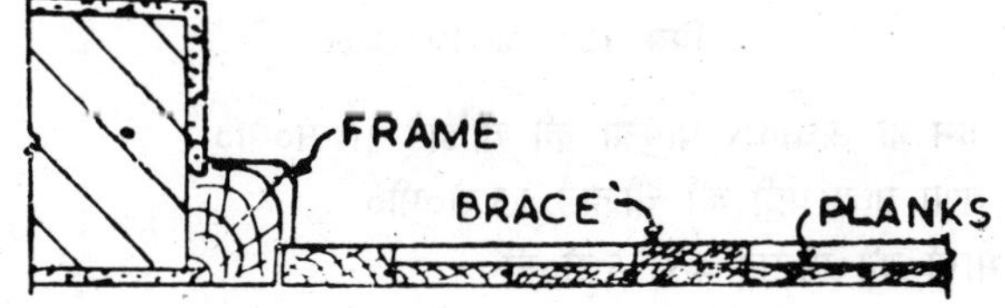

चित्र–12.5. Framed, Ledged and Braced Door

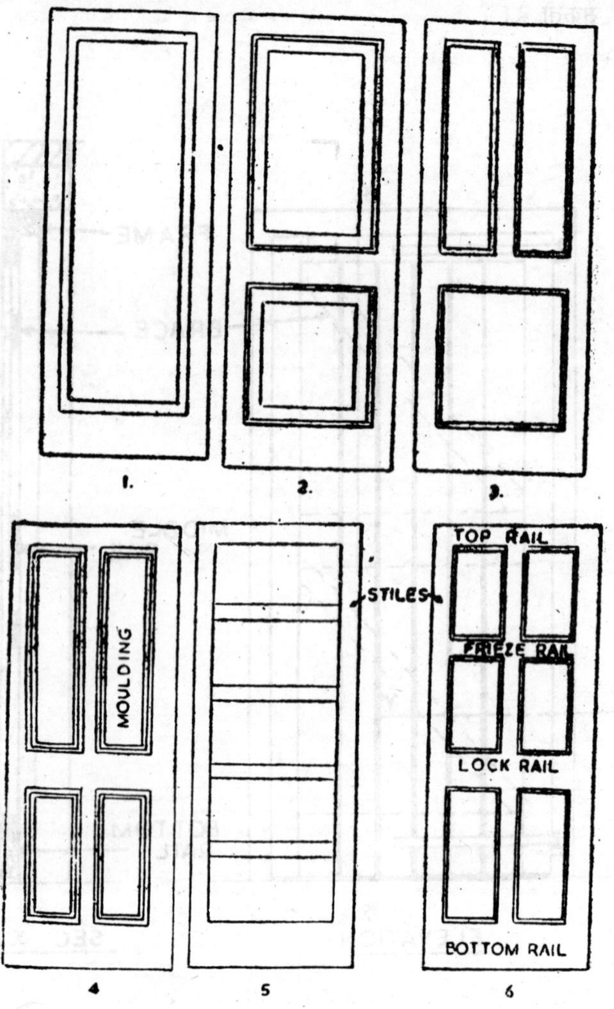

चित्र–12.6. Panelled Door

माप–फ्रेम के ऊर्ध्वाधर पट्टियों की चौड़ाई 10 से०मी०
देहल तथा मध्य पट्टी की चौड़ाई 15 से०मी०
सभी भागों की मोटाई 4 से 5 से०मी०

(6) काँच दार दरवाजा (Glazed door)

इस श्रेणी के किवाड़ भी दिल्लेदार किवाड़ों जैसे ही होते हैं। कमरों में अधिक रोशनी के प्रवेश के लिए आधे भाग में लकड़ी के दिल्ले तथा आधे भाग में एक या

एक से अधिक काँच के टुकड़े लगाए जा सकते हैं। कहीं–कहीं लकड़ी के फ्रेम में समूची ऊँचाई में काँच की एक ही शीट लगाई जाती है। चित्र–12.7 में समूचे काँच के किवाड़ का उठान व परिच्छेद दिखाया है, तथा चित्र–12.8 में आँशिक दिल्लेदार तथा काँच वाला किवाड़ दिखाया गया है।

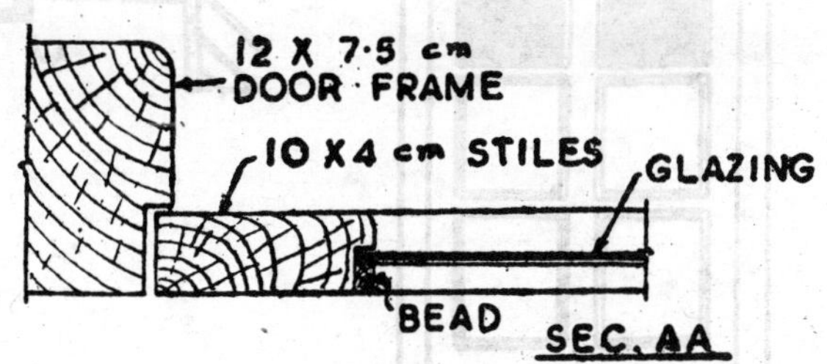

चित्र–12.7. Glazed Door

(7) **जालीदार दरवाजा**–कमरों में हवा व रोशनी पहुँचाने तथा मक्खी मच्छर आदि को अन्दर न घुसने देने के लिए जालीदार किवाड़ लगाये जाते हैं। जालीदार किवाड़ भी दिल्लेदार किवाड़ों की भाँति ही होते है। इनमें लकड़ी के दिल्लों के स्थान पर जाली लगाकर उन पर 2 × 2 से०मी० की लकड़ी की पट्टी लगा दी जाती है।

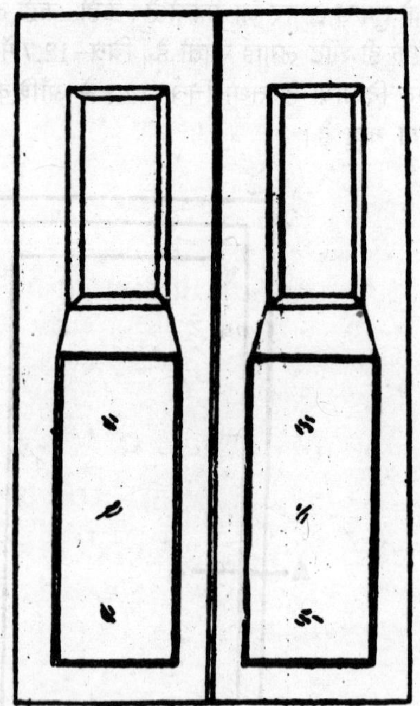

चित्र–12.8 Partly Panelled and Partly Glazed Door

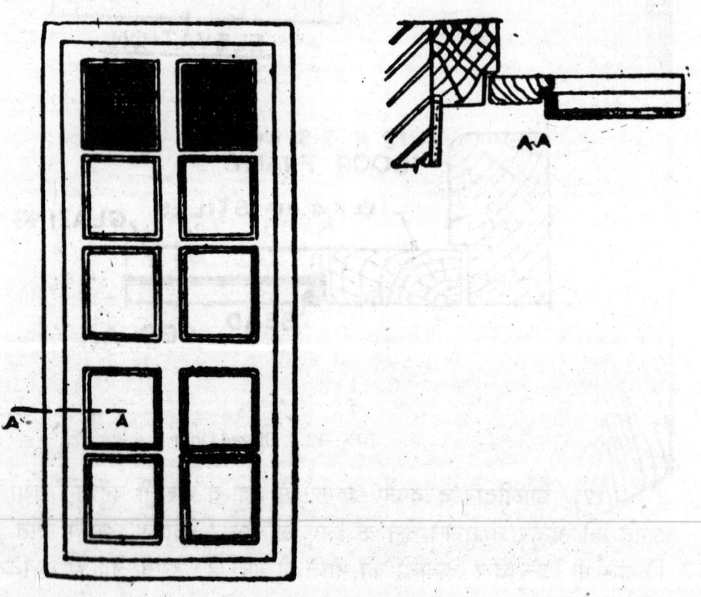

चित्र–12.9. Wire Gauzed Door

(8) सपाट दरवाजा (Flush door)—प्लाई लकड़ी व लकड़ी की महीन परतों के अविष्कार के कारण आजकल सपाट दरजाजे बहुत प्रचति हो गए हैं। इस प्रकार के किवाड़ों की दोनों सतहें सपाट होती हैं। इस प्रकार के किवाड़ दो प्रकार के हो सकते हैं—

(i) ठोस सापट किवाड़ (2) खोखले कोर वाले सपाट किवाड़

(1) ठोस सपाट किवाड़—इस प्रकार के किवाड़ का केन्द्रीय कोर मुलायम लकड़ी की कम चौड़ी तथा 2.0 से०मी० मोटी पट्टियों को दाब के साथ जोड़कर बनाया जाता है। कोर के ऊपर लकड़ी के पतले तख्ते अथवा प्लाई लकड़ी के तख्ते लगाये जाते हैं। प्लाई की मोटाई 0.6 से०मी० से कम नहीं होनी चाहिए। इस प्रकार के दरवाजे काफी मजबूत तथा ध्वनि प्रतिरोधक होते हैं। इनकी समस्त मोटाई 2.5 से०मी० से 4.5 से०मी० तक होती है। चित्र—12.10 में इस प्रकार का किवाड़ दिखाया गया है।

(2) चित्र—12.11 में खोखले कोर वाला सपाट किवाड़ दिखाया गया है दोनों ओर की प्लाई वुड के बीच फ्रेम को खाली रखा जाता है।

(9) झिलमिली दरवाजा (Louvered door)—इस प्रकार का किवाड़ चित्र—12.12 में दिखाया गया है। इस प्रकार के किवाड़ों से कमरे में वायु का प्रवेश सुगमता से होता है तथा एकान्तता भी बनी रहती है। आजकल प्रायः इस प्रकार के किवाड़ों का चलन कम होता जा रहा है।

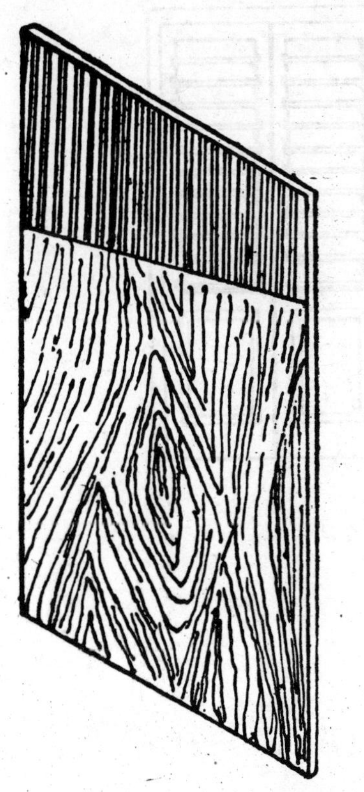

चित्र—12.10 Solid Core Flush Door

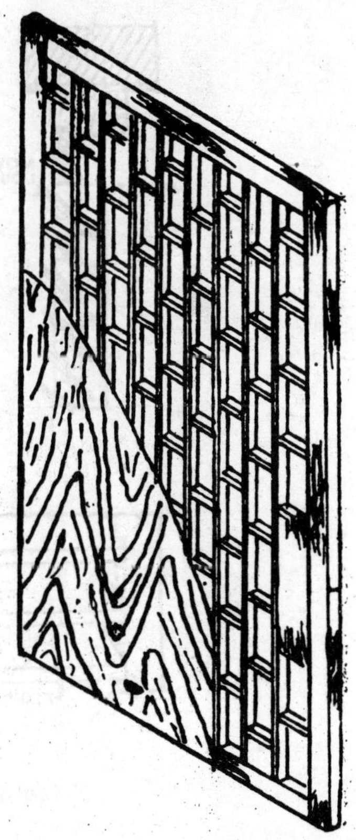

चित्र-12.11. Hollow Core Flush Door

(10) सिमटवां दरवाजा (Collapsable door)—इस प्रकार के दरवाजे चित्र–12.13 में दिखाये अनुसार दोहरी मुलायम इस्पात की चैनल्स के बनाये जाते हैं। दरवाजे की चौड़ाई के अनुसार इसके एक या दो किवाड़ बनाये जाते हैं। इस्पाती चैनल्स (Channels) की चौड़ाई 1.6 से 2.2 से०मी० होती है। ये चैनल्स 10 से 12 से०मी० के अन्तराल पर लगाई जाती हैं। इन चैनल्स को 1.6 से 2.0 से०मी० चौड़ी चपटी लोहे की तिरछी पट्टियों द्वारा जोड़ दिया जाता है जिससे किवाड़ खुलता तथा सिमटता है। चैलल्स के ऊपर तथा निचले सिरों पर छोटे पहिये लगे होते हैं। ये पहिये शिखर व देहल पर 1.0 से०मी० मोटे लोहे के T आकार के परिच्छेद पर खिसकते हैं। दरवाजे के शिखर व देहल वाले भाग दिवारों में दबाये जाते हैं।

(11) लपेटवाँ दरवाजे (Rolling doors)—इस प्रकार के दरवाजे प्रायः गेराज, स्टोर, दुकानों, गोदामों आदि के लिए बनाये जाते हैं। इस प्रकार के दरवाजों की यह विशेषता है कि इनके बनाने से फर्श के क्षेत्रफल में कोई कमी नहीं आती तथा इन्हें खोलने व बन्द करने में भी कोई बाधा उत्पन्न नहीं होती।

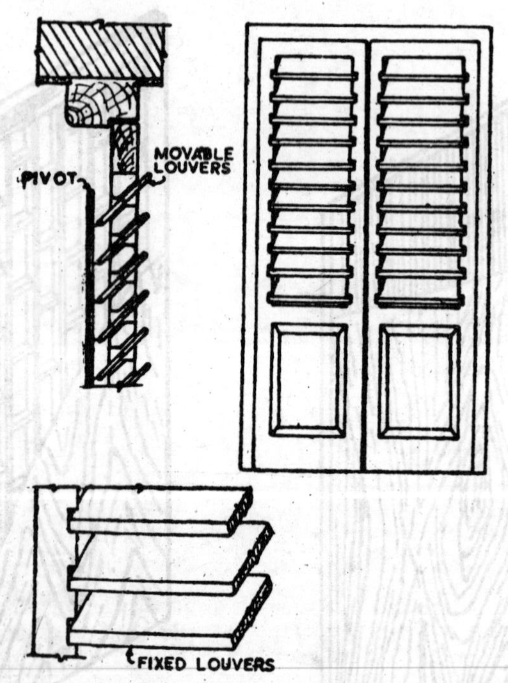

चित्र–12.12. Louvered Door

(12) दोलन दरवाजे (Swing doors)—इस प्रकार के किवाड़ प्रायः सार्वजनिक भवनों जैसे बैंक, दफ्तर, होटल आदि में बनाये जाते हैं। इस प्रकार के दरवाजे एक या दो किवाड़ों के बनाये जा सकते हैं। किवाडों को विशेष प्रकार के हिन्जों द्वारा लटकाया जाता है। ये हिन्ज दोहरी क्रिया वाले स्प्रींग (Spring) कहलाते हैं। इनका मुख्य कार्य दरवाजा प्रयोग न किये जाने की अवस्था में उसे बन्द रखना है। दूसरी ओर की वस्तुओं को देखने के लिए इन किवाड़ों में कांच लगाना अनिवार्य है। किवाड़ों द झटके के साथ खुलने के कारण कांच टूटने से बचाने के लिए प्रबलित कांच प्रयोग किया जाना चाहिए। कांच लगाने से दुर्घटना की संभावनाएँ भी कम हो जाती हैं।

(13) घूर्णी दरवाजा (Revolving door)—इस प्रकार के दरवाजे प्रायः दफ्तरों, होटलों, बैंक आदि सार्वजनिक भवनों विशेष रूप में वातानुकूलित भवनों में बनाये जाते हैं। इस प्रकार के दरवाजे चार पल्लों के बने होते हैं। प्रत्येक पल्ला चित्र–12.14 में दिखाये अनुसार त्रिज्या दिशा में एक केन्द्रीय स्तम्भ पर लगा होता है। इस प्रकार के दरवाजे से बाहर आना व अन्दर जाना एक साथ ही हो सकता है। प्रत्येक पल्ले में दिल्ले अथवा कांच की शीट लगाई जा सकती है। दरवाजे के घूमने में सुगमता प्रदान करने की दृष्टि से केन्द्रीय स्तम्भ के आधार पर बाल वियरिंग लगाई जाती हैं।

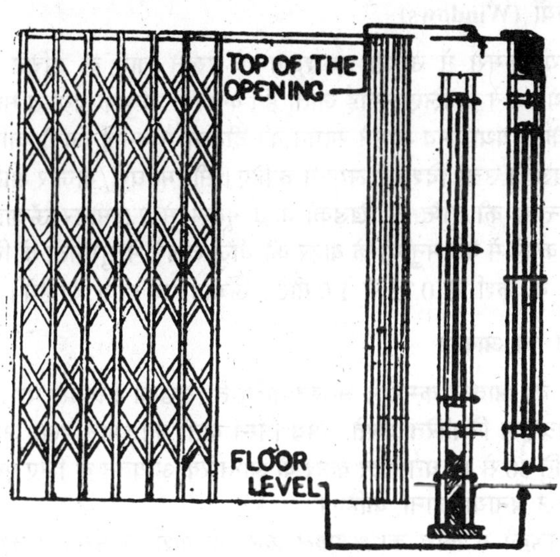

चित्र–12.13. Collapsable Door

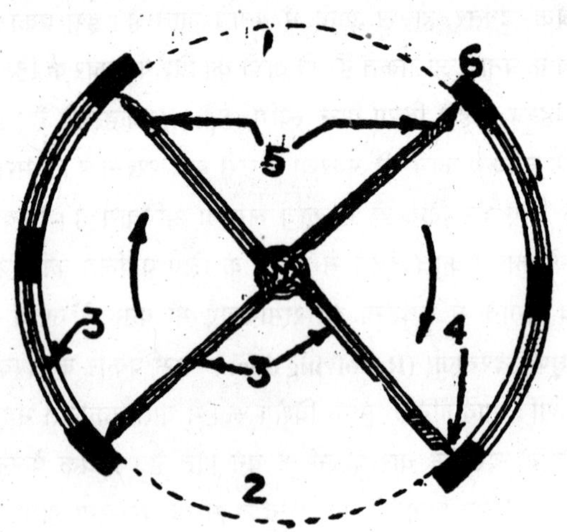

1. Inside corner. 2. Out side. 3. Glazing.

4. Rubber piece. 5. Style.

चित्र–12.14. Revolving Door

12.5 खिड़कियाँ (Windows)

खिड़कियाँ कमरों में उचित प्रकाश बनाये रखने, वायु के उचित प्रवेश, तथा एकान्तता बनाये रखने के लिए लगाई जाती हैं। कमरे में वायु के पर्याप्त मात्रा में प्रवेश के लिए खिड़कियाँ यथासंभव आमने सामने की दीवारों में बनाई जानी चाहिए। प्रकाश की दृष्टि से खिड़की उत्तर दिशा में लगानी चाहिए। सीनेमा घरों, बाजार आदि के समीप भवनों में एकान्तता की दृष्टि से खिड़की वाह्य भूतल से 2.0 मीटर ऊँचाई पर बनाई जानी चाहिए। कमरे में बैठे मनुष्यों के बाहर की चीजें देखने में सुगमता के लिए खिड़की का तल कमरे के फर्श से 0.75 से 1.0 मीटर ऊँचाई पर होना चाहिये।

12.6. खिड़की का आकार

खिड़की का आकार कमरे में समस्त वांच्छित खिड़की क्षेत्रफल पर निर्भर करता है। खिड़की क्षेत्रफल निर्धारित करते समय निम्न बातों का ध्यान रखा जाना चाहिए।

(1) प्रति 30 से 40 घनमीटर कमरे के आन्तरिक आयतन के लिए एक वर्ग मीटर खिड़की क्षेत्रफल बनाया जाना चाहिए।

(2) खिड़की में काँच का क्षेत्रफल कमरे के फर्श के क्षेत्रफल का 10% होना चाहिए।

(3) खिड़की चौड़ाई = 1/8 (कमरे की चौड़ाई + कमरे की ऊँचाई)

नोट 1. खिड़की में काँच का क्षेत्रफल कमरे के फर्श का 20% बहुत उपयोगी सिद्ध हुआ है।

2. अच्छे प्रकाश के लिए कई छोटी–छोटी खिड़कियों की अपेक्षा एक बड़ी खिड़की लगाना अधिक उपयोगी सिद्ध हुआ है।

12.7 खिड़कियों की किस्में

खिड़कियाँ प्रायः निम्न प्रकार की हो सकती है।

(2) स्थिर (Fixed) खिड़की—इस प्रकार की खिड़की फ्रेम में लकड़ी के दिल्ले अथवा काँच लगाकर बनाई जाती है। इनके किवाड़ अचल या स्थिर होते हैं। चित्र—12.15

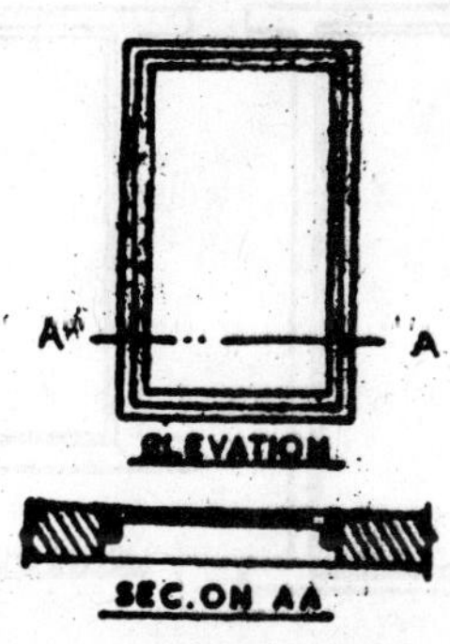

चित्र—12.15. Fixed Window

(2) बाहर की ओर खुलने वाली खिड़की—इस प्रकार की खिड़कियों के किवाड़ बाहर की ओर खुलते है।

(3) अन्दर की ओर खुलने वाली खिड़की—इस प्रकार की खिड़कियों के किवाड़ अन्दर की ओर खुलते हैं। चित्र—12.16 में दोनों प्रकार की खिड़कियों के (Plan) दिखाए गए हैं।

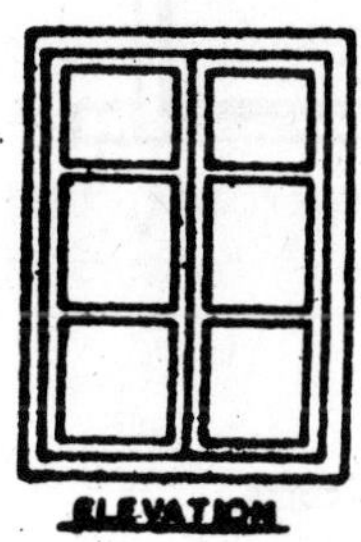

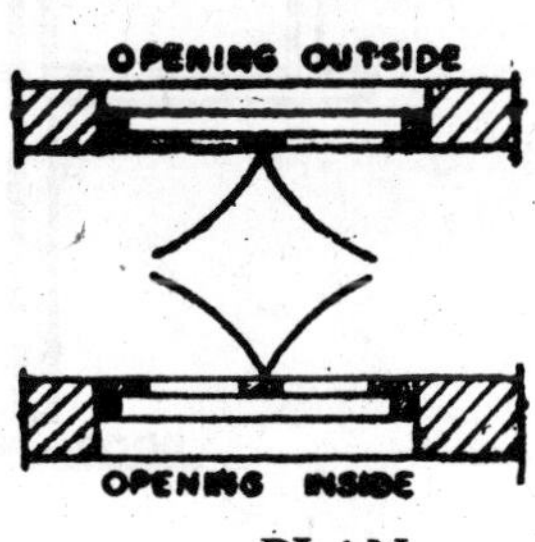

PLAN

चित्र—12.16. Plan and Elevatio of a Window

(4) शिखर पर हिन्ज खिड़की—इस श्रेणी की खिड़कियों के किवाड़ शिखर पर हिन्ज होते हैं तथा बाहर की ओर खिसकाये जा सकते हैं।

(5) तली पर हिन्ज खिड़की—इस श्रेणी की खिड़कियों के किवाड़ तली पर हिन्ज होते हैं तथा अन्दर की ओर खिसकाये जा सकते हैं।

(6) कीलकित (Pivoted) खिड़की—इस प्रकार की खिड़कियों के किवाड़ फ्रेम

में लगी एक कील के चारों ओर घूम सकते हैं। कील की स्थिति के अनुसार किवाड़ ऊर्ध्वाधर व क्षैतिज दिशा में घूम सकते हैं।

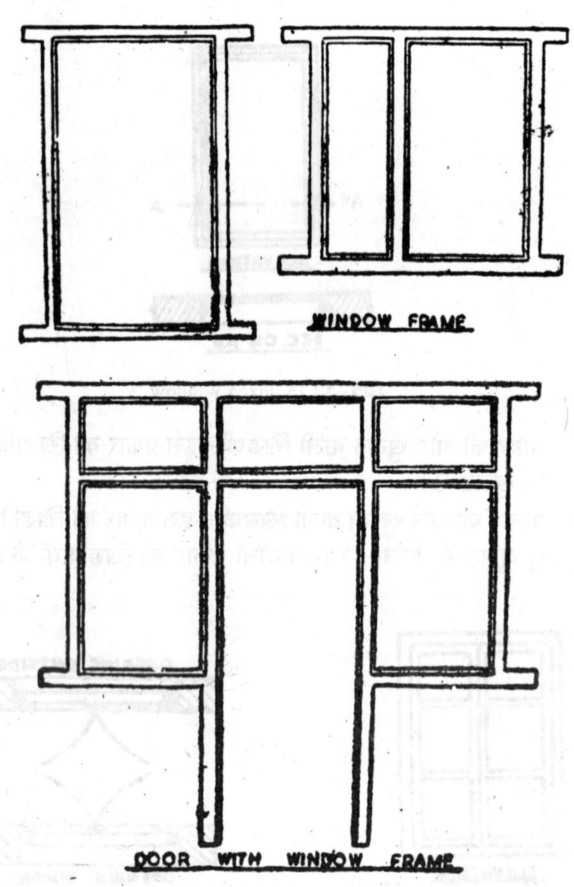

चित्र–12.17. Door and Window Frames

(7) सरकवा खिड़की (Sliding window)—इस श्रेणी की खिड़कियों के किवाड़ दीवार में ऊर्ध्वाधर अथवा क्षैतिज दिशा में सरकाये जा सकते हैं।

12.8 विभिन्न प्रकार की खिड़कियों का वर्णन

(1) कैसमैंट खिड़की (Casement Window)—दरवाजों के किवाड़ों की भाँति

खुलने वाले किवाड़ों वाली खिड़कियाँ केसमेंट खिड़कियाँ कहलाती हैं। इनकी बनावट तथा अवयब किवाड़ों जैसे ही होते हैं। इनमें अतिरिक्त क्षैतिज तथा ऊर्ध्वाधर अवयब हो सकते हैं। केन्द्रीय अतिरिक्त अवयब ऊर्ध्विका (Mullion) तथा क्षैतिज अवयब अनुप्रस्थिका (Transome) कहलाता है। शिखर पट्टी, ऊर्ध्विका तथा अनुप्रस्थिका का

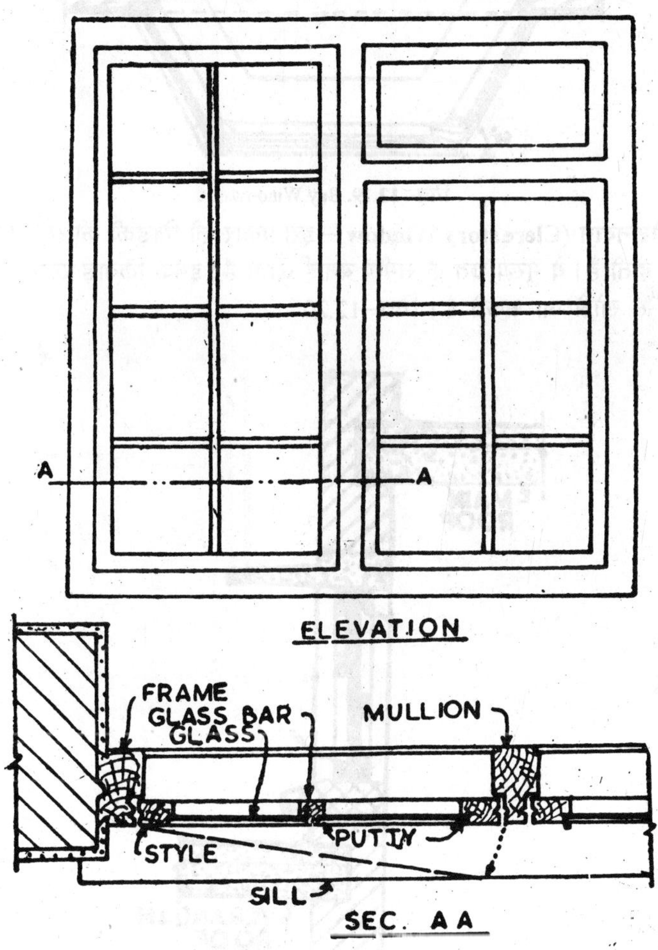

चित्र–12.18. Detils of Cascment Window

परिच्छेद 12 × 7.5 से०मी० से 10 × 6 से०मी० होता है। अन्य निर्माण विधि तथा जोड़ आदि किवाड़ों जैसे ही होते हैं। चित्र–12.17 में खिड़की का फ्रेम तथा चित्र–12.18 में केसमेंट खिड़की का उठान तथा परिच्छेद दिखाया गया है।

(2) निर्गत खिड़की (Bay Window)—इस प्रकार की खिड़की कमरे की दीवार से बाहर की ओर प्रक्षेप (Project) करती है। इनके बनाने से कमरे के क्षेत्रफल के बढ़ने के साथ–साथ प्रकाश तथा वायु की भी अधिक मात्रा कमरे में प्रवेश कर सकती है।

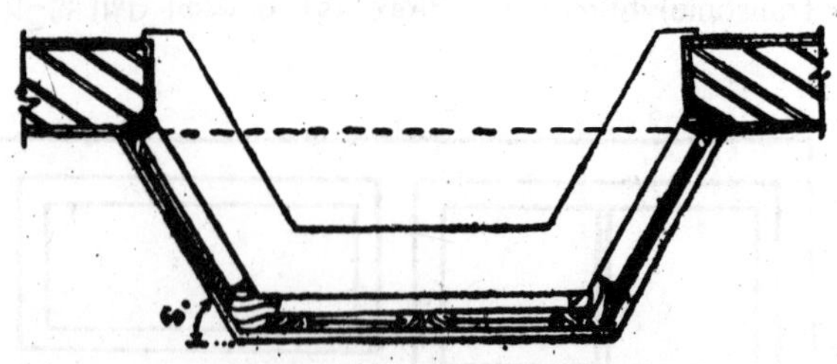

चित्र–12.19. Bay Window

रोशनदान (Clere story Window)—इस प्रकार की खिड़की कीलक श्रेणी की खिड़की होती है। ये मुख्य छत के समीप बनाई जाती हैं। इनके किवाड़ रस्सी बाँधकर सरलता से खोले जा सकते हैं। चित्र–12.20

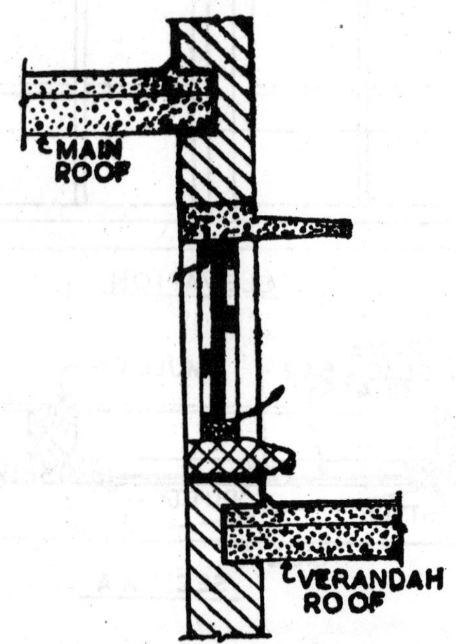

चित्र–12.20. Details of Clere Story Window

(3) कोना खिड़की—दो दिशाओं से वायु तथा प्रकाश के प्रवेश के लिए इस प्रकार की खिड़कियाँ बनाई जाती हैं। चित्र–12.21

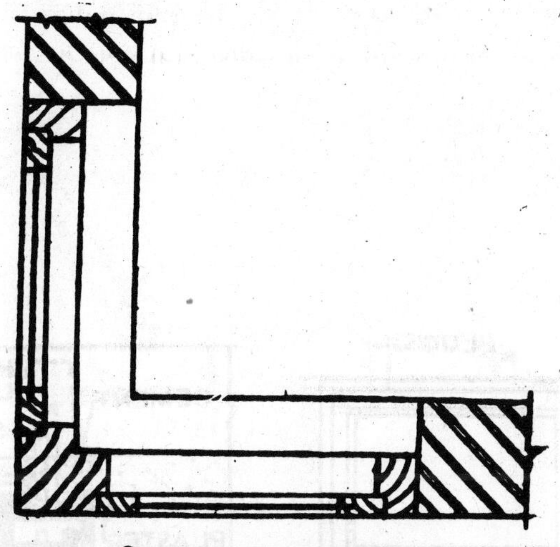

चित्र–12.21. Corner Window

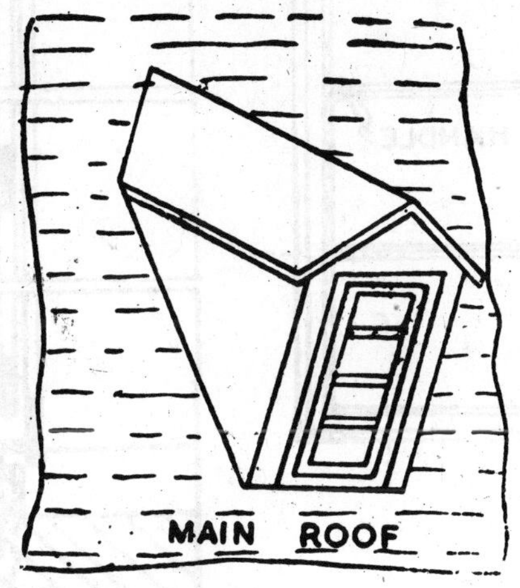

चित्र–12.22. Dormer Window

(4) ढालू छत की वहिर्गत खिड़की (Dormer Window)—वायु तथा प्रकाश के प्रवेश के लिए इस प्रकार की खिड़की भवन की ढालू छत पर बनाई जाती है। चित्र–12.22। काँच युक्त इस्पाती खिड़की चित्र–12.23 में दिखाई गई है।

12.9 किवाड़ों तथा खिड़कियों के फिटिंग्स

किवाड़ों तथा खिड़कियों में प्रयोग किये जाने वाले फिटिंग्स चित्र–12.24 में दिखाए गये हैं।

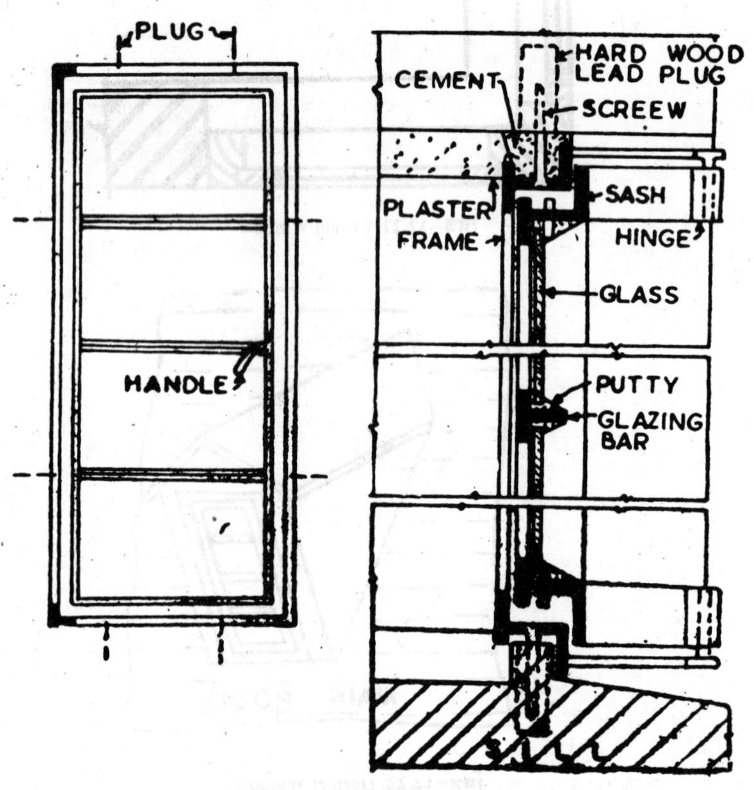

चित्र–12.23. Glazed Steel Window

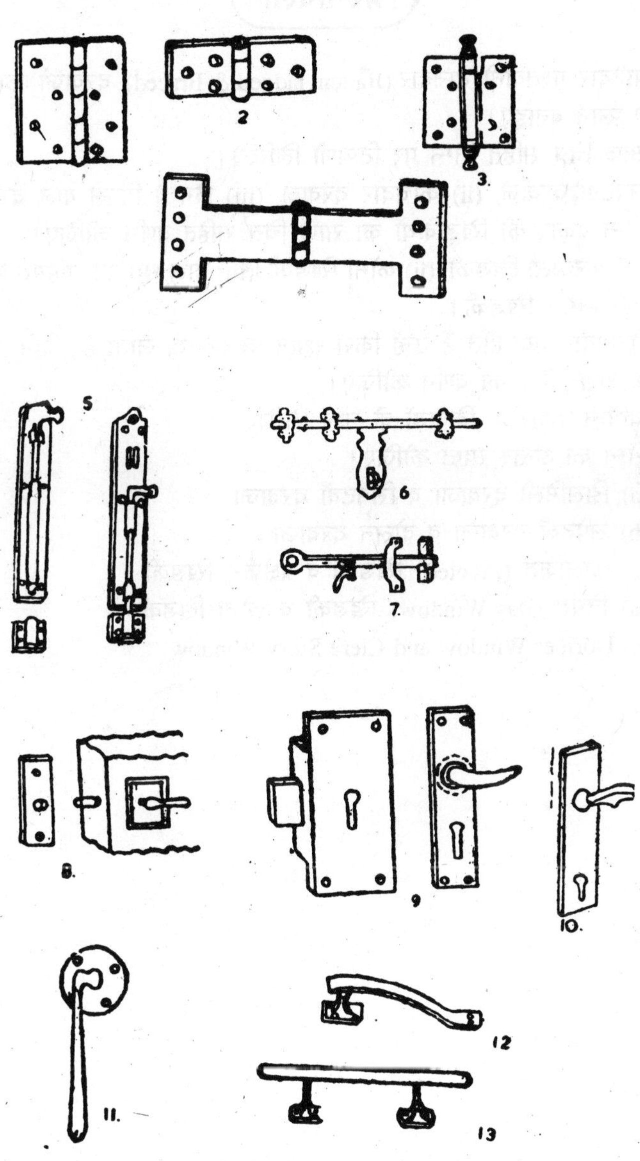

1. Butt hinge. 2. Back Flap hinge. 3. Spring hinge. 4. Parlia mentry hinge. 5. Barrel bolt. Tower bolt. 6. Aldrop bolt. 7. Latch. 8. Mortice Bolt. 9. Cup board Lock Lever handle. 10. Lever handle. 11. Lever handle spring loaded. 12. and 13. Door handle.

चित्र–12.24. Fixtures Used in Doors and Window

प्रश्नावली

(1) पट्टीदार पुश्तवानी तानदार (Batten, ladged & Braced) दरवाजों का उठान व प्लान बनाइए।

(2) साफ चित्र सहित निम्न पर टिप्पणी लिखिये।

(i) लपेटवां दरवाजे, (ii) काँचदार दरवाजे, (iii) फ्रेम व दिल्ले वाले दरवाजे।

(3) निम्न प्रकार की खिड़कियों का साफ चित्र सहित वर्णन कीजिए।

(i) झिलमिली खिड़की, (ii) कोना खिड़की, (iii) ढालू छत की, वहिर्गत खिड़की, (iv) निर्गत खिड़की।

(4) रोशनदान क्या होते हैं उन्हें किस स्थान पर लगाया जाता है। विभिन्न प्रकार के रोशनदानों का वर्णन कीजिए।

(5) विभिन्न प्रकार के किवाड़ों के नाम लिखिए।

(6) निम्न का अन्तर स्पष्ट कीजिए।

(a) झिलमिली दरवाजा व सिमटवाँ दरवाजा

(b) लपेटवाँ दरवाजा व दोलन दरवाजा

(c) कीलकित (Pivoted) खिड़की व प्रक्षेपीय खिड़की

(d) निर्गत (Bay Window) खिड़की व कोना खिड़की

(e) Dormer Window and Clere Story Window

13

सीढ़ी
Stairs

13.1 प्रस्तावना

किसी भवन के विभिन्न तलों पर सुरक्षा पूर्वक आने जाने के लिए सुगमता प्रदान करने के लिए बनाई गई पैड़ी सीढ़ी कहलाती है। ये पैड़ी एक घेरे में श्रेणी बद्ध बनाई जाती हैं। पैड़ी तथा घेरा मिलाकर सीढ़ी कक्ष (Stair case) कहलाता है।

सीढ़ियाँ विभिन्न प्रकार की निर्माण सामग्री जैसे लकड़ी, पत्थर, ईंट, लोहा तथा सादी व प्रबलित कंक्रीट की बनाई जा सकती हैं। निर्माण सामग्री का चयन सीढ़ी की सुन्दरता, उसकी उपयोगिता, स्थिरता तथा अग्नि प्रतिरोधकता पर निर्भर करता है।

13.2 सीढ़ी बनाने का स्थान

सीढ़ी की स्थिति कमरों की स्थिति व उनमें आने–जाने की सुगमता प्राप्त करने पर निर्भर करती है। निवास भवन में सीढ़ी प्रायः केन्द्रीय स्थान पर होनी चाहिए जिससे सभी कमरों से समान सुगमता से एक तल से दूसरे तल पर आया जाया जा सके तथा उचित एकांतता या परदा भी बनाये रखा जा सके। सार्वजनिक भवनों में सीढ़ी मुख्य द्वार के समीप ही होनी चाहिए। परन्तु इनके निर्माण में इस बात का ध्यान रखा जाना चाहिए कि सीढ़ी का स्थान न्यूनतम हो। सीढ़ी में प्रकाश व वायु के आवागमन का उचित प्रबन्ध होना चाहिए।

13.3 परिभाषाएँ

1. **पट (Tread)**–पैड़ी की ऊपरी सतह जिस पर ऊपर या नीचे आते–जाते समय पैर रखा जाता है पट कहलाता है।

2. **खड़ पट्ट (Riser)**–पैड़ी के पट भाग को टेक देने वाला ऊर्ध्वाधर अवयब

खड़ पट्ट कहलाता है। दूसरे शब्दों में दो पट के बीच ऊर्ध्वाधर अवयब खड़ पट्ट कहलाता है।

3. उठान या चढ़ाई (Rise)—किन्हीं दो लगातार पट सतहों के बीच की ऊर्ध्वाधर ऊँचाई, चढ़ाई अथवा उठान कहलाती है।

4. पग चौड़ाई (Going)—किन्हीं दो लगातार खड़ी पट्टियों के बीच क्षैतिज दूरी पग चौड़ाई कहलाती है।

5. सीढ़ी पंक्ति (Flight)—बीच में बिना प्लेट फार्म बनाये एक चौकी से दूसरी चौकी तक श्रेणी बद्ध बनाई गई पैड़ी सीढ़ी पंक्ति (Flight) कहलाती है।

6. चौकी या अवतरण (Landing)—श्रेणी बद्ध पैड़ियों के शिखर पर बनाया गया प्लेट फार्म चौकी कहलाता है। इस प्लेट फार्म की लम्बाई सीढ़ी कक्ष्ज्ञ की आधी चौड़ाई के बराबर होने पर आधी चौकी (Quarter Space Landing) तथा प्लेट फार्म की लम्बाई सीढ़ी कक्ष के अभिलम्ब दिशा में कक्ष की पूर्ण चौड़ाई में बढ़ाये जाने पर इसे पूरी चौकी (Half space Landing) कहा जाता है।

7. गोला (Nosing)—पट्ट का बाहर की ओर प्रक्षेप करने वाला भाग गोला कहलाता है। पट की सुन्दरता बढ़ाने तथा पैड़ी पर चढ़ने में सरलता प्रदान करने के लिए पट का प्रक्षेप भाग गोल बनाया जाता है।

8. गोला रेखा या ढाल रेखा (Line of Nosing)—सीढ़ी ढाल के समानान्तर प्रत्येक पट के गोला भाग को मिलाने वाली काल्पनिक रेखा गोला रेखा कहलाती है।

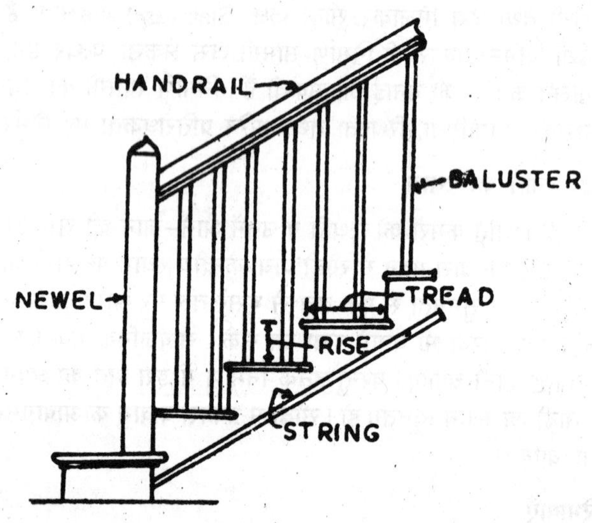

चित्र–13.1. Different Parts of Stair Case

9. हस्त धरनी (Hand rail)—सीढ़ी ढाल के समानान्तर मनुष्य की कमर की ऊँचाई पर लगाई गई लकड़ी अथवा धातु की पट्टी हस्त धरनी कहलाती है। हस्त धरनी

सीढ़ी प्रयोग करने वालों की सुरक्षा के लिए बनाई जाती है। यह जंगला छड़ें (Baluster) पर टिकी होती है।

10. स्तम्भ (Newel)—सीढ़ी के ऊपरी व निचले सिरों पर हस्त धरनी को सम्भालने या टेक देने के लिए बनाई गई युक्ति स्तम्भ कहलाती है।

11. जंगले की छड़ (Baluster)—हस्त धरनी को टेक देने वाले ऊर्ध्वाधर अवयब जंगला छड़ कहलाते हैं। चित्र–13.1

12. मोड़ पैड़ी (Winders)—सीढ़ी की दिशा में मोड़ देने के लिए बनाई गई टेपरिंग (Tapering) पैड़ी मोड़ पैड़ी कहलाती। मौड़ पैड़ियाँ एक ही केन्द्र से निकलती हैं तथा मोड़ बिन्दु पर बनाई गई पैड़ियाँ प्रायः त्रिभुजाकार होती हैं। चित्र–13.2 में मोड़ पैड़ी की प्लान दिखाई है।

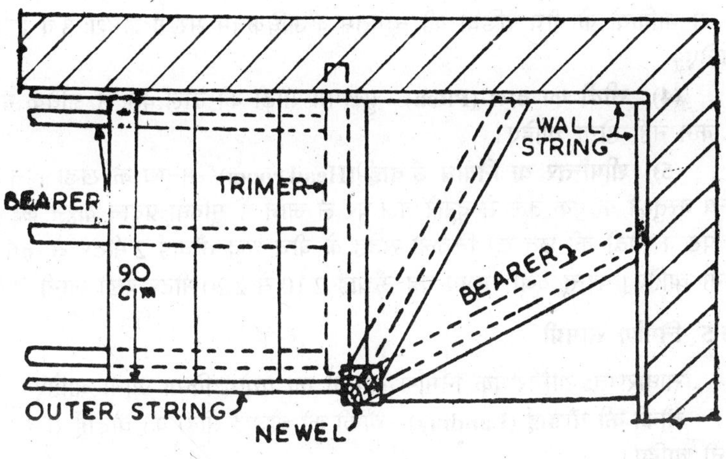

चित्र–13.2 Plan of Winders

13. आबन्धक (Stringer or strings)—पैड़ियों को सहारा देने के लिए झुका हुआ बनाया गया लकड़ी का अवयब आबन्धक कहलाता है। इनका विस्तार पूर्वक वर्णन लकड़ी की सीढ़ियों के साथ किया गया है।

14. गमन रेखा (Walking Line)—जिस रेखा पर साधारणतः मनुष्य सीढ़ी पर चढ़ते व उतरते हैं वह रेखा गमन रेखा कहलाती है। यह रेखा प्रायः हस्त धरनी के केन्द्र से 45 से०मी० की दूरी पर होती है।

15. अन्तर (Scotia)—सीढ़ी की सुन्दरता बढ़ाने के उद्देश्य से गोले के नीचे बनाया गया अवयब अन्तर (Scotia) कहलाता है।

16. सीढ़ी की निचली सतह (Soffit) यह सीढ़ी की निचली सतह होती है।

17. कटि (Waist)—प्रबलित सीमेन्ट कंक्रीट की सीढ़ी बनाये जाने पर नीचे की कंक्रीट स्लेव की मोटाई (Waist) कहलाती है।

18. तिकौनी पैड़ी (Spandrel)—खुले आबन्धक वाली सीढ़ी के बाह्य आबन्धक के नीचे वाला तिकोना ढाँचा (Spandrel) कहलाता है।

13.4 अच्छी सीढ़ी की आवश्यकताएँ (Requirements of a good stair)

अच्छी प्रकार आयोजना बद्ध डिजाइन की गई सीढ़ियाँ विभिन्न तलों पर आवागमन के लिए सुविधा जनक तथा सुरक्षित हानी चाहिए। एक अच्छी सीढ़ी में निम्न गुण होने चाहिए।

(1) स्थति—जैसा कि पहले बताया जा चुका है निवास स्थानों में सीढ़ी केन्द्रीय स्थल तथा सार्वजनिक भवनों में मुख्य द्वार के समीप होनी चाहिए।

(2) सीढ़ी की चौड़ाई—साधारण निवास तथा सार्वजनिक भवनों की सीढ़ियों की चौड़ाई क्रमशः 90 से०मी० से 1.0 मीटर तथा 1.50 मीटर होनी चाहिए।

(3) दो चौकियों के बीच की लम्बाई—आवागमन को सुखमय बनाने की दृष्टि से दो चौकियों के बीच पैड़ियों की न्यूनतम व अधिकतम संख्या क्रमशः 3 व 12 होनी चाहिए।

(4) सीढ़ी का ढाल (Pitch)—सुखमय सीढ़ी का ढाल 40° से अधिक व 25° से कम नहीं होना चाहिए।

(5) शीर्षान्तर या निर्वाध ऊँचाई (Head room)—मनुष्य के खड़ा होने तथा अन्य वस्तुओं के एक तल से दूसरे तल पर ले जाने में सुविधा प्रदान करने की दृष्टि से पट व सीढ़ी की छत की निचली सतह के बीच शुद्ध ऊँचाई 2 मीटर से कम नहीं होनी चाहिए। परन्तु यथा सम्भव यह ऊँचाई 2.10 से 2.20 मीटर रखी जानी चाहिए।

13.5 निर्माण सामग्री

साधारणतः अग्निरोधक निर्माण सामग्री का प्रयोग किया जाना चाहिए।

चौकी की चौड़ाई (Landing)—चौकी की चौड़ाई सीढ़ी की चौढ़ाई से कम नहीं होनी चाहिए।

13.6 मोड़ पैड़ी (Winders)

यथा सम्भव मोड़ पैड़ी का प्रयोग नहीं किया जाना चाहिए। यदि उनका प्रयोग अनिवार्य हो तो उनकी चौड़ाई काफी होनी चाहिए तथा सीढ़ी के निचले भाग के समीप लगायी जानी चाहिए।

13.7 पैड़ी

प्रत्येक पैड़ी का पट (Tread) तथा चढ़ाई (rise) समान होनी चाहिए। पग चौड़ाई व चढ़ाई का अनुपात ऐसा होना चाहिए कि आवागमन में कठिनाई न हो।

13.8 पैड़ी अनुपात

पग चौड़ाई व पैड़ी की चढ़ाई (Going & rise) निम्न प्रयोग सिद्ध सूत्रों से ज्ञात की जा सकती हैं।

(1) पग चौड़ाई से०मी० × चढ़ाई से०मी० = 400 से 410

(2) पग चौड़ाई 30 से०मी० +2 (चढ़ाई से०मी०) = 60

(3) पग चौड़ाई 30 से०मी० तथा चढ़ाई 14 से०मी० मानक मानकर प्रत्येक 2.5 से०मी० पग चौड़ाई के लिए चढ़ाई में 1.2 से 1.3 से०मी० जोड़ देना चाहिए। चित्र–13.3 में पग चौड़ाई व चढ़ाई दिखाई गई हैं।

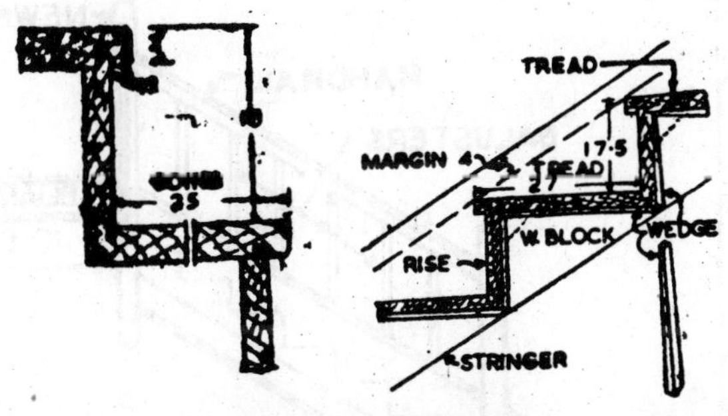

चित्र–13.3. Details of Steps

उपरोक्त सूत्रों के अतिरिक्त निम्न माप भी मानी जा सकती है।

भवन की किस्म	**पग चौड़ाई (Going)**	**चढ़ाई (Rise)**
निवास भवन	25 से०मी०	16 से०मी०
सार्वजनिक भवन	27-30 से०मी०	15-14 से०मी०
फैक्ट्री	25 से०मी०	19 से०मी०
सिनेमाघर	27.5 से०मी०	15 से०मी०

13.9 सीढ़ियों का वर्गीकरण

सीढ़ियाँ निम्न वर्गों में वर्गीकृत की जा सकती हैं।

(1) सीधी सीढ़ी (Strainght stair)–इस प्रकार की सीढ़ी की पूर्ण लम्बाई एक ही दिशा में बनाई जाती है। आवश्यकता अनुसार बीच में एक या दो चौकीयाँ बनाई जा सकती हैं। इस प्रकार की सीढ़ी ऐसे स्थानों पर बनाई जाती है जहाँ सीढ़ी बनाने के लिए कम चौड़ा स्थान उपलब्ध हो तथा दो तलों के बीच ऊँचाई कम हो।

(2) प्रतिवर्ती सीढ़ी या लहरिया सीढ़ी (Dog legged stair)–इस श्रेणी की सीढ़ियों में दो सीढ़ी पंक्तियाँ होती हैं तथा दूसरी पंक्ति पहली पंक्ति की दिशा के विपरित दिशा में चलती है। इस प्रकार की सीढ़ियों की ऊपरी पंक्ति की पैड़ियों का वह्य भाग निचली पंक्ति की पैड़ियों के बिल्कुल ऊपर होता है। इस प्रकार की सीढ़ी उन्हीं स्थानों पर बनाई जाती है जहाँ सीढ़ी कक्ष की चौड़ाई पैड़ी चौड़ाई के दो गुने के बराबर हो। इस सीढ़ी की दो पंक्तियों के बीच निम्न प्रकार की चौकी बनाई जा सकती हैं।

(i) पूरी चौकी (ii) आधी चौकी व एक सेट मोड़ पैड़ी (iii) केवल मोड़ पैड़ी के दो

सेट। उपरोक्त चौकियों का उनकी उपयोगिता के अनुसार वर्गीकरण किया गया है। तृतीय किस्म की चौकी यथा संभव नहीं बनायी जानी चाहिए क्योंकि इस प्रकार की सीढ़ी बनाना भी कठिन है तथा स्तम्भ के समीप इसका ढाल बहुत तीखा होने के कारण यह आवागमन के लिए सुरक्षित भी नहीं हैं।

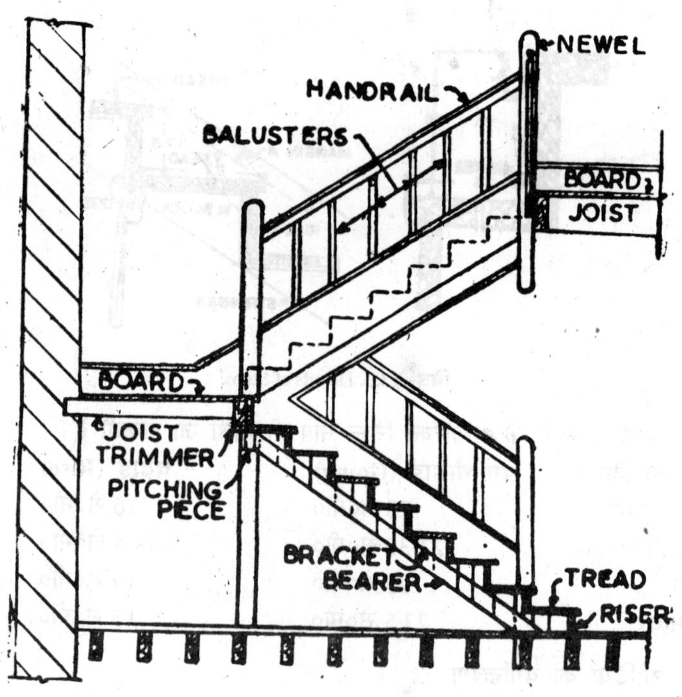

Dog legged stair

चित्र–13.4. Different Parts of Wocden Half Turn Stair

(4) कूपक सीढ़ी (Open well Stair)–इस प्रकार की सीढ़ी में दो या इससे अधिक पंक्तियाँ होती हैं। परन्तु इसकी दो पंक्तियों के बीच आयताकार या अन्य आकृति का खुला स्थान रहता है। इस कारण सीढ़ी कक्ष (Stair Case) की चौड़ाई सीढ़ी की चौड़ाई का दो गुना + खुले स्थान की चौड़ाई के बराबर होगी। यह सीढ़ी सुन्दर तथा सुविधा जनक होती है। खुले स्थान के कारण ऊपरी भाग में रोशनी रहती है। इसकी बनावट भी प्रतिवर्ती सीढ़ी जैसी ही होती है। (चित्र–13.5)

(5) ज्यामिती सीढ़ी (Geometrical Stair)–यह कूपक सीढ़ी की भाँति ही होती है। इनमें अन्तर केवल इतना है कि इस सीढ़ी की दो पंक्तियों के बीच का स्थान या कुँआ वक्राकार (Curved) होता है। इस सीढ़ी में दिशा परिवर्तन मोड़ पैड़ी द्वारा प्राप्त किया जाता है। ज्यामितीय सीढ़ी की मोड़ पैड़ी के अन्तरिक सिरे की भी एक

निश्चित चौड़ाई रखी जाती है इस कारण इस पर आना जाना कूपक सीढ़ी की अपेक्षा सरल है। उपरोक्त सीढ़ियाँ चित्र–13.5 में दिखाई गई हैं।

(5) वृत्ताकार सीढ़ी (Circular Stair)–वृत्ताकार सीढ़ी प्रायः भवन के पीछे की ओर बनाई जाती है जिससे भवन के विभिन्न तलों पर सुगमता से आया जाया जा सके। इस प्रकार की सीढ़ी प्रायः प्रबलित कंक्रीट, इस्पात तथा पत्थर की पैड़ियों की बनाई जाती है। वृत्ताकार सीढ़ी में सभी पैड़ियाँ मोड़ पैड़ी होती हैं जो केन्द्र पर एक स्तम्भ पर टिकी होती हैं। सभी पैड़ियाँ एक केन्द्रीय स्तम्भ से विकृत (Radiate) होने पर यह सीढ़ी सर्पिल सीढ़ी कहलाती है। लोहे की सर्पिल सीढ़ी के लिए सीढ़ी कक्ष की आवश्यकता नहीं होती। इसलिए इनके कम स्थान घेरने के कारण इन्हें पीछे के द्वार के समीप बनाया जाता है। (चित्र–13.6)

13.10 विभिन्न सामग्रियों की सीढ़ियाँ (Stairs of Different Materials)

सीढ़ी निर्माण में प्रायः निम्न सामग्री प्रयोग की जा सकती हैं।

(1) लकड़ी सीढ़ी (2) पत्थर सीढ़ी (3) ईंट सीढ़ी (4) धातु सीढ़ी (5) प्रबलित सीमेंट कंक्रीट सीढ़ी।

(1) लकड़ी सीढ़ी–लकड़ी सीढ़ी उन भवनों में बनाई जाती हैं जहाँ अग्नि प्रतिरोधकता महत्वपूर्ण नहीं होती। लकड़ी सीढ़ी हल्की व सस्ती होती है तथा उनका निर्माण सरल व अनुरक्षण व्यय कम होता हैं। लकड़ी सीढ़ी कठोर लकड़ी जैसे सागोन ओक, महागनी से बनाई जाने पर काफी अग्नि प्रतिरोधक होती है।

इन लकड़ियों से बनाई गई सीढ़ियों के विभिन्न अवयबों की मोटाई 5 से०मी० रखी जा सकती है।

(2) सीधी सीढ़ी–इस श्रेणी की सीढ़ी कम ऊँचाई तथा तंग स्थानों में बनाई जाती है। इसका विस्तृत चित्र, चित्र–13.5 में दिखाया गया है। इसके निम्न मुख्य अंग होते हैं।

(1) पैड़ी या स्टेपस (Steps)–पैड़ी के पट तथा खड़ पट्टी की मोटाई क्रमशः 4.0 से०मी० व 2.5 से०मी० से कम नहीं होनी चाहिए। पट व खड़ पट्टी जीभी झिरी (Tongue and Groove) जोड़ द्वारा जोड़कर जोड़ पर कील या पेंच लगा दिया जाता है। गोला या सोपानाग्र (Nosing) का खड़ पट्टी से आगे प्रक्षेप पट की मोटाई से अधिक नहीं होना चाहिए।

(2) आबन्धक (Stringer)–सीढ़ी की पैड़ियों को संभालने के लिए लकड़ी की तिरछी लगाई जाने वाली कडी आबन्धक कहलाती है। आबन्धक का परिच्छेद प्रायः 35 × 5 से०मी० होता है अर्थात 35 से०मी० ऊँचाई व 5 से०मी० मोटाई। इसमें 5 से 7.5 से०मी० चौड़ा हास्या छोड़ा जाता है। आबन्धक स्तम्भ व उपाबंध धारक (Pitching piece) पर टिके होते हैं। अधिक चौड़ी सीढ़ी के बीच में एक अन्य कड़ी लगाई जाती है। आबन्धक प्रायः चार किस्म के होते हैं।

(3) हस्त धरनी–जैसा कि पहले बताया जा चुका है ये हस्त धरनी मनुष्यों की सुरक्षा के लिए सीढ़ी के समान्तर ढालू बनाई जाती हैं। चित्र–13.4 में लकड़ी सीढ़ी के विभिन्न भाग दिखाये गये हैं।

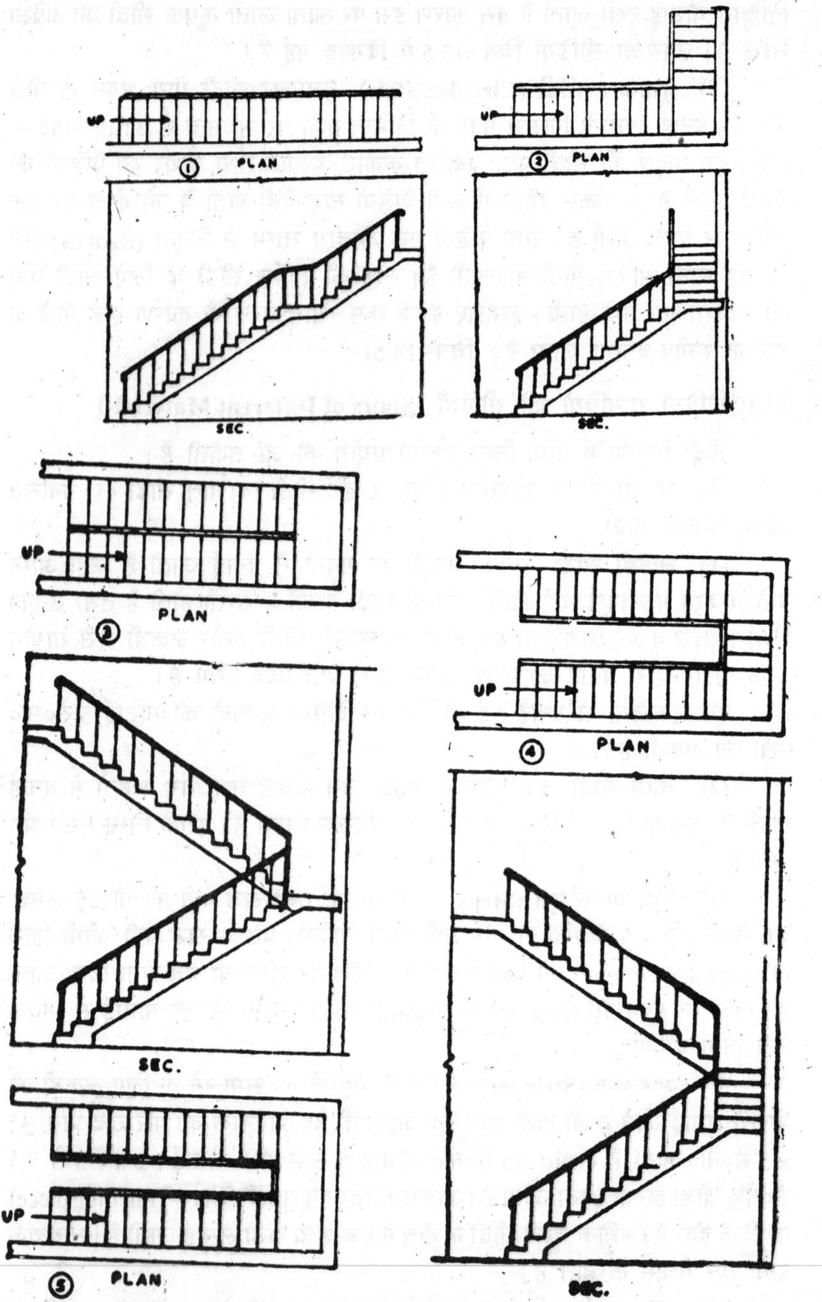

चित्र–13.5. (a). Different Types of Stairs

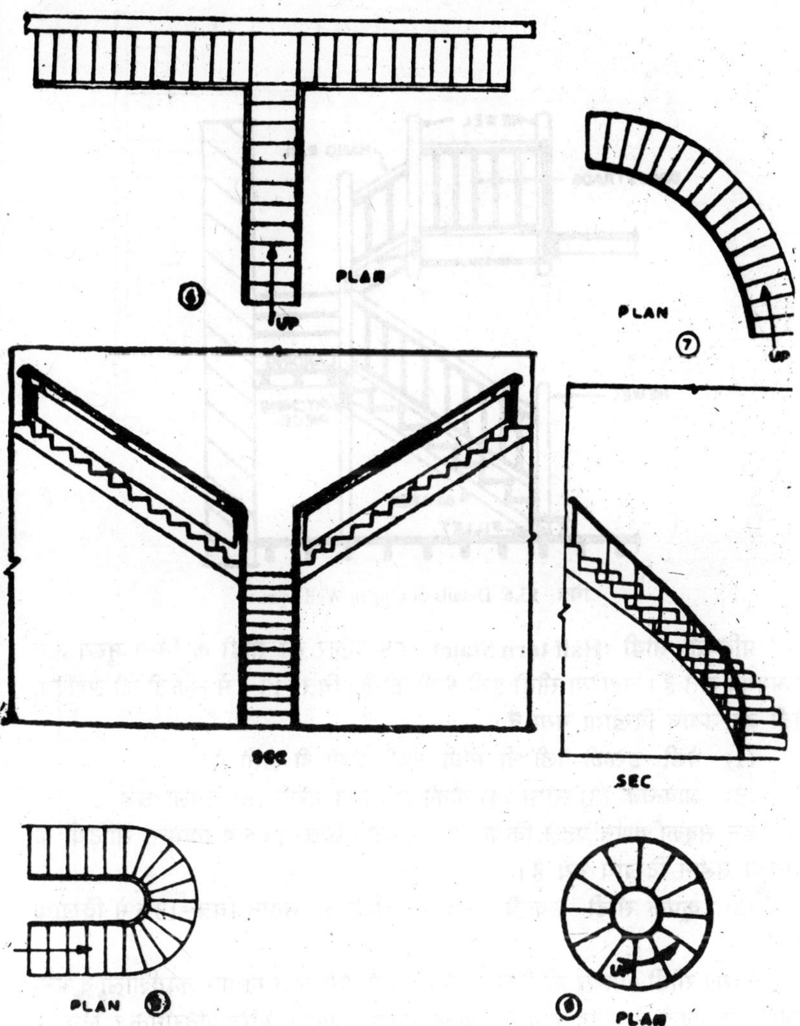

(1) Plan and elevation of a straight stair.
(2) Plan and elevation of a quarter turn newal.
(3) Plan and elevation of a dog lagged stair.
(4) Plan and elevation of a open well stair.
(5) Plan of a quater space landing.
(6) Plan and elevation of a bifurcated stiar.
(7) Plan and elevation of a circular stair.
(8) Plan of a half turn geometrical stair.
(9) Plan of a spiral stair.

चित्र–13.5. (B) Details of Different Types of Stairs

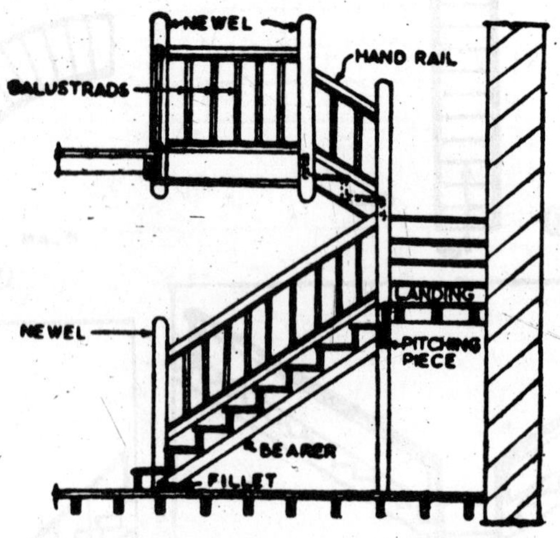

चित्र–13.6. Details of Oppen Well Stair

प्रतिवर्ती सीढ़ी (Half turn Stair)—इस प्रकार की सीढ़ी के निम्न मुख्य अंग या अवयब होते हैं। लहरिया सीढ़ी इसी श्रेणी की है। चित्र–13.4 में लकड़ी की लहरिया सीढ़ी का उठान दिखाया गया है।

(1) पैड़ी—इसकी पैड़ी भी सीधी सीढ़ी जैसी ही होती है।

(2) आबन्धक (3) स्तम्भ (4) चौकी (5) हस्त धरनी (6) जंगला छड़

इन सबका वर्णन पहले किया जा चुका है। चित्र–13.5 में विभिन्न सीढ़ियों के प्लान व उडान दिखाये गये हैं।

(2). कूपक सीढ़ी—लकड़ी की कूपक सीढ़ी का उठान चित्र–13.6 में दिखाया गया है।

पत्थर सीढ़ी—पत्थर की पैड़ी वाली सीढ़ियाँ प्रायः माल गोदाम, कार्यशाला व अन्य सार्वजनिक भवनों में बनाई जाती हैं। पत्थर मजबूत, कठोर, अग्नि प्रतिरोधक व टिकाऊ होने के कारण पैड़ी बनाने के लिए बहुत ही उपयुक्त सामग्री है। पत्थर की पैड़ी भारी होने के कारण सुरक्षा की दृष्टि से इनकी टेक मजबूत होनी चाहिए। चित्र–13.7 में पत्थर के ठोस ब्लॉक की प्रवेश सीढ़ी दिखाई गई हैं।

(3) धातु सीढ़ियाँ—इस श्रेणी की सीढ़ियाँ प्रायः इस्पात तथा ढलवा लोहे की बनाई जाती हैं। इनका प्रयोग प्रायः माल गोदामों तथा करखानों में किया जाता है। चित्र–13.8 में सरल धातु पैड़ी दिखाई गई है। चित्र–13.9 सर्पिल सीढ़ी दिखाई गई है।

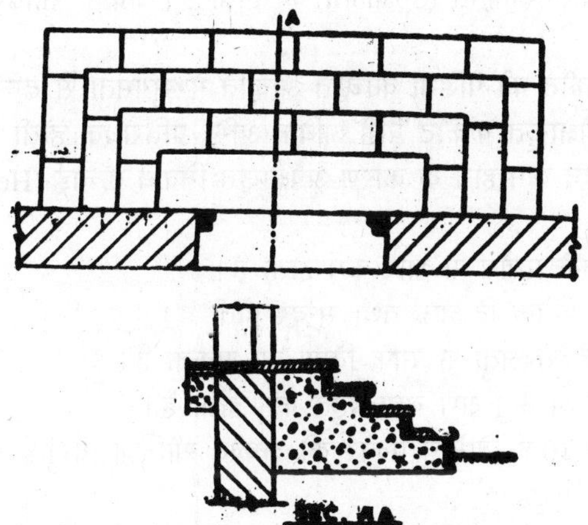

चित्र-13.7. Details of Stone Stair

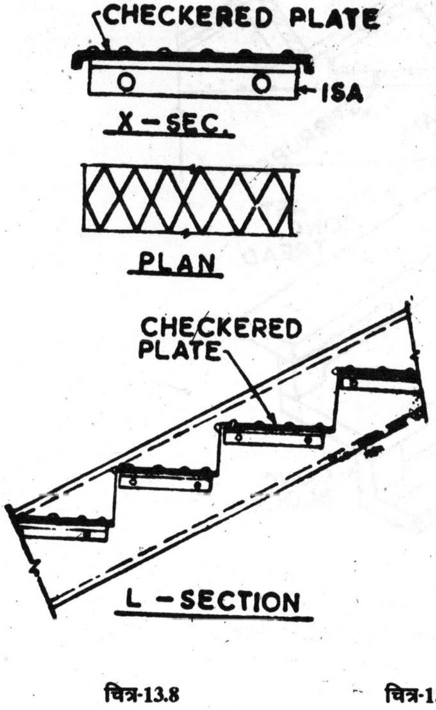

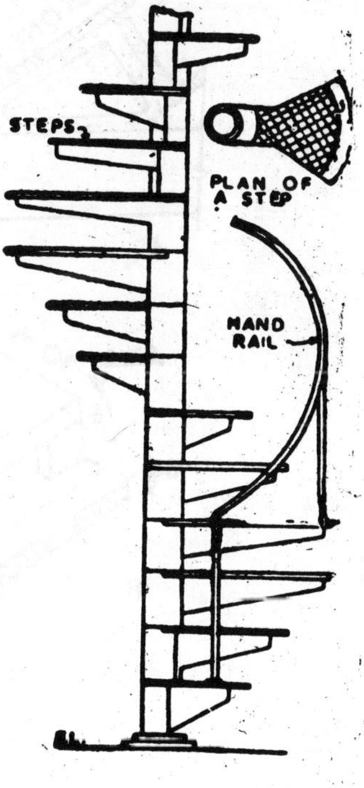

चित्र-13.8

चित्र-13.9. Spiral Stair Case

(4) प्रबलित सीमेंट कंक्रीट सीढ़ियाँ—आजकल अन्य किस्म की सीढ़ियों के स्थान पर सादी व प्रबलित कंक्रीट की सीढ़ियाँ प्रयोग की जाती हैं। इस श्रेणी की सीढ़ियों की पैड़ियाँ त्रिकोन आकृति (Spandril) की होती हैं। कंक्रीट सीढ़ियों के निम्न लाभ होते हैं।

1. कंक्रीट की पैड़ियाँ वांच्छित आकृति में सुगमता से ढाली जा सकती हैं।
2. अपेक्षाकृत कंक्रीट पैड़ी अधिक अग्नि प्रतिरोधक होती है।
3. इनका परिच्छेद कम होने के कारण अपेक्षाकृत निर्वाध ऊँचाई (Head room) अधिक मिलती है।
4. इनके प्रयोग से शोर कम होता है।
5. ये अधिक टिकाऊ तथा सुन्दर होती हैं।
6. इन्हें सरलता से साफ किया जा सकता है।
7. इनका अनुरक्षण व्यय बहुत कम होता है।

चित्र–13.10 में विभिन्न प्रकार की कंक्रीट सीढ़िया दिखाई गई हैं।

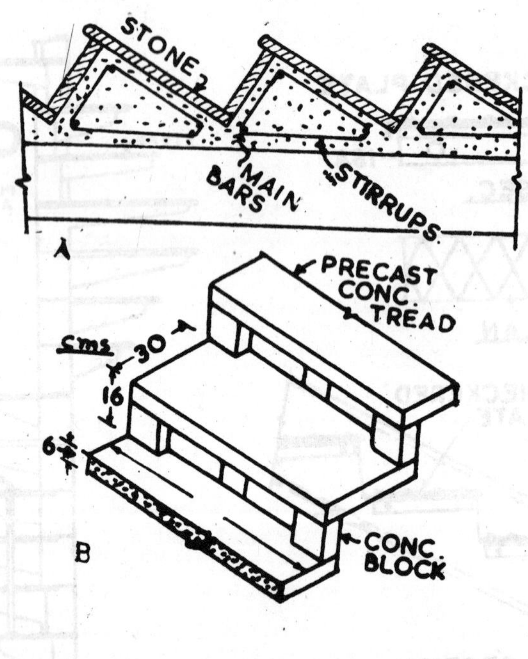

Details of Cement Concrete Steps

A. Stone stair.

B. Precast concrete steps.

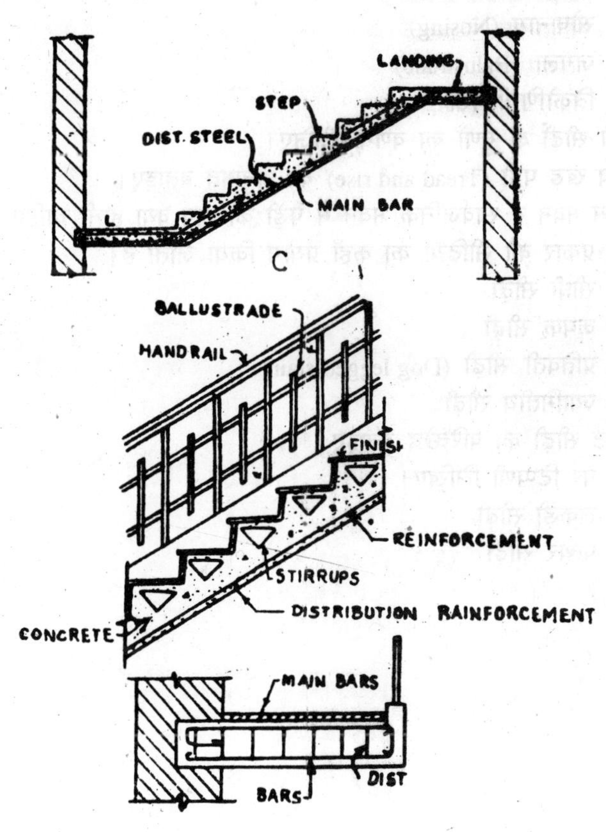

D

D. R.C.C. cantilevered stair.

C. R.C.C. slab stair.

D. R.C.C. cantilevered stair.

चित्र–13.10

प्रश्नावली

(1) सीढ़ी का साफ चित्र बनाकर निम्न भाग दिखाए।
   (i) चौकी अथवा अवतरण
   (ii) सोपानाग्र (Nosing)
   (iii) जंगला (Balustrade)
   (iv) त्रिकोणियाँ पैड़ी
(2) अच्छी सीढ़ी के गुणों का वर्णन कीजिए।
(3) पट व खड़ पट्टी (Tread and rise) का अनुपात बताइए।
(4) निवास भवन व सार्वजनिक भवन में पैड़ी की माप क्या होनी चाहिए।
(5) निम्न प्रकार की सीढ़ियों का कहाँ प्रयोग किया जाता है।
   (i) सीधी सीढ़ी
   (ii) कूपक सीढ़ी
   (iii) प्रतिवर्ती सीढ़ी (Dog legged stair)
   (iv) ज्यामितीय सीढ़ी
(6) कंक्रीट सीढ़ी का परिच्छेद बनाइए।
(7) निम्न पर टिप्पणी लिखिए।
   (i) लकड़ी सीढ़ी
   (ii) पत्थर सीढ़ी

14

छत तथा उनका आवरण
Roofs & Roof Covering

14.1 प्रस्तावना

किसी भवन अथवा इसी प्रकार की अन्य संरचना के शिखर पर किसी सामग्री का आवरण बनाना छत कहलाता है। छत भवनों को वायुमण्डलीय प्रभावों जैसे वर्षा, वायु, बर्फ आदि से सुरक्षित रखती है। छत की किस्म का चयन स्थानीय जल वायु तथा उपलब्ध सामग्री के अनुसार किया जाता है। इसके अतिरिक्त छत का चयन, उस पर लगे भार, पाट की लम्बाई, पर्याप्त प्रकाश की उपलब्धि तथा ऊष्मारोधन आदि से भी प्रभावित होता है। छत प्रायः निम्न प्रकारी की बनाई जा सकती हैं।

(i) ढालू छत (ii) समतल छत (iii) कोशीय छत (Shell roof) (iv) गुम्बद (Domes).

इस अध्याय में ढालू छतों का विस्तृत वर्णन किया गया है।

14.2 परिभाषाएँ अथवा तकनीकी शब्द

1. कूट (Ridge)—किसी ढालू छत का शीर्ष या शिखर रेखा कूट कहलाती है।

2. कूट पट्टी (Ridge piece)—किसी ढालू छत के शिखर पर क्षैतिज लगाया गया लकड़ी का अवयब कूट पट्टी कहलाता है। साधारण रैफटर इसी से जोड़े जाते हैं।

3. पुट्ठा (Hip)—ढालू छत की 180° से अधिक कोण वाली दो सतहों को मिलाने वाला उच्चतम् भाग पुट्ठा कहलाता है।

4. पट्ठेदार सिरा (Hipped end)—छत के सिरे पर बना ढालू त्रिभुजाकार भाग पट्ठेदार सिरा कहलाता है।

5. पुट्ठा कड़ी (Hip rafter)—ढालू छत क शिखर से दीवार के सिरे तक लगाई जाने वाली कड़ी पुट्ठा कड़ी कहलाती है। ये कड़ी पुट्ठा आवरण को संभालती हैं तथा पर्लिन (Purlin) व जैक कड़ी को भी सहारा देती हैं।

6. साधारण रैक्टर (Common rafter)—कूट से ओलती अथवा क्लीक (eaves) तक तिरछे लगाये जाने वाले लकड़ी के अवयब साधारण रैफ्टर कहलाते हैं। इन पर ही लकड़ी के तख्ते या पट्टी लगाई जाती है। इनके बीच का अन्तराल 30 से 45 से०मी० होता है।

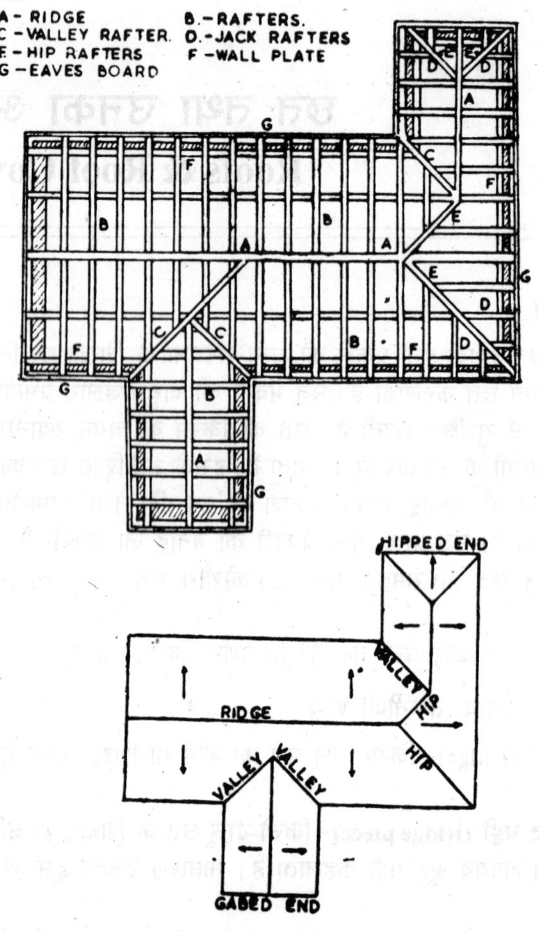

चित्र-14.1 Different Parts of a Sloped Roof

7. ओलती अथवा क्लीक (Eaves)—ढालू छत की सतह के निचले सिरे ओलती कहलाते हैं।

8. ओलती तख्ते–साधारण रैफ्टर को जोड़ने के लिए ओलती के साथ–साथ लगाए जाने वाले लकड़ी के तख्ते ओलती तख्ते कहलाते हैं। ये तख्ते प्राय: 15 से०मी० चौड़े तथा 2.5 से०मी० मोटे होते हैं।

त्रिअंकी या गेबल (Gable)–ढालू छत के किनारे वाली दीवार का त्रिभुजाकार भाग त्रिअंकी कहलाता है। त्रिअंकी भाग में दो ढालू सतहों के बीच एक कूट होता है। यह भाग किनारे वाली दीवारों को छत तक बढ़ाने पर बनता है। चित्र–14.1

उपांत (Verge)–ढालू छत की टाइल आदि के त्रिअंकी भाग से आगे प्रक्षेप करने वाले सिरे उपांत कहलाते हैं।

त्रिअंकी पार्शव फलक (Barge board)–उपांत बनाने वाले साधारण रैफ्टर को संभालने वाले लकड़ी के तख्ते त्रिअंकी पार्शव फलक कहलाते हैं।

घाटी (Valley)–ढालू छत की दो तिरछी सतहों के मिलने के स्थान पर बनी नाली घाटी कहलाती है।

जैक रैफ्टर–पुट्ठा या घाटी से ओलती तक लगाए जाने वाली कड़ी जैक रैफ्टर कहलाती है।

घाटी रैफ्टर (Valley rafter)–ढाल पर घाटी नाली को सम्भालने के लिए लगाई जाने वाली कड़ी घाटी रैफ्टर कहलाती है।

पुर्लिन (Purlin)–साधारण रैफ्टर को टेक देने के लिए प्रयोग किए गए छोटे लकड़ी अथवा लोहे के टुकड़े पुर्लिन कहलाते हैं।

गुटका या क्लीट (Cleat)–पुर्लिन को टेक देने के लिए लकड़ी अथवा लोहे के छोटे टुकड़े गुटका कहलाते हैं। इन्हें कैंची के रैफ्टर से जोड़ दिया जाता है।

कैंची–त्रिभुजाकार भागों का ढाँचा कैंची कहलाता है।

टेम्पलेट–छत का भार अधिक क्षेत्रफल पर वितरित करने के लिए बंधक धरन के सिरे के नीचे दीवार पर लगाया जाने वाला पत्थर अथवा कंक्रीट का टुकड़ा टेम्पलेट कहलाता है।

छत का ढाल (Pitch of roof)–ढालू छत की सतहों का क्षैतिज से ढाल छत का ढाल कहलाता है।

छत का उठान–दीवार प्लेट व छत कूट के बीच की ऊर्ध्वाधर दूरी छत का उठान (rise) कहलाता है।

ढालू छत लोहे अथवा लकड़ी की बनाई जा सकती हैं।

14.3 लकड़ी की ढालू छत

(i) एक पार्शव ढालू छत (Lean to roof)–इस प्रकार की छत किसी भवन के बरामदे आदि के आवरण के लिए बनाई जाती है। ढालू छतों में यह सबसे सरल छत है। इसमें रैफ्टर केवल एक ही ओर बनाए जाते हैं। एक ओर ये रैफ्टर दीवार प्लेट पर टिके होते हैं। यह दीवार प्लेट, ईंट अथवा लोहे के टोड़ों पर टिकी रहती है। दूसरी ओर रैफ्टर का सिरा दीवार प्लेट अथवा ऊर्ध्वाधर लकड़ी के स्तम्भ से नट व बोल्ट की सहायता से जोड़ दिया जाता हे। स्तम्भ प्लेट लकड़ी की ही होती है जो

दीवार के समानान्तर मध्यवर्ती स्तम्भों पर टिकी रहती है। इन तिरछे रैफ्टरों पर 15 से०मी० के अन्तराल पर लकड़ी की फट्टियाँ कीलों से जोड़ दी जाती हैं। इन्हीं फट्टियों पर छत की आवरण सामग्री जोड़ी जाती है। इस प्रकार की छत 2.5 मीटर तक चौड़े पाटों के लिए उपयोगी है। इस छत की उपयोगिता के लिए यह आवश्यक है कि रैफ्टर व दीवार के जोड़ टपक अथवा रिसाव रहित बनाए जायें। (चित्र–14.2)

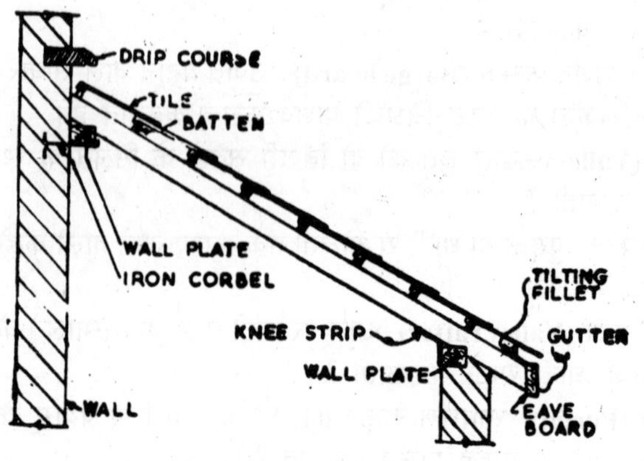

चित्र-14.2. Lean to Roof

(ii) दुपारवी छत (Coupled roof)—चित्र–14.3 में दिखाए अनुसार दुपारवी छत दो रैफ्टरों की बनाई जाती है। इन रैफ्टरों के ऊपरी सिरे शिखर पर कूट (ridge) पट्टी से जोड़े जाते हैं। रैफ्टरों के निचले सिरे लकड़ी की दीवार प्लेट से जोड़े जाते हैं। रैफ्टरों को उचित अन्तराल पर लगाकर उन पर उचित परिच्छेद की लकड़ी की फट्टियाँ कीलों से जोड़ दी जाती हैं। छत आवरण इन्हीं फट्टियों से जोड़ा जाता हैं।

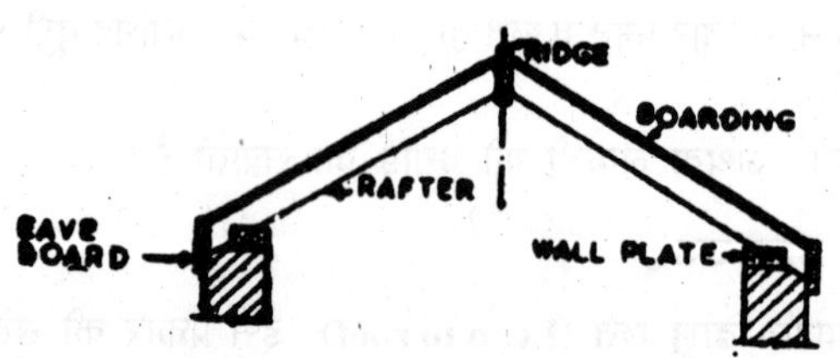

चित्र-14.3. Couple Roof

दुपारवी छत केवल 3.5 मीटर चौड़े पाटों के लिए उपयोगी है। अधिक चौड़े पाटों में रैफ्टरों के क्षैतिज दाब के कारण चिनाई दीवारों के बाहर की ओर फैलने का भय रहता है।

(iii) तान दार दुपारवी छत (Couple close roof)—चित्र–14.4 में दिखाये अनुसार यह छत भी दुपारवी छत की भाँति ही होती है। इनमें अन्तर केवल इतना है कि तानदार दुपारवी छत में रैफ्टरों को फैलने से रोकने के लिए इनके निचले सिरों पर एक अवयब लगा दिया जाता हैं जिसे बंधक छड़ (tie rod) कहा जाता है। इस प्रकार की छत 5 मीटर तक चौड़ाई वालों पाटों के लिए उपयोगी है।

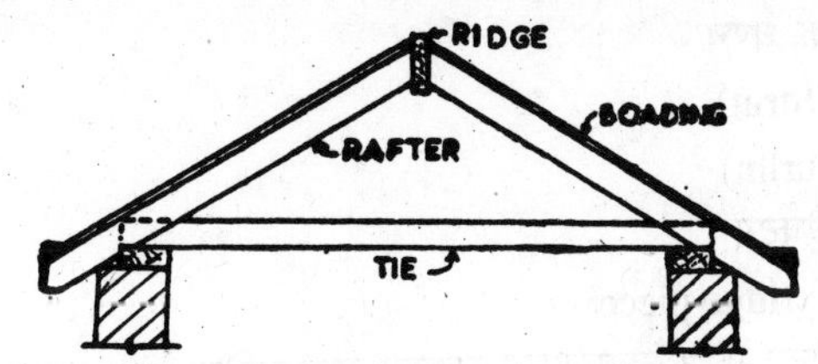

चित्र-14.4. Couple Close Roof

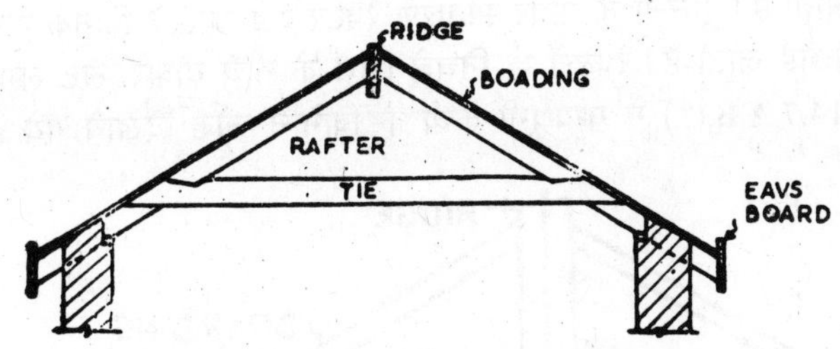

चित्र-14.5. Collar Tie Roof

(iv) काँलर छत (Collar tie roof)—चित्र–14.5 में दिखाये अनुसार यह छत भी तानदार दुपारवी छत की भाँति ही होती है इनमें अन्तर केवल इतना ही है कि बंधक छड़ रैफ्टरों के निचले सिरों की अपेक्षा उठान के 1/3 भाग से 1/2 भाग पर लगाई जाती है। यह बंधक छड़ काँलर धरन कहलाती है। यह छत 4 से 5.5 मीटर चौड़े पाटों के लिए उपयुक्त है।

14.4 मध्य थूनी कैंची (King post truss)

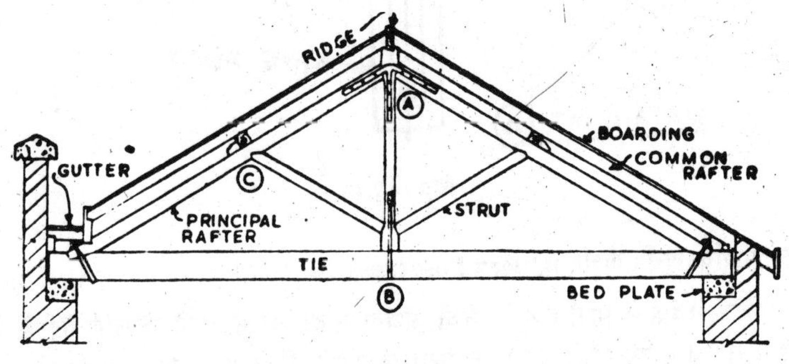

चित्र-14.6. King Post Truss Roof

चित्र–14.6 में मध्यथूनी कैंची का चित्र दिखाया गया हैं। यह कैंची 6 से 9 मीटर चौड़े पाटों के लिए उपयुक्त है। इस कैंची के निम्न अवयब होते हैं।

(i) मध्य थूनी (King post)—कैंची के मध्य में लगाया गया ऊर्ध्वाधर अवयब मध्य थूनी कहलाता है।

(ii) दो मुख्य रैफ्टरस (Principal rafters)

(iii) एक बन्धक धरन

(iv) दो टेक (Strut)

(v) पुर्लिन (Purlin)

(vi) साधारण रैफ्टर

(vii) कूट पट्टी (ridge piece)

कैंचियों को 3 मीटर के अन्तराल पर रखकर उन्हें पुर्लिन द्वारा जोड़ दिया जाता हैं। पुर्लिन तिरछे रैफ्टरों के अभिलम्ब रखी जाती हैं, तथा गुटकों व खाँचा जोड़ द्वारा रैफ्टरों से जोड़ी जाती हैं। पुर्लिनों के ऊपर साधारण रैफ्टर रखे जाते हैं जिनके ऊपर आवरण सामग्री बिछाई जाती है। रैफ्टरों के निचले सिरों के नीचे दीवार प्लेट लगाई जाती है। (चित्र–14.7 A,B,C,) में मध्यथूनी कची के विभिन्न जोड़ दिखाये गये हैं।

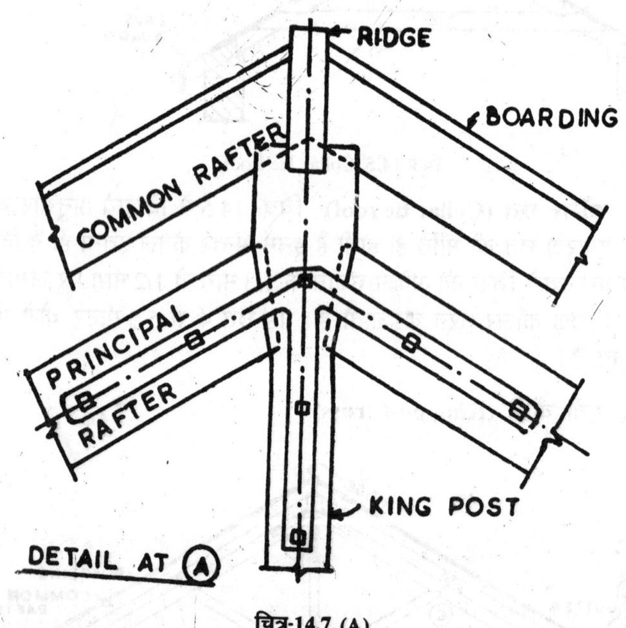

चित्र-14.7. (A)

14.5 पार्शव थूनी कैंची (Queen Post truss)

चित्र–14.8 में पार्शव थूनी कैंची अथवा मादा स्तम्भ कैंची दिखाई गई है। यह कैंची 9 से 14 मीटर चौड़े पाटों के लिए उपयोगी है। इसके निम्न भाग होते हैं।

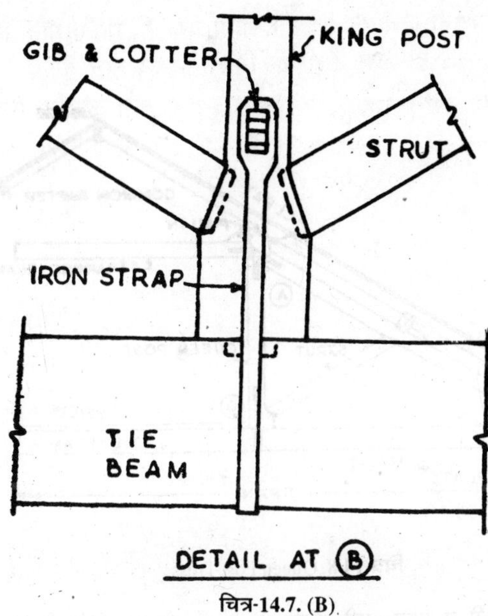

चित्र-14.7. (B)

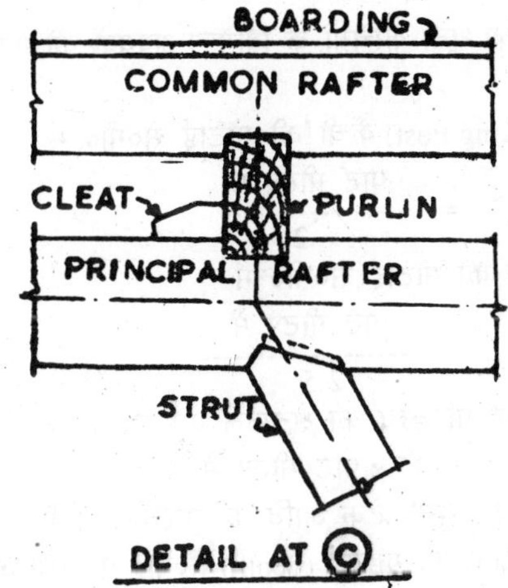

चित्र-14.7. (C) Details of King Post Truss

1. दो मुख्य रैफ्टर
2. दो पार्श्व थूनी अथवा मादा स्तम्भ
3. एक तान धरन (Straining beam)
4. दो तिरछी टेक (inclined struts)
5. एक तान देहल

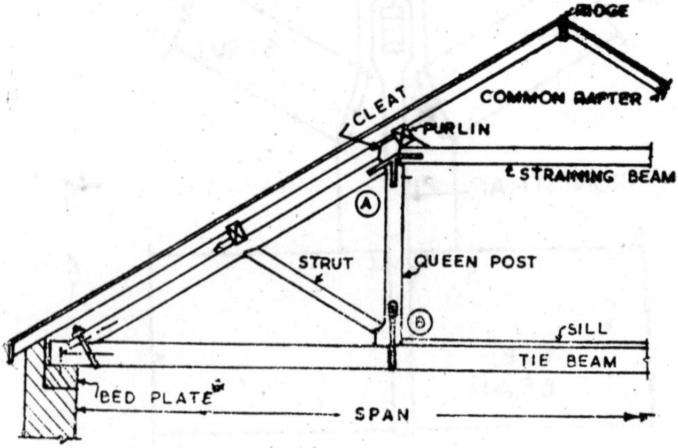

चित्र-14.8. Queen Post Truss

पार्श्व थूनी कैंची व मध्य थूनी कैंची में अन्तर केवल इतना है कि पार्श्व थूनी कैंची में एक की अपेक्षा दो ऊर्ध्वाधर अवयब होते हैं जिन्हें मादा स्तम्भ के नाम से पुकारा जाता है।

पार्श्व थूनी तथा मध्य थूनी कैंचियों के विभिन्न अवयबों की माप निम्न सूत्रों से ज्ञात की जा सकती है–

(i) मध्य थूनी (King Post) कैंची की मोटाई से०मी० में

$$= \frac{\text{पाट मीटर में}}{2}$$

(ii) पार्श्व थूनी कैंची की मोटाई से०मी० में

$$= \frac{\text{पाट मीटर में}}{2.5}$$

(iii) मुख्य रैफ्टर के परिच्छेद का क्षेत्रफल वर्ग से०मी०

$$= 15 \times \text{पाट मीटर में}$$

(iv) मध्य थूनी, पार्श्व थूनी, टेक आदि का परिच्छेद वर्गाकार होना चाहिए।

(v) बंधक (tie beam) की गहराई (depth) से०मी० में कैंची की मोटाई का 5 से 6.5 गुना होनी चाहिए।

(vi) तान धरन की गहराई बंधक की गहराई का 3/4 होनी चाहिए। चित्र–14.9 A & B में पार्श्व थूनी के विभिन्न जोड़ दिखाये गये हैं–

चित्र–14.9 C में मिश्रित नर कैंची दिखाई गई है।

14.6 समतल छत

समतल छतों से जल निकासी एक बड़ी समस्या है। इस प्रकार की छत केवल

कम वर्षा अथवा बर्फ न गिरने वाले क्षेत्रों में बनाई जाती हैं। इस कारण लकड़ी की अपेक्षाकृत अधिक ढालू बनाई जाती है। समतल छत प्रायः द्वितीय तल फर्श की भाँति ही होती है। अन्तर केवल इतना है कि समतल छतों में द्वितीय तल फर्शो की अपेक्षा ढाल अधिक होता है।

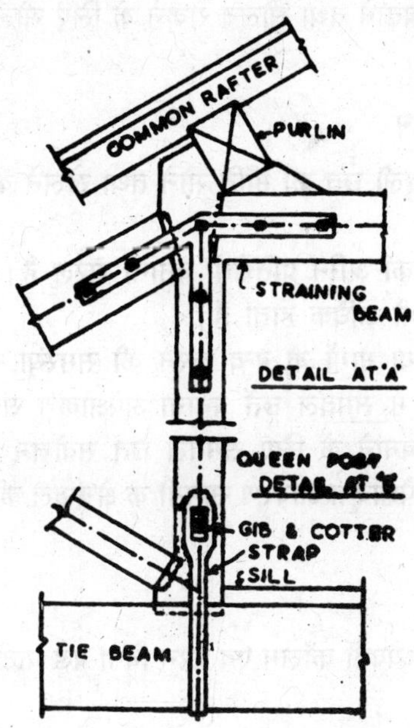

चित्र–14.9. A & B Details of Queen Post Truss

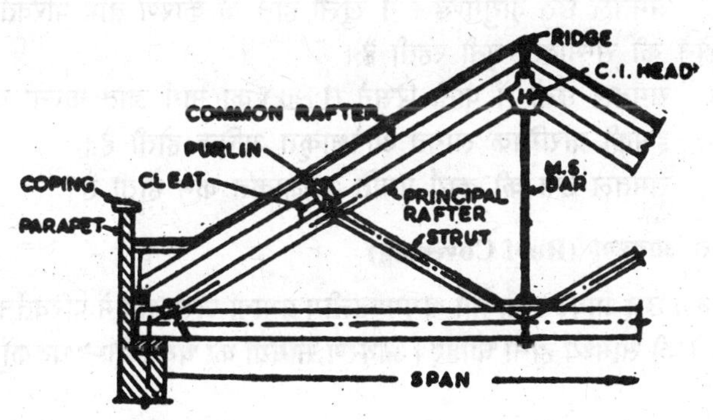

चित्र–14.9. C Mixed King Post Truss

लकड़ी की समतल छत–इन छतों का ढाल प्रायः 10° से कम होता है। शेष वर्णन लगभग द्वितीय तल फर्श जैसा ही है। लकड़ी की समतल छत बनाते समय निम्न बातों का ध्यान रखना चाहिए।

(i) छत का ढाल 50 में 1 से कम नहीं होना चाहिए। इससे तीखा ढाल अवांच्छनीय है।

(ii) छत का ढाल जल निकास नाले (out let) की स्थिति पर निर्भर करता है।

(iii) तख्ते ढाल के समानान्तर लगाये जाने चाहिए।

(iv) छत की आयु बढ़ाने तथा सीलन रोकने के लिए सीलन रोक परत लगानी चाहिए।

14.7 समतल छत के लाभ

1. समतल छत खुली छत की भाँति सोने तथा खेलने के लिए प्रयोग की जा सकती है।
2. समतल छतों को अग्नि प्रतिरोधी बनाना सरल है।
3. ये ताप रोधी भी अधिक होती हैं।
4. इनमें त्रिकोनिया भागों के बन्द करने की समस्या नहीं रहती।
5. आधुनिक युग में समतल छतें बनाना अपेक्षाकृत सरल है।
6. बहुतल भवन बनाने के लिए समतल छत सर्वोत्तम है।
7. ढालू छत में अपेक्षाकृत आवरण सामग्री के क्षेत्रफल की अधिक आवश्यकता होती है।

14.8 दोष

1. समतल छत मध्यवर्ती कॉलम एवं धरन बिना बड़े पाटों के लिए नहीं बनाई जा सकती है।
2. समतल छत का अचल भार अधिक होने के कारण निर्माण व्यय अधिक होता।
3. समतल छत वायुमण्डल में खुली होने के कारण ताप परिवर्तन से दरारें उत्पन्न होने की सम्भावना बनी रहती है।
4. समतल छतों में पानी रिसने (Leak) का मार्ग ज्ञात करना कठिन है।
5. इसकी प्रारम्भिक लागत आपेक्षाकृत अधिक होती है।
6. समतल छत की कार्य प्रगति अपेक्षाकृत कम होती है।

14.9 छत आवरण (Roof Covering)

अच्छी छत आवरण सामग्री वायुमण्डलीय प्रभावों जैसे ताप में परिवर्तन, वर्षा आदि सहन करने की सामर्थ्य होनी चाहिए। आवरण सामग्री का चयन निम्न घटकों से प्रभावित होता है।

(i) प्रारम्भिक लागत (ii) अनुरक्षण व्यय (iii) स्थिरता (iv) सुन्दरता (v) सामग्री की उपलब्धि (vi) अग्नि प्रतिरोधकता (vii) छत का ढाल (viii) ऊष्मा रोधन आदि।

भारतवर्ष में प्रायः निम्न सामग्रियाँ प्रयोग की जाती हैं।

1. छप्पर (Thatch Covering)
2. लकड़ी की कत्तर (Shingles)

3. टाइल (Tiles)
4. ऐस्बेस्टॉस–सीमेंट की चादर (Asbestos-cement sheets)
5. जस्ती लोहा चादर (Galva nised iron sheets)
6. स्लेट (Slate)

1. छप्पर—भारतवर्ष में इस प्रकार का छत आवरण प्राचीन काल से ही प्रयोग किया जा रहा है। गाँव में सरकन्डा भारी मात्रा में उपलब्ध होने के कारण इस प्रकार का छत आवरण मितव्ययी सिद्ध हुआ है। मितव्ययी होने के कारण गाँव में इस प्रकार का छत आवरण अधिक बनाया जाता है। छप्पर का ढाँचा बनाने के लिए 2.5 से०मी० व्यास के बाँस रैफ्टर की भांति प्रयोग किये जाते हैं। बाँसों को लगभग 30 से०मी० के अन्तराल पर रखा जाता है। इन बांसों के अभिलम्ब चीरे हुए बाँस की खरपच्ची बांधकर उसके ऊपर सरकन्डे तथा फूस मूंज की रस्सी से बाँध दिया जाता है। वर्षा व गर्मी को रोकने के लिए छप्पर की न्यूनतम मोटाई 15 से०मी० होनी चाहिए। वर्षा जल निकासी के लिए छप्पर 40° से 45° के ढाल पर रखा जाता है छप्पर की एक इकाई का क्षेत्रफल 1.5 × 1.2 वर्ग मीटर से 2.0 × 1.5 वर्ग मीटर तक होता है। लाभ की अपेक्षा इसके दोष अधिक हैं।

लाभ—1. इसकी प्रारम्भिक लागत कम होती है।

2. इसका निर्माण सरल है तथा कुशल कारीगरों की आवश्यकता नहीं होती है।

दोष—1. इसकी आयु दो से तीन वर्षा होती है।

2. यह अग्नि सह नहीं होता।
3. इसमें कीड़े मकोड़े आदि जीव उत्पन्न हो जाते हैं।
4. चिड़िया आदि घोंसला बना लेती हैं।

2. लकड़ी की पट्टियों का आवरण (Shingles)—इस प्रकार का छत आवरण आजकल केवल पहाड़ी क्षेत्रों में ही प्रयोग किया जाता है, जहाँ, अच्छी किस्म की लकड़ी कम लागत पर पर्याप्त मात्रा में उपलब्ध हो जाती है।

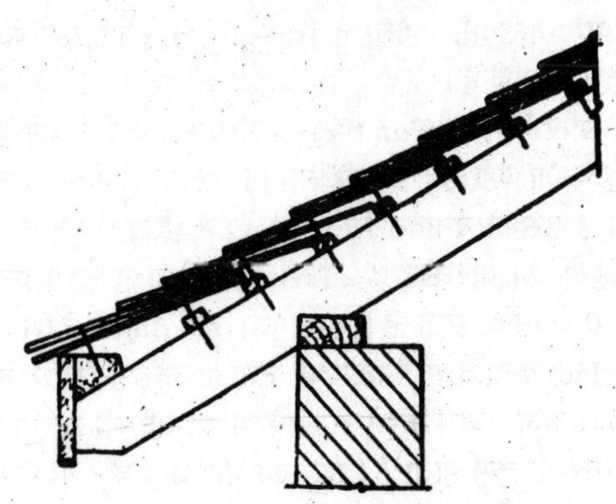

चित्र–14.10. Joint of Shingles with Rafters

आवरण पट्टियां अच्छी प्रकार पकाई गई (Seasoned) लकड़ी से बनाई जानी चाहिए। इन्हें स्लेट की भांति ही ढाँचे पर लगाया जाता है। इन पट्टियों की लम्बाइ 30 से 40 से०मी० तथा चौड़ाई 6 से 25 से०मी० होती है। मोटाई लगभग 0.9 से 1.0 से०मी० होती है। पट्टियों का रैफ्टर से जोड़ चित्र–14.10 में दिखाया गया है।

3. टाइल (Tiles)–मिट्टी की टाइल ईंटों की भांति ही बनाई जाती हैं तथा पकाने के पश्चात् ही इन्हें छत आवरण के लिए प्रयोग किया जाता है। भारत वर्ष में टाइल आवरण का प्रयोग प्राचीन काल से ही किया जा रहा है।

14.10 टाइल प्रायः निम्न प्रकार की होती हैं–

1. चपटी खपरैल (Flat Pan tiles)
2. नाली खपरैल (Half round country tile)
3. मँगलौर टाइल (Manglore tile)
4. इलाहाबाद टाइल (Allahabad tile)
5. साधारण टाइल (Plain tile)

14.11 टाइल लगाने के लिए ढाँचा बनाना

ढालू छत के साधारण रैफ्टर 22 से 30 से०मी० के अन्तराल पर लगाकर उनके ऊपर अभिलम्ब दिशा में 6 से०मी० अन्तराल पर लकड़ी की 4 × 2 से०मी० माप की फट्टियाँ कीलों से लगा दी जाती हैं। फट्टियों का अन्तराल टाइलों की माप के अनुसार बदला जा सकता है। वर्षा जल के टपकने को रोकने की दृष्टि से टाइलों में उचित चढ़ाव रखा जाता है। चढ़ाव (Lap) 7.5 से०मी० से 10 से०मी० होना चाहिए। कूट, पुट्ठा व घाटी में विशेष प्रकार की टाइल लगाई जाती हैं। इन स्थानों के लिए उपयुक्त विशिष्ट टाइल लगाई जाती हैं। साधारण रैफ्टर का ढाल 40° से 35° तक होना चाहिए।

1. साधारण टाइल–इस टाइल की माप 25 × 15 से०मी० से 28 × 18 से०मी० होती है। इनकी मोटाई 9 से 15 मि०मी० होती है। टाइलों को बंधन देने के लिये चित्र–14.11 में दिखाए अनुसार लगभग 9 मि०मी० का प्रक्षेप होता है। इस प्रकार की टाइलों का चढ़ाव प्रायः 6 से०मी० होता है चित्र–14.11 में विभिन्न स्थानों पर टाइल लगाने की विधि दिखाई गई है।

2. चपटी खपरैल (Flat Pan tile)–इस प्रकार की टाइल भारत में प्राचीन काल से ही प्रयोग की जा रही है। इसकी लम्बाई 33 से 37 से०मी० तथा चौड़ाई 22 से 27 से०मी० होती है इसकी बनावट चित्र–14.12 में दिखाई गई है। चपटी खपरैल के लिए लकड़ी फट्टियों का परिच्छेद 4 × 1 से०मी० होता है। इस प्रकार की टाइलों का चढ़ाव 7.5 से 10 से०मी० होता है। छत मुड़ी हुई टाइलों द्वारा ढापी जाती है। चित्र–14.13 में (Ridge) कूट तथा रैफ्टर पर टाइल जोड़ दिखाये गये हैं।

इस प्रकार की टाइल प्रयोग करने से आवरण सामग्री की कम आवश्यकता होती है, जिससे छत का भार भी कम होता है। छत का भार कम होने से नींव भी कम गहरी तथा हल्की बनाई जा सकती है। भार में कभी टाइलों के चढ़ाव के कारण होती है इन टाइलों में चढ़ाव ऊपरी टाइल का उसके नीचे वाली टाइल पर ही रहता है।

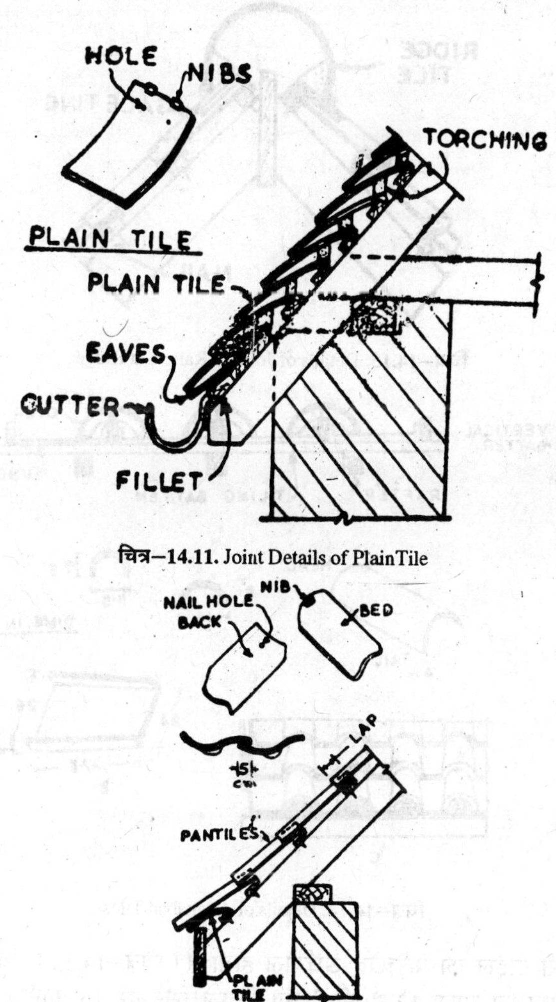

चित्र–14.11. Joint Details of Plain Tile

चित्र–14.12. Details of Flat Pan Tile

3. नाली खपरैल व मँगलौर टाइलों की छत भी चपटी खपरैल की भांति ही बनाई जाती हैं।

4. इलाहाबाद टाइल–इस प्रकार की छत में साधारण रैफ्टर पर ऊर्ध्वाधर फट्टियों को टेक देने के लिए 5 × 2 1/2 से०मी० परिच्छेद की क्षैतिज फट्टियाँ लगाई जाती हैं। इसमें ऊपरी तथा निचली टाइल होती हैं। निचली टाइल चपटी होती है। चित्र–14.14 में दिखाये अनुसार इसकी लम्बाई 37.5 से०मी० होती है। इनकी चौड़ाई चौड़े सिरे पर 26 से०मी० तथा भीतरी अथवा निचले सिरे पर 24 से०मी० होती है।

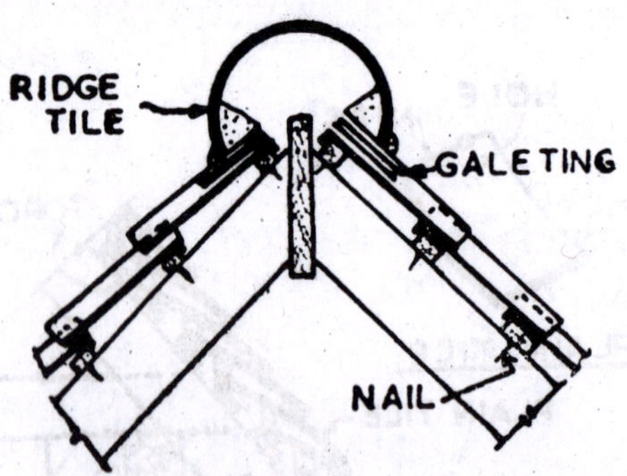

चित्र–14.13. Details of Joint of Rafters at Ridge

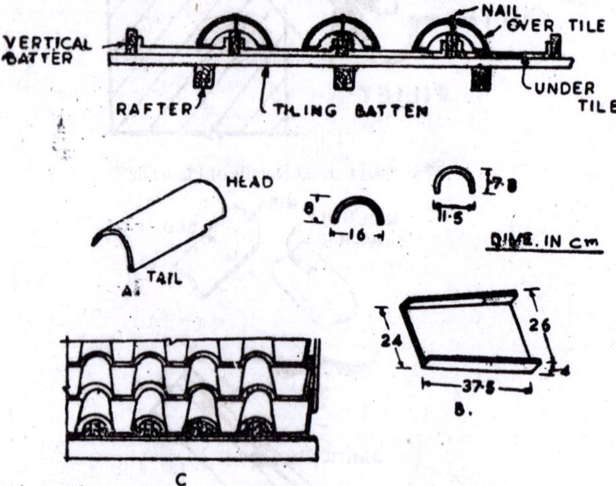

चित्र–14.14. Details of Allahabad Tiles

ऊपरी टाइल का परिच्छेद अर्धगोल होता है। चित्र–14.14 में दिखाये अनुसार इसका शिखर पर व्यास 12 से०मी० तथा निचले सिरे पर 16 से०मी० होता है। इस प्रकार की छत का ढाल लगभग 35° होता है। चित्र–14.14 में टाइल लगाने की विधि दिखाई गई है। इस प्रकार की छत देखने में सुन्दर दिखाई देती है।

14.12 ऐस्बेस्टांस सीमेन्ट चादर का आवरण—सीमेन्ट में 15% ऐस्बेस्टाँस के रेशे मिलाकर ऐस्बेस्टाँस–सीमेन्ट पदार्थ बनाया जाता है। ऐस्बेटाँस सीमेन्ट की चादर समतल अथवा लहरियेदार बनाई जा सकती हैं। इन चादरों की लम्बाई 1.25 मीटर से 3 मीटर तथा चौड़ाई 0.75 मीटर होती है। इन चादरों की मोटाई प्रायः 6mm होती है। सिरे पर चादरों का चढ़ाव 15 से०मी० तथा पार्श्व चढ़ाव 5 से 12 से०मी० तक होता है पुर्लिन का अन्तराल 1.0 से 1.50 मीटर होता है। प्रायः यह अन्तराल 1.25 मीटर होता

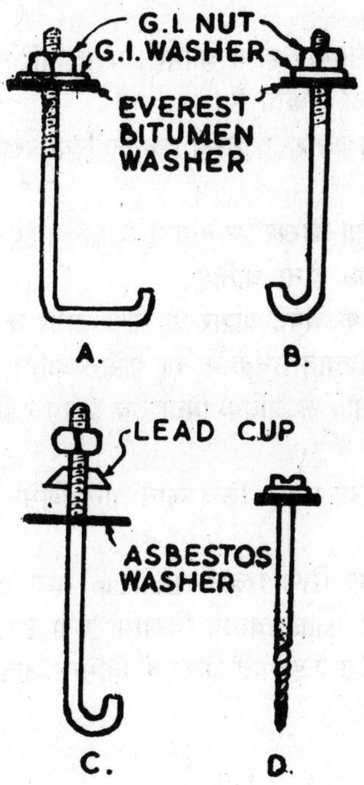

G.I. NUT
G.I. WASHER
EVEREST BITUMEN WASHER
A.
B.
LEAD CUP
ASBESTOS WASHER
C.
D.

चित्र–**14.15.** Nuts used for Binding A.C Sheets

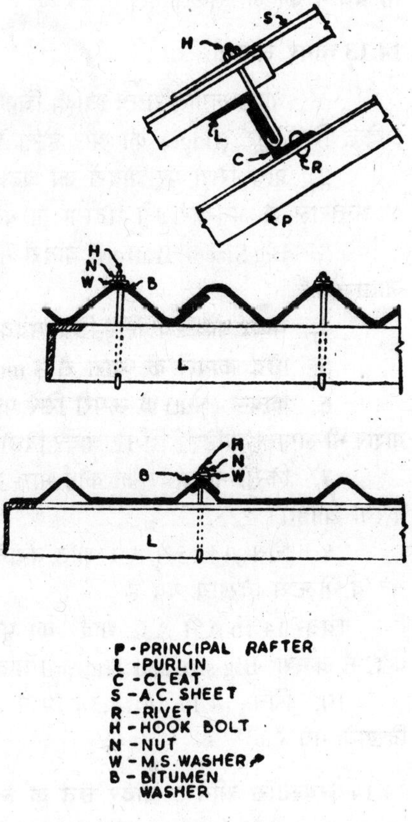

S
H
L
C
R
P
H
N
W
B
L
H
N
W
B
L
P - PRINCIPAL RAFTER
L - PURLIN
C - CLEAT
S - A.C. SHEET
R - RIVET
H - HOOK BOLT
N - NUT
W - M.S. WASHER
B - BITUMEN WASHER

चित्र–**14.16.** End Lap of A.C. Sheet with Purlin

EAVE FILLER
A C SHEET
PURLIN
PRINCIPAL RAFTER
CLEAT
GUTTER
TIE BOARD
GUSSET PLATE
ANGLE IRON
BASE PLATE

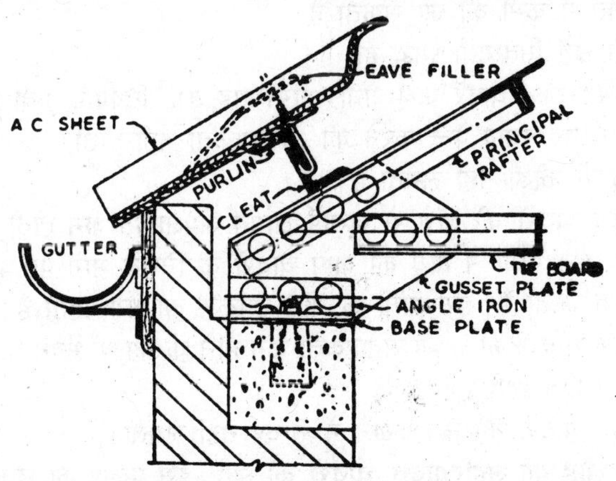

चित्र–**14.17.** Details of Truss at Wall Plate

है। इस प्रकार की छत कारखानों, कार्यशालाओं, गेराज, दफ्तर तथा निवास भवनों में भी प्रयोग की जा सकती है।

14.13 चादर लगाना

1. चादर लगाते समय इसकी चिकनी सतह ऊपर रखी जानी चाहिए। शिखर अंकित सिरा कूट (ridge) की ओर होना चाहिए।

2. प्रायः सिरों पर चादरों का चढ़ाव 15 से०मी० होना चाहिए। परन्तु पुर्लिन के अन्तराल के अनुसार इसे घटाया या बढ़ाया जा सकता है।

3. Big Size व Trafford चादरों में पार्शव क्रमशः आधा व एक लहरिया रखा जाता है।

4. चादर बाँधने के लिए छिद्र सदैव लहरिया शिखर पर बनाया जाना चाहिए।

5. छिद्र काबले के व्यास से 3 mm अधिक होना चाहिए।

6. काबले (Nut) के ऊपरी सिरे पर G.I. के चपेटे वाशर के नीचे डामर का वाशर भी लगाना चाहिए। 10-12 चादर बिछाने के पश्चात् उनके काबले कसने चाहिए।

7. किसी भी चादर का कोई भाग 30 से०मी० से अधिक बिना टेक प्रक्षेप नहीं करना चाहिये।

8. चित्र–14.15 में A-C शीट बाँधने के लिए प्रयोग किये जाने वाले विभिन्न नट व बोल्टस दिखाये गये हैं।

चित्र–14.16 A में A.C. चादर का पुर्लिन पर सिरा चढ़ाव (End lap) तथा B व C में क्रमशः Big size and Trafford चादरों का (side) चढ़ाव दिखाया गया है।

10. चित्र–14.17, 14.18, 14.19, में A.C. शीट व इस्पाती कैंची के विभिन्न जोड़ दिखाये गये हैं।

14.14 ऐस्बेस्टाँस सीमेन्ट चादर छत के लाभ

1. ये चादर हल्की होने के कारण लकड़ी ढाँचे के अवयबों के परिच्छेद भी कम कर लागत में कमी की जा सकती है।

2. ये छत मितव्ययी सिद्ध हुई हैं।

3. ऐस्बेस्टाँस चादरें जल रोधी, अग्नि सह तथा टिकाऊ होती हैं।

4. इन पर बचाव पेन्ट करने की आवश्यकता नहीं होती।

5. इनमें कीड़ा नहीं लगता है।

6. इन चादरों की ढाँचे से जुड़ाई लागत अपेक्षाकृत कम होती है।

दोष–1. ठंडे भागों में वायु की वाष्प चादरों के निचले भाग पर पानी के रूप में परिवर्तित हो जाती है। इस पानी के नीचे टपकने का भय रहता है।

2. इन चादरों की ऊष्मा संवाहकता कम होने के कारण भवन गर्मियों में गर्म तथा सर्दियों में ठंडे रहते हैं।

3. इन चादरों की छत देखने में सुन्दर नहीं लगती।

14.15 जस्ती लोहे की लहरियादार चादरों की छत–इस प्रकार की छत कारखानों, कार्यशालाओं आदि में प्रयोग की जाती है इस प्रकार की छतों का ढाल 4 से 1 या

15° रखा जाता है। जस्ती लोहे की चादरें पुर्लिन से जस्ती लोहे के हुक व बोल्ट कील व पेंच आदि से जोड़ी जाती हैं। इनमें प्रयोग किये जाने वाले वाशर वक्राकार होते हैं पुर्लिन का अन्तराल 2 से 2.5 मीटर होता है। इन चादरों में छिद्र लहरिये के शिखर पर ही किये जाते हैं। इससे छिद्रों से पानी टपकने की सम्भावना कम हो जाती है। वाशर भी पानी टपकने को रोकने में सहायक होते हैं।

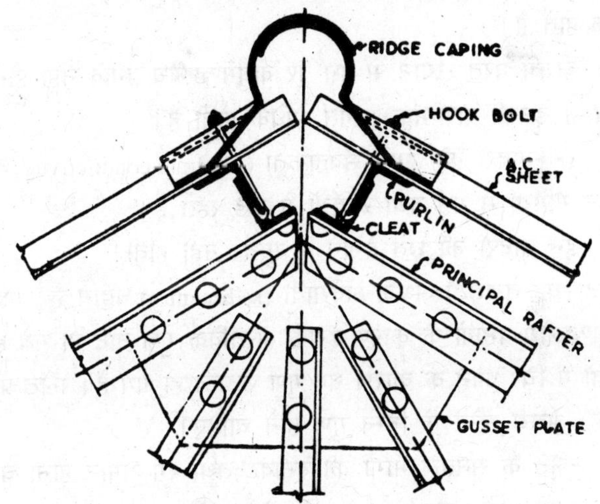

चित्र 14.18. Details at Ridge

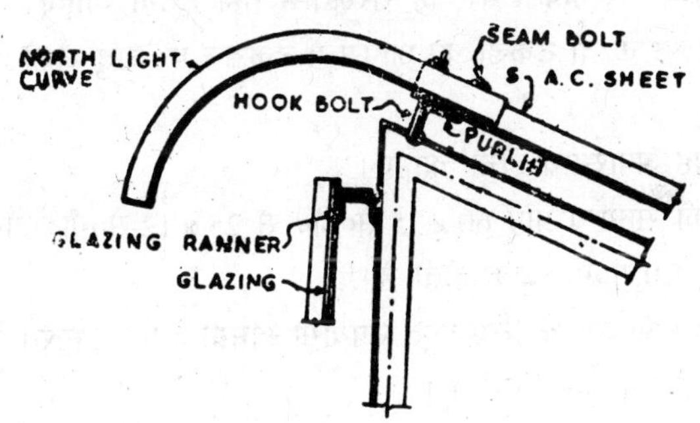

चित्र–14.19. Details at Ridge of A.C. Sheets

जस्ती लोहा चादरों का सिरों पर चढ़ाव (Lap) 15 से०मी० तथा पार्श्व चढ़ाव 1 1/2 से 2 लहरिया अथवा 7.5 से 15 से०मी० के बराबर होना चाहिए।

इन छतों से मकान बहुत गर्म हो जाते हैं। छतों से गर्मी नीचे जाने से रोकने के लिए लहरियों के शिखर पर 45 से 50 से०मी० के अन्तराल पर 4×4 से०मी० परिच्छेद की लकड़ी की फट्टियाँ बिछाकर उनके ऊपर टाइल लगाई जा सकती हैं। इन फट्टियों को चादर व पुर्लिन से पेंचों की सहायता से जकड़ दिया जाता है। इन फट्टियों के बीच में भी चादरें पुर्लिन से 7.5 से०मी० लम्बे पेंचों द्वारा जकड़ दी जाती हैं।

लाभ—1. साधारणतः ये चादरें 22 गेज की होती हैं। इस कारण इनका भार बहुत कम होता है।

2. ये चादरें अग्नि सह तथा टिकाऊ होती हैं।

3. इनका अनुरक्षण व्यय कम होता है।

4. चादरों में लहरिये बनाने से उनकी सामर्थ्य बढ़ जाती है तथा पानी निकालने में सहायक होते हैं।

5. जस्ता परत लगाने से इन पर वायुमण्डलीय प्रभाव नहीं होता।

दोष—1. इनकी प्रारम्भिक लागत अधिक होती है।

2. इन चादरों की ऊष्मा संवहाकता (Thermal conductivity) कम होने के कारण भवन गर्मियों में गर्म तथा सर्दियों में ठंडे रहते हैं।

3. इन चादरों की छत देखने में सुन्दर नहीं होती।

14.16 स्लेट—यह तलछटी अथवा अवसादी (sedimentry) चट्टान है। अधिक दाब व अन्य वायुमण्डलीय प्रभावों के कारण इसके वास्तविक गुण नष्ट हो गये होते हैं तथा पतली परतों में चिर जाने के कारण नए गुण उत्पन्न हो गये हैं। स्लेट प्रायः भूरे रंग की होती है। अच्छी स्लेट के निम्न गुण होने चाहिए।

1. स्लेट के समतल भागों की बनावट तथा रंग समान होना चाहिए।
2. इसमें सफेद रंग के धब्बे नहीं होने चाहिए।
3. पृथ्वी पर फेंकने पर यह सरलतासे नहीं टूटनी चाहिए।
4. स्लेट के दो टुकड़ों को आपस में टकराने पर धातु जैसी ध्वनि निकलनी चाहिए।
5. यह अपारगम्य होनी चाहिए।

स्लेट की सामान्य माप 60×35 से०मी० से 25×12 से०मी० होती है। इसकी मोटाई 1.5 से 5.0 से०मी० तक होती है।

स्लेट छत आवरण के लिए बहुत उपयोगी सामग्री है परन्तु भारत में पहाड़ी क्षेत्रों के अतिरिक्त इसका चलन नहीं है।

14.17 ढाँचे पर स्लेट लगाना—लकड़ी रैफ्टरों पर 5.0×2.0 से०मी० परिच्छेद की फट्टियाँ लगाकर उनके ऊपर स्लेट लगा दी जाती है। यह विधि बहुत संतोष जनक नहीं है। दूसरी विधि में रैफ्टर पर लकड़ी के तख्ते जड़कर उसके ऊपर स्लेट लगा दी जाती है। स्लेट को तख्तों अथवा फट्टियों से जकड़ने के लिए जस्ती लोहा, ताँबा अथवा जस्ते की कीलों का प्रयोग किया जाता है। चित्र–14.20 में दिखाये अनुसार स्लेट के केन्द्र में छिद्र कर उसे बांधना सर्वोत्तम विधि सिद्ध हुई है।

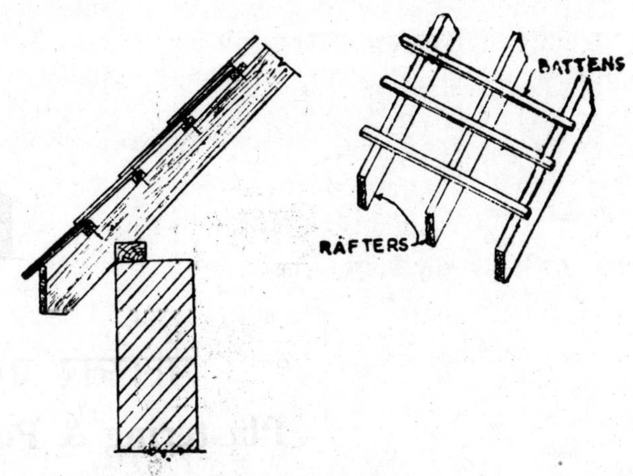

चित्र–14.20. Slate Roof

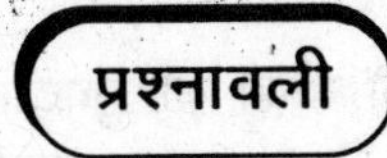

प्रश्नावली

1. भारत में प्रायः किस प्रकार की छतें बनाई जाती हैं। इनके अन्तर का विस्तारपूर्वक वर्णन कीजिये।
2. किसी क्षेत्र में वर्षा की मात्रा 200 से०मी० प्रति वर्ष है। ऐसे स्थान पर 7.0 मीटर लम्बे तथा 4.0 मीटर चौड़े कमरे के लिए किस प्रकार की छत उपयुक्त होगी। साफ चित्र सहित वर्णन कीजिये।
3. ढालू छत में प्रयोग होने वाले विभिन्न पदों (term) की परिभाषा कीजिये।
4. ढालू छत पर भारत में प्रयोग किये जाने वाले विभिन्न प्रकार के आवरणों का संक्षिप्त में वर्णन कीजिये।
5. निम्न पर टिप्पणी लिखिये
   (i) एक पार्श्व ढालू छत (Lean to roof)
   (ii) दुपारवी छत (Coupled roof)
   (iii) तानदार दुपारवी छत (Couple closed roof)
   (iv) मध्य थूनी कैंची (King post truss)
   (v) पार्श्व थूनी कैंची (Queen post truss)
6. समतल छत व ढालू छत का तुलनात्मक वर्णन कीजिये।

15

पलस्तर एवं टीप
Plastering & Pointing

15.1 प्रस्तावना

भवन के विभिन्न भागों की सतहों को सुघट्य या प्लास्टिक (Plastic) पदार्थ से ढकने की क्रिया पलस्तरिंग या लिपाई करना कहलाती है। पलस्तर से सतह समतल चिकनी, साफ तथा स्थिर हो जाती है। पलस्तरिंग से घटिया किस्म की चिनाई तथा घटिया किस्म की निर्माण सामग्री का प्रयोग आदि दोष दब जाते हैं। प्लस्तर, सफेदी पुताई, डिस्टेम्पर, पेन्ट तथा रंग पुताई आदि के लिए उपयुक्त आधार प्रदान करता है। पलस्तर बाह्य तथा आन्तरिक दोनों सतहों पर किया जाता है।

15.2 पलस्तर करने के उद्देश्य

दीवारों पर पलस्तर के निम्न मुख्य उद्देश्य हैं।

(1) दीवारों को समान, चिकनी, समतल, साफ तथा टिकाऊ सतह प्रदान करने तथा उनकी सुन्दरता बढ़ाने के लिये दीवारों पर पलस्तर किया जाता है।

(2) दीवारों की दोष पूर्ण चिनाई, घटया सामग्री के उपयोग तथा जोड़ों आदि को छिपाने के लिये।

(3) घटया कारीगरी को छिपाने के लिये।

(4) सतह को वायुमण्डलीय प्रभावों से सरंक्षण प्रदान करने के लिये।

(5) दीवारों पर पेन्ट करने के लिये आधार तैयार करने के लिये।

(6) आन्तरिक सतहों पर पलस्तर का मुख्य उद्देश्य उसे चिकनी सतह प्रदान कर धूल जमने व किटाणों आदि को नष्ट करने व सुन्दरता प्रदान करना है।

15.3 वाह्य पलस्तर

वाह्य पलस्तर प्रथम आस्तरण (rendering) भी कहलाता है। इसका मुख्य उद्देश्य

इस सतह से वर्षा जल को अन्दर प्रवेश करने से रोकना है। इससे सीलन रोक के साथ–साथ अन्य वायुमण्डलीय घटकों का प्रभाव भी कम हो जाता है जिससे भवन की आयु बढ़ जाती है।

आन्तरिक पलस्तर–आन्तरिक पलस्तर का मुख्य उद्देश्य सतह को समतल तथा चिकना बनाना है जिससे इस पर धूल व गर्द आदि न जम सकें तथा किटाणु आदि भी उत्पन्न न हो सकें। चिकनी सतह पर किटाणु उत्पन्न नहीं होते।

15.4 अच्छे पलस्तर के गुण

1. पलस्तर सामग्री तथा पलस्तर करने की विधि मितव्ययी होनी चाहिए।
2. पलस्तर सामग्री दीवार से अच्छी प्रकार चिपकनी चाहिए।
3. पलस्तर ऐसा होना चाहिए जिसे प्रत्येक मौसम में लगाया जा सके।
4. मौसम के परिवर्तन का पलस्तर पर कोई प्रभाव नहीं होना चाहिये।

अर्थात् पलस्तर टिकाऊ होना चाहिए।

15.5 पलस्तर के अवयब

प्रायः पलस्तर के निम्न चार अवयब होते हैं :

1. बंधक सामग्री (Binding material)
2. महीन मिलावा या बालू रेत (Fine aggregate)
3. पानी
4. चिपकाहट उत्पन्न करने वाली विशिष्ट सामग्री

15.6 तकनीक शब्द (Techinical terms)

1. **पृष्ठाधार** (Back ground)–जिस सतह पर पलस्तर की प्रथम परत लगाई जाती है वह सतह पृष्ठाधार कहलाती है।

2. **ब्लिस्टरिंग** (Blistering) **या स्फोटन**–पलस्तर की हुई तैयार सतह के किसी स्थान पर पलस्तर का फूलना ब्लिस्टरिंग कहलाता है।

3. **दरार पड़ना** (Cracking)–पृष्ठाधर में संकचन या प्रसार के कारण पलस्तर में दरार उत्पन्न होना (Cracking) कहलाता है।

4. **दरारों की जाली पड़ना या बनना** (Crazing)–पलस्तर की तैयार सतह पर बिना तरतीब बहुत से दरार उत्पन्न होने की क्रिया दरारों की जाली बनना कहलाती है।

5. **डेडो** (Dado)–पलस्तर की हुई दीवार का निचला भाग जहाँ पलस्तर में अधिक सामर्थ्य उत्पन्न करने की दृष्टि से ऊपरी सतह की अपेक्षा बहुत परिवर्तन किया जाता है वह भाग डेडो कहलाता है।

6. **शल्कन** (Flaking)–किसी स्थान से पलस्तर की पपड़ी उखड़ने की क्रिया शल्कन कहलाती है।

7. **डविंग** (Dubbing)–पलस्तर करने से पहले ठोस दीवार की रिक्तयों को भरने की क्रिया डबिग कहलाती है।

15.7 पैलस्तर सामग्री

पलस्तर के लिए प्रायः निम्न सामग्री प्रयोग की जाती है।

1. **चूना**–चूना दो प्रकार का प्रयोग किया जा सकता हैं।

(i) शुद्ध चूना (Fat lime) (ii) जलीय चूना (Hydraulic lime)

2. सीमेंट 3. रेत 4. पानी

(i) **शुद्ध चूना**–पलस्तर के लिए शुद्ध चूना सर्वोत्तम है। इससे सतह चिकनी तथा समतल प्राप्त होती है। अच्छी प्रकार बुझे हुये चूने के पलस्तर की पपड़ी उखड़ने का भय नहीं रहता। परन्तु शुद्ध चूने के पलस्तर में सूखने पर संकुचन होने के कारण महीन दरार उत्पन्न हो जाती हैं। इस दोष को दूर करने के लिए पलस्तर की दूसरी परत की लकड़ी की थप्पी से पिटाई कर कम गहरे गड्ढे उत्पन्न कर देने चाहिए। इस क्रिया से निम्न लाभ होते हैं।

(a) दरार बन्द हो जाते हैं।

(b) पलस्तर का चूना ईंटों के जोड़ों में अच्छी प्रकार धंस जाता है।

(c) कम गहरे गड्ढे पलस्तर की अन्तिम परत के लिए अच्छी पकड़ (Key) प्रदान करते हैं।

परन्तु इस प्रकार का चूना नमी वाले स्थानों के लिए उपयुक्त नहीं है। इस पलस्तर की सामर्थ्य उत्पन्न होने के लिए शुद्ध वायु का आवागमन आवश्यक है। क्योंकि यह पलस्तर वायु से Oxygen प्राप्त कर Calcium Carbonate ($CaCO_3$) बनाता है।

(ii) **जलीय चूना**–इस प्रकार का चूना पानी तथा नमीं वाले स्थानों पर भी पलस्तर के लिए सफलता पूर्वक प्रयोग किया जा सकता है। इसकी सामर्थ्य भी शुद्ध चूना पलस्तर से अधिक होती है तथा यह अधिक कठोर होता है।

दोष–इस चूने की बुझना क्रिया (Slaking) बहुत धीरे–धीरे होती है। कभी–कभी इसके कुछ भाग छः महीने में बुझ पाते हैं। यदि इस प्रकार का चूना पलस्तर में प्रयोग कर लिया जाये जिसके कुछ भाग पुर्णतः न बुझ पाये हों तो उनके बुझने पर उनका आयतन बढ़ने के कारण पलस्तर की सतह पर फफोले उत्पन्न हो जायेगें जिनकी पपड़ी उखड़ जाने पर सतह खराब दिखाई देगी। इस दोष को कम करने के लिए चूना व रेत मसाले को मिल अथवा पत्थर की धानी में पीस कर 2 से 3 सप्ताह तक उसे वायुमण्डल में छोड़कर दोबरा पीस कर प्रयोग करना चाहिए।

शुद्ध चूने में जलीय चूने के गुण उत्पन्न करने के लिए उसमें सुर्खी अथवा राख (Cinder) मिलाई जा सकती है।

2. **सीमेन्ट पलस्तर**–पलस्तर कार्य के लिए प्रायः पोर्टलैंड सीमेंट प्रयोग की जाती है। पलस्तर कार्य को मितव्ययी तथा उसमें संकुचन कम करने की दृष्टि से रेत मिलाया जाता है। शुद्ध सीमेंट मसाले की सुकार्यता अच्छी नहीं होती। इसकी सुकार्यता बढाने के लिए 10% तक चूना मिलाया जा सकता है। सीमेंट पलस्तर साधारणतः वाह्य सतहों पर किया जाता है।

तालिका-15.1

रेत		I.S. छलनी से निकलने वाली%						सिल्ट व क्ले
		48	240	120	60	30	15	
	(B.S.)	3/16	7	14		52	100	
1. वाह्य पलस्तर]	अधिकतम	100	100	100	85	50	10	
2. प्रथम परत	अधिकतम	100	100	95	85	50	10	
	न्यूनतम	100	98	80	30	5	0	
3. अन्तिम परत	अधिकतम	100	100	100	85	30	10	
	न्यूनतम	100	90	70	40	5	0	

3. **रेत**—पलस्तर में रेत प्रयोग किया जाता है; जैसा कि ऊपर बताया गया है रेत मिलाने से पलस्तर मसाले का संकुचन कम हो जाता है। मसाले की सामर्थ्य तथा रंध्रता रेत की किस्म पर निर्भर करती है। पलस्तर व सतह के बीच पकड़ या बंधन रेत के श्रेणीकरन तथा पलस्तर की सुकार्यता पर निर्भर करती है। रेत के कणों की अधिकतम माप पलस्तर परत की मोठाई की 1/3 से 1/5 के बराबर होनी चाहिए। इसमें कार्बनिक अशुद्धि नहीं होनी चाहिए। पलस्तर के लिये रेत का प्रायः श्रेणीकरन (grading) तालिका 15.1 के अनुसार होना चाहिए।

4. **पानी**—मनुष्य के पीने के लिए उपयोगी पानी पलस्तर के लिए उपयुक्त है।

5. **सुर्खी**—चूने को जलीय-गुण प्रदान करने के लिए चिकनी मिट्टी से बनी अच्छी प्रकार पकी ईंटों को पीस कर उसमें मिला दिया जाता है। ईंटों का यह चूर्ण सुर्खी कहलाता है। सुर्खी के समस्त कण 240 न० की छलनी से निकलने चाहिएँ तथा 120 न० की छलनी से लगभग 50% भाग निकलना चाहिये। I.S. छलनी 9 से छानने पर लगभग 90% भाग निकलना चाहिए तथा किसी भी अवस्था में छलनी के ऊपर 10% से अधिक मात्रा नहीं रुकनी चाहिए।

15.8 सतह तैयार करना

पलस्तर की स्थिरता उसकी सतह से आसजन या पकड़ अथवा बंधन (adhesion) पर निर्भर करती है। इस कारण सतह की तैयारी बहुत महत्वपूर्ण है। पलस्तार की जाने वाली सतह के 1.2 से०मी० से अधिक प्रक्षेप तोड़ देने चाहिएँ। इससे न केवल कम मसाले की खपत होगी वरन् पलस्तर सतह भी समतल रहेगी। पलस्तर व सतह के बीच अच्छा आसंजन प्राप्त करने के लिए जोड़ों को 1.5 से०मी० से 2.0 से०मी० गहराई तक कुरेद कर उनका मसाला निकाल कर सतह की खूब तराई की जानी चाहिए। इसके पश्चात् सतह पर पलस्तर की प्रथम परत लगाई जानी चाहिए। पलस्तर की 1 से 3 परत तक लगाई जा सकती हैं।

पुरानी सतह पर तेल, ग्रीस आदि से उत्पन्न चिकनी सतह को किसी औजार से तोड़कर उसकी अच्छी प्रकार तराई की जानी चाहिए। पलस्तर करने तक इस सतह की पानी से तराई करनी चाहिए।

15.9 चूना पलस्तर

उपरोक्त विधि से तैयार की गई सतह पर चूना मसाले का पलस्तर किया जा सकता है। चूना पलस्तर प्रायः तीन परतों में किया जाता है। पहली परत जिसे प्रथम (rough course) भी कहा जाता है चूने व मोटे रेत के 1 : 2 के अनुपात के मसाले की बनाई जाती है। कभी–कभी इसमें 1/16 भाग सीमेंट भी मिलाई जाती है। प्रथम परत की मोटाई 0.6 से 1.0 से०मी० तक होती है। प्रथम परत बनाने के लिए कारीगर तैयार की हुई सतह पर मसाले को जोर से फैंकता है जिससे मसाला जोड़ों में धंसकर अच्छी पकड़ उत्पन्न करता है। इसके पश्चात् मसाले को वांच्छित मोटाई में फैलाकर दो दिन तक सूखने के लिए छोड़ दिया जाता है। इस बीच इसकी खूब तराई की जाती है। मसाला वायु से आक्सीजन ग्रहण कर कठोर हो जाता है।

द्वितीय परत–द्वितीय परत लगाने से पहले प्रथम परत की खूब तराई की जानी चाहिए। समान मोटाई प्राप्त करने के लिए 2.0 मीटर क्षैतिज व 2 मीटर ऊर्ध्वाधर अन्तराल पर दूसरी परत की मोटाई के बराबर 15 × 15 से०मी० सतह पर पलस्तर कर लेना चाहिए। इन छोटे स्थानों के पलस्तर के शीघ्र सेट होने के लिए चूना मसाले में सीमेंट मिलाई जा सकती है। सीमेंट मिलाने से मसाला लगभग 30 मिनट में सेट हो जाता है। इसके पश्चात् बीच के भागों में मसाला लगाकर गुरमाला (Float) से समतल कर देना चाहिए। इसकी मोटाई साधारणतः 1.2 से०मी० होती है।

चूना अच्छे गुण या उच्च कोटि का न होने पर उसमें चूना व रेत मिलाते समय लगभग 1.6 कि० ग्राम गूगल अथवा 1 kg सनई प्रति घन मीटर मसाले में मिलाना चाहिये। कभी–कभी लगभग 30 ग्राम गुड़ प्रति लीटर पानी में मिलाकर दूसरी परत समतल करने से पहले मसाले पर छिड़कने से उसका आसंजन या पकड़ बढ़ जाती है।

अन्तिम परत–दूसरी परत लगाने के 4 या 5 दिन पश्चात् शुद्ध चूने की क्रीम व सफेद रेत के 1 : 2 अनुपात के मसाले की 0.15 से 0.3 से०मी० मोटी परत करनी से लगाई जाती है।

सतह चमकीली बनाने के लिए अबरक का चूर्ण अन्तिम परत के मसाले में मिलाया जा सकता है। अधिक चिकनी सतह प्राप्त करने के लिए सतह पर सेलखड़ी का चूर्ण छिड़ककर पालिस कर देनी चाहिये।

ईंट की सतह पर प्रायः 1.3 से 1.6 से०मी० तथा पत्थर चिनाई के लिए 2.0 से०मी० मोटा पलस्तर किया जाना चाहिये।

15.10 सीमेंट पलस्तर

सीमेंट पलस्तर प्रायः अधिक वर्षा वाले क्षेत्रों में वाह्य दीवारों तथा स्नान घर व W.C. में किया जाता है। वांछित अनुपात के मसाले की 1.6 से०मी० मोटी परत पर्याप्त है। यह परत भी तैयार सतह पर चूना परत की भांति लगाकर गुरमाला (Float) से

समतल कर दी जाती है। कम से कम 7 दिन तक पानी छिड़क कर इसकी तराई की जानी चाहिये।

15.11 मिट्टी पलस्तर

मिट्टी का पलस्तर अधिकतम् मितव्ययी होता है। इस प्रकार का पलस्तर प्रायः गाँवों में कच्चे मकानों व अन्य अस्थाई संरचनाओं पर किया जाता है। पलस्तर के लिए प्रयोग की जाने वाली मिट्टी, घास की जड़ों, पत्तों व कंकर आदि रहित होनी चाहिए। इस प्रकार की मिट्टी खोद कर, उसके ढेले तोड़कर गड़्ढे में डाल देनी चाहिए। गड़्ढे में मिट्टी डालकर उसमें पानी भर देना चाहिए। इसी समय इसमें गेहूँ का भूसा, सनई या घास आदि मिला देनी चाहिए। इससे पलस्तर मसाले की संकुचन कम हो जायेगी। मिट्टी को 6 दिन तक गड़्डे में सड़ाने के पश्चात् उसे पैरों अथवा फावड़े से रोंधकर अच्छी प्रकार मिला लेना चाहिए।

इस प्रकार तैयार किये गये मसाले को तैयार सतह पर लगा दिया जाता है। सतह, चूना या सीमेंट पलस्तर की भाँति ही तैयार की जाती है। मिट्टी पलस्तर की प्रथम परत की मोटाई 1.2 से०मी० तथा दूसरी परत की मोटाई 0.6 से०मी० होती है। मिट्टी को तैयार सतह पर जोर से फेंककर गुरमाला से समतल कर दी जाती है। इस पलस्तर की तराई की आवश्यकता नहीं है। पलस्तर में दरार पड़ने अथवा किसी भाग में आसंजन पर्याप्त न होने पर उस भाग से पलस्तर हटाकर दोवारा किया जाना चाहिए।

15.12 पलस्तर के दोष

पलस्तर में निम्न दोष उत्पन्न हो सकते हैं—

(1) **दरार उत्पन्न होना (Cracking)**—पलस्तर कार्य में दरार निम्न कारणों से उत्पन्न हो सकते है—

(a) पुरानी सतह को ठीक प्रकार तैयार न करने के कारण

(b) दीवारों में संचलन (Movement) होने के कारण

दीवार में संचलन निम्न दो कारणों से हो सकता है।

(i) तापीय प्रसरण (Thermal expansion)

(ii) दीवार सामग्री के सूखते समय अधिक संकुचन उत्पन्न हो जाने के कारण। उपरोक्त दोनों दोषों को दूर करने की दृष्टि से नई दीवार के भली भांति सूख जाने के पश्चात् ही पलस्तर किया जाना चाहिए।

(c) **पलस्तर में ही संचलन के कारण**—पलस्तर में संचलन तापीय प्रसरण तथा पलस्तर परत के सूखते समय संकुचन उत्पन्न होने के करण ही होता है। प्रसरण जिप्सम तथा संकुचन चूना–रेत पलस्तर में होता है।

(d) एक ही मोटी परत में पलस्तर करने पर भी संकुचन अधिक होता है।

(e) पलस्तर करने की विधि तथा दोषपूर्ण कार्य करने पर भी दरार उत्पन्न हो जाते हैं। चिकनी सतह की अपेक्षा खुरदरी सतह में कम दरार उत्पन्न होते हैं।

(2) पलस्तर में फफोले पड़ना या पपड़ी उखड़ना (Blistering) अच्छी प्रकार न बुझे चूने को पलस्तर में प्रयोग करने पर चूने के बुझने पर उसके आयतन में वृद्धि

के कारण पलस्तर को प्रसार के लिए स्थान न प्राप्त होने पर वह सतह से बाहर की ओर फूलता है। पलस्तर के इस फूले भाग से कुछ समय पश्चात् उसकी पपड़ी नीचे गिरना आरम्भ हो जाती है जिससे सतह देखने में खराब लगती है। इस दोष को दूर करने के लिए अच्छी प्रकार बुझा हुआ चूना ही प्लास्टर के लिए प्रयोग किया जाना चाहिए।

(3) **पलस्तर का गिरना**—दीवार से पलास्तर निम्न कारणों से गिरना आरम्भ होता है।

(i) पलस्तर का दीवार के साथ उचित आसंजन न होने के कारण।

(ii) पलस्तर से दीवार द्वारा अधिक पानी सोख लेने पर पलस्तर की सामर्थ्य कमजोर हो जाती है। इससे उनका आंसंजन अथवा बांड भी कमजोर हो जाता है। अतः दीवार की अच्छी प्रकार तराई करने के पश्चात् ही पलस्तर किया जाना चाहिए।

(iii) दीवार या प्लस्तर में तापीय प्रसरण अत्यधिक होने के कारण।

(iv) पलस्तर की विभिन्न परतों में उचित बंधन या बांड न उत्पन्न होने के कारण

(4) **लोनी लगना** (Efflorescence)—ईंटों अथवा प्लस्तर सामग्री में पानी में घुलने वाले लवण होने पर ये लवण वायुमण्डल से नमी सोखकर घोल के रूप में सतह पर आ जाते हैं। सतह से पानी सूख जाने के पश्चात् वहाँ सफेद रंग की पपड़ी जम जाती है। ये पपड़ियाँ नीचे गिरने लगती हैं जिससे सतह बहुत भद्दी लगती है। सतह को सख्त ब्रुश से रगड़ कर पानी से बार–बार धोने पर लोनी प्रभाव कम किया जा सकता है।

15.13 विशिष्ट प्रकार की संपूर्ति (Special types of finishing)

वाह्य सतहों पर प्रायः निम्न प्रकार की सतह संपूर्ति की जा सकती है।

(1) **सम पृष्ठ** (Smooth Cast)—इस प्रकार की संपूर्ति (Finish) से सतह समतल तथा चिकनी रहती है। इनके लिए सीमेंट व महीन रेत का 1 : 3 अनुपात का मसाला प्रयोग किया जाता है। मसाला एक या दो परत्तों में लगाकर इसे गुरमाला से समतल कर दिया जाता है।

इस प्रकार की सतह संपूर्ति के लिए लोहे की गुरमाला का प्रयोग नहीं किया जाना चाहिए। लोहे की गुरमाला से अधिक चिकनी सतह प्राप्त होने के कारण उसमें दरार पड़ने की संभावना रहती है।

(2) **खुरदरी सतह** (Rough Cast)—इस प्रकार की सतह अधिक वर्षा व तेज आँधी वाले क्षेत्रों के लिए उपयोगी है। इस प्रकार की सतह के लिए अपेक्षाकृत मोटा रेत प्रयोग किया जाता है। रेत के कण 0.6 से 1.2 से०मी० आकार के हो सकते हैं। मसाले का मिश्रण सीमेंट, महीन रेत व मोटे मिलावे के 1 : 1 1/2 : 3 के अनुपात का होता है।

(3) **बजरी छाप** (Pebble dash)—इस प्रकार की परत, प्रायः सीमेंट व मोटे रेत के 1 : 3 अनुपात के मसाले की परत बिछाकर उस पर 1.0 से 2.0 से०मी० आकार की बजरी अथवा तोड़े हुए पत्थर के टुकड़े फेंककर बनाई जाती है। मसाले की इस अन्तिम परत की मोटाई लगभग 0.1 से०मी० होनी चाहिए। प्रयोग की जाने वाली बजरी पानी

से धुली होनी चाहिए। बजरी व मसाले में उचित आंसजन या बंधन के लिए बजरी को लकड़ी की थप्पी से हल्की चोट लगाकर दबा देना चाहिए। यह परत भी खुरदरी परत की भाँति ही कार्य करती है।

(4) **खुरची हुई सतह** (Scraped finish)–इस प्रकार की संपूर्ति (Finsih) पलस्तर की अन्तिम परत लगाने के कुछ घण्टे पश्चात् लोहे के ब्रुश अथवा आरी के पुराने ब्लैड से खुरच कर खुरदरी बनाई जाती है। विभिन्न औजारों तथा विभिन्न किस्म से सतह खुरच कर विभिन्न डिजाइन प्राप्त किये जा सकते हैं। इस प्रकार की परत की मोटाई 6 से 12 mm होती है जिसमें 3 mm खुरच कर हटा दी जाती है। इस प्रकार के पलस्तर में अपेक्षाकृत कम दरार उत्पन्न होते हैं।

5. **गठन या बनावट संपूर्ति** (textured Finish)–पलस्तर मसाले की परत लगाने के तुरन्त पश्चात् विभिन्न औजारों की सहायता से सतह पर विभिन्न डिजाइन बना दिये जाते हैं। इस प्रकार की सतह में खुरदरी सतह के सभी गुण होते हैं। उपरोक्त सभी संपूर्तियों में बहुत कम अनुरक्षण की आवश्यकता होती है। इनमें कीटाणुओं का होना तथा गर्द का जमना अवश्य पाया जाता हे।

15.14 फट्टी पर पलस्तर

फट्टी, लकड़ी तथा धातु की बनाई जा सकती है। लकड़ी की फट्टी (Lath) विभाजका दीवार या लकड़ी की छतों पर पलस्तर करने के लिए आधार प्रदान करती हैं। परन्तु लकड़ी की फट्टियों में दीमक लगने तथा अन्य कारणों से खराब हो जाने के कारण इनका प्रचलन बहुत कम होता है। लकड़ी की फट्टियाँ अच्छी प्रकार संशोषणीय (seasoned) लकड़ी की 2.5 से०मी० चौड़ी तथा 1.2 से०मी० मोटी पट्टी की बनाई जाती हैं। इनकी लम्बाई 1.2 से 1.5 मीटर तक बनाई जा सकती है। दो पट्टियों के बीच 1.0 से०मी० का अन्तराल रखा जाता है इन पट्टियों को लकड़ी के फ्रेम से कीलों से समानान्तर लगा दिया जाता है। पलस्तर करने से पूर्व लकड़ी को पानी में भिगो कर दीवार की भाँति पलस्तर कर दिया जाता है।

15.15 धातु फट्टियां (Metal lath)

धातु फट्टियों का प्रयोग निवास भवनों, विशेषकर अग्नि प्रतिरोध भवनों में किया जाता है। धातु फट्टियाँ कई विभिन्न डिजाइनों में मिलती हैं, जैसे बरफी जाली आदि। इसे कीलों द्वारा अथवा तारों से खींच कर बाँधने के पश्चात् सामान्य ढंग से पलस्तर कर दिया जाता है। किनारों तथा जोड़ों पर इन फट्टियों का न्यूनतम चढ़ाव 2.5 से०मी० होना चाहिए।

15.16 पलस्तर करने के औजार

चित्र–15.1 में प्लास्तर करने के औजार दिखाये गये हैं।

15.17 टीप (Pointing)

ईंट तथा पत्थर चिनाई के भवनों में वर्षा जल के अन्दर प्रवेश करने के लिए

के जोड़ ही एक मात्र स्त्रोत हैं। इस कारण अच्छी चिनाई में निर्माण लागत कम करने तथा वर्षा जल के प्रवेश को रोकने के लिए पलस्तर के स्थान पर टीप ही की जाती है। टीप न केवल जोड़ों को वायुमण्डलीय प्रभाव से बचाती है वरन् संरचना की सुन्दरता भी बढ़ाती है। इससे पत्थर या ईंट का प्राकृति गठन भी दिखाई देता है।

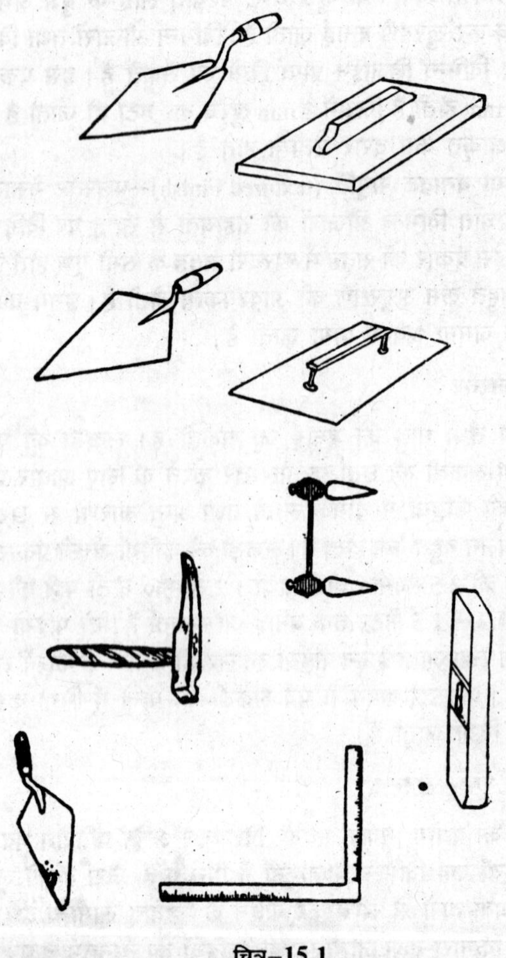

चित्र–15.1

15.18 सतह तैयार करना

चिनाई के पश्चात् मसाले के पूर्णतः सूखने से पूर्व ही जोड़ नुकीली कील अथवा किसी अन्य औजार से 1.5 से०मी० गहराई तक कुरेद कर ब्रुश से साफ कर लेना चाहिए। मसाला सूखने पर इस क्रिया में कठनाई होगी। इसके पश्चात् जोड़ों तथा दीवार की पानी से 3-4 घण्टे तक अच्छी प्रकार तराई की जानी चाहिए।

15.19 मसाला अनुपात

टीप के लिए चूना तथा सीमेंट मसाले प्रयोग किए जा सकते हैं। चूना मसाले में शुद्ध चूना व महीन रेत 1 : 1 के अनुपात में मिलाकर मशीन से अच्छी प्रकार मिलाया जाना चाहिए। सीमेंट मसाले में 1 : 2 या 1 : 3 का अनुपात संतोषजनक सिद्ध हुआ है।

15.20 मसाला लगाना

तैयार किये जोड़ों में औजार (जैसे छोटी करनी) से मसाला भर कर वांच्छित प्रकार की टीप कर दी जाती है। टीप की किस्म चिनाई की किस्म, संरचना की किस्म, वांच्छित संपूर्ति आदि पर निर्भर करती है।

15.21 टीप की किस्में

टीप प्रायः निम्न प्रकार की हो सकती है।

(1) भरवाँ या सपाट टीप (Flush Pointing)
(2) परव टीप (Struck Pointing)
(3) V खांचा टीप (V Grooved Pointing)
(4) गोल झिरी टीप (Keyed or grooved Pointing)
(5) गोल टीप (Beaded Pointing)
(6) उभरी टीप (Tuck Pointing)

1. भरवां या सपाट टीप—इस प्रकार की टीप सबसे सरल है। ईंट चिंनाई तथा पत्थर फलक चिनाई में प्रायः इस श्रेणी की टीप अपनायी जाती है। इस प्रकार की टीप बनाने के लिए तैयार जोड़ में मसाला भर कर उसे ईंट या पत्थर के किनारे तक सपाट कर दिया जाता है।

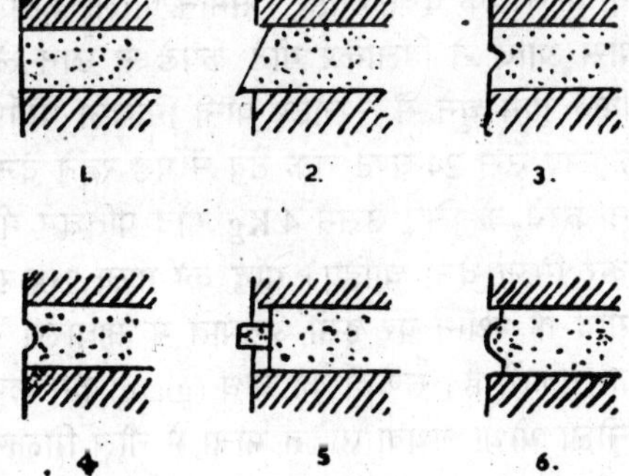

1. भरवाँ टीप 2. पख टीप 3. V टीप
4. गोल झिरी टीप 5. ऊभरी टीप 6. गोल टीप

चित्र–15.2

2. पख टीप (Struck or cut pointing)—इस प्रकार की टीप शिखर से तली की ओर ढालू होती है। इस टीप को बनाने के लिए कुरेदे हुए अर्थात तैयार जोड़ में

मसाला भर कर इसे शिखर पर किसी नुकीले औजार से 3 से 6 मि०मी० अन्दर की ओर दबा दिया जाता है।

3. V टीप—इस प्रकार की टीप बनाने के लिए तैयार जोड़ में मसाला भर कर लोहे की छड़ से V आकार का खांचा बना दिया जाता है।

4. **गोल झिरी टीप** (Keyed or grooved pointing)—इस प्रकार की टीप बनाने के लिए सर्वप्रथम तैयार जोड़ में मसाला भर कर उसे ईंट या पत्थर के किनारे तक सपाट कर दिया जाता है। तत्पश्चात् मसाला सूखने से पूर्व ही 6 मि०मी० व्यास की लोहे की छड़ क्षैतिज जोड़ों की केन्द्रीय रेखा के ऊपर रखकर दबा दी जाती है। इसी प्रकार ऊर्ध्वाधर जोड़ बनाए जाते हैं।

5. **उभरी टीप** (Tuck pointing)—इस प्रकार की टीप बनाने के लिए भी उपरोक्त टीप की भांति तैयार जोड़ में मसाला भर कर उसे सपाट कर दिया जाता है। इसके पश्चात् मसाले के सूखने से पूर्व ही शिखर पर तली से जोड़ को समानान्तर काटकर चित्र में दिखाये अनुसार 10 मि०मी० चौड़ी तथा 6 मि०मी० उभरी हुई पट्टी बना दी जाती है।

6. **गोल टीप** (Beaded pointing)—इस प्रकार की टीप बनाने के लिए तैयार जोड़ में मसाला भरकर उसे ईंट या पत्थर की सतह के साथ सपाट कर दिया जाता है। तत्पश्चात मसाला सूखने से पहले ही उसे उचित आकृति की लोहे की छड़ से दबा कर चित्र में दिखाए अनुसार टीप बनाई जाती है।

15.22 सफेदी करना

सफेदी के लिए पत्थर अथवा शुद्ध घोंघे से बने सफेद शुद्ध चूने का प्रयोग किया जात है। चूना घोल तैयार करने के लिए बिना बुझे चूने को किसी टब में डालकर उसेपानी की पर्याप्त मात्रा से ढक देना चाहिए। समान पतला क्रीम जैसा घोल बनाने के लिए इसे किसी बाँस आदि से हिलाकर मोटे कपड़े से छान लेना चाहिए। क्रीम बनाने के लिए प्रति कि० ग्राम चूने में 5 लीटर पानी मिलाना पर्याप्त होगा। चूने के अच्छी प्रकार बुझने के लिए उसे 24 घण्टे तक टब में पड़े रहने देना चाहिएं। सफेदी घोल में चिपक उत्पन्न करने के लिए उसमें 4 Kg. गोंद प्रतिघन मीष्टर क्रीम की दर से गर्म पानी में घोलकर मिला देना चाहिए। गोंद की मात्रा 100 ग्राम प्रति 6 लीटर घोल भी पर्याप्त है। गोंद के स्थान पर इसी अनुपात में साधारण नमक (साँभर) या फिटकरी भी मिलाई जा सकती है। सफेदी की चौंध (glare) कम करने के लिए 1 घन मीटर घोल में 5 Kg. नीला थोथा अथवा उचित मात्रा में नील मिलाया जा सकता है।

15.23 सतह तैयार करना

नई दीवार पर सफेदी करने से पूर्व उसे उच्छी प्रकार साफ कर लेना चाहिए। यदि सतह बहुत चिकनी हो तो उसे रेगमाल (Sand paper) से रगड़कर खुरदरी बना लेना चाहिए।

पुरानी दीवार पर सफेदी करने से पूर्व पुरानी सफेदी की पपड़ी रेगमाल अथवा झाड़ू से रगड़ कर हटा देनी चाहिए। यदि दीवार में गड़ढे पड़ गए हों तो उन्हें चूना

पुट्टी से भकर अच्छी प्रकार सूखने देना चाहिए। चिकने स्थान पर चावल के पानी में रेत मिलाकर लेप करने से उसका आसंजन बढ़ जाता है। रसोई घर आदि स्थानों पर जहाँ धुवें के कारण दीवार खराब हो गई हों पानी में राख या रामरज के घोल की परत लगाकर सफेदी करनी चाहिए। रंग वाली सतह पर सफेदी करने से पूर्व उसका रंग लोहे के तारों वाले ब्रुश अथवा झाडू से रगड़कर हटा देना चाहिए।

15.24 सफेदी करना

नई दीवारों पर सफेदी की तीन परत तथा पुरानी दीवारों पर एक से दो परत पर्याप्त हैं। सफेदी के लिए प्रायः मूंज के ब्रुश प्रयोग किए जाते हैं। एक परत लगाने के लिए सर्वप्रथम ऊपर से नीचे, फिर नीचे से ऊपर तत्पश्चात् बायें से दायें फिर दायें से बायें बुर्श लगाया जाना चाहिए है। ब्रुश इस प्रकार लगाया जाना चाहिए कि सूखने पर उनके चिन्ह दिखाई न दें। पहली परत सूखने पर दूसरी परत लगाई जानी चाहिए। सफेदी करने से पहले फर्निचर, किवाड़ों, खिड़कियों आदि को ढक देना चाहिए जिससे सफेदी करने से उनकी पालिश खराब न हो पाये।

15.25 रंग पुताई

रंग पुताई भी सफेदी की भांति ही की जाती है। इसमें अन्तर केवल इतना है कि सफेदी घोल में वांच्छित रंग मिला दिया जाता है। रंग पुताई के लिए उतना ही घोल तैयार किया जाना चाहिए जितना कि एक दिन में समाप्त हो सके। इस घोल को समय–समय पर बाँस से हिलाते रहना चाहिए। नई सतह पर रंग पुताई करने से पूर्व सफेदी की परत लगाई जानी चाहिए। यह परत रंग पुताई के लिए आधार का कार्य करेगी। पुरानी दीवारों की मरम्मत किए भागों पर रंग पुताई की एक या दो परत लगाकर उसके सूखने के पश्चात् अन्तिम परत लगाई जानी चाहिए। रंग पुताई समस्त सतह पर एक जैसी दिखाई देनी चाहिए। रंग पुताई के लिए घोल में गोंद का अनुपात 100 ग्राम प्रति 10 लीटर घोल की दर से मिलाना चाहिए। विभिन्न रंग बनाने के लिए निम्न सामग्री प्रयोग की जा सकती हैं।

स्लेटी रंग–स्लेटी रंग बनाने के लिए नील व काजल मिलाया जा सकता है। वफ या हल्का पीला रंग सफेदी में पीली मिट्टी या रामरज मिलाकर तैयार किया जा सकता है।

हल्का हरा रंग निम्न विधि से तैयार किया जा सकता है।

(a) 3.5 Kg. आम के पेड की ताजी छाल 1 लिटर पानी में 5 मिनट तक उबाल कर ठंडा कर लें।

(b) चूने को 2 Kg प्रति 4 1/2 लिटर पानी में बुझावें।

(c) 200 ग्राम गोंद प्रति लिटर पानी में उबालें।

(d) 100 ग्राम चावल 3/4 लिटर पानी में उबालकर पानी अलग कर दें।

(e) 1 Kg नीला थोथा प्रति 1 1/3 लिटर पानी में उबालें।

चूना ठंडा हो जाने पर उपरोक्त सभी घोलों को मिलाकर छान लें।

15.26 डिस्टेम्पर

इन्हें पानी का पेन्ट भी कहा जाता है। प्रायः डिपटेम्पर पिसी हुई खड़िया में वांच्छित रंग मिलाकर बनाया जाता है। दीवार पर अच्छी प्रकार चिपकने के लिए पानी में गोंद या सरेश मिलाया जाता है। इसके बनाने के अनुसार डिस्टेम्पर की हुई सतह पानी से धोई भी जा सकती है। डिस्टेम्पर, पेन्ट व वार्निश की अपेक्षा सस्ते तथा दीवार पर लगाने में सरल होते हैं। डिस्टेम्पर प्रायः आन्तरिक पलस्तर की हुई सतह पर प्रयोग किया जाता है। डिस्टेम्पर करने से पूर्व पलस्तर की हुई सतह को चिकना व समतल बनाने के लिए डिस्टेम्पर की प्रारम्भिक परत लगाई जानी चाहिए। सीमेंट कंक्रीट, ईंट दीवार अथवा स्टेको (Stucco) वाह्य सतहों पर लगाये जाने वाले डिस्टेम्परों में निर्माण के समय वायु मण्डलीय प्रभाव सह पदार्थ मिलाये जाने चाहिए।

डिस्टेम्पर, सफेदी की अपेक्षा अधिक टिकाऊ तथा सुन्दर सतह प्रदान करते हैं। डिस्टेम्पर की प्रारम्भिक लागत अधिक होती है परन्तु सफेदी की अपेक्षा इसकी आयु अधिक होने व सुन्दर सतह प्रदान करने के कारण डिस्टेम्पर की लागत सफेदी के बराबर ही आती है। डिस्टेम्पर का प्रयोग शुष्क जलवायु वाले क्षेत्रों में ही किया जाना चाहिए क्योंकि नम क्षेत्रों में इसका प्रयोग अच्छा सिद्ध नहीं हुआ है आजकल बाजार में डिस्टेम्पर शुष्क पिसे हुए तथा सख्त पेस्ट के रूप में विभिन्न रंगों में उपलब्ध हैं।

15.27 सतह तैयार करना

नई पलस्तर की हुई सतह के पूर्णतः सूखने तक डिस्टेम्पर नहीं किया जाना चाहिए। पलस्तर करने के पश्चात् सतह को कम से कम 60 दिन तक सूखने देना चाहिए। सतह से मिट्टी, गर्द, चिकनाई आदि अच्छी प्रकार साफ कर रेगमाल कागज से रगड़कर कपड़े से झाड़कर सतह अच्छी प्रकार चिकनी तथा समतल बनाई जानी चाहिये। यदि सतह में कील आदि के छिद्र हों, तो उन्हें चूना पुट्टी से भरकर सूखने के लिए छोड़ देना चाहिए। सतह के सूख जाने के पश्चात् इसे फिर रेगमाल से रगड़कर साफ करना चाहिए। कुछ लेखकों का मत है कि नई चूना पलस्तर की हुई सतह को 1 भाग सिरका (Vinegar) व 12 भाग पानी के घोल अथवा पानी के 50 भाग में 1 भाग गंधकके तेजाब के घोल से धोकर 24 घन्टे तक छोड़ देना चाहिए। इसके पश्चात् सतह को साफ़ पानी से अच्छी प्रकार धोना चाहिए। सीमेंट पलस्तर वाली सतह 125 ग्राम जस्ता सल्फेट (Zinc Sulphate) प्रति लिटर पानी के घोल से साफ की जानी चाहिए। डिस्टेम्पर करने से पूर्व सतह को कपड़े से अच्छी तरह रगड़ कर साफ कर लेना चाहिये।

15.28 पुरानी सतह तैयार करना

(i) **सफेदी या रंग की हुई सतह**—यदि सफेदी अथवा रंग वाली सतह अच्छी दशा में है तो रेगमाल से रगढ़ना ही पर्याप्त है। सतह की दशा अच्छी न होने पर उसे खुरचकर पूर्णतः हटा देना चाहिए। कीलों के छिद्रों आदि में चूना पुट्टी भरकर सूखने देना चाहिए। सूखने के पश्चात् सतह को रेगमाल से रगड़ना चाहिए।

(ii) **पहली डिस्टेम्पर वाली सतह पर डिस्टेम्पर करना**—सतह अच्छी दशा में

होने पर इसे महीनरेगमाल से रगड़ना ही पर्याप्त है। सतह को रगड़कर अच्छी प्रकार साफ करना चाहिए। कील आदि के छिद्रों को उपरोक्त विधि से तैयार करना चाहिए।

सतह खराब होने पर डिस्टेम्पर की समस्त सतह को रगड़ कर हटा देना चाहिए। फिर सतह को उपरोक्त विधि से तैयार किया जाना चाहिए।

समस्त दशाओं में डिस्टेम्पर करने से पूर्व तैयार की हुई सतह पर प्रारम्भिक खड़िया परत लगानी चाहिए।

15.29 शुष्क डिस्टेम्पर तैयार करना

प्रति किलो ग्राम शुष्क डिस्टेम्पर मं 0.6 लिटर पानी मिलाना चाहिए। पानी मिलाते समय घोल को लगातार हिलाते रहना चाहिए। पानी की मात्रा निर्माण कर्ताओं द्वारा बतारो अनुसार कम या अधिक की जा राकती है। इस प्रकार तैयार किया गया डिस्टेम्पर सख्त ब्रुश से लगाना चाहिए। एक बार में 1 दिन में प्रयोग की जाने वाली मात्रा ही तैयार की जानी चाहिए। बुर्श पहले क्षैतिज फिर ऊर्ध्वाधर लगाना चाहिए। तीसरी व चौथी परत पहली परतों के सूखने के पश्चात् ही लगाई जानी चाहिए।

नई पलस्तर वाली सतहों पर डिस्टेम्पर की केवल दो परत ही पर्याप्त हैं। पुरानी असमतल व चिकनी सतह पर डिस्टेम्पर करने से पूर्व गर्म गोंद या सरेश की परत लगानी चाहिए।

Oil Bound distemper—इस प्रकार के डिस्टेम्पर सख्त पेस्ट के रूप में बाजार में उपलब्ध हैं। इनमें पानी के साथ सूखने वाले तेल मिले होते हैं। आवश्यकता अनुसार पानी मिला कर इसे पतला किया जा सकता है। सूखने पर डिस्टेम्पर का तेल कठोर व टिकाऊ सतह प्रदान करता है जिसे पानी से साफ किया जा सकता है।

15.30 स्नोसेम (Snow-Cem) पुताई

स्नोसेम सफेद सीमेन्ट में वांच्छित रंग मिलाकर बनाया जाता है। सफेद सीमेन्ट आधार का कार्य करता है। इसमें थोड़ी मात्रा में कुछ अन्य पदार्थ भी मिलाये जाते हैं। आजकल वांच्छित रंग के स्नोसेम 50 kg, 25 kg तथा 5 kg. भार के बन्द डब्बों में मिलते हैं। इसके प्रयोग से सतह जल सह (Water Proof) हो जाती है।

15.31 घोल बनाना

खोलने से पहले टिन को हिलाकर अथवा भूमि पर घुमाकर उसे लूज कर लेना चाहिए। सर्वप्रथम 1 भाग पानी में 2 भग स्नोसेम डालकर पेस्ट बनाना चाहिए। तत्पश्चात् 1 भाग पानी और डालकर उसे पतला करना चाहिए। प्रायः एक लिटर पानी में 3 kg स्नोसैम डालकर पेस्ट बनाओ फिर उसमें एक और लिटर पानी डालकर हिलाओ। इस प्रकार लगभग 3 लिटर स्नोसेम घोल तैयार हो जायेगा।

15.32 पुताई करना

स्लोसेम की पुताई करने से पहले सतह को लोहे के ब्रुर्श से रगड़कर उसकी गर्द व लूज परत हटा देनी चाहिए। इसके पश्चात साफ की हुई सतह पर पानी छिड़ककर

साफ करना चाहिए। पानी शुष्क हो जाने के पश्चात् अच्छे चौड़े ब्रुश से स्नोसेम की परत लगानी चाहिए। घोल बनाने के एक घण्टे के भीतर ही स्नोसेम का प्रयोग कर लेना चाहिए। दिन का कार्य समाप्त होने के पश्चात् उस पर हल्का पानी का छिड़काव कर उसकी तराई की जानी चाहिए।

एक या दो दिन पश्चात् स्नोसेम की दूसरी परत लगानी चाहिए। आजकल बाजार में अन्य निम्न पेन्ट भी उपलब्ध है। (Super Cem, Aquacem, Duro Cem etc,) ताजा स्नोसेम ही प्रयोग किया जाना चाहिए।

15.33 वाह्य दीवारों पर सुन्दर रंगदार सीमेन्ट पुताई करना (Decorative Cement Colour wash on external walls)

वाह्य दीवारों पर सुन्दर तथा जल सह सीमेन्ट पुताई करने के लिए सफेद सीमेन्ट में निम्नलिखित वस्तुएँ मिलाकर पुताई की जा सकती है।

सामग्री	प्रति सीमेन्ट थैला मात्रा
1. सफेद सीमेन्ट	50 Kg.
2. साफ छना व बुझा हुआ चूना	6.5 Kg.
3. पिसा हुआ गोंद	6.5 Kg.
4. फिटकरी	1.3 Kg.
5. Aluminium Stearate	0.33 Kg.
6. Plaster of Paris	1.63 Kg.

वांच्छित रंग के लिए पिसा हुआ (metalic colour) (धातु रंग) 2.5 Kg से 5 Kg. प्रति 50 Kg सीमेंट मिलाया जा सकता है।

15.34 घोल तैयार करना

(i) बुझे हुए चूने को ठंडे पानी में घोल कर कपड़े से छान लो।

(ii) पिसे हुए गोंद व फिटकरी को अलग–अलग बर्तनों में गर्म पानी में घोल कर छान लो।

(iii) उपरोक्त वस्तुओं में शेष वस्तुयें जैसे–सीमेन्ट, रंग, (Plaster of Paris & Aluminium Stearate) को उपरोक्त बताये अनुपात में मिलाकर चूने के घोल में मिलाया जाना चाहिए। मिलाते समय घोल को बराबर चलाते रहना चाहिए। इसके पश्चात् गोंद व फिटकरी का घोल मिलाकर अच्छी प्रकार मिलाया जाना चाहिए। इसके पश्चात् ताजा साफ पानी मिलाकर घोल उचित गाढ़ेपन (Consistency) का बनाया जा सकता है। एक बार में प्रायः उपरोक्त मात्राओं के 1/4 भाग का ही घोल बनाया जाना चाहिए। एक बार में, केवल 1/2 घंटे में प्रयोग की जाने वाली घोल की मात्रा तैयार की जानी चाहिए।

शेष क्रिया स्नोसेम जैसी ही है। परन्तु इसकी तराई 2 दिन तक की जानी चाहिए तथा इसे गर्म सूर्य की किरनों से बचाना चाहिए।

15.35 विभिन्न कार्यों के लिये मसाला अनुपात

(a) आन्तरिक पलस्तर के लिये मसाले के अनुपात

(i) सीमेन्ट पलस्तर 1 : 6 (1 सीमेन्ट व 6 भाग रेत)

(ii) सीमेन्ट चूना पलस्तर 1 : 1 : 7 या 1 : 2 : 9 (1 सीमेन्ट 2 चूना व 9 रेत)

(iii) चूना पलस्तर 1 : 2 (1 चूना व 2 रेत)

(iv) चूना सुर्खी पलस्तर 1 : 2 (1 चूना व 2 सुर्खी)

(b) बाह्य पलस्तर

(i) सीमेन्ट पलस्तर 1 : 6 (1 सीमेन्ट व 6 रेत)

(ii) सीमेन्ट चूना पलस्तर 1 : 1 : 7 व 1 : 2 : 9

(c) टीप कार्य—सीमेन्ट मसाला 1 : 1 या 1 : 2 या 1 : 3

(d) सीलन रोक परत—सीमेन्ट मसाला 1 : 2

(e) विभाजक दीवार व पेरापट दीवार, सीमेन्ट मसाला 1 : 3
चूना मसाला 1 . 1

(f) प्रबलित ईंट चिनाई सीमेन्ट मसाला 1 : 3

(g) अधिरचना—सीमेन्ट मसाला 1 : 6
चूना मसाला 1 : 1 : 8 एकल वद्धि मंजले भवनों के लिये

(h) सीमेन्ट चूना मसाला 1 : 1 : 7 तीन मजंले भवनों के लिये

(i) सीमेन्ट चूना मसाला 1 : 1 : 6 चार मंजले भवनों के लिये

(j) सीमेन्ट चूना मसाला 1 : 2 : 9 (80 टन /m^2 से कम भार के लिये)

(k) खोखली व विभाजक दीवारों के लिये जब कि भार 110 t/m^2 से अधक न हो।

(i) सीमेन्ट मसाला 1 : 3 अथवा सीमेन्ट चूना मसाला 1 : 1 : 6

(l) डाट कार्य के लिये सीमेन्ट मसाला 1 : 3.

सामान्य R.C.C. कार्यों के लिये सीमेन्ट मसाला 1 : 2 व कंक्रीट 1 : 2 : 4

(m) नींव व कुर्सी तल कार्यों के लिये

सीमेन्ट मसाला 1 : 6

चूना मसाला 1 : 1 : 8 या 1 : 1 : 7 या 1 : 1 : 6

उच्च गुणों वाला चूना व सुर्खी उपलब्ध होने पर तथा नींव में भौम जल तल 2.5 m से अधिक गहराई पर होने पर तथा भार 44t/m^2 से कम लगने पर निम्न अनुपात भी अपनाये जा सकते है।

चूना व रेत (1 : 2)

चूना व सुर्खी (1 : 2)

चूना व सुर्खी व रेत (1 : 1 : 1)

(n) भौम जल तल 2.5 m से कम ऊँचाई पर तथा मृदा में अधिक सल्फेट धुले होने पर 1 : 3 सीमेन्ट रेत मसाला ही उपयोग किया जाना चाहिये।

प्रश्नावली

1. पलस्तर क्यों किया जाता है? आन्तरिक व वाह्य सतहों पर कौन–कौन से पलस्तर किए जाते हैं।
2. निम्न पर टिप्पणी लिखिए।
   (i) मिट्टी का पलस्तर
   (ii) खुर्ची हुई सतह पलस्तर (Scraped) सतह
   (iii) चूना पलस्तर
3. चूना व सीमेन्ट पलस्तर के अन्तर का वर्णन कीजिए।
4. टीप कितने प्रकार की होती हैं। साफ चित्र सहित वर्णन कीजिए।
5. टीप करने के क्या लाभ है तथा टीप क्रिया का विस्तार पूर्वक वर्णन कीजिए।
6. सफेदी व रंग पुताई का अन्तर बताइए।
7. सफेदी करने की पूर्ण विधि का विस्तार से वर्णन कीजिए।
8. पलस्तर करने की विधि का विस्तार से वर्णन कीजिये।
9. सफ़ेदी तैयार करने की विधि का वर्णन कीजिये।

16

पाड़, टेक बन्दी तथा अधः पुष्टीकरण
Scaffolding, Shoring and Under Pinning

16.1 प्रस्तावना

किसी कार्य की फर्श तल से ऊँचाई 1.5 मीटर से अधिक हो जाने पर कारीगर व मजदूरों के कार्य में सुगमता प्रदान करने के लिए लकड़ी अथवा इस्पात का ढांचा बनाया जाता है। यही ढाँचा पाड़ कहलाता है। पाड़ न केवल कार्य में सुगमता प्रदान करता है वरन् निर्माण सामग्री एकत्रित करने के भी काम आता है।

16.2 पाड़ के अवयब (Parts of Scaffoldings)

पाड़ के प्रायः निम्न अवयब होते हैं–

1. ऊर्ध्वाधर बल्ली (Standards)–ये ऊर्ध्वाधर अवयब होते हैं। इनका व्यास या माप 10 से०मी० से 15 से०मी० तथा लम्बाई 3 से 8 मी० तक होती है। आवश्यकता होने पर दो बल्लियों को रस्सी से बाँधकर ऊँचाई बढ़ाई जा सकती है।

2. बेड़ा (Ledgers)–पाड़ को स्थिरता प्रदान करने के लिए ऊर्ध्वाधर बल्ली से क्षैतिज दिशा में बाँधा गया अवयब बेड़ा कहलाता है। दो बेड़ों के बीच ऊधर्वाधर दूरी 1.5 से 2.0 मीटर तक होती है।

3. धारण बल्ली (Put logs)–प्रायः 8 वर्ग से०मी० परिच्छेद व 2 मीटर लम्बे लकड़ी के टुकड़े धारण बल्ली कहलाते हैं। इनका एक सिरा दीवार के छिद्र या उसके ऊपर तथा दूसरा सिरा बेड़े पर बांधा जाता है।

4. तान बल्ली या बंधन बल्ली (Braces)–ऊर्ध्वाधर या खड़ी बल्लियों को मजबूती प्रदान करने के लिए तिरछे बाँधे गए लकड़ी के टुकड़े या बल्ली बंधन बल्ली कहलाती है।

5 तख्ते–निर्माण सामग्री रखने, कारीगरों व मजदूरों के खड़े होने के लिए

स्थान बनाने के लिए प्रायः लकड़ी के तख्ते पाड़ पर लगाए जाते हैं। इन तख्तों की मोटाई 3 से 4 से०मी०, चौड़ाई 15 से 25 से०मी० तथा लम्बाई 3 से 4 मीटर होती है।

6. बचाव पटरी–पाड़ से निर्माण सामग्री गिरने से रोकने के लिए तख्तों के सिरों पर लगाई जाने वाली लकड़ी की फट्टी बचाव पटरी कहलाती है।

16.3 पाड़ की किस्में (Types of Scaffolding)

पाड़ प्रायः निम्न वर्गों में विभाजित की जा सकती है।

1. इकहरी पाड़ (Single Scaffolding)
2. दुहरी पाड़ (double Scaffolding)
3. टोड़ा या प्रास धरन पाड़ (Needle or Cantilever Scaffolding)
4. झूला पाड़ (Suspended Scaffolding)
5. इस्पाती पाड़ (Steel Scaffolding)
6. घोड़ी या मर्चिका पाड़ (Trestle Scaffolding)

1. इकहरी पाड़–चित्र–16.1 में इकहरी पाड़ दिखाई गई है। इसे (Brick Layer, Scaffolding) भी कहा जाता है। इस श्रेणी की पाड़ बनाने के लिए दीवार से

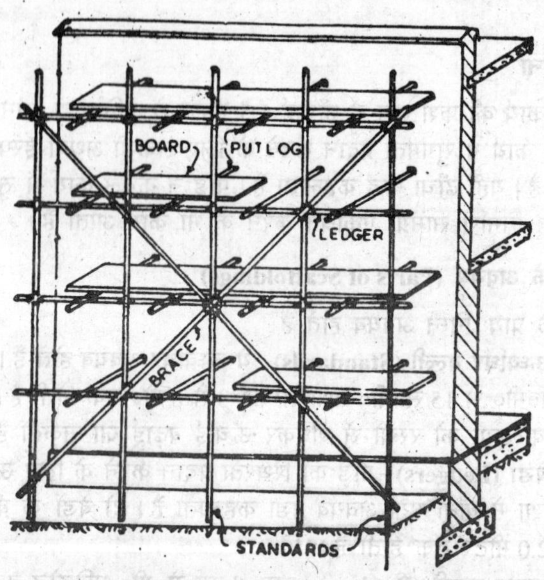

चित्र–16.1. Single Scaffolding

1.5 मीटर की दूरी पर 2.5 मी० से 3.0 मी० के अन्तराल पर ऊर्ध्वाधर बल्ली भूमि में गाड़ दी जाती हैं। बल्लियाँ गाड़ने के पश्चात् पाड़ की स्थिरता के लिए 120 से०मी० से 150 से०मी० दूरी पर ऊर्ध्वाधर बल्लियों में क्षैतिज बल्लियां बांध दी जाती हैं। ये बल्लियां बेड़ा या (Ledgers) कहलाती हैं। इसके पश्चात् 1.2 से 2.0 मीटर की क्षैतिज दूरी पर धारण बल्लियां (Putlogs) बाँधी जाती हैं। धारण बल्ली का एक सिरा दीवार

के छिद्र तथा दूसरा सिरा बेड़ा (ledger) से बाँधा जाता है। इनकी लम्बाई प्रायः 90 से०मी० से 100 से०मी० होती है। धारण बल्लियाँ कार्य-प्लेटफार्म को रोकने के लिए लगाई जाती हैं। ऊँची पाड़ों में स्थिरता प्रदान करने के लिए तिरछे अवयब भी लगाये जाते हैं, जिन्हें बंधन बल्ली (Braces) के नाम से जाना जाता है।

2. दुहरी पाड़—इसे राज (Mason, Scaffolding) पाड़ अथवा स्वतन्त्र पाड़ भी कहा जाता है। यह पाड़ भी इकहरी पाड़ की भाँति ही होती है, अन्तर केवल इतना है कि इस पाड़ में ऊर्ध्वाधर बल्लियों की एक के स्थान पर दो पंक्तियां होती हैं। पहली पंक्ति की दीवार से दूसरी 20 से०मी० से 30 से०मी० तथा दूरी पंक्ति की दूरी 1.50 मीटर से 1.80 मीटर होती है। यह इकहरी पाड़ से मजबूत होती है। इस प्रकार की पाड़ प्रायः पत्थर चिनाई के लिए बनाई जाती है। क्योंकि पत्थर की दीवार में छिद्रों को बाद में भरना कठिन होता है। चित्र-16.2 में दोहरी पाड़ दिखाई गई है।

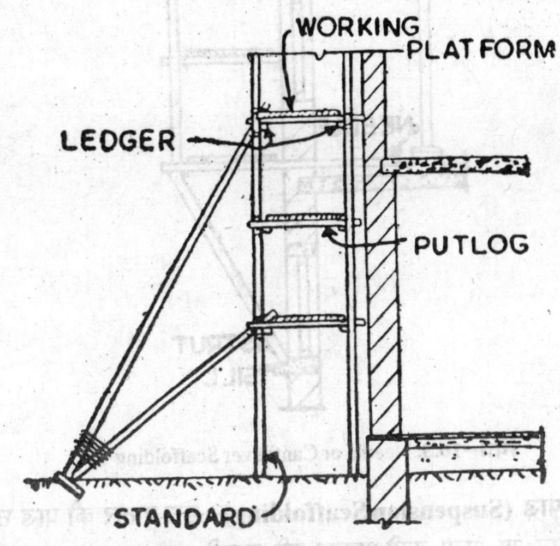

चित्र-16.2. Double Scaffolding

टोडा या प्रास धरन पाड़—इस श्रेणी की पाड़ बहुतल भवनों के ऊपरी भाग बनाने या बहुत व्यस्त गलियों जहां साधारण पाड़ बनाने से यातयात रुक जाने की सम्भावना हो, प्रयोग की जाती है। इसे श्रेणी की पाड़ चित्र-16.3 में दिखाई गई है।

इस श्रेणी की पाड़ खिड़की के कोने या बंधक रद्दे (String Course) से लकड़ी की धरन खड़ी कर चित्र-16.3 में दिखाये अनुसार बनाई जाती है। लकड़ी की धरन दीवार में छिद्र कर प्रक्षेप की जाती है जो अन्दर की ओर तल पट्टी (Sole Plate) पर टिकी रहती है। इसे ऊपर उठने से रोकने के लिए शिखर प्लेट व तल पट्टी के बीच लकड़ी की टेक लगाई जाती है। बाहर की ओर निकलने वाला धरन का भाग दूसरी तिरछी टेक पर टिकाया जाता है। यह तिरछी टेक खिड़की के कोने पर टिकी रहती है। तिरछी टेक व धरन के बीच का जोड़ कुत्ते (dog) जोड़ के नाम से जाना जाता है। इस ढांचे के ऊपर साधारण पाड़ बनाई जा सकती है।

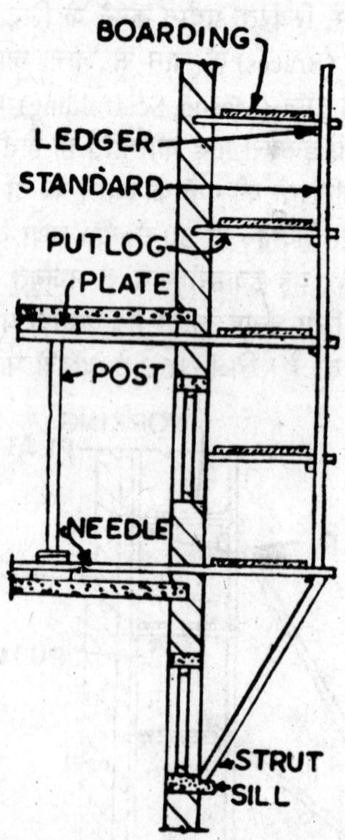

चित्र–16.3. Needle or Cantilever Scaffolding

4. झूला पाड़ (Suspension Scaffolding)–इस प्रकार की पाड़ छत से रस्सी बाँध कर छोटी खाट या अन्य इसी प्रकार की दूसरी वस्तु लटका कर बनाई जाती है। यह पाड़ वार्षिक सफेदी करने, प्लस्तर की मग्म्मत करने या टीप करने आदि के लिए बनाई जाती है। आवश्यकता अनुसार रस्सी ऊपर या नीचे खिसकाकर पाड़ ऊपर नीचे की जा सकती है।

5. धोड़ी या मंचिका पाड़–इस प्रकार की पाड़ तिपाई आकृति की होती है तथा 4 से 5 मीटर ऊँचाई तक छोटे अनुरक्षण कार्यों के लिए प्रयोग की जाती है।

6. इस्पात पाड़–इस्पात पाड़ की बनावट भी लकड़ी पाड़ की भाँति ही होती है। अन्तर केवल इतना है कि इसमें लकड़ी की बल्लियों के स्थान पर 3.8 से०मी० से 6.4 से०मी० व्यास के टयूब प्रयोग किए जाते हैं तथा रस्सी के स्थान पर धातु तार का प्रयोग किया जाता है। इस्पात पाड़ की खड़ी या ऊर्ध्वाधर टयूबों के बीच 3 मीटर का अन्तराल होता है तथा प्रत्येक ट्यूब धातु की वर्गाकार या वृत्तकार प्लेट से वेल्ड किया होता है। पाड़ को स्थिरता प्रदान करने के लिए आधार प्लेट में छिद्र कर उसे कंक्रीट या लकड़ी के आधार में जकड़ दिया जाता है। इसमें बेड़े (Ledged) के बीच

का ऊर्ध्वाधर अन्तराल 1.8 मी० रखा जा सकता है। धारण्या बल्लियों (Putlogs) की लम्बाई 1.2 मी० से 1.8 मी० होती है। दीवार में लगाया जाने वाला धारण का सिरा विशेष आकृति का होता है जिससे इस सिरे को दीवार में लगाने के लिए बड़ा छिद्र छोड़ने की आवश्यकता नहीं होती। इस पाड़ की सबसे बड़ी विशेषता यह है कि इसे बहुत कम समय में बनाया तथा तोड़ा जा सकता है। इस प्रकार की पाड़ को पहियों पर लगाकर छत की निचली सतह तथा दीवारों पर पेंट के लिए भी प्रयोग किया जा सकता है। चित्र–16.4 में इस प्रकार की पाड दिखाई गई हैं।

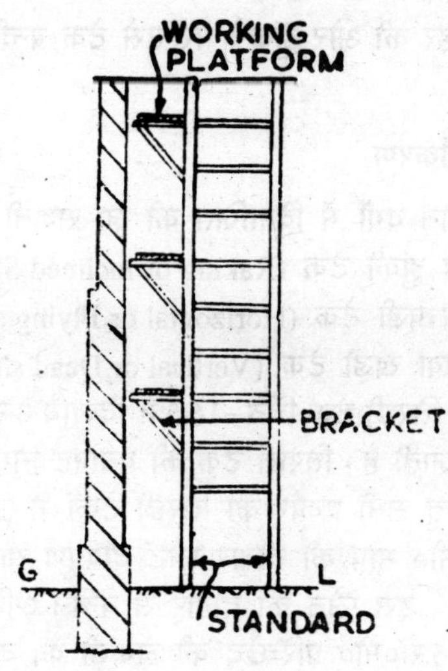

चित्र–16.4. Steel Scaffolding

16.4 इस्पात पाड़ के लाभ

1. पेंच आदि से टयूब जोड़ कर इसकी काफी ऊँचाई बढ़ाई जा सकती है।
2. यह लकड़ी पाड़ की अपेक्षा बहुत अधिक अग्नि प्रतिरोधक तथा मजबूत होती है।
3. इसकी रद्दी का मूल्य (Scrap value) अधिक होता है।
4. इसकी अनुरक्षण लागत कम होती है।
5. यह अनेकों बार प्रयोग की जा सकती है।
6. इसे शीघ्रता तथा सरलता से बनाया तथा उखाड़ा जा सकता है।

दोष–इसका एक मात्र दोष इसकी प्रारम्भिक लागत का अधिक होना है।

16.5 टेक बन्दी (Shoring)

असुरक्षित संरचनाओं को अस्थाई संरचना द्वारा सहारा या टेक देने की क्रिया टेक बन्दी कहलाती है। टेक बन्दी निम्न अवस्थाओं में अपनाई जा सकती है।

1. मुख्य दीवारों में बड़े द्वार खोलने की अवस्था में भवन के ऊपरी भाग की टेक बन्दी करना अनिवार्य है।

2. बीच की दीवार हटाने पर साथ की दीवारों को सहारा देने के लिए टेक बन्दी की जाती है।

3. असमान निष्दन आदि से संरचना सुरक्षित करने के लिए भी ट्रेक बन्दी की जाती है।

4. दोष पूर्ण दीवार को हटाकर उसके स्थान पर नई दीवार बनाने की स्थिति में टेक बन्दी की जाती है।

5. दीवार के बाहर की ओर झुकने पर उसे टेक बन्दी से रोका जा सकता है।

16.6 टेक बन्दी का वर्गीकरण

टेक बन्दी निम्न तीन वर्गों में विभाजित की जा सकती है।

1. तिरछी अथवा झुकी टेक (Raking or inclined Shore)
2. क्षतिज अथवा पड़ी टेक (Horizontal or Flying shore)
3. ऊर्ध्वाधर अथवा खड़ी टेक (Vertical or Dead shore)

1. तिरछी टेक–तिरछी टेक चित्र–16.5 में दिखाये अनुसार दीवार को गिरनें से बचाने के लिए बनाई जाती है। तिरछी टेक की बनावट निर्माण स्थल की अवस्था से प्रभावित होती है। परन्तु सभी प्रकार की तिरछी टेकों में 23 से०मी० × 5 से०मी० से 23 से०मी० × 7.6 से०मी० माप की दीवार प्लेट दोषपूर्ण या असुरक्षित दीवार पर हुक द्वारा लगाई जाती है। इस प्लेट का दीवार से बन्धन अधिक मजबूत करने की दृष्टि से 10 से०मी० × 7.6 से०मी० परिच्छेद की लकड़ी की कड़ी 10 से 15 से०मी० गहराई तक दीवार में गाड़ दी जाती है। कड़ी को मजबूती प्रदान करने के लिए लकड़ी के गुटके (cleat) लगाये जाते हैं। तिरछी टेक के ऊपरी सिरे इन्हीं कड़ियों के नीचे टिकते हैं तथा इनके निचले सिरें भूमि में तिरछी गाड़ी गई तल पट्टी से रोके जाते हैं। तिरछी टेक को तिरछी तल पट्टी से लकड़ी के गुटके व कुत्ते की सहायता से जकड़ा या बाँधा जाता है।

एक से अधिक तिरछी टेक प्रयोग की जाने पर उन्हें 15 से०मी० चौड़ी व 2.5 से०मी० मोटी लोहे की पत्ती से बाँध दिया जाता है। तिरछी टेक का भूमि से झुकाव 60° से 75° तक होना चाहिए। दो तिरछी टेकों के बीच दीवार की समानान्तर दिशा में दूरी 3 से 4.5 मीटर होनी चाहिए।

क्षैतिज या पड़ी टेक (Flying shore)–असुरक्षित संरचसाओं तथा भवनों को अस्थाई टेक या आधार प्रदान करने की सभी युक्तियाँ जिनकी तिरछी टेक भूमि तक नहीं पहुँचती इसी श्रेणी में आती हैं। क्षैतिज टेक प्रायः दो समानान्तर दीवारों को अस्थाई आधार प्रदान करने या लगातार बनाई गई दीवारों में से किसी बीच की दीवार को गिराकर नई दीवार बनाने तक आधार प्रदान करने के लिए प्रयोग की जाती है। क्षैतिज टेक के प्रायः निम्न अवयव होते हैं।

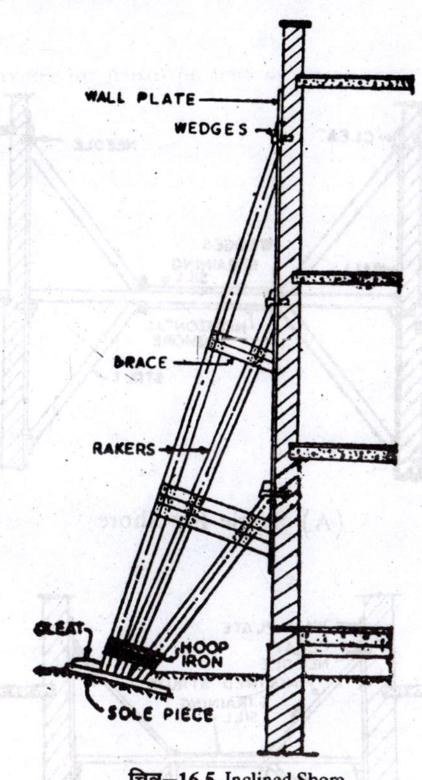

चित्र–16.5. Inclined Shore

(i) दीवार प्लेट, (ii) लकड़ी की कड़ी, (iii) लकड़ी के गुटके, (iv) क्षैतिज टेक (Strut) (v) तिरछी टेक आदि।

इस श्रेणी की टेक में उपरोक्त प्ररिच्छेद की दीवार प्लेट हुक व कड़ी की सहायता से दीवार में लगाई जाती है। दोनों दीवारों के बीच चित्र–16.6 में दिखाये अनुसार एक क्षैतिज टेक लगाई जाती है जो कड़ी व लकड़ी के गुटके पर टिकाई जाती है। तिरछी टेक कड़ी व विकृत टुकड़े (Straining piece) के बीच लगाई जाती है। यह विकृत टुकड़ा तान देहल भी कहलाता है। यह कीलों द्वारा क्षैतिज टेक से जुड़ा रहता है।

9 मीटर दूरी तक इकहरी क्षैतिज टेक सरलता से प्रयोग की जा सकती है परन्तु 9 से 12 मीटर दूरी तक दोहरी क्षैतिज टेक चित्र–16.6 B में दिखाये अनुसार प्रयोग की जाती है। तिरछी टेक का क्षैतिज टेक से झुकावा 45° का होना चाहिए।

ऊर्ध्वाधर अथवा खड़ी टेक (Dead Shores)–इस श्रेणी की टेक क्षैतिज कड़ियों या धरन व ऊर्ध्वाधर उपस्तम्भ (Posts) से बनी होती है। इस श्रेणी की टेकों का प्रयोग दीवारों में द्वार बनाने अथवा दीवार के निचले असुरक्षित भाग को हटाकर नई दीवार बनाने या दीवार की नींव अधिक गहरी बनाने की स्थिति में किया जाता है। धरन व

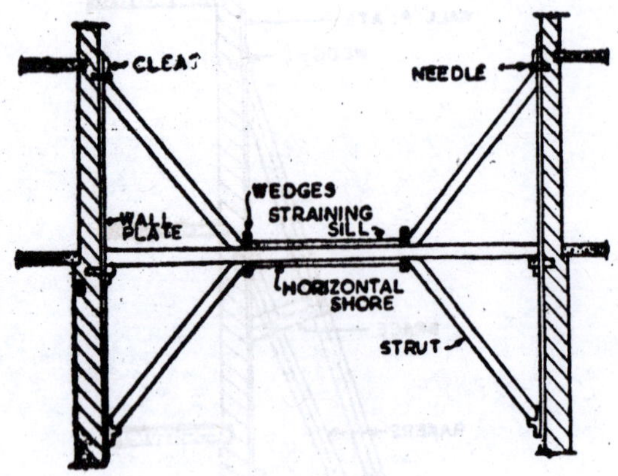

(A) Single Fly Shore

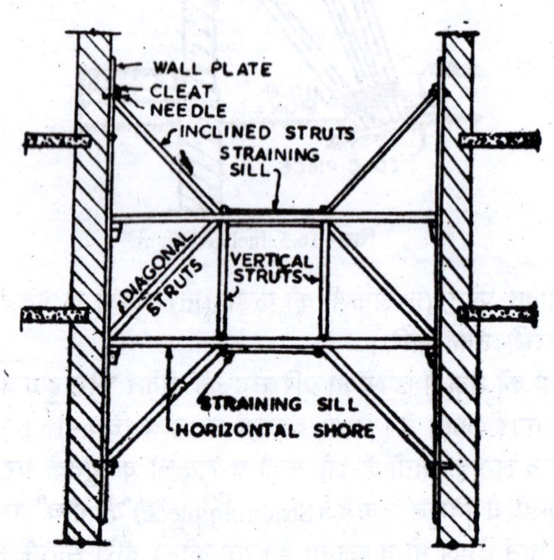

(B) Double Fly Shore

चित्र–16.6

उपस्तम्भ का डिजाइन उन पर आने वाले संरचना के भार के अनुसार किया जाता है। चित्र–16.7

दीवार में द्वार बनाने के लिए उचित ऊँचाई पर उचित आकार का दीवार में छिद्र बना कर कड़ी डाल दी जाती है। दीवार की दोनों ओर कड़ी या धरन के सिरों को ऊर्ध्वाधर उपस्तम्भ द्वारा टेक प्रदान की जाती है। इन ऊर्ध्वाधर उपस्तम्भों की दीवार

से उचित दूरी होनी चाहिए जिससे दीवार के समीप कार्य करने के लिए उचित स्थान प्राप्त हो सके। दीवार की लम्बाई के साथ–साथ दो कड़ियों के बीच की दूरी 1.2 मीटर से 1.8

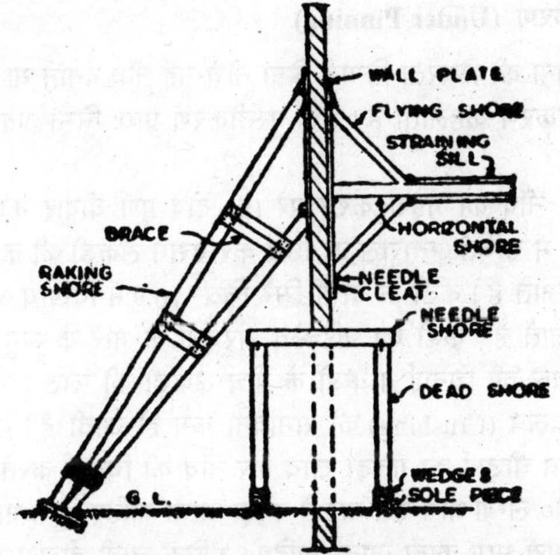

चित्र–16.7. Dead Shore

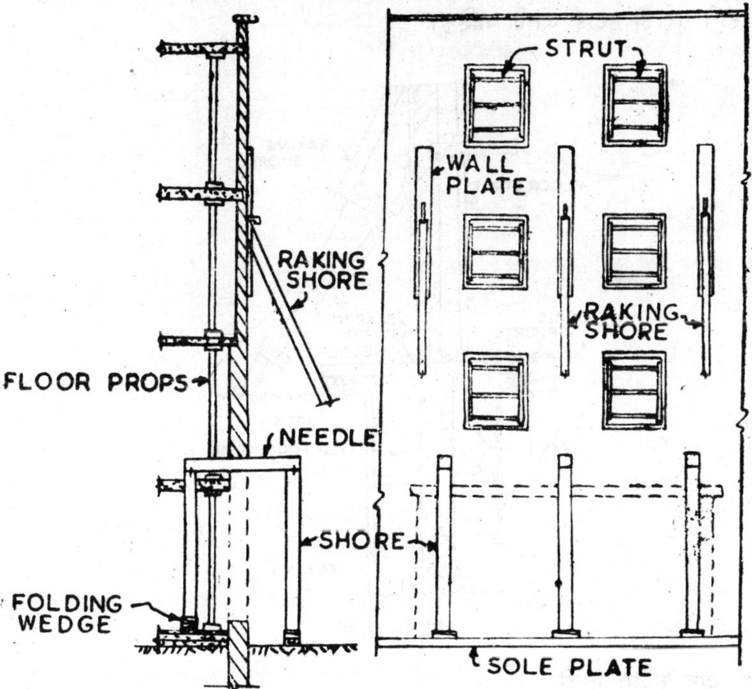

चित्र–16.8. Use of Dead Shore in Making Opening in Existing wall

मीटर तक हो सकती है। कार्य करते समय दीवार को गिरने से बचाने के लिए तिरछी टेक भी लगाई जानी चाहिए।

16.7 अधः पुस्ठीकरण (Under Pinning)

वर्तमान संरचना की स्थिरता बिगाड़े बिना नीचे नई नींव बनाने या मजबूत करने की विधि अधः पुस्ठीकरण कहलाती है। अधः पुस्ठीकरण प्रायः निम्न अवस्थाओं में की जाती है।

(i) वर्तमान नींव को गहरा करने पर (ii) दोष पूर्ण दीवार को हटाने पर

विधि–दीवार में उचित अन्तराल पर छिद्र कर उसमें लकड़ी की कड़ी या इस्पात के गर्डर डाल दिये जाते हैं। कड़ी के दोनों सिरे चित्र–16.9 में दिखाये अनुसार धारक प्लेटों पर टिकाये जाते हैं। कड़ी का परिच्छेद संरचना के भार के अनुसार डिजाइन किया जाता है। दीवार की चिनाई व कड़ी के बीच लकड़ी की प्लेट लगाई जाती है। इससे दीवार के संदलन (Crushing) की संभावना कम हो जाती है। कार्य करने के लिए उचित गहराई व चौड़ाई का गड्ढा खोद कर नींव की चिनाई करते समय दीवार का 90 से 120 से०मी० लम्बा भाग एक बार में काटा जाना चाहिए। इस भाग की चिनाई करने के पश्चात् दूसरा भाग काटा जाना चाहिए। अधिक लम्बी दीवारों में उनके मध्य भाग से कार्य आरम्भ किया जाना चाहिए। दीवार से कड़ी या धरन नई नींव के पूर्णतः सैट होने पर ही हटाई जानी चाहिए।

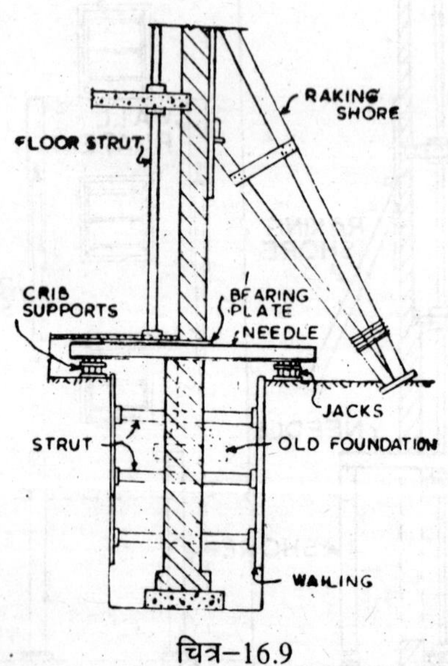

चित्र–16.9

16.8 क्रेन सहित गैन्ट्री

जब दीवार आदि बनाने में बहुत भारी पत्थर आदि का प्रयोग कयिा जाता है

तो चित्र–16.10 में दिखाये अनुसार क्रेन तथा गैन्ट्री की सहायता ली जाती हैं। अन्य भारी बोझे यानि मशीनों आदि को उठाने में भी इसका प्रयोग किया जाा है।

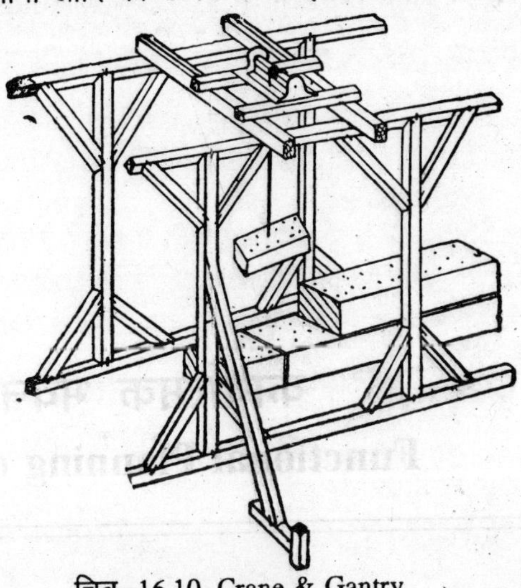

चित्र–16.10. Crane & Gantry

प्रश्नावली

(1) टेक बन्दी व अधः पुष्टीकरण से आप क्या समझते हैं साफ चित्र सहित समझाइए।

(2) निम्न पर साफ चित्र सहित टिप्पणी लिखिये।
टेक बन्दी, पाड़, अधः पुस्टीकरण तथा ऊर्ध्वाधर टेक (Dead Shore)

(3) साधारणतः पाड़ किनी प्रकार की होती हैं साफ चित्र सहित वर्णन कीजिए।

(4) लकड़ी व इस्पाती पाड़ों का अन्तर बताइए।

17

कार्यात्मक भवन आयोजना
Functional Planning of Building

17.1 प्रस्तावना

किसी भी प्रकार के भवन निर्माण से पहले मनुष्य द्वारा उत्पन्न किए पर्यवरण की कार्यात्मक आयोजना बनाना अनिवार्य है। मनुष्य द्वारा बनाया गया पर्यवरण वह पर्यवरण है जो मनुष्य अपने रहने, कार्य करने तथा मनोरंजन करने आदि के लिए विभिन्न प्रकार की संरचनाएँ बनाकर बनाता है। एक अच्छा पर्यवरण लगातार महनत व अच्छी तकनीक के द्वारा ही उत्पन्न किया जा सकता है। मनुष्य के कल्याण के लिए एक अच्छा पर्यवरण बहुत ही आवश्यक है जिसे उनके रहने के लिए अच्छे भवन बनाकर उनके रहने की दशा में सुधार कर प्राप्त किया जा सकता है। अच्छे भवनों या मकानों से अर्थ है, जिन्हें अच्छी प्रकार आयोजना बनाकर रहने के लिए सुखमय व दक्ष बनाया गया हो। इस प्रकार के मकानों से ही स्वस्थ, सुखमय व सुन्दर पर्यवरण प्राप्त हो सकता है।

मजदूरों के कार्य करने के पर्यवरण को उनके कार्य करने के स्थानों की उचित आयोजना बनाकर उन्हें सुधार कर सुखमय बनाया जा सकता है। कार्य करने का स्थान ऐसा होना चाहिए कि मनुष्य कार्य करने में आनन्द अनुभव करे। इससे मजदूर की कार्य–कुशलता व दक्षता बढ़ने के साथ–साथ उत्पादन भी बढ़ेगा। स्वास्थ की दृष्टि से मनुष्य के कार्य करने वे रहने के स्थान खुले व हवादार होने चाहिएं। इनके रहने व कार्य करने के स्थानों के समीप अस्पताल, खेल के मैदान आदि भी होने चाहिए। अतः मनुंष्य द्वारा बनाया गया पर्यवरण उसकी कार्य क्षमता, स्वास्थ व स्वभाव को बहुत प्रभावित करता है। इस कारण भवन निर्माण का कार्य उसकी अच्छी प्रकार आयोजना बनाकर किया जाना चाहिए।

17.2 निर्माण स्थल का चयन करने के लिए सामान्य सिद्धान्त

किसी भवन अथवा भवन समूह के निर्माण के लिए उचित स्थान का चयन करना एक महत्वपूर्ण विषय है। भवन की उपयोगिता या उससे प्राप्त सुविधाएँ उसके लिए उचित स्थान की उपलब्धता पर निर्भर करती हैं। भवन का संरेखन व डिज़ाइन स्थल की आकृति, व स्थिति, मृदा की किस्म, व वायु की दिशा पर बहुत निर्भर करता है। वास्तुविद (architect) के पास दो विकल्प हो सकते हैं। प्रथम विकल्प में योजना के लिए उचित स्थल का चयन करना तथा दूसरे विकल्प में पहले से ही चयन किए स्थल के अनुसार भवन निर्माण की आयोजना बनाना।

स्थल का चयन भूमि की लागत से भी प्रभावित होता है। स्थल की लागत केवल भूमि क्षेत्रफल पर ही नहीं बल्कि उस क्षेत्र के वातावरण, पास–पड़ोस, प्राकृतिक छटा, क्षेत्र का विकास, वहाँ के रहने वालों के जीवन स्तर तथा भवन से प्राप्त होने वाली आय से भी प्रभावित होती है। इसके अतिरिक्त भवन की उपयोगिता, उसके उद्देश्य व एकांतता आदि भी भवन स्थल के चयन को प्रभावित करते हैं।

स्थल के प्राकृतिक दोष भवन निर्माण व अनुरक्षण व्यय को बढ़ाते हैं। समीप में असंतोषजनक परिस्थितियाँ वहाँ के रहने वालों का जीवन दुखी बना देंगी तथा भवन का मूल्य भी कम हो जाएगा। इस कारण भवन स्थल का चयन बहुत सोच समझ कर किया जाना चाहिए।

भवन स्थल का चयन करते समय निम्न बातों का ध्यान रखा जाना चाहिए।

क्षेत्र की स्थलाकृति (Topography of the area)–स्थल या भूमि की प्राकृतिक या कृत्रिम बनावट जैसे स्थल की सामान्य तल से ऊँचाई अथवा गहराई, स्थल का ढाल, मृदा की किस्म आदि स्थल के चयन में महत्वपूर्ण भूमिका रखते हैं।

(1) किसी भव्य सामाजिक भवन को निचले स्थल पर बनाने से उसकी महत्ता बहुत घट जाती है जब कि उसे ऊँचाई पर बनाने से उसकी भव्यता बहुत बढ़ जाती है। अतः सामाजिक, प्रशासनिक एवं अन्य महत्वपूर्ण भवन निचले स्थानों पर नहीं बनाए जाने चाहिए। निचले स्थानों में वर्षा काल में पानी भर जाता है जिससे निकलना कठिन होता है। यह पानी कुछ समय पश्चात् सड़ने लगता है जिससे आस–पास का वातावरण दूषित हो जाता है जिसका स्वास्थ पर बुरा प्रभाव पड़ता है। भवन के समीप पानी भरा रहने से भवन में सीलन आ जाती है वह भी स्वास्थ पर बुरा प्रभाव डालती है। इसके विपरित ऊँचे स्थल पर बने भवन उत्साहजनक दृश्य प्रस्तुत करते हैं तथा स्वास्थ पर अच्छा प्रभव डालते हैं।

(2) नदी, नालों व खतानों के समीप भी भवन नहीं बनाए जाने चाहिए। नदी व नालों में वर्षा काल में बाढ़ आ जाने से बहुत असुविधा एवं जान व माल की हानि होती है। खतानों में पानी भर जाने से वहां मच्छर आदि उत्पन्न हो जाते हैं जो मनुष्य के स्वास्थ पर बहुत बुरा प्रभाव डालते है। समीप में पानी भरा होने से भवन का असमान निष्दन भी हो सकता है, जिससे संरचना नष्ट हो सकती है। स्थल के समीप मीठे पानी का कुंआ होने पर उसका मूल्य बढ़ जाता है।

स्थल का ढाल–भवन स्थल की भूमि का ढाल भवन के आगे की ओर होने से

सीवर लाइन बनाने में सरलता रहती है तथा भवन के सामने वाले भाग (front portion) की सुन्दरता भी बढ़ जाती है इसके विपरीत भवन का ढाल पीछे की ओर होंने पर सीवर लाइन बनाने की लागत बढ़ जाती है तथा सम्मुख (front) की शोभा भी नष्ट हो जाती है। इसके अतिरिक्त स्थल ढाल भवन में प्रकाश के प्रवेश, वायु के प्रवेश, सर्दी व गर्मी को भी प्रभावित करता है। ढाल वाले स्थान पर भवन आयोजना बनाना वास्तुविद की कुशलता पर निर्भर करता है।

स्थिति (Location)—स्थल की स्थिति ऐसी होनी चाहिए कि वहाँ पर अधिक से अधिक सुविधायें उपलब्ध हों। चौड़ी सड़के, यातायात की सुविधाएँ, मनोरंजन एवं चिकित्सा सुविधा भी समीप में ही होनी चाहिएँ। स्कूल, बाजार, रेलवे स्टेशन, डाकघर, पुलिस थाना, अग्निशमन सेवा आदि समीप में ही होनी चाहिएँ। अर्थात् भवन जंगल या एकान्त में न होकर शहर के समीप होना चाहिए।

भवन, कारखानों, कोयले व चूना पकाने के भट्टों, सार्वजनिक संडास, चमड़ा पकाने के कारखानों, गन्दे पानी के नाले आदि से दूर होने चाहिएं क्योंकि ये सभी स्थल की वायु को दूषित करते हैं जिससे स्वास्थ पर बुरा प्रभाव पड़ता है। जिन स्थानों पर अधिक शोर उत्पन्न होता हो, आवासीय भवन का निर्माण उनसे दूर किया जाना चाहिए।

सार्वजनिक भवन के लिए ऐसे स्थल का चयन किया जाना चाहिए जहां चारों ओर से भवन में पहुँचा जा सके। ऐसे भवनों के चारों ओर काफी खुला स्थान भी होना चाहिए, जिससे शुद्ध वायु व उचित प्रकाश भवन में प्रवेश कर सके। भव्य भवन नगर के जीवन में बहुत महत्वपूर्ण भूमिका रखते हैं। अतः इनके निर्माण के लिए स्थल का चयन बहुत सावधानीपूर्वक किया जाना चाहिए। जिन स्थानों पर अधिक समय तक कोहरा आदि छाए रहते हों उनका भवन निर्माण के लिए चयन नहीं किया जाना चाहिए।

मृदा की किस्म (Type of Soil)—मृदा की किस्म विशेष रूप से सार्वजनिक अथवा महत्वपूर्ण भवनों की नींव को बहुत प्रभावित करती है। विभिन्न प्रकार की मृदाओं का प्रभाव नीचे दिया गया है।

(i) **भूमि तल के समीप कठोर चट्टान का होना**—भूमि तल के समीप या कुछ गहराई पर कठोर चट्टान का होना भवन की नींव के लिए बहुत उपयोगी है क्योंकि इसकी धारक क्षमता अधिक होती है तथा उसकी पानी अवशोषण क्षमता भी कम होती है। इस प्रकार की नींव के नीचे धंसने का भय नहीं रहता, परन्तु चट्टान दिन में अधिक ऊष्मा का अवशोषण कर भवन का तापमान बढ़ा देती है।

ग्रीष्म ऋतु या गर्मी के मौसम में भवन भट्टी की भाँति गर्म हो जाते हैं। दिन में अवशोषण की गई ऊष्मा रात में विकीर्ण (radiate) हो जाती है जिससे रात भी कष्टमय बनी रहती है। सतह कठोर होने के कारण यहाँ खुदाई कार्य भी बहुत कठिन व खर्चीला होता है। ऐसे स्थानों में पाइप लाइन, सीवर लाइन विछाना व बाग लगाना कठिन होता है।

(ii) **सतह के समीप मुलायम मूरम का होना**—सतह के समीप मुलायम मूरम तथा 1 से 1.2 मीटर की गहराई पर कठोर मूरम या चट्टान होने वाले स्थल भवन की नींव के लिए बहुत उपयुक्त पाए गए हैं, परन्तु भुमिगत जल सतह ऊँची होने पर भवन

में सीलन आने का भय रहता है।

(iii) बलुआ अथवा रेतीली मृदा वाले स्थान भवन नींव के लिए तो उपयोगी पाए गए हैं परन्तु ऐसे स्थल गर्मियों में अधिक गर्म व सर्दियों में अधिक ठंडे रहते हैं।

(iv) चिकनी दोमट मिट्‌टी वाले स्थान भी भवन की नींव के लिए अच्छी माने गए हैं परन्तु काली चिकनी मिट्‌टी (Black cotton soil) भवन की नींव के लिए बहुत खराब पाई गई है। नमी के सम्पर्क में आने पर यह मृदा बहुत प्रसारित हो जाती है तथा नमी कम होने पर संकुचित हो जाती है। इस प्रकार के प्रसार व संकुचन के कारण नींव अचानक ही फट जाती है जिससे भवन नष्ट हो जाता है।

(v) समुद्र के समीप वाले स्थल भी भवन के लिए अच्छे नहीं पाए गए हैं। यहाँ वायु में अधिक आर्द्रता होने के कारण गर्मियों में अधिक उमस रहती है। ऐसे स्थान पर पेड़ पौधे लगाना भी कठिन होता है।

(vi) भराई वाले स्थानों में, जो विभिन्न धारक क्षमता वाली मृदा से भरी गई हो, भवन बनाना उचित नहीं है। अतः सार्वजनिक या महत्वपूर्ण भवन ऐसे स्थानों पर बनाये जाने चाहिएं जहां की मृदा की धारक क्षमता पर्याप्त हो।

भूजल स्तर (Ground water table)–भूजल केशिका प्रक्रिया के कारण मृदा की किस्म के अनुसार 1.2 मीटर तक ऊपर चढ़ जाता है जिससे मृदा की धारक क्षमता कम हो जाती हैं तथा भवन में सीलन आ जाती है। अतः भूजल तल भवन की नींव अथवा तहखाने के फर्श से कम से कम 1.5 मीटर नीचे होना चाहिए। अतः ऊँचे भूजल स्तर वाले स्थल भवन निर्माण के लिए उचित नहीं हैं।

प्रचलित वायु (Prevailing wind)

भवन ऐसे स्थल पर बनाया जाना चाहिए जहाँ उस क्षेत्र में प्रचलित वायु भवन की लम्बी दिशा या सामने से आती हो। वायु के मार्ग में कोई रुकावट नहीं आनी चाहिए। स्थल किसी पहाड़ी या ऊंची वायु अवरोधक वस्तु (object) की ओट में नहीं होना चाहिए। अतः स्थल नगर में वायु की दिशा में होना चाहिए। स्थल के समीप हरयाली का होना भी लाभकारी है। पेड़ वायु शुद्ध करते हैं तथा स्थल की रौनक बढ़ाते हैं।

पानी व बिजली आपूर्ति–भवन स्थल के समीप पानी के पर्याप्त स्त्रोत होने चाहिए जिससे पीने व अन्य कार्यों के लिए पानी की पर्याप्त मात्रा मिल सके। बिजली भी हर समय पर्याप्त मात्रा में उपलब्ध होनी चाहिए।

17.3 अन्य नियम–1. भूमि पट्‌टे (free hold) की होनी चाहिए।

2. स्थल का आकार विषम (irregular) नहीं होना चाहिए।

3. स्थल की प्राकृतिक छटा सुन्दर व लुभावनी होनी चाहिए।

4. स्थल पर स्थानीय नियम लागू होने चाहिए।

संक्षिप्त में भवन स्थल का चयन करते समय निम्न बातों का ध्यान रखा जाना चाहिए।

1. भवन स्थल शहर के समीप खुले स्थान में होना चाहिए।

2. भवन स्थल ऊँचा होना चाहिए ताकि वर्षा का पानी भवन से दूर प्रवाहित हो सके।

3. भवन स्थल नदी, नालों आदि से उचित दूरी पर होना चाहिए।
4. आवासीय भवन मुख्य व्यापारिक सड़कों से दूर होना चाहिए।
5. आवासीय भवन कारखानों आदि से दूर होना चाहिए।
6. यथासंभवन भवन स्थल रेलवे स्टेशन, अस्पताल, डाकखाने, स्कूल आदि से बहुत दूर नहीं होना चाहिए।
7. भवन स्थल के समीप की भूमि जलमगन नहीं होनी चाहिए।
8. भवन स्थल खतान, कोयले के गोदाम, कारखानों आदि से दूर होना चाहिए।
9. भवन स्थल कठोर भूमि पर होना चाहिए। भराई वाली भूमि पर नहीं।
10. स्वास्थ की दृष्टि से भवन स्थल समुद्र तट से दूर होना चाहिए।
11. भवन की नींव ढालू भूमि पर नहीं बनाई जानी चाहिए।
12. भवन का स्थल ढालू होने पर ढाल भवन के मुख द्वार की ओर होना चाहिए, पीछे की ओर नहीं।
13. भवन की नींव यथासंभव काली चिकनी मृदा में नहीं बनाई जानी चाहिए।
14. भवन स्थल यातायात की दृष्टि से चारों ओर से चौड़ी सड़कों से जुड़ा होना चाहिए।
15. भवन स्थल निचले स्थान के बजाए ऊँचे स्थान पर होना चाहिए।
16. भवन स्थल के समीप सद्भ्रान्त वातावरण होना चाहिए।
17. पानी के स्त्रोत व बिजली की लाइन भवन स्थल के समीप होनी चाहिए।
18. प्रति दिन की आवश्यक वस्तुएँ भवन स्थल के समीप उपलब्ध होनी चाहिए।
19. भवन जिन उद्देश्यों के लिए बनाया गया है उनकी पूर्ति होनी चाहिए।
20. स्थल की स्थालाकृति एवं वातावरण उसके चयन में बहुत सहायक पाए गए हैं।

17.4 भवन सम्बन्धी उपनियम (Building Bye Laws)

किसी नगर के संतुलित विकास के लिए स्थानीय नियम निर्धारित किए जाते हैं। आजकल भवन इन्हीं नियमों के आधार पर बनाए जाते हैं। इस सम्बन्ध में भारतीय मानक संस्थान ने एक नियम संहिता निकाली है। देश में इसी संहिता में थोड़ा–बहुत परिवर्तन करके स्थानीय नियम बना लिए जाते हैं जिनके अनुसार उस नगर विशेष का विकास किया जाता है। इस अध्ययन में I.S.I. 1256-1967 का अधिक उल्लेख किया गया है। भवनों का डिजाइन व संरेखन करते समय वास्तुविद को इन्हीं नियमों का पालन करना पड़ता है। साधारणतः ये नियम निम्न बातों को नियन्त्रित करते हैं।

1. भवन के अग्र भाग की रेखाएँ या लाइन
2. भवन का निर्मित क्षेत्रफल
3. भवन के चारों ओर छोड़ा गया खाली स्थान
4. भवन की ऊँचाई
5. भवन के कमरों के आकार, ऊँचाई व संवातन
6. जल संभरण व स्वच्छता की व्यवस्था

7. संरचनात्मक डिजाइन आदि।

नींव–प्रत्येक भवन की नींव का डिजाइन व उसका निर्माण इस प्रकार किया जाना चाहिए कि वह भवन का स्वयं का भार व उस पर लगने वाले अन्य भार को वहन कर नीचे की भूमि में उसे समान रूप से इस प्रकार वितरित कर सके कि यह भार मृदा की सुरक्षित धारक क्षमता से अधिक न हो। विभिन्न प्रकार की मृदाओं की धारक क्षमता I.S.I. 1904-1961 के अनुसार तालिका 2.1 पृष्ठ 11-12 पर दिखाई गई है।

दीवारों की मोटाई–आवासीय व व्यवसायिक भवनों की भारवहन करने वाली दीवारों की मोटाई उसकी भार वहन करने की क्षमता पर निर्भर करती है। दीवार की सामर्थ्य निम्न घटकों से प्रभावित होती है।

1. ईंट की किस्म (Quality of bricks), (2) मसाले की किस्म, (3) दीवार की चाल या बॉड (Bond), (4) दीवार की लम्बाई, (5) दीवार की ऊँचाई, (6) भार लगने की उत्केन्द्रता (ecentricity), (7) दीवार में खुले भागों की संख्या व उनका स्थान, (8) अनुदैर्ध्य व अनुप्रस्थ दीवारों की स्थिति व अन्य घटकों पर निर्भर करती है।

I.S.I. 1256-1967 के अनुसार विभिन्न मंजिलों की दीवार मोटाई निम्न तालिका–17.1 में दी गई है।

तालिका-17.1 भार वाहक दीवारों को न्यूनतम मोटाई से०मी० मे

मंजिलें	1	2	3	4
1.	20 cm	--	--	--
2.	20 cm	20 cm	--	--
3.	20 cm	20 cm	20 cm	--
4.	30 cm	20 cm	20 cm	20 cm

तालिका–17.2 में दीवारों की मोटाई, ऊँचाई आदि भवन अधिनियमों के अनुसार दिखाई गई हैं।

दीवारों की ऊँचाई–साधारण कमरे व रसोईघर की ऊँचाई 2.75 मीटर से कम नहीं होनी चाहिए। साधारणतः यह ऊँचाई 3.3 मीटर या 10 फिट होनी चाहिए। स्नानघन व शौचालय की ऊँचाई 2.4 मीटर से कम नहीं होनी चाहिए।

कुर्सी की ऊँचाई–भवन के पीछे व सामने वाली सड़क के मध्य भाग से भवन कुर्सी तल की न्यूनतम ऊँचाई 30 से०मी० से कम नहीं होनी चाहिए। आंगन की न्यूनतम ऊँचाई सड़क तल से 15 से०मी० होनी चाहिए।

सीलन रोधी परत (Damp Proofing)–सीलन रोधी परत I.S. 3036-1965 के अनुसार बनाई जानी चाहिए। यह परत सीमेन्ट मसाले की परत पर बिटुमन की परत लगाकर बनाई जा सकती है। सीमेन्ट कंक्रीट की 2.5 से 4.0 से०मी० मोटी परत लगाई जा सकती है। इसका विस्तृत वर्णन अध्याय 3 में किया गया है।

ध्वनि व ऊष्मा रोधन–इनका वर्णन अध्याय 26 व 27 में किया गया है।

विभिन्न मंजिलों वाले भवनों की अधिनियम के अनुसार मोटाई, ऊँचाई व लम्बाई का संबन्ध

तालिका-17.2

भूमि तल से ऊपरी मंजिलों की संख्या	कुर्सी तल से की ऊचाई न्यूनतम	ऊपर दीवार मीटर में अधिकतम	दीवार की लम्बाई मीटर में	दीवार की मोटाई से०मी० में (cm) तहखाना	प्रथम मंजिल	दूसरी मंजिल	तीसरी मंजिल	चौथी मंजिल	पांचवी मंजिल	रिमार्क
(1)	(2)	(3)	(4)	(5)	(6)	(7)	(8)	(9)	(10)	
1	--	3.0	कोई भी	30	20	--	--	--	--	
1	3.0	4.9	कोई भी	40	30	--	--	--	--	
1	4.9	6.0	कोई भी	50	40	--	--	--	--	
2	--	6.0	10 से कम	30	20	20	--	--	--	
2	--	6.0	10 से अधिक	40	30	20	--	--	--	
2	6.0	9.8	10 से कम	40	30	30	--	--	--	
2	6.0	9.8	10 से अधिक	50	40	30	--	--	--	
3	--	9.8	10 से कम	40	30	20	20	--	--	

(1)	(2)	(3)	(4)	(5)	(6)	(6)	(8)	(9)	(10)
3	--	9.0	10 से अधिक	50	40	30	20	--	--
3	9.0	13.7	10 से कम	50	40	30	20	--	--
3	9.0	13.7	10 से अधिक	60	50	40	30	--	--
4	--	12.0	10 से कम	50	40	30	30	20	--
4	--	12.0	10 से अधिक	60	50	40	30	30	--
4	12.0	18.3	10 से कम	60	50	40	30	30	--
4	12.0	18.3	10 से अधिक	70	60	50	40	30	--
5	—	15.0	10 से कम	60	50	40	30	30	30
5	—	15.0	10 से अधिक	70	60	50	40	30	30
5	15.0	22.9	10 से कम	70	60	50	40	30	30
5	15.0	22.9	10 से अधिक	80	70	60	50	40	30

पहुंचने की सुविधा (Means of access)–भवन में पहुंचने की सुविधा बहुत ही महत्वपूर्ण है। इस संबन्ध में निम्न बातों का ध्यान रखा जाना चाहिए।

(i) प्रत्येक व्यक्ति, जो भवन का निर्माण कराता है, भवन में प्रवेश के लिए बाधा रहित सुगम मार्ग चाहता है। यह मार्ग 3 मंजिल तक वाले भवनों के लिए 3.6 मीटर चौड़ा तथा 3 से अधिक मंजिल वाले भवनों के लिए 5 मीटर चौड़ा होना चाहिए। पहुंच मार्ग में 2.3 मीटर से कम ऊँचाई पर किसी भी भवन का कोई भी भाग बाहर पहुँच मार्ग में निकला हुआ नहीं होना चाहिए।

(ii) किसी भी भवन का निर्माण अन्य भवन में पहुंच मार्ग को अवरुद्ध करते हुए नहीं किया जाना चाहिए।

(iii) निर्माणकर्ता को भवन की प्लान पर पहुंच मार्ग को विशेष रंग से दर्शाना चाहिए।

(iv) किसी भी भवन निर्माण कराने वाले व्यक्ति को किसी भी समय पहुंच मार्ग या प्रवेश मार्ग में बाधा उत्पन्न करने वाले भवन निर्माण की अनुमति नहीं दी जाएगी।

(v) अन्य अधिनियम के अधीन छोड़ा गया स्थान पहुंच मार्ग या अभिगम सुविधा से बिल्कुल अलग होगा।

(vi) अभिगम सुविधा या पहुंच मार्ग पर प्रकाश व जल निकासी की उचित सुविधा होनी चाहिए। पाइप लाइन या सीवर लाइन पर बने मेनहोल के ढक्कन सतह के साथ सपाट होने चाहिएँ, जिससे आने–जाने वालों को असुविधा न हो।

(vii) पूर्व में बने भवनों की पहुँच या अभिगम सुविधा नये भवन निर्माणकर्ता द्वारा किसी भी प्रकार कम नहीं करने देनी चाहिए।

(viii) पहुंच मार्ग की चौड़ाई आदि सक्षम अधिकारी द्वारा अनुमोदित होनी चाहिए।

(xi) प्रत्येक भवन, जिसमें एक से अधिक आवासीय इकाइयां हों, प्रत्येक इकाई के लिए स्वतन्त्र प्रवेश रखा जाना चाहिए।

(x) W.C. वाले कमरे का उपयोग हाथ, मुंह धोने व शौचालय के अतिरिक्त अन्य किसी कार्य के लिए नहीं किया जाना चाहिए।

17.5 आवश्यक खुले स्थान–वायु व प्रकाश की उचित मात्रा बनाये रखने के लिए प्रत्येक आवासीय कमरा बाह्य या आन्तररिक खुले स्थान से जुड़ा होना चाहिए। निम्न तालिका–17.3 में भवन की ऊँचाई व खुले स्थान की चौड़ाई दिखाई गई है।

1. संयुक्त खुला स्थान–ऐसा प्रत्येक आन्तरिक या वाह्य खुला स्थान भवन के उपयोग के लिए यथावत बनाये रखा जाना चाहिए। यह स्थान भवन मालिक के प्लाट में ही होना चाहिए।

2. यदि ऐसा आन्तरिक या वाह्य स्थान एक ही मालिक के दो भवनों के लिए उपयोग करना हो तो इस संयुक्त खुले स्थान की चौड़ाई संयुक्त खुले स्थान से लगे सबसे ऊँचे भवन की ऊँचाई के आधे के बराबर होनी चाहिए।

3. यदि संयुक्त खुले स्थान पर एक से अधिक व्यक्तियों का स्वामित्व हो तो खुले स्थान की चौड़ाई उपरोक्त क्रम संख्या (2) के अनुसार होनी चाहिए। यह करार लिखित में होना चाहिए। इन दोनों भवनों के आहते की दीवार की ऊँचाई 2 मीटर से अधिक नहीं होनी चाहिए।

तालिका 17.3 भवन की ऊँचाई व खुले स्थान की माप

जहां भवन की ऊँचाई (कुर्सी तल) से ऊपर खुले स्थान की ओर निम्न से अधिक न हो (मीटर में)	पूरी दीवार के साथ खुले स्थान की न्यूनतम चौड़ाई (मीटर में)
5.0 m	3.0 m
6.0 m	3.0 m
9.0 m	3.9 m
12.0 m	4.8 m
15.0 m	5.7 m
18.0 m	6.6 m
21.0 m	7.5 m

आसमान में खुला स्थान—प्रत्येक खुले स्थान में छत के छज्जे आदि का प्रक्षेप (Projection) 0.75 मीटर से अधिक नहीं होना चाहिए। इन खुले स्थानों में वर्षा का पानी निकालने के अतिरिक्त अन्य कोई खुली नाली नहीं बनाई जानी चाहिए।

17.6 आवासीय भवनों के चारों ओर खुले स्थान संबन्धी नियम

भवन के प्रत्येक कक्ष या कमरे में पर्याप्त प्रकाश व प्राकृतिक संवातन की उचित व्यवस्था बनाये रखने के लिए भवन के चारों ओर खुला स्थान होना आवश्यक है। न्यूनतम खुला स्थान निम्न प्रकार होना चाहिए।

सामने का खुला स्थान (Front open space)

1. प्रत्येक आवासीय भवन के सामने कम से कम 3 मीटर चौड़ा खुला स्थान रहना चाहिए।

2. सामने वाली सड़क के मध्य बिन्दु या मध्य रेखा से 4.5 मीटर से कम दूरी पर किसी भी प्रकार का निर्माण कार्य नहीं किया जाना चाहिए।

पीछे का खुला स्थान—भवन के पीछे की ओर औसतन 4.5 मीटर चौड़ा खुला स्थान या चौक होना चाहिए, परन्तु यह चौड़ाई 3.0 मीटर से कम नहीं होनी चाहिए।

पार्श्व में खुला स्थान (Side open space)

प्रत्येक आवासीय भवन की बाजू में कम से कम 1 m चौड़ा खुला स्थान रखा जाना चाहिए। यदि यह खुला स्थान भवन के संवातन व प्रकाश के लिए उपयोग करना हो तो खुला स्थान तालिका 17.3 के अनुसार रखा जाना चाहिए। यदि भवन बाजू वाली सड़क के समीप हो तो यह दूरी 3 m से कम नहीं होनी चाहिए।

17.7 भवन की रेखाएँ (Building lines)

जिस सीमा या रेखा तक सड़क के समीप भवन की कुर्सी (plinth) कानून के अन्तर्गत बनाई जा सकती है, भवन रेखा कहलाती है। यह रेखा प्रायः सेट बैक (Set back or front building line) या भवन के आगे वाली रेखा कहलाती है तथा अधिकारियों

द्वारा प्लाट की सीमा (Boundry) के समानान्तर खींची जाती है। इस रेखा से प्लाट की ओर कोई निर्माण नहीं किया जाना चाहिए। सिनेमा घरों, फैक्ट्री आदि में जहाँ अधिक व्यक्ति इकत्रित होते हैं तथा वाहन खड़े होते हैं यह रेखा भवन रेखा की अपेक्षा अधिक दूरी पर रखी जानी चाहिए। यह रेखा नियंत्रण रेखा कहलाती है। तालिका 17.4 में भवन रेखा व नियन्त्रण रेखाओं की दूरी दिखाई गई है।

चित्र–17.1 में सेट बैक प्लान में व 17.2 में सड़क की चौड़ाई, सेट बैक तथा प्रकाश तल दिखाया गया है।

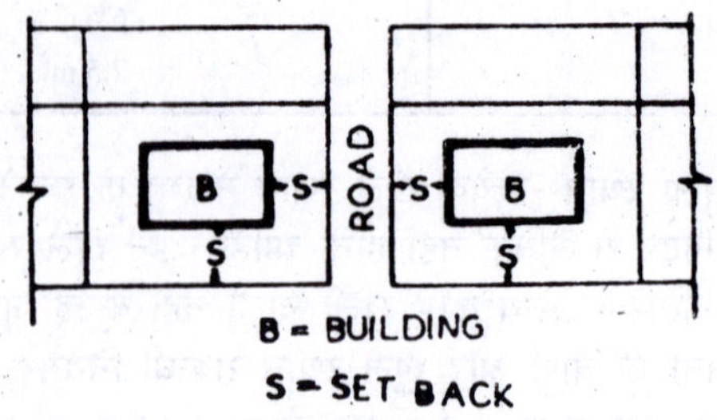

चित्र–17.1. Set Back of the Building

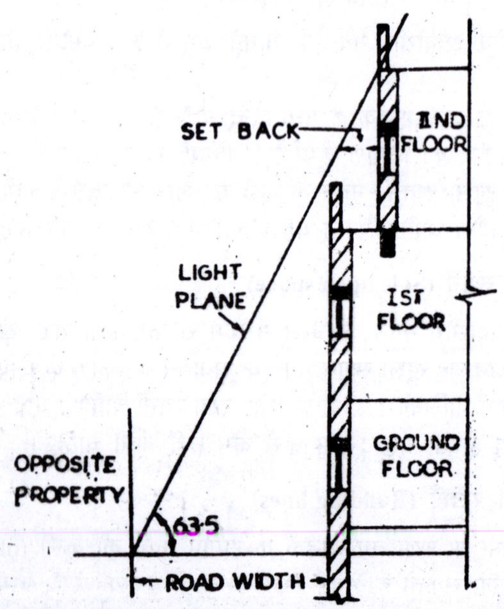

चित्र–17.2. Light Plane and set back

तालिका-17.4 भवन रेखा व नियन्त्रण रेखा की दूरी

सड़क की किस्म Type of road	खुले व कृषि योग्य क्षेत्र में		पहुँच सड़कों के किनारे		शहरी क्षेत्र में वास्तविक सीमा	
	भवन रेखा Building line	नियंत्रण रेखा Control line	भवन रेखा	नियंत्रण रेखा	भवन रेखा	नियंत्रण रेखा
1. राष्ट्रीय व प्रान्तीय सड़कें	30 m	56 m	18 m	30 m	30 m	45 m
2. बड़ी जिला सड़कें	24 m	45 m	9 m	15 m	15 m	24 m
3. अन्य जिला सड़के	15 m	24 m	6 m	9 m	9 m	25 m
4. गाँव की सड़कें	12 m	18 m	6 m	9 m	9 m	15 m

राष्ट्रीय भवन कोड़ के अनुसार किसी भी सड़क पर भवन के सम्मुख (Frontage) 6 मीटर की दूरी होनी चाहिए। भवन की इन रेखाओं के निश्चित करने का निम्न लाभ होता है।

1. इससे भविष्य में सड़क की चौड़ाई बढ़ाई जा सकती है।
2. ये भवन में धूल व शोर के प्रवेश पर नियंत्रण रखती हैं।
3. ये खुला स्थान बनाये रखती हैं।

नोट–भवन रेखा व नियंत्रण रेखाओं की दूरी सड़क के मध्य बिन्दु से मापी जाती है। प्रायः नियंत्रण रेखा की दूरी भवन रेखा की दूरी का 1.5 गुणा होती है।

17.8 कुर्सी क्षेत्रफल (Plinth area)

विभिन्न प्रकार के भवनों के लिए अधिकतम् कुर्सी क्षेत्रफल भवन की किस्म व उपयोग पर निर्भर करता है।

1. बाजार क्षेत्र में भवन का कुर्सी क्षेत्रफल प्लाट के क्षेत्रफल का 75% से अधिक नहीं होना चाहिए। सामान चढ़ाने व उतारने, वाहन खड़ा करने आदि के लिए पर्याप्त स्थान उसी प्लाट पर उपलब्ध होना चाहिए।

2. औद्योगिक क्षेत्र में कुर्सी क्षेत्रफल प्लाट के क्षेत्रफल का 60% से अधिक नहीं होना चाहिए।

3. आवसीय क्षेत्र में कुर्सी क्षेत्रफल व आवरित (covered) क्षेत्रफल निम्न तालिका–17.5 के अनुसार रखा जाना चाहिए।

प्रक्षेप (Projection)–खिड़कियों व रोशनदानों पर छज्जे लगाते समय निम्न शर्तें पूरी होनी चाहिएँ।

1. प्लाट की सीमा के बाहर सड़क या नाले अथवा खुले स्थान पर सड़क तल से 2.8 मीटर से कम ऊँचाई पर छज्जा लगाने की अनुमति किसी भी परिस्थिति में नहीं दी जानी चाहिये।

तालिका-17.5. आवासीय प्लाटों का आवरित (covered) क्षेत्रफल

क्रम संख्या 1	प्लाट का क्षेत्रफल 2	अधिकतम अनुज्ञेय आवरित क्षेत्रफल 3
(i)	200 वर्ग मीटर से कम	प्लाट के क्षेत्रफल का 66.67% भूमंजिल व प्रथम मंजिल पर तथा दूसरी मंजिल पर बरसाती के अतिरिक्त कोई निर्माण नहीं होना चाहिए। बरसाती का क्षेत्रफल भूमंजिल के क्षेत्रफल का 25% होना चाहिए।
(ii)	201 वर्ग मीटर से 500 वर्ग मीटर	प्लाट के क्षेत्रफल का 50% या 133 वर्ग मीटर, इनमें जो भी अधिक हो।
(iii)	501 वर्ग मीटर से 1000 वर्ग मीटर	प्लाट के क्षेत्रफल का 40% या 250 वर्ग मीटर, इनमें जो भी अधिक हो।
(iv)	1000 वर्ग मीटर से अधिक	प्लाट के क्षेत्रफल का 33.33% या 400 वर्ग मीटर, इनमें जो भी अधिक हो।

2. सड़क या भूमितल से 2.8 मीटर की ऊँचाई पर बनाये जाने वाले छज्जों की चौड़ाई सड़क की चौड़ाई 9 मीटर से अधिक होने पर 60 से०मी० हो सकती है।

3. 9 मीटर से कम चौड़ी सड़क अथवा बिना पगडण्डी (Foot-path) वाली सड़कों पर किसी भी प्रकार का प्रक्षेप अनुज्ञेय नहीं है।

नींव की गहराई

(a) एक मंजिले भवन की नींव गहराई—भूमितल से 0.75 m से 1.0 m नीचे तक।

(b) दो मंजले भवन की नींव गहराई—भूतल से 1.0 से 1.30 m नीचे तक।

नींव की चौड़ाई—प्रत्येक खसके में दीवार के दोनों ओर 5 से०मी० चौड़ाई बढ़ाई जाती है।

प्रयोग सिद्ध सूत्र के अनुसार (Thumb rule) नींव की चौड़ाई कुर्सी तल से ऊपर अधिरचना की मोटाई के दो गुणा में 30 से०मी० जोड़ कर प्राप्त की जा सकती है। तली के कंक्रीट ब्लाक की मोटाई अधिरचना की दीवार की मोटाई के $\frac{5}{6}$ भाग के बराबर होती है।

वाहन खड़ा करने के लिये स्थान (Parking space)

कार, स्कूटर व मोटर साइकिल खड़ा करने के लिये स्थान निम्न प्रकार रखा जा सकता है :

वाहन	स्थान वर्ग मीटर में
कार	24 m^2

स्कूटर/मीटर साइमिल	2.8 m^2
साइकिल	1.4 m^2

17.9 बिजली की लाइन से दूरी (Distance from Electric lines)

भारतीय बिजली नियम के अनुसार तालिका–17.6 में दिखाई गई दूरी से कम दूरी पर किसी भी प्रकार के निर्माण की अनुमति नहीं दी जायेगी।

तालिका-17.6

विद्युत लाइनें	ऊर्ध्वाधर दूरी (मीटर में)	क्षैतिज दूरी (मीटर में)
1. सर्विस लाइन तथा कम व औसत वोल्टता वाली लाइनें	2.4 मीटर	1.22 मीटर
2. ऊँची वोल्टता वाली लाइनें (33000 V) तक	3.66 मीटर	1.83 मीटर
3. अत्याधिक ऊँची वोल्टता वाली लाइनें अर्थात 33000 V से अधिक वोल्टता वाली लाइनें	3.66 + 0.3 मीटर, (प्रत्येक 33000 वोल्ट या इसके भाग के लिए 0.3 मीटर जोड़ना है)	1.83 + 0.3 (प्रत्येक 33000 V या इसके भाग के लिए 0.3 मीटर जोड़ना है)

17.10 कुर्सी नियमन (Plinth regulations)

किसी भी भवन के नौकरों के लिए बनाये गये क्वार्टर की कुर्सी (Plinth) की ऊँचाई निम्न के तलों से 30 से०मी०से कम नहीं होनी चाहिए।

1. भवन से लगी सड़क के मध्य भाग के तल से
2. समीप वाली सड़क की पगडण्डी के मध्य भाग के तल से
3. भवन से 3 मीटर दूरी पर भूमि तल से
4. नाले से 1.2 मीटर ऊपर ढालू भाग से

आन्तरिक चौक का तल समीप की सड़क तल से 15 से०मी० ऊँचा रखा जाना चाहिए। गैराज, अस्तबल, स्टोर आदि का कुर्सी तल उपरोक्त तलों से कम से कम 15 से०मी० ऊँचा रखा जाना चाहिए।

17.11 ऊँचाई नियमन (Height regulation)

(1) आवासीय कमरे (Habitable room)–मनुष्यों के रहने वाले कमरों के फर्श तल से छत के निचले तल तक की ऊँचाई 2.75 मीटर या 9 फिट से कम नहीं होनी चाहिए। वातानुकूलित कमरों में दिखावटी अतंश्छत (False ceiling) या वातानुकूलित डक्ट के निचले सिरे से फर्श के तल की ऊँचाई 2.4 मीटर से कम नहीं होनी चाहिए।

(2) स्नानघर, शौचालय तथा स्टोर की अंतश्छत (ceiling) की फर्श तल से ऊँचाई 2.4 मीटर से कम नहीं होनी चाहिए।

(3) रसोईघर की अंतश्छत व फर्श तल की ऊँचाई 2.75 मीटर से कम नहीं होनी चाहिए।

(4) टाँड (Tand)—इसकी न्यूनतम ऊँचाई 2.2 मीटर हो सकती है। भवन की अधिकतम् ऊँचाई प्रायः सामने वाली सड़क की चौड़ाई से सम्बन्धित होती है तालिका–17.7 में भवन की ऊँचाई व सामने वाली सड़क की चौड़ाई का सम्बन्ध दिखाया गया है।

तालिका-17.7 भवन की अधिकतम् ऊँचाई की सीमा

सड़क की चौड़ाई (मीटार में)	भवन की ऊँचाई
1. माना सड़क चौड़ाई W मीटर	ऊँचाई = 1.5 W + सामने का खुला स्थान (सामान्य नियम)
2. 8 मीटर तक	सड़क की चौड़ाई का 1.5 गुणा अर्थात 1.5 W
3. 8 मीटर से 12 मीटर	12 मीटर से अधिक नहीं
4. 12 मीटर से अधिक	साधारतणः सड़क की चौड़ाई से अधिक नहीं। किसी भी परिस्थिति में 24 मीटर से अधिक नहीं।

नोट—हवाई अड्डो के समीप भवन की ऊँचाई हवाई सेना के अधिकारियों की अनुमति के अनुसार रखी जा सकती है।

17.12 कमरों का आकार (Size of rooms)

एक कमरे वाले आवासीय कमरे का क्षेत्रफल 9.5 m^2 से कम नहीं होना चाहिए। इसकी न्यूनतम चौड़ाई 2.4 मीटर होनी चाहिए। दो कमरे वाले मकान में एक कमरे का क्षेत्रफल 9.5 m^2 तथा दूसरे का 7.5 m^2 से कम नहीं होना चाहिए। परन्तु इस कमरे की चौड़ाई 2.4 m से कम नहीं होनी चाहिए।

रसोईघर—प्रत्येक रसोईघर (जिसमें स्टोर अलग से हो) का क्षेत्रफल 5.5 m^2 से कम नहीं होना चाहिए तथा इसकी चौड़ाई 1.8 m से कम नहीं होनी चाहिए। रसोईघर के साथ खाने का स्थान भी होने पर इसका क्षेत्रफल 9.5 m^2 तथा न्यूनतम चौड़ाई 2.4 m होनी चाहिए। धुंवा निकलने के लिए प्रत्येक रसोईघर में चिमनी होनी चाहिए।

स्नानघर—स्नानघर का आकर 1.5×1.2 m या 1.8 m^2 से कम नहीं होना चाहिए। यदि स्नानघर व शौचालय संलग्न हों तो क्षेत्रफल 2.8 वर्ग मीटर से कम नहीं होना चाहिए। W.C. का न्यूनतम क्षेत्रफल 1.1 m^2 से कम नहीं होना चाहिए। यदि (Mezzanine Floor) को रहने के काम में लिया जाये तो इसका क्षेत्रफल 9.5 m^2 से कम नहीं होना चाहिए।

आवासीय भवनों के विभिन्न कमरों का आकार निम्न तालिका 17.8 में दिखाया गया है।

तालिका 17.8

क्र०सं०	कमरो का वर्णन	कमरे का न्यूनतम क्षेत्रफल	कमरे की न्यूनतम चौड़ाई
1.	सोने का कमरा या शयन कक्ष	9.5 m^2	2.4 m
2.	बैठक (Drawing room)	11.0 m^2	3.0 m
3.	पढ़ाई कक्ष (Study room)	9.5 m^2	2.4 m
4.	रसोई घर स्टोर सहित	5.6 m^2	1.8 m
5.	रसोई बिना स्टोर	4.5 m^2	1.8 m
6.	रसोई घर का स्टोर	4.8 m^2	--
7.	रसोई घर भोजन कक्ष सहित	9.5 m^2	2.4 m
8.	स्नानघर	1.8 m^2	1.2 m
9.	स्नानघर, शोचालय सहित	2.8 m^2	1.2 m
10.	केवल शौचालय	1.1 m^2	0.9 m
11.	बीच का फर्श (Mezzanine floor)	9.5 m^2	--

17.13 प्रकाश या रोशनी व संवातन (Lighting and Ventilartion)

प्रत्येक आवासीय कमरे में शुद्ध वायु व प्रकाश के लिए एक या एक से अधिक झरोके जैसे खिड़की या छत की खिड़की (Fan Light) वाह्य वायुमण्डल या खुले बरामदे में खुलनी चाहिए। इनका क्षेत्रफल फ्रेम सहित निम्न में से कम नहीं होना चाहिए।

(i) शुष्क व गर्म जलवायु वाले क्षेत्रों में फर्श के क्षेत्रफल का 1/10 भाग, इसमें दरवाजों व खिड़कियों का क्षेत्रफल सम्मिलित नहीं है।

(ii) नम व गर्म जलवायु वाले क्षेत्रों में फर्श के क्षेत्रफल का 1/6 भाग, इसमें दरवाजों व खिड़कियों का क्षेत्रफल सम्मिलित नहीं है।

नोट—यदि किसी खिड़की का कुछ भाग खुलने वाला तथा कुछ भाग स्थिर हो तो उपरोक्त कार्य के लिए केवल खुलने वाले क्षेत्रफल का ही उपयोग किया जाना चाहिए।

(iii) कमरे का वह भाग जो दरवाजे या खिड़की से 7.5 मीटर दूर हो, प्रकाश रहित रह जाता है।

उपरोक्त क्षेत्रफल के अतिरिक्त प्रत्येक कमरे में 0.3 वर्ग मीटर क्षेत्रफल आमने सामने वाली या सामान्तर दीवारों में छत के समीप रोशनदान के रूप में खुला होना चाहिए तथा ये रोशनदान उचित संवातन के लिए एक—दूसरे के सामने होने चाहिए।

साधारणत: रोशनदान का क्षेत्रफल प्रति 10 घन मीटर आयतन के लिए 0.1 वर्ग मीटर रखा जाता है। तालिका—17.9 की सहायतासे कमरे का क्षेत्रफल व ऊँचाई निर्धारित की जा सकती है।

तालिका-17.9. भवन के फर्श का क्षेत्रफल व ऊँचाई ज्ञात करने का नियम

भवन की किस्म	प्रति व्यक्ति स्थान (घन मीटर में)	प्रति व्यक्ति फर्श का (क्षेत्रफल वर्ग मीटर में)
1. ग्रुप A–आवासीय भवन	9	2.5 से 9.0
2. ग्रुप A3–Dormitories	12 से 15	3 से 4
3. ग्रुप B–शिक्षण भवन जैसे कालिज आदि	4.5 से 7.5	1 से 2
4. ग्रुप C–सार्वजनिक भवन जैसे अस्पताल आदि	30	8 से 10
5. ग्रुप G–फैक्ट्री, कार्यशाला जैसे भवन	7.5	2 से 2.5

दुतरफा संवातन (Cross ventilation) के लिए कमरे की समानान्तर दीवारों में खिड़कियाँ बना दी जाती हैं, यदि ऐसा करना संभव न हो तो पास की (Adjacent) दीवार में खिड़कियाँ बना कर दुतरफा संवातन की सुविधा प्राप्त की जा सकती है।

दुतरफा संवातन के लिए छोटी खिड़की वायु प्रवाह की दिशा के अभिलम्ब दिशा में तथा बड़ी खिड़की दूसरी दीवार में लगाई जाती है जिससे वायु फैलकर प्रवाहित होती है। इससे वायु की गति में काफी वृद्धि हो जाती है।

शौचालय व स्नानघर के संवातन में प्राकृतिक प्रकाश तथा स्थाई संवातन व्यवस्था निम्नलिखित में से किसी एक विधि से प्राप्त की जा सकती है।

(1) खिड़कियों द्वारा–इन खिड़कियों का क्षेत्रफल फर्श के क्षेत्र के 10% से कम नहीं होना चाहिये तथा ये खिड़कियाँ वाह्य दीवार में वायु की दिशा के अभिलम्ब दिशा वाली दीवार में लगाई जानी चाहिएँ।

(2) छत में रोशनदान (Sky Light) द्वारा भी प्रकाश तथा संवातन सरलता से प्राप्त किया जा सकता है।

(3) प्रकाश व संवातन वायुवाहिनी (Air ducts) द्वारा भी प्राप्त किया जा सकता है। परन्तु इस वायुवाहिनी का क्षेत्रफल फर्श के प्रति वर्ग मीटर क्षेत्रफल के लिए 130 वर्ग से०मी० तथा न्यूनतम 300 वर्ग से०मी० होना चाहिए। इस वायुवाहिनी की न्यूनतम माप 9 से०मी० होनी चाहिए। वाहिनी के ऊपर जाली अवश्व लगायी जानी चाहिए।

स्टोर व पीछे के कमरे आदि–इन कमरों के लिए आवासीय कमरों से आधा संवातन व प्रकाश पर्याप्त है। जिन स्थानों पर यह व्यवस्था दीवारों में खिड़कियाँ बनाकर संभव न हो, वहाँ चिमनी या वायुवाहिनी लगाकर संवातन प्राप्त किया जा सकता है।

लांड्री तथा मनोरंजन कक्ष–तहखानों के ऊपर बनाये गये मनोरंजन व लांड्री कक्षों में प्रकाश व संवातन वाह्य दीवारों में खिड़कियाँ बनाकर प्राप्त किया जा सकता है। इन खिड़ाकियो का क्षेत्रफल फर्श के क्षेत्रफल के 10% से कम नहीं होना चाहिए।

तहखानों में संवातन व प्रकाश–तहखानों में प्रकाश व संवातन वाह्य दीवारों में

खिड़कियाँ बनाकर प्राप्त किया जाता है। इन खिड़कियों का क्षेत्रफल, फर्श के क्षेत्रफल के 2.5% से कम नहीं होना चाहिए।

रसोईघर (Kitchen)—रसोईघर का प्रकाश व संवातन आवासीय कमरों जैसा ही होना चाहिए।

सीढ़ी (Stair case)—प्रत्येक सीढ़ी कमरे (Stair case) में उचित प्रकाश व संवातन होना चाहिए। सीढ़ी वाले कमरे में संवातन वाह्य दीवार में खिड़की बनाकर प्राप्त किया जा सकता है। प्रथम दो मंजिलों के खुले स्थान की चौड़ाई 3 मीटर से कम नहीं होनी चाहिए। तीन मंजिलों के लिए चौड़ाई 4.5 मीटर से कम नहीं होनी चाहिए। इससे अधिक मंजिलों के लिए न्यूनतम चौड़ाई 6 मीटर होनी चाहिए।

17.14 अन्य आवश्यकताएँ (Other requirements)

स्नानघर व शौचालय का निर्माण—प्रत्येक स्नानघर व शौचालय इस प्रकार स्थापित (Situated) किए जाने चाहिए कि,

(i) इनकी कम से कम एक दीवार वाह्य खुले वायुमण्डल में हो।

(ii) इनका निर्माणकिसी अन्य कमरे के ऊपर या नीचे न हो। इनका निर्माण अन्य शौचालय, स्नानघर आदि के ऊपर ही किया जाना चाहिए।

(iii) संडास में चीनी मिट्टी या अवशोषण रहित पदार्थ का फर्श बनाया जाना चाहिए।

(iv) शौचालय या स्नानघर ईंट या पत्थर की दीवारों से बनाया जाना चाहिये तथा इन दीवारों पर 1.3 से०मी० मोटा सीमेंट पलस्तर या कांचित टाइलें लगाई जानी चाहिएँ। इस पलस्तर या टाइलों की ऊँचाई फर्श तल से 1 m से कम नहीं होनी चाहिए।

(v) इनका फर्श अपारगम्य पदार्थ का बनाया जाना चाहिए तथा इसका उचित ढाल नाली की ओर रखा जाना जाहिए, जिससे पानी की निकासी सरलता से हो सके।

(vi) फर्श तल की ऊँचाई ऐसी होनी चाहिए कि सीवर, नाले से उचित ढाल पर जोड़ा जा सके। प्रायः यह ढाल 1 : 60 पर्याप्त है।

(1) रसोईघर का निर्माण—रसोईघर में बर्तन धोने के लिए पैन्ट्री (Pantry) अथवा सिन्क अवश्य लगाया जाना चाहिए। रसोईघर का फर्श मारबल या टेरोजो का अपारगम्य होना चाहिए।

जल निकासी के लिए नाली की ओर फर्श में उचित ढाल होना चाहिए।

(2) धुएँ की निकासी के लिए चिमनी बनाई जानी चाहिए।

बीच की मंजिल (Mezzanine floor)—किसी कमरे या कक्ष के ऊपर या नीचे छोटा कमरा (Mezzaninc floor) निम्न अवस्थाओं में ही बनाया जा सकता है।

1. इस कमरे का क्षेत्रफल 7.5 m^2 या इससे अधिक हो तथा इसका प्रकाश व संवातन आवासीय कमरे जैसा ही हो।

2. इसका निर्माण इस प्रकार किया जाना चाहिए कि इसके निर्माण के कारण इसके ऊपर या नीचे वाले कमरे के प्रकाश व संवातन में किसी भी अवस्था में कोई बाधा उत्पन्न न हो।

3. इस बीच वाले कमरे (Mezzanine floor) का छोटे कमरों में विभाजन नहीं किया जाना चाहिए।

4. इन बीच के कमरों का रसोईघर के रूप में प्रयोग नहीं किया जाना चाहिए।

5. इन कमरों का क्षेत्रफल पूर्ण भवन के क्षेत्रफल के 1/3 भाग से अधिक नहीं होना चाहिए।

6. इन कमरों को बाजू में दीवार बनाकर बन्द कमरा नहीं बनाना चाहिए।

17.15 सीढ़ी या सोपान (Stair Case)

1. निवास भवनों में सीढ़ी की न्यूनतम चौड़ाई 1 मीटर से कम नहीं होनी चाहिए। यदि भववन में केवल एक ही परिवार रहता हो तो सीढ़ी की न्यूनतम चौड़ाई 0.75 मीटर रखी जा सकती है।

2. सार्वजनिक भवनों में प्रत्येक 600 व्यक्तियों के लिए बनाई गई सीढ़ी की चौड़ाई 1.2 मीटर से कम नहीं होनी चाहिए। भवन का कोई भी भाग सीढ़ी से 30 मीटर से अधिक दूरी पर नहीं होना चाए।

3. सीढ़ी की पैड़ी का उठान (Rise) व (Tread) निम्न प्रकार होने चाहिए।

भवन की किस्म	पैड़ी का अधिकतम् उठान	न्यूनतम पाद (tread) या चौड़ाई
आवासीय भवन	19 से०मी०	25 से०मी०
सार्वजनिक भवन	15 से०मी०	30 से०मी०

4. सीढ़ी के दरवाजे के फ्रेम की न्यूनतम ऊँचाई 2 मीटर तथा चौड़ाई 0.56 मीटर होनी चाहिए।

5. सीढ़ी की ओर खुलने वाले मार्ग की चौड़ाई से सीढ़ी की चौड़ाई कम नहीं होनी चाहिये।

17.16 जल निकासी तथा स्वच्छता (Drainage and sanitation)

जिन स्थानों पर नगर का कूड़ा–करकट व मल–मूत्र आदि के ढेर लगे हों, वहाँ भवन का निर्माण नहीं किया जाना चाहिये। ऐसे स्थानों से कूड़ा–करकट आदि हटा दिया जाने पर या उस स्थल का उचित उपचार कर दिया जाने पर पाइल (Piles) नींव बनाकर भवन निर्माण किया जा सकता है।

नम स्थल (Damp sites)—ऐसे स्थलों पर भवन निर्माण के समय उचित सावधानी रखी जानी चाहिये। नींव की दीवारों की बाह्य सतह पर, अपारगम्य व जलरोधी पलस्तर लगाया जाना चाहिये तथा कुर्सी तल पर जल सह परत (D.P.C.) लगायी जानी चाहिये।

सतह जल की निकासी (Surface water drains)—भूमि जल का पानी सतह पर बनी नालियों द्वारा निकाला जाना चाहिये। सतह के पानी को सीवर लाइन में मिलाने से पूर्व सक्षम अधिकारी की अनुमति प्राप्त की जानी चाहिये।

भूमि तल से नीचे जल निकासी (Drainage below ground floor level)—तहखाने वाले भवनों की जल निकासी सीधी किसी नाले आदि में की जा सकती है या समीप में भूमि के नीचे टैंक बनाकर पम्प द्वारा जल निकासी की जा सकती है।

छत के पानी की निकासी (Drainage of roof)

छत की जल निकासी के लिये सीमेन्ट पाइप दीवार की वाह्य सतह पर लगाये जाते हैं। पानी की निकासी इस प्रकार की जानी चाहिये कि भवन की नींव, दीवार व समीप के भवन में सीलन उत्पन्न न होने पावे। वर्षा जल पाइप खुली नालियों या सीवर लाइन से जोड़े जा सकते हैं।

17.17 पानी की टंकियां तथा हौज (Water tanks and cisterns)—घरेलू कार्यों के लिये पानी एकत्रित करने के लिये हौज या टंकियाँ बनाते समय निम्न बातों का ध्यान रखा जाना चाहिए।

(a) टंकी प्रबलित कंक्रीट, धातु आदि की बनाई जा सकती है। इसका डिजाइन व भार आदि सक्षम अधिकारी द्वारा अनुमोदित होना चाहिए। टंकी पूर्णतः या आँशिक रूप से भूमि के नीचे हो सकती है। यह टंकी जल रोधी होनी चाहिए। इसके भीतर की ओर सीमेन्ट पलस्तर किया जाना चाहिए।

उत्प्लाव नल (Overflow pipe)—निश्चित मात्रा से अधिक पानी आ जाने पर उसे स्वतः ही निकालने के लिए उत्प्लाव नल लगाए जाते हैं। ये नल इस प्रकार लगाए जाने चाहिएं कि इन से कीड़े या पक्षी आदि हौज में प्रवेश न कर सकें।

(b) इन नलों को सीवर या किसी नाले से नहीं जोड़ा जाना चाहिए।

(c) टंकी से पानी निकालने के लिए एक नल व टूंटी लगी होनी चाहिए।

कुंडी या सिन्क (Sink)—कुंडी या सिन्क इस प्रकार स्थापित किया जाना चाहिए कि इससे कनेक्शन सरलता से लिया जा सके। सिन्क प्रायः इस प्रकार लगाया जाना चाहिए कि इसकी एक भुजा वाह्य दीवार से लगी हो।

निर्माण सामग्री व आकृति—सिन्क की आकृति ऐसी होनी चाहिए कि उनकी उचित सफाई सरलता-पूर्वक की जा सके तथा उनका अनुक्षरण भी मितव्ययी व सरल होना चाहिए।

सिन्क चीनी मिट्टी, अनैमली अग्निसह मिट्टी तथा इनके अनुरूप अन्य पदार्थों के बनाये जाते हैं। सिन्क को लकड़ी आदि के तख्ते से नहीं ढका जाना चाहिए। इसकी तली का ढाल केन्द्र की ओर बने निकास छिद्र की ओर होना चाहिए। सिन्क के लगाने व अनुरक्षण आदि के लिए I.S. 1742-1960 की सहायता ली जा सकती है।

वर्षा जल निकास पाइप इस कार्य के लिए 2.5 से०मी० व्यास का ढलवा लोहे, पिटवा लोहे, कांचित मृदा या ऐस्वेस्टोस (asbestos) आदि सामग्री का पाइप बनाया जा सकता है। इसे दीवार के साथ अच्छी प्रकार लगा दिया जाता है। इस पाइप से वर्षा जल किसी खुले नाले आदि में निकाल दिया जाता है। इस पाइप से पानी ढकी नाली में किसी भी अवस्था में नहीं निकालना चाहिए।

17.18 पंजीकृत वास्तुविद (architect)/इन्जीनियर/लाइसेन्स प्राप्त सुपरवाईजर की योग्यताएं

1. वास्तुविद–पंजीकृत वास्तुविद की न्यूनतम योग्यता भारतीय वास्तुविद संस्थान से सहचारी सदस्यता (Associate membership) अथवा इसके समकक्ष डिग्री या डिप्लोमाधारी होनी चाहिए।

2. इन्जीनियर–पंजीकृत इन्जीनियर की न्यूनतम योग्यता भारतीय इन्जीनियर संस्थान का सिविल इन्जीनियरी में सहचारी सदस्यता अथवा इसके समकक्ष डिग्री या डिप्लोमाधारी होनी चाहिए।

सुपरवाइजर–केन्द्र सरकार द्वारा अराजपत्रित अधिकारी की नियुक्ति के लिए निर्धारित न्यूनतम योग्यता जैसे वास्तुविद अथवा इन्जीनियरी में डिप्लोमा के साथ–साथ भवन डिजाइन व भवन निर्माण की सुपरवाइजिंग का 5 वर्ष का अनुभव होना आवश्यक निर्धारित किया हुआ है।

17.19 भवन अनुज्ञा पत्र

को

अध्यक्ष

नगर विकास न्यास/नगर पालिका .....

महोदय,

मैं आप को सूचित करता हूँ कि मैं अपने प्लाट नं०........ में नया निर्माण/ पुनः निर्माण/बड़ी फेर बदल करना चाहता हूँ जिसका पता यह है–प्लाट नं०........ कॉलोनी/गली.........सड़क.........शहर..........। निर्माण कार्य स्थानीय नियम संख्या...... सेक्शन 1 की धारा..........के तहत मैं यह प्रार्थना पत्र मय निम्न दस्तावेजों की तीन प्रतियाँ मेरे द्वारा हस्ताक्षरित प्रस्तुत करता हूँ। मेरे इस निर्माण कार्य की देख–रेख वास्तुविद/इन्जीनियर/सुपरवाइजर श्री........जिनकी पंजीयन संख्या........है करेगें।

संलग्न–

1. स्थल चित्र (Site plan)
2. भवन के नक्शे (Building plans)
3. जल संभरण एवं सीवेज निकासी के नक्शे (Water supply and sewage disposal plans),
4. सामान्य व विस्तृत विशिष्टियाँ (General and detaild specifications).

मैं यह भी प्रार्थना करता हूं कि आप मुझे इस निर्माण कार्य को करने की स्वीकृति शीघ्र दिलाने का कष्ट करें, जिससे मैं यह कार्य आरम्भ कर सकूं।

मालिक के हस्ताक्षर..........

मालिक का नाम............

मालिक का पता.............

दिनाँक–

17.20 जल संभरण एवं स्वच्छता सुविधाएं (Water Supply and sanitary conveniences)

भवनों के जल संभरण (Water Supply) के लिए अध्याय 39-40 देखिये। प्रायः प्रति व्यक्ति 90 से 135 लीटर पानी प्रति व्यक्ति प्रति दिन प्राप्त होना चाहिए।

स्वच्छता सुविधाएँ निम्न प्रकार होनी चाहिएँ।

(A) आवासीय भवन

(i) प्रत्येक भवन में एक स्नानघर टेप (tap) सहित होना चाहिए।
(ii) प्रत्येक भवन में एक शौचालय (W.C.) होना चाहिए।
(iii) भवन में एक सिन्क होना चाहिए।

भवन में एक ही शौचालय होने पर शौलय व स्नान घर अलग–अलग होने चाहिए।

(B) जिन भवनों में एक से अधिक परिवारों के लिए अलग-अलग स्थान हो।

(i) भवन के प्रत्येक उस भाग में, जिसमें अलग–अलग परिवार रहते हों कम से कम पानी का एक नल जल निकासी सहित होना चाहिए।
(ii) प्रत्येक दो परिवारों के लिए एक स्नानघर व शौचालय (W.C.) होना चाहिए।
(iii) संयुक्त स्नानघर व शौचालय में पानी का नल अवश्य होना चाहिए।

(C) सार्वजनिक भवनों के लिए

स्कूल, कालिज, कार्यालय आदि के लिए 5 वर्ग मीटर क्षेत्रफल प्रति व्यक्ति होना चाहिए! निम्न सुविधाएँ भी होनी चाहिए।

(i) प्रत्येक 25 व्यक्तियों के लिए एक शौचालय।
(ii) प्रत्येक 100 व्यक्तियों के लिए एक पेशाबघर।

नोट–पुरुष व स्त्रियों के लिए अलग–अलग स्वच्छता सुविधाएँ होनी चाहिएँ।

(D) सिनेमाघर, सामाजिक गौष्ठी ग्रह आदि

(i) प्रत्येक 200 पुरुष या स्त्रियों के लिए एक शौचालय (W.C)।
(ii) प्रत्येक 100 पुरुष या स्त्रियों के लिए एक पेशाबघर।

(E) कार्यशाला, फैक्ट्री आदि के लिए

(i) प्रत्येक 40 पुरुष या स्त्रियों के लिए एक शौचालय (W.C.)।
(ii) प्रत्येक 100 पुरुष या स्त्रियों के लिए एक पेशाबघर।

17.21 भवन अनुज्ञापत्र एवं अभिधारिता प्रमाणपत्र (Building permit and occupancy certificate)

भवन अनुज्ञा पत्र (Building permit)

प्रत्येक व्यक्ति जो अपने प्लाट में नये भवन का निर्माण करना चाहता है अथवा पूर्व में निर्मित भवन में विशेष परिवर्तन करना चाहता है उसे उस नगर के संबन्धित

अधिकारी को लिखित में नोटिस देकर अपनी इच्छा प्रकट करनी होगी। नीटिस का प्रारूप पृष्ठ 316 पर दिया गया है। इस नोटिस के साथ निम्न दस्तावेजों की तीन–तीन प्रतिलिपियाँ भी लगानी होंगी।

(A) स्थल चित्र (Site plan)–प्रार्थनापत्र के साथ भेजा जाने वाला स्थल चित्र (Site plan) 1000 में 1 (1 : 1000) के पैमाने पर बनाया जाना चाहिए, जिससे अधिक कागज की आवश्यकता न पड़े। इस चित्र में निम्न बातें स्पष्ट दिखाई जानी चाहिएं।

1. प्लाट या स्थल की सीमाएं, यदि इस प्लाट के साथ लगता अन्य कोई प्लाट या भूमि हो तो उसका भी उल्लेख होना चाहिए।
2. प्लाट के समीप की सड़कों की स्थिति।
3. जिस सड़क के समीप भवन निर्माण करना है उसका नाम भी अंकित किया जाना चाहिए।
4. इस स्थल के समीप पूर्व में निर्मित भवनों का वर्णन।
5. प्रस्तावित भवन तथा अन्य भवन जो प्रार्थी बाद में बनवाना चाहता है उसका भी वर्णन व स्थिति अंकित की जानी चाहिए।
6. प्रस्तावित भवन में सड़क या गली से पहुँच मार्ग की स्थिति।
7. प्लाट या स्थल से 12 मीटर की दूरी तक बनाए गए समस्त भवनों की स्थिति, संख्या व उनकी मंजिलों का विवरण दिया जाना चाहिए।
8. रसोई घर, सौपान, शौचालय, पेशाबघर, नालियों, पशुशाला, मलकुण्ड, कुआँ व अन्य उपसाधनों की स्थिति व माप का विवरण भी दिया जाना चाहिए।
9. भवन के सामने के मुक्त मार्ग या खुले स्थान का वर्णन।
10. भवन में संवातन व उचित प्रकाश के लिए भवन के पीछे व बगलों में खुले छोड़े जाने वाले स्थानों का विवरण।
11. भवन के सामने, पीछे या बगल में यदि कोई सड़क हो तो उसकी चौड़ाई भी दिखाई जानी चाहिए।
12. प्राधिकारियों द्वारा निर्धारित अन्य विवरण।

(B) भवन के प्लान (Building plans)–भवन के प्लान, सम्मुख स्वरूप, व काट आदि (Elevation Sections) परिशुद्धता से 1/100 के पैमाने पर बनाए जाने चाहिएं प्लान में रंग तालिका 17.10 में दिखाए अनुसार भरे जाने चाहिएं। भवन प्लान में जल निकासी की समूचित व्यवस्था दिखाई जानी चाहिए। भवन प्लान में निम्न दृष्य भी दिखाए जाने चाहिए।

1. समस्त मंजिलों के प्लान बनाकर उन में ढका क्षेत्र (Covered area), सहायक भवन व तहखानों के प्लान भी दिखाए जाने चाहिएं। इन सभी प्लान अथवा ड्राइंगों में कमरों व अन्य भागों के आकार व छत को सहारा देने वाले अवयबों का सही अन्तराल भी दिखाया जाना चाहिए।

प्लान में रंग भरना—प्लान में रंग नीचले दी गई तालिका में दिखाए अनुसार भरे जाने चाहिए

तालिका-17.10

क्रम संख्या	मद (Item)	स्थल की प्लान ब्ल्यूप्रिंट	(Site plan) अमोनिया प्रिंट	भवन का प्लान ब्ल्यूप्रिंट	(Building plan) अमोनिया प्रिंट
1.	पूर्व में बने कार्य	सफेद	नीला	सफेद	नीला
2.	प्रस्तावित कार्य	लाल	लाल	लाल	लाल
3.	जल निकास व सीवर (मल निकास कार्य)	लाल टूटी रेखा	लाल टूटी रेखा	लाल टूटी रेखा	लाल टूटी रेखा
4.	जल संभरण कार्य	काली महीन टूटी रेखा	काली महीन टूटी रेखा	काली महीन टूटी रेखा	काली महीन टूटी रेखा
5.	प्रस्तावित हटाया जाने वाला कार्य	पीली तिरछी कटी रेखा	पीली तिरछी कटी रेखा	पीली तिरछी कटी रेखा	पीली तिरछी कटी रेखा
6.	खुला स्थान	कोई रंग नहीं	कोई रंग नहीं	कोई रंग नहीं	कोई रंग नहीं
7.	प्लाट रेखा	मोटी काली रेखा	मोटी काली रेखा	मोटी काली रेखा	मोटी काली रेखा
8.	अनुज्ञय भवन रेखा	मोटी काली टूटी रेखा	मोटी काली टूटी रेखा	--	--
9.	पूर्व में बनी गली (street)	हरा रंग	हरा रंग	--	--
10.	भावी गली (street)	हरी टूटी रेखा	हरी टूटी रेखा	--	--

2. आवश्यक सेवाओं जैसे शौचालय, सिन्क, स्नानघर आदि की सही स्थिति दिखाई जानी चाहिए।

3. परिच्छेदीय उदविक्षेप (Sectional elevation) में नींव की गहराई व आकार, तहखानों की दीवारों की मोटाई, समस्त छतों, फर्शों व दीवारों की मोटाई, चौखटों के फ्रेम्स का आकार व उनका अन्तराल, छत की ऊँचाई, मुंडेर दीवार की ऊँचाई, छत व मुंडेर दीवार की निर्माण सामग्री आदि का पूर्ण विवरण दिखाया जाना चाहिए।

भवन के काट (Sections) में छत का ढाल व जल निकासी सम्बन्धी विवरण दिखाया जाना चाहिए। सौपान या सीढ़ी के बीच से कम से कम एक काट (Section) अवश्य लिया जाना चाहिए।

4. समस्त गलियों (Streets) की ओर से उदूविक्षेप (Elevation) दिखाया जाना चाहिए।

5. शौचालय आदि की जानकारी देना अति आवश्यक है।

6. अनुज्ञेय भवन रेखासे आगे प्रक्षेप (Project) करने वाले भाग की माप दिखाई जानी चाहिए।

7. खुली छत की प्लान में जल निकासी व ढाल आदि दिखाए जाने चाहिए।

8. उत्तर दिशा अवश्य दर्शाई जानी चाहिए।

निजी जल सम्भरण तथा मल विर्सजन व्यवस्था–निजी जल संभरण एवं मलविसर्जन व्यवस्था यदि उस क्षेत्र में हो तो उसके प्लान व काट (Sections) भी दिखाए जाने चाहिएँ।

प्लान पर हस्ताक्षर–प्रस्तुत की जाने वाली प्रत्येक प्लान पर भवन के मालिक तथा पंजीकृत वास्तुविद (Architect)/इन्जीनियर/सुपरवाइजर के हस्ताक्षर होने चाहिएँ। इसके अतिरिक्त उनके नाम, पते, योग्यता व पंजीकृत संख्या भी साफ–साफ अंकित होनी चाहिए।

प्लान में रंग भरना–प्लान में रंग तालिका–17.10 में दिखाए अनुसार भरे जाने चाहिए।

विशिष्टियाँ–सामान्य तथा विस्तृत विशिष्टियाँ जिन में सामग्री की किस्म, आकार, ग्रेड आदि का वर्णन हो, नोटिस के साथ लगाई जानी चाहिएँ। इन विशिष्ठियों पर वास्तुविद/इन्जीनियर/सुपरवाइजर के हस्ताक्षर होने चाहिएँ।

पर्यवेक्षण (Supervision)–इसके लिए पंजीकृत वास्तुविक/इन्जीनियर/सुपरवाइजर को पर्यवेक्षण के लिए निधारित प्रपत्र में घोषणा भर कर देनी होगी। फार्भ का नमूना पृष्ठ 316 पर दिया गया है।

भवन के प्लान प्रायः फेरों पेपर पर बनाए जाते हैं। इन नक्शों की एक प्रति अधिकारी अपने पास रख कर शेष दो प्रतियों पर हस्ताक्षर कर अनुज्ञा–पत्र अथवा

इन्कार–पत्र के साथ भवन मालिक को लौटा देता है। स्वीकृति का काल 4 सप्ताह है। यदि 30 दिन में इनकार–पत्र प्राप्त नहीं होता तो नक्शा स्वीकृत माना जानाचाहिए।

प्रत्येक सरकारी विभाग को भी कोड 1256 की अनुपालना करनी चाहिए। इन्हें भी उपरोक्त अनुसार प्लान सहित नोटिस भेजना चाहिए, परन्तु इन्हें अनुज्ञा–पत्र की प्रतीक्षा करने की आवश्यकता नहीं है। कार्य, आरम्भ किया जा सकता है।

17.22 निर्माण काल में परिवर्तन

निर्माण काल में भवन के नक्शों में कोई महत्वपूर्ण परिवर्तन करने की अवस्था में परिवर्तित नक्शों सहित अधिकारी को नोटिस देकर पूर्ववत् अनुज्ञा–पत्र प्राप्त करना चाहिए। इस में स्वीकृति करने की अवधि 3 सप्ताह ही है। छोटे परिवर्तन जैसे खिड़की, दरवाजों व चिमनी आकद की स्थिति (Location) में परिवर्तन आदि के लिए अनुज्ञा–पत्र की आवश्यकता नहीं है। इस प्रकार के परिवर्तनों को समापन प्लान में दिखाना ही पर्याप्त है।

शुल्क (Fees)–प्रत्येक नोटिस के साथ निर्धारित फीस जमा कराकर उसकी रसीद लगाना अनिवार्य है। रसीद नहीं लगाने पर निर्माण नोटिस पर विचार नहीं किया जाएगा। किसी कारण नक्शे पास न होने की अवस्था में फीस वापिस नहीं लौटाई जाएगी परन्तु एक वर्ष की अवधि में नक्शे ठीक कर पुनः प्रस्तुत किए जा सकते हैं तथा पहले वाली फीस ही मान ली जाती है। एक वर्ष की अवधि के पश्चात् आवेदन करने पर फीस दोबारा जमा करानी होगी।

स्वीकृति की अवधि–एक बार निर्माण की स्वीकृति प्राप्त हो जाने पर 3 वर्ष तक मान्य रहती है। इस अवधि के समाप्त होने से पूर्व पंजीकृत वास्तुविद इन्जीनियर/सुपरवाइजर आदि से निर्धारित प्रपत्र में कार्य सम्पूर्ण होने का प्रमाणपत्र अधिकारी को प्रस्तुत किया जाना चाहिए। यदि कार्य पूर्ण न हुआ हो तो समय रहते अनुज्ञा–पत्र की अवधि बढ़वा लेनी चाहिए।

कार्यकाल में अधिकारियों को सूचना देने का क्रम–भवन अनुज्ञा पत्र के अधीन जैसे–जैसे कार्य की प्रगति होती है, मालिक को निर्माण की निम्न अवस्थाओं की सूचना अधिकारियों को देनी चाहिए।

(a) कार्य आरम्भ करने की सूचना। यह सूचना फार्म 'ई' पर दी जानी चाहिए।

(b) नींव की कंक्रीट, राफ्ट या पाइल नींव पूर्ण हो जाने पर, परन्तु चिनाई प्रारम्भ करने से पूर्व।

(c) निर्माण कार्य पूर्ण हो जाने पर परन्तु भवन में प्रवेश करने से पूर्व।

उपरोक्त 1 व 2 नोटिस प्राप्त होने के 7 दिन में विभाग निरीक्षण करा सकता है। यदि नोटिस देने के 7 दिन में निरीक्षण नहीं हो पाता है तो मालिक आगे कार्य प्रारम्भ कर सकता है। प्रारम्भिक निरीक्षण अधिकारी यह सुनिश्चित करता है कि भवन स्थल

चित्र के अनुसार ही है। अन्तिम निरीक्षण नोटिस मिलने के 21 दिन की अवधि में किया जाना चाहिए। इस समय अधिकारी यह देखता है कि भवन आवास योग्य है या नहीं तथा उसी के अनुसार प्रमाणपत्र जारी करता है।

17.23 प्लान के अनुसार निर्माण न हो (Constructrion not according to plan)

यदि निरीक्षण अधिकारी निर्माण की किसी भी अवस्था में यह पाता है कि निर्माणकार्य स्वीकृत प्लान के अनुरूप नहीं हो रहा है अथवा संहिता के प्रावधान का उल्लन्धन हो रहा है तो वह मालिक को लिखित में इसकी सूचना देगा तथा त्रुटि ठीक होने तक कार्य को आगे नहीं होने देगा। यदि मालिक अधिकारी द्वारा उठाई गई आपत्तियों का निराकरण करने में असमर्थ रहता है तो अधिकारी भवन अनुज्ञा–पत्र रद्द कर सकता है।

अनुज्ञा-पत्र खारिज व रद्द करना–यदि मालिक किसी भी स्थिति में कोड के नियमों की पालना की अवहेलना करता है अथवा झूठे दस्तावेज प्रस्तुत करता है तो अधिकारी उसके अनुज्ञा–पत्र रद्द कर सकता है। अधिकारी अनुज्ञा–पत्र रद्द करने की सूचना मालिक को डाक द्वारा भेजेगा। सूचना मालिक को मिले या न मिले इसकी जिम्मेदारी अधिकारी की नहीं है केवल डाक से भेजने का प्रमाण पर्याप्त है। ऐसी स्थिति में निर्माणकार्य आगे दोबारा अनुज्ञा–पत्र प्राप्त करने पर ही किया जा सकता है।

17.24 अभिधारिता प्रमाण-पत्र (Occupency certificate)

कोई भी नवनिर्मित भवन अथवा महत्वपूर्ण परिवर्तन किया हुआ भवन, परिवर्तन करने के पश्चात् पूर्ण रूप या आंशिक रूप से आवासीय उपयोग में नहीं लिया जा सकता जब तक कि अधिकारी द्वारा भवन को आवास के लिए उपयुक्त घोषित न कर दिया हो। अधिकारी अभिधारिता प्रमाण पत्र उसी स्थिति में देगा जब कि भवन स्थानीय नियमों को पूरा करता हो। यही प्रमाणपत्र अभिधारिता प्रमाण पत्र कहलाता है।

17.25 असुरिक्षत भवन (Unsafe Building)

ऐसी समस्त संरचनाएँ जो संरचनात्मक दृष्टि से असुरक्षित हों या उनमें आग लगने की संभावना हो या मानव जीवन के लिए खतरनाक हों या स्वास्थ की दृष्टि से हानिकारक हों या अस्वच्छ हों या उनका उचित अनुरक्षण न हुआ हो, आवास की दृष्टि से असुरक्षित भवन कहलाते हैं। ऐसे भवनों की मरम्मत करवा कर या दोबारा बनवाकर आवास योग्य बनाया जा सकता है।

ऐसे समस्त असुरक्षित भवनों, जिनकी की शिकायत अधिकारी को प्राप्त हुई है वह स्वयं उनका निरीक्षण कर लिखित में ब्यौरा तैयार करेगा। वास्तव में पूर्ण भवन

या उसके कुछ भागों का, मनुष्यों के रहने के लिए अनुपयोगी या असुरिक्षत पाए जाने पर, अधिकारी, मालिक अथवा भवन में रहने वालों को लिखित में नोटिस भेज कर भवन की कमियों से अवगत कराएगा। इस नोटिस के प्राप्त होने पर मालिक अथवा उसमें रहने वाले नोटिस में दी गई अवधि में भवन की मरम्मत कराकर या उसे दोबारा बनवाकर उसकी कमियां दूर करेंगे।

यदि मालिक या उसमें रहने वाले नोटिस में बताई गई कमियों को दूर नहीं करते तो अधिकारी स्वयं उन कमियों को दूर कराकर उसमें आई लागत मालिक से वसूल करेगा।

17.26 संहिता लागू करना (Enforcement of code)

संहिता लागू करने का अधिकार, स्थानीय अधिकारी, (authority) अथवा कमेटी या इसके द्वारा नियुक्त अधिकारी को होता है। अधिकारी समस्त प्रार्थनापत्रों, नोटिसों, अनुज्ञापत्रों तथा समस्त पारित आदेशों का ब्यौरा या लेखा (record) रखता है। यहां समस्त प्रकार के कागजात व प्रलेखों (documents) की प्रतिलिपियाँ भी रखी जाती हैं। इनकी सहायता से प्रशासन का कार्य सरल हो जाता है। विभाग द्वारा नियुक्त किया गया अधिकारी किसी भी समय कार्य स्थल या निर्मित भवन में प्रवेश कर कार्य संहिता के अनुसार कार्य होने का पता लगाने का अधिकार रखता है।

17.27 जुर्म व जुर्माना (Offences and penalties)

इस कोड की अवहेलना करने वाले प्रत्येक व्यक्ति के विरुद्ध अधिकारी बिना रंजिश दावा कर सकता है तथा उन्हें कमेटी के सम्मुख प्रस्तुत होने का नोटिस दे सकता है। कमेटी जुर्म के अनुसार उस व्यक्ति पर दण्ड या जुर्माना कर सकती है।

17.28 क्षतिपूर्ति का उत्तरदायित्व—यदि अधिकारी इस संहिता के प्रावधानों के अन्तर्गत बिना किसी भूल या दुश्मनी के, सदविश्वास से अपने कर्तव्य का पालन करता है तथा उसके इस कार्य से किसी को हानि पहुंचती है तो इस हानि की जिम्मेदारी अधिकारी की नहीं होगी।

प्रश्नावली

1. कार्यात्मक भवन आयोजना पर संक्षिप्त टिप्पणी लिखिए।
2. भवन निर्माण के लिए स्थल का चयन करते समय किन–किन बातों का ध्यान रखा जाना चाहिए? समझाकर वर्णन कीजिए।
3. किसी भवन निर्माण का डिजाइन करने व आयोजना कनाते समय वास्तुविद को भवन संबन्धी किन–किन उपनियमों का ध्यान रखना चाहिए।
4. भवन के चारों ओर खुले स्थान का क्या महत्व है। भवन के चारों ओर का खुला स्थान किस प्रकार निर्धारित किया जाता है?
5. भवन की ऊँचाई किस प्रकार निर्धारित की जाती है? विभिन्न कमरों की न्यूनतम ऊँचाई कितनी होनी चाहिए?
6. निम्न पर टिप्पणी लिखिए।
   (a) भवन रेखा (Building line)
   (b) सेट बेक रेखा (Set back line)
   (c) कन्ट्रोल रेखा (control line)
   (d) 63 1/2 डिग्री नियम (63 1/2 rule)
7. कुर्सी क्षेत्रफल व प्लाट का क्षेत्रफल व अनुज्ञेय क्षेत्रफल की परिभाषा कीजिए तथा उनका संबंध भी बताइए।
8. भवन की अधिकतम ऊँचाई किस प्रकार निर्धारित की जाती है?
9. विभिन्न कमरों का आकार निर्धारित करने की विधि का समझा कर वर्णन कीजिए।
10. भवन का प्लान किसे कहते है? भवन प्लान पर अंकित की जाने वाली विभिन्न मदों का वर्णन कीजिए।
11. नगर–सुधार न्यास आप के नगर में पूर्ण स्वाम्त्वि आधार पर आवासी अपयोग के लिए विभिन्न आकार के भू–खण्डों की नीलामी कर रहा है। उन बिन्दुओं की व्याख्या कीजिए जिन्हें बोली लगाने से पूर्व ध्यान में रखा जाना चाहिए।
    (B.T.E.R. 1986)
12. निम्न को संक्षिप्त में समझाइये।
    (a) भवन अनुज्ञापत्र
    (b) स्थन प्लान
    (c) असुरक्षित भवन
    (d) पिछला आंगन
    (e) सहायक भवन (out house)
    (f) तहखाना
    (g) भित्ति स्तम्भ
    (B.T.E.R. 1986)

(h) बरसाती
(i) बालकनी
(j) सभा स्थल
(k) भवन रेखा
(l) भवन का आवृत क्षेत्र (Covered area)
(m) अभिघारिता प्रमाण पत्र
(n) द्वार मण्डप
(o) गलियारा

13. (a) आवासीय भवन के चारों तरफ खुला स्थान कितना रखा जाना चाहिए?
(b) आवसीय भवन के विभिन्न कक्षों की न्यूनतम ऊँचाई कितनी होनी चाहिए?
(c) भवन में सिन्क लगाते समय किन–किन बातों का ध्यान रखा जाना चाहिए?
(d) भवन के लिए स्थान का चयन करते समय स्थानीय स्थलीकृति के महत्व को समझाइए।
(e) हॉस्टल का डिजाइन करते समय एक से तीन छात्रों तक के लिए न्यूनतम आवश्यक फर्श क्षेत्रफल कितना रखा जाना चाहिए?

14. भवन सम्बन्धी स्थानीय नियमों से क्या तात्पर्य है? अपने नगर में प्रचलित स्थानीय नियमों के अनुसार आवासीय भवनों के लिए प्रकाश व संवातन नियमों पर प्रकाश डालिए।

15. आवासीय भवन के लिए स्थान का चयन करते समय स्थानीय स्थलाकृति के महत्व को समझाइए। (B.T.E.R. 1983, 1985)

16. संक्षेप में समझाइए।
(a) भवन अनुज्ञापत्र
(b) आवृत्त क्षेत्रफल
(c) मंजनाइन मंजिल
(d) स्थल प्लान
(e) अभिधारिता प्रमाणपत्र

17. (a) आवास योग्य भवन में कमरे की ऊँचाई तथा कमरे का न्यूनतम फर्श क्षेत्रफल कितना होना चाहिए?
(b) आवास भवनों में लगने वाली सोपान के लिए सोपान ढाल तथा सोपान चौड़ाई की न्यूतम माप लिखिए।

18. आवासीय भवन की कुर्सी की ऊँचाई तथा गेराज के फर्श की न्यूनतम ऊँचाई कितनी होनी चाहिए?

19. स्नानघर के ऊर्ध्वाधर,फव्वारे की फर्श से न्यूनतम ऊँचाई तथा दीवार से न्यूनतम दूरी कितनी होनी चाहिए।

18

भवन आयोजना के मूल सिद्धान्त
Basic Principles of Building Planning

18.1 प्रस्तावना

भवन आयोजना का मूल उद्देश्य भवन के प्रत्येक फर्श एवं तल पर भवन की प्रत्येक इकाई का उसकी महत्ता के अनुसार निर्धारण करना है। इन इकाइयों का निर्धारण करते समय इस बात का ध्यान रखा जाना चाहिए कि उपलब्ध स्थान का उचित व मितव्ययिता से उपयोग हो तथा भवन अपना उद्देश्य सही ढंग से पूर्ण कर सके। भवन के प्लान की आकृति निम्न घटकों से प्रभावित होती है।

(a) स्थल की स्थिति (Site of locality)

(2) स्थल का वातावरण (Climatic conditions)

(3) आवश्यक स्थान (Accomodation required)

(4) आस–पास का पर्यावरण

इसके अतिरिक्त भवन आयोजना के कुछ मूल सिद्धान्त और भी हैं जिनका उपयोग प्रत्येक प्रकार के आवासीय भवन की आयोजना बनाते समय किया जाना आवश्यक है। ये सिद्धान्त समस्त भवनों के लिए समान हैं। ये सिद्धान्त निम्न प्रकार हैं। ये सिद्धान्त दृढ़ (rigid) नहीं हैं परन्तु भवन की आयोजना बनाते समय इनका उपयोग किया जाना चाहिए।

18.2 आयोजना के मूल सिद्धान्त (Basic Principles of Building Planning)

1. अभिमुखता अथवा ऑस्पेक्ट (Aspect)
2. दृष्य विस्तार अथवा प्रास्पेक्ट (Prospect)
3. एकान्तता (Privacy)
4. समूहन (Grouping)

5. कक्ष विस्तार (Roominenss)
6. फर्नीचर आवश्यकताएं (Furniture requirements)
7. स्वच्छता (Sanitation)
8. नम्यता (Flexibility)
9. परिसंचरण (Circulation)
10. लालित्य या सुन्दरता (Elegance)
11. मितव्ययिता (Economy)
12. व्यावहारिक दृष्टिकोण (Practical consideration)

1. अभिमुख्यता या रूप (Aspect)–का अर्थ भवनों की वाह्य दीवारों में दरवाजों व खिड़कियों की विशेष स्थितियों के निर्धारण से है जिससे भवन में रहने वाले व्यक्ति प्राकृतिक वस्तुओं जैसे सूर्य, प्रकाश, ताजी वायु व प्राकृतिक सौन्दर्य आदि का अधिकतम आनन्द उठा सकें। भवन आयोजना में भवन की अभिमुख्यता एक बहुत ही महत्वपूर्ण घटक है। अभिमुख्यता भवन में न केवल आनन्दमय व स्वास्थ्यप्रद वातावरण उत्पन्न करता है बल्कि भवन की सुन्दरता भी बढ़ाता है।

कोई कमरा जिस दिशा से वायु व प्रकाश प्राप्त करता है बह दिशा उसकी अभिमुख्यता (Aspect) कहलाती है। इस प्रकार किसी भवन के विभिन्न कमरों को विभिन्न अभिमुख्यता की आवश्यकता होती है। इस दृष्टि से किसी भवन के विभिन्न कमरों की अभिमुख्यता निम्न प्रकार रखी जानी चाहिए।

(a) रसोइघर पूर्ब (East) अभिमुख्यता।

(b) खाने का कमरा (Dinning room)। दक्षिण (South) अभिमुख्यता।

(c) रहने के कमरे व बैठक (Living व (Drawing room) दक्षिण (S) या दक्षिण–पूरब (SE) अभिमुख्यता।

(d) सोने के कमरे (bed room) पश्चिम या पश्चिम–दक्षिण अभिमुख्यता।

(e) बरामदों के लिए पश्चिम या पश्चिम दक्षिण अभिमुख्यता।

(f) स्टोर, व्याख्यान कक्ष, स्टूडियो, पढ़ने का कमरा, सीढ़ी कक्ष आदि के लिए उत्तर (N) अभिमुख्यता रखना उत्तम पाये गए हैं। चित्र–18.1 में सूर्य व अभिमुख्यता दिखाई गई है।

चित्र–18.1 से ज्ञात होगा कि रसोईघर की अभिमुख्यता पूर्ब की ओर होने से सुबह्ह की सूर्य की किरणें वायु को शुद्ध कर उसे शेष समय में ठंडा रखती हैं। रहने के कमरों, खाने के कमरों व बैठक का अभिमुख्यता दक्षिण या दक्षिण पूर्ब में होनी चाहिए। सर्दियों में सूर्य दक्षिण की ओर होता है तथा गर्मियों में उत्तर की ओर चला जाता है गर्मियों में सुबह की ठंडी वायु पश्चिम दिशा से ही प्राप्त हो सकती है इस कारण सोने के कमरों की अभिमुख्यता पश्चिम या दक्षिण–पश्चिम की ओर रखी जानी चाहिए। दोपहर के बाद की गर्मी से बचने के लिए पश्चिम की ओर बरामदा या खिड़कियों पर छज्जा लगाया जाना चाहिए। उत्तर की ओर से सीधी सूर्य की किरणें न आने के कारण व्याख्यान कक्ष, स्टोर, सीढ़ी कक्ष, पढ़ने के कमरे आदि की अभिमुख्यता उत्तर की ओर रखी जानी चाहिए।

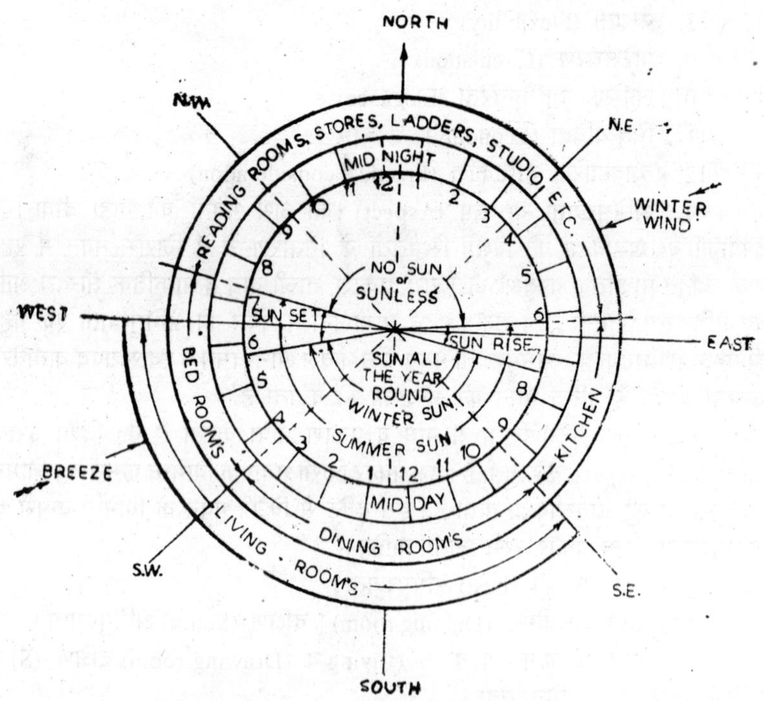

चित्र–**18.1.** Aspect and Sun Diagram

2. दृश्य विस्तार या प्रॉस्पेक्ट (Prospect)

किसी भवन का दृश्य विस्तार, भवन के किसी कमरे से वाँच्छित दृश्य प्राप्त करने के उद्देश्य से निर्धारित किया जाता है तथा चुने हुए स्थल की विशेषताओं पर निर्भर करता है। भवन आयोजना की अभिमुख्यता (aspect) व दृश्य विस्तार (Prospect) दोनों ही घटक भवन में दरवाजों व खिड़कियों को वाह्य दीवार में विशेष स्थान पर विशेष प्रकार से बनाकर प्राप्त किए जा सकते हैं। दृश्य विस्तार का उद्देश्य भवन के कुछ वांच्छित दृश्यों को उभारने व कुछ अवाँच्छित दृश्यों को छिपाना है। कुछ दृश्यों को उभारने व कुछ को छिपाने के लिए अपेक्षित खिड़कियाँ लगाना बहुत महत्वपूर्ण है।

एकान्तता (Privacy) यद्यपि भवन आयोजना में एकान्तता एक बहुत ही महत्वपूर्ण घटक है परन्तु अवासीय भवनों में इसका एक विशेष महत्व है। एकान्तता निम्न दो पर्गों में पिभाजित की जा सकती है।

1. आन्तरिक एकान्तता (Internal Privacy)
2. वाह्य एकान्तता (External Privacy)

आन्तरिक एकान्तता—किसी कमरे के आन्तरिक भाग को दूसरे कमरों, अथवा मुख्य प्रवेश द्वारा से एकान्तता उन पर परदा लगाकर प्राप्त की जा सकती है।

वाह्य एकान्तता—भवन की वाह्य सड़क या समीप के अन्य भवनों से एकान्तता वाह्य एकान्तता कहलाती है। यह भवन के उपयोग पर निर्भर करती है। वाह्य एकान्तता भवन के प्रवेश द्वारा का सही निर्धारण करके तथा उचित स्थानों पर बेलें व पेड़ आदि लगाकर सरलता से प्राप्त की जा सकती है।

किसी निवास भवन की एकान्तता प्रवेश द्वार व मार्ग की उचित आयोजना बनाकर प्राप्त की जा सकती है। एक कमरे की दूसरे कमरे से एकान्तता उचित समुहन, (Proper Grouping) दरवाजों का सही स्थान पर निर्धारण, दरवाजों के पल्लों को उचित ढंग से लटकाकर, लोबी लगाकर, अपारदर्शी कांच आदि लगाकर प्राप्त की जा सकती है।

सोने के कमरे, शौचालय, स्नानघर आदि में एकान्तता बहुत महत्वपूर्ण है। रसोई घर भी साधारण लोगों के आने–जाने के मार्ग से अलग होना चाहिए। एक पल्ले वाला दरवाजा एकान्तता की दृष्टि से उत्तम है। कमरे की छोटी दीवार के बीच में दरवाजा एकान्तता की दृष्टि से बहुत खराब है। दरवाजा एक सिरे पर बनाया जाना चाहिए। चित्र–18.2 में घटिया, मध्यम तथा उत्तम दरवाजों की स्थिति दिखाई गई है।

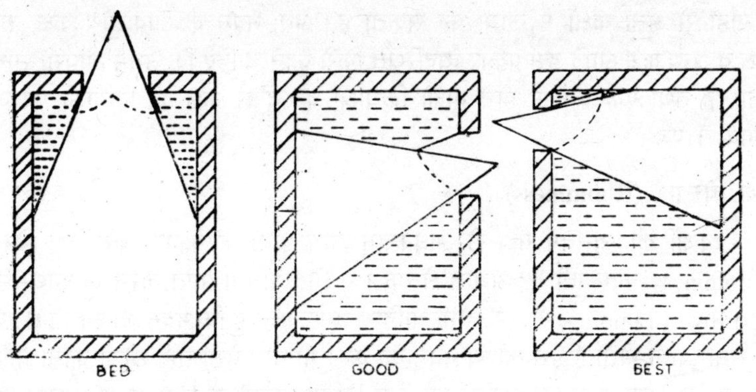

चित्र–18.2. Proper Disposition of Doors

समुहन (Grouping)—भवन की विभिन्न इकाइयों जैसे कमरे, रसोईघर, शौचालय आदि का संरेखन (Layout) विशेष प्रकार से करना, जिससे प्रत्येक इकाई का वांच्छित उपयोग हो सके तथा वे एक दूसरे के समीप हों, समुहन कहलाता है। किसी भी भवन को उपयोग में लेने वाले व्यक्तियों, उनके महमानों आदि को भवन की एक इकाई रो दूसरी इकाई या एक स्थान से दूसरे स्थान में जाना पड़ता है। ऐसा करते समय व्यक्ति को यह महसूस होना चाहिए कि प्रत्येक इकाई एक दूसरे से संबंधित है। ऐसा नहीं लगना चाहिए कि वे अलग–अलग हैं। ऐसा भवन का उचित समुहन (Grouping) करके ही प्राप्त किया जा सकता है।

अच्छे समुहन में भवन के विभिन्न कमरों की आपेक्षिक व्यवस्था इस प्रकार होनी चाहिए कि उनके विशिष्ट उद्देश्यों की पूर्ति हो सके तथा उनमें पारस्परिक सम्बन्ध व

सामीप्य बना रहना चाहिए। प्रशासनिक भवनों की अक्षीय आयोजना न केवल मितव्ययी होती है बल्कि इस का समुहन भी अच्छा होता है। भवन के प्रत्येक कक्ष के एक या एक से अधिक कार्य होते हैं तथा उनमें एक निश्चित क्रम (sequence) होता है। कक्ष का समुहन ऐसा होना चाहिए कि बिना बाधा के उनके कार्यों का क्रम बना रहे। आवासीय भवनों में भोजन कक्ष रसोईघर के समीप होना चाहिए, जबकि शयन कक्ष अथवा बैठक रसोईघर से दूर होने चाहिएँ जिससे रसोई का धुआँ व जहरीली गैस आदि शयन कक्ष आदि में प्रवेश न कर सके।

साधारण घरों में नौकर की सुविधा नहीं होती, इस कारण गृहिणी का अधिकतम् समय रसोईघर में ही व्यतीत होता है। रसोईघर की स्थिति प्रवेश से इस प्रकार रखी जानी चाहिए कि गृहिणी रसोईघर में खड़े–खड़े ही भवन में प्रवेश करने वाले व्यक्ति व प्रवेश द्वारा के बाहर खेल रहे घर के बच्चों का भी ध्यान रख सके। प्रवेश द्वार तक पहुँचने में गृहिणी को किसी अन्य कक्ष से जाने की आवश्यकता नहीं पड़नी चाहिए।

शयन कक्षों की स्थिति का निर्धारण इस प्रकार किया जाना चाहिए कि उनकी एकान्तता बनी रहे तथा प्रत्येक कक्ष से शौचालय, स्नानघर आदि में जाने के लिए अलग से व्यवस्था हो। विशेष परिस्थितियों में रहने वाला कक्ष बीच में स्थापित किया जा सकता है जहाँ से अन्य कक्षों में जाया जा सकता है। अतः भवन के आवासीय कक्ष, शयन कक्ष व अन्य कक्ष आदि इस प्रकार व्यवस्थित किये जाने चाहिएँ कि उनमें आपसी सम्बन्ध बना रहे तथा एक कक्ष में होने वाली क्रियाओं का दूसरे कक्ष की क्रियाओं पर कोई प्रभाव न पड़े।

कक्ष विस्तार (Roominess)

कक्षों की न्यूनतम् माप से अधिकतम् लाभ प्राप्त करने की विधि कक्ष विस्तार (Roominess) कहलाती है। अर्थात क्षेत्रफल में मितव्ययिता प्राप्त करने के साथ–साथ बहुत भीड़ (Cramping) भी नहीं होनी चाहिए। हम जानते हैं कि भवन की लागत क्षेत्रफल के समानुपाती होती है इस कारण भवन का कोई भी भाग ऐसा नहीं छोड़ा जाना चाहिए, जिसका उपयोग न हो। आवासीय भवनों में विभिन्न कार्यों के लिए सामान संचय करने के लिए काफी क्षेत्रफल की आवश्यकता होती है। इसके लिए फर्श क्षेत्रफल का उपयोग करने के स्थान पर दीवारों में अधिक से अधिक अलमारियाँ बनाकर सामान संचय किया जाना चाहिए। कुछ कमरों में टांड भी बनाये जा सकते हैं।

कक्ष के आकार के अतिरिक्त उसकी आकृति भी कुछ वांछित व कुछ अवांछित कक्ष विस्तार के प्रभाव उत्पन्न करती है। समान क्षेत्रफल का वर्गाकार कक्ष आयताकार कक्ष से छोटा दिखाई देता है। वग्रकार कक्ष, क्षेत्रफल के उपयोग की दृष्टि से आयताकार कक्ष से कम उपयोगी पाया गया है। अधिक ऊँचाई का छोटा कक्ष भी अपेने वास्तविक आकार से छोटा दिखाई देता है। कक्ष की लम्बाई उसकी चौड़ाई के 1.2 से 1.3 गुणा तक होनी चाहिए, परन्तु यह अनुपात 1.5 से (L : B : 1.5 : 1) अधिक किसी भी परिस्थिति में नहीं होना चाहिए।

फर्नीचर की आवश्यकताएँ (Furniture requirements)

किसी कक्ष के लिए कितना फर्नीचर चाहिए इसके लिए कोई निश्चित नियम नहीं है परन्तु फर्नीचर की मात्रा इतनी होनी चाहिए कि कक्ष का उपयोग करने वालों को कोई कठनाई न हो। उनकी साधारण आवश्यकताएँ पूर्ण हो जायें। फर्नीचर इतना अधिक भी नहीं होना चाहिए कि कक्ष का उपयोग करने वालों के चलने फिरने में बाधा उत्पन्न हो। आवासीय भवन को छोड़ कर अन्य भवनों का डिजाइन करते समय फर्नीचर की आवश्यकता का ध्यान रखा जाता है। आवासीय भवन का डिजाइन करते समय उसमें रहने वालों की फर्नीचर की आवश्यकता का ध्यान रखा जाना चाहिए। अतः किसी भवन का डिजाइन करते समय उसका स्केच प्लान बना कर उसमें भारी फर्नीचर जैसे खाने की मेज, सोफा, पलंग, कपबोर्ड, चेस्ट, टी०वी० आदि की स्थिति अंकित कर देनी चाहिए, जिससे दरवाजों व खिड़कियों के खुलने व भवन में रहने वालों के चलने–फिरने में बाधा उत्पन्न न हो। फर्नीचर की व्यवस्था करने के पश्चात् दरवाजों व खिड़कियों की स्थिति तय की जानी चाहिए। अतः किसी भवन की फर्नीचर की आवश्यकता उसकी कार्यात्मक आवश्यकताओं पर निर्भर करती है।

स्वच्छता प्रबन्ध (Sanitatioin)

आवासीय भवनों के लिए स्वच्छता की उचित व्यवस्था बहुत आवश्यक है, क्योंकि इस पर भवन में रहने वाले परिवार की स्वास्थ्य तथा खुशहाली निर्भर करती है। आयोजना के सिद्धान्त के अनुसार स्वच्छता का अर्थ केवल सफाई की सुविधाओं से ही नहीं है परन्तु यह संरचनात्मक स्वास्थ्य विज्ञान से सम्बन्धित है।

स्वाच्छता के अन्तर्गत निम्न तीन घटक आते हैं।

(1) पर्याप्त मात्रा में प्रकाश

(2) संवातन

(3) सफाई की उचित व्यवस्था आदि।

(1) प्रकाश (Light)–प्रणियों एवं वनस्पतियों के जीवन के लिए प्रकाश अत्यन्त आवश्यक है। भवन में प्रकाश के तीन कार्य है। प्रथम, भवन में उचित प्रकाश उत्पन्न करना, दूसरा, भवन में स्वास्थ्यप्रद वातावरण उत्पन्न करना एवं भवन में रहने वालों में सुरक्षा की भावना उत्पन्न करना। भवन में कोई भी भाग ऐसा नहीं होना चाहिए जहाँ प्रकाश न पहुंचता हो। भवन में प्रकाश प्राकृतिक अर्थात् सूर्य के प्रकाश अथवा कृत्रिम स्त्रोत से उत्पन्न किया जा सकता है। सूर्य का प्रकाश बीमारियों के किटाणुओं को नष्ट करता है तथा इसकी पराबैंगनी किरणें (Ultraviolet rays) स्वास्थ्यबर्धक होती हैं। चौंध (glare) आँखों को चुन्धिया देती है जिससे साफ दिखाई नहीं देता। अतः बहुत तेज प्रकाश उत्पन्न करने वाली स्त्रोत को हटा देना चाहिए। अतः भवन में समान वितरित प्रकाश आवश्यक है। स्कूल व कार्यशाला भवनों में समान वितरित प्रकाश बहुत आवश्यक है। अतः किसी कक्ष में सूर्य का प्राकृतिक प्रकाश अधिक से अधिक समय व मात्रा में आना बहुत महत्वपूर्ण है। इस उद्देश्य की पूर्ति के लिए क्षैतिज खिड़कियों की अपेक्षा ऊर्ध्वाधर खिड़कियाँ बनाई जानी चाहिए। दूर के स्थान को प्रकाश देने के लिए खिड़की का ऊपरी भाग अधिक प्रभावशाली पाया गया है।

भवन में उचित प्रकाश प्राप्त करने के लिए खिड़की का न्यूनतम क्षेत्रफल फर्श के क्षेत्रफल का 1/10 भाग से कम नहीं होना चाहिए। स्कूल, कार्यशाला, (dormitories) आदि के लिए यह सीमा 1/5 होनी चाहिए।

कृत्रिम प्रकाश दो वर्गों में विभाजित किया जा सकता है:

(1) सामान्य प्रकाश–इसमें प्रकाश को कक्ष में यथासंभव विसरित (Diffused) कर दिया जाता है तथा यह साधारण बातचीत करने, आराम करने व सामान्य चलने–फिरने के लिए पर्याप्त होता है।

(2) केन्द्रित प्रकाश–इस प्रकार का प्रकाश कुछ क्षेत्र में केन्द्रित हो जाता है। यह लेखन कार्य, अध्ययन करने, वस्त्र धारण करते समय उपयोगी पाया गया है।

संवातन (Ventilation)

संवातन से तात्पर्य कक्ष में मौजूद वायु के बदलाव से है। कक्ष में मनुष्यों के श्वाँस द्वारा दूषित की गई वायु एवं बदबू आदि को कक्ष से निष्काषित करने के लिए संवातन आवश्यक है। कक्ष से वायु का निष्कासन न होने पर कक्ष में रहने वालों को कठिनाई अनुभव होने लगती है। संवातन न होने से कक्ष का ताप व आद्रता बढ़ जाती है तथा मनुष्य को पसीना आना आरम्भ हो जाता है। शुद्ध व ताजी वायु के अभाव में मनुष्य को सरदर्द, चक्कर आना, थकावट अनुभव होना व आलस आना आरम्भ हो जाता है। अतः भवन को सुखमय बनाने में अच्छा संवातन बहुत सहायक पाया गया है।

भवन में संवातन निम्न दो प्रकार से प्राप्त किया जा सकता है।

(1) प्राकृतिक

(2) कृत्रिम

प्राकृतिक संवातन–प्राकृतिक संवातन में वायुमण्डलीय वायु की उचित मात्रा भवन में प्रवेश करा कर प्राप्त किया जा सकता है। पर्याप्त संवातन के लिए खिड़कियों, रोशनदानों का क्षेत्रफल कक्ष के फर्श के क्षेत्रफल का 1/6 से कम नहीं होना चाहिए। अच्छा प्राकृति संवातन प्राप्त करने के लिए कक्ष की उत्तरी व दक्षिण वाली दीवारों में खिड़कियाँ व रोशनदान एक–दूसरे की सीध में या सामने बनाये जाने चाहिएं। स्कूल, अस्पताल व कारखानों आदि में ऐसा प्रावधान करना बहुत आवश्यक है।

प्रत्येक कमरें में 0.3 वर्ग मीटर क्षेत्रफल के रोशनदान भी लगाये जाने चाहिएं जिससे वायु व प्रकाश प्रवेश कर सके। प्रायः संवातन के लिए छत के समीप खिड़की बनाई जानी चाहिएं जिसे (ventilator) भी कहते हैं। इसका क्षेत्रफल प्रति 10 घन मीटर आयतन के 0.1 वर्ग मीटर होना चाहिए। प्रति व्यक्ति पर्याप्त वायु प्राप्त करने की दृष्टि से प्रति व्यक्ति क्षेत्रफल व आयतन तालिका–18.1 के अनुसार होना चाहिएँ।

संवातन में वायु की कुल मात्रा की अपेक्षा उसके निष्काषण की दर महत्वपूर्ण है। तालिका–18.1 में प्रति व्यक्ति वायु की मात्रा व कक्ष का आयतन आदि दिखाया गया है।

कृत्रिम संवातन–उचित यंत्रों की सहायता से प्राप्त किया जा सकता है। जैसे वायुकूलित यंत्र।

तालिका-18.1 प्रति व्यक्ति आयतन व कमरे का आवश्यक क्षेत्रफल

भवन की किस्म	प्रति व्यक्ति आयतन (घन मीटर में)	प्रति व्यक्ति क्षेत्रफल (वर्ग मीटर में)	ऊँचाई (मीटर में)
आवासीय भवन	9.0	2.5—9	3-3.5
धर्मशाला आदि (Dormitories)	12-15	3-4	3-4
शिक्षण संस्थान	4.5-7.5	1-2	3-4
अस्पताल भवन आदि	30	8-10	3-4
फैक्ट्रीज आदि	7.5	2-2.5	3-4

सफाई व स्वच्छता सुविधाएँ—यद्यपि सामान्य सफाई व रखरखाव का दायित्व भवन में रहने वालों का है फिर भी भवन की आयोजना बनाते समय सफाई व धूल न जमने देने का प्रावधान रखा जाना चाहिए। धूल इकत्रित न होने देना अति आवश्यक है क्योंकि धूल बीमारी के किटाणुओं को जन्म देती है तथा बीमारी फैलाती है। भवन के फर्श यथासंभव जल अवशोषण न करने वाले अथवा जलरोधी तथा नाली की ओर ढालू होने चाहिएँ। फर्श की सतह भी चिकनी होनी चाहिए। कक्ष का आन्तरिक भाग बिना सजावटी जाली वाला होना चाहिए क्योंकि जाली आदि में धूल जमा हो जाती है जो बीमारी फैलाने में सहायक होती है।

स्वच्छता सुविधाओं में स्नानघर, शौचालय, पेशाबघर आदि आते हैं। प्रायः प्रत्येक आवासीय भवन में एक शौचालय, एक स्नानघर व एक सिन्क अवश्य होना चाहिए।

सार्वजनिक भवनों में जैसे कार्यालय, कालिज आदि में ये सुविधाएँ निम्न प्रकार होनी चाहिए।

प्रत्येक 25 व्यक्तियों के लिये एक शौचालय (W.C)

प्रत्येक 100 व्यक्तियों के लिये एक पेशाबघर

स्वच्छता सुविधाएँ स्त्री व पुरुषों के लिए अलग–अलग होनी चाहिए। कार्यशाला, फैक्ट्री आदि भवनों में निम्न सुविधा आवश्यक हे।

प्रत्येक 40 व्यक्तियों के लिए एक शौचालय।

प्रत्येक 100 व्यक्तियों के लिए एक पेशाबघर।

इन स्वच्छता सुविधाओं तक जाने का उचित मार्ग होना चाहिए तथा पुरुषों व स्त्रियों के लिए अलग–अलग सुविधाओं पर बोर्ड लगा होना चाहिए।

सफाई—सफाई की योजना बनाते समय निम्न बातो का ध्यान रखा जाना चाहिए।

1. सड़ने वाले ठोस पदार्थों को जाली लगाकर नाली में जाने से रोका जाना चाहिए।

2. मनुष्यों द्वारा साफ किये जाने वाले शौचालय (Manual latrine) भवन के एक ओर बनाये जाने चाहिएँ तथा वहाँ तक पहुंचने के लिए बरामदे का प्रावधान रखा जाना चाहिए।

3. भवन की नालियों का पानी भूतल से नीचे किसी भी परिस्थिति में नहीं निकाला जाना चाहिए।

4. स्नानघर, शौचालय व रसोईघर में कांचित टाइलें लगाई जानी चाहिएँ।

5. बालकनी, सीढ़ी कक्ष व बरामदों का कार्य साधारण डिजाइन का होना चाहिए जिससे वहाँ धूल न जम सके व सरलता से सफाई हो सके।

नम्यता (Flexibility)–किसी कक्ष को विभिन्न कार्यों या आवश्यकताओं के लिए उपयोग करने की सरलता नम्यता (Flexibility) कहलाती है। उदाहरण के लिए जन्मदिन या धार्मिक उत्सवों के समय मेहमानों को बैठाने व नाश्ता आदि कराने के लिए बैठक व भोजन कक्ष को मिला कर उपयोग करना। ऐसा बैठक व भोजन कक्ष के बीच पर्दा या खिसकने वाली अस्थाई विभाजिका दीवार हटा कर किया जा सकता है। दूसरे खाना खुले मैदान में खिलाया जा सकता है परन्तु इस मैदान का रसोईघर तक उचित पहुंच मार्ग होना चाहिए। यथासंभव ऐसे स्थान को कनात लगाकर घेर लेना चाहिए जिससे आस–पास से जाने वालों की दृष्टि से दूर रहे।

परिसंचरण (Circulation)

भवन के भीतर चलने फिरने की सुविधा परिसंचरण कहलाती है। इसे निम्न दो भागों में विभाजित किया जा सकता है।

1. क्षैतिज परिसंचरण (Horizontal circulation)

एक ही फर्श तल पर चलने फिरने की सुविधा, जैसे एक कमरे से दूसरे कमरे, कमरे से चौक में या लॉबी आदि में जाने के लिये मार्ग (Passage) क्षैतिज परिसंचरण कहलाता है।

2. ऊर्ध्वाधर परिसंचरण (Vertical circulation)

भवन की एक मंजिल से दूसरी मंजिल तक जाने की सुविधा ऊर्ध्वाधर परिसंचरण कहलाती है। जैसे सीढ़ियाँ, लिफ्ट आदि। उचित व अच्छे परिसंचरण के लिये भवन की आयोजना बनाते समय निम्न बातों का ध्यान रखा जाना चाहिए।

(a) प्रवेश द्वार, सीढ़ी व मार्ग में उचित संबन्ध होना चाहिए।

(b) भवन के समस्त पहुंच मार्ग सीधे, छोटे, वायु व प्रकाश वाले तथा स्वतंत्र होने चाहिएँ। ऐसे मार्ग सुखमय होते हैं।

(c) प्रत्येक स्वच्छता सुविधा जैसे शौचालय, स्नानघर व सीढ़ी आदि का पहुंच मार्ग स्वतंत्र होना चाहिए।

(d) प्रत्येक सीढ़ी घर में उचित प्रकाश व संवातन की व्यवस्था होनी चाहिए तथा पैड़ीका उठान व पाद (Tread), उसकी चौड़ाई की माप तथा चौकी (landing) की चौड़ाई उचित होनी चाहिए।

सौन्दर्य या लालित्य (Elegance)

भवन के सामान्य संरेखन या अभिन्यास (layout) तथा भवन के उत्थान या सम्मुख स्वरूप द्वारा उत्पन्न किया गया प्रभाव भवन का लालित्य (elegance) कहलाता है। अत:

भवन का सम्मुख (elevation) ऐसा होना चाहिए कि उसे देखकर भवन के अन्दर का अन्दाजा लगाया जा सके। अतः भवन का सन्मुख उत्थान आकर्षक होना चाहिए तथा इसे प्लान के साथ–साथ ही बनाया जाना चाहिए। वित्य सीमाओं का ध्यान रखते हुए सम्मुख सुन्दर व आकर्षक होना चाहिए।

मितव्ययिता (Economy)

यद्यपि मितव्ययिता तकनीकी दृष्टि से भवन आयोजना के मूल सिद्धान्तों में नहीं आती है फिर भी यह एक ऐसा बिन्दु है जो भवन आयोजना को प्रत्येक स्तर पर प्रभावित करता है। इस बात का सदैव ध्यान रखा जाना चाहिए कि मितव्ययिता का भवन की मजबूती, सुरक्षा, संरचना आदि पर दुष्प्रभाव न पड़ने पावे।

एक ठोस व मजबूत बनी संरचना का अनुरक्षण व्यय कम होता है इस से लम्बी अवधि में मजबूत बनी संरचना मितव्ययी होती है। मितव्ययिता का भवन अभिमुखता (aspect) तथा समूहन (grouping) पर कोई प्रभाव नहीं पड़ना चाहिए। आदि आवश्यक हो तो भवन के दृश्यविस्तार (prospect) में परिवर्तन या कमी की जा सकती है। फर्नीचर के न्यूनतम आकार में भी कोई परिवर्तन नहीं किया जाना चाहिए। यदि आवश्यक हो तो फर्नीचर की संख्या में कमी की जा सकती हैं। यदि मितव्ययिता आवश्यक हो तो भवन में कुछ खिड़कियों की संख्या कम की जा सकती है।

अन्त में यह कहा जा सकता है कि भवन की मितव्ययिता प्राप्त करने का कोई ठोस व दृढ़ नियम नहीं है। यह व्यक्ति विशेष की कुशलता व अनुभव पर अधिक निर्भर करता है।

व्यवहारिक दृष्टि से विचार योग्य बिन्दु (Practical Considerations)—भवन निर्माण की आयोजना बनाते समय निम्न व्यावहारिक बातों का भी ध्यान रखा जाना चाहिए।

1. भवन की सामर्थ्य, स्थायित्व या स्थिरता व सुख–सुविधा को प्राथमिकता दी जानी चाहिए।
2. सादगी व सामर्थ्य भवन को स्थायित्व प्रदान करते हैं।
3. भविष्य में भवन में फेरबदल या विस्तार का प्रावधान रखाजाना चाहिए जिससे आवश्यकता पड़ने पर सुगमता से उसका विस्तार किया जा सके।
4. भवन का उपयोग कई पीढ़ियों तक होता है अतः मितव्ययिता के कारण असुरक्षित व कमजोर भवन का निर्माण नहीं किया जाना चाहिए।

प्रश्नावली

1. भवन परियोजना के मूल सिद्धान्तों का वर्णन कीजिए।
2. निम्न पर संक्षिप्त टिप्पणी लिखिए :
   (a) अभिमुख्यता (aspect)
   (b) दृश्यविस्तार (prospect)
   (c) समूहन (grouping)
   (d) स्वच्छता (sanitation)
   (e) कक्ष विस्तार (roominess)
   (f) एकान्तता (privacy)
   (g) नम्यता (Flexibility)
3. भवन आयोजना में अभिमुख्यता व दृश्यविस्तार के महत्व पर प्रकाश डालिए।
4. भवन में उचित प्रकाश व संवातन के महत्व पर टिप्पणी लिखिए।
5. निवास भवन की आयोजना बनाते समय सफाई व स्वच्छता का उचित प्रावधान रखना क्योंकि आवश्यक है समझाइए।
6. आवासीय भवनों में एकान्तता का महत्व चित्रों सहित विस्तार से समझाएँ। (BTER 1986)
7. एक आवासीय भवन के लिए 30 वर्ग मीटर क्षेत्र की बैठक तथा भोजन कक्ष का नक्शा बनाइए तथा उसमें दरवाजे, खिड़की; अलमारी तथा फर्नीचर आदि इस प्रकार दर्शाइए जो पूर्णतः नियमानुसार हो। (BTER 1986)
8. आवासीय भवन की दृष्टि से अपने शहर के लिए अभिमुख्यता आरेख बनाइए। (BTER 1986)
9. भवन आयोजना के मूल सिद्धान्तों के नाम लिखिए तथा कक्षता (roominess) के महत्व को समझाइए। (BTER 1985)
10. अन्तर बताइए
    (a) आन्तरिक तथा वाह्य एकान्तता (BTER 1985)
    (b) अभिमुखता व प्रोस्पेक्ट
    (c) क्षैतिज परिसंचरण तथा ऊर्ध्वाधर परिसंचरण
11. भवन आयोजना के सिद्धान्तों की सूची बनाइए तथा प्रत्येक की संक्षेप में विवेचना कीजिए।
12. 3 m × 3m माप की बैठक में सोफा सैट व बैठक के अन्य सामान की व्यवस्था एक साफ चित्र में दिखाइए।

19

भवनों का दिक्विन्यास
Orientation

19.1 प्रस्तावना

दिक्विन्यास का अर्थ है भवन की दिशा निर्धारण करना। दिक्विन्यास वह कला है जिससे भवन आयोजना के समय भवन की प्लान की दिशा इस प्रकार निर्धारित की जाती है कि भवन में रहने वाले व्यक्ति प्राकृतिक साधनों जैसे सूर्य का प्रकाश, वायु,वर्षा आदि का अधिकतम् लाभ उठा सकें, तथा उनके प्रभावों से बच सकें। एक अच्छे दिक्विन्यास से यह तात्पर्य है कि भवन के विभिन्न अवयबों अर्थात् कमरों का निर्धारण इस प्रकार किया जाए कि सूर्य, वायु, वर्षा, स्थलाकृति तथा दृश्यविस्तार की दृष्टि से उचित व अधिकतम् लाभ अथवा सुविधा जनक हों तथा सड़क व पिछले भाग में जाने में कोई कठिनाई उत्पन्न न हो। बरामदों, खिड़कियों, रोशनदानों, धूप नियोजकों (Sun breakers) आदि की स्थिति इस प्रकार निर्धारित की जानी चाहिए कि भवन समस्त ऋतुओं (seasoens) में सुविधाजनक बना रहे। चित्र–19.1 में चार विभिन्न दिक्विन्यास दिखाये गये हैं।

गर्म व शुष्क क्षेत्रों में अच्छे दिक्विन्यास का महत्व और भी बढ़ जाता है, क्यों कि वहाँ गर्मी व सर्दी दोनों ही अधिक पड़ती हैं। आजकल निर्माण लागत कम करने के उद्देश्य से दीवारों की मोटाई, भवन की ऊँचाई, बरामदों की चौड़ाई न्यूनतम रखी जाती है। ऐसी स्थिति में यह और भी महत्वपूर्ण हो जाता है कि भवन का मुख व उसके कमरों का विन्यास इस प्रकार किया जाना चाहिये कि भवन अधिक से अधिक सुखमय हो। बड़े नगरों में समस्त भवनों का मुख एक ही दिशा में होना असंभव है। इसके निम्न कारण हो सकते हैं।

(1) सामाजिक दृष्टि से यह अच्छा नहीं समझा जाता, कि उसके घर के सामने किसी अन्य के घर का पिछवाड़ा हो। ऐसा सुन्दरता की दृष्टि से भी उचित नहीं है।

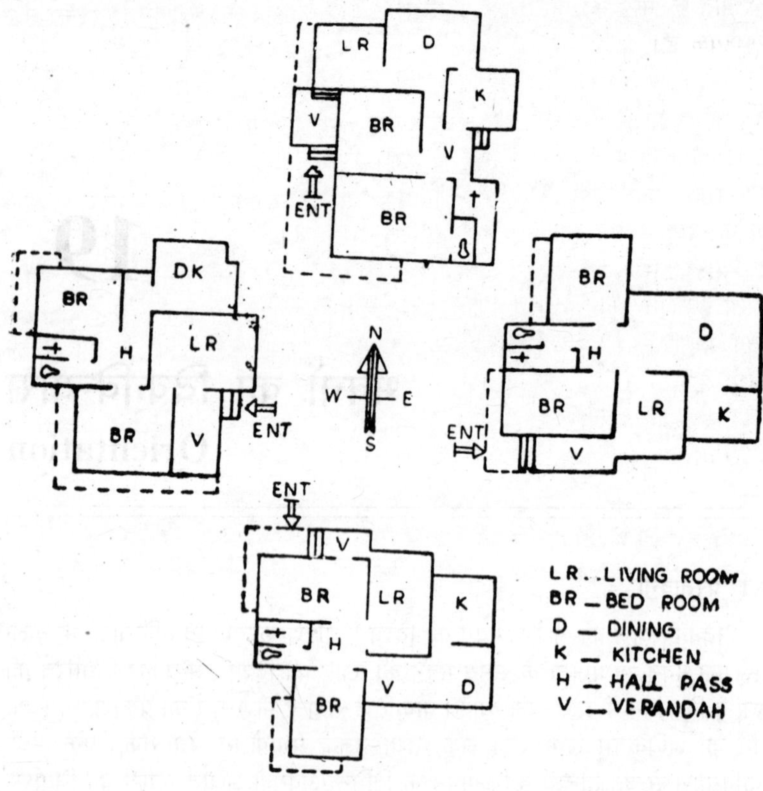

चित्र–19.1. Grouping of a house in four different orientations.

(2) उपरोक्त क्रम में भवन बनाने से सड़कों, नालियों व पानी के नलों आदि की लागत बढ़ जाती है।

(3) सड़कों व रास्तों के लिए अधिक भूमि छोड़नी होगी जिससे भवन की लागत बढ़ जाएगी।

अतः संक्षिप्त में यह कहा जा सकता है कि अच्छे दिक्विन्यास से तात्पर्य यह है कि भवन की प्लान इकाइयों का निर्धारण ऐसा हो कि सूर्य, वायु, स्थलाकृति व दृश्य–विस्तार का उचित उपयोग हो सके तथा सड़क पर व पीछे जाने में सुगमता बनी रहे।

19.2 दिक्विन्यास को प्रभावित करने वाले घटक

भवन का दिक्विन्यास निम्न घटकों से प्रभावित होता है।

(i) सौर ऊष्मा प्राप्ति (ii) प्रचलित वायु की दिशा

(iii) वर्षा (iv) स्थल की अवस्थ

(i) सौर ऊष्मा प्राप्ति–इस घटक का प्रभाव ज्ञात करने के लिए वर्ष भर सूर्य

की गति के मार्ग की जानकारी व उसकी स्थल से आपेक्षिक स्थिति का ज्ञान होना आवश्यक है।

(ii) **प्रचलित वायु की दिशा**—इस घटक के प्रभाव के लिए ग्रीष्म काल में प्रचलित वायु की दिशा ज्ञात करना बहुत आवश्यक है क्योंकि ग्रीष्म काल में वायु की अधिक आवश्यकता होती है, जबकि सर्दी में नहीं।

(iii) **वर्षा**—वर्षा की दिशा व तीव्रता का ज्ञान होना आवश्यक है क्योंकि यह भवन की जलवायु व संवातन को बहुत प्रभावित करती है।

(iv) **स्थल की स्थिति**—निर्माण स्थल की स्थिति दिक्विन्यास को बहुत प्रभावित करती है। अतः निर्माण स्थिति जैसे भवन निर्माण नगर गें हो रहा है अथवा गांव में, इसके अतिरिक्त स्थल के समीप आस–पड़ोस कैसा है, यह भी दिक्विन्यास को प्रभावित करता है।

बड़े–बड़े नगरों में प्रकृति का अधिकतम लाभ उठाने के लिए प्रत्येक भवन का वांच्छित दिशा में बनाना असंभव है। नगरों में भवन की दिशा सड़कों, बगीचों व प्लाट के आकार आदि पर निर्भर करती है। इन अवस्थाओं में भवन का दिक्स्थापन भवन के मुखद्वार के सम्बन्ध में किया जाता है। प्रत्येक कमरे का वास्तविक दिक्विन्यास उसकी उपयोगिता के अनुसार किया जा सकता है जैसे सीढ़ी या गैराज रहने वाले कमरे के पश्चिम में बनाये जा सकते हैं इससे रहने वाले कमरे को दोपहर के बाद की गर्मी से बचाया जा सकता है। अतः अधिक सूर्य ऊष्मा वाले क्षेत्रों में भवन दिक्विन्यास ऐसा होना चाहिए कि सूर्य की किरणें भवन में कम से कम प्रवेश करने पावें।

19.3 भारतीय स्थितियों में दिक्विन्यास

भारत एक ऊष्ण कटिबन्धीय (Tropical) देश होने के कारण इसके समस्त भागों में वायुमण्डलीय दशा, सूर्य किरणों की तीव्रता तथा वायु की दिशा समान नहीं रहती। इस कारण समस्त भागों में भवन दिक्विन्यास के समान नियम नहीं बनाये जा सकते। इस कारण वायुमण्डलीय प्रभाव के अनुसर भारतवर्ष को निम्न तीन क्षेत्रों में विभाजित किया जा सकता है।

1. गर्म तथा शुष्क क्षेत्र (Hot and Arid regoion)
2. गर्म तथा आर्द्र क्षेत्र (Hot and Humidregion)
3. पहाड़ी क्षेत्र (Hilly Region)

1. गर्म तथा शुष्क क्षेत्र—इस क्षेत्र में जलवायु में परिवर्तन चरम सीमा तक अर्थात् बहुत अधिक होता है। इस क्षेत्र गें अधिकतम ताप क्रम 45°C से अधिक तथा न्यूनतम तापक्रम 16°C से कम होता है। आकाश प्रायः बादल रहित रहता है। इस क्षेत्र में सूर्य किरणों में चमक अथवा गर्मी अधिक तथा आर्द्रता बहुत कम होती है। इस क्षेत्र में दिन गर्म व शुष्क तथा रातें ठंडी होती हैं। इस क्षेत्र में देहली, अमृतसर, ग्वालियर, इन्दौर, नागपुर, आगरा, कानपुर, लखनऊ, गया, जमशेदपुर तथा समीप के क्षेत्र आते हैं।

इस क्षेत्र की मुख्य समस्या भवनों को ग्रीष्म ऋतु में दिन की गर्मी तथा सूर्य की चौंध से बचाना है। सर्दियों में रात्रि के समय ऊष्मा क्षति दर का ध्यान भी रखा जाना चाहिए परन्तु यह बहुत महत्वपूर्ण नहीं है। दिन के सबसे गर्म समय में सूर्य अधिकतम्

ऊँचाई व दक्षिण की ओर होता है तथा सर्दियों में न्यूनतम ऊँचाई पर।

गर्मियों में भवन के न्यूनतम ऊष्मा ग्रहण करने तथा सर्दियों में सूर्य की गर्मी का अधिकतम् लाभ उठाने के लिए भवन की सबसे लम्बी अक्ष पूर्व–पश्चिम में होनी चाहिए अर्थात् भवन की सबसे लम्बी दीवार उत्तर–दक्षिण तथा सबसे छोटी दीवार पूर्व–पश्चिम की ओर होनी चाहिए।

इस प्रकार बनाये गये भवन की दीवारों पर सूर्य की किरणें न्यूनतम पड़ेगीं, जिससे भवन कम गर्म होगा। दक्षिणी दीवार पर छज्जा या पेड़ आदि लगाने से दीवार पर सूर्य की किरणें कम पड़ेंगी जिससे भवन कम गर्म होगा। रहने के कमरों के दक्षिण में बरामदे बनाने से सर्दियों में सुबह की धूप का आनन्द उठाया जा सकता है, परन्तु गर्मियों में इससे कमरे गर्म होंगे। इस क्षेत्र के कमरों में पश्चिम की ओर खिड़कियाँ कम से कम बनाई जानी चाहिए। भवन का पश्चिम वाला भाग छाया करने वाली युक्तियों से अच्छी प्रकार ढका होना चाहिए तथा इस ओर खुला स्थान कम से कम होना चाहिए। इन क्षेत्रों में स्थाई रोशनदानों का होना अधिक लाभदायक नहीं होता बल्कि प्रायः असुविधा का कारण बन जाता है। इस क्षेत्र में केन्द्रीय भवन अनुसंधान रुड़की के परीक्षणों पर आधारित निम्न दिक्‌विन्यास अपनाये जा सकते हैं।

(i) उत्तरी भारत–दिक्‌विन्यास पूर्व व दक्षिण रेखा के समानान्तर तथा मुख्य द्वार उत्तर की ओर खुलने वाला बनाया जाना चाहिए।

(ii) मध्य भारत–इस भाग में दिक्‌विन्यास E.S.E. व W.N.W. रेखा के समानान्तर तथा मुख्य द्वार N.N.E. की ओर खुला होना चाहिए।

(iii) देहली के लिए सर्वोत्तम दिक्‌विन्यास भवन की सबसे बड़ी दीवार पूर्व पश्चिमी रेखा से पूर्व दक्षिण की ओर 22.5° का कोण बनाये जाने पर पाया गया है।

नोट–प्रायः यह देखा गया है कि 25° से 30° तक प्रचलित वायु की दिशा से हटा भवन दिक्‌विन्यास, भवन के आन्तरिक संवातन (Ventilation) को प्रभावित नहीं करता।

2. गर्म व आर्द्र क्षेत्र–इस क्षेत्र में निम्न नगर आते हैं।

बम्बई, अहमदाबाद, बेंगलोर, ट्रावनकोर, मद्रास, आँध्र प्रदेश का समुद्री तट, मैसूर व कलकत्ता आदि।

इस क्षेत्र में वर्षा अधिक होने के कारण वायुमण्डल में आर्द्रता अधिक रहती है जिससे मनुष्यों का पसीना नहीं सूख पाता। पसीना न सूखने के कारण मनुष्यों के अन्दर की गर्मी कम नहीं हो पाती। अतः मनुष्यों को राहत पहुंचाने के लिए यह अनिवार्य है कि इस क्षेत्र के भवनों में वायु का मुक्त आवागमन अधिक मात्रा में हो। इस क्षेत्र में तापमान भी बहुत अधिक होता है इस कारण भवन की दीवारों को सूर्य की किरणों से बचाने के लिए पेड़ आदि लगाना आवश्यक है। इस क्षेत्र में भवनों का दिक्‌विन्यास करते समय निम्न बातों का ध्यान रखा जाना चाहिए।

1. भवन में वायु का मुक्त रूप से आवागमन होना चाहिए।
2. भवन के अन्दर का तापक्रम वाह्य वायु ताप से अधिक न हो (वाह्य तापक्रम छाया में मापा जाना चाहिए।)
3. खिड़कियों की सिल नीची रखी जानी चाहिए।

4. रोशनदान अवश्य बनाये जाने चाहिए।
5. कमरों की ऊँचाई उसकी चौड़ाई के बराबर रखी जानी चाहिए।
6. कमरे में वर्षा नहीं जानी चाहिए।
7. भवन का प्लान खुला बनाया जाना चाहिए।
8. भवन का दिक्विन्यास जलवायु के आधार पर किया जाना चाहिए।

उदाहरण के लिए बंगाल में वायु की दिशा प्रायः उत्तर दक्षिण होती है अतः भवनों का मुख्य द्वार दक्षिण की ओर रखा जाना चाहिए। मद्रास में वायु तथा मानसून की सामान्य दिशा पूर्व है। इस कारण भवनों का दिक्विन्यास दक्षिण पूर्व (S.E) एवं उत्तर पश्चिम रेखा के सामानान्तर तथा मुख्य द्वार उत्तर दक्षिण की ओर होना चाहिए। यहाँ अधिक धूप के कारण रिहायशी कमरे पूर्व या दक्षिण पूर्व में बनाये जाते हैं। केन्द्रीय भवन अनुसंधान रूड़की के अनुसार इस क्षेत्र में दिक्विन्यास निम्न प्रकार रखा जाना चाहिए।

पश्चिमी तट समभाग जैसे बम्बई—भवन दिक्विन्यास दक्षिण–पूर्व (S.E) व उत्तर–पश्चिम (N.W) रेखा के समानान्तर व मुख्य द्वार दक्षिण–पश्चिम (S.W) की ओर होना चाहिए।

2. पूर्वी तट जैसे मद्रास—दिक्विन्यास दक्षिण–पूर्व (S.E) व उत्तर–पश्चिम (N.W) रेखा के समानान्तर तथा मुख्य द्वार उत्तर–पश्चिम (N.W) की ओर होना चाहिए।

बंगाल—दिक्विन्यास पूर्व व पश्चिम (E.W) रेखा के समानान्तर तथा मुख्य द्वार दक्षिण की ओर होना चाहिए।

पहाड़ी क्षेत्र—पहाड़ी क्षेत्र अधिक ऊँचाइ पर होने के कारण वहाँ गर्मी की कोई समस्या नहीं होती। इन क्षेत्रों में तापक्रम प्रायः सामान्य तापक्रम से कम ही रहता है। ठंड पहाड़ी की ऊँचाई पर निर्भर करती है। इन क्षेत्रों में रातें बहुत ठंडी हो जाती हैं। इन क्षेत्रों में भवन अधिक ऊष्माधारिता वाली सामग्री के बनाये जाने चाहिएँ जिससे भवन दिन की गर्मी संचय कर रात्रि सुखमय बना सके। इस कारण पहाड़ी क्षेत्रों में दीवारों की मोटाई अधिक रखी जानी चाहिए। विकिरण के कारण ऊष्मा क्षति को रोकने के लिए भवन की छतें अच्छी ऊष्मा विसवाहन (Thermal insulation) सामग्री की बनाई जानी चाहिए। दिन के अधिकतम भाग में गर्मी प्राप्त करने के उद्देश्य से भवन पहाड़ी के ढाल पर बनाये जाने चाहिएं।

19.4 अन्य कुछ सुझाव

केन्द्रीय भवन अनुसंधान केन्द्र रुड़की व रेलवे अनुसंधान केन्द्र लखनऊ के परीक्षणों के आधार पर कुछ सुझाव निम्न प्रकार हैं।

(1) सौर ऊर्जा अर्थात गर्मी की दृष्टि से भवन का दिक्विन्यास ऐसा होना चाहिए कि समूचा भवन सर्दियों में तो अधिकतम् गर्मी प्राप्त कर सके तथा गर्मियों में कम से कम गर्मी प्राप्त करे। सूर्य विकिरण का व्यवहारिक मान ज्ञात करने के लिए सूर्य के चमकने की अवधि व वाह्य सतहों पर प्रति घण्टा सूर्य ऊर्जा तीव्रता का ज्ञान होना आवश्यक है। चित्र–19.2 में प्रति इकाई क्षेत्रफल जो सूर्य किरणों के अभिलम्ब है, पर मानक वायुमण्डलीय वातावरण में सूर्य की विभिन्न ऊँचाईयों या उन्नतांश के लिए

संगणित (Computed) सूर्य ऊर्जा का ग्राफ दिखाया गया है। सबसे अधिक गर्म व सर्द दिनों के लिए भवन द्वारा ग्रहण की गई सकल सूर्य ऊर्जा का मान इस ग्राफ की सहायता से ज्ञात कर अन्तिम दिक्विन्यास सुनिश्चित किया जा सकता है।

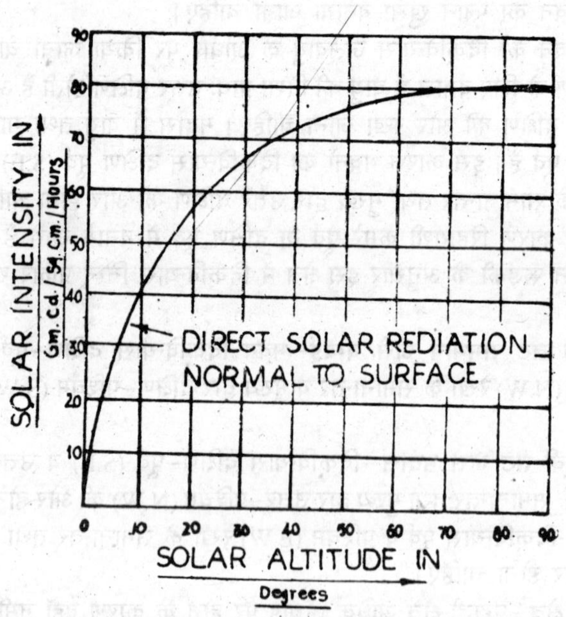

चित्र–19.2. Computation of Direct Solar Intensities

किसी ऐसी सतह, पर जो सूर्य किरणों के अभिलम्ब न हो सूर्य ऊर्जा का मान ज्ञात करने के लिए, ऊर्जा ज्ञात करते समय की सूर्य ऊँचाई का ज्ञान होना आवश्यक

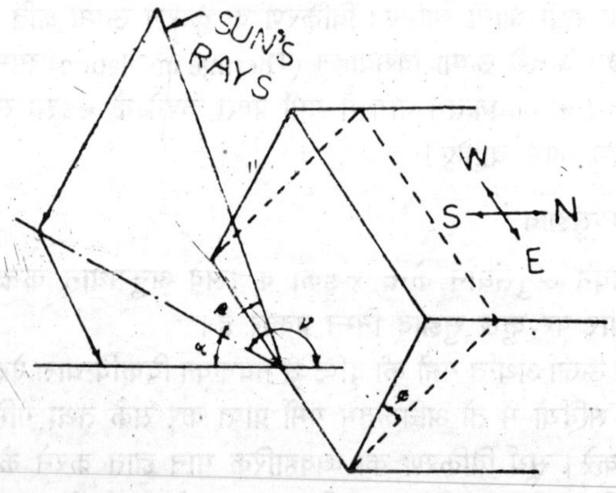

चित्र–19.3. Computation of Solar Radiation on Building Surfaces

है। सूर्य विकिरण का मान ग्राफ से ज्ञात करने के लिए उसकी उपयोग विधि का ज्ञान होना भी आवश्यक है। सूर्य विकिरण I_s किसी भी सतह पर निम्न सूत्र से संगणित किया जा सकता है।

$$I_s = I_N (\sin \beta \sin \phi + \cos \beta \cos \alpha . \cos \phi)$$

जबकि α = दीवार का सूर्य दिगंश कोण (Azimuth angle)

β = सूर्य ऊँचाई कोण

ϕ = ऊर्ध्वाधर से सतह के कटने का कोण,

ϕ = 0 ऊर्ध्वाधर सतह के लिए

ϕ = 90°. क्षैतिज सतह के लिये (चित्र–19.3)

(2) ऊष्ण कटिबन्ध अर्थात अधिक गर्म क्षेत्रों में पड़ने वाले कमरों को दक्षिण व पश्चिम की ओर बरामदे, स्नानघर, शौचालय आदि बनाकर सूर्य की किरणों से बचाया जाना चाहिए। दक्षिण की ओर बरामदा न बनाकर छज्जा बनाया जा सकता है। यदि दक्षिण की ओर बरामदा न बराया जाये तो इसे पूर्व की ओर बनाना उपयोगी होगा। यथासंभव उत्तर की ओर बरामदा नहीं बनाया जाना चाहिए।

बड़े भवन जैसे अस्पताल, स्कूल आदि की एक लम्बी दीवार उत्तर–दक्षिण दिशा की ओर होनी चाहिए तथा पश्चिम में बरामदा बनाया जाना चाहिए। ड्राइंग आफिस व अंधेरा कमरा उत्तर की ओर बनाया जाना चाहिए।

(3) भवन के समीप पेड़ आदि लगाकर सूर्य की किरणों से बचाव किया जाना चाहिए तथा छोटी दीवार पूर्व–पश्चिम दिशा में बनाई जानी चाहिए। इस प्रकार भवन का कम से कम क्षेत्रफल सूर्य की किरणें ग्रहण कर पायेगा। चित्र–19.4 में दिखाये अनुसार सूर्य की किरणें फर्श से 30° का कोण बनानी चाहिएं।

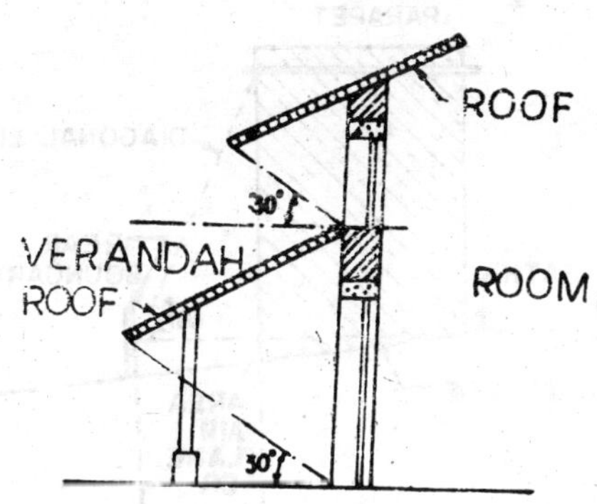

चित्र–19.4. Guarding Building against Sun Rays

(4) प्रायः वे कमरे जिन्हें दिन में उपयोग में लाया जाता है उत्तर पूर्व की ओर बनाये जाने चाहिए जबकि सोने वाले कमरे प्रचलित वायु की दिशा में बनाये जाने चाहिएं

तथा उनके साथ बरामदा भी बनाया जाना चाहिए। बरामदा बनाने से दोपहर बाद की धूप कमरे में नहीं आयेगी। रसोईधर बनाने के लिए पूर्व या उत्तर–पूर्व का कोना जिसमें वायु के प्रवेश के लिये आमने–सामने स्थान रखने का प्रावधान हो, सर्वोत्तम है।

भवन में शौचालय ऐसे स्थान पर बनाया जाना चाहिए जहाँ से आने वाली वायु भवन से दूर जाती हो।

5. अतः दिक्‌विन्यास में संवातन का भी महत्वूपर्ण स्थान है। अच्छे संवातन के लिए भवन की ऊँचाई उसके पास की गली (Street) की चौड़ाई से दो गुणे से अधिक नहीं होनी चाहिए। इसे $63\frac{1}{2}^{0}$ का नियम भी कहा जाता है। यह कोण 45° से $63\frac{1}{2}^{0}$ तक हो सकता है। बड़े नगरों में यह कोण $63\frac{1}{2}^{0}$ लिया जाता है परन्त जहाँ भूमि की लागत अधिक न हो वहाँ यह कोण 45° माना जाना चाहिए। (चित्र–19.5)

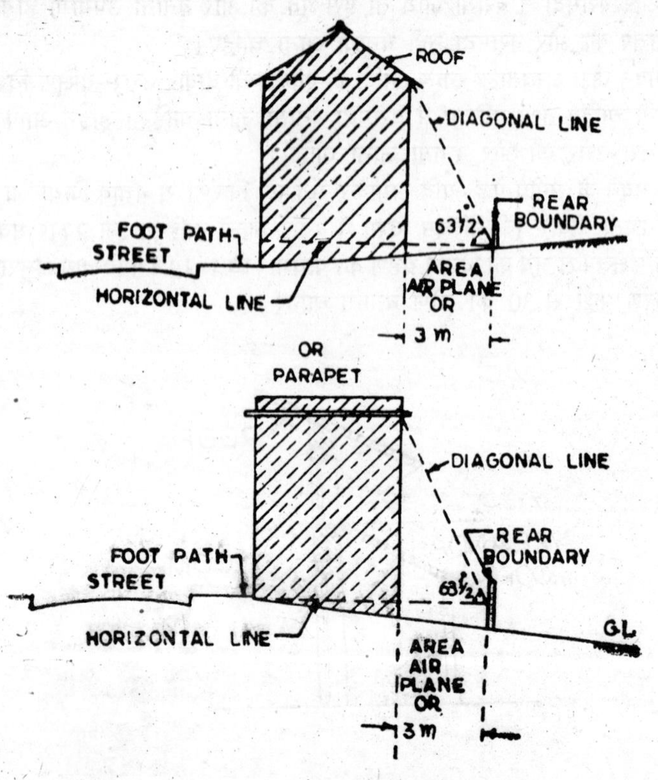

चित्र–19.5. Height of Building on 63 1/2° Rule

19.5 केवल सूर्य की दृष्टि से दिक्‌विन्यास करना

सूर्य के अनुसार दिक्‌विन्यास करते समय वर्ष भर सूर्य का गमन पथ (Direction of Sun's motion) व विभिन्न स्थानों से उसकी आपेक्षिक दूरी, (relative position) सूर्य के चमकने की अवधि तथा सौर ऊष्मा की तीव्रता ज्ञात होना आवश्यक है।

जैसा कि ऊपर बताया जा चुका है, सूर्य का प्रकाश व धूप हमारे जीवन के लिए अत्यन्त आवश्यक है। सूर्य की किरणों में विभिन्न बीमारियों के जीवाणुओं को मारने की क्षमता होती है। तपेदिक, टाइफाइड (typhiod), दिफथीरिया आदि के जीवाणुओं को सूर्य की किरणें 2 से 10 मिनट में मार सकती हैं।

(2) सूर्य का प्रकाश जीवन की बढ़ोत्री के लिए आवश्यक है।

(3) सूर्य का प्रकाश संवातन के लिए भी आवश्यक है।

(4) सूर्य का प्रकाश अन्य कार्यों में भी सहायक होता है।

अतः सूर्य के प्रकाश का भवन में प्रवेश लाभदायक है परन्तु उसके कुछ कुप्रभाव भी हैं। सूर्य की जो धूप जीवाणुओं को मारने में सहायक होती है तथा सर्दियों में आनन्दमय होती है वहीं धूप गर्मियों में असहनीय हो जाती है तथा भवन को गर्म कर देती है। अतः इसके कुप्रभाव से भवन को बचाना चाहिए। ये समस्त सुविधाएँ भवन का उचित दिक्विन्यास करके प्राप्त की जा सकती हैं। सूर्य के अनुसार दिक्विन्यास करते समय निम्न बातों पर ध्यान दिया जाना चाहिए।

1. धूप की दिशा में छायादार पेड़ लगाकर दीवारों को गर्म होने से बचाया जा सकता है।

2. लम्बी दीवार उत्तर–दक्षिण तथा छोटी दीवारें पूर्व–पक्षिम की दिशा में बनाई जानी चाहिएं जिससे सूर्य की किरणें न्यूनतम क्षेत्रफल को ही प्रभावित कर सकें।

3. भवन की दक्षिणी दीवारों को सूर्य की सीधी किरणों के प्रभाव से बचाने के लिए खिड़कियों पर छज्जे या धूप वियोजक (sun breakers) लगाये जाने चाहिएँ।

4. सर्दियों में सूर्य की किरणों के कमरों में प्रवेश कर उन्हें गर्म रखने में सहायता पहुंचाने के लिए दक्षिण दिशा में खुला स्थान छोड़ा जाना चाहिए। इस दिशा में बरामदा भी बनाया जा सकता है।

5. दोपहर के बाद की धूप से बचाव के लिये पश्चिम दिशा में खुले स्थानों पर तिरछे ऊर्ध्वाधर धूप वियोजक (Tilted Vertical Sun breakers) लगाये जा सकते हैं तथा बरामदा भी बनाया जा सकता है।

6. यदि धन उपलब्ध हो तो बरामदा पूर्व में भी बनाया जाना चाहिए।

7. छत में उचित पदार्थों की उचित मोटी परत बनाकर उसे अधिक धूप रोधी बनाया जा सकता है।

19.6 वायु के अनुसार भवन का दिक्विन्यास

वायु भवनों की नमी दूर करने, सतह को सुखाने तथा अच्छा सवांतन प्रदान करने में सहायक होती है। इसके साथ–साथ यह धुएँ तथा दूषित वायु को फैलाती भी है। वायु के अनुसार दिक्विन्यास करने के लिए वर्ष भर चलने वाली वायु की दिशा की जानकारी आवश्यक है।

वायु के आधार पर भवन का दिक्विन्यास इस प्रकार किया जाना चाहिए कि गर्मी के दिनों (hot seasion) में वायु सीधी भवन में प्रवेश कर सके (क्योंकि गर्मियों

में वायु की अधिक आवश्यकता होती है)। इसके विपरीत सर्दियों में ठण्डी वायु का भवन में न्यूनतम प्रवेश अपेक्षित है। ऐसे स्थानों पर जहाँ वर्षा अधिक होती है तथा जलवायु में आर्द्रता अधिक होती है, सूर्य की धूप की अपेक्षा भवन में वायु का प्रवेश अधिक महत्वपूर्ण है। ऐसे क्षेत्रों में खिड़कियों की स्थिति व आकार ऐसा होना चाहिए कि एक घण्टे में कमरे की हवा दो से तीन बार पूर्णरूप से बदल सके अर्थात कमरे के अन्दर की गर्म व दूषित वायु बाहर निकल जाये तथा ताजी वायु कमरे में प्रवेश कर जाये। भवन के दक्षिण–पश्चिम दिशा में सोने वाले कमरे के साथ बरामदा अवश्य बनाया जाना चाहिए। बंगाल में वायु प्रायः दक्षिण दिशा से चलती है जबकि मद्रास में पूर्व दिशा से। राजस्थान व मध्यप्रदेश में वायु दक्षिण–पश्चिम दिशा से चलती है।

19.7 वर्षा के अनुसार दिक्‌विन्यास करना

वर्षा के अनुसार दिक्‌विन्यास करते समय उस क्षेत्र में वर्षा की किस्म, वर्षा की दिशा व तीव्रता तथा वर्षाकाल की जानकरी आवश्यक है। वर्षा आने की दिशा में खुलने वाली खिड़कियों तथा दरवाजों पर छज्जें लगाए जाने चाहिएँ जिससे वर्षा का पानी कमरों में प्रवेश न कर सके परन्तु शुद्ध व ताजी वायु कमरे में आती रहे। वर्षा आने की दिशा में रोशनदान भी नहीं बनाए जाने चाहिएँ क्योंकि इनसे भी कमरों में वर्षा प्रवेश कर नमी उत्पन्न कर देगी जो अनुज्ञेय है।

इसके अतिरिक्त गर्मी से भवनों को सुखमय बनाने के लिए निम्न उपाय भी किए जा सकते हैं।

1. भवनों की संहत (compact-plan) प्लान बनाकर
2. भवनों के बाहर पेड़ आदि लगाकर छाया का प्रबन्ध करके
3. खुले स्थान कम व छोटे रख कर
4. वायुमण्डल में रहने वाली छत तापरोधी बना कर
5. वाह्य दीवारों व छत पर सफेदी या हल्का रंग करके
6. भवन में चौक छोटा रख कर
7. यदि कई भवन एक दूसरे से मिले हों तो इस बात का ध्यान रखा जाना आवश्यक है कि प्रातःकालीन सूर्य का प्रकाश भवन में अवश्य प्रवेश करना चाहिए।

19.8 सारांश

आवासीय भवनों के कमरों का दिक्‌विन्यास निम्न प्रकार किया जा सकता है:

1. रहने का कमरा (living room)–दक्षिण–पूर्व, दक्षिण, दक्षिण–पश्चिम व पश्चिम दिशा।

2. सोने का कमरा (Bed room)–उत्तर, उत्तर–पूर्व, पूर्व, दक्षिण–पूर्व दक्षिण, दक्षिण–पश्चिम व पश्चिम दिशा।

3. भोजन कक्ष (Dining room)–पूर्व, दक्षिण–पूर्व, दक्षिण, दक्षिण–पश्चिम, पश्चिम।

4. रसोई घर (Kitchen)–पूर्व, दक्षिण–पूर्व, दक्षिण, दक्षिण–पश्चिम।

5. पढ़ने का कमरा (Study room)–उत्तर, उत्तर–पूर्व, उत्तर–पश्चिम।

6. धुलाई का स्थान (Laundry)—उत्तर, उत्तर–पूर्व, उत्तर–पश्चिम।

7. स्नानघर (Bathroom)—उत्तर, उत्तर–पूर्व, पूर्व, दक्षिण–पूर्व, दक्षिण, दक्षिण–पश्चिम व पश्चिम।

8. गैराज (Garrage)—स्नानघर की भांति।

9. बरामदा (Varandha)—पूर्व, दक्षिण–पूर्व दक्षिण, दक्षिण–पश्चिम, पश्चिम, उत्तर–पश्चिम।

10. कार्यशाला (Workshop)—उत्तर, उत्तर–पूर्व उत्तर–पश्चिम।

11. खुली छत (open terrace)—पूर्व, दक्षिण–पूर्व, दक्षिण, दक्षिण–पश्चिम, पश्चिम।

12. पोर्च (Porch)—पूर्व, दक्षिण–पूर्व, दक्षिण, दक्षिण–पश्चिम।

प्रश्नावली

(1) दिक्विन्यास (orientation) की परिभाषा लिखिए तथा उसे प्रभावित करने वाले घटकों का विस्तृत वर्णन कीजिए।

(2) निम्न क्षेत्रों में भवन दिक्विन्यास करते समय किन–किन बातों का ध्यान रखा जाना चाहिए?

(a) गर्म व शुष्क क्षेत्र (b) गर्म व आर्द्र क्षेत्र

(3) भवन को सूर्य की गर्मी से बचाने के लिए कौन–कौन से उपाय किए जा सकते हैं?

(4) अच्छे संवातन की दृष्टि से भवन का दिक्विन्यास किस प्रकार किया जाना चाहिए। भवन की ऊँचाई किस प्रकार निर्धारित की जाती है?

(5) भवन के दिक्विन्यास से क्या तात्पर्य है। इसका महत्व विस्तार से समझाइए। B.T.E.R. (1983, 1985, 1986)

20

आवासीय भवनों का अभिकल्पन
Design of Residential Buildings

20.1 प्रस्तावना

जिस भवन में कोई व्यक्ति या कोई परिवार स्थाई रूप से अथवा काफी लम्बी अवधि से रहते आते हैं वह भवन आवासीय भवन कहलाता है। आवासीय भवन कोई बंगला भवनों का समूह (Block of Flats) अथवा पहाड़ी की ढलान में निर्मित कोटेज अथवा होटल हो सकते हैं। प्रत्येक आवासीय भवन किसी न किसी प्रकार रहने का उद्देश्य पूर्ण करता है। अन्तर केवल इनकी किस्म में है। एक होटल भी सार्वजनिक भवन ही होता है जहाँ पर रहने व खाने की व्यवस्था होती है, जब कि होस्टल में केवल रहने की ही व्यवस्था होती है। साधारणतः होस्टल में खाने की व्यवस्था के लिए मैस अथवा केन्टीन की सुविधा प्रदान की जा सकती है। होटल व होस्टल भवनों का उपयोग थोड़े समय के लिए किए जाने के कारण इन्हें आवासीय भवनों की द्वितीय श्रेणी में रखा जा सकता है।

आवासीय भवनों का नियोजन भवनों की श्रेणी तथा उन्हें उपयोग करने वाले परिवारों के अनुसार किया जाता है। भवनों का नियोजन एक परिवार को एक इकाई मानकर किया जाना चाहिए। परिवार के सदस्यों की संख्या, उनकी आयु, व आपसी रिस्ते बहुत परिवर्तनशील होते हैं परन्तु उन सबकी आवश्यकता के नअुसार आवास का अभिकल्पन किया जाना चाहिए। किसी विशेष प्रकार के आवास के लिए दृढ़ नियम नहीं बनाये जा सकते, परन्तुत कुछ मूल आवश्यकताएँ होती हैं जिनका ध्यान नियोजन के समय अवश्य रखा जाना चाहिए। साधारणतः प्रत्येक आवासीय भवन में एक बैठक (Living room), एक रसोईघर, भोजन कक्ष (Dining hall), स्नानघर, शौचालय तथा परिवार के सदस्यों की संख्या के अनुसार सोने के कमरे (Bed rooms) होने चाहिएँ। एकल पलंग वाले शयनकक्ष का क्षेत्रफल 9.5 वर्ग मीटर रखा जा सकता है। दुहरे पलंग

वाले कक्षों के लिए यह क्षेत्रफल 15.0 वर्ग मीटर पर्याप्त है।

तालिका 20.1 परिवार के सदस्यों के अनुसार भवन में शयन कक्षों की संख्या

क्र० सं०	परिवार का आकार	शयन कक्षों की संख्या		
		एकल पलंग कक्ष		दुहरे पलंग कक्ष
1.	केवल पति–पत्नी (बच्चे नहीं)	2	या	1
2.	पति–पत्नी एक बच्चे सहित	1	व	1
3.	पति–पत्नी व दो बच्चों सहित	2	व	1
4.	पति–पत्नी व तीन बच्चों सहित	1	व	2

यदि दादा व दादी भी साथ रहते हों तो उपरोक्त के अतिरिक्त 2 एकल पलंग वाले कक्ष अथवा एक दो पलंग वाला कक्ष पर्याप्त है। महमानों के लिए एक अलग कमरे का प्रावधान होना चाहिए। होटल अथवा होस्टल का डिजाइन एकल या दुहरे पलंग वाले कक्षों की भांति ही किया जाना चाहिए।

स्वास्थ्य तथा संवातन की दृष्टि से विभिन्न प्रकार के भवनों के फर्श, क्षेत्रफल, ऊँचाई व आयतन की एक निश्चित मात्रा रखी जानी आवश्यक है। प्रति व्यक्ति कमरों का अनुज्ञेय आयतन, फर्श का क्षेत्रफल आदि निम्न सारणी–20.2 में दिखाया गया है।

सारणी-20.2

संवातन की दृष्टि से विभिन्न प्रकार के भवनों के लिए अनुज्ञेय आयतन व क्षेत्रफल

क्र०सं०	भवन की किस्म	प्रति व्यक्ति आयतन (घन-मीटर)	प्रति व्यक्ति क्षेत्रफल (वर्ग मीटर)	दीवारों के नीचे का क्षेत्रफल (% में)
1.	आवासीय भवन (Residential)	9.0	2.5—3	15—20%
2.	शयनशाला (Dormitories)	12—15	3—4	15—20%
3.	कारखाने (Factories)	9—12	2—2.5	10%
4.	विद्यालय (School)	4.5—7.5	1—2	15—20%
5.	चिकित्सालय (Hospital	30	8—10	15—20%
6	छात्रावास (Hostel)	28.5	7—10 (8.5)	15—20%
7.	कार्यालय (Office)	12—15	2.5—3	15—20%

आबासीय भवनों की विभिन्न इकाइयों का आकार निर्धारित करने से पूर्व उनमें काम आने वाले फर्नीचर की संख्या व आकार का निर्धारण भी आवश्यक है। मितव्ययिता की दृष्टि से भवनों में फर्नीचर कमरों की दीवारों के साथ–साथ लगाया जाता है। फर्नीचर बीच में लगाने से अधिक क्षेत्रफल की आवश्यकता होगी, जिसमें व्यय अधिक होगा।

फर्नीचर का आकार अधिकतम् मानकर कमरे का आकार व उसमें दरवाजों व खिड़कियों तथा अलमारियों की स्थिति इस प्रकार निर्धारित की जानी चाहिए कि फर्नीचर लगाने के पश्चात् उन्हें उपयोग करने में किसी प्रकार की वाधा उत्पन्न न हो।

तालिका-20.3 भवन के मुख्य कक्षों में फर्नीचर के लिए अनुज्ञेय क्षेत्रफल

कमरे की किस्म	अनुज्ञेय क्षेत्रफल
1. बैठक या रहने का कमरा (Living room)	30 से 35 %
2. शयनकक्ष (Bed room)	40%
3. भोजनकक्ष (Dining room)	55%

तालिका-20.4 विभिन्न प्रकार के फर्नीचर के सामान्य आकार

Size of essential Furniture		Optional Furniture
A. अनिवार्य फर्नीचर	आकार cm × cm	ताश खेलने की मेज 90 × 90
बैठक (रहने का कमरा)		काफी की मेज 90 × 100
(living room)		T.V. की मेज 90 × 90
1. Large Couch	80 × 180 90 × 210 75 × 200	अन्य छोटी मेज 50 से०मी० व्यास
2. Club Chair	75 × 90 65 × 75	
3. Sofa	75 × 135	
4. Office chair	45 × 45	
5. Dining chair	45 × 45	
6. Writing table	135 × 75	
7. Small desk	120 × 60	
शयन कक्ष (Bed room)		
1. Double bed	135 × 200 145 × 210	Chest of large drawers 90 × 60
2. Single bed	90 × 200	Bed side table 60 × 30
3. Single cot	75 × 180	Small dressing table 45 × 90
4. Small arm chair	65 × 45	
5. Dewan	75 × 165	
6. Dressing stool	45 × 38	
7. Chest of small drawers	45 × 90	
रसोईघर (Kitchen)		
Sink	60 × 45 × 20 height-60	Storage cabin-any size
Cooking range	60-80	Refrigerator-60 × 75

Working table	height (60-80 95 × 120 (height-85) 45 × 120
Water storage	45 × 90
खाने का कमरा (Dining room)	
Dining table	75 × 150 110 × 170
Dining chairs	45 × 45
स्नान घर (Bath room)	
Tub	135 × 75 150 × 75
Wash basin	50 × 40 से 55-40 65 × 45 से 67 × 47

20.2 भवन के विभिन्न अवयवों का वर्णन

बरामदा (Verandah)

1. आवश्यकता—गर्म क्षेत्रों में बरामदा बनाना बहुत आवश्यक है। प्रायः यह निम्न कार्यों के लिए उपयोग में लिया जा सकता है।

(a) साइकिल व स्कूटर रखने के लिए।

(b) बैठक के खुलने तक मिलने आने वालों के बैठने व प्रतीक्षा करने की सुविधा प्रदान करने के लिए।

(c) विभिन्न कमरों में स्वतंत्र प्रवेश मार्ग देकर एकांतता बनाये रखना।

(d) शयन के समय या रात्रि में बैठकर दोस्तों के साथ बातचीत करना।

(e) भवन को सूर्य की गर्मी से सुरक्षा प्रदान करना तथा गर्म हवा को सीधे कमरों में प्रवेश करने से रोकना।

आकार—शाम को बैठने के लिए बनाये जाने वाले बरामदों की चौड़ाई 2.00 मीटर से 2.5 मीटर पर्याप्त है परन्तु कम से कम चौड़ाई 1.2 मीटर तथा अधिकतम् चौड़ाई 3.5 मीटर रखी जा सकती है। बरामदों की न्यूनतम ऊँचाई 2.5 मीटर तथा अधिकतम् ऊँचाई छत की ऊँचाई के बराबर हो सकती है।

स्थिति—बरामदा दक्षिण—पश्चिम में अधिक उपयोगी पाया गया है। यदि पर्याप्त मात्रा में धन उपलब्ध हो तो बरामदा पूर्व में भी बनाया जा सकता है।

बैठक अथवा रिहायशी कक्ष (Living room or Drawing room)

आवश्यकता—इसे विभिन्न कार्यों के लिए उपयोग में लिया जा सकता है, **जैसे**—(i) परिवार के सदस्यों के आराम करने के लिए।

(ii) दोस्तों व महमानों को बिठाने तथा उन्हें चाय आदि पिलाने के लिए।

(iii) मिलने आने वालों को बिठाने व उन से बातचीत करने आदि के लिए।

(iv) बच्चों के स्कूल का कार्य करने के लिए।

(v) आवश्यकता पड़ने पर महमानों को सुलाने के लिए आदि।

आकार—बैठक का आकार उसमें रखे जाने वाले फर्नीचर तथा उसमें पतिपादित क्रियाओं के अनुसार निर्धारित किया जाना चाहिए। एक आवासीय भवन के लिए बैठक का न्यूनतम क्षेत्रफल 15 m^2 पर्याप्त है परन्तु 18 से 20 m^2 क्षेत्रफल अधिक उपयोगी पाया गया है। यदि खाना खाने की व्यवस्था भी बैठक में ही की जाए तो उपरोक्त क्षेत्रफल में 8 से 9 m^2 क्षेत्रफल और जोड़ देना चाहिए अर्थात बैठक व भोजन कक्ष के लिए 27 से 29 m^2 क्षेत्रफल अति उत्तम रहेगा। बैठक की आकृति वर्गाकार की अपेक्षा आयताकार अधिक उपयोगी पाई गई है परन्तु लम्बी व कम चौड़ी नहीं होनी चाहिए।

दरवाजों तथा खिड़कियों का डिजाइन अभिमुखता (aspect), तथा दृश्य विस्तार (Prospect), संवातन तथा प्रकाश की आवश्यकता के अनुसार किया जाना चाहिए। दरवाजों की चौड़ाई 0.9 m से कम नहीं होनी चाहिए। फर्नीचर आदि लाने के लिए बैठक में एक दरवाजा 1.1 m चौड़ा रखा जाना चाहिए। खिड़कियों का खुला क्षेत्रफल फर्श के क्षेत्रफल का 20% रखना पर्याप्त है। खिड़की की सिल फर्श तल से 75 से०मी० से ऊँची नहीं रखी जानी चाहिए। दीवारों अथवा छत के नीचे की ओर गढ़ाई नहीं होनी चाहिए, क्योंकि इन स्थानों पर गर्द व बीमारी के कीटाणु आदि जम जाते हैं जिससे भवन बीमारी ग्रस्त हो जाता है। (समान क्षेत्रफल वाली) चौड़ी खिड़कियों की अपेक्षा ऊँची खिड़कियाँ अधिक उपयोगी पाई गई हैं।

स्थित—बैठक सदैव मुख्य प्रवेश द्वार के समीप होनी चाहिए क्योंकि इसी स्थान पर भेंटकर्ताओं को बैठाना होता है। बैठक कक्ष समाने के बरामदे से जुड़ा होना चाहिए ताकि आगन्तुकों अर्थात भेंटकर्ताओं को सीधे बैठक में ले जाया जा सके। भवन में बैठक कक्ष दक्षिण—पूर्व, दक्षिण—पश्चिम तथा पश्चिम में बनाए जाने चाहिएँ।

शायन कक्ष (Bedroom)

आवश्यकता—आवासीय भवन में शयन कक्ष सबसे महत्वपूर्ण कक्ष है। व्यक्ति के जीवन का प्रायः 1/3 भाग इसी कक्ष में व्यतीत होती है। घर में प्रायः प्रत्येक दो व्यक्तियों के लिए एक शयन कक्ष की व्यवस्था होनी चाहिए। एक कक्ष में दो से अधिक व्यक्तियों के सोने से उसमें संवातन ठीक प्रकार से नहीं हो पाता जो स्वास्थ्य के लिए हानिकारक है। यथासंभव शयन कक्ष के साथ स्नानघर व ड्रेसिंग कक्ष भी होना चाहिए। यदि ऐसा करना संभव न हो तो शयन कक्ष से स्नानघर, शौचालय आदि सुविधाओं तक पहुंचने के लिए सरल पहुंच रखी जानी चाहिए। यदि ड्रेसिंग कक्ष बनाना संभव न हो तो ड्रेसिंग टेबिल कक्ष में रखी जानी चाहिए। फर्श पर अधिक क्षेत्र प्राप्त करने की दृष्टि से अलमारियां, (cupboards) आदि दीवारों में बनाई जानी चाहिएँ।

मजदूर लोग एक ही कमरे में चार या इससे अधिक संख्या में फर्श पर बिस्तर बिछा कर सो जाते हैं। यह स्वास्थ की दृष्टि से हानिकारक है। दिन भर कारखानों के दूषित वातावरण में काम करने के पश्चात् कम से कम रात्रि में तो उन्हें शुद्ध व पर्याप्त मात्रा में वायु प्राप्त होनी चाहिए।

आकार–शयन कक्ष आयताकार आकृति का होना चाहिए तथा उसकी चौड़ाई पलंग की लम्बाई से चलने फिरने के लिए 1.2 m अधिक होनी चाहिए। प्लान में पहले पलंग की स्थिति निश्चित कर खिड़कियों व दरवाजों का निर्धारण किया जाना चाहिए। दरवाजा लम्बी दीवार में ऐसी स्थिति में लगाया जाना चाहिए कि दरवाजा खुला होने पर भी बाहर से पलंग दिखाई न दे। इसके लिए दरवाजा लम्बी दीवार के एक सिरे पर लगाना उचित पाया गया है।

स्थिति–शयन कक्ष का दिक्विन्यास प्रचलित वायु की दिशा में होना चाहिए जिससे शुद्ध व पर्याप्त मात्रा में वायु कक्ष में प्रवेश कर सके। अर्थात शयन कक्ष पश्चिम दिशा में बनाया जाना चाहिए। परिस्थिति अनुसार शयन कक्ष पश्चिम–दक्षिण में भी बनाए जा सकते हैं।

भोजन कक्ष (Dining room)–शिक्षा के प्रसार के साथ–साथ कुर्सी पर बैठकर तथा भोजन मेज पर रख कर खाने की प्रवृति बढ़ रही है। इसके लिए अलग से स्थान की आवश्यकता होती है, इसे भोजन कक्ष कहा जाता है। इस कक्ष में साधारणतः एक मेज तथा 6 कुर्सी रखी जाती हैं। मेज की लम्बाई प्रायः 1.4 से 2.0 मीटर तथा चौड़ाई 0.75 m होती है। एक व्यक्ति के लिए मेज पर साधारणतः 0.60 मीटर लम्बाई पर्याप्त है। यह कमरा केवल दो समय खाना खाने के काम ही आता है। इस कारण इसे बच्चों के पढ़ने के प्रयोग में भी लाया जा सकता है।

आकार–भोजन कक्ष का क्षेत्रफल कम से कम 14 वर्ग मीटर होना चाहिए। इस प्रकार भोजन कक्ष का आकार 3×4.7 m रखा जा सकता है। खाना परोसते समय चलने फिरने के लिए कम से कम चारों ओर 0.75 m चौड़ा स्थान रहना चाहिए।

स्थिति–भोजन कक्ष रसोईघर के समीप ही होना चाहिए। इस कक्ष को बैठक के साथ भी बनाया जा सकता है, उस अवस्था में परदों की सहायता से अस्थाई विभाजन किया जा सकता है। यदि खाना जमीन पर ही बैठकर खाया जाए तो भोजन कक्ष की चौड़ाई 2.4 m ही पर्याप्त है। यदि खाने की व्यवस्था रसोईघर में ही हो तब इस कार्य के लिए रसोईघर के क्षेत्रफल में 8 वर्ग मीटर क्षेत्रफल और जोड़ देना चाहिए।

भोजन कक्षकी संवातन तथा प्रकाश व्यवस्था अच्छी होनी चाहिए। इसमें दरवाजे कम से कम होने चाहिएँ। एक दरवाजा रसोईघर तथा दूसरा बैठक या उसे जोड़ने-वाले रास्ते की ओर होना चाहिए। दरवाजे की न्यूनतम चौड़ाई 0.75 m होनी चाहिए। खिड़कियां यथासंभव लम्बी दीवार में बनाई जानी चाहिएँ। खिड़कियों की ऊँचाई फर्श तल से 0.75 m से अधिक नहीं होनी चाहिए। काँच का सामान व क्रोकरी आदि रखने के लिए दीवार में एक या दो अलमारी बनाई जानी चाहिएँ।

रसोईघर–प्रत्येक घर में रसोई एक बहुत ही महत्वपूर्ण कक्ष है। रसोईघर का मुख्य उपयोग खाना बनाने व उसकी तैयारी करने में होता है। इसके अतिरिक्त रसोईघर में खाने का सामान जैसे आटा, दालें, बर्तन आदि का भण्डारण भी किया जाता है। कहीं–कहीं खाने की व्यवस्था भी रसोईघर में ही होती है। अच्छी आयोजना के होते हुए भी बैठकर भोजन बनाना बहुत असुविधाजनक, कठिन व असुरिक्षत होता है। अतः यथासंभव रसोईघर में खाना खड़े होकर बनाने की व्यवस्था होनी चाहिए।

आकार–साधारणः रसोई कक्ष का क्षेत्रफल 9 वर्गमीटर से कम नहीं होना चाहिए। प्रायः 3.6 × 2.4 स्थान पर्याप्त है। यदि रसोईघर में खाना खाने की भी व्यवस्था हो, तो रसोई तथा भोजन कक्ष का संयुक्त क्षेत्रफल 17 वर्गमीटर हो सकता है। रसोईघर का आकार इसमें उपयोग होने वाले उपकरणों पर भी निर्भर करता है। रसोईघर के प्रायः निम्न उपकरण हैं।

(a) चूल्हा रेंज–इसे फर्श से 60 से 75 से०मी० ऊँचाई पर रखा जाना चाहिए।

(b) कार्यकारी मेज–यह मेज लगभग 0.5 m चौड़ी तथा 2.0 मीटर लम्बी व 0.75 से 0.80 मीटर ऊँची होनी चाहिए। इसके नीचे सामान रखने की व्यवस्था भी होनी चाहिए।

(c) पानी की टंकी–रसोई घर में पानी संचय करने के लिए टंकी या पाइप द्वारा पानी की व्यवस्था होनी चाहिए।

(d) सिन्क–रसोई में सिन्क का होना बहुत आवश्यक है। सिन्क का आकार (60 × 45 × 25) cm हो सकता है। सिन्क फर्श तल से 75 से 90 से०मी० ऊँचाई पर होना चाहिए।

स्थिति–रसोईघर की स्थिति उत्तर–पूर्व में सबसे अच्छी मानी जाती है। इस स्थिति में प्रातःकालीन सूर्य का प्रकाश रसोई में प्रवेश करता है, जो स्वास्थ्य की दृष्टि से बहुत आवश्यक है। किटाणुओं को मारने की दृष्टि से सूर्य की किरणें रसोई घर के सिन्क पर अवश्य पड़नी चाहिएँ। उत्तर–पूर्व दिशा में रसोई होने से पश्चिम की ओर से चलने वाली वायु रसोई के धुंए व गंदी वायु को पूर्व की दिशा में निकाल देती है जिससे धुंए से होने वाली असुविधा से छूटकारा मिलता है।

इसके अतिरिक्त रसोई बैठक अथवा खाना खाने वाले स्थान के समीप ही होनी चाहिए। रसोई की सर्वोत्तम स्थिति वह होगी जहाँ से गृहिणी रसोई में कार्य करते समय बाहर खेलते बच्चों तथा घर के मुख्य द्वार से प्रवेशकरने वालों पर ध्यान रख सके अर्थात् उन्हें देख सके। प्रायः गृहिणी का सर्वाधिक समय रसोई में ही व्यतीत होता है। अतः इसकी स्थिति ऐसी होनी चाहिए कि उसे रसोई का कार्य करने, खाना खिलाने, व अन्य कार्यों में कम से कम शक्ति लगानी पड़े। यदि गृहिणी रसोई से बैठक में रखे टी०वी० के कार्यक्रम भी देख सके तो यह स्थिति अति उत्तम होगी।

सीढ़ी या सोपान कक्ष (Stair case)

सीढ़ी ही भवन की एक मंजिल को दूसरी मंजिल से जोड़ने का एक मात्र साधन है। इसे उचित स्थान तथा सही माप का बनाया जाना अति आवश्यक है। सीढ़ी या सोपान का सही अभिकल्पन न होने से बहुत–सी दुर्घटनाएं घट जाती हैं, अतः इसका उचित अभिकल्पन बहुत आवश्यक है।

आकार–सीढ़ी कक्ष का आकार बहुत महत्वपूर्ण नहीं है परन्तु महत्वपूर्ण बात यह है कि पूर्ण ऊँचाई तक सरलता से चढ़ा जा सके। इसके लिए उठान (Rise) व पाद (Tread) लगाने के लिए समुचित स्थान उपलब्ध होना चाहिए। सीढ़ी कक्ष में प्रकाश व संवातन का भी समुचित प्रबन्ध होना चाहिए। सीढ़ी डिज़ाइन करते समय निम्न बातों का ध्यान रखा जाना चाहिए।

1. (a) सीढ़ी में उठान × पाद का मान 400 से 430 वर्ग से०मी० होना चाहिए।

(b) पाद + उठान का दो गुणा = 58 से 63 से०मी० होना चाहिए।

(c) पाद + उठान का योग 40 से 45 से०मी० के बराबर होना चाहिए।

2. सीढ़ी की चौकी की चौड़ाई, सीढ़ी की चौड़ाई के बराबर ही होनी चाहिए। चौकी को चौड़ाई 1 मीटर से कम किसी भी अवस्था में नहीं रखी जानी चाहिए।

3. किसी भी पैढ़ी के ऊपर निर्वाध ऊँचाई (head room) 2.0 मीटर से कम नहीं होनी चाहिए।

4. समूची सीढ़ी में समस्त पैड़ियों की ऊँचाई अथवा उठान समान होना चाहिए। उठान में 1 से०मी० का अन्तर भी गम्भीर दुर्घटना उत्पन्न कर सकता है।

5. सीढ़ी की पैढ़ी त्रिभुजाकार अथवा मोड़ वाली (winding) नहीं होनी चाहिए। ऐसी पैड़ियों से गिरने की संभवाना अधिक रहती है। सीढ़ी की पंक्ति में 10 से० अधिक व 3 से कम पैड़ी नहीं होनी चाहिए। यदि आवश्यक हो तो मोड़ पैंड़ी सबसे नीचे लगाई जा सकती है।

6. सीढ़ी का डिजाइन सादा तथा निर्माण सामग्री अग्नि सह होनी चाहिए।

स्थिति—उपयोगिता के अनुसार सीढ़ी कक्ष की स्थिति का निर्धारण किया जाना चाहिए। यदि ऊपर की मंजिल में केवल शयन कक्ष ही है तो सीढ़ी भवन के भीतरी भाग में ही बनाई जानी चाहिए, क्योंकि इसका उपयोग केवल घर के सदस्यों को ही करना है। यदि बैठक ऊपर की मंजिल में है तो सीढ़ी की स्थिति बाजू के दरवाजे या सामने के बरामदे में रखी जानी चाहिए। सामने सीढ़ी रखने से भवन की अभिमुखता घटती है तथा भवन के अन्य सदस्यों को उपयोग में कठिनाई पड़ती है। अतः सभी दृष्टि से सीढ़ी की स्थिति भवन की बाजू में लम्बाई के दो तिहाई (Middle third) में रखना उचित होगा। सीढ़ी के साथ भवन में प्रवेश द्वार भी बनाया जा सकता है। सीढ़ी अन्दर रखने पर सीढ़ी के साथ लॉबी या रास्ता (Corricor) का प्रावधान भी होना चाहिए।

भण्डार कक्ष (Store room)—प्रत्येक भवन, जिसमें व्यक्ति रहता है कुछ वस्तुएँ भण्डारण की आवश्यकता होती है, जैसे रसोई का सामान, आटा, दालें, अनाज, ईंधन, कपड़े, दवाईयाँ आदि। अतः प्रत्येक भवन में भण्डारण के लिए उचित स्थान अवश्य रखा जाना चाहिये।

स्थिति—रसोई की सामग्री, जैसे अनाज, आटा, दालें आदि का भण्डारण रसोई के समीप ही किया जाना चाहिए। इसके लिए 6 से 9 वर्ग मीटर स्थान पर्याप्त है। स्टोर में सेल्फ बनाना अति आवश्यक है। ईंधन का भण्डारण सीढ़ी के नीचे खुले स्थान में किया जा सकता है। कपड़ों का भण्डारण शयनकक्ष की दीवारों में बन्द अलमारियाँ बनाकर किया जा सकता है अथवा शयनकक्ष के समीप स्टोर बनाकर। कई भवनों में तहखानें का उपयोग सामग्री भण्डारण के लिए किया जाता है।

ड्रेसिंग कक्ष (Dressing room)—भारतवर्ष में अधिकांश भवनों में यह कक्ष नहीं बनाया जाता, परन्तु धनी लोग आधुनिक सभ्यता के अनुसार इस कक्ष का निर्माण कराते हैं। इस कक्ष में प्रायः एक ड्रेसिंग टेबल, स्टूल, संदूक व अलमारी आदि रखी जाती है।

आकार—इस कक्ष का आकार आवश्यकतानुसार रखा जा सकता है। प्रायः इसकी चौड़ाई समीप के बने शौचालय (toilet) के बराबर रखी जा सकती है।

स्थिति—यह कक्ष शयनकक्ष के साथ ही होना चाहिए। इसमें ड्रेसिंग टेबल इस प्रकार रखी जानी चाहिए कि प्राकृतिक प्रकाश टेबल के कांच पर न पड़े, बल्कि व्यक्ति के शरीर पर पड़े। यदि संभव हो तो ड्रेसिंग कक्ष शौचालय व शयनकक्ष के बीच बनाया जाना चाहिए।

स्नानघर (Bath room)—वर्तमान में शयनकक्ष से जुड़ा हुआ स्नानघर व शौचालय या संडास की सुविधा अच्छी मानी जाती है परन्तु भारत में अधिकांश भवनों में ऐसा नहीं होता। भारत में प्रायः भवन में अलग से एक ही स्नानघर बनाया जाता है। स्नानघर में एक वासबेशिन तथा उसके ऊपर दर्पण लगा होना चाहिए। तौलिया या अन्य कपड़े टांगने के लिए दीवार में छड़ या खूंटी लगी होनी चाहिए। स्नानघर में साबुन आदि सामान रखने की भी व्यवस्था होनी चाहिए।

आकार—स्नानघर का औसत आकार 1.5 m × 1.5 m पर्याप्त है परन्तु 1.5 × 1.2 m से कम नहीं होना चाहिए। यदि स्नानघर में पानी गर्म करने के लिए बायलर लगाना हो तो लम्बाई 60 से०मी० और बढ़ा देनी चाहिए। स्नानघर की ऊँचाई 2.25 मीटर पर्याप्त है। 1.5 मीटर की ऊँचाई तक कांचित टाइल लगाना अधिक सुविधाजनक पाया गया है।

स्थिति—स्नानघर भवन के मध्य में होना चाहिए जिससे सभी कमरों से वहाँ पहुँचने में सुगमता रहे। यदि स्नानघर शयनकक्ष के साथ बनाना हो तो दो शयनकक्षों के बीच बनाया जा सकता है। उस अवस्था में स्थानघर में संडास भी लगाया जा सकता है। स्नानघर का तल अन्य फर्श तल से कम से कम 4 से०मी० नीचा होना चाहिए। स्नानघर का दरवाजा लगभग 70 से०मी० चौड़ा होना चाहिए। स्नानघर में खिड़की फर्श से 1.5 मी० ऊँचाई पर बनाई जा सकती है। इस खिड़की का आकार 0.6 × 0.9 मीटर हो सकता है।

शौचालय (Latrines)—आजकल मनुष्य द्वारा साफ करने वाले शौचालय समाप्त हो रहे हैं तथा इनके स्थान पर पानी से साफ (Flushing type latrines) किये जाने वाले शौचालय बनाये जाते हैं। शौचालक की न्यूनतम माप 1.2 m × 0.9 m होनी चाहिए। इसमें एक पल्ले वाला 67.5 से०मी० चौड़ा दरवाजा पर्याप्त है। उचित संवातन के लिए छत से कुछ नीचे वेन्टीलेटर लगाया जाना चाहिए। फर्श से वेन्टीलेटर की न्यूनतम ऊँचाई 1.5 मीटर होनी चाहिए।

गैराज (Garrage)—वर्तमान में कारों, मोटर साइकिलों व स्कूटरों का चलन बहुत बढ़ रहा है अतः भवन में गैराज बनाना अति आवश्यक हो गया है। औसत आकार की कार के लिये गैराज का आकार 2.4 × 5.4 मीटर रखा जा सकता है। परन्तु कार खड़ा करने के पश्चात् उसके चारों ओर कुछ स्थान चलने फिरने के लिए आवश्यक होता है। अतः गैराज का आकार 3 × 6 मीटर से कम नहीं होना चाहिए। गैराज की छत की ऊँचाई 2.4 m से कम नहीं होनी चाहिए। उचित प्रकाश व संवातन के लिए उचित आकार

की खिड़की लगाई जानी चाहिए। गैराज में लिपटवा दरवाजा (Rolling shutter) लगाना अधिक उपयोगी पाया गया है। प्रायः कार के लिये 20 वर्ग मीटर, मोटर साइकिल व स्कूटर के लिए 3.0 वर्गमीटर तथा साइकिल के लिये 1.2 वर्गमीटर स्थान की आवश्यकता होती है।

20.3 आवासीय भवनों का वर्गीकरण

आवासीय भवन प्रायः निम्न चार वर्गों में विभाजित किये जा सकते हैं:

1. अलग मकान या असंबद्ध गृह या बंगला (Detached house)।
2. अर्ध असंबध्द गृह (Semi-detached house)।
3. समुहन गृह (Block of flats) या एपार्टमेन्ट गृह।
4. चाल गृह (Chawls)

अर्सवद्ध गृह या बंगला (Bungalow)–वह भवन जिसके समस्त कमरे एक ही तल अर्थात भूमि तल पर ही होते हैं और केवल रिहायशी कार्य या अवकाश मनोरंजन के लिए प्रयोग कि जाते हैं, बगले कहलाते हैं। इनमें नौकरों के रहने के लिए मुख्य भवन की चारदीवारी में ही मकान बने होते हैं। वर्तमान में असंबद्ध गृह दो मंजलें भी हो सकते हैं। इनके कमरों की संख्या आदि सामान्य अधिकल्पन नियमों के अनुसार रखी जा सकती है। चित्र–20.1 में एक दो मंजिले असंबद्ध भवन (deteched home) का चित्र दिखाया गया हैं।

अर्द्ध असंवद्ध गृह (Semi-deteched house)–इस श्रेणी के भवनों में एक उभयनिष्ठ (Common to both) दीवार के दोनों ओर दो भवन इकाई बनाई जाती हैं। इन श्रेणी के भवन भी एक या दो मंजिल वाले हो सकते हैं।

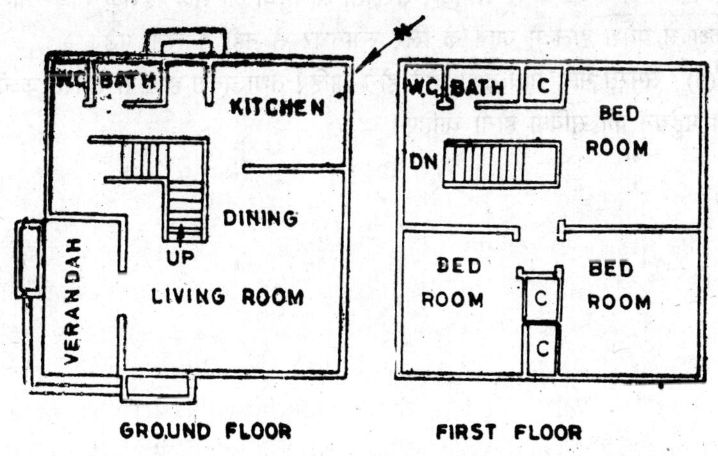

चित्र–20.1 Two Storeyd Detached House

समुहन गृह (Block of Flats)

एक ही तल पर एक से अधिक परिवारों के रहने के लिए बनाई गई रिहायशी इकाई फ्लैटस् (Flats) कहलाती है। एक फ्लैट में प्रायः दो कमरे, एक रसोईघर, स्नानघर व शौचालय होता है। कमरों की संख्या अधिक भी हो सकती है। फ्लैटस् कई मंजिले भी हो सकते हैं। फ्लैट्स की इकाई L, T, Y, E, H व X आकृती में बनाई जा सकती हैं। इनके अभिकल्पन के समय फ्लैटस् में रहने वालों की एकान्तता (Privacy) का विशेष ध्यान रखा जाना चाहिए।

चाल–इस श्रेणी के भवन में प्रत्येक तल पर बहुत–सी रहने वाली इकाईयाँ एक–दूसरे से लगी हुई एक ही लाइन में बना दी जाती हैं। पहुँच के लिए इनके सामने व पीछे बरामदे बना दिये जाते हैं। चाल में प्रायः दो कमरे ही होते हैं। स्नान घर शौचालय आदि सर्वनिष्ठ (Common) होते हैं।

सारांश–बैठक की स्थिति ऐसी होनी चाहिए कि किसी महत्वपूर्ण कमरे जैसे शयनकक्ष आदि से गुजरे बिना ही वहाँ पहुंचा जा सके तथा बैठक केवल अन्य कक्षों में जाने का एक मात्र मार्ग ही न हो।

(2) रसोईघर भोजन कक्ष के समीप होना चाहिए।

(3) शयन कक्ष की स्थिति ऐसी होनी चाहिए कि बिना किसी अन्य महत्वपूर्ण कमरे से गुजरे वहाँ सरलता से पहुंचा जा सके। शयनकक्ष में जाने के लिए बैठक या भोजनकक्ष से होकर जाया जा सकता है। किसी अन्य बड़े कमरे के लिए स्नानघर से रास्ता नहीं होना चाहिए।

(4) भवन में कम से कम एक स्नानघर ऐसा होना चाहिए जहाँ प्रत्येक कमरे से बिना किसी अन्य बड़े कमरे से गुजरे सरलता से पहुंचा जा सके। इसके साथ–साथ शयनकक्ष से प्रवेश हाल में जाने के लिए स्नानघर से नहीं गुजरना पड़े।

(5) समस्त मार्ग सीधे तथा छोटे होने चाहिएँ तथा प्रवेश हाल से समस्त कक्षों में सीधे पहुंचने की सुविधा होनी चाहिए।

प्रश्नावली

1. एक आवासीय भवन के लिए 30 वर्गमीटर क्षेत्र की बैठक तथा भोज़न कक्ष का नक्शा बनाइए तथा उसमें दरवाजे, खिड़की अलमारी तथा फर्नीचर आदि इस प्रकार दर्शाइए जो पूर्णतः नियमानुसार हों।
2. अन्तर बताइए :
   (a) बरामदा व गलियारा (Varandah and Corridor)
3. एक 3 मीटर ×4 मीटर आकार के रसोईघर का स्वच्छ प्लान् बनाकर उसमें काम आने वाले सभी उपकरणों का सेटिंग माप सहित दर्शाइए।
   (b) एक 1.7 मीटर ×2.7 मीटर माप वाले संयुक्त शौचालय एवं स्नानघर का प्लान बनाकर उसमें आवश्यक साज सामान की स्थिति उचित आकार सहित दिखाइए।
4. एक 10 मीटर ×20 मीटर प्लाट में दो रिहायशी कमरे, एक रसोईघर, सोपान, शौचालय तथा स्नानघर के उचित आकार मानकर भवन आयोजना के नियमों के अनुसार एक आधुनिक आवासीय भवन का लाइन प्लान बनाइए।
5. निम्न आंकड़ों के आधार पर एक आवासीय भवन का अभिकल्पन कीजिए।

बैठक	10-12 m^2
रहने का कमरा	9 - 12 m^2
सोने का कमरा	9 - 14 m^2
रसोईघर	4 - 6 m^2
स्नानघर	3 m^2

कमरों की उचित व्यवस्था दिखाइए। बरामदा तथा सोपान का प्रावधान भी दिखाइए।

6 किसी भवन में सोपान स्थापित करते समय किन–किन बातों का ध्यान रखा जाना चाहिए। B.R.E.R. (1983)

7. सोपान तथा शौचालय के अलग न्यूनतम् तथा स्नानघर व शौचालय के एक साथ बनाए जाने पर न्यूनतम् माप लिखिए।
8. अन्तर बताइए
   सार्वजनिक भवन एवं औद्योगिक भवन

21

सार्वजनिक भवनों का अभिकल्पन
Design of Public Buildings

21.1 प्रस्तावना

मनुष्य के सर्वांग विकास के लिए शिक्षा व स्वास्थ्य सुविधा प्रदान करना अति आवश्यक हैं। इस उद्देश्य की पूर्ति के लिए सरकार प्राथमिक स्वास्थ्य केन्द्र, अस्पताल, स्कूल, कालिज, होस्टल आदि का निर्माण कराती है। इस अध्याय में इस प्रकार के भवनों के अभिकल्पन के लिए आवश्यक आँकड़े व उनकी स्थिति का वर्णन किया गया है।

21.2 शिक्षण भवन (Educational Buildings)

प्राथमिक स्कूल से लेकर महाविद्यालय तक की समस्त संस्थान, शिक्षण भवनों की श्रेणी में आती हैं। भवनों का निर्माण व अभिकल्पन छात्रों की आयु व कक्षाओं की संख्या से प्रभावित होता है। छात्रों की आयु व कक्षाओं के आधार पर विद्यालयों को निम्न दो श्रेणियों में वर्गीकृत किया जा सकता है।

(a) प्राथमिक विद्यालय।

(b) उच्च प्राथमिक अथवा उच्च माध्यमिक विद्यालय।

शिक्षण संस्थाओं में भवन का अभिकल्पन निम्न उद्देश्यों की पूर्ति के लिए किया जाता है।

(i) शिक्षण कक्ष (Class room)

(ii) प्रदर्शन कक्ष (Demonstration area) जैसे प्रयोगशाला, ड्राइंग कक्ष आदि।

(iii) नियन्त्रण कक्ष (Administrative block)

स्थल का चयन—विद्यालय भवन के लिए स्थल का चयन करते समय निम्न बातों का ध्यान रखा जाना चाहिए।

1. आकार–प्राथमिक विद्यालयों के लिए 6,000 से 12,000 वर्ग मीटर या 0.6 से 1.2 हेक्टेयर तथा उच्च प्राथमिक विद्यालयों के लिए 20,000 वर्ग मीटर या 2 हेक्टेयर क्षेत्रफल रखा जाना चाहिए। इस क्षेत्रफल में खेल के मैदान आदि भी सम्मलित हैं। किसी क्षेत्र के लिए उसकी कुल जनसंख्या का 15%, छात्रों के लिए विद्यालय का अभिकल्पन किया जा सकता है।

2. पहुँच–प्राथमिक विद्यालयों की स्थिति ऐसी होनी चाहिए कि छात्रों को 0.4 से 0.6 किलोमीटर से अधिक न चलना पड़े। उच्च विद्यालयों के लिए यह दूरी 2 किलोमीटर तक हो सकती है। विद्यालयों के समीप भारी वाहनों का अधिक आना–जाना नहीं होना चाहिए।

3. स्थलाकृति–विद्यालय भवन समीप के भू–तल से नीचे तल वाली भूमि में नहीं बनाया जाना चाहिए बल्कि विद्यालय का निर्माण अपेक्षाकृत ऊँचे स्थान पर किया जाना चाहिए। विद्यालय भवन का दृश्य सुन्दर होना चाहिए।

4. विद्यालय भवन के समीप ऊँचे पेड़ आदि नहीं होने चाहिएँ। भवन में मुक्त प्रकाश व वायु का प्रवेश अति आवश्यक है। भवन की सीमाओं वाली भूमि में घास व पौधे आदि उगाने की क्षमता होनी चाहिए।

5. विद्यालय भवन के समीप बाजार, रेल मार्ग तथा फैक्ट्रीज आदि नहीं होनी चाहिएँ जिस से वहाँ शोर शिक्षण कार्य में बाधा न उत्पन्न कर सके। अर्थात विद्यालयों के समीप का वातावरण शान्त होना चाहिए।

6. लागत–लागत की दृष्टि से स्थल ऐसा होना चाहिए कि उसे विकसित करने पर अधिक लागत न आये।

दिक्विन्यास–गर्म व आर्द्र जलवायु वाले क्षेत्रों में विद्यालय भवन की लम्बाई पूर्व–पश्चिम दिशा में रखी जानी चाहिए तथा दक्षिण दिशा में यथासंभव बरामदा बनाया जाना चाहिए। यदि बरामदा बनाना संभव न हो तो भवन के समीप पेड़ लगाकर व दीवार पर छज्जा बनाकर दोपहर की धूप से कमरों को बचाया जाना चाहिए। उत्तरी दिशा में अधिक से अधिक प्रकाश कमरों में आने की व्यवस्था की जानी चाहिए। इस क्षेत्र में बरामदे के दोनों ओर कक्षा–कक्ष (Class-rooms) नहीं बनाये जाने चाहिएँ। गर्म व शुष्क क्षेत्रों में बरामदे के एक ओर कक्षा कक्ष तथा दूसरी ओर प्रयोगशाला बनाई जा सकती है :

विद्यालयों में कक्षा कक्ष के अतिरिक्त अन्य कक्षों की भी आवश्यकता होती है। विद्यालयों में प्रायः निम्न कक्ष होते हैं।

(1) कक्षा कक्ष, (2) प्रदर्शन कक्ष जैसे ड्राइंग कक्ष, प्रयोगशाला कक्ष, उद्योग कक्ष, (3) पुस्तकालय, (4) सभा कक्ष, (5) नियंत्रण ब्लाक जैसे प्रचार्य का कक्ष, कार्यालय कक्ष, (6) स्टोर, (7) स्वच्छता क्षेत्र जैसे शौचालय व पेशाबघर आदि।

विद्यालय भवन का कुल निर्माण किया हुआ क्षेत्रफल समस्त क्षेत्रफल का 25% से अधिक नहीं होना चाहिए। शिक्षण भवन दो मंजिल तक ही बनाये जाने चाहिए तथा कमरों की ऊँचाई 3.6 मीटर से कम नहीं रखी जानी चाहिए। कक्षा कक्ष की ऊँचाई 4.2 मीटर से 4.8 मीटर तक हो सकती है। कक्षों में संवातन तथा प्रकाश के लिए

खिड़कियों के खुले स्थान का मान कुल फर्श के क्षेत्रफल का 1/5 भाग से कम नहीं होना चाहिए। सोपान या सीढ़ी की दूरी किसी भी कक्ष से 30 मीटर से अधिक नहीं होनी चाहिए। सोपान की चौड़ाई 1.2 मीटर तथा बरामदे की चौड़ाई 2.5 मीटर से कम नहीं होनी चाहिए। चित्र–21.1 में स्कूल का संरेखन दिखाया गया है।

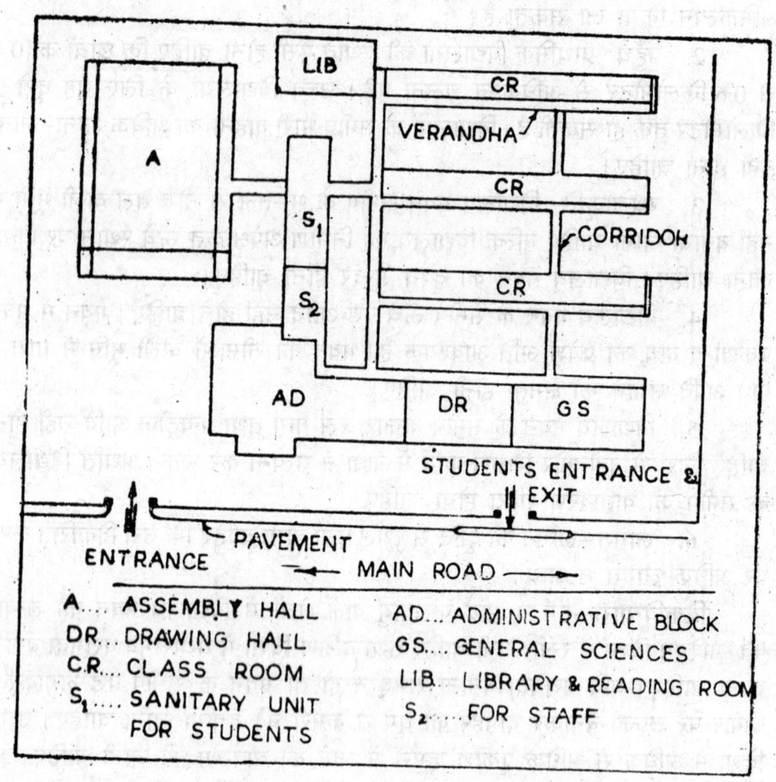

चित्र–21.1. Layout for a School

विद्यालय के विभिन्न कक्षों का आकार–प्रति छात्र विभिन्न कक्षों का क्षेत्रफल तालिका–21.1 के अनुसार रखा जा सकता है।

छत की ऊँचाई कम से कम 4.2 मीटर होनी चाहिए। खिड़कियों की चौड़ाई 1.2 मीटर से 1.8 मीटर, फर्श से खिड़की सिल की ऊँचाई प्राइमरी विद्यालय में 0.5 मीटर तथा सेकण्ड्री विद्यालय में 0.9 मीटर होनी चाहिए। ब्लैक बोर्ड वाली दीवार तथा उसके सामने वाली दीवार में खिड़की नहीं होनी चाहिए। खिड़कियों का सकल क्षेत्रफल फर्श के क्षेत्रफल का 20% रखा जाना चाहिए।

कक्षा कक्ष में डेस्क लगाने पर प्रति विद्यार्थी 0.5 मीटर लम्बाई मानी जा सकती है। दो बैचों के बीच चलने के लिए न्यूनतम 40 से०मी० स्थान अवश्य रखा जाना चाहिए। यदि दोहरे अर्था डबल बैंच हों तो उनकी चौड़ाई 0.9 मीटर होनी चाहिये। सबसे पीछे वाली बैंच व दीवार के बीच कम से कम 15 से०मी० तथा खिड़कियों की ओर बैंच के

सिरे व दीवार के बीच 30 से०मी० का अन्तराल अवश्य रखा जाना चाहिए। प्रति छात्र कमरे का क्षेत्रफल तालिका 21.1 में दिखाये अनुसार रखा जाना चाहिए।

तालिका-21.1 कक्षा कक्ष का आकार

क्षेत्र	कक्षा	छात्रों की आयु	प्रतिछात्र फर्श क्षेत्रफल (वर्गमीटर)	40 छात्रों के लिए कक्षा कक्ष का आकार
शहरी क्षेत्र	नर्सरी	10 वर्ष से कम	0.9	4.2 × 6.0 4.6 × 6.0
	प्राइमरी	10 वर्ष से कम	1-1.2	6.0 × 7.2
	सेकण्ड्री	10 वर्ष से अधिक	1.2 -1.5	5.4 × 6.5 6 × 7.8
ग्रामीण क्षेत्र	प्राइमरी	10 वर्ष से कम	0.7	7 × 10 4.2 × 6
	सेकण्ड्री	10 वर्ष से अधिक	0.9	4.6 × 6 5.4 × 6.5

कक्षा में उचित प्रकाश बनाये रखने की दृष्टि से कक्ष की चौड़ाई 6 मीटर से अधिक नहीं होनी चाहिए। अधिक चौड़ाई रखने से छात्रों को ब्लैक बोर्ड पर देखने के लिए अधिक तिरछापन हो जाता है जिससे उनकी आँखों पर दुषप्रभाव पड़ता है। बोर्ड व बैंच की पहली पक्ति में 2.1 से 2.4 मीटर का अन्तराल होना चाहिए जिससे अध्यापकों को चलने फिरने में सुविधा रहे। कक्षा का दरवाजा ब्लैकबोर्ड वाली दीवार के समीप होना चाहिए तथा इसकी चौड़ाई 1.2 से 1.6 मीटर से कम नहीं होनी चाहिए।

छात्रों को ब्लैकबोर्ड देखने में सरलता प्रदान करने के लिए कक्षा कक्ष में पैड़ी (steps) लगवाई जा सकती हैं। इन स्टेप्स की चौड़ाई 15 से०मी० से कम नहीं होनी चाहिए। मुख्य बरामदे व सीढ़ी तक पहुंचने के लिए प्रत्येक कक्षा कक्ष के लिए स्वतंत्र मार्ग होना चाहिए। अन्य कक्षों के लिए निम्न क्षेत्रफल निर्धारित किया जाना चाहिए।

तालिका-21.2

1. निर्देशन कक्ष जैसे सामान्य विज्ञान कक्ष	1.5 वर्गमीटर प्रति छात्र
2. ड्राइंग या क्राफ्ट कक्ष	3 वर्गमीटर प्रति छात्र
3. प्रयोगशाला	3—4 वर्गमीटर प्रति छात्र
4. सभा भवन	0.5—0.6 वर्गमीटर प्रति छात्र
5. स्टोर	0.20 वर्गमीटर प्रति छात्र
6. छात्र कामन रूम	0.30 वर्गमीटर प्रति छात्र
7. स्टाफ कामन रूम	2.5—3 वर्गमीटर प्रति अध्यापक
8. पुस्तकालय	0.15 वर्गमीटर प्रति अध्यापक

	या 80—85 वर्गमीटर 1500 छात्रों वाले विद्यालय में
9. प्राचार्य का कक्ष	10-15 वर्गमीटर
10. कार्यालय	15-30 वर्गमीटर
11. स्वच्छता इकाई	(a) प्रत्येक 100 छात्रों के लिये 3 वास बेसिल, 4 मूत्रालय तथा दो शौचालय होने चाहिएँ। (b) छात्राओं के लिए अलग से सवच्छता इकाई होनी चाहिए। इसमें 25 छात्राओं के लिए एक शौचालय तथा 50 छात्राओं के लिए एक वासबेसिन होना चाहिए। (c) पानी के लिए प्रति 50 छात्रों के लिए एक टेप होनी चाहिए। विद्यालय भवन की दीवारों का क्षेत्रफल कक्षों के फर्श क्षेत्रफल का 15 से 20% तथा बरामदे आदि का क्षेत्रफल भी 15% के लगभग रखा जाना चाहिए।

21.3 छात्रावास (Hostel)

स्थिति–छात्रों के लिए बनाये जाने वाले छात्रावास विद्यालयों के समीप ही होने चाहिएँ परन्तु शान्त वातावरण होना आवश्यक है। यदि विद्यालय के समीप शान्त वातावरण न हो तो छात्रावास कुछ दूरी पर भी बनाये जा सकते हैं। छात्रावास के समीप दो तरफ़ा संवातन, खुले स्थान तथा साफ–सुथरा व शान्त वातावरण होना आवश्यक है।

छात्रावास भवन पूर्व–पश्चिम दिशा में एक लम्बी कतार अथवा एक आयताकर चौक के तीन ओर कमरे तथा एक ओर मेस आदि बनाये जा सकते हैं। धूप से बचाव के लिए दक्षिण में बरामदा बनाया जा सकता है या पेड़ आदि लगाए जा सकते हैं। छात्रावास का अभिकल्पन करने के लिए विभिन्न कक्षों का क्षेत्रफल तालिका–21.3 के अनुसार रखा जा सकता है।

तालिका-21.3

क्र०सं० कमरे की किस्म (1)	कुर्सी क्षेत्रफल प्रति छात्र (2)	कक्ष के फर्श का क्षेत्रफल प्रति छात्र (3)
1. एक सीट का कमरा	27.5 वर्गमीटर	7.9 से 8.4 वर्गमीटर
2. दो सीट का कमरा	23.2 वर्गमीटर	7.5-8.0 वर्गमीटर

3.	तीन सीट का कमरा	20.0 वर्गमीटर	6.5-7.0 वर्गमीटर
4.	स्नातकोत्तर व शेष छात्रों के लिए एक सीट का कमरा		9.3 वर्गमीटर
5.	भोजन कक्ष		0.65 अथवा 2-3 छात्रों के लिए 1.0 से 1.2 वर्गमीटर प्रति छात्र
6.	रसोईघर		0.55-0.7 वर्गमीटर प्रति छात्र
7.	कामन रूप		0.45 प्रतिछात्र अथवा 48.0 से 60 वर्गमीटर सकल क्षेत्रफल
8.	शौचालय		प्रति 8 से 10 छात्रों के लिए एक
9.	स्वच्छता इकाई		प्रति 8 छात्राओं के लिए एक
10.	पेशाबघर		0.55 वर्गमीटर प्रति छात्र प्रत्येक 16 छात्रों के लिए एक प्रत्येक 16 छात्राओं के लिए एक
11.	वासबेसिन		प्रत्येक 10 छात्रों के लिए एक प्रत्येक 10 छात्राओं के लिए एक
12.	संवातन के लिए खिड़कियों का क्षेत्रफल		फर्श के क्षेत्रफल का 12 से 15%
13.	कक्षों की ऊँचाई		3.3 मीटर से कम नहीं
14.	जलदाय व सेनीटेशन का मूल्य		भवन मूल्य का 8 से 10%
15.	विद्युतीकरण का मूल्य		भवन मूल्य का 8 से 10%
16.	फर्नीचर का मूल्य		200/- प्रति छात्र

21.4 पुस्तकालय (Library)

1. पुस्तकालय अध्यक्ष का कक्ष	9 वर्गमीटर
2. निर्देशक पुस्तक कक्ष	20 से 60 वर्गमीटर
3. पुस्तक खण्ड	20 से 60 वर्गमीटर
4. पुस्तकें देने का स्थान व प्रवेश हाल	न्यूनतम चौड़ाई 1.8 मीटर
5. पत्रिकाएं एवं अखबार कक्ष	न्यूनतम चौड़ाई 3.0 मीटर
6. भण्डार	20 छात्रों के लिए एक

7. वासबेसिन	50 छात्रों के लिए एक
मूत्रालय	100 छात्राओं के लिए अलग
शौचालय	200 छात्राओं के लिए अलग

21.5 अस्पताल अथवा स्वास्थ्य केन्द्र

अस्पताल अथवा स्वास्थ्य केन्द्र के मुख्य उद्देश्य उस क्षेत्र के निवासियों को चिकित्सा सुविधा प्रदान करना है। प्रत्येक अस्पताल अथवा स्वास्थ्य केन्द्र में प्रायः निम्न सुविधाएं होनी चाहिएँ।

1. बाह्य रोगियों (Outpatient) की उपचार व्यवस्था, मातृक केन्द्र या प्रसूति केन्द्र (Meternity centre) एवं शिशु स्वास्थ्य की सुविधा तथा परिवार नियोजन सुविधा।

2. भर्ती किए गए रोगियों (Indoor patients) का उपचार, आपातकालीन रोगियों के उपचार तथा उनके लिए टहरने की व्यवस्था तथा शिशु जन्म हेतु सुविधाएं।

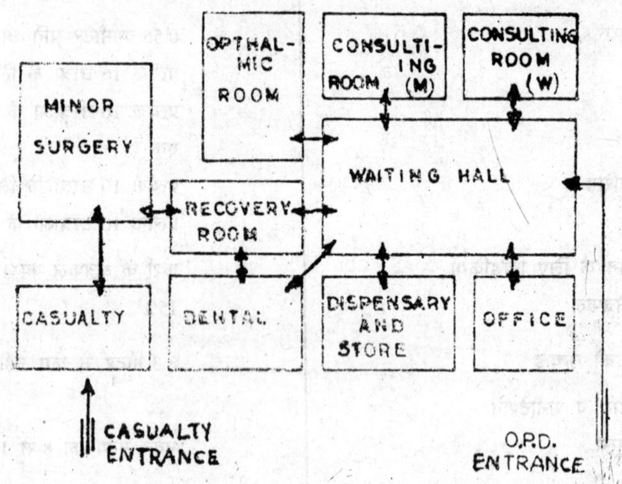

चित्र–21.2. Layout of a Outdoor Patient Block

3. डॉक्टरों के बैठने व रोगियों को देखने के लिए स्थान।

4. स्टाफ के लिए आवासीय व्यवस्था।

चित्र–21.2 में वाह्य रोगियों को देखने की इकाई का विन्यास दिखाया गया है।

अस्पताल के स्थल के चयन में अधिक चुनाव या पसन्द की गुंजाइश नहीं होती। अस्पताल बनाने वाले स्थल का वातावरण शान्त होना चाहिए। अस्पताल उस क्षेत्र के मध्य में बनाना अधिक उपयोगी होगा जिस क्षेत्र के वासियों के लिए यह बनाया गया है। अस्पताल का स्थल समीप के स्थल से नीचा नहीं होना चाहिए। अस्पताल का आकार कितना भी बड़ा हो सकता है परन्तु उसकी प्रत्येक इकाई संहत (Compact) होनी चाहिए। अस्पताल भवन में प्रकाश व प्राकृतिक संवातन बहुत आवश्यक है। अतः अस्पताल का

स्थल ऐसा होना चाहिए जहाँ संवातन के लिए प्राकृतिक ताजी वायु पर्याप्त मात्रा में प्रवेश कर सके तथा उचित प्रकाश भी हो। अस्पताल भवन प्रायः दो मंजिले से अधिक मंजिल वाले नहीं होने चाहिएँ।

संक्रामक रोग जैसे तपेदिक आदि के लिए अस्पताल शहर से बाहर दूरी पर बनाए जाने चाहिएँ। पहाड़ी क्षेत्र इनके लिए उत्तम पाया गया है। स्टाफ क्वांटर अस्पताल के समीप ही बनाए जाने चाहिएँ।

आवश्यक क्षेत्रफल (Area)

अस्पताल अथवा स्वास्थ केन्द्र के विभिन्न कक्षों के लिए क्षेत्रफल निम्न प्रकार माना जा सकता है–

तालिका-21.4

क्र०सं०	कमरे की किस्म	क्षेत्रफल (वर्ग मीटर में)
1.	प्रतीक्षा कक्ष–कम से कम 10 व्यक्तियों के लिए	15
2.	बहु उद्देशीय रेकार्ड एवं पूछताछ कक्ष (यह कक्ष प्रवेश हाल व डॉक्टर के कक्ष) के समीप होना चाहिए।	10
3.	परामर्श तथा जाँच कक्ष	12
4.	औषधिक वितरण कक्ष	10
5.	मरहमपट्टी कक्ष (Dressing room)	10
6.	मातृ–शिशु स्वास्थ कक्ष	17
7.	परिवार नियोजन के परामर्श के लिए कक्ष	10
8.	भण्ढारण कक्ष जिसमें दवाइयां, आदि सामग्री रखी जा सके	15
9.	वार्ड (एक वार्ड में 10 बिस्तर होने चाहिएँ। परन्तु 20 बिस्तर से अधिक एक वार्ड में नहीं होने चाहिएँ।	9-5 वर्गमीटर प्रति बिस्तर तथा 30 घन मीटर आयतन
10.	वार्ड की चौड़ाई	3.6 मीटर से कम नहीं होनी चाहिए।
	डयूटी कक्ष	11 वर्गमीटर
11.	गेराज	15 वर्गमीटर
12.	अन्य कक्ष	12 वर्गमीटर
	स्टाफ के आवास के लिए स्थान	
	डाक्टर	60-90 वर्गमीटर
	कम्पाउडर/नर्स	40-60 वर्गमीटर
	कर्मचारी/ड्राइवर आदि	40.0 वर्गमीटर

रोगियों के साथ आये लोगों के ठहरने के लिए 9.0-12 वर्गमीटर क्षेत्रफल के कमरे बनाये जाने चाहिएँ। इनके भोजन पकाने आदि के लिए एक खुला बरामदा भी बनाया जाना चाहिए। इस स्थान का क्षेत्रफल 6.0 वर्गमीटर से 15 वर्गमीटर तक हो सकता है। प्रायः इनके लिए स्नानघर व शौचालय की सुविधा भी होनी चाहिए।

अस्पताल का निर्मित क्षेत्रफल प्लाट के क्षेत्रफल का प्रायः 25% होना चाहिए, इससे शुद्ध वातावरण बनाए रखने में सहायता मिलती है। भवन कुर्सी की न्यूनतम ऊँचाई 0.75 मीटर तथा किसी भी कक्ष की चौड़ाई व ऊँचाई 3.3 मीटर से कम नहीं होनी चाहिए। उचित प्रकाश व संवातन के लिए खिड़की आदि का क्षेत्रफल फर्श के क्षेत्रफल का 20% से कम नहीं होना चाहिए। सीढ़ी की किसी भी कक्ष से अधिकतम दूरी 15 मीटर से अधिक नहीं होनी चाहिए। रोगियों के चढ़ने व उतरने में सुविधा प्रदान करने के लिए सीढ़ी की चौड़ाई 1.25 मीटर तथा मध्य चौकी की माप 2.5 × 1.8 मीटर रखी जानी चाहिए। प्रत्येक 10 व्यक्तियों के लिए एक शौचालय तथा प्रत्येक 20 व्यक्तियों के लिए एक मूत्रालय होना चाहिए।

वार्ड–प्रायः एक वार्ड में 20 पलंग या बिस्तर से अधिक नहीं होने चाहिएँ। प्रत्येक बिस्तर को 9.5 वर्गमीटर क्षेत्रफल तथा 30 घन मीटर आयतन की आवश्यकता होती है। पलंग दीवार से 15 से०मी० हटा कर रखा जाना चाहिए। दीवार व पलंग की पार्श्व में 60 से०मी० तथा पलंग की पार्श्व व आने–जाने के मार्ग में न्यूनतम 45 से०मी० का अन्तराल होना चाहिए। दो पलंगों के बीच न्यूनतम अन्तराल 90 से०मी० तथा आने–जाने के लिए मार्ग की चौड़ाई 1.20 मीटर होनी चाहिए।

डिस्पेन्सरी–किसी डिस्पेन्सरी के लिए क्षेत्रफल निम्न प्रकार निर्धारित किया जा सकता है :

1. प्रतीक्षा कक्ष	15 वर्गमीटर
2. परामर्श तथा जाँच	12 वर्गमीटर
3. औषधि वितरण कक्ष	10 वर्गमीटर
4. मरहमपट्टी कक्ष	10 वर्गमीटर
5. स्टोर	6 वर्गमीटर
6. शौचालय	1.5 वर्गमीटर

डाक्टर का अवास डिस्पेन्सरी के ऊपर बनाया जा सकता है। डिस्पेन्सरी का संरेखन चित्र–21.3 में दिखाया गया है।

21.6 डाकखाना अथवा पोस्ट आफिस

1. पोस्ट मास्टर का कक्ष	9 वर्ग मीटर
2. काउंटर के पीछे कार्य स्थल	3 मीटर चौड़ाई
3. भण्डार	2 से 3 वर्गमीटर
4. प्रवेश एवं काउंटर के समीप स्थान	2 मीटर चौड़ाई
5. काउंटर	ऊँचाई 1.6-1.8 मीटर व चौड़ाई 0.75-0.95 मीटर

इसके अतिरिक्त टेलीफोल वूथ तथा स्वच्छता इकाई की व्यवस्था भी होनी चाहिए।

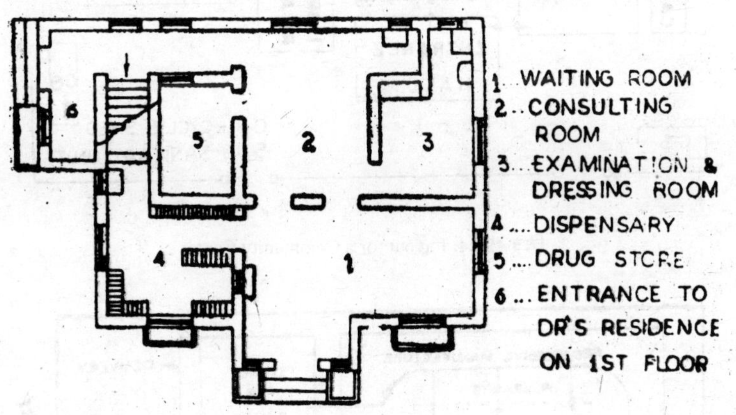

चित्र-21.3. Plan for Dispensary

21.7 पंचायतघर

स्थल—पंचायतघर की स्थिति ऐसी होनी चाहिए जहां से गांव की समस्त गतिविधियों का संचालन सरलता से किया जा सके। पंचायतघर में प्रायः निम्न उद्देश्यों की पूर्ति के लिए स्थान उपलब्ध होना चाहिए।

(1) पुस्तकालय, (2) वाचनालय, (3) सामूहिक विकास केन्द्र, (4) ग्राम महमान गृह।

पंचायतघर की दीवारों पर राष्ट्रीय नेताओं के फोटों लगाए जा सकते हैं। इसका आकार निम्न प्रकार हो सकता है :

1. सभा भवन	4.75 × 5.5 वर्गमीटर
2. कार्यालय कक्ष	2.75 × 3 वर्गमीटर
3. अतिरिक्त कक्ष	2 × 4 वर्गमीटर
4. बरामदा	2 मीटर चौड़ा
स्वच्छता इकाई	शौचालय एक, मूत्रालय एक तथा स्नान पर एक

21.8 सारांश

विभिन्न बड़े सभा–मण्डपों (Auditorium) की ऊँचाई, लम्बाई व चौड़ाई का अनुपात व क्षमता आदि निम्न तालिका में दिखाए गए हैं–

चित्र–21.4 में Community centre का विन्यास दिखाया गया है।

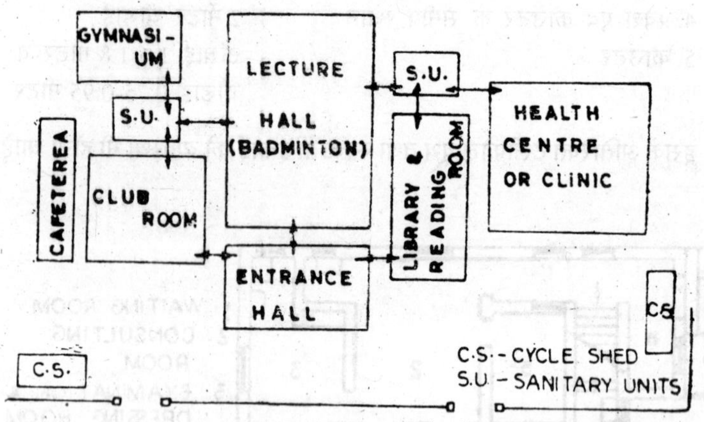

चित्र–**21.4.** Layout for a Community Centre

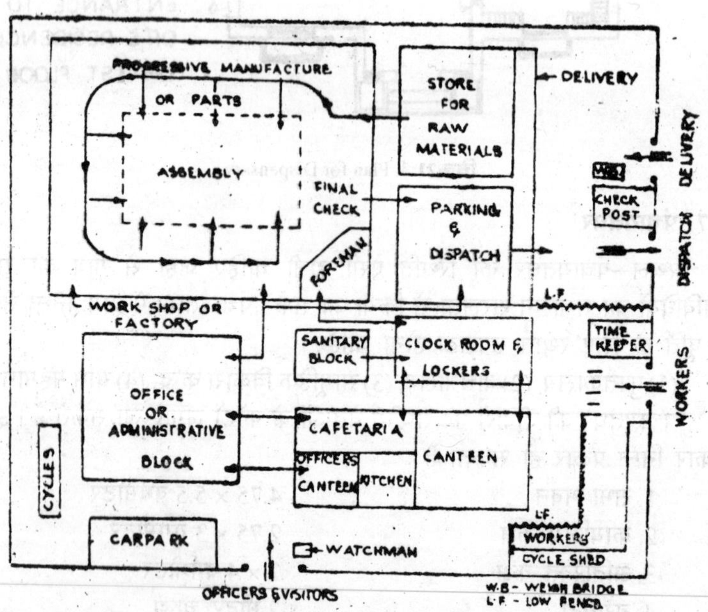

चित्र–**21.5.** Layout for a Factory

तालिका-21.5

क्र०सं०	सभा मण्डप की किस्म	प्रति सीट आयतन (घन मीटर में)	अनुपात H.W.L.	व्यक्तियों की संख्या
1.	व्याख्यान कक्ष (Lecture hall)	2.85-3.54	1 : 2 : 4	400 से 500
2.	ध्वनि विस्तार वाला व्याख्यान कक्ष	3.97-4.2	1 : 2.5 : 5	500 से 1000
3.	सिनेमा कक्ष	3.54-4.2	1 : 2 : 3	800 से 1000
4.	ड्रामा कक्ष	3.3-3.97	1 : 2 : 3	750..

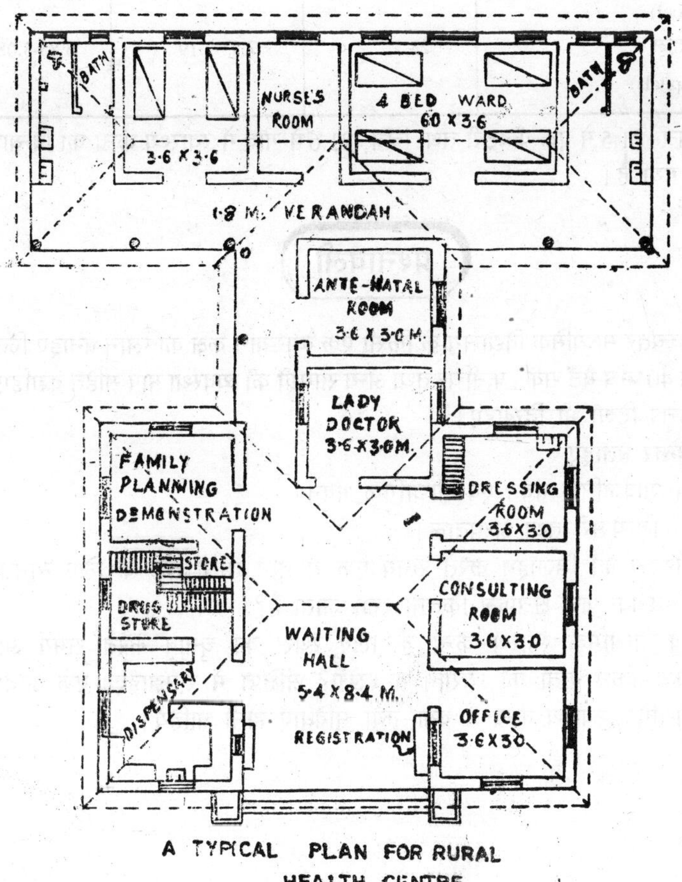

चित्र–21.6. Typical Plan For Rural Health Centre

विभिन्न कक्षों के क्षेत्रफल व आयतन व ऊंचाई में संबन्ध

तालिका-21.6

क्र०सं०	भवन की किस्म	प्रति व्यक्ति आयतन (घन मीटर में)	प्रति व्यक्ति फर्श क्षेत्रफल वर्ग मीटर	ऊँचाई
1.	आवासीय भवन (Residential Buildings)	8.5	2.3-2.76	3.7-3.08
2.	डोर्मिट्रीज (Dormitories)	11.32-14.25	2.76-3.68	4.1-3.87
3.	फैक्ट्रीज	7.08	1.84-2.3	3.8-3.05
4.	विद्यालय (School)	4.25-7.08	0.92-1.84	4.62-3.8
5.	अस्पताल (Hospitals)	28.3	7.35-9.19	3.85-3.08

चित्र–21.5 में एक फैक्ट्ररी तथा चित्र–21.6 में गाँव में स्वास्थ्य केन्द्र का विन्यास दिखाया गया है।

प्रश्नावली

(1) उच्चतर माध्यमिक विद्यालय के किसी एक व्याख्यान कक्ष का प्लान बनाइए जिस में 40 छात्र बैठ सकें। फर्नीचर तथा अन्य सामग्री की व्यवस्था माप सहित दर्शाइए। उत्तर दिशा भी दिखाइए।

(2) अन्तर बताइए :

(a) सार्वजनिक भवन एव औद्योगिक भवन।

(b) डिस्पैंसरी तथा अस्पताल।

(3) होस्टल का डिजाइन करते समय एक से तीन छात्रों तक के लिए न्यूनतम आवश्यक फर्श क्षेत्रफल कितना रखा जाता है?

(4) एक प्राथमिक स्वास्थ–केन्द्र के लिए स्थल का चुनाव करते समय आप किन–किन बातों को ध्यसान में रखेंगे? संक्षिप्त में समझाइए। एक आदर्श प्राथमिक स्वास्थ केन्द्र में क्या–क्या सुविधाएँ होनी चाहियें।

22

सन-शेडिंग युक्तियाँ
Sun-Shading Devics

22.1 प्रस्तावना

विश्व के ऊष्ण कटिबंधीय भागों में भवनों का दिक्स्थापन इस प्रकार किया जाना चाहिए कि भवन के विभिन्न भागों में सूर्य की धूप प्रवेश न कर सके। भवन अभिकल्पन में इस कार्य के लिए जो युक्तियाँ प्रयोग की जाती हैं उन्हें सनशेडिंग (Sun shading) युक्तियाँ कहा जाता है। ये युक्तियाँ न केवल भवन का धूप से बचाव करती हैं परन्तु तीव्र गति से चलने वाली वायु व वर्षा से भी बचाव करती हैं। ये युक्तियाँ निम्न दो वर्गों में विभाजित की जा सकती हैं।

22.2 युक्तियों का वर्गीकरण

1. प्राकृतिक सन शेडिंग युक्तियाँ।
2. कृत्रिम सन शेडिंग युक्तियाँ।

1. प्राकृतिक सन-शेडिंग युक्तियाँ—इन युक्ति के अन्तर्गत बहुदा भवन के चारों ओर उचित स्थानों पर पेड़ व पौधे उगाकर भवन को धूप के प्रकोप से बचाया जाता है। ऐसा देखा गया है कि चौड़ी पत्ती तथा सर्दियों में पत्ती गिराने वाले वृक्ष इस कार्य के लिए बहुत उपयोगी पाये गये हैं। ग्रीष्म ऋतु में पत्ती आ जाने के कारण ये वृक्ष भवनों को सूर्य की किरणों से बचाते हैं परन्तु शीत काल या ऋतु में पत्ती गिरजाने के कारण सूर्य किरणों को भवनों में प्रवेश करने में बाधा नहीं डालते, जिससे वांछित सुविधा प्राप्त होती है। वृक्ष ऐसे स्थानों पर लगाये जाने चाहिएँ जिससे वायु के आवागमन में बाधा न पड़े तथा भवनों को उचित सायवान (सन–शेड) प्राप्त हो सके। चित्र–22.1 में प्राकृतिक सन–शेडिंग दिखाया गया है।

2 कृमित्र सन-शेडिंग युक्तियाँ—इस श्रेणी की युक्तियाँ निम्न तीन वर्गों में विभाजित की जा सकती हैं।

1. प्रलम्ब या निकला हुआ भाग (Overhang)
2. झिलमिली (Louvers) ।
3. पर्दा (Screens) ।

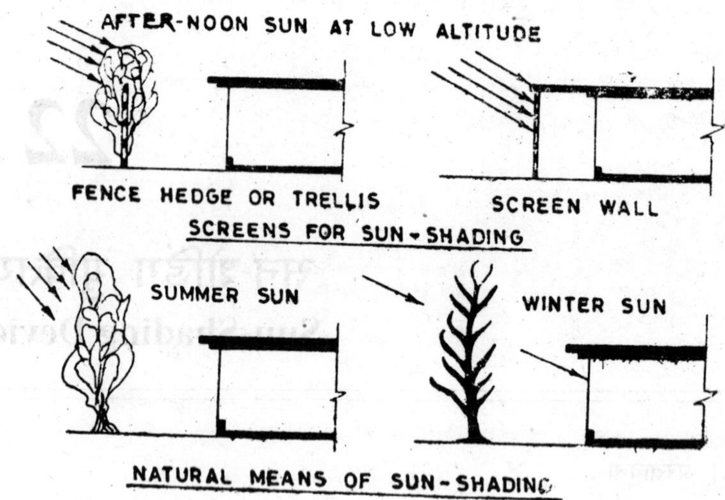

चित्र-22.1. Natural Sun-Shade

(i) प्रलम्ब (Overhang)–

भवन का वह भाग जो वाह्य ऊर्ध्वाधर दीवार की सतह से प्रक्षेप करता हो या बाहर निकला होता है, प्रलम्ब कहलाता है। प्रलम्ब दीवार से अधिकतम 2.5 मीटर तक प्रक्षापित किये जा सकते हैं। यह सन–शेडिंग की एक बहुत ही प्रभावी विधि सिद्ध हुई है। आकार के अनुसार प्रलम्ब निम्न उपवर्गों में विभाजित किये जा सकते हैं। छत स्तर पर बनाये गये ठोस प्रलम्ब बरामदा या बालकनी कहलाते हैं।

(ii) ठोस छत प्रलम्ब (Solid roof Overhang)

ठोस प्रलम्ब छत तल पर छत प्रक्षेप (Projection) या अलग से बनी ठोस संरचना का बाहर निकला हुआ भाग हो सकता है। इन प्रक्षेपों के नीचे कुर्सी तल या फर्श होने पर इन्हें बरामदा या बालकनी कहा जाता है।

ठोस छत प्रलम्ब दक्षिण की दिशा में अधिक प्रभावशाली सिद्ध हुए हैं। परन्तु पश्चिम की ओर इनका प्रभाव बहुत कम पाया गया है क्योंकि दोपहर के पश्चात् वाली सूर्य किरणों से बचाव करने में ये युक्तियाँ उपयोगी नहीं पाई गई हैं। इनका डिजाइन इस प्रकार किया जाना चाहिए कि गर्मियों में सूर्य की किरणें भवन में प्रवेश न कर सकें तथा सर्दियों में सूर्य नीचा होने के कारण किरणें भवन में प्रवेश कर सकें। चित्र–22.2 में समतल व ढालू छत प्रलम्ब दिखाये गये हैं।

(iii) भूतल द्वारा परावर्तित किरणों के चमकदार सतह पर पड़ने में नियंत्रण

इस विधि में छत तल पर छतों के प्रक्षेप दीवार से बाहर इस प्रकार निकाले जाते है कि सूर्य की किरणों पहले फर्श तल या भूमि पर पड़ने के पश्चात् वहाँ से परावर्तित होकर भवन में खुले स्थानों के द्वारा प्रवेश करें। भूतल अथवा फर्श पर फीके रंग की कंक्रीट टाइल आदि लगा कर ठण्डी व समवितरित किरणें भवन में प्रवेश कराई जाती हैं। कभी–कभी भूतल पर घास आदि लगा कर किरणें परावर्तित कराई जाती हैं। ये युक्तियाँ भी दक्षिणी दीवारों पर अधिक प्रभावशाली सिद्ध हुई हैं। (चित्र–22.3)

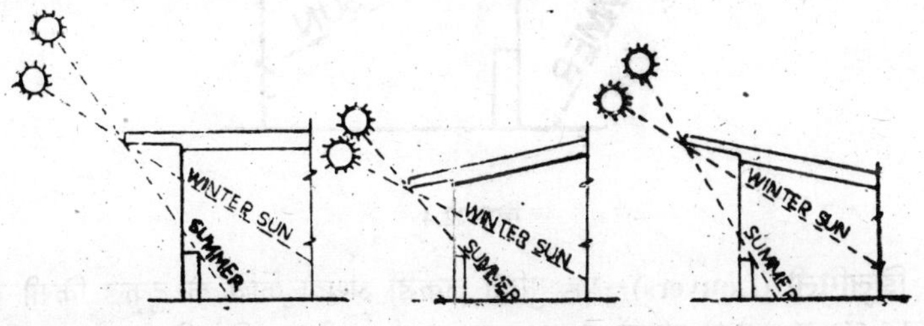

चित्र-22.2. Solid Roof Overhangs

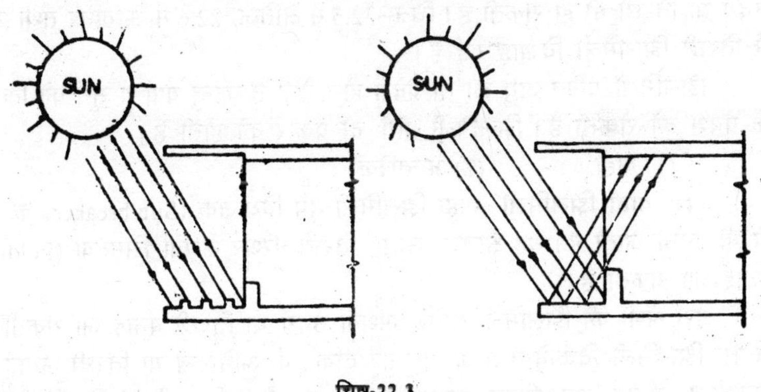

चित्र-22.3

(iv) प्रलम्ब के साथ कब्जों द्वारा लटकाये गये छज्जे

इस विधि में प्रलम्ब के अन्तिम छोर पर कब्जे लगाकर एक अन्य छज्जा लटकाया जाता है। गर्मियों में धूप रोकने के लिए इस लटकते हुए छज्जे को विभिन्न स्थितियों में रखा जा सकता है। सर्दियों में धूप के भवन में प्रवेश करने में सहायता की दृष्टि से इस लटकते हुए छज्जे को प्रलम्ब के नीचे क्षतिज अवस्था में बांध दिया जाता है।

यह व्यवस्था प्रलम्ब के प्रभाव को बढ़ाती है। यह युक्ति भी भवन की पूर्वीदक्षिणी तथा पश्चिमी दीवारों पर प्रभावशाली पाई गई है। (चित्र–22.4)

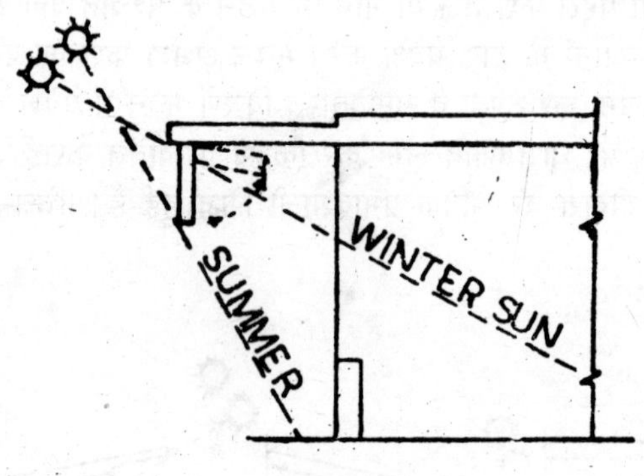

चित्र-22.4

झिलमिली (Louvers)–यह युक्ति लकड़ी अथवा कांच के टुकड़े किसी चूल या पिवट अथवा धुरी में कब्जों से लगाकर बनाई जाती है। झिलमिली चल या स्थिर बनाई जा सकती है। चल झिलमिली नीचे या ऊपर की ओर पिवट को ऊपर या नीचे की ओर खिसका कर की जा सकती है। झिलमिली ऐसे कोण पर लगाई जाती है कि किसी झिलमिली के पीछे वाला सिरा उससे नीचे वाली झिलमिली के बाहरी किनारे से ऊँचा रहे। चित्र–22.5 में चल तथा स्थिर झिलमिली दिखाई गई हैं। झिलमिली क्षैतिज, उदग्र या तिरछी भी हो सकती है। चित्र–22.5 में क्षैतिज, 22.6 में ऊर्ध्वाधर तथा 22.7 में तिरछी झिलमिली दिखाई गई हैं।

झिलमिली युक्ति वायु को तो प्रवेश होने देती है परन्तु वर्षा व सूर्य की किरणों के प्रवेश को रोकती है। झिलमिली प्रायः दो प्रकार की होती हैं।

(1) वाह्य, (2) आन्तरिक

1. वाह्य झिलमिली–वाह्य झिलमिली धूप वियोजक (Sun breaker) के नाम से भी जानी जाती है। यह क्षैतिज, उदग्र, तिरछी, स्थिर अथवा सिमटवा (Folding) बनाई जा सकती हैं।

इस श्रेणी की झिलमिली क्षैतिज अथवा उदग्र या तिरछी बनाई जा सकती हैं। उदाग्र झिलमिली दिक्विन्यास के अनुसार दीवार के अभिलम्ब या तिरछी लगाई जा सकती हैं। ये पूर्व तथा पश्चिम दिशाओं में बहुत प्रभावी पाई गई हैं। ये झिलमिली Egg crate या honey combed शेड भी कहलाती हैं। वाह्य झिलमिली खिड़की लिंटल तल पर प्रलम्ब के साथ भी बनाई जा सकती हैं। उदाग्र झिलमिली दीवार से 15 से०मी० दूरी पर बनाई जाने पर वायु का संचार अच्छा होता है।

क्षैतिज झिलमिली प्रलम्ब की भांति उपयोग करने पर दीवार के समीप बहुत अच्छा वायु संचार होता है। चित्र–22.8 में क्षैतिज प्रलम्ब या झिलमिली दिखाई गई है।

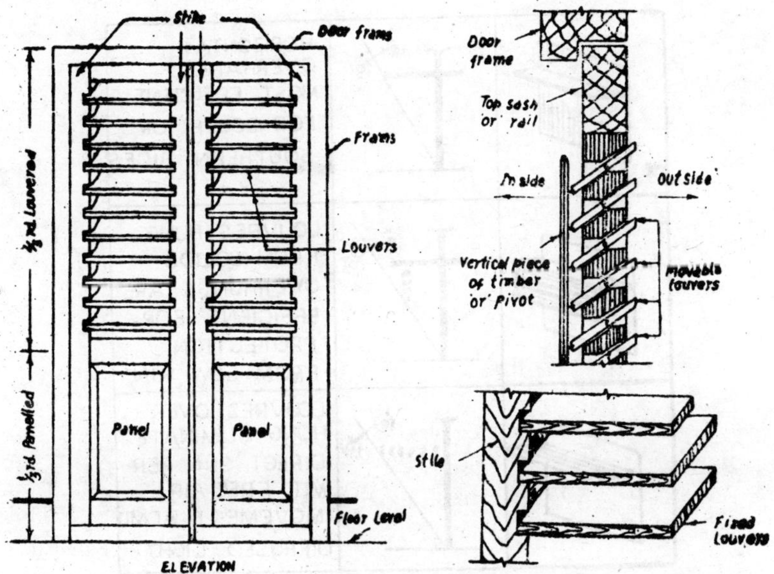

चित्र-22.5. Horizontal Louver

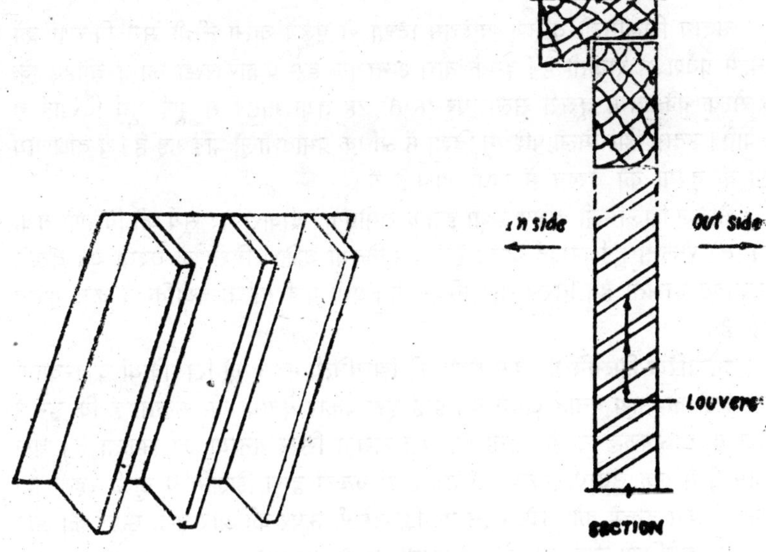

चित्र-22.6. Vertical Louver

चित्र-22.7. Inclined Louvers

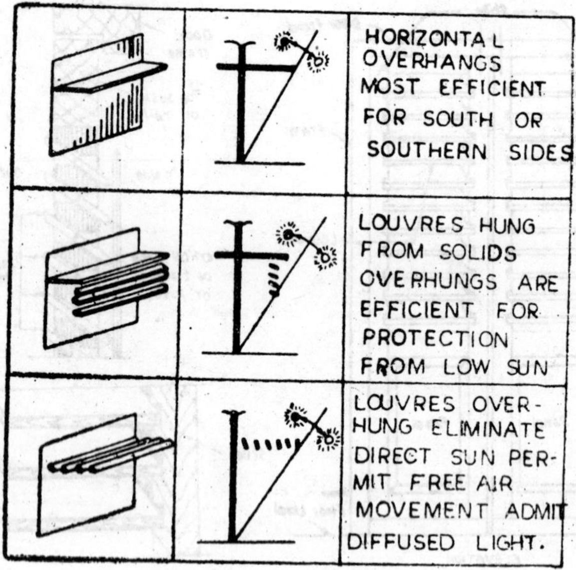

चित्र-22.8. Horizontal Overhangs

उदाग्र झिलमिली दक्षिण–पश्चिम दिशा से पड़ने वाली नीची सूर्य किरणों को भवन में प्रवेश से रोकती है। इनके बीच अन्तराल इस प्रकार रखा जाना चाहिए कि एक सेल्फ की छाया दूसरी सेल्फ पर पड़ती रहे तथा भीतर से पूर्ण सूर्य दिखाई न देने पावे। उदाग्र झिलमिली पश्चिम दिशा में अधिक प्रभावशाली पाई गई हैं। ये दक्षिणीय दिशा के दृश्यों को देखने में बाधा डालती हैं।

क्षैतिज झिलमिली दक्षिण तथा इसके समीप की दीवारों पर सूर्य की किरणों तथा चमक को रोकती हुई लगाई जाती हैं। ये युक्तियां दक्षिण दिशा के दृश्यों को देखने में रुकावट डालती हैं। तिरछी झिलमिल मितव्ययी पाई गई हैं क्योंकि ये कम स्थान घेरतीं हैं।

आन्तरिक झिलमिली–इस श्रेणी की झिलमिली भवन की खिड़कियों व दरवाजों के किवाड़ों के साथ बनाई जाती हैं। इन्हें इस प्रकार बनाया जा सकता है कि इनसे क्षैतिज दृष्टि अबरुद्ध न हो। इन्हें भी चल अथवा स्थिर बनाया जा सकता है। चल झिलमिली में एक उदाग्र लकड़ी के टुकड़े में कब्जों द्वारा झिलमिली जुड़ी रहती है। लकड़ी के इस टुकड़े को नीचे करने पर झिलमिली ऊपर की ओर तथा ऊपर पी ओर करने पर झिलमिली नीचे की ओर हो जाती है। क्षैतिज स्लेट (slate) का झुकाव बाहर की ओर होना चाहिए जिससे बाहर से वर्षा का पानी भवन में प्रवेश न कर सके।

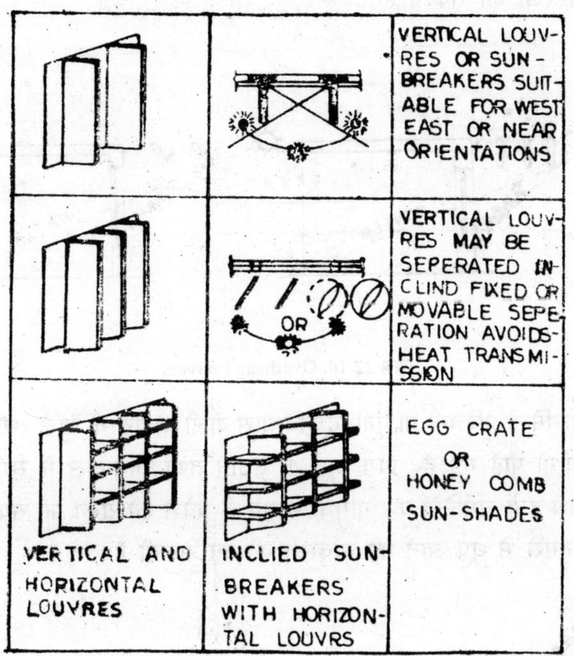

चित्र-22.9. Internel Louvers

क्षैतिज तथा उदग्र झिलमिली (Horizontal and vertical louvers)

यह युक्ति ऊपर वर्णित झिलमिलयों का मिला जुला रूप है। इन्हें खिड़कियों के हुड अथवा बड़े खुले स्थानों पर लगया जाता है। इन्हें egg crate या honey combed shade भी कहा जाता है। ये दक्षिण दिक्विन्यास में बहुत प्रभावी सिद्ध हुई हैं।

प्रलम्ब झिलमिली (Overhang louvers)

यह दीवार के खुले स्थान के ऊपर प्रलम्ब व झिलमिली का मिलाजुला रूप है। यदि डिजाइन के अनुसार प्रलम्ब का प्रक्षेप अधिक आता हो तो इसे झिलमिली में बदल देना चाहिए। ये गुक्ति पश्चिम तथा दक्षिणी दीवारों के लिए उपयुक्त पाई गई है। चित्र–22.10 में दिखाए अनुसार सीधी झिलमिली सूर्य की सीधी किरणों को रोकती है तथा तिरछी झिलमिली मुक्त वायु के प्रवेश तथा प्रकाश के समवितरण में सहायता करती है।

समायोजय झिलमिली (Adjustable louvers)–ये क्षैतिज अथवा उदाग्र प्रकार की झिलमिलयाँ ही हैं। परन्तु इन्हें दीवार के साथ स्थिर न कर कब्जों द्वारा जोड़ा जाता

है (चित्र–22.11) सूर्य की किरणों के कोण के अनुसार शेल्फों को घुमा कर इन्हें विभिन्न स्थितियों में रखा जा सकता है।

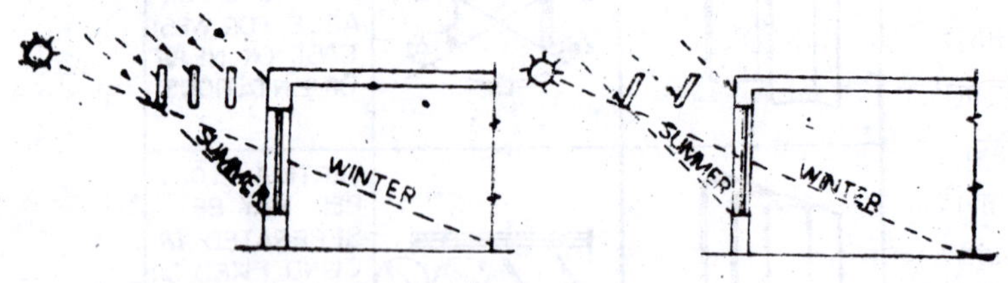

चित्र-22.10. Overhang Louvers

ये झिलमिली पश्चिमी या पूर्वी दिक्विन्यास वाली दीवारों के खुले स्थानों के लिए अधिक उपयोगी पाई गई हैं। प्रायः सूर्य के उठान तथा सांयकाल में सूर्य के ढलाव के साथ–साथ इन्हें समंजित कर गर्मियों में धूप के प्रवेश को रोका जा सकता है तथा सर्दियों में कमरों में धूप आने की व्यवस्था की जा सकती है।

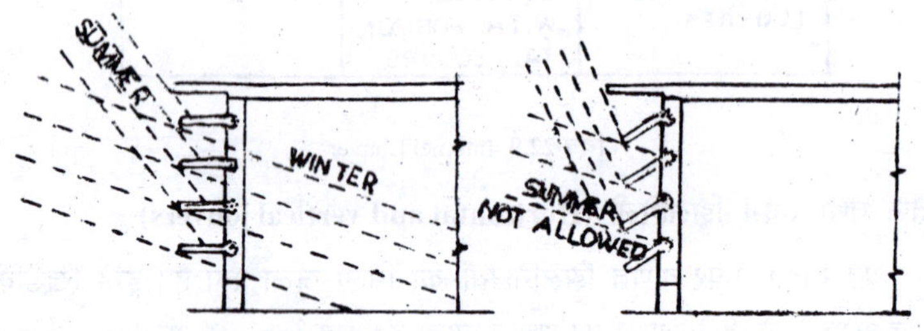

चित्र-22.11. Adjustable Louvers

22.3 झिलमिली या छज्जों का डिजाइन करना

सन–शेडिंग (Sun-shading) युक्तियों के अभिकल्पन या डिजाइन का मुख्य उद्देश्य किसी ऊर्श्वाधर अथवा क्षैतिज झिलमिली का किसी ऊर्ध्वाधर दीवार में बने निश्चित आकार के खाली स्थान का प्रक्षेप ज्ञात करना है। किसी झिलमिली के प्रक्षेप की माप या आकार ज्ञात करने के लिए छाया विक्षेप (shadow throw) का ज्ञान आवश्यक है।

छाया विक्षेप का सिद्धान्त–इस सिद्धान्त को समझने के लिए इकाई लम्बाई का एक पिन लीजिए तथा इसे उस दीवार में लम्बवत गाड़िये जिस पर धूप पड़ रहीं हो।

सूर्य की धूप के कारण पिन की छाया दीवार पर तिरछी पड़ती दिखाई देगी। छाया का झुकाव दीवार के दिक्‌विन्यास व सूर्य की ऊँचाई (altitude) पर निर्भर करता है। सूर्य की लगातार ऊंचाई परिवर्तन व उसकी आपेक्षिक स्थिति परिवर्तन के कारण छाया का झुकाव कोण भी बदलता रहता है। पिन के पाद (Foot) पर छाया के क्षैतिज व ऊर्ध्वाधर घटक क्रमशः क्षैतिज छाया विक्षेप (H.S.T.) व ऊर्ध्वाधर छाया विक्षेप (V.S.T.) कहलाते है। पिन का ऊर्ध्वाधर छाया विक्षेप सदैव पिन के नीचे की ओर होता है तथा क्षैतिज छाया विक्षेप पिन के बांयी या दाहिनी ओर होता है। पिन के क्षैतिज व ऊर्ध्वाधर छाया विक्षेप द्वारा पिन के टिप पर बनाए गए कोण क्षैतिज छाया कोण (H.S.A.) व ऊर्ध्वाधर छाया कोण (V.S.A.) कहलाते हैं।

छाया विक्षेप का सम्बन्ध निम्न सूत्र से ज्ञात किया जा सकता है—

$\tan H = h$ व $\tan V = v$

यहाँ H = क्षैतिज छाया विक्षेप कोण

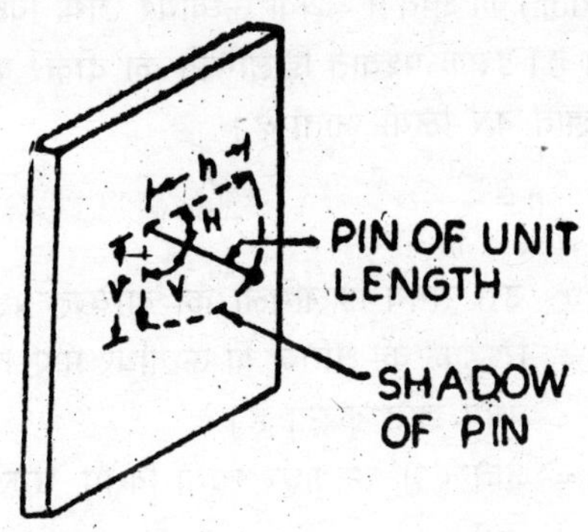

चित्र-22.12

V = ऊर्ध्वाधर छाया विक्षेप कोण

h = क्षैतिज छाया विक्षेप (Shadow throw)

v = ऊर्ध्वाधर छाया विक्षेप

सूर्य की अत्यन्त धूप की स्थितियों के समय जिस स्थान पर खिड़की पर छागा व्यवस्था करनी है उस स्थान की तुंगता या ऊँचाई (altitude) या उन्नतांश व दिंगश (Azimuth) का ज्ञान होना आवश्यक है।

छज्जें या झिलमिली के इकाई प्रक्षेप द्वारा क्षैतिज या ऊर्ध्वाधर छाया विक्षेप का गान निम्न सूत्र से ज्ञात किया जा सकता है।

$$\tan H = h = \tan(\beta-\alpha)$$

$$\tan V = v = \frac{\tan\theta}{\cos(\beta-\alpha)} = \frac{\tan\theta}{\cos H}$$

जहाँ
- h = क्षैतिज छाया विक्षेप ठीक उसी समय
- H = क्षैतिज छाया कोण ठीक उसी समय
- v = ऊर्ध्वाधर छाया विक्षेप उसी समय
- V = ऊर्ध्वाधर छाया कोण
- α = सूर्य का दिगंश कोण
- β = दीवार पर के लम्ब का दिगंश (Azimuth) जिस पर छाया विक्षेप ज्ञात करना है।
- θ = सूर्य का उन्नतांश (altitude) उसी समय का

क्षैतिज झिलमिली सदैव ऊर्ध्वाधर छाया विक्षेप (Shadow throw) व ऊर्ध्वाधर झिलमिली क्षैतिज छाया विक्षेप देती है। उपरोक्त सूत्र की सहायता से झिलमिली के इकाई प्रक्षेप (projection) का क्षैतिज अथवा ऊर्ध्वाधर छाया विक्षेप (Shadow throw) ज्ञात कर लिया जाता है। इसके पश्चात् झिलमिली का दीवार की सतह से वास्तविक प्रक्षेप निम्न सूत्र से ज्ञात कर लिया जाता है।

$$p = \frac{d}{m}$$

जबकि
- p = उस समय झिलमिली का वांछित प्रक्षेप (projection)
- d = खिड़की की क्षैतिज या ऊर्ध्वाधर माप, जिसके लिए छज्जे का प्रक्षेप ज्ञात करना है।
- m = क्षैतिज या ऊर्ध्वाधर छाया विक्षेप, छज्जे के इकाई प्रक्षेप के लिए।

उदाहरण—किसी स्थान पर दीवार के लम्ब का उस स्थान पर उत्तर दिशा से बनाए गए कोण का मान 140° है। इस दीवार में 1.25 मीटर ऊँची खिड़की लगाई जानी है। यदि उस स्थान पर सूर्य की किरणों के दिगंश (azimuth) व उन्नांश कोण का मान 100° व 45° हो तो खिड़की के लिए क्षैतिज प्रक्षेप का मान ज्ञात कीजिए।

हल—दिगंश $\beta = 140^\circ$

(zimuth) $\alpha = 100^\circ$

उन्नतांश (altitude) $\theta = 45o$

$$\tan V = \frac{\tan\theta}{\cos(140-100)} = \frac{\tan 45}{\cos 40^\circ} = \frac{1.0}{0.766} = 1.306$$

$$v = 1.306$$

आवश्यक प्रक्षेप $p = \dfrac{d}{m} = \dfrac{d}{v} = \dfrac{1.25}{1.306} = 0.76$ cm.

अतः आवश्यक प्रक्षेप 0.76 से०मी० का होना चाहिए।

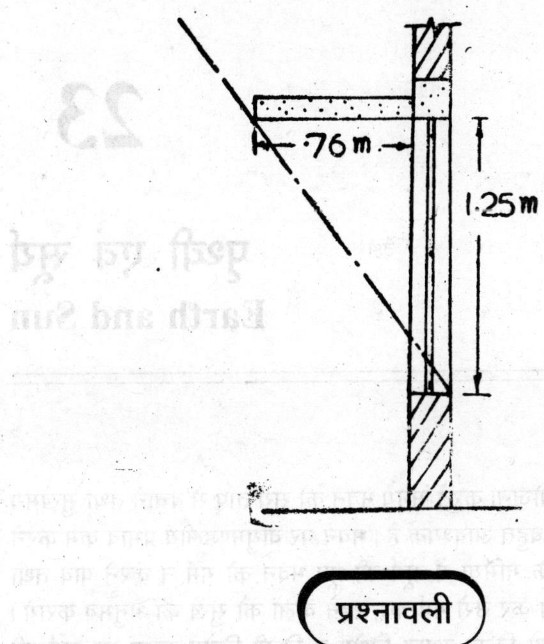

प्रश्नावली

(1) भवन निर्माण में लूवर का क्या स्थान है। चित्रों सहित संक्षिप्त में समझाइए।

(2) किन्हीं चार छाया युक्तियों के चित्र बनाइए, जिनके द्वारा भवन को धूप से बचाया जा सके।

(3) अन्तर बताइए :

(a) क्षैतिज लूवर्स तथा ऊर्ध्वाधर लूवर्स।

(b) छज्जा तथा लूवर्स या झिलमिली।

(c) बरामदा व संपथ (corridor)।

23

पृथ्वी एवं सूर्य
Earth and Sun

23.1 प्रस्तावना

भवन निर्माण की आयोजना करते समय भवन को सूर्य ताप से बचाने तथा सुखमय बनाने का ध्यान रखा जाना बहुत आवश्यक है। भवन पर वायुमण्डलीय प्रभाव कम करने के लिए यह आवश्यक है कि गर्मियों में सूर्य की धूप भवन को गर्म न करने पावे तथा सर्दियों में धूप भवन में प्रवेश कर उसे गर्म कर, रहने वालों को सुख का अनुभव कराये। इस उद्देश्य की पूर्ति के लिए किसी स्थान विशेष व किसी विशेष समय पर सूर्य की स्थिति तथा उसके गमन–पथ का ज्ञान आवश्यक है।

23.2 पृथ्वी

पृथ्वी की आकृति लगभग गोलाकार (Spherical) मानी गई है परन्तु वास्तव में पृथ्वी की आकृति लगभग लध्वक्ष गोलाभ (oblate spheriod) है। लध्वक्ष गोलाभ आकृति किसी दीघ्रवृत (ellipse) के अपनी छोटी अक्ष या धुरी के चारों ओर घूमने से प्राप्त होती है। पृथ्वी अपने ध्रुवों (Poles) पर नारंगी की भाँति चपटी है। पृथ्वी का ध्रुवीय अक्षीय व्यास विषुवत रेखा (equator) के व्यास से छोटा होता है।

पृथ्वी अपनी छोटी कक्ष के चारों ओर औसतन 24 घन्टों में पश्चिम से पूर्व की ओर एक चक्कर पूर्ण करती है। यदि पृथ्वी को स्थिर माना जाये तो समस्त खगोलीय गोला, जिसमें सूर्य, चन्द्रमा व तारे आदि हैं, सब पृथ्वी के चारों ओर पूर्व से पश्चिम की ओर घूमते दिखाई पड़ेंगे। हम पृथ्वीवासी पृथ्वी को स्थिर मानते हैं, इसी कारण हमें सूर्य, चन्द्रमा व तारे पृथ्वी के चारों ओर पूर्व से पश्चिम की ओर घूमते प्रतीत होते हैं। पृथ्वी के घूमने की अक्ष ध्रुवाक्ष या ध्रुवी अक्ष (Polar axis) कहलाती है तथा जिन बिन्दुओं पर यह पृथ्वी सतह को काटती है वे बिन्दु उत्तरी व दक्षिणी भूगोलीय ध्रुव कहलाते

हैं। पृथ्वी की सूर्य से दूरी लगभग 15 करोड़ किलो मीटर है। यदि पृथ्वी की सूर्य से दूरी इससे कम होती हो तो सूर्य से मिलने वाली गर्मी इतनी अधिक होती कि पृथ्वी पर जीवन असंभव हो जाता। इसके विपरीत पृथ्वी की सूर्य से दूरी और अधिक होने पर ठण्ड के कारण जीवधारी जीवित नहीं रह पाते। पृथ्वी सूर्य की परिक्रमा के साथ–साथ अपनी धुरी पर भी 24 घन्टों में एक चक्कर लगाती है। पृथ्वी की दूरी कक्ष तल से 66 ½° का कोण बनाती है तथा परिभ्रमण के समय समस्त स्थानों पर यह झुकाव समान रहता है।

अपनी ध्रुवी अक्ष (Polar) पर घूमने के साथ–साथ विषुवत रेखा से 23°-27′ पर झुकी तल (Plane) में पृथ्वी सूर्य के सापेक्ष घूमती है तथा एक वर्ष में एक चक्कर पूर्ण करती है।

चित्र–23.1 में दिखाये अनुसार, विषुवत रेखा के समान्तर विशेष अक्षांसों (Latitudes) के आधार पर पृथ्वी को कुछ खण्डों में विभाजित किया गया है। ये सामान्तर अक्षांस विषुवत रेखा के कुछ ऊपर तथा कुछ नीचे स्थित हैं विषुवत रेखा से 23°-27′ उत्तर व 23°-27′ दक्षिण में सामान्तर अक्षांश रेखाओं के मध्य का भाग या खण्ड ऊष्ण कटिबंध कहलाता है। यह भाग पृथ्वी का सबसे गर्म भाग होता है। विषुवत रेखा के 23°-27′ व 66°-33′ उत्तर का खण्ड उत्तरी शीतोष्ण (North temperate zone) व विषुवत रेखा के 23°-27′ दक्षिण व 66°-33′ उत्तर व उत्तर ध्रुव के बीच का खण्ड उत्तरी शीत कटिबंध (Frigid zone) कहलाता है। इसी प्रकार दक्षिण की ओर 66°-33′ व दक्षिणी ध्रुव के बीच का खण्ड दक्षिणी शीत कटिबंध कहलाता है। शीत कटिबंध सदैव बर्फ से ढके रहते हैं। चित्र–23.1

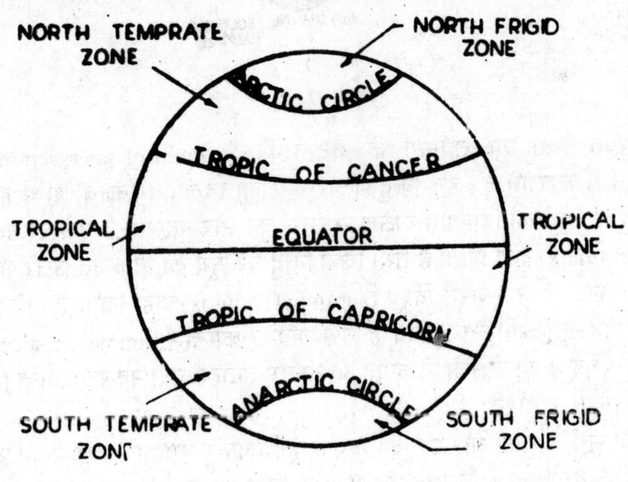

चित्र–23.1

23.3 सूर्य की गति

सूर्य की गति पृथ्वी के सम्बन्ध में (w.r.t) पूर्व से पश्चिम की ओर होती है। इसके अतिरिक्त सूर्य की गति स्थिर तारों आदि के सम्बन्ध में भी होती है। भवन आयोजना

में केवल सूर्य की पृथ्वी के सम्बन्ध में गति का ज्ञान ही महत्वपूर्ण है। पृथ्वी के सम्बन्ध में सूर्य की गति पूर्व से पश्चिम की ओर उस समतल (Plane) में होती है जो खगोलीय गोले के केन्द्र से निकलती है तथा इसे एक बड़े वृत में काटती है जिसे क्रान्ति वृत्त या रविमार्ग (ecliptic) कहा जाता है। सूर्य की आभासी (apparent) गति इसी बड़े वृत्त के साथ–साथ होती है। विषुवत रेखा की समतल व रविमार्ग (ecliptic) के बीच का कोण क्रान्ति वृत की तिर्यक्ता (obliquity of ecliptic) कहलाता है। इसका मान 23°-27' होती है।

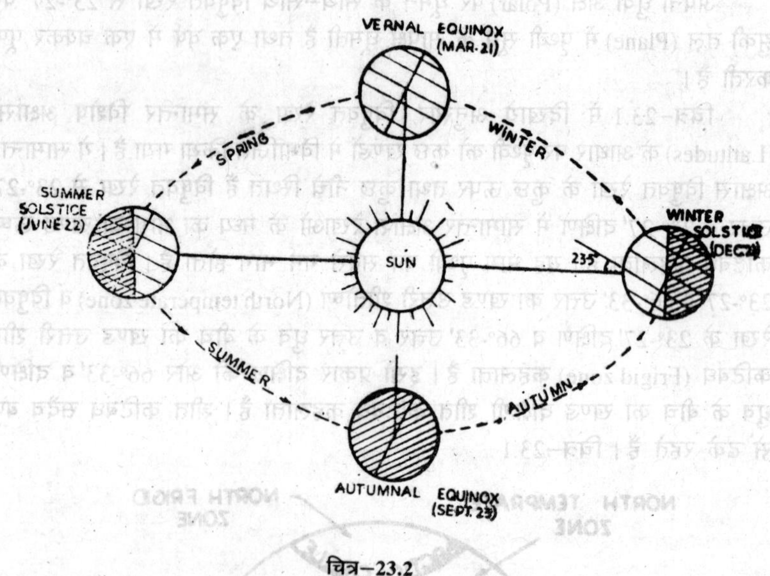

चित्र–23.2

विषुवत रेखा एवं रविमार्ग के कटान बिन्दु (Point of intersection) विषुव (equinoctial) कहलाते हैं। इन बिन्दुओं पर सूर्य का दिक्पात (नक्षत्र) शून्य होता है। जिस बिन्दु पर सूर्य का दिक्पात दक्षिण से उत्तर की ओर बदलता है उसे बसनत विषुव (vermal-equinox) कहा जाता है तथा जिस बिन्दु पर सूर्य का दिक्पात उत्तर से दक्षिण की ओर बदलता है उसे शरद विषुव (autumnal equinox) कहा जाता है। जिस बिन्दु पर उत्तर दिक्पात अधिकतम् होता है उसे कर्क संक्रान्ति (Summer solstices) तथा जिस बिन्दु पर सूर्य का दक्षिणी दिक्पात अधिकतम् होता है उसे मकर संक्रान्ति (winter solstices) कहा जाता है।

पृथ्वी सूर्य के चारों ओर एक वर्ष में एक पूर्ण चक्कर लगाती है। पृथ्वी का परिक्रमा पथ एक दीर्घ वृत्ताकार है जिसके एक फोकस बिन्दु पर सूर्य स्थित है। इस दीर्घ वृत्त का व्यास लगभग 15.3 करोड़ कि०मी० है। सूर्य का पथ दीर्घ वृत्त होने के कारण पृथ्वी के विभिन्न भागों की सूर्य से दूरी भी विभिन्न है।

रविमार्ग (ecliptic) की समतल व विषुवत रेखा के बीच के कोण का मान

23°-24' होता है। इस कारण पृथ्वी की अक्ष रविमार्ग की समतल से 66°-33' के कोण पर झुकी है। पृथ्वी की अक्ष का अपने कक्ष (orbit) से झुकाव के कारण ऋतु परिवर्तन होता है।

पृथ्वी की सूर्य से न्यूनतम दूरी 4 जनवरी तथा अधिकतम् दूरी 6 जुलाई को होती है। पृथ्वी के सूर्य के चारों ओर कोणीय घूमने की दर अनुसूर्य बिन्दु (perihelion) पर अधिकतम् तथा सूर्योच्च (aphelion) पर न्यूनतम होती है।

संक्रान्ति (solstice)—जब सूर्य गमन मार्ग इस प्रकार होता है कि दिन व रात छोटे व बड़े होने लगते हैं तो उस समय का सूर्य गमन पथ संक्रान्ति कहलाता है। 21 जून व 22 दिसम्बर संक्रान्ति कहलाते हैं।

मकर संक्रान्ति (Winter solstice)—इस समय सूर्य दक्षिण की ओर पृथ्वी से अधिकतम् दूरी पर होता है। इस अविध में उत्तरी गोलार्द्ध में दिन छोटे तथा रातें बड़ी होती हैं तथा मौसम ठण्डा होता है अर्थात् सर्दी पड़ती है। पृथ्वी की यह स्थिति मकर संक्रान्ति कहलाती है। यह स्थिति 22 दिसम्बर को होती है। पृथ्वी की इस स्थिति में दक्षिणी गोलार्द्ध में रातें छोटी तथा दिन बड़े होते है।

कर्क संक्रान्ति (Summer solstice)—इस अवस्था में सूर्य उत्तर में सबसे अधिक दूरी पर होता है तथा इस समय सूर्य उत्तरायण कहलाता है। इस अवस्था में उत्तरी गोलार्द्ध में रातें सबसे छोटी तथा दिन सबसे बड़ा होता है, इसके विपरीत दक्षिण गोलार्द्ध में रातें बड़ी व दिन छोटा होता है। 21 जून कर्क संक्रान्ति कहलाता है।

विषव (Equinox)—इस अवस्था में पृथ्वी पर हर स्थान पर दिन व रात बराबर होती हैं। इस अवस्था में सूर्य विषुवत रेखा की समतल (Plane) में होता है। 23 सितम्बर व 21 मार्च विषव कहलाते हैं। 23 सितम्बर शरद विषव व 21 मार्च बसन्त विषव कहलाते हैं। विषव रेखा, विषुवत रेखा समतल व रविमार्ग (ecliptic) के कटाव से प्राप्त होता है तथा विषुवत रेखा के अभिलम्ब होता है। शरद विषव (Autumnal equinox) पृथ्वी की अक्ष, पृथ्वी व सूर्य को जोड़ने वाली रेखा के अभिलम्ब होता है।

अक्षांश (Latitude)—विषुवत (equator) वृत्त के समानान्तर खींचे गये छोटे वृत्त अंक्षांश कहलाते हैं। विषुवत रेखा से उत्तरी ध्रुव या दक्षिणी ध्रुव की ओर जाने पर अक्षांश वृत छोटे होते हैं तथा ध्रुवों पर शून्य के बराबर हो जाते हैं। विषुवत वृत से किसी एक ध्रुव तक की दूरी को 90° में विभाजित किया गया है। विषुवत रेखा को 0° तथा उत्तरी ध्रुव को 90° उत्तर अक्षांश तथा दक्षिणी ध्रुव को 90° दक्षिणी अक्षांश से जाना जाता है। बीच के समस्त अक्षांशों की उनकी विषुवत रेखा से कोणात्मक दूरी के अनुसार नाम दिया जाता है। 23 ½° उत्तर अक्षांश कर्क वृत तथा 23 ½° दक्षिणी अक्षांश वृत मकर वृत कहलाते हैं। कर्क व मकर वृत विषुवत रेखा के क्रमशः उत्तर व दक्षिण की ओर वे सीमाएँ हैं जहाँ तक वर्ष में कभी न कभी सूर्य की किरणें अवश्य लम्बवत पड़ती हैं।

देशान्तर (Longitude)—वे कल्पित वृत, जो पृथ्वी पर उत्तरी ध्रुव व दक्षिणी ध्रुव से मिलाते हुए खींचे गये हों, देशान्तर कहलाते हैं। ये वृत विषुवत रेखाओं को समान अन्तराल पर लम्बवत काटते हैं। पृथ्वी के धरातल पर किन्हीं दो स्थानों के बीच पूर्व—पश्चिम दिशा में अंशात्मक दूरी भी देशान्तर कहलाती है। एक वृत में 360° होती

हैं। अतः देशान्तर के भी 360 अंश होते हैं। ग्रीनबिच से निकलने वाली देशान्तर को 0 देशान्तर माना गया है। इस रेखा से पूर्व व पश्चिम दोनों ओर 180 अंश होते हैं। पृथ्वी पर किसी स्थान विशेष की स्थिति इन्हीं देशान्तर व अक्षांशों से ज्ञात की जाती है। उदाहरण के लिए देहली का देशान्तर 77°-15' पूर्व व अक्षांश 28°-51' उत्तर है। राजस्थान के कुछ नगरों के अक्षांश व देशान्तर निम्न प्रकार हैं।

शहर का नाम	अक्षांश	देशान्तर
(1) बीकानेर	28°-01'N	27°-32'E
(2) जयपुर	26°-55'N	75°-51'E
(3) अजमेर	26°-27'N	74°-42'E
(4) जोधपुर	26°-18'N	72°-01'E
(5) कोटा	25°-11'N	75°-51'E
(6) उदयपुर	24°-33'N	73°-32'E

23.4 देशान्तर व स्थानीय समय

पृथ्वी के गोलाकर होने के कारण समस्त स्थानों पर एक ही समय सूर्योदय नहीं हो सकता। यदि किसी एक स्थान पर सूर्योदय है तो दूसरे स्थान पर दोपहर तथा तीसरे स्थान पर सूर्यास्त तथा चौथे स्थान पर आधी रात होगी। पृथ्वी के अपनी अक्ष पर घूमने के कारण 24 घंटों में देशान्तर के 360° अंश सूर्य के ठीक सामने से होकर निकल जाते हैं। इस प्रकार एक घन्टे में

$$\frac{360}{24} = 15 \text{ अंश}$$

निकलते हैं। अतः प्रत्येक अंश को सूर्य के सामने से निकलने में लगते हैं।

$$\text{समय} = \frac{60}{15} = 4 \text{ मिनट}$$

इस प्रकार प्रत्येक अंश देशान्तर के लिये स्थानीय समय में 4 मिनट का अन्तर होता है। पृथ्वी पश्चिम से पूर्व की ओर घूमती है इसी कारण पूर्वी स्थानों पर सूर्योदय पहले होता है अर्थात पूर्व में सूर्य पहले निकलता है तथा पश्चिमी स्थानों पर बाद में! यदि कोई स्थान 'ए' किसी अन्य स्थान 'बी' से 6° पूर्व में है। तो 'ए' पर स्थानीय दोहपहर 'बी' के स्थानीय दोपहर की अपेक्षा $6 \times 4 = 24$ मिनट पहले आएगा। अतः किसी स्थान का स्थानीय सगय उस स्थान पर दोपहर के आने से जाना जाता है।

23.5 मानक समय (Standard time)

किसी देश अथवा क्षेत्र में एक से अधिक देशान्तर रेखाएं हो सकती हैं। इस प्रकार प्रत्येक देशान्तर के साथ समय में 4 मिनट का अन्तर आ जाता है। यदि प्रत्येक देशान्तर

रेखा के अनुसार उन पर स्थिति नगरों का समय माना जाये तो बहुत असुविधा होगी। अतः किसी देश या क्षेत्र के लिए किसी एक देशांन्तर रेखा के स्थानीय समय को उस देश अथवा क्षेत्र का स्थानीय समय मान लिया जाता है। यही माना गया समय मानक समय (Standard time) कहलाता है। भारत में 82 ½° पूर्व देशान्तर रेखा के स्थानीय समय को पूरे भारत वर्ष के लिए समय माना गया है। इसका अर्थ यह हुआ कि जब 82½° पूर्व देशान्तर पर दोपहर हुआ तो पूरे भारत वर्ष में दोपहर मान लिया गया। भारत में जब 12 जबते है तो पाकिस्तान में 11 तथा बंगला देश में 12 ½ बजते हैं।

23.6 सूर्य पथ आरेख (Sun path diagram)

यदि अध्ययन की दृष्टि से यह मान लिया जाये कि पृथ्वी स्थिर है तथा सूर्य गतिमान है तो हम देखेगें कि सूर्य प्रायः पृथ्वी को छूता हुआ उदय होता है तथा दिन चढ़ने के साथ–साथ ऊपर उठता है। दोपहर को लगभग ऊपर आ जाता है तथा शाम को पश्चिम में पृथ्वी को छूता हुआ अस्त हो जाता है। सूर्य के पूरे वर्ष के इस क्रम के अध्ययन से ज्ञात होगा कि सूर्य की प्रक्रियाओं में कुछ नियमिताएं (ragularities) हैं। वर्ष के किसी विशेष दिन सूर्य पूर्व में विशेष स्थान से उगता है, देशान्तरों को सिरों के बिन्दु (Zenith) पर निश्चित कोण पर काटता है तथा पश्चिम में एक निश्चित स्थान पर अस्त हो जाता है। अर्थात सूर्य का विचरण (movement) एक सुनिश्चित मार्ग से होता है जो सौर पथ (Solar Path) कहलाता है। यह पथ भिन्न–भिन्न स्थानों तथा भिन्न–भिन्न दिनों के लिए बदलता रहता है। किसी स्थान विशेष के लिये सूर्य–पथ रेखाचित्र उस स्थान की अंतरिक्ष विद्यासारणी द्वारा तैयार किया जा सकता है।

23.7 सूर्य पथ आरेख बनाने की विधि (Method of Preparing Sun chart)

प्रायः सूर्य पथ आरेख पोलर ग्राफ पर बनाया जाता है। यदि पोलर ग्राफा उपलब्ध न हो तो निम्न विधि से पहले पोलर ग्राफ बनाया जाता है फिर उस पर सूर्य पथ रेखाएं खींची जा सकती हैं। विधि निम्न प्रकार है।

1. पेपर के मध्य बिन्दु से गुजरती हुई एक 18 से०मी० लम्बी क्षैतिज रेखा खींचिए जो वृत का व्यास हो। केन्द्र से गुजरती हुई इस रेखा पर दूसरी अभिलम्ब रेखा खींचिए जो वृत का दूसरा व्यास हो। ये दोनों व्यास एक दूसरे को अभिलम्ब काटने चाहिए। माना केन्द्र बिन्दु `O'है। क्षैतिज रेखा के दाहिने सिरे पर E तथा बाँए सिरे पर W लिखिए। इसी प्रकार अर्ध्वाधर रेखा के ऊपरी सिरे पर N तथा निचले सिरे पर S लिखिए।

2. `O' को केन्द्र मान कर एक, एक से० मी० की दूरी पर 9 संकेंद्रित वृत खींचिए। बिन्दु n से N° रेखा पर, 0°, 10°, 20°, 30°, 40°, 50°, 60°, 70°, 80°, 90° लिखिए।

3. प्रत्येक चतुर्थाश (quadrant) को आरीय (radial) रेखाओं द्वारा 9 समान भागों में विभाजित कीजिए। प्रत्येक का मान 10° होगा।

4. N से E को होते हुए तथा N से W को होते हुए S तक वाह्य वृत पर 10°, 20°, 30°, -------180° तक कोण लिखिए। ये दिगांश (Azimuths) हैं।

SOLAR AZIMUTHS AND LATITUDES
TABLE-23.1

	June-22nd		May-16th and July-28th		April-16th and Aug-27th		March-21st and Sept-23rd		Feb-23rd and Oct-20th		Jan-26th Nov-17th		Dec-22nd	
	AZ	AL	AZ	AL	AZ	AL	AZ	AL	AZ	AL	AZ	AL	AZ	AL
1	2	3	4	5	6	7	8	9	10	11	12	13	14	15
Latitude 25° N														
Sunrise & Sunset	64°	0°	69°	0°	79°	0°	90	0°	101°	0°	111°	0°	116°	0°
6 A.M. & 6 P.M.	69°	10°	73°	8°	81°	4°	--	--	--	--	--	--	--	--
7 A.M. & 5 P.M.	74°	23°	78°	21°	87°	18°	96°	14°	106°	9°	113°	5°	117°	3°
8 A.M. & 4 P.M.	78°	36°	83°	34°	94°	31°	104°	27°	113°	22°	121°	17°	125°	14°
9 A.M. & 3 P.M.	82°	49°	89°	48°	101°	45°	113°	40°	123°	34°	131°	28°	134°	25°
10 A.M. & 2 P.M.	87°	63°	96°	62°	113°	58°	126°	52°	137°	44°	144°	37°	147°	34°
11 A.M. & 1 P.M.	93°	76°	111°	75°	134°	69°	148°	61°	156°	52°	160°	44°	162°	39°
12 Noon	180°	88°	180°	84°	180°	75°	180°	65°	180°	55°	180°	46°	180°	52°

1	2	3	4	5	6	7	8	9	10	11	12	13	14	15
Latitude 27° N														
Sunrise & Sunset	63°	0°	69°	0°	79°	0°	90°	0°	101°	0°	111°	0°	117°	0°
6 A.M. & 6 P.M.	69°	10°	73°	8°	81°	4°	--	--	--	--	--	--	--	--
7 A.M. & 5 P.M.	74°	23°	79°	21°	88°	18°	97°	13°	106°	9°	114°	4°	118°	2°
8 A.M. & 4 P.M.	80°	36°	85°	35°	95°	31°	105°	26°	114°	21°	122°	16°	125°	13°
9 A.M. & 3 P.M.	85°	49°	91°	48°	103°	44°	114°	39°	124°	33°	132°	27°	135°	23°
10 A.M. & 2 P.M.	91°	63°	100°	61°	116°	57°	128°	51°	138°	43°	144°	36°	147°	32°
11 A.M. & 1 P.M.	101°	76°	117°	74°	138°	68°	149°	59°	157°	50°	161°	42°	163°	37°
12 Noon	180°	86°	180°	82°	180°	73°	180°	63°	180°	53°	180°	44°	180°	40°

SHADOW THROWS FOR LATITUDE 25° N.W.

TABLE-23.2

EAST-WAST

(ON WALLS FACING HORTH & SOUTH

Time	June 22		May 16 & Junl 28		April 16 & August 27		March 21 & September 23		Febuary 23 & October 20		June 26 & Novermber 27		December 22	
	v	h	v	h	v	h	v	h	v	h	v	h	v	h
1	2	3	4	5	6	7	8	9	10	11	12	13	14	15
6 A.M.	0.49	2.61R	0.48	3.27R	0.45	6.31R	--	--	--	--	--	--	--	--
7 A.M.	1.54	3.49R	1.85	4.70R	8.21	19.00R	2.38	9.51L	0.58	3.49L	0.22	2.36L	0.12	1.96
8 A.M.	3.49	4.70R	5.53	8.14R	8.61	14.30L	2.14	4.01L	1.03	2.36L	0.59	1.66L	0.43	1.45
9 A.M.	8.26	7.12R	63.60	57.29R	5.24	5.14L	2.15	2.36L	1.24	1.54L	0.81	1.15L	0.67	1.08
10 A.M.	37.56	19.08R	17.99	5.91R	4.09	2.36L	2.17	1.38L	1.32	0.93L	0.93	0.73L	0.80	0.63

1	2	3	4	5	6	7	8	9	10	11	12	13	14	15
11 A.M.	76.63	19.08R	10.42	2.61R	3.75	1.04L	2.13	0.62L	1.40	0.45L	1.03	0.36L	0.85	0.30
12 Noon	28.64	00	9.51	0	3.73	00	2.14	00	1.43	00	1.04	00	0.90	00
1 P.M.	76.63	19.08R	10.42	2.61R	3.75	1.04R	2.13	0.62L	1.40	0.45R	1.03	0.36R	0.85	0.32
2 P.M.	37.56	19.08R	17.99	9.51R	4.09	2.36R	2.17	1.38L	1.32	0.93R	0.93	0.73R	0.80	0.60
3 P.M.	8.26	7.12R	63.60	57.29R	5.24	5.14R	2.15	2.36R	1.24	1.54R	0.81	1.15R	0.67	1.04
4 P.M.	3.49	4.70R	5.53	8.14R	8.61	14.30R	2.11	4.01R	1.03	2.26R	0.59	1.66R	0.43	1.43
5 P.M.	1.54	3.49R	1.85	4.70R	8.21	19.08L	2.38	9.51R	0.58	3.49R	0.22	2.36R	0.12	1.96
6 P.M.	0.49	2.61R	0.48	3.27R	0.45	6.31L	--	--	--	--	--	--	--	--

TABLE SHOWING THROWS FOR LATITUDE 25° N

TABLE-23.3

(On Walls Facing NW, SW, NW & SE) For Walls Facing NE & SE, L & R are to be Inter Chaned.)

Time	June 22		May 16 & July 28		April 16 & August 27		March 21 & September 27		Febuary 23 & October 20		June 26 & Novermber 27		December 22	
	v	h	v	h	v	h	v	h	v	h	v	h	v	h
1	2	3	4	5	6	7	8	9	10	11	12	13	14	15
6 A.M.	0.19	0.45R	0.16	0.53R	0.09	0.73R	--	--	--	--	--	--	--	--
7 A.M.	0.49	0.55R	0.46	0.65R	0.44	0.93R	0.40	1.23R	0.33	1.80R	0.23	2.48R	0.17	3.08R
8 A.M.	0.87	0.65R	0.86	0.78 R	0.92	1.15R	0.99	1.66R	1.08	2.48R	1.26	4.01R	1.44	9.67R
9 A.M.	1.43	0.75R	1.54	0.97R	1.78	1.48R	2.24	2.48R	3.24	4.70R	7.69	14.30R	26.72	57.23R
10 A.M.	2.64	0.90R	2.99	1.23R	4.28	2.48R	8.19	6.31R	27.65	28.64L	4.82	5.31L	3.24	4.70L
11 A.M.	5.99	1.11R	9.15	2.25R	14.93	57.29R	8.02	4.33L	3.57	2.61L	2.29	2.10L	1.78	1.96L

1	2	3	4	5	6	7	8	9	10	11	12	13	14	15
12 Noon	40.50	1.0L	13.48	1.0L	5.27	1.0L	3.03	1.0L	2.01	1.0L	1.47	1.00L	1.27	1.0L
1 P.M.	5.40	0.90R	4.08	0.45R	2.61	0.07R	1.85	0.23L	1.37	0.38L	1.06	0.47L	0.91	0.51L
2 P.M.	2.93	1.11R	2.42	0.81R	1.73	0.40R	1.29	0.36L	0.97	0.04L	0.76	0.16L	0.69	0.21L
3 P.M.	1.91	1.33R	1.60	1.04R	1.21	0.67R	0.91	0.4R	0.69	0.21R	0.53	0.07R	0.47	0.02R
4 P.M.	1.33	1.54R	1.10	1.28R	0.80	0.87R	0.60	0.6R	0.44	0.40R	0.32	0.25R	0.25	0.18R
5 P.M.	0.88	1.80R	0.71	1.54R	0.45	1.11R	0.32	0.81R	0.18	0.55R	0.09	0.4R	0.06	0.32R
6 P.M.	0.43	2.25R	0.30	1.88R	0.12	1.38R	--	--	--	--	--	--	--	--

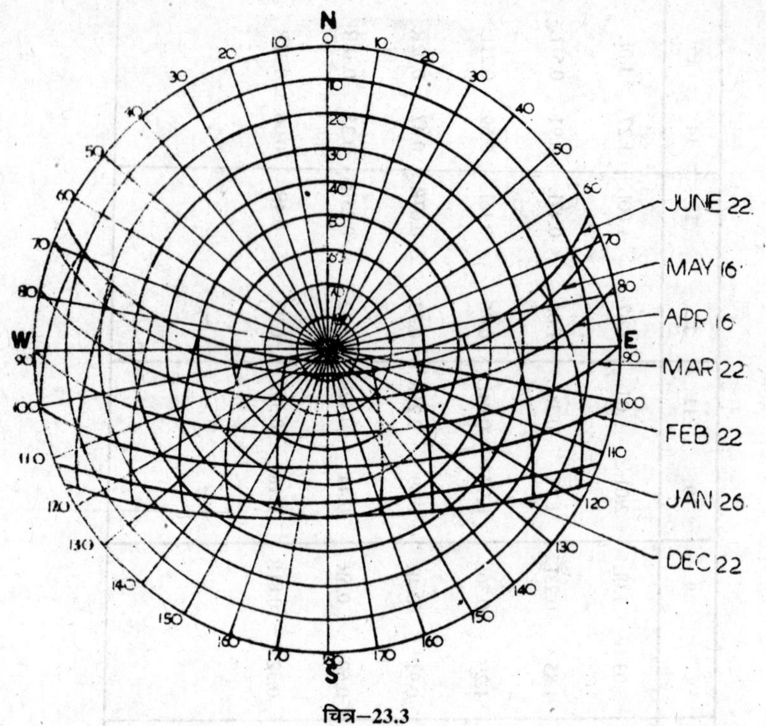

चित्र–23.3

5. अब अन्तरिक्ष विद्या सारणियों या मौसम विभाग से प्राप्त उस स्थान की अक्षांश (Latitude) के लिए सूर्य के विचरण के आँकड़ों की सहायता से पोलर चार्ट पर सौर पथ खींचिए। प्रत्येक माह के लिए ये पथ अलग–अलग होंगे तथा कुल 7 रेखाएं होंगी। इन पर चित्र में दिखाएनुसार महीने व दिन अंकित कीजिए। सारिणी में दिगांश व उन्नतांश दिए हुए होते हैं। इनकी सहायता से ग्राफ की भांति बक्र खींचिए।

6. बिन्दु `O' अर्थात केन्द्र को 12 बजे मान कर पूर्व तथा पश्चिम की ओर एक–एक घन्टे की रेखाएं खींचए जो चित्र में ऊपर से नीचे की ओर मुड़ी हुई रेखाओं से दिखाई गई हैं।

इस चित्र से माह के किसी दिन विशेष को सूर्य उदय होने व अस्त होने का समय तथा दिन में किसी समय सूर्य की स्थिति ज्ञात की जा सकती है।

7. चित्र में वृत की परिधि पर दिगंश (Azimuths) तथा वृत के व्यास पर ऊँचाई या उन्नतांश या तुंगता (Altitude) लिखिए। अब दिए हुए अक्षांश के लिए सारणी की सहायता से बिन्दु लगा कर बक्र खीचिए। इस प्रकार कुल सात बक्र खींचे जा सकते हैं। चित्र–23.3 में 25° अक्षांश के बक्र खींचे गए हैं।

प्रश्नावली

1. सूर्य चार्ट क्या होता है ? इसके उपयोग समझाइए।
2. निम्न का अन्तर बताइए :
   (a) क्षैतिज छाया विक्षेप तथा उदग्र छाया विक्षेप।
   (b) संक्रान्ति तथा मध्याक्ष (Solstice and equinox)।
3. सूर्य पथ क्या है ? एक पोलर ग्राफ बनाकर उसमें सूर्य पथ आरेख दिखाइए तथा आरेख बनाने की विधि क्रमवार लिखिए। इस आरेख का उपयोग लूवर या छज्जों के डिजाइन करने के लिए किस प्रकार किया जाता है ? समझाइए।
4. क्षैतिज छाया विक्षेप तथा क्षैतिज छाया कोण का अन्तर बताइए। (B.T.E.R. 1985)
5. सूर्य चार्ट क्या होता है? इसके उपयोग समझाइए। (B.T.E.R. 1983)
6. अन्तर बताइए।
   (a) दिगंश (Azimuth) व उन्नतांश (Altitude)।
   (b) क्षैतिज छाया कोण तथा क्षैतिज छाया विक्षेप (Shadow angle and shadow throw)।

24

संवातन व वातानुकूलन
Ventilation and Air Conditioning

24.1 प्रस्तावना

संवातन व वातानुकूलन भवन की क्रियागत आवश्यकता है जिनके पूर्ण होने पर उस भवन में रहने व कार्य करने में सुगमता तथा सुख अनुभव होता है।

24.2 संवातन की परिभाषा

किसी भवन में शुद्ध वायु के मुक्त प्रवेश को संवातन कहा जाता है। किसी भवन में सुख व आराम की सुविधा उत्पन्न करने के लिए उचित संवातन का होना अनिवार्य है। अच्छा संवातन निम्न कारणों से अनिवार्य है।

1. भवन के अन्दर मनुष्यों के साँस लेने के कारण उत्पन्न दोषपूर्ण वायु, बदबू या गन्ध एवं किटाणुओं आदि को बाहर निकालने व भवन के अन्दर एक निश्चित सीमा में तापक्रम बनाये रखने के लिए संवातन आवश्यक है।
2. उचित संवातन वायु में गर्द व अपद्रव्य (impurity) पर नियंत्रण रखता है।
3. उचित संवातन धुँआ, गन्ध व किटाणुओं पर गियंत्रण रखता है।
4. मनुष्यों के बदन से निकलने वाली ऊष्मा व गन्ध को दूर करता है।
5. उचित संवातन कार्बनडाइआक्साइड, नमी आदि के अधिक मात्रा में एकत्रित होने को दूर कर वायु में आक्सीजन की कमी दूर करता है।
6. सुविधापूर्वक कार्य करने के लिए वायु में आयतन के पर्दों में कार्बन ढाइआक्साइड की मात्रा 0.6% होनी चाहिए। 6% कार्बनडाइआक्साइड होने पर साँस लेना कठिन हो जाता है तथा 10% कार्बनडाइआक्साइड होने पर मनुष्य बेहोश हो जाता है।
7. उचित संवातन औद्योगिक भवनों में जलनशील गैस या गर्द की मात्रा को नियंत्रित करता है।

24.3 संवातन को प्रभावित करने वाले घटक

मनुष्यों के सुख की दृष्टि से संवातन निम्न घटकों से प्रभावित होता है।

1. ताजी वायु की सप्लाई या संभरण की दर।
2. वायु का संचलन या वायु परिवर्तन
3. वायु का तापक्रम
4. वायु की शुद्धता।
5. वायु में आर्द्रता।
6. भवन का उपयोग।

1. ताजी वायु की सप्लाई दर (Rate of supply of fresh air)

किसी भवन या कमरे में ताजी व शुद्ध वायु की मात्रा भेजना उस भवन के उपयोग पर निर्भर करती है। विभिन्न प्रकार के भवनों में न्यूनतम वायु की आवश्यकता तालिका–24.1 में दिखाई गई है। संवातन प्रणाली का डिजाइन इस प्रकार किया जाना चाहिए कि वाँछित वायु की मात्रा भवन में प्रवेश कर सके तथा दूषित वायु भवन से निष्काषित की जा सके।

2. वायु का संचलन (air movement)

जिस भवन में मनुष्य कार्य करते हैं उचित संवातन बनाये रखने के लिए वायु का संचलन आवश्यक है। प्रति घन्टा वायु के परिवर्तन या बलदाब की न्यूनतम व अधिकतम दर 1 से 60 तक बदलती है। यदि प्रति घन्टा वायु का परिवर्तन 1 से भी कम होगा तो संवातन ठीक नहीं होगा। इसके विपरीत यदि वायु परिवर्तन दर प्रति घन्टा 60 से अधिक होगी तो वायु के अधिकतम वेग के कारण मनुष्य असुविधा अनुभव करेगा। अतः व्यावहारिक दृष्टि से वायु का प्रति घंटा परिवर्तन 5 से अधिक बार नहीं होना चाहिए। वायु का संचलन समान रूप से होना चाहिए। भवन के किसी भी कोने में वायु स्थिर नहीं रहनी चाहिए। वायु बदलाव का अर्थ है कि कमरे के आयतन की तुलना में बाहर से प्रति घन्टा वायु के आयतन का अन्दर प्रवेश करना।

भवनों में प्राकृतिक संवातन के लिए Cross ventilation बनाकर वायु संचलन प्राप्त किया जाता है। जबकि यान्त्रिक सवातन में मशीनों से वायु प्रवेश की दर बढ़ा कर वायु संचलन प्राप्त किया जाता है। वायु संचलन, प्रवेश करने वाली वायु के वेग, भवन में किये जा रहे कार्य की किस्म, भवन में उपस्थित मनुष्यों की संख्या व प्रवेश द्वार या अन्तर्गत की स्थिति पर निर्भर करता है।

तालिका-24.1

क्रम संख्या	भवन की किस्म	वायु दर प्रति व्यक्ति (प्रति घंटा धन मी० में)	वायु बदलाव प्रति घन्टा
1.	कारखाने व कार्य शाला आदि	न्यूनतम 15 औसतन 23	2 परिवर्तन प्रति घन्टा
2.	स्कूल प्रति व्यक्ति घेरा गयास्थान घन मी० में		
	(i) 5.5 m³/person	28 m³	2 परिवर्तन प्रति घन्टा
	(ii) 8.5 m³/ person	20 m³	
3.	(i) सभा कक्ष, कैन्टीन, दुकानें मनोरंजन के स्थान व रेस्टोरेन्ट आदि	28 m³	
	(ii) खाना खाने का कमरा	25 m³	
4.	अस्पताल, सिनेमाघर आदि	35 m³	
	(i) चीरफाड़ कक्ष		10 परिवर्तन प्रति घन्टा
	(ii) x-ray कक्ष		3 परिवर्तन प्रति घन्टा
5.	निवास स्थान	50 m³	
	(i) रहने व सोने के कमरे		3 परिवर्तन प्रति घन्टा
	(ii) रसोईघर		6 परिवर्तन प्रति घन्टा
	(iii) स्नानघर व शौचालय		6 परिवर्तन प्रति घन्टा
	(iv) आने जाने का रास्ता व बड़े हाल		1 परिवर्तन प्रति घन्टा
6.	कार्यालय प्रति व्यक्ति स्थान घन मीटर में		
	(i) 5.5 m³/Person	28 m³	
	(ii) 8.5 m³/Person	20 m³	
	(iii) 11.0 m³/Person	17 m³	
	(iv) शौचालय आदि		2 परिवर्तन प्रति घन्टा
7.	व्यायामशाला	80 m³	

3. वायु का तापक्रम

संवातन के लिए भवन में प्रवेश करने वाली वायु गर्मियों में ठंडी तथा सर्दियों में गर्म होनी चाहिए। अधिक बेग से प्रवेश करने वाली वायु का तापक्रम कमरे के भीतर के तापक्रम से कम नहीं होना चाहिए। कमरे के भीतर व बाहर के तापक्रम का अन्तर 8°C से 10°C से अधिक नहीं होना चाहिए।

अतः मनुष्य के सुख की दृष्टि से प्रभावी तापक्रम रखा जाना चाहिए। प्रभावी तापक्रम वायु के संचलन, आर्द्रता व तापक्रम का मिलाजुला सूचकांक है।

अतः अधिकांश व्यक्तियों के लिए प्रभावी तापक्रम उपयुक्त है। प्रभावी तापक्रम का मान भवन में रहने वाले व्यक्ति की आयु, उसकी दिनचर्या, भौगोलिक दशा व शरीर से नष्ट होने वाली ऊष्मा से प्रभावित होता है। सर्दियों में प्रभावी तापक्रम का मान 20°C व गर्मियों में 22°C उपयुक्त माना गया है।

4. वायु की शुद्धता

संवातन प्रणाली से आने वाली वायु की शुद्धता मनुष्य के आराम व सुख को बहुत प्रभावित करती है। अतः संवातन वाली वायु में अपद्रव्य (impurities) जैसे कार्बन डाइआक्साइड, कार्बन मोनोक्साइड, सल्फर डाइक्साइड, गन्ध, कार्बनिक व आकार्बनिक पदार्थों से मुक्त होनी चाहिए। शुद्ध संवातन प्राप्त करने के लिए संवातन प्रणाली शौचालय, रसोईघर, पेशाबघर, कारखानों की चिमनियों के समीप स्थापित नहीं की जानी चाहिए।

5. वायु की आर्द्रता

21°C तापक्रम पर सुख की दृष्टि से आपेक्षिक आर्द्रता 30 से 70% के बीच उपयुक्त पाई गई है अतः यह मान बनाये रखा जाना चाहिए। अधिक ऊँचे तापक्रम पर कार्य करने की अवस्था में कम आर्द्रता तथा अधिक वायु संचलन की आवश्यकता होती है जिससे शरीर से निकलने वाले पसीने के शीघ्र सूखने से शरीर की गर्मी कम हो सके।

6. भवन का उपयोग

भवन के उपयोग के अनुसार तालिका–24.1 में दिखाये अनुसार वायु की मात्रा का उपयोग किया जाना चाहिए।

24.4 अच्छी संवातन प्रणाली के गुण
(Requirement of a good ventiation system)–

एक अच्छी संवातन प्रणाली के निम्न गुण होने चाहिए।

1. इसका डिजाइन इस प्रकार किया जाना चाहिए कि वांच्छित मात्रा में वायु भवन में प्रवेश कर सके तथा दूषित वायु बाहर निष्काषित की जा सके।
2. आपेक्षक आर्द्रता का वांच्छित मान प्राप्त करने में सक्षम होनी चाहिए।
3. मनुष्यों के सुख की दृष्टि से उचित तापक्रम बनाये रखने में सक्षम होनी चाहिए।

4. वायु का संचलन समान होना चाहिए तथा किसी भी स्थान पर वायु स्थिर नहीं हो जानी चाहिए।

5. भवन में प्रवेश करने वाली वायु अपद्रव्य, गर्द व गन्ध आदि से मुक्त होनी चाहिए।

6. संवातन प्रणाली मितव्ययी व प्रभावी होनी चाहिए तथा वांच्छित आवश्यकता पूर्ण करने में सक्षम होनी चाहिए।

24.5 संवातन की किस्म (Type of ventilation)

संवातन प्रणाली निम्न दो वर्गों में विभाजित की जा सकती है।

1. प्राकृतिक संवातन
2. यॉंत्रिक संवातन

1. प्राकृतिक संवातन—इस प्रणाली से कमरे या भवन का संवातन करने के लिए दरवाजों, खिड़कियों, रोशनदानों आदि द्वारा वायु अन्दर भेजी जाती है। यह प्रणाली छोटे भवनों के लिए उपयोगी है परन्तु बड़े भवनों जैसे सभाघर, सिनेमाघर बड़े कार्यालयों आदि के लिए यह प्रणाली मितव्ययी तो हैं परन्तु वायु की संचलन दर व संवातन पर नियंत्रण रखना असंभव है। इस प्रणाली से उचित संवातन प्राप्त करने के लिए खिड़कियों व दरवाजों का क्षेत्रफल कमरे के फर्श के क्षेत्रफल के 1/5 भाग से कम नहीं होना चाहिए। रोशनदान का शिखर, छत से 45 से०मी० से अधिक नीचे नहीं रखा जाना चाहिए।

प्राकृतिक संवातन प्रणाली के बारे में निम्न बातों का ध्यान रखा जाना चाहिए।

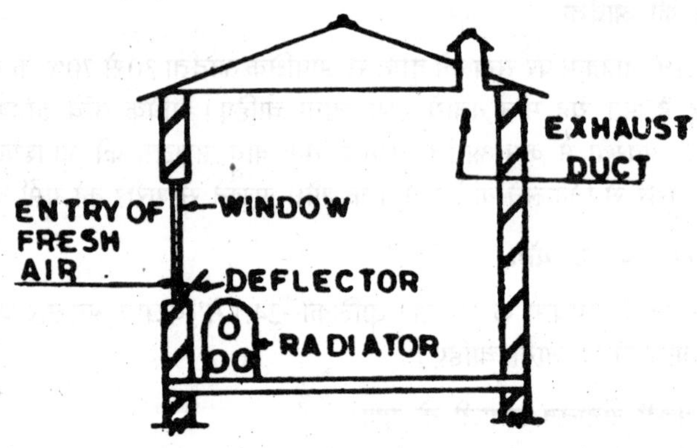

चित्र–24.1. Ventilation by Window, Deflector, Radiator and Exhaust

1. खिड़की की स्थिति व आकार व किस्म कमरे के प्राकृतिक संवातन को बहुत प्रभावित करती है। खिड़कियाँ कमरे के प्रकाश को भी प्रभावित करती हैं तथा ऋतु के प्रभाव को भी प्रभावित करती हैं अतः इनकी स्थिति का चयन इन सब बातों को ध्यान में रखते हुए किया जाना चाहिए।

2. छत के रोशनदान की दक्षता, उनकी स्थिति, वायु चलने की दिशा तथा भवन की ऊँचाई पर निर्भर करती है।

3. यदि खिड़की के साथ–साथ कमरे में विपेक्षक (deflector), रेडिएटर निकास डक्ट भी लगा दिये जायें तो संवातन की दक्षता बहुत बढ़ जाती है अर्थात बहुत अच्छा संवातन प्रभाव प्राप्त होता है। विपेक्षक प्रायः खिड़की की सिल से नीचे उसकी पूर्ण लम्बाई में लगाये जाते हैं। विपेक्षक व रेडिएटर की स्थिति प्रयोग द्वारा निर्धारित की जानी चाहिए तथा निकास डक्ट खिड़की के सामने वाली दीवार के ऊपर छत में लगाई जानी चाहिए। रेडिएटर चित्र–22.1 में दिखाया गया है।

4. यदि कमरे में गैस या ईंधन जलाया जाता हो तो वायु की मात्रा ईंधन जलाने व कमरे का सम्पूर्ण संवातन करने के लिए पर्याप्त होनी चाहिए।

5. वायु का वेग कमरे के अन्दर व बाहर दाब अन्तर उत्पन्न करता है। अतः अधिक वेग होने पर दाव अन्तर भी अधिक होगा, जिसके फलस्वरूप कमरे में वायु परिवर्तन दर भी अधिक होगी।

6. कमरे में वायु परिवर्तन की दर निम्न घटकों पर निर्भर करती है।

(a) खिड़की या खुले स्थान का डिजाइन।

(b) प्रवेश द्वार व निकास द्वार की स्थिति।

(c) बाहर व अन्दर के तापक्रम में अन्तर।

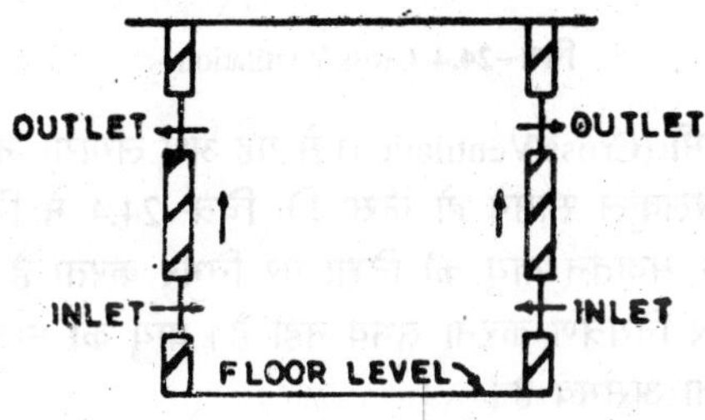

चित्र–24.2. Natural Ventilation

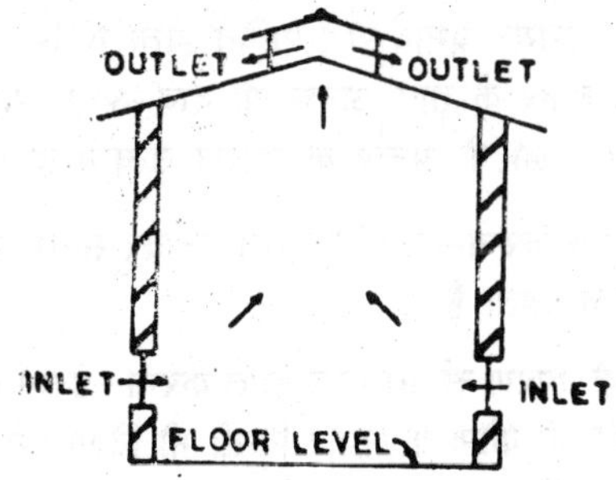

चित्र–24.3. Natural Ventilation

प्रायः बाहर की वायु अन्दर की वायु की अपेक्षा ठंडी होती है। अतः बाहर की ठंडी वायु तली से कमरे में प्रवेश करती है तथा कमरे में रहने की अवधि में गर्म हो

जाने पर ऊपर के मार्ग से निकल जाती है। चित्र–24.2 में प्रवेश द्वार व निकास द्वार एक दूसरे के ऊपर तथा चित्र–24.3 में प्रवेश द्वार दीवार में तथा निकास द्वार छत में बनाया गया है।

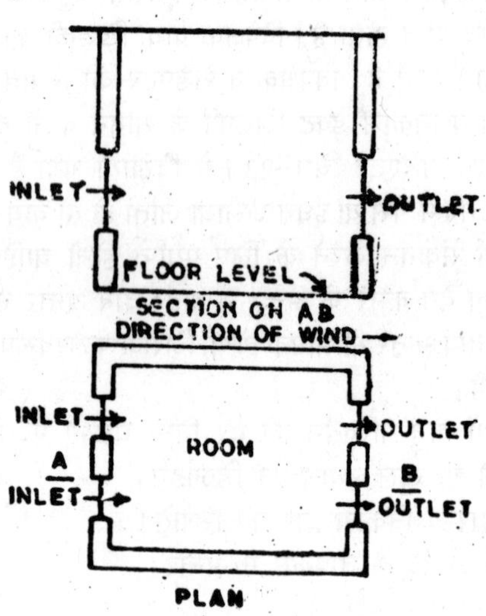

चित्र–24.4. Cross Ventilation

7. कभी–कभी (Cross Ventilation) से यह अर्थ लगाया जाता है कि निकास द्वार प्रवेश द्वार के बिलकुल सामने हो जैसा कि चित्र–24.4 में दिखाया गया है।

8. प्राकृतिक संवातन वायु की दिशा पर निर्भर करता है अतः धुंआ व गर्द भरी वायु के प्रवेश पर नियंत्रण करना संभव नहीं है। वायु की मात्रा, तापक्रम व बेग पर भी नियंत्रण करना असंभव है।

24.6 स्टैक प्रभाव (Stack effect)

इसमें संवातन दर संनयन प्रभाव से प्रभावित होती है। संनयन (Convection) प्रभाव कमरे के अन्दर व बाहर के ताप–अन्तर या दाव–अन्तर या दोनों के प्रभाव व प्रवेश व निकास द्वारों के तलों के अन्तर के कारण उत्पन्न होता है।

24.7 संवातन की दर ज्ञात करना–प्राकृतिक संवातन दर समय–समय पर वायु प्रभाव व स्टैक प्रभाव से बदलती रहती है।

(a) वायु प्रभाव के कारण संवातन दर ज्ञात करना–इसमें वायु प्रवाह की दिशा प्रचलित वायु दिशा से 45° के कोण के भीतर किसी भी दिशा से प्रवाहित हो सकती है। वायु के प्रवाह की दर निम्न सूत्र से ज्ञात की जा सकती है।

Q = K.A.V.

Q = वायु प्रवाह दर m^3/hour में

K = एक स्थिरॉक, जिसका मान खुले स्थान जैसे खिड़की के सापेक्ष वायु की दिशा, प्रवेश द्वार व निकास द्वार के क्षेत्रफलों के अनुपात पर निर्भर करता है।

= 0.6 यदि वायु की दिशा खुले स्थान या खिड़की के अभिलम्ब दिशा में हो।

= 0.3 यदि वायु की दिशा खिड़की से 45° से कम कोण पर हो।

A = प्रवेश द्वार का शुद्ध क्षेत्रफल m^2 में।

V = वायु गति मीटर प्रति घन्टा।

प्रवेश द्वार व निकास द्वार के क्षेत्रफल भिन्न–भिन्न होने पर इन दोनों में जो भी कम हो, उसका मान उपरोक्त सूत्र में उपयोग किया जाना चाहिये तथा वायु का प्रवाह आयतन निम्न तालिका में दिखाये अनुसार बढ़ाया जाना चाहिए।

निकास द्वार व प्रवेश द्वार के क्षेत्रफलों का अनुपात	आयतन में बढ़ोत्री % में
1:0	00
1.5	18.0
2.0	27.0
3.0	34.0
4.0	37.0
5.0	38.0
6.0	38.0

24.8 प्राकृतिक संवातन के लिए सामान्य नियम

1. भवन में वायु प्रवेश द्वार अर्थात खिड़कियाँ समान रूप से वितरित होनी चाहिएँ तथा उनकी स्थिति नीचे तल पर वायु की ओर अथवा वाताभिमुख होनी चाहिए जबकि निकास द्वार की स्थिति छत अथवा वाह्य दीवार में छत के समीप वायु की ओट वाली दिशा में होनी चाहिए।

2. अधिकतम् वायु प्रवाह के लिए प्रवेश–द्वार व निकास–द्वार समान क्षेत्रफल के होने चाहिएँ। यदि निकास–द्वार छत में हो तो प्रवेश–द्वार का क्षेत्रफल अधिक होना चाहिए।

3. यदि वायु की दिशा परिवर्तनशील हो तो खिड़कियाँ प्रत्येक दीवार में बनाई जानी चाहिए तथा उन पर कपाट लगाये जाने चाहिएँ।

4. प्रवेश द्वार समीप की दीवार, वृक्ष, विभाजिका दीवार आदि से अवरूध नहीं होने चाहिएँ।

5. स्टैक प्रभाव के कारण कमरे की ऊँचाई अधिक होने पर संवातन अच्छा होता है।

6. लम्बे तथा कम चौड़े कमरों में अच्छा संवातन छोटी दीवारों में खिड़की बना कर उत्पन्न किया जाना चाहिए।

7. कमरे में वायु की परिवर्तन दर खिड़की की स्थिति, प्रवेश द्वार व निकास द्वार की स्थिति, कमरे के अन्दर व बाहर के तापक्रमों के अन्तर पर निर्भर करती है। रोशनदान छत के समीप बनाना उपयोगी पाया गया है।

8. छत के रोशनदान की दक्षता, उनकी स्थिति, वायु की दिशा, व भवन की ऊँचाई पर निर्भर करती है।

9. कमरे की खिड़की के साथ–साथ विपेक्षक, रेडिएटर व निकास डक्ट लगाकर कमरे का संवातन बढ़ाया जा सकता है। (चित्र–24.1)

10. रहने के कमरे की खिड़की खुले स्थान की ओर खुलनी चाहिए। खुला स्थान सड़क या गली की ओर हो सकता है या भवन में चौक की ओर खिड़की रखी जा सकती है।

याँत्रिक संवातन–इसका यहाँ वर्णन करना संभव नहीं है।

प्रश्नावली

(1) संवातन क्यों आवश्यक है? इसे प्रभावित करने वाले घटकों का वर्णन कीजिये।

(2) निम्न के लिये कितनी ताजा वायु की आवश्यकता होती है।

(a) स्कूल, (b) निवास भवन,

(c) अस्पताल, (d) सिनेमाघर

(3) अच्छी संवातन प्रणाली के गुण लिखिए।

(4) संवातन की किस्मों का चित्र सहित वर्णन कीजिए।

25

भवनों की ध्वनिकी
Acoustics

25.1 प्रस्तावना

ध्वनिकी वह विज्ञान है जो ध्वनि के उत्पन्न होने के मूल बिन्दु (Origin), उसके संचारण एवं सुनाई देने की क्रिया का बोध कराता है। ध्वनिकी (acoustics) यूनानी शब्द है जिसका अर्थ है "सुनना"। इस विज्ञान का सम्बन्ध निर्मित या निम्राण कराये जाने वाले भवनों में ध्वनि नियंत्रण से है। ध्वनि भवन के बाहर या भीतर उत्पन्न हो सकती है।

ध्वनि उस समय उत्पन्न होती है, जब वायुमण्डल के किसी भाग का अचानक संपीडन होता है। यदि वायु प्रत्यास्थ नहीं होती तो वायुमण्डलीय संपीडन स्थिर ही रह जाता व ध्वनि उत्पन्न नहीं होती। परन्तु वायु की प्रत्यास्थता के कारण संपीडन उत्पन्न होने के पश्चात् मूल बिन्दु से दूर **फैलता** है एवं तरंग के रूप में हमारे कान के परदे के पास पहुँचता है, तब हम किसी ध्वनि का अनुभव करते हैं।

25.2 इस सम्बन्ध में याद रखने योग्य बातें :

1. जिस वस्तु (body) से ध्वनि तरगें निकलती हैं वह कपन की अवस्था में रहती है। वस्तु का कंपन समाप्त होने पर उससे निकलने वाली ध्वनि भी समाप्त हो जाएगी।

2. ध्वनि सुनाई देने के लिए यह आवश्यक है कि हमारे कानों व ध्वनि उत्पन्न करने वाली वस्तु के बीच प्रत्यास्थ माध्यम उपलब्ध होना चाहिए।

3. ध्वनि शून्य में गमन नहीं कर सकती, उसके गमन करने के लिए किसी माध्यम (medium) की आवश्यकता होती है।

25.3 कुछ परिभाषाएं

(a) ध्वनि वेग—जिस गति से ध्वनि किसी माध्यम से निकलती है वह गति ध्वनि वेग कहलाता है। ध्वनि वेग का मान माध्यम की किस्म व उसके ताप पर निर्भर करता है। ध्वनि का संचारण वायु की अपेक्षा ठोस व तरल माध्यम में अधिक होता है। तालिका–25.1 में विभिन्न माध्यमों में ध्वनि वेग का मान दिखाया गया है। ध्वनि की आवृत्ति के अनुसार इसे भाषण, गायन एवं शोर में वर्गीकृत किया जा सकता है। गायन में ध्वनि आवृत्ति भाषण की अपेक्षा अधिक होती है तथा शोर में गायन से अधिक। मानव का कान जो कम से कम ध्वनि सुन सकता है उसकी आवृत्ति 20 चक्र या आवर्तन प्रति सैकिण्ड एवं तेज से तेज ध्वनि की आवृत्ति 20,000 चक्र प्रति सैकण्ड होती है।

आवृत्ति—इकाई समय में कोई ध्वनि उत्पन्न करने वाली वस्तु जितने चक्र या आवर्तन करती है वही ध्वनि की आवृत्ति कहलाती है। जितने अधिक चक्र या आवर्तन इकाई समय में होंगे उतना ही अधिक ध्वनि पिच (pitch) होगा (अर्थात् ध्वनि तीव्र या तीखी होगी।)

ध्वनि तीव्रता—प्रति इकाई समय में प्रति इकाई क्षेत्रफल से ध्वनि ऊर्जा का प्रवाह ध्वनि तीव्रता कहलाता है।

ध्वनितान या स्वर (tone)—यह ध्वनि का वह गुण है जिससे एक ध्वनि का दूसरी ध्वनि से अन्तर ज्ञात होता है, जैसे सितार व हारमोनियम की ध्वनियों का अन्तर उनके तान से ज्ञात होता है।

तालिका संख्या-25.1

विभिन्न माध्यमों में ध्वनि का वेग

माध्यम (Medium)	ध्वनि वेग मीटर प्रति सैकण्ड, 20°C तापक्रम पर
1. वायुमण्डलीय वायु	343
2. शुद्ध पानी	1450
3. ग्रेनाइट पत्थर	6400
4. काँच (Glass)	5000 से 6000
5. ईंट	4300
6. लोहा	4700-5100
7. रबड़	40 से 150
8. कंक्रीट	4,000

25.4 ध्वनि मापन (Measurement of sound)

ध्वनि तीव्रता परिवर्तन का परास (Range) बहुत अधिक होता है। सुनाई देने योग्य व अधिकतम दुखदाई ध्वनि तीव्रता का अनुपात $1:10^{13}$ होता है। अतः परास 1 से 10^{13} तक बदलता है। इस कारण ध्वनि तीव्रता लघुगुणक पैमाने (logarithmic scale) पर मापी जा सकती है। परीक्षणें द्वारा यह पाया गया है कि मनुष्य का कान ध्वनि तीव्रता

को उसके लघुगुणकीय (logarithmic) अनुपात में ही ग्रहण कर सकता है न कि ध्वनि की तीव्रता के अनुपात में।

दो समान गुण वाली ध्वनियों की तुलना करने वाली इकाई ``bel" कहलाती है। परन्तु (bel) एक काफी बड़ी इकाई है इस कारण इस इकाई के 1/10 भाग का ही प्रयोग किया जाता है जो डेसिबेल "decibel" (db) कहलाती है। इस प्रकार लघुगुणकीय पैमाने पर ध्वनि तीव्रता 1 से 130 db तक परिवर्तित होती है। मनुष्य का कान एक db परिवर्तन को सरलता से सुन सकता है। तालिका (25.2) में डेसिबेल पैमाने पर ध्वनि तीव्रता व उसक प्रभाव दिखाए गए हैं।

तालिका-25.2 ध्वनि तल

क्र०सं०	ध्वनि उत्पन्न होने के स्त्रोत	db में ध्वनि स्तर	प्रभाव
1.	3 मीटर दूरी पर हवाई जहाज का शोर	130	बहरा कर देने वाली ध्वनि
2.	बिजली का चमक के साथ तीव्र शोर, धमाका या तोप छूटने की ध्वनि	120	बहरा कर देने वाली ध्वनि
3.	बॉइलर, फैक्ट्री (Boiler, factory)	110	बहरा कर देने वाली ध्वनि
4.	बड़ी फैक्ट्री, गली का ऊँचा शोर	90	बहुत ऊँची ध्वनि
5.	प्रेस व अन्य प्रकार का ऊँचा शोर	80	बहुत ऊँची ध्वनि
6.	व्यस्त गली का शोर, कार्यालय का शोर	70	ऊँची ध्वनि
7.	दुकानें	60	कुछ कम ऊँची ध्वनि
8.	औसत कार्यालय, व अन्य साधारण स्थान	55	कुछ कम ऊँची ध्वनि
9.	साधारण भाषण, घर का शोर, सभा–भवन का शोर	50	थोड़ी हल्की ध्वनि
10.	एक मीटर से बात–चीत का शोर	40	थोड़ी हल्की ध्वनि
11.	साधारण बात–चीत, घर का शोर, औसत सभा–भवन का शोर	30	हल्की ध्वनि
12.	वायु के कारण पेड़–पौधों की पत्तियों के आपस में टकराने से शोर	20	हल्की ध्वनि
13.	सुनाई न देने वाली ध्वनि	0	बहुत हल्की ध्वनि

25.5 ध्वनि का परावर्तन (Reflection of Sound)

वायु में प्रवाहित ध्वनि की मुक्त तरंग जब किसी समांग (Homogeneous) बड़ी व ठोस सतह से टकराती है तो प्रकाश की किरणों की भांति परिवर्तित हो जाती है अतः आपतित तरंग व परिवर्तित तरंग समतल सतह से समान कोण बनाती हैं। इसके भवन निर्माण में निम्न प्रभाव होते हैं :

1. आवतल सतह पर ध्वनि तरंगें एक बिन्दु पर केन्द्रित या एकत्रित होती हैं।
2. उत्तल सतह से ध्वनि तरंगें फैलती (Scattered) हैं।

उपरोक्त कारणों से ध्वनि परावर्तन भवन निर्माण में बहुत महत्वपूर्ण है। भवनों में गूंज (Echo) ध्वनि परावर्तन के कारण ही होती है। यदि सीधी ध्वनि तरंग व परावर्तित तरंग के बीच 0.07 (1/15) सैकण्ड से अधिक का अन्तराल हो तो यह ध्वनि सीधी व परावर्तित अलग–अलग सुनी जा सकती हैं। यही गूंज (echo) कहलाती है। सीधी व परावर्तित तरंग में 0.05 सैकण्ड से कम अन्तराल होने पर सीधी तरंग को बल मिलता है तथा सीधी तरंग प्रबलित या (तेज) हो जाती है। अन्तराल 0.05 सैकण्ड से अधिक होने पर ध्वनि में अस्पष्टता उत्पन्न हो जाती है। सिनेमा हाल के मध्य भाग में बैठे दर्शकों को स्पष्ट सुनाई देने की व्यवस्था सीधी व परावर्तित तरंगों के बीच 0.05 सैकण्ड से कम अन्तराल करके की जाती है।

25.6 अनुरणन (Reverberation)

ध्वनि की तरंगें जब किसी सतह के सम्पर्क में आती हैं तो वायु, ध्वनि तरंगों व सतह के बीच घर्षण के कारण कुछ ध्वनि–ऊर्जा नष्ट हो जाती है। कुछ ध्वनि ऊर्जा सतह द्वारा अवशोषण के कारण भी नष्ट हो जाती है। इस कारण परावर्तित तरंग की तीव्रता कुछ कम हो जाती है। अतः ध्वनि तरंगों के किसी सतह से टकराकर नष्ट होने की प्रक्रिया अनुरणन (Reverberation) कहलाती है तथा ध्वनि उत्पन्न होने से लेकर उसके $1/10^6$ भाग रह जाने तक का समय अनुरणनकाल (time of reverberation) कहलाता है। अतः जितनी अधिक घर्षण होगी अनुरणनकाल उतना ही कम होगा। यदि प्रत्येक परावर्तन में 3% ध्वनि अवशोषण मानी जाये तो ध्वनि तीव्रता $1/10^6$ भाग तक रहने के लिए 461 परावर्तन होने चाहिएँ।

अनुरणन (Reverberation) काल प्रोफेसर W.C. सेबिन के सूत्र से भी ज्ञात किया जा सकता है। उसने विभिन्न आकार के कमरों पर परीक्षण के पश्चात् निम्न सूत्र बतायाः

$$t = \frac{0.16\ V}{A}$$

जबकि

t = अनुरणन काल सेकिण्ड में
V = कमरे का आयतन घन मीटर में
A = $\Sigma a_1 s_1$ (कमरें में सभी अवशोषण माध्यमों का कुल अवशोषण)
a_1 = अवशोषण गुणांक (जो विभिन्न सतहों के लिये भिन्न है)।
s_1 = प्रत्येक किस्म की अवशोषण सतह वर्ग मीटर में।

उपरोक्त समीकरण से स्पष्ट है कि बड़े कमरों के लिए अनुरणन काल अधिक व छोटे कमरों के लिए कम होगा। अतः संरचना की प्लान व विशिष्ट से V व A का मान ज्ञात कर अनुरणन काल निर्धारित किया जा सकता है। t, V का समानुपाती तथा अवशोषण माध्यम का प्रतिलोमानुपाती होता है।

भवन ध्वनिका नियंत्रण का अर्थ अनुरणन काल नियंत्रण से ही है। विभिन्न अपयोग के लिए बनाए गये कमरों का अनुरणन काल समान नहीं रखा जा सकता। संगीत के लिए बनाए गये कमरों का अनुरणन काल सभा भवन से अधिक होना चाहिए। इस दृष्टि से सभा–भवन, संगीत–भवन के रूप में उपयोग नहीं किया जा सकता है।

ध्वनि अनुरणन काल अधिक होने पर पहली तरंग की ध्वनि तीव्रता इतनी कम नहीं हो पाती कि वह सुनाई न दे और इसी अन्तराल में दूसरी तरंग आ जाती है। ऐसी स्थिति में परावर्तित व सीधी ध्वनियाँ मिल जाती हैं जिससे इनके शब्द अस्पष्ट हो जाते हैं। इसके विपरीत यदि अनुरणन काल कम हो तो भाषणकर्ता के शब्दों में अन्तराल बढ़ जाता है और ऐसा प्रतीत होता है कि भाषणकर्ता रुक–रुक कर बोल रहा है अर्थात स्पष्ट ध्वनि सुनाई नहीं देती है। अतः किसी हाल या कमरे का सबसे उचित अनुरणन काल, अनुकूलतम् अनुरणन काल (optimum reverberation period) कहलाता है।

किसी भवन जैसे सिनेमा हाल या सभा–भवन का अनुरणन काल दर्शकों की संख्या से भी प्रभावित होता है। दर्शकों की ध्वनि अवशोषण क्षमता बहुत अधिक होती है। एक दर्शक की अवशोषण क्षमता सीमेन्ट या संगमरमर की 46 वर्ग मीटर टाइल के क्षेत्रफल के बराबर होती है। अतः सिनेमाघर या सभा भवन की ध्वनिकी दर्शकों की संख्या से बहुत प्रभावित होती है। इस कारण ध्वनिकी ज्ञान अनुभव पर निर्भर करता है। इसे (logarithmic) पैमाने पर बनाया गया है। तालिका–25.3 में अनुकूलतम् अनुरणन काल दिखाये गये हैं।

तालिका-25.3

क्र.सं.	भवन की किस्म	अनुकूलतम् अनुरणन काल (optimum time of reverberation)	अभिकल्पन में दर्शक गुणाँक (Audience factor)
1.	न्यायालय, कमेटी रूम पार्लियामेन्ट आदि	1.0 से 1.5 sec	कमेटी के सभी सदस्य उपस्थित हों या हाल कम से कम 1/3 भरा हो
2.	सार्वजनिक सभा–भवन	1.5 से 2.0 sec	कम से कम 1/3 भरा हो
3.	संगीत सभा–भवन	1.6 से 2.0 sec	पूर्ण भरा हो
4.	सिनेमा हाल	1.3 से 1.5 sec	कम से कम 2/3 भरा हो
5.	पूजाघर जैसे गिरजाघर मन्दिर आदि	1.8 से 3 sec	कम से कम 2/3 भरा हो
6.	बहुत बड़े हाल	2.0 से 3 sec	कम से कम 2/3 भरा हो

तालिका–25.4 में कमरे की ध्वनिकी व अनुरणन का संबन्ध दिखाया गया है।

तालिका-25.4

अनुरणन समय सैकण्ड में	ध्वनिकी
0.5 से 1.5 sec	बहुत अच्छा (Excellent)
1.5 से 2.0 sec	अच्छा (good)
2.0 से 3.0 sec	कम अच्छा (Fairly good)
3.0 से 5.0 sec	खराब (bad)
5.0 से अधिक	बहुत खराब (very bad)

25.7 ध्वनि अवशोषण

भवन–निर्माण में काम आने वाले प्रायः सभी पदार्थ ध्वनि का अवशोषण करते हैं, कुछ कम तो कुछ अधिक। भवन की उचित ध्वनिकी के लिए भवन की सतहों आदि पर कुछ अन्य पदार्थ लगाए जाते हैं। ठोस व चिकनी सतहों की अवशोषण क्षमता कम जब कि छिद्रमय व लचीली सतहों की अवशोषण क्षमता अधिक होती है। खुली खिड़की की अवशोषण क्षमता शत–प्रतिशत (100%) मानी गई है क्योंकि यह ध्वनि संचार को बिल्कुल अवरुद्ध नहीं करती है। इस कारण अन्य पदार्थों की अवशोषण क्षमता खुली खिड़की की अवशोषण क्षमता से तुलना करके ज्ञात की जाती है। किसी अवशोषण पदार्थ के निम्न गुण होने चाहिएं।

1. सर्वश्रेष्ठ अवशोषण पदार्थ के लगाने व उसके अनुरक्षण का व्यय न्यूनतम् होना चाहिए। यह मजबूत, जलरोधी, अग्नि–रोधी तथा देखने में सुन्दर दिखाई देना चाहिए।

2. अवशोषण क्षमता पदार्थ के घनत्व, उसकी मोटाई व ध्वनि आवृत्ति पर निर्भर करती है।

3. भवन के ध्वनिकी गुण अवशोषण पदार्थ के लगाने से काफी प्रभावित होते हैं। उल्टे शंकुओं के रूप में अवशोषक छत से लटकाने पर भवन की ध्वनिकी अच्छी हो जाती है।

4. अवशोषक पदार्थ लगाने से भवन ध्वनिकी में सुधार होने से ध्वनि अच्छी सुनाई देनी चाहिए।

25.8 ध्वनि अवशोषण पदार्थों की किस्म

ध्वनि अवशोषण पदार्थ निम्न चार वर्गों में विभाजित किए जा सकते हैं :

(a) रंध्रमय पदार्थ (Porous materials)।

(b) अनूनादी पैनल (Resonant Panels)।

(c) खोखले अनुनादी पैनल (Cavity resonators)

(d) मिश्रित अवशोषक पदार्थ (Composite materials)

(a) रंध्रमय पदार्थ–इस श्रेणी में प्रायः निम्न पदार्थ आते हैं :

(i) खनिज रुई (Rock wool)

(ii) कांच की रूपई (Glass wool)

(iii) लकड़ी की रुई (Wood wool)

(iv) ऐस्बेस्टॉल की रुई (Asbestos wool)

मुलायम लकड़ी के बोर्ड व स्प्रे फेल्ट (Spray felts) आदि संरध्र पदार्थ से ध्वनि तरगें टकराने से रंध्रों में भरी वायु विचलित हो जाती है जिससे काफी ध्वनि ऊर्जा नष्ट हो जाती है। अवशोषक पदार्थ की दक्षता, पदार्थ की सरंध्रता व उसकी मोटाई तथा पदार्थ की संरध्रता से वायु के निष्कासन में प्रतिरोध पर निर्भर करती है। पदार्थ में उपरोक्त दोनों गुण जितने अधिक होंगे, पदार्थ की अवशोषण क्षमता उतनी है अधिक होगी। रेशेदार बोर्डो में छिद्र किए जाते हैं जिससे निष्कासित होने वाली ध्वनि बाह्य सतह पर अवशोषित की जा सके। ध्वनिकी पलस्तर बोर्ड भी इसी श्रेणी में आते हैं।

(2) **अनुनादी पैनल**–इस प्रकार के पैनल ठोस सतहों से थोड़ा हटा कर लगाए जाते हैं। ध्वनि की आवृति से पैनलों में कपंन उत्पन्न हो जाता है जिससे पैनल के पीछे के रिक्त स्थान में भरी वायु ध्वनि का अवशोषण कर लेती है। इस श्रेणी के पैनल ध्वनि की तीव्र आवृत्ति पर ध्वनि अवशोषण करते हैं।

(3) **खोखले अनुनादी पैनल (Cavity resonators)**–इस प्रकार के बोर्डो में पदार्थ की केविटी या खोखले स्थानों में उपस्थित वायु जब ध्वनि तरंगों से अनुनादित (resonate) होती है तो वायु द्वारा ध्वनि का अवशोषण होता है। इस प्रकार के बोर्डो का उपयोग किसी भी आवृति की ध्वनि के अवशोषण के लिए किया जा सकता है। इसका उपयोग प्रायः सभा–भवनों में किसी निश्चित आवृति की ध्वनि का अवशोषण करने के लिए किया जाता है।

मिश्रित अवशोषक व्यवस्था--इस प्रकार की व्यवस्था में उपरोक्त तीनों प्रकार की व्यवस्थाओं का एक साथ उपयोग किया जाता है। यह व्यवस्था सस्ती होने के कारण आजकल बहुत लोकप्रिय होती जा रही है। इसमें पलस्तर के बोर्ड, प्लाईबुड, कठोर बोर्ड (hard board), धातु बोर्ड आदि पैनल के रूप में तथा खनिज रूई (Mineral wool) या काँच की रूई रंध्रमय पदार्थ के रूप में लगाई जाती है। अधिकतम दक्षता प्राप्त करने के लिए कांच रुई पैनल से थोड़ा हटा कर लगाई जानी चाहिए।

25.9 किसी सभा-भवन की ध्वनिकी अच्छी होने की शर्तें

किसी सभा–भवन की ध्वनिकी अच्छी होने के लिए निम्न बातों का ध्यान रखा जाना चाहिए।

1. प्रारम्भिक ध्वनि पर्याप्त तीव्रता वाली होनी चाहिए। ऐसा न होने से दूर बैठा दर्शक बिना लाऊडस्पीकर की सहायता के वक्ता को नहीं सुन सकता है।

2. जितने क्षेत्रफल में स्त्रोतागण बैठे हों, उत्पन्न होने वाली ध्वनि समान रूप से पहुँचनी चाहिए। यदि ऐसा नहीं होगा, तो गूंज (echo) उत्पन्न होने की स्थिति उत्पन्न हो जाएगी।

3. प्रारम्भिक ध्वनि साफ एवं स्पप्ट होनी चाहिए।

4. गायन के लिए प्रयोग किए जाने वाले कक्षों में प्रारम्भिक ध्वनि श्रोताओं के पास समान आवृति व तीव्रता की पहुँचनी चाहिए।

5. अवांछित ध्वनि शीघ्र ही इतनी नष्ट हो जानी चाहिए कि वह सामान्य गायन अथवा साधारण ध्वनि में बाधा न डाले।

25.10 सभा-भवन की ध्वनिकी का डिजाइन

किसी सभा भवन की ध्वनिकी का डिजाइन करते समय निम्न बातों का ध्यान रखा जाना चाहिए। निम्न घटक भवन की ध्वनिकी को प्रभावित करते हैं।

1. हाल का आयतन (Volume of hall)
2. हाल की आकृति (Shape of hall)
3. ध्वनि अवशोषण (Sound absorption)

1. **हाल का आयतन**–ध्वनि तीव्रता हाल या भवन के अयतन के समानुपाती होती है। संगीत के लिए प्रयोग किए जाने वाले हाल का आयतन अधिक होना चाहिए। जिससे संगीत ध्वनि पूरे हाल में ठीक प्रकार से वितरित हो सके। सिनेमागृहों का आयतन संगीत–गृहों से कम रखा जाता है क्योंकि सिनेमागृह में अपेक्षाकृत कम तीव्र ध्वनियाँ उत्पन्न होती हैं। अतः हाल का आयतन प्रति व्यक्ति निम्न प्रकार रखा जा सकता है।

(a) सार्वजनिक सभा–भवनों (Conference halls) के लिये प्रति व्यतिआयतन 2.8 घन मीटर से 3.7 घन मीटर अपनाया जा सकता है।

(b) संगीत हाल या बैंड बजने वाले भवनों का आयतन प्रति व्यक्ति 4.2 घन मीटर से 5.6 घन मीटर रखा जा सकता है।

(e) सिनेमागृहों का आयतन प्रति व्यक्ति 3.7 घन मीटर से 4.2 घन मीटर रखा जा सकता है।

25.11 हाल की आकृति (Shape of hall)

बन्द कमरे या हाल में ध्वनि उत्पन्न करने पर वह कई बार दीवारों व छत से टकराती है तथा परावर्तित (reflect) होती है। यदि इन परावर्तनों पर उचित नियंत्रण नहीं किया जाए तो हाल की ध्वनिकी व्यवस्था बिगड़ जाती है तथा गूंज उत्पन्न हो जाती है।

स्टेज पर उत्पन्न होने वाली ध्वनि समान रूप से चारों ओर वितरित होती है। सीधी तरंगों की स्टेज से दूरी जैसे–जैसे बढ़ती है उनकी तीव्रता कम होती जाती है। अतः ध्वनि तरंगों की तीव्रता मूल बिन्दु (Source) से दूरी की समानुपाती होती है। जब यह ध्वनि तरंगें दर्शकों के सिरों को छूती हुई चलती है तो इनकी तीव्रता और भी कम हो जाती है। दर्शक ध्वनि का अच्छा अवशोषक होने के कारण ऐसा होता है। इस कारण ध्वनि तरंगें उसकी ओर झुक जाती है। सिनेमागृहों व सभा–भवनों में सीटों की कतारे एक दूसरे से कुछ ऊँचाई या उठी हुई बनाई जाती हैं जिससे दर्शकों की एक कतार अपने से पीछे वाली दर्शकों की कतार की ध्वनि तरंगों में बाधा न डाले। सीटों की दोनों कतारों की ऊँचाई में कम से कम 10 cm का अन्तर होना चाहिए। भवन के फर्श का स्टेज की ओर क्षैतिज से नत कोण या झुकाव 8° से कम नहीं होना चाहिए।

लम्बे सिनेमा हाल में सबसे पीछे की कतार में बैठे दर्शकों तक ध्वनि तरंगें पहुँचते–पहुँचते बहुत कमजोर हो जाती हैं तथा कुछ सुनाई नहीं पड़ता। यह त्रुटि दूर करने के लिए स्टेज के समीप की ऊपर वाली छत की सतह चिकनी व कठोर होनी चाहिए तथा इसका ढाल ऐसा होना चाहिए कि इससे परावर्तित ध्वनि तरंगें पीछे बैठे दर्शकों तक पहुँच सकें तथा ध्वनि तीव्रता बढ़ जाए। सीधी ध्वनि तरंगों की समस्त परावर्तित तरंगें उत्पन्न होने के 45 मि० सैकण्ड में दर्शकों तक पहुंच जानी चाहिएँ। 45 मि० सैकण्ड के पश्चात् दर्शकों तक पहुंची परावर्तित तरंगें गूंज (echo) उत्पन्न करती हैं। गूंज न होने देने के लिए यह आवश्यक है कि छत के प्रभावी परावर्तक भाग व दीवारों के परावर्तक (rcflectors) भाग ध्वनि के स्त्रोत से 8 मीटर से अधिक दूरी पर नहीं होने चाहिएँ। हाल की निम्न आकृतियाँ उत्तम पाई गई हैं।

(1) आयताकार हाल।
(2) पंखे के आकार वाले (Fan shaped) हाल।
(3) घोड़े की नाल (Hourse shoe shaped) की आकृति वाले हाल।

1. **आयताकार हाल**–इस प्रकार का हाल संगीत के लिए अधिक उपयोगी पाया गया है परन्तु इसकी चौड़ाई अधिक नहीं होनी चाहिए। इसकी चौड़ाई 16 मी० से 24 मीटर तक हो सकती है। इस प्रकार के हाल की समानान्तर दीवारों से ध्वनि परावर्तन अधिक अच्छा होता है। 24 मीटर से अधिक चौड़ाई होने पर ध्वनि परावर्तन में समय अधिक लगता है, जिससे हाल में गूंज उत्पन्न हो जाती है तथा उसकी ध्वनिकी उचित नहीं रह पाती। हाल की लम्बाई उसकी चौड़ाई के दो गुने से अधिक नहीं होनी चाहिए। छत की ऊँचाई हॉल की चौड़ाई के 1/3 से 2/3 के बीच होनी चाहिए। बड़े हाल के लिए छत की ऊँचाई कम तथा छोटे हाल्स् के लिए ऊँचाई उसकी चौड़ाई के $\frac{2}{3}$ भाग के बराबर रखी जा सकती है।

2. पंखे के आकर व घोड़े की नाल के आकार के भवनों में दर्शक स्टेज के अधिक समीप होते हैं जिससे हाल की लम्बाई कम हो जाती है तथा इनकी ध्वनिकी को उचित बनाये रखने में सहायता मिलती है।

दीवारें–सिनेमागृहों या सभा भवनों की ध्वनिकी के लिए सपाट दीवारें अच्छी सिद्ध हुई हैं। अवतल (concave) दीवारें सदैव भवन की अच्छी ध्वनिकी में बाधक पाई गई हैं। इन दीवारों से परावर्तित होने वाली ध्वनि किसी एक बिन्दु पर अधिकेन्द्रित हो जाती है। इन अधिकेन्द्रित बिन्दुओं के समीप के क्षेत्र में ध्वनि तीव्रता बहुत अधिक व अस्पष्ट हो जाती है। अच्छी ध्वनिकी के लिए (convex) दीवारें सर्वोत्तम पाई गई हैं।

छत–छत की त्रिज्या–वक्रता (radial curvature) या तो बहुत कम या बहुत अधिक अर्थात हाल की ऊँचाई के दोगुने से अधिक होनी चाहिए। बहुत कम बक्रता त्रिज्या रखने से छत द्वारा परावर्तित ध्वनि का अधिकेन्द्रीण (sound foci) दर्शकों से बहुत ऊपर ही रह जाता है जिससे उसका प्रभाव बहुत कम हो जाता है जबकि छत की अधिक वक्रता त्रिज्या रखने से परावर्तित ध्वनि हाल के मध्य भागों में पर्याप्त मात्रा में समान

रूप से वितरित हो जाती है, जिससे हाल की ध्वनिकी पर अच्छा प्रभाव पड़ता है। किसी हाल में ध्वनि परावर्तन में कठिनाई होने पर ध्वनि अवशोषक पदार्थ लगाकर या परवर्तन सतह को अधिक खुरदरा या रूक्ष बना कर उसका परावर्तन प्रभाव समाप्त किया जा सकता है। ध्वनि अवशोषक पदार्थ हाल की छत अथवा दीवारों अथवा छत व दीवारों दोनों पर लगाये जा सकते हैं। दीवारों में कब्जेदार (hinged) पेनल तथा छतों में घूमने वाले बेलनाकार पेनल लगाकर हॉल की ध्वनिकी व्यवस्था में आवश्यकता अनुसार सुधार किया जा सकता है। कब्जेदार पेनल की एक सतह पर परावर्तन करने वाले पदार्थ की परत तथा दूसरी ओर अबशोषण करने वाले पदार्थ की परत लगाई जाती है। कब्जेदार पेनल लगाना व उनका अनुरक्षण मितव्ययी होता है। घूमने वाले (rotating) पेनलों में वांच्छित व्यास के ड्रम चित्र–25.1 में दिखाये अनुसार लटकाये जाते हैं। प्रत्येक ड्रम की सतह को तीन समान भागों में विभाजित कर प्रत्येक सतह पर विभिन्न अवशोषक पदार्थ की परत लगा दी जाती है। ये बेलनाकर ड्रम रेक व पिनयन (rack and Pinion) व्यवस्था से घुमाये जा सकते हैं। इस व्यवस्था से हाल में ड्रम की कोई भी दो सतहों के प्रभाव से उसकी ध्वनिकी ठीक की जा सकती है।

बालकनी (Balcony)–सिनेमागृहों व बड़े सभा–भवनों में बालकनी बनाना अत्यन्त आवश्यक होता है। यदि बालकनी न बनाई जाये तो हॉल की लम्बाई बहुत अधिक रखनी पड़ेगी, जिससे उसका व्यय एवं ध्वनिकी नियन्त्रण कठिन हो जायेगा। बालकनी का ढाल ऐसा होना चाहिए कि दर्शकों को स्टेज साफ दिखाई दे सके। बालकनी के नीचे वाले भाग में उचित ध्वनिकी उत्पन्न करने के लिए उसका आगे का प्रक्षेप (Projection) उसके नीचे खुली ऊँचाई के दोगुने से अधिक नहीं होना चाहिए।

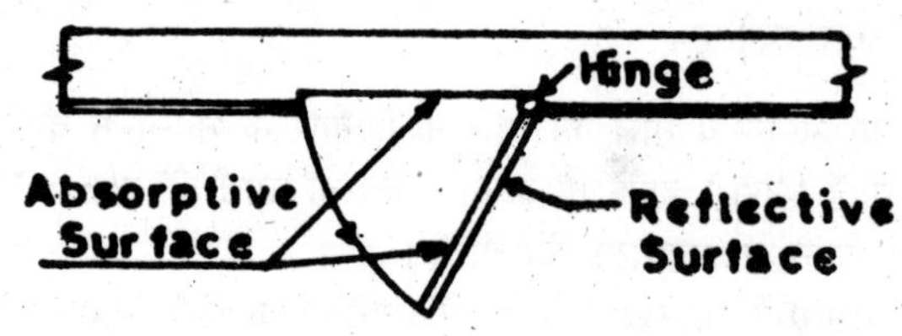

चित्र–25.1 (A)

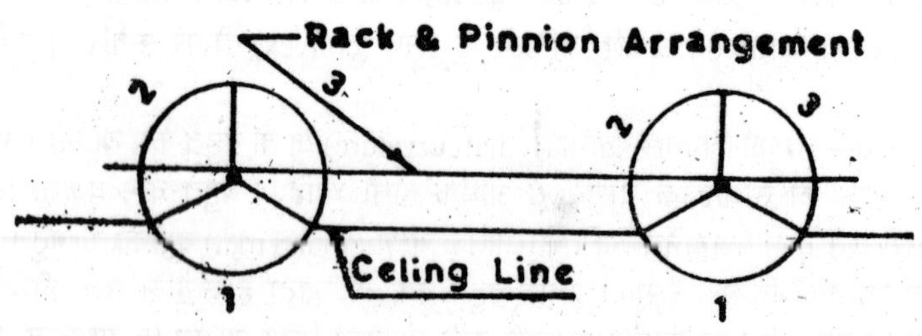

चित्र–25.1 (B)

हॉल की छत—हॉल के पिछले भागों में उचित ध्वनि पहुंचाने में उसकी छत बहुत महत्वपूर्ण होती है। स्टेज के समीप लगे स्पीकर के पास की छत ऊपर की ओर ढालू तथा ठोस व चिकनी बनाई जानी चाहिए। इस प्रकार बनाई गई छत से ध्वनिकी परावर्तित तरंगें, उचित तीव्रता वाली ध्वनि हॉल के पिछले भाग में बैठे दर्शकों तक पहुंचाने में सहायक होती हैं। त्रुटियुक्त छत की ध्वनिकी, हॉल के पिछले भाग के छत में अवशोषण पदार्थों से उपचारित कर या परावर्तक लटका कर ठीक की जा सकती है। परावर्तकों की सतह उत्तल तथा माप 2.5 × 1.2 मीटर रखना उपयोगी पाया गया है।

25.12 सिनेमा हाल या सभा भवनों में ध्वनिदोष व उनका निवारण

प्रायः ऑडीटोरियम में निम्न दोष पाये जाते हैं।

(a) **अनुरणन (reverberation)**—सभा—भवनों में यह दोष मुख्यता पाया जाता है। इस दोष में एक बार उत्पन्न हुई ध्वनि बहुत लम्बे समय तक बनी रहती है जो उसके बाद में उत्पन्न ध्वनि से मिलकर अस्पष्ट ध्वनि उत्पन्न करती है। सभा—भवन में उचित अवशोषित सामग्री का पलस्तर लगाकर ध्वनि अनुरणनकाल नियंत्रित कर यह दोष दूर किया जा सकता है।

(b) **गूंज या echo उत्पन्न होना**—सभा—भवन की आकृति उचित प्रकार की न होने या परावर्तित सतह ध्वनि स्त्रोत से 15 मीटर की दूरी से अधिक दूरी पर होने पर सभा—भवन में गूंज उत्पन्न हो जाती है। सभा—भवन की आकृति का उचित चयन करके व उसकी आन्तरिक सतह रंध्रमय व रूक्ष बनाकर यह दोष दूर किया जा सकता है।

(c) **ध्वनि केन्द्र (Sound foci)**—सभा—भवन की परावर्तित आन्तरिक सतह अवतल होने की अवस्था में कुछ ऐसे स्थल (spot) उत्पन्न हो जाते हैं जहाँ परावर्तित ध्वनि तरंगें एक साथ मिल कर ध्वनि तीव्रता बढ़ा देती हैं। सभा—भवन का यह दोष उसकी दीवार आदि में वक्रता हटाकर या दीवारों आदि पर अवशोषक पदार्थों का पलस्तर लगाकर दूर किया जा सकता है।

ध्वनि प्रबलता (Loudness)—ध्वनि स्त्रोत के समीप परावर्तक सतह की कमी तथा ध्वनि का अधिक अवशोष होने के कारण यह दोष उत्पन्न होता है अतः ध्वनि स्त्रोत के समीप कठोर परावर्तिक सतह लगाकर एवं भवन की सतह की अवशोषण क्षमता उचित बनाकर अनुकूलतम् अनुरणनकाल प्राप्त कर यह दोष दूरकिया जा सकता। लाउडस्पीकर लगाने के स्थान का चयन सावधानीपूर्वक किया जाना चाहिये।

प्रश्नावली

(1) निम्न का वर्णन कीजिए।

(a) ध्वनि वेग।

(b) ध्वनि तीव्रता व आवृति।

(c) ध्वनि परावर्तन व उसका अवशोषण।

(2) अनुरणन से क्या तात्पर्य है ? अनुरणन ज्ञात करने की विधि का वर्णन कीजिए।

(3) भवनों में अवशोषण पदार्थ क्यों लगाये जाते हैं? इन पदार्थों पर संक्षिप्त टिप्पणी लिखिये तथा विभिन्न प्रकार के अवशोषक पदार्थों के नाम लिखिये?

(4) किसी अच्दी ध्वनिकी वाले सभा–भवन के क्या गुण होने चाहिएँ।

(5) किसी सभा–भवन का डिजाइन करते समय किन–किन बातों का ध्यान रखा जाना चाहिए?

26

भवनों का ध्वनिरोधन
Sound Insulation of Buildings

26.1 प्रस्तावना

आध्यात्मिक (spritual) व मानसिक अध्यन के लिए शान्त वातावरण की आवश्यकता होती है। शोर वाले स्थान पर मनुष्य एकाग्रता से किसी भी कार्य में मन नहीं लगा सकता है। शोर एक अवांछित ध्वनि है। यह ध्वनि की आवृत्ति या तीव्रता (intensity) या दोनों कारणों से उत्पन्न होता है। ध्वनि की अधिक आवृत्ति के कारण उत्पन्न शोर अधिक अप्रिय व हानिकारक होता है।

26.2 शोर के प्रभाव

1. शोर असुविधाजनक वातावरण उत्पन्न करता है।

2. लगातार शोर रहने से मनुष्य में अस्थाई बहरापन अथवा अन्य मानसिक विकार उत्पन्न हो सकते हैं।

3. शोध द्वारा यह सिद्ध हुआ है कि शोर मनुष्य के रक्तचाप, उसकी नींद व पेशिक तनाव को प्रभावित करता है।

4. शोर मनुष्य में थकावट उत्पन्न कर उसकी कार्यदक्षता कम करता है अर्थात लगातार शोर में रहने से मनुष्य की कार्य दक्षता काफी कम हो जाती है।

5. शोर के कारण संगीत व भाषण का आनन्द नष्ट हो जाता है। अतः शोर औद्योगिक प्रधान देशों की बड़ी समस्या है। वहाँ यह प्रयत्न किए जा रहे हैं कि आवासीय भवनों को शोर से दूर रखा जाये। यदि ऐसा करना संभव न हो तो कृत्रिम विधियों से आवासीय भवनों को ध्वनिरोधी या शोरमुक्त बनाया जा सकता है।

25.3 शोर की किस्में (Types of noise)—**शोर दो प्रकार का होता है :**

(1) आन्तरिक शोर

(2) वाह्य शोर

1. आन्तरिक शोर—इस श्रेणी का शोर उसी कमरे या उसके पास वाले कमरे में उत्पन्न हो सकता है। यह शोर बच्चों के चिल्लाने, रेडियो या टी–वी के चलाने, दरवाजों के अचानक जोर से बन्द होने, मनुष्यों के चलने, छत या फर्श पर फर्नीचर घसीटने, टंकन मशीन का उपयोग करने, या अन्य मशीन चलाने आदि के कारण उत्पन्न होता है।

2. बाह्य शोर—यह शोर कमरे या भवन के बाहर उत्पन्न होता है जैसे सड़क पर मोटरों का आना–जाना, हवाई जहाज का गुजरना, रेलगाड़ी का आना, समीप की फैक्ट्री में मशीनों का चलना आदि।

26.4 शोर का संचार—शोर का संचार निम्न दो प्रकार हो सकता है:

(1) वायुवाहित (air borne) शोर

(2) संघात के कारण (impact) शोर

1. वायुवाहित शोर—यह शोर कम शक्तिशाली होता है तथा अपने स्त्रोत के आस–पास ही काफी लम्बे समय तक होता रहता है। यह शोर प्रायः कमरे के दर वाजों, खिड़कियों, रोशनदान, किसी छिद्र या पाइप आदि के माध्यम से कमरे में प्रवेश करता है।

2. संघात शोर—यह शोर ठोस संरचनाओं में उत्पन्न होता है और फिर वायुवाहित शोर में परिवर्तित हो जाता है। जैसे दरवाजा बन्द करते समय ठोस संरचना में शोर उत्पन्न होता है। फिर यह शोर वायुवाहित शोर की भाँति कमरे में प्रवेश करता है। इसकी अवधि कम होती है तथा काफी दूर तक इसका संचरण होता है।

26.5 ध्वनिरोधन के सिद्धान्त

जैसार कि पहले बताया जा चुका है, कि शोर मनुष्य के स्वास्थ्य पर बहुत बुरा प्रभाव डालता है, इस कारण भवन को ध्वनिरोधक बनाना बहुत महत्वपूर्ण है। इसके लिए यह आवश्यक है कि शहर की योजना बनाते समय ही ध्वनिरोधन का उचित ध्यान रखा जाये। पुरानी बस्तियों में बाह्य शोर के भवनों में प्रवेश पर नियंत्रण बहुत कठिन है। अनुज्ञेय ध्वनि तीव्रता के अनुसार भवनों को तीन श्रेणियों में विभाजित किया जा सकता है।

(i) ऐसे भवन जिनमें शोर बहुत हो सकता है, जैसे कार्यशाला या फैक्ट्री आदि।

(ii) ऐसे भवन जिनमें शोर कुछ मात्रा में अनुज्ञेय है जैसे स्कूल, अस्पताल, कार्यालय आदि।

(iii) ऐसे भवन जिनमें शोर बिलकुल अनुज्ञेय नहीं है जैसे आवासीय भवन, प्रयोगशालाएँ आदि।

26.6 ध्वनिरोधन—यह दो प्रकार से किया जा सकता है :

(i) उचित आयोजना द्वारा
(ii) उचित उपचार द्वारा

(1) आयोजना द्वारा—भवन निर्माण की आयोजना इस प्रकार बनाई जानी चाहिए कि शोर उत्पन्न करने वाले स्त्रोत प्रयोगशालाओं व आवासीय भवनों से दूर ही रहें। ऐसे शोर के स्त्रोत व भवन के बीच कोई पार्क या सार्वजनिक कार्यालय आदि बनाकर किया जा सकता है। इसके अतिरिक्त शोर के स्त्रोत व आवासीय भवन के बीच कैन्टीन आदि बनाकर भी शोर अनुज्ञेय सीमा तक रखा जा सकता है।

(2) उपचार द्वारा—यह विधि बहुत महंगी पड़ती है। इसका विस्तृत वर्णन आगे किया गया है।

26.7 ध्वनिरोधन व ध्वनि उवशोषण में अन्तर
(Difference between sound insulation and sound absorption)

ध्वनिरोधन (Sound insulation)—ध्वनिरोधन से तात्पर्य भवन के किसी भाग से ध्वनि के संचारित होने पर उसकी तीव्रता में कमी लाने से है। अतः ध्वनिरोधक भवन निर्माण का उद्देश्य उसके द्वारा संचारित ध्वनि में कमी करना है। ध्वनिरोधकता ध्वनि उत्पन्न होने वाले कमरे के पास वाले कमरे में मापी या ज्ञात की जा सकती है। कठोर व चिकने पदार्थ अच्छे ध्वनिरोधक होते हैं।

ध्वनि अवशोषण (Sound absorption)—ध्वनि अवशोषण का अर्थ सतह पर ध्वनि का अवशोषण कर उसकी बहुत कम मात्रा सतह से परावर्तित करने से है अर्थात् ध्वनि अवशोषण में ध्वनि की मात्रा सतह से कम परावर्तित होती है। रन्ध्रमय पदार्थ अच्छे ध्वनि अवशोषक होते हैं परन्तु इनके ध्वनिरोधक गुण बहुत कम होते हैं। ध्वनि अवशोषण ध्वनि उत्पन्न होने वाले कमरे में ही मापा जाता है।

26.8 संचार माध्यम में ध्वनि क्षति (Transmission Losses)—

किसी वायु–वाहित शोर के किसी संरचना से निकलने के पश्चात् उत्पन्न ध्वनि तीव्रता में कमी संचरण–क्षति कहलाती है।

संचारण क्षति डेसीबल में मापी जाती है। यदि किसी दीवार के एक ओर ध्वनि–तीव्रता 80 db एवं दूसरी ओर 35 db हो तो संचारण क्षति 80-35 = 45 db होगी। ध्वनि संचारण क्षति ध्वनि की आवृत्ति पर निर्भर करती है! संचारण क्षति के सम्बन्ध में निम्न बातें याद रखने योग्य हैं।

1. ध्वनि संचारण क्षति भवन निर्माण में उपयोग की गई निर्माण सामग्री तथा निर्माण विधि पर निर्भर करती है।
2. ध्वनि संचारण क्षति ध्वनि आवृत्ति के समानुपाती होती है।
3. संचारण क्षति ध्वनि तीव्रता में कमी के बराबर होती है। इसे भी डेसीबल में मापा जाता है।
4. दीवार की ध्वनिरोधन दक्षता, दीवार से निकलने वाली वायुवाहित ध्वनि के संचरण क्षति के पदों में व्यक्त की जाती है।

26.9 अनुज्ञेय शोर स्तर (Acceptable noise levels)

अधिकतम् शोर जिससे न तो भवन की ध्वनिकी बिगड़े और न ही भवन में रहने वालों को असुविधा हो, अनुज्ञेय शोर स्तर कहलाता है। यह निम्न घटकों से प्रभावित होता है।

1. शोर की किस्म।
2. भवन की किस्म व उसका उपयोग।
3. शोर के उतार–चढ़ाव का समय आ॥द।

विभिन्न संरचनाओं के लिए अनुज्ञेय शोर स्तर निम्न तालिका–26.1 में दिया गया है।

तालिका-26.1

क्र०सं०	भवन की किस्म	शोर का अनुज्ञेय तल db में
1.	स्टूडियो	25 से 30
2.	सभा–भवन	35 से 40
3.	छोटे कार्यालय, लाइब्रेरी आदि	40 से 45
4.	अस्पताल	40 से 50
5.	स्कूल	45 से 50
6.	आवासीय भवन	45 से 55
7.	बड़े कार्यालय	50 से 60
8.	फैक्ट्रीज	60 से 65

26.10 ध्वनिरोधन की विधियाँ (Methods of sound insulation)

वायुवाहित शोर पर नियंत्रण निम्न विधियों द्वारा किया जा सकता है :

1. ठोस व अरंध्रमय समांग विभाजिका दीवार बनाना–इस प्रकार की विभाजिका दीवार से ध्वनि संचरण क्षति दीवार के प्रति इकाई क्षेत्रफल के भार के समानुपाती होती है। अतः संचरण क्षति दीवार की मोटाई बढ़ाने से घटती है परन्तु संचरण क्षति एक सोमा तक ही कम की जा सकती ळै। इस विधि से ध्वनिरोधन में निर्माण सामग्री की अधिक आवश्यकता होती है। अतः यह विधि मितव्ययी नहीं है।

2. रंध्रमय पदार्थो की विभाजिका दीवार बनाना–कठोर रंध्रमय पदार्थो जैसे सीमेंट कंक्रीट की विभाजिका दीवार बनाने से ध्वनि संचरण क्षति 10% बढ़ जाती है। कठोर व लचीले रंध्रमय पदार्थो की संयुक्त विभाजिका दीवार बनाने से ध्वनि संचरण क्षति अधिक होनी पाई गई है।

3. .**रिक्त (खोखली) दीवार बनाना**–संचरण ध्वनिरोधन के लिए ठोस विभाजिका दीवार की अपेक्षा खोखली या रिक्त दीवार बनाना अधिक उपयोगी पाया गया है। यह दीवार पलस्तर बोर्ड या फाइवर बोर्ड आदि की बनाई जा सकती है। खोखले या रिक्त स्थान की चौड़ाई 10 से 12 से०मी० रखी जा सकती है। यह खोखला स्थान

ध्वनि अवशोषण पदार्थ से भरा जा सकता है। चित्र–26.1 में इस प्रकार की खोखली विभाजिका दीवार दिखाई गई है।

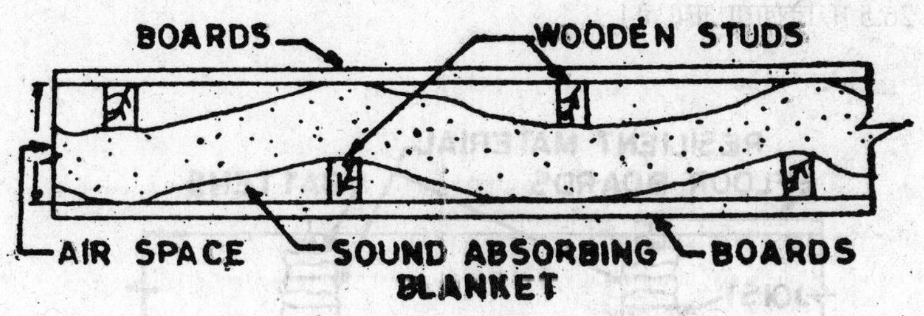

चित्र–26.1. Double Wall Construction

4. **ध्वनिरोधी फर्श (Floating floor) बनाकर**–इस विधि में भवन के फर्श व संरचनात्मक फर्श के बीच कोई लचीला पदार्थ भर दिया जाता है। इस प्रकार का फर्श अधिक ध्वनिरोधक पाया गया है। चित्र–26.2 में कंक्रीट का फर्श व चित्र–26.3 में लकड़ी की पट्टियों का ध्वनिरोधी फर्श दिखाया गया है।

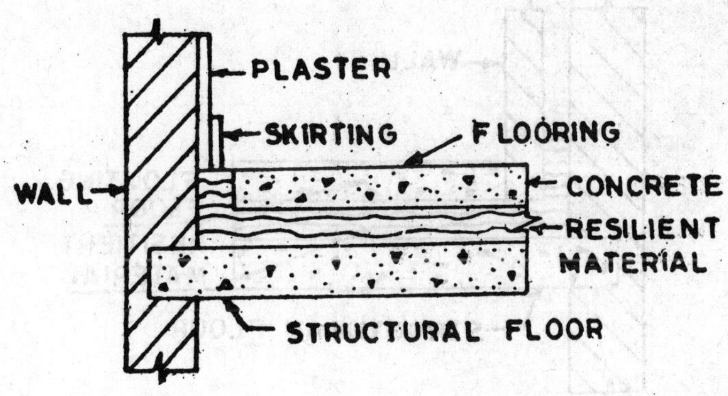

चित्र–26.2. Concrete Floation Floor

5. **संरचनात्मक छत से लटकी हुई कृत्रिम छत बनाना (Construction of Suspended Ceiling)**–संरचनात्मक छत से लटकी कृत्रिम छत बनाकर भवन की ध्वनि रोधन क्षमता बढ़ाई जा सकती है। इस प्रकार का निर्माण लकड़ी की कड़ी या पट्टियों वाले भवनों में अधिक उपयोगी पाया गया है।

(a) पेटी आकार की संरचना बनाकर (Box Type Construction)–इस प्रकार की संरचना से वायुवाहित शोर की संचरण क्षति बहुत अधिक होती है। इस प्रकार

की संरचना आकाशवाणी (Broadcasting Studio) जहाँ वायुवाहित शोर का न्यूनतम प्रवेश ही अनुज्ञेय है बहुत उपयोगी सिद्ध हुई है। विभाजिका दीवार लचीले पदार्थ या ध्वनिरोधी फर्श के शिखर या तली से प्रारम्भ की जा सकती है जैसा कि चित्र–26.4 व 26.5 में दिखाया गया है।

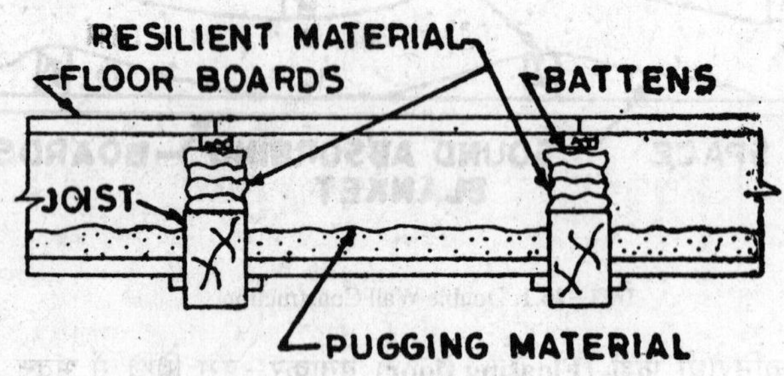

चित्र–26.3. Wooden Joist Floating Floor

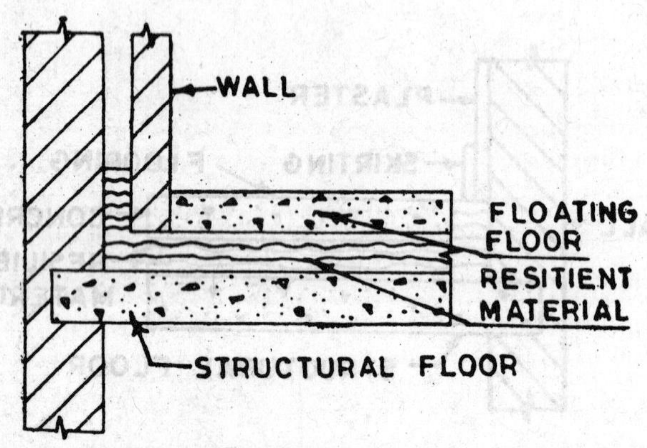

चित्र–26.4. Box Type Construction

26.11 दरवाजों व खिड़कियों का डिजाइन–ध्वनि तरंगें बहुत सूक्ष्म दरारों से भी निकल जाती हैं, इस कारण खिड़की व दरवाजों के फ्रेम व उनके पाखों (Jambs) के बीच वाला स्थान ध्वनि अवशोषक पदार्थ से भरा जाना चाहिए। दरवाजों का भार बढ़ने से ध्वनि संचारण क्षति अधिक होती है जबकि खिड़कियों से संचारण क्षति उनमें लगें कांच की मोटाई बढ़ने से बढ़ती है अर्थात् दरवाजों से संचारण क्षति उनके भार व खिड़कियों से उनमें लगे काँच की मोटाई के समानुपाती होती है। भवन को अधिक ध्वनिरोधक

बनाने के लिए खिड़कियों पर काँचित काँच (glazed glass) लगाना उपयोगी पाया गया है। काँच के किनारों के स्थान को ध्वनि अवशोषक पदार्थ से भर देना चाहिए। इस प्रकार का निर्माण आकाशवाणी स्टूडियों जैसे स्थान पर बनाना अधिक उपयोगी पाया गया है। सारणी–26.2 में एकल व दोहरे पल्लों वाली खिड़कियों की ध्वनिरोधन क्षमता दिखाई गई है।

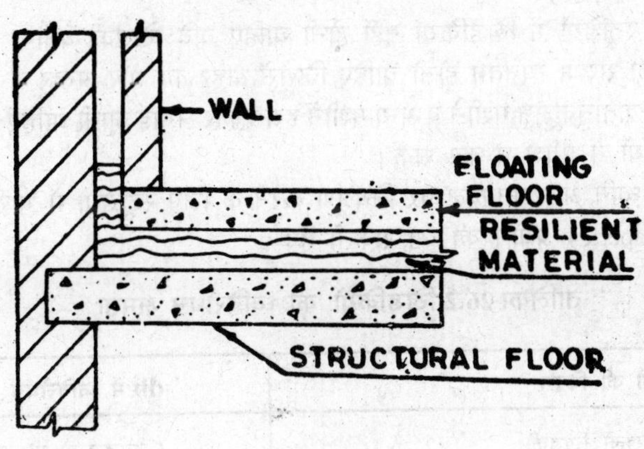

चित्र–26.5. Box Type Construction

26.12 कमरों के स्थान का चयन (Planning of rooms)

आवासीय भवनों में कमरों के स्थान का चयन बहुत महत्वपूर्ण है। कमरों की उचित आयोजना बना कर भवन को उचित ध्वनिरोधक व मितव्ययी बनाया जा सकता है। कुछ सुझाव निम्न प्रकार हैं :

1. सोने के कमरे शोर उत्पन्न होने के स्त्रात से दूर होने चाहिएँ।
2. सीढ़ी शान्त कमरों जैसे सोने के कमरों के समीप नहीं बनाई जानी चाहिए।
3. ध्वनि उत्पन्न करने वाली मशीनें शान्त कमरों के ऊपर या समीप नहीं रखी जानी चाहिएं।
4. स्नानघर के स्थान का चयन सावधानीपूर्वक किया जाना चाहिए।
5. आने–जाने वाले मार्ग या रास्ते पर, कठोर पदार्थ के स्थान पर लचीले पदार्थ की परत लगाई जानी चाहिए।

26.13 स्टूडियों की ध्वनिकी (Acoustics of studios)

स्टूडियों (studio) वह कमरा है जहाँ माइक्रोफोन द्वारा ध्वनि ग्रहण की जाती है जैसे आकाशवाणी 'स्टेशन', टी–वी स्टेशन या ध्वनि रिकार्डिंग स्टेशन आदि। इनकी ध्वनिकी उचित बनाए रखने के लिए निम्न सावधानियाँ अपनाई जा सकती हैं :

1. स्टूडियों में शोर का तल 20 से 30 db के बीच रहना चाहिए।

2. इसमें गूंज बिलकुल नहीं होनी चाहिए।

3. इस भवन की बाह्य सतह का पलस्तर ध्वनि परावर्तित करने वाला होना चाहिए।

4. तल भवन की बाह्य व विभाजिका दीवार कठोर होनी चाहिए जो कंपन व अनुनाद को सहन कर सके।

5. भवन के फर्श, छत की सतह व आन्तरिक दीवारें ध्वनि अवशोषक पदार्थ की बनी होनी चाहिएं।

6. स्टूडियों में खिड़कियाँ नहीं होनी चाहिएं यदि खिड़की बनाना आवश्यक हो, तो इनकी संख्या न्यूनतम् होनी चाहिए जिससे बाहर का शोर अन्दर न आ सके।

7. वातानुकूलन मशीनें व अन्य मशीनें इस प्रकार लगाई जानी चाहिएं कि उनके कंपन स्टूडियों में प्रवेश न कर सकें।

8. ध्वनि अनुरणनकाल पर नियत्रंण करने के लिए स्टूडियों में भारी परदे व ड्रेपेरीज (draperies) प्रयोग की जा सकती हैं।

तालिका-26.2 खिड़कियों की ध्वनिरोधन क्षमता

खिड़की की किस्म	db में ध्वनिरोधन
1. खुली खिड़की	5 या इस से भी कम
2. थोड़ी खुली एकल खिड़की	10-15
3. खुलने योग्य बन्द की हुई एकल खिड़की	18-20
4. सीलबन्द एकल खिड़की	23-30
5. संवादित (Ventilated) दोहरी खिड़की	15-20
6. खुलने योग्य बन्द दोहरी खिड़की	30-33
7. सीलबन्द दोहरी खिड़की	40-42
8. लोहे की प्लेट 12 mm मोटी	38
9. लोहे की प्लेट 3.5 mm मोटी	30
10. कांच की प्लेट 10 mm मोटी	30
11. कांच की प्लेट 6.5 mm मोटी	28
12. प्लाईबुड 6 mm मोटी	21
13. चिप बोर्ड 20 mm मोटा	26
14. कठोर बोर्ड 3 mm मोटा	20
15. कठोर फिनिश वाले कंक्रीट के फर्श	45
16. ध्वनि रोधक कंक्रीट के फर्श (Concrete floor with	

	wooden rafts or with floating concrete scread)	50
17.	10 cm ईंट की दीवार जिसके दोनों ओर 12.5 mm पलस्तर किया हुआ हो।	45
	20mm पलस्तर किया हुआ हो	50
	30mm पलस्तर किया हुआ हो	53
	40mm पलस्तर किया हुआ हो	55
18.	10 से 20 cm खोखले ब्लॉक की दोनों ओर पलस्तर की हुई दीवार	42-45
19.	लकड़ी के फर्श	34-51

प्रश्नावली

(1) शोर की परिभाषा लिखिए तथा उसके प्रभावों का भी वर्णन कीजिए।

(2) ध्वनिरोधन की परिभाषा लिखिए तथा ध्वनिरोधन विधियों का विस्तार से वर्णन कीजिए।

(3) किसी सभा भवन या हाल का डिजाइन करते समय किन–किन बातों का ध्यान रखा जाना चाहिए ?

(4) किसी स्टूडियों की उचित ध्वनिका रखने के लिए किन–किन बातों का ध्यान रखा जाना चाहिए ?

27

पेंट्स व वार्निश
Paints and Varnishes

27.1 प्रस्तावना

लकड़ी, धातु, ईंट तथा इस्पात आदि सामग्रियों को वायुमण्डलीय प्रभाव से बचाने के लिये उन पर किसी रक्षक लेप (Protective Conating) की आवश्यकता होती है। उपरोक्त सामग्रियों की ठीक प्रकार रक्षा न करने पर इस्पात तथा धातुओं पर जंग अथवा संक्षारण (Corrosion) तथा लकड़ी में घुन लग जायेगा। पेंट एक तरल पदार्थ है जो सूखने पर पेन्ट की गई सतह पर एक पतली परत बनाता है। पेन्ट की यह परत सतह को सुन्दरता व रक्षा प्रदान करती है। अतः पेन्ट के दो मुख्य कार्य हैं–

(i) संरचना पदार्थों को वायुमण्डलीय प्रभाव से बचाना।

(ii) पदार्थों व सतहों की सुन्दरता बढ़ाना।

पेन्ट व वार्निश की रक्षात्मक सामर्थ्य समय के साथ घटती रहती है। प्रत्येक दो या तीन वर्ष पश्चात् वस्तुओं पर दोबारा पेन्ट करना पड़ता है।

27.2 अच्छे पेन्ट के लक्षण

अच्छे पेन्ट में निम्न लक्षण (Characteristics) होने चाहिएं।

(1) सतह से पेन्ट की चिपक या पकड़ अच्छी होनी चाहिएं।

(2) पेन्ट की आवरण शक्ति (Covering power) अधिक होनी चाहिए।

(3) पेन्ट की समान पतली परत लगाना संभव होना चाहिए।

(4) पेन्ट इतना गाढ़ा होना चाहिए जिससे उसकी सुकार्यता सरल तथा अच्छी रहे।

(5) पेन्ट की परत काफी जल्दी सूखनी चाहिए।

(6) पेन्ट की परत कठोर तथा लचीली होनी चाहिए।

(7) अच्छे पेन्ट की परत में सूखने पर संकुचन के कारण दरार नहीं पड़ने चाहिए।

(8) अच्छे पेन्ट की परत काफी समय तक वायुमण्डलीय प्रभाव से खराब नहीं होनी चाहिएं।

(9) इसका रंग हल्का नहीं पड़ना चाहिए।

(10) अच्छे पेन्ट की परत में सूखने पर ब्रुश के चिह्न दिखाई नहीं देने चाहिएं।

(11) अच्छा पेन्ट सीलन प्रति रोधी होना चाहिए।

(12) पेन्ट देखने में सुन्दर होना चाहिए।

(13) पेन्ट सस्ता होना चाहिए।

अर्थात् इसकी प्रारंभिक लागत कम होनी चाहिए तथा लम्बी अवधि में भी सस्ता पड़ना चाहिए।

27.3 तेल वाले पेन्ट के घटक (Ingradients of oil Paints)

तेल वाले पेन्ट के प्रायः निम्न घटक होते हैं।

(1) बेस (Base)
(2) वाहक (Vehicle)
(3) अक्रिय पूरक (Inert filler)
(4) रंग वर्णक (Colouring pigment)
(5) बिरलक (Thinner) अथवा विलायक (Solvent)
(6) शोषक (Drier)

उपरोक्त घटकों में से प्रत्येक का एक विशेष कार्य है। इनके कार्यों तथा विशेषताओं का वर्णन निम्नलिखित पंक्तियों में किया गया है।

(1) बेस

किसी भी पेन्ट का बेस उस का मुख्य घटक है। वास्तव में वर्णक ही बेस का कार्य करता है। बेस या वर्णक प्रायः धातुओं के ऑक्साइड होते हैं जिन्हें पेन्ट में चूर्ण के रूप में प्रयोग किया जाता है। बेस का मुख्य कार्य पेन्ट की जाने वाली सतह के दोष छिपाने के लिए उस सतह को अपारदर्शी परत (Film) प्रदान करना है। इसके अतिरिक्त बेस, पेन्ट की परत को रगड़ सह बनाता है तथा सूखने पर संकुचन के कारण पेन्ट की परत में दरार पड़ने से भी बचाता है। साधारणतः बेस के लिए निम्न पदार्थ प्रयोग किए जाते हैं।

(i) सफेद सीसा (White Lead)
(ii) लाल सीसा (Redlead)
(iii) जिन्क ऑसाइड (Zinc oxide)
(iv) आइरन ऑसाइड (Iron oxide)
(v) टीटानियम ह्वाइट (Titanum White) आदि।

(i) सफेद सीसा (White lead)

यह सबसे सस्ता वर्णक होने के कारण साधारणः सभी पेन्टों में बेस के लिए प्रयोग किया जाता है। बाजार में यह चूर्ण तथा अलसी के तेल में बना सस्ते पेस्ट के रूप में उपलब्ध है। इसका फैलाव (Spreading power) व चिपक (Binding power) अच्छी

है। सफेद सीसे से बने पेन्ट गन्धक के लवण वाले वायुमण्डलीय वातावरण में काले पड़ जाते हैं। इस प्रकार के पेन्ट लकड़ी के कार्यों के लिए ही अधिक उपयुक्त हैं। लोहे की वस्तुओं पर पेन्ट करने के लिए सफेद सीसे से बने पेन्ट उपयोगी सिद्ध नहीं हुए हैं, क्योंकि इससे सतहों पर जंग लगने में कोई कमी नहीं होती। ये पेन्ट जहरीले भी होते हैं।

(ii) लाल सीसा (Red Lead)

इसका रंग प्रायः चमकदार लाल होता है। बाजार में प्रायः यह चूर्ण के रूप में उपलब्ध होता है। अलसी के तेल में मिलाया हुआ लाल सीसे का बेस लकड़ी व लोहे दोनों पदार्थों की वस्तुओं पर पेन्ट करने के लिए उपयोगी सिद्ध हुआ है। लाल सीसे के बेस वाले पेन्ट की परत कठोर तथा टिकाऊ होती है। इस पेन्ट की परत सतह पर अच्छी प्रकार चिपकती है। यह लोहे की सतह पर जंग लगने से बचता है। इसका उपयोग परत के रूप में अधिक उपयोगी पाया गया है।

(iii) जिन्क ऑक्साइड

यह महीन सफेद रंग का चूर्ण है तथा बाजार में शुष्क व अलसी के तेल में पेस्ट के रूप में उपलब्ध है। जिन्क ऑक्साइड से बना पेन्ट सफेद रंग का होता है। इस पेन्ट की फैलाव पावर अधिक होती है। इस पेन्ट की परत अधिक अपारदर्शी होने के काण सतह के दोष छिपाने में बहुत अच्छी होती है। इस पेन्ट पर गंधक के लवणों का कोई प्रभाव नहीं पड़ता। यह पेन्ट जहरीला भी नहीं होता है। इस पेन्ट की परत बहुत कठोर व भंगुर (brittle) होती है, जिसके कारण सतह पर पेन्ट में दरार पड़ जाते हैं। जिन्क ऑक्साइड पेन्ट सफेद शीसा पेन्ट की अपेक्षा अधिक मंहगा, कम टिकाऊ तथा कम सुकार्यता वाला होता है।

(iv) लोह ऑक्साइड (Iron oxide)

वाहक में मिलाने पर लोह ऑक्साइड पेन्ट सस्ता तथा टिकाऊ बनता है। यह पेन्ट केवल लोहे व इस्पाती सतहों पर अस्तर परत (Priming Coat) लगने के लिए प्रयोग किया जाता है।

(v) (Titanium White)

यह बेस रासायनिक अक्रिय होने के कारण किसी भी वाहक के साथ मिलाया जा सकता है। इस कारण इस पेन्ट पर गर्मी व प्रकाश का कोई प्रभाव नहीं पड़ता। इस पेन्ट की परत अधिक अपारदर्शी होने के कारण इसका उपयोग प्रायः निचली परत (under coat) के लिए ही किया जाता है। इस पेन्ट का उपयोग वाह्य व आन्तरिक दोनों सतहों पर किया जा सकता है।

ऐल्यूमिनियम चूर्ण (Aluminium Powder)—यह इस श्रेणी के पेन्ट्स को आधार प्रदान करता है। यह लकड़ी में दरारें पड़ने व एंठन उत्पन्न होने से रोकता है। इसका उपयोग प्रायः प्रथम परत या अस्तर लगाने के लिए किया जाता है।

(2) वाहक (Vehicle)

यह एक तरल पदार्थ है जो बेस, वर्णक व अक्रिय पूरक आदि घटकों को एक साथ बाँधने का कार्य करता है। वाहक ही पेन्ट को तरल अवस्था में रखता है जिससे पेन्ट की जाने वाली सतह पर उसकी पतली व समान परत लगाई जा सकती है। वाहक ही पेन्ट की परत को लचीला, रगड़ सह तथा जलरोधी बनाता है। पेन्ट में साधारणत: अलसी का तेल वाहक के रूप में प्रयोग किया जाता है। इसके अतिरिक्त सूर्यमुखी का तेल, सोयाबीन (Soyabean) का तेल आदि भी बाहक के रूप में प्रयोग किये जा सकते हैं।

(1) अलसी का तेल

पेन्टों में वाहक के रूप में अधिकतर अलसी का तेल प्रयोग किया जाता है। इसे उबालकर या बिना उबाले भी प्रयोग किया जा सकता है। अलसी के तेल से बना पेन्ट वाष्पीकरण के कारण नहीं सूखता बल्कि तेल के वायु के सम्पर्क में आने पर उसका आक्सीकरण हो जाता है।

(a) कच्चा या बिना उबाला अलसी का तेल

कच्चा अलसी का तेल पीले रंग का पारदर्शी तेल होता है। इसका स्वाद मीठा तथा गन्द कम होती है। इसके सूखने के गुण निम्न कोटि के होने के कारण इसका प्रयोग आन्तरिक पेन्ट करने के लिए ही किया जाता है। इसके सूखने की क्रिया 100 ग्राम सफेद सीसा प्रति लिटर तेल में डाल कर उसे एक सप्ताह तक साफ होने के लिए छोड़कर बढ़ाई जा सकती है।

(b) उबाला हुआ अलसी का तेल

उबालने से अलसी के तेल की सूखने की क्रिया तीव्र हो जाती है परन्तु इससे तेल गाढ़ा हो जाता है जिससे पेन्ट की फैलाव पावर कम हो जाती है तथा रंग अधिक गहरा हो जाात है। उबाले हुए तेल से बने पेन्ट में लचीलापन भी कम हो जाता है। इन कारणों से इस प्रकार के तेल वाहक का प्रयोग सफेद व हल्के रंगों के पेन्ट बनाने में नहीं करना चाहिए।

उबालने की क्रिया शीघ्र होने के कारण इसमें 100 ग्राम लाल सीसा व 100 ग्राम लिथार्ज प्रति लिटर तेल मिलाया जाता है।

(c) दो बार उबाला हुआ अलसी का तेल

इसका रंग व पारदर्शता तो कच्चे अलसी के तेल के समान होती है परन्तु इसकी गंध भिन्न होती है। यह बहुत जल्दी सूखता है। इस वाहक का प्रयोग पलस्तर की हुई सतहों पर किये जाने वाले पेन्ट बनाने में किया जाता है।

(d) पोस्त का तेल (Poppy oil)

सरसों की भाँति पोस्त को मशीन में पेर कर पोस्त तेल बनाया जाता है। इसका

प्रयोग बहुत ही बढ़िया (delicate) पेन्ट बनाने में किया जाता है। इस वाहक से बने पेन्ट बहुत मंहगे होते हैं। इस कारण इनका प्रयोग केवल हल्के रंग के आन्तरिक पेन्ट करने के लिए ही किया जाता है। इसके सूखने के गुण कच्चे अलसी के तेल से भी निम्न कोटि के होते हैं। पोस्त का कच्चा तेल पेन्ट में प्रयोग करने के लिए उपयुक्त नहीं है। इसे अच्छा वाहक बनाने के लिए उचित पदार्थ डालकर उबाला जाना चाहिए।

(e) चायना वुड तेल या (Tury oil)

यह तेल Tury पेड़ की गिरी पेर कर निकाला जाता है। यह तेल अलसी के तेल की अपेक्षा अधिक अच्छा वाहक है। इसका प्रयोग प्रायः उच्च कोटि के पेन्ट बनाने में किया जाता है। इस पेन्ट पर क्षारीय वस्तुओं का कोई प्रभाव नहीं पड़ता।

(f) अखरोट का तेल (Nut-oil)

यह तेल बिना रंग का होता है तथा बहुत जल्दी सूखता है। यह एक सस्ता तथा कम टिकाऊ वाहक है इस कारण इसका प्रयोग अस्थाई तथा साधारण पेन्ट बनाने के लिए किया जाता है। इसका प्रयोग प्रायः सफेद या हल्के रंग के पेन्ट बनाने में किया जाता है।

(3) अक्रिय पूरक

यह एक सस्ता वर्णक है जिसे पेन्ट की लागत कम करने के लिए प्रयोग किया जाता है। पेन्ट सस्ता बनाने के साथ–साथ यह उसे अधिक टिकाऊ भी बनाता है। क्योंकि बिना अक्रिय पूरक पदार्थ के पेन्ट में संकुचन अधिक होगा तथा उसमें दरारें पड़ जायेंगी। प्रायः निम्न पदार्थ अक्रिय पूरक के लिए प्रयोग किये जा सकते हैं–

(i) बेरियम सल्फेट, लिथोपोन (Lithopone), मैगनीशियम सिलिकेट अथवा एलुमिनियम, खड़िया, जिप्सम, डायटोमाइट इत्यादि।

(4) रंग वर्णक (Colouring pigments)–पेन्ट को वांछित रंग देने के लिए विभिन्न रंग वर्णक प्रयोग किये जाते हैं। उनमें से कुछ निम्न प्रकार हैं–

(i) काले रंग वर्णक–काले रंग के पेन्ट बनाने के लिए काजल, कोयला (vegetable black) ग्रेफाइट, दन्ति कज्जलि (Ivory black) आदि प्रयोग किये जा सकते हैं।

(ii) लाल रंग वर्णक–लाल रंग के लिए लाल सीसा, हिरमिज (Indianred, कारमाइन (Carmine) आदि प्रयोग किये जा सकते हैं।

(iii) नीले रंग वर्णक–नीले रंग के लिए (Prussian blue, indigo, Cobalt blue) आदि प्रयोग किए जा सकते हैं।

(iv) भूरे रंग वर्णक–भूरे रंग के लिए कच्चा अम्बर (Raw umber) व जला हुआ अम्बर प्रयोग किया जा सकता है। (अम्बर एक प्राकृतिक रंगीन मिट्टी है)

(v) पीले रंग वर्णक–पीले रंग के लिए राइना (Siena) पीला क्रोम, पीली मिट्टी (Yellow Ochre, Barium Chromate) आदि प्रयोग किए जा सकते हैं।

(vi) हरे रंग वर्णक–हरे रंग के लिए हरा क्रोम (Chrome green), हरी मिट्टी

आदि प्रयोग किए जा सकते हैं।

(5) विरलक अथवा विलायक (Thinner or solvent)

यह एक तरल पदार्थ है जिसे पेन्ट पतला करने के लिए प्रयोग किया जाता है। बिना विरलक के पेन्ट काफी गाढ़ा होगा जिसे सतह पर पतली परत में लगाना असम्भव होगा। अतः विरलक अथवा विलायक पेन्ट को फैलाव पावर, चिकनाहट आदि प्रदान करता है तथा सतह पर लगाने के पश्चात् सूख जाता है। साधारणतः तारपीन का तेल, नेपथा (Neptha), पेट्रोलियम स्प्रिट (Petrolium Spirit) आदि विरलक के रूप में प्रयोग किये जाते हैं। तारपीन का तेल वायुमन्डल से बहुत प्रभावित होता है इस कारण इसे आन्तरिक पेन्ट के लिए ही प्रयोग किया जाना चाहिए।

(6) शोषक

सतहों पर पेन्ट की परत लगाने के पश्चात् उसे जल्दी सुखने तथा प्रभावशाली बनाने के लिए कम मात्रा में धातुओं के यौगिक प्रयोग किए जाते हैं जिन्हें शोषक कहते हैं। किसी भी तेल वाले पेन्ट में शोषक का आयतन पेन्ट के आयतन से 10% से अधिक नहीं होना चाहिए। शोषक अधिक मात्रा में प्रयोग करने से पेन्ट की परत का लचीलापन नष्ट हो जाता है, जिससे वह पपड़ी के रूप में सतह से हट जाता है। शोषक के लिए प्रायः लिथार्ज (Litharge), कोबाल्ट, मैंग्नीज डाइऑक्साइड (Manganese dioxide), व लेड एसीटेट (lead accetate) आदि प्रयोग किए जा सकते हैं।

27.4 पेन्ट बनाना

पेन्ट बनाने के लिए सर्वप्रथम बेस को महीन पीसकर अलसी के तेल में मिलाकर उचित गाढ़ेपन का पेन्ट बना लिया जाता है। इस पेस्ट को और अधिक महीन कर आवश्यकतानुसार थोड़ा और तेल मिलाया जा सकता है। अक्रिय पूरक को भी बेस के साथ ही मिला दिया जाता है। अक्रिय पूरक का भार बेस के भार का 25% से अधिक नहीं होना चाहिए। अधिक अक्रिय पूरक होने से पेन्ट अच्छी श्रेणी का नहीं बनेगा। रंग वर्णक को अलग अलसी के तेल में महीन पीसकर बेस के पेस्ट में मिलाना चाहिए। यदि शोषक भी मिलाना हो तो उसे भी अलग से अलसी के तेल में पीसकर पेस्ट बना लेना चाहिए। फिर पेस्ट, रंग वर्णक पेस्ट तथा शोषक पेस्ट को मिलाकर तथा और तेल डालकर उसे अच्छी प्रकार मिलाकर क्रीम के रूप में बना लेना चाहिए। तेल मिलाते समय पेस्टों को लगातार चलाते रहना चाहिए। इसके पश्चात् इस मिश्रण को चलनी अथवा मोटे कपड़े से छान लेना चाहिए।

शोषक प्रायः पेन्ट प्रयोग करते समय ही मिलाया जाना चाहिए तथा एक किस्म के पेन्ट में एक ही किस्म का शोषक मिलाया जाना चाहिए।

उपरोक्त विधि से तैयार किया गया पेन्ट यथाशीघ्र ही खर्च किया जाना चाहिए। अधिक समय तक रखने से पेन्ट सूख जाने की सम्भावना रहती है। यदि पेन्ट को कुछ समय तक रखना आवश्यक हो तो पानी डालकर उसके ऊपर पानी की परत बनाये रखनी चाहिए।

आजकल बाजार में बहुत से बने बनाए पेन्ट उपलब्ध हैं, परन्तु ये पेन्ट भी काफी गाढ़े होते हैं तथा इन्हें प्रयोग करने से पूर्व पतला करने की आवश्यकता होती है। तारपीन का तेल केवल उसी समय मिलाया जाना चाहिए जबकि पेन्ट प्रयोग करना हो। वातावरण के प्रभाव के कारण तारपीन का तेल आन्तरिक कार्यों के लिए ही प्रयोग किया जाना चाहिए। अन्य स्थानों के लिए इसका प्रयोग न्यूनतम किया जाना चाहिए।

27.5 पेन्ट के अवयब या उपादान (Ingredients) का चयन करना

पेन्ट के अवयबों का चयन निम्न घटकों से प्रभावित होता है।

(1) पेन्ट की जाने वाली सामग्री की किस्म जैसे लकड़ी, धातु या पलस्तर वाली सतह।

(2) सतह की किस्म जैसे छिद्रमय या अपारगम्य सतह पर पेन्ट करना।

(3) पेन्ट की परत का रूप (Appearance) जैसे पेन्ट की परत बढ़िया चमक वाली चिकनी हो अथवा साधारण

(4) पेन्ट करने का स्थान जैसे पेन्ट वाह्य सतह पर किया जाना है अथवा आन्तरिक सतह पर।

(5) प्रयोग किये जाने वाले अवयबों के गुण

(6) पेन्ट की लगाई जानी वाली परतों की संख्या

(7) पेन्टर की कुशलता आदि

27.6 पेन्ट की किस्में

पेन्ट निम्न प्रकार के हो सकते हैं—

(1) साधारण पेन्ट
(2) एलुमिनियम पेन्ट (Alluminium Paint)
(3) पानी वाले अथवा केसिन (Casein Paint) पेन्ट
(4) इनैमल पेन्ट (Enamel Paints)
(5) सालिगनम पेन्ट (Solignum paint)
(6) ऐस्बेस्टॉस पेंट (Asbestos paint)
(7) बिटुमेनी पेन्ट (Bituminous Paint)
(8) सेलुलोस पेन्ट (Cellulose paint)
(9) सीमेन्ट–बेस पेन्ट (Cement base paint)
(10) रबर–बेस पेन्ट (Rubber base paint)
(11) संक्षारण प्रतिरोधी पेन्ट (Anti Corossion paint)

(1) साधारण पेन्ट—वाहक के रूप में अलसी का तेल प्रयोग किए जाने वाले पेन्ट, साधारण पेन्ट कहलाते हैं।

(2) पानी वाले पेन्ट अथवा केसिल पेन्ट (Casein paint)—इस श्रेणी के पेन्टों में पानी ही वाहक व विलायक दोनों का कार्य करता है। इनमें बेस व रंग वर्णक किसी बंधक पदार्थ के साथ मिलाए जाते हैं। इनमें बंधक पदार्थ के अतिरिक्त शोषक पदार्थ भी होता है। इनमें बंधक पदार्थ प्रायः केसिन (Casein) होता है। सूखी दही केसिन

कहलाती है जो मलाई उतारे हुए दूध से बनाई जाती है। इस प्रकार के पेन्ट सरलता से सतहों पर लगाए जा सकते हैं। इन्हें पानी से धोया भी जा सकता है। इनकी मुख्य विशेषता यह है कि ये साधारण पेन्ट से भी सस्ते होते हैं, परन्तु भारत में इनका प्रचलन अभी कम ही है।

(3) एल्यूमिनियम पेन्ट—यह पेन्ट स्प्रिट वार्निश या तेल वार्निश में एल्यूमिनियम का बुरादा या चूर्ण मिलाकर बनाया जाता है। सूखने पर स्प्रिट या तेल वाष्पीकरण द्वारा उड़ जाते हैं तथा एल्युमिनियम कणों की परत एक धातु परत के रूप में सतह पर जम जाती है। इसमें एल्युमिनियम चूर्ण ही बेस होता है। यह लकड़ी व धातुओं की सतहों पर पेन्ट करने के लिए बहुत उपयोगी है। यह पेन्ट गर्मी व समुद्री पानी से प्रभावित नहीं होता। इस पर साधारण पानी व अम्लयुक्त वायुमण्डल का भी कोई प्रभव नहीं होता। यह पेन्ट सफेद चमकदार होने के कारण अंधेरे में खूब चमकता है। यह विद्युत रोधक भी है। इसका प्रयोग धातु की छतें, बिजली, व टेलीफोन के खम्भों, गेस व तेल के टैंक, पाइप, मशीन आदि पेन्ट करने के लिए किया जाता है। यह पेन्ट लोहे की सतहों पर जंग लगने से बचाने में अन्य पेन्ट्स की अपेक्षा अधिक प्रभावशाली पाया गया है।

(4) इनैमल पेन्ट--यह एक उच्चय कोटि का पेन्ट है। यह पेंट सफेद सीसा (White lead) या सफेद जस्ता (Zine white) पीसकर अलसी के तेल, रेजिन पदार्थ मिली स्प्रिट में मिलाकर अथवा वार्निश में मिला कर बनाया जाता है। प्रायः वार्निश ही वाहक के रूप में प्रयोग की जाती है। वांछित रंग प्राप्त करने के लिए इसमें उचित रंग वर्णक भी मिला दिया जाता है। सूखने पर इस पेंट की चिकनी व चमकदार, कठोर, टिकाऊ, लचीली तथा ठोस परत बन जाती है। इन पर ठंडे व गर्म पानी, भाप, अम्लों व क्षार का कोई प्रभाव नहीं होता। इन गुणों के कारण इनैमल पेन्ट वाह्य व आन्तरिक दोनों सतहों पर प्रयोग किए जाते हैं। इनका प्रयोग प्रायः लोहे के रसोई घर के बर्तन जैसे प्लेट, मग आदि, कंक्रीट की सतह, सीढ़ी आदि पर पेंट करने के लिए किया जाता है।

(5) सालिगनम पेन्ट–यह एक पेटेन्ट पेंट है जिसे लन्दन की फर्म (m/s Solignum & Co) ने पेटेन्ट कराया हुआ है। इस फर्म के पेंट कई रंगों में उपलब्ध हैं इनकी मुख्य विशेषता यह है कि इनमें कुछ ऐसे पदार्थ मिले होते हैं जो लकड़ी को दीमक लगने से बचाते हैं। ये पेन्ट मंहगे होने के कारण लकड़ी की सतहों पर अन्तिम परत के लिए प्रयोग किए जाते हैं।

(6) संक्षारण प्रतिरोधी पेन्ट (Anti corrosive paints)—इस प्रकार के पेन्ट संरचनात्मक इस्पाती कार्यों को अम्ल तथा उनकी भाप (Fumes) व अन्य संक्षारण रसायनिक पदार्थों के प्रभाव से बचाने के लिए प्रयोग किए जाते हैं। इनमें बेस अथवा वर्णक के लिए शुष्क लाल सीसा (lead), जिन्क ऑक्साइड, लोह ऑक्साइड व जिन्क डस्ट (Zinc dust) प्रयोग किए जाते हैं। वाहक के लिए प्रायः अलसी का तेल प्रयोग किया जाता है। कभी–कभी आवश्यकतानुसार अक्रिय पूरक व शोषक भी मिलाए जाते हैं। यह पेन्ट सफेद सीसे के पेन्ट से भी सस्ता तथा टिकाऊ होता है। इससे पेन्ट की

गई सतह देखने में काली दिखाई देती है। इस पेन्ट पर अग्नि, भाप व अमल का प्रभाव नहीं होता।

(7) ऐस्बेस्टांस पेन्ट—इस श्रेणी के पेन्ट चूती हुई लोहे की छत, पतनाले (Gutters) आदि को जंग लगने व सीलन प्रतिरोधी बनाने के लिए प्रयोग किए जाते हैं। कभी–कभी तहखानों की बाह्य सतहों को सीलन रोक बनाने के लिए भी इनका प्रयोग किया जाता है।

(8) बिटूमनी पेन्ट—इस प्रकार के पेन्ट एस्फाल्ट अथवा बिटूमन को नेपथा (Neptha) अथवा खनिज स्प्रिट में घोलकर बनाए जाते हैं। इनका रंग काला होता है। इनकी गंध एक विशेष प्रकार की होती है, जिसमें अन्य पदार्थ मिलाकर इसे कम किया जा सकता है।

इस प्रकार के पेंट क्षार प्रतिरोधी होते हैं, इस कारण इनका प्रयोग बाह्य ईंट चिनाई, व पलस्तर की सतहों पर पेंट करने के लिए किया जाता है। इस पेंट का प्रयोग लोहे के पानी के मुख्य पाइप व पानी में रहने वाले अन्य लोहे के उपकरणों को जंग लगने से बचाने के लिए भी किया जाता है। इनका प्रयोग सीलन रोक परत के रूप में भी किया जाता है। परन्तु सूर्य की किरणों के सम्पर्क में आने पर इनका प्रभाव कम हो जाता है। इनकी फैलाव क्षमता अधिक होती है।

(9) सेलूलोज पेंट (Cellolose paint)

सेलुलोजज पेंट सैलुलायड (Celluloid) की चादरों को पेट्रोल में घोलकर बनाया जाता है। बढ़िया श्रेणी के पेंट में नाइट्रो काटन (Nitro cotton) का प्रयोग किया जाता है। यह पेन्ट अन्य पेटों से बढ़िया श्रेणी का होता है इस कारण इसकी लागत भी अधिक होती है।

यह पेंट अपेक्षाकृत कम समय में सूखता है तथा अधिक टिकाऊ, सुन्दर, चिकना व लचीला तथा कठोर होने के साथ–साथ आकर्षक भी होता है। इसे पानी से धोया भी जा सकता है। गर्म पानी, धुंआ व अम्लीय वायुमण्डल का इस पर कोई प्रभाव नहीं पड़ता। यह अधिक मंहगा होने के कारण इसका उपयोग मोटर उद्योग, हवाई जहाज़ आदि में ही किया जाता है। हवाई जहाज़ के लिए सेलूलोस एसीटेट (Cellulose accetate) तथा मोटर उद्योग के लिए डयूको (duco) पेंट का उपयोग किया जाता है। (duco) एक पेटेन्ट पेंट है जो बाजार में उपलब्ध है। यह पेन्ट बिरलक (Thiner) के वाष्पीकरण के कारण कठोर होता है जबकि साधारण पेन्ट ऑक्सीकरण से कठोर होते हैं।

(10) सीमेन्ट पेन्ट (Cement paint)

यह पानी के पेंट की श्रेणी में आता है। इसमें सफेद अथवा रंगीन सीमेन्ट बेस के रूप में प्रयोग की जाती है। इसमें चूने की प्रतिक्रिया से प्रभावित न होने वाले रंग वर्णक तथा पूरक महीन पाउडर के रूप में पीसकर मिलाए जाते हैं। इस पेन्ट में तेल अथवा कार्बनिक घटकों का प्रयोग नहीं किया जाता। यह पेन्ट पानी में घुलनशील है

तथा सूखने पर मजबूत व टिकाऊ तथा जल प्रतिरोधी परत बनाता है। इसका उपयोग ईंट तथा सीमेन्ट की सतहों पर पेंट करने के लिए किया जाता है। पेंट करने तथा उसके पश्चात् पेन्ट सूखने के काल में सतह की अच्छी प्रकार तराई की जानी चाहिए।

(11) रबड़ पेंट

इस श्रेणी के पेंट रबड़ व क्लोरिन गैस की रासायनिक क्रिया द्वारा तैयार किए जाते हैं। क्लोरिनीकृत रबड़ उचित विलायक में घोली जा सकती है। इसमें वांच्छित रंगवर्णक भी मिलाए जा सकते हैं। इस प्रकार के पेंट अम्ल, क्षारीय व जलरोधी होते है। इनका प्रयोग कंक्रीट व चूना पलस्तर वाली सतहों पर सरलता से किया जा सकता है। इस श्रेणी के पेंट साधारणतः सीमेन्ट, कंक्रीट व चूना पलस्तर वाली सतहों पर रक्षक परत के रूप में लगाए जाते हैं। इनकी फैलाव क्षमता अधिक होती है।

(12) प्लास्टिक पेन्ट

इस श्रेण का पेंट सुन्दर व आकर्षक होने के कारण इसका प्रयोग सिनेमा, नाटक व प्रदर्शनी आदि में सजावट के लिए किया जाता है। इसके बनाने के लिए उपयुक्त प्रकार का प्लास्टिक प्रयोग किया जाता है। आजकल यह पेंट बाजार में विभिन्न नामों से उपलब्ध है।

27.7 विभिन्न प्रकार की सतहों पर पेंट करना

1. लकड़ी की नई सतहों पर पेंट करना—पेंट के गुण व आयु बनाये रखने के लिए पेंट की जाने वाली सतह अच्छी प्रकार तैयार की जानी चाहिए। लकड़ी की नई सतहों पर पेंट करने में निम्न क्रियाएं अपनाई जाती हैं—

(1) सतह तैयार करना (Preparation of surface)

(2) गांठ लेप (Knotting) करना

(3) प्राइमिंग अथवा प्रथम परत लगाना (Priming)

(4) स्टॉपिंग (Stopping)

(5) दूसरी व अन्य परत (Under coating) लगकाना

(6) अन्तिम परत लगाना (Finishing coat)

(1) सतह तैयार करना—लकड़ी पर पेंट करने से पूर्व उसे अच्छी प्रकार पोंछ कर उसकी धूल आदि साफ करनी चाहिए। पेंट की सुन्दरता व आयु बनाये रखने के लिए यह आवश्यक है कि लकड़ी अच्छी प्रकार सूखी हुई (seasoned) होनी चाहिए। धूल साफ करने के पश्चात् उसे रेगमाल से रगड़ कर चिकना करना चाहिए। कीलों के सिरों को सतह से लगभग 3 मि०मी० नीचे तक ठोंक देना चाहिए।

(2) गांठ लोप करना (Knotting)—गाँठों से रेजिन (resin) निकलता है जिसके कारण पेंट की परत में दरार पड़ने अथवा परत उखड़ने अथवा रंग उड़ जाने की क्रिया आरम्भ हो जाती है। इस कारण पेंट को बचाने के लिए गांठ से रेजिन निकलने से रोकना बहुत आवश्यक है। गाँठ से रेजिन निकलने से रोकने की विधि गांठ लेप करना (Knotting) कहलाती है। गांठ से रेजिन निकलना निम्न तीन विधियों द्वारा बन्द किया जा सकता है।

(a) साधारण अथवा सरेस लेप विधि (Size knotting)—इस विधि में गाँठ पर विभिन्न पदार्थों के लेप किए जा सकते हैं। साधारणतः पहली परत के लिए लाल सीसा (red lead) या सिन्दूर व सरेस को पानी में मिलाकर घोल बना लिया जाता है फिर इस घोल को गर्म कर गाँठों पर लेप कर दिया जाता है। लाख व स्प्रिट के घोल का भी पहली परत के लिए उपयोग किया जा सकता है।

दूसरी परत के लिए सिन्दूर (लाल सीसा) को अलसी के तेल में मिलाकर उसमें उबला हुआ अलसी का तेल व तारपीन का तेल मिला कर पतला कर सतहों पर लेप कर दिया जाता है। दूसरी परत पहली परत के सूखने के पश्चात ही लगायी जानी चाहिए।

(b) चूने का लेप—इस विधि में गाँठ वाली लकड़ी को लगभग 24 घंटे तक गम चूने में दबा दिया जाता है। इसके पश्चात चूना साफकर प्रथम विधि अनुसार लकड़ी का उपचार किया जाता है।

(c) पेटेन्स लेप—इस विधि में गाँठ पर पेटेन्ट वार्निश के एक या दो लेप करना प्रभावशाली सिद्ध हुए हैं। इसके लिए प्रायः एलुमिनियम वार्निश अथवा लाख की वार्निश का प्रयोग किया जाता है।

(3) प्राइमिंग परत

इस परत का उद्देश्य लकड़ी में दरार व छिद्रों आदि को भरना होता है। गाँठ लेप के पश्चात् सतह साफ कर उस पर प्राइमिंग परत लगाई जाती है। इस परत के लिए प्रयोग किए जाने वाले पदार्थों का चयन लकड़ी की किस्म पर निर्भर करता है। यह परत लकड़ी की वस्तुओं को यथा स्थान लगाने से पूर्व ही लगाई जाती है। आन्तरिक व वाह्य कार्यों के लिए प्रायः निम्न अनुपात में प्राइमिंग परत की सामग्री प्रयोग की जा सकती है।

(a) आन्तरिक कार्यों के लिए

1.	सफेद सीसा (White lead)	= 3.6 कि० ग्राम
2.	सिन्दूर या लाल सीसा (Red lead)	= 0.5 कि० ग्राम
3.	कच्चा अलसी का तेल	0.50 लिटर
4.	उबला हुआ अलसी का तेल	= 1.07 लिटर
5.	लिर्थाज	= 0.045 कि० ग्राम

(b) वाह्य सतहों के लिए

1. सफेद सीसा	= 4.5 कि० ग्राम
2. सिन्दूर	= 0.045 कि० ग्राम
3. कच्चा अलसी का तेल	= 2.25 लिटर
4. लिर्थाज	= 0.09 कि० ग्राम

साधारण कार्यों के लिए प्रति लिटर तारपीन के तेल में 0.71 कि० ग्राम सिन्दूर व 0.71 कि० ग्राम कच्चा अलसी का तेल मिलाकर लेप तैयार किया जा सकता है।

(4) स्टॉपिंग (Stopping)

लकड़ी की दरारों, कीलों के छिद्रों, खुले जोड़ों व अन्य दोषों को दूर करने के लिए पुट्टी भरने की क्रिया स्टापिंग कहलाती है पुट्टी की भराई प्राइमिंग परत के सूखने के पश्चात् की जाती है। पुट्टी भरने से पहले प्राइमिंग की हुई सतह को रेगमाल कागज अथवा झाँवा पत्थर से रगड़कर सतह साफ कर ली जाती है। इसके पश्चात् सतह में पुट्टी भरकर उसके सूख जाने पर सतह फिर रगड़कर साफ की जाती है।

पुट्टी, खड़िया मिट्टी को शुद्ध अलसी के तेल में मिलाकर उचित गाढ़पेन का पेस्ट बनाया जाता है। इसके पश्चात् इसे अच्छी प्रकार गूंथ कर मुलायम व चिकना पेस्ट तैयार किया जाता है। वांच्छित रंग प्राप्त करने के लिए इसमें उचित रंग वर्णक मिलाया जा सकता है।

(5) दूसरी परत लगाना

प्रथम परत के सूखने के पश्चात् दूसरी परत (under coat) लगाई जाती है। इस परत का रंग वांच्छित सतह के रंग जैसा ही होना चाहिए। यह परत पतली तथा अपारदर्शी होनी चाहिए। इस पर बुर्श के चिन्ह दिखाई नहीं देने चाहिए। अपारदर्शी परत प्राप्त करने के लिए कभी–कभी दो कोटिंग लगाने पड़ते हैं। अन्तिम परत की चमक व स्थिरता इसी परत पर निर्भर करती है। दूसरी परत पहली परत के सूखने के पश्चात् ही लगयी जानी चाहिए। अच्छी फिनिर्शिंग के लिए दूसरी परत लगाने से पूर्व पहली परत को झाँवा पत्थर से रगड़ कर साफ कर लेना चाहिए।

(6) अन्तिम परत अथवा फिनिशिंग कोट

अन्डर कोट अथवा दूसरी परत सूख जाने के पश्चात् फिनिशिंग कोट लगाया जाता है। यह परत पतली तथा सुन्दर होनी चाहिए। ब्रुश आदि के चिन्ह दिखाई नहीं देने चाहिए।

27.8 पुरानी पेंट की हुई लकड़ी की सतह पर पेंट करना

पुरानी पेंट की हुठ सतह पर पेंट करने की विधि पुराने पेंट की दशा पर निर्भर करती है।

(a) पेंट अच्छी दशा में होने पर–यदि पेंट अच्छी दशा में हो अर्थात उसकी पपड़ी आदि न उखड़ी हो, केवल गंदा ही होने पर, सतह पर पेंट करने से पूर्व उसकी चिकनाई व धूल आदि चूने व पानी, अथवा साबुन व पानी से धोकर साफ कर लेनी चाहिए। इसके पश्चात् सतह सूख जाने पर उसे झांवा पत्थर से रगड़ कर दरारों व छिद्रों आदि में पुट्टी भर देनी चाहिए। इसके पश्चात वांच्छित पेंट की आवश्यकतानुसार एक या दो परत लगायी जानी चाहिए।

(b) पेंट अच्छी दशा में न होने पर

जगह–जगह पर पेन्ट की पपड़ी आदि उखड़ने पर उसे हटा देना चाहिए। पेन्ट हटाने के लिए बाजार में उपलब्ध पेन्ट हटाव मसाले का उपयोग किया जा सकता है अथवा ब्लो लैम्प (Blow lamp) से पेन्ट मुलायम कर उसे चाकू से खुर्चा जा सकता है। ब्लो लैम्प का प्रयोग करते समय इस बात का ध्यान रखना चाहिए कि पेंट व लकड़ी में से कोई भी जलने न पाये। एक व्यक्ति लैम्प इस प्रकार सतह के समीप चलाये कि पेंट फूलकर ऊपर उभरे तथा दूसरा व्यक्ति तेज चाकू या अन्य औजार से उसे खुर्च दे। पेंन्ट हटाव मसाले को सतह पर ब्रुश से लगाया जाता है जिससे पेन्ट फूलकर ऊपर उभर जाता है जिसे चाकू से खुर्चा जा सकता है। इसके अतिरिक्त कास्टिक सोडे के घोल को सतह पर लगाने से भी पेन्ट फूल जाता है जिसे तेज चाकू या अन्य औजार से हटाया जा सकता है। कास्टिक सोडे का घोल बनाने के लिए उसके आयतन के अनुसार 48 गुणा पानी मिलाना चाहिए।

इसके अतिरिक्त एक भाग सनलाइट साबुन, दो भाग पोटाश व एक भाग चूने के मिश्रण को सतह पर मलकर 24 घण्टे के पश्चात् गर्म पानी से धोकर भी पेंट हटाया जा सकता है।

पेंट हटाने के पश्चात् उसे झांवा पत्थर से रगड़कर साफ कर तथा पुट्टी आदि लगाने के पश्चात् वाँच्छित पेंट की एक या दो परत लगाई जा सकती है।

27.9 इस्पात व लोहे की नई सतहों पर पेन्ट करना

धातु की नई सतह पर पेंट करने से पूर्व उसकी धूल, चिकनाई तथा जंग आदि साफ करना बहुत आवश्यक है। जंग व धूल होने के कठोर तार वाले ब्रुश से सतह रगड़कर साफ की जा सकती है। चिकनाई दूर करने के लिए सतह को पेट्रोल, बेनजीन अथवा चूने के पानी से धोकर साफ किया जा सकता है। सतह साफ करने के पश्चात् उस पर प्राइमिंग परत लगाई जाती है। प्राइमिंग परत के लिए लोहे के आक्साइड वाले पेंट का प्रयोग किया जाता है। परन्तु सिन्दूर (Red lead) वाला पेन्ट प्राइमिंग परत के लिए सर्वोत्तम सिद्ध हुआ है। प्राइमिंग परत के लिए 12 से 15 कि० ग्राम सिन्दुर को 5 लीटर उबलते हुए अलसी के तेल में मिलाकर तैयार किया जा सकता है। प्राइमिंग परत सूख जाने के पश्चात् दूसरी व अन्तिम परत लगाई जाती है।

(b) दूसरी परत

प्राइर्मिंग परत सूख जाने के पश्चात् वांच्छित पेंट की एक या दो परत सतह पर ब्रुश अथवा स्प्रे (spray) से लगाई जाती हैं। पेंट करते समय इस बात का ध्यान रखना चाहिए कि दूसरी परत पहली परत के सूखने के पश्चात् ही लगानी चाहिए।

दूसरी परत का पेंट साधारणतः 3 कि० ग्रा० सिन्दूर व 0.5 कि० ग्रा० काजल को 5 लीटर उबले हुए अलसी के तेल में मिलाकर तैयार किया जा सकता है। काजल से पेंट के रक्षात्मक गुण बढ़ जाते हैं।

बढ़िया कार्यों के लिए दूसरी परत सूख जाने के पश्चात् ही अन्तिम परत लगाई

जाती है। अन्तिम परत लगाते समय इस बात का ध्यान रखा जाना चाहिए कि सतह पर ब्रुश के चिह्न दिखाई न पड़ें।

27.10 धातु की पुरानी वस्तुओं पर पेंट करना

यदि पुराना पेंट अच्छी दशा में है केवल चिकनाई व धूल आदि ही जमे हैं तो साबुन के पानी अथवा चूने के पानी से सतह साफ की जा सकती है। चिकनाई दूर करने के लिए पेट्रोल, बेनजीन आदि का भी प्रयोग किया जा सकता है। पेंट की पपड़ी उखड़ी होने पर उसे खुर्च कर अथवा जलाकर हटा देना चाहिए। इसके पश्चात् सतह साफ कर वांच्छित पेंट की एक या दो परत लगाई जानी चाहिए।

27.11 पलस्तर की हुई सतहों पर पेंट करना

नई पलस्तर की हुई सतह के पूर्णतः सूखने तक पेंट नहीं किया जाना चाहिए। नई पलस्तर की गई सतह पर प्रायः 12 महीने से पूर्व पेंट नहीं किया जाना चाहिए। इस बीच दीवार पर सफेदी या रंग पुताई कर छोड़ देनी चाहिए। नई सतह में चूना व सीमेंट के असंयुक्त क्षार (Free alkalies) पेंट का रंग खराब कर देते हैं तथा उसके तेल को नष्ट कर उसके सूखने के गुणों को बहुत प्रभावित करते हैं जिससे पेंट का रंग खराब दिखाई देता है तथा उसकी पपड़ी उखड़ना आरम्भ हो जाती है। इस कारण असंयुक्त क्षार को नष्ट करने के लिए नई सतहों पर पेंट करने से पहले उन्हें हल्के जस्ता सल्फेट (Dilute zinc sulphate) घोल से धोना चाहिए। प्राइमिंग परत लगाने से पूर्व सतह पर कीलों के छिद्र तथा गड्ढों आदि में पुट्टी या पलस्तर आफ पेरिस भरकर समतल कर देना चाहिए। इसके पश्चात् सतह को रेगमाल से रगड़कर समतल कर साफ करना चाहिए। इस सतह पर प्राइमिंग परत के लिए सफेद व लाल सीसा समान मात्रा में लेकर उसे उबले हुए अलसी के तेल में मिलाकर पेन्ट तैयार किया जा सकता है।

प्राइमिंग परत सूख जाने के पश्चात् वाँच्छित पेंट की एक या दो परत लगाई जा सकती हैं।

27.12 इमल्सिन (Emulsion)

इस पेंट के आविष्कार से उपरोक्त कठिनाई दूर हो गई हैं तथा नई सतह पर इमल्सिन पेंट सरलता से बिना किसी दोष उत्पन्न हुए लगाए जा सकते हैं। इमल्सिन पेंट क्षार प्रतिरोधी होने के कारण इन्हें नम सतहों पर भी लगाया जा सकता है। पेंट के पानी के वाष्पीकरण द्वारा उड़ जाने पर पेंट की फिल्म कठोर हो जाती है। इसके पश्चात् अन्तिम परत लगाई जा सकती है।

27.13 गीली दीवारों पर पेंट करना

गीली दीवारों पर निम्न मिश्रण वाला पेंट लगाया जा सकता है–

1. पैरेफिन (Paraffin)	11.20 लीटर
2. बेंनजोलिन (Benzoline)	9.0 लीटर
3. रेजिन	6.4 कि० ग्राम

उपरोक्त वस्तुओं को एक बर्तन में डालकर अच्छी प्रकार हिलाना चाहिए जिससे वे अच्छी प्रकार धुल जायें। इसके पश्चात् इसमें 11 कि० ग्राम खड़िया (Chalk Powdered) मिलाकर इसे अच्छी प्रकार पीसकर साधारण पलस्तर की भाँति एक या दो परतों में लगाया जा सकता है। इस पेन्ट को सूखने से बचाने के लिए सील बन्द रखा जाना चाहिए।

27.14 वार्निश

वार्निश एक हल्के रंग का रेजिन पदार्थों का पारदर्शी घोल है। वार्निश लाख (Lac Shellac), कोपाल (Copal), अम्बर (Ambar) आदि रेजिन को एलकोहल अथवा तरपीन के तेल में घोलकर बनाई जाती है। सूखने पर वार्निश एक चमकदार, कठोर, पादर्शी परत बनाती है। वार्निश लकड़ी की वस्तुओं को वातावरण के दुष्प्रभाव से बचाने के लिए प्रयोग की जाती है। वार्निश की परत पारदर्शी होने के कारण लकड़ी के रेशे साफ तथा सुन्दर दिखाई देते हैं। कभी–कभी पेंट की हुई वस्तुओं पर भी उनकी चमक बढ़ाने के लिए वार्निश की जाती है।

27.15 अच्छी वार्निश के लक्षण

(1) वार्निश शीध्र सूखनी चाहिए।
(2) सूखने पर इसमें संकुचन के कारण दरार नहीं पड़ने चाहिए।
(3) इसकी परत मजबूत, कठोर तथा टिकाऊ होनी चाहिए।
(4) इसमें काँच की भाँति चमक होनी चाहिए।
(5) इस पर वातावरण का प्रभाव नहीं होना चाहिए।
(6) इसका रंग फीका नहीं पड़ना चाहिए।

27.16 वार्निश की किस्में

विलायक अथवा घोलक के अनुसार वार्निश निम्न प्रकार की हो सकती हैं–

(1) तेल वार्निश अथवा कोपाल वार्निश

यह वार्निश कोपाल को अलसी के तेल में घोलकर बनाई जाती है। इसका गाढ़ापन कम करने के लिए इसमें तारपीन का तेल मिलाया जाता है। यह वार्निश 24 घण्टे में शुष्क हो जाती है। कोपाल वार्निश आन्तरिक व बाह्य दोनों सतहों पर प्रयोग की जा सकती है। कोपाल पाइन पेड़ों की ज़ड़ है।

(2) एस्फाल्ट वार्निश (Asphalt Varnish)

यह वार्निश पिघले हुए कठोर ऐस्फाल्ट को अलसी के तेल में घोलकर बनाई जाती है। इसे पतला करने के लिए पेट्रोल, स्प्रिट अथवा तारपीन का तेल प्रयोग किया जा सकता है। इस वार्निश का प्रयोग प्राय: लोहे की बनी वस्तुओं पर काला पेंट करने के लिए किया जाता है।

(3) स्पार वार्निश

यह वार्निश बाह्य सतहों पर अधिक उपयोगी सिद्ध हुई है, जैसे पानी के जहाज के बाह्य भाग, रेलगाड़ी के डिब्बे व अन्य वाह्य लकड़ी व धातु की सतहें। इस वार्निश पर वातावरण का कोई प्रभाव नहीं पड़ता।

(4) स्प्रिट वार्निश

स्प्रिट वार्निश प्रायः लकड़ी के कार्यों के लिए प्रयोग की जाती है। इस श्रेणी की वार्निश बहुत जल्दी सूखती है तथा कठोर चमकदार परत बनाती है। फ्रेंच पालिश, (Lacquer) व चपड़ी या लाख वार्निश इसी श्रेणी में आती हैं।

(a) फ्रेंच पालिश (French polish)—यह एक स्प्रिट वार्निश है। 150 ग्राम चपड़ी अथवा लाख को 1 लीटर मेथिलेटेड स्प्रिट (Mithylated spirit) में घोलकर सबसे सरल फ्रेंच पालिश बनाई जा सकती है। चपड़ी घोलने के लिए इसे धूप में रखा जा सकता है परन्तु इसे कभी भी आग पर गर्म नहीं किया जाना चाहिए। चपड़ी घुलने के पश्चात् इसे कपड़े से छान लेना चाहिए। इसमें वाँच्छित रंग वर्णक भी मिलाया जा सकता है। फ्रेंच पालिश प्रायः बढ़िया लकड़ी के फर्नीचर के लिए ही प्रयोग की जाती है।

27.17 फर्नीचर पालिश

निम्न पदार्थों से बढ़िया फर्नीचर पालिश बनाई जा सकती है:

सामग्री	मात्रा
1. अलसी का तेल	18.2 लीटर
2. मेथिलेटेड स्प्रिट	2.2 लीटर
3. सिरका (Vinegor)	1.1 लीटर
4. तारपीन का तेल	1.1 लीटर
5. कोपाल वार्निश	1.1 लीटर
6. हाइड्रोक्लोरिक एसिड (HCL)	0.8 लीटर

पहले तेल को गर्म कर बाद में अन्य सामग्री मिलानी चाहिए।

27.18 (Lacquer)

रक्षात्मक परत लगाने के लिए यह एक परल पदार्थ है इसे नाइट्रो–सैल्युलोस (Nitro cellulose) को एलकोहल, कीटोन व हाइड्रोकार्बन के मिश्रण में घोल कर बनाया जाता है। यह अति शीघ्र सूखने वाली पालिश है। सूखने पर इसकी टिकाऊ व कठोर परत बनती है। इसे लकड़ी व धातु की सतहों पर पालिश करने के लिए प्रयोग किया जाता है। आजकल (Lacquer) बहुत से रंगों में बाजार में उपलब्ध है, जिसे ब्रुश अथवा स्प्रे से लगाया जा सकता है। इस पालिश में ठोस पदार्थ कम होने के कारण अच्छी परत प्राप्त करने के लिए पालिश की कई परत लगाने की आवश्यकता होती है। यह पालिश फ्रेंच पालिश के समान ही होती है।

27.19 मोम पालिश (Wax polish)

मोम पालिश वार्निश की हुई सतहों की सुन्दरता बढ़ाने के लिए की जाती है। मोम पालिश प्रायः सीमेंट कंक्रीट, मोजेक व टेराजौ फर्शो पर पालिश करने के लिए प्रयोग की जाती है। मोम पालिश निम्न पदार्थों को उनके आगे अंकित अनुपात में मिलाकर बनाई जा सकती है।

सामग्री	अनुपात भार में
शहद बाला मोम	2 भाग
अलसी का तेल	1 ½ भाग
तारपीन का तेल	1 भाग
वार्निश	1/2 भाग

सर्व प्रथम कढ़ाई या अन्य बर्तन में तेल डालकर उसे हल्की आँच पर गर्म करो। इसी समय उसमें मोम भी डाल दो। मोम तेल में पूर्णतः घुल जाने के पश्चात् मिश्रण को कुछ ठंडा करो। इसके पश्चात् तारपीन का तेल व वार्निश मिलाकर अच्छी प्रकार हिलाओ। इस प्रकार बनी पालिश को तैयार लकड़ी की सतह पर साफ व मुलायम सूती कपड़े से लगाकर 30 मिनट तक रगड़ना चाहिए। पहली परत सूख जाने पर दूसरी परत लगाई जा सकती है। वांच्छित चमक प्राप्त होने तक सतह को रगड़ते रहना चाहिए।

27.20 लकड़ी पर तेल लगाना

लकड़ी की सुन्दरता तथा आयु बढ़ाने के लिए उस पर तेल लगाना बहुत ही आवश्यक है। पुराने समय में जब पेंट व वार्निश का चलन नहीं था तथा आज भी गाँवों में लकड़ी के कार्यो जैसे बैलगाड़ी, दरवाजों के किवाड़ आदि पर तेल लगाया जाता है।

पुराने समय में सरसों के तेल में पानी मिलाकर प्रयोग किया जाता था। आजकल अपेक्षाकृत अधिक टिकाऊ मिश्रण निम्न प्रकार तैयार किया जा सकता है–

सामग्री	मात्रा
दोवार उबला हुआ अलसी का तेल	1.5 कि० ग्राम
शहद वाला मोम	0.5 कि० ग्राम
तारपीन का तेल	0.5 कि० ग्राम

सर्व प्रथम तेल को कढ़ाई में डालकर हलकी आँच पर गर्म करो। इसी समय उसमें मोम डाल दो। मोम घुल जाने पर मिश्रण ठंडा कर उसमें तारपीन का तेल डालकर अच्छी प्रकार हिलाओ। इस प्रकार तैयार मिश्रण को सतह पर ब्रुश से अच्छी प्रकार लगाओ। उपरोक्त मात्रा दो परतों में लगभग 72 वर्ग मीटर सतह के लिए पर्याप्त है। मीठे तेल में सिरका व तारपीन का तेल मिलाकर भी प्रयोग किया जा सकता है। इन तीनों वस्तुओं की मात्रा बराबर–बराबर ली जा सकती है।

प्रश्नावली

(1) तेल पेंट के मुख्य घटकों का वर्णन कीजिए।
(2) अच्छे पेंट के लक्षण बताइए।
(3) पेंट बनाने की विधि का वर्णन कीजिए।
(4) लकड़ी व धातु की सतहों पर पेंट करने की विधियों का संक्षिप्त वर्णन कीजिए।
(5) पेंट व वार्निश में क्या अन्तर है? तथा अच्छे वार्निश के क्या लक्षण हैं।
(6) फ्रेंच पालिश व मोम पालिश का वर्णन कीजिए।
(7) पुरानी लकड़ी व धातु सतहों पर पेंट करने की विधि का वर्णन कीजिए।
(8) लकड़ी व धातु की नई सतहों पर पेंट करने की विधि का वर्णन कीजिए।

28

संरचनाओं का विन्यास अथवा ले आउट

Lay Out of Buildings

28.1 प्रस्तावना

किसी संरचना जैसे भवन, पुल आदि की नींव खोदने से पूर्व उसका भूमि पर खाका खींचना बहुत आवश्यक है। खाका खींचने की यह विधि ही संरचना का विन्यास कहलाती है। इस अध्याय में कुछ संरचनाओं के विन्यास का वर्णन किया गया है–

28.2 सामग्री तथा औजार–

विन्यास करने के लिये निम्न सामग्री तथा औजारों की आवश्यकता होती है।

(1) लकड़ी के खूंटे, (2) लोहे की कील, (3) डोरी, (4) इस्पात की टेप, (5) नींव की चौड़ाई के बराबर लम्बे दो लकड़ी के खूंटे, (6) चूना।

28.3 भवन की नींव की निशानबन्दी करना या निशान लगाना (Setting out of Foundation)

कोई भी संरचना बनाने से पहले उसकी 1/100 के पैमाने पर परिशुद्धता से नगरविकास न्यास या म्युनिसिपलटी के नियमों के अनुसार विस्तृत ड्रांइग बनाकर तथा पृष्ठ 319 पर बताये अनुसार रंग भर सक्षम अधिकारी की अनुमति के लिये भेजदेना चाहिये। ड्रांइडा नियमानुसार होने पर अनुमति मिलने में कोई कठिनाई नहीं आती। ड्राइंग स्वीकार हो जाने पर उस का वास्तविक भूमि पर विन्यास या लेआवट किया जाता है। लेआवट ड्राइंग के अनुसार ही किया जाना चाहिए।

विन्यास या लेआवट करना आरम्भ करने से पूर्व ड्राइंग का अच्छी प्रकार अध्यन कर लेना चाहिये। ड्राइंग पर ही समस्त दीवारों के मध्य बिन्दुओं की दूरयाँ ज्ञात कर इन दूरयों की अलग ड्राइंग शीट पर मध्य रेखा प्लान चित्र–28.1 में दिखाये अनुसार रेखा प्लान बना लिया जाता है। मध्य रेखा प्लान से सर्व प्रथम सबसे लम्बी दीवार या

अन्य किसी दीवार की स्थिति से निर्धारित की जाती है। यह कार्य सड़क अथवा बाँऔरी दीवार के किनारों से दूरयाँ माप कर किया जाता है। इस प्रकार सर्व प्रथम निर्धारित की गई दीवार की मध्य रेखा आधार रेखा कहलाती है।

भूमि पर विन्यास रस्सी खींच कर उस पर चूना डालकर अथवा गेंती से भूमि खोद कर किया जाता है। इस आधार रेखा को आधार मान कर अन्य सभी दीवारों की मध्य रेखाओं की लम्बाइयां भूमि पर अकिंत कर दी जाती हैं। इन मध्य रेखाओं पर खूटियाँ गाड़ दी जाती हैं।

मध्य रेखाएँ निर्धारित हो जाने के पश्चात् दीवार की मोटाई रेखायें तथा नींव की खुदाई निर्धारित करने के लिये मध्य रेखा के दोनों ओर खूंटियाँ गाड़ दी जाती हैं तथा रस्सी खींच कर चूना डालंकर लाइनें पूर्ण कर दी जाती हैं।

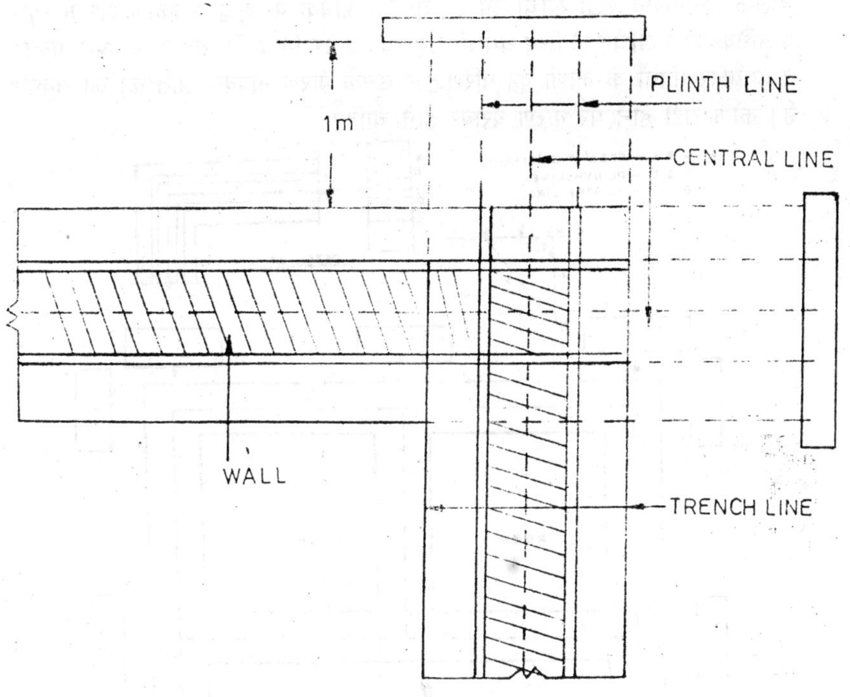

चित्र-28.1

खुदाई के समय इन लाइनों के नष्ट होने का भय रहता है अतः खुदाई के समय तथा बाद में चिनाई के समय कार्य का परीक्षण करने के उद्देश्य से प्रत्येक दीवार के किनारे के समीप प्रायः 1 m दूरी पर चिनाई के स्थाई स्तम्भ बना देने चाहिये। ये स्थाई स्तम्भ या प्लेटफार्म निर्देशन स्तम्भ भी कहलाते हैं। इन स्तम्भों पर दीवार की मध्य रेखा, दीवार की मोटाई रेखाएँ तथा खुदाई रेखाओं के चिन्ह मार्क कर दिये जाते हैं।

इन चिन्हों की सहायता से खुदाई अथवा निर्माण के दौरान उपरोक्त रेखाओं की जाँच की जा सकती है। स्थाई स्तम्भ या प्लेटफार्म की ऊँचाई कुर्सी तल की ऊँचाई के बराबर रखी जाती है चित्र–28.2 में दो कमरों वाले भवन की विभिन्न दीवारों तथा चित्र–28.1 में दीवार के एक कोने पर मिलने वाली दीवारों के स्थान स्तम्भ या प्लेटफार्म दिखाये गये हैं।

भवन की सबसे लम्बी वाह्य दीवार की केन्द्रीय रेखा LQ दो खूंटों के बीच रस्सी खींच कर उस पर चूना डालकर बनानी चाहिए। यह रेखा QL भवन की अन्य दीवारों की रेखाओं के लिए निर्देशन रेखा का कार्य करेगी। अभिलम्ब दीवार की केन्द्रीय रेखायें 3, 4, 5 इकाइयां नियमानुसार त्रिभुज बनाकर खींची जा सकती हैं। चित्र–28.2 में दिखाये अनुसार माना बिन्दु M बिन्दु L से 3 इकाई की दूरी पर है। तब बिन्दु M व L को केन्द्र मानकर क्रमशः 5 व 4 इकाइयों के अर्धव्यास लेकिर चाप लगाओं ये दोनों चाप जिस बिन्दु पर मिलें वह बिन्दु N होगा। अब बिन्दु L व N पर रस्सी खींचकर उस पर चूना डालकर अभिलम्ब रेखा खींची जा सकती हैं। अधिक परिशुद्ध समकोण अथवा न्यून व अधिक कोण खींचने के लिए थयोडोलाइट का प्रयोग किया जा सकता है। आयताकार व वर्गाकार भवनों के कोणों की परिशुद्धता उनके करण मापकर ज्ञात की जा सकती है। कोण सही होने पर करण बराबर होने चाहिए।

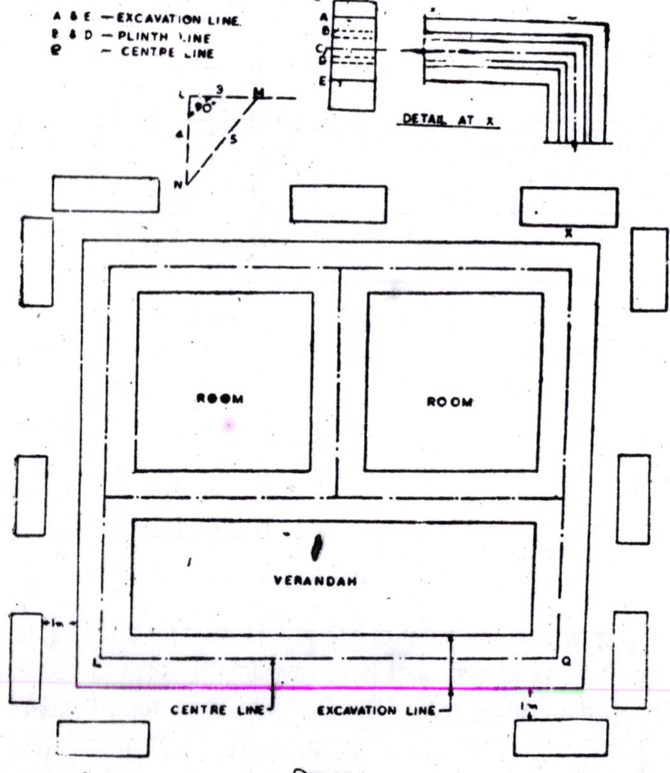

चित्र-28.2

केन्द्रीय रेखायें बनाने के पश्चात वाह्य व आन्तरिक रेखायें केन्द्रीय रेखाओं के अभिलम्ब खाई की चौड़ाई के बराबर इस्पाती टेप से दूरी मापकर अथवा नींव की चौड़ाई के बराबर लकड़ी के टुकड़े रखकर खींची जा सकती हैं।

भवन की परिशुद्ध केन्द्रीय रेखा खींचने के लिए कोनों पर खूंटी गाड़कर उनके शिखरों पर कील गाड़कर उनपर रस्सी खीचकर बांध दी जाती है। इन रस्सियों के कार्य में बाधा उत्पन्न करने के कारण स्थाई चिह्न बनाना बहुत आवश्यक है। स्थाई चिह्न स्थापित करने के लिये वाह्य दीवार की नींव के वाह्य सिरे से 1 मीटर की दूरी पर नींव की खाई से 15 से०मी० अधिक लम्बाई की छोटा चिंनाई पाया बनाकर उसके शिखर पर पलस्तर कर दिया जाता है। चित्र–28.2 में दिखाये अनुसार खुंटियों की कीलों पर रस्सी खींचकर केन्द्रीय नींव रेखा, खाई की वाह्य रेखायें तथा कुर्सी तल पर दीवार मोटाई रेखाओं के चिह्न पलस्तर के ऊपर रस्सी करनी से दबाकर बना दिये जाते हैं।

नींव की खुदाई करने से पूर्व उपरोक्त चिह्नों के ऊपर रस्सी खींचकर गैंती से दाग बेल अथवा चूना लाइन लगा दी जाती है।

कुर्सी तल–कुर्सी तल सामान्य भूतल से 30 से 75 से०मी० ऊँचा रखा जा सकता है। परन्तु साधारणतः कुर्सी तल की 45 से०मी० ऊँचाई पर्याप्त है। कुर्सी तल की जांच करने के लिए संरचना के कोनों पर निर्देशक प्लेटफार्म के समीप 20 × 20 से०मी० के पाये बनाकर उनके शिखर पर पलस्तर कर दिया जाता है। संरचना पूर्ण होने तक पायों को नहीं हटाया जाना चाहिए।

28.4 स्तम्भ नींव की खुदाई करना

(1) चित्र–28.3 में दिखाये अनुसार माना बिन्दु A संरचना का एक कोनां प्रदर्शित

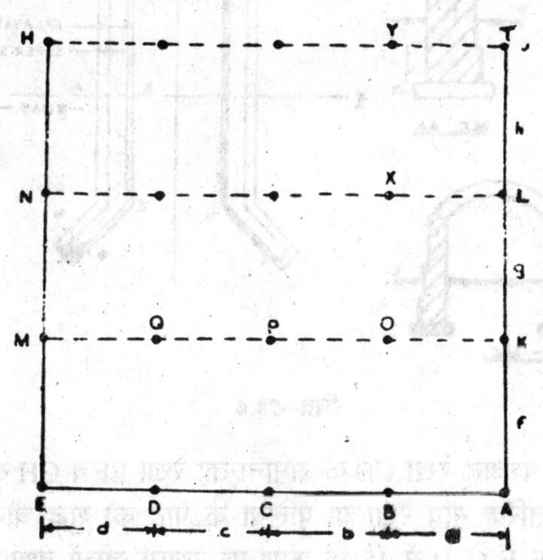

चित्र–28.3

करता है। खाई खोदने से पूर्व पत्येक स्तम्भ का केन्द्रीय बिन्दु स्थापित किया जाना चाहिए। स्तम्भें के केन्द्रीय बिन्दु स्थाई होने चाहिए तथा उनकी जाँच सरंचना के निर्माण काल में किसी भी समय की जा सकती है। बिन्दु A व E के बीच स्तम्भों की दूरी a, b, c, d आदि प्लान से ज्ञात कर इस्पाती टेप से मापकर स्तम्भ केन्द्रीय बिन्दुओं B, C, D, E, F आदि पर खूंटे गाड़ दिये जाते हैं। इसी प्रकार अभिलम्ब दिशा AJ व EH में स्तम्भों की दूरी f, g, h आदि मापकर स्तम्भ केन्द्रीय बिन्दु K, L, J व M, N, H स्थापित किये जा सकते हैं। अभिलम्ब रेखा, 3, 4, 5 इकाई विधि से खींची जा सकती है। स्तम्भ O, P, Q व O, X, Y आदि के केन्द्रीय बिन्दु AE व AJ रेखाओं के समानान्तर रेखा खींचकर स्थापित किये जा सकते हैं।

स्थाई चिह्न स्थापित करने के लिए रेखा AE व EH के समान्तर खूंटे गाड़कर उन पर भूमि से 30 से०मी० ऊँचा तख्ता लगाकर उसपर स्तम्भों की केन्द्रीय रेखा के सामने कील गाड़ दी जाती हैं।

28.5 पुलिया का विन्यास करना—पुलिया का विन्यास करते समय निम्न क्रम अपनाया जा सकता है—

(1) उचित पैमाने पर पुलिया व नाले की ड्राइंग बनाओ।

(2) चित्र–28.4 में दिखाये अनुसार सड़क व पुलिया का मध्य बिन्दु A स्थापित करो। AB सड़क तथा CD नाले की केन्द्रीय रेखाये हैं।

(3) बिन्दु A से दोनों अन्त्याधार की लम्बाई की आधी दूरी पर बिन्दु C व D अंकित करो।

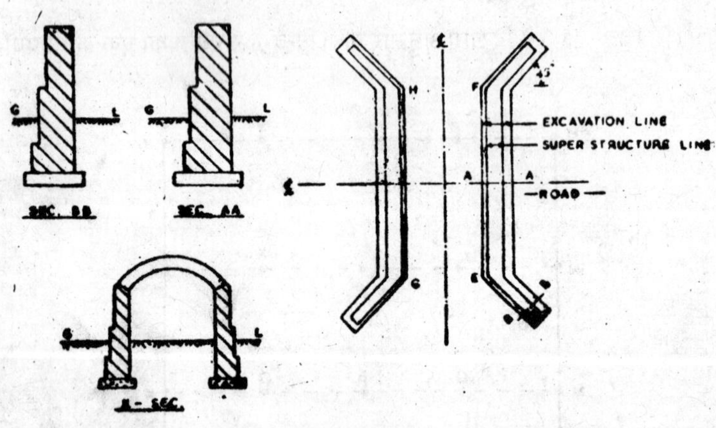

चित्र–28.4

(4) इसके पश्चात् रेखा CD के समानान्तर रेखा EF व GH खींचो। ये रेखायें अन्त्याधार की आन्तरिक नींव रेखा या पुलिया के पाट की शुद्ध चौड़ाई दर्शाती हैं।

(5) बिन्दु E, F, G, H से 45° के कोण पर रेखायें खींचों तथा इन्हें विंग दीवार (wing wall) के बराबर बनाओ।

(6) इन रेखाओं से विंग दीवार व अन्त्याधार की मोटाई की दूरी अंकित करो।

(7) चिनाई चिह्न अंकित करने के पश्चात् कार्य की सुगमता के लिये 30 से०मी० अतिरिक्त चौड़ाई लेकर खुदाई की जानी चाहिए।

25.6 वृत्त चाप अनुरेखण—वृत्त के केन्द्रीय बिन्दु पर खूंटी गाड़कर उस पर डोरी बाँध दी जाती है। इस डोरी के दूसरे सिरे पर वृत के अर्ध व्यास के बराबर दूरी पर लोहे की नुकीली खूंटी बाँध कर डोरी को खींचकर रखते हुए चाप लगाया जा सकता है। यह रेखा चाप की केन्द्रीय रेखा मानी जा सकती है।

28.7 दीर्घ वृत अनुरेखण (Setting out of an ellipse)

दीर्घ वृत्त अनुरेखण दो पिन व धागा विधि द्वारा निम्न प्रकार किया जा सकता है।

इस विधि में सर्वप्रथम दीर्घ वृत्त के फोकस अथवा नाभी बिन्दु ज्ञात किये जाते हैं। फोक्स बिन्दु ज्ञात करने के लिए लघुअक्ष (minor axis) के सिरे को केन्द्र मान कर दीर्घ अक्ष के बराबर अर्ध व्यास का दीर्घ अक्ष पर चाप लगाया जाता है। यह चाप दीर्घ अक्ष को दो बिन्दुओं पर काटता है। यही बिन्दु दीर्घ वृत्त के फोकस बिन्दु होते हैं।

फोकस बिन्दु ज्ञात हो जाने के पश्चात् उन पर दो खूंटिंया गाड़ दी जाती हैं। एक नोकीली कील अथवा खूंटी लधुअक्ष के उस सिरे पर जिसे केन्द्र माना गया था, गाड़ दी जाती हैं। एक डोरी अथवा धागा इन खूंटियों के चारों ओर खींचकर बांध दिया जाता है। इसके पश्चात लघु अक्षवाली खूंटी से धागे के अन्दर घुकाकर दीर्घ वृत्त खींचा जा सकता है। दीर्घ वृत्त खींचते समय इस बात का ध्यान रखा जाना चाहिए कि धागा सदैव खींचा अथवा तना रहना चाहिए।

प्रश्नावली

(1) किसी संरचना का विन्यास करते समय किन–किन बातों का ध्यान रखा जाना चाहिए।

(2) किसी आवासीय भवन का विन्यास करने की विधि का वर्णन कीजिए।

(3) किसी पुल का विन्यास करने की विधि का वर्णन कीजिए।

29

उष्मीय विसवाहन
Thermal Insulation

29.1 प्रस्तावना

भवन मनुष्यों को वायुमण्डलीय प्रभाव जैसे गर्मी, सर्दी तथा वर्षा आदि से बचाने के लिए बनाये जाते हैं। इन प्रभावों से बचाने के लिए विभिन्न भागों में भवनों के विभिन्न गुण होने चाहिए। जलवायु के अनुसार भारत निम्न दो भागों में विभाजित किया जा सकता है।

(i) गर्म व शुष्क क्षेत्र (ii) गर्म व आर्द्र क्षेत्र

गर्मी दोनों क्षेत्रों में समान घटक होने के कारण भवन के ऊष्मीय निष्पादन (performance) पर विशेष ध्यान देने की आवश्यकता है। भवन में रहने वालों को भवन के भीतर सुख पहुँचाने की दृष्टि से इन क्षेत्रों में भवन डिजाइन करते समय विभिन्न बातों पर ध्यान देने की आवश्यकता है। गर्म व शुष्क क्षेत्र में दिन की गर्मी व आँधी की विशेष समस्या है। जब कि गर्म व आर्द्र क्षेत्र में ऊँची आर्द्रता महत्वपूर्ण समस्या है।

शुष्क व गर्म क्षेत्र में भवन डिजाइन करते समय इस बात का ध्यान रखा जाना चाहिए कि वायुमण्डलीय गर्मी भवन के अन्दर रात्रि आरम्भ होने के समय अथवा सांय 7 से 8 बजे के बीच पहुँचे। क्योंकि उस समय बाहर ठंड होने के कारण मनुष्य बाहर रहना पसन्द करते हैं। इसके साथ–साथ भवन के आन्तरिक तापक्रम को भी कम करने की युक्ति भी अपनाई जानी चाहिए। इस युक्ति की विशेष रूप से आवश्यकता बड़े–बड़े नगरों में होती है जहाँ मनुष्यों को प्रायः कमरों में ही सोना पड़ता है।

गर्म व आर्द्र क्षेत्रों में अधिक आर्द्रता होने के कारण मनुष्यों का पसीना न सूखने के कारण शरीर के अन्दर की गर्मी बाहर नहीं निकल पाती, जिससे मनुष्य अशान्ति अनुभव करता है। इस कारण इन क्षेत्रों में वायु के उचित संवातन की आवश्यकता है।

अतः दोनों क्षेत्रों में छत के अच्छे विसवाहन (insulation) व दीवारों व छत की ऊपरी सतह पर उचित छाया की आवश्यकता है।

29.2 ऊष्मान्तरण (transfer of heat)

वाह्य वायुमण्डलीय ताप व भवन के भीतरी ताप अन्तर अथवा भवन के विभिन्न भागों के बीच ताप अन्तर होने के कारण उच्चय ताप से कम ताप की ओर ऊष्मान्तरण होता है। ऊष्मान्तरण ऊष्मा संचरण की तीनों विधियों अर्थात् संचालन (Conduction), संवाहक (convection) व विकिरण (radiation) में से किसी भी एक अथवा अधिक विधियों द्वारा हो सकता है। ठोस पदार्थों के बीच ऊष्मान्तरण प्रायः संचालन द्वारा ही होता है। परन्तु ताग की स्थान्तरित मात्रा का मान निम्न घटकों पर निर्भर करता है।

(i) दोनों सतहों के बीच तापक्रम का अन्तर $(\theta_1-\theta_2)$।

(ii) दोनों सतहों के बीच की मोटाई।

(iii) सतह के वायुमण्डल में अनावरित क्षेत्रफल की मात्रा।

(iv) ऊष्मान्तरण की अवधि।

(v) निर्माण सामग्री की ऊष्मा संवाहकता `K'।

ऊष्मा संवाहकता सामग्री का वह गुण है जिससे ऊष्मान्तरण का मान ज्ञात किया जाता है। ब्रिटिश प्रणाली में इसकी इकाई B.Th.u. है। यह ऊष्मान्तरण की दर भी कहलाती है।

माना कि Q = ताप की स्थान्तरित होने वाली सकल मात्रा

A = क्षेत्रफल

x = सतहों के बीच की मोटाई

t = समय घन्टों में

K = ऊष्मा संवाहकता गुणांक

तब
$$Q = \frac{K.A\,(\theta_1-\theta_2)\,t}{x} \quad ...(i)$$

या
$$K = \frac{Q.x}{A\,(\theta_1-\theta_2)\,t} \quad ...(ii)$$

यदि A = 1 वर्ग फुट

x = 1 इंच

t = 1 घन्टा

$(\theta_1-\theta_2) = 1F^\circ$

उपरोक्त मानों को समीकरण (i) में रखने पर Q का मान एक इकाई B. Th. U/hr होगा।

C.G.S. इकाई में

$$K = \frac{Q\,(cal) \times x\,(m)}{A\,(m^2)\,(\theta_1-\theta_2)\,c^\circ \times t\,sec}$$

$$= \frac{Q.x}{A\,(\theta_1-\theta_2)\,t}\ cal\ cm^{-1}\ c^{o-1}\ sec^{-1}$$

M. K. S. प्रणाली में

$$K = \frac{Q.x}{A\,(\theta_1 - \theta_2)\,t} \text{ Kilo cal. } m^{-1}\ c^{o-1}\ sec^{-1}$$

जबकि

Q is in kilo calories, x is in metres, A in m^2, $(\theta_1 - \theta_2)$ in c^o and t in sec. ऊष्मा संवाहकता सामग्री की किस्म तथा उसके घनत्व पर निर्भर करती है।

ऊष्ण कटिबंध जहाँ भवनों को ठंडा करने के लिए याँत्रिक युक्तियाँ प्रयोग करना संभव नहीं है, संरचना से सकल ऊष्मान्तरण की मात्रा की अपेक्षा ऊष्मा वेधन या प्रवेश की दर एवं वाह्य तापक्रम के अवमंदित (Damped) होने की मात्रा अधिक महत्वपूर्ण हैं।

ऊष्मान्तर की मात्रा सामग्री की ऊष्मा संवाहकता 'K' पर निर्भर करती है जबकि ऊष्मा बेधन की दर व आयाम (amplitude) का अवशंदन या क्षय (decay) ऊष्मीय विसरणीय (Thermal diffusivity) h^2 पर निर्भर करती है। h^2 व K में संबंध निम्न सूत्र द्वारा दिखाया जा सकता है।

$$h^2 = \frac{K}{\rho c}$$

जबकि h^2 = ऊष्मीय विसरणीयता

K = ऊष्मा संवाहकता

ρ = सामग्री का घनत्व

c = आपेक्षित ऊष्मा (sp. heat)

किसी दीवार अथवा स्लेव की ऊष्मीय दक्षता उसकी ताप तरंग को अवमंदित करने की क्षमता पर निर्भर करती है। ऊष्मीय अवमंदन निम्न समीकरण द्वारा ज्ञात किया जा सकता है।

$$\text{ऊष्मीय अवमंदन} = \frac{1 - \theta_2}{\theta_1} \times 100$$

θ_2 = आन्तरिक तापक्रम

θ_1 = वाह्य तापक्रम

भवन की ऊष्मीय दक्षता का मान उसकी ऊष्मीय क्षय अथवा अवमंदन की क्षमता से ज्ञात किया जा सकता है। स्लेब (कंक्रीट पट्टी) व दीवारों के 65% या इससे अधिक अवमंदन को भवन की ऊष्मीय दक्षता का अच्छा सूचक माना गया है।

भवन अनुसंधान केन्द्र रुड़की के अनुसार छत की मोटाई व ऊष्मीय अवमंदन में सीधा संबंध है। 18 से०मी० से अधिक मोटी स्लेब के लिए अवमंदन 66% से अधिक होता है। 11 से०मी० मोटी प्रबलित सीमेन्ट कंक्रीट छत पर 10 से०मी० मिट्टी की परत डालकर उस पर 10 से०मी० मोटी चपटी ईंट लगाने से भवन ठंडा रखने में सर्वोत्तम सिद्ध हुई है। 15 से०मी० प्रबलित सीमेंट कंक्रीट छत पर 10 से०मी० मोटी चपटी ईंट लगाने पर भी छत भवन को ठंडा रखने में बहुत प्रभावशाली सिद्ध हुई है।

भवन निवासियों को गर्मी से राहत या आराम पहुंचाने में समय अन्तराल (time lag) बहुत महत्वपूर्ण है। अर्थात वाह्य अधिकतम ताप का प्रभाव भवन के अन्दर 6 से 8 घन्टे पश्चात होना चाहिए। वाह्य अधिकतम ताप का प्रभाव भवन के अन्दर शाम 7 से 8 बजे के पश्चात् होना चाहिए। इस समय भवन निवासी प्रायः बाहर बैठना व घूमना पसन्द करते हैं। समय अन्तराल प्रायः छत व दीवारों की मोटाई, सामग्री की ऊष्मा संवाहकता आदि पर निर्भर करता है।

ऊष्मा अवमंदन सामग्री की ऊष्मा प्रतिरोधकता पर निर्भर करता है जब कि समय अन्तराल सामग्री की ऊष्मा संचय क्षमता पर निर्भर करता है। ऊष्ण कटिबंध में भवनों का ऊष्मीय निष्पादन (Thermal performance) उपरोक्त दोनों गुणों पर निर्भर करता है। प्रचलित साधारण मोटाई के भवनों का ऊष्मा अवमदन व समय अन्तराल एक साथ प्राप्त करना कठिन है। अधिक भार वाली कंक्रीट अथवा ईंट वाली संरचनाओं में समय अन्तराल अधिक होता है जब कि कम भार वाली ऊष्मा रोधी सामग्री की संरचनाओं में ऊष्मा अवमंदन अधिक होता है। इस कारण भवन की अधिकतम ऊष्मीय दक्षता प्राप्त करने के लिए इन दोनों प्रकार की सामग्रियों का उचित प्रयोग कयिा जाना चाहिए। प्रयोग द्वारा सिद्ध किया जा चुका है कि ऊष्मा अवमंदन (D) व समय अन्तराल (ϕ) दोनों ताप संचय (Q) व ताप संचारित (u) के अनुपात पर निर्भर करते हैं, जैसा कि चित्र–29.1 के आरेख में दर्शाया गया है।

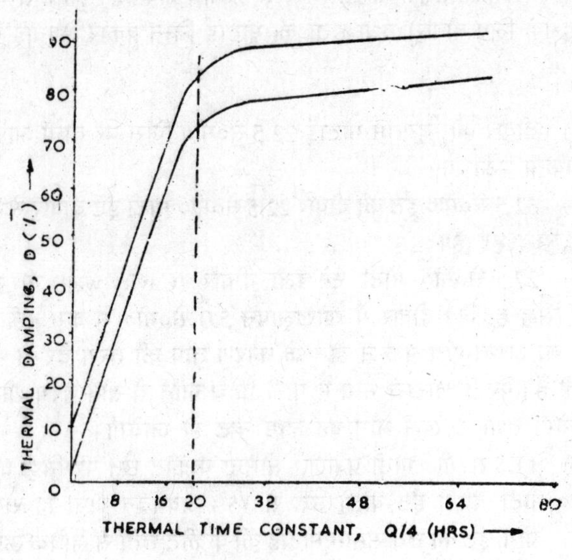

चित्र–29.1

$D = \frac{\theta_1 - \theta_2}{\theta_1} \times 100$ जबकि θ1 व θ2 वाह्य व आन्तरिक तापक्रम की परिवर्तन सीमा है।

इस चित्र के अध्ययन से ज्ञात होता है कि $\frac{Q}{u}$ = 20 या इससे अधिक होने पर भवन में ऊष्मा रोधी (Thermal insulation) सामग्री लगाने से भी उसके ऊष्मीय अवमंदन में कोई अन्तर नहीं आयेगा। परीक्षण द्वारा यह देखा गया है कि 22.5 से०मी० मोटी दीवार पर दोनों ओर 1.25 से०मी० मोटा पलस्तर करने से उसका ऊष्मीय अवमंदन 75% तथा $\frac{Q}{u}$ = 18 होता है। इसी दीवार की वाह्य सतह पर 2.5 से०मी० मोटी thermocole की परत लगाकर दोनों ओर 1.25 से०मी० मोटा पलस्तर करने से ऊष्मीय अवमंदन 86% हो जाता है।

इसी प्रकार 16.5 से०मी० प्रबलित सीमेन्ट कंक्रीट छत के दोनों ओर 1.25 से०मी० मोटा पलस्तर करने पर ऊष्मीय अवमंदन 45% तथा 11.25 से०मी० मोटी प्रबलित सीमेन्ट कंक्रीट पर 5 से०मी० मोटी Vermiculite concrete की परत लगाने से ऊष्मीय अवमंदन 90% हो जाता है। इस छत पर भी दोनों ओर 1.25 से०मी० मोटा पलस्तर किया गया है।

29.3 डिजाइन सम्बन्धी बातें

डिजाइन करते समय इस बात का ध्यान रखा जाना चाहिये कि वायुमण्डल में खुली सतहों (Exposed surfaces) के लिए ऊष्मीय अवमंदन 75% से कम नहीं होना चाहिए। इसके लिए दीवारों तथा छतों की मोटाई निम्न प्रकार अपनाई जा सकती है।

दीवार

(1) दीवार की न्यूनतम मोटाई 22.5 से०मी० जिस पर दोनों ओर 1.25 से०मी० पलस्तर किया हुआ हो।

(2) 32.5 से०मी० ईंट की दीवार 22.5 से०मी० मोटी ईंट दीवार से अधिक ऊष्मीय अवमंदक सिद्ध हुई है।

(3) 27.5 से०मी० मोटी खोखली दीवार (Cavity wall) भी अच्छी ऊष्मीय अवमंदक सिद्ध हुई है। दीवार में खोखलापन 5.0 से०मी० से कम नहीं होना चाहिए। वायु ताप का अच्छा संचालक न होने के कारण ताप की तरंग देर से भवन के भीतर पहुँच पाती हैं। परन्तु खोखले भाग में पानी पहुँच जाने से ताप तरंग शीघ्रता से अन्दर पहुँच जायेगीं तथा खोखले भाग का लाभ नष्ट हो जायेगा।

(4) 11.5 से०मी० मोटी प्रबलित सीमेन्ट कंक्रीट छत पर मिट्टी की परत अथवा 10 से०मी० मोटी चपटी ईंट वाली छत से 75% अवमंदन प्राप्त हो सकता है।

(5) प्रायः ईंट की छतें समान मोटाई की कंक्रीट छतों से अधिक ऊष्मीय अवमंदक होती हैं।

(6) मिट्टी की परत चूना कंक्रीट की अपेक्षा अधिक ऊष्मा रोधक होती है।

अधिक ऊष्मीय अवमंदक सामग्री वाले भवन बनाने की अपेक्षा सूर्य ताप किरणों को परावर्तित करना अधिक मितव्ययी होगा। सतह की सफेदी से पुताई करने से भी किरणें परावर्तित की जा सकती हैं।

29.4 सफेदी करना

22.5 से०मी० मोटी ठोस दीवार व 12.5 से०मी मोटी छत की पूर्ण सतह पर सफेदी करने से छत की निचली सतह का तापक्रम 8°F से 10°F कम पाया गया है। अतः गर्मी आरम्भ होने से पूर्व वायुमण्डल में अधिक खुली दीवारों तथा छतों पर सफेदी की पुताई कर देने से भवन अपेक्षाकृत कम गर्म होंगे।

(2) दिन में छतों पर पानी का छिड़काव करने से भी कमरों का तापक्रम 2 से 3°F कम होना पाया गया है।

(3) छतों पर उचित प्रबन्ध कर पानी भरा रखने से कमरों का ताप बहुत कम हो जाता है। परन्तु इससे दीवारों तथा छत में सीलन आने की संभावना रहती है।

(4) छतों पर 10 से०मी० मोटी ईंट की रोड़ी अथवा अन्य रंध्रमय सामग्री की परत डालकर उस पर पानी छिड़कने से कमरों का तापक्रम लगभग 10°F कम हो जाता है।

29.5 भवन की ऊँचाई

साधारणतः यह मान्यता है कि जितनी अधिक भवन की ऊँचाई होगी उतना ही अधिक वह ठंडा होगा। अतः भवन की उचित ऊँचाई रखना बहुत महत्वपूर्ण है। C.B.R.I. के परीक्षणों के आधार पर भवन की न्यूनतम ऊँचाई 2.8 मीटर (9') से कम नहीं होनी चाहिए। सिंगापुर आदि में 2.4 मीटर ऊँचे भवन भी बनाये गए हैं परन्तु वहाँ जलवायु आर्द्र होने के कारण ऊँचाई बहुत महत्वपूर्ण नहीं है इन क्षेत्रों में महत्वपूर्ण घटक संवातन है। परन्तु उष्ण कटिबंध क्षेत्रों में भवनों की ऊंचाई 3.0 से 3.7 मीटर अधिक आरामदेह सिद्ध हुई है। कमरो में पर्याप्त संवातन के लिए खिड़कियों का क्षेत्रफल फर्श के क्षेत्रफल का 12% से कम नहीं होना चाहिए।

कमरों के प्रभावशाली ढंग से संवातन के लिए 18 m^2 (600 c.f.t.) ताजी वायु प्रति घन्टा प्रति व्यक्ति की दर से भवन में प्रवेश करनी चाहिए।

प्रश्नावली

(1) ऊष्मीय विसवाहन से क्या तात्पर्य है?

(2) निम्न की परिभाषा लिखिए।

(a) ऊष्मा संवाहकता (Thermal conductivity)

(b) ऊष्मीय विसरणीयता (Thermal diffusivity)

(c) ऊष्मीय अवमंदन (Thermal insulation)

(3) भवन में गर्मी का प्रभाव कम करने के विभिन्न उपायों पर टिप्पणी लिखिए।

30

दीमक से बचाव

30.1 प्रस्तावना

भूमि पर लाखों वर्ष से विभिन्न प्रकार के कीट या किटाणु मौजूद हैं। इनमें से बहुत से कीट खराब से खराब दशा में भी जीवित रह सकते हैं। इनके बढ़ने से मनुष्य को बहुत हानि पहुँचती है। ये किटाणु न केवल मनुष्य के शरीर में विभिन्न प्रकार के रोग ही उत्पन्न करते हैं बल्कि फसलों, फलों, खाद्यान्न पदार्थ व खेती–बाड़ी व भवनों आदि को भी क्षति पहुँचाते हैं। दीमक इनमें से एक है।

दीमक सफेद रंग का एक भूमिगत कीड़ा है जो भवनों को बहुत हानि पहुँचता है। दीमक लकड़ी व सेलूलोज द्रव्य जैसे कपड़ा व असेलूलोज द्रव्य जैसे चमड़ा, प्लास्टिक आदि को भी खा जाती है। दीमक के जीवित रहने के लिए नमी बहुत आवश्यक है, इस कारण दीमक भूमि के भीतर रहती है जहाँ उसे नमी सदैव मिलती रहती है। दीमक भूमि के अन्तर सुंरग बना लेती है जिसके द्वारा वह एक स्थान से दूसरे स्थान को सुगमता से जा सकती है। भूमि के ऊपर लकड़ी या सेलूलोज द्रव्य तक पहुँचने के लिए वह मिट्टी से ढका मार्ग बना लेती हैं। इन्हीं मार्गों से वह भूमिगत नमी से अपना सम्पर्क स्थापित रखती है।

भवन में दीमक दीवारों में दरार, खोखले भाग, फर्श के जोड़ों तथा भूमि के सम्पर्क में आने वाली भवन की सतह व पाइप आदि के ऊपर मिट्टी से ढकी सुरंग बनाकर प्रवेश कर जाती है। दीमक चूना मसाले में भी सुगमता से सुरंग बना सकती है। भवन में प्रवेश करने के पश्चात् यह सर्वप्रथम लकड़ी, कागज तथा कपड़े पर आक्रमण करती है। दीमक इतनी तेजी से बढ़ती है कि बड़े से बड़े भवन को 3 से 5 वर्ष में नष्ट कर देती है।

किसी भवन में दीमक लग जाने के पश्चात् कम लागत पर उसे पूर्णतः नष्ट करना बहुत कठिन है। इस कारण दीमक प्रतिरोधी उपचार भवन निर्माण से पूर्व ही किया

जाना ही उचित है। दीमक उपचार के लिए भवन की अनुमानित लागत का 1 से 2% धन पर्याप्त है। दीमक उपचार दो वर्गों में विभाजित किया जा सकता है।

1. भवन निर्माण से पूर्व उपचार
2. भवन निर्माण के पश्चात् उपचार

30.2 भवन निर्माण से पूर्व उपचार

इस उपचार द्वारा भवन निर्माण आरम्भ करने से पूर्व भूमि व भूमि के सम्पर्क में आने वाले भवन के भागों के बीच एक रसायनिक बाधा उत्पन्न करना है, जिससे दीमक भूमि से भवन में प्रवेश न करने पाये। इस उद्देश्य की पूर्ति के लिये निम्न क्रियायें, अपनाई जा सकती हैं–

(a) निर्माण स्थल की सफाई करना
(b) मृदा उपचार

(a) निर्माण स्थल की सफाई करना–भवन स्थल के समीप दीमक लगने से रोकने के लिये उस क्षेत्र से बेकार लकड़ी, पेड़ों की जड़े तथा कूड़ा करकट आदि हटवा देना चाहिए। कुर्सी क्षेत्रफल के भीतर दीमक के टीले पाये जाने पर लोहे की छड़ों से तोड़कर उनमें कीट नाशक दवाई का घोल डाला जाना चाहिये। दवाई के घोल की मत्रा टीले के आयतन पर निर्भर करती है। I.S. कोड़ के अनुसार निम्न दवाइयों में से किसी भी दवाई का 4 लिटर इमल्सिन (Emulsion) प्रति घन मीटर टीले के लिये पर्याप्त है।

(i) 5% D.D.T.
(ii) 0.5% of Dieldrin.
(iii) 0.25% of Aldrin
(iv) 8 lit/m^3 of 2 to 3% sodium arsenite का पानी में घोल।

(b) मृदा उपचार–इस उपचार में संरचना के नीचे व चारों ओर मृदा में कीट नाशक दवाई मिलाकर जहर उत्पन्न करना है। इसके लिये निम्न में से किसी भी दवाई का पानी में इमल्सिन बनाकर प्रयोग किया जा सकता है।

(i) Dieldrin 5%
(ii) Aldrein 0.5%
(iii) Heptachlor 0.5%
(iv) Chlordone 1%
(v) A mixture of 1 part of creosote to 2-3 parts of kerosene oil.
(vi) Solution of sodium arsenite in water. 10%
(vii) Solution of pentachlorophenol in fuel oil 5%
(viii) Solution of D.D.T. in kerosene oil. 5%

मृदा उपचार को पूर्णतः प्रभावशाली बनाने के लिए पानी में रसायनिक इमल्सिन लगातार तथा संरचना के विभिन्न भागों पर अच्छी प्रकार लगाया जाना चाहिए। उपचार क्रम निम्न प्रकार अपनाया जा सकता है।

(1) नींव खाई की तली व भुजाओं पर 30 से०मी० ऊँचाई तक उपरोक्त दवाइयों का पानी में इमल्सिन 5 लीटर प्रति वर्ग मीटर सतह के लिये पर्याप्त है।

(2) नींव, कंक्रीट खाई की उपचारित सतह पर ही डालनी चाहिये तथा कंक्रीट सेट हो जाने के पश्चात् उस पर 5 लीटर प्रति वर्ग मीटर की दर से पानी में दवाई का इमल्सिन छिड़कना चाहिये।

(3) दीवार व पाये आदि की नींव भरने के पश्चात् भूमि के सम्पर्क में आने वाली ऊर्ध्वाधर सतह को 15 लीटर प्रति वर्ग मीटर की दर से पानी में दवाई के इमल्सिन से उपचारित करना चाहिये। कंक्रीट पायों आदि की नींव में यह उपचार भूतल से 50 से०मी० नीचे तक करना ही पर्याप्त है।

(4) फर्श बनाने से पूर्व दीवारों के बीच मृदा समतल कर उस पर 5 लीटर प्रति वर्ग मीटर की दर से इमल्सिन छिड़कना चाहिये।

(5) दीवारों, स्तम्भों तथा फर्श के जोड़ों पर 3 से०मी० चौड़ी तथा 3 से०मी० गहरी चैनल बनाकर उसमें 15 लीटर प्रति वर्ग मीटर ऊर्ध्वाधर सतह पर इमल्सिन तथा कुर्सी तल तक मिट्टी भरकर फिनिश करना चाहिये। इस प्रकार कुर्सी तल तक दीवार की आन्तरिक सतह व फर्श के बीच जहरीली मिट्टी रहने से दीमक के प्रवेश पर नियंत्रण रहेगा।

(6) संरचना के बाहर की ओर से दीमक के प्रवेश को रोकने के लिये 30 से०मी० गहरी खाई खोदकर उसके वाह्य किनारे पर 15 से०मी० के अन्तराल पर छिद्र बनाकर दवाई का इमल्सिन भर देना चाहिए। इसके लिए खाई की प्रति मीटर लम्बाई के लिए 15 लीटर इमल्सिन पर्याप्त है।

30.3 बाधा उत्पन्न करना

दीमक बचाव की सर्वोत्तम विधि दीमक प्रति रोधी निर्माण सामग्री तथा निर्माण विधि का प्रयोग करना है। भवन की चिनाई व भूमि के बीच अबेधक बाधा बनाकर नींव व दीवारों से भवन में दीमक प्रवेश को रोका जा सकता है। दीमक इस बाधा के कारण मिट्टी से ढकी नालियों के द्वारा ही भवन में प्रवेश कर सकती है जिसे सरलता से देखा जा सकता है। अतः भवन निर्माण इस प्रकार किया जाना चाहिए कि सुगमता पूर्वक निरीक्षण कर उसका उपचार किया जा सके।

30.4 नींव

दीमक प्रवेश को रोकने की दृष्टि से भवन की नींव में सघन कंक्रीट अथवा ठोस पदार्थ लगाया जाना चाहिए। पत्थर व ईंट चिंनाई में सीमेन्ट मसाले का प्रयोग किया जाना चाहिए, क्योंकि मुलायम मसाले जैसे चूना मसाले में दीमक बेधन कर प्रवेश कर सकती है। पानी के स्थान पर कंक्रीट में 0.5% dieldrin का इमल्सिन प्रयोग करने से दीमक कंक्रीट में प्रवेश नहीं कर सकती। Dieldrin के प्रयोग से कंक्रीट की सामर्थ्य पर कोई प्रभाव नहीं पड़ता।

30.5 दीमक रोधी बाधायें

दीवारों में दीमक के प्रवेश को रोकने के लिए कुर्सी तल पर लगभग 7.5 से०मी० मोटी कंक्रीट की लगातार परत दोनों ओर अर्थात् आन्तरिक व वाह्य ओर 5 से 7.5 से०मी० प्रक्षेप करती हुई लगाना बहुत प्रभावशाली सिद्ध हुआ है। कंक्रीट सघन तथा दरार रहित होनी चाहिए। इस उपचार से दीमक प्रक्षेप के ऊपर से प्रवेश कर सकती है, परन्तु इस अवस्था में दीमक सरलता से देखी जा सकती है। इस कारण निरन्तर निरक्षण अनिवार्य है।

30.6 धातु सीट लगाना

दीमक बाधाओं को और अधिक प्रभावशाली बनाने के लिए ताबाँ, जस्ता, G.I व एलूमीनियम आदि की लगभग 1 मि०मी० मोटी शीट की पट्टी (strip) लगाना अधिक प्रभावशाली सिद्ध हुआ है। धातुओं की इन पट्टियों को दीवार फलक से 5 से 7.5 से०मी० प्रक्षेप कर 45° के कोण पर मोड़कर उसे 5 से०मी० आगे तक बढ़ा दिया जाता है। दीमक इन तीखी पट्टियों (strips) को पार करने में असमर्थ होती है।

30.7 फर्श

ईंट का फर्श दीमक रोधी नहीं होता, इस कारण कंक्रीट का फर्श दीवार के ऊपर से बाहर की ओर प्रक्षेप करता हुआ बनाया जाना चाहिए। अथवा कुर्सी तल पर दीवार आन्तरिक ओर 5 से 7.5 से०मी० प्रक्षेप करती हुई कंक्रीट परत डालकर फर्श उसके साथ मिला देना चाहिए।

30.8 भवन निर्माण के पश्चात् दीमक उपचार

भवन निर्माण के पश्चात् दीमक रोधक निम्न उपचार किए जा सकते हैं :

(1) भवन में प्रवेश करने पर भी दीमक भूमि में अपने बिलों से लगातार सम्पर्क बनाए रखती है। दीमक नष्ट करने में यह तथ्य बहुत उपयोगी सिद्ध हुआ है। निरीक्षण द्वारा दीमक से क्षति व उसके प्रसार का अनुमान लगाकर उसका मार्ग ज्ञात करना चाहिए। इसके पश्चात् दीमक मार्ग की मिट्टी की छत नष्ट कर उसमें मिट्टी का तेल अथवा मिट्टी के तेल के आधार पर बना रसायनिक इमल्सिन दीवार अथवा चिंनाई में इन्जेक्ट कर देना चाहिए। कभी–कभी दीमक प्रभावित लकड़ी के भागों को हटाना लाभदायक सिद्ध हुआ है।

(2) नींव मृदा का उपचार—बेलचे से भवन के चारों ओर दीवरों के साथ–साथ 30 से 50 से०मी० गहरी खाई खोदकर 15 से०मी० के अन्तराल पर छड़ से 1.0 से 2.0 से०मी० व्यास के छिद्र बनाकर, छिद्रों तथा खाई में रसायनिक इमल्सिन भर देना चाहिए। खाई की चौड़ाई बेलचे की चौड़ाई के बराबर तथा छिद्रों की गहराई नींव की कंक्रीट सतह तक होनी चाहिए। इसके अतिरिक्त खाई में भरी जाने वाली मिट्टी में 30 से०मी० गहराई तक जहरीली मिट्टी परतों में डालकर उसकी अच्छी प्रकार कुटाई की जानी

चाहिए। इस जहरीली मिट्टी में 6 लीटर इमल्सिन प्रति मीटर लम्बाई की दर से डालना पर्याप्त है।

(3) फर्श के नीचे की मिट्टी का उपचार—कंक्रीट फर्शों में दरारें दीमक लगने के अच्छे स्त्रोत हैं। इस कारण दरारों की लम्बाई में लगभग 30 से०मी० अन्तराल पर 1.2 से०मी० व्यास के छिद्र बनाकर उनमें रसायनिक इमल्सिन इन्जेक्ट कर उन्हें संतृप्त कर देना चाहिए। इसके पश्चात् इन छिद्रों को कंक्रीट से भर कर बन्द कर देना चाहिए।

(4) चिनाई छिद्रों का उपचार—चिंनाई छिद्रों को दीमक रोधक बनाने के लिए कुर्सी तल पर दीवार के दोनों ओर 30 से०मी० अन्तराल पर 45° के कोण पर 1.2 से०मी० व्यास के छिद्र बनाकर उन्हें रसायनिक इमल्सिन से संतृप्त कर देना चाहिए। इसके पश्चात् इन छिद्रों को कंक्रीट से भरकर बन्द कर देना चाहिए।

30.9 लकड़ी का उपचार—अधिक दीमक लगी लकड़ी को हटाकर उसक स्थान पर मिट्टी के तेल से बने रसायनिक इमल्सिन से उपचारित नई लकड़ी लगानी चाहिए, तथा पास में लगी दीमक से अप्रभावित लकड़ी पर इमल्सिन छिड़क देना चाहिए।

प्रश्नावली

(1) दीमक से भवन को होने वाली हानियों का वर्णन कीजिए।
(2) दीमक से बचाओं के लिए विभिन्न उपायों का वर्णन कीजिए।
(3) भवन निर्माण के पश्चात् दीमक के उपचार सुझाइए।

31

मृदा कार्य
Earth Work

31.1 प्रस्तावना

कोई भी संरचना बनाने के लिए सर्वप्रथम उसकी नींव बनाई जाती है। नींव सदैव खाई खोदकर बनाई जाती है। इस अध्याय में विभिन्न परिस्थितियों में विभिन्न गहराइयों तक खाई खोदने, पुशता बनाने आदि का वर्णन किया गया है।

31.2 खाई खोदना

खाई खोदते समय निम्न बातों का ध्यान रखा जाना चाहिए :

(1) मुलायम अथवा टूटी चट्टानों या कठोर मृदा में 2 मीटर से अधिक गहरी खाई खोदने पर उचित टेक बन्दी (Shoring) का प्रावधान किया जाना चाहिए।

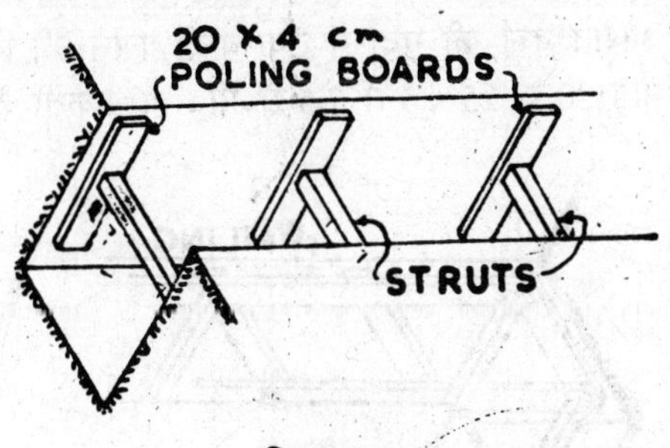

चित्र–31.1 (A)

(2) चट्टान अथवा सघन व कठोर मृदा के अतिरिक्त अन्य समस्त मृदाओं में खाई की गहराई 1.5 मीटर से अधिक होने पर टेक बन्दी करना आवश्यक है।

मुलायम या टूटी चट्टानी मृदाओं में टैक बन्दी करने के लिए चित्र–31.1 में दिखाये अनुसार 20 से 25 से०मी० लम्बे व 4 से 5 से०मी० चौड़े तख्तों को छोटी कड़ियों द्वारा प्रयोग किया जा सकता है। चित्र–31.2 में कठोर मृदाओं में विभिन्न प्रकार की टेक बन्दी करने की विधियां दिखाई गई हैं।

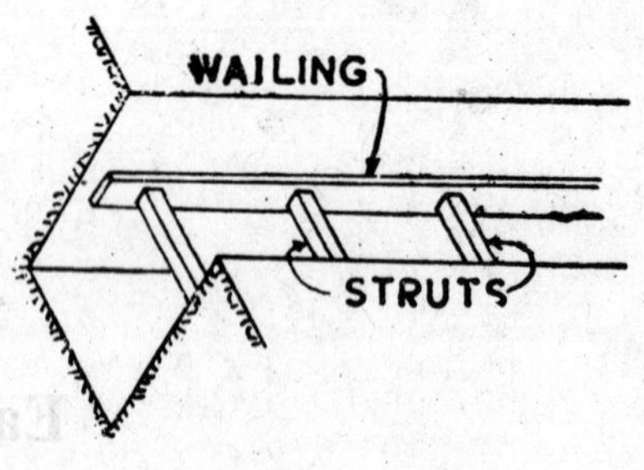

चित्र–31.1 (B)

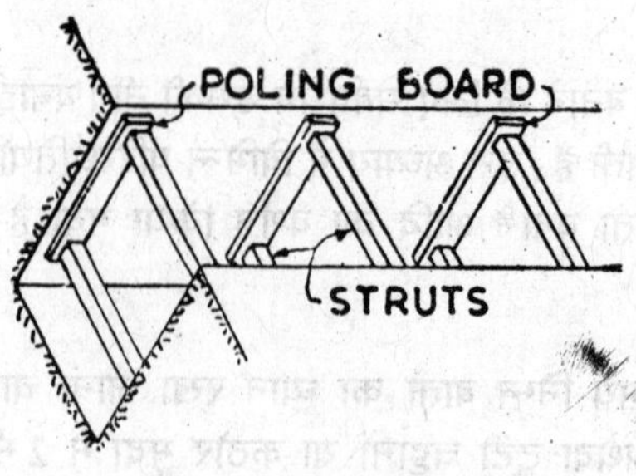

चित्र–31.2

चित्र–31.3 में औसत दर्ज की मृदा में टेक बन्दी करने की विधि दिखाई गई है। इसमें तख्ते की माप 20 से 25 × 5 से 7.5 से०मी० हो सकती है।

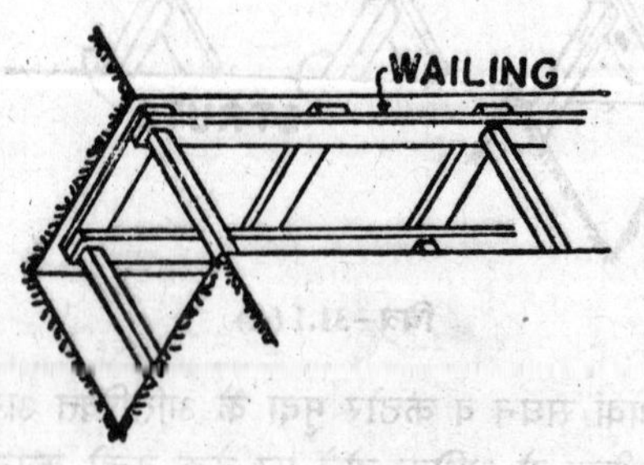

चित्र–31.3

चित्र–31.4 में लूज (Loose) मृदा में टेक बन्दी करने की विधि दिखाई गई है।

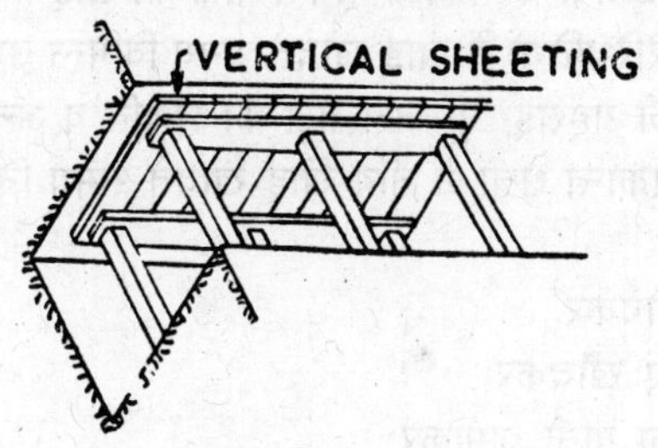

चित्र–31.4 (a)

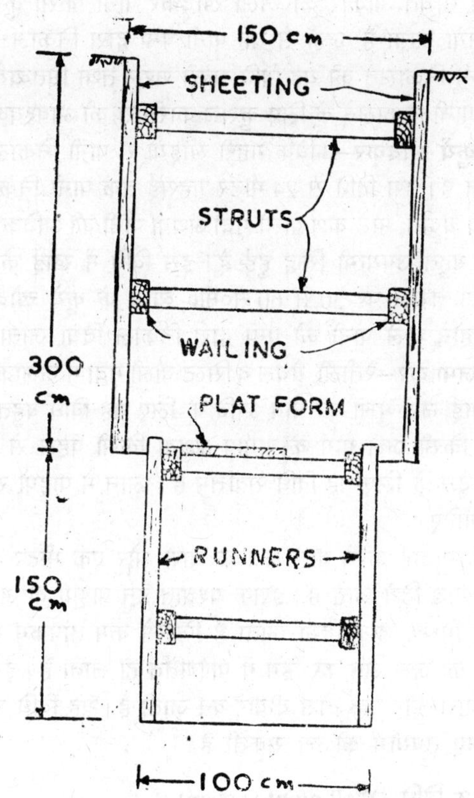

चित्र–31.4 (b)

31.3 जलाक्रान्त (Water logged) क्षेत्र में खाई खोदना

पानी से संतृप्त अथवा जलाक्रान्त भूमि में नीवों की खाइयाँ खोदना बहुत ही कठिन होता है। उपरोक्त परिस्थितियों में खाई खोदते समय विभिन्न उपाय अपनाये जा सकते हैं। ये उपाय खाई की गहराई, भू–जल तल की स्थिति व अन्य बहुत से घटकों पर निर्भर करते हैं। जलाक्रांन्त क्षेत्रों में नींव खाई खोदते समय निम्न उपाय अपनाये जा सकते हैं–

(1) नाली खोदकर
(2) गहरे कुएं खोदकर
(3) समीप का पानी जमाकर
(4) नल कूप (well point) विधि अपनाकर आदि

(1) नालियाँ (Drains) खोदकर–जलाक्राँन्त क्षेत्र में छछली अथवा कम गहरी खाई खोदने की अवस्था में प्रायः यह विधि उपयोगी सिद्ध हुई है। इस विधि में नींव की खाई के समीप उचित आकार की नाली खोदकर पानी किसी कुयें अथवा गड्ढे में एकत्रित कर लिया जाता है, जहाँ से यह पानी पम्प द्वारा निकाल दिया जाता हैं। नींव खाइयों से पानी निकालने की यह विधि सबसे सरल तथा मितव्ययी है। इस विधि से नींव खाइयों से पानी निकालने के लिए कुशल कारीगरों की आवश्यकता नहीं होती।

(2) गहरे कुयें खोदकर–अधिक गहरी खाइयों से पानी निकालने के लिए यह विधि बहत उपयुक्त है। इस विधि से 24 मीटर गहराई तक पानी निकाला जा सकता है। यह विधि रंध्रमय चट्टान, मोटे कण वाली मृदा अथवा पानी की अधिक मात्रा निकालने की अवस्था में भी बहुत उपयोगी सिद्ध हुई है। इस विधि में खाई के चारों ओर 10 से 15 से०मी० के अन्तराल पर 30 से 60 से०मी० व्यास के कुयें खोदे जाते हैं। इन कुओं में एकत्रित होने वाले पानी को पम्प द्वारा निकाल दिया जाता है।

(3) पानी जमा कर–रेतीली, ग्रेवल व सिल्ट वाली मृदा में जलाक्रान्त की अवस्था में अधिक गहरी खाई जैसे पुलों की नींव आदि के लिए यह विधि बहुत उपयोगी सिद्ध हुई है। विशेषकर किसी जल मार्ग के समीप अथवा किसी पहले से मौजूद संरचना के समीप खाई खोदेन के लिए यह विधि सर्वोत्तम है। प्लान मे पाइपों से घिरा क्षेत्रफल वृत्ता कार होना चाहिए।

इस विधि से खुदाई करने वाले क्षेत्र के चारों ओर एक मीटर के अन्तराल पर जमाव वाले पाइप गाड़ दिये जाते हैं। इसके पश्चात इन पाइपों के आन्तरिक भाग में पानी जमाने वाला मिश्रण डाल दिया जाता है जिससे कम तापक्रम के कारण पाइप के समीप की भूमि का जल जम कर हिम में परिवर्तित हो जाता है। इस प्रकार खुदाई वाले क्षेत्रफल के चारों ओर एक ठोस दीवार बन जाती है। यह विधि 30 मीटर गहराई तक खुदाई के लिए उपयोग की जा सकती है।

(4) नल कूप विधि (Well point system)

इस विधि से खुदाई किये जाने वाले क्षेत्र में भूमि में नल गाड़ कर पानी निकाला जाता है। इस प्रणाली के निम्न भाग होते हैं।

(i) नलकूप (well)

(ii) पानी निकालने वाला ऊर्ध्वाधर पाइप (riser pipe)

(iii) हैडर पाइप (Header pipe)

(iv) पम्प आदि

31.4 नल कूप

यह 100 से 120 से०मी० लम्बा छिद्रदार (perforated) पाइप होता है। इसका व्यास 5 से 8 से०मी० तक हो सकता है। इस पाइप पर महीन जाली चढ़ी होती है। यह जाली मृदा के मोटे कणों को पाइप में प्रवेश करने से रोकती है। नल–कूप के निचले सिरे पर इस्पात का शंकू आकृति का एक छोटा पाइप लगा होता है जिसके निचले सिरे पर एक बाल वाल्व व छिद्र होता है। इनकी सहायता से जल प्रवाह नियंत्रित किया जाता है।

नलकूप भूमि में गाड़ने के लिए बेधन विधि अथवा दाब के साथ पानी भेजकर (Jetting method) लगाया जा सकता है। इनमें से दूसरी विधि उत्तम है। इस विधि में नलकूप में दाब के साथ 20 लीटर से 25 लीटर प्रति सेकण्ड की दर से पानी नीचे की ओर भेजा जाता है। यह पानी ऊँचे वेग से नीचे के चालन बिन्दु (drive point) से निकलता है। ऊँचे वेग से निकलने वाले पानी का जेट नलकूप के चारों ओर की मिट्टी उखाड़ देता है, जिससे मिट्टी में गड्ढा उत्पन्न हो जाता है तथा नलकूप नीचे धंस जाता है। इस प्रकार नलकूप वांछित गहराई तक गाड़ा जा सकता है। वांछित गहराई तक नलकूप गाड़ने के पश्चात साफ पानी ऊपर आने तक पानी नीचे भेजा जाता है।

इस विधि का दूसरा लाभ यह है कि पानी के ऊँचे वेग के कारण मिट्टी के महीन कण पानी के साथ बह जाते हैं तथा नलकूप के चारों ओर साफ व मोटे कण शेष रह जाते हैं। नल के ऊपर साफ पानी आना आरम्भ हो जाने के पश्चात नलकूप में नीचे पानी भेजना बन्द कर दिया जाता है तथा नलकूप के चारों ओर का स्थान साफ मोटे रेत व ग्रेवल से भर दिया जाता है। यह रेत व ग्रेवल नलकूप के चारों ओर फिल्टर का कार्य करते हैं। फिल्टर रेत की ऊँचाई भू–जल तल तक होनी चाहिए। यह फिल्टर मृदा के महीन कणों को नलकूप में प्रवेश करने से रोकता है जिससे नलकूप के रन्ध्र बन्द (close) होने का भय नहीं रहता। नलकूप पानी निकालने के क्षेत्र के चारों ओर 1 से 2 मीटर के अन्तराल पर लगाये जा सकते हैं।

इकहरे नलकूप से 6 मीटर गहराई तक ही पानी निकाला जा सकता है। अधिक गहराई से पानी निकालने पर बहु पद नलकूप (Multistage well point) उपयोग किये जा सकते हैं इस विधि से केवल 18 मीटर गहराई तक पानी निकाला जा सकता है।

चित्र–31.5 में दिखाये अनुसार नलकूप के शिखर पर ऊर्ध्वाधर पाइप लगा होता है जिसे राइजर (riser) कहते हैं यह राइजर एक हैडर पाइप से ज़ुड़ा होता है। हैडर पाइप से पानी किसी सम्प में एकत्रित कर लिया जाता है।

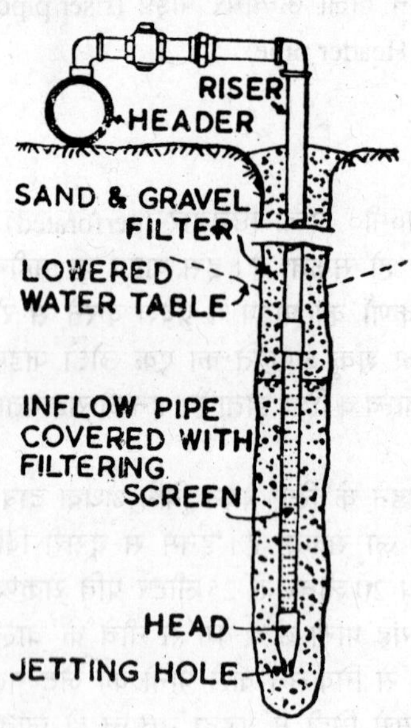

चित्र–31.5. Well Point

सभी नलकूपों के लगाये जाने के पश्चात् उन्हें चूषण पम्प से जोड़कर पम्प चलाना आरम्भ कर दिया जाता है। चूषण के कारण बॉल वाल्व बन्द हो जाता है तथा पानी नलकूप की जाली से आना आरम्भ हो जाता है। इस प्रकार पम्प में एकत्रित पानी को निर्माण स्थल से दूर निकाल दिया जाता है चित्र–31.6 में दोकल पद नलकूप दिखाया गया है।

31.5 पुशते

सड़क, रेलवे लाइन, नहरें व बांध आदि बनाने के लिए मृदा पुशते बनाने की आवश्यकता होती है। पुशतों के लिए प्रायः ससंजक मृदायें उपयुक्त है। इनके तटों का ढाल 2 क्षैतिज व 1 ऊर्ध्वाधर पर्याप्त है। 60 से०मी० तक ऊँचाई वाले पुशतों के तटों का ढाल 4 क्षैतिज व 1 ऊर्ध्वाधर रखा जाता है।

31.6 पुशतों की कुटाई

मृदा की कुटाई करने से पहले पानी छिड़ककर उसमें अनुकूलतम जलाँश की मात्रा उत्पन्न कर लेनी चाहिए। कुटाई उपकरण का चयन मृदा की किस्म पर निर्भर करता है। संसंजक मृदाओं के लिए स्थैतिक रोलर (static rollers) उपयुक्त हैं। इस श्रेणी में निम्न प्रकार के रोलर आते हैं।

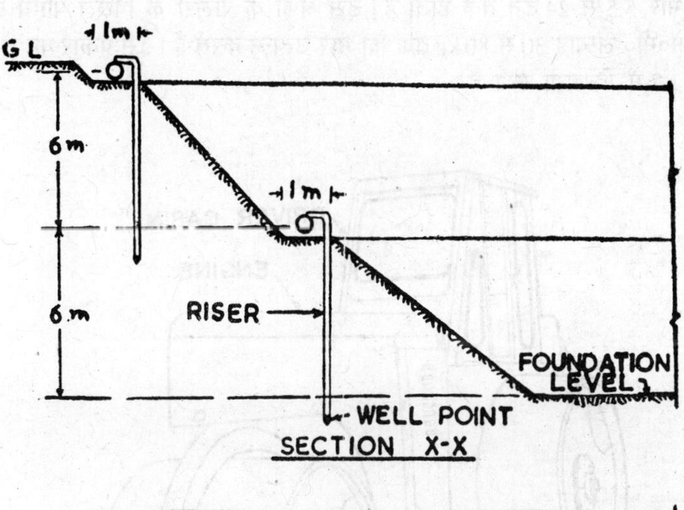

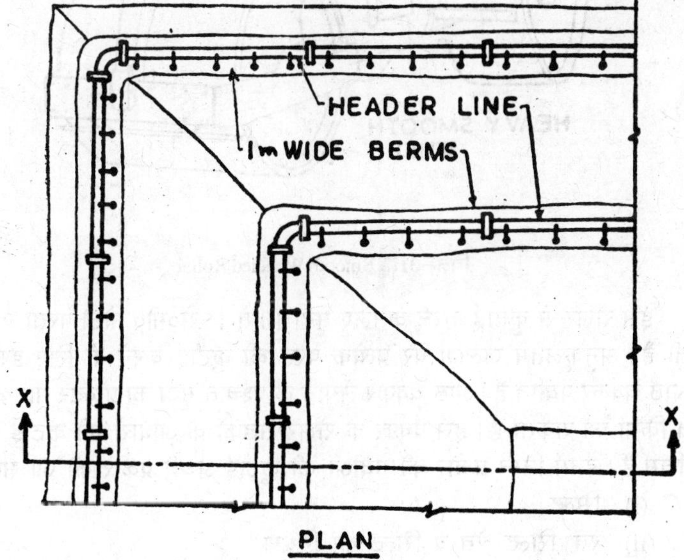

चित्र–31.6. (Double Stage Well Point)

(1) सपाट पहिये वाले रोलर (Smooth wheeled roller)

(2) शीप फुट रोलर (Sheep's foot roller)

(3) ग्रिड रोलर (Grid roller)

(4) रबड़ टायर वाले रोलर (rubber tyred roller)

(1) सपाट पहिये वाले रोलर—यह प्रारम्भिक श्रेणी का रोलर है। इनमें तीन पहिये होते हैं। यह रोलर मृदा को स्थैतिक संपीडन प्रदान करता है डिजाइन के अनुसार इसका भार 5.5 से 24 टन तक होता है। इस श्रेणी के रोलरों के पिछले पहिये प्रति इकाई से०मी० लम्बाई 30 से 80 kg तक का भार उत्पन्न करते हैं। इस प्रकार का रोलर चित्र–31.7 में दिखाया गया है।

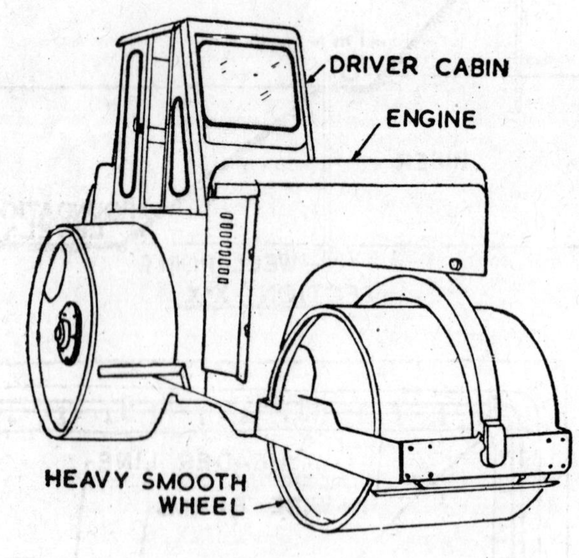

चित्र–31.7. Smooth Wheeled Roller

इस रोलर से कुटाई करने क लिए मृदा 10 से 15 से०मी० मोटी परतों में बिछाई जाती है। अनुकूलतम जलांश पर प्रत्येक परत की कुटाई करने के लिए इस रोलर के आठ चक्कर पर्याप्त हैं। आठ चक्कर लगाने के पश्चात् मृदा का प्रोक्टर मानक घनत्व ज्ञात किया जा सकता है। इस प्रकार के रोलर सड़कों के आधारों की कुटाई के लिए सर्वोत्तम हैं। इनमें निम्न प्रकार की मदाओं की कुटाई अच्छी प्रकार की जा सकती है:

(i) सिल्ट

(ii) रेत, सिल्ट, रेत व सिल्ट का मिश्रण

(iii) चिकनी मिट्टी व सिल्ट का मिश्रण

(iv) कम प्लैस्टिकता सूचकाँक अर्थात् P.I. का मान 10 से कम वाली मृदायें

(v) अच्छी प्रकार श्रेणीकृत रेत व ग्रेवल का मिश्रण

(2) शीप फुट रोलर—चित्र–31.8 में इस प्रकार के रोलर का सरल चित्र दिखाया गया है। यह एक बेलनाकार ढोल का बना होता है। यह ढोल अन्दर से खोखला होता है तथा इसकी समस्त सतह पर फुट लगे होते हैं। वाँछित भार प्राप्त करने के लिए

खोखले भाग में भीगा रेत, पत्थर अथवा पानी भरा जा सकता है। इसे ट्रेक्टर द्वारा 8.0 km/hour की गति से खींचा जा सकता है।

चित्र–31.8

31.7 रोलर की विशिष्टियां

ढोल (drum) का व्यास	= 150 cm
ढोल की लम्बाई	= 250 cm
फुट की लम्बाई	= 15 से 25 cm
प्रत्येक फुट की सतह का क्षेत्रफल	= 45 से 80 cm^2
ढोल की प्रत्येक 625 cm^2 सतह के लिए फुट की संख्या	= 1.0
सतह सम्पर्क दाब (Contact pressure)	= 0.15 से 0.3 kg/cm^2
रोलर का भार	= 35 टन

यह रोलर प्रायः निम्न प्रकार की मृदाओं की कुटाई के लिए उपयुक्त है।

(i) सिल्टी रेत व रेतीली क्ले (Silty sand and sandy clay)

(ii) क्लेई सिल्ट (Clayey silt)

(iii) औसत से अधिक चिकनी मिट्टी (Medium to heavy clays)

इस रोलर से कुटाई की जाने वाली मृदा परत की मोटाई 30 से०मी० अथवा फुट की लम्बाई +5 से०मी० से अधिक नहीं होनी चाहिये। इस रोलर के 8 से 21 चक्कर संतोषजनक कुटाई के लिए पर्याप्त हैं। A. A. S. H. O के अनुसार उपान्तरित (modified) कुटाई शुष्क घनत्व प्राप्त करने के लिए यह रोलर बहुत उपयुक्त है। इसके लिये रोलर के 24 चक्कर पर्याप्त हैं।

31.8 ग्रिड रोलर

चित्र–31.9 में ग्रिड रोलर दिया गया है। यह आधुनिक किस्म का रोलर है। इसकी कार्य विधि शीप फुट रोलर जैसी ही है। चित्र में दिखायेनुसार मृदा सम्पर्क में आने वाली सतह 3.75 से०मी० व्यास की छड़ों की जाली की बनी होती है। जाली के एक छिद्र का प्रभावी क्षेत्रफल 9 वर्ग से०मी० होता है।

इसकी एक ही धुरी पर दो रोलर लगे होते हैं जिनपर सीमेंट कंक्रीट के ब्लाक रखने की व्यवस्था होती है। इसका भार 15.25 टन तक होता है। इसे 16 km प्रति घन्टे की गति से ट्रेक्टर द्वारा खींचा जा सकता है। यह रोलर मृदा पुशतों तथा सड़कों की आधार परतों की कुटाई के लिए बहुत उपयुक्त है।

चित्र–31.9

31.9 रबड़ टायर वाले रोलर

चित्र–31.10 में रबड़ टायर रोलर दिखाया गया है। इसमें दो धुरियों पर एक बॉक्स लगा होता है। अगली धुरी में पिछली धुरी की अपेक्षा एक पहिया कम होता है। धुरियों पर पहिये इस प्रकार लगे होते हैं कि जब रोलर मृदा पर चलता है तो पिछली धुरी के वाह्य पहियों के बीच का समस्त क्षेत्रफल पिछले पहियों से घिर जाये। पहियों की वास्तविक संख्या, डिजाइन व भार के अनुसार निर्धारित की जाती है। इसका भार 25 से 180 टन तक होता है। इसके टायर मृदा संपर्क सतह पर 2.5 kg/cm^2 से 10.5 kg/cm^2 का दाब डालते हैं। छोटे रोलर 2.5 kg/cm^2 का दाब तथा बड़े रोलर 4 से 10.5 kg/cm^2 तक का दाब डालते हैं। इसे ट्रेक्टर द्वारा 16 km/hour की गति से खींचा जा सकता है।

चित्र–31.10

यह रोलर औसत संसंजक सिल्टी मृदा, क्लेई रेत, ग्रेवली रेत तथा साफ रेत की कुटाई के लिए उपयुक्त है। इस रोलर से मृदा की 5 से०मी० मोटी परत की कुटाई अच्छी प्रकार की जा सकती है। अनुकूलतम् जलांश पर प्रोक्टर का मानक घनत्व प्राप्त करने के लिए इसके 8 से 10 चक्कर पर्याप्त हैं।

प्रश्नावली

(1) 1 मीटर से अधिक गहरी खाई खोदते समय क्या सावधाली रखी जानी चाहिए?
(2) जलाक्रान्त क्षेत्र में खाई खोदने की विधि का वर्णन कीजिए।
(3) नलकूप का साफ चित्र सहित वर्णन कीजिए, तथा इससे पानी निकालने की विधि का समझाकर वर्णन कीजिए।
(4) पुश्ता कुटाई का समझाकर वर्णन कीजिए।
(5) रोलर कितने प्रकार के होते हैं? शीप फुट रोलर का चित्र सहित वर्णन कीजिए।

32

चूना कंक्रीट
Lime Concrete

32.1 प्रस्तावना

चूना एक बहुत महत्वपूर्ण निर्माण सामग्री है। प्राचीन काल से ही चूने का प्रयोग भवन व अन्य संरचनाओं के निर्माण के लिए किया जा रहा है। जब सीमेंट का अविष्कार नहीं हुआ था उस समय चूने का ही प्रयोग होता था। भूतकाल में बड़े–बड़े किले (Forts) व अन्य संरचनाएं चूना मसाले से ही बनाई जाती थीं। वे संरचनाएं आज भी उसी प्रकार अच्छी दशा में खड़ी हैं।

32.2 चूना कंक्रीट के अवयब (Ingradients of lime Concrete)

चूना कंक्रीट में निम्नलिखित सामग्री प्रयोग की जाती है :

(1) चूना–A,B, अथवा C श्रेणी का प्रयोग किया जा सकता है। इनके गुण निम्न तालिका में दिए गए हैं–

क्रम संख्या	गुण	श्रेणी A	B	C
1.	संपीडीय सामर्थ्य	(i) 14 दिन में 17.5 kg/cm²,	12.5 kg/cm²	--
		(ii) 28 दिन में 28 kg/cm²,	17.5 kg/cm²	--
2.	अनुप्रस्थ सामर्थ्य (Transverse Strength)	28 दिन पश्चात् भंजनं मापांक (Modulus of rupture) 10.5 kg/cm² से कम नहीं होना चाहिए।	7 kg/cm² से कम नहीं होना चाहिए	--

3. सूक्ष्मता			
(i) I.S. छलनी 240 पर कोई अवशेष्ज्ञ नहीं	कोई अवशेष नहीं	--
(ii) I.S. छलनी 85 पर 5% से अधिक नहीं	5% से अधिक नहीं	कोई अवेशष नहीं
(iii) I.S. छलनी 30 पर 10% से अधिक नहीं	10% से अधिक अवशेष नहीं	5% से अधिक नहीं
(iv) I.S. छलनी 20 पर --	--	10% से अधिक नहीं

(2) मोटा मिलावा (Coarse a aggregate)—चूना कंक्रीट में मोटा मिलावा प्रायः ईंट की रोड़ी का ही प्रयोग किया जाता है। रोड़ी पूर्णतः पकी हुई अथवा अति पकी हुई ईंट की बनाई जानी चाहिए। रोड़ी का आकार चूना कंक्रीट के प्रयोग पर निर्भर करता है। भवनों की नींव के लिए रोड़ी का अधिकतम व न्यूनतम आकार क्रमशः 40 mm व 10 mm होना चाहिए तथा रोड़ी श्रेणीकृत (Graded) होनी चाहिए। छतों पर बिछाई जाने वाली चूना कंक्रीट के लिए रोड़ी का अधिकतम व न्यूनतम आकार क्रमशः 25 mm व 6 mm होना चाहिए।

(3) महीन मिलावा (Fine aggregate)—महीन मिलावे के लिए रेत, सुर्खी तथा रेलवे इन्जनों के कोयले की राख (Cinder) का प्रयोग किया जा सकता है। सुर्खी अच्छी प्रकार पकी हुई ईंटों से बनाई जानी चाहिए। इसका विस्तृत वर्णन पृष्ठ 271 पर किया गया है। मिलावे में पेड़ों की सूखी पत्तियाँ, घास की जड़े, धूल आदि नहीं होनी चाहिए।

चूना कंक्रीट के कार्य—चूना कंक्रीट प्रायः संरचनाओं की नींवों में तथा छतों के ऊपर डाली जाती है। नींव में चूना कंक्रीट संरचना का भार नीचे भूमि पर वितरित करने के लिए पर्याप्त क्षेत्रफल तथा दीवार उठाने के लिए समतल आधार प्रदान करती है। छतों पर चूना कंक्रीट सूर्य की गर्मी के अन्दर प्रवेश करने में बाधा डालती है जिससे भवन जल्दी गर्म नहीं होने पाते। इसके अतिरिक्त चूना कंक्रीट भवनों की छतों से वर्षा जल के भवनों में प्रवेश को भी रोकती है।

32.3 नींव के लिए चूना कंक्रीट

अनुपात—ईंट की रोड़ी : सुर्खी (रेत अथवा राख) : चूना :: 100 : 32 : 16 के अनुपात में मिलाई जानी चाहिए। अर्थात् 100 भाग रोड़ी, 32 भाग महीन मिलावा व 16 भाग चूना मिलाया जाना चाहिए। राजस्थान सार्वजनिक निर्माण विभाग के अनुसार निम्न अनुपात अपनाये जा सकते हैं।

क्रम संख्या	मसाले की किस्म (अनुपात आयतन में)	चूने के किस्म	मसाला व मिलावा अनुपात
1.	1 चूना व 2 रेत	A	40 भाग सख्त मसाला व 100 भाग मोटा मिलावा

2.	1 चूना व 2 सूर्खी अथवा राख	A, B अथवा C	do
3.	1 चूना व 1 सुर्खी या 1 राख व 1 रेत	do	do
4.	1 सीमेंट, 3 चूना, व 12 रेत	B या C	do

32.4 चूना कंक्रीट तैयार करना

सर्वप्रथम पानी में अच्छी प्रकार संतृप्त ईंट की रोड़ी जलरोधी प्लेटफार्म पर 30 से०मी० मोटी परत में बिछाकर कम से कम 3 घण्टे तक सुखने देना चाहिए। इसके पश्चात् 1 : 2 के अनुपात में शुष्क चूना व रेत अथवा सुर्खी या कोयले की राख को अच्छी प्रकार मिलाकर उसकी उचित मोटाई की परत रोड़ी की परत के ऊपर बिछा देनी चाहिए। चूना व रेत आदि को शुष्क अवस्था में समान रंग हो जाने तक मिलाया जाना चाहिए। इसके पश्चात् इसे फावड़े से कम से कम तीन बार पलटकर मिलाना चाहिए। इसके पश्चात् इसमें थोड़ा–थोड़ा पानी डालकर मिलाना चाहिए। पानी की मात्रा इतनी होनी चाहिए कि वह कंक्रीट में उचित सुकार्यता उत्पन्न कर सके।

32.5 नींव में कंक्रीट भरना तथा कुटाई करना

नींव में चूना कंक्रीट डालने से पहले उसे पानी छिड़ककर नम बना देना चाहि, जिससे भूमि कंक्रीट से अधिक पानी न सोख सके। इसके पश्चात् 20 से०मी० मोटी परत में कंक्रीट डालकर 6 kg भार वाले धुरमट से कुटाई की जानी चाहिए। कुटाई उस समय तक करते रहना चाहिए जब तक की कंक्रीट परत की मोटाई 15 से०मी० न हो जाए। प्रत्येक बार यही विधि अपनाई जानी चाहिए। कंक्रीट परत की अपारगम्यता की जाँच 7.5 से०मी० व्यास तथा 7.5 से०मी० गहराई का गड्ढा खोदकर उसमें पानी भरकर की जा सकती है। सघन तथा अच्छी प्रकार कुटाई की गई कंक्रीट में पानी का तल जल्दी ही कम नहीं होना चाहिए।

जोड़–जोड़ देने की अवस्था में कंक्रीट परत के सिरे को 30° कोण पर ढालू बनाया जाना चाहिए। दूसरी परत डालने से पूर्व पहली परत को लोहे के ब्रुश से रगड़ कर खुरदरा बनाकर साफ कर देना चाहिए।

32.6 तराई

चूना कंक्रीट की कम से कम 7 दिन तक तराई की जानी चाहिए।

नोट–कंकर चूना प्रयोग करने पर उसमें रेत, सुर्खी अथवा सिन्डर नहीं मिलाना चाहिए। इस स्थिति में 100 m^3 रोड़ी के लिए 35 m^3 कंकर चूना मिलाना चाहिए।

32.7 छतों के लिए चूना कंक्रीट बनाना

छतों के लिए चूना कंक्रीट बनाने के लिए ईंट की रोड़ी का अधिकतम व न्यूनतम आकार क्रमशः 25 mm व 6 mm तथा मिलावा श्रेणीकृत होना चाहिए। महीन मिलावे के लिए प्रायः सुर्खी का प्रयोग किया जाता है। अच्छी पकी ईंटों से बनी सुर्खी प्रति वर्ग से०मी० 25 छिद्रों वाली जाली से छानी हुई होनी चाहिए।

चूना–निर्माण स्थल पर ही बुझा हुआ शुद्ध सफेद चुना होना चाहिए।

अनुपात–रोड़ी : सुर्खी: चूना : : 100 : 36 : 18 होना चाहिए। अर्थात् 100 भाग रोड़ी, 36 भाग सुर्खी तथा 18 भाग चूना होना चाहिए।

नोट–कंकर चूना प्रयोग करने पर सुर्खी नहीं मिलाई जानी चाहिए तथा रोड़ी व चूने का अनुपात 100 व 45 का होना चाहिए अर्थात् 100 भाग रोड़ी व 45 भाग चूना होना चाहिए।

नोट 2. पत्थर की रोड़ी प्रयोग करने पर रोड़ी का अधिकतम आकार 25 mm तथा चूना, रेत, रोड़ी का अनुपात 1 : 2 : 4 होना चाहिए।

32.8 कंक्रीट डालना

छतों पर प्राय: चूना कंक्रीट की 10 से०मी० मोटी परत बिछाई जाती है। यह मोटाई कुटाई के पश्चात् होनी चाहिए।

कंक्रीट डालने से पहले छत पर पानी छिड़कना चाहिए। इसके पश्चात् तैयार सतह पर पर्याप्त मोटाई की कंक्रीट परत डालकर 6 kg भार वाले घुरमट से उसकी कुटाई की जानी चाहिए। सतह समतल कर उसे उचित ढालू बनाकर कम से कम 3 दिन तक उसकी लकड़ी की थप्पियों से हल्के–हल्के कुटाई की जानी चाहिए। पहले कुटाई करते समय चूना कंक्रीट पर बेलफल, चूना व गुड़ के पानी का छिड़काव किया जाता था। यह घोल तैयार करने के लिए 100 से 130 लीटर पानी में 2 kg बेल का गुद्दा उबालकर इसके ठंडा हो जाने पर उसमें 3.5 kg गुड़ अथवा सीरा व उचित मात्रा में चूना मिलाया जाता था। इससे चूना कंक्रीट की सामर्थ्य बहुत अधिक बढ़ जाती थी परन्तु आजकल लागत कम करने की दृष्टि से केवल पानी ही छिड़का जाता है।

32.9 फिनिश (Finish)

कुटाई करने से चूना मसाला ऊपर आ जाता है। इस मसाले पर बेलफल, गुड़ व चूना घोल अथवा पानी छिड़ककर उसे मुलायम कर फ्लोट व करनी से छत को उचित ढाल पर फिनिस कर देना चाहिए। वर्षा जल निकासी के लिए 50 में 1 का ढाल पर्याप्त है। छत पर कभी भी पलस्तर नहीं किया जाना चाहिए। छत पर कुटाई की हुर्ठ चूना परत की 7.5 से०मी० से 12 से०मी० मोटाई पर्याप्त है।

31.10 पतनाला

40 वर्ग मीटर क्षेत्रफल से जल निकासी के लिए 10 से०मी० व्यास का पाइप पर्याप्त है।

तराई--छत की 14 दिन तक तराई की जानी चाहिए।

प्रश्नावली

(1) चूना कंक्रीट के अवयबों का बर्णन कीजिए।
(2) सुर्खी क्या है? समझाइये।
(3) चूना कंक्रीट किन–किन कार्यो के लिए प्रयोग की जाती है?
(4) नींव व छत पर कंक्रीट डालने की क्रिया का विस्तारपूर्वक वर्णन कीजिए।

33

सादी सीमेन्ट कंक्रीट
Plain Cement Concrete

33.1 प्रस्तावना

सीमेन्ट कंक्रीट एक बहुत उपयोगी भवन निर्माण सामग्री है, जो इस्पात व लकड़ी आदि से अधिक उपयोगी सिद्ध हुई है। कंक्रीट एक मिश्रित पदार्थ है जिसे सीमेन्ट, मिलावा व पानी को उचित अनुपात में मिलाकर तैयार किया जाता है। इन घटकों को मिलाने पर कंक्रीट प्लास्टिक अवस्था में होती है जिसे वांछित आकृति के फरमें में डालकर संरचना का भाग बनाया जा सकता है। कंक्रीट के सूखने व इसकी उचित तराई करने पर इसकी कठोर व मजबूत संहित बन जाती है। कंक्रीट संपीडीय प्रतिबल अधिक मात्रा में संहन कर सकती है जबकि इस की तनन सामार्थ्य कम होती है।

इसकी अधिक संपीडीय सामर्थ्य तथा कम लागत व मेहनत से वाँछित आकृति में डालने की सुगमता के कारण वर्तमान काल में कंक्रीट का प्रचलन बढ़ रहा है। कंक्रीट प्रायः समस्त कार्यों जैसे बाँध, भारी नीवें, स्तम्भ, धरन आदि के लिए प्रयोग की जा सकती है।

सीमेन्ट व पानी मिलकर पेस्ट के रूप में एक बन्धक सामग्री बनाते हैं जब कि मिलावा एक अक्रिय पूरक पदार्थ (inert filler) है।

पेस्ट व मिलावा का अनुपात निम्न बातों पर निर्भर करता है।

(1) ताजा मिलाए गए मिश्रण की सुकार्यता अधिक हो।

(2) सूखने पर कंक्रीट की सामर्थ्य व स्थिरता वांच्छित कार्यों के लिए उपयुक्त हो।

(3) कंक्रीट की लागत उसके गुणों के अनुसार उचित हो अर्थात् यह अधिक मंहगी नहीं होनी चाहिए।

33.2 सीमेन्ट कंक्रीट में मिलावे का आयतन

किसी भी कंक्रीट में महीन तथा मोटे मिलावे का मिश्रितआयतन सकल आयतन

का 75% होता है। 25% आयतन पानी, सीमेन्ट तथा वायु घेरते हैं। ताजी अच्छी प्रकार कुटाई की गई कंक्रीट में वायु का आयतन प्रायः 1 से 2% तक ही होता है।

33.3 कंक्रीट में सामर्थ्य उत्पन्न होना (Development of strrength in concrete)

सीमेन्ट में पानी मिलाने के पश्चात् उसमें एक रासायनिक क्रिया आरम्भ हो जाती है जिसे जलयोजन (Hydration) कहते हैं। इस क्रिया में ऊष्मा बहुत उत्पन्न होती है। यह ऊष्मा जलयोजन ऊष्मा के नाम से जानी जाती है। जलयोजन की क्रिया में सीमेन्ट पेस्ट की मकड़ी के जाले की भांति एक झिल्ली उत्पन्न होती है जो फैलकर मिलावे को ढाँप लेती है इसे जैल (gel) कहते हैं। साधारण ताप पर जलयोजन क्रिया 28 दिन में लगभग 90% सम्पूर्ण हो जाती है। यही जैल पेस्ट कहलाता है। यह पेस्ट कंक्रीट में सामर्थ्य उत्पन्न करता है।

33.4 कंक्रीट के मुख्य घटक अथवा अवयब तथा उनके कार्य

कंक्रीट के मुख्य दो घटक हैं।

(1) सीमेन्ट पेस्ट (2) मिलावा

33.5 (a) सीमेन्ट पेस्ट

सीमेंट पेस्ट पानी व सीमेन्ट की क्रिया द्वारा उत्पन्न होता है। इसके निम्न कार्य हैं :

(a) यह अक्रिय पूरक मिलावे के कणों के बीच रिक्त स्थान भरता है।

(b) ताजी कंक्रीट में यह स्नेहक (lubricant) का कार्य करता है।

(c) सूखी तथा कठोर कंक्रीट को यह जलरोधी बनाता है।

(d) सूखी कंक्रीट में सामर्थ्य उत्पन्न करता है।

33.6 सूखे पेस्ट के गुण निम्न घटकों से प्रभावित होते है :

(i) सीमेन्ट के गुणों से।

(ii) सीमेन्ट व पानी के अनुपात से।

(iii) सीमेन्ट व पानी की क्रिया पूर्ण होने से

33.7 पानी के कार्य

कंक्रीट में पानी के निम्न कार्य हैं–

(1) यह महीन व मोटे लिावे के लिए स्नेहक का कार्य करता हैं।

(2) यह सीमेन्ट से रासायनिक क्रिया कर पेस्ट बनाता है, जो मिलावे व प्रबलन आदि को एक साथ बांधता है।

(3) यह मिलावा कणों की सतह को नम करता है जिससे वे रासायनिक क्रिया के लिए आवश्यक पानी न सोख सकें।

(4) यह कंक्रीट मिश्रण को सांचे में भरने के लिए कंक्रीट में उचित सुकार्यता उत्पन्न करता है।

33.8 मिलावे के कार्य

मिलावे के निम्न कार्य हैं--

(1) यह कंक्रीट को सस्ता निष्क्रिय पूरक प्रदान करता है।

(2) यह कंक्रीट पर लगने वाले भार, रगड़, वायुमण्डलीय प्रभाव आदि को सहन करने की सामर्थ्य प्रदान करता है।

(3) सीमेंट पेस्ट में पानी की मात्रा में परिवर्तन के कारण कंक्रीट आयतन के परिवर्तन को कम करता है।

33.9 सीमेंट-कंक्रीट के अवयबों का वर्णन

जैसा कि पहले बताया जा चुका है सीमेंट कंक्रीट के निम्न अवयब होते हैं।

(1) सीमेंट, (2) महीन मिलावा, (3) मोटा मिलावा, (4) पानी।

(1) सीमेंट—प्रायः समस्त कंक्रीट कार्यों में पोर्टलैंड सीमेंट ही प्रयोग की जाती है। आजकल अन्य कई प्रकार की सीमेंट भी बनाई जाती हैं। सीमेन्ट का चयन संरचना की किस्म, संरचना किन परिस्थितियों में बनाई जा रही है तथा संरचना की वांछित सामर्थ्य पर निर्भर करता है। सीमेन्ट की किस्मों में एक दूसरे से भिन्नता रासायनिक संघटन व पिसाई की सूक्ष्मता के अनुसार होती है।

33.10 सीमेंट की किस्में (Classification of cements)

सीमेंट प्रायः निम्न प्रकार की होती हैं–

(1) साधारण पोर्टलैंड सीमेंट (Normal setting cement or ordinary Portland cement)

(2) शीघ्र कठोर होने वाली सीमेंट (Rapid hardening cement)

(3) शीघ्र जमने वाली सीमेंट (Quick setting cement)

(4) अधिक एलुमिना वाली सीमेंट (High alumina cement)

(5) अल्प ऊष्मा वाली सीमेंट (Low heat cement)

(6) सल्फेट प्रतिरोधी सीमेंट (Sulphate resistant cement)

(1) साधारण पोर्टलैंड सीमेन्ट

पोर्टलैंड सीमेन्ट सिलिकीय (Silicious), मृणमय (argillaceous) व चूनेदार (calcareous) पदार्थों के निश्चित अनुपात के मिश्रण को लगभग 1500°C पर गर्म करने के पश्चात् पीसकर तैयार की जाती है। उपरोक्त पदार्थों के मिश्रण को गर्म करने पर प्राप्त पदार्थ किक्लंकर अथवा झाँवा (Clinker) कहलाता है। इसके पश्चात् किक्लंकर को ठंडाकर वांछित सूक्ष्मता का पीसकर सीमेन्ट तैयार की जाती है। पोर्टलैंड सीमेन्ट में प्रायः निम्न अवयब होते हैं।

पदार्थ	प्रतिशत
1. Calcium oxide (CaO) or lime	60-67
2. Silicon oxide (SiO_2) or Silica	17-25
3. Aluminium oxide (Al_2O_3) or Alumina	3-8

4. Ferous oxide (F_2O_3) or Iron oxide	0.5-6.0
5. Megnesium oxide (MnO)	0.1-4.0
6. Alkalies	0.5-1.3
7. Sulphate (So_3)	(1-3)

सीमेन्ट के अवयबों को गर्म करते समय उनमें रासायनिक परिवर्तन होता है तथा नये यौगिक पदार्थ बनते हैं। ये यौगिक पदार्थ निम्न प्रकार हैं--

यौगिक (Compound)	चिह्न (Abbreviation)
1. Tri-Calcium silicate (3 CaO-SiO_2)	C_3S
2. Di-Calcium Silicate (2 CaO, SiO_2)	C_2S
3. Tri-calcium aluminate (3 CaO, Al_2O_3)	C_3A
4. Tetracalcium-alumino-ferrite (4 CaO, Al_2O_3, Fe_2O_3)	C_4AF

उपरोक्त यौगिकों की मात्रा विभिन्न प्रकार की सीमेन्ट में विभिन्न होती है। इनमें से C_3S व C_2S कंक्रीट की अंतिम सामर्थ्य को प्रभावित करते हैं। साधारण सीमेन्ट का प्रारम्भिक जमाव (setting) समय C_3A के कारण होता है। प्रायः सीमेंट कंक्रीट के समस्त दोषों के लिए C_3A ही जिम्मेदार है। यथासम्भव इस यौगिक कीमात्रा कम होनी चाहिए। जिस सीमेंट में C_3A की मात्रा कम होगी उस सीमेन्ट से बनी कंक्रीट की अन्तिम सामर्थ्य अधिक होगी तथा ऊष्मा कम उत्पन्न होगी जिससे दरारें भी कम पड़ेंगी। C_4AF प्रायः निष्क्रय होता है। साधारण सीमेन्ट का प्रारम्भिक जमाव समय बढ़ाने के लिए पीसते समय, क्लिंकर में 2.5 से 3% तक जिप्सम या प्लस्तर ऑफ पैरिस ($CaSO_4$) मिला दिया जाता है। इससे सीमेंट के कठोर होने का समय बढ़ जाता है। यदि सीमेंट में जिप्सम न मिलाया जाये तो सीमेन्ट में पानी मिलाने के तुरन्त बाद ही वह सेट हो जाएगी तथा कंक्रीट को यथास्थान डालना कठिन हो जाएगा। विभिन्न प्रकार की सीमेन्टों में पदार्थों व यौगिकों की प्रतिशत निम्न तालिका–33.1 में दिखाई गई है।

तालिका-33.1

क्रम संख्या	पदार्थ प्रतिशत में	साधारण सीमेंट	शीघ्र कठोर होने वाली सीमेंट	अल्प ऊष्मा बाली सीमेंट
1.	Lime	63.1	64.5	60
2.	Silica	20.6	20.7	22.5
3.	Alumina	6.3	5.2	5.2
4.	Iron Oxide	3.6	2.9	4.6
5.	यौगिक			
	C_3S	40	50	25
6.	C_2S	30	21	45
7.	C_3A	11	9	6
8.	C_4AF	12	9	14

(2) शीघ्र कठोर होने वाली सीमेंट

यह सीमेंट भी साधारण अथवा पोर्टलैंड सीमेंट की श्रेणी की ही है अन्तर केवल इतना है कि यह सीमेंट पोर्टलैंड सीमेंट की अपेक्षा अधिक महीन होती है तथा इसमें अपेक्षाकृत चूने का अनुपात अधिक होता है। इस सीमेंट में पोर्टलैंड सीमेंट की अपेक्षा सामर्थ्य बहुत शीघ्र उत्पन्न होती है। इसकी 1 दिन व 3 दिन की सामर्थ्य पोर्टलैंड सीमेंट की क्रमशः 3 दिन व 7 दिन की सामर्थ्य के बराबर होती है।

इस सीमेंट की पोर्टलैंड सीमेंट की अपेक्षा सूक्ष्मता अधिक होने के कारण इसका मूल्य भी 10-15% अधिक होता है। इसका संकुचन भी अपेक्षाकृत अधिक होता है। समान सुकार्यता के लिए इसमें अधिक पानी की आवश्यकता होती है।

लाभ--इस सीमेंट के प्रयोग से फरमा बन्दी अपेक्षाकृत कम समय में हटाई जा सकती है, जिसे कई बार प्रयोग किया जा सकता है। इससे संरचना निर्माण में किफायत की जा सकती है।

(2) यह सीमेन्ट ठंडे स्थानों में उपयोगिता के साथ प्रयोग की जा सकती है।

(3) पुल, सड़क आदि को यथा शीघ्र चालू करने की अवस्था में इस सीमेन्ट का प्रयोग लाभदायक सिद्ध हुआ है।

(3) अल्प-ऊष्मा सीमेन्ट

यह सीमेन्ट स्थूल कंक्रीट (Mass concrete) जैसे बाँध आदि बनाने के लिये बहुत उपयुक्त है। अधिक ऊष्मा उत्पन्न होने से संरचना में दरार उत्पन्न हो जाते हैं। इसमें ऊष्मा कम करने के लिए C_3S व C_3A (Tricalcium Silicate & Tri-calcium aluminate) की मात्रा बहुत कम कर दी जाती है। इसकी 7 दिन की सामर्थ्य साधारण सीमेंट की सामर्थ्य की आधी तथा 28 दिन की 66% होती है। इसके कठोर होने व जमने के समय साधारण सीमेन्ट के बराबर ही होते हैं। यह सीमेन्ट साधारण कार्यों के लिए उपयुक्त नहीं है क्योंकि इस के प्रयोग से फरमाबन्दी अधिक समय के पश्चात् खोला जायेगा।

(4) अधिक एल्युमिला वाली सीमेन्ट

इस सीमेन्ट में एल्युमीनेट (aluminates) अधिक होते हैं तथा इसका निर्माण बोक्साइड (bauxite) व चूने के पत्थर को एक साथ गर्म करके किया जाता है। इसका क्लिंकर अधिक महीन पीसा जाता है।

इस सीमेन्ट में सामर्थ्य बहुत शीघ्र उत्पन्न होती है। इसकी 24 घण्टे की सामर्थ्य साधारण सीमेन्ट की 28 दिन की सामर्थ्य के बराबर होती है। इसमें ऊष्मा भी बहुत अधिक मात्रा में उत्पन्न होती है। इसका रंग काला होता है।

इस सीमेन्ट पर रासायनिक पदार्थों का प्रभाव नहीं होता। इस सीमेन्ट की कंक्रीट पर समुद्री पानी, सल्फेट, अमल व ताप का कोई प्रभाव नहीं होता। अधिक ऊष्मा उत्पन्न होने के कारण इसका प्रयोग बहुत ठंडे क्षेत्रों में कंक्रीट डालने के लिए किया जाता है। इसकी अपारगम्यता भी वहुत अधिक होती है। इन गुणों के कारण इस सीमेन्ट का

उपयोग बर्फ जमाने वाले भागों, पानी के नीचे, रासायनिक मिलों व भट्टियों आदि में कंक्रीट लगाने के लिए किया जाता है। इसका मुख्य दोष यही है कि इसकी लागत बहत अधिक होती है।

(5) शीघ्र जमाने वाली सीमेन्ट

इस सीमेंट में अपेक्षाकृत जिप्सम को मात्रा कम होती है तथा साधारण सीमेंट से महीन पीसी हुई होती है। यह सीमेन्ट इतनी जल्दी जमती है कि कंक्रीट में पानी मिलाना तथा यथास्थान कंक्रीट डालकर कुटाई करना कठिन है। इसका प्रारम्भिक व अन्तिम जमाव समय क्रमशः 5 मिनट व 30 मिनट है। इस सीमेन्ट का प्रयोग विशेष प्ररिस्थितियों जैसे प्रवाहित पानी में कंक्रीट डालने आदि के लिए ही किया जाता है।

(6) सल्फेट प्रतिरोधी सीमेन्ट (Sulphate resistant cement)

यह सीमेन्ट सर्वश्रेष्ठ है इसकी अन्तिम सामर्थ्य बहुत अधिक होती है तथा इसमें जलयोजन ऊष्मा भी अधिक उत्पन्न नहीं होती। यह सीमेन्ट क्षारीय पानी के प्रभाव वाले स्थानों के लिए उपयुक्त है।

(7) प्रसारित होने वाली सीमेन्ट (Expanding cement)

यह सीमेन्ट कठोर होने पर प्रसारित होती है। इसके निम्न दो लाभ हैं-

(a) अपने प्रसार के कारण यह साधारण सीमेन्ट कंक्रीट में होने वाली संकुचन को निष्क्रिय करती है। यह सीमेन्ट विशेष रूप से द्रव्यीय संरचनाओं के लिए बहुत उपयोगी है। इस सीमेन्ट की थोड़ी मात्रा साधारण सीमेन्ट कंक्रीट में मिलाने से संकुचन के कारण दरार उत्पन्न होने का भय नहीं रहता।

(2) इसका प्रसार 1% तक होता है इस कारण इसका प्रयोग अनुरक्षण कार्यो में बहुत लाभदायक सिद्ध हुआ है। इसके प्रयोग से सीमेन्ट प्रसारित होकर पुरानी कंक्रीट के समस्त दरारों को भर देती है।

(3) समुद्री पानी के सम्पर्क में इसका प्रयोग लाभदायक सिद्ध नहीं हुआ है।

(8) सफेद सीमेन्ट

यह सीमेन्ट साधारण पोर्टलैंड सीमेन्ट जैसी ही होती है इसमें अन्तर केवल इतना है कि इसके निर्माण के समय कच्चे माल से आयरन ऑक्साइड निकाल दिया जाता है। यह साधारण सीमेन्ट से 4 से 5 गुना मंहगी होती है।

(9) रंगदार सीमेन्ट -

रंगदार सीमेन्ट –ये सीमेन्ट सफेद अथवा साधारण पोर्टलैंड सीमेन्ट में 6 से 10% रंग वर्णक मिलाकर बनाई जाती है।

38.11 महीन मिलावा

मिलावे के कणों का अधिकतम् आकार 4.75 मि०मी० से कम होने पर महीन मिलावा कहलाता है। महीन मिलावें में I-S, चलनी नं० 15 से निकलने वाले कणों की

मात्रा 8% से अधिक नहीं होनी चाहिए। नदी, समुद्र, तालाब से निकाला जाने वाला रेत महीन मिलावे के रूप में प्रयोग किया जा सकता है। परन्तु इसमें मिट्टी, क्ले, सिल्ट आदि की मात्रा ज्ञात कर इसे धो लेना चाहिए। अच्छे मिलावे में सिल्ट, मिट्टी व क्ले नहीं होनी चाहिए।

33.12 मोटा मिलावा

4.75 मि०मी० के आकार की छिद्रों वाली चलनी पर रुकने वाले मिलावा कण मोटा मिलावा कहलाते हैं। मोटे मिलावे का आकार कंक्रीट अवयब की मोटाई का 20 से 25% होना चाहिए। मिलावे का आकार प्रबलन के अन्तराल, संरचना की किस्म आदि पर निर्भर करता है। प्रायः सादी कंक्रीट के लिए 4 से 6 से०मी० आकार का मिलावा पर्याप्त है। स्थूल कंक्रीट के लिए 20 से०मी० तक मोटा मिलावा प्रयोग किया जा सकता है। प्रबलित कंक्रीट के लिये प्रायः 2.5 से०मी० मोटा मिलावा पर्याप्त है। मिलावा कठोर, मजबूत, टिकाऊ तथा मिट्टी, सिल्ट व कार्बनिक पदार्थों से मुक्त होना चाहिए।

मोटे मिलावे के लिए ग्रेवल, ग्रेनाइट, ट्रेप, बेसाल्ट, रेत व चूना पत्थर को तोड़कर प्रयोग किया जा सकता है।

पानी—कंक्रीट के लिए प्रयोग किये जाने वाले पानी में निम्न गुण होने चाहिएँ।

(1) यह तेल रहित होना चाहिए।

(2) इसमें क्षारीय व अमल तथा अन्य कार्बनिक पदार्थ नहीं होने चाहिए।

(3) यह आयरन व अन्य हानिकारक पदार्थ रहित होना चाहिए।

(4) संक्षिप्त में यह कहा जा सकता है कि मनुष्य के पीने के लिए उपयुक्त पानी कंक्रीट के लिए प्रयोग किया जा सकता है।

33.13 जल-सीमेन्ट अनुपात (Water0cement ratio)

जल–सीमेन्ट अनुपात भार अथवा आयतन के पदों (terms) में ज्ञात किया जा सकता है। कंक्रीट में प्रति किलो ग्राम सीमेन्ट में मिलाये जाने वाले पानी की मात्रा व सीमेन्ट का अनुपात जल–सीमेन्ट अनुपात कहलाता है। आयतन के पदों में प्रति थैला सीमेन्ट में मिलाये जाने वाले पानी के आयतन व सीमेन्ट के आयतन का अनुपात जल–सीमेन्ट अनुपात कहलाता है। जल–सीमेन्ट अनुपात कंक्रीट की सामर्थ्य का सूचकांक है। जितना जल सीमेन्ट अनुपात कम होगा, कंक्रीट की सामर्थ्य उतनी ही अधिक होगी। परन्तु कंक्रीट में एक निश्चित मात्रा से कम पानी होने पर उसका जलयोजन पूर्ण नहीं होगा तथा उसकी सामर्थ्य चित्र–33.1 में दिखायेनूसार कम होगी।

अधिक सीमेन्ट वाली कंक्रीट की सामर्थ्य कम सीमेन्ट वाली कंक्रीट की अपेक्षा अधिक होगी। सामर्थ्य में बढ़ोत्री सीमेन्ट की मात्रा के कारण नहीं बल्कि कंक्रीट में पानी की कम मात्रा अथवा अपेक्षाकृत कम जल–सीमेन्ट अनुपात के कारण होगी।

कंक्रीट के गुण- कंक्रीट के मुख्य निम्नलिखित गुण हैं

(1) सामर्थ्य

(2) स्थिरता

(3) सुकार्यता (Workability)

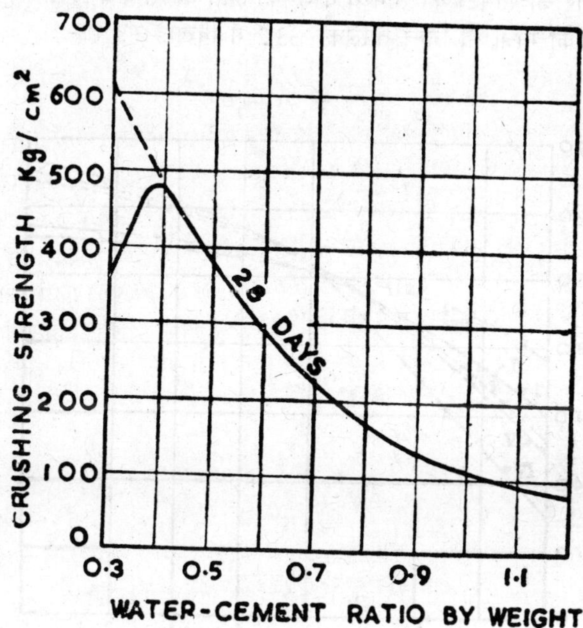

चित्र–33.1

33.14 कंक्रीट की सामर्थ्य को प्रभावित करने वाले घटक

सीमेन्ट कंक्रीट की सामर्थ्य प्रायः निम्न घटकों से प्रभावित होती हैं–

(1) सीमेन्ट में विभिन्न अवयबों की मात्रा

(2) कंक्रीट मिलाने का समय

(3) जल–सीमेन्ट अनुपात

(4) कंक्रीट की कुटाई

(5) कंक्रीट की तराई व ताप का प्रभाव

(6) आयु

(7) महीन मिलावे की सूक्ष्मता

(8) मिश्रक की किस्म आदि

(1) सीमेंट के विभिन्न अवयबों की मात्रा व सूक्ष्मता (Chemical composition & fineness of cement)–सीमेन्ट में विभिन्न अवयबों की मात्रा कंक्रीट की संपीडीय सामर्थ्य को बहुत प्रभावित करती है। प्रायः C_2S की अपेक्षा C_3S की अधिक मात्रा वाली सीमेन्ट कंक्रीट की प्रारम्भिक संपीडीय सामर्थ्य अधिक होती है। परन्तु इनकी अन्तिम सामर्थ्यों में अधिक अन्तर नहीं होता। C_3A, कंक्रीट की प्रारम्भिक सामर्थ्य को बहुत प्रभावित करता है। इसी प्रकार समान अवयब वाली महीन पिसी सीमेंट वाली कंक्रीट

की सामर्थ्य मोटी पिसी सीमेंट वाली कंक्रीट की अपेक्षा शीघ्र उत्पन्न होती है। चित्र–33.2 में विभिन्न प्रकार की सीमेंटों की सामर्थ्य व उनकी आयु का सम्बन्ध दिखाया गया है। इनके अवयबों की मात्रा भी निम्न तालिका 33.2 में दिखाई गई है–

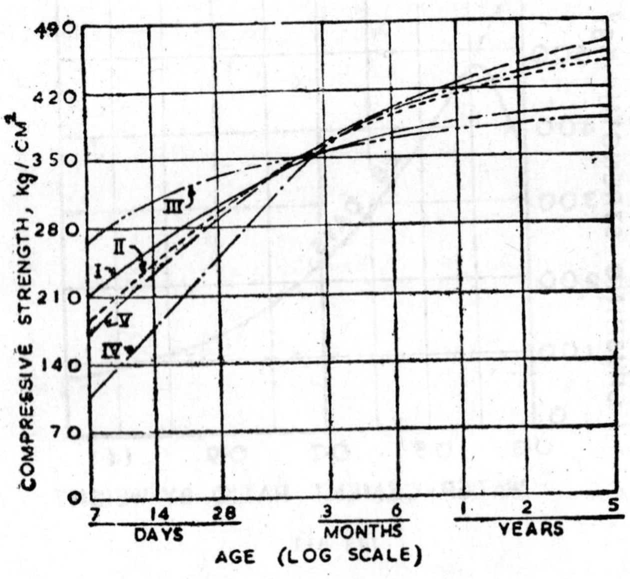

चित्र–33.2. Strength of Different Type of Cements

तालिका-33.2

सीमेंट की किस्म	यौकि बनावट % में						
	C_3S	C_2S	C_3A	C_4AF	$CaSO_4$	Free CaO	MgO
I. साधारण	49	25	12	8	2.9	0.8	2.4
II. उपान्तरित (Modified)	46	29	6	12	2.8	0.6	3.0
III. शीघ्र सामर्थ्य ग्रहण करने वाली सीमेन्ट	56	15	12	8	3.9	1.3	2.6
IV. अल्प ऊष्मा वाली सीमेंट	30	46	5	13	2.9	0.3	2.7
V. सल्फेट प्रतिरोधी सीमेंट	43	36	4	12	2.7	0.4	1.6

(2) सीमेंट कंक्रीट मिलाने का समय–कंक्रीट अवयबों के मिलाने का समय बढ़ाने से उसकी संपीडीय सामर्थ्य बढ़ जाती है। परन्तु यह देखा गया हे कि कंक्रीट

को 1/2 से 2 मिनट तक मिलाने से सामर्थ्य में अधिक वृद्धि होती ळै। इससे अधिक समय तक मिलाने पर कंक्रीट का पृथक्करण (Segregation) होना आरम्भ हो जाता है। कंक्रीट की संहति प्लास्टिक (Plastic) तथा समस्त अवयवों के समान रूप से मिल जाने तक कंक्रीट मिलाई जानी चाहिए। परन्तु स्थूल कंक्रीट (Mass concrete) 30 मिनट तक मिलाई जा सकती है।

(3) जल-सीमेंट अनुपात (w/c ratio)–अबराम (Abram) के अनुसार दी हुई सामग्री व समान परीक्षण (test) परिस्थितियों में कंक्रीट की सामर्थ्य केवल कंक्रीट में मिलाए जाने वाले जल व सीमेंट की मात्रा के अनुपात पर ही निर्भर करती है। परन्तु यह नियम तभी सही है जबकि परीक्षण के लिए तैयार किए जाने वाले प्रतिदर्श (Samples) एक ही सामग्री, समान सुकार्यता, समान कुटाई व समान ताप पर बनाए गए हों। उपरोक्त नियमानुसार कंक्रीट की सामर्थ्य निम्न सूत्र से ज्ञात की जा सकती है।

$$P = \frac{984}{7^x}$$

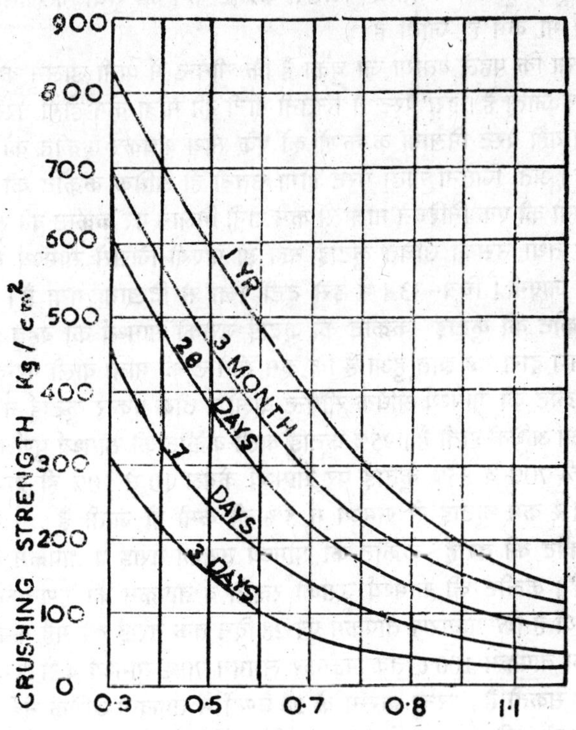

चित्र–33.3. Water-Cement Ratio by Weight

जबकि P = सिलन्डर की 28 दिन तराई के पश्चात् संपीडय सामर्थ्य Kg/cm^2 में
x = जल–सीमेन्ट अनुपात आयतन में

984 व 7 के मान में मिलावे व सीमेंट की किस्म, तराई विधि, कंक्रीट की आयु, टेस्ट विधि के अनुसार परिवर्तन हो सकता है। अब बढ़िया किस्म की सीमेन्ट के प्रयोग से कंक्रीट सामर्थ्य में बढ़ोत्री हो सकती है। आजकल उपरोक्त सूत्र से प्राप्त कंक्रीट सामर्थ्य 7 दिन की तराई के पश्चात् मानी जा सकती है। जबकि 28 दिन की सामर्थ्य के लिए 7 के स्थान पर 4 रखकर ज्ञात की जानी चाहिए। अर्थात् 28 दिन को सामर्थ्य $P = 984/4^x$। चित्र–33.3 में साधारण कंक्रीट की विभिन्न जल सीमेन्ट अनुपात के लिए विभिन्न काल की संपीडीय सामर्थ्य दिखाई गई है। इस चित्र से प्राप्त मान केवल निर्देशन के लिए लिये जा सकते है।

चित्र–33.3 के अध्ययन से ज्ञात होगा कि कम जल–सीमेन्ट अनुपात के लिए कंक्रीट की सामर्थ्य बढ़ जाती है इसके कारण सम्भवतः निम्न हो सकते हैं–

(1) कंक्रीट में सीमेन्ट की जलयोजन (Hydration) के लिए उसमें मिलाये जाने वाले पानी की केवल 25 से 30% मात्रा की ही आवश्यकता होती है तथा शेष जल कंक्रीट में उचित सुकार्यता उत्पन्न करने के लिए मिलाया जाता है। यह अधिशेष पानी सूखने पर कंक्रीट में सूक्ष्म नालियाँ बनाता है, जिससे कंक्रीट कम जलरोधी हो जाती है तथा उसकी सामर्थ्य भी कम हो जाती है।

(2) जैसा कि पहले बताया जा चुका है कि सीमेन्ट में पानी डालने के पश्चात् उसका पेस्ट बन जाता है। इस पेस्ट में जितनी पानी की मात्रा कम होगी पेस्ट उतना ही गाढ़ा होगा। यही पेस्ट मिलावा के कणों को एक साथ बांधकर कंक्रीट को सामर्थ्य प्रदान करता है। अतः जितना गाढ़ा पेस्ट होगा उतनी ही अधिक कंक्रीट की सामर्थ्य होगी। परन्तु पानी की एक निश्चित मात्रा से कम पानी मिलाने पर कंक्रीट की सुकार्यता कम हो जाएगी तथा उसकी उचित कुटाई नहीं हो पाएगी जिससे सामर्थ्य बढ़ने के बजाये कम हो जाएगी। चित्र–33.1 में इसे टूटी रेखा से दिखाया गया है।

(4) कंक्रीट की कुटाई–कंक्रीट की कुटाई उसकी सामर्थ्य को बहुत प्रभावित करती है। परीक्षण द्वारा यह ज्ञात हुआ हैं कि कम सीमेन्ट की मात्रा वाली परन्तु पूर्णतः कुटाई वाली कंक्रीट की सामर्थ्य अधिक सीमेन्ट वाली व ठीक प्रकार कुटाई न की गई कंक्रीट की अपेक्षा अधिक होती है। 95% कुटाई वाली कंक्रीट की सामर्थ्य पूर्णतः कुटाई वाली कंक्रीट की 70% व 85% कुटाई पर सामर्थ्य केवल 10 से 20% ही प्राप्त होती है। अतः प्रति 1% कम कुटाई से समर्थ्य में 5% की कमी हो जाती है।

(5) कंक्रीट की तराई–कंक्रीट की सामर्थ्य उसकी तराई व त्रापक्रम से बहुत प्रभावित होती है। कंक्रीट की सामर्थ्य उसकी संहति व तापक्रम का गुणनफल होती है। यह देखा गया है कि साधारण तापक्रम पर 28 दिन तक तराई की गई कंक्रीट की सामर्थ्य पानी का तापक्रम 100°C तक बढ़ाकर लगभग 70% सामर्थ्य 4 से 5 घण्टों में ही प्राप्त की जा सकती है। परन्तु प्रारम्भ के 24 घण्टों में तापक्रम अधिक नहीं बढ़ाया जाना चाहिए इससे अन्तिम सामर्थ्य बहुत प्रभावित होती है।

चित्र–33.4 में कंक्रीट के प्रतिदर्श बनाने के पश्चात् उनकी विभिन्न ताप पर तराई करने के पश्चात् सामर्थ्य पर प्रभाव दिखाया गया है। चित्र–33.4 (A) में प्रतिदर्श बनाने के प्रश्चात् उन्हें चित्र में दिखाये गये ताप पर सीलकर 28 दिन तक उनकी उसी ताप पर तराई कर उनकी सामर्थ्य पर ताप का प्रभाव दिखाया गया है। चित्र के अध्ययन से ज्ञात होगा कि 28 दिन तक तराई का तापक्रम जितना अधिक होगा कंक्रीट की सामर्थ्य उतनी ही अधिक होगी। 28 दिन के पश्चात् सामर्थ्य पर ताप का प्रभाव कम होना आरम्भ हो जायेगा।

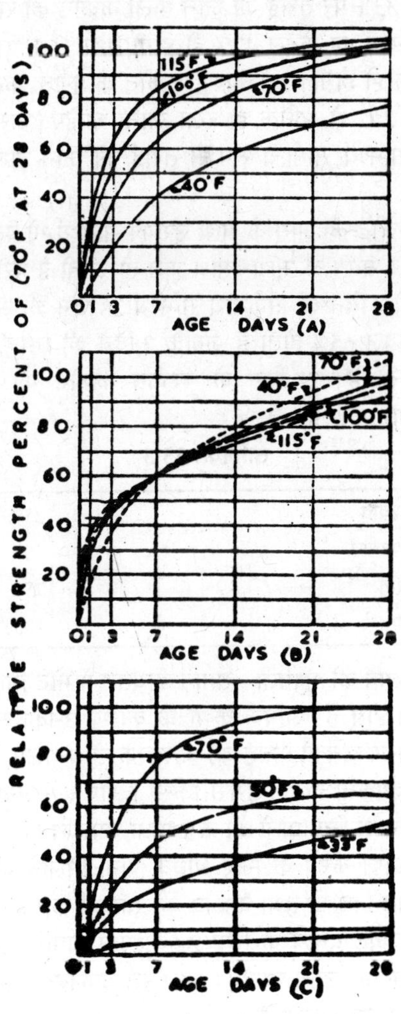

चित्र–33.4. Specimen Curedat Differen Temps

चित्र–33.4 (B) में प्रतिदर्शों को चित्र में अंकित तापक्रम पर बनाकर उन्हें दो घण्टे तक उसी ताप पर रखकर फिर 28 दिन तक 70°F या 21°C पर तराई की गई है। चित्र के अध्ययन से ज्ञात होगा कि प्रारम्भिक ऊँचे तापक्रम पर तराई किये गये पतिदर्श की 28 दिन की सामर्थ्य कम होगी। यद्यपि प्रारम्भ की सामर्थ्य अधिक होगी परन्तु अंतिम अंतर बहुत अधिक नहीं होगा।

चित्र–33.4 (C) में कंक्रीटं प्रतिदर्शों को 70°F पर बनाकर तथा उन्हें इसी ताप पर कई घण्टे तक रखने के पश्चात् चित्र में अंकित ताप पर तराई की गई है। चित्र के अध्ययन से ज्ञात होगा कि जितना कम तराई तापक्रम होगा, कंक्रीट की सामर्थ्य उतनी ही कम होगी। 33°F पर तराई की जाने वाली कंक्रीट की सामर्थ्य 70°F पर तराई वाली कंक्रीट की सामर्थ्य का केवल 47% ही होगी तथा 16°F पर तराई वाली कंक्रीट की सामर्थ्य केवल 9% ही होगी। इस कारण कंक्रीट के पूर्णतः कठोर होने तक उसका तापक्रम 36°F अथवा 2°C से अधिक ही रखा जाना चाहिए। असावधानी पूर्वक तराई की गई कंक्रीट की सामर्थ्य सामान्य रूप से तराई की जाने वाली कंक्रीट की केवल **40% ही होती है।**

(6) आयु—कंक्रीट की आयु के साथ उसकी सामर्थ्य भी बढ़ती है। परन्तु इसकी सामर्थ्य की बढ़ोत्री दर समय के साथ–साथ कम हो जाती है परीक्षणों द्वारा यह सिद्ध हुआ है कि कंक्रीट की 3 दिन की संपीडीय सामर्थ्य 28 दिन की सामर्थ्य का 40% तथा 7 दिन की सामर्थ्य केवल 65% होती है जबकि 3 दिन की तनन सामर्थ्य 28 दिन की सामर्थ्य का 60% होती है। 28 दिन के पश्चात् कंक्रीट की सामर्थ्य वृद्धि निम्न तालिका–33.3 अनुसार पाई गई है–

तालिका-33.3

90 दिन के पश्चात्	25%
180 दिन के पश्चात्	50%
1 वर्ष के पश्चात्	75%
3 वर्ष के पश्चात्	100%

(7) महीन मिलावे की सूक्ष्मता—समान आयतन में मोटे मिलावे की अपेक्षा महीन मिलावे में अधिक कण होते हैं। अधिक कणों के कारण उनकी सतह का क्षेत्रफल भी अधिक होगा। इस कारण उनकी सतह को गीला करने के लिए आपेक्षांकृत पानी की अधिक मात्रा की आवश्यकता होगी। इससे किसी विशेष w/c अनुपात के लिए कंक्रीट में सीमेंट की जलयोजन के लिए पानी की कम मात्रा उपलब्ध होगी। इस कारण कंक्रीट की उचित सुकार्यता प्राप्त करने के लिए अधिक पानी मिलाने की आवश्यकता होगी जिससे w/c अनुपात बढ़ जायेगा तथा कंक्रीट की सामर्थ्य कम हो जायेगी। इस कारण ऊंची सामर्थ्य वाली कंक्रीट बनाने के लिए 2.6 सूक्ष्मता मापांक (Fineness modulus) वाला मोटा रेत प्रयोग किया जाना चाहिए। मोटा रेत उपलब्ध न होने पर महीन मिलावे का अनुपात कम किया जा सकता है।

इसके अतिरिक्त पानी की फिल्म पृष्ठ तनाव के कारण मिलावा कणों को दूर रखती है जिससे रेत का आयतन बढ़ जाता है। रेत की यह आयतन वृद्धि रेत का फूलना

(Bulking of sand) कहलाती है। यदि इस आयतन वर्धन का प्रावधान न रखा जाये तो कंक्रीट मिश्रण में महीन मिलावे की कमी हो जाएगी जिससे उसकी संपीडीय सामर्थ्य भी प्रभावित होगी। आयतन वृद्धि महीन रेत में अधिक होती है। 5% जलांश से आयतन वृद्धि लगभग 37.5% तथा रेत्त के संतृप्त अथवा 20% जलांश पर यह वृद्धि शून्य हो जाती है। चित्र–33.5 में विभिन्न प्रकार के रेतों की आयतन वृद्धि दिखाई गई है।

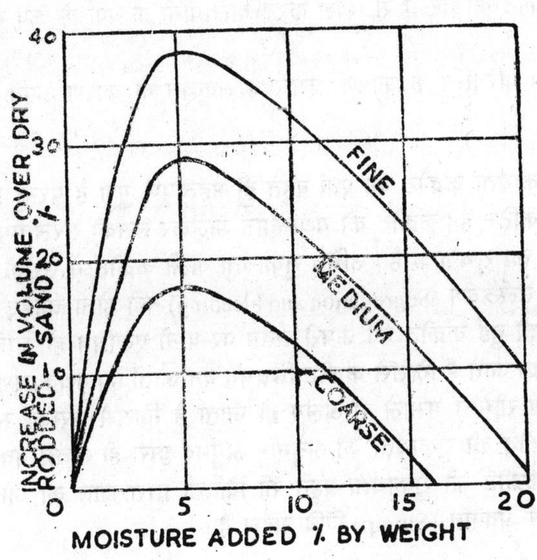

चित्र–33.5. Bulking of Sand

(8) मिश्रक की किस्म (Mixer)—लेखक ने अपने परीक्षणों के समय यह देखा है कि समान मिश्रण के लिये ऊर्ध्वाधर अक्षीय मिश्रक के प्रयोग से अन्य मिश्रकों की अपेक्षा अधिक सामर्थ्य प्राप्त होती है।

(9) कंपन का समय (Time of vibration)—कंपन विधि से कुटाई करने पर कंपन का समय ½ से 1 ½ मिनट पर्याप्त पाया गया है $1\frac{1}{2}$ मिनट से अधिक कंपन देने से कंक्रीट की सामर्थ्य कम पाई गई है। संभवतः अति कंपन से कंक्रीट का पृथक्करण हो जाता है जिससे उसकी सामर्थ्य कम हो जाती है। पृथक्करण का अर्थ, मोटे मिलावे व सीमेंट मसाले का अलग होना है।

(10) मिश्रण सामग्री डालने का क्रम—मिश्रक में निम्न क्रम में सामग्री डालने पर आपेक्षाकृत अधिक संपीडीय सामर्थ्य प्राप्त हुई है।

(1) 75% पानी, (2) मोटा मिलावा, (3) महीन मिलावा, (4) सीमेंट, (5) शेष पानी।

33.15 स्थिरता (Durability)

स्थिरता कंक्रीट का वह गुण है जिससे वह अपने विकलन (Disintegration) को रोकती है। कंक्रीट की स्थिरता निम्न घटकों से प्रभावित होती हैं :

(1) Un-sound सीमेंट के प्रयोग के कारण।

(2) कम टिकाऊ मिलावे के प्रयोग से।

(3) कंक्रीट की दरारों से गैस व लवण आदि के प्रवेश के कारण।

(4) कंक्रीट की दरारों से प्रवेश करने वाले पानी के बर्फ के रूप में जम जाने पर।

(5) ताप परिवर्तन के कारण, प्रसार व संकुचन के कारण आदि।

33.16 सुकार्यता

यद्यपि सुकार्यता कंक्रीट का एक बहुत ही महत्वपूर्ण गुण है परन्तु इसकी सही परिभाषा करना कठिन है। कंक्रीट को यथास्थान डालकर उसकी सरलतापूर्वक कुटाई करना सुकार्यता का सूचकांक है। उचित सुकार्यता वाली कंक्रीट में उसके घटकों का पृथक्करण तथा उत्स्त्रवण (Segregation and bleeding) नहीं होना चाहिए। उत्स्त्रवण क्रिया में तैयार की हुई कंक्रीट की ऊपरी सतह पर पानी एकत्रित हो जाता है इससे कंक्रीट में छिद्र बन जाते हैं जिससे कंक्रीट छिद्रमय बन जाती है। पृथक्करण में कंक्रीट का मोटा मिलावा सीमेन्ट मसाले से अलग हो जाता है जिससे उसकी सामर्थ्य कम हो जाती है। कंक्रीट की सुकार्यता का अनुमान अनुभव द्वारा ही अच्छी प्रकार लगाया जा सकता है। कंक्रीट की सुकार्यता बहुत सी विधियों द्वारा ज्ञात की जा सकती है परन्तु उन सब में अवपात (Slump) विधि सरल है।

33.17 अवपात परीक्षण (Slump test)

कंक्रीट की सुकार्यता का निकटतम् अनुमान अवपात परीक्षण द्वारा लगाया जा सकता है। अवपात ज्ञात करने के लिए चित्र–33.6 में दिखायेनुसार शंकु छिन्नक (Frustum of cone) आकार के पात्र का प्रयोग किया जाता है। इस पात्र के आधार व शिखर के व्यास क्रमशः 20 से०मी० व 10 से०मी० होते हैं। इसकी ऊँचाई 30से०मी० होती है।

विधि–कंक्रीट तैयार करने के पश्चात् अवपात पात्र को साफकर समतल धातु चादर पर रख उसमें 7.5 से०मी० ऊँचाई तक कंक्रीट भर दी जाती है। इसके पश्चात् इस कंक्रीट की 16 मि०मी० व्यास तथा 60 से०मी० लम्बी छड़ से कुटाई की जाती है। कुटाई के लिए उपरोक्त छड़ को ऊपर उठाकर 25 बार इस प्रकार छोड़ा जाता है कि यह छड़ कंक्रीट परत की पूर्ण मोटाई में धंस सके। इस छड़ का कंक्रीट में धंसने वाला सिरा नोकीला होता है। इस छड़ की स्ट्रोक समान रूप से समस्त क्षेत्र पर लगानी चाहिए। पहली परत की कुटाई करने के पश्चात् अन्य परतों की कुटाई भी इसी प्रकार की जाती है। शंकु छिन्नक पूर्णतः भर जाने के पश्चात् उसे ऊपर उठा लिया जाता हैं। पात्र के ऊपर उठाने से कंक्रीट नीचे की ओर फिसल जाती है। कंक्रीट की प्रथम

ऊँचाई अर्थात् 30 से०मी० ऊँचाई व दूसरी ऊँचाई का अन्तर सावधानीपूर्वक इस्पात के पैमाने से माप लिया जाता है। यही अन्तर अवपात (Slump कहलाता है। विभिन्न कार्यो के लिए निम्न तालिका में दिखायेनुसार अवपात लिया जा सकता है।

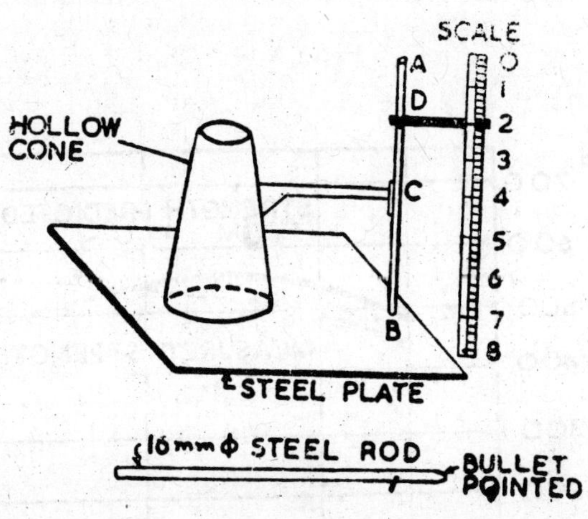

चित्र–33.6. Slumptest

कार्य	आवात से०मी०
1. सड़क कार्य	2.5-5
2. साधारण धरन व छत आदि	5-10
3. स्तम्भ, पुश्ता दीवार व ऊर्ध्वाधर परिच्छेद आदि	7.5-12.5
4. स्थूल कंक्रीट (Mass concrete)	2.5-5

33.18 कंक्रीट की सुकार्यता को प्रभावित करने वाले घटक

कंक्रीट की सुकार्यता निम्न घटकों से प्रभावित होती है।

(1) मिलावे का आकार–मिश्रण में बिना किसी परिवर्तन के मोटे मिलावे का आकार बढ़ाने से कंक्रीट की सुकार्यता बढ़ जाती है। मिलावे के कणों का आकार बड़ा होने के कारण उसकी सतह का क्षेत्रफल कम होगा जिससे उसे नम करने में पानी की कम मात्रा खर्च होगी तथा सीमेंट जलयोजना के लिए पानी की अधिक मात्रा उपलब्ध रहेगी। दूसरे, मोटे मिलावे का आकार बढ़ने से उसके बीच के रिक्त स्थानों का क्षेत्रफल भी कम होगा जिन्हें भरने के लिए सीमेंट मसाले की कम मात्रा की आवश्यकता होगी तथा अधिक मसाला उपलब्ध होने पर कंक्रीट की सुकार्यता बढ़ने से उसकी सामर्थ्य भी बढ़ जायेगी। संरचनात्मक कंक्रीट में 3.0-4.0 से०मी० आकार तक मोटा मिलावा प्रयोग करने से कंक्रीट की सामर्थ्य बढ़ती है। वास्तव में 2.5 से०मी० आकार का मोटा मिलावा सर्वोतम पाया गया है। 4 से०मी० से अधिक मोटा मिलावा प्रयोग करने पर कंक्रीट

की सामर्थ्य कम होना आरम्भ हो जाती है। चित्र–33.7 में कंक्रीट की सामर्थ्य व मिलावे के आकार का ग्राफ दिखाया गया है। परन्तु स्थूल कार्य के लिए प्रयोग की जाने वाली कंक्रीट में 20 से०मी० आकार के पत्थर भी प्रयोग किए जा सकते हैं।

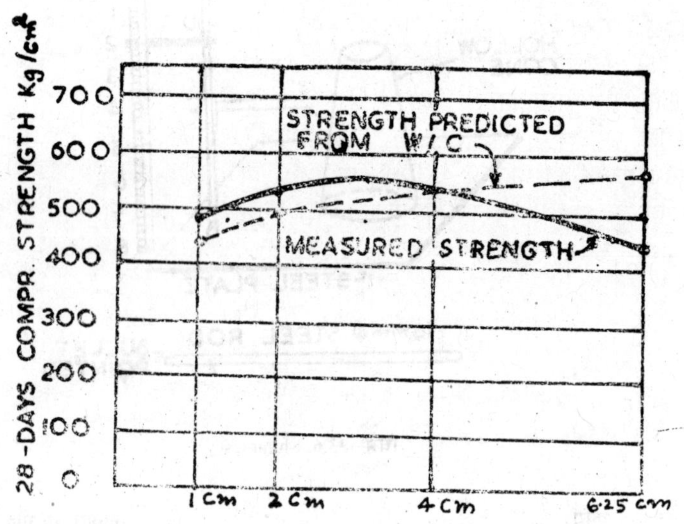

चित्र–33.7. Max Size Coarse Aggregate

(2) पानी की मात्रा बढ़ाने से—पानी की मात्रा बढ़ाने से कंक्रीट की सुकार्यता बढ़ जाती है परन्तु उसकी सामर्थ्य कम हो जाती है।

(3) मिलावे की किस्म (Particle interlock)—पत्थर तोड़कर बनाये गये मोटे मिलावे से बनी कंक्रीट अन्य अनुपात समान रहने पर ग्रेवल से बनी कंक्रीट की अपेक्षा कम सुकार्य (workable) होती है। टूटे पत्थर की सतह अपेक्षाकृत अधिक खुदरी होने के कारण उसकी सतह का क्षेत्रफल बढ़ जाता है। इस कारण सतह नम करने में अधिक पानी खर्च होता है जिससे सीमेंट मसाले में पानी की कम मात्रा रह जाती है तथा मसाला गाढ़ा बन जाता है, जिससे उसकी सुकार्यता कम हो जाती है परन्तु उसकी संपीडीय सामर्थ्य बढ़ जाती है परन्तु समान अन्य अनुपातों के लिए ग्रेवल वाली कंक्रीट की सुकार्यता प्राप्त करने के लिए अधिक सीमेंट की आवश्यकता होगी जिससे निश्चित जल–सीमेंट अनुपात के लिए मिलावे के स्नेहक (lubrication) के लिए अधिक पानी की मात्रा उपलब्ध रहेगी। टूटे पत्थर की सतह खुरदरी होने के कारण उसका घर्षण गुणांक भी अधिक होता है। इस कारण समान सुकार्यता के लिए अपेक्षाकृत अधिक सीमेंट की आवश्यकता होगी अतः सामर्थ्य वृद्धि की अपेक्षा इसकी लागत अधिक बढ़ जायेगी।

(4) महीन व मोटे मिलावे का अनुपात–किसी निश्चित मिलावा–सीमेंट अनुपात के लिए मोटे मिलावे की मात्रा बढ़ाने व महीन मिलावे की मात्रा कम करने से कंक्रीट की सुकार्यता बढ़ जाती है। इसका कारण यह है कि मोटा मिलावा बढ़ाने से कणों की सतह का क्षेत्रफल कम हो जाता है जिससे नम करने में पानी की मात्रा कम खर्च होती है अतः प्रति इकाई क्षेत्रफल पानी की अधिक मात्रा उपलब्ध हो जाती है जिससे कंक्रीट की सुकार्यता बढ़ जाती है। प्रायः यह अनुपात 1 : 2 का होता है।

(5) मिलावे का श्रेणीकरण (Grading of aggregates)–मिलावे का श्रेणीकरण (grading) ऐसा होना चाहिए कि मोटे मिलावे के कणों के रिक्त स्थान मोटे मिलावे की अपेक्षा महीन कणों द्वारा भरे जा सकें तथा प्रत्येक रिक्त स्थान में महीन मिलावा व सीमेंट मसाला सरलता से भरा जा सके। इस प्रकार के श्रेणीकरण से कंक्रीट की सुकार्यता बढ़ जायेगी। इसके विपरीत यदि किसी आकार के कण वांच्छित मात्रा से अधिक होंगे तो वह किसी स्थान पर एकत्रित हो जायेंगे तथा उनके रिक्त स्थानों से उनके आकार से कम आकार वाले कण नहीं निकाल पायेंगे। इससे कंक्रीट के अन्दर स्थानीय रिक्त स्थान रह जायेंगे। इन स्थानों से पानी बाहर निकल सकता है। इसके अतिरिक्त कंक्रीट में मिलाये जाने वाले पानी की काफी मात्रा इन रिक्त स्थानों के भरने में खर्च हो जायेगी तथा कंक्रीट में वांच्छित स्नेहक उत्पन्न करने के लिए पानी की पर्याप्त मात्रा नहीं बचेगी। इससे कंक्रीट की सुकार्यता कम हो जायेगी।

अतः अच्छी सुकार्यता प्राप्त करने के लिए मिलावे का श्रेणीकरण अच्छा होना चाहिए। इसी आधार पर अन्तर श्रेणीकरण का अविष्कार हुआ। अन्तर श्रेणी करण (gap grading) में मिलावे के किसी एक आकार के कणों को निकाल दिया जाता है।

33.19 कंक्रीट मिश्रण का डिजाइन (Concrete mix design)

कंक्रीट का सबसे महत्वपूर्ण गुण उसकी संपीडीय सामर्थ्य है। किसी भी कार्य के लिए कंक्रीट प्रयोग करने से पूर्व उस पर लगने वाले भार के अनुसार कंक्रीट की सामर्थ्य निर्धारित की जाती है। सामर्थ्य निर्धारण के पश्चात उसके अवयबों का अनुपात निर्धारित किया जाता है। घटकों का निर्धारण ही कंक्रीट मिश्रण डिजाइन कहलाता है। कंक्रीट मिश्रण डिजाइन बहुत सी विधियों द्वारा किया जा सकता है। उनमें में से कुछ का वर्णन नीचे किया गया है।

(1) स्वेच्छा अथवा अनुमानिक विधि (Arbitrary method)।

(2) न्यूनतम रिक्ति विधि (Minimun void method)।

(3) अधिकतम घनत्व विधि (Maximum density method)।

(4) मिलावा सूक्ष्मता मापांक विधि (Fineness Modulus method)।

(5) जांच विधि (Trial method)।

(1) स्वेच्छता विधि–यह विधि बहुत सरल है। इसकी सरलता के कारण प्रायः साधारण व छोटे कार्यों के लिए यही विधि अपनायी जाती है। इस विधि से सघन कंक्रीट प्राप्त करने के लिए मिश्रित मिलावे में न्यूनतम रिक्ति (voids) होनी चाहिए। इसके लिए मोटे मिलावे की रिक्ति भरने के लिए महीन मिलावे के कण पर्याप्त मात्राा में उपलब्ध

होने चाहिएँ। इसमें मोटे व महीन मिलावे का अनुपात 1.5 से 2.5 तक होता है। सीमेंट व मिलावा अनुपात कंक्रीट की सामर्थ्य पर निर्भर करता है। प्रायः सीमेंट महीन व मोटे मिलावे का अनुपात क्रमशः 1 : n : 2n होता है। इनका अनुपात प्रायः 1 : 1 ½ : 3. 1 : 2 : 4, 1 : 2 ½ : 5, 1 : 3 : 6 व 1 : 4 : 8 आदि होता है। पानी की मात्रा वांछित सुकार्यता पर निर्भर करती है। विभिन्न कार्यों के लिए उचित मिश्रिण निम्न तालिका–33.4 में दिये गये हैं।

तालिका-33.4

क्रम संख्या	कार्य की किस्म	मिश्रण अनुपात
1	भवन व मशीनों की नींव, स्थूल प्रबलित कंक्रीट कार्य आदि।	M 100 (1 : 3 : 6)
2.	सड़क, प्रबलित धरन, स्तम्भ, स्लेब आदि	M 150 (1 : 2 : 4)
3	जलरोधक संरचनायें, पाइल, स्तम्भ आदि।	M 200 (1 : $1\frac{1}{2}$: 3)
4.	अधिक सीमेंट वाले मिश्रण, स्तम्भ आदि के लिए।	M 250 (1 : 1 : 2)
5.	स्थूल कंक्रीट बांध आदि के लिए।	1 : 4 : 8

(2) न्यूनतम रिक्ति विधि (Minimum Void method)–इस विधि का उद्देश्य सघन कंक्रीट प्राप्त करना है। इस उद्देश्य की पूर्ति के लिए महीन मिलावे की मात्रा मोटे मिलावें की रिक्ति से अधिक व सीमेंट की मात्रा महीन मिलावे की रिक्ति (Void) से अधिक होनी चाहिए। इस विधि में महीन व मोटे मिलावे की रिक्ति पहले ज्ञात कर ली जाती है। पानी की मात्रा वांच्छित सुकार्यता के अनुसार डाली जाती है।

मिलावे की रिक्ति ज्ञात करने के लिए चिहित सिलिंडर व पानी का प्रयोग किया जा सकता है।

विधि सिलिंड़र में कुछ पानी भरो। माना पानी का आयतन $= V_1$
इस पानी में मिलावे का कुछ आयतन भरो। माना यह आयतन $= V_2$
माना पानी व मिलावे का आयतन = V.

रिक्ति प्रतिशत $$p = \frac{V - V_1}{V_2} \times 100$$

यह विधि बहुत उपयोगी सिद्ध नहीं हुई। पानी व महीन मिलावा मिलाने पर मोटे मिलावे के कण एक–दूसरे से अति अधिक दूर हट जाते हैं। इससे रिक्ति मात्रा पूर्व ज्ञात मात्रा की अपेक्षा अधिक बढ़ जाती है।

(3) अधिकतम घनत्व विधि–फुलर (Fuller) नामक इंजीनियर ने उपरोक्त विधि में सुधार किया। उसने मिलावे को इस प्रकार श्रेणी बद्ध (graded) किया कि उसका घनत्व अधिकतम हो। उसने महीन व मोटे मिलावे के अनुपात के लिए निम्न प्रयोग सिद्ध सूत्र बताया

$$P = \left[\frac{d}{D} \right]^{1/2} \times 100$$

जबकि D = सामग्री या मोटे मिलावे का अधिकतम आकार

d = महीन सामग्री का अधिकतम आकार

p = d से कम महीन कणों की प्रतिशत

उदाहरण के लिए माना मोटे मिलावे का अधिकतम आकार 2.0 से०मी० तथा महीन मिलावे का अधिकतम आकार 5 मि०मी० है। तब 5 मि०मी० से महीन कणों की प्रतिशत p निम्न प्रकार होगी।

$$p = \left[\frac{5}{20} \right]^{1/2} \times 100 = 50\%$$

अतः 50 kg मोटे मिलावे में सीमेंट सहित 50 kg महीन मिलावा मिलाया जायेगा। उपरोकत सूत्र के अनुसार विभिन्न आकार के मोटे व महीन मिलावे को श्रेणीबद्ध करना चाहिए। माना 1 : 8 सीमेंट व मिलावा अनुपात का मिश्रण तैयार करना है।

1 : 8 के सीमेंट मिलावे में सीमेंट की प्रति 100 kg मिश्रण मात्रा

$$= \frac{100}{8} \quad 12.5 \text{ kg}$$

तब महीन मिलावे की मात्रा = 50 – 12.5 = 37.5 kg

अतः सीमेंट 12.5 kg, महीन मिलावा 37.5 kg तथा मोटा मिलावा 50 kg मिलाया जायेगा।

माना सीमेंट महीन मिलावे व मोटे मिलावे का घनत्व क्रमशः 1.44, 1.75, 1.5 kg/lit है तथा सामग्री का आयतन क्रमशः 8.7, 21.3, 31.25 m^3 तथा इनका अनुपात 1 : 2-1/2 : 3-1/2 निकटतम होगा।

इस मिश्रण में पानी की पर्याप्त मात्रा डालकर सुकार्य कंक्रीट बनाई जा सकती है।

इस विधि से प्राप्त कंक्रीट की भी वांच्छित सामर्थ्य प्राप्त होना निश्चत नहीं हैं। दूसरे इस विधि में मिलावे का सही श्रेणीकरण करना बहुत कठिन है।

(4) सूक्ष्मता गुणांक विधि—इस विधि का वर्णन करने से पूर्व इसकी परिभाषा करना उचित होगा। सूक्ष्मता गुणांक केवल एक संख्यात्मक (Numerical) गुणांक है जो केवल मिलावा कणों के आकार का बोध कराता है। मिलावा सूक्ष्मता गुणांक ज्ञात करने के लिए उसकी I. S. चलनियों के ऊपर बची मात्रा तोलकर उनकी प्रतिशत ज्ञात कर जोड़ ली जाती है। समस्त प्रतिशतों के योग को 100 से भाग कर मिलावा सूक्ष्मता गुणांक ज्ञात कर लिया जाता हैं। मोटे मिलावे के लिए प्रायः 150 mm, 75mm, 40mm, 20mm व 10 mm छिद्र वाली चलनी तथा महीन मिलावे के लिए नं० 480, 240, 120, 60, 30 व 15 प्रयोग की जाती हैं। सुक्ष्मता गुणांक ज्ञात करने की विधि निम्न उदाहरण तालिका–33.5 से समझी जा सकती है–

मोटा मिलावा = 10 kg महीन मिलावा = 1 kg

तालिका-33.5

	मोटा मिलावा			महीन मिलावा		
I.S. Sieves	चली पर रुकने वाला भार	समस्त रुका भार	% भर रुका	चलनी पर रुकने वाला भार	समस्त रुका भार	% भार रुका
75 mm	0	0	0	--	--	--
40 mm	0	0	0	--	--	--
20 mm	2.5	2.5	25	--	--	--
10 mm	4.5	7.0	70	--	--	--
No. 480	2.0	9.0	90	--	--	--
No. 240	1.0	10	100	0.15	0.15	15
No. 120	0.0	10	100	0.25	0.40	40
No. 60	0.0	10	100	0.22	0.62	62
No. 30	0.0	10	100	0.20	0.82	82
No. 15	0.0	10	100	0.18	1.00	100
			685			299
	सूक्ष्मता गुणांक		6.85			2.99

मोटे व महीन मिलावे के सूक्ष्मता गुणांक की सीमा निम्न तालिका में दी गई है।

तालिका-33.6

मिलावे की किस्म	मिलावे का अधिकतम आकार से०मी०	सूक्ष्मता मापांक	
		न्यूनतम	अधिकतम
मोटा मिलावा	2.0 से०मी०	6.0	6.9
मोटा मिलावा	4.0 से०मी०	6.9	7.5
मोटा मिलावा	7.5 से०मी०	7.5	8.0
मोटा मिलावा	15.0 से०मी०	8.0	8.5
महीन मिलावा	--	2.0	3.5
मिश्रत मिलावा	2.0 से०मी०	4.7	5.1
मिश्रत मिलावा	2.5 से०मी०	5.0	5.5
मिश्रत मिलावा	3.2 से०मी०	5.2	5.7
मिश्रत मिलावा	4.0 से०मी०	5.4	5.9
मिश्रत मिलावा	7.5 से०मी०	5.8	6.3
मिश्रत मिलावा	15.0 से०मी०	6.5	7.0

नोट (1) मोटे मिलावे का अधिकतम आकार कंक्रीट परिच्छेद की न्यूनतम मोटाई का 1/4 से 1/5 होना चाहिए। (2) मिलावे का आकार मुख्य प्रबलन के बीच के अन्तराल से 5 मि०मी० कम होना चाहिए।

वास्तव में सूक्ष्मता मापाँक मिलावे के श्रेणीकरण का बोध भी कराता है। मिलावे का श्रेणीकरण (grading) ऐसा होना चाहिए कि मोटे मिलावे के रिक्ति स्थान महीन मिलावा तथा महीन मिलावे के रिक्त स्थान सीमेंट कणों द्वारा भरकर सघन कंक्रीट प्राप्त की जा सके। सघन कंक्रीट अधिक टिकाऊ होती है।

माना मोटे मिलावे का सूक्ष्मता गुणांक $= p_2$
महीन मिलावे का सूक्ष्मता गुणांक $= p_1$
मिश्रण का सूक्ष्मता गुणांक $= p$

तब महीन मिलावे की प्रतिशत
$$w = \frac{p_2 - p}{p - p_1} \times 100$$

पृष्ठ 498 की तालिका से $p_2 = 6.85$ व $p_1 = 2.99$
माना मिश्रण का सूक्ष्मता मापांक $= 5.4$

तब
$$w = \frac{p_2 - p}{p - p_1} \times 100$$
$$= \frac{6.85 - 5.4}{5.40 - 2.99} \times 100$$
$$= \frac{1.45}{2.41} \times 100 = .6 \times 100$$
$$= 60\% \text{ app.}$$

तब महीन व मोटे मिलावे का अनुपात 60 : 100 होगा।

अनुसंधान द्वारा यह पाया गया है कि महीन मिलावे का सूक्ष्मता गुणाक बढ़ाने से कंक्रीट की संपीडीय सामर्थ्य बढ़ती है परन्तु सूक्ष्मता गुणांक की एक निश्चित सीमा के पश्चात् सामर्थ्य कम होना आरम्भ हो जाती है।

(5) जाँच (Trial) विधि—यह विधि इस मान्यता पर आधारित है कि महीन व मोटे मिलावे के जिस अनुपात का भार किसी निश्चित आयतन के लिए अधिकतम होगा, उस अनुपात से कंक्रीट सघन बनेगी। अतः इस विधि में महीन व मोटे मिलावे को विभिन्न अनुपात में किसी पात्र में भर कर तोल लिया जाता है। जिस अनुपात से अधिकतम भार मिलता है वही अनुपात कंक्रीट बनाने के लिए चुन लिया जाता है।

इनके अतिरिक्त अन्य बहुत सी विधियाँ हैं परन्तु उन सबका वर्णन इस पुस्तक में संभव नहीं है।

33.20 भारतीय मानक कोड के अनुसार कंक्रीट के ग्रेड्स

भारतीय मानक (I-S. 456-1964) के अनुसार कंक्रीट सात वर्गों में विभाजित की जा सकती है। जैसे M 100, M 150, M 200, M 250, M 300, M 350, M 400 आदि।

M मिश्रण (Mix) प्रदर्शित करता है तथा 100 या 150 कंक्रीट की 28 दिन की सामर्थ्य kg/cm^2 में दर्शाते हैं।

निम्न तालिका–33.7 में विभिन्न ग्रेड की कंक्रीट की 28 दिन की सामर्थ्य दिखाई गई है।

तालिका-33.7

कंक्रीट का ग्रेड	15 से०मी० क्यूब की 28 दिन की सामर्थ्य	
	प्रयोगशाला में संपीडीय सामर्थ्य kg/cm^2	कार्य स्थल पर संपीडीय सामर्थ्य kg/cm^2
M 100	135	100
M 150	200	150
M 200	260	200
M 250	320	250
M 300	380	300
M 350	440	350
M 400	590	400

33.21 कंक्रीट में विभिन्न घटकों की मात्रा ज्ञात करना

कंक्रीट में शुष्क अवयवों की मात्रा इस सिद्धान्त पर ज्ञात की जा सकती है कि बनाई गई कंक्रीट का आयतन, पानी, सीमेंट व मिलावे के ठोस पदार्थ के योग के बराबर होगा। उदाहरण के लिए माना 1 : 2 : 4 अनुपात का मिश्रण बनाना है। सीमेंट, महीन व मोटे मिलावे के प्रति घन मीटर भार क्रमशः 1440, 1750, 1600 kg हैं तथा इनके रिक्त स्थानों (voids) की प्रतिशत क्रमशः 50, 45 & 40 हैं। मिश्रण में पानी 30 मीटर प्रति 50 kg सीमेंट थैला डालना है।

तब प्रति घन मीटर

तालिका-33.8

	पानी	सीमेंट	रेत या महीन मिलावा	मोटा मिलावा
लूज आयतन	30 लीटर	0.0347	0.0571	0.125
रिक्त स्थान	0	0.0174	0.0257	0.050
ठोस पदार्थ	0.03000	0.0173	0.0314	0.0750

सकल ठोस पदार्थ = $0.1537\ m^3$

अतः 1 : 2 : 4 अनुपात की 1 घन मीटर कंक्रीट के लिए सीमेंट की मात्रा

$$= \frac{1}{0.1537} = 6.5 \text{ थैले।}$$

रेत = $0.371\ m^3$

मोटा मिलावा = $0.813\ m^3$

इसी प्रकार अन्य अनुपातों के लिए कंक्रीट अवयवों की मात्रा ज्ञात की जा सकती हैं।

निम्न तालिका–33.9 में विभिन्न ग्रेड की कंक्रीट में विभिन्न अवयबों की मात्रा दिखाई गई है–

तालिका-33.9

साधारण कंक्रीट

क्रम संख्या	**कंक्रीट का ग्रेड**	**प्रति 50 kg सीमेंट के लिए सकल शुष्क मिलावे की मात्रा (इसमें दोनों मिलावे सम्मिलित है तथा अनुपात आयतन में है)**	**महीन व मोटे मिलावे का अनुपात**	**प्रति 50 kg सीमेंट पानी की मात्रा लीटर में**	**रिमार्क**
1.	M100	300 लीटर	साधारणतः महीन व मोटे मिलावे का अनुपात 1 : 2 होता है परन्तु इसे 1 : 1-1/2 से 1 : 3 तक बदला जा सकता है।	34.0	यदि महीन मिलावा बहुत महीन हो तो उसका अनुपात 1 : 1-1/2 रखा जाना चाहिए तथा 1 : 3 अनुपात मोटे मिलावे के कण बड़े होने पर रखा जाना चाहिए।
2.	M150	220 लीटर		32.0	
3.	M200	160 लीटर		30.0	
4.	M250	100 लीटर		27.0	

33.22 कंक्रीट मिलाना

मिलावा व सीमेंट का अनुपात निर्धारित करने के पश्चात् उन्हें अच्छी प्रकार मिलाया जाना चाहिए। प्रत्येक सामग्री की वांछित व सही मात्रा के लिए उन्हें 30 × 30 × 38 से०मी० आन्तरिक माप वाले पात्र से मापना उचित होगा। उपरोक्त माप रखने का उद्देश्य यह है कि 50 कि० ग्राम के सीमेंट थैले का आयतन उपरोक्त आयतन के बराबर होता है। कंक्रीट हाथ तथा मशीन से मिलाई जा सकती है। छोटे कार्यों के लिए प्रायः कंक्रीट हाथ से ही मिलाई जाती है। हाथ से मिलाने के लिए 2 × 2 मीटर धातु की चादर या पक्के प्लेट फार्म पर सर्वप्रथम सीमेंट व महीन मिलावा मिलाया जाता

है। इस मिश्रण का समान रंग होने तक इसे मिलाना चाहिए। इसके पश्चात् इसे मोटे मिलावे के चट्टे पर डालकर फावड़े अथवा बेलचे से दो या तीन बार मिलाना चाहिए। इसके पश्चात् इसमें पानी की उचित मात्रा डालकर अच्छी प्रकार मिलाना चाहिए। कंक्रीट मिलाने के 30 मिनट के अन्दर इसे यथा स्थान डालकर अच्छी प्रकार कुटाई करनी चाहिए। कंक्रीट डालते समय इस बात का ध्यान रखना चाहिए कि घटकों का पृथक्करण न होने पाये। प्रथक्करण बचाने के लिए कंक्रीट 1 मीटर से अधिक ऊँचाई से नहीं डालनी चाहिए।

33.23 सामर्थ्य परीक्षा के परिणामों को प्रभावित करने वाले घटक (Factors affecting the results of strength tests)

कंक्रीट की सामर्थ्य परीक्षण निम्न घटकों से प्रभावित होते हैं।

(1) प्रतिदर्श (Specimen) का आकार

(2) प्रतिदर्श की आकृति

(3) प्रतिदर्श बनाने की अवस्था (Condition of Casting)

(4) प्रतिदर्श में जलांश की मात्रा

(5) परीक्षण करते समय प्रतिदर्श का तापक्रम

(6) बेयरिंग (bearing) की अवस्था

(7) प्रतिदर्श पर भार लगाने की दर

(1) प्रतिदर्श का आकार—अमरीकन प्रणाली में 15 × 30 से०मी० आकार अर्थात 15 से०मी० व्यास व 30 से०मी० ऊँचा सिलिंडर कंक्रीट सामर्थ्य ज्ञात करने के लिए मानक प्रतिदर्श के रूप में प्रयोग किया जाता है। इससे अधिक अथवा कम आकार के प्रतिदर्श से ज्ञात की जाने वाली कंक्रीट की सामर्थ्य भिन्न होती है। यह देखा गया है कि जितना बड़ा प्रतिदर्श होगा उतनी ही कम सामर्थ्य होगी। निम्न तालिका–33.10 में 15 × 30 से०मी० सिलिंडर की आपेक्षिक सामर्थ्य दिखाई गई है।

तालिका-33.10

क्रम संख्या	सिलिंडर का आकार से०मी० में	आपेक्षिक संपीडीय सामर्थ्य %
1.	5 × 10	109
2.	7.5 × 15	106
3.	15 × 30	100
4.	20 × 40	96
5.	30 × 60	91
6.	45 × 90	86
7.	60 × 120	84
8.	90 × 180	82

(2) प्रतिदर्श की आकृति—सिलिंडर प्रतिदर्श का व्यास मोटे मिलावे के व्यास से 3 से 4 गुणा से कम नहीं होना चाहिए। प्रतिदर्श की ऊँचाई व व्यास का अनुपात

भी संपीडीय सामर्थ्य को प्रभावित करता है। ऊँचाई ब व्यास के अनुपात का प्रभाव निम्न तालिका–33.11 में दिखाया गया है।

तालिका-33.11

क्रम संख्या	प्रतिदर्श की ऊँचाई व व्यास का अनुपात	संशोधन घटक (Correction factor)
1.	2.00	1.0
2.	1.75	0.98
3.	1.50	0.96
4.	1.25	0.94
5.	1.10	0.90
6.	1.00	0.85
7.	0.75	0.70
8.	0.60	0.50

2.0 ऊँचाई व व्यास अनुपात वाले सिलिंड़र की सामर्थ्य क्यूब सामर्थ्य की लगभग 80% होती है।

(3) **प्रतिदर्श बनाने की अवस्था**–प्रतिदर्श बनाने की विधि का संपीडीय सामर्थ्य पर बहुत प्रभाव होता है। अपर्याप्त कुटाई सामर्थ्य को प्रभावित करती है। लोहे के सांचे में बनाये गये प्रतिदर्शों की सामर्थ्य कार्डबोर्ड साँचे में बनाये जाने वाले प्रतिदर्शों की अपेक्षा 3 से 9 प्रतिशत अधिक होती है।

(4) **परीक्षण के समय प्रतिदर्श में जलांश की मात्रा**–संतृप्त प्रतिदर्श की सामर्थ्य, वायु में शुष्क प्रतिदर्श की सामर्थ्य से 20 से 40% कम होती है।

(5) **परीक्षण के समय तापक्रम**–प्रतिदर्श के परीक्षण (test) के समय उसका ऊँचा तापक्रम होने से सामर्थ्य कम होगी। जितना अधिक प्रतिदर्श का तापक्रम होगा उतनी ही कम सामर्थ्य होगी। यह देखा गया है कि परीक्षण के समय 1 से 4°F ताप के परिवर्तन से सामर्थ्य में 1% का अन्तर हो जाता है।

(6) **प्रतिदर्श की बेयरिंग की अवस्था**–जिस सतह पर प्रतिदर्श रखकर टेस्ट किया जाता है वह सतह समतल रहनी चाहिए। प्रतिदर्श में पूर्णतः सामर्थ्य उत्पन्न करने के लिए परीक्षण के समय निम्न सावधारियाँ रखी जानी चाहिएं।

(a) प्रतिदर्श टेस्ट करने वाली मशीन के मध्य भाग में सही प्रकार से रखा जाना चाहिए तथा प्रतिदर्श की अक्ष ऊर्ध्वाधर होनी चाहिए।

(b) मशीन की सतह प्रतिदर्श अक्ष के समलम्बाकार होनी चाहिए।

(c) मशीन की सतह समतल होनी चाहिए।

(d) केपिंग (Capping) करने पर प्रतिदर्श व केपिंग पदार्थ की सामर्थ्य व प्रत्यास्था (elastic) गुण समान होने चाहिए।

(7) **भार लगाने की दर**–प्रतिदर्श टेस्ट करते समय उस पर दाब लगाने की दर सामर्थ्य को बहुत प्रभावित करती है। यह देखा गया है कि दाब जितना जल्दी लगाया

जायेगा सामर्थ्य उतनी ही अधिक होगी। साधारणतः प्रतिदर्श के इकाई क्षेत्रफल पर 2.4 kg/cm^2 प्रति सैंकड की दर से भार लगाया जाता है। यदि प्रतिदर्श पर 0.07 kg/cm^2 प्रति सैंकड दाब लगाया जाये तो सामर्थ्य अपेक्षाकृत 12% कम होगी तथा 70 kg/cm^2 की दर से दाब लगाने पर सामर्थ्य में 12% वृद्धि होगी।

33.24 कंक्रीट में जोड़

कंक्रीट में जोड़ प्रायः दो प्रकार के लगाये जाते हैं–

(1) निर्माण जोड़, (2) प्रसार व संकुचन जोड़

(1) निर्माण जोड़–कंक्रीट की कोई भी संरचना बनाते समय प्रायः समस्त भाग में कंक्रीट डालना कठिन होता है। संरचना को जलरोधी बनाने के लिए पहले से डाली हुई व ताजी कंक्रीट में जोड़ देना बहुत आवश्यक है। जोड़ के आर–पार प्रतिबल प्रेषित करने के लिए पुरानी कंक्रीट का प्रबलन नई कंक्रीट में दबाना आवश्यक है। इसके अतिरिक्त चित्र–33.8 में दिखाये अनुसार कर्तन बल की सुरक्षा के लिए 'की' (Key) बनाई जानी चाहिए। पुरानी व नई कंक्रीट का जोड़ बनाते समय निम्न विधि अपनानी चाहिए।

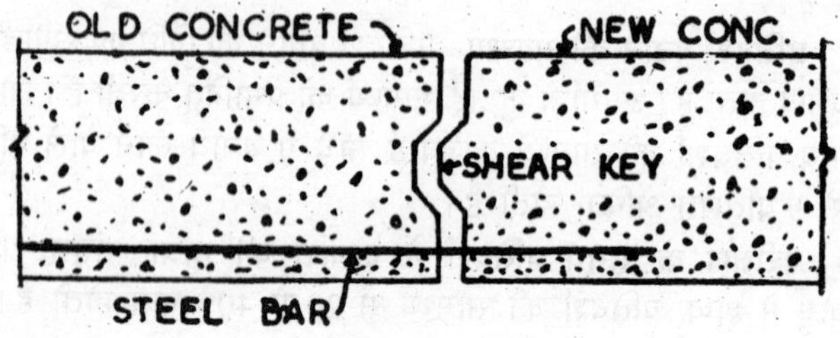

चित्र–33.8. Details of Construction Joint

(a) 4 घण्टे पश्चात् कंक्रीट की दूसरी परत डालने पर

प्रथम परत की सतह लोहे के तारों वाले ब्रुश से रगड़कर उसे पानी से साफ कर नई कंक्रीट परत लगानी चाहिए।

(b) पहली परत डालने के 48 घण्टे तक कंक्रीट की दूसरी परत लगाने पर

उपरोक्त विधि से पुरानी कंक्रीट सतह को साफकर उस पर सीमेन्ट व रेत के उसी अनुपात के मसाले की जिस अनुपात में सीमेन्ट व रेत कंक्रीट में मिलाये गये हैं, 1.5 से०मी० मीटी परत डालकर उसके ऊपर कंक्रीट की नई परत डालनी चाहिये।

(c) 48 घण्टे के पश्चात् दूसरी परत डालने पर

ऐसी स्थिति में पुरानी कंक्रीट सतह को छेनी से खोदकर उसे पानी से साफ कर केवल सीमेन्ट पानी का घोल छिड़कर उस पर 1.5 से०मी० मोटी सीमेन्ट रेत मसाले की परत डालनी चाहिए। मसाले में सीमेन्ट व रेत अनुपात कंक्रीट में सीमेन्ट–रेत अनुपात के बराबर ही होना चाहिए। मसाले की परत सीमेन्ट घोल के सूखने से पहले ही डालनी चाहिए। इसके तुरन्त पश्चात् कंक्रीट की दूसरी परत बिछा देनी चाहिए।

पुरानी सतह को खुरदरा बनाने के लिए sand blasting विधि भी अपनाई जा सकती है।

लम्बी तथा ऊँची दीवारों में क्षैतिज व ऊर्ध्वाधर जोड़ बनाने की आवश्यकता होती है। ऊर्ध्वाधर जोड़ में सीलन रोक परत लगानी चाहिए। चित्र–33.9 में ऊँची दीवार में ऊर्ध्वाधर जोड़ दिखाया गया है। चित्र–33.10 में दीवार में क्षैतिज जोड़ दिखाया गया है। बहुतल (Multistoried) भवनों के स्तम्भों में जोड़ के लिए निचले स्तम्भ में गुज्झी (dowl) जोड़ दिये जाते हैं। इन स्तम्भों के ऊपर फर्श की कंक्रीट 2 घन्टे पश्चात् डालनी चाहिए। ऐसा करने से स्तम्भ के संकुचन के कारण स्तम्भ के शिखर व फर्श के बीच खाली स्थान रहने का भय नहीं रहेगा।

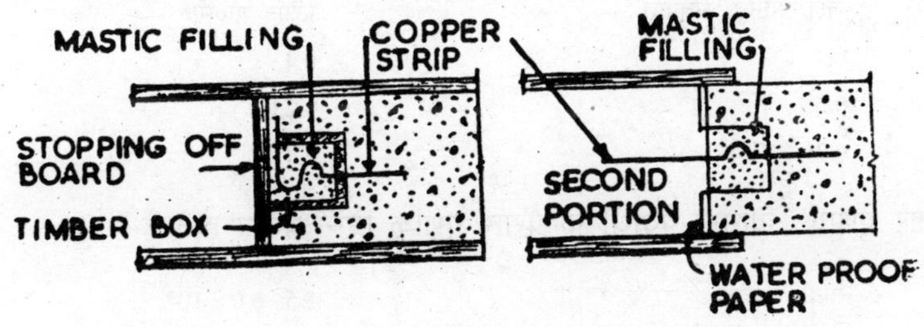

चित्र–33.9. Vertical Joint in High Wall

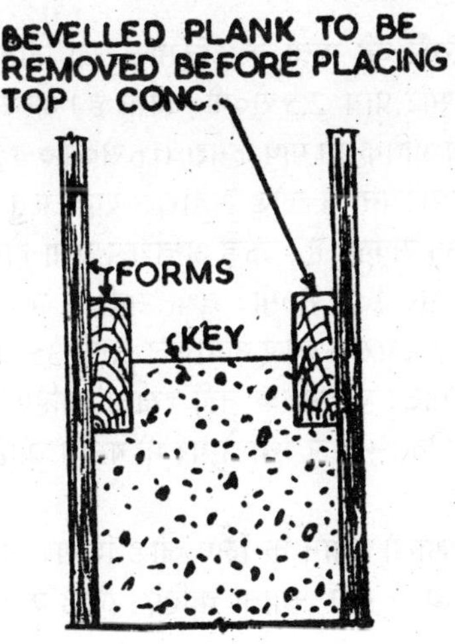

चित्र–33.10. Hori Zontal Joint in Wall

(2) प्रसार व संकुचन जोड़

कंक्रीट में सीमेन्ट के जलयोजन (hydration), ताप परिवर्तन तथा पानी की मात्रा के परिवर्तन से कंक्रीट आयतन में परिवर्तन होता है, जिसके कारण कंक्रीट में अधिक प्रतिबल उत्पन्न हो जाते हैं। ताप बढ़ने से कंक्रीट के प्रसार के कारण उसमें संपीडीय प्रतिबल तथा ताप कम होने पर संकुचन के कारण तनन प्रतिबल उत्पन्न होता है। क़ंक्रीट तनन प्रतिबल सहन करने में बहुत कमजोर होती है। कंक्रीट संकुचन के कारण उसमें दरारें उत्पन्न हो जाती हैं जिससे पानी की रिसन आरम्भ हो जाती है। कंक्रीट संकुचन, सीमेन्ट की मात्रा तथा जल–सीमेन्ट अनुपात पर निर्भर करती है। जितनी अधिक पानी की मात्रा होगी उतना ही अधिक संकुचन होगा। 1 : 2 : 4 कंक्रीट में प्रति 30 मीटर लम्बाई में निम्न प्रसार पाया गया है–

जल–सीमेंट अनुपात	प्रसार से०मी०
0.3	0.4
0.6	1.25
0.7	2.4

प्रसार गुणांक–विभिन्न पदार्थों के प्रसार गुणांक निम्न प्रकार होते हैं–

सादी कंक्रीट	$5.5 - 6.0 \times 10^{-6}$
प्रबलित कंक्रीट	6.5×10^{-6}
लोहा	6.7×10^{-6}
ईंट	3.0×10^{-6}

33.25 प्रसार जोड़ों का अन्तराल

जोड़ अन्तराल प्रसार की मात्रा के अनुसार रखा जाता है। 50°F तापान्तर पर प्रति 60 मीटर लम्बाई प्रसार प्रायः 2.5 से०मी० होता है। अनसंधानकर्ताओं के अनुसार प्रसार जोड़ की न्यूनतम व अधिकतम माप क्रमशः 0.6 से०मी० व 2.5 से०मी० होनी चाहिए। ग्रीष्म ऋतु में बनाई गई संरचना में जोड़ अन्तराल शर्द ऋतु में बनाई गई संरचनाओं की अपेक्षा अधिक रखा जा सकता है। जोड़ अन्तराल ऐसा होना चाहिए कि गीष्म ऋतु में बनी संरचनाओं में प्रसार 1.25 से०मी० तथा सर्दी मे बनी संरचना में 2.5 से०मी० से अधिक नहीं होना चाहिए। प्रसार जोड़ अन्तराल 20 से 35 मीटर तक रखा जा सकता है परन्तु साधारणतः 20 मीटर से अधिक नहीं रखना चाहिए। इसके अतिरिक्त प्रसार जोड़ संरचना के दिशा परिवर्तन वाले स्थानों पर भी बनाने चाहिएँ। जैसे L, T, U आकार की संरचनाओं में।

प्रसार जोड़ प्रभावशाली बनाने के लिए जोड़ शिखर से नींव कंक्रीट तक पृथक होने चाहिएँ। प्रबलन जोड़ों में नहीं लगाना चाहिए। जोड़ बनाने में सरल होने चाहिएँ।

33.26 जलरोधी सील

प्रसार जोड़ों से पानी की रिसन रोकने के लिए उनमें जोड़ भराव तथा सीलन

रोक पदार्थ भर दिये जाते हैं। कभी–कभी सीलन रोक पदार्थों के स्थान पर सीलन रोक धातु की सील भी लगाई जाती है। जोड़ भराव पदार्थ संपीडीय, छिद्रल (Cellular) तथा लचीले होने चाहिएँ। ये पदार्थ भंगुर नहीं होने चाहिएँ तथा कार्य करते समय उत्पन्न प्रतिबल सहन करने में समर्थ होने चाहिएँ। जलरोधी सील के लिए निम्न पदार्थ प्रयोग किये जा सकते हैं।

(1) डामर लगे रेशे (fibre) के तख्ते, (2) गांठरहित मुलायम लकड़ी के तख्ते, (3) प्राकृतिक कार्क, (4) रबड़, (5) पानी रहित कार्क आदि।

जल रोक सील (Water stop)–जिन स्थानों पर सीलन रोक केविटि बनाना कठिन हो तहाँ जल रोक परत लगाई जा सकती है। इसके लिए डामर अथवा धातु के ब्लॉक प्रयोग किये जा सकते हैं। इसके लिए इस्पात, स्टेनलेस स्टील, ताँबा आदि पदार्थ उपयुक्त हैं। ताँबे की 1.6 mm मोटी स्ट्रप पर्याप्त है। ताँबे की स्ट्रप को कंक्रीट में अच्छी प्रकार जकड़ने के लिए 20 से०मी० अन्तराल पर 1.2 से०मी० के छिद्र बनाये जाते हैं।

33.27 कंक्रीट सड़कों में जोड़

सीमेन्ट कंक्रीट की सड़क पेलनों (Penals) में बनाई जाती हैं। पेलन एक दूसरे से स्वतन्त्र बनाये जाते हैं। इनके जोड़ लचीले पदार्थ जैसे फेल्ट, कार्क अथवा डामर से भर दिये जाते हैं। इन जोड़ों के सिरों को टूटने से बचाने के लिए चित्र–33.11 में दिखाये अनुसार डामर भर दिया जाता है।

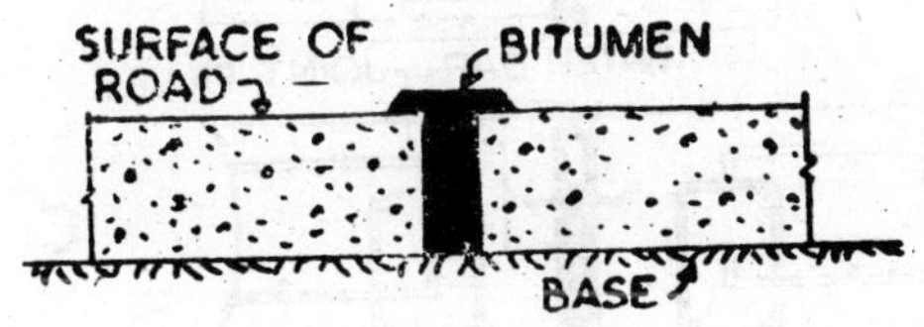

चित्र–33.11. Flexible Joint in Concrete Road

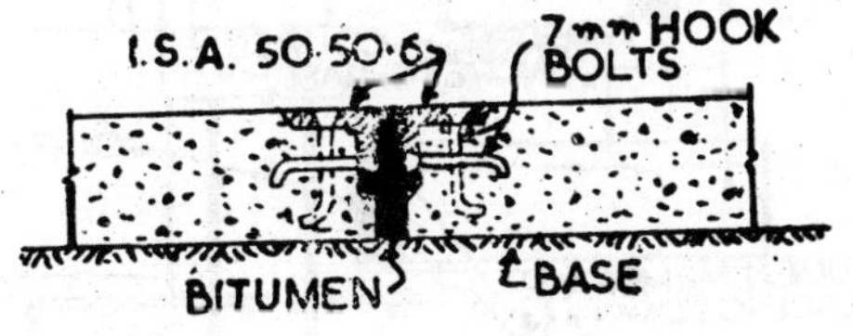

चित्र–33.12. Rigid Joint in Concrete Road

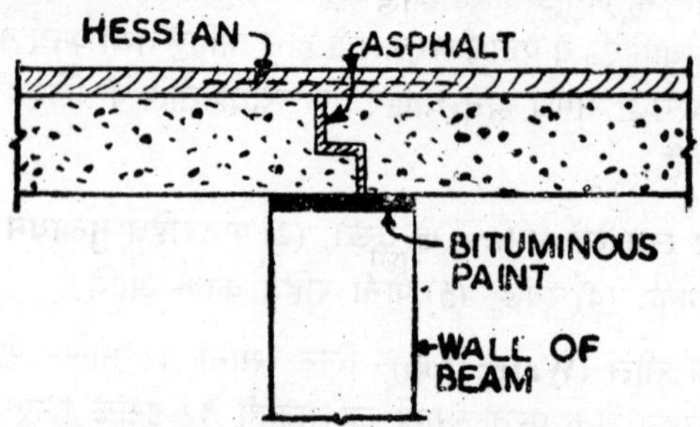

चित्र–33.13. Expension Joint in Roofs

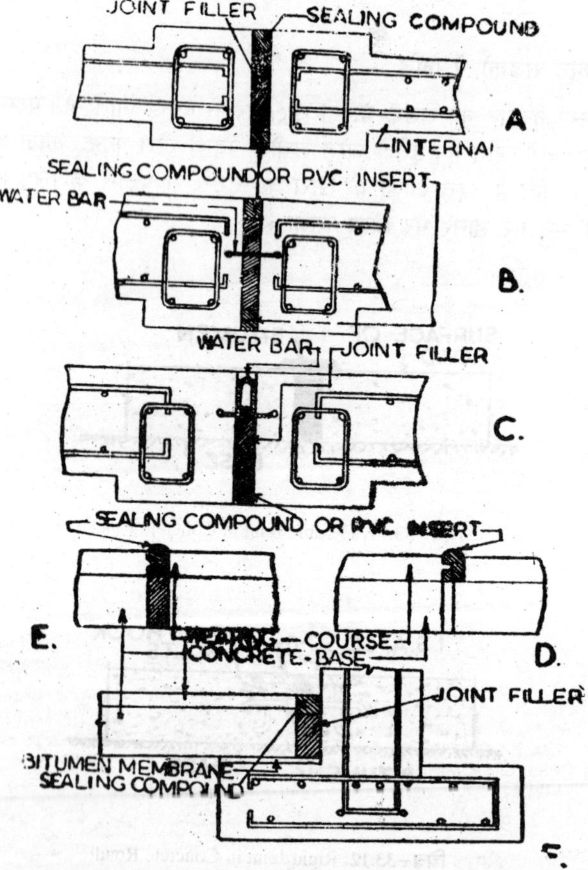

चित्र–33.14. Typical Joint Designs for Reinforced Concrete

अधिक यातायत वाली कंक्रीट सड़कों कें जोड़ों पर लोहे के एंगिल लगा दिये जाते हैं। एंगिल व कंक्रीट में अच्छे जोड़ के लिए चित्र–33.12 में दिखाये अनुसार एंगिल 7 mm हुक बोल्ट द्वारा जोड़ दिए जाते हैं।

33.28 छतों में प्रसार जोड़

छत की कंक्रीट में ज़ोड़ धरन अथवा दीवार के ऊपर लगाना चाहिए जिससे यह दिखाई न दे सकें। यह जोड़ जलरोधी होने के साथ–साथ गति करने में भी स्वतन्त्र होना चाहिये। इस कारण छत की निचली सतह व धरन अथवा दीवार के ऊपरी भाग के बीच डामर की पतली परत लगाई जानी चाहिए। डामर या ऐसल्ट के फटने को रोकने के लिए उसके ऊपर टाट (hessian) का टुकड़ा बिछाकर उसके ऊपर चित्र–33.13 में दिखाये अनुसार ऐस्फाल्ट की परत लगा देनी चाहिए।

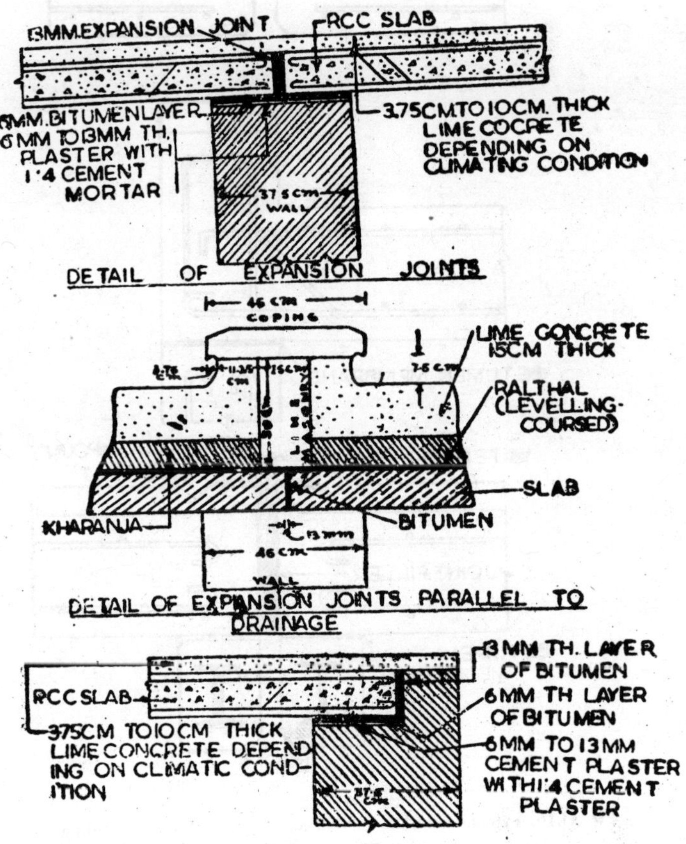

चित्र–33.15. Detail of Bearing of RCC Slab Over Wall

चित्र–33.14 A, B, C में दीवारों पर तथा D, E, F में प्रबलित कंक्रीट की छतों के विभिन्न जोड़ दिखाये गये हैं।

चित्र–33.15 में दीवार के ऊपर प्रबलित कंक्रीट की छत के विभिन्न जोड़ दिखाये गये हैं।

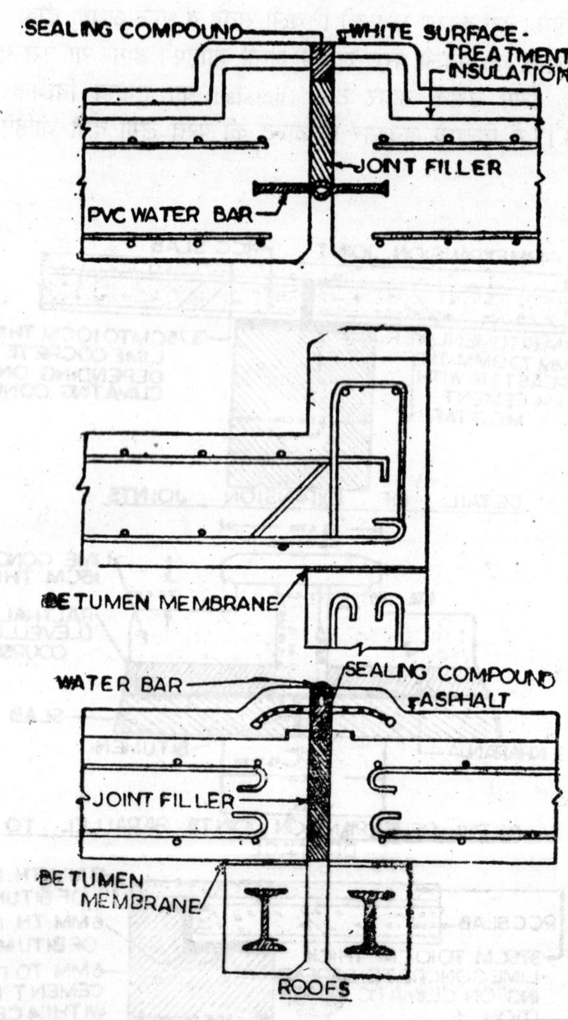

चित्र–**33.16.** Typical Joint Designs for Reinforced Concrete Buildings

चित्र–33.16 में प्रबलित कंक्रीट की छतों के जोड़ दिखाये गये हैं।

पानी संचय करने के लिए प्रबलित कंक्रीट के टैंक बनाने पर उनके अधिक वर्चस के कारण दीवारों व तली पर बहुत अधिक दाब लगता है, इस कारण उनके जोड़ों का विशेष ध्यान रखा जाना चाहिए। इनके जोड़ जलरोधी बनाने के लिए कंक्रीट डालते समय ही चित्र–33.9 में दिखाये अनुसार जोड़ के आर–पार ताँबे की स्ट्रप (strip) लगा दी जाती है। दीवार के संचलन (movement) के लिए इस स्ट्रप के मध्य भाग में लूप बनाकर उसे लूज रखा जाता है। स्ट्रप के स्वतन्त्र संचलन के लिए उसके चारों ओर ऐस्फाल्ट भर दिया जाता है।

टैंक की दीवार, आधार के साथ एकाशमी (monolithic) नहीं बनाई जाती तथा तली की स्लेब अलग से बनाई जाती है। इस कारण तली की स्लेब व दीवार आधार में उचित जोड़ बनाया जाना चाहिए। दीवार के आधार में कंक्रीट डालते समय तली की स्लेब के लिए चित्र–33.17 में दिखाये अनुसार खसका छोड़ना चाहिए।

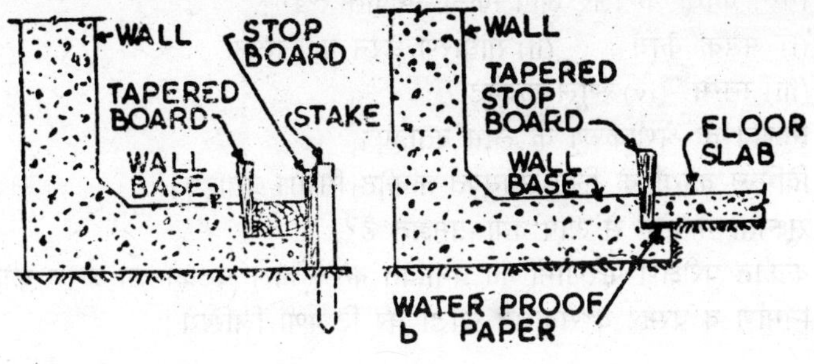

चित्र–33.17. Bottom Joint in Water Tank At

दीवार के आधार की कंक्रीट कठोर हो जाने के पश्चात् खसके पर जलरोधी कागज बिछाकर कंक्रीट डाली जाती है। स्लेब कंक्रीट के कठोर हो जाने पर वेज आकृति के (tapered) स्टोप को निकालकर उसके स्थान पर ऐस्फाल्ट आदि लचीला पदार्थ भर देना चाहिए।

प्रश्नावली

(1) सीमेन्ट कंक्रीट के अवयबों के नाम लिखये तथा कार्य भी बताइए।

(2) कंक्रीट में सामर्थ्य उत्पन्न होने की क्रिया का समझाकर वर्णन कीजिए।

(3) सीमेन्ट कितने प्रकार की होती है ? साधारण पोर्टलैंड सीमेन्ट के गुणों का वर्णन कीजिए।

(4) सीमेन्ट के विभिन्न अवयबों का उसकी सामर्थ्य पर क्या प्रभाव होता है?

(5) पानी की नमी का महीन मिलावे पर क्या प्रभाव होता है?

(6) सीमेन्ट कंक्रीट की सामर्थ्य पर पानी की मात्रा का क्या प्रभाव होता है?

(7) कंक्रीट सामर्थ्य किन–किन घटकों से प्रभावित होती है?

(8) कंक्रीट सामर्थ्य पर तराई तापक्रम का क्या प्रभाव होता है?

(9) अवपात से आप क्या समझते है? अवपात परीक्षण का समझाकर वर्णन कीजिए।

(10) निम्न कार्यो के लिए आप किना अवपात रखेंगे?

(i) सड़क कार्य (ii) साधारण धरन व लिंटल

(iii) स्तम्भ (iv) स्थूल कंक्रीट

(11) मिलावे के श्रेणीकरण के लाभ बताइए।

(12) विभिन्न कार्यो के लिए उपयुक्त कंक्रीट मिश्रण बताइए।

(13) सूक्ष्मता मापांक से आप क्या समझते हैं?

(14) कंक्रीट परीक्षण परिणामों को प्रभावित करने वाले घटकों का वर्णन कीजिए।

(15) निर्माण व प्रसार व संकुचन जोड़ों पर टिप्पणी लिखिये।

34

प्रबलित कंक्रीट

34.1 प्रस्तावना

संरचना निर्माण के लिये आजकल प्रबलित कंक्रीट बहुत ही महत्वपूर्ण पदार्थ है। प्रबलित कंक्रीट का आविष्कार सर्वप्रथम फ्रांस में 1850 में हुआ था। इसके पश्चात् विभिन्न देशों में प्रबलित कंक्रीट के प्रयोग का प्रचलन हुआ। प्रबलित कंक्रीट के आविष्कार से पूर्व भवन व पुल आदि के निर्माण के लिये लोहा, पत्थर, ईंट व सादी कंक्रीट का ही प्रयोग होता था। इनमें से ईंट, पत्थर व सादी कंक्रीट की तनन सामर्थ्य बहुत कम होने के कारण संरचना मितव्ययी नहीं होती थी। लोहा तनन प्रतिबल सहन करने में बहुत अच्छा पदार्थ होने के कारण सादी कंक्रीट व लोहे के संयोजन का प्रयोग किया गया।

34.2 प्रबलन

प्रबलन के लिए बाँस, लोहे या इस्पात की गोल, वर्गाकार छड़ें व प्लेट आदि प्रयोग किये जा सकते हैं। परन्तु इन सब में गोल छड़ों का प्रचलन ही अधिक है। आजकल ऐंठी हुई छड़ें (Twisted & defermed bars) अधिक प्रयोग की जाती हैं। इनका विस्तारपूर्वक वर्णन यहाँ सम्भव नहीं हैं।

34.3 प्रबलित कंक्रीट के गुण

प्रबलित कंक्रीट के प्रायः निम्न गुण होते हैं :

(1) कंक्रीट सख्त होते समय अथवा जमते समय प्रबलन की सतह को अच्छी प्रकार जकड़ लेती है। इस प्रकार यह तनन प्रतिबल को पारेषित करती है।

(2) इस्पात व कंक्रीट का रेखीय प्रसार गुणांक समान होता है इस कारण तापक्रम में अन्तर होने पर भी कंक्रीट में आन्तरिक प्रतिबल उत्पन्न नहीं होते।

(3) इस्पात की सतह पर सीमेन्ट की परत का प्रतिकूल प्रभाव नहीं होता वरन् वह उसे जंग लगने से बचाती है।

34.4 प्रबलित कंक्रीट के लाभ

(1) यह टिकाऊ तथा अग्नि सह होती है। इसमें दीमक भी नहीं लगती और न ही यह गलती या सड़ती है।

(2) यह जल प्रतिरोधी बनाई जा सकती है।

(3) प्रबलित कंक्रीट संरचनाओं का अनुरक्षण व्यय बहुत कम होता है।

(4) इसे किसी भी आकृति में सरलता से ढाला जा सकता है।

(5) इसकी निर्माण सामग्री सरलता से उपलब्ध हो जाती है।

(6) प्रबलित कंक्रीट संरचनाएँ अधिक दृढ़ होती हैं।

(7) इनका निर्माण व अनुरक्षण व्यय कम होता है।

34.5 बुनियादी मान्यतायें (Basic assumptions)

प्रबलित कंक्रीट में निम्न बुनियादी मान्यतायें मानी गई हैं :

(1) इस्पात की प्रत्यास्थता सीमा के भीतर कंक्रीट व इस्पात में आसंजन पूर्ण (perfect) होता है।

(2) कंक्रीट का प्रत्यास्थता मापांक समस्त प्रतिबलों पर समान रहता है इस पर प्रतिबल की अवधि का कोई प्रभाव नहीं पड़ता।

(3) बंकन से पूर्व का समतल परिच्छेद बंकन के पश्चात् भी समतल ही रहता है।

(4) परिच्छेद के समस्त तनन प्रतिबल इस्पात द्वारा वहन करते माने जाते हैं।

(5) इस्पात अथवा लोहे को कंक्रीट में दबाते समय उसमें प्रारम्भिक प्रतिबल नहीं होते।

34.6 प्रबलित कंक्रीट संरचनाओं के विफल होन के कारण

प्रबलित कंक्रीट संरचनायें निम्न कारणों से विफल हो जाती हैं।

(1) इस्पात में अनुज्ञेय तनन (Permissible) प्रतिबल से अधिक तनन प्रतिबल उत्पन्न होने पर।

(2) कंक्रीट में संपीडन प्रतिबल अनुज्ञेय संपीडन प्रतिबल से अधिक उत्पन्न होने पर।

(3) कंक्रीट में अनुज्ञेय कर्तन प्रतिबल से अधिक कर्तन प्रतिबल उत्पन्न होने पर।

(4) कंक्रीट व इस्पात की जकड़ (bond) समाप्त हो जाने पर।

(5) कंक्रीट में संकुचन, क्रीप, तापक्रम के कारण अधिक संकुचन व प्रसार होने के कारण।

(6) कंक्रीट में दरार पड़ जाने व वायुमण्डलीय दुष्प्रभाव के कारण। प्रबलित कंक्रीट की धरन, लिंटल व स्तम्भ आदि की डिजाइन विधि नीचे समझाई गई है।

34.7 प्रबलित कंक्रीट संरचनाओं के विभिन्न अवयबों को डिजाइन (Design of different components of R. c. c. structures)

डिजाइन भार—डिजाइन करते समय बुनियादी बात याद रखने योग्य यह हैं कि कोई भी अवयब उस पर लगने वाले भार को बहन करने में समर्थ होना चाहिए। इस कारण अवयब पर लगने वाले भार की सही–सही गणना करना बहुत आवश्यक है। प्रायः निम्न तीन प्रकार के भार किसी भी संरचना पर कार्य करते हैं :

(1) अचल भार (dead load)

(2) चल भार (Live load)

(3) वायु भार (Wind load)

उपरोक्त भार अनुबन्ध (Appendix I) में दिखाये गये हैं।

उदाहरण-1—निम्न आंकड़ों से किसी दो मंजिले भवन की नींव का डिजाइन कीजिए।

(1) नींव रेतीली भूमि पर बनी है जिसका विश्राम कोण 30° है।

(2) भूमि की सुरक्षित धारक क्षमता = 16 टन प्रति वर्ग मीटर

(3) दीवार की मोटाई = 30 से०मी०

(4) भूतल से ऊपर दीवार की ऊँचाई पेरापट सहित = 9.5 मीटर

(5) छत की मोटाई (i) प्रबलित कंक्रीट = 15 से०मी०

(ii) चूना कंक्रीट = 10 से०मी०

(6) फर्श (i) सीमेन्ट कंक्रीट = 12.5 से०मी०

(ii) टेरोजो परत = 2.5 से०मी०

(7) कंक्रीट फर्श अधिकतम पाट = 4 मी०

प्रबलित कंक्रीट का भार = 2300 कि० ग्रा०/घ० मी०

चूना कंक्रीट का भार = 1920 कि० ग्रा०/घ० मी०

मिट्टी का भार = 1650 कि० ग्रा०/घ० मी०

हल

नींव की गहराई
$$D = \frac{P}{w}\left[\frac{1-\sin\phi}{1+\sin\phi}\right]^2$$

$$= \frac{16\times 1000}{1650}\times\left[\frac{0.5}{1.5}\right]^2$$

$$= \frac{16\times 1000}{1650}\times\frac{1}{9} = 1.078 \text{ m}$$

$$= 1.1 \text{ m}$$

अतः नींव की गहराई 110 से०मी० मानी जा सकती है। नींव में प्रायः 1 : 3 चूना कंक्रीट का प्रयोग किया जाता है। नींव परत का प्रक्षेप प्रायः 15 से०मी० माना जाता है।

तली के कंक्रीट ब्लॉक की मोटाई
$$d = \sqrt{\frac{3p\times j^2}{m}}$$

जबकि p = नींव पर भार कि० ग्राम में

j = कंक्रीट ब्लॉक का प्रक्षेप

m = कंक्रीट का विदारण मापांक (Modulus of rupture)

(1 : 3 चूना कंक्रीट के लिये विदारण मापांक 1.55 kg/m^2 होता है, इसका मान पृष्ठ 14 पर दिया है)

$$d = \left[\frac{3 \times 1600 \times 0.15 \times 0.15}{1.55}\right]^{1/2}$$

$$= 26.4$$

कंक्रीट ब्लॉक की मोटाई 26.5 से०मी० मानी जा सकती है।

नींव की चौड़ाई—नींव की चौड़ाई ज्ञात करने के लिए सर्वप्रथम नींव पर प्रति मीटर लगने वाले भार की गणना आवश्यक है। यह भार निम्न प्रकार ज्ञात किया जा सकता है।

(1) नींव पर प्रति मीटर लम्बाई दीवार का भार—भूतल से नीचे दीवार का भार ज्ञात करने के लिए भू–तल से ऊपर दीवार ऊँचाई में 1 मीटर लम्बाई जोड़ दी जाती है।

दीवार का प्रति मीटर लम्बाई भार = ल० × चौ० × ऊँचाई × प्रति घन मीटर चिनाई का भार

$$= 1.0 \times 0.30 \times (9.5 + 1.0) \times 1920$$

$$= 0.3 \times 10.5 \times 1920$$

= 6050 कि० ग्राम

(2) तली के कंक्रीट ब्लॉक का भार = ल० × चौ० × कंक्रीट की मोटाई × प्रतिघन मीटर कंक्रीट का भार

$$= 1 \times [2\ (0.3 + 0.15)] \times 0.265 \times 1920$$

$$= 1 \times 0.9 \times 0.265 \times 1920$$

= 458.0 कि० ग्राम

(3) छत का भार—छत के भार में निम्न भार सम्मलित होंगे।

(i) 15 से०मी० मोटी प्रबलित कंक्रीट का भार

$$= 0.15 \times 2300$$

= 345 कि० ग्राम प्रति वर्ग मीटर

(ii) 10 से०मी० चूना कंक्रीट का भार

$$= 0.1 \times 1920$$

= 192 कि० ग्राम/वर्ग मीटर

(iii) चल या live भार = 200 कि० ग्राम/वर्ग मीटर

सम्पूर्ण छत का भार = 737 कि० ग्राम/वर्ग मीटर

छत का अधिकतम पाट = 4 मीटर

प्रत्येक दीवार पर प्रति मीटर लम्बाई भार

$$= \frac{734 \times 4}{2} = 1474$$

(4) कंक्रीट फर्श का भार--दो मंज़िला भवन होने के कारण चल भार में कमी हो जायेगी। इस कारण चल व अचल भार पृथक–पृथक ज्ञात किये गये हैं।

(i) 12 से०मी० मोटी प्रबलित कंक्रीट का भार

= 0.12 × 2300

= 276 कि० ग्राम

(ii) 2.5 से०मी० टैरोजो परत का भार

= 0.025 × 1920

= 48 कि० ग्राम

सकल भार = 324 कि० ग्राम/वर्ग मीटर

प्रत्येक छत का प्रत्येक दीवार पर भार $= \frac{324 \times 4}{2} = 648$

(5) चल भार--प्रत्येक फर्श पर चल भार

= 200 कि० ग्राम/वर्ग मीटर

प्रत्येक दीवार पर चल भार $= \frac{200 \times 4}{2} \times 0.9 = 360$ कि०ग्राम

प्रत्येक दीवार पर सकल भार = (1 + 2 + 3 + 4 + 5)

= 6050 + 458.0 + 1474 + 648 + 360

= 8990 कि० ग्राम = 9000 कि० ग्राम

= 9 टन

नींव की चौड़ाई $= \frac{9}{16} = 0.5625$ मीटर

= 56.25 से०मी०

व्यावहारिक दृष्टि से चौड़ाई = 2 × 30 + 2 × 15 = 90 से०मी०

अतः नींव की चौड़ाई 90 से०मी०

नींव की गहराई D = 110 से०मी०
नींव की चौड़ाई = 90 से०मी०] **उत्तर**

नींव के कंक्रीट ब्लाक की मोटाई d = 26.5 से०मी० उत्तर

उदाहरण-2--ईंट चिनाई के स्तम्भ की नींव का निम्न आंकड़ों से डिजाइन कीजिए।

(i) वर्गाकार स्तम्भ की भुजा = 70 से०मी०

(ii) स्तम्भ पर भार = 35000 कि० ग्राम

(iii) कंक्रीट में अनुज्ञेय प्रतिबल = 32000 कि० ग्राम प्रति वर्ग मीटर

(iv) भूमि में अनुज्ञेय प्रतिबल = 10,000 कि० ग्राम प्रति वर्ग मीटर

(v) मृदा का भार = 1920 कि० ग्राम प्रति घन मीटर

(vi) सृदा का विश्राम कोण = 30°

हल–

ईंट की चिनाई के स्तम्भ पर भार = 35000 कि० ग्राम

स्तम्भ का स्वयं का भार = 35000 का 10% मान लिया गया

मृदा पर लगने वाला सकल भार = 38500 कि० ग्राम

∴ कंक्रीट ब्लॉक के आधार का क्षेत्रफल

$$= \frac{38500}{1000} = 3.85 \text{ वर्ग मीटर}$$

वर्गाकार कंक्रीट ब्लॉक की एक भुजा

$= \sqrt{3.85} = 1.96$ मीटर

= 196 से०मी०

स्तम्भ की सबसे निचली परत (जो कंक्रीट के सम्पर्क में रहेगी) का क्षेत्रफल

$$= \frac{38500}{32000}$$

= 1.203 मीटर

नींव की एक भुजा की माप

$= \sqrt{1.203}$

= 1.098

= 1.1 मीटर

यद्यपि नींव की एक भुजा की माप 1.1 मीटर आती है परन्तु स्थिरता व मितव्ययिता के कारण इसकी न्यूनतम माप

= 2T

= 2 × 70 = 140 से०मीं० रखी जायेगी

कंक्रीट ब्लॉक की मोटाई

$$d = \left[\frac{3p\,j^2}{m}\right]^{1/2}$$

$$j = \frac{1.96 - 1.40}{2} = 0.28 \text{ मीटर}$$

1 : 3 : 6 सीमेंट कंक्रीट के लिए m = 3.52

$$d = \left[\frac{3 \times 10000 \times .28 \times .28}{3.52}\right]^{1/2}$$

= 25.85 से०मी०

= 26 से०मी०

नींव की गहराई

$$D = \frac{P}{w}\left[\frac{1 - \sin\phi}{1 + \sin\phi}\right]^{1/2}$$

$$= \frac{10,000}{1920} \times \frac{1}{9} = 0.579 \text{ मीटर}$$

$$= 0.58 \text{ मीटर}$$

परन्तु नियम के अनुसार नींव की गहराई 90 से कम नहीं होनी चाहिए।

34.8 धरन, स्लेब व लिन्टल का डिजाइन

प्रबलित कंक्रीट की धरन, स्लेब व लिन्टल आदि का डिजाइजन करते समय निम्न नियमों का पालन करना आवश्यक है।

(1) कंक्रीट व इस्पात में अनुज्ञेय प्रतिबल I.S. 456-1964 के अनुसार माने जायेंगे।

(2) वायु, भूकम्प, तापक्रम, संकुचन, चल व अचल भार आदि के प्रभाव सम्मिलित करने के लिए अनुज्ञय प्रतिबलों में 33 ½% की वृद्धि कर ज्ञात किये जा सकते हैं।

(3) प्रायः प्रबलित कंक्रीट का भार 2400 कि०ग्राम प्रति घन मीटर तथा सादी कंक्रीट का भार 2300 कि० ग्राम प्रति घन मीटर माना जाता है।

(4) किसी धरन की प्रभावी गहराई कंक्रीट की उपरी परत व इस्पात के गुरुत्व केन्द्र के बीच की दूरी के बराबर होती है।

(5) किसी शुद्धालम्ब (Simply supported) धरन का प्रभावी स्पैन या विस्तृति निम्न में से न्यूनतम होगा।

(a) टेकों के बीच की शुद्ध दूरी + धरन अथवा स्लेब की प्रभावी मोटाई

(b) सिरों के टेकों की केन्द्रीय दूरी।

(6) छत की मोटाई 9 से०मी० से कम नहीं रखी जानी चाहिए।

(7) मुख्य प्रबलन का आकार 6 से 50 मि०मी० हो सकता हैं।

(8) अनुप्रस्थ प्रबलन का आकार 5 मि० मी० से कम नहीं होना चाहिए।

(9) स्लेब में मुख्य प्रबलन पर आवरण 13 मि०मी० या प्रबलन के व्यास के बराबर, इनमें जो भी अधिक हो, लगाया जाना चाहिए।

(10) धरन में प्रबलन पर आवरण 25 मि०मी० अथवा मुख्य प्रबलन के व्यास के बराबर, इनमें जो भी अधिक हो लगाया जाना चाहिए।

(11) समद्री पानी के सम्पर्क में आने वाली कंक्रीट पर आवरण 50 मि०मी० होना चाहिए।

(12) मुख्य प्रबलन छड़ों के बीच शुद्ध अन्तराल मोटे मिलावा के आकार से 5 मि०मी० अधिक होना चाहिए।

(13) स्लेब में मुख्य प्रबलन छड़ों का अन्तराल 600 मि०मी० अथवा स्लेब की प्रभावी मोटाई के तीन गुणे से अधिक नहीं होना चाहिए।

(14) अनुप्रस्थ प्रबलन का अन्तराल 600 मि०मी० अथवा प्रभावी मोटाई के 5 गुणे से अधिक नहीं होना चाहिये।

(15) स्लेब में प्रबलन की मात्रा कंक्रीट के सकल अनुप्रस्थ परिच्छेद के क्षेत्रफल के 0.15% से कम नहीं होनी चाहिए।

(16) धरन में तनन प्रबलन की मात्रा सकल अनुप्रस्थ परिच्छेद के क्षेत्रफल के 0.3 गुणे से कम नहीं होना चाहिए।

धरन का डिजाइन

उदाहरण-3—मीटर प्रभावी स्पैन अथवा विस्तृति के लिए शुद्धालम्ब (Simply supported) आयताकार धरन का डिजाइन कीजिए। धरन पर 6600 कि० ग्राम प्रति मीटर लम्बाई भार कार्य करता है। इस्पात व कंक्रीट में उत्पन्न होने वाले प्रतिबल निम्न प्रकार हैं :

कंक्रीट में बंकन के कारण संपीडीय प्रतिबल

σ_{sc} = 50 कि० ग्राम/वर्ग से०मी०

इस्पात में तनन प्रतिबल σ_{st} = 1400 कि० ग्राम/वर्ग से०मी०

कर्तन प्रतिबल S = 5 कि० ग्राम/वर्ग से०मी०

बांड प्रतिबल q = 10 कि० ग्राम/वर्ग से०मी०

गापांक अनुपात m = 19

हल—माना धरन की चौड़ाई 30 से०मी० तथा ऊँचाई 100 से०मी० है।

धरन का अचल (dead) भार

= 2400 × 0.3 × 1 × 1 = 720 कि० ग्राम प्रतिमीटर लम्बाई

∴ धरन पर प्रति मीटर लम्बाई भार

= 6600 + 720 = 7320 कि० ग्राम

∴ अधिकतम बंकन आघूर्ण (B.M.)

$$= \frac{wl^2}{8} = \frac{7320 \times 5 \times 5}{8} \times 100 \text{ kg.cm}$$

$$= 2287500 \text{ kg-cm}$$

माना धरन की 30 से०मी० लम्बाई दीवार पर टिकी हुई है तब आबाध स्पैन (clear span) = 4.4 मीटर

अधिकतम कर्तन बल धरन की टेक के समीप होता है।

$$\text{अधिकतम कर्तन बल } Q = \frac{7320 \times 4.4}{2} \times 16104 \text{ kg.}$$

धरन की गहराई अथवा ऊँचाई

$$d = \sqrt{\frac{B.M.}{K.b.}}$$

$$K = \frac{1}{2} \cdot \sigma_{sc} \, NJ = \frac{1}{2} \times 50 \times 0.404 \times 0.865$$

$$= 8.75$$

$$N = \frac{1}{1 + \frac{\sigma_{st}}{m\,\sigma_{sc}}} = \frac{1}{1 + \frac{1400}{19 \times 50}} = 0.404$$

$$J = 1 - \frac{N}{3} = 0.865$$

$$d = \left[\frac{2287500}{30 \times 8.75} \right]^{1/2} = 93.4 \text{ से०मी०}$$

∴ प्रभवी गहराई 94.0 से०मी० तथा प्रबलन पर 6 से०मी० आवरण दिया जा कर सकल गहराई 100 से०मी० मानी जा सकती है।

नोट–(प्रायः धरन की मोटाई 20 से०मी० प्रति मीटर लम्बाई मानी जा सकती है।)

इस्पात की मात्रा $= \dfrac{M}{\sigma_{sc} \times j \times d} = \dfrac{2286500}{1400 \times 0.865 \times 94}$

$= 20.1$ वर्ग सें०मी०

22 मि०मी० व्यास की 6 छड़ प्रयोग की जा सकती हैं। जिनका क्षेत्रफल 22.8 वर्ग से०मी० होगा।

बांड प्रतिबल $= \dfrac{Q}{J_d \times \Sigma o} = \dfrac{16104}{0.865 \times 94 \times 6 \times 6.91}$

$= \dfrac{16104}{3372} = 4.775$ कि० ग्राम/वर्ग से०मी०

यह 10 कि० ग्राम से कम होने के कारण सुरक्षित है। अतः 6 छड़ों में से 2 छड़ें ऊपर मोड़ी जा सकती हैं।

4 छड़ों के लिए बांड प्रतिबल

$$= \frac{16104}{0.865 \times 94 \times 4 \times 6.91} = 7.17$$

$= 7.17$ कि० ग्राम प्रति वर्ग से०मी०

(यह भी सुरक्षित है)

छड़ ऊपर मोड़ने का स्थान निम्न सूत्र से ज्ञात किया जा सकता है।

$$x = \frac{L}{2} \sqrt{\frac{N_1}{n}}$$

जबकि x = धरन के केन्द्र से छड़ ऊपर मोड़ने का स्थान

L = धरन का स्पैन

n_1 = ऊपर मोड़ी जाने वाली छड़ों की संख्या

n = धरन में लगाई जाने वाली सकल छड़ों की संख्या

$$x_1 = \frac{5}{2} \sqrt{\frac{1}{6}} = 1.02 \text{ मीटर}$$

$$x_2 = \frac{5}{2} \sqrt{\frac{2}{6}} = 1.44 \text{ मीटर}$$

∴ अतः टेक से छड़ 1.48 मीटर तथा दूसरी छड़ 1.06 मीटर की दूरी पर ऊपर 45° के कोण पर मोड़ी जानी चाहिए। स्ट्रपस को संभालने के लिए ऊपर 12 मि०मी० की दो छड़े लगाई जानी चाहिएँ। (चित्र–34.1)

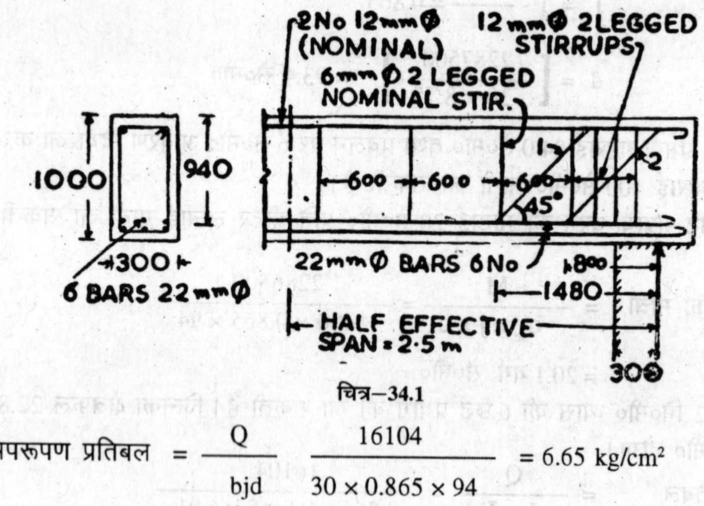

चित्र–34.1

$$\text{अपरूपण प्रतिबल} = \frac{Q}{bjd} \quad \frac{16104}{30 \times 0.865 \times 94} = 6.65 \text{ kg/cm}^2$$

धरन में अपरूपण प्रतिबल 6.64 kg/cm² का उत्पन्न होता है जब कि इसका सुरक्षित मान 5 kg/cm² है। धरन के केन्द्र पर अपरूपण प्रतिबल शून्य होता है।

अतः चित्र–34.2 में दिखायेनुसार 5 kg/cm² का अपरूपण प्रतिबल टेक से 55 से०मी० की दूरी पर होगा। इस अपरूपण के लिए प्रबलन लगाना होगा।

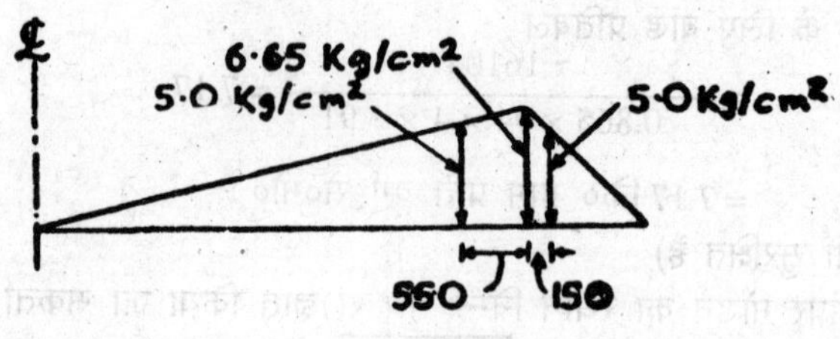

चित्र–34.2

दो ऊपर मुड़ी हुई छड़ों के बीच की दूरी

$$x = \frac{At \times \sigma_{st} (\sin\theta + \cos\theta)}{q \times b}$$

$$= \frac{3.80 \times 1400 \times \sqrt{2}}{6.65 \times 30} = 37.7 \text{ से०मी०}$$

अर्थात एक छड़ तिरछे अपरूपण बल को 37.7 से०मी० की लम्बाई तक सुरक्षित रख सकती हैं, यहाँ ऊर्ध्वाधर स्ट्रप्स लगानी होगी।

तृयक तनन (diagonal tension) बल का 55 से०मी० लम्बाई में ऊर्ध्वाधर पटक = धरन की चौड़ाई × अधिक अपरूपण वाले क्षेत्र की लम्बाई × औसत अपरूपण प्रतिबल

$$= 30 \times 55 \times \frac{(6.65 + 5)}{2} = 9650 \text{ कि० ग्राम}$$

वांच्छित सकल प्रबलन का क्षेत्रफल

$$= \frac{9650}{1400} = 6.9 \text{ वर्ग से०मी०}$$

22 मि०मी० वाली एक छड़ का ऊर्ध्वाधर दिशा में क्षेत्रफल

$$= \frac{3.8}{\sqrt{2}} = 2.68 \text{ वर्ग से०मी०}$$

स्ट्रप्स के रूप में लगाये जाने वाले प्रबलन की मात्रा

$$= 6.9 - 2.68 = 4.22 \text{ वर्ग से०मी०}$$

माना 12 मि०मी० व्यास की दोहरे पांव वाली स्ट्रप्स प्रयोग की गई।

एक स्ट्रप्स का क्षेत्रफल = 2 × 1.13 = 2.6 वर्ष से०मी०

$$\text{स्ट्रप्स की संख्या} = \frac{4.22}{2.26} = 1.86 = 2.0$$

$$\text{स्ट्रप्स का अन्तराल} = \frac{55}{2} = 27.5 \text{ से०मी०}$$

इसके अतिरिक्त 6 मि०मी० व्यास की स्ट्रप्स 60 से०मी० के अन्तराल पर लगाई जा सकती हैं।

स्लेब डिजाइन

उदाहरण-4—किसी कमरे की चौड़ाई 3 मीटर तथा लम्बाई 6.5 मीटर है। इसकी छत पर लगभग अधिकतम भार 472 कि० ग्राम प्रति वर्ग मीटर आ सकता है। कंक्रीट व इस्पात में प्रतिबल उपरोक्त जैसे ही माने जा सकते हैं।

हल—नीचे के हल का उदाहरण उन सभी छतों के लिये लागू होता है जिनकी लम्बाई उनकी चौड़ाई की दो गुने से अधिक है। यह अनुपात कम होने पर डिजाइन मितव्ययी नहीं होगा।

छत की मोटाई 4 से०मी० प्रति मीटर चौड़ाई मानी जा सकती है।

माना छत की मोटाई = 12 से०मी०

छत की चौड़ाई = 100 से०मी०

∴ छत का अचल भार = $0.12 \times 1 \times 1 \times 2400 = 288.00$ कि० ग्राम

छत का प्रभावी स्पैन = $3.0 + 0.12 = 3.12$ मीटर

छत पर सकल भार = $472 + 288 = 760$ कि० ग्राम प्रति वर्ग मीटर

अधिकतम वंकन घूर्ण (B.M.)

$$= \frac{wl^2}{8} = \frac{760 \times 3.12 \times 3.12 \times 100}{8}$$

$$= 92500 \text{ kgcm}$$

अधिकतम अपरूपण बल (S.F.)

$$= \frac{760 \times 3}{2} = 1140 \text{ kg.}$$

स्लेब की मोटाई $d = \left[\dfrac{M}{K.b.}\right]^{1/2} = \left[\dfrac{92500}{8.75 \times 100}\right]^{1/2}$

$= 10.3$ cm

प्रभावी मोटाई 10.5 से०मी० तथा सकल मोटाई 12.0 से०मी० मानी जा सकती है।

इस्पात का क्षेत्रफल

$$A_t = \frac{M}{\sigma_{st} \times jd} = \frac{92500}{1400 \times 0.865 \times 10.5}$$

$= 7.28$ वर्ग से०मी०

10 मि०मी० व्यास की छड़ 10.5 से०मी० की दूरी पर लगाई जा सकती हैं।

$\therefore$ अपरूपण प्रतिबल $= \dfrac{Q}{bjd} = \dfrac{1140}{100 \times 0.865 \times 10.5}$

$= 1.259$ kg प्रति वर्ग से०मी०

$= 1.26$ kg प्रति वर्ग मीटर (सुरक्षित है)

बांड प्रतिबल $= \dfrac{Q}{jd\Sigma 0} = \dfrac{1140 \times 10.5}{0.865 \times 10.5 \times 100 \times \pi \times 1.0}$

$= 4.3$ कि० ग्राम प्रति वर्ग से०मी० (सुरक्षित है)

इसकी प्रत्येक एकान्तर छड़ ऊपर मोड़ी जा सकती है। छड़ें टेक या दीवार से स्पैन/7 की दूरी पर मोड़ी जा सकती है।

अनुप्रस्थ प्रबलन 0.15 % की दर से लगाया जा सकता है।

इस्पात का क्षेत्रफल $= 0.0015 \times 100 \times 12 = 1.8$ वर्ग से०मी०

6 मि०मी० की छड़ 15 से०मी० के अन्तराल पर लगाई जा सकती हैं।

लिंटल का डिजाइन

लिंटल का डिजाइन करते समय निम्न बातों का ध्यान रखना चाहिए–

(1) लिंटल पर लगने वाले भार की गणना बहुत महत्वपूर्ण है। लिंटल के ऊपर ईंट चिनाई में डाट क्रिया के लिये भार प्राय: 45° के कोण पर वितरित होता है। चिनाई में अच्छा बाँड न होने पर यह कोण 60° का माना जा सकता है। अत: लिंटल पर भार निम्न दो अवस्थाओं में ज्ञात किया जाना चाहिए।

(a) लिंटल के ऊपर के चिनाई कार्य की ऊँचाई लिंटल पर 45° से 60° का कोण बनाने वाली त्रिभुज की ऊँचाई से 1 ½ गुणा ऊँचा होने पर भार केवल त्रिभुजाकार भाग का ही लेना चाहिए।

(b) यदि लिंटल के ऊपर चिनाई कार्य की ऊँचाई त्रिभुज की ऊँचाई के $1\frac{1}{2}$ गुणे से कम है तो समस्त चिनाई का भार लेना चाहिए।

(2) लिंटल की उचित मोटाई मान कर उसका भार ज्ञात कीजिए। प्राय: 1.2

मीटर लम्बाई वाले लिंटल की मोटाई 15 से०मी० पर्याप्त है। इससे अधिक लम्बाई के लिए प्रति 30 से०मी० लम्बाई के लिये 2.5 से०मी० मोटाई जोड़ना पर्याप्त होगा।

(3) लिंटल का दीवार पर चढ़ाव मानकर प्रभावी लम्बाई ज्ञात कीजिए।

(4) शेष क्रिया धरन डिजाइन जैसी ही है।

उदाहरण–किसी मोटर गेराज के दरवाजे के लिए प्रबलित कंक्रीट लिंटल का निम्न आँकड़ों से डिजाइन कीजिए। शेष प्रतिबल आदि उदाहरण। जैसे ही है।

(1) दरवाजे की चौड़ाई = 2.5 मीटर

(2) दरवाजे की ऊँचाई = 2.5 मीटर

(3) छत की ऊँचाई = 4.9 मीटर

(4) दीवार की मोटाई = 30 से०मी०

m = 19.0

हल–माना लिंटल की प्रभावी मोटाई = 15 से०मी०

प्रबलन पर आवरण की मोटाई = 3 से०मी०

∴ लिंटल का प्रभावी स्पैन = 2.50 + 0.15 = 2.65 मीटर

भार–त्रिभुजाकार चिनाई कार्य का भार ज्ञात करने के लिए सर्वप्रथम उसकी ऊँचाई ज्ञात करनी चाहिए।

त्रिभुज की ऊँचाई $h = \frac{\text{आधार}}{2} \times \tan\theta$

(i) माना 2.65 मीटर आधार पर 60° का कोण बनता है तब ऊँचाई

$$h = \frac{2.65}{2} \times \sqrt{3} \quad \frac{2.65 \times 1.732}{2} = 2.3 \text{ मीटर}$$

(ii) कोण 45° का बनने पर

$$h = \frac{2.65}{2} \times 1 = 1.33 \text{ मीटर}$$

लिंटल के ऊपर चिनाई कार्य की ऊँचाई

$$= 4.9 - 2.5 = 2.4 \text{ मीटर}$$

दोनों अवस्थाओं में चिनाई ऊँचाई, त्रिभुज ऊँचाई के 1½ गुणे से अधिक नहीं है। अतः चिनाई में अच्छा बाँड मानकर आधार कोण 45° मानने पर भार ज्ञात किया गया है।

∴ लिंट पर भार $W = \frac{\text{आधार} \times \text{ऊँचाई}}{2}$

× दीवार मोटाई × चिनाई भार प्रति घन मी०

$$= \frac{2.65 \times 2.65}{4} \times 0.3 \times 1920$$

= 1011 कि० ग्राम

लिंटल का स्वयं का भार

$w = 0.18 \times 3 \times 2400 = 129.6$ कि० ग्राम

$= 130$ कि० ग्राम

सकल बंकन धूर्ण $= \dfrac{WL}{6} + \dfrac{Wl^2}{8}$

$= \dfrac{1011 \times 2.65}{6} + \dfrac{130.0 \times 2.65 \times 25.6}{8}$

$= 446.5 + 114.1$

$= 560.6$ kg-m $= 56060$ kg-cm.

∴ लिंटल की प्रभावी मोटाई

$$d = \left[\frac{56060}{30 \times 8.75}\right]^{1/2} \quad \text{यहाँ } K = 8.75$$

$= 14.61$ से०मी०

प्रभावी गहराई 14.60 तथा समस्त नहराई 17 से०मी० मानी जा सकती है।

इस्पात की मात्रा $A_t = \dfrac{B.M.}{\sigma_{st} \times J \times d} = \dfrac{56060}{1400 \times 0.865 \times 14.60}$

$= 3.17$ वर्ग से०मी०

12 मि०मी० व्यास की 3 छड़ लगाई जा सकती हैं। इनका क्षेत्रफल 3.39 वर्ग से०मी० होगा।

अपरूपण प्रतिबल $= \dfrac{Q}{b.j.d}$

$= \dfrac{506 + 81.0}{30 \times 14.6 \times 8.65} = \dfrac{587}{50 \times 14.6 \times 0.865}$

$= 1.55$ कि० ग्राम प्रति वर्ग से०मी० (सुरक्षित)

बाँड प्रतिबल $= \dfrac{Q}{jd\Sigma 0} = \dfrac{587}{14.6 \times 0.865 \times 3.77 \times 3}$

$= 4.1$ कि० ग्राम प्रति वर्ग से०मी० (सुरक्षित)

इनमें से एक छड़ ऊपर मोड़ी जा सकती है।

34.9 स्तम्भ डिजाइन

स्तम्भ प्रायः दो वर्गों में विभाजित किये जा सकते हैं।

(1) लम्बे स्तम्भ (Long Columns)

(2) छोटे स्तम्भ (Short Columns)

(1) लम्बे स्तम्भ—इस श्रेणी के स्तम्भों की प्रभावी लम्बाई 1 व अनुअस्थ माप d का अनुपात 15 से अधिक होता है अथवा लम्बाई व परिभ्रमण (radius of gyration) K का अनुपात 50 से अधिक होता है। i.e. 1/d > 15 or 1/K > 50

(2) छोटा स्तम्भ–इनमें 1/d < 15 or 1/K < 50 होता है। छोटे स्तम्भ में बंकन प्रतिबल उत्पन्न नहीं होते। इसमें केवल अक्षीय संपीडीय प्रतिबल ही उत्पन्न होता है। जब कि लम्बे स्तम्भ में अक्षीय संपीडीय प्रतिबल के साथ–साथ व्याकुंचन (buckling) के कारण बंकन प्रतिबल भी उत्पन्न होते हैं। इन दोनों में यही मुख्य अन्तर है। व्याकुंचन के कारण बंकन प्रतिबलों को रोकने के लिए स्तम्भों की निर्माण सामग्री की अनुज्ञेय प्रतिबलों में कमी कर दी जाती है। प्रतिबलों में कमी निम्न सूत्र से ज्ञात की जा सकती है।

$$R = \left(1.5 - \frac{l}{30d}\right)$$

$$R = \left(1.5 \quad \frac{l}{100K}\right)$$

जबकि R = परिवर्तन गुणांक (reduction factor)

l = प्रभावी लम्बाई

d = न्यूनतम अनुप्रस्थ माप

K = परिभ्रमण त्रिज्या

34.10 स्तम्भ की प्रभावी लम्बाई (l)

स्तम्भ की वास्तविक लम्बाई 'L' फर्श व छत अथवा स्तम्भ पर टिकने वाले घटक की निचली सतह के बीच की दूरी के बराबर होती है। स्तम्भ की प्रभावी लम्बाई 'l' उसके सिरों की स्थिति पर निर्भर करती है। निम्न तालिका–34.1 में वास्तविक व प्रभावी लम्बाई का संबन्ध दिया गया है।

तालिका-34.1

क्रम संख्या	स्तम्भ के सिरों की स्थिति	प्रभावी लम्बाई 'l'
1.	दोनों सिरे हिन्ज हों। अर्थात् सिरे घूम सकते हों (सिरे अपने स्थान पर तो स्थिर हों परन्तु दिशा परिवर्तन करने में स्वतंत्र हों)	L
2.	दोनों सिरे स्थान (Position) व दिशा में स्थिर हों	0.75 L
3.	एक सिरा स्थान व दिशा में स्थिर तथा दूसरा स्वतंत्र।	2L
4.	एक सिरा स्थान व दिशा में ठीक प्रकार स्थिर हो तथा दूसरा सिरा पूर्ण रूप से स्थिर न हो।	L से 2L

34.11 स्तम्भ के डिजाइन में प्रयोग किये जाने वाले प्रतिबल

संशोधित I.S. कोड नं० 456-1964 के अनुसार विभिन्न प्रकार की कंक्रीट व लोहे के प्रतिबल निम्न तालिका–34.2 के अनुसार माने जा सकते हैं।

तालिका-34.2

क्रम संख्या	सामग्री	अनुज्ञेय संपीडीय प्रतिबल वर्ग से०मी०
1.	कंक्रीट M 150 (1 : 2 : 4)	40 kg
2.	कंक्रीट M 200 (1 : 1 ½ : 3)	50 kg
3.	कंक्रीट M 250 (1 : 1 : 2)	60 kg
4.	स्तम्भ छड़ों में संपीडन प्रतिबल	1300 kg
5.	हेलीकल प्रबलन संपीडन प्रतिबल	1000 kg

34.12 स्तम्भ की भार वहन करने की सुरक्षित क्षमता (safe Load Carrying Capacity)

(1) छोटे स्तम्भ जिनमें बंधक अलग हों

$$P = C(A - A_c) + A_c . t_c$$

जबकि C = कंक्रीट में अक्षीय संपीडीय प्रतिबल

A = स्तम्भ के काट का सकल क्षेत्रफल

A_c = स्तम्भ में मुख्य प्रबलन का क्षेत्रफल

t_c = स्तम्भ में छड़ों में अनुज्ञेय प्रतिबल

34.13 स्तम्भ डिजाइन की मूल भूतबातें

(1) स्तम्भ में अनुद्धैर्य प्रबलन की न्यूनतम व अधिकतम मात्रा क्रमशः स्तम्भ परिच्छेद की 0.8 व 8.0% होनी चाहिए।

(2) अनुद्धैर्य प्रबलन छड़ों का न्यूनतम व्यास 12 मि०मी० तथा अधिकतम व्यास प्रायः 5 से०मी० तक होना चाहिए।

(3) प्रबलन पर वाह्य आवरण 4.0 से०मी० अथवा छड़ के व्यास में, जो भी अधिक हो, होना चाहिए। स्तम्भ की माप 20 से०मी० तथा प्रबलन छड़ों का व्यास 13 मि०मी० तक होने पर आवरण 2.5 से०मी० पर्याप्त है।

(4) अनुद्धैर्य प्रबलन छड़ों का न्यूनतम चढ़ाव उनके व्यास का 24 गुना होना चाहिए।

(5) कुण्डलिनी स्तम्भ में प्रबलन छड़ों की न्यूनतम संख्या 6 होनी चाहिए। जबकि अन्य स्तम्भों में यह संख्या प्रति कोने में एक के अनुसार हो सकती है।

अनुप्रस्थ प्रबलन

(i) अनुप्रस्थ प्रबलन का व्यास 5 मि०मी० अथवा अनुद्धैर्य प्रबलन व्यास के ¼ गुणे में जो भी अधिक हो, होना चाहिए।

(ii) बंधक व कुण्डलिनी (helical) प्रबलन का अधिकतम व्यास क्रमशः 13 व 25 मि०मी० होना चाहिए।

बंधक प्रबलन के बीच अन्तराल निम्न में से न्यूनतम से अधिक नहीं होना चाहिए।

(a) स्तम्भ की न्यूनतम अनुप्रस्थ माप

(b) अनुद्धैर्य छड़ों के न्यनतम व्यास का 16 गुना

(c) 30 से०मी०

(d) बंधक छड़ के व्यास का 48 गुणा।

उदाहरण-5—40×10^4 कि० ग्राम अक्षीय भार वहन करने के लिए प्रबलित कंक्रीट के छोटे स्तम्भ का डिजाइन कीजिए। कंक्रीट व इस्पात में प्रतिबल क्रमशः 60 व 1300 कि० ग्राम प्रति वर्ग से०मी० माना जा सकता है।

हल—

(i) माना स्तम्भ में M 250 (1 : 1 : 2) कंक्रीट प्रयोग की जायेगी

(ii) मितव्ययिता के कारण इस्पात 0.8% प्रयोग किया जायेगा।

(iii) माना स्तम्भ वर्गाकार है जिसकी एक भुजा 'a' से०मी० है।

तब $P = \sigma_c A_c + \sigma_{sc} A_{sc}$

या $40,0000 = 60.0 \times a^2 (1-0.008) + 1300 \times 0.008\ a^2$

या $40,0000 = 60\ a^2 - 0.48\ a^2 + 10.4\ a^2$

या $69.92\ a^2 = 40,0000$

या $a^2 = 5721.0$ वर्ग से०मी०

या $a = 75.7$ से०मी०

अतः स्तम्भ की भुजा 76 से०मी० मानी जा सकती है तथा इसके सिरों पर 3 से०मी० लम्बी पखमारी (Chamfering) की जा सतकी है।

$\therefore$ कंक्रीट का सकल क्षेत्रफल $= (76.0)^2 - 2 \times (3)^2$

$= 5776 - 18$

$= 5758$ वर्ग से०मी०

$\therefore$ अनुद्धैर्य प्रबलन की मात्रा A_l

$= 0.008 \times 5758$

$= 46.064$ वर्ग से०मी०

28 मि०मी० व्यास की 9 छड़ चित्र—34.3 में दिखाये अनुसार लगाई जा सकती है।

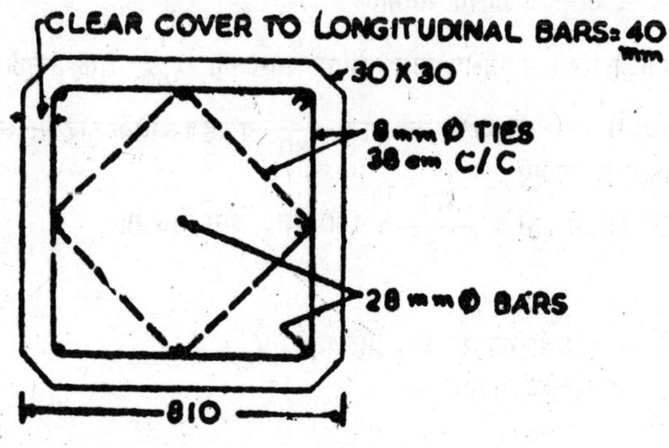

चित्र—34.3

इस प्रकार सकल क्षेत्रफल = 52 वर्ग से०मी०

8 मि०मी० व्यास की बंधक छड़ 38 से०मी० के अन्तराल पर लगाई जा सकती हैं।

34.14 लकड़ी की कड़ियों का डिजाइन

लकड़ी की कड़ियों (Joists) का डिजाइन करते समय निम्न बातों का ध्यान रखना चाहिए।

(1) यद्यपि लकड़ी की अधिक मोटी धरन अपेक्षाकृत मितव्ययी सिद्ध हुई हैं परन्तु धरन की मोटाई उसकी चौड़ाई के 3 गुने से अधिक नहीं होनी चाहिए।

(2) प्रायः अच्छी अनुपाती धरन की चौड़ाई उसकी मोटाई अथवा ऊँचाई का 0.6 से 0.7 गुना होनी चाहिए।

(3) लकड़ी धरन की न्यूनतम चौड़ाई 5 से०मी० से कम नहीं होनी चाहिए।

(4) लकड़ी धरन प्रायः अपरूपण में विफल नहीं होती।

लकड़ी की धरन का डिजाइन करना

लकड़ी धरन डिजाइन करते समय उनका विक्षेप (deflection) ज्ञात करना बहुत महत्वपूर्ण है।

∴ विक्षेप $$\delta = K \frac{Wl^3}{48EI}$$

जबकि K = एक स्थिरांक है जिसका मान टेक व लगने वाले भार पर निर्भर करता है। K के विभिन्न मान निम्न तालिका–34.3 में दिये गये हैं।

W = धरन पर लगने वाला सकल भार (इसमें धरन का स्वयं का भार भी सम्मिलित है) कि० ग्राम में

l = धरन का प्रभावी स्पैन से०मी०

I = धरन का जड़ता घूर्ण $(\text{से०मी०})^4$

E = प्रत्यास्थता मापांक कि० ग्राम प्रति वर्ग से०मी०

δ = अनुज्ञेय विक्षेप से०मी०

लकड़ी धरन में विक्षेप प्रायः प्रभावी स्पैन का $\frac{1}{360}$ तक अनुज्ञेय है। परन्तु पलस्तर वाली छतों में विक्षेप का मान $\frac{1}{480}$ व बहुत अधिक मोटे पलस्तर वाली छतों में 1/720 होना चाहिए।

बंकन घूर्ण (B.M.) $M = \frac{Wl}{8} \times 100$ कि० ग्राम से० मी०

या $$M = fz$$

जबकि f = लकड़ी का सुरक्षित प्रतिबल

z = परिच्छेद मापांक

तालिका-34.3

क्रम संख्या	धरन की अवस्था	K का मांन
1.	मुक्त सिरे पर बिन्दु भार वाली कैंटिलीवर धरन	16
2.	समस्त लम्बाई में एक समान वितरित भार वाली कैंटिलीवर	6
3.	शुद्ध आलम्ब (Simply supported) वाली धरन के मध्य बिन्दु पर बिन्दु भार लगा होने पर	1
4.	शुद्ध आलम्ब वाली धरन के समस्त स्पैन में एक समान भार लगा होने पर	5/8

34.15 लकड़ी के तख्तों का डिजाइन

कड़ियों के ऊपर प्रयोग किये जाने वाले तख्तों का प्रायः डिजाइन आवश्यक नहीं है। साधारण अवस्थाओं में 38 से 40 से०मी० अन्तराल पर लगाई जाने वाली कड़ियों के लिए निम्न माप पर्याप्त हैं।

तख्ते की मोटाई = 3.0 से 4.0 से०मी० परन्तु बढ़िया देवदार की लकड़ी के लिए मोटाई 2.5 से०मी० भी रखी जा सकती है।

चौड़ाई = 10 से 15 से०मी०

लम्बाई = 2.5 से 2.6 मीटर.

उदाहरण-6—किसी निवास भवन के कमरे की छत का निम्न आँकड़ों से डिजाइन कीजिए।

छत लकड़ी की कड़ियों पर देवदार के तख्ते बिछाकर बनाई गई है। कड़ी का प्रभावी स्पैन 4 मीटर तथा उनका केन्द्रीय अन्तराल 50 से०मी० है।

देवदार की लकड़ी का भार = 510 कि० ग्राम प्रति घन मीटर

सागोन की लकड़ी का भार = 600 कि० ग्राम प्रति घन मीटर

लकड़ी में अनुज्ञेय प्रतिबल f = 125 कि० ग्राम प्रति वर्ग से०मी०

प्रत्यास्था मापांक E = 113000 कि० ग्राम प्रति वर्ग से०मी०

विपेक्ष δ = स्पैन का $\frac{1}{360}$

अनुज्ञेय अपरूपण प्रति बल q = 8.8 कि० ग्राम प्रति वर्ग से०मी०

हल—माना देवदार के तख्तों की मोटाई

= 4 से०मी०

भार—

(i) 4 से०मी० तख्तों का प्रति वर्ग मीटर भार = 0.04 × 520

= 20.8 कि० ग्राम

(ii) I. S. के अनुसार चल (live) भार = 400.0 कि० ग्राम

(iii) माना अचल भार (छत का भार) = 21.2 कि० ग्राम

सकल भार = 442.0 कि० ग्राम

एक कड़ी पर भार $= 0.5 \times 4 \times 442$

= 884 कि० ग्राम

माना कड़ी की माप निम्न प्रकार है

चौड़ाई = 7 से०मी०

ऊँचाई या गहराई = 21 से०मी०

$\therefore$ कड़ी का स्वयं का भार $= 0.07 \times 0.21 \times 600 \times 4$

= 35.28 कि०ग्राम

$\therefore$ एक कड़ी पर लगाने वाला सकल भार = 884.00 कि० ग्राम + 35.28 कि० ग्राम

= 919.28

= 920.0 कि० ग्राम

$\therefore$ अधिकतम बंकन घूर्ण (B.M.) $= \dfrac{Wl}{8}$

$$= \frac{920 \times 4}{8}$$

$$= 460 \text{ kg-m}$$

$$= 46{,}000 \text{ kg cm}$$

$$\therefore \quad M = fz$$

$$\therefore \quad 46000 = \frac{125 \times bd^2}{6} \quad \therefore\ z = \frac{bd^2}{6}$$

$$\therefore \quad bd^2 = \frac{6 \times 46000}{125}$$

= 2210 वर्ग से०मी०

माना $d = 2b$

तब $4b^3 = 2210$

$b = 8.2$ से०मी०

$d = 16.4$

माना $b = 8.5$ से०मी०

$d = 17.0$ से०मी०

विक्षेप (deflection) $\delta = \dfrac{5wl^3}{384EI}$

अनुज्ञेय विक्षेप $= \dfrac{\text{स्पैन}}{460}$

$$\therefore \quad \frac{400}{360} = \frac{5 \times 920 \times 4 \times 4 \times 4 \times 10^6}{384 \times 113000 \times \dfrac{bd^3}{12}}$$

$$= \frac{5 \times 920 \times 64 \times 12 \times 10^6}{384 \times 113000\ bd^3}$$

$$= \frac{60 \times 920 \times 64}{38.4 \times 1.13 \times bd^3}$$

$$= \frac{81430}{bd^3}$$

या $$bd^3 = \frac{81430 \times 360}{400}$$

$$= 73287\ (\text{से०मी०})^4$$

यदि $b = 10$ व $d = 29$, तब $bd^3 = 80{,}000$ (सुरक्षित) परन्तु bd^3 का मान कुछ अधिक है जिसे कम किया. जा सकता है।

अपरूपण तीव्रता $$= \frac{3}{2} \times \frac{W}{2A}$$

$$= \frac{3}{2} \times \frac{920}{2 \times 10 \times 20}$$

$$= \frac{2760}{40 \times 20}$$

$$= \frac{27.6}{8}$$

= 3.45 कि० ग्रा० वर्ग से०मी० यह 8.8 कि० ग्राम प्रति वर्ग से० मीटर से कम है, अतः (सुरक्षित) है।

प्रश्नावली

(1) प्रबलित कंक्रीट से आप क्या समझते हैं? इसमें सादा सीमेंट कंक्रीट की अपेक्षा क्या गुण होते हैं ?

(2) प्रबलित कंक्रीट के गुण बताइए।

(3) प्रबलित कंक्रीट के विभिन्न अवयबों का डिजाइन करते समय कौन–कौन सी बुनियादी मान्यतायें मानी जाती हैं?

(4) प्रबलित कंक्रीट संरचनाओं के विफल होने के कारण लिखिए।

35

फरमा बन्दी
Form Work

35.1 प्रस्तावना

वर्तमान काल में भवन निर्माण के लिए प्रबलित कंक्रीट का प्रचलन दिनोंदिन बढ़ रहा है। प्रारम्भिक अवस्था में कंक्रीट संघट्य पदार्थ (Plastic material) होने के कारण इसे किसी भी आकृति में ढाला जा सकता है। कंक्रीट डालने के समय उसमें अपना भार वहन करने की सामर्थ्य उत्पन्न होने तक उसे संभालने के लिए ढूले व शटरिंग की आवश्यकता होती है। यही ढूला व शटरिंग फरमा बन्दी (Form work) कहलाता है। फरमा बन्दी लकड़ी अथवा इस्पात दोनों से ही की जा सकती है।

35.2 लकड़ी की फरमा बन्दी

भारत में कंक्रीट कार्यो के लिए फरमा बन्दी प्रायः लकड़ी की ही की जाती है। फरमा बन्दी में प्रयोग की जाने वाली लकड़ी गांठ मुक्त होनी चाहिए तथा उसके रेशे (grains) मोटे होने चाहिएँ। फरमा बन्दी के लिए कठोर लकड़ी उपयुक्त नहीं है क्योंकि कठोर लकड़ी में कील गाड़ना कठिन होता है इस कारण यह मंहगा पड़ता है। फरमा बन्दी के लिए प्रायः मुलायम तथा अधि–उपचारित (Partially seasoned) लकड़ी बहुत उपयुक्त सिद्ध हुई है। अधिक शुष्क लकड़ी कंक्रीट से पानी सोखकर फूल जाती है तथा अधिक नमी वाली लकड़ी गर्म व शुष्क मौसम में संकुचित हो जाती है जिससे कंक्रीट की सतह असमतल बन जाती है। अतः कंक्रीट सतह समतल बनाने की दृष्टि से लकड़ी के समान मोटाई के टुकड़े काट कर फरमा बन्दी की जानी चाहिए। लकड़ी फरमा बन्दी के जोड़ जलरोधी (Water tight) होने चाहिएँ। इसके लिए प्रायः जीभी झिरी जोड़ बनाये जाते हैं।

कभी–कभी लकड़ी कंक्रीट से पानी सोखकर फूल जाती है तथा बाहर की ओर

उभर आती है जिससे कंक्रीट सतह समतल नहीं बनती। इस दोष को दूर करने के लिए लकड़ी के फरमे की आन्तरिक सतह पर लोहे की चादर की परत लगाई जाती है।

कंक्रीट डालने से पूर्व फरमे की मिट्टी व धूल आदि साफकर अन्दर की ओर ग्रीस, तेल आदि लगा दिया जाता है जिससे कंक्रीट फरमे की सतह पर नहीं चिपकती तथा साफ व समान सतह प्राप्त होती है। कंक्रीट कठोर हो जाने के पश्चात् फरमा सावधानीपूर्वक खोलना चाहिए। कभी–कभी असावधानी बरतने से फरमा खोलते समय समस्त संरचना नीचे गिर जाती है। फरमा खोलते समय इस बात का ध्यान रखना चाहिए कि तख्ते टूटने न पायें। इन्हीं तख्तों को दोबारा प्रयोग किया जा सकता है। संरचना को मितव्ययी बनाने के लिए एक फरमे को कई बार प्रयोग किया जाना चाहिए।

प्रायः फरमा 10 से 14 दिन पश्चात् हटाना चाहिए। साधारण सीमेंट तथा 20°C से अधिक तापक्रम पर कंक्रीट संरचना बनाने पर निम्न तालिका–35.1 अनुसार फर्मा हटाना चाहिए। इस तालिका में विभिन्न संरचनाओं से फरमा हटाने की अवधि दिखाई गई है।

तालिका-35.1

संरचना के अवयवों का वर्णन	पोर्टलैंड सीमेंट	शीघ्र सख्त होने वाली सीमेंट
1. धरन व स्तम्भ की साइड्स व दीवार फरमा	2 से 3 दिन	2 दिन
2. स्लेब की साइड्स से फरमा हटाना जबकि नीचे टेक लगी हो	4 दिन	3 दिन
3. स्लेब से समस्त फरमा हटाना	10 दिन	5 दिन
4. धरन का फरमा हटाना जब कि नीचे टेक लगी हो।	10 दिन	5 दिन
5. धरन से पूर्णतः फरमा हटाना	20 दिन	10 दिन

35.3 फरमे बन्दी की आवश्यकताए (Requirements of Form work)

फरमे बन्दी में निम्न गुण होने चाहिएँ।

1. फरमा मजबूत होना चाहिए—कंक्रीट का भार 2400 कि० ग्राम प्रति घन मीटर होता है इस कारण कंक्रीट फरमे के अवयवों पर बहुत भार डालती है। इसके अतिरिक्त कंक्रीट की कुटाई करते समय उसका संघटन (संघात) भी लकड़ी के अवयबों को वहन करना पड़ता है। इस कारण फरमा इन दोनों बलों को वहन करने में समर्थ होना चाहिए। लकड़ी को बाहर की ओर उभरने से रोकने के लिए उसमें बंधक (Bracing) भी लगाये जाने चाहिएँ।

2. फरमा चिकना होना चाहिए—कंक्रीट की सतह चिकनी होनी चाहिए अन्यथा वह देखने में सुन्दर नहीं लगेगी। इस कारण कंक्रीट की सतह चिकनी व समतल प्राप्त

करने के लिए फरमें का चिकना होना आवश्यक है। यदि सतह समतल नहीं होगी तो उसे पलस्तर द्वारा समतल करना पड़ेगा जिसमें अधिक व्यय होगा।

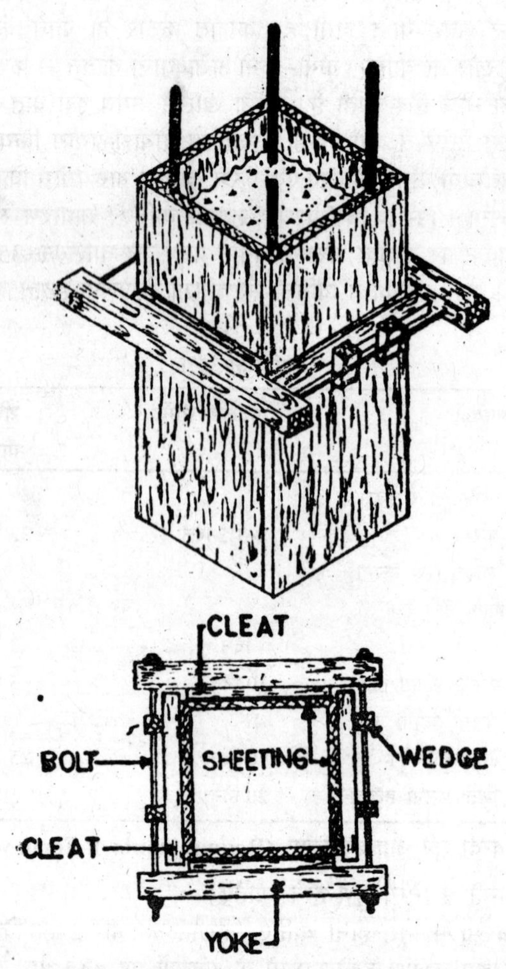

चित्र–35.1. Square Column Form Work

3. **फरमा सही होना चाहिए**–फरमा यथा स्थान लगाने के पश्चात् उसके समस्त अवयब अपने–अपने स्थान पर एक दूसरे की सीध में होने चाहिएँ अर्थात् खसके व दीवार के फरमे पूर्णतः ऊर्ध्वाधर होने चाहिएँ।

4. फरमा सरलता से हटाया जा सके—फरमा इस प्रकार बनाया जाना चाहिए कि उसमें लगी कील व पेंच आदि फरमा खोलते समय बाधा उत्पन्न न करें तथा फरमा बिना क्षति के खोला जा सके।

5. फरमे की लागत कम होनी चाहिए। साधारण कंक्रीट संरचना में फरमे की लागत भवन लागत की 20% तथा पुलों आदि में इससे भी अधिक लागत आती है।

6. फरमा जलरोधी होना चाहिए जिससे यह कंक्रीट से पानी न सोख सके। इसका प्रसार व संकुचन भी बहुत कम होना चाहिए।

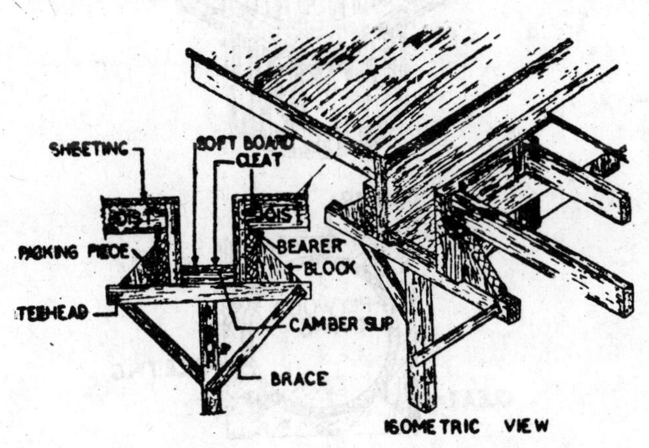

चित्र–35.2. Slab Beam Form Work

7. इसका भार बहुत कम होना चाहिए अर्थात फरमा हल्का होना चाहिए।

8. फरमा कठोर तथा संकुचित न होने वाली टेकों पर लगाना चाहिए।

नोट—फरमा बन्दी करते समय I.S. 456-1964 का अध्ययन करना लाभदायक रहेगा।

लकड़ी के अतिरिक्त लोहे व प्लाईबुड के फरमे भी बनाये जा सकते हैं।

35.4 लोहे के फरमे

लोहे के फरमे प्रायः बड़े कार्यों के लिए बनाये जाते हैं जहां एक ही फरमे को कई बार प्रयोग करने की आवश्यकता होती है।

लाभ—लोहे के फरमे के निम्न लाभ हैं :

(1) एक ही फरमे को कई वार प्रयोग किये जाने के कारण बड़े कार्यों के लिए लोहे के फरमे मितव्ययी होते हैं। इनमें टूट–फूट भी कम होती है।

(2) इनका खड़ा करना सरल है।

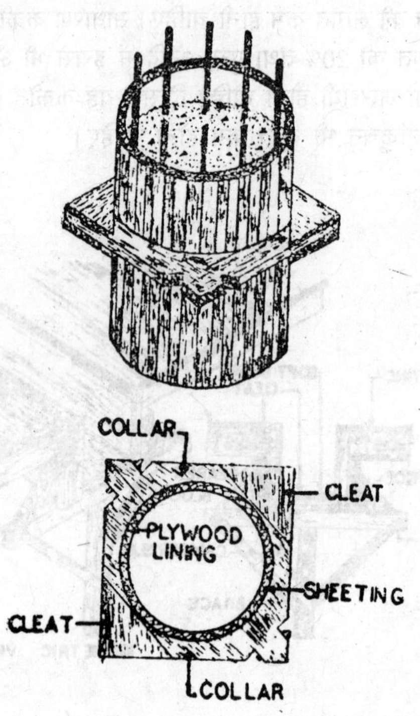

चित्र–35.3. Round Column Form Work

(3) इनमें लकड़ी की भाँति संकुचन नहीं होती।

(4) इन्हें कई बार प्रयोग किया जा सकता है।

(5) ये कंक्रीट से पानी नहीं सोखते।

(6) लोहे के फरमे से कंक्रीट की सतह चिकनी तथा समतल प्राप्त होती है।

(7) इन्हें साधारण अकुशल मजदूर भी खड़ा कर सकते हैं।

चित्र–35.1 में वर्गाकार स्तम्भ फर्मा बन्दी, 35.2 में स्लेब व धरन 35.3 में गोल स्तम्भ तथा 35.4 में षड्भुज (Hexagonal) स्तम्भ की फरमाबन्दी दिखाई गई है।

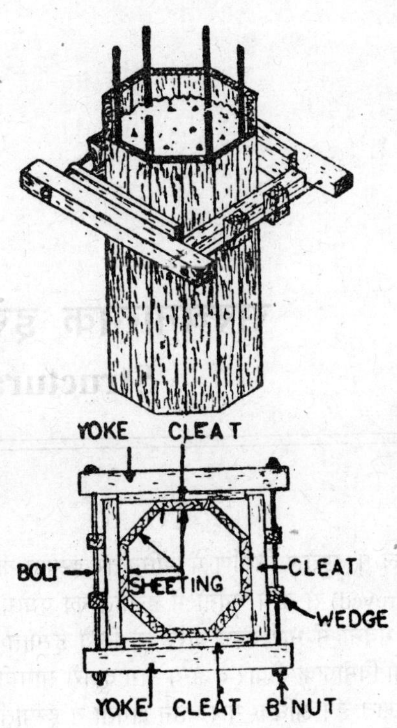

चित्र–35.4. Hexagonal Column Form Work

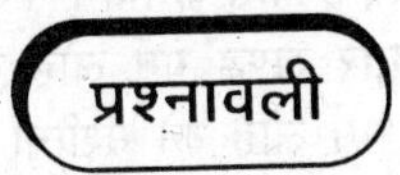

प्रश्नावली

(1) कंक्रीट संरचनाओं में फरमाबन्दी का क्या महत्व है।

(2) अच्छी फरमाबन्दी के क्या गुण होने चाहिये?

(3) फरमाबन्दी प्रायः कितने समय पश्चात खोली जाती है?

(4) लकड़ी व लोहे की फरमाबन्दी के लाभ व हानियों का तुलनात्मक वर्णन कीजिए।

36

संरचनात्मक इस्पाती निर्माण
Structural Steel Work

36.1 प्रस्तावना

वर्तमान काल में बहुतल निर्माण में अधिकतर इस्पात का प्रयोग किया जाता है। दस तल (Ten storeyed) से ऊँचे भवनों में इस्पात का प्रयोग अपेक्षाकृत सस्ता पड़ता है। इस प्रकार के भवनों में भार वहन करने के लिये इस्पात के भारी खण्डों का फ्रेम बनाया जाता है तथा विभाजक दीवार व अन्य भाग दूसरी सामग्री जैसे ईंट अथवा प्रबलित कंक्रीट के बनाये जाते हैं। अधिक भार वहन क्षमता व इस्पाती खण्डों को खड़ा करने में सरलता के कारण फैक्ट्री आदि के निर्माण में प्रायः इस्पात का ही प्रयोग किया जाता है। मिश्रित संरचना में इस्पात व कंक्रीट का संयोग (Combination) सर्वश्रेष्ठ है।

36.2 इस्पाती खण्डों का आकार व आकृति

भवन निर्माण कार्यों के लिए इस्पात के विभिन्न आकार व आकृति के खण्ड प्रयोग किये जाते हैं। इनमें से अधिकतर खण्ड गर्म लोहे को मशीनों में बेलित (roll) कर बनाये जाते हैं। इस्पाती चादरें गर्म लोहे को मशीनों द्वारा दाब लगाकर बनाई जाती हैं। इनकी मोटाई व अन्य माप आवश्यकतानुसार रखी जाती हैं। साधारणतः प्रयोग किये जाने वाले खण्ड निम्न प्रकार हैं।

(1) गोल छड़, (2) वर्गाकार छड़, (3) चादर, (4) I खण्ड (I Section), (5) H खण्ड, (6 & 7) एंगल आयरन (angle iron), (8) चैनल अथवा नाली, (9) T खण्ड इत्यादि। इन्हें चित्र–16.1 में दिखाया गया है तथा इनका संक्षिप्त वर्णन नीचे किया गया है।

(1) I खण्ड अथवा कड़ी (Joist)–I खण्ड प्रायः धरन या स्तम्भ के लिए प्रयोग किये जाते हैं। इन्हें फ्लेंज की चौड़ाई, समस्त ऊँचाई तथा प्रति मीटर लम्बाई भार के रूप में लिखा जाता है। इंगलैंड में I खण्ड का आकार 7×4 से०मी० से 60×70 से०मी०

तक बदलता है। भारत में 15 × 15 से०मी० से 60 × 21 से०मी० तक होता है।

(2) चैनल–चैनल्स का प्रयोग धरन, स्तम्भ व अन्य कार्यों के लिए किया जाता है। इन्हें भी फ्लेंज की चौड़ाई, ऊँचाई तथा प्रति इकाई लम्बाई भार के रूप में लिखा जाता है। इनका आकार 10 × 4.5 से०मी० × 5.8 kg से 40 × 10 से०मी० × 49.4 kg तक होता है। अर्थात् इनकी ऊँचाई 10 से 40 से०मी० व फ्लेंज चौड़ाई 4.5 से 10 से०मी० तक होती है।

चित्र–**36.1** Different form of Steel Sections

(3) ऐंगल आयरन–भवन के इस्पाती फ्रेम के लिए साधारणतः ऐंगल आयरन बहुत प्रयोग किया जाता है। I.S. के अनुसार बराबर पाँव वाले ऐंगल आयरन का आकार 2 × 2 से०मी० से 20 × 20 से०मी० तथा मोटाई 3 से०मी० से 5 मि०मी० तक होती है। असमान पांव वाले ऐंगल का आकार 2 × 3 से०मी० से 22 × 10 से०मी० तथा मोटाई 4 मि०मी० से 20 मि०मी० तक होती है।

(4) T खण्ड–T प्रायः छत की कैंचियों के निर्माण में प्रयोग की जाती है। इसे स्टेम की चौड़ाई व ऊपरी टेबिल की चौड़ाई तथा मोटाई के रूप में लिखा जाता है। इसका आकार 4 × 4 से०मी० से 15 × 15 से०मी० तथा मोटाई 6 से 8 मि०मी० तक होती है।

चादर (Plates)–चादरों की साधारण मोटाई 5 से 28 मि०मी० होती है। इसका अधिकतम क्षेत्रफल 30 वर्ग मीटर होता है।

जोड़–इस्पाती कार्यों के विभिन्न खण्डों को जोड़ने के लिए रिवेट (rivet), बोल्ट तथा वोल्डि का प्रयोग किया जा सकता है। रिवेट जोड़ प्रायः दो प्रकार के होते हैं। (1) चढ़ाव जोड़, (2) टक्कर जोड़।

विभिन्न प्रकार के रिवेट जोड़ चित्र–36.2 में दिखाये गये हैं।

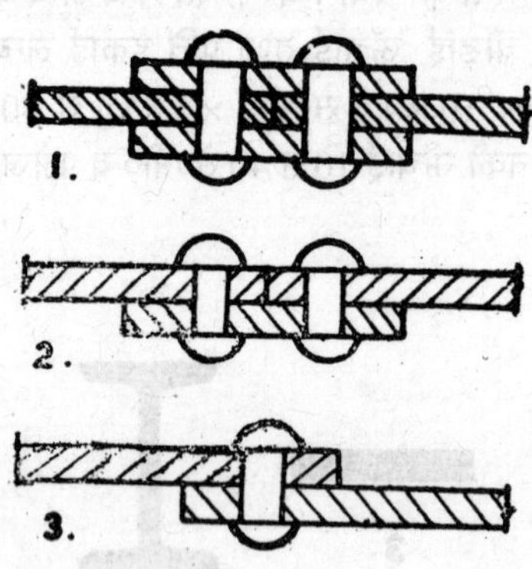

चित्र–36.2. Different Types of Rivet Joints

जोड़ लगाने से पूर्व डिजाइन अनुसार रिवेट का व्यास ज्ञात कर लिया जाता है। रिवेट का व्यास जोड़ी जाने वाली प्लेटों की मोटाई पर निर्भर करता है तथा निम्न सूत्र से ज्ञात किया जा सकता है।

$$d = 0.05\sqrt{t}$$

जबकि d = रिवेट का व्यास मि०मी०

t = प्लेट की मोटाई मि०मी०

जोड़ लगाने से पूर्व रिवेट के व्यास से 1.5 मि०मी० अधिक व्यास वाले छिद्र जोड़ी जाने वाली प्लेटों में बेधन अथवा पंच (Punch) विधि द्वारा बना लिए जाते हैं। इसके पश्चात् रिवेट को गर्म करके इन प्लेटों के छिद्रों में डालकर रिवेटर द्वारा दूसरी ओर भी उस पर हैड बना दिया जाता है। रिवेट का हैड प्रायः अर्ध गोलाकार होता है। जोड़ की किस्म के अनुसार रिवेट पर एकल कर्तन (Single shear) या दोकल कर्तन बल कार्य करता है। एकल कर्तन में रिवेट की केवल एक ही अनुप्रस्थ परिच्छेद समतल पर कर्तन बल कार्य करता है जबकि दोकल कर्तन में रिवेट की दो अनुप्रस्थ परिच्छेद समतलों पर कर्तन बल कार्य करता है। कर्तन में रिवेट की सामर्थ्य निम्न सूत्रों द्वारा ज्ञात की जा सकती है।

एकल कर्तन के लिये रिवेट की सामर्थ्य $= \dfrac{\pi d^2}{4}$ टन

दोकल कर्तन के लिए रिवेट की सामर्थ्य $= \dfrac{\pi d^2}{2}$

36.3 रिवेट डिज़ाइन

रिवेट का डिजाइन करते समय निम्न बातों का ध्यान रखना चाहिये–

(1) दो रिवेटों के केन्द्र की न्यूनतम दूरी रिवेट के सामान्य व्यास की तीन गुने से कम नहीं होनी चाहिए।

(2) दो रिवेटों की अधिकतम केन्द्रीय दूरी निम्नलिखित दूरियों से अधिक नहीं होनी चाहिए।

(a) तनन वाले खण्डों के लिए—सबसे पतली बाह्य प्लेट अथवा ऐंगल की मोटाई का 10 गुना या 20 से०मी० इनमें, जो भी कम हो।

(b) संपीडीय खण्डों के लिए—सबसे पतली बाह्य प्लेट अथवा ऐंगल की मोटाई का 16 गुना या 15 से०मी०, इनमें जो भी कम हो।

(3) प्लेट व रिवेट के किनारों के बीच की दूरी रिवेट के व्यास से कम नहीं होनी चाहिए।

36.4 संरचनात्मक इस्पाती खण्ड

इस्पाती धरन (Steel beams)—लिन्टल व गर्डर भी धरन की श्रेणी में ही आते हैं। सबसे सरल किस्म की धरन I खण्ड, बेल्लित इस्पाती कड़ी अथवा ऐंगल आयरन की बनी होती है परन्तु सरल धरन कम भार व कम पाट के लिए उपयुक्त है। भारी भार व अधिक पाट के लिए संयुक्त धरन उपयोगी है। संयुक्त धरन एक से अधिक बेल्लित इस्पाती कड़ियों (Joist) को बोल्ट द्वारा मिलाकर बनाई जाती हैं। गर्डर या अधिक भारी धरन दो चैनल्स मिलाकर बनाई जा सकती है।

36.5 प्लेट गर्डरस (Plate girders)

प्लेट गर्डरस गहरी अथवा अधिक ऊँचाई वाली इस्पाती धरन ही होते हैं जिन्हें बहुत भारी भार वहन करने के लिए प्रयोग किया जाता है जैसे रेल का पुल बनाने के लिए। प्लेट गर्डर एक संघटित (built up) धरन है जिसके ऊपरी व निचले फ्लेंज, ऐंगल व प्लेटों को जोड़कर बनाये जाते हैं। इसका पेटा (web) एक या दो प्लेटों को जोड़कर बनाया जाता है। प्लेट गर्डर की अधिक ऊँचाई होने के कारण उसके शिखर फ्लेंज में अधिक प्रतिबल के कारण इसके पेटे के पार्श्विक व्याकुंचन (Lateral buckling) होने का भय रहता है। इसके पार्श्विक व्याकुंचन को रोकने के लिए पेटे में T खण्ड अथवा ऐंगल लगाये जाते हैं। इन्हें प्लेट से रिवेट द्वारा लगाया जाता है। चित्र–36.3 में प्लेट गर्डर का चित्र दिखाया गया है।

36.6 संपीडीय अवयब (Compression members)

संपीडांग वह खण्ड है जिसमें संपीडीय प्रतिबल उसकी ऊर्ध्वाधर अक्ष के समानान्तर कार्य करते हैं। छोटा स्तम्भ एक ही बेल्लित इस्पाती कड़ी का बनाया जा सकता है जबकि अधिक भार वहन करने वाले स्तम्भ एक से अधिक इस्पाती कड़ियों को जोड़कर बनाये जाते हैं। संपीडांग का डिजाइन उनकी आकृति, क्षेत्रफल, अनुप्रस्थ परिच्छेद, व उसकी लम्बाई से बहुत प्रभावित होता है। स्तम्भ व स्थाणुक (Column & stanchions) संपीडांग के उदाहरण हैं। चित्र–36.4 में विभिन्न प्रकार के स्थागुणक, चित्र–36.5 में विभिन्न प्रकार के (Lacing), चित्र–36.6 में स्तम्भ के Batten, चित्र–36.7 में स्तम्भ के आधार से जोड़ व चित्र–36.7 B में स्तम्भ के आधार जोड़ का isometric view दिखाया गया है।

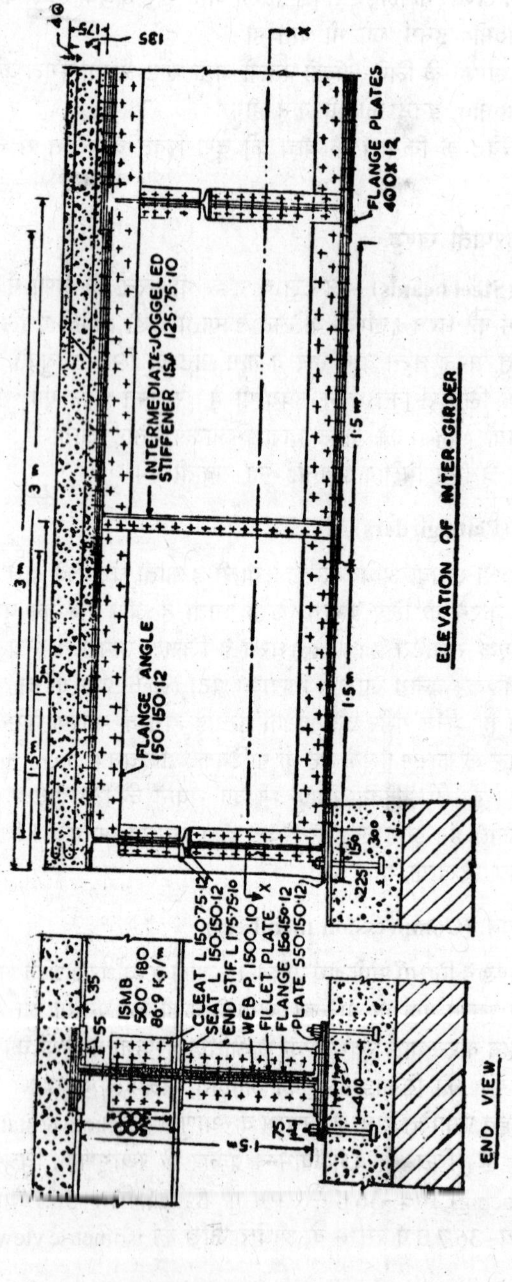

चित्र–36.3 (A) Plate Girder

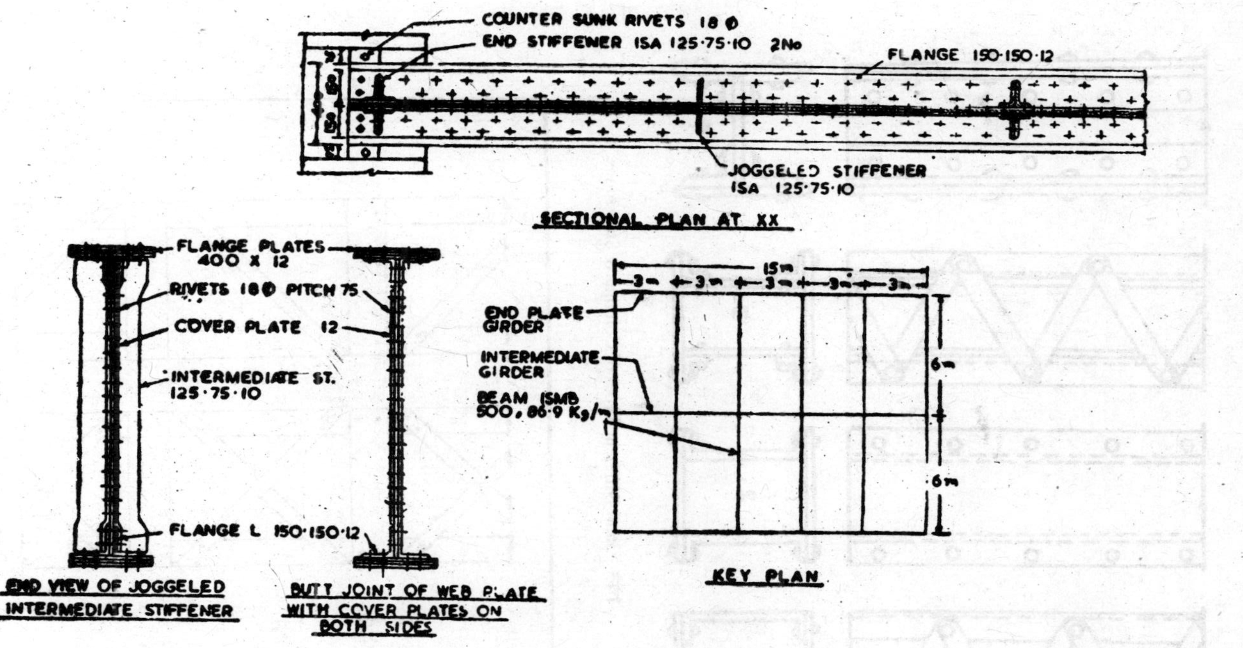

चित्र—36.3 (B) Detals of Plate Girder

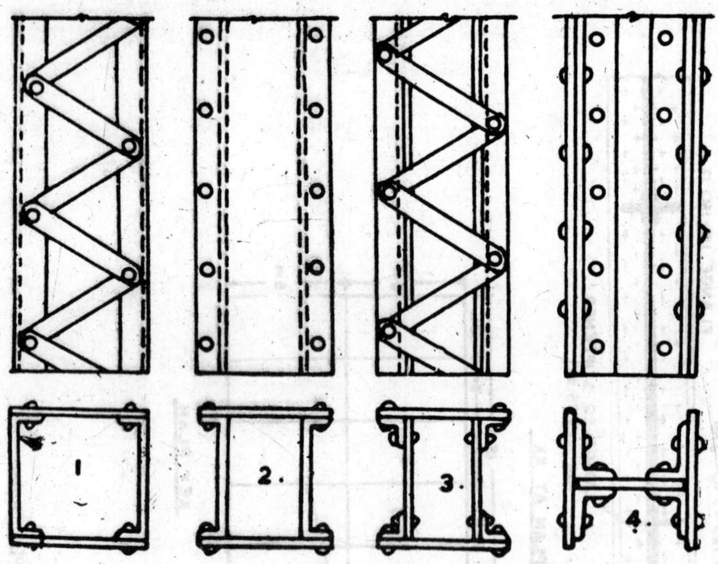

चित्र–36.4. Different Types of Columns & Stanchions

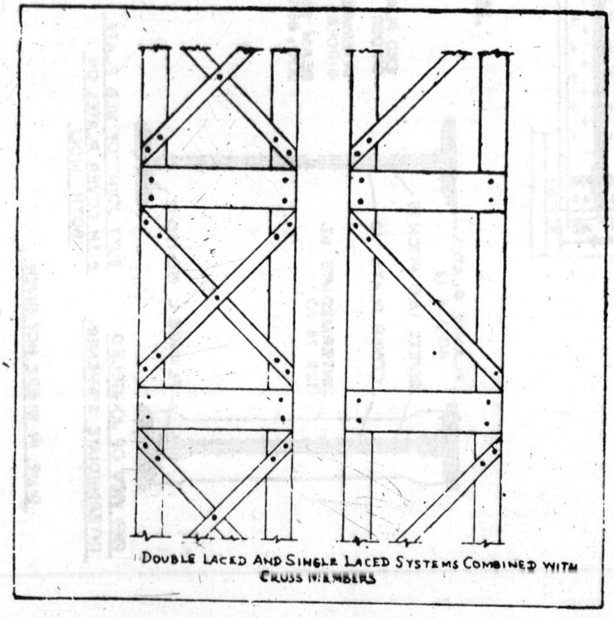

चित्र–36.5. Different Types of Lacings

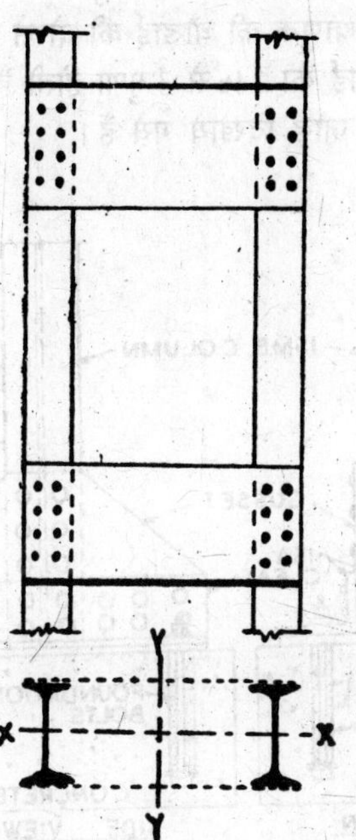

चित्र–36.6. Battens of Column

धरन के धरन के जोड़–चित्र–36.8 में धरन से धरन का जोड़ दिखाया गया है।

36.7 बाहु धरन का जोड़

चित्र–36.9 में बाहु धरन के टेक पर विभिन्न जोड़ दिखाये गये हैं।

36.8 धरन व स्थाणुक का जोड़

धरन से गुटके जोड़ने के लिए चार से कम संख्या में रिवेट या बोल्ट लगाने पर 1 से०मी० मोटा पैकिंग (Packing) चित्र–36.10 में दिखाये अनुसार लगाया जा सकता है।

36.9 धरन व स्तम्भ के जोड़

चित्र–36.11 में धरन व स्तम्भ के जोड़ दिखाये गये हैं।

36.10 स्थाणुक का आधार

संरचना का भार स्थाणुक द्वारा भूमि पर वितरित करने के लिए इसका कंक्रीट

का आधार बनाया जाता है। इस्पाती स्थाणुक के निचले भाग को टेक देने के लिए आधार प्लेट, गसेट (Gusset Plate) प्लेट व ऐंगल गुटकों से विशेष आधार बनाया जाता है। आधार प्लेट की चौड़ाई स्थाणुक की चौड़ाई की दो से तीन गुणा, तथा गसेट प्लेट की ऊँचाई स्थाणुक की चौड़ाई का 1 ½ से 3 गुणा होती है। चित्र–36.12 में स्थाणुक के आधार व अन्य धरनों के जोड़ दिखाये गये हैं।

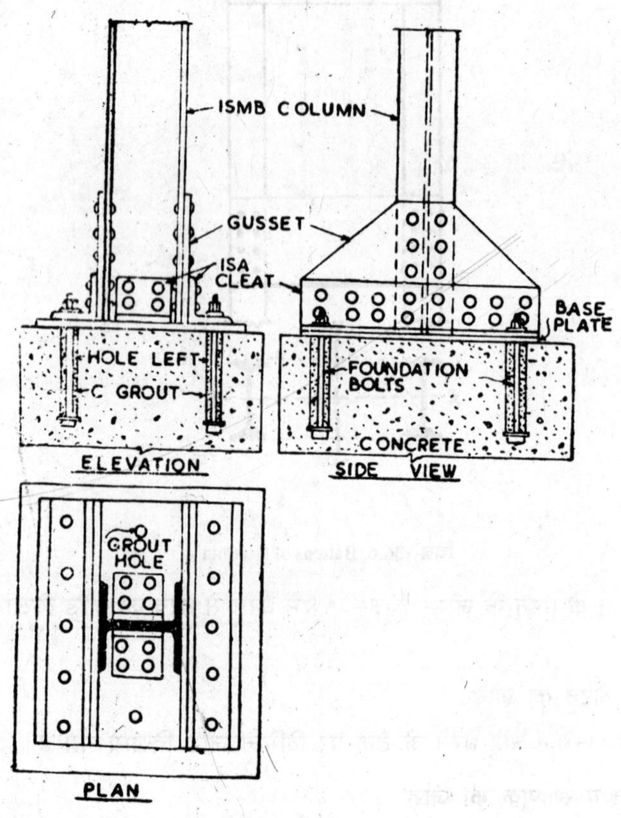

चित्र–36.6 (a) Base of a Builtup Stanchion

36.11 इस्पाती कैंची

ऐंगल आयरन को त्रिभुज के आकार में जोड़कर बनाया गया ढांचा कैंची (truss) कहलाता है। यह भी धरन की भाँति ही कार्य करता है। ऐंगल आयरन के प्रयोग से विभिन्न खण्डों के जोड़ने में सरलता रहती है तथा इसका प्रयोग मितव्ययी सिद्ध हुआ है। ऐंगल संपीडीय तथा तनन दोनों ही प्रतिबलों को वहन करने में समर्थ है। इस कारण इस्पाति कैंची बनाने के लिए ऐंगल आयरन बहुत ही उपयुक्त है। चित्र–36.13

में छत व किनारे की दीवार जोड़ तथा चित्र–36.14 में 16 मीटर पाट के लिए उपयुक्त कैंची दिखाई गई है।

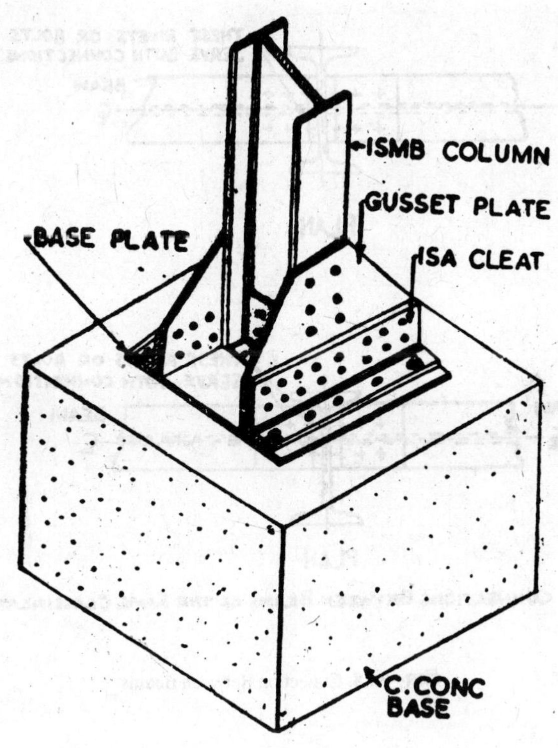

चित्र–36.7. Isometric View of a Column Base

36.12 इस्पाती कैंचियो के लाभ

(1) इस्पाती कैंची लकड़ी की कैंची से अधिक मजबूत होती है।

(2) इस्पाती कैंची अपेक्षाकृत भार में हल्की होती है तथा वाँछित आकृति की बनाई जा सकती है।

(3) इनमें दीमक आदि लगने का भय नहीं रहता।

(4) इस्पाती कैंची अधिक अग्नि सह होती हैं।

(5) इस्पाती कैंची अपेक्षाकृत बड़े पाटों के लिए बनाई जाती हैं।

(6) इनके निर्माण में सामग्री की क्षति अधिक नहीं होती।

(7) इन्हें यथा स्थान सरलता से रखा जा सकता है। इस कारण कार्य की प्रगति अधिक होती है।

(8) इन्हें एक स्थान से दूसरे स्थान पर ले जाना सरल है।

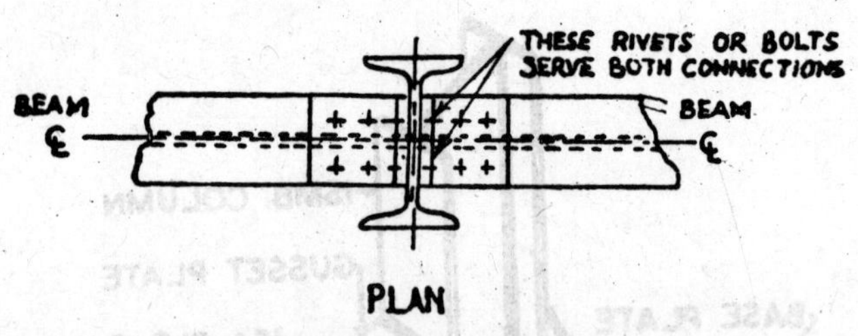

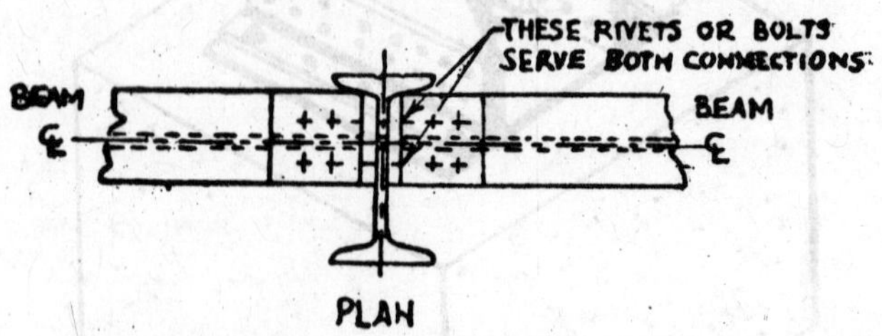

CONNECTIONS BETWEEN BEAMS OF THE SAME CLASSIFICATION

चित्र–36.8. Conection Between Beams

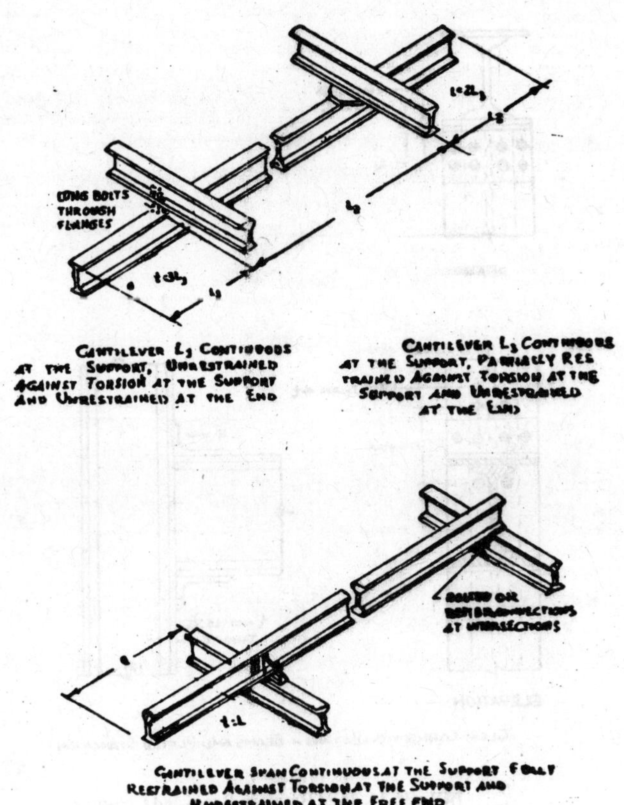

चित्र–36.9. Joints of Cantilevers

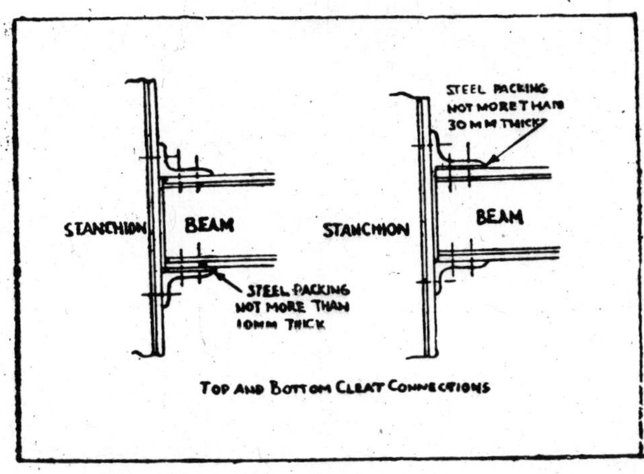

चित्र–36.10. Connection Between Beam and Stanchion

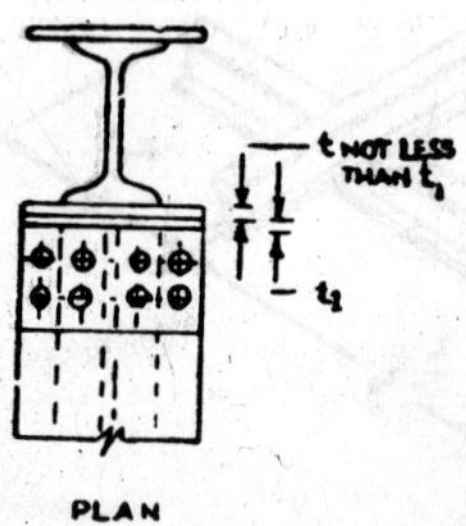

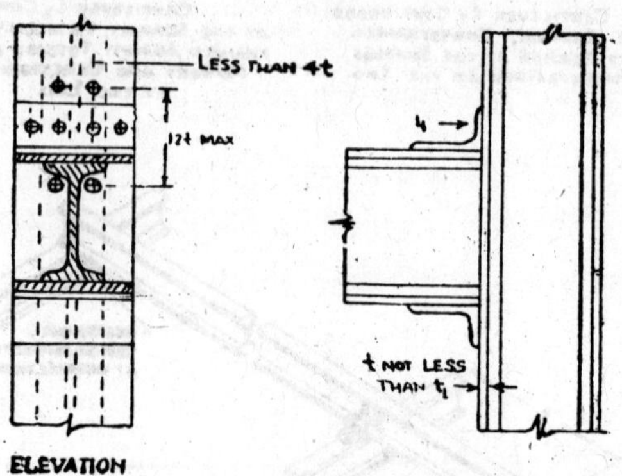

CLEAT CONNECTION BETWEEN BEAMS AND PLATED STANCHION

चित्र–36.11. Joint Between Beam and Column

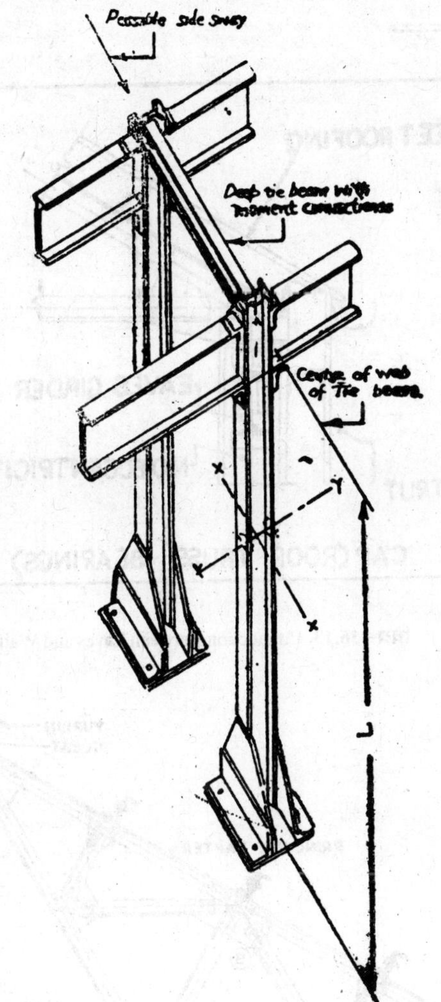

चित्र–36.12. Joint of Stanchion with other Components

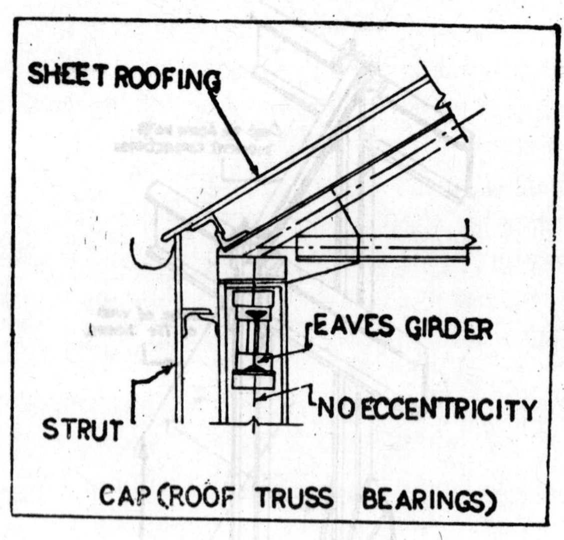

चित्र–36.13. Connection Between Eaves and Wall

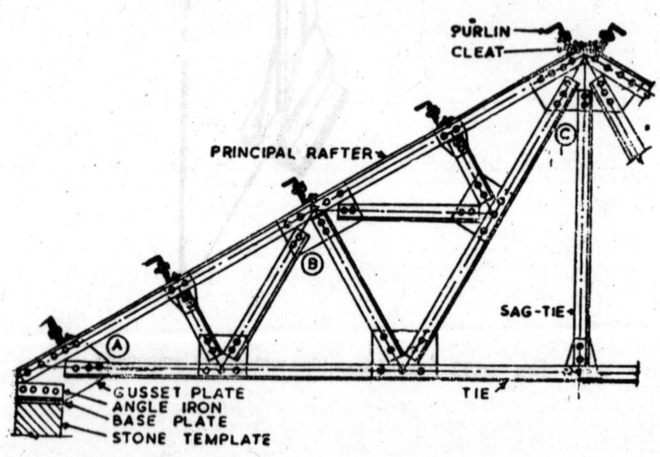

चित्र–36.14. Half Steel Truss for 16 Meter Span

प्रश्नावली

(1) प्रबलित सीमेंट कंक्रीट व इस्पाती संरचना कार्यों का तुलनात्मक वर्णन कीजिए।

(2) इस्पाती संरचनाओं में रिवेट के कार्य बताइए। रिवेट जोड़ कितने प्रकार के होते हैं? साफ चित्र सहित वर्णन कीजिए।

(3) निम्न अवयबों के साफ चित्र बनाइए।

(i) स्थाणुक (stanchion) का आधार से जोड़।

(ii) स्तम्भ का आधार से जोड़।

(iii) स्तम्भ व धरन जोड़।

(iv) विभिन्न प्रकार के संपीडन अवयब।

(v) छत व किनारे की दीवार

(vi) King Post Truss.

37

अग्नि संरक्षण
Fire Protection

37.1 प्रस्तावना

आधुनिक काल में मनुष्य अधिक से अधिकतम सुविधाजनक तथा सुरक्षित भवनों के निर्माण की ओर अग्रसर है। इस कारण भवनं बनाते समय इस बात का विशेष ध्यान रखा ज़ाना चाहिए कि अग्नि फैल जाने पर भवन में रहने वाले पूर्णतः सुरक्षित रहें। यह उद्देश्य निम्न उपायों से प्राप्त किया जा सकता है।

(1) भवन निर्माण में अग्नि यह सामग्री का प्रयोग करके।

(2) अग्नि लगने के समय भवन में रहने वालों को शीघ्रतम् निकालने की युक्ति का प्रबन्ध करके।

(3) अग्नि फैलने में बाधा उत्पन्न करने की दृष्टि से भवन को छोटे भागों में विभाजित करके।

अग्नि के एक बार फैल जाने के पश्चात् यदि उसे तुरन्त बुझाया न जाये तो वह समीप की समस्त सामग्रियों को भस्म कर देगी तथा समीप के अन्य भवनों में प्रवेश कर जायेगी। इस कारण भवन निर्माण से पूर्व विभिन्न अवयबों जैसे दीवार, दरवाजे, खिड़की, फर्श, छत आदि में प्रयोग की जाने वाली सामग्री का विस्तृत अध्ययन कर उनके अग्नि सह गुणों की जानकारी प्राप्त करनी चाहिए। विभिन्न सामग्रियों की संक्षिप्त जानकारी निम्न प्रकार है।

37.2 ईंट

अच्छी मिट्टी की बनी प्रथम श्रेणी की ईंट अच्छी अग्नि सह सिद्ध हुई हैं। ईंट के अग्नि सह गुण उसके आकार, मिट्टी की किस्म तथा उसकी निर्माण विधि से प्रभावित

होते हैं। प्रयोग द्वारा यह सिद्ध किया जा चुका है कि ईंट चिनाई अच्छी अग्निरोधक है।

37.3 पत्थर

पत्थर अच्छा अग्नि सह निर्माण सामग्री नहीं है। अग्नि लगने पर ग्रेनाइट अतिशीघ्र विस्फोटित होकर छिन्न–भिन्न हो जाता है। चूना पत्थर तो साधारण अग्नि से ही नष्ट हो जाता है। इस कारण यथा सम्भव इस प्रकार के पत्थर का प्रयोग अग्नि सह भवनों के लिए नहीं किया जाना चाहिए। सघन व महीन कण वाला रेत का पत्थर कुछ सीमा तक प्रयोग किया जा सकता है क्योंकि यह पत्थर औसत दर्जे की अग्नि से अधिक प्रभावित नहीं होता।

37.4 लोहा

यद्यपि लोहा ज्वलनशील नहीं है परन्तु इसका अग्नि प्रतिरोधन बहुत कम है। तापक्रम बढ़ने से यह मुलायम होकर फैलने लगता है। इस अवस्था में अग्नि बुझाने के लिए प्रयोग किए गए पानी के सम्पर्क में आने पर लोहे में संकुचन उत्पन्न होने के कारण ऐंठन उत्पन्न हो जाती है। इस ऐंठन के कारण समस्त संरचना की स्थिरता नष्ट हो जाती है। इस कारण इस्पात या लोहे के अवयबों पर उचित अग्नि सह आवरण लगाया जाना चाहिए।

37.5 सीमेंन्ट कंकीट

सीमेन्ट कंक्रीट की अग्नि प्रतिरोधकता उसके घनत्व तथा मोटे मिलावे की किस्म पर निर्भर करती है। अग्नि प्रतिरोधी कंक्रीट के लिए ईंट की रोड़ी, सिन्डर तथा फेनिल खनिज (Foamed slag) का मिलावा उत्तम सिद्ध हुआ है। यह देखा गया है, कि साधारण अग्नि में कंक्रीट 2.5 से०मी० गहराई तक अधिक प्रभावित होती है। इस कारण अग्नि सह प्रबलित कंक्रीट संरचना में आवरण परत की मोटाई 2.5 से०मी० से अधिक रखी जानी चाहिए।

37.6 कांच (Glass)

काँच अच्छा अग्नि प्रतिरोधी पदार्थ है। इसकी ऊष्मा संवाहकता कम होने के कारण इसके आयतन में परिवर्तन कम होता है। परन्तु अचनाक व अधिक तापान्तर पर इसमें दरार पड़ जाते हैं। काँच में इस्पात की जाली का प्रबलन लगाने से दरार नियन्त्रित किए जा सकते हैं। प्रबलित काँच सादे काँच की अपेक्षा ऊंचे तापक्रम पर पिघलता है। इस कारण अग्नि सह भवनों के दरवाजों तथा खिड़कियों पर प्रबलित काँच ही प्रयोग किया जाना चाहिए।

36.7 ऐस्बेस्टॉस (Astestos)

ऐब्बेस्टॉस एक रेशेदार खनिज पदार्थ है जिसे सीमेन्ट में मिलाकर अग्नि प्रतिरोधी पदार्थ तैयार किया जाता है। सीमेन्ट व ऐस्बेस्टॉस की बनी वस्तुएं बहुत अग्नि सह होती हैं।

37.8 लकड़ी

भवन का लकड़ी का भाग अपेक्षाकृत शीघ्र आग पकड़ लेता है। इन्हें अग्नि प्रतिरोधी बनाने के लिए इन पर अग्नि प्रतिरोधी रासायनिक पदार्थों का लेप किया जा सकता है। निम्न रासायनिक पदार्थ अच्छे अग्नि प्रतिरोधक हैं।

(1) अमोनियम फास्फेट एवं सल्फेट।

(2) बोरेक्स (Borex) व बोरिक एसिड।

(3) जिन्क क्लोराइड आदि।

उपरोक्त पदार्थों के लेप से अग्नि लगने के समय लकड़ी के ताप बढ़ने की दर कम हो जाती है।

(1) अग्नि लपटों के फैलने की दर भी घट जाती है।

(2) अग्नि पर नियंत्रण करने में सहायता मिलती है।

औसत दर्जे की अग्नि प्रतिरोधकता उत्पन्न करने के लिए लगभग 3 kg रासायनिक पदार्थ प्रतिघन मीटर लकड़ी पर्याप्त है। अच्छी प्रतिरोधकता के लिए उपरोक्त मात्रा की दो गुणी मात्रा पर्याप्त होगी।

आजकल बाजार में अग्नि प्रतिरोधी पेन्ट मिलते हैं। इनमें से ऐस्बेस्टॉस पेन्ट, मैगनीशियम सल्फेट, फैरस ऑक्साइड आदि पेन्ट अच्छे अग्नि प्रतिरोधी सिद्ध हुए हैं।

37.9 पलस्तर

पलस्तर तथा मसाले प्रज्वलनशील नहीं होते हैं। इस कारण उचित मसाले का चयन कर छतें व दीवारें अग्नि सह बनाई जा सकती हैं। सीमेंट मसाले, चूना मसालों से अधिक अग्नि प्रतिरोधी होते हैं। पलस्तर की मोटी परत अधिक अग्नि प्रतिरोधी सिद्ध हुई है।

37.10 अग्नि सह निर्माण

अग्नि सह अथवा अग्नि प्रतिरोधी भवन निर्माण के लिए निम्न बातों का ध्यान रखा जाना चाहिए।

(1) सभी भार धारक दीवारों एवं स्तम्भों को अपेक्षाकृत मोटा बनाया जाना चाहिए।

(2) फर्श व छत के निर्माण में यथा सम्भव अग्निरोधी पदार्थ प्रयोग किए जाने चाहिए।

(3) लकड़ी के फर्श बनाये जाने पर अधिक अन्तराल पर अपेक्षाकृत मोटी कड़ी लगाई जानी चाहिए। इसके अतिरिक्त उचित अन्तराल पर अग्निरोधक (fire stops) भी लगाये जाने चाहियें।

(4) ढलवाँ तथा पिटवा लोहे को मिट्टी की टाइल, पलस्तर अथवा टेराकोटा टाइलों से ढक्कर सुरक्षित रखा जाना चाहिए।

(5) इस्पाती संरचनाओं की अपेक्षा प्रबलित कंक्रीट सरचनायें बनाई जानी चाहिए। इस्पाती अवयबों के चारों ओर 10 से॰मी॰ मोटा आवरण लगाना अनिवार्य हैं। धातु अवयबों के फ्लेजों पर न्यूनतम आवरण 5 से॰मी॰ मोटा होना चाहिए।

(6) विभाजक दीवार खोखली कंक्रीट अथवा मिट्टी की टाइलों, प्रबलित कंक्रीट

अथवा चिनाई, ऐस्बेस्टॉस सीमेंट चादर आदि की बनाई जानी चाहिए।

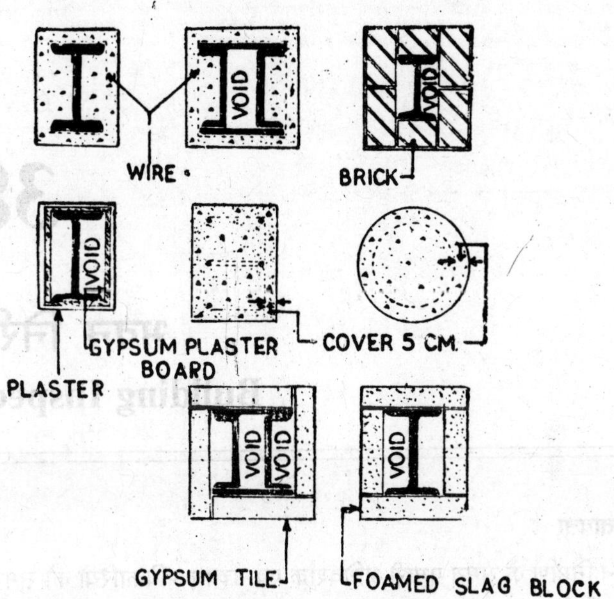

VARIOUS TYPE OF FIRE-PROOFING TREATMENTS GIVEN TO STEEL & CONCRETE COLUMNS

चित्र-37.1

(7) सभी दीवारों व स्तम्भों पर अग्नि प्रतिरोधी पलस्तर किया जाना चाहिए।

(8) अन्तश्छत (ceiling) ऐस्बेस्टॉस सीमेंट चादर, रेशा तख्तों आदि की बनाई जानी चाहिए तथा इन्हें सीधे छत की कड़ियों से ही जड़ देना चाहिए।

(9) दरवाजों तथा खिड़कियों पर प्रबलित काँच लगाया जाना चाहिए।

(10) दुर्घटना के समय अधिभोक्ताओं के बाहर निकलने के लिए एक मंजिले भवन में उचित ऊँचाई पर पर्याप्त चौड़ाई की खिड़की तथा बहुतलीय भवनों में उचित स्थान पर सीढ़ी बनाई जानी चाहिए।

(11) छत यथा सम्भव समतल बनाई जानी चाहिए। किन्हीं कारणों से ढालू छत बनाइ जाने पर उनकी अंतशछत अग्नि प्रतिरोधी सामग्री से बनाई जानी चाहिए। चित्र–37.1 में कंक्रीट व इस्पाती स्तम्भों पर अग्नि प्रतिरोधी उपचार दिखाए गए हैं।

प्रश्नावली

(1) संरचनाओं के अग्नि संरक्षण से आप क्या समझते हैं? निम्न सामग्रियों के अग्नि संरक्षण गुणों का वर्णन कीजिए।

(i) लकड़ी (ii) लोहा (iii) ईंट (iv) पत्थर।

(2) इस्पाती स्तम्भ को अग्नि संरक्षण प्रदान करने की विधियों का वर्णन कीजिए।

38

भवन निरीक्षण
Building Inspection

38.1 प्रस्तावना

भवन निर्माण के समय प्रभारी अधिदर्शक एवं उच्चय अधिकारियों को समय–समय पर उसका निरीक्षण करना चाहिए। निरीक्षण करते समय अधिदर्शक को निम्न बातों का ध्याब रखना चाहिए।

38.2 विभिन्न निर्माण कार्यों का निरीक्षण

(1) स्थिति–स्थानीय उपनियमों के अनुसार भवन के सामने, पीछे तथा बाजू में छोड़ी जाने वाली भूमि की माप करनी चाहिए।

(2) नींव–दीवारों के सही अभिलम्ब होने के लिए उनकी नींवों के लिए खोदी गई खाइयों का भी अभिलम्ब होना आवश्यक है। नींव खाइयों की अभिलम्बता की जाँच गूणिया अथवा थीओडोलाइट की सहायता तथा करण मापकर की जा सकती है। खाइयों के अभिलम्ब होने की दशा में दोनों करण बराबर होने चाहिए।

(a) प्रत्येक स्थान पर खाई की चौड़ाई तथा गहराई समान होनी चाहिए। इसकी जाँच के लिए कुछ स्थानों पर खाई की चौड़ाई व गहराई की माप की जानी चाहिए।

(b) किसी भी स्थान पर खाई की तली में मृदा ढीली (loose) नहीं होनी चाहिए। इसकी अच्छी प्रकार कुटाई की जानी चाहिए। ढीली मृदा होने से नींव में असमान निष्दन होने से भवन में दरार उत्पन्न हो जायेंगे।

(c) खाई में सफेद व काली चीटियों के गुच्छे हटा देने चाहिए।

(3) नींव कंक्रीट–खाई में नींव के लिए कंक्रीट डालते समय निम्न बातों का ध्यान रखा जाना चाहिए।

(a) कंक्रीट के अवयबों के अनुपातों की अच्छी प्रकार जाँच की जानी चाहिए।

(b) कंक्रीट के विभिन्न अवयबों को अच्छी प्रकार मिलाया जाना चाहिए।

(c) एक बार में कंक्रीट की 15 से०मी० से मोटी परत नहीं डालनी चाहिए तथा प्रत्यक परत की कुटाई मसाला क्रीम के ऊपर आने तक की जानी चाहिए।

(d) कंक्रीट परत की ऊपरी सतह समतल होनी चाहिए तथा कुटाई की गई सतह की लगभग 14 दिन तक अच्छी प्रकार तराई की जानी चाहिए।

(e) सीमेंट कंक्रीट डालने पर उसकी 30 मिनट तक कुटाई कर छोड़ देना चाहिए।

38.3 अनुपात

(a) मसाला—मसाले के अवयबों के अनुपात की अच्छी प्रकार जाँच की जानी चाहिए। चूना मसाला प्रयोग किए जाने पर उसकी अच्छी प्रकार घिसाई की जानी चाहिए। वांच्छित अनुपात में चूना व रेत धानी में पत्थर से पीसकर लगभग 20 दिन तक छोड़ देना चाहिए। इस प्रकार तैयार मसाले को लगभग 5 मीटर दूरी से किसी दीवार पर फेंककर मारने पर वह नीचे नहीं गिरना चाहिए, बल्कि दीवार से ही चिपक जाना चाहिए। इस प्रकार का मसाला पत्थर चिनाई के लिए बहुत उपयोगी है।

(b) मसाले में सुर्खी प्रयोग करने पर वह छलनी No. 7 से 100% तथा 10 No. से 50% निकलनी चाहिए।

(c) सीमेंट मसाला प्रयोग किए जाने पर सीमेंट व रेत को उचित अनुपात में डालकर दो बार शुष्क तथा तीन बार पानी डालने के पश्चात् मिलाना चाहिए। मसाले के अनुपात की जाँच उसके रंग से की जा सकती है। इसके लिए काफी अनुभव की आवश्यकता है। पानी डालने के पश्चात मसाला 30 मिनट के अन्दर–अन्दर प्रयोग कर लिया जाना चाहिए।

38.4 ईंट चिनाई

(a) चिनाई में लगाने से पूर्व ईंटों की अच्छी प्रकार पानी से तराई की जानी चाहिए। तराई ईंटों को पानी में कम से कम दो घण्टे तक भिगोकर अथवा उन पर पानी छिड़कर की जा सकती है। सीमेंट मसाला प्रयोग करने पर ईंटों को उस समय तक पानी में भिगोना चाहिए जब तक कि उनसे दुलबुले निलने समाप्त न हो जायें।

(b) शुष्क मसाले अथवा ईंट के टुकड़ों का अधिक मात्रा में प्रयोग किये जाने की जाँच दीवार को ऊपर से देखकर की जानी चाहिए। इसके लिए ऊपर की दो चार ईंट हटाकर निरीक्षण किया जाना चाहिए।

(c) जोड़ बहुत मोटे नहीं होने चाहिए। किनारों पर बाँड विशेष रूप से सही होने चाहिए।

(d) किन्हीं भी दो लगातार रद्दों के ऊर्ध्वाधर जोड़ एक ही सीध में नहीं होने चाहिए।

(e) दरवाजों व खिड़कियों के पाखे ऊर्ध्वाधर होने चाहिए।

(f) दीवार ऊर्ध्वाधर होनी चाहिए। इसकी जाँच साहुल से की जा सकती है–

38.5 पत्थर की चिनाई

पत्थर की चिनाई में निम्न बातों का ध्यान रखा जाना चाहिए।

(i) चिनाई स्थल पर पहुंचने के पश्चात् चिनाइ में धुर पत्थर (through stone) का निरीक्षण किया जाना चाहिए। वाह्य व आन्तरिक फलक से लगाये जाने वाले धुर पत्थरों का न्यूनतम चढ़ाव 15 से०मी० से कम नहीं होना चाहिए।

(ii) रद्दों की सीध व ऊर्ध्वाधरता की जाँच के लिए डोरी व साहुल का प्रयोग किया जाना चाहिए।

(iii) चिनाई में लगाने से पूर्व प्रत्येक पत्थर पानी में भिगोना अनिंवार्य है।

(iv) पत्थर के प्रत्येक टुकड़े को दीवार में लगाने से पूर्वउस पर मसाला लगाना चाहिए। किन्हीं दो पत्थरों के बीच बिना मसाले के कोई भी स्थान नहीं रहना चाहिए।

(v) दीवार में खोखलेपन की जाँच दो तीन पत्थर उखाड़कर की जानी चाहिए।

(vi) रद्देदार बेरद्दा ढोकों (Coursed rubble masonry) में धुर अथवा हैडर पत्थरों पर क्रास का चिन्ह बना देना चाहिए। ये पत्थर प्रत्येक रद्दे में निश्चित अन्तराल पर लगाए जाने चाहिए। क्रास चिन्ह से इन पत्थरों को पहचानने में सरलता रहती है।

(vii) लगातार रद्दों में दो धुर पत्थर एक दूसरे के ऊपर नहीं लगाये जाने चाहिए।

(viii) पत्थर की तली व बाजू पर उचित दूरी तक उनकी गढ़ाई की जानी चाहिए।

(ix) धुर पत्थरों का एक दूसरे पर चढ़ाव बहुत महत्वपूर्ण है।

(x) बिना रद्दा चिनाई में फलक पर 20 से०मी० से अधिक मोटा पत्थर नहीं लगाया जाना चाहिए।

(xi) दीवार की ऊर्ध्वाधरता की जांच दीवार की सीध में कुछ दूरी पर खड़े होकर देखने से भी की जा सकती है।

38.6 प्रबलित सीमेंट कंक्रीट कार्य

(i) सीमेंट ताजा होना चाहिए।

(ii) सीमेंट में मिलावाट नहीं होनी चाहिए। मिलावट की पहचान सीमेंट को अँगूठा व उँगली के बीच मसलकर की जा सकती है। शुद्ध सीमेंट को मसलने पर किरकाहट अनुभव नहीं होनी चाहिए। अर्थात् शुद्ध सीमेंट छूने पर चिकनी होगी।

(b) सीमेंट में कोयले की राख मिली होने की संका होने पर सीमेन्ट को एक गिलास में पानी लेकर उसमें सीमेन्ट डालकर उसे अच्छी प्रकार पानी में मिला कर छोड़ देना चाहिए। कुछ समय के पश्चात् सीमेन्ट नीचे बैठ जायेगी तथा राख पानी पर तैरने लगेगी।

(iii) निर्माण स्थल पर सीमेंट खुला नहीं छोड़ना चाहिए। सीमेंट के थैलों को तिरपाल से ढक्कर रखा जाना चाहिए।

(iv) सीमेंट को भूमि से लगभग 15 से०मी० ऊँचाई पर ईंटों अथवा लकड़ी के प्लेटफार्म पर रखा जाना चाहिए।

(v) सीमेंट में ढेले नहीं होने चाहिए। सीमेंट के ढेलों को उंगली व अँगूठे से दबाने पर टूटने से सीमेंट में प्रारम्भिक सेट होने की संभावना हो सकती है।

(vi) निर्माण स्थल पर थोड़ा सीमेंट तसले में डालकर नीचे से गर्म करने पर उसके रंग में परिवर्तन सीमेंट में मिलावट का सूचक है।

(b) मिलावा व रेत साफ होने चाहिए। यदि उनमें अधिक मिट्टी हो तो पानी से धोकर साफ करना चाहिए।

(c) सीमेंट, रेत व मिलावे को वांच्छित अनुपात में डालकर अच्छी प्रकार मिलाना चाहिए। हाथ से मिलाने पर कम से कम दो बार शुष्क तथा तीन बार पानी डालने के प्रश्चात् मिना चाहिए।

(d) पानी साफ तथा बिना लवण वाला होना चाहिए। सीमेंट कंक्रीट में पीने वाला पानी ही प्रयोग किया जाना चाहिए।

38.7 लोहा-प्रबलन व गर्डर

(i) प्रबलन व गर्डर पर जंग नहीं लगा होना चाहिए।

(ii) प्रबलन पर न्यूनतम आवरण 1.5 से०मी० होना चाहिए। छत पर आवरण की पर्याप्त मोटाई रखने के लिए ढूले पर उचित मोटाई की गिट्टी बाँध देनी चाहिए।

(iii) टेक, अथवा दीवार से प्रबलन के ऊपर मोड़ने की दूरी की सही जाँच की जानी चाहिए। प्लान से देखकर इस दूरी को इस्पाती फीते से मापना चाहिए।

(iv) प्रबलन की दो छड़ों का चढ़ाव (Over lap) छड़ों के व्यास का 24 से 30 गुणा होना चाहिए।

(v) मिलावे (Coarse aggregate) का आकार प्रबलन की छड़ों के बीच के स्थान से सदैव लगभग 1.2 से०मी० से कम होना चाहिए। अर्थात् मिलावा प्रबलन के बीच सरलता से निकल जाना चाहिए।

38.8 छज्जा व बाहुधरन या कैंटिलिवर

छज्जे अथवा बालकानी पर लगने वाले भार को संतुलित करने के लिए कैंटिलिवर व दीवार के बीच पर्याप्त जकड़ की जाँच की जानी चाहिए। यह जाँच 1.2 मीटर से अधिक चौड़े छज्जों के लिए बहुत महत्वपूर्ण है। टेक या आलम्ब पर कैंटिलिवर की मोटाई निम्न सूत्र से ज्ञात की जा सकती है।

आलम्ब या टेक पर कैंटिलिवर मोटाई

$$= \frac{\text{पाट}}{7.5}$$

वास्तविक मोटाई प्रायः उपरोक्त सूत्र से ज्ञात की गई मोटाई से 1.0 से 2.0 से०मी० अधिक ही रखी जानी चाहिए।

38.9 छत (Roof)

(i) कैंची की लकड़ी अच्छी प्रकार पकी (seasoned) हुइ होनी चाहिए।

(ii) कैंची के नीचे के आधार प्लेट कभी भी दरवाजे व खिड़की के सरदल पर नहीं आनी चाहिए।

(iii) हल्के छत आवरणों जैसे A.C. या G.I शीट के हवा में उड़ने से बचाने के लिए उचित जकड़ प्लेट लगाई जानी चाहिए।

(iv) G.I. व A.C. शीटों में छिद्र सही व शिखर पर बनाये जाने चाहिए।

(v) कैंची, पुर्लिन तथा साधारण राफ्टर के बीच उचित जोड़ होने चाहिए।

(vi) शिखर (ridge) पर टाइलें अच्छी प्रकार मसाला लगाकर लगाई जानी चाहिए।

38.10 फर्श

(i) सतह समतल होनी चाहिए।

(ii) जल निकासी के लिए उचित ढाल दिया जाना चाहिए। ढाल की जाँच सतह पर पानी डालकर की जा सकती है। सही ढाल होने पर किसी भी स्थान पर पानी रूकना नहीं चाहिए।

38.11 पलस्तर करना

(i) पलस्तर करने से पूर्व जोड़ से 2.5 से०मी० गहराई तक मसाला निकाल देना चाहिए।

(ii) सतह की अच्छी प्रकार पानी से तराई की जानी चाहिए।

(iii) चूना पलस्तर की तीन परत लगाने पर दूसरी परत लगाने के पश्चात् उसकी अच्छी प्रकार पिटाई की जानी चाहिए।

(iv) पलस्तर करने के पश्चात् दीवार पर चोट लगाने पर भारी आवाज खोखलेपन का सूचक है। ऐसी अवस्था में पलस्तर दोषपूर्ण है। अतः इसे गिराकर दोवारा पलस्तर किया जाना चाहिए।

प्रश्नावली

(1) ईंट चिनाई का निरीक्षण करते समय किन–किन बातों का ध्यान रखा जाना चाहिए।

(2) कार्यस्थल पर सीमेन्ट स्टोर करते समय कौन–कौन सी सावधानियां रखी जानी चाहिए।

(3) कार्यस्थल पर सीमेन्ट में मिलावट की पहचान किस प्रकार की जा सकती है।

(4) पत्थर की चिनाई का निरीक्षण करते समय किन–किन बातों का ध्यान रखा जाना चाहिए।

39

विशिष्ट मरम्मत
Special Repairs

39.1 प्रस्तावना

भवन निर्माण के पश्चात् उन्हें अच्छी दशा में बनाए रखने के लिए उनकी सामयिक (periodical) मरम्मत की आवश्यकता होती है। मरम्मत कार्य साधारणतः दो वर्गों में विभाजित किया जा सकता है।

(i) वार्षिक मरम्मत (ii) विशिष्ट मरम्मत

(i) वार्षिक मरम्मत—इस मरम्मत के अन्तर्गत वार्षिक पुताई या सफेदी करना, लकड़ी के कार्यों पर वार्निश करना, दीवारों पर रंग करना, व छत आदि पर छोटी मोटी टूट–फूट की मरम्मत आदि करना सम्मिलित हैं।

(ii) विशिष्ट मरम्मत—इस श्रेणी के अन्तर्गत सामयिक मरम्मत कार्य नहीं आते, वरन् विशेष परिस्थितियों में विशेष प्रकार के किए जाने वाले मरम्मत कार्य ही इस श्रेणी के अन्तर्गत आते हैं। इस अध्याय में इसी प्रकार के कुछ कार्यों का वर्णन किया गया है। जैसे—

(1) नींव मजबूत करना (2) रिसनमय छतों को ठीक करना (3) क्षतिग्रस्त कंक्रीट सतहों व फर्श आदि को ठीक करना (4) दीवारों व लिन्टन आदि में दरारों को ठीक करना (5) वर्तमान भवनों में रिसन रोक परत लगाना (6) दीमक से बचाव (7) दरार वाले पलस्तर की मरम्मत (8) खिड़की आदि के जोड़ों से रिसन रोकना।

39.2 नींव मजबूत करना—भवन की दीवारों का भूतल के समीप खराब होना उसकी नींव के कारण होता है। दीवार खराब होने के प्रायः दो मुख्य कारण हो सकते हैं (i) नींव के निष्दन के कारण (ii) दीवार में नींव से पानी पहुंचने के कारण।

उपरोक्त कारणों से खराब हुई नींव को मजबूत अथवा नवीनीकरण के लिए अधः पुष्टीकरण (Under Pinning) विधि से नींव गहरी कर उसके नीचे रिसन सह (Water proof) कंक्रीट अधिक क्षेत्र पर बिछा दी जाती है दीवार में अधिक रिसन प्रवेश करने पर भूतल से ऊपर तक रिसन सह कंक्रीट पलस्तर किया जाना चाहिए। चित्र–39.1 A व B में क्रमशः खराब व मरम्मत के पश्चात् दीवारों के नमूने दिखाए गए हैं।

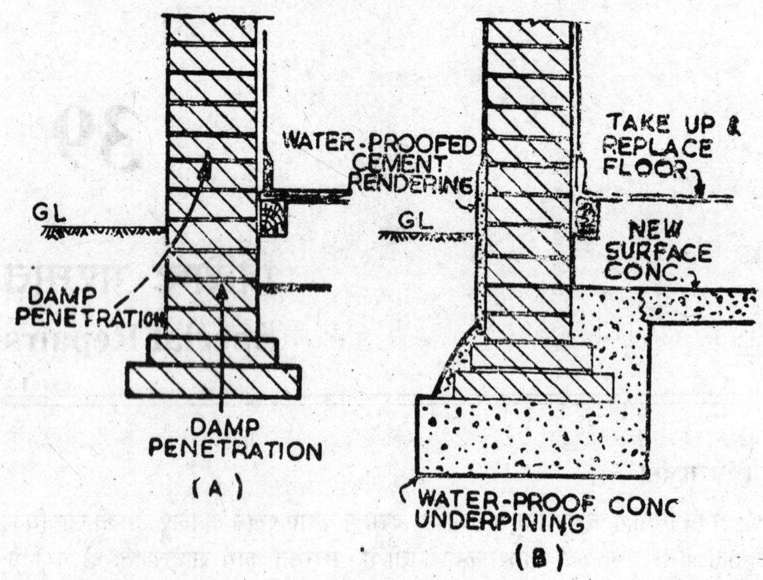

चित्र–39.1

39.3 रिसनमय छतों की मरम्मत करना

(i) समतल छतें

(a) चूना कंक्रीट वाली समतल छतें–कोलतार या बिट्मन का प्रयोग अन्य कारणों से आपत्ति जनक न होने पर इसकी एक या दो परत लगाना छतों को जल रोधी बनाने के लिए पर्याप्त होगा। इसके अतिरिक्त लोह ऑक्साइड पेंट की एक या दो परत लगाने से भी छतें रिसन रोधी बन जाती हैं।

छतों में उत्पन्न छिद्रों या दरारों को भरने व रिसन रोधी बनाने के लिए निम्न सामग्रियों से बने पदार्थ का लेप करने से भी छिद्र रिसन रोधी बनाए जा सकते हैं।

1. एक भाग लाल सीसा (red lead)
2. चार भाग पीसा हुआ चूना
3. पाँच भाग साफ रेत

उपरोक्त सामग्रियों को उबाले हुए पानी में मिलाकर तथा उचित, सुकार्यता का घोल बनाकर परत लगाई जा सकती है।

(b) सीमेंट कंक्रीट छतें

इस श्रेणी की छतों को रिसन रोधी बनाने के लिए कंक्रीट की तराई के पश्चात्

गर्म कोलतार की एक या दो परत लगाकर उस पर रेत बिछा कर हल्की कुटाई करने के पश्चात् 7.5 से०मी० मोटी टाइल या मिट्टी की परत लगाने से छत जल रोधी बनाई जा सकती है।

सीमेंट कंक्रीट छतों में दरार उत्पन्न हो जाने पर निम्न उपचार किए जा सकते हैं।

(1) साफ किए दरारों में प्रसारित सीमेंट का घोल भरने से नई व पुरानी सतहों के जोड़ भर जाते हैं तथा छत रिसन रोधी बन जाती है।

(2) छिद्रों में सीमेंट व रेत के घोल का ग्राऊट भरने से भी छत जलरोधी बनाई जा सकती है।

(3) केवल सीमेंट के घोल को दरारों में भर कर भी उन्हें जलरोधी बनाया जा सकता है। सीमेंट ग्राऊट या सीमेंट घोल में जल सह (water proof) यौगिक मिलाना अधिक प्रभावशाली सिद्ध हुआ है।

(4) 350 ग्राम बार सोप व 120 ग्राम फिटक्री को अलग–अलग 4.50 लीटर पानी में घोल कर सफेदी के साथ एक के पश्चात् दूसरी परत लगाने से छतें जलरोधी बनाई जा सकती हैं। इन दोनों पदार्थों का लेप लगभग 10 घन्टे के अन्तराल पर किया जाना चाहिए।

(5) बिटूमन की परत लगाकर उस पर रेत डालकर हल्की कुंटाई कर टाट (Hassian) बिछाकर उसके ऊपर एस्फाल्ट की परत लगाने से सतह पूर्णतः जलरोधी बन जाती हैं।

समतल छतों में अधिक वर्षा वाले क्षेत्रों में ढाल 20 में 1 व कम वर्षा वाले क्षेत्रों में 36 में 1 पर्याप्त है।

(c) ढालू छतें

टाइल लगाने के पश्चात् मसाला सूख जाने पर बिट्मन को 400°F पर गर्म कर उसकी पतली परत जोड़ों पर लगाना पर्याप्त है। इस बिट्मन परत के ठंडा हो जाने पर इसके ऊपर पलस्तर करने से बिट्मन परत की आयु बढ़ जाती है। चादरों व टाइलों के चढ़ाव का विस्तृत वर्णन अध्याय 13 में किया गया है।

39.4 क्षतिग्रस्त कंक्रीट सतह व फर्श आदि को ठीक करना (Repairs of damaged Concrete surfaces and floors)

क्षति ग्रस्त पुरानी कंक्रीट की ऊपरी सतह को छेनी से खोदकर खुरदरा बना लिया जाता है। खुरदरा बनाने के लिए अन्य विधियाँ जैसे sand blasting आदि भी अपनाई जा सकती हैं। सतह खुरदरी बनाने क पश्चात् उसे कठोर तारों वाले ब्रुश से रगड़ कर साफ करने के पश्चात् सतह साफ पानी से अच्छी प्रकार धो कर पानी में सीमेंट का घोल सतह पर छिड़का जाता है। इसके पश्चात् सीमेंट घोल सूखने से पूर्व ही 1.5 से०मी० मोटी सीमेंट रेत मसाले की परत बिछाई जाती है। सीमेंट–रेत मसाले का अनुपात कंक्रीट में सीमेंट–रेत के अनुपात के बराबर ही होना चाहिए। सीमेंट–रेत मसाले की परत के पश्चात् वांछित कंक्रीट परत बिछाई जाती है।

39.5 कंक्रीट सतहों में उत्पन्न दरारों का उपचार

महीन दरारों के कारण प्रबलित कंक्रीट अवयबों की सामर्थ्य पर कोई प्रभाव नहीं पड़ता। इस श्रेणी के दरार सीमेंट पेन्ट, आयंल पेन्ट व पानी के पेंट्स की परत लगाने से बन्द हो जाते हैं। अधिक चौड़े दरारों को एक भाग सीमेंट व एक भाग महीन रेत के मिश्रण के ग्राउट का प्रयोग करके बन्द किया जा सकता है।

जल कुंड या जलाशयों में दरारें उत्पन्न होने पर उनमें गर्म विट्मन में डुबोया हुआ सन या जूट भर कर उस पर विट्मन का पेनट कर दरारें बन्द की जा सकती हैं।

कभी–कभी दरारें गुनाइटीकरण (Guniting) विधि से रेत व सीमेंट मसाला दाब के साथ दरारों में भर कर उन्हें बन्द किया जा सकता है। गुनाइटीकरण से सीमेंट रेत मसाला समस्त दरारों में अच्छी प्रकार भर जाता है, जिससे कंक्रीट अधिक मजबूत हो जाती है। गुनाइटीकरण के लिए सीमेंट–रेत अनुपात 1 : 3 से 1 : 4 हो सकता है। रेत का सूक्ष्मता मापांक 2 से 3 तक होना चाहिए। इस क्रिया के लिए प्रायः 14 लीटर पानी प्रति (50 कि० ग्राम) सीमेंट पर्याप्त है। रेत में 3 से 6% नमी होना लाभदायक सिद्ध हुआ है इससे नाँजल अवरुध नहीं होती।

क्रिया–इसका उपकरण दोहरी दीवार वाला पात्र होता है। इसकी क्षमता 5.5 से 8 घन मीटर तकहोती है। इस पात्र के एक भाग में वांच्छित अनुपात का सीमेंट–रेत मसाला तथा दूसरे में पानी डाला जाता है। सीमेंट–रेत मसाला पहले शुष्कअवस्था में अच्छी प्रकार मिलाकर डाला जाना चाहिए। यह मसाला रबड़ के पाईप के सिरे पर लगी नाँजल से वायुदाब द्वारा निकाला जाता है। दूसरी नाँजल से सीमित मात्रा में पानी पहली नाँजल से निकलने वाले सीमेन्ट–रेत मसाले के ऊपर फेंका जाता है। इस पानी व मसाले का मिश्रण तीसरी नाँजल से दाब के साथ निकल कर सतह पर चिपक जाता है। नाँजल में पानी का दाब लगभग 3.5 kg प्रति वर्ग से०मी० होता है तथा यह नॉजल सतह से कम से कम 1 मीटर दूरी पर रखी जा सकती है।

39.6 दीवारों व लिन्टल आदि के दरार ठीक करना

लिन्टल में दरार उत्पन्न होना–लिन्टल या धरन में दरार उत्पन्न होना उनमें अति विक्षेप का सूचक है। कंक्रीट की धरन या लिन्टल में महीन दरारें संकटपूर्ण (dangerous) नहीं हैं। परन्तु इन्हें पलस्तर द्वारा ठीक किया जाना चाहिए। पत्थर के लिन्टल व धरनों में दरार उत्पन्न होने पर उनमें खड़ी टेक लगा कर अस्थाई उपचार किया जा सकता है परन्तु स्थाई उपचार के लिए अधः पुष्टीकरण (under pinning) विधि द्वारा नया लिन्टल लगाया जाना चाहिए।

39.7 दीवारों में दरारें उत्पन्न होना व उनका समाधान

दीवार में दीरारें निम्न कारणों द्वारा उत्पन्न होते हैं।

(i) नींव मैं असमान निष्दन होने के कारण

(ii) धरन के नीचे दीवारों पर अति भार के कारण जोड़ खुल जाना

(iii) दीवारों के बाहर की ओर फैलने के कारण आदि।

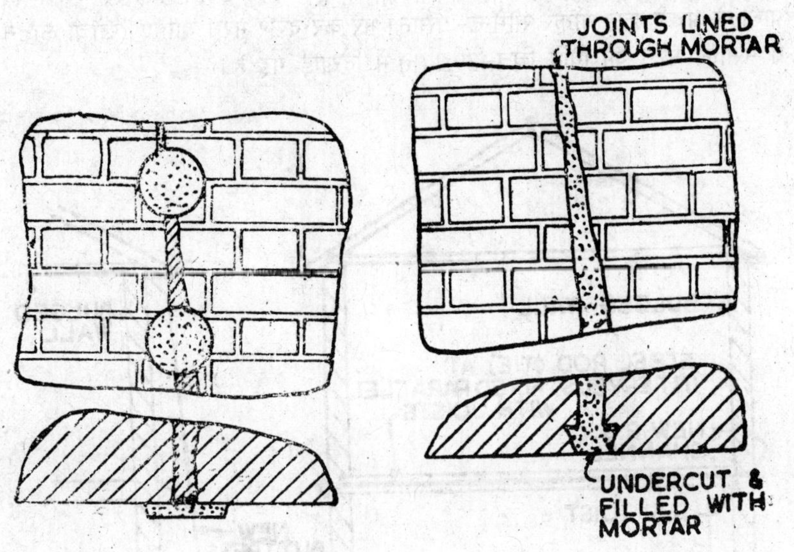

चित्र-39.2. (a) (b)

(i) नींव के असमान निष्दन के कारण दीवरों में ऊर्ध्वाधर दरार उत्पन्न हो जाते हैं। दोषूर्ण व कमजोर नींव में अधः पुष्टीकरंण विधि से नई कंक्रीट की नींव बनाई जा सकती है। बहुत कम धारक क्षमता वाली मृदा में नींव में इस्पाती धारन लगाना भी लाभदायक सिद्ध हुआ है। इसके अतिरिक्त खिड़की तल पर भी अधः पुष्टीकरण विधि से प्रबलित कंक्रीट धरन बनाना नींव के निष्दन को रोकने में सहायक सिद्ध हुआ है।

(ii) धरन के नीचे दीवार प्लेट का क्षेत्रफल कम होने के कारण छत का भार 45° से कम कोण पर वितरित होने के कारण भी दीवार के जोड़ खुल जाते हैं। ऐसी अवस्था में दीवार प्लेट का क्षेत्रफल बढ़ाकर तथा खुले जोड़ों को सीमेंट मसाले से भर कर दीवार की मरम्मत की जा सकती है।

(iii) बाहर की ओर दीवार फैलने के कारण दरारें उत्पन्न होना

दीवार के लगातार बाहर की ओर फेलने की जाँच दीवार में उत्पन्न दरारों पर उचित अन्तराल पर सीमेंट मसाले की परत लगा कर की जा सकती है मसाले के चिन्हों (dabs) या परतों में भी दरार उत्पन्न होना दीवार के लगातार फैलने का सूचक है। (चित्र–39.3) ऐसी अवस्था में दीवारों के फैलने को रोकने के लिए उनमें चित्र–39.3 में दिखाये अनुसार क्षैतिज बंधक छड़े (tie rods) लगाई जा सकती हैं अथवा पुशता दीवार बनाई जा सकती है। बंधक छड़ों को दीवार से निकलने से रोकने के लिए दीवार

की वाह्य फलक पर क्षैतिज या ऊर्ध्वाधर लोहे अथवा लकड़ी की प्लेट्स लगाई जाती हैं। दीवारों के दरार भरने के लिए मसाले की पकड़ या की (key) के लिए दरारों को काटकर खाँचा बनाया जाता है। इसके पश्चात धूल आदि हटाने के लिए दरारों को पानी से अच्छी तरह धोकर सीमेन्ट–मसाला भर कर दरार भरने चाहिए। खाँचा काटने व मसाला भरने की विधि चित्र–39.2 (b) में दिखाई गई है।

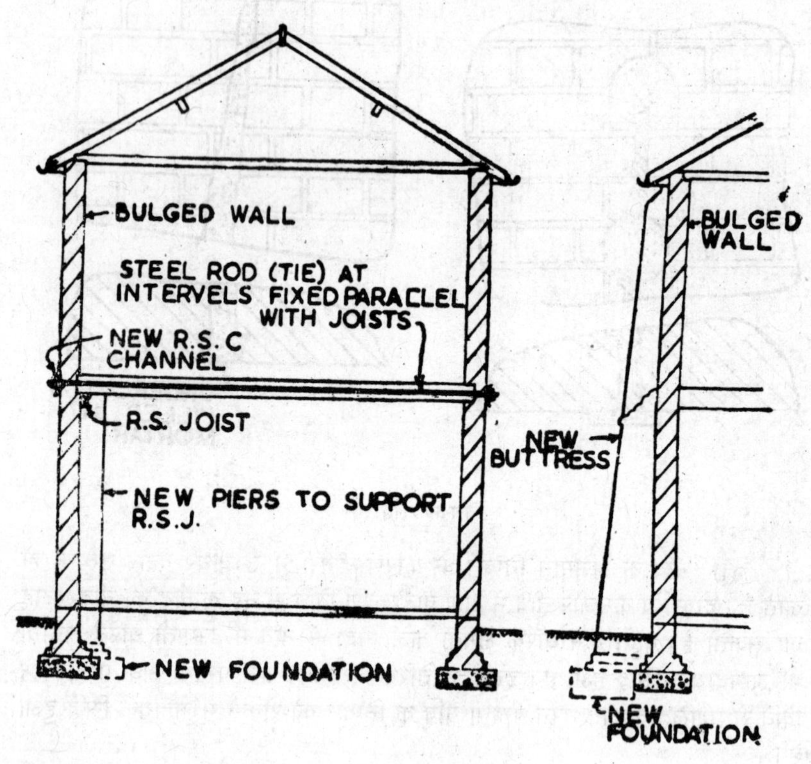

चित्र–39.3

39.8 मेहराब में दरार

मेहराब के जोड़ खुलने, सतह से पलस्तर गिरने, मेहराब व डाट की रिंगस् की ईंटे नीचे खिसकने पर लूज सामग्री हटा कर पेंट की हुई बरफी जाली लगाकर सीमेंट मसाले का पलस्तर कर देना चाहिए।

39.9 पुराने भवनों में रिसन रोक परत लगाना

भवनों में सीतन (dampness) उत्पन्न होना एक बहुत बडा दोष है। इसका विस्तृत वर्ण अध्याय 2 में किया गया है। भवनों में सीलन प्रायः निम्न कारणों से उत्पन्न होती है।

(1) दीवारों द्वारा वर्षा जल सोखकर भवन के भीतर सीलन उत्पन्न होती है।

(2) खिड़कियों व दरवाजों के तलों पर जोड़ों से नमी के प्रवेश के कारण।

(3) दीवारों में सीलन रोक परत न होने अथवा सीलन परत खराब हो जाने के कारण।

(4) छतों व मुंडेर आदि में दरारों से वर्षा जल के प्रवेश के कारण।

(5) संघनन (Condensation) के कारण।

(1) दीवारों की सामग्री द्वारा वर्षा जल के पानी सोखने अथवा जोड़ों द्वारा सीलन उत्पन्न होने के कारण व उनका उपचार

दीवारों द्वारा जल के प्रवेश को रोकने के लिए उपचार करने से पहले दीवारें में मौजूद नमी को सुखाना बहुत आवश्यक है। जलरोधी उपचार दीवार की वाह्य या अन्तरिक सतहों में से किसी भी सतह पर आवश्यकता अनुसार किया जा सकता है।

(i) बाहरी सतह का उपचार—वर्षा लाने वाली वायु की दिशा में दीवार होने पर सीमेन्ट पलस्तर करना बहुत लाभदायक सिद्ध हुआ है। सीमेन्ट मसाले में जल सह पदार्थ (water proofer) का मिलाना बहुत आवश्यक है। पलस्तर के ऊपर कुछ रासायनिक पदार्थों का लेप या पेंट करना बहुत प्रभावशाली सिद्ध हुआ है। केन्द्रीय भवन अनुसंधान संस्थान रूड़की ने नई व पुरानी दीवारों पर वर्षा जल के कारण सीलन रोकने के लिए बहुत से परीक्षण करने के पश्चात् निम्न उपचार अपनाने की सिफारिश की है।

(i) 1% सनलाइट साबुन का घोल दीवार पर तीन बार छिड़कने से उसके जल प्रतिरोधी गुण बहुत अधिक बढ़ जाते हैं।

विधि—दीवार पर सनलाइट साबुन का घोल छिड़कने से पहले दीवार को लोहे के तारों वाले ब्रुश से रगड़ कर उसकी धूल आदि साफ कर देना चाहिए। इससे साबुन का घोल ईंटों द्वारा सरलता से सोखा जा सकता है।

(ii) दीवार साफ करने के पश्चात् साबुन के 1% घोल को दीवार पर अच्छे पम्प द्वारा छिड़कर उसे कम से कम 10 घन्टे तक सूखने के पश्चात् दोबारा साबुन का घोल छिड़कने से वर्षा जल के कारण उत्पन्न सीलन नए व पुराने दोनों प्रकार के भवनों में प्रभावशाली ढंग से रोकी जा सकती है। दूसरी व तीसरी घोल की परत या छिड़काव पहली परत सूखने पर ही लगाई जानी चाहिए।

कंक्रीट या सीमेन्ट रेत का मसाला बनाते समय उसमें पानी के स्थान पर 1% सनलाइट साबुन का घोल मिलाने से कंक्रीट या मसाला जलरोधी बन जाता है। साबुन का घोल मसाले या कंक्रीट में स्नेहक (Lubricant) का कार्य करता है तथा इसके अतिरिक्त सीमेन्ट से रसायनिक क्रिया कर अघुलनशील रंध्र भरने वाले पदार्थ (filler) उत्पन्न करता है।

इसके अतिरिक्त सनलाइट साबुन व फिटकरी के एकान्तर (alternate) तीन छिड़काव या परत दीवार को जलरोधी बनाने में बहुत प्रभावशाली सिद्ध हुई है। परन्तु यह उपचार केवल 1% सनलाइट साबुन के घोल उपचार की अपेक्षा कम प्रभावशाली सिद्ध हुआ है।

विधि–100 ग्राम प्रति लीटर गर्म पानी में फिटकरी (Alum) व 46.0 ग्राम प्रति लीटर गर्म पानी में सनलाइट साबुन घोलकर दोनों के अलग–अलग घोल तैयार कर लिए जाते हैं। इसके पश्चात् दीवार को लोहे वाले ब्रुश से अच्छी प्रकार साफ कर साबुन व फिटकरी के तीन बार एकान्तर छिड़काव किए जाते हैं। दूसरा छिड़काव या साबुन के घोल के छिड़काव के पश्चात फिटकरी का छिड़काव उसके सूखने के पश्चात ही किया जाना चाहिए। सबसे पहले फिटकरी के घोल का छिड़काव किया जाता है।

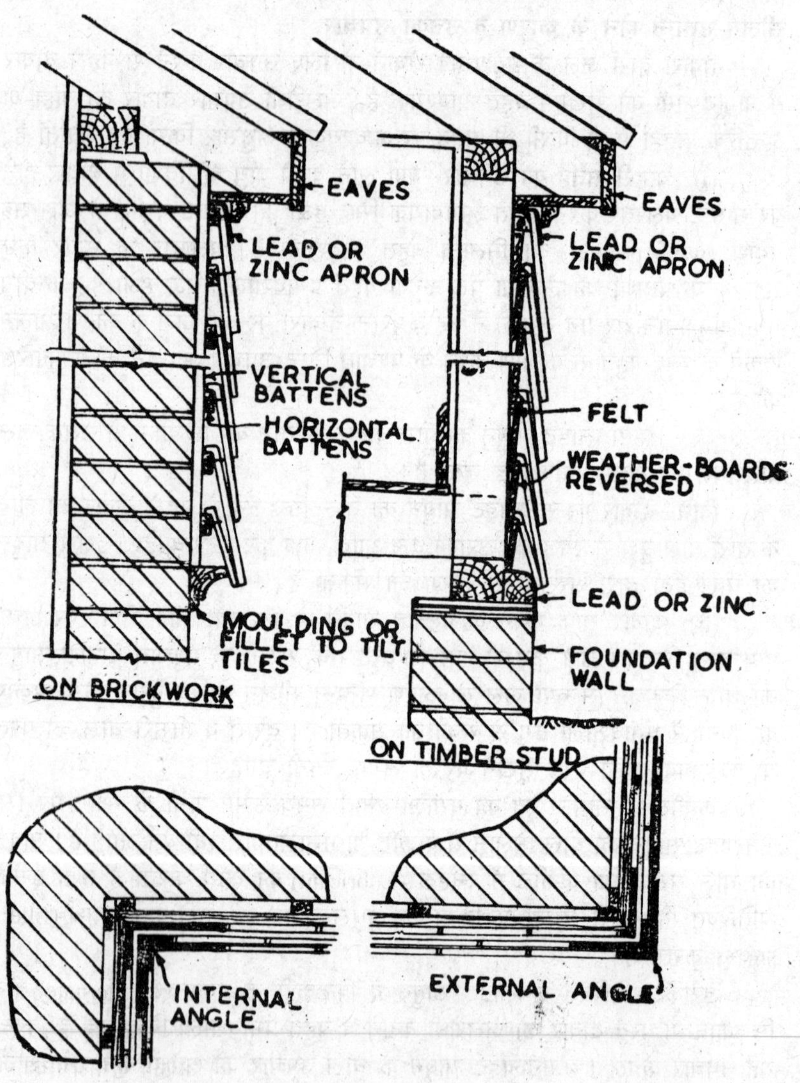

चित्र–39.4

सनलाइट साबुन के घोल के प्रयोग से दीवारों में सीलन व लूनी दोनों को ही रोका जा सकता है। इससे दीवार की सुन्दरता भी नष्ट नहीं होती है।

अन्य उपचारों की अपेक्षा यह उपचार मितव्ययी भी है। इसे प्रति वर्ष दोहराया जा सकता है। इस उपचार में केवल दीवार की धूल आदि ही साफ करने की आवश्यकता होती है।

(3) दीवार सूखने पर गर्म अलसी के तेल की दो या तीन परत लगाना भी सीलन रोधक सिद्ध हुआ है परन्तु यह अधिक टिकाऊ नहीं है।

उपरोक्त उपचारों के अतिरिक्त बाजार में अन्य सीलन रोक पेन्ट भी उपलब्ध हैं जैसे सीमेन्ट पेन्ट, एल्यूमिनियम, पोटासियम, आयल व डामर पेन्ट आदि।

पुराने जमाने में भीगी दीवारों को नमी से बचाने के लिए टाइल व स्लेट आदि लगाना बहुत प्रभावी विधि थी परन्तु इसका निर्माण व्यय अधिक होने के कारण आजकल इसका प्रचलन कम हो गया है। आजकल उपरोक्त विधियाँ अर्थात् जलरोधी पलस्तर या जल सह पदार्थों का उपयोग अधिक प्रचलित है। चित्र–39.4 में टाइल या स्लेट लगाने की विधि दिखाई गई है। टाइल प्रायः प्रथम तल की खिड़कियों के ऊपरी तल तक लगाई जाती हैं।

39.10 दीवारों की आन्तरिक सतह का उपचार

वाह्य सतह या फलक मूल्यवान पत्थर या ईंट की बनी होने पर उस पर पलस्तर कर उसकी सुन्दरता नष्ट करना उचित नहीं हैं। ऐसी अवस्था में दीवारों की आन्तरिक सतहों पर पलस्तर करना उचित होगा। दीवारों के आन्तरिक पलस्तर की सफलता दीवार की वाह्य फलक या पलस्तर के रंध्रमय (Porous) होने पर निर्भर करती है। आन्तरिक सतह पर पलस्तर करने पर दीवार के भीतर की नमी वाष्पीकरण द्वारा अति शीघ्र दूर हो जानी चाहिए अन्यथा वह नमी अन्य किसी स्थान पर एकत्रित होकर वहाँ नमी उत्पन्न करेगी।

आन्तरिक दीवार के उपचार के लिए उसका पलस्तर हटाकर तथा जोड़ों से मसाला निकाल कर सीमेंट के घोल में जल सह पदार्थ मिलाकर उसकी परत लगाई जानी चाहिए। इसके पश्चात् 1 : 2 अनुपात के सीमेंट–रेत मसाले में भी जल सह पदार्थ मिलाकर पलस्तर किया जाना चाहिए।

इसके अतिरिक्त विटूमन या टार की परत लगाकर उस पर रेत छिड़ककर पलस्तर करने से भी सतह जलरोधी बनाई जा सकती है। निम्न विधियाँ भारत के विभिन्न भागों में दीवारों से सीलन रोकने के लिए प्रयोग की गई हैं।

बम्बई प्रान्त में दो भाग कोलतार व एक भाग कोलतार की तलछट (Pitch) को किसी पात्र में गर्म कर द्रव्य अवस्था में बदल जाने पर दीवारों पर पेन्ट करके उन्हें सीलन रोधी बनाने के लिए सफलता पूर्वक प्रयोग किया गया है।

(ii) भीगे या नम पलस्तर पर चपड़ी व नेपथा (Neptha) के घोल की परत लगाने से भी दीवार जलरोधी बनाई जा सती है।

(iii) दीवार पर सोडियम सिलीकेट (Sodium Silicate) के घोल की परत या

छिड़काव के पश्चात् कैलिसयम क्लोराइड के घोल का छिड़काव भी दीवार जलरोधी बनाने में सफल सिद्ध हुए हैं।

(iv) रिसन रोधी परत के ऊपर भूतल के समीप नमी एकत्रित होना रिसन रोधी परत में छिद्र आदि उत्पन्न होने के कारण नमी ऊपर आने का सूचक है। ऐसी स्थिति में अधः पुष्टीकरण विधि से ईंट परत हटाकर रिसन रोधी परत में जल सह पदार्थ मिले सीमेन्ट घोल का ग्राउटिंक (grouting) किया जा सकता है अथवा रिसन रोधी परत की ऊपरी व नीचे की ईंट हटा कर उन्हें फिर से जलसह मिले सीमेन्ट मसाले में लगाकर ठीक किया जा सकता है। जल रोधी पदार्थ के लिए लचीला पदार्थ लगा होने पर उसके स्थान पर बिटूमनी चादर लगाई जा सकती है। इसके अतिरिक्त अन्य बहुत से पदार्थ बाजार में उपलब्ध हैं।

(v) भूतल से नीचे नमी होना अधो भूमि जल निकास नालियों का प्रभाव शाली ढंग से कार्य न करने का सूचक है।

(vi) फर्श में नमी होने पर फर्श की ऊपरी परत हटाकर उसके नीचे 30 से०मी० गहराई तक खुदाई कर मिट्टी हटाकर शुष्क सामग्री से भर कर अच्छी प्रकार कुटाई करनी चाहिए। इसके पश्चात सीमेन्ट कंक्रीट में जल सह पदार्थ मिलाकर सतह फिनिश कर देनी चाहिए।

(1) वर्षा जल प्रायः खिड़कियों दरवाजो, रोशनदान व ओलती (eaves) के जोड़ों से भवन में प्रवेश करता है उपरोक्त अवस्था में वर्षा जल के भवन में प्रवेश पर निम्न विधियों द्वारा नियंत्रण किया जा सकता है।

(i) वर्षा जल प्रायः दीवार के पाखे व चौखट या फ्रेम के बीच उत्पन्न दरारों द्वारा प्रवेश करता है। वाह्य फलक पर बने दरवाजों या खिड़कियों के जोड़ों से वर्षा जल के प्रवेश पर प्रभावशाली नियंत्रण करना कठिन है। साधारण मसाले में सकुंचन के कारण उत्पन्न दरार स्थिति को और अधिक खराब बना देते हैं, जिस से पानी प्रवेश कर जाता है। लकड़ी की गढ़ाई का भी दीवार से सही सम्पर्क नहीं रहता तथा लकड़ी के सकुंचन के कारण उसमें उत्पन्न दरारें भी जल प्रवेश की समस्या को बढ़ा देते हैं। इसके लिए निम्न उपचार किये जा सकते हैं।

(a) दीवार व लकड़ी के जोड़ों पर कठोर लकड़ी की पतली फट्टी लगाकर पेन्ट कर देना चाहिए।

(b) बिना सकुंचन वाले लचीले पदार्थ से जोड़ों को भर देना चाहिए।

(c) उचित आकार की सीसे (lead) की पट्टी काटकर उसका एक सिरा जोड़ में भर कर दूसरा सिरा लकड़ी में छिद्र बना कर भर देना चाहिए। इससे जोड़ पर सीसे की शट आ जाने से पानी प्रवेश नहीं करेगा।

(2) प्रायः ऊपर से प्रवाहित होने वाला पानी खिड़कियों व दरवाजों के शिखर से भवन में प्रवेश कर जाता है। पानी के इस प्रवेश को रोकने के लिए सर्वोत्तम उपचार उपरोक्त `c' विधि के अनुसार दरार में सीसे की चादर भर कर शिखर के ऊपर तक सीसे की चादर की बचाव परत या हुड़ (hood) लगाना चाहिए। पानी दीवार से दूर गिराने की दृष्टि से सीसे की चादर का सिरा कठोर लकड़ी के ऊपर दीवार में प्रक्षेप

करता हुआ लगाना चाहिए। हुड में तोता (Throating) बनाना भी लाभदायक होगा।

(3) ओलती से पानी का प्रवेश—राफटरों के बीच धरन के जोड़ अच्छी प्रकार भरे न होने पर धरन की परत (filling) पर टीप अच्छी प्रकार की जानी चाहिए। छत आवरण खराब होने पर इसका उपचार किया जाना चाहिए।

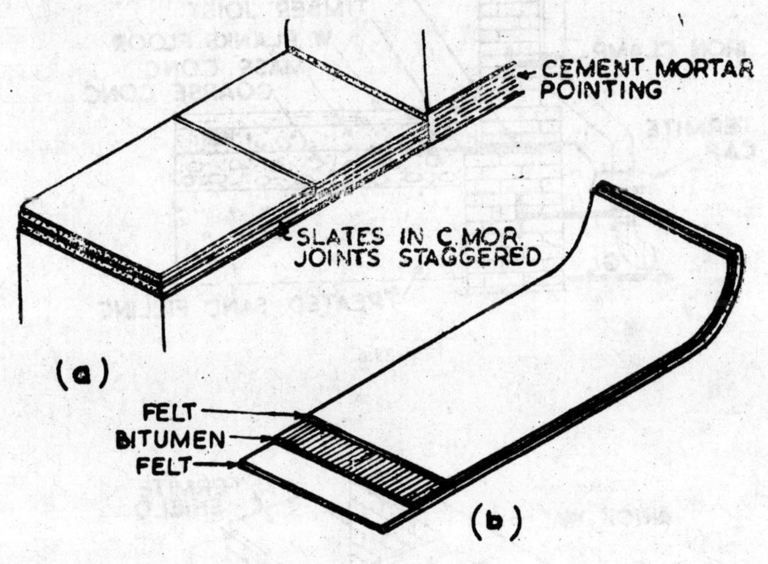

चित्र-39.5

(b) सकुंचन अथवा खराब कार्य के कारण ओलती, तला (Soffit) व मोहरा फलक (Facia) आदि के तख्तों के जोड़ खुल जाने पर उन पर छोटी फट्टी लगाकर जोड़ बन्द कर देने चाहिए।

(c) ओलती पर लगभग 30 से०मी० नीचे ऊर्ध्वाधर प्रक्षेप करते हुए तख्ते लगाना वर्षा जल के प्रवेश पर नियंत्रण करने की सर्वश्रेष्ठ विधि है।

(4) मुंडेर से वर्षा जल का प्रवेश—मुंडेर से वर्षा जल के प्रवेश को नियंत्रित करने के लिये उचित शीर्षिका (Coping) बनाई जानी चाहिए। शीर्षिका पत्थर अथवा कंक्रीट की प्रयोग की जा सकती है।

(5) भवनों में संघनन के कारण उत्पन्न नमी उन में उचित सवांतन का प्रावधान कर दूर की जा सकती है।

39.11 दीवार में रिसन रोधी परत न होने अथवा उसके नष्ट या निष्क्रिय हो जाने पर उसका उपचार

दीवार में अधिक सीलन नींव द्वारा प्रवेश करने पर अधः पुष्टीकरण विधि से स्लेट अथवा अन्य जल रोधी प्ररत लगाई जा सकती है। चित्र—39.5 में जल रोधी परत दिखाई

गई है। चित्र–39.5 A में स्लेट व B में बिट्मनी लचीली परत दिखाई गई है।

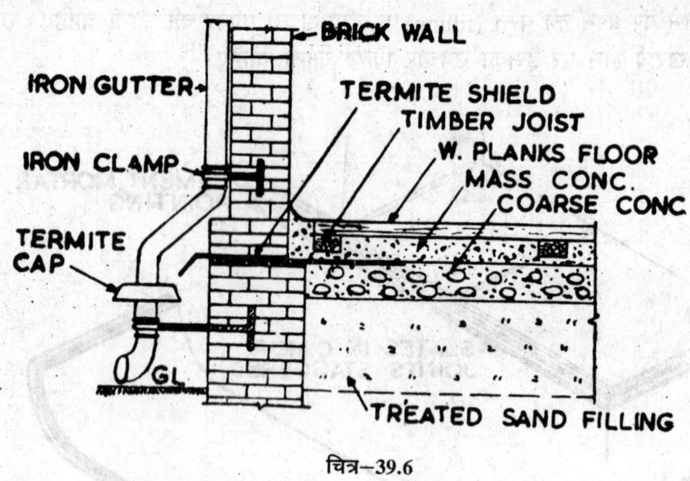

चित्र–39.6

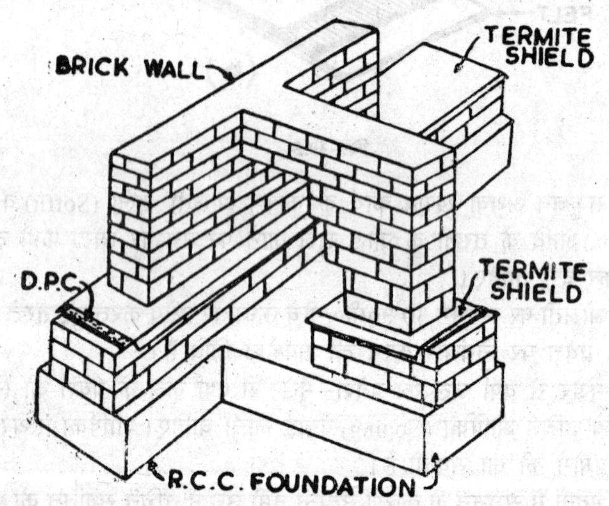

चित्र–39.7

39.12 क्षतिग्रस्त प्लास्टर की मरम्मत

क्षतिग्रस्त पलस्तर को हटा कर दोबारा पलस्तर किया जाना चाहिए। इसका विस्तृत वर्णन अध्याय–15 में किया गया है।

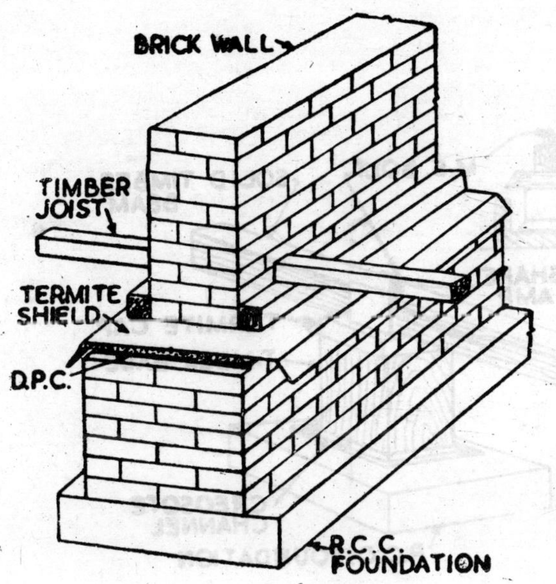

चित्र–39.8

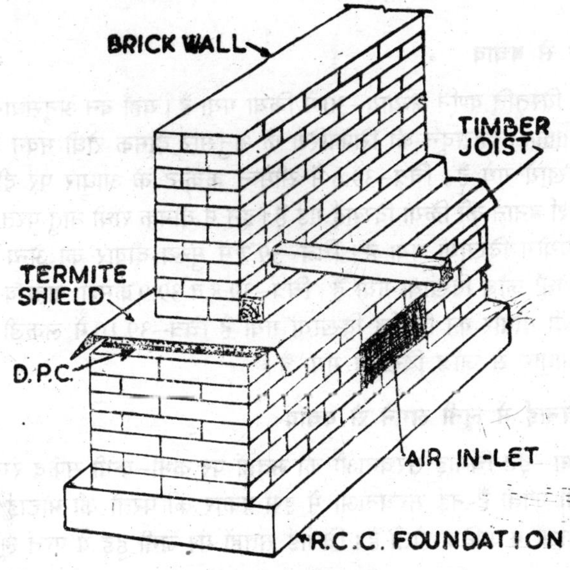

चित्र–39.9

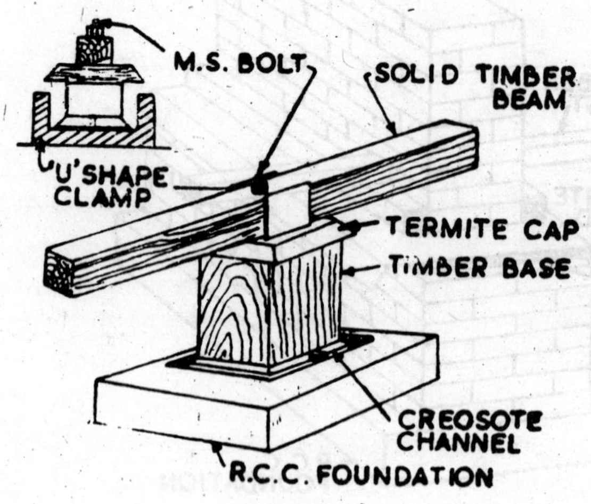

चित्र–39.10

39.13 दीमक से बचाव

इसका विस्तृति वर्णन अध्याय–30 में किया गया है। यहाँ बन अनुसंधान (Forest research Institute) देहरादून की सिफारिश के अनुसार दीमक रोधी भवन निर्माण के कुछ चित्र दिखाये गये हैं। चित्र–39.6 में सीमेन्ट कंक्रीट के आधार पर दीमक रोधी लकड़ी का फर्श बनाने की क्रिया दिखाई गई है। इन में दीमक रोधी धातु परत (Metalic Sheild) का प्रयोग दिखाया गया है। चित्र–39.7 में मुख्य दीवार का अन्य दीवार के साथ दीमक रोधी जोड़ दिखाया गया है। चित्र–39.8 व 39.9 क्रमशः बाह्य व आन्तरिक दीमक प्रतिरोधी दीवार का निर्माण दिखाया गया है चित्र–39.10 में लकड़ी के स्तम्भ का कंक्रीट आधार से जोड़ दिखाया गया है।

39.14 ईंट चिंनाई में लूनी लगने से बचाव

परिभाषा–ईंट चिंनाई संरचनाओं की सतहों पर कभी–कभी सफेद रंग की परतें जमी हुई देखी जाती हैं नई संरचनाओं में इस प्रकार की परतों की मोटाई कम तथा पुरानी संरचनाओं में अधिक होती है। चिंनाई सतहों पर जमी हुई ये परतें लूनी लगना कहलाती हैं।

स्त्रोत—निर्माण के समय लवण घुले पानी के प्रयोग अथवा भूमि से दीवारों में लवण वाले पानी के पहुँच जाने पर उसके वाष्पीकरण द्वारा उड़ जाने पर लवण की सफेद परतें सतह पर जम जाती हैं। ये सफेद परतें न केवल भद्दी ही लगती हैं वरन् ईंटों से रासायनिक क्रिया कर उन्हें विघटित भी करती हैं। ईंटों का विघटन सतह के नीचे लवणों के क्रिस्टलन (Crystalisation) के कारण होता है। पानी में मैग्नीशियम सल्फेट का होना बहुत ही हानिकारक है क्योंकि ईंटों का विघटन प्रायः इसी लवण के कारण होता है।

बचाव कार्य

(1) संरचना में लूनी लगने से बचाव के लिए उसमें लवण मिला पानी न पहुँचने देना मुख्य उपाय है। लवण मिले पानी के स्त्रोत खोज कर उन्हें नष्ट कर देना चाहिए।

(2) रासायनिक पदार्थ मिली मिट्टी संरचना के समीप से हटा देनी चाहिए।

(3) मुलायम व रंध्रमय ईंटें चूने के मसाले के साथ नहीं प्रयोग की जानी चाहिए।

(4) निर्माण कार्य में पानी लवण रहित होना चाहिए तथा उसकी न्यूनतम मात्रा प्रयोग की जानी चाहिए।

(5) छतों से जल निकासी तथा सीलन रोधक परतों का उचित प्रावधान रखा जाना चाहिए।

(6) कम लवण वाली तथा अच्छी प्रकार पकी हुई ईंटों का ही प्रयोग किया जाना चाहिए।

39.15 पूर्वनिर्मित भवनों से लूनी हटाया

व्यवहारिकता में लूनी पूर्णतः हटाना संभव नहीं है। केवल कम करने के कुछ उपाय निम्न प्रकार किये जा सकते हैं।

(1) भवन की शुष्क दीवार को सख्त बुर्श से रगड़ कर लूनी हटाने के पश्चात् सतह को साफ पानी से धोना चाहिए। इस विधि से कम लूनी तथा सीलन रोधी परत वाले भवनों का ही उपचार किया जा सकता है। निश्चित अन्तराल पर बार–बार पानी से धोने पर लूनी की मात्रा कम की जा सकती है।

(2) जला पसारी पदार्थ का प्रयोग (Use of water repellent materials)—देरार रहित दीवारों पर जलापसारी (water repellent) पदार्थों के प्रयोग से लूनी कम की जा सकती है। समस्त जला पसारी पदार्थों में सिलिकॉन (Silicon) सर्वश्रेष्ठ है। सिलिकॉन के 0.1 से 0.2% घोल के लेप से दीवारों में सीलन का प्रवेश कम हो जाता है, जिससे दीवारो मे लवण की मात्रा भी कम पहुँचने के कारण लूनी भी कम लगती है। दीवारों में लगाने से पहले ईंटों को सिलिकॉन के घोल में भिगोना बहुत उपयोगी सिद्ध हुआ है। परन्तु इससे निर्माण व्यय बहुत बढ़ जाता है।

(3) रासायनिक पदार्थों का प्रयोग—तनु नमक के अम्ल (Dilute HCI) (जो 10% से अधिक नहीं होना चाहिये।) से लूनी लगे भाग को धोने से लूनी दूर हो जाती है। नमक के अम्ल के प्रयोग के पश्चात् सतह को पानी से अच्छी प्रकार धोया जाना चाहिए। अम्ल मसाले के सम्पर्क में नहीं आना चाहिए। चिंनाई कार्य से लवण जिंक

सल्फेट के घोल व पानी से धोकर भी कम किये जा सकते हैं। 5% Muriatic acid के प्रयोग से भी लूनी क्रिया कम की जा सकती है।

39.16 कंक्रीट सतह के धब्बे साफ करना

(1) कंक्रीट सतह से तेल के धब्बे हटाना—कंक्रीट सतह से तेल के धब्बे हटाने के लिए 30 लीटर पानी में 1 कि० ग्राम ऑक्सैलिक अम्ल (oxalic acid) मिलाकर इस घोल को गेहूँ के आटे की पर्याप्त मात्रा में मिलाकर बनाये गये पेस्ट को धब्बों पर बुश से लगाकर 48 घण्टे तक छोड़ देना चाहिए। इसके पश्चात् इस सतह को स्वच्छ पानी से धोकर धब्बे दूर किये जा सकते हैं।

(2) कंक्रीट फर्श पर कंक्रीट मिलाने से उत्पन्न धब्बे दूर करना—इस प्रकार के धब्बे निम्न विधियों द्वारा दूर किये जा सकते हैं।

(i) सतह को गर्म करके

(ii) नमक के हल्के अम्ल (Hydrochloric acid) से धोकर भी धब्बे दूर किये जा सकते हैं।

(3) कंक्रीट मिलाते समय पानी की अति मात्रा के कारण उत्पन्न सफेद धब्बे दूर करना—इस प्रकार के धब्बे संतह को साबुन व गर्म पानी से रगड़ कर धोने से दूर किये जा सकते हैं।

39.17 ताड़ित व ताड़ित चालक (Lightning and Lightning Conductors)

ताड़ित—वर्षा ऋतु में बादलों में ऋणावेश (Negative charge) व धनावेश (Positive charge) चार्ज होता है। जब ये विभिन्न चार्ज वाले बादल एक दूसरे के समीप आते हैं तो इनके चार्ज विसर्जन हो जाते हैं। चार्ज विसर्जन होने से बहुत अधिक ताप उत्पन्न होता है जिसके कारण वायु का प्रसार होता है। वायु हल्की होकर ऊपर उठती है तथा इसका स्थान लेने के लिए समीप की वायु बहुत अधिक वेग से चलती है जिसके कारण एक जोर की ध्वनि सुनाई देती है। दूसरे शब्दों में इस क्रिया को निम्न प्रकार समझाया जा सकता है।

वर्षा ऋतु में बादलों व पृथ्वी के बीच अथवा विभिन्न बादलों के बीच बहुत अधिक विभव (Potential) अन्तर होता है। भूमि तथा बादलों को एक सघनित्र (Condenser) माना जा सकता है जिनके बीच वायु विद्युत पारक (Dielectric) के रूप में भरी मानी जा सकती है। जब पृथ्वी व बादलों के बीच विभव अन्तर बहुत बढ़ जाता है तो वायु का विद्युत पारक टूट जाता है जिसके कारण विद्युत धारा ताड़ित रोशनी के रूप में उत्पन्न होती है। इस विद्युत धारा के मार्ग में आने वाली वायु गर्म होकर अचानक फैलती है। इस फैलाव के कारण वायु फिर ठंडी होती है तथा वहाँ आंशिक निर्वात उत्पन्न हो जाता है। निर्वात उत्पन्न होने के कारण समीप की वायु वह स्थान लेने के लिए बहुत वेग तथा बल से चलती है जिसके कारण जोर की ध्वनि सुनाई देती है। अतः वर्षा ऋतु में ताड़ित के साथ-साथ ध्वनि वायु के प्रसार व संकुचन के कारण ही सुनाई देती है।

39.18 ताड़ित चालक (Lightning Conductors)

वर्षा ऋतु में जब चार्ज वाले बादल ताड़ित चालक के ऊपर से गुजरते हैं तो वे अपने चार्ज से विपरीत चार्ज ताड़ित चालक पर उत्पन्न करते हैं। ताड़ित चालक के समीप की वायु भी इससे चार्ज प्राप्त कर ऊपर बादलों की ओर उठती है, जिसके कारण बादलों का चार्ज धीरे–धीरे नष्ट हो जाता है तथा वायुमण्डल सुरक्षित हो जाता है। बादलों व ताड़ित चालक के बीच विभव अन्तर बहुत अधिक होने पर उसके विसर्जन (discharge) होने पर ताड़ित चालक विद्युत धारा को बिना बाधा पहुँचाए पृथ्वी में निकाल देता है। जिससे भवन को कोई हानि नहीं पहुँचती।

आकृति–ताड़ित चालक नोकीले त्रिशूल अधिकृति के होते हैं। ताड़ित चालक की न्यूनतम ऊँचाई भवन के उच्चतम बिन्दु से 30 से०मी० ऊँची होनी चाहिए।

सामग्री–ताड़ित चालक बनाने के लिए निम्न सामग्रियाँ प्रयोग की जा सकती हैं।

1. ताँबा, 2. जस्ती इस्पात, 3. ऐल्यूमिनियम आदि।

इन सब में ताँबा सर्वश्रेष्ठ है परन्तु आजकल ताँबे का मूल्य बढ़ जाने के कारण ऐल्यूमिनियम का चलन बढ़ता जा रहा है।

39.19 ताड़ित का आकार

	आकार (Size) सामग्री	भूमि के ऊपर जोड़ आकार	भूमि के नीचे जोड़ आकार
1.	गोल जस्ती लोहा तार	8 मि०मी०	10 मि०मी०
2.	गोल ताँबा तार	6 से 12 मि०मी०	8 से 12 मि०मी०
3.	गोल ऐल्यूमिनियम तार	10 मि०मी०	प्रयोग नहीं किया जाता
4.	जस्ती लोहा स्ट्रप	18.75 × 3 मि०मी०	32 × 6 मि०मी०
5.	ताँबे की स्ट्रप	18.75 × 3 मि०मी०	18.75 मि०मी०
6.	ऐल्यूमिनियम स्ट्रप	25 × 3 मि०मी०	प्रयोग नहीं की जाती।

39.20 ऊपरी सिरा

ताड़ित चालक का ऊपरी सिरा सदैव ठोस ताँबे का होना चाहिए। इसका न्यूनतम व्यास 18.75 मि०मी० से कम नहीं होना चाहिए। तड़ित चालक सदैव एक ही पदार्थ का बनाया जाना चाहिए तथा इसे यथासंभव विद्युत चालक के समानान्तर नहीं लगाया जाना चाहिए। यदि किन्हीं कारणों से समानान्तर लगाना भी पड़े तो इनके बीच की न्यूनतम दूरी 7 मीटर से कम नहीं होनी चाहिए।

39.21 निउले चालक (Down conductors)

नीचे की ओर चालक किनारों व प्रक्षेप के साथ–साथ नीचे उतारने चाहिएं। यथासंभव इनमें मोड़ व खम (kink) नहीं होना चाहिए। इनकी दिशा परिवर्तन का कोण 30° से अधिक नहीं होना चाहिए। किसी भी मोड़ पर अर्धव्यास 30 से०मी० से कम नहीं होना चाहिए। जोड़ यथासंभव नहीं लगाये जाने चाहिएं।

39.22 भूमिगत जोड़

ताड़ित चालक का निचला सिरा सदैव नम रहने वाली मिट्टी में लगभग 1 मीटर गहराई पर दबाया जाना चाहिए। इसके पश्चात् इस ताड़ित चालक को 25×3 मि०मी० स्ट्रप से टांकेदार जोड़ से जोड़कर भवन से 10 से 15 मीटर लम्बी व ढालू खाई खोदकर उपरोक्त स्ट्रप डालकर उसके चारों ओर लकड़ी का कोयला भरकर मिट्टी में दबा देना चाहिए। इस स्ट्रप का अन्तिम छोर 1 वर्ग मीटर क्षेत्रफल वाली ताँबे की प्लेट से जोड़कर मिट्टी में इतनी गहराई पर दबाना चाहिए कि वह सदैव नम मिट्टी में ही रहे। इस प्लेट की मोटाई 3 मि०मी० होनी चाहिए।

39.23 सावधानियाँ

(1) तूफान व वर्षा के समय छाता नहीं खोलना चाहिए। छाता खुला होने पर वह ताड़ित चालक का कार्य करता है।

(2) तूफान के समय ऊँचे पेड़ों के नीचे व धातु आदि की बाड़ के समीप नहीं खड़ा होना चाहिए।

(3) तूफान के समय खुले स्थान पर खड़ा होने की अपेक्षा चित्त लेट जाना चाहिए।

39.24 दरवाजों व खिड़कियों में कांच लगाना

दरवाजों व खिड़कियों के टूटे काँच हटा कर नये काँच निम्न प्रकार लगाये जा सकते है। काँच पैनस Glass paness वाँच्छित माप के सीधे फैक्टरी से मंगवाये जा सकते हैं अथवा बाजार से हीरक चाकू से कटवाकर प्राप्त किये जा सकते हैं जिन्ह इस्पात अथवा लकड़ी के फ्रेमों में लगा दिया जाता हे। लकड़ी के फ्रेमों में क़ाँच लकड़ी गढ़ी हुई चिपों द्वारा लगाया जाता है जबकि इस्पाती या लोहे के फ्रेम में पुट्टी द्वारा लगाया जाता है।

लकड़ी के फ्रेम में काँच लगाने के लिये 15 mm गहरा पताम या खांचा चारों ओर काटा जाता है तथा काँच के प्रसार व संकुचन के लिये फ्रेम में चारों ओर आरी से 1.5 mm गहरी झिर्री काट दी जाती है। काँच लगाने से पताम पर पेंट लगा देना चाहिये जिससे पुट्टी लगाने पर वह उससे तेल न सोख सके। यदि काँच के बाद लकड़ी लगानी हो तो काँच यथा स्थान लगाकर उसके ऊपर लकड़ी की चिप छोटी क़ीलों से फिक्स कर उस पर पेन्ट कर देना चाहिये।

इसके पश्चात् सामने के भाग पर पुट्टी दबा कर भर देना चाहिये। पुट्टी पताम के बाहर नहीं निकलनी चाहिये। इस पुट्टी को भी पेन्ट कर देना चाहिये।

39.25 पुराने टैराज़ो फर्श पर पालिश करना

सर्वप्रथम पुरानी सतह को गर्म पानी व साबुन के घोल से साफ किया जाना चाहिये जिससे फर्श की धूल, चिकनाई दूरी हो जाये। इसके पश्चात् फर्श की चिप आदि निकले स्थान पर 1:3 सीमेन्ट व चिप मसाले से उस स्थान को भर कर कुछ दिनों तक तराई की जानी चाहिये। इसके पश्चात् कार्बोरेडम पत्थर का डिस्क लगी पालिश मशीन से

घिस कर सावधानी पूर्वक घिसाई की जानी चाहिये। कोई छिद्र आदि रह जाने पर उन्हें सीमेन्ट के पतले घोल से भर इसकी कुछ दिन तक तराई की जानी चाहिये। घिसाई के समय सतह गीली रहनी चाहिये। घिसाई के पश्चात् सतह को गर्म पानी व साबुन के घोल से धोना चाहिये।

39.26 गली लकड़ी बदलना

फर्नीचर से गली लकड़ी बदलने के लिये उस लकड़ी को आरा से काट कर सतह पर नीले थोथे (कापर सल्फेट) के सघन घोल का लेप कर देना चाहिये। इसके पश्चात् उस स्थान पर अच्छी सघन व मजबूत लकड़ी उचित जोड़ द्वारा लगाकर पेन्ट कर देना चाहिये।

प्रश्नावली

(1) भवनों को ताड़ित से किस प्रकार बचाया जा सकता है?

(2) दीवारों से लूनी हटाने की क्रिया का समझा कर वर्णन कीजिए।

(3) क्षतिग्रस्त भवन की नींव किस प्रकार ठीक की जा सकती है?

(4) भवन में दरार उत्पन्न होने पर उन्हें किस प्रकार ठीक किया जा सकता है? पानी के टेंक आदि में दरार ठीक करने की विधि का वर्णन कीजिए।

40

मूल्यांकन
Valuation

40.1 प्रस्तावना

किसी सम्पत्ति का मूल्य निर्धारण, निर्धारण विधि या तकनीकी मूल्यांकन कहलाता है। मूल्यांकन से किसी सम्पत्ति की वर्तमान लागत ज्ञात की जाती है। किसी सम्पत्ति जैसे भवन आदि का मूल्य उसकी (Structure) संरचना, आयु, अनुरक्षण, स्थिति (Location), बैंक से प्राप्त ब्याज दर आदि घटकों पर निर्भर करता है। किसी सम्पत्ति का वर्तमान मूल्य उसको बेचने पर प्राप्त राशि या किराये के रूप में प्राप्त राशि से भी ज्ञात किया जा सकता है।

40.2 मूल्यांकन के उद्देश्य—मूल्यांकन प्रायः निम्न उद्देश्यों की पूर्ति के लिए किया जाता है।

1. किसी सम्पत्ति के खरीदने या बेचने के समय उसका मूल्य ज्ञात करने के लिए।

2. किसी सम्पत्ति पर कर निर्धारण करने के लिए मूल्यांकन आवश्यक है।

3. किसी सम्पत्ति का किराया निर्धारण के लिए भी मूल्यांकन आवश्यक है। किराया प्रायः सम्पत्ति की लागत या मूल्य का 6% से 10% तक निर्धारित किया जाता है।

4. बंधक पट्टा होने की स्थिति में—किसी सम्पति पर क़र्ज लेने की स्थिति में कभी–कभी बंधक पट्टा करने की आवश्यकता पड़ जाती है। ऐसी अवस्था में मूल्यांकन कराना आवश्यक हो जाता है इसी प्रकार की अन्य कई परिस्थितियां हो सकती हैं जब किसी सम्पत्ति का मूल्यांकन कराना आवश्यक होता है।

40.3 कुछ परिभाषाएँ

व्यय (Out-goings)—किसी भवन या सम्पत्ति से प्राप्त आमदनी को बनाये रखने

के लिए किया गया खर्च, व्यय या out-goings कहलाता है। व्यय प्रायः निम्न मदों पर किया जाता है।

(a) टैक्स—मालिक को प्रतिवर्ष, वार्षिक दर पर कुछ धन सम्पत्ति टैक्स, नगरपालिका टैक्स आदि के रूप में देना पड़ता हे।

(b) अनुरक्षण व्यय—किसी भवन को ठीक अवस्था में रखने के लिए प्रति वर्ष कुछ धन अनुरक्षण कार्यो पर व्यय करना पड़ता है। धन की राशि भवन की दशा, आयु आदि पर निर्भर करती है। वार्षिक अनुरक्षण की राशि प्रायः सकल किराये का 10 से 15% या भवन निर्माण लागत का 1% से 1 ½% हो सकती है।

(c) व्यवस्था खर्च (Management expenditnre)—इसके अन्तर्गत चौकीदार की पगार (salary), किराया वसूल करने वाले की पगार, पानी का पम्प चलाने वाले की पगार आदि आती हैं। यह राशि सकल किराये की 5 से 10% तक हो सकती है।

(d) शोधन निधि—सकल किराये की राशि का कुछ भाग अलग निकाल कर रख दिया जाता है जिससे भवन की आयु पूर्ण होने पर उस भवन पर खर्च की गई राशि प्राप्त हो सके।

(e) मलवा मूल्य (Scrap value)—भवन की उपयोगी आयु समाप्त होने पर, उसे गिराने पर भवन से प्राप्त ईंट, लोहा व लकड़ी आदि से प्राप्त धन, मलवा मूल्य कहलाता है। मशीनों में यह मूल्य केवल धातु या उस मशीन के विभिन्न भागों के बेचने पर प्राप्त धन, मलवा मूल्य कहलाता है। भवन के लिए मलवा मूल्य उसकी निर्माण लागत का 10% माना जा सकता है।

(f) कबाड़ मूल्य (Salvage value)—किसी भवन का उपयोगी काल समाप्त होने के पश्चात् उसे बिना गिराये जो धन राशि प्राप्त हो सकती है, वह धन राशि उस भवन का कबाड़ मूल्य कहलाती है। यदि भवन को गिराने व उसका मलवा हटाने में, उसके बेचने पर प्राप्त धन से अधिक खर्च होता है तो यह मूल्य शून्य या ऋणात्मक कहलाता है।

बाजार मूल्य (Market value)—किसी सम्पत्ति को खुले बाजार में बेचने पर जो धन राशि प्राप्त होती है वह राशि उस सम्पत्ति का बाजार मूल्य कहलाती है। मांग के अनुसार किसी सम्पत्ति का बाजार मूल्य बदलता रहता है।

बही मूल्य (Book value)—किसी भवन या सम्पत्ति की वास्तविक (original) लागत से उचित ह्रास (depreciation) घटाने पर बही खाते में लिखी जाने वाली धन राशि, उस सम्पत्ति का बही मूल्य कहलाता है। किसी विशेष वर्ष में वही मूल्य उस सम्पत्ति की वास्तविक लागत से उस वर्ष से एक वर्ष पूर्व तक का ह्रास घटाने पर ज्ञात किया जा सकता है।

दर योग्य मूल्य (Rateable value)—किसी सम्पत्ति से वर्ष भर में शुद्ध किराये के रूप में प्राप्त होने वाली धन राशि उस सम्पत्ति का दर योग्य मूल्य कहलाती है। सम्पत्ति से प्राप्त सकल आय से वार्षिक मरम्मत आदि पर किया गया खर्च घटाने पर दर योग्य मूल्य ज्ञात किया जाता है। नगरपालिका कर, दर योग्य मूल्य की निश्चित प्रतिशत के आधार पर निर्धारित किया जाता हैं।

लुप्त प्रायता (Obsolescence)–किसी भवन या सम्पत्ति के डिजाइन, बनावट वर्तमान प्रचलन के अनुकूल न रहने पर उसका मूल्य कम हो जाता है। यह अवस्था लुप्त प्रायता कहलाती हैं। नई तकनीक आ जाने के कारण पुरानी मोटर कार, भवन आदि इस श्रेणी में आते हैं।

वार्षिकी (Annuity)–किसी सम्पत्ति पर वार्षिक भुगतान किया गया धन वार्षिकी कहलाता है यह भुगतान वर्ष के अन्त या प्रारम्भ में किया जा सकता है।

पूंजीगत लागत (Capital Cost)–भूमि के मूल्य सहित निर्माण की कुल लागत या किसी सम्पत्ति के खरीदने में व्यय की गई सकल प्रारम्भिक धन राशि पूंजीगत लागत कहलाती है। यह सम्पत्ति की मूल लागत होती है तथा इसमें कोई परिवर्तन नहीं होता, परन्तु सम्पत्ति मूल्य वर्तमान लागत होती है जो परिवर्तित होती रहती है।

पूंजीकृत मूल्य (Capitalized value)–किसी सम्पत्ति स्वामी का पूंजीकृत मूल्य वह धनराशि है जिसकी अधिकतम प्रचलित ब्याज की दर से वार्षिक ब्याज, सम्पत्ति से प्राप्त शुद्ध आय के बराबर होता है।

बंधक पट्टा (Mortagage lease)–जब कोई सम्पत्ति स्वामी अपनी सम्पत्ति की जमानत पर ऋण लेता हे तो उसे एक प्रपत्र पर हस्ताक्षर करने होते हैं। यह प्रपत्र बंधकी (Mortagage deed) व कर्ज लेने वाला व्यक्ति बंधक (Mortagager) तथा कर्ज देने वाला व्यक्ति बंधकी (Mortgage) कहलाता है। इस ऋण पर ब्याज देना होता है तथा धन राशि एक निश्चित अवधि में लौटानी होती है। ऋण की राशि सम्पत्ति के मूल्य का 75% तक हो सकती है।

पूर्ण स्वामित्व युक्त सम्पत्ति (Free hold property)–जिस सम्पत्ति पर सरकारी या स्थानीय स्वायत संस्थाओं के नियम लागू नहीं होते हैं, पूर्ण स्वामित्व युक्त सम्पत्ति कहलाती है। इस सम्पत्ति का उपयोग मालिक अपनी इच्छानुसार कर सकता है। संक्षिप्त में यह कहा जा सकता है कि इस सम्पत्ति पर मालिक का पूर्ण अधिकार होता है।

40.4 शोधन-निधि (Sinking Fund)–किसी संरचना या भवन की उपयोगी आयु की समाप्ति पर उसे पुनः बनवाने के लिए जो धन निश्चित अन्तराल पर या वार्षिक किश्तों में जमा किया जाता है, वह धन–शोधन निधि (Sinking fund) कहलाता है। शोधन–निधि जमा करने का मुख्य उद्देश्य संरचना की उपयोगी आयु पर उसे फिर से बनवाने के लिए पर्याप्त धन जमा करना होता है। शोधन–निधि का उपयोग किसी कर्ज को उतारने के लिए भी किया जा सकता है। शोधन–निधि की वार्षिक किश्त का मान निम्न सूत्र से ज्ञात किया जा सकता है।

$$I = \frac{Si}{(1+i)^{n-1}}$$

जबकि
S = सकल शोधन–निधि जमा करने की राशि
n = धन जमा करने की वर्षों में संख्या
i = ब्याज की दर अंश दशमलव में (e.g. 5% = 0.05)
I = वार्षिक किश्त का मान।

उदाहरण—किसी भवन को 50,000/- रु० में खरीदा गया, यदि भवन की उपयोगी आयु 25 वर्ष तथा ब्याज की दर 5% हो, तो शोधन–निधि की वार्षिक किश्त ज्ञात कीजिए?

वार्षिक किश्त $$I = \frac{Si}{(1+i)^{n-1}}$$

$$S = 50,0000$$

$$i = 0.05$$

$$n = 25$$

$$I = \frac{50,000 \times 0.05}{(1+0.05)^{25-1}} = \frac{2500}{(1.05)^{24}}$$

$$= 773 = 775 \text{ रु० वार्षिक}$$

40.5 मूल्य ह्रास (Depreciation)—समय के साथ–साथ किसी संरचना में टूट–फूट आदि के कारण उसकी उपयोगिता में कमी हो जाती है। संरचना में यह कमी मूल्य ह्रास कहलाती है। टूट–फूट, उपयोगी आयु में कमी आदि के कारण उस संरचना का मूल्य ज्ञात करने के लिए संरचना की समस्त लागत का कुछ प्रतिशत मूल्य ह्रास के रूप में घटाया जाता है। प्रारम्भ में मूल्य ह्रास का मान कम होता है तथा यह धीरे–धीरे संरचना की आयु के साथ–साथ बढ़ता जाता है। मूल्य ह्रास निम्न विधियों से ज्ञात किया जा सकता है।

(1) सरल रेखा विधि (2) समान प्रतिशत विधि

(3) शोधन–निधि (4) परिमाण सर्वेक्षण विधि

1. सरल रेखा विधि—इस विधि में सम्पत्ति मूल्य में कमी प्रति वर्ष समान मानी जाती है।

वार्षिक मूल्य ह्रास $$D = \frac{\text{मूल्य लागत–मलवा मूल्य}}{\text{उपयोगी आयु वर्षो में}} = \frac{C-S}{n}$$

जबकि D = वार्षिक ह्रास

C = मूल लागत

S = मलवे का मूल्य

n = सम्पत्ति की आयु वर्षो में।

2. समान प्रतिशत विधि—इस विधि में यह मान लिया ज़ाता है कि प्रत्येक वर्ष के आरम्भ में सम्पत्ति के मूल्य में कमी एक निश्चित प्रतिशत में होगी।

वार्षिक ह्रास $$D = 1 - \left(\frac{S}{C}\right)^{1/n}$$

समस्त पदों का अर्थ उपरोक्त जैसा ही है।

3. शोधन-निधि विधि—इस विधि में सम्पत्ति के मूल्य में ह्रास सम्पत्ति के वार्षिक ह्रास में उस वर्ष में शोधन–निधि पर ब्याज के योग के बराबर होता है।

माना C = सम्पत्ति का मूल मूल्य

A = वार्षिक शोधन–निधि

b, c, d आदि शोधन–निधि पर आगामी वर्षों के ब्याज।

वर्ष के अन्त में	वर्व के मूल्य ह्रास	समस्त मूल्य ह्रास	बही मूल्य
पहला वर्ष	A	A	C-A
दूसरा वर्ष	A + b	(2A + b)	C - (2A + b)
तीसरा वर्ष	A + C	3A + b + c	C - (3A + b + c)

40.6 भवन का मूल्यांकन—किसी संरचना का मूल्यांकन निम्न घटकों पर निर्भर करता है।

(1) संरचना की किस्म।
(2) संरचना की बनावट।
(3) संरचना की स्थिरता।
(4) संरचना का स्थल जैसे बाजार या शहर के बाहर आदि।
(5) संरचना का आकार व उसकी आकृति।
(6) निर्माण सामग्री के गुण।
(7) संरचन के सामने वाली सड़क की चौड़ाई आदि।

भव का मूल्य निम्न विधियों से ज्ञात किया जा सकता है।

(a) रिकार्ड से मूल्य ज्ञात करना—समस्त प्रयोग की गई निर्माण सामग्री के बिलों से वर्तमान मूल्य में मजदूरी आदि जोड़ कर लागत ज्ञात की जा सकती है।

(b) विस्तृत माप से—निर्माण में प्रयोग किये गये प्रत्येक मद की माप लेकर उनकी मात्रा ज्ञात कर ली जाती है। इसके पश्चात् समस्त मदों की सामग्री की वर्तमान बाजार भाव से गुणा कर उसकी लागत ज्ञात कर ली जाती है।

(c) कुर्सी क्षेत्रफल के आधार पर—इस विधि में संरचना का कुर्सी क्षेत्रफल ज्ञात कर उसे इकाई कुर्सी क्षेत्रफल दर से गुणा कर संरचना का मूल्य ज्ञात कर लिया जाता है।

मूल्य ह्रास ज्ञात करना—उपरोक्त में से किसी भी विधि से संरचना की लागत ज्ञात करने के पश्चात् उस पर उचित ह्रास की छूट दी जाती है। प्रायः पहले 5 से 10 वर्षों में कोई ह्रास—छूट नहीं दी जाती है।

मूल्य ह्रास प्रायः निम्न घटकों पर निर्भर करता है।

(1) संरचना का उपयोग।
(2) संरचना की वर्तमान आयु।
(3) संरचना का अनुरक्षण।

मूल्य ह्रास संरचना की आयु के साथ–साथ बढ़ता है। यदि किसी संरचना की उपयोगी आयु 80 वर्ष हो तो मूल्य ह्रास निम्न प्रकार माना जा सकता है।

आयु वर्षो में	ह्रास प्रति वर्ष	सकल ह्रास
0—5 वर्ष	कुछ नहीं	कुछ नहीं
5—10 वर्ष	½ %	2.5%
10—20 वर्ष	¾%	7.5%
20—40 वर्ष	1.0%	20%
40—50 वर्ष	1 ½%	60%

40.7 भवन किराये का निर्धारण–किसी भवन का किराया भवन की पूंजीगत लागत के मूल्यांकन का 6% से 10% तक हो सकता है। पूंजीगत लागत में भवन की निर्माण लागत, जल सम्भरण व स्वच्छता सम्बन्धी कार्यों की लागत, तथा बिजली लगवाने आदि की लागत सम्मिलित होती है। इसमें भूमि की लागत सम्मिलित नहीं होती है सकल किराये को 12 से भाग देकर प्रति माह किराया ज्ञात किया जा सकता है। इस प्रकार निर्धारित किया गया किराया मानक–किराया कहलाता है। मानक–किराया सरकार द्वारा निर्धारित नियमों के अनुसार निर्धारित किया जाता है। इसे निम्न विधियों द्वारा ज्ञात किया जा सकता है।

1. प्रथम विधि–इस विधि के अनुसार पूंजीगत लागत पर 6% ब्याज किराये के रूप में निर्धारित किया जाता है।

दूसरी विधि–इस विधि में पूंजीगत लागत पर 6% ब्याज के अतिरिक्त वार्षिक तथा विशेष मरम्मत पर व्यय, नगरपालिका व अन्य करों पर व्यय की गई धन राशि भी प्राप्त की जाती है। वार्षिक मरमम्त के लिए, पूंजीगत लागत का 1 ½%, जल सम्भरण कार्यों के लिए 1.0%, स्वच्छता कार्यों के लिए 1.0%, बिजली के कार्यों के लिए 1 ½% धन माना जाता है।

प्रति चौथे वर्ष विशेष मरम्मत के लिए 0.6%, जल सम्भरण के लिए 3 ½%, स्वच्छता कार्यों के लिए 3 ½%, बिजली कार्यों के लिए 3 ½%, प्रति वर्ष धन माना जाता है। नगरपालिका कर, सम्पत्ति कर आदि के लिए वास्तव में भुगतान की गई धनराशि मान ली जाती है। पहली विधि की अपेक्षा दूसरी विधि से किराये का मान सदैव अधिक आता है।

सरकारी कर्मचारियों को जो सरकारी भवनों में रहते हैं अपने मूल वेतन का 10% किराये के रूप में देना होता है। सरकारी भवन के किराये का विवरण सामान्य प्राक्कलन के साथ ही तैयार किया जाता है।

प्रश्नावली

(1) मूल्यांकन की परिभाषा लिखिए तथा उसके उद्देश्य भी बताइये।

(2) निम्न की परिभाषा लिखिये–

(a) मलवा मूल्य (b) शोधन–निधि

(c) कबाड़ मूल्य (d) बाजार मूल्य

(e) बही खाता मूल्य (f) पूंजीगत लागत

(g) मूल्य ह्रास।

(3) भवनों का किराया निर्धारण विधि का वर्णन कीजिए।

41

जल स्त्रोत व नल
Source of Water and Pipes

41.1 प्रस्तावना

इंजीनियरी की इस शाखा के अन्तर्गत निम्न दो उप शाखायें आती हैं। (1) जल प्रदाय (Water Supply (2) स्वच्छता इंजीनियरी, इंजीनियरी की ये दोनों ही शाखायें बहुत महत्वपूर्ण हैं परन्तु वर्तमान काल में गांवों की अपेक्षा शहरों में बसने की अधिक प्रवृत्ति के कारण इस शाखा का महत्त्व और भी बढ़ गया है। अतः जल प्रदाय व स्वच्छता परियोजनाओं का सावधानी एवं सूझ–बूझ से बनानां व उन्हें कार्यान्वित करना बहुत ही आवश्यक है।

इस पुस्तक में इस विषय की पूर्ण जानकारी देना असंभव है परन्तु यहाँ कुछ प्रारम्भिक जानकारी दी गई है।

(1) जल प्रदाय (Water Supply)

प्राचीन काल से ही मनुष्य को वायु पानी, अन्न, कपड़ा व मकान की आवश्यकता रही है और आज भी है। मनुष्य अन्न के बिना एक या दो दिन ही जीवित रह सकता है परन्तु वायु व पानी के बिना उसका जीवित रहना कठिन है। मनुष्य को पानी न केवल पीने के लिए चाहिए, बल्कि स्नान करने, कपड़े साफ करने तथा खाना पकाने व अन्य कार्यों के लिए भी पानी की आवश्यकता होती है। इसी कारण प्राचीन काल से ही मनुष्य मीठे पीने योग्य पानी के स्त्रोत के समीप ही रहता आया है और आज भी रह रहा है। सभ्यता बढ़ने के साथ–साथ मनुष्य की पानी की आवश्यकता भी बढ़ती जा रही है। आजकल प्रति मनुष्य प्रायः निम्न तालिका–41.1 में बताई गई पानी की मात्रा पर्याप्त है।

तालिका-41.1

आवश्यकता	(प्रति दिन की आवश्यकता मात्रा प्रति व्यक्ति)
(i) पीने के लिए	= 2.25 लीटर
(ii) भोजन बनाने व वर्तन साफ करने के लिए	= 9 से 13.5 लीटर

(iii)	स्नान करने व कपड़े साफ करने के लिए	= 45.0 से 67.5 लीटर
(iv)	मल मूत्र बहाने के लिए	= 27 से 36.0 लीटर
(v)	विविध कार्यों के लिए	= 9.0 लीटर
सकल जोड़		90 से 130 लीटर

पानी की मात्रा प्रति व्यक्ति शहर की जन संख्या से भी प्रभावित होती है।

तालिका-41.2

शहर की जन संख्या	प्रति व्यक्ति पानी की प्रतिदिन पर्याप्त मात्रा
1. दस लाख से अधिक	200 से 220 लीटर
2. पाँच से दस लाख	180 से 200 लीटर
3. दो से पांच लाख	160 से 180 लीटर
4. पचास हजार से दो लाख	130 से 160 लीटर
5. पचास हजार से कम	100 से 130 लीटर

41.2 पानी के स्त्रोत

जल प्रदाय के लिए पानी निम्न स्त्रातों से प्राप्त किया जा सकता है।

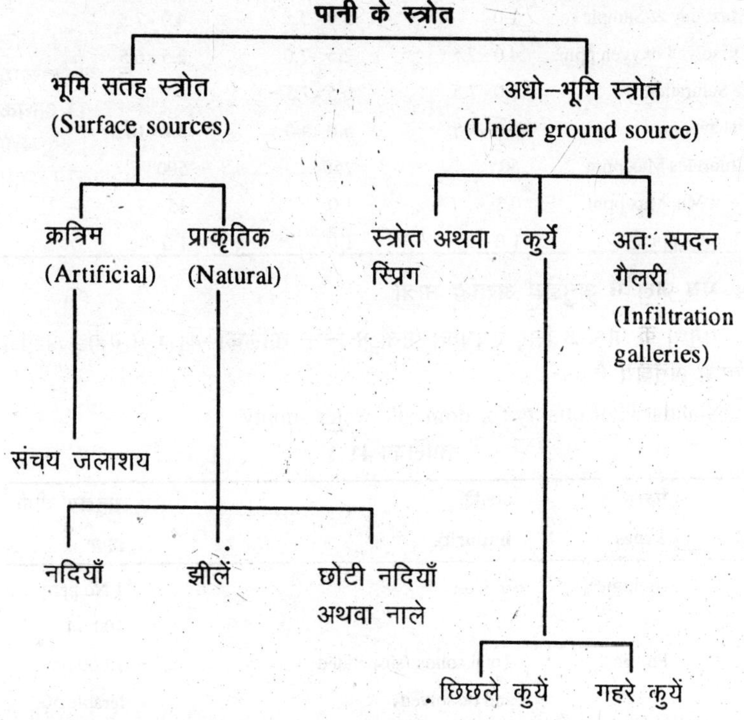

41.3 स्त्रोत का चयन

जल स्त्रोत का चयन करते समय निम्न बातों का ध्यान रखना आवश्यक है।

(1) जल मात्रा—शहर की आवश्यकता पूर्ण करने के लिए स्त्रोत में पर्याप्त मात्रा में पानी उपलब्ध होना चाहिए।

(2) पानी के गुण (Quality)—स्त्रोत में उपलब्ध पानी मीठा तथा स्वास्थ्य के लिए गुणकारी होना चाहिए। पानी जहरीला व हानिकारक नहीं होना चाहिए।

(3) स्त्रोत शहर या कस्बे के निकटतम होना चाहिए।

(4) मार्ग में अधिक ऊँचें पहाड़ अथवा घाटी नहीं होनी चाहिए।

निम्न तालिका–41.3 में स्त्रोत जल के मानक गुण तथा उपचार सुझाए गये हैं।

तालिका-41.3

पानी के गुण	निस्संक्रमण Disinfection	निस्यन्दन व निस्संक्रमण Filtration & Disinfection	निस्यन्दन व निस्संक्रमण तथा अन्य विशिष्ट उपचार
1. B.O.D. ppm			
Monthly average	0.75	1.5 - 2.5	2.0 - 5.5
Max. day & Sample	1.0	3.0 - 3.5	4.0 - 7.5
2. Dissolved oxygen ppm.	4.0 - 7.5	2.5 - 7.0	2.5 - 6.5
% Saturation	5.0 - 7.5	0.5 - 7.5	--
PH average	6.0 - 8.5	5.0 - 9.0	3.8 - 10.5
Chlorides Max ppm	50	250	500
Fe & Mn, Max ppm	0.3	1.0	15
Florides ppm	1.0	1.0	1.0

41.4 पेय जल में अनुज्ञेय अशुद्धि मात्रा

मनुष्य के पीने के लिए उपयुक्त पानी में निम्न तालिका–41.4 में बताई अशुद्धि की मात्रा अनुज्ञेय है।

Standards of quality for domestic water supply

तालिका-41.4

क्रम संख्या	किस्म Types	अशुद्धि Impurity	अनुज्ञेय सीमा ppm
1.	Biological	B. Coli	1 No per 100 ml
2.	Physical	Total solids (suspended and dissolved)	1,000 pre-ferable 500
3.		Turbidity (on silica Scale)	5 - 10

4.		Colour (on cobalt Scale)	15 - 25
5.		Tasta & colour	Nil
6.		Temperature	65 - 70°F
7.		PH	6.6 - 8.0
8.	Chemical	Lead	0.05 - 0.1
9.		Flouride	1.5
10.		Copper	1.0 - 3.0
11.		Iron & Manganese	0.3
12.		Magnesium	12.5
13.		Zinc	5 - 15
14.		Chlorides & Sulphates	250
15.		Hardness	250

नोट—उपरोक्त सीमा बाध्य नहीं है। छात्र के लिए यह केवल एक मार्ग–दर्शक है।

41.5 पाइप (Pipe)

स्त्रोत से पानी प्राप्त कर उससे अशुद्धियाँ पृथक करने के पश्चात् पेय जल खुली नहरों व नालियों से प्रवाहित नहीं किया जाता। खुली नालियों से पेय जल प्रवाहित करने से उसमें दूषित तत्वों के मिलने का भय रहता है जिससे जनता के स्वास्थ्य पर बुरा प्रभाव पड़ सकता है। इस कारण अशुद्धि रहित पेय जल प्रायः वृत्ताकार पाइप लाइन द्वारा भेजा जाता है। पाइप लाइन भूमि तल से नीचे बिछाई जाती है। पाइप लाइन में जल प्रवाह सदैव दाब के आधीन किया जाता है। इसके अतिरिक्त पाइप पर चारों ओर से मृदा दाब, यातायात के कारण शिखर से कंपन व संघात तथा ताप परिवर्तन के कारण प्रतिबल कार्य करते हैं। इस कारण पाइप का डिजाइन इन समस्त प्रतिबलों को सहन करने के लिए किया जाता है। पाइप मजबूत, टिकाऊ तथा सस्ते होने चाहिए।

41.6 पाइप निर्माण सामग्री

पाइप निर्माण के लिए प्रायः निम्न सामग्रियाँ प्रयोग की जा सकती हैं—

(1) ढलवाँ लोहा (2) पिटवाँ लोहा (3) इस्पात (4) जस्ती लोहा (G.I.) (asbestos) सीमेन्ट पाइप (8) लकड़ी।

(1) ढलवाँ लोहे के पाइप—ये पाइप भूरे रंग के अच्छे कच्चे लोहे से बनाये जाते हैं। पाइप को पानी में मिली अशुद्धियों के दुष्प्रभाव से बचाने के लिए इन्हें निम्न मिश्रण के घोल में डुबाया जाता है।

मिश्रण में 44% ऐस्फाल्ट, 55% डामर तथा 1%, रेजिन (resin) होता है पाइप पर इस मिश्रण की परत लगाने के लिए मिश्रण को 600°F तापक्रम पर गर्म करके कुछ समय के लिए पाइप इसमें डुबो दिया जाता है। इससे पाइप की आयु बढ़ जाती है।

जल वितरण प्रणाली में इस श्रेणी के पाइप समस्त विश्व में प्रयोग किये जाते हैं। ये पाइप मजबूत तथा टिकाऊ होते हैं। इस श्रेणी के पाइप को भवनों के नलों से सरलता से जोड़ा जा सकता है। इस श्रेणी के नलों से वृत्ताकार पाइप लाइन भी सरलता से बिछाई जा सकती है। इस श्रेणी के पाइप साधारणतः 75 से०मी० व्यास तक के बनाये जाते हैं। विशेष परिस्थितियों में 120 से०मी० व्यास तक के पाइप भी बनाये जा सकते हैं। यद्यपि इनकी मानक लम्बाई 4 मीटर ही मानी जाती है परन्तु इन्हें 6.5 मीटर लम्बाई तक बनाया जाता है। विभिन्न व्यास के नलों को विभिन्न त्रिज्या के बक्रों में बिछाया जा सकता है।

पाइप का व्यास से०मी०	वक्र की त्रिज्या
20 से०मी०	30 मीटर
40 से०मी०	80 मीटर
90 से०मी०	140 मीटर

ढलवां लोहे के पाइप लगभग 250 मीटर शीर्ष तक प्रयोग किये जा सकते हैं।

(2) पिटवां लोहे के पाइप—ये पाइप भी ढलवां लोहे जैसे ही होते है। इनका व्यास 50 से०मी० तक होता है। इस श्रेणी के पाइप धातु की चादर को उचित व्यास के पाइप की आकृति में मोड़कर किनारों पर वेल्डिंग कर बनाया जाता है। पिटवाँ लोहे के पाइप ढलवाँ लोहे के पाइपस की अपेक्षा हल्के परन्तु कम टिकाऊ होते हैं।

(3) इस्पाती पाइप—इस्पाती पाइप ढलवाँ लोहे के पाइपस की अपेक्षा अधिक मजबूत व हल्के होते हैं। इनकी आयु 30 से 60 वर्ष तक पाई गई है जबकि ढलवाँ लोहे के पाइप आवरण परत की दक्षता के अनुसार 100 से 250 वर्ष तक खराब नहीं होते।

इस्पाती पाइप 6 से 12 मीटर लम्बाई तक बनाये जा सकते हैं। इस श्रेणी के पाइप अधिक दाब तीव्रता वाली. स्थिति में अधिक उपयोगी हैं। अर्थात् ये पाइप 7 Kg/cm^2 तक दाव सहन कर सकते हैं। ये पाइप उल्टे साइफन, जल सेतु (aquaduct), पुल आदि के लिए उपयुक्त हैं जहाँ अधिक कंपन उत्पन्न होता है तथा मजबूत व हल्के पाइपस की आवश्यकता होती है।

इस्पाती पाइपों पर जंगरोधी परत का लेप किया जाता है। इनकी मोटाई ढलवाँ लोहे के पाइपस की मोटाई की आधी होती है इस कारण ये अपेक्षाकृत हल्के तथा मितव्ययी होते हैं। इस्पात पर शीघ्र जंग लगने के कारण इनकी लाभदायक आयु कम होती है इनका अनुरक्षण व्यय भी अधिक होता है। इनमें जोड़ लगाना तथा मरम्मत करना कठिन होने के कारण इनका प्रयोग वितरण पाइप लाइन के लिए नहीं किया जाता।

(4) जस्ती लोहा पाइप (G.I. Pipes)

इस श्रेणी के पाइप 6 mm से 8 cm व्यास तक बनाये जा सकते हैं इन पर पानी की अशुद्धियों का बहुत प्रभाव होता है इस कारण इनमें सीमेन्ट मसाले की परत लगाई

जा सकती है। इनकी आयु लगभग 10 वर्ष होती है। इनमें जोड़ लगाना सरल है। इनमें प्रायः पेंच (screw) जोड़ लगाया जाता है। अपेक्षाकृत ये मितव्ययी होते हैं।

(5) सीमेन्ट लाइनिंग वाले पाइप

लोहे या इस्पाती पाइपस की आन्तरिक सतह पर 1 : 3 सीमेन्ट व रेत के मसाले की परत लगाकर ये पाइप बनाये जाते हैं। इस लाइनिंग की मोटाई 2 से 5 mm तक होती है। पाइप की वाह्य सतह पर ढलवाँ लोहे की सतह पर लगाये जाने वाले मिश्रण की परत लगाई जाती है।

(6) सीमेन्ट ऐस्वेस्टाँस पाइप

इस श्रेणी के पाइप सीमेन्ट व ऐस्वेस्टाँस के मिश्रण से बनाये जाते हैं। ये पाइप कम दाब पर पानी प्रवाहित करने के लिए उपयोगी हैं। इनकी सतह चिकनी तथा पानी की अशुद्धियों से अप्रभावित होने वाली होती है। इनका भार भी अपेक्षाकृत कम होता है परन्तु ये ले जाने, व बिछाने में उत्पन्न प्रतिबलों को सहन करने में असमर्थ होते हैं। इनमें कालर जोड़ लगाया जाता है जिसका बनाना सरल होता है।

(7) सीमेन्ट कंक्रीट पाइप

कंक्रीट के बड़े पाइप ह्यूम (Hume pipe) कहलाते हैं। इनका भार अधिक होने के कारण इन्हें एक स्थान से दूसरे स्थान तक ले जाना कठिन तथा अधिक व्ययी होता है। सादी कंक्रीट पाइप 16 मीटर हैड तथा प्रबलित कंक्रीट पाइप 80 मीटर हैड तक प्रयोग किये जा सकते हैं। इनकी लम्बाई प्रायः 3.5 मीटर से अधिक नहीं बनाई जाती। कंक्रीट पाइप वितरण प्रणाली में प्रयोग नहीं किये जाते। इनका प्रयोग केवल मुख्य पाइप के लिए ही किया जाता है। इनमें धातु के पाइपस की भांति जंग नहीं लगता परन्तु इनमें दरार बहुत जल्दी उत्पन्न हो जाते हैं।

(8) लकड़ी के पाइप

लकड़ी के पाइप 10 Kg/cm^2 तक आन्तरिक दाब सहन कर सकते हैं। इनके लिए पाइन, फर (Pine and fer) आदि लकड़ी प्रयोग की जा सकती है। इन्हें अलग–अलग कर एक स्थान से दूसरे स्थान तक ले जाना सरल है। परन्तु आजकल इनका उपयोग नहीं किया जाता।

41.7 नलों में जोड़ लगाना

पाइप प्रायः 2 से 6 मीटर लम्बाई में बनाये जाते हैं, जिससे उन्हें एक स्थान से दूसरे स्थान पर ले जाने तथा यथा स्थान बिछाने में कठिनाई न हो। इस कारण कोई भी पाइप लाइन बनाने के लिए पाइपस में जोड़ लगाया जाता। पाइपस् में जोड़ की किस्म निम्न घटकों पर निर्भर करती है।

(1) पाइप की निर्माण सामग्री (2) पाइप में प्रवाहित द्रव का दाब अथवा पाइप में आन्तरिक दाब (3) पाइप की टेकों (Supports) की दशा।

(i) पाइप की निर्माण सामग्री—ढलवां लोहे के पाइप्स के लिये सॉकेट व डाट जोड़ बनाये जाते हैं जबकि इस्पाती पाइप्स रिवेट व झलाई जोड़ों द्वारा जोड़े जा सकते हैं।

(ii) अतिरिक्त दाब को सहन करने के लिये जोड़ काफी मजबूत होना चाहिये। कोरदार (Flanged) जोड़ बहुत मजबूत, दृढ़ व जलरोधी होता है।

(iii) टेकों की दशा—पाइप लाइन के नीचे की मृदा के नीचे धंस जाने के कारण पाइप लाइन में निष्दन होने की अवस्था में लचीले जोड़ प्रयोग किये जाने चाहिये। पाइप लाइन में कंपन उत्पन्न होने की अवस्था में ड्रसेर युग्मन जोड़ बनाये जाने चाहिए जो कंपन के कारण ढीले नहीं पड़ते।

41.8 जोड़ों की किस्में—पाइप लाइनस में जोड़ निम्न प्रकार के बनाये जा सकते हैं।

(1) सॉकेट व डाट जोड़ (Socket and spigot joint)
(2) पेंचदार व सकोटर जोड़ (Screwed and socketed joint)
(3) कोरदार जोड़ (Flanged joint)
(4) झलाईदार जोड़ (Welded joint)
(5) रिवेट दार जोड़ (Riveted joint)
(6) लचीला जोड़ (Flexible joint) (Lead Caushed)
(7) प्रसार जोड़ (Expension joint)
(8) ड्रेसर युग्मन जोड़ (Dresser and coupling joint)
(9) सीमेन्ट जोड़ (Cement joint Collar)

(1) सॉकेट व डाट जोड़

यह जोड़ विशेष रूप से ढलवाँ लोहे के नलों में जोड़ लगाने के लिये प्रयोग किया जाता है। ढलवाँ लोहे के नलों के सिरे विशेष प्रकार के बनाये जाते हैं। नल का एक सिरा बड़ा होता है जिसे सॉकेट कहा जाता है तथा दूसरा सिरा समान व्यास का होता है जिसे डाट अथवा (Spigot) कहा जाता है।

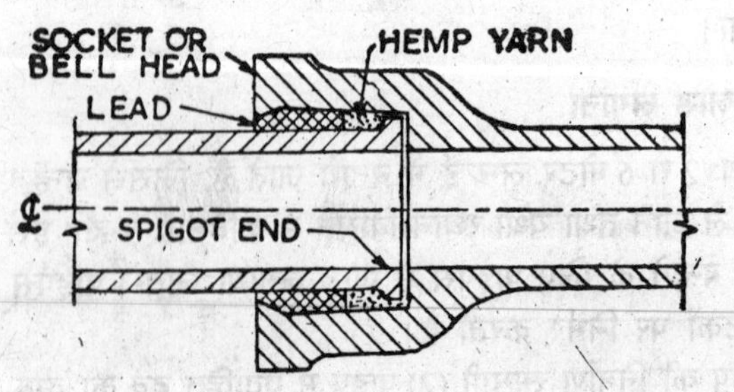

चित्र-41.1. Socket & Spigot Joint

पाइप जोड़ने से पूर्व सॉकेट के सामने वाला सिरा रखा जाता है। इस सिरे पर डामर में डुबोई हुई सुतली बांधकर इसे सॉकेट में धंसा दिया जाता है। सॉकेट व डाट के बीच के खाली स्थान में मुलायम सीसा पिघलाकर भर दिया जाता है। यह सीसा ठंडा होने पर जम जाता है तथा जोड़ रिसन रोधी बन जाता है। सीसा भरने के लिये विशेष उपकरण का प्रयोग किया जाता है। 15 से०मी० व्यास के पाइप जोड़ने में 4.2 से 3.6 kg सीसा चाहिये। विभिन्न व्यास के पाइप जोड़ने के लिए प्रति जोड़ सीसा व सुतली की मात्रा निम्न तालिका--41.5 के अनुसार निश्चित की जा सकती है। चित्र–41.1 में सॉकेट व डाट जोड़ दिखाया गया है।

तालिका-41.5

क्रम संख्या	पाइप का व्यास से०मी० में	सीसा ग्राम में	सुतली ग्राम में
1.	7.5	1364	60
2.	10	2046	85
3.	15	3182	140
4.	20	4555	200
5.	25	7273	225
6.	30	8636	255
7.	35	10455	310
8.	40	12561	370
9.	45	14091	455
10.	50	17273	570
11.	60	24545	1135

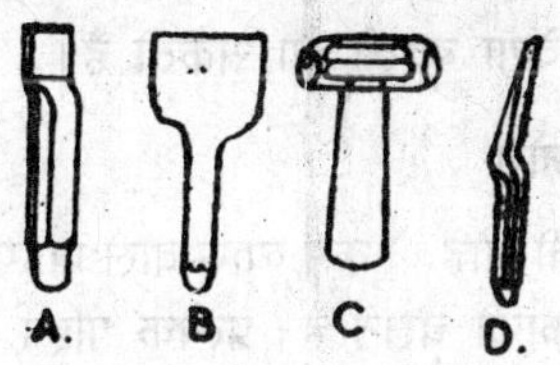

चित्र-41.2. Caulking Tools

चित्र–41.2 में टांकी अथवा दरार भरने वाले औजार (Caulking tools) दिखाये गये हैं। चित्र–41.2 A में टाँकी आइरन (B) में छेनी, C में हथौड़ा तथा D में सुतली भरने वाला औजार दिखाया गया है।

सॉकेट व डाट जोड़ में निम्न जोड़ विशेष प्रकार के होते हैं।

(i) लम्बी–पत्ती जोड़ (Long sleeve joint)

(ii) खराद व बेधन किया हुआ जोड़ (Turned and boredjoint)

(i) **लम्बी पत्ति जोड़**–चित्र–41.3 में दिखाये अनुसार इस जोड़ में सॉकेट का डाट पर लम्बा चढ़ाव होता है। सॉकेट के किनारे पर सिरा बड़ा होता है जिसमें सीसा भरा जा सकता है तथा यह जोड़ कठोर भी होता है। यह जोड़ पाइप लाइन के ऊपर भूमि पर भारी भार लगने अथवा खराब मृदा होने के कारण इसके नीचे धंसने की स्थिति में अधिक उपयोगी है।

(ii) **खराद व वेधन किया हुआ जोड़**–इस जोड़ में सॉकेट वाले सिरे में बेधन व खराद कर सॉकेट का आन्तरिक व्यास डाट के वाह्य व्यास के बराबर बना दिया जाता है। इस स्थिति में डाट सिरे को साबुन के पानी की सहायता से सॉकेट में धंसा दिया जाता है। इसमें किसी अन्य बंधक सामग्री के भरने की आवश्यकता नहीं रहती। सावधानी की दृष्टि से डाट के सिरे पर कुछ सीसा भर देना चाहिये। यह जोड़ मितव्ययी होता है तथा इसके बनाने के लिए कुशल कारीगरों की आवश्यकता नहीं होती। जोड़ का प्रयोग 10 से०मी० से कम व्यास वाले नलों में नहीं करना चाहिये। चित्र–41.4

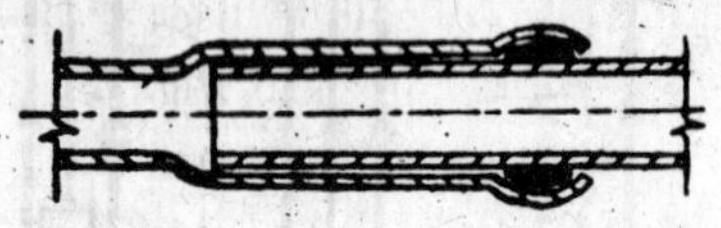

चित्र-41.3. Long Sleeve Joint

चित्र-41.4. Turned & Bored Joint

सीसे वाले जोड़ पाइप लाइन की दिशा परिवर्तन में बाधक नहीं होते तथा बिना बेंड के ही पाइप लाइन की दिशा बदली जा सकती है।

(2) पेंचदार सकोटर जोड़

यह जोड़ इस्पात व जस्ती लोहे के कम व्यास वाले पाइप जोड़ने के लिये सर्वोतम है। इस प्रकार के जोड़ का काफी चलन है। प्रत्येक पाइप के दोनों सिरों पर वाह्य ओर चूड़ी बना दी जाती हैं। पाइप के एक सिरे पर सॉकेट युग्मन (Socket coupling) चढ़ा होता है। सॉकेट युग्मन में भी अन्दर की ओर चूड़ी होती हैं। युग्मन की चूड़ियों पर ग्रेफाइट अथवा सीसा लगाकर पाइप का बिना युग्मन वाला सिरा इससे मिलाकर युग्मन की चूड़ियाँ दोनों नलों पर चढ़ा कर जोड़ बना दिया जाता है। युग्मन को आगे–पीछे खिसकने से रोकने के लिए युग्मन के आगे एक नट लगा दिया जाता है। इस प्रकार इस जोड़ का बनाना बहुत सरल है परन्तु इसकी लागत अधिक आती है। इसका प्रयोग 30 से०मी० से अधिक व्यास वाले नलों के लिए नहीं किया जाता। चित्र–41.5 में पेंचदार जोड़ दिखाया गया है।

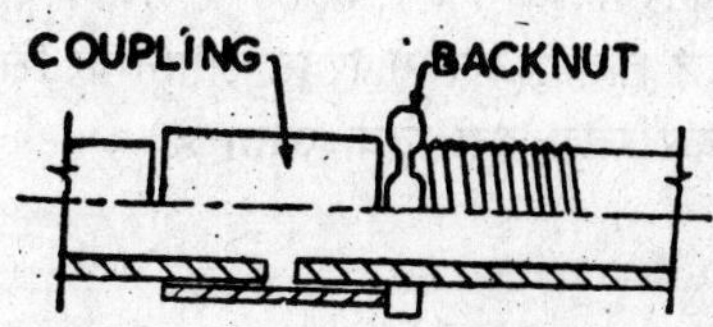

चित्र-41.5. Screwed & Socketed Joint

(3) कोर दार जोड़ (Flanged)

इस प्रकार के जोड़ पाइप में अधिक आन्तरिक दाब अथवा वायुमण्डलीय तापक्रम में अधिक परिवर्तन होने वाले स्थानों पर बनाये जाते हैं। पाइपस को भविष्य में खोलने की संभावना वाले स्थानों पर भी प्रायः इस प्रकार के जोड़ बनाये जाते हैं। इस प्रकार का जोड़ बनाने के लिए पाइप में फ्लेंज बनाये जाते हैं। अथवा फ्लेंज को अलग से ढालकर प्रयोग किये जा सकते हैं।

जोड़ लगाने वाले सिरों को एक साथ मिला कर जोड़ जलरोधी बनाने के लिये दोनों फ्लेजों के बीच रबड़ अथवा तांबे आदि की रिंग लगा दी जाती है। इसके पश्चात् दोनों फ्लेंजों में कावले डालकर नट कस दिये जाते हैं। इस जोड़ का बनाना सरल है। ये जोड़ मजबूत व दृढ़ होते हैं। इनका उपयोग पाइप लाइन में कंपन अथवा निष्दन होने की स्थिति में उचित नहीं है। चित्र–41.6

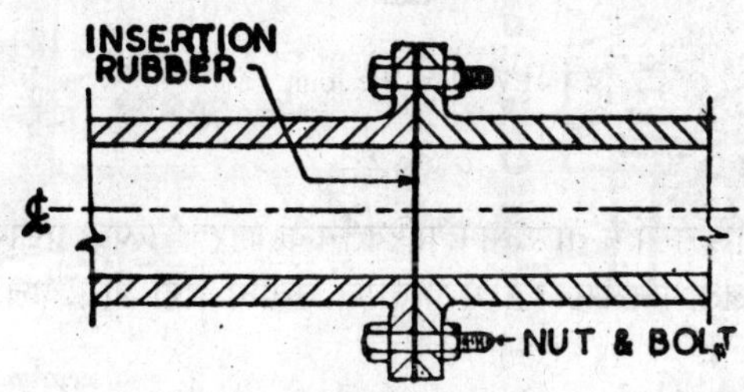

चित्र-41.6. Flanged Joint

(4) झलाई जोड़

इस प्रकार के जोड़ पाइप लाइन में अधिक कंपन उत्पन्न होने की अवस्था में लगाये जाते हैं। कंपन के कारण साधारण जोड़ों के ढीले हो जाने की संभावना रहती है। पाइप लाइन में कंपन उसे रेलवे लाइन के नीचे, पुल के नीचे अथवा पुल के ऊपर बिछाने से उत्पन्न हो सकते हैं। ऐसी परिस्थितियों में ढलवाँ लोहे के पाइप कांसे की झलाई करके जोड़े जा सकते हैं।

(5) रिवेट दार जोड़

इस श्रेणी के जोड़ कोरदार जोड़ जैसे ही होते हैं तथा रिवेटिड पाइपस में लगाये जाते हैं। पाइप फ्लेंज वाले होते हैं जिनमें रिवेट लगाने के लिए छिद्र बने होते है। इन छिद्रों में रिवेट डालकर जोड़ बना दिया जाता है।

(6) लचीले जोड़

इस प्रकार के जोड़ पाइप लाइन में निष्दन उत्पन्न होने की संभावना होने पर बनाये जाते हैं जैसे नदी की असमतल तली पर पाइप लाइन बिछाने पर साधारण जोड़ तली के निष्दन के कारण टूट जायेगा। इसके अतिरिक्त पाइप लाइन वक्राकार संरेखन पर बनाने के लिए भी ये जोड़ उपयोगी है क्योंकि इस अवस्था में पाइप लाइन में विशिष्ट भाग लगाने की आवश्यकता नहीं होगी। जोड़ में सीसा भरकर उसे अच्छी प्रकार यथा स्थान भर कर जोड़ फिनिश किया जाता है। यह जोड़ बाल व सॉकेट जोड़ भी कहलाता है। चित्र–41.7 में इस प्रकार का जोड़ दिखाया गया है।

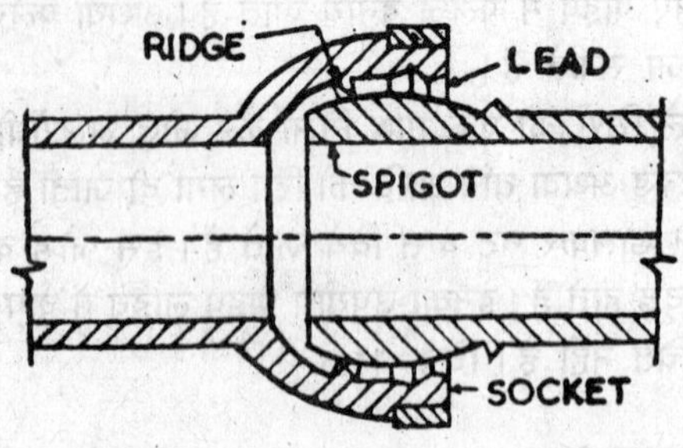

चित्र-41.7. Flexi Ble Joint

(7) प्रसार जोड़

इस प्रकार के जोड़ नलों में तापक्रम में परिवर्तन के कारण उत्पन्न प्रसार व संकुचन होने में बाधा नहीं डालते, जिससे नल में प्रतिबल उत्पन्न नहीं होने पाते तथा जोड़ नहीं टूटते।

इसमें सॉकेट वाले सिरे पर फ्लेंज बना होता है। इस सिरे पर एक ऐंगिल रिंग जुड़ी हुई होती हैं जो डाट (Spigot) वाले सिरे पर सरलता से सरक सकती है। जोड़ बनाते समय डाट की फलक व सॉकेट की आन्तरिक फलक के बीच एक छोटा अन्तराल छोड़ दिया जाता है। इस अन्तराल की मात्रा $L \alpha t$ के बराबर होती है जबकि L पाइप की लम्बाई, α प्रसार गुणांक व t ताप परिवर्तन है। सॉकेट के बड़े सिरे व डाट के बीच का स्थान किसी लचीले पदार्थ की गास्केट से भर दिया जाता है। इस रिंग को बाहर से ऐंगिल रिंग की क्षैतिज भुजा से जोड़ दिया जाता है।

पाइप के प्रसारित होने पर सॉकेट वाला सिरा आगे की ओर खिसकता है जिससे बीच का अन्तराल भर जाता है। पाइप संकुचित होने पर सॉकेट पीछे खिसकता है तथा अन्तराल फिर बन जाता है। परन्तु प्रत्येक अवस्था में ऐगिल रिंग सॉकेट के पीछे चलती

है तथा लचीली रिंग को यथा स्थान रखकर जोड़ को जल रोधक बनाये रखती है। चित्र–41.8

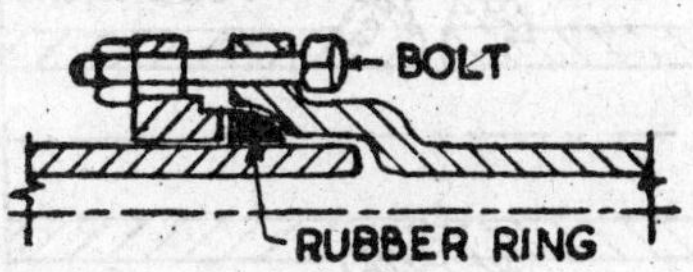

चित्र-41.8. Expension Joint

(8) याँन्त्रिक जोड़

कभी–कभी ढलवाँ लोहे के डाट वाले सिरों (Spigot or plain ends) को जोड़ना पड़ता है। ऐसी स्थिति में दोनों पाइपस के डाट सिरों को टक्कर जोड़ की स्थिति में रखकर उन पर एक विशेष प्रकार का धातु कालर चढ़ा दिया जाता है तथा काबलों से कस कर जलरोधक जोड़ बना दिया जाता है। इस श्रेणी में निम्न दो जोड़ आते हैं।

(1) ड्रेसर युग्मन जोड़–इस प्रकार के जोड़ कंपन सह होते हैं। इस कारण इनका प्रयोग पाइप लाइन पुल पर बिछाते समय किया जाता है। जोड़ बनाने के लिये पाइप के सादे अथवा डाट वाले सिरों को टक्कर जोड़ की स्थिति में रखकर प्रत्येक सिरे पर एक लोहे की रिंग व गास्केट चढ़ा दी जाती है तथा दोनों गास्केटों के बीच लोहे की स्लीव लगाकर लोहे के छल्लों (rings) को काबलों से कस दिया जाता है। चित्र–41.9

(9) Victaulic joints

यह जोड़ भी कंपन रोधक होता है। यह जोड़ बनाने के लिए दोनों पाइपस के सिरों को टक्कर जोड़ की स्थिति में रखकर उन पर केवल एक रबड़ गास्केट चढ़ा दी जाती है। इसके ऊपर लोहे की कई पत्तियों से बना ढाँचा पाइपस के सिरों के खाँचों में फंसा दिया जाता है। इसके पश्चात् इन्हें काबलों से कस दिया जाता है। इस प्रकार जल रोधी जोड़ तैयार हो जाता है। चित्र–41.10

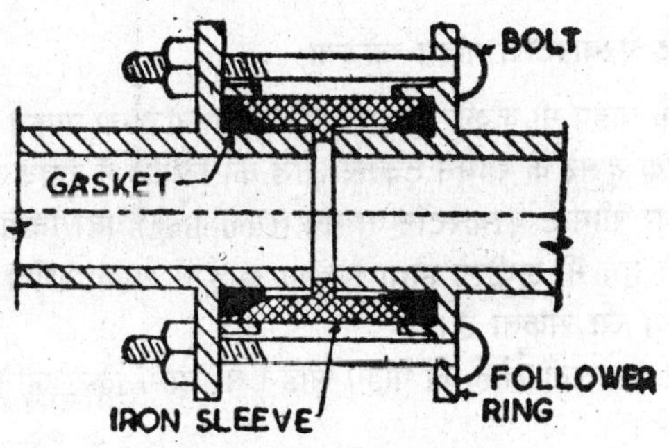

चित्र-41.9. Dresser & Coupling Joint

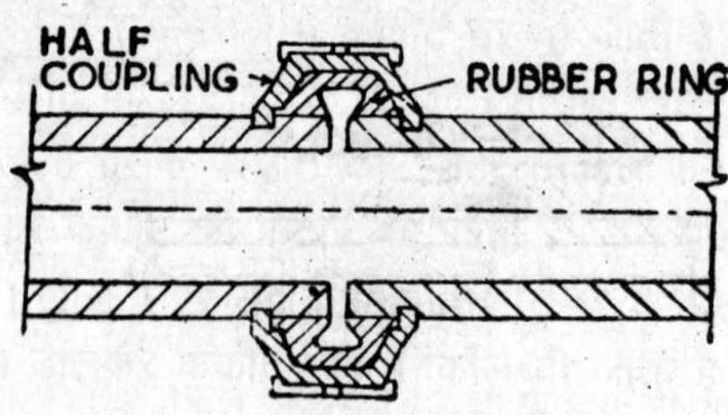

चित्र-41.10. Victaulic Joint

(10) सीमेन्ट जोड़

कंक्रीट के पाइप जोड़ने के लिए सीमेन्ट रेत मसाले का प्रयोग किया जाता है। मसाले में 1 भाग सीमेन्ट व 1 भाग रेत होता है। कंक्रीट पाइपस के सिरों पर खांचे बने होते है तथा इन्हें जोड़ने के लिए कंक्रीट कॉलर बनाया जाता है। कंक्रीट पाइपस में जोड़ लगाने से पूर्व पाइपस को टक्कर जोड़ बनाने की स्थिति में रखकर उनके खांचों में सीमेन्ट में डुबोई हुई सुतली या सन लपेटकर ऊपर से कॉलर चढ़ा दिया जाता है। पाइप व कॉलर के बीच का खाली स्थान सीमेन्ट रेत मसाले से भर कर जोड़ ऊपर से 45° के कोण पर फिनिश कर दिया जाता है। कॉलर प्रत्येक पाइप पर समान लम्बाई तक चढ़ाया जाना चाहिये चित्र–41.11

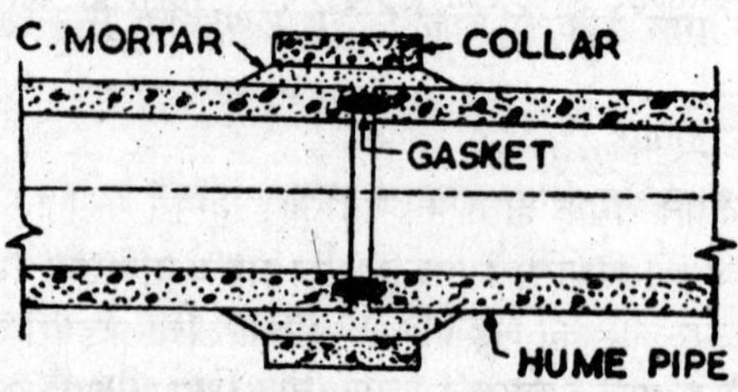

चित्र-41.11. Cement Joint

(11) सीमेन्ट ऐस्बास्टॉस पाइप जोड़ना

इस प्रकार के पाइप भी कंक्रीट पाइपस की भाँति जोड़े जा सकते हैं। जोड़ जाने वाले पाइपस को एक दूसरे के सामने टक्कर जोड़ की स्थिति में रखकर रबड़ गास्केट चढ़ाकर उसके ऊपर सीमेन्ट ऐस्बास्टॉस युग्मन (Coupling) चढ़ा दिया जाता है। यह जोड़ जलरोधी होते हुये भी लचीला होता है तथा खाई में शुष्क अथवा पानी होने की स्थिति में भी बनाया जा सकता है।

चित्र–41.12 में ढलवाँ लोहे की पाइप लाइन में प्रयोग किये जाने वाले विशिष्ट भाग दिखाये गये हैं।

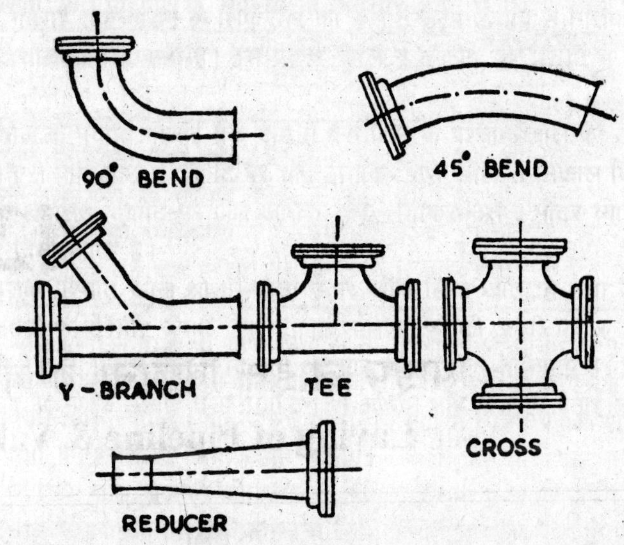

चित्र-41.12. Special Parts of Cast Iron

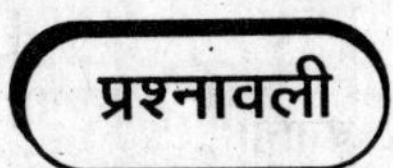

(1) जल प्रदाय प्रणाली के स्त्रोत बताइये।

(2) जल प्रदाय प्रणाली का चयन करते समय किन–किन बातों का ध्यान रखना चाहिए।

(3) जल प्रदाय प्रणाली में प्रयोग किये जाने वाले नलों के नाम लिखिये तथा उनमें से किसी एक का विस्तृत वर्णन कीजिये।

(4) नलों में जोड़ कितने प्रकार के लगाये जा सकते हैं। सॉकेट व डाट जोड़ का साफ चित्र सहित वर्णन कीजिये।

(5) कंक्रीट पाइप जोड़ने की विधि का वर्णन कीजिये।

42

पाइप लाइन बिछाना व बाल्व

Laying of Pipeline & Valves

42.1 प्रस्तावना

जल प्रदाय प्रणाली में पाइप लाइन भूमि के ऊपर तथा उसके नीचे बिछाई जा सकती है। भूमि के ऊपर पाइप लाइन आबादी वाले क्षेत्रों से बाहर तथा भूमिगत शहरों तथा कस्बों में बिछाई जाती है।

42.2 पाइप लाइन भूमि के ऊपर बनाना

वास्तविक पाइप लाइन बिछाने से पूर्व उसके लिए आधार तैयार किया जाता है। आधार अथवा निर्माण तल्य (Formation) उचित संरेखण पर बनाया जाना चाहिए। ऊँचे भागों की खुदाई करके तथा नीचे भागों में भराई कर संरेखण का इस प्रकार चयन किया जाना चाहिए कि भूमि की प्रोफाइल (Profile) पाइप के द्रव्य ढाल के समान रहे। पाइप लाइन जितनी द्रव्य ढाल रेखा के अनुसार बिछाई जायेगी उतना ही कम दाब पाइप लाइन में उत्पन्न होगा, तथा पाइप की लागत उतनी ही कम होगी। पाइप बिछाने के पहले भूमि की अच्छी प्रकार कुटाई कर आधार तैयार किया जाना चाहिए जिससे बाद में पाइप लाइन में निष्दन न हो। आजकल पाइप भूमि पर बिछाने की अपेक्षा चिंनाई अथवा कंक्रीट के 6 से 12 मीटर अन्तराल पर छोटे पाये बनाकर उन पर टिकाये जाते हैं। इस व्यवस्था से पाइप लाइन का अनुरक्षण कार्य सरल हो जाता है तथा उसका निरीक्षण सरलता से किया जा सकता है। अतः ये पाये चित्र में दिखाये अनुसार संरेखण के अनुसार निर्माण तल्य पर सही ऊँचाई के बनाये जाने चाहिए। पाइप लाइन का ढाल ऐसा होना चाहिए कि पाइप में स्वशोधी वेग (salf cleansing velocity) का मान 60 से 90 से०मी० प्रति सैकण्ड उत्पन्न हो सके।

उचित लम्बाई व व्यास के पाइप फैक्ट्री में निर्माण कर ट्रकों आदि से निर्माण

स्थल पर लाये जाते हैं। इन्हें क्रेन अथवा पुली ब्लाक से उठाकर यथास्थान रख दिया जाता है। इनमें जोड़ लगाकर पाइप लाइन तैयार की जाती है। पाइप लाइन बनाते समय दिशा परिवर्तन के स्थान पर विशिष्ट भाग प्रयोग किये जाते हैं। वायुमण्डलीय तापक्रम में अधिक परिवर्तन वाले क्षेत्रों में 20 से 30 मीटर के अन्तराल पर प्रसार जोड़ बनाये जाने चाहिए। अधिक लम्बी पाइप लाइन को 2 से 6 कि० मीटर अन्तराल पर स्लूस वाल्व लगाकर खण्डों में विभाजित कर देना चाहिए। इससे मरम्मत के समय पाइप लाइन चालू रखने में सरलता रहेगी। एक के स्थान पर दो पाइप लाइन बनाना सुविधा जनक रहेगा परन्तु इसमें खर्च अधिक होगा।

42.3 भूमिगत पाइप लाइन बिछाना

शहर अथवा कस्बों के घरों में पानी वितरित करने के लिए पाइप लाइन प्रायः भूमिगत बनाई जाती है। इसके लिए ढलवां लोहे के पाइप सर्वोत्तम हैं।

पाइप लाइन बिछाने से पूर्व सड़कों के विस्तृत नक्शे बनाकर उन पर पाइप लाइन की केन्द्रीय रेखा के चिन्ह लगा दिये जाते हैं तथा पाइप का आकार, विशिष्ट भाग लगाने के स्थान, वाल्व व दमकल नल आदि के स्थान भी निश्चित कर दिये जाते हैं। प्लान बनाते समय इस बात का ध्यान रखा जाना चाहिये कि पाइप लाइन की खुदाई से सीवर लाइन, बिजली, टेलीफोन आदि के केबिल्स को क्षति न पहुँचे।

खाके अथवा नक्शे तैयार हो जाने के पश्चात् पाइप लाइन की दाग बेल भूमि पर डाली जाती है। इसके लिए सीधे भागों में 30 मीटर तथा वक्राकार भागों में 7.5 से 15 मीटर के अन्तराल पर खाई की केन्द्रीय रेखा के चिन्ह लकड़ी की खूटियाँ गाढ़ कर लगाये जाते हैं। कठोर सतह पर लोहे की खूटियाँ गाड़ी जा सकती हैं। सड़कों के किनारे भली प्रकार निर्धारित होने पर उन पर केन्द्रीय रेखा की दूरी दर्शाने वाले चिन्ह ही पर्याप्त हैं।

42.4 खाई खोदना

उपरोक्त विधि से खाई की केन्द्रीय रेखा की स्थिति निर्धारित करने के पश्चात् फावड़ों व गेंती से वास्तविक खाई खोदी जाती है। खाई की चौड़ाई पाइप के वाह्य व्यास से 30 से 45 से०मी० अधिक रखी जाती है परन्तु खाई की न्यूनतम चौड़ाई 75 से० मी० से कम नहीं होनी चाहिए। 75 से०मी० चौड़ी खाई में पाइप सरलता से बिछाया जा सकता है। जोड़ लगाने के स्थान पर पाइप का जोड़ भरने में सरलता के लिए जोड़ के दोनों ओर 90 से०मी० लम्बाई तक खाई की चौड़ाई 15 से 20 से०मी० तथा गहराई 15 से०मी० अधिक खोदी जाती है। सड़क के यातायात के संघात से पाइप को क्षति पहुंचने से सुरक्षित रखने की दृष्टि से खाई की न्यूनतम गहराई 90 से०मी० से कम नहीं होनी चाहिए।

बहुत मूलायम मृदा में खाई खोदते समय टेक बन्दी की आवश्यकता होती है। किन्हीं स्थानों पर खाई में पानी आ जाने पर उसे निकालने की समस्या भी होगी। इनका विस्तृत वर्णन अध्याय 31 में किया गया है।

42.5 खाई में पाइप उतारना तथा जोड़ लगाना

खाई से खोदी गई सामग्री उसके सिरे से लगभग 50 से०मी० की दूरी पर पाइप वाले किनारे से दूसरी ओर डाली जानी चाहिए। इससे इस मिट्टी के खाई में गिरने तथा इसके भार के कारण खाई के किनारे गिरने का भय रहेगा। इसके पश्चात् पाइपस पुली ब्लॉक की सहायता से नीचे इस प्रकार उतारे जाते हैं कि सॉकेट वाला सिरार कार्य प्रगति की ओर रहे। इसके पश्चात् उनमें जोड़ लगाकर खाई में मिट्टी भर दी जाती है।

खाई भरते समय इस बात का ध्यान रखा जाना चाहिए कि पत्थर मुक्त तथा मुलायम मिट्टी ही प्रथम परत में डाली जाये।

मिट्टी को 15 से 30 से०मी० मोटी परतों में डालकर उसमें पानी की उचित मात्रा मिलाकर कुटाइ कर देनी चाहिए। इस प्रकार मिट्टी सड़क तल तक बिछाकर एक महीने तक सघन होने के लिए छोड़ देनी चाहिए। इसके पश्चात् इस पर सड़क बनाकर पुरानी सड़क से जोड़ देना चाहिए।

42.6 पाइप लाइन बिछाते समय अपनाई जाने वाली सावधानियाँ।

(1) जल प्रदाय की पाइप लाइन स्वच्छता फिटिंगस (Sanitary fittings) जैसे मल नल (sewer) ड्रेन, मैन होल (man-hole) आदि से नहीं मिलनी चाहिए। स्वच्छता फिटिंगस के जोड़ पूर्णतः रिसन रोधी न होने के कारण पेय जल संदूषित (Contaminated) हो जाता है। इसके अतिरिक्त जल प्रदाय पाइप लाइन दूषित मृदा पर भी नहीं बिछाई जानी चाहिए। पाइप लाइन दूसरे स्थान से निकालना संभव न होने के कारण उस पर कंक्रीट अथवा काट न लगने वाले पदार्थ का आवरण चढ़ाना चाहिए।

(2) भूमिगत पाइप को सड़क के नीचे बिछाने पर 90 से०मी० तथा अन्य अवस्था में भूतल से पाइप की गहराई 75 से०मी० होनी चाहिए।

(3) भूमि से ऊपर प्रत्येक भाग की सुरक्षा का उचित प्रबन्ध किया जाना चाहिए।

(4) शहर के विकसित हो रहे भाग की ओर बड़े व्यास के पाइप बिछाने चाहिए।

(5) जल वितरण प्रणाली शहर के संरेखण के अध्ययन के पश्चात् ही निर्धारित की जानी चाहिए।

42.7 जल प्रदाय में प्रयोग किये जाने वाले वाल्व

जल प्रदाय प्रणाली में प्रायः निम्न प्रकार के वाल्व प्रयोग किये जाते हैं।

(i) स्लूस वाल्व, (ii) ड्रेन वाल्व या क्षालक वाल्व, (iii) वायु वाल्व अथवा पॉपेट वाल्व (Poppet valve) (v) दाब निकासी वाल्व (Pressure relief valve) (vi) चैक अथवा रिफ्लेक्श वाल्व (Reflux valve)।

(i) स्लूस (Sluice) वाल्व—स्लूस वाल्व पाइप से प्रवाह नियंत्रित करते हैं। इन्हें स्त्रोत से नगर तक जल लाने वाले अधिक व्यास के मुख्य पाइपस में 3 से 5 कि० मीटर के अन्तराल पर लगाया जाता है। इनकी सहायता से समूची पाइप लाइन को विभिन्न खण्डों में विभाजित कर दिया जाता है जिससे पाइप अनुरक्षण के समय केवल एक

भाग ही बन्द करने की आवश्यकता होती है। इसी प्रकार वितरण पाइप लाइन के सीधे भागों में 150 से 200 मीटर तथा दो नलों के जोड़ के स्थान पर इस प्रकार के वाल्व लगाये जाते हैं। यह वाल्व गेट वाल्व भी कहलाता है। चित्र–42.1 में इस प्रकार का वाल्व दिखाया गया है।

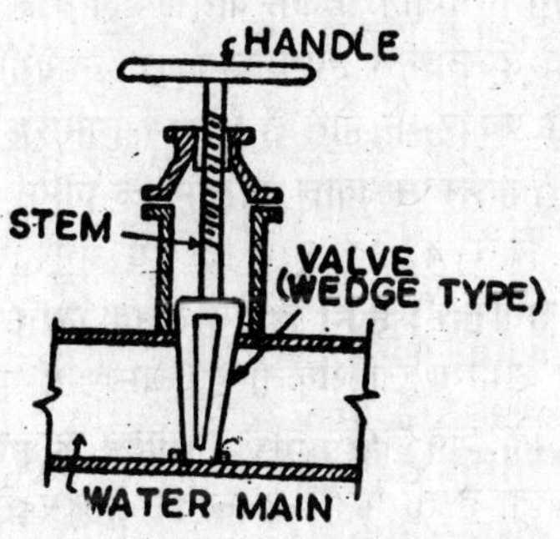

चित्र-42.1. Sluice Valve

यह वाल्व ढलवा होने का बना होता है। इसकी घोड़ी (Mountings) पीतल अथवा स्टेनलेस स्टील की बनी होती है। वाल्व के सिरे चूड़ीदार फ्लेंज वाले अथवा सॉकेट व डाट वाले होते है। वाल्व एक ठोस वृत्ताकार वेज आकृति के डिस्क का बना होता है। यह डिस्क वाल्व के खुले भाग के खाँचों में धंसकर पानी के प्रवाह को नियंत्रित करता है। चित्र–42.1 में दिखाये अनुसार यह डिस्क एक चूड़ीदार स्पिण्डल (Spindle) से जुड़ा होता है। इस स्पिण्डल के ऊपरी सिरे पर एक घेरा लगा होता है जिसे घुमा कर वाल्व बन्द अथवा खोला जा सकता है।

(ii) क्षालक अथवा ड्रेन वाल्व (Scour valve)—ये भी स्लूस वाल्व ही होते हैं। जल स्त्रोत से नगर तक पानी लाने वाली पाइप लाइन में इस प्रकार के वाल्व प्रत्येक अवपात (depression) पर लगाये जाते हैं। वास्तव में ये वाल्व मुख्य पाइप लाइन की शाखा लाइन पर लगाये जाते हैं। किसी घाटी से पाइप लाइन बनाने पर इन अवपात स्थानों पर पानी में घुली मिट्टी आदि नीचे बैंठ ज़ाती है। यह मिट्टी इस वाल्व को खोलकर बाहर निकाले जाने वाले पानी के साथ निकाल दी जाती है। पानी के अधिक वेग के कारण नीचे जमी समस्त मिट्टी साफ हो जाती है। पाइप लाइन की मरम्मत के समय भी पाइप का पानी इसी वाल्व द्वारा निकाला जा सकता है।

भूमि गत वितरक पाइप लाइन में ये वाल्व पाइपस के अन्तिम सिरों पर लगाये जाते हैं जिससे पाइप में जमी सिल्ट वहां से निकाली जा सके। ये वाल्व मैनहोल में लगाकर ड्रेन पाइप की सहायता से सीवर पाइप लाइन से जोड़ दिए जाते हैं।

(iii) वायु वाल्व (Air valve)—इस श्रेणी के वाल्व विशेष प्रकार के होते हैं। बड़ी पाइप लाइनों में शिखर बिन्दुओं पर वायु एकत्रित हो जाती है जो जल प्रवाह में

रुकावट डालती है। इस वायु को निकालने के लिए वायु वाल्व का प्रयोग किया जाता है। पाइप लाइन की मरम्मत के पश्चात् उसे चालू करने से पहले उसकी वायु निकालने की आवश्यकता होती है।

(iv) बड़े आकार के इस्पाती नलों की मरम्मत करने के लिए उन्हें खाली करने पर पाइप में निर्वात उत्पन्न होने से बचाने के लिए भी इन वाल्वस का प्रयोग किया जाता है। यदि पाइप में वायु न भेजी जाये तो वायुमण्डलीय दाब के कारण पतलीचादर का पाइप पिचक सकता है जिससे पाइप लाइन टूट जायेगी।

वायु वाल्व प्रायः दो प्रकार के होते हैं।

(i) पॉपेट वाल्व (ii) प्लवमानवाल वाल्व

(i) पॉपेट वाल्व–चित्र–42.2 व 3 में दिखाये अनुसार दो प्रकार के होते हैं। परन्तु उनकी कार्य विधि समान ही है। वाल्व में ढलवां लोहे का एक चैम्बर होता है जिसे पाइप के शिखर पर लगाया जा सकता है। चैम्बर में एक फ्लोट व एक लीवर इस प्रकार लगाये जाते हैं कि जब चैम्बर नीचे से पाइप लाइन से दाब के साथ प्रवेश करने वाले पानी से भर जाता है तो फ्लोट व लीवर ऊँचे रहते हैं तथा वाल्व बन्द हो जाता है। इस प्रकार चैम्बर में वायु एकत्रित होती रहती है तथा वायु दाब बढ़ता रहता है। इस अवस्था में पानी का तल कम हो जाता है इसके साथ फ्लोट व लीवर दोनों ही नीचे हो जाते हैं तथा वाल्व खुल जाता है। इस अवस्था में वायु बाहर निकल जाती है। अब फिर पानी का तल, फ्लोट, लीवर ऊपर उठते हैं तथा वाल्व बन्द हो जाता है।

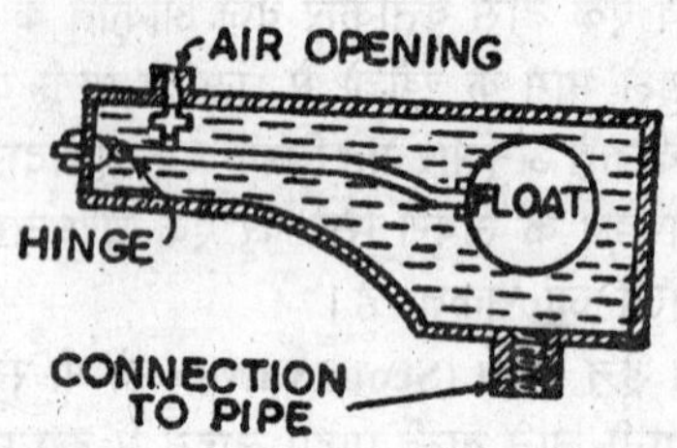

चित्र-42.2. Air Valve

(ii) प्लवमानवाल वाल्व–इस श्रेणी के वाल्व वायु की अधिक मात्रा निकालने तथा पाइप में वायु भेजने के लिए प्रयोग किये जाते हैं, जबकि पॉपेट वाल्व केवल थोड़ी वायु मात्रा निकालने के लिए ही प्रयोग किए जा सकते हैं। इनसे पाइप में वायु नहीं भेजी जा सकती।

इस श्रेणी के वाल्व मुख्य पाइप से स्लूस वाल्व द्वारा जोड़े जाते हैं। इस कारण इन वाल्वस के चालू करने से पहले स्लूस वाल्व चलाने पड़ते हैं। इस कारण ये वाल्व स्वचालित नहीं हैं।

चित्र–42.3 में दिखाये अनुसार इस वाल्व का चैम्बर ढलवां लोहे का बना होता है, इसे पाइप के छोटे टुकड़े की सहायता से नीचे मुख्य पाइप से जोड़ दिया जाता है। इसमें दो खोखली धातु की बॉल होती हैं। जो ऊपर प्लेट में बने छिद्रों को ढक

लेती हैं। जब नीचे से पानी चैम्बर में प्रवेश करता है तो बॉल ऊपर उठकर प्लेट के छिद्रों को बन्द कर देती हैं। पाइप से पानी निकल जाने के पश्चात् बॉल नीचे आ जाती हैं तथा प्लेट के छिद्रों से वायु चैम्बर में प्रवेश करती है यह क्रिया बार–बार होती रहती है। जब वाल्व कार्य नहीं करता, उस समय छिद्र वाली प्लेट किसी सादी प्लेट से ढक दी जाती है।

(v) दाब निकासी वाल्व (Pressure relief valve)

कभी–कभी अचानक वाल्व बन्द करने अथवा पाइप लाइन में कोई बाधा उत्पन्न हो जाने से पाइप लाइन में दाब बहुत अधिक बढ़ जाता है जिसके कारण पाइप फट सकते हैं अथवा जोड़ ढीले हो सकते हैं। इस कारण पाइप लाइन को क्षतिग्रस्त होने से बचाने के लिए अधिक दाब वाले बिन्दुओं व निश्चित अन्तराल पर इस प्रकार के वाल्व लगाये जाते हैं। ये वाल्व स्वाचालित होते हैं।

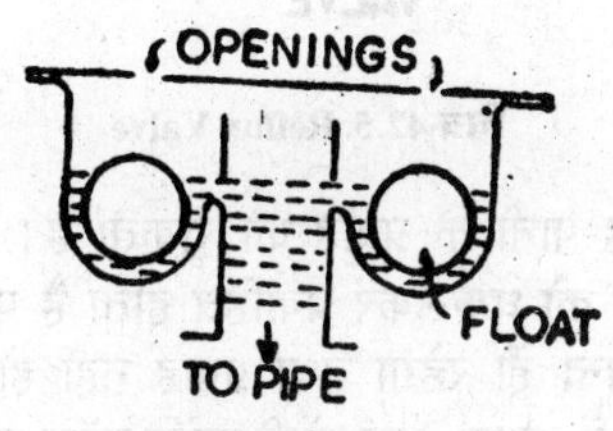

चित्र-42.3

चित्र–42.4 में दिखाये अनुसार इस वाल्व में एक डिस्क होती है जिसे स्प्रिंग की सहायता से वाल्व के खुले भाग पर दबा दिया जाता है। पाइप में पानी का दाब बढ़ जाने पर वह स्प्रिंग पर दाब डालता है जिससे वह सिकुड़ जाता है तथा डिस्क ऊपर उठ जाता है। इस स्थिति में पानी बाहर निकल जाता है। पानी बाहर निकल जाने पर दाब सामान्य हो जाता है तथा स्प्रिंग फिर से डिस्क को खाली स्थान पर दबाकर पानी का मार्ग बन्द कर देता है।

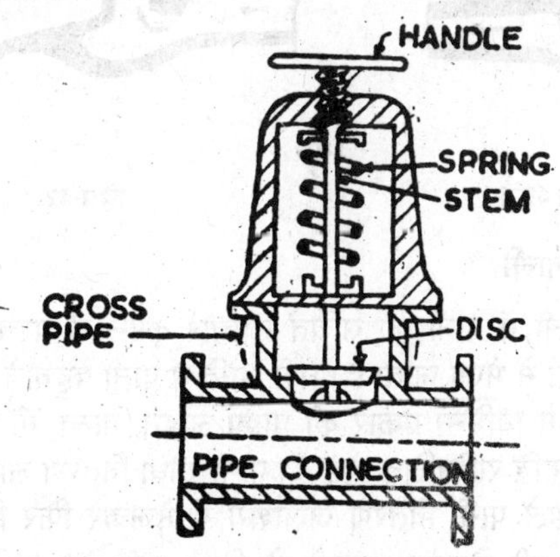

चित्र-42.4. Pressure Relief Valve

(vi) रिफ्लेक्स (Reflux valves) वाल्व

यह वाल्व केवल एक दिशा में ही पानी का प्रवाह होने देता है। इस प्रकार के वाल्व किसी पम्प क वितरक पाइप की ओर लगाये जाते हैं, जिससे अचानक पम्प बन्द हो जाने से पानी वापिस आकर पम्प को क्षति न पहुंचा सके।

चित्र–42.5 में दिखाये अनुसार यह वाल्व एक धातु डिस्क का बना होता है यह डिस्क एक ओर हिन्ज होता है तथा दूसरी ओर केसिन्ग के प्रक्षेप पर टिकता है।

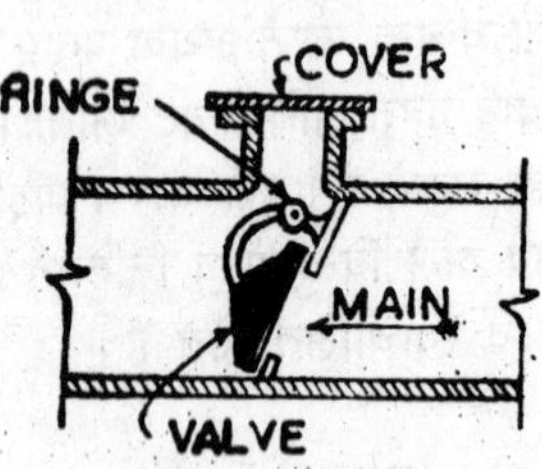

चित्र-42.5. Reflux Valve

बन्द अवस्था में यह पानी के प्रवाह को रोकता है। चित्र में तीर की दिशा में प्रवाह होने पर पानी वाल्व को धकेलकर प्रवाहित होता है परन्तु इसके विपरीत दिशा में प्रवाह होने पर वाल्व बन्द ही रहेगा तथा प्रवाह नहीं होगा।

चित्र–42.6 से 42.8 में क्रमशः जल टोंटी स्टॉप कॉंक तथा अग्नि हाईड्रेंट दिखाया गया है।

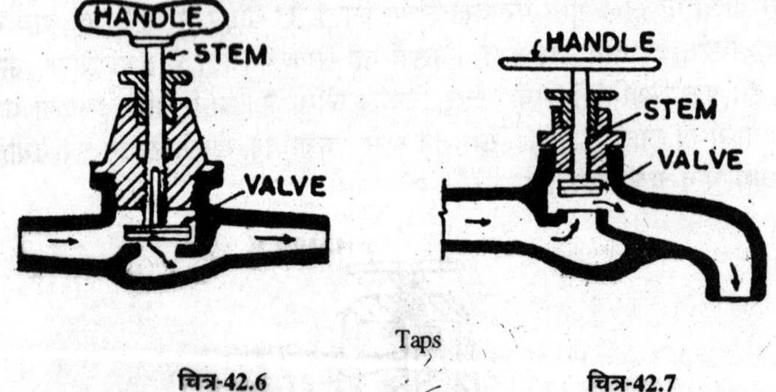

Taps

चित्र-42.6 **चित्र-42.7**

42.8 जल वितरण प्रणाली

जल प्रदाय प्रणाली में पानी का उचित उपचार करने के पश्चात् इसे नगर के बहुत से घरों व कारखानों में भेजा जाता है। घरों आदि में पानी पहुंचाने की विधि वितरण प्रणाली कहलाती है इसमें विभिन्न प्रकार की पाइप लाइन, वाल्व, मीटर, पगकल नल, पम्प, वितरण जलाशय आदि सम्मिलित होते हैं। पानी सीधा वितरण लाइन में पम्प किया जा सकता है अथवा पहले पानी वितरण जलाशय में भेजकर फिर वितरण लाइन में भेजा जा सकता है। अच्छी वितरण प्रणाली के निम्न गुण होने चाहिए।

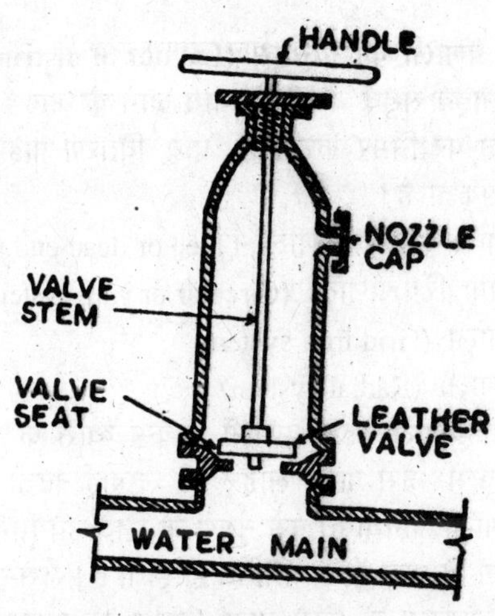

चित्र-42.8. hydrant

(1) समस्त क्षेत्र में उचित दाब शीर्ष पर घरेलू तथा औद्योगिक आवश्यकतानुसार पानी पहुंचाने में समर्थ होनी चाहिए।

(2) दमकल नलों के लिये पानी की पर्याप्त मात्रा पहुंचाने में समर्थ होनी चाहिये।

(3) वितरण प्रणाली चालू करना व उसका अनुरक्षण सरल होना चाहिये। जलप्रदाय प्रणाली की वितरण प्रणाली की लागत कुल लागत का 70% होती है।

वितरण प्रणाली में प्रायः निम्न पाइप होते हैं।

(1) मुख्य पाइप (2) शाखा पाइप (3) पार्श्विक पाइप (laterals)

ये सभी पाइप ढलवां लोहे के होते हैं तथा इन में सॉकेट व डाट जोड़ प्रयोग किये जाते हैं। वितरण प्रणाली की पाइप लाइन में ढाल ऊँचे स्थान से नीचे स्थान की ओर दिया जाता है।

छोटे नगरों में मुख्य पाइप वाटर वर्क्स से ही आरम्भ होकर नगर के विभिन्न भागों को पानी वितरित करती है जब कि बड़े नगरों में नगर को कई क्षेत्रों में विभाजित कर दिया जाता है। प्रत्येक क्षेत्र में पानी पृथक–पृथक वितरण जलाशयों से पहुंचाया जाता है। मुख्य पाइप इन जलाशयों से आरम्भ होकर जलाशय के चारों ओर के क्षेत्र में पानी पहुंचाता है। शाखा पाइप इन मुख्य पाइपस से निकाले जाते हैं। इन का व्यास पानी की मात्रा पर निर्भर करता है। पार्श्विक पाइप का न्यूनतम व्यास 7.5 से०मी० से कम नहीं होना चाहिये।

पाइप लाइन प्रायः सड़क के एक ओर पगडंडी के नीचे बिछाई जाती है। अनुरक्षण के समय इस व्यवस्था से यातायात में बाधा उत्पन्न नहीं होती तथा पक्की सड़क की अपेक्षा इसे खोदना भी सरल होता है। जल प्रदाय पाइप लाइन बिछाते समय इस बात

का ध्यान रखा जाना चाहिये कि ये लाइन सीवर लाइन व ड्रेन से कम से कम 1.25 मीटर की दूरी पर रहें।

42.9 वितरण पाइप प्रणाली का विन्यास (Layout of distribution system)

वितरण पाइप लाइन सड़क के नीचे बनाये जाने के कारण इसका विन्यास नगर की सड़कों के विन्यास पर निर्भर करता है। प्रायः वितरण पाइप लाइन का विन्यास निम्न प्रकार का हो सकता है।

(1) ट्री अथवा बन्द सिरा प्रणाली (Tree or dead end system)

(2) गोल अथवा रिंग प्रणाली (Circular or ring system)

(3) पंजर प्रणाली (Grid iron system)

(4) अरीय प्रणाली (Radial system)

(1) बन्द सिरा प्रणाली–इस प्रणाली में कम व्यास के पाइप मुख्य पाइप से ही निकाले जाते हैं। जैसे–जैसे पाइप लाइन की लम्बाई बढ़ती है इसका व्यास कम होता जाता है। यह प्रणाली अनियमित बसे नगरों के लिये उपयुक्त है क्योंकि इस प्रकार के नगरों की सड़को का विन्यास भी अनियमित ही होता है। जैसे–जैसे क्षेत्र का विकास होता है उसकी जल व्यवस्था के लिये पाइप लाइन की लम्बाई बढ़ा दी जाती है। चित्र–42.9 A

लाभ–(1) इस प्रणाली में वाल्व की कम संख्या की आवश्यकता होती है।

(2) पाइप के व्यास की गणना करना सरल है।

दोष–(1) इस प्रणाली में बन्द सिरों की संख्या बहुत अधिक होती है, जिससे पानी प्रवाहहीन अथवा स्थिर हो जाने से सढ़ जाता है।

(2) अनुरक्षण के लिये पाइप बन्द करने अथवा पाइप लाइन टूट जाने पर उस स्थान से आगे पानी भेजना असम्भव होता है।

(3) पाइप लाइन के अन्तिम सिरे की ओर पानी का दाब कम होता जाता है। जिससे अन्तिम सिरे के घरों में पानी बहुत कम पहुँचता है।

(2) रिंग प्रणाली

इस प्रणाली में चित्र–42.9B में दिखाए अनुसार मुख्य पाइप पानी पहुंचाने वाले क्षेत्र के चारों ओर बिछाये जाते हैं। इस प्रणाली में निस्सरण दो भागों में विभाजित कर दिया जाता है जो क्षेत्र की सीमा के साथ–साथ दोनों ओर से प्रवाहित होकर प्रत्येक स्थान पर दोनों ओर से पहुंचाता है। समानान्तर पाइपस क्षेत्र के मध्य में अन्य पाइपस द्वारा जोड़ दिए जाते हैं। पानी का मार्ग तीर से दिखाया गया है।

लाभ–(1) इस प्रणाली से प्रत्येक स्थान पर पानी अति शीघ्र तथा न्यूनतम शीर्ष क्षति पर पहुंच जाता है।

(2) पाइप लाइन को क्षति पहुंचने पर प्रत्येक स्थान पर दूसरी शाखा से पानी पहुंच सकता है।

(3) आग लग जाने पर उसे बुझाने के लिये दमकल के लिए पानी उस स्थान पर कई शाखाओं से प्राप्त किया ज़ा सकता है।

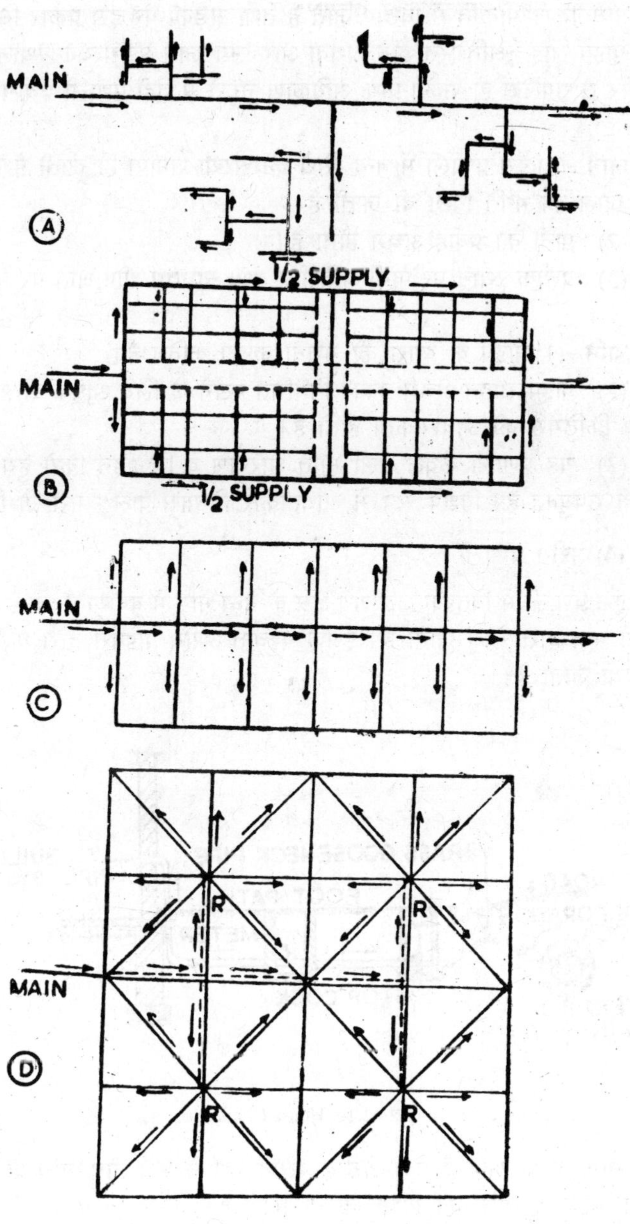

चित्र-42.9. Lay out of Distribution System

(3) पंजर प्रणाली

इस प्रणाली में चित्र–42.9C में दिखाए अनुसार समस्त मुख्य व शाखा पाइप आदि आयताकार आकृति में बिछाए जाते हैं तथा सड़कों पर इस प्रकार मिलाए जाते हैं कि पाइप लाइन क्षतिग्रस्त होने अथवा आग लग जाने पर प्रत्येक स्थान पर पानी कई ओर से उपलब्ध हो सके। प्रायः अधिकांश नगरों में यही प्रणाली प्रयोग की जाती है।

लाभ–(1) इस प्रणाली में बन्द सिरों की संख्या समाप्त हो जाती है तथा पाइप लाइन जाल की भांति बिछा दी जाती हैं

(2) पानी का प्रवाह अच्छा होता है।

(3) प्रत्येक स्थान पर पानी अतिशीघ्र तथा न्यूनतम शीर्ष क्षति पर पहुंच जाता है।

हानि–(1) पाइप के व्यास की गणना करना कठिन है।

(2) पाइप लाइन अच्छी प्रकार नियंत्रित रखने के लिये अधिक संख्या में वाल्व व अन्य फिटिंगस की आवश्यकता होती है।

(3) यह प्रणाली केवल भली भाँति आरेखण व डिजाइन किये हुये नगरों के लिये ही उपयुक्त है। विशेष रूप से आयताकार विन्यास वाले नगरों के लिये।

(4) अरीय प्रणाली

इस प्रणाली में वितरक जलाशय क्षेत्र के मध्य भाग में बनाया जाता है। जलाशय में पानी पम्प द्वारा भेजा जाता है। इसके पश्चात अरीय पाइपस द्वारा पानी वितरित कर दिया जाता है।

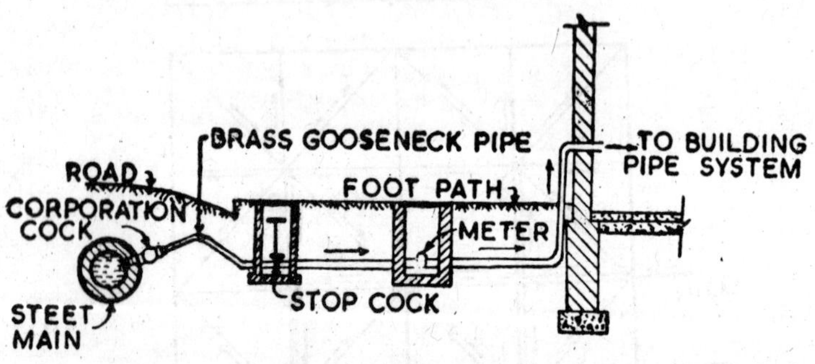

चित्र-42.10. House Connection

लाभ--इस प्रणाली से पानी क्षेत्र के प्रत्येक भाग में अति शीघ्र पहुंचाया जा सकता हे तथा पाइप के व्यास की गणना करना सरल है।

हानि–यह प्रणाली केवल सड़कों के अरीय विन्यास वाले नगरों के लिए ही उपयुक्त है।

चित्र–42.10 में निवास भवनों में पानी पहुंचाने के नल जोड़ (connection) दिखाए गए हैं। चित्र–42.11 में फेरुल (Ferrule) की विभिन्न अवस्थाएँ दिखाई गई हैं।

भवन की विभिन्न मंजिलों पर पानी पहुंचाने के लिए पाइप लाइन में निम्न दाब होना चाहिए।

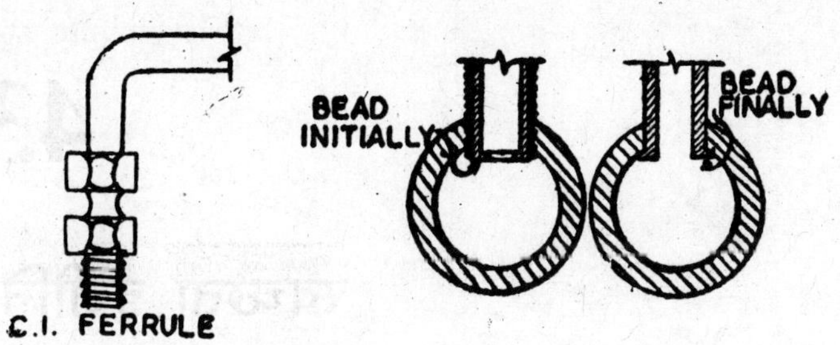

चित्र-42.11. Ferrule

भवन की मंजिल	दाब kg/cm^2
3 मंजिल तक	2.1
3-6	3.1-4.2
10 मंजिल से अधिक	5.27 kg/cm^2

जल प्रदाय प्रणाली की अधिकतम दक्षता के लिए विभिन्न प्रकार के नलों में वेग निम्न प्रकार होना चाहिए।

नल का व्यास से०मी० में	वेग मीटर प्रति सैकण्ड
10	0.9
15	1.21
25	1.52
40	1.82

प्रश्नावली

(1) भूमि के नीचे पाइप लाइन बिछाने की विधि का वर्णन कीजिये।

(2) पाइप लाइन बिछाते समय किन–किन बातों का ध्यान रखा जाना चाहिए।

(3) जल प्रदाय प्रणाली में प्रयोग किये जाने वाले वाल्वस का संक्षिप्त में वर्णन कीजिए।

(4) बिव काँक से आप क्या समझते हैं साफ चित्र सहित वर्णन कीजिए।

(5) स्टोप काँक व बिव काँक अथवा जल टोंटी का अन्तर साफ चित्र सहित बताइये।

(6) नगर में जल वितरण विधियों का साफ चित्र सहित वर्णन कीजिये।

(7) मुख्य पाइप व भवन के नलों के जोड़ों का साफ चित्र बनाइये।

43

स्वच्छता इंजीनियरी

Sanitary Engineering

43.1 प्रस्तावना

प्रत्येक नगर अथवा गाँव में प्रति दिन विभिन्न प्रकार का कचरा उत्पन्न होता रहता है। इसमें रसोई घरों, स्नान घरों, शौचालय आदि से निकलने वाला पानी तथा मनुष्यों व जानवरों का मल–मूत्र तथा सड़कों से एकत्रित किया हुआ कूड़ा क्रकट सम्मलित होता हैं। यदि इस कचरे को अति शीघ्र उठाकर उचित स्थान पर न ले जाया जाये तो इसके सड़ने के कारण महामारी फैलाने का भय रहता है। इस कारण इसे यथा शीघ्र हटा देना चाहिए। इंजीनियरी की कचरा सफाई शाखा स्वच्छता इंजीनियरी कहलाती है।

भारत में स्वच्छता इंजीनियरी का ज्ञान प्राचीन काल से ही रहा है। इसका प्रमाण पुराने नगरों के मल–नलों से मिलता है। परन्तु उस समय कचरा हटाने का कार्य पूर्णतः मनुष्यों द्वारा ही किया जाता था। परन्तु आजकल मल–मूत्र साफ करने के लिए बड़े–बड़े नगरों में जल वाह विधि का प्रयोग भी किया जाता है। भार में वाहित मल की विशेष समस्यायें हैं। यहाँ पुराने रिवाज के अनुसार रसोई घर आदि के बर्तन राख अथवा मिट्टी से साफ किये जाते हैं। इसी प्रकार शौच से आने के पश्चात् हाथ मिट्टी या राख से साफ किये जाते हैं, जिससे सीवर (sewers) व उनके फिटिंगस अवरुद्ध हो जाते हैं। दूसरे भारत जैसे ऊष्ण कटिबंधिय अधिक तापक्रम वाले देशों में मलमूत्र अति शीघ्र ही सड़ना आरम्भ हो जाता है। इस कारण उसका अति शीघ्र हटाना अनिवार्य है।

43.2 परिभाषाएँ

(1) **कचरा (Refuse)**—किसी नगर के कचरे में निम्न चार चीजें सम्मलित होती हैं।

(i) कूड़ा (Garbage)—किसी नगर का यह शुष्क कचरा होता है जिसमें सड़कों से झाड़ू द्वारा एकत्रित किये गये पेड़ों के सूखे पत्ते, घास, सब्जी, सड़े हुए फल, कागज के टुकड़ें आदि सम्मलित होते हैं। इसमें कुछ मात्रा में रेत, राख, छोटे पत्थर आदि भी मिले होते हैं। कूड़े की मात्रा प्रायः प्रति व्यक्ति 130 से 230 ग्राम तक होती है। इसे मल में नहीं मिलाना चाहिए। इसे सड़क के किनारे ही एकत्रित कर गाड़ी अथवा ट्रक से नगर के बाहर उचित स्थान पर इकट्ठा करा देना चाहिए।

(ii) मैला पानी (Sullage)—यह रसोई घरों, स्नान घरों, वास बेसिन आदि से प्राप्त पानी होता है। इसमें बूचर खाने, अस्पताल आदि का गंदा पानी सम्मलित नहीं होता। प्रति व्यक्ति इसकी मात्रा 90 से 225 लीटर तक होती हैं। इसे खुली नालियों द्वारा बिना किसी उपचार के ही बाहर निकाल दिया जाता है।

(iii) मल (Sewage)—इसमें मल–मूत्र व गोबर, मैला पानी, अस्पताल व बूचर खाने आदि का गंदा पानी सम्मलित होता है। यह अति शीघ्र सड़ने लगता है तथा इसमें दुर्गन्ध आने लगती है। इस कारण इसे बन्द कंक्रीट या कांचित पाइप आदि से निष्काषित किया जाना चाहिए।

वर्षा जल—नगर से वर्षा जल खुली नालियों द्वारा किसी नदी अथवा नाले में निकाल दिया जाता है।

मल नल (Sewer)—मल प्रवाहित करने वाले पाइप, मल नल कहलाता है। प्रायः यह पूरा भरा हुआ प्रवाहित नहीं होता।

ड्रेन (Drain)—मल तथा वर्षा जल प्रवाहित करने वाला पाइप ड्रेन कहलाता है।

मुख्य मल नल—किसी क्षेत्र के अन्य शाखा मल नलों का मल प्रवाहित करने वाला नल मुख्य मल नल कहलाता है।

पैंदी (Invert)—ड्रेन अथवा मल नल (सीवर) का सबसे निचला भाग जिसमें मल प्रवाहित होता है पैंदी कहलाता है।

43.3 स्वंशोधी वेग (Self Cleansing Velocity)

मल नलों में वह वेग, जिस पर नल की तली व भुजाओं में ठोस पदार्थ जमने न पायें स्वंशोधी वेग कहलाता है। इसका मान 15 से 30 से०मी० व्यास वाले नलों के लिए 90 से०मी० प्रति सैकण्ड लिया जाता है। 45 से 90 से०मी० व्यास वाले नलों के लिए स्वंशोधी वेग का मान 75 से०मी० प्रति सैकण्ड पर्याप्त है। विभिन्न प्रकार के मल नलों में वेग सीमा निम्न तालिका–43.1 में दी गई है।

तालिका-43.1

सीवर की किस्म	वेग m/Sec में
ढलवाँ लोहा पाइप	3.5-4.5
कांचित मृदा पाइप	3.0-3.5
कंक्रीट पाइप	2.5-3.0
ईंट के पाइप	2.0-2.5

सीवर लाइन में पर्याप्त वेग उत्पन्न करने के लिए निम्न तालिका–43.2 में दिये गये अनुसार ढाल देना चाहिए।

तालिका-43.2

सीवर व्यास cm	75 cm/Sec वेग के लिए ढाल (Gradient 1 in)	90 cm/Sec वेग के लिए
15	150	110
22.5	265	190
30.0	385	270
37.5	520	360
45.0	660	450
52.5	820	565
60.0	970	680
67.6	1100	785
75.0	1300	920

43.4 मल नलों का वर्गीकरण

मल नल प्रायः निम्न प्रकार के बनाये जाते हैं।

(i) कांचित क्ले पाइप (Vitrified clay pipe)

(ii) ढलवाँ लोहे के पाइप

(iii) प्रबलित कंक्रीट पाइप

(iv) इस्पाती पाइप

मल नल निर्माण सामग्री का चयन निम्न घटकों से प्रभावित होता है।

(i) अपारगम्यता (ii) चिरायु (iii) सामर्थ्य (iv) चिकनी सतह (v) सतह की कठोरता (vi) जोड़ बनाने में सरलता तथा मितव्ययता (vii) आकार व आकृति की समानता आदि।

मल नल अपारगम्य होने के कारण उनसे रिसन नहीं होती, जिससे उस स्थान की भूमि व समीप की जल प्रदाय प्रणाली के संदूषित (Contaminated) होने का भय नहीं रहता।

(i) कांचित क्ले पाइप (Vitrified clay pipes)—इस श्रेणी के पाइप अपारगम्य, चिचनी सतह, अम्ल तथा रसायनिक प्रतिरोधी व मितव्ययी होते हैं। ऊपर से भरी गई मृदा व यातायात के कारण उत्पन्न प्रतिबल वहन करने में भी ये बहुत मजबूत होते हैं। इस प्रकार के पाइप 60 से०मी० व्यास व 90 से०मी० लम्बाई में बनाये जा सकते हैं। इनका जल अवशोषण इनके भार के 2% से अधिक नहीं होना चाहिये। दाब के साथ मल प्रबाहित होने की अवस्था में इस प्रकार के पाइप उपयुक्त नहीं है।

(ii) कंक्रीट पाइप—सादे कंक्रीट पाइप तथा प्रबलित कंक्रीट पाइप बनाये जा सकते हैं। सादे नलों का व्यास 60 से०मी० तथा प्रबलित कंक्रीट के नलों का व्यास 60 से 180 से०मी० तक बनाया जा सकता है। सादे व प्रबलित कंक्रीट नलों के परिच्छेद चित्र–43.1 में दिखाये गये हैं। इनकी लम्बाई प्रायः 100 से 150 से०मी० तक बनाई जा सकते हैं। इनके जोड़ कठोर न होने के कारण मुलाइम मुदा व नलों में कंपन उत्पन्न होने की अवस्था में कंक्रीट पाइप उपयुक्त नहीं हैं।

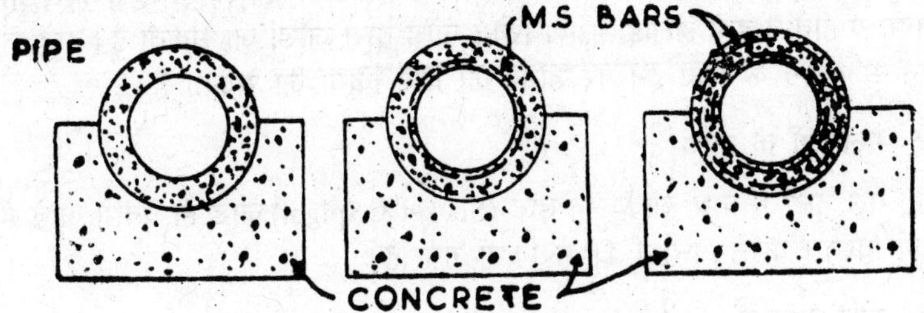

चित्र-43.1. Concrete Pipe Sections

कंक्रीट व ईंट के मल नल चित्र–43.2 व 43.3 में दिखाये गये हैं। चित्र–43.2 में कंक्रीट पाइप की माप तथा तली की कंक्रीट की माप दिखाई गई है। व्यावाहारिकता में प्रायः इसी प्रकार के मल नल बनाना उपयोगी सिद्ध हुआ है।

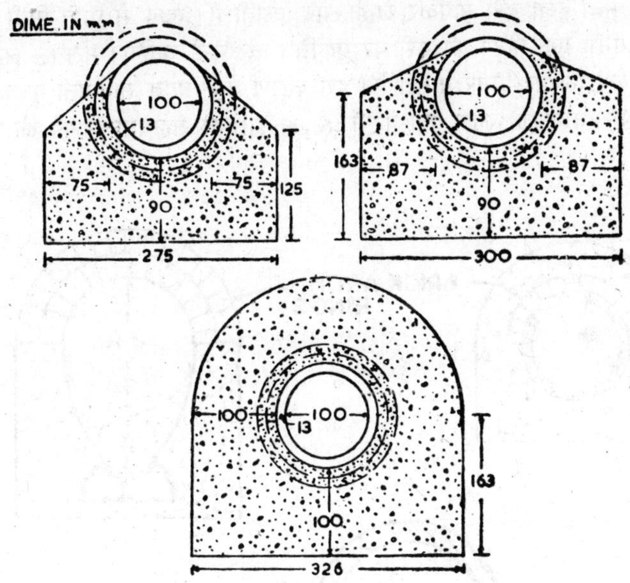

चित्र-43.2. Dimensions of Concrete Pipes

(iii) ढलवां लोहे के पाइप—इस श्रेणी के पाइप मजबूत होते हैं। इस कारण मुलायम मृदा व नलों में कंपन उत्पन्न होने की अवस्था में भी इनका प्रयोग किया जा सकता है। परन्तु इन नलों पर मल से उत्पन्न गैसों का बहुत प्रभाव होता है, परन्तु इस प्रभाव को नलों पर अन्दर की ओर लाइनिंग बनाकर दूर किया जा सकता है। इनका प्रयोग मल के दाब के साथ प्रवाहित होने पर भी किया जा सकता है।

(iv) इस्पाती नल—इस श्रेणी के नलों का प्रयोग उन परिस्थितियों में किया जाता है जहां पाइप की अधिक सामर्थ्य की आवश्यकता होती है। ये हल्के मजबूत तथा अपारगम्य होते है इन्हें झलाई अथवा रिवेट जोड़ द्वारा जोड़ा जा सकता है। इन्हें जंग लगने से बचाने के लिए इन पर डामर का पेन्ट किया जा सकता है।

43.5 मलनलों के जोड़

मल नलों में प्रायः सॉकेट वं डाट (Socket & Spigot) जोड़ ही बनाये जाते हैं। इनका विस्तृत वर्णन अध्याय 41 में किया गया है।

43.6 खाई खोदना

इनका विस्तृत वर्णन अध्याय 31 में किया गया है।

43.7 पाइप लाइन बिछाना

ड्राइंग अनुसार मल नल लाइन की मध्य रेखा भूमि पर लगाने के पश्चात् मध्य रेखा से निश्चित दूरी पर इसके समानान्तर दूसरी रेखा खींच दी जाती है। यह रेखा ऐसे स्थान पर होनी चाहिये जहां वाहन उसे मिटा न सकें। इसी रेखा से मल नल लाइन की मध्य रेखा दूरी मापकर खाई खोदी जाती है। खाई से प्राप्त मिट्टी उसके सिरे से लगभग एक मीटर की दूरी पर एकत्रित कर देनी चाहिए। मलनल लाइन में प्रवाह उसके ढाल पर निर्भर करता है। इस कारण ढाल बहुत सावधानी पूर्वक दिया जाना चाहिए। ढाल की जाँच दर्श पटरी (Sight rail) की सहायता से की जा सकती है।

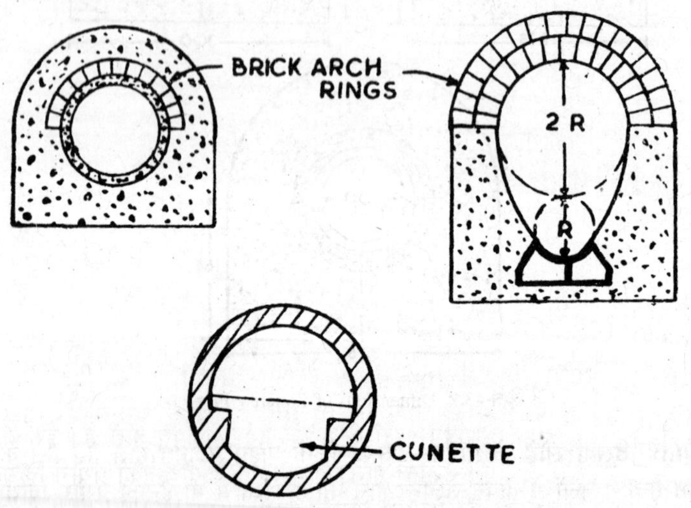

चित्र-43.3. Brick Sewer Pipes

मुलायम मृदा अथवा अधिक गहराई पर अथवा भारी यातायात वाली सड़कों के नीचे मल नल लाइन बिछाने पर खुली खाई खोदने की अपेक्षा सुरंग बनाना अधिक उपयोगी होगा। 8 मीटर से अधिक गहराई पर मल लाइन बिछाने पर सुरंग बनाना मितव्ययी सिद्ध हुआ है।

खाई की खुदाई हो जाने पर 8 से 10 मीटर के अन्तराल पर खाई के आर–पार दर्श पटरी लगाई जाती है। दर्श पटरी लकड़ी की कड़ी अथवा तख्ता होता है।

चित्र–43.4 में दिखाये अनुसार इसे खाई के दोनों ओर एक–एक ऊर्ध्वाधर लकड़ी की बल्ली अथवा कड़ी से जकड़ दिया जाता है। इन छोटी बल्लियों के ऊर्ध्वाधर खड़े रहने के लिए इन्हें किसी बड़े बर्तन में डालकर रेत से भर दिया जाता है। दर्श पटरी को क्षैतिज रखने के लिए इसे ऊर्ध्वाधर बल्लियों से कीलों द्वारा जकड़ दिया जाता है।

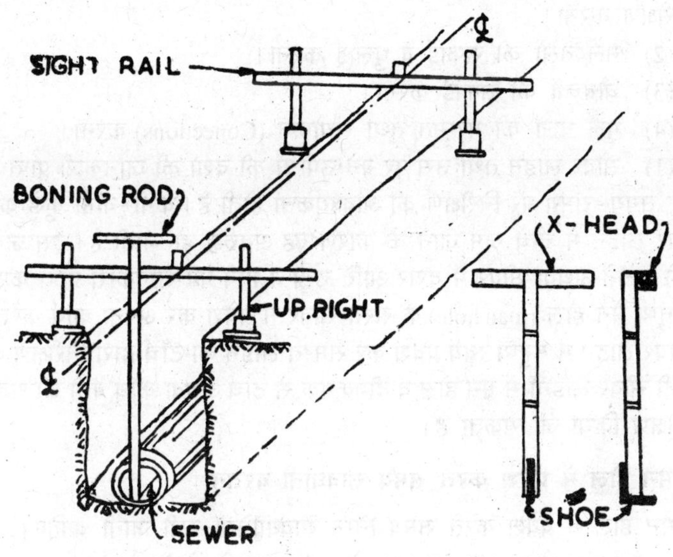

चित्र-43.4. Sight Rail

दर्श पटरी यथा स्थान रख कर उस पर लकड़ी का गुटका लगाकर मल लाइन की मध्य रेखा का चिन्ह स्थापित कर दिया जाता हैं। दर्श पटरी को इधर–उधर खिसका कर अन्तरलम्ब रेखा (offset) से गुटके को सही दूरी पर रख कर मध्य रेखा निश्चित की जाती है। दो दर्श पटरियों के गुटकों के बीच खींची गई डोरी मध्य रेखा दर्शायेगी। डोरी से साहुल लटकाकर भूमि पर पाइप लाइन रेखा लगाई जा सकती है।

खाई का सही ढाल लगाने के लिए 8 से 10 मीटर के अन्तराल पर रखी दर्श पटरी पर विभिन्न तल अंकित कर दिये जाते हैं, अथवा लकड़ी के गुटके के शिखर पर सही ऊँचाई पर कील गाड़ कर उन्हें एक सीध में देखने पर खाई का सही ढाल प्राप्त हो जायेगा। इसके पश्चात् समजंनीय सीध डंडे (adjustable boning rod) को

पाइप की पैन्दी पर रख कर उसकी ऊँचाई निर्धारित की जा सकती है। मल नल का सही तल होने पर सीधे डंडे का ऊपरी सिरा डोर से छूना चाहिए। तल सही न होने पर नल के नीचे भराई अथवा खुदाई कर तल ठीक किया जा सकता है। एक समय में मल नल लाइन दो मैन होल के बीच बिछाई जाती है।

खाई में जोड़ लगाकर नल बिछाने के पश्चात् खाई भर दी जाती है। खाई भरने के लिए 15 से०मी० मोटी परतों में मुलायम व कंकड़ पत्थर रहित मिट्टी डालकर उसकी अच्छी प्रकार कुटाई कर देनी चाहिए :

43.8 मल नल लाइन का अनुरक्षण व संवातन

अनुरक्षण कार्य में निम्न कार्य सम्मलित होते हैं।

(1) समय–समय पर मल लाइन तथा उस पर बने उपांत्रों (appurtenances) का निरीक्षण करना।

(2) मल नलों की सफाई व धुलाई करना।

(3) चौबच्चों की सफाई करना।

(4) मल नलों की मरम्मत तथा संयोजन (Conections) करना।

(1) सीवर लाइन तथा उस पर बने उपांत्रों की दशा की जानकारी प्राप्त करने के लिए समय–समय पर निरीक्षण की आवश्यकता होती है। कभी–कभी कुड़े करकट के सीवर लाइन में नीचे जम जाने के कारण वह अवरुद्ध हो जाती है। इस जमे हुए कूड़े को हटाने अथवा सीवर में दरार आदि उत्पन्न होने की जानकारी प्राप्त करने के लिए मनुष्य मैन होल (man hole) के रास्ते सीवर में प्रवेश कर अपना कार्य करता है। बड़ी सीवर लाइन में मनुष्य स्वयं प्रवेश कर समस्त लाइन का टॉर्च द्वारा निरीक्षण करता है। छोटी सीवर लाइनों में मैन होल व दीपकूपक से टार्च अथवा कौंध बत्ती की सहायता से निरीक्षण किया जा सकता है।

43.9 मैन होल में प्रवेश करते समय सावधानी बरतना

मैन होल में प्रवेश करते समय निम्न सावधानियाँ रखी जानी चाहिए।

(i) मनुष्य के उतरने वाले मैन होल तथा उसके दोनों ओर के एक–एक मैन होल के ढलवां लोहे के ढक्कन प्रवेश करने से कम से कम 30 मिनट पूर्व खोल देने चाहिये। इस प्रकार सीवर से जहरीली गैस निकल जायेगी।

(ii) प्रवेश करने से पूर्व अन्दर की वायु का अच्छी प्रकार परीक्षण कर लेना चाहिए।

(iii) सीवर लाइन में केवल निरापद लैम्प (Safety lamps) ही प्रयोग किये जाने चाहिए।

(iv) सीवर में प्रवेश करने वालों के पास सांस लेने के उपकरण तथा रक्षा रस्सी आदि होनी चाहिए।

43.10 मल नलों की सफाई व धुलाई

सीवर की पैंदी तथा भुजाओं में ठोस कूड़े करकट के जम जाने के कारण वे अवरुद्ध हो सकते हैं। इस कारण समय–समय पर समस्त मल नलों की सफाई की

जानी चाहिये। जमा हुआ कूड़ा छोटे नलों से पानी प्रवाहित कर हटाया जा सकता है। सीवर की धुलाई मैन होल में रबड़ का पाइप डालकर उसमें दाब के साथ पानी भेज कर भी की जा सकती है।

चित्र-43.5. Vent Pipe Arrangement

सीवर लाइन में बाधाएँ प्रायः इस्पात का लचीला तार डालकर उसे आगे पीछे घुमाकर साफ की जा सकती हैं। इस तार की लम्बाई प्रायः 30 मीटर से कम नहीं होनी चाहिए। रेत, पेड़ों की जड़ों, कपड़ों के टुकड़ों को विशेष सफाई उपकरणों को बाँस अथवा लोहे की छड़ में बांध कर हटाया जा सकता है।

43.11 चौबच्चों की सफाई करना

प्रत्येक वर्षा ऋतु के पश्चात् इनका कूड़ा करकट साफ कर देना चाहिए। मच्छर उत्पन्न होने से रोकने के लिए उनका पानी भी निकालते रहना चाहिए।

43.12 संवातन

मल लाइनों में मल व मूत्र आदि के सड़ने के कारण गैस उत्पन्न होती हैं इनमें से कुछ गैस कार्बन डाई आक्साईड Co_2 व H_2S आदि जहरीली होती हैं। इन्हीं गैसों के कारण कभी–कभी मल लाइन की सफाई करने वाले मजदूरों की मृत्यु तक हो जाती है। अतः इन गैसों का बाहर निकालते रहना बहुत आवश्यक है। इस कारण मल लाइन में उचित सवांतन बनाये रखने के लिए चित्र–43.5 में दिखाये अनुसार संवाहन नल लगाया जाता है।

43.13 मल नल की मरम्मत तथा संयोजन (Connections) करना

कंक्रीट व ढलवाँ लोहे की अपेक्षा ईंटों से बनाये जाने वाले मल नलों की अधिक मरम्मत की आवश्यकता होती है। कभी–कभी डाट की ईंटें नीचे गिर जाती हैं। इस कारण उनको सही अवस्था में रखने के लिए खराब ईंट बदल कर उन पर टीप आदि करते रहना चाहिए।

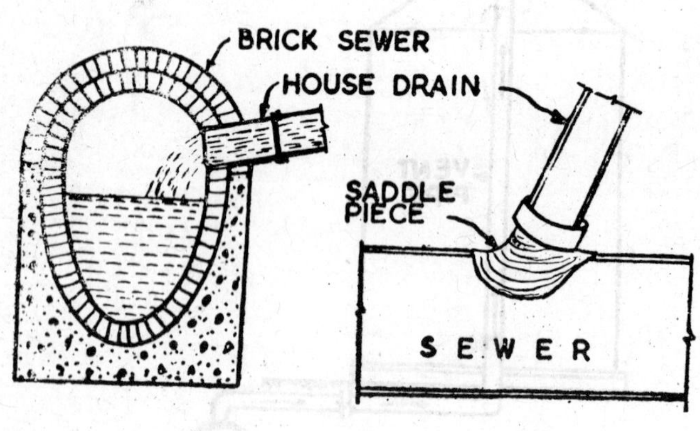

चित्र-43.6.

Connection Between Severline and House Drain

वाहनों के अधिक आवागमन के कारण मैन होल के ढ़क्कन आवाज करना आरम्भ कर देते हैं। इस प्रकार के ढ़क्कनों में नीचे की ओर रबड़ के गस्केट लगा देने चाहिए। सीवर के टूटे भाग को बदल देना चाहिए।

ईंट व काँचित मिट्टी की सीवर लाइन में भवन ड्रेन के संयोजन चित्र–43.6 में दिखाये गये हैं।

43.14 मैन होल (Man hole)

ये सीवर अथवा मल नल लाइन के शिखर पर ईंट चिंनाई अथवा प्रबलित कंक्रीट के बने चैम्बर होते हैं। इनके द्वारा मनुष्य सीवर लाइन में प्रवेश कर उसका निरीक्षण कर सकता है तथा आवश्यकता अनुसार सीवर की सफाई व मरम्मत भी की जा सकती है। दो मैन होलों का अन्तराल 75 से 500 मीटर तक हो सकता है। अन्तराल सीवर नल के व्यास पर निर्भर करता ह। इसके अतिरिक्त मैन होल प्रत्येक सीवर लाइन के मोड़ पर, दो विभिन्न आकार के सीवर नल जोड़ने के स्थान पर, ढाल में परिवर्तन के स्थान आदि पर भी बनाए जाते हैं। इन का अन्तराल तालिका 43.3 में दिखाया गया है।

तालिका-43.3

सीवर का व्यास से०मी०	मैन होल का अन्तराल मीटर में
60 से०मी०	75 मीटर
90 से०मी०	120 मीटर
120 से०मी०	150 मीटर
140 से०मी०	240 मीटर
150 से अधिक	300 मीटर अथवा इससे अधिक

मैन होल की दीवारों की मोटाई 22 ½ से०मी० से 37 ½ से०मी० तक रखी जाती है। मुलायम मृदा में अधिक गहराई पर मैन होल बनाने पर उसकी दीवारों की मोटाई अधिक रखी जाती है। प्लान में मैन होल आयताकार अथवा वृत्ताकार हो सकता है। चित्र–43.7 में दिखाये अनुसार प्रायः इसके दो भाग होते हैं। (i) प्रवेश करने वाला भाग, (ii) कार्यकारी भाग। प्रवेश भाग का परिच्छेद 60 × 75 से०मी० होता है। इसकी ऊँचाई भूतल से नीचे सीवर लाइन की गहराई पर निर्भर करती है। कार्यकारी भाग का न्यूनतम परिच्छेद 1.5 × 1.0 मीटर होता है इसकी भूतल से न्यूनतम ऊँचाई 2.0 मीटर होती है।

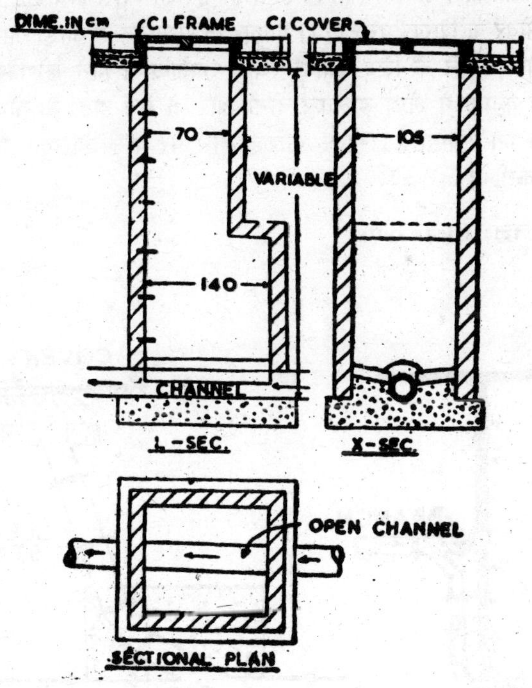

चित्र-43.7. Man Hole

मैन होल के शिखर पर ढलवाँ लोहे का फ्रेम व ढक्कन लगा होता है। वाहनों का भार वहन करने के कारण ढक्कन काफी भारी बनाये जाते हैं। प्रायः फ्रेम का भार 90 से 225 kg तथा ढक्कन का भार 45 से 75 kg होता है। ढक्कन काफी कसे हुए

रहने चाहिए जिससे सीवर की गैस उनसे निकलकर वायुमण्डल को दूषित न कर पायें। दूसरे यातायात में बाधा पड़ने से बचाव के लिए ढक्कन के नीचे रबड़ की गास्केट लगाई जानी चाहिए। इससे आवाज उत्पन्न नहीं होगी। सीवर का खुली नाली की ओर ढाल 10 में 1 पर्याप्त है।

43.15 पातमनोल (Dropman hole)

सीवर लाइप का तल (elevation) 90 से 120 से०मी० तक नीचे गिराने अथवा ऊँचे तल वाले शाखा सीवर को नीचे मुख्य सीवर लाइन से जोड़ने के लिए पातमनोल बनाये जाते हैं। चित्र–43.8 में पातमनोल दिखाया गया है। इसकी सहायता से मल का इधर–उधर फैलाना नियन्त्रित हो जाता है तथा ऊँचे तल वाले शाखा सीवर का निरीक्षण भी किया जा सकता है। आवश्यकता नुसार उसमें बाँस अथवा तार डालकर छोटे सीवर की सफाई भी की जा सकती है। इसमें वाई (y) संयोजन लगाया जाता है।

43.16 दीप कूप (lamp hole)

यह एक साधारण ऊर्ध्वाधर शाफ्ट होता है। इसका व्यास प्रायः 22.5 से०मी० रखा जाता है इसे सीवर के शिखर पर टी (T) आकार के संयोजन से जोड़ा जाता है। इसका निर्माण मैन होल बनाने के लिए पर्याप्त स्थान उपलब्ध न होने की स्थिति में किया जाता है। दीप कूपक में लैम्प डालकर दोनों ओर के मैन होल से सीवर लाइन का निरीक्षण किया जा सकता है। सीवर अवरुद्ध होने पर पानी डालकर उसकी सफाई भी की जा सकती है।

43.17 सफाई नल (Clean outs)

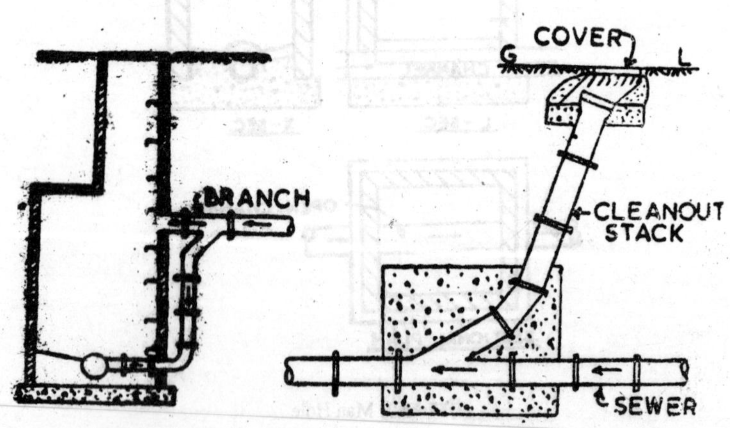

चित्र-43.8. Drop Man Hole

चित्र-43.9. Clean Out

यह एक साधारण पाइप है जिसे सीवर लाइन से वाई संयोजन द्वारा जोड़ा जाता है। इसके शिखर पर ढलवाँ लोहे का फ्रेम व ढक्कन लगा होता है। इन्हें कभी–कभी शाखा मल नलों के ऊपरी सिरों पर मैन होल के स्थान पर भी बनाया जाता है इसका एक चित्र–43.9 में दिखाया गया है। इसकी सहायता से सीवर लाइन की सफाई दाब के साथ पानी प्रवाहित कर की जा सकती है। इसकी लागत मैन होल की लागत का लगभग 1/6 भाग होती है।

43.18 सेप्टिक टैंक (Septic tank)

इन टैंकों में जैव क्रिया (biological action) द्वारा ठोस मल को द्रव व गैसों में परिवर्तित कर दिया जाता है। इस प्रकार के टैंक बहुत अधिक मल के लिए उपयुक्त नहीं हैं। इनका प्रयोग निवास भवनों, अस्पताल, व होस्टल आदि के लिए बहुत उपयोगी सिद्ध हुआ है।

सर्वप्रथम भारत में सेप्टिक टैंक का प्रयोग 1806 में किया गया था। ये टैंक मल मूत्र शोधन के मितव्यी साधन हैं। इन्हें बहुत जल्दी–जल्दी साफ करने की आवश्यकता नहीं होती। भारत जैसे ऊष्ण कटिबंधीय गर्म देशों में ठंडे देशों की अपेक्षा सेप्टिक क्रिया बहुत अच्छी होती है। इन टैंकों में जैव क्रिया द्वारा आधा ठोस मल नष्ट हो जाता है।

टैंक की माप–टैंक की लम्बाई व चौड़ाई में 2 : 1 से 4 : 1 का अनुपात होता है अर्थात् लम्बाई, चौड़ाई की अपेक्षा 2 से 4 गुणा होनी चाहिये।

क्षमता–टैंक का आयतन प्रति व्यक्ति 56.6 लीटर से 85.0 लीटर की दर से बनाया जाना चाहिये। प्रति व्यक्ति जल मात्रा 90 से 135 लीटर प्रतिदिन लेनी चाहिए।

ऊँचाई–इसकी ऊँचाई 1.80 मीटर से 3.0 मीटर तक रखी जा सकती है। छोटे टैंकों की ऊँचाई 90 से०मी० भी रखी जा सकती है। इनमें मुक्तान्तर (free board) 30 से 45 से०मी० होना चाहिए।

सेप्टिक टैंकों की माप प्रयोग करने वालों की संख्या के अनुसार निम्न तालिका–43.4 के अनुसार रखी जा सकती है।

तालिका-43.4

क्रम संख्या	सेप्टिक टैंक प्रयोग करने वालों की संख्या	लम्बाई मीटर में	चौड़ाई मीटर में	द्रव की गहराई मीटर में	मुक्तान्तर से०मी० Free board
1.	5	1.5	0.75	1.0	30 से०मी०
2.	10	2.0	0.9	1.0	30 से०मी०
3.	15	2.0	0.9	1.30	30 से०मी०
4.	20	2.3	1.1	1.30	30 से०मी०
5.	50	4.0	1.4	1.30	30 से०मी०

तली की कक्रीट परत की मोटाई 15 से 25 से०मी० होनी चाहिए।

अबमल अथवा कीच (Sludge) के लिए प्रति व्यक्ति 14.0 लीटर आयतन का

प्रावधान रखा जाता है। अबमल निकलने के लिए चित्र में दिखाये अनुसार एक पाइप फर्श में दबा दिया जाता है। चित्र–43.10 में किसी कुटुम्ब के लिए तथा 43.11 में 60 मनुष्यों तक के प्रयोग के लिए सेप्टिक टैंक के चित्र दिखाये गए हैं। इनकी माप तालिका–43.4 अनुसार रखी जा सकती है।

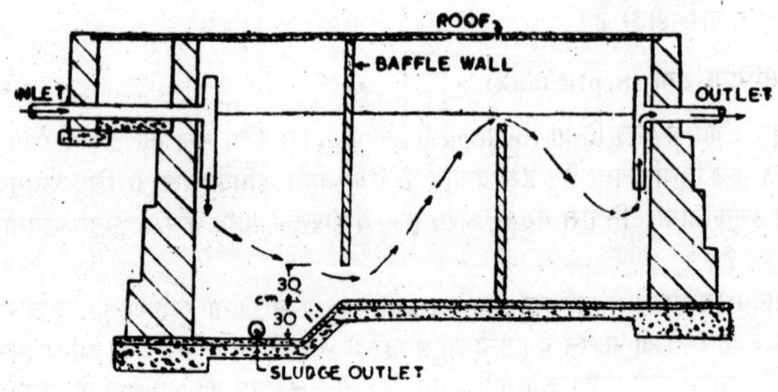

चित्र-43.10. Septic Tank for One Family

43.19 निवास भवनों से जल निकासी

निवास भवनों से उत्पन्न कचरा (refuse) यथासंभव नगर से दूर निकाल देना चाहिए। ठोस तथा शुष्क कूड़ा सड़क पर बने कूड़ा दानों में डालना चाहिए तथा रसोई व स्नान घरों का मैला पानी व शौचालय का मलमूत्र जल प्रवाहिक प्रणाली में भवन

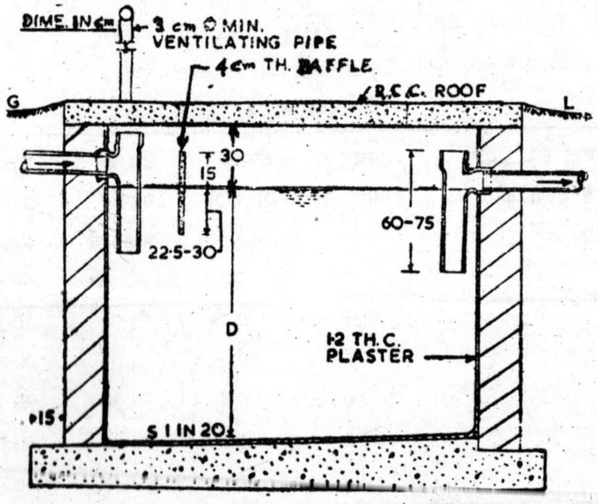

चित्र-43.11. Public Septic Tank

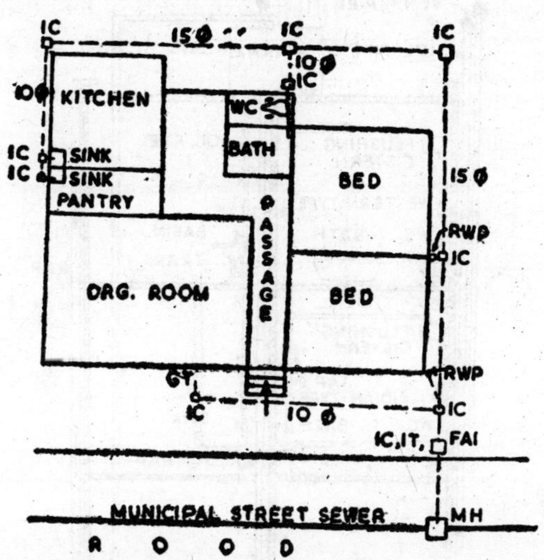

चित्र-43.12. Plan Showing W.C. Bath & Other Appur Tenances

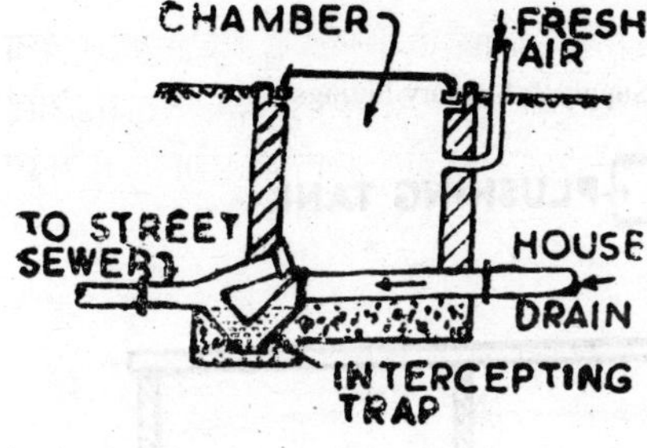

चित्र-43.13. Intercepting Trap

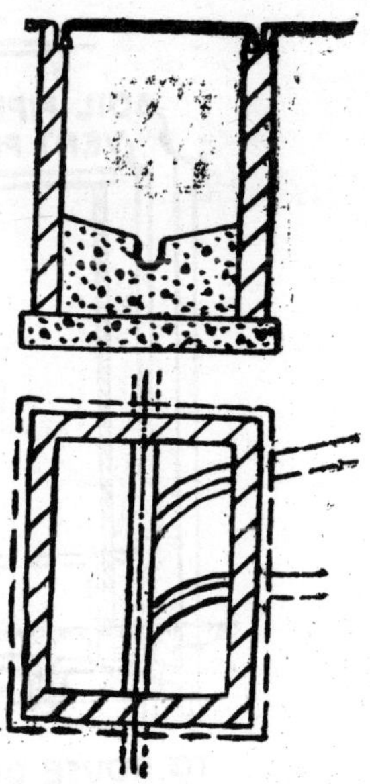

चित्र-43.14. Inspection Chamber

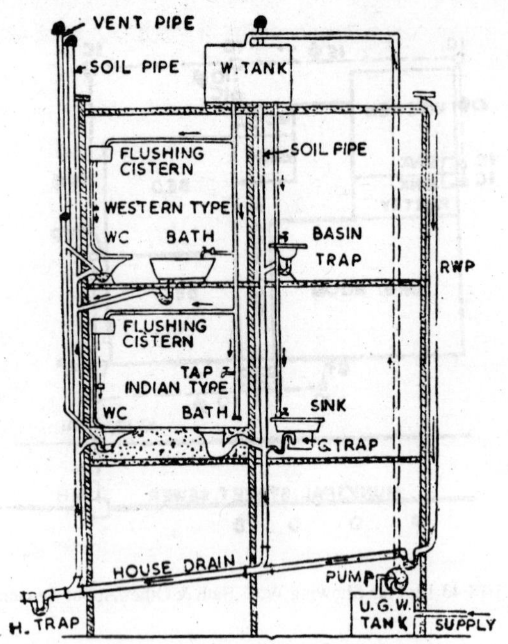

चित्र-43.15. Water Supply & Sanitary Fittings

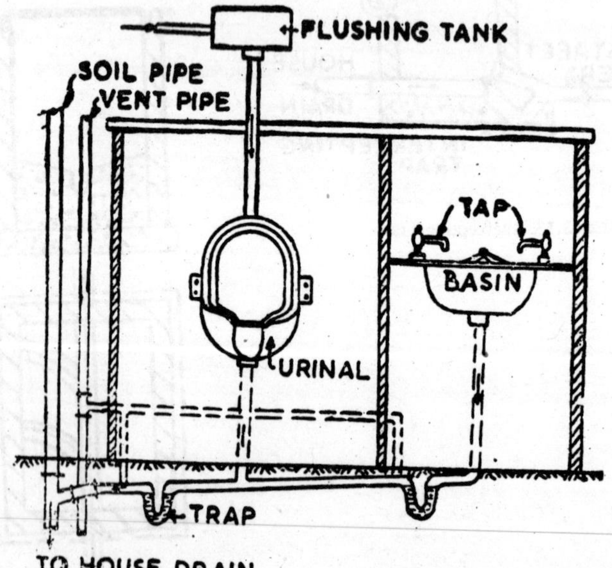

चित्र-43.16. Urinal & Wash Basin

मल नल द्वारा सड़क के नीचे बनी मल नल लाइन से निकाल देना चाहिए। किसी भवन निर्माण से पूर्व उनका नक्शा अनुमोदित कराने के लिए उसमें कचरा आदि प्रवाहित करने के विस्तृत प्रावधान दिखाये जाने चाहिए। चित्र–43.12 में किसी भवन की प्लान में शौचालय, स्नान घर, रसोई घर आदि दिखाये गए हैं। इनसे जल निकासी के नल टूटी रेखाओं द्वारा दिखाये गए हैं। सीवर लाइन के निरीक्षण के लिये निरीक्षण चैम्बर बनाये जाते हैं। चित्र–43.12 में विभिन्न उपाबंधों (appurtenances) की स्थिति भी दिखाई गई है। चित्र–43.13 रोधक ट्रैप दिखाया गया है। यह प्रायः भवन ड्रेन व सीवर के जोड़ पर बनाया जाता है।

चित्र–43.14 में निरीक्षण चैम्बर की प्लान व परिच्छेद दिखाये गए हैं।

चित्र–43.15 में किसी दो मंजिले भवन के जल प्रदाय (water supply) व जल निकासी के जोड़ दिखाये गए हैं।

चित्र–43.16 में मूत्रालय व हाथ धोने की व्यवस्था का चित्र दिखाया गया है।

प्रश्नावली

(1) निम्न की परिभाषा लिखिए।

(i) स्वयं शोधी वेग, (ii) कचरा (refuse), (iii) कूड़ा (garbage), (iv) मैला पानी (sullage), (v) मल (sewage)

(2) विभिन्न प्रकार के मल नलों का वर्णन कीजिए।

(3) मल नल लाइन बिछाने की विधि का वर्णन कीजिए।

(4) मल नल लाइन पर बनाये जाने वाले विभिन्न उपाबधों (appertenances) का चित्र सहित वर्णन कीजिए।

(5) सेप्टिक टैंक का साफ चित्र सहित वर्णन कीजिए।

(6) निवास भवन से जल निकासी का साफ चित्र बनाइये।

44

सड़क इंजीनियरी
Road Engineering

44.1 प्रस्तावना

वर्तमान काल में किसी राष्ट्र की उन्नति का अनुमान उसके यातायात के साधनों से लगाया जा सकता है। इस कारण विभिन्न प्रकार की सड़कों का डिजाइन, उनका निर्माण तथा अनुरक्षण बहुत ही महत्वपूर्ण है। किसी देश की सड़कों के महत्व की तुलना मनुष्य के शरीर की नाड़ियों से की जा सकती है। जिस प्रकार शरीर की नाड़ियाँ रक्त अतिशीघ्र विभिन्न भागों में पहुँचाने में सहायक होती हैं, उसी प्रकार सड़कें देश के विभिन्न भागों में एक स्थान से दूसरे स्थान पर मनुष्यों व वस्तुओं आदि को अतिशीघ्र पहुँचाने में सहायक होती हैं। अतः सड़क इंजीनियरी एक बहुत ही महत्वपूर्ण विषय है।

44.2 परिभाषायें

(i) यातायात (Traffic)—बड़े व छोटे वाहन जैसे मोटर, कार, बैलगाड़ी, साइकिल, पैदल चलने वाले व्यक्ति इसी के अन्तर्गत आते हैं।

(ii) महा मार्ग (High way)—किसी देश की बड़ी अथवा महत्वपूर्ण सड़कें महामार्ग कहलाती है।

(iii) यान पथ (Carriage-way)—सड़क का वह भाग जिस पर वाहन ही चलते हैं, यान पथ कहलाता है।

(iv) पटरी (Shoulder)—यान पथ को पार्श्विक सहारा देने के लिए इसके दोनों ओर 1.25 मीटर से 2.0 मीटर चौड़ी पट्टी बनाई जाती है। यही पट्टी पटरी कहलाती हैं।

(v) पदाति पथ (Foot-path)—बड़े नगरों में पैदल चलने वाले मनुष्यों के लिए

सड़क के एक ओर अथवा बीच में पटरी बनाई जाती है, जिसका तल सड़क तल से 15 से 20 सें०मी० ऊँचा होता ळै। यह पटरी पदाति पथ कहलाती है। इसकी चौड़ाई 3.5 मीटर तक रखी जा सकती है। चित्र–44.1 में गाव व नगर की सड़कों का चित्र दिखाया गया है।

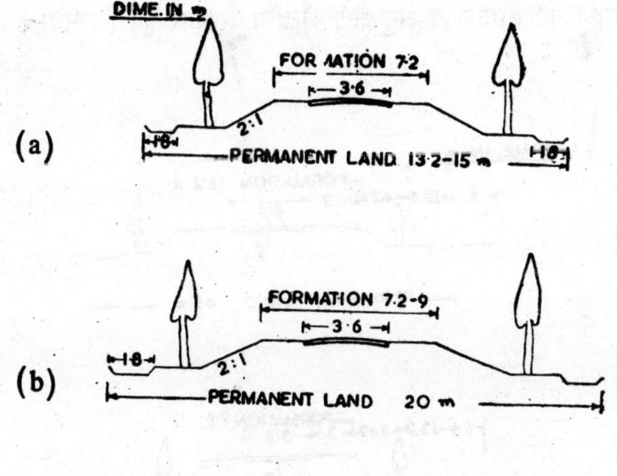

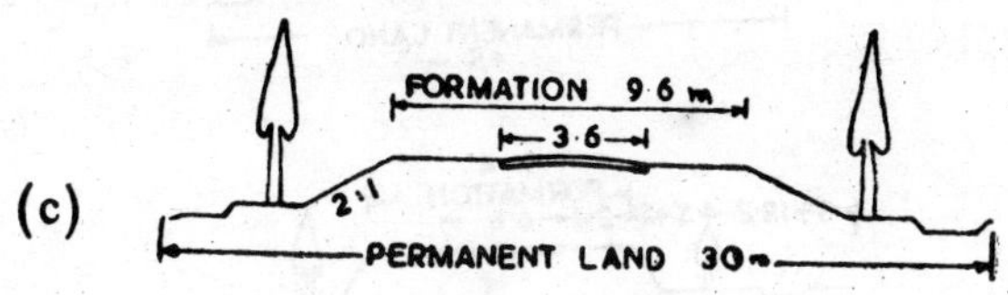

(a) गांव अथवा जिले की अन्य सड़कें

(b) जिले की बड़ी सड़कें

(c) प्रान्तीय महा मार्ग

चित्र-44.1. Village and City Roads

44.3 सड़कों का वर्गीकरण

नागपुर प्लान के अनुसार भारत में सड़कों का वर्गीकरण निन्न प्रकार किया जा सकता है।

(1). राष्ट्रीय महामार्ग (National high-way)

(2) प्रान्तीय महामार्ग (State high-way)

(3) जिला सड़कें

(i) जिले की बड़ी सड़कें (Major district roads)

(ii) जिले की छोटी सड़कें (Minor district roads)

(4) गांव की सड़कें (Village roads)

(1) राष्ट्रीय महामार्ग—ये सड़कें किसी देश के मुख्य नगरों, विभिन्न प्रान्तों की राजधानियों आदि को बन्दरगाहों आदि से मिलाती हैं। समीप के देशों को मिलाने वाली सड़कें भी राष्ट्रीय महामार्ग कहलाती हैं। इन सड़कों में प्रायः 8 मीटर चौड़ी दो लेन (lanes) बनाई जाती हैं जिससे दोनों ओर से आने वाले वाहन सुगमता से निकल सकते हैं। इनकों पार्विक सहारा देने के लिए दोनों ओर 2 मीटर चौड़ी पट्टियाँ भी बनाई जाती हैं। इन सड़कों का निर्माण व अनुरक्षण केन्द्रीय सरकार की जिम्मेदारी होती है।

(a)

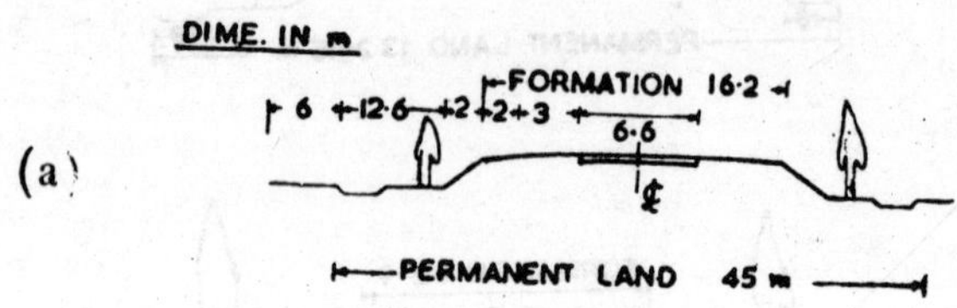

(b)

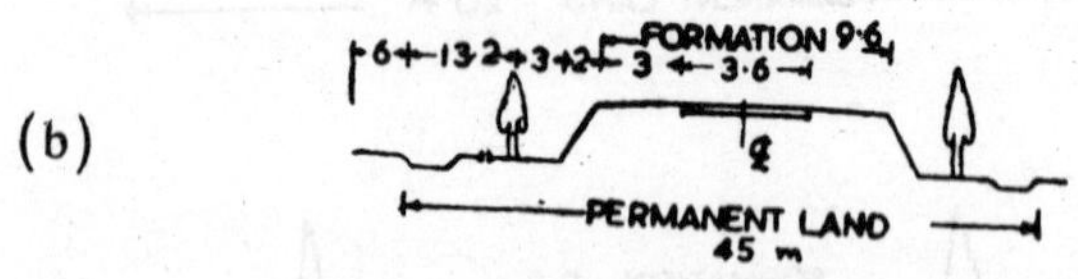

(c)

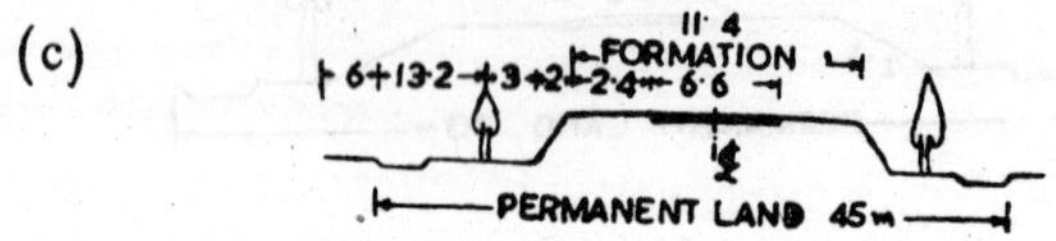

(d)

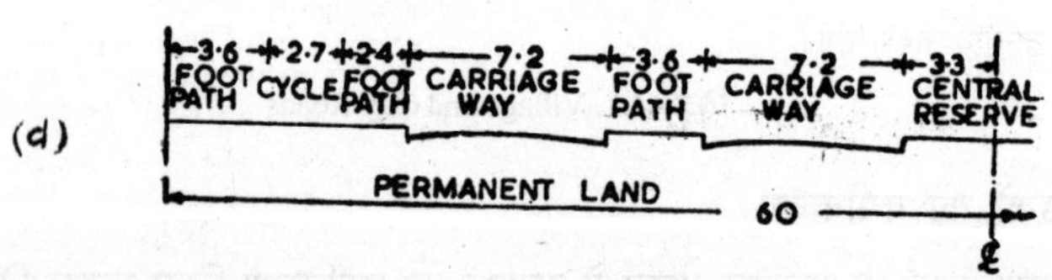

(a,b,c) गाँव की सड़कों के अनुज्ञय परिच्छेदों की चौड़ाई।

(d) प्रान्तीय अथवा राष्ट्रीय महामार्गों की अनुज्ञय चौड़ाई।

चित्र-44.2

(2) प्रान्तीय महामार्ग—ये प्रान्तों की महत्वपूर्ण सड़कें हैं जो उस प्रान्त के मुख्य नगरों को एक दूसरे से मिलाती हैं प्रान्तीय महामार्ग प्रान्त के प्रमुख नगरों को राष्ट्रीय

महामार्गों से भी मिलाते हैं। इनकी चौड़ाई व निर्माण राष्ट्रीय महामार्गों जैसा ही होता है। इनका निर्माण कार्य प्रान्तीय सरकार के सार्वजनिक निर्माण विभाग द्वारा किया जाता है।

(3) जिला सड़कें—ये सड़कें किसी जिले विशेष के नगरों को उत्पादन वाले क्षेत्रों, रेलवे स्टेशनों व सड़कों से मिलाती हैं। जिला सड़कें दो वर्गों में विभाजित की जा सकती हैं।

(i) जिले की बड़ी सड़कें—ये सड़कें जिले के उत्पादक क्षेत्रों को प्रान्तीय महामार्ग अथवा रेलवे स्टेशनों से मिलती हैं। ये सड़कें जिले के नगरों को वहाँ के जिला मुख्यालय से भी मिलाती हैं।

(ii) जिले की छोटी सड़कें—ये सड़कें किसी कस्बे आदि को विभिन्न गाँव व प्रान्तीय सड़कों आदि से मिलाती हैं।

(4) गाँवों की सड़कें—ये सड़कें गाँव को गाँव से अथवा रेलवे स्टेशन से मिलाती हैं। इन सड़कों के निर्माण तथा अनुरक्षण की जिम्मेदारी ग्राम प्रमुखों की होती है।

(5) पहाड़ी क्षेत्र की सड़क का चित्र–44.3 में दिखाया गया है।

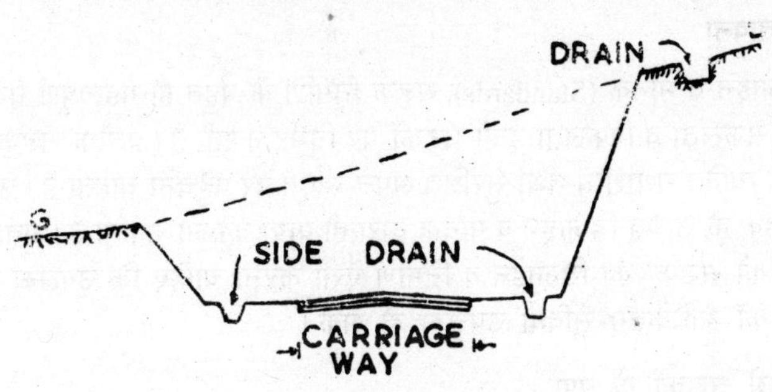

चित्र-44.3. Hill Ruad

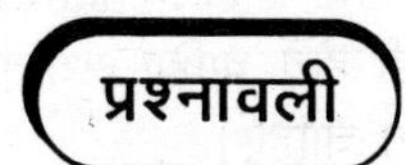

प्रश्नावली

(1) सड़कें क्यों बनाई जाती हैं।

(2) भारत में सड़कों के वर्गीकरण का वर्णन कीजिए।

(3) निम्न प्रकार की सड़कों का साफ चित्र बनाइये।

(i) राष्ट्रीय महामार्ग (ii) नगरीय सड़क (iii) गांव की सड़क

(4) निम्न पर संक्षिप्त टिप्पणी लिखिये।

(i) पटरी (ii) पदाति पथ (iii) यान पथ।

45

सड़कों का डिजाइन एवं निर्माण
Design of Roads & Constuction

45.1 प्रस्तावना

डिज़ाइन व मानक (Standards), सड़क निर्माण के बहुत ही महत्वपूर्ण घटक हैं। सड़क की सफलता व विफलता इन्हीं घटकों पर निर्भर करती है। प्रत्येक सड़क प्रयोग करने वाला व्यक्ति यथाशीघ्र तथा सुरक्षित अपने स्थान पर पहुँचना चाहता है। उपरोक्त सुविधा सड़क के उचित डिजाइन व मानक द्वारा ही प्राप्त की जा सकती है। अतः सड़क इंजीनियर को सड़कों का डिज़ाइन व निर्माण ऐसा करना चाहिए कि उपलब्ध साधनों से जनता को अधिकतम् सुविधा उपलब्ध हो सके।

45.2 अच्छी सड़कों के गुण

जनता को अधिक सुविधा प्रदान करने के लिए सड़क के निम्न गुण होने चाहिए।

(1) यह सदैव शुष्क रहनी चाहिए।
(2) यान पथ की चौड़ाई पर्याप्त होनी चाहिए।
(3) इसके ढाल तीखे नहीं होने चाहिए अर्थात् ढाल सरल होने चाहिए।
(4) इसके वक्र सरल होने चाहिए।
(5) इसकी सतह अपारगम्य होनी चाहिए।
(6) इसका निर्माण सरल तथा अनुरक्षण मितव्ययी होना चाहिए।

45.3 सड़क की बनावट (Road structure)

अन्य संरचनाओं की भांति सड़क में भी आधार व अधिसंरचना (supper structure) होते हैं। भूमि की ऊपरी सतह जिस पर सड़क का आधार अथवा नींव बनाई जाती है, नचली सतह अथवा अधः स्तर (Sub grade) कहलाती है। अधः स्तर का तल उस

क्षेत्र के अधिकतम बाढ़ तल से कम से कम 60 से०मी० ऊँचा रखा जाना चाहिए। सड़क की नींव व सोलिंग अथवा आधार व अधिसंरचना ऊपरी परत कहलाती है। यातायात की अधिकता तथा मृदा की कम धारक क्षमता वाले क्षेत्रों में सोलिंग व अधस्तर के बीच एक अतिरिक्त परत लगाई जाती है जिसे आधो आधार (sub base) कहते हैं।

सोलिंग सड़क का एक महत्वपूर्ण भाग है। सड़क की स्थिरता व सामर्थ्य सोलिंग की किस्म पर निर्भर करती है। इसे मूरम की परत, चुने हुए पत्थर, व ईंट आदि का बनाया जा सकता है। सोलिंग की मोटाई व किस्म मृदा की धारक क्षमता व यातायात की तीव्रता आदि कई घटकों पर निर्भर करती है। सोलिंग का कार्य नींव की भाँति वाहनों का भार सड़क की ऊपरी सतह से नीचे भूमि पर वितरित करना है। वास्तव में सड़क की स्थिरता भूमि की किस्म अथवा अधस्तर पर निर्भर करती है। चित्र–45.1 में सड़क के विभिन्न भाग दिखाये गये हैं।

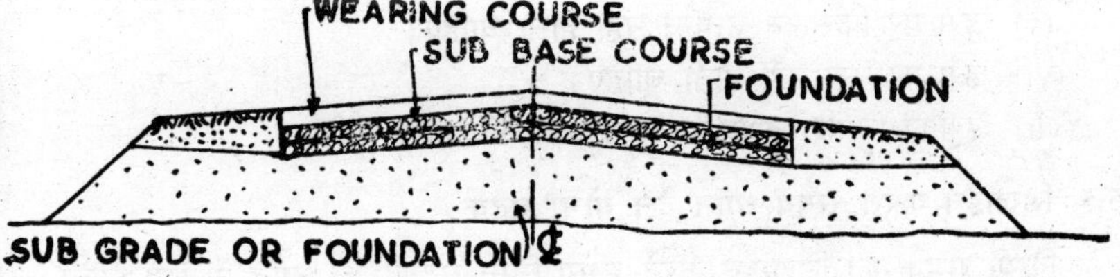

चित्र-45.1. Different parts of a Road

45.4 सोलिंग की किस्में

सोलिंग लचीला व कठोर दो प्रकार का बनाया जा सकता है। लचीला सोलिंग ईंट, बोल्डर व चुने हुए पत्थर का बनाया जा सकता है। कठोर सोलिंग के लिए सीमेन्ट कंक्रीट की परत बनाई जा सकती है। कठोर सोलिंग प्रायः बीच–बीच में कम धारक वाली मृदा वाले स्थानों पर बनाया जा सकता है।

सड़क के सोलिंग व ऊपरी तह की मोटाई निम्न प्रयोग सिद्ध सूत्र से ज्ञात की जा सकती है।

$$d = \left[\frac{23\,w}{70p} + 0.7\,T^2 - 0.84\,T \right]^{1/2}$$

जबकि d = सड़क की मोटाई से०मी० में

w = पहिये पर अधिकतम स्थैतिक भार का 1½ गुणा, भारत में w का मान 2268 Kg. लिया जाता है।

p = मृदा की सुरक्षित धारक क्षमता Kg/cm^2

T = सड़क के सम्पर्क में आने वाली पहिये की चौड़ाई। प्रायः इसका मान 12 से०मी० लिया जाता है।

बैलगाड़ी के लिए w का मान 120 Kg. तथा T का मान 4.5 से०मी० लिया जाता है।

सोलिंग की मोटाई 30 से०मी० से अधिक नहीं अपनाई जानी चाहिए। अधिक मोटाई आने पर भूमि की धारक क्षमता बढ़ाकर सड़क बनाई जानी चाहिए। ऊपरी परत की उचित मोटाई रखी जानी चाहिए। ऊपरी परत में निम्न गुण होने चाहियें।

(i) ऊपरी परत अपारगम्य होनी चाहिए।

(ii) यह टिकाऊ होनी चाहिए जिससे अनुरक्षण व्यय न्यूनतम हो।

(iii) यह काफी लचीली होनी चाहिए जिससे असमान निषदन उत्पन्न न होने पाये।

(iv) ऊपरी परत टिकाऊ होनी चाहिये तथा वाहन का भार बिना अधिक विरूपण (deformation) उत्पन्न हुए आधार पर वितरित करने में समर्थ होनी चाहिए।

(v) इस पर फिसलन उत्पन्न नहीं होनी चाहिए।

(vi) इस पर धूल नहीं होनी चाहिए।

(vii) इसका निर्माण तथा अनुरक्षण व्यय कम होना चाहिए।

45.5 डिजाइन करते समय ध्यान देने योग्य घटक

किसी सड़क का डिजाइन करते समय निम्न घटकों को ध्यान में रखा जाना चाहिए।

(1) निर्माण तल्प चौड़ाई (Width of formation)
(2) भू–अर्जन करना (Land acquisition)
(3) सड़क की चौड़ाई (Width of pavement)
(4) कैम्बर अथवा उभार (Camber)
(5) ढाल (Gradient)
(6) वाह्योत्थान (Supper elevation)
(7) वक्र का व्यास (Radius of curves)
(8) गति (Speed)
(9) दर्श दूरी (Sight-distance)
(10) वक्र (Curves)
(11) सड़क का परिच्छेद (Cross section)

(1) निर्माण तल्प चौड़ाई–यह अधः स्तर (Sub-grade) की ऊपरी परत की तैयार सतह होती है। अधः स्तर भराई अथवा कटाई में हो सकता है। इस कारण निर्माण तल्प चौड़ाई, भराई में पूश्ते के शिखर की चौड़ाई व कटाव में उसकी तली की चौड़ाई के बराबर होती है। निर्माण तल्प चौड़ाई में सड़क का ऊपरी स्तर वाला भाग तथा वर्म सम्मिलित होते हैं। भारतीय कांग्रेस (I.R.C.) के अनुसार विभिन्न प्रकार की सड़कों के लिए निर्माण तल्प चौड़ाई निम्न तालिका–45.1 अनुसार रखी जा सकती है।

तालिका-45.1

सड़क की किस्म	मैदानों में न्यूनतम चौड़ाई	पहाड़ी क्षेत्रों में कटाई में न्यूनतम चौड़ाई
राष्ट्रीय महामार्ग	12.0 m	8.0 m
प्रान्तीय महामार्ग	9.75 m	8.0 m
जिले की बड़ी सड़कें	7.25 m	6.75 m
जिले की छोटी सड़कें	7.25 m	6.75 m
गांव की सड़कें	5.5 m	2.5 से 4.25 m

(2) भू-अर्जन करना—सड़क व उससे संबंधित कार्यों के लिए भू–अर्जन करना अनिवार्य होता है। सड़क संरेखन खेती योग्य भूमि व आवादी वाले क्षेत्रों से नही निकाला जाना चाहिए, क्योंकि इन क्षेत्रों में भू–अर्जन करने में कठिनाई होगी। सड़क निर्माण के लिए निम्न दो प्रकार की भूमि अर्जित की जाती है।

(i) स्थाई भूमि (Permanent land)—यह भूमि सड़क निर्माण व इससे संबंधित कार्यो के लिए स्थाई रूप से अर्जित की जाती है। भारतीय सड़क कांग्रेस की सिफारिश के अनुसार विभिन्न प्रकार की सड़कों के लिए स्थाई भूमि की चौड़ाई निम्न तालिका–45.2 अनुसार होनी चाहिए। चित्र–44-1-2 में विभिन्न सड़कों की स्थाई चौड़ाई दिखाई गई है।

तालिका-45.2

सड़क की श्रेणी	सामान्य भूमि चौड़ाई मीटर	न्यूनतम भूमि चौड़ाई मीटर
1. राष्ट्रीय महामार्ग	60	45
2. प्रान्तीय महामार्ग	45	30
3. जिला बड़ी सड़क	30	20
4. जिला छोटी सड़क	25	15
5. गांव की सड़क	20	15

(ii) अस्थाई भूमि (Temporary land)—स्थाई भूमि के अतिरिक्त खतान (borrow pits) व मिट्टी एकत्रित करने (spoil banks) आदि के लिए भूमि चाहिए। यह अतिरिक्त भूमि अस्थाई भूमि कहलाती है। सड़क निर्माण के पश्चात् यह भूमि किसानों को खेती के लिए लीज पर दी जा सकती है।

(3) सड़क चौड़ाई (Width of pavement)—सड़क चौड़ाई में वाहन मार्ग (Carriage way) व पटरी (Shoulders) सम्मिलित होते हैं। भारतीय सड़क कांग्रेस के अनुसार विभिन्न प्रकार की सड़कों की चौड़ाई निम्न तालिका–45.3 अनुसार बनाई जानी चाहिए।

इसके अतिरिक्त दोनों ओर पटरी (shoulder) की न्यूनतम चौड़ाई 1.25 m होनी चाहिए। महामार्गो पर पटरी चौड़ाई 3.0 मीटर तक बनाई जा सकती है।

तालिका-45.3

सड़क की श्रेणी	सड़क की न्यूनतम चौड़ाई	रिमार्क
राष्ट्रीय महामार्ग	12.2 m	
प्रान्तीय महामार्ग	10.0 m	एक लेन की चौड़ाई 5.5 मीटर से कम नहीं होनी चाहिए।
जिला बड़ी सड़कें	7.5 m	
जिला छोड़ी सड़कें	7.2 m	
गांव की सड़कें	5.0 m	

(4) तटों के ढाल—खुदाई में 1 : 1 के ढाल पर्याप्त हैं। भराई में 1.5 क्षैतिज व 1 ऊर्ध्वाधार ढाल पर्याप्त है। भारतीय सड़क कांग्रेस के अनुसार ढाल निम्न प्रकार रखे जाने चाहिए। पुश्ता ऊँचाई 60 से०मी० तक होने पर 4 क्षैतिज व 1 ऊर्ध्वाधर; पुश्ता ऊँचाई 60 से०मी० से ऊँची होने पर 2 क्षैतिज 1 ऊर्ध्वाधर अथवा प्राकृतिक ढाल, इनमें जो भी अधिक चपटा हो।

खुदाई में 2 क्षैतिज व 1 ऊर्ध्वाधर से अधिक तीखे (steeper) ढाल नहीं होने चाहिए। चित्र–45.2

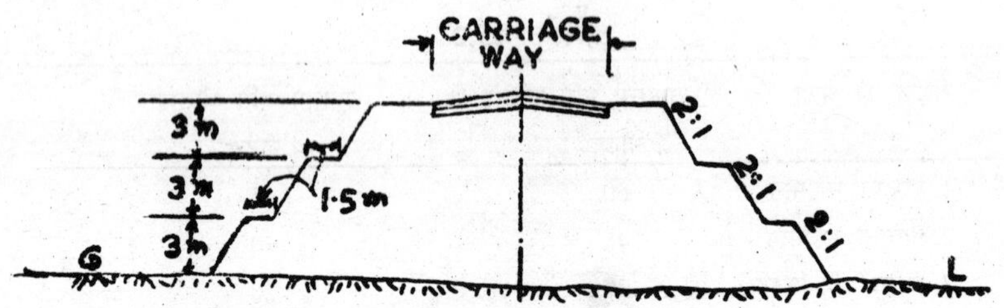

चित्र-45.2. Side Slopes

(5) कैम्बर अथवा उभार—सड़क के सीधे भाग में उसकी सतह कछवे की पीठ की भांति ऊपर की ओर उठी हुई होनी चाहिए। चौड़ाई का मध्य भाग सबसे ऊँचा होता है। सबसे ऊँचा बिन्दु क्राउन (Crown) कहलाता है। क्राउन तल सड़क सतह तल कहलाता है। कैम्बर सड़क के क्राउन व किनारे के बिन्दु को मिलाने वाली रेखा का ढाल है। अतः किसी सड़क के 60 में 1 कैम्बर का अर्थ है कि किसी 60 मीटर चौड़ी सड़क का मध्य बिन्दु उसके किनारों से 1 मीटर ऊँचा होगा। इसी प्रकार 30 मीटर चौड़ी सड़क का मध्य बिन्दु किनारों से केवल 25 से०मी० ही ऊँचा होगा। चित्र–45.3

कैम्बर बनाने का मुख्य उद्देश्य सड़क की सतह से वर्षा जल को अतिशीघ्र निकालना होता है। इस कारण कठोर व चिकनी सतह वाली सड़कों में मुलायम व खुरदरी सतह वाली सड़कों की अपेक्षा कम कैम्बर की आवश्यकता होती है। अतः कैम्बर

का मान उस क्षेत्र में वर्षा की मात्रा व सड़क निर्माण सामग्री की पारगम्यता पर निर्भर करता है। सड़क में जितना अधिक कैम्बर होगा वह यातायात के लिए उतनी ही अधिक असुविधाजनक होगी। अधिक कैम्बर वाली सड़क का प्रायः मध्य भाग अतिशीघ्र खराब हो जाता है क्योंकि अधिकतम वाहन इसी भाग में चलते हैं। किनारों की ओर चलाने में ड्राइवर को बहुत कठिनाई होती है तथा वाहन के स्लिप होने का भय रहता है। विभिन्न प्रकार की सड़कों में कैम्बर तालिका–45.4 अनुसार दिये जा सकते हैं।

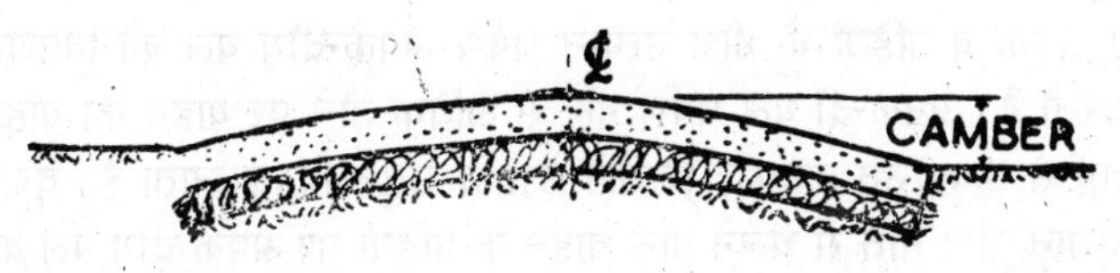

चित्र-45.3. Camber

तालिका-45.4

क्रम संख्या	सड़क की किस्म	अनुज्ञय कैम्बर Recommended Camber
1.	मिट्टी की सड़कें (Earth road)	1 in 20
2.	ग्रेवल की सड़कें (Gravel road)	1 in 24
3.	मूरम अथवा कंकर सड़कें	1 in 24 से 1 in 30
4.	Water bound Macadam road	1 in 30 से 1 in 48
5.	बिटुमनी सतह वाली सड़कें (Bituminous Painting road)	1 in 48
6.	बिटुमनी कंक्रीट सड़कें	1 in 60
7.	सीमेन्ट कंक्रीट सड़कें	1 in 70 से 1 in 80
8.	खडंजों में कैम्बर (Pavings)	1 in 48 से 1 in 60

45.6 कैम्बर अथवा उभार की किस्में

साधारणतः सड़कों में निम्न प्रकार के कैम्बर बनाये जा सकते हैं।

(1) ढोलाकार (Barrel camber)

(2) ढालू कैम्बर (Sloped)

(3) मिश्रित कैम्बर (Composite camber)

(1) ढोलाकार–चित्र–45.4 (a) में दिखाये अनुसार इस श्रेणी का कैम्बर परवलयिक (Parabolic) अथवा अंडकार वक्रों के रूप में बनाया जा सकता है।

चित्र–45.4 (a) में अंडकार तथा 45.4-b में परवलयिक केम्बर दिखाया गया है।

(2) ढालू कैम्बर–चित्र–45.4-c में दिखाये अनुसार इस श्रेणी का कैम्बर केन्द्रीय बिन्दु पर मिलाने वाली दो सरल रेखाओं द्वारा बनता है।

(3) मिश्रित कैम्बर–चित्र–45.4-d में दिखाये अनुसार यह कैम्बर शिखर पर परवलयिक तथा सिरों पर सीधे ढाल वाला होता है।

45.7 बाहरी उठान अथवा वाह्योत्थान (Superelevation, cant or banking)

तेज गति से चलने वाला जब कोई वाहन जैसे मोटर कार आदि किसी क्षैतिज वक्र से गुजरता है तो उस पर अपकेन्द्रीय बल कार्य करना आरम्भ कर देता है जिससे उसका संतुलन नष्ट हो जाता है। यह बल पहियों की दिशा के अभिलम्ब दिशा में कार्य करता है। सड़क व पहियों के बीच उत्पन्न घर्षण अपकेन्द्रीय बल की विपरीत दिशा में कार्य करता है। अपकेन्द्री बल घर्षण बल से अधिक होने पर वाहन का वाह्य पहिया सड़क सतह से ऊपर उठ जाता है जिससे उसका संतुन बिगड़ जाता है। दूसरे शब्दों में बाहरी उठान, तेज गति से चलने वाले वाहन के पहियों पर अपकेन्द्रीय बल का प्रभाव कम करने के लिए क्षैतिज वक्र की समस्त लम्बाई में सड़क परिच्छेद में आन्तरिक झुकाव दिया जाता है। अतः 30 से 1 के बाहरी उठान का अर्थ है कि 30 मीटर चौड़ी सड़क का वाह्य किनारा आन्तरिक किनारे से 1 मीटर ऊँचा होगा। इसका मान निम्न सूत्र से ज्ञात किया जा सकता है।

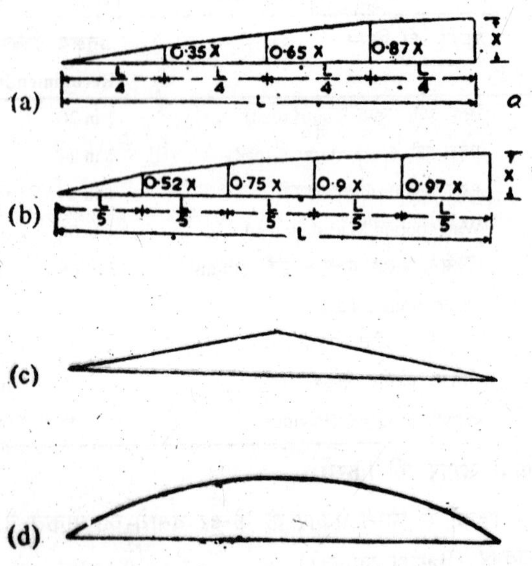

चित्र-45.4. Different Types of Cambers

$$e = \frac{V^2}{126R}$$

जबकि e = बाहरी उठान अथवा वाह्योत्थान

V = वाहन गति कि०मी० प्रति घण्टा

R = वक्र का अर्ध व्यास मीटर में

वाह्योत्थान का मान 1/14 से 1/16 तक बदलता है परन्तु 1/10 से अधिक वाह्योंत्थान नहीं बनाया जाना चाहिए। जितना अधिक वाह्योत्थान होगा उतनी ही अधिक मन्द गति से चलने वाले बाहनों को कठिनाई होगी। परन्तु वाह्योत्थान का मान सड़क के कैम्बर से कम नहीं होनी चाहिए। चित्र–45.5

चित्र-45.5. Super Elevation

45.8 सड़क चौड़ी करना

सीधी सड़क की अपेक्षा क्षैतिज वक्र पर वाहन के अगले पहिये अधिक स्थान घेरते हैं। इस कारण वाहन की सुगमता के लिए वक्रीय भागों पर अन्दर की ओर सड़क की चौड़ाई बढ़ा दी जाती है। विशेष रूप से वक्र का अर्ध व्यास 460 मीटर से कम होने पर सड़क की चौड़ाई बढ़ाना अनिवार्य है। निम्न तालिका–45.5 में सड़क की अतिरिक्त बढ़ाई जाने वाली चौड़ाई दी गई है।

तालिका-45.5

	वृत्ताकार वक्र का अर्धव्यास मीटर में				
एक से दो यातायात – लेन वाली सड़कों की प्रत्येक लेन के लिए समान चौड़ाई बढ़ाने का मान।	300-460 मीटर	150-300 मीटर	60-150 मीटर	60 मीटर से कम	रिमार्क
	0.3 m	0.6 m	0.90 m	1.25 m	

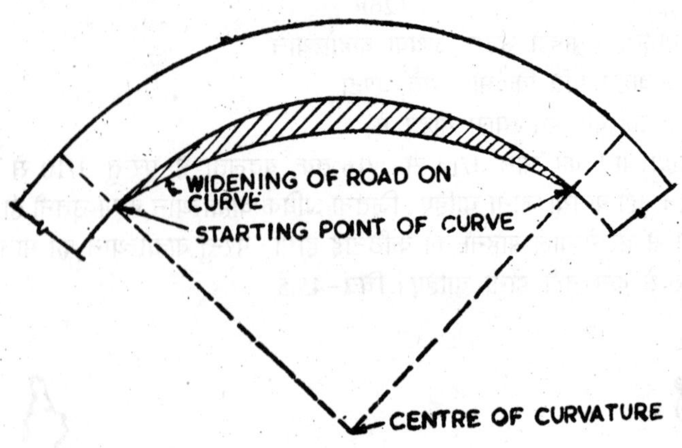

चित्र-45.6. Widening of Road

45.9 सड़क ढाल (Road gradient)

भूतल सभी स्थानों पर समतल नहीं होता, सड़क की पूर्ण लम्बाई में तल कहीं ऊँचा होता है तो कहीं नीचा। सड़क लम्बाई में ऊँचाई अथवा पात की दर सड़क ढाल कहलाती है। इसका मान दो स्थानों की ऊँचाइयों को उनके बीच की दूरी से भाग करके ज्ञात किया जा सकता है। सड़क ढाल निम्न घटकों पर निर्भर करता है–

(1) भूमि की स्थलाकृति (Topography of land)–कभी–कभी सड़क आरेखन में आने वाले काफी ऊँचे टीलों को काटना अथवा नीचे स्थान की भराई करना मितव्ययी नहीं होता। इस कारण सड़क उपलब्ध भूमि पर ही बना दी जाती है। इस कारण तीखे ढाल वाली भूमि पर बनाई गई सड़क का ढाल भी तीखा (Steep) ही होगा।

(2) यातायात की किस्म–तीखे सड़क ढाल मन्द गति से चलने वाले वाहनों के लिये बहुत कठिनाईप्रद होते हैं। बैलगाड़ी आदि मन्द गति वाले वाहनों के लिये बनाई जाने वाली सड़कों के ढाल तीखे नहीं होने चाहिये।

(3) क्षेत्र में वर्षा की तीव्रता–सड़कों में डाल वर्षा जल अति शीघ्र निकालने के लिये बनाए जाते हैं। अतः अधिक वर्षा होने वाले क्षेत्रों में तीखे ढाल दिए जाते हैं।

(4) गोलाई वाले स्थानों पर ढाल कम रखा जाता है।

45.10 ढाल की किस्में

सड़क के विभिन्न भागों में निम्न प्रकार के ढाल दिए जा सकते हैं।

(i) अधिकतम् ढाल (Maximum gradient)

(ii) नियंत्रक ढाल (Ruling gradient)

(iii) न्यूनतम ढाल

(iv) औसत ढाल।

(i) अधिकतम् ढाल–जैसा कि पहले बताया जा चुका है अधिक तीखे ढाल

मन्द गति वाले वाहनों के लिए कठिनाई जनक होते हैं। अतः जिस ढाल से अधिक तीखा ढाल बनाना संभव न हो वह ढाल अधिकतम् अथवा सीमान्त ढाल कहलाता है। मैदानी भागों में इसका मान 20 में 1 तथा पहाड़ी क्षेत्रों में 15 में 1 होता है।

(ii) नियंत्रक ढाल—वह ढाल जिस पर पशु भी बिना अधिक थकावट के वाहन सरलता से खींच सके तथा पेट्रोल से चलने वाले वाहन मितव्ययिता से चलाये जा सके, नियंत्रक ढाल कहलाता है। मैदानों में इसका मान 30 में 1 व पहाड़ी क्षेत्रों में 20 में 1 होता है।

(iii) न्यूनतम ढाल—सड़कों से दक्षता पूर्वक वर्षा जल निकालने के लिए कोई ढाल देना अनिवार्य होता है। यही ढाल न्यूनतम ढाल कहलाता है। इसका मान प्रायः 200 में 1 होता है। वास्तव में इसका मान भूमि की किस्म व वर्षा तीव्रता पर निर्भर करता है। सीमेंट कंक्रीट सड़कों में इसका मान 330 में 1 रखा जा सकता है।

45.11 दर्श दूरी (Sigth distance)

सड़क की केन्द्रीय रेखा के साथ–साथ मापी जाने वाली वह दूरी जिस पर ड्राइवर अपने सामने से आने वाले वाहन, व्यक्ति आदि को देखकर दुर्घटना से बचाने के लिए उपाय कर सके, दर्श दूरी कहलाती है। इसमें ड्राइवर की आँख की ऊंचाई 1.2m तथा वस्तु की ऊंचाई 10 से०मी० मानी गई है।

45.12 वक्र (Curves)

सड़क में मोड़ देने के स्थान पर वक्र लगाये जाते हैं। वक्र चाहे ऊर्ध्वाधर समतल में हो अथवा क्षैतिज समतल में, सरल होने चाहिये। वक्र निम्न कारणों से बनाये जाते हैं।

(1) क्षेत्र की स्थलाकृति के कारण।
(2) किसी विशेष स्थान पर पहुँचने के लिए सड़क बनाई जाने पर।
(3) किसी विशेष क्षेत्र से सड़क न निकालने के कारण।
(4) संरेखन मार्ग में किसी बहूमूल्य संरचना आदि को बचाने के लिए।
(5) धार्मिक भवनों जैसे मन्दिर, मस्जिद, गिरजा घर आदि को बचाने के लिए।
(6) किसी पहले से बने मार्ग पर ही सड़क बनाने की स्थिति आदि।

45.13 वक्रों की किस्म

वक्र निम्न दो प्रकार के होते हैं।

(i) क्षैतिज वक्र, (ii) ऊर्ध्वाधर वक्र

(i) क्षैतिज वक्रों की सहायता से सड़क की दिशा परिवर्तित की जाती है।
(ii) ऊर्ध्वाधर वक्रों से सड़क के ढाल में परिवर्तन किया जाता है।

सड़क डिजाइन में प्रायः वृत्ताकार वक्र (Circular curves) व संक्रमण वक्र अथवा घुमाव वक्र (Transition curve) बनाये जाते हैं।

45.14 वाहन गति

सड़क के सपाट तथा सीधे भागों में निम्न तालिका–45.6 के अनुसार गति मानी जाती है वक्रों पर इस गति की 0.7 गुणा सुरक्षित गति मानी जा सकती है।

तालिका-45.6

सड़क की किस्म	मैदानों में डिजाइन गति K.m.p.	पहाड़ी क्षेत्र में डिजाइन गति K.m.p.
राष्ट्रीय महामार्ग	80.0	48.0
प्रान्तीय महामार्ग	80.0	48.0
जिला बड़ी सड़कें	64.0	40.0
जिला छोटी सड़कें	48.0	32.0
गाँव की सड़कें	32.0	24.0

मोड़ पर गति व वक्र का अर्ध व्यास निम्न तालिका–45.7 में दिये गये हैं।

तालिका-45.7

डिजाइन गति कि०मीटर प्रति घ.	मैदानी भाग में वृत्ताकार वक्र का नियंत्रक अर्धव्यास मीटर में	पहाड़ी क्षेत्रों में वृत्ताकार वक्रों का अर्धव्यास मीटर में
80.0	300.0	(i) यह गति पहाड़ी क्षेत्रों
64.0	240.0	(ii) में अनुज्ञय नहीं है।
48.0	150.0	120.0
40.0	120.0	90.0
32.0	90.0	60.0
24.0	90.0	45.0

निम्न तालिका–45.8 में दर्श दूरी दिखाई गई है।

तालिका-45.8

सड़क की किस्म	गति कि० मी० प्रति घण्टा	Minimum over taking sight distance in meters	Stoping distance in meters
राष्ट्रीय अथवा प्रान्तीय महामार्ग	80.0	450-500	120.0
जिला बड़ी सड़कें	64.0	300.0	90.0
जिला छोटी सड़कें	48.0	180.0	60.0
गांव की सड़कें	32.0	90.0	36.0
		पहाड़ी क्षेत्र	
राष्ट्रीय अथवा प्रान्तीय महामार्ग	48.0	180.0	60.0
जिला वड़ों सड़कें	40.0	135.0	48.0
जिला छोटी सड़कें	32.0	90.0	36.0
गांव की सड़कं	24.0	60.0	27.0

45.15 सड़कों का वर्गीकरण

सड़कें प्रायः निम्न प्रकार की बनाई जा सकती हैं।

(1) कच्ची सड़कें अथवा मिट्टी की सड़कें।

(2) ग्रेवल व जल बद्ध मैकेडम् सड़कें (Water bound macadam roads)

(3) बिटूमनी मैकेडम् (Bituminous macadam)

(4) सीमेंट कंक्रीट सड़कें (Cement concrete road)

(1) कच्ची सड़कें–भारत वर्ष में अधिकांश इसी प्रकार की सड़कें बनाई जाती हैं। इस प्रकार की सड़कें संरेखण के समीप उपलब्ध प्राकृतिक मिट्टी से ही बनाई जाती हैं। इनका निर्माण व अनुरक्षण मितव्ययी तथा सरल होता है।

निर्माण विधि–निर्माण स्थल से घास, पत्ते आदि साफ करके तल्प तल तैयार किया जाता है। क्षेत्र की स्थलाकृति अनुसार इस प्रकार की सड़कें खुदाई अथवा भराई में बनाई जाती हैं। इनके तल्प तल की चौड़ाई 6 से 9 मीटर तक बनाई जाती है। ऊँचा पुश्ता बनाने की स्थिति में मिट्टी डालना आरम्भ करने से पहले बाँस व रस्सी की सहायता से चित्र–45.7 में दिखाये अनुसार सड़क की रूप रेखा (Profile) बना ली जाती है। बाँसों को तल्प तल सिरों पर गाढ़कर उन पर ऊँचाई व पार्शिवक ढाल के अनुसार रस्सी बांध दी जाती हैं। अधः आधार में 24 में 1 का ढाल देकर उसकी सतह पर पानी छिड़क कर रोलर की सहायता से कुटाई की जाती है। ऊपरी सतह तैयार करने के लिये श्रेणी बद्ध मृदा की 10 से०मी० मोटी परत डालकर उसकी अनुकूलतम जलांश पर शीपफूट रोलर से कुटाई की जाती है। दूसरी परत की हल्के रोलर से कुटाई कर सतह फिनिश कर दी जाती है। इसके पश्चात् सड़क को यातायात के लिए बन्द कर इस पर पानी छिड़क कर 4 से 5 दिन तक तराई की जाती है। इसके पश्चात् सड़क पर लगभग 10 से 15 दिन तक पानी छिड़का जाता है परन्तु इसे यातायात के लिये खोल दिया जाता है।

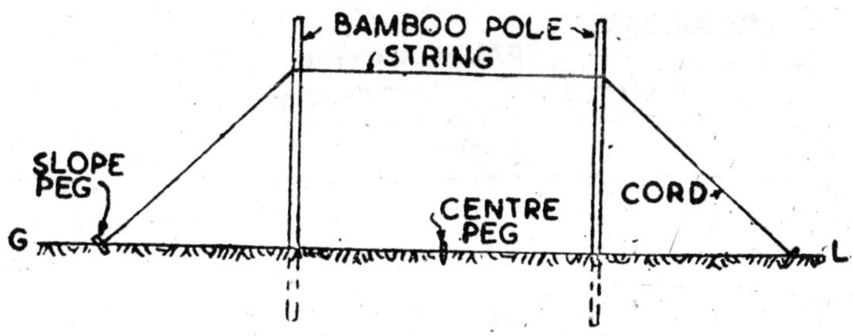

चित्र-45.7. Prepe Ration of Road Profile

दोष–इन सड़कों की आयु बहुत कम होती है। इनमें गड्ढ़े व बैलगाड़ियों के पहियों के लीक (rut) के चिन्ह बन जाते हैं जिन्हे समय–समय पर ठीक करना अनिवार्य होता है। अतः इनका अनुरक्षण व्यय अधिक होता है। वास्तव में कच्ची सड़कों की आयु व दक्षता अनकी जल निकासी पर निर्भर करती है चित्र–45.8 में मिट्टी की पुशता सड़क दिखाई गई है।

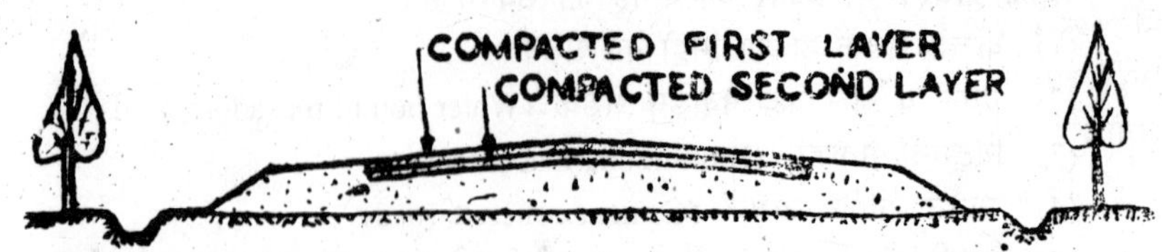

चित्र-45.8. Earth Road

(2) ग्रेवल सड़क—यह मितव्ययी किस्म की सड़क है। इसका प्रयोग प्रायः गांव की सड़कें बनाने के लिए किया जाता है।

अधः आधार तैयार करना—अधः आधार की अच्छी प्रकार कुटाई व सफाई कर वांच्छित कैम्बर व ढाल देकर तैयार किया जाता है। इसके ऊपर ग्रेवल, मृदा तथा रेत के मिश्रण की आवश्यकता अनुसार 15 से 30 से०मी० मोटी परत बिछा कर हल्के रोलर से कुटाई की जाती है। कुटाई करते समय कैम्बर व ढाल बनाये रखने चाहिये। ग्रेवल प्रायः दो परतों में बिछाया जाता है। कुटाई करते समय सतह पर पानी छिड़का जाना चाहिए। ऊपरी परत में 6 mm से 36 mm आकार का ग्रेवल प्रयोग किया जाता है। मृदा व रेत बंधक का कार्य करते हैं। बंधक का कार्य ग्रेवल के रिक्त स्थान भर कर सतह सघन बनाना है।

इस प्रकार की सड़कों की जल निकास प्रणाली बहुत अच्छी होनी चाहिए, क्योंकि इस प्रकार की सड़कों की आयु उनके जल निकास कार्यों पर ही निर्भर करती है।

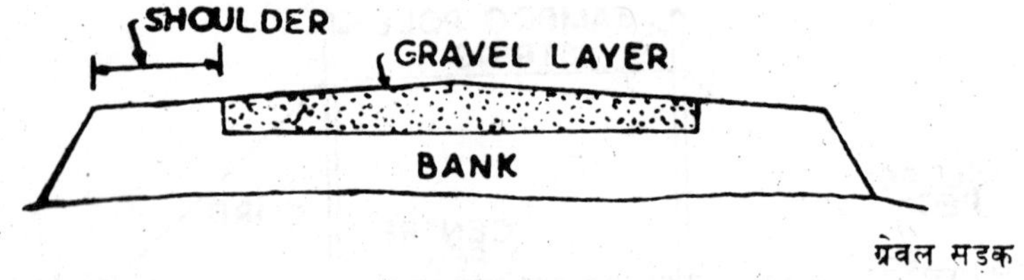

ग्रेवल सड़क

चित्र-45.9. Gravel Road

(3) जल बद्ध मैकेडम सड़क—इस श्रेणी की सड़कें सबसे पुरानी किस्म की सड़कें हैं। इस प्रकार की सड़कें गाँव अथवा अन्य आधुनिक बढ़िया सड़कों के आधार के लिए बनाई जाती हैं। इस सड़क की निर्माण सामग्री रोड़ी अथवा गिट्टी कहलाती है इस प्रकार की सड़कों के निर्माण में केवल गिट्टी ही प्रयोग की जाती है। पानी केवल बंधक का कार्य करता है। गिट्टी के छोटे टुकड़े बड़े टुकड़ें के रिक्त स्थान भरने के लिये प्रयोग किये जाते हैं।

सड़क आरेखन के किनारों पर वाँच्छित गिट्टी के चट्टे लगा दिए जाते हैं। गिट्टी की मात्रा कुटाई की हुई सड़क के आयतन से 20% अधिक होनी चाहिए। प्रति कि० मीटर लम्बाई में 1 से०मी० मोटी परत के लिए प्रति मीटर चौड़ाई में प्रायः 12 घन मीटर गिट्टी चाहिये। ऊपरी सतह के लिए प्रति 100 वर्ग मीटर सतह के लिए 30 घन मीटर छनी हुई बजरी चाहिए।

निर्माण विधि

(i) अधः आधार व कर्ब (Kerb)—पुशता या खाई तैयार हो जाने के पश्चात् वांच्छित कैम्बर व ढाल देकर अधः आधार बनाया जाता है इसकी धुरमट अथवा हल्के रोलर से कुटाई की जाती है। गिट्टी के इधर–उधर फैलने को रोकने के लिए सड़क के किनारों पर 15 × 15 से०मी० परिच्छेद के कर्ब बनाये जाते हैं।

(ii) आधार अथवा नींव परत—आधार परत में 12 से 18 से०मी० आकार के बोल्डर या पत्थर के टूटे टुकड़े, बड़े आकार का कंकर पत्थर, झांवा ईंट अथवा प्रथम श्रेणी की ईंटों के टुकड़े आदि प्रयोग किये जा सकते हैं। चुने हुए बड़े आकार के पत्थर अथवा ईंट अधः आधार में हाथ से अच्छी प्रकार लगाये जाते हैं। ईंट प्रायः सड़क की केन्द्रीय लाइन के अभिलम्ब लगाई जाती हैं यह परत लगाते समय इस बात का ध्यान रखा जाना चाहिए कि ईंटों अथवा पत्थरों के बीच रिक्त स्थान न्यूनतम रहे। आधार परत की चौड़ाई दोनों ओर ऊपरी परत से 30 से०मी० अधिक होनी चाहिए। इस परत की कुटाई के लिए हल्के रोलर प्रायः 8 से 10 टन भार वाले रोलर प्रयोग किये जाने चाहिए।

(iii) ऊपरी परत बनाना (wearing course)—ऊपरी परत एक से दो परतों में बिछाई जा सतकी हैं। प्रत्येक परत की मोटाई 15 से०मी० से अधिक नहीं होनी चाहिए। यह परत निम्न क्रम में बनाई जाती है।

(a) सर्वप्रथम वांछित सतह पर समान मोटाई की परत बिछाकर हाथ से पत्थर वांछित कैम्बर की आक्रति में अच्छी प्रकार जमा दिये जाते हैं। इसमें कैम्बर प्रायः 30 में 1 से 40 में 1 दिया जाता है।

(b) उपरोक्त परत की हल्के (8 टन भार वाले) रोलर से किनारों से शिखर की ओर कुटाई की जाती है। रोलर आगे–पीछे चलाया जाता है। रोलर की गति 30 मीटर प्रति मिनट से अधिक नहीं होनी चाहिए। अधिक गति होने से सड़क की सतह असमान (wavy) हो जाएगी जिसे समतल करने में समय व धन नष्ट होगा। इस क्रिया से गिट्टी के टुकड़ों में गुथाव उत्पन्न हो जाता है।

(c) उपरोक्त विधि से इस परत की कुटाई करने के पश्चात् 12 mm आकार की छनी हुई बजरी की समान मोटाई की परत बिछाकर पहले इसकी शुष्क कुटाई की जाती है। यह परत बंधक परत कहलाती है। इस परत के लिए प्रायः प्रति 100 वर्ग मीटर सतह के लिए 1 घन मीटर बजरी की आवश्यकता होती है। शुष्क कुटाई के पश्चात् काफी मात्रा में इस पर पानी छिड़क कर फिर इसकी कुटाई की जाती है। कुटाई क्रिया में कैम्बर व ढाल बनाये रखने चाहिए।

(d) अगले दिन उपरोक्त तैयार सतह पर मिट्टी व रेत के श्रिण की 5 mm मोटी परत डालकर तथा 40 से 60 लीटर पानी प्रति वर्ग मीटर सतह पर छिड़क कर इसकी फिर कुटाई की जाती है। पानी की अधिक मात्रा इसलिए प्रयोग की जाती है कि पानी के साथ रेत व मिट्टी सबसे निचली पत्थर परत तक पहुँच कर छिद्रों को भरने में सफल हो सके। कुटाई करते समय रोलर के पहियों से मिट्टी न चिपक़ने देने के लिए उसके पहियों पर मशक से थोड़ा–थोड़ा पानी डाला जाता है।

(e) इसके अगले दिन भी इस परत की कुटाई जारी रखी जाती है। कुटाई करते समय लगभग 1 घन मीटर रेत प्रति 160 से 180 वर्ग मीटर सतह पर बिछाया जाता है। इसके पश्चात् इसे यातायात के लिए खोल दिया जाता है।

(4) बिटूमनी सड़कें (Bituminous roads)

प्रायः जल बद्ध मैकेडम सतह को धूल रहित तथा घर्षण कम करने व सड़क को स्थिरता प्रदान करने के लिए राष्ट्रीय व प्रान्तीय महामर्गो पर बिटूमन की पतली परत डालकर उस पर 2 से 3 से०मी० मोटी बजरी परत बिछाकर रोलर से कुटाई कर दी जाती है। इस परत का मुख्य कार्य आधार में पानी की रिसन रोकना तथा उसे स्थिरता प्रदान करना है। चित्र–45.10

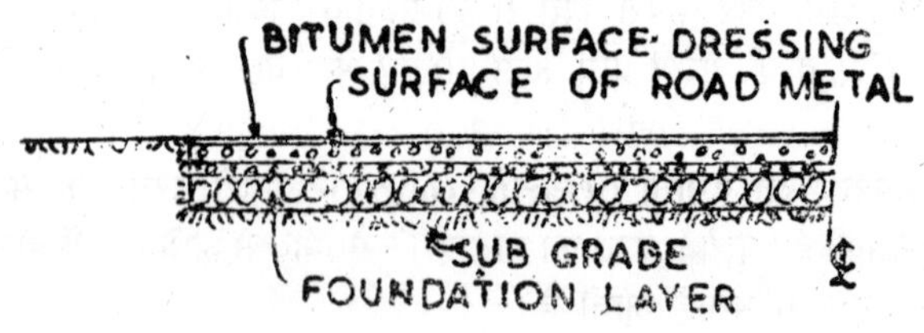

चित्र-45.10. Bituminous Roads

निर्माण विधि

नई जल वद्ध मैकेडम सड़क होने पर उसे आधार मान कर गिट्टी पर पानी छिड़ककर उसकी कुटाई करने के पश्चात् गिट्टी में पूर्ण गुथाव उत्पन्न हो जाने के पश्चात् बिटूमनी परत बिछाई जाती है। कोलतार प्रयोग करने पर उसे 120°C तक तथा ऐस्फाल्ट प्रयोग करने पर 180°C तक मार्ग करके विशेष उपकरण से साफ तथा शुष्क सतह पर कम चौड़ी पट्टी के रूप में सड़क लम्बाई में पतली परत के रूप में छिड़क दिया जाता है। डाममर या ऐस्फाल्ट के कुछ ठंडा होने पर उसमें कुछ चिपकाहट उत्पन्न हो जाती है इस स्थिति में इसके ऊपर 12 से 20 mm आकार की बजरी की 2 से 3 से०मी० मोटी परत डालकर हल्के रोलर से किनारों से आरम्भ कर शिखर की ओर कुटाई की जाती है। प्रायः प्रति 100 वर्ग मीटर सतह के लिए 2 घन मीटर बजरी की आवश्यकता होती है।

(a) पुरानी सतह पर डामर परत बिछाना—पुरानी सड़क होने पर उसके कैम्बर व ढाल सही कर उसे लोहे के तारों वाले बुर्श से साफ कर डामर डाल कर बजरी बिछा कर हल्के रोलर से कुटाई कर दी जाती है।

कभी–कभी बजरी को गर्म कर गर्म डामर में मिला कर तैयार किये गए मिश्रण की वांछित मोटाई की परत डालकर उसकी हल्के रोलर से कुटाई कर दी जाती है। यह विधि पूर्व मिश्रित विधि कहलाती है इसमें प्रति इकाई घन मीटर बजरी के लिए 64 kg बिटूमन की आवश्यकता होती है।

(b) बिटूमनी कंक्रीट सड़कें—इस प्रकार की सड़क भारी भार ले जाने वाले वाहनों तथा लोहे के टायर वाली बैलगाड़ियों आदि के लिये भी बहुत उपयुक्त हैं। अतः बिटूमनी कंक्रीट सतह उपरोक्त सडकों से श्रेष्ठ हैं।

निर्माण विधि

बिटूमनी कंक्रीट बिछाने से पूर्व पुरानी जल बद्ध मैकेडम सतह पर वांछित कैम्बर व ढाल बना कर उसे साफ व शुष्क बना दिया जाता है। जल बद्ध मैकेडम परत की मोटाई 15 से०मी० से कम नहीं होनी चाहिए।

कंक्रीट में 1 से 3mm आकार का रेत व 6 से 30 mm आकार की बजरी का अनुपात 1 : 2 रखा जाता है। प्रति घन मीटर कंक्रीट में 48 kg डामर तथा 128 kg रेत व बजरी मिलाई जाती है। रेत, व डामर को अलग–अलग 180°C पर गर्म कर उपरोक्त अनुपात में अच्छी प्रकार मिला लिया जाता है। इसके पश्चात् इस मिश्रण की 5 से 10 से०मी० मोटी परत तैयार सतह पर डाल कर हल्के रोलर (6-8 टन भार) से कुटाई कर दी जाती है। कई दिन अच्छी प्रकार कुटाई करने के पश्चात् इसके ऊपर डामर व रेत की बंधक परत डालकर कुटाई कर दी जाती ळै। सतह तैयार हो जाने पर इसे यातायात के लिए खोल दिया जाता है।

(c) सीमेन्ट कंक्रीट सड़कें—सीमेन्ट कंक्रीट सड़के बिटूमनी सड़कों की अपेक्षा अधिक उपयोगी सिद्ध हुई हैं। बिटूमनी सड़कों की अपेक्षा ये अधिक यातायात तीव्रता वहन कर सकती हैं तथा इनकी आयु अधिक होने के कारण मितव्ययी होती हैं इनका मुख्य दोष इनकी प्रारम्भिक लागत अधिक होना है।

(5) कंक्रीट सड़कों की किस्में

(1) सीमेन्ट बद्ध मैकेडम सड़क

(2) पूर्व मिश्रित कंक्रीट सड़क

जल बद्ध मैकेडम आधार को उचित कैम्बर व ढाल दे कर उस पर 3.5 से०मी० से 5.0 से०मी० आकार की पत्थर की गिट्टी की 12 से०मी० मोटी परत डाल कर उसकी हल्के, प्रायः 8 टन भार वाले, रोलर से कुटाई की जाती है। इस प्रकार कुटाई की गई परत की मोटाई 10 से०मी० होनी चाहिए। इसके पश्चात् सीमेन्ट रेत के 1 : 2 अनुपात के मिश्रण में पर्याप्त मात्रा में पानी मिलाकर इस घोल को तैयार सतह पर डाल दिया जाता है। उपरोक्त घोल के लिए प्रति थैला सीमेन्ट (50 kg) में 34 लीटर पानी मिलाना पर्याप्त है। सीमेन्ट की मात्रा प्रति घन मीटर गिट्टी के लिए 5 थैले सीमेन्ट पर्याप्त सिद्ध

हुई है। सीमेन्ट रेत घोल गिट्टी परत पर डालकर उसके ऊपर 15 से 18 mm आकार की बजरी डालकर हल्के रोलर अथवा हाथ से कुटाई की जानी चाहिए। प्रसार व संकुचन के लिए अचित अन्तराल पर जोड़ लगाये जाने चाहिए।

(6) पूर्व मिश्रित कंक्रीट सड़क बनाना

सर्वप्रथम अधः आधार की कुटाई कर उसमें उचित कैम्बर व ढाल बनाया जाता है। सतह के कैम्बर की जांच टैमप्लेट से कर लेनी चाहिए। टैमप्लेट सड़क की मध्य रेखा के अभिलम्ब दिशा में रखी जानी चाहिए। सतह के उभार अथवा गड्ढे समतल कर देने चाहिए। कभी–कभी इस प्रकार तैयार किए गए अधः आधार समतल व चिकना आधार प्रदान करने की दृष्टि से एक आधार परत भी बिछाई जाती है। परन्तु आधार परत बिछाना अनिवार्य नहीं हैं।

आधार तैयार हो जाने पर सड़क के किनारों से फर्माबन्दी कर आधार परत को पानी से संतृप्त कर दिया जाता है। पानी इतना डाला जाना चाहिए जिसे आधार परत सोख सके। आधार परत पर पानी ठहरना नहीं चाहिए।

इसके पश्चात् 1 : 2 : 4 अनुपात की कंक्रीट मिला कर उपरोक्त तैयार सतह पर 5 से 8 से०मी० मोटी परत में डालकर उसकी अच्छी प्रकार कुटाई कर देनी चाहिए। तैयार सतह की कम से कम 14 दिन तक तराई की जानी चाहिए। इसमें भी उचित अन्तराल पर जोड़ लगाने चाहिए।

(7कंक्रीट पथ

भारत एक कृषि प्रधान देश है जिसकी अधिकांश जन संख्या गांवों में रहती हैं। इस कारण गांवों में स्थाई व मितव्ययी सड़कें बनाना बहुत आवश्यक है जिससे वहाँ की पैदावार अति शीघ्र मंडियों व नगरों में पहुँचाई जा सके। लोहे के टायर वाली बैलगाड़ियों से सड़कों में बहुत कम समय में ही लीक पड़ जाती हैं जिससे वह खराब हो जाती है। जैसा कि पहले बताया जा चुका है गांव में प्रायः निम्न प्रकार की मितव्ययी सड़कें बनाई जाती हैं।

(1) मिट्टी की सड़कें, (2) मूरम की सड़कें, (3) ग्रेवली सड़कें, (4) जल बद्ध मैकेडम सड़कें आदि। परन्तु ये सड़कें लोहे के टायर वाली बैलगाड़ियों के पहियों से बहुत जल्दी खराब हो जाती हैं तथा इनमें गहरी लीक पड़ जाती है जिन्हें समय–समय पर ठीक करने की आवश्यकता होती है। इस प्रकार बहुत धन व्यय होता है तथा किसानों को भी परेशानी होती है।

अधिक टिकाऊ सीमेन्ट कंक्रीट अथवा बिटूमनी सड़कें वित्तीय कठिनाइयों के कारण बनाना सम्भव नहीं हैं।

उपरोक्त कारणों से बैलगाड़ियों के लिए टिकाऊ व मितव्ययी सड़कों का आविष्कार किया गया है जिन्हें क्रीट पथ के नाम से जाना जाता है।

क्रीट पथ दो कम जोड़ी (Longitudinal) सड़क की पट्टियाँ होती हैं जिन पर बैलगाड़ियों के पहियें अथवा अन्य वाहन चल सकते हैं। इनके बीच के स्थान में ग्रेवल

अथवा गिट्टी आदि भर दी जाती है। इन पट्टियों की चौड़ाई 60 से 75 से०मी० तथा मोटाई प्रायः 0 से०मी० होती है। दोनों पट्टियों के केन्द्र से केन्द्र का अन्तराल 1.30 से 1.5 मीटर होता है। ये पट्टियां पूर्व निर्मित भी की जा सकती हैं तथा कार्य स्थल पर भी बनाई जा सकती हैं। पूर्व निर्मित पट्टियों की लम्बाई 2 मीटर तथा मोटाई 10 से०मी० रखी जाती है। पट्टी बिछाने से पूर्व खाई खोद कर अच्छी प्रकार पानी छिड़क कर खूब कुटाई की जाती है जिससे पट्टी बिछाने के पश्चात अधिक निष्पादन न होने पाए।

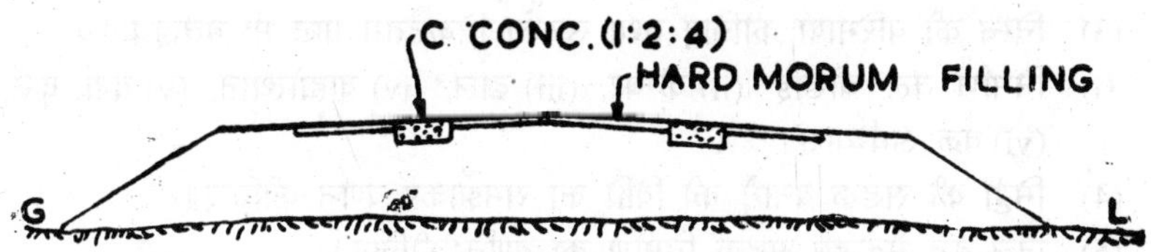

चित्र-45.11. Crete Path

अतः क्रीट पथ चीनी मिलों के समीप गांव की सड़कें बनाने अथवा अन्य कारखनों के समीप बैलगाड़ी व ट्रक आदि आने जाने के लिए मार्ग बनाने के लिए बहुत मितव्ययी तथा उपयोगी सिद्ध हुआ है। चित्र–45.11

चित्र–45.12 A व B क्रमशः भराई व कटाई में सड़क के परिच्छेद (Crosssections) दिखाये गए हैं।

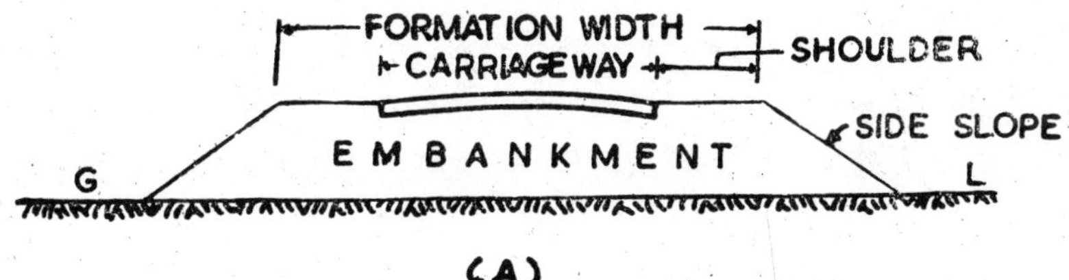

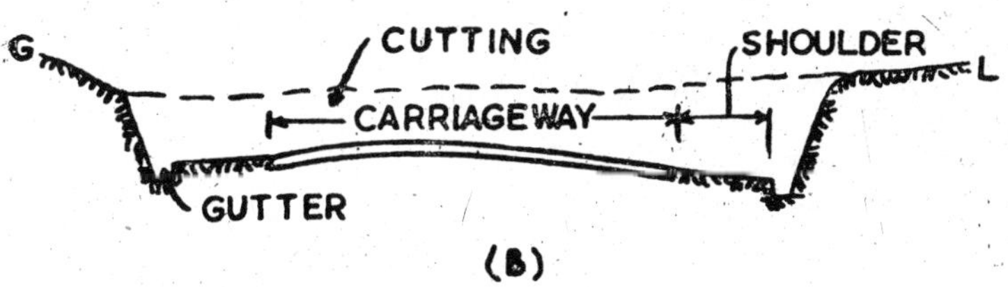

चित्र-45.12

प्रश्नावली

(1) सड़क डिजाइन करते समय किन–किन बातों का ध्यान रखा जाना चाहिए।

(2) चित्र द्वारा सड़क की बनावट दिखाइये तथा ऊपरी सतह के गुणों का वर्णन भी करिए।

(3) निम्न की परिभाषा कीजिए तथा उनका निकटतम मान भी बताइये।

(i) निर्माण तल चौड़ाई, (ii) कैम्बर, (iii) ढाल, (iv) वाह्योत्थान, (v) दर्श दूरी, (vi) वक्र अर्धव्यास।

(4) मिट्टी की सड़क बनाने की विधि का समझाकर वर्णन कीजिए।

(5) जल बद्ध मैकेडम सड़क निर्माण का वर्णन कीजिए।

(6) बिटूमनी सड़कों के निर्माण का वर्णन कीजिए।

(7) कंक्रीट व जल बद्ध मैकेडम सड़कों का तुलनात्मक वर्णन कीजिए।

(8) क्रीट पथ से आप क्या समझते हैं समझा कर वर्णन कीजिए।

Appendix-I
Objective Questions

1. किसी सरंचना जिसे चारों ओर से दीवारों व ऊपर से छत से ढांप कर प्राकृतिक प्रभाव जैसे वायु, सूर्य, वर्षा आदि के प्रभाव से सुरक्षित बनाया गया हो उसे........कहा जाता है।

(a) गोदाम (b) सिविल इन्जीनियरी
(c) भवन (d) फैक्ट्री

2. इन्जीनियरी कालिज़ भवन का वर्गीकरण.............होगा।

(a) कार्यालय भवन (b) व्यापारिक भवन
(c) सार्वजनिक भवन (d) शिक्षण भवन

3. किसी सनीमा हाल का वर्गीकरण............होगा।

(a) निवास भवन (b) व्यापारिक भवन
(c) शिक्षण भवन (d) सविजनिक भवन

4. किसी भवन का भूतल पर बनाया गया तल................कहलाता है।

(a) नींव (Sub Structure) (b) अधिरचना (Super Structure)
(c) दोनों सही है (d) दोनों गलत है।

5. किसी भवन की नींव..............के लिये नहीं बनाई जाती

(a) संरचना की समांग स्थिरता बढ़ाने के लिय।
(b) नीचे भार अधिक क्षेत्र पर वितरित करने के लिये।
(c) अधो भूमि पर समान भार वितरित करने के लिये।
(d) मृदा की धारक क्षमता बढ़ाने के लिये।

6. किसी भवन की नींव के विफल होने का कारण..............नहीं हो सकता

(a) पाशिवक पदार्थ का हटना
(b) अधो भूमि से जल निकासी
(c) भवन की मंजिल की डिजाइन ऊँचाई
(d) मृदा का असमान निष्दन

7. भूतल से नीचे नींव की न्यूनतम गहराई............होनी चाहिये।

(a) 65 cm (b) 90 cm (c) 100 cm (d) 120 cm

8. नींव की गहराई............सूत्र से ज्ञात की जा सकती है जब कि P= मृदा की सुरक्षित धारक क्षमता, w मृदा का प्रतिइकाई भार, ϕ = विश्राम कोण

(a) $d = \frac{P}{w}\left[\frac{1-\sin\phi}{1+\sin\phi}\right]^2$ (b) $d = \frac{P}{w}\left[\frac{1+\sin\phi}{1\ \sin\phi}\right]^2$

(c) $d = \frac{w}{P}\left[\frac{1-\sin\phi}{1+\sin\phi}\right]^3$ (d) $d = \frac{w}{P}\left[\frac{1+\sin\phi}{1-\sin\phi}\right]^3$

9. I.S.875 के अनुसार किसी अस्पताल के वार्ड, होस्टल व निवास भवन की छत पर अनुज्ञय चल भार............माना जाता है।

(a) 200 Kg/m^2 (b) 300 Kg/m^2
(c) 400 Kg/m^2 (d) 500 Kg/m^2

10. किसी भवन में फर्नीचर स्टोर करने पर उसका भार.............माना जायेगा।

(a) चल भार (b) अचल भार

(c) शून्य भार (d) सब सहीं है।

11. ईंट चिनाई का औसत भार...........माना जाता है।

(a) 1350 Kg/m^3 (b) 1650 Kg/m^3

(c) 1920 Kg/m^3 (d) 2350 Kg/m^3

12. शहरों में भवन राष्ट्रीय कोड़ के अनुसार सड़क के किनारे से भवन की न्यूनतम दूरी............होनी चाहिये।

(a) 6.0 m (b) 9.0 m (c) 15 m (d) 18 m

13. 200 से 500 वर्ग मीटर क्षेत्रफल वाले प्लाट पर............% भाग पर भवन बनाया जा सकता है।

(a) 40% (b) 50% (c) 60% (d) 75%

14. 10 m से कम ऊँचाई वाले भवनों के सामने की ओर कम से कम...........स्थान छोड़ा जाना चाहिये।

(a) 1.5 m (b) 2.0 m (c) 3.0 m (d) 1.0 m

15. स्वास्थ की दृष्टि से निवास भवन के कमरे का न्यूनतम् क्षेत्रफल.............होना चाहिये।

(a) 8.5 m^2 (b) 9.5 m^2 (c) 7.0 m^2 (d) 10 m^2

16. निवास भवन के कमरे की न्यूनतम चौड़ाई..........होनी चाहिये।

(a) 1.75 m (b) 2.25 m (c) 2.4 m (d) 2.95 m

17. स्वास्थ की दृष्टि से निवास कमरे की न्यूनतम ऊँचाई.............होनी चाहिये।

(a) 2.8 m (b) 3.3 m (c) 3.5 m (d) 3.75 m

18. किसी भवन की अधिकतम् ऊँचाई...............हो सकती है।

(a) 15 m (b) 20 m (c) 24 m (d) 32 m

19. यदि किसी भवन के सामने वाली सड़क की चौड़ाई Z m है तो सामान्यतः भवन की ऊँचाई.. ....हो सकती है।

(a) Z + सामने का खुला स्थान

(b) 1.5 Z + सामने का खुला स्थान

(c) 1.8 Z + सामने का खुला स्थान

(d) 2.2 Z + सामने का खुला स्थान

20. संवातन की दृष्टि से निवास भवनों में दरवाजों व खिड़कियों का क्षेत्रफल, फर्श क्षेत्रफल का. ....होना चाहिये।

(a) 12% (b) 14% (c) 18% (d) 20%

21. प्लेट विधि से मृदा की धारक क्षमता ज्ञात करने के लिये प्रायः प्लेट का आकार.............होता है।

(a) 15 cm × 15 cm (b) 30 cm × 30 cm

(c) 45 cm × 45 cm (d) 75 cm × 75 cm

22. खुला गढ़ा खोद कर मृदा धारक क्षमता ज्ञात करने के लिये खुले गढ़े का क्षेत्रफल...........होना चाहिये।

(a) 10 m × 10 m (b) 9 m × 9 m

(c) 15 m × 15 m (d) 7.5 m × 7.5 m

23. खुले गढ़े की अधिकतम् गहराई...............हो सकती है।

(a) 1.5 m (b) 2.0 m (c) 3.0 m (d) 4.5 m

24. बिना निष्दन में मृदा की भार वहन करने की क्षमता.............कहलाती है।

(a) मृदा की धारक क्षमता (b) मृदा की धारत पावर

(c) मृदा का धारक मान d) सब सही है।

(e) सब गलत हैं।

25. वह न्यूनतम भार, जिससे नींव विफल हो जाती है उसे............कहा जाता है।

(a) मृदा की अन्तिम या चरम धारक क्षमता

(b) मृदा की सामन्य सामर्थ्य

(c) मृदा की चरम तनन सामर्थ्य

(d) मृदा की चरम संपीडीय सामर्थ्य

26. ....की चरम धारक क्षमता अधिकतम् होती है।

(a) काली चिकनी मृदा (b) जलोढ़ मृदा

(c) मुलायम चट्टान (d) कठोर चट्टान

27. कठोर चट्टान की धारक क्षमता...............होगी।

(a) 2 से 5 t/m^2 (b) 5 से 90 t/m^2

(c) 110 t/m^2 (d) 200 t/m^2 से अधिक

28. मोटे सघन व शुष्क रेत की धारक क्षमता.................होगी।

(a) 20-60 kg/m^2 (b) 80-100 kg/m^2

(c) 110-125 kg/m^2 (d) 200 kg/m^2

29. मृदा की धारक क्षमता...............से नहीं बढ़ाई जा सकती।

(a) मृदा को नम करके (b) मृदा से जल निकासी करके

(b) मृदा की कुटाई करके (d) मृदा में रासायनिक पदार्थ मिला कर

30. दीवारों पर अधिक भार लगने तथा मृदा की धारक क्षमता कम होने की अवस्था................नींव होनी चाहिये।

(a) स्तम्भ नींव (b) प्रबलित कंक्रीट नींव

(c) चूना कंक्रीट फैलाव नींव (d) सब सहीं है।

31. 1 : 4 : 8 सीमेन्ट कंक्रीट ब्लाक की मोटाई कुर्सी तल से ऊपर चिनाई दीवार की मोटाई का............गुणा होती है।

(a) 5/6 (b) 1.2 (c) 1.5 (d) 2.0

32. नींव के निचले कंक्रीट ब्लाक की मोटाई दीवार की सतह से कंक्रीट ब्लाक के प्रक्षेप J का...........गुणा होती है।

(a) 0.5 (b) J (c) 1.5 J (d) 2 J

33. साधारण दो मंजले भवन के लिये............नींव पर्याप्त है।

(a) फैलाव नींव (b) खसकेदार नींव

(c) फर्शी नींव d) पाइल नींव

34. किसी नदी पर पुल बनाने के लिये पायों के लिये............नींव पर्याप्त है।

(a) पाइल नींव (b) ग्रिलेजन नींव

(c) कुआँ नींव (d) राफ्ट नींव

35. गहरे पानी में पुल बनाने के लिये पायों के लिये............नींव पर्याप्त है।

(a) कुआँ नींव (b) पाइल नींव

(c) फर्श नींव (d) कैसून नींव

36. राफ्ट नींव के लिये अनुज्ञय निष्दन............है।

(a) 50 mm (b) 100 mm (c) 150 mm (d) 200 mm

37. पाइल नींव प्रायः...........मृदा पर बनाई जाती है।

(a) कठोर मृदा में (b) मुलायम मृदा में

(c) कठोर चट्टानों में (d) जलाक्रान्त क्षेत्रों में

38. पाइल प्रायः............की नहीं बनाई जाती।

(a) लकड़ी (b) प्रवलित कंक्रीट

(c) स्टेनलेस स्टील (d) स्टील

39. प्रथम श्रेणी की ईंट का आकार............होता है।

(a) 18 × 9 × 9 cm (b) 19 × 10 × 7.5 cm
(c) 20 × 10 × 9 cm (d) 20 × 10 × 10 cm

40. 18 × 9 × 9 cm आकार की 10 ईंट मोटी चिनाई दीवार की ऊँचाई.............होगी।

(a) 180 cm (b) 150 cm (c) 100 cm (d) 90 cm

41. प्रथम श्रेणी ईंट की संपीडीय सामर्थ्य..............होगी।

(a) 60 kg/m² (b) 80 kg/m²
(c) 100 kg/m² (d) 120 kg/m²

42. ईंटों की क्षैतिज परत या लेयर...........कहलाता है।

(a) बॉड (b) रद्दा (c) ईंट चिनाई (d) सब सही है।

43. दीवार की सतह पर ईंट का (9 × 9 cm) वाला दिवाई देने वाला सिरा...........कहलाता है।

(a) हैडर (b) फलक (Face)
(c) पट (Stetcher) (d) सामने का भाग या अग्र भाग

44. एक दिन में ईंट चिनाई..............से अधिक नहीं की जानी चाहिये।

(a) 2.0 m (b) 1.5 m (c) 1.0 m (d) 0.75 m

ईंट व पत्थर चिनाई

45. लम्बाई में काटी गई ईंट...............कहलाती है।

(a) नर डेली (b) मादा डेली
(c) कोनिया हैडर (d) टुकडा

46. ईंट की लम्बाई व चौड़ाई के मध्य बिन्दुओं को मिलाने वाली रेखा पर काटी गई ईंट.............कहलाती है।

(a) ढालू डेली (b) मादा डेली
(c) नर डेली (d) बुलनोज़

47. दीवार का कोना बनाने वाली ईंट या पत्थर का टुकड़ा कहलाता है।

(a) कोनिया (b) मादा डेली
(c) टुकड़ा (d) बुलनोज

48. ईंट चिनाई में दीवार की न्यूनतम् मोटाई............होती है।

(a) 1.5 cm (b) 22.5 cm (c) 27 cm (d) 30 cm

49. चिनाई करते समय ईंट की डिब्बी.............रखी जानी चाहिये।

(a) ऊपर की ओर (b) नींचे की ओर
(c) भुजा की ओर (d) किसी भी अवस्था में

50. ईंटों में डिब्बी............के लिये बनाई जाती है।

(a) ईंट का भार कम करने के लिये
(b) मसाला भरने पर ईंटों में पकड़ उत्पन्न करने के लिये
(c) मालिक का नाम व वर्ष अंकित करने के लिये
(d) ईंट का शिखर बनाने के लिये

51. ईंट चिनाई में यदि एक रद्दे में तीन या चार पट ईंटों के पश्चात एक हैडर ईंट लगाई जाये तो यह बाँड.............कहलाता है।

(a) अंग्रेजी बाग दीवार बाँड (b) फ्लेमिश बाग दीवार बाँड
(c) लहरिया बाँड (d) पट्टी बाँड

52. प्रत्येक रद्दे में एक ईंट पट तथा एक हैडर लगाने से बना बाँड..............कहलाता है।

(a) अंग्रेजी बाँड (b) फ्लेमिश बाँड

(c) रेकिग बाँड (d) विकर्ण बाँड

53. चिनाई में एक रद्दा पट ईंटों का तथा दूसरा हैडर ईंटों का बनाया जाने पर.............बाँड कहलाता है।

(a) अंग्रेजी बाँड (b) फ्लेमिश बाँड

(c) लहरया बाँड (d) पट्टी बाँड

54. चिनाई दीवार का भीतरी भाग या बीच का भाग..............से भरा जाना चाहिये।

(a) टुकड़ों से (b) डेली से

(c) हैडर ईंटों से (d) पट्टी ईंटों से

55. ईंट चिनाई में दीवार की फलको में...............ईंट लगाई जानी चाहिये।

(a) ऊष्मा सह ईंट (b) ईंटों की टाइलस्

(c) प्रथम श्रेणी की ईंट (d) द्वितीय श्रेणी की ईंट

56. चिनाई में...............मसाला उपयोग करने पर ईंट शुष्क अथवा बिना भिगोये उपयोग की जानी चाहिये।

(a) सीमेन्ट मसाला (b) चूना मसाला

(c) सीमेन्ट चूना मसाला (d) गारा मसाला

57. ईंट चिनाई..............के कारण विफल हो सकती है।

(a) अधिक भार के कारण कुलचने से

(b) क्षैतिज समतल पर अपरूपण के कारण

(c) ऊर्ध्वाधर जोड़ों के साथ–साथ फटने से

(d) ऊपरोक्त में से किसी भी कारण से

58. ईंट चिनाई में राज द्वारा उपयोग किया जाने वाला सबसे महत्वपूर्ण औज़ार...............हैं।

(a) हथौड़ा (b) करनी (c) पाणसल (d) गुनिया

59. पत्थर चिनाई की दीवार की न्यूनतम् मोटाई...............होती है।

(a) 20 cm (b) 30 cm (c) 35 cm (d) 45 cm

60. पत्थर चिनाई में मोटी गढ़ाई अथवा बिना गढ़ाई के पत्थर प्रयोग करने पर चिनाई..............कहलाती है।

(a) बेरद्दा ढोंका चिनाई (b) ढोका चिनाई

(c) एश्यलर चिनाई (d) बेरद्दा एश्लर चिनाई

61. दो पत्थर ब्लाकों में अपनी लम्बाई की दिशा में खिसकने की प्रवृत्ति होने पर उनमें लगाया जाने वाला जोड़.............कहलाता है।

(a) क्रेम्प जोड़ (b) चढ़ाव जोड़

(c) जीभी जोड़ (d) चाबी जोड़

62. वायु मण्डलीय दुष प्रभावों से कटाव होने से बचाने के लिये ढाल के साथ साथ बनाई जाने वाली दीवार.............कहलाती है।

(a) पुशता धारक दीवार (b) पुशते

(c) धारक दीवार (d) उदर भित्ति

63. पत्थर चिनाई में दीवार से प्रक्षेप करने वाला भाग जो सरंचनात्मक अवयब को सभालने के लिये बनाया जाता है.............उसे कहा जाता है।

(a) कार्निस (b) ड्रिप पत्थर

(c) क्रेम्प (d) बाहुधरन

(e) टोडा (Corbel)

सीलरोक रद्दा

64. किसी भवन में सीलन............के कारण हो सकती है।
(a) दोष पूर्ण निर्माण
(b) वर्षा जल के प्रवेश
(c) भौम जल या भौम नमी
(d) पार्श्विक भुजा की ओर के जल निकास कार्यों के कारण
(e) उपरोक्त में से किसी भी कारण

65. छत में नमी..............के कारण हो सकती है।
(a) छादन या पाटन सामग्री का अपर्याप्त चढ़ाव
(b) शिवर पर अति वनिस्पति का उग आना
(c) छिद्रमय सामग्री का उपयोग करने
(d) दोष पूर्ण पलम्बरी कार्य
(e) उपरोक्त में से किसी भी कारण

66. भवन में सीलन रोकने के लिये वाह्य फलक के सामानान्तर बनाया गया कम चौड़ा या तंग स्थान. ....कहलाता है।
(a) वायुड्रेन (b) जल ड्रेन
(c) पेरापट दीवार (d) केविटि या खोखली दीवार

67. भारत जैसे देश में भवन में सीलन रोकने के लिये..............चौड़ा खोखलापन पर्याप्त है।
(a) 2 से 3 cm (b) 5 से 8 cm
(c) 7.5 से 10 cm (d) 12 से 15 cm

68. सीलन रोक परत के लिये उपयोग किया जाने वाला अति सामन्य पदार्थ............है।
(a) विट्मन (b) सीमेन्ट कंक्रीट
(c) सीमेन्ट व रेत का मसाला (d) पेराफिन वेक्स

69. सीलन रोक कार्यो के यिले अर्ध लचीले पदार्थो में............सर्वोत्तम है।
(a) विट्मन (b) विट्मनी नमदा
(c) डामर बजरी (d) प्लास्टिक की चादरें
(e) एल्यूमिनियम की चादरें

70. पेरापट दीवार के शिखर को वर्षा जल के दुष प्रभाव से सुरक्षित रखने के लिये उस पर एक विशेष प्रकार का रद्दा बनाया जाता है जिसे.............कहा जाता है।
(a) टपकन रद्दा (b) बंधक रद्दा
(c) कॉर्निस (d) शीर्षका

71. शीर्षका, सिल, छज्जों, आदि से वर्षा जल निकासी में सुगमता प्रदान करने के लिये इनके नीचे की ओर काटा गया खाँचा.............कहलाता है।
(a) बंधक रद्दा (b) टपकन रद्दा
(c) तोता (d) सब सही हैं।

72. चपटी छतों को सीलन रोधी बनाने के लिये विट्मन की परत.............कि०ग्राम प्रति वर्ग मीटर की दर से लगाई जानी चाहिये।
(a) 1 kg/m² (b) 1.67 kg/m²
(c) 1.71 kg/m² (d) 2.5 kg/m²

दरवाजे व खिड़कियाँ

73. फर्श तल में संचार सुविधा, वायु व प्रकार के प्रवेश के लिये दीवार में छोड़ा गया स्थान......... कहलाता है।

(a) रोशन दान (b) खिड़की

(c) दरवाजा (d) सब सही हैं।

74. दरवाजे व खिड़की की सतह पर छोड़ा गया स्थान..............कहलाता है।

(a) सिल (b) पाखा (Jamb)

(c) बाह्य पक्ष (Reveal) (d) सब सहीं है

75. दरवाजा बन्द करने में सुगमता प्रदान करने के लिये चौखट में काटा गया अवपात (depression) ....कहलाता है।

(a) खांचा (Recess) (b) पताम (Rebate)

(c) चूल (Tenner) (d) झिलमिली (Louver)

76. दरवाजे में उपयोग किया गया ऊर्ध्वाधर घटक..............कहलाता है।

(a) रेल (b) सिल (c) चौखट (d) खडी पट्टी

77. चौखट को दीवार में जकड़ने के लिये लगाई गई लोहे की पत्ती..............कहलाती है।

(a) हिन्ज (b) कब्जा

(c) होल्ड फास्ट (d) सब सहीं हैं।

78. चौखट फ्रेम................सामग्री के बनाये जा सकते हैं।

(a) कंक्रीट (b) लकड़ी

(c) इस्पात (d) a, b, c तीनों से

79. दरवाजे के फ्रेम के पताम की गहराई...............होनी चाहिये।

(a) 5 से 8 mm (b) 12 से 13 mm

(c) 20 mm (d) 50 mm

80. रसोई, स्नान घर, शौचालय आदि में दरवाजे प्रायः..............प्रकार के लगाये जाते हैं।

(a) सपाट

(b) पुशतवानी तानदार अथवा वधनी दरवाजे

(c) पूर्णतः कांच दार दरवाजे

(d) आंशिक काचंदार व आशिक दिल्लेदार दरवाजे

81. दिल्लेदार दरवाजों में ताला पट्टी व शिखर पट्टी के बीच लगाई जाने वाली पट्टी..............कहलाती है।

(a) शिखर पट्टी (b) ताला पट्टी

(c) ऊर्धिवका (Mullion) (d) पस्तर गल (Frieze)

82. दरवाजों के फ्रेम की क्षैतिज़ व खड़ी पट्टयों की मोटाई प्रायः..............होती है।

(a) 8 से 10 cm (b) 5 से 9 cm

(c) 3 से 4 cm (d) 2 से 3 cm

83. निवास भवन के दरवाज़े की न्यूनतम चौड़ाई............होनी चाहिये।

(a) 60 cm (b) 90 cm (c) 75 cm (d) 120 cm

84. खिड़कियों में काँच का क्षेत्रफल कमरे के क्षेत्रफल का..............% होना चाहिये।

(a) 10 % (b) 15 % (c) 20 % (d) 25 %

85. दरवाजे या खिड़की फ्रेम में तिल्ली (Fanlight) को अलग करने वाला क्षैतिज घटक........... कहलाता है।

(a) सरदल (b) देहली (c) ऊर्ध्विका (d) सिल

86. वातानुकूलित भवनों के लिये सर्वोत्तम दरवाजा..............है।

(a) घूर्णी दरवाजा (b) दोलन दरवाजा

(c) सरकवाँ दरवाजा (d) लपेटवा दरवाजा

87. दरवाजों की न्यूनतम् ऊँचाई.............होनी चाहिये

(a) 1.5 (b) 1.8 m (c) 2.1 m (d) 2.4 m

88. किसी भवन की ढालू छत में बनाई गई खिड़की.............कहलाती है।

(a) निकली खिड़की (Bay Window)

(b) रोशन दान (Clere Story Window)

(c) छत खिड़की (Dormer Window)

(d) छत रोशन दान (Sky Light Window)

89. किसी कमरे की चपटी छत में बनाई जाने वाली खिड़की.................कहलाती है।

(a) छत रोशन दान (Sky Light window)

(b) छत खिड़की (Dormer Window)

(c) लालटेन खिड़की या छतरोशन दान (Lantern Window)

(d) सब सहीं है

90. किसी भवन के कमरे से प्रक्षेप करती हुई बनाई गई खिड़की..............कहलाती है।

(a) निकली खिड़की (Bay Window)

(b) छत रोशन दान (Lantern Window)

(c) छत खिड़की (Dormer Window)

(d) फरमेदार खिड़की (Casement Window)

91. छत के नीचे कमरे में प्रकाश व वायु भेजने के लिये बनाई गई खिड़की..............कहलाती है।

(a) छत खिड़की

(b) कोने की खिड़की (Corner Window)

(c) निकली खिड़की (Bay Window)

(d) रोशन दान (Clear Story Window)

92. प्रायः मुख्य छत के समीप बनाई गई खिड़की जो समीप के बरामदे के ऊपर खुलती है उसे ....कहा जाता है।

(a) छत खिड़की (b) कोने की खिड़की

(c) निकली खिड़की (d) रोशन दान

93. दिन में अधिकतम् प्रकाश के प्रवेश के लिये खिड़की..............बनाई जानी चाहिये।

(a) उत्तरी दीवार में (b) पश्चिमा दीवार में

(c) पूर्वी दीवार में (d) दक्षिणी दीवार में

94. प्रायः दरवाजे के पल्लों की मोटाई...............होती है।

(a) 10 mm (b) 20 mm (c) 30 mm (d) 40 mm

सीढ़ी व सीढ़ी कक्ष C Stairs and Stair Cases

95. सार्वजनिक भवनों में सीढ़ी................के समीप बनाई जानी चाहिये।
(a) प्रवेश द्वार (b) केन्द्रीय भाग
(c) भवन के अन्त में (d) शौचालय के समीप

96. सीढ़ी का वह भाग जिस पर पैर रख कर एक तल से दूसरे तल तक चढ़ा या उतरा जा सकता है.............कहलाता है।
(a) पैड़ी (b) पट (c) चौकी (d) रवड़ पट्ट

97. पैड़ी का क्षैतिज भाग..............कहलाता है।
(a) पट (b) पग चौड़ाई
(c) लम्ब पट्टी (d) चौकी

98. दो क्रमिक रवड़ पट्ट के बीच क्षैतिज़ दूरी...............कहलाती है।
(a) पट (b) पग चौड़ाई
(c) लम्ब पट्ट (d) चौकी

99. दो क्रमिक पटों के बीच ऊर्ध्वाधर दूरी.............कहलाती है।
(a) पग चौड़ाई (b) उठान
(c) रवड़ पट्ट (Riser) (d) अन्तराल

100. रवड़ पट्ट के आगे का प्रक्षेप............कहलाता है।
(a) लम्ब पट्ट (b) गोला
(c) अन्तराल (d) जंगले की छड़ (Baluster)

101. किसी सीढ़ी पंक्ति में पैड़यों की न्यूनतम् संख्या.............होनी चाहिये।
(a) 2 (b) 3 (c) 5 (d) 7

102. साधारण सीढ़ी पंक्ति में पैड़यों की अधिकतम् संख्या...............होनी चाहिये।
(a) 10 (b) 12 (c) 15 (d) 20

103. सीढ़ी पंक्ति की हस्त दंड के शिखर व तली पर लगाई गई अन्तिम टेक................कहलाती है।
(a) कटहरे की छड़ (b) थम्बा
(c) कटहरा (d) बैरिस्टर

104. किसी कक्ष की खुली ऊँचाई...............से कम नहीं होनी चाहिये।
(a) 1.5 m (b) 2.1 m
(c) 2.75 m (d) 3.5 m

105. कोई पैड़ी............होने पर सादा पैड़ी कहलाती है।
(a) साधारण आयताकार पैड़ी
(b) दिशापरिवर्तन के लिये उपयोग की गई त्रिभुजा कार पैड़ी
(c) पद व उठान वक्राकार होने पर
(d) सीढ़ी की दिशा से 90° के अतिरिक्त अन्य कोई भी कोण होने पर

106. सीढ़ी की निचली सतह..............कहलाती है।
(a) तला (Soffit) (b) छत गिरी
(c) कार्ट (Waist) (d) सब सहीं है।

107. लकड़ी सीढ़ी में गोले को अतिरिक्त सँहारा..............देने वाला अवयब कहलाता है।

(a) तला (b) कॉर्निस

(c) दासा (Wall plate) (d) अन्तर (Scotia)

108. सीढ़ी पर मनुष्यों के सचंलन की रेखा नमन रेखा के नाम से जानी जाती है हस्त दंड के केन्द्र से नमन रेखा की दूरी.............होनी चाहिये।

(a) 15 cm (b) 30 cm (c) 45 cm (d) 60 cm

109. किसी सीढ़ी पंक्ति में ऊर्ध्वाधर व क्षैतिज़ दूरियों का अनुपात..............कहलाता है।

(a) अन्तराल (Pitch) (b) ढाल

(c) गोले की रेखा (d) केम्बर

110. किसी हस्त दण्ड की मध्यवर्ती ऊर्ध्वाधर टेक.............कहलाती है।

(a) जंगला (b) बैस्टिर

(c) जगले की छड़ (d) थम्बा

111. किसी सीढ़ी में मोड़ पैड़ी लगाने का सर्वोत्तम स्थान................है।

(a) तली (b) शिखर

(c) मध्य भाग (d) चौकी के समीप

112. I-S के अनुसार निवास भवनों में सीढ़ी की न्यूनतम चौड़ाई..............होनी चाहिये।

(a) 60 cm (b) 80 cm (c) 87 cm (d) 110 cm

113. किसी सीढ़ी में पट से हस्त दण्ड की ऊँचाई...............होनी चाहिये।

(a) 30 से 50 cm (b) 50 से 75 cm

(c) 75 से 80 cm (d) 80 से 125 cm

114. किसी सीढ़ी की दो पंक्तियों में समकोण बनने पर सीढ़ी..............कहलाती ळै।

(a) समकोण मोड़ सीढ़ी (b) कूपक सीढ़ी

(c) प्रतिवर्ती सीढ़ी (d) दुमुखी सीढ़ी

115. सीढ़ी में चौकी न गिनी जाये तो पटों की संख्या रवड़ पटों की अपेक्षा................होगी।

(a) एक कम (b) एक अधिक

(c) दो कम (d) समान

116. कूपक सीढ़ी में जंगला..............लगाया जाता है।

(a) सीढ़ी की सुन्दरता बढ़ाने के लिये

(b) दुर्घटनाएँ बचाने के लिये

(c) दोनों सही हैं

(d) दोनों गलत हैं

117. निवास भवनों में सीढ़ीयों पर डिजाइन भार...............माना जाता है।

(a) 200 kg/m² (b) 250 kg/m²

(c) 300 kg/m² (d) 350 kg/m²

118. हस्त दड के डिजाइन के लिये न्यूनतम क्षैतिज व ऊर्ध्वाधर बल............माने जाने चाहिये।

(a) 55 kg/m (b) 65 kg/m

(c) 75 kg/m (d) 90 kg/m

119. पद व उढान की मापों का योग.............होना चाहिये

(a) 20.5 से 21.5 cm (b) 32.5 से 33.5 cm

(c) 42.5 से 43.5 cm (d) 52.5 से 53.5 cm

120. निवास भवनी मे साधारणतः पैड़ी की माप.............मानी जाती है।

(a) 25 × 16 m (b) 25 × 15 m

(c) 30 × 13 m (d) 35 × 10 m.

121. सीढ़ी का ढाल (Pitch).............से अधिक नहीं होना चाहिये।

(a) 20°   (b) 25°   (c) 30°   (d) 40°

122. पैड़ी के पग की लम्बाई व रवड़ पट्ट की ऊँचाई के दोगुने का योग.............होना चाहिये।

(a) 75   (b) 60   (c) 50   (d) 40

123. पग की चौड़ाई व ऊँचाई का गुणनफल...............होना चाहिये।

(a) 300   (b) 350   (c) 400   (d) 450

124. महत्वपूर्ण भवनों में पट की चौड़ाई...............से कम नहीं होनी चाहिये।

(a) 18 cm   (b) 22 cm   (c) 27 cm   (d) 35 cm

125. महत्व पूर्ण भवनों में रवड़ पट्ट (Riser) का मान.............से अधिक नहीं होना चाहिये।

(a) 10 cm   (b) 15 cm   (c) 18 cm   (d) 22 cm

126. सार्वजनिक भवनों में सीढ़ी की न्यूनतम् चौड़ाई.............होनी चाहिये।

(a) 100 cm   (b) 125 cm   (c) 150 cm   (d) 175 cm

127. यदि दो तलो के बीच की ऊँचाई 362 cm हो तथा रवड़ पट्टी का मान 14 हो तो पट.........होंगे।

(a) 26   (b) 25   (c) 24   (d) 22

फर्श Floors

128. वह संरचना जो किसी भवन को विभिन्न मंजिलों में विभाजित करती है तथा विभिन्न तलों पर रहने के लिये स्थान प्रदान करती है.............कहलाती है।

(a) धरन   (b) स्लेव

(c) फर्श या तल   (d) खुली छत

129. ....पर बनाई जाने वाली सरचना पहली या निचली मंजिल कहलाती है।

(a) भूतल के तुरन्त ऊपर   (b) तहखाने के तल के ऊपर

(c) दोनों सहीं हैं   (d) दोनों गलत हैं

130. आधार में प्रायः 10 cm मोटी रेत की परत.............के लिये लगाई जाती है।

(a) सीलन को दूर रखने के लिये

(b) गद्दे की भांति कुशन का कार्य करने के लिये

(c) जल गतिका (Pot-holes) बनने से रोकने के लिये

(d) सब सहीं हैं।

131. कुल फर्शो में प्रायः उन के आधार व शिखर के मध्य एक अन्य परत डाली जाती है जिसे निचली परत कहा जाता हैं। यह निचली परत..............फर्श में डाली जाती है।

(a) टेराजों फर्श में   (b) सीमेन्ट कंक्रीट फर्श में

(c) लकड़ी के फर्श में   (d) पत्थर चौकी फर्श में

132. पूर्ण फर्श का समान तल रखने के लिये लगाई गई लकड़ी की पट्टी या पलस्तर की परत.............कहलाती है।

(a) पट्टी या बन्ता   (b) स्क्रीड या प्रति दर्शक पट्टी

(c) बिन्दु (Dots)   (d) सब सहीं हैं

133. फर्श शोर रहित कहलाता है यदि उसकी शिखा परत..............उत्पन्न नहीं करती।

(a) हथोड़े से ठोकने से शोर उत्पन्न नहीं करती

(b) मनुष्यों के उसके ऊपर चलने से शोर उत्पन्न नहीं होता

(c) भवन के भीतर उत्पन्न शोर को शोख लेती है

(d) सब सहीं है

134. शीतकाल में गर्म तथा ग्रीष्म काल में ठडां रहने वाला सबसे मितव्ययी फर्श...........है।
(a) रबड़ का फर्श (b) लक्ड़ी का फर्श
(c) गारे का फर्श (d) एस्फाल्ट का फर्श

135. मिट्टी या गारे के फर्श.............के कारण प्रायः पसन्द नहीं किये जाते।
(a) समय समय पर इन्हें गोवर से लेपने की आवश्यकता होती है
(b) गोबर मिला होने के कारण बदबू आने के कारण
(c) मौसम के अनुसार ताप परिवर्तन के प्रतिरोधी होते हैं।
(d) ये मितव्ययी होते हैं।

136. ईंट के फर्श प्रायः..............बनाये जाते हैं।
(a) गोदामों में (b) बरामदों में
(c) रेलवे प्लेटफार्म पर (d) कार्यशालाओं में

137. फर्श की पत्थर की चौकी की मोटाई............होती है।
(a) 2 से 3 cm (b) 3 से 5 cm
(c) 5 से 7 cm (d) 8 से 10 cm

138. पत्थर चौकी फर्श...............बनाया जाता है।
(a) रेलवे प्लेट फार्मो पर (b) भवनों के आंगनों में
(c) सुन्दर व नक्शकारी भवनों में (d) सब सहीं हैं।

139. पत्थर पट्टी का फर्श बनाते समय दो पट्टयों को.............रखना उचित होगा।
(a) केन्द्र पर (b) विकर्णता अभिमुख कोनो पर
(c) अनुदैर्ध्य भुजाओं के अभिमुख (d) फर्श के किसी भी स्थान पर

140. सीमेन्ट कंक्रीट का फर्श बनाते समय फर्श की एक चौकी की न्यूनतम लम्बाई...............होनी चाहिये।
(a) 0.5 m (b) 1.0 m (c) 1.5 m (d) 2.0 m

141. टेराज़ों फर्श में टेराज़ों की मोटाई.............होनी चाहिये।
(a) 10 से 12 mm (b) 15 से 25 mm
(c) 25 से 40 mm (d) 75 से 80 mm

142. दराजों फर्श की अन्तिम घिसाई कार्वोरेडंम पत्थर संख्या..............से की जानी चाहिये।
(a) 60 (b) 80 (c) 100 (d) 120

143. लकड़ी का फर्श बनाये जाने पर तख्तों की चौड़ाई............होनी चायि।
(a) 5 cm (b) 10 cm (c) 20 cm (d) 30 cm

144. भारी भार स्टोर करने व उद्योगों में.............का फर्श उचित होगा।
(a) कंक्रीट फर्श (b) लकड़ी का फर्श
(c) ईंट फर्श (d) कणदार फर्श (Grsmolitnic floor)

145. ऐस्फाल्ट फर्श की मोटाई..............होती है।
(a) 10 से 15 mm (b) 20 से 30 mm
(c) 30 से 40 mm (d) 80 से 85 mm

146. बरामदा फर्श का बाह्य ढाल..............रखा जाना चाहिये।
(a) 1 in 50 (b) 1 in 60 (c) 1 in 75 (d) 1 in 100

147. कार्क का फर्श..............में बनाया जाता है।
(a) निवास भवनों में (b) कार्यालों में
(c) गोदामों (d) रंग शाला

148. टेराज़ों फर्श में...............बनाई जाती है।
(a) संगमरमर की चिपस कंक्रीट आधार पर बिछाकर
(b) संगमरमर चिपस को कंक्रीट में मिलावे के रूप में प्रयोग करके

(c) चिकनी सतह प्रदान करने की दृष्टि से सगमरंमर का चूर्ण कंक्रीट में मिला कर
(d) कंक्रीट आधार पर क्ले टाइल बिछाकर

149. फर्श टाइल का सामान्य आकार...............होता है।
(a) 225 mm × 225 mm × 22 mm
(b) 200 mm × 200 mm × 20 mm
(c) 150 mm × 150 mm × 15 mm
(d) सब सहीं है।

150. नाच कमरे के लिये...............का फर्श उपयुक्त पाया गया है।
(a) कंक्रीट फर्श
(b) लकड़ी का फर्श
(c) सगंमरमर का फर्श
(d) मोजेक फर्श

लिंटल व डाट

151. महराव बनाने के लिये वेज आकार की ईंट या पत्थर..............कहलाता है।
(a) उठान पत्थर
(b) चाबी अथवा की पत्थर
(c) गढ़े डाट पत्थर या ईंट
(d) सब सहीं हैं

152. उठान पत्थर डाट के.............पर लगाया जाता है।
(a) केन्द्र
(b) सिरों
(c) किसी भी स्थान पर
(d) सब सहीं हैं

153. डाट के सिरों की टेक...............कहलाती है।
(a) पाये
(b) अन्तया धार
(c) स्तम्भ
(d) अन्तयाधार पाये

154. डाट की बाह्य उत्तल सतह.............कहलाती है।
(a) अधः स्तर
(b) बाह्य स्तर
(c) तला
(d) स्कंध

155. दो महराबों के बीच असमान त्रिकोनिया भाग.............कहलाता है।
(a) हाँच अथवा स्कंध
(b) त्रिकोणीय अथवा चाप स्कंध
(c) डाट आसन
(d) मध्य धूनी

156. डाट के दोनों ओर से उठान बिन्दु से शिखर तक का निचला आधा भाग.................कहलाता है।
(a) डाट की ऊपरी सतह
(b) हांच
(c) त्रिकोणिका
(d) डाट की निचली सतह

157. डाट को सहारा देने के लिये आड़ी बनाई गई टेक..............कहलाती है।
(a) त्रिकोणिका
(b) हाँच
(c) चाप आधार (Skew Back)
(d) डाट आसन

158. किसी डाट का सबसे ऊँचा भाग..............कहलाता है।
(a) की पत्थर
(b) शिखर
(c) कूट
(d) नर डेली

159. किसी डाट में उसका उठान उसके पाटके आधे से अधिक तथा निचला भाग गोलाई के बजाये सीधा होने पर डाट..............कहलाती है।

(a) घोड़े की नाल की आकृति वाली डाट (b) पैर दार डाट

(c) छुरिया डाट (d) न्यून वाहु डाट

160. किसी डाट का उठान उसके पाट से अधिक होने पर............कहलाती है।

(a) झिलमिली डाट (b) अधिक कोण डाट

(c) औगी डाट (d) छुरिका डाट (Lancet)

161. छोटे वृत खण्ड डाट के लिये लकड़ी का डाट की आकृति का ढूला.................कहलाता है।

(a) डाट पट्टी (b) लपेटन (c) थाम (d) तान

162. किसी लिंटल की न्यूनतम धारक...............होनी चाहिये।

(a) 10 cm (b) 15 cm (c) 20 cm (d) 30 cm

163. सीमेन्ट कंक्रीट के लिंटलों में प्रबर्लन..............लगाया जाना चाहिये।

(a) तली में (b) केन्द्र में

(c) शिखर पर (d) किसी भी स्थान पर

छत व छत आवरक

164. दीवारों व स्तम्भों पर टिके भवनों में लगाये गये आवरक.............कहलाते हैं।

(a) टेन्ट (b) छत

(c) खुली छत (d) सरंचनात्मक स्लेब

165. दीवारों पर अनुप्रस्थ छत के कारण उनकी सामर्थ्य...........जाती है।

(a) बढ़जाती है (b) कम हो जाती है

(c) कोई प्रभाव नहीं पड़ता (d) सब सहीं हैं

166. बड़े पाटों के लिये सर्वोत्तम आवरक.............है।

(a) चपटी छत (b) ढालू छत

(c) शैल छत (Shelled Roof) (d) गुम्बद छत

167. चपटी छतें विशेष रूप से उषण कटिबंधीय स्थानों के लिये उपयोगी है क्यों कि..............किया जा सकता है।

(a) चपटी छतों का ऊपरी भाग खुली छत के रूप में उपयोग किया जा सकता है।

(b) चपटी छत से भवन की सुन्दरता बढ़ जाती है।

(c) चपटी छतों वाले कमरे गर्मी में ठंडे तथा सर्दी में गर्म रहते हैं।

(d) उपरोक्त सब सहीं हैं।

168. ढालू छतें..............पहाड़ी क्षेत्रों के लिये अधिक उपयोगी है।

(a) भार कम होने के कारण

(b) इनकी मरम्मत करना सरल होने के कारण

(c) क्षेत्र में अधिक वर्षा व बर्फ पड़ने के कारण

(d) उपरोक्त सब सहीं हैं

169. 2.5 m पाट वाले भवन के लिये............ढलवाँ छत सर्वोत्तम है।

(a) एक पाशर्व ढालू छत

(b) दुपाखी छत

(c) कालर धरन छत

(d) मध्य थूनी छत (King Post Truss Roof)

170. चारों ओर ढाल रखने वाली ढालू छत............कहलाती है।

(a) शेड छत (b) त्रिअंकी छत (Goble Roof)

(c) काठी छत (Hip Roof) (d) दूढाल छत (Mansard Roof)

171. ढालू छत में ढालू सतह के निचले किनारों के साथ–साथ लगाये गये लकड़ी के तख्ते.........कहलाते हैं।

(a) साधारण कड़ी (b) ओलती फलक (Eaves Board)

(c) त्रिअंकी पार्शव छत (Barge Board) (d) जैक राफ्टर

172. साधारण कड़ी को संभालने व कैंची का भार दीवारों को हस्तानानतिरत करने वाले क्षैतिज़ अवयब. ....कहलाते हैं।

(a) पुर्लिन (b) कड़ी (Rafter)

(c) कूट पट्टी (Ridge piece) (d) कोन तान (Dragons tie)

173. पुर्लिन को यथा स्थान बनाये रखने के लिये साधारण कड़यों में गाड़े जाने वाले छाटे लकड़ी के टुकड़े............कहलाते हैं।

(a) गुटके या क्लीट (b) वोल्ट

(c) त्रिअंकी (Gable) (d) डाट (Stopper)

174. 3.5 m से 4.5 m पाट वाले भवनों के लिये............छत सर्वोत्तम है।

(a) एकपाशर्व ढालू छत

(b) गल पट्ट छत (Coller Roof)

(c) दुपारवी छत (Couple Roof)

(d) तानदार दुपारवी छत (Couple Close Roof)

175. 6 m से 9 m पाट वाले भवनों के लिये...........छत सर्वोत्तम है।

(a) मध्य थूनी कैंची छत (King post-truss roof)

(b) मादा थूनी कैंची छत

(c) कालर तान छत

(d) दु ढालू छत (Mansard roof)

176. मुख्य कड़यों के अवतलन (Sagging) को रोकने के लिये कैंची लगाई जाने वाली तान छडें. ....कहलाती है।

(a) मादा थूनी या मादा खम्भा (Queen post)

(b) तान धरन

(c) थामं (strut)

(d) मध्य थूनी

177. मध्य थूनी कैंची में धरन का अवतलन रोकने के लिये शिख पर जोड़ा गया अवयव.............कहलाता है।

(a) कालर या गाल पट्ट (b) कड़ी (Rafter)

(c) मध्य थूनी (d) थाम

178. पार्शर्व थूनी के सिरों को एक दूसरे के समीप जाने से रोकने के लिये तान धरन के ऊपर एक अन्य लगाई गई धरन............कहलाती है।

(a) थाम

(b) मादा खम्भा या पार्शर्व थूनी (Queen post)

(c) तान धरन (Straining Beam)

(d) तान देहल (Straining sill)

179. गांव में ढालू छत को ढापने के लिये उपयोग की जाने वाली सामग्री...........कहलाती है।

(a) छप्पर (b) खपरेत

(c) A.C. Sheets (d) G.I. Sheets

180. प्रायः ढालू छतों को ढापने के लिये G.I शीटों का उपयोग किया जात है। G.I शीट.......... .होती है।

(a) सीमेन्ट चढ़ी लोहे की चादर

(b) नालीदार गेलवेनीकृत लोहे का चादर या नालीदार जस्ती लोहे की चादर

(c) नालीदार अच्छे लोहे की चादर

(d) कार्बन गेलवेनीकृत लोहे की चादर

181. मानक A.C. शीट की लम्बाई..............होती है।

(a) 1.52 m (b) 2.13 m

(c) 3.05 m (d) सब सहीं है।

182. नाली दार A.C. शीटों का छतों में न्यूनतम चढ़ाव............होना चाहिये।

(a) 100 mm (b) 150 mm

(c) 200 mm (d) 250 mm

183. छत की असमतलता छिपाने तथा उसकी सुन्दरता बढ़ाने के लिये निचले भाग पर पलस्तर किया जाता है जो.............कहलाता है।

(a) सरंचनात्मक स्लेब (b) खुली छत

(c) छतगीरी (Ceiling) (d) दिखावटी छत गीरी (False Ceiling)

184. प्लाई बुड की छत गीरी में एक वर्ग का आकार..............होता है।

(a) 20 से 30 cm (b) 30 से 50 cm

(c) 50 से 80 cm (d) 100 से 120 cm

185. दिखावटी छत गीरी के लिये उपयोग किये जाने वाले भूसा बोर्ड की मोटाई.............होती है।

(a) 10 mm (b) 12 mm (c) 20 mm (d) 25 mm

186. ढालू छत में आवरक पदार्थ को संभालने वाला अवयब............कहलाता है।

(a) पुर्लिन (b) थाम

(c) राफ्टर (d) बत्ता (Batten)

(e) पुर्लिन क्लीट

187. ढालू छत का ढाल (Pitch) अधिक होने से..............होती है।

(a) अधिक आवरक सामग्री की आवश्यकता होती है।

(b) छत कमजोर प्राप्त होती है।

(c) संरचनात्मक, अस्थिरता उत्पन्न हो जाती है।

(d) कोई प्रभाव नहीं पड़ता।

188. डोम सरंचना............को ढापने के लिये सर्वोत्तम है।

(a) स्मारक भवनों (b) बड़े पाट वाले

(c) मध्यम पाट वाले (d) सब सही हैं

पलस्तर व टीप

189. दीवारों व छतों की सुन्दरता बढ़ाने व उनके दोष छिपाने के लिये लगाया जाने वाला आवरण. ....कहलाता है।

(a) टीप (b) पलस्तर

(c) पेन्ट या प्रलेपन करना (d) सफेदी करना

190. भवनों में सीमेन्ट पलस्तर के लिये सीमेन्ट व रेत का अनुपात...........होता है।

(a) 1 : 2 (b) 1 : 3 (c) 1 : 6 (d) 1 : 8

191. भवनों में चूना पलस्तर करने के लिये चूना व सुर्खी का अनुपात............होता है।

(a) 1 : 2 (b) 1 : 4 (c) 1 : 6 (d) 1 : 8

192. जिस सतह पर पलस्तर का प्रथम लेप या परत लगाई जाती है उसे..............कहा जाता है।

(a) आधार सतह (b) प्रथम सतह

(c) पृष्ठा धार सतह (d) प्रारम्भिक सतह

193. पलस्तर की हुई सतह पर एक या एक से अधिक स्थान पर उत्पन्न फुलावट............कहलाती है।

(a) फूलना (Swelling)

(b) स्फोटन (Blistering)

(c) दरारों की जाली बन जाना (Crazing)

(d) फोमिंग (Foaming)

194. पलस्तर की हुई तैयार सतह पर बेतरतीब बहुत हल्के दरार उत्पन्न होना...............कहलाता है।

(a) दरार पड़ना

(b) दरारों की जाली बन जाना या क्रेजिंग (Crazing)

(c) शल्कन (Flaking)

(d) जाला पड़ना (Honey combing)

195. दीवार पर पलस्तर की मुख्य परत लगाने से पूर्व पृष्ठाधार सतह (Back ground) पर खाली स्थान भरना............कहलाता है।

(a) डोटिंग (Dotting) (b) डबिंग (Dubbing)

(c) डेडोगिं (Dadoing) (d) शल्कन (Flaking)

196. पलस्तर का पहली परत से उचित बॉंड न होने पर पपड़ी उतरना.............कहलाता है।

(a) शल्कन (Flaking) (b) स्फोटन (Blistering)

(c) क्रेजिंग (d) ग्रांइनिग (Grinning)

197. पलस्तर व दीवार की सतह में अच्छा बाँड उत्पन्न करने के लिये दीवार की रगड़ाई............कहलाती है।

(a) सतह तैयारी (Preparing) (b) लेपन (Facing)
(c) पैनदा लगाना (Grounding) (d) टांकना (Hacking)

198. पलस्तर का पृष्ठाधार सतह से अलग होना..............कहलाता है।

(a) पकड़न (Keying) (b) अभिरंजन (Starining)
(c) छीलना (Peeling) (d) खुरदरा करना (Roughing)

उत्तर

1. (c)	2. (d)	3. (d)	4. (b)	5. (d)	6. (c)	7. (b)	8. (a)
9. (a)	10. (a)	11. (c)	12. (a)	13. (b)	14. (c)	15. (b)	16. (c)
17. (b)	18. (c)	19. (a)	20. (b)	21. (b)	22. (c)	23. (c)	24. (d)
25. (a)	26. (d)	27. (d)	28. (a)	29. (a)	30. (b)	31. (a)	32. (d)
33. (a)	34. (c)	35. (d)	36. (b)	37. (d)	38. (c)	39. (a)	40. (d)
41. (b)	42. (b)	43. (a)	44. (b)	45. (b)	46. (c)	47. (a)	48. (b)
49. (a)	50. (b)	51. (b)	52. (b)	53. (a)	54. (c)	55. (c)	56. (d)
57. (d)	58. (b)	59. (c)	60. (a)	61. (a)	62. (d)	63. (e)	64. (e)
65. (e)	66. (d)	67. (b)	68. (a)	69. (c)	70. (a)	71. (c)	72. (c)
73. (c)	74. (b)	75. (b)	76. (c)	77. (c)	78. (d)	79. (b)	80. (b)
81. (d)	82. (c)	83. (c)	84. (b)	85. (a)	86. (a)	87. (b)	88. (c)
89. (c)	90. (a)	91. (c)	92. (d)	93. (a)	94. (b)	95. (a)	96. (a)
97. (a)	98. (b)	99. (c)	100. (b)	101. (b)	102. (b)	103. (b)	104. (b)
105. (a)	106. (a)	107. (d)	108. (c)	109. (a)	110. (c)	111. (a)	112. (b)
113. (c)	114. (a)	115. (a)	116. (b)	117. (c)	118. (c)	119. (c)	120. (a)
121. (d)	122. (b)	123. (c)	124. (c)	125. (c)	126. (c)	127. (b)	128. (c)
129. (d)	130. (d)	131. (a)	132. (b)	133. (b)	134. (c)	135. (b)	136. (a)
137. (c)	138. (d)	139. (b)	140. (c)	141. (a)	142. (a)	143. (d)	144. (d)
145. (b)	146. (b)	147. (d)	148. (b)	149. (d)	150. (b)	151. (c)	152. (b)
153. (b)	154. (b)	155. (b)	156. (b)	157. (c)	158. (b)	159. (b)	160. (d)
161. (a)	162. (b)	163. (c)	164. (b)	165. (a)	166. (b)	167. (d)	168. (d)
169. (a)	170. (c)	171. (b)	172. (a)	173. (a)	174. (d)	175. (a)	176. (c)
177. (c)	178. (d)	179. (a)	180. (b)	181. (d)	182. (b)	183. (d)	184. (b).
185. (a)	186. (c)	187. (a)	188. (a)	189. (b)	190. (b)	191. (c)	192. (c)
193. (b)	194. (b)	195. (b)	196. (a)	197. (d)	198. (c)		

APPENDIX-II

विभिन्न सामग्रियों के प्रति घन मीटर भर
(Weight of Structural Items)

क्रम संख्या	सामग्री का वर्णन	भार प्रति घन मीटर
1.	प्रबलित सीमेन्ट कंक्रीट	2400
2.	सादी सीमेन्ट कंक्रीट M 150 (1 : 2 : 4)	2300
3.	ईंट की गिट्टी वाली कंक्रीट	1920
4.	चूना कंक्रीट	1920
5.	लकड़ी के बुरादे वाली कंक्रीट	1120
6.	ब्रीज (Breeze) कंक्रीट	1200-1440
	चिनाई	
7.	ग्रेनाइट संगीन (Ashlar) चिंनाई	2400
8.	ग्रेनाइट रब्बल (Rubble) चिनाई	2400
9.	शुष्क Rubble चिंनाई	2080
10.	चूना पत्थर की संगीन चिंनाई	2560
11.	रेत के पत्थर की चिनाई	2240
12.	सीमेन्ट रेत मसाले में ईंट चिनाई	1920
13.	चूना मसाले में ईंट चिनाई	1760
14.	सीमेन्ट मसाला	2080
15.	चूना मसाला	1760
16.	ज्पिसम मसाला	1200
	फर्श व छत	**भार प्रति वर्ग मीटर**
17.	25 mm मोटा टैराजो फर्श	60
18.	25 mm मोटा टाइल फर्श	20
19.	28 mm मोटा कठोर लकड़ी का फर्श	22
20.	28 mm मोटा मुलायम लकड़ी का फर्श	15
21.	जैक मेहराब छत जिसमें क्राउन के ऊपर 85 mm कंक्रीट भरी गई है तथा उसके ऊपर 85 mm चुना कंक्रीट डाली गई है।	730
	मसाले	
22.	A.C. शीट	12-75
23.	G.I. शीट व वोल्ट	15
24.	प्रथम श्रेणी की मिट्टी वाली छत जिस पर टाइल की एक परत हो	342
25.	2 परत वाली उपरोक्त छत	390
26.	टाइल वाली छत	85-160
27.	छप्पर	35
28.	A.C. शीट वाली सम्पूर्ण छत का भार	49
29.	G.I. शीट सम्पूर्ण छत का भार	20

Weights of Stored Materials

क्रम संख्या	सामग्री का वर्णन	भार प्रति घन मीटर कि०ग्रा०
1.	सीमेन्ट	1440
2.	लूज	1280
3.	थैले में	1314
4.	विटूमन	1040
5.	राख	640
6.	ठोस कोयला	1300
7.	पिसा हुआ कोयला	850
8.	लकड़ी का कोयला	300
9.	ग्रेनाइट पत्थर	2640
10.	चुना पत्थर	2640
11.	बुझा हुआ चुना	1010
12.	सुर्खी	1010-1450
13.	ईंट की रोड़ी	1440
14.	38 mm आकार की पत्थर की रोड़ी	1920
15.	13 mm आकार की पत्थर की रोड़ी	1400
16.	शुष्क रेत	1600
17.	हल्की कुटाई वाली शुष्क मृदा भराई	1520
18.	पूर्णतः कुटाई की गई भराई	2200
19.	लूज ग्रेवल	1600
20.	सघन ग्रेवल	1920
21.	लकड़ी	640-920
22.	काँच की शीट	2600
23.	किताबें आदि	1440

APPENDIX-III
Live Loads As Per I.S.I.

Loading class No.	*Types of floors*	*Min live load kg/m²*
	Floors	
200	Floor for residential purposes including dwelling houses, hospital wards, bed rooms in Hotels ets.	200
250	Office floors other than entrance halls, floors of light work rooms.	200-400
300	Foors of banking halls, office halls, entrance halls and reading rooms	300
400	Shop floor, floor of class rooms in school, churches, restaurents, power stations etc.	400
	Floors of ware houses, work shops, factories etc.	
500	For light weight loads.	500
750	For medium weights	750
1000	For heavy weight loads	1000
	Stairs for class 200 loading but not liable for over crowding	300
	(ii) Stairs, landings, and corridors for class 200 loading but liable for over crowdingg	500
	Balconies	
	(i) For class 200 loading and not liable to over crowding	300
	(ii) For all other class and also liable for over crowding	250
	Garage light	
	Floor used for vehicles not exceeding 2-5 tonnes in gross wt.	
	(i) Slab	400
	(ii) Beam	250
	Garage heavy	
	Floors used for vehicles not exceedings 4 tonnes in gross wt.	750

LIVE LOADS ON ROOFS

	Type of Roofs	*Live loads as measured on plan*	*Min live load as measured on plan*
1.	Flat, sloping or curved with slope and including 10° Slope.		375 kg uniformly distributed over any span of one metre width of roof slab and 900 kg uniformly distributed over the span in case of beams.
	(a) Access provided	150 kg/m²	
	(b) Roofs to which access is not provided except for repairs or maintenance.	75 kg/m²	190 kg uniformly distributed over any span of one metre width and 45 kg uniformly distriuted over the span in case of beam.
2.	Sloping not with slope greater than 10°	75 kg/m² minus one kg/m² for Every degree increase in slope upto 10° and including 20° and 2 kg/m² every degree increase in slope over 20°	Subject to a minimum of 40 kg/m²